MANUAL DE DIREITO DO TRABALHO

Gustavo Filipe Barbosa Garcia

MANUAL DE DIREITO DO TRABALHO

18ª edição
Revista, ampliada e atualizada

2024

EDITORA JusPODIVM
www.editorajuspodivm.com.br

EDITORA
*Jus*PODIVM
www.editorajuspodivm.com.br

Rua Canuto Saraiva, 131 – Mooca – CEP: 03113-010 – São Paulo – São Paulo
Tel: (11) 3582.5757
• Contato: https://www.editorajuspodivm.com.br/central-de-relacionamento

Copyright: Edições *Jus*PODIVM

Diagramação: Marcelo S. Brandão *(santibrando@gmail.com)*

Capa: Ana Caquetti

G216m Garcia, Gustavo Filipe Barbosa
Manual de Direito do Trabalho / Gustavo Filipe Barbosa Garcia. – 18. ed., rev., atual. e ampl. - São Paulo: Juspodivm, 2024.

880 p.

Inclui Bibliografia
ISBN: 978-85-442-5055-6

1. Direito do Trabalho. I. Garcia, Gustavo Filipe Barbosa. II. Título.

CDD 342.6

BIBLIOTECÁRIA RESPONSÁVEL

Ana Carolina Ribeiro Mois – CRB7 – RJ 007348/0

"Do céu olha o Senhor para os filhos dos homens, para ver se há quem entenda, se há quem busque a Deus" (Sl. 14:2).

NOTAS PRÉVIAS

Esta obra tem como objetivo apresentar análise didática, atualizada e mais sintetizada do *Direito do Trabalho*, referente aos aspectos de maior relevância envolvidos na sua disciplina.

Procura-se estudar a essência do mencionado ramo do Direito, em seus fundamentos, institutos, regras e princípios, apresentando as noções e os conceitos necessários para a sua devida compreensão.

São, assim, analisados os principais temas pertinentes a:

- História do Direito do Trabalho;
- Teoria Geral do Direito do Trabalho;
- Direito Internacional do Trabalho;
- Direito Individual do Trabalho; e
- Direito Coletivo do Trabalho.

Este livro foi escrito com o especial enfoque de atender àqueles que buscam estudo mais conciso – sem ser superficial – da referida disciplina, em conformidade com a evolução legislativa, doutrinária e jurisprudencial, sabendo-se que a análise mais aprofundada da matéria foi objeto de escrito anterior, intitulado *Curso de Direito do Trabalho*.

A presente edição está atualizada com os diplomas legais mais recentes.

Espera-se, assim, que a presente obra mereça a mesma acolhida das anteriores.

Gustavo Filipe Barbosa Garcia

SUMÁRIO

Capítulo 1

HISTÓRIA DO DIREITO DO TRABALHO

1.1 HISTÓRIA GERAL DO DIREITO DO TRABALHO

Na realidade, o Direito do Trabalho surge com a **sociedade industrial** e o **trabalho assalariado**, ou seja, com a **Revolução Industrial**, iniciada no século XVIII.

Mesmo assim, vejamos alguns aspectos que antecedem a formação do Direito do Trabalho.

Na chamada **sociedade pré-industrial**, observa-se primeiramente a *escravidão*, em que o trabalhador era considerado coisa, e não propriamente sujeito de direito[1], como verificado na Grécia, em Roma e no Egito da Antiguidade, em que o trabalho tinha uma conotação negativa e de castigo.

No Direito Romano, o contrato de *locatio conductio* abrangia três modalidades: *locatio rei* (locação de coisa); *locatio operarum* (prestação de serviço); *locatio operis* (empreitada ou realização de obra)[2].

No **feudalismo**, havia o regime da *servidão*, em que o senhor feudal dava proteção militar e política aos servos, sendo que estes não tinham liberdade.

A **Idade Média** se caracteriza pelas *corporações de ofício*, nas quais existiam três modalidades de membros: os mestres (proprietários das oficinas); os companheiros (trabalhadores livres que recebiam salários dos mestres); e os aprendizes (menores que recebiam dos mestres o ensinamento metódico do ofício ou profissão)[3].

Com a **Revolução Francesa** foram suprimidas as corporações de ofício, tidas como incompatíveis com o ideal de liberdade individual da pessoa, sabendo-se que no liberalismo o Estado não devia intervir na área econômica.

Como já mencionado, a ***Revolução Industrial***, iniciada no século XVIII, foi a principal razão econômica que acarretou o surgimento do Direito do Trabalho. A necessidade de pessoas para operar as máquinas a vapor e têxteis impôs a substituição do trabalho escravo, servil e corporativo pelo trabalho assalariado[4].

As péssimas condições de trabalho daquela época, com excessivas jornadas e exploração do labor de mulheres e menores, geraram o que se costuma chamar de

1. Cf. NASCIMENTO, Amauri Mascaro. *Iniciação ao direito do trabalho*. 31. ed. São Paulo: LTr, 2005. p. 47.
2. Cf. MARTINS, Sergio Pinto. *Direito do trabalho*. 22. ed. São Paulo: Atlas, 2006. p. 4.
3. Cf. MARTINS, Sergio Pinto. *Direito do trabalho*. 22. ed. São Paulo: Atlas, 2006. p. 4-5.
4. Cf. NASCIMENTO, Amauri Mascaro. *Iniciação ao direito do trabalho*. 31. ed. São Paulo: LTr, 2005. p. 48-49.

"**questão social**". Em razão dessas condições adversas, os trabalhadores começaram a se reunir, para reivindicar melhorias nas condições de trabalho, por meio de sindicatos.

Em decorrência disso, o Estado também deixa o seu estado de abstenção, passando a **intervir nas relações de trabalho**, com o fim de proteção do trabalhador por meio de legislação proibitiva de abusos do empregador.

Na esfera legislativa, cabe fazer referência à Lei de Peel, de 1802, da Inglaterra, de proteção aos menores nas fábricas, que limitou a jornada de trabalho a 12 horas[5].

Essas mudanças ocorreram, ainda, em razão da ideia de **justiça social**, que se fortaleceu a partir da doutrina social da Igreja Católica. Nesse contexto, podem ser destacados os seguintes documentos:

- Encíclica *Rerum Novarum*, de 1891, do Papa Leão XIII;
- Encíclica *Quadragesimo Anno*, de 1931, e Encíclica *Divini Redemptoris*, de 1937, de Pio XI;
- Encíclica *Mater et Magistra*, de 1961, de João XXIII;
- Encíclica *Populorum Progressio*, de 1967, de Paulo VI;
- Encíclica *Laborem Exercens*, de 1981, de João Paulo II;
- Encíclica *Caritas in Veritate*, de 2009, de Bento XVI;
- Encíclica *Fratelli Tutti*, de 2020, do Papa Francisco.

Registre-se, ainda, o surgimento do **constitucionalismo social**, após o término da Primeira Guerra Mundial, o que significou a inclusão, nas Constituições, de disposições pertinentes à defesa de interesses sociais, inclusive garantindo direitos trabalhistas[6].

A primeira Constituição que dispôs sobre o Direito do Trabalho foi a do *México*, de 1917.

A segunda Constituição a trazer disposições sobre o tema foi a da Alemanha, de *Weimar*, de 1919, com repercussão na Europa.

Ainda em 1919, o *Tratado de Versalhes* prevê a criação da **Organização Internacional do Trabalho** (OIT).

A *Carta del Lavoro*, de 1927, da Itália, instituiu um sistema corporativista, servindo de inspiração para outros sistemas políticos, como Portugal, Espanha e Brasil. No corporativismo, o objetivo era organizar toda a economia e a sociedade em torno do Estado, promovendo o interesse nacional, interferindo e regulando todos os aspectos das relações entre as pessoas[7]. Nesse modelo, os sindicatos não tinham autonomia, estando a organização sindical vinculada ao Estado[8].

Após a Segunda Guerra Mundial (1939-1945), houve a criação da **Organização das Nações Unidas** (ONU), na Conferência de São Francisco (1945), com a aprovação da Carta das Nações Unidas.

Em 1944, a OIT aprovou a *Declaração de Filadélfia*, ampliando os princípios do Tratado de Versalhes e estabelecendo a cooperação internacional para a realização da justiça social.

---

5. Cf. NASCIMENTO, Amauri Mascaro. *Iniciação ao direito do trabalho*. 31. ed. São Paulo: LTr, 2005. p. 51.
6. Cf. MARTINS, Sergio Pinto. *Direito do trabalho*. 22. ed. São Paulo: Atlas, 2006. p. 8.
7. Cf. MARTINS, Sergio Pinto. *Direito do trabalho*. 22. ed. São Paulo: Atlas, 2006. p. 8.
8. Cf. NASCIMENTO, Amauri Mascaro. *Iniciação ao direito do trabalho*. 31. ed. São Paulo: LTr, 2005. p. 51.

Em 1946, consolidou-se a **vinculação da OIT à ONU**, como instituição especializada para as questões referentes à regulamentação internacional do trabalho. Em Conferência Internacional do Trabalho de 1946, foi aprovado o novo texto da Constituição da OIT, tendo a Declaração de Filadélfia sido integrada como seu anexo.

Ainda no plano internacional, a *Declaração Universal dos Direitos Humanos*, de 1948, também prevê diversos direitos trabalhistas.

Como se nota, o **Direito do Trabalho** é uma verdadeira *conquista obtida ao longo da história da humanidade*, exercendo papel fundamental, ao garantir *condições mínimas de vida aos trabalhadores*, assegurando a *dignidade da pessoa humana* e evitando abusos que o capital e a busca pelo lucro pudessem causar aos membros da sociedade, em especial àqueles que não detêm o poder econômico.

O sistema capitalista, por sua própria natureza, acarreta a necessidade de que certas limitações e exigências sejam fixadas no que se refere à utilização do trabalho humano, especialmente quanto àqueles que não detêm os meios de produção. O Direito do Trabalho, desse modo, exerce o relevante papel de assegurar *patamares mínimos de dignidade e justiça social*, impedindo que a busca pela obtenção de lucros e a concorrência acabem impondo níveis inaceitáveis de exploração do trabalho humano, em afronta aos valores magnos da *liberdade, justiça, solidariedade e bem comum*.

1.2 HISTÓRIA DO DIREITO DO TRABALHO NO BRASIL

A **Constituição Imperial de 1824**, seguindo o liberalismo, aboliu as corporações de ofício, estabelecendo o dever de existir liberdade de exercício de profissões[9]. O próprio trabalho escravo existiu, formalmente, até a Lei Áurea, de 13 de maio de 1888, que aboliu a escravidão no Brasil.

A **Constituição de 1891** reconheceu a liberdade de associação, de forma genérica.

As transformações ocorridas na Europa, com o crescente surgimento de leis de proteção ao trabalho, e a instituição da OIT em 1919, influenciaram o surgimento de normas trabalhistas no Brasil. Do mesmo modo, os imigrantes em nosso país deram origem a movimentos operários, reivindicando melhores condições de trabalho. Começa, assim, a surgir a política trabalhista de Getúlio Vargas, em 1930[10].

Destaca-se, ainda, a Lei Eloy Chaves (Decreto 4.682/1923), ao criar as caixas de aposentadorias e pensões para os ferroviários, bem como estabilidade para esses trabalhadores quando completavam 10 anos de emprego, salvo falta grave[11].

Na década de 1930, diversos Decretos do Poder Executivo estabeleciam normas referentes a questões trabalhistas.

Já iniciada a política trabalhista de **Getúlio Vargas**, em 1930, a primeira **Constituição** brasileira a ter normas específicas de Direito do Trabalho foi a **de 1934**, como influência do constitucionalismo social.

A **Constituição de 1937** expressa a intervenção do Estado, com características do sistema corporativista, tendo instituído o sindicato único, vinculado ao Estado, além de proibir a greve (vista como recurso antissocial e nocivo à economia).

---

9. Cf. MARTINS, Sergio Pinto. *Direito do trabalho*. 22. ed. São Paulo: Atlas, 2006. p. 9.
10. Cf. MARTINS, Sergio Pinto. *Direito do trabalho*. 22. ed. São Paulo: Atlas, 2006. p. 9.
11. Cf. NASCIMENTO, Amauri Mascaro. *Curso de direito do trabalho*. 26. ed. São Paulo: Saraiva, 2011. p. 97.

A **Consolidação das Leis do Trabalho**, aprovada pelo Decreto-lei 5.452, de 1.º de maio de 1943, sistematizou e reuniu as diversas leis esparsas sobre Direito do Trabalho existentes à época[12].

A **Constituição de 1946** restabeleceu o direito de greve, rompendo, de certa forma, com o corporativismo da Carta de 1937, apresentando um rol de direitos trabalhistas superior àquele das Constituições anteriores.

No plano infraconstitucional, podem ser mencionadas, entre outras: a Lei 605/1949, dispondo sobre repouso semanal remunerado e remuneração de feriados; a Lei 2.757/1956, que dispõe sobre a situação dos empregados porteiros, zeladores, faxineiros e serventes de prédios de apartamentos residenciais; a Lei 3.207/1957, regulamentando as atividades dos empregados vendedores-viajantes; a Lei 4.090/1962, que institui a gratificação de Natal (décimo terceiro salário).

A **Constituição de 1967** manteve os direitos trabalhistas previstos nas Constituições anteriores e passou a prever o Fundo de Garantia do Tempo de Serviço, que havia sido criado pela Lei 5.107, de 13 de setembro de 1966.

A **Emenda Constitucional 1**, de 17 de outubro de **1969**, não alterou os direitos trabalhistas previstos na Constituição de 1967.

São dessa época diversas leis ordinárias, por exemplo: a Lei 5.859/1972, dispondo sobre o emprego doméstico (atualmente revogada pela Lei Complementar 150/2015, que dispõe sobre o contrato de trabalho doméstico); a Lei 5.889/1973, estatuindo normas sobre o trabalho rural; a Lei 6.019/1974, sobre o trabalho temporário.

A **Constituição Federal de 1988**, promulgada em 5 de outubro de 1988, tratando dos "Direitos Sociais" (art. 6.º), regula de forma particular a matéria pertinente ao Direito do Trabalho nos seus arts. 7.º a 11.

Com isso, diversos direitos trabalhistas, individuais e coletivos, passaram a ser assegurados no contexto dos direitos fundamentais, em sintonia com os mandamentos da dignidade da pessoa humana e da justiça social.

A Lei 13.467, de 13 de julho de 2017, com início de vigência depois de 120 dias de sua publicação oficial, ocorrida em 14.07.2017, alterou a Consolidação das Leis do Trabalho e as Leis 6.019/1974, 8.036/1990 e 8.212/1991, a fim de adequar a legislação às novas relações de trabalho.

12. Cf. MARTINS, Sergio Pinto. *Direito do trabalho*. 28. ed. São Paulo: Atlas, 2012. p. 12.

Capítulo 2

TEORIA GERAL DO DIREITO DO TRABALHO

2.1 DENOMINAÇÃO

A respeito da denominação da disciplina em estudo, no início, utilizava-se a expressão *Legislação do Trabalho*, encontrada na Constituição de 1934 (art. 121, § 1.º). Como o Direito não se resume às leis, o referido nome não mais é considerado adequado[1].

Outra designação refere-se a *Direito Operário*, utilizada na Constituição de 1937, art. 16, inciso XVI, também de conotação restritiva.

A denominação *Direito Industrial* surgiu com a Revolução Industrial, mas também não é correta, pois a disciplina em estudo não se restringe ao trabalho nas indústrias.

A expressão *Direito Corporativo* está superada por se relacionar com a ideologia do regime autoritário e fascista, já ultrapassada pelo regime democrático.

A denominação *Direito Social* corresponde à teoria de proteção aos hipossuficientes, abrangendo não só o Direito do Trabalho, mas também o assistencial e previdenciário. No entanto, na realidade, todo o Direito é por natureza social.

Direito Sindical, por sua vez, é expressão muito restritiva, por se limitar ao plano coletivo, das relações sindicais de trabalho.

Assim, a denominação mais correta e utilizada na atualidade é ***Direito do Trabalho***, por indicar a matéria objeto de regulação de forma mais adequada. A Constituição de 1946 e as seguintes utilizam a referida expressão, encontrada no art. 22, inciso I, da Constituição Federal de 1988.

2.2 CONCEITO

O **Direito do Trabalho** pode ser definido como *o ramo do Direito que regula as relações de emprego e outras situações semelhantes*.

Como ramo do Direito, ele é composto de *normas jurídicas*, aqui incluídas as *regras* e os *princípios*, além de *instituições*, como entes que criam e aplicam as referidas normas, no caso, o Estado e certas organizações profissionais e econômicas.

As regras jurídicas trabalhistas são as disposições normativas que regulam certas situações específicas e condutas, bem como estabelecem as respectivas consequências. Os princípios do Direito do Trabalho são as disposições estruturais desse ramo do Direito.

---

1. Cf. MARTINS, Sergio Pinto. *Direito do trabalho*. 28. ed. São Paulo: Atlas, 2012. p. 13-16.

A **finalidade do Direito do Trabalho** é estabelecer *medidas protetoras ao trabalho*, assegurando *condições dignas de labor*. Esse ramo do Direito apresenta disposições de natureza tutelar à parte vulnerável, em regra economicamente mais fraca da relação jurídica, de forma a possibilitar uma **melhoria das condições sociais do trabalhador**[2].

2.3 DIVISÃO DA MATÉRIA PARA FINS DIDÁTICOS

O Direito do Trabalho pode ser dividido, para fins didáticos, em *Teoria Geral do Direito do Trabalho, Direito Individual do Trabalho* e *Direito Coletivo do Trabalho*.

Parte da doutrina faz menção ao *Direito Tutelar do Trabalho*, englobando normas de proteção ao trabalhador, como as pertinentes à Segurança e Medicina do Trabalho, jornada de trabalho e repousos do trabalhador[3]. No entanto, pode-se entender que os referidos temas são pertinentes ao conteúdo do contrato de trabalho, também integrando o Direito Individual do Trabalho.

Esclareça-se que o **Direito Processual do Trabalho** não pertence ao Direito do Trabalho, pois aquele integra o próprio Direito Processual.

O **Direito Internacional do Trabalho**, na realidade, é segmento do Direito Internacional.

O **Direito da Seguridade Social** também é considerado autônomo do Direito do Trabalho, apresentando natureza e matéria distintas (Saúde, Previdência Social e Assistência Social, conforme art. 194 da Constituição Federal de 1988).

A *Teoria Geral do Direito do Trabalho* engloba as questões pertinentes à autonomia, natureza jurídica, fontes, interpretação, integração e eficácia desse ramo do Direito.

O *Direito Individual do Trabalho* trata da relação individual de trabalho, tendo como figura nuclear o contrato de trabalho, seu início, desenvolvimento e término.

O *Direito Coletivo do Trabalho*, por sua vez, tem por objeto as relações coletivas de trabalho, com destaques à organização sindical, à negociação coletiva e aos instrumentos normativos decorrentes, bem como à representação dos trabalhadores na empresa, aos conflitos coletivos e à greve.

As questões relativas à inspeção (ou fiscalização) do trabalho, realizada pelos órgãos do Ministério do Trabalho, integram o que parte da doutrina denomina de Direito Público (ou Administrativo) do Trabalho, disciplinando as relações do Estado com os empregadores e do Estado com os trabalhadores.

2.4 AUTONOMIA DO DIREITO DO TRABALHO

Reconhece-se na atualidade a plena **autonomia científica** do Direito do Trabalho, em face da existência de *ampla temática objeto de estudo*, dando origem a *institutos específicos*, com *metodologia apta a entender suas diversas peculiaridades*, bem como *princípios próprios*[4].

2. Cf. MARTINS, Sergio Pinto. *Direito do trabalho*. 28. ed. São Paulo: Atlas, 2012. p. 17-18.
3. Cf. MARTINS, Sergio Pinto. *Direito do trabalho*. 28. ed. São Paulo: Atlas, 2012. p. 20.
4. Cf. MARTINS, Sergio Pinto. *Direito do trabalho*. 28. ed. São Paulo: Atlas, 2012. p. 21-23.

Quanto ao desenvolvimento legislativo, no Brasil, a Consolidação das Leis do Trabalho não é um verdadeiro Código, pois apenas representou uma reunião de leis trabalhistas existentes à época[5]. Além disso, a CLT também apresenta disposições pertinentes ao Direito Processual do Trabalho. Existem, ainda, diversas leis esparsas sobre esse tema. De todo modo, pode-se dizer que a legislação trabalhista é ampla e se destaca dos demais ramos do Direito.

No plano doutrinário, as diversas obras sobre a matéria confirmam a autonomia do Direito do Trabalho.

Em relação ao desenvolvimento didático, a matéria Direito do Trabalho é estudada de forma separada e autônoma nas diversas Faculdades de Direito.

No campo jurisprudencial, a Justiça do Trabalho, com competência para solucionar conflitos trabalhistas na forma do art. 114 da Constituição Federal de 1988, é o ramo do Poder Judiciário que aplica, de forma preponderante, o Direito do Trabalho.

2.5 RELAÇÕES COM OUTROS RAMOS DO DIREITO

A autonomia científica do Direito do Trabalho não significa o seu isolamento na ciência jurídica, apresentando relações com outras disciplinas[6].

Cabe destacar a relação do Direito do Trabalho com os seguintes ramos do Direito:

- ***Direito Constitucional*** (arts. 7.º a 11 da CF/1988): importantes direitos trabalhistas fazem parte dos *direitos sociais*, os quais figuram como *direitos humanos e fundamentais*.
- ***Direito Ambiental***: o *meio ambiente do trabalho* insere-se no meio ambiente como um todo (art. 200, inciso VIII, da CF/1988), o qual, por sua vez, integra o rol dos *direitos humanos e fundamentais*, inclusive porque objetiva o respeito à dignidade da pessoa humana.
- ***Direito Civil***: o contrato de trabalho, como figura central no Direito do Trabalho, tem origem naquele ramo do Direito Privado. O "direito comum", nele englobado o Direito Civil, apresenta disposições subsidiariamente aplicáveis no âmbito trabalhista, conforme o art. 8.º, § 1.º, da CLT.
- ***Direito Empresarial*** (Direito Comercial): o art. 2.º, *caput*, da CLT indica a empresa como empregador. Além disso, questões reguladas pelo Direito Falimentar e de recuperação de empresas também apresentam repercussões nas relações de trabalho.
- ***Direito da Seguridade Social***: os acidentes do trabalho, aposentadorias, salário-maternidade e outros afastamentos previdenciários repercutem no contrato de trabalho, sabendo-se que as contribuições previdenciárias, da mesma forma, podem incidir sobre verbas remuneratórias pertinentes ao contrato de trabalho, conforme legislação específica[7].
- ***Direito Internacional Público***: há grande importância da Organização Internacional do Trabalho e das diversas normas emanadas, principalmente Convenções e Recomendações, para o Direito do Trabalho.

---

5. Cf. MARTINS, Sergio Pinto. *Direito do trabalho*. 28. ed. São Paulo: Atlas, 2012. p. 12.
6. Cf. MARTINS, Sergio Pinto. *Direito do trabalho*. 28. ed. São Paulo: Atlas, 2012. p. 27-30.
7. Cf. Súmula 368 do TST.

- ***Direito Internacional Privado***: define a eficácia da norma jurídica no espaço, o que pode ser aplicável no âmbito da relação de emprego.
- ***Direito Penal***: o ato criminoso pode influenciar no contrato de trabalho, como se observa no art. 482, *d*, da CLT. O art. 482, *l*, da CLT faz menção ao "jogo de azar", previsto no art. 50 da Lei de Contravenções Penais (Decreto-lei 3.688/1941). O Código Penal prevê crimes contra a organização do trabalho (arts. 197 a 207).
- ***Direito Administrativo***: a inspeção ou fiscalização do trabalho é atividade administrativa realizada pelos órgãos competentes do Ministério do Trabalho (art. 21, inciso XXIV, da CF/1988). Além disso, há servidores públicos regidos pela legislação trabalhista, configurando a relação de emprego público, inclusive quanto a empresas públicas e sociedades de economia mista (art. 173, § 1.º, inciso II, da CF/1988).
- ***Direito Tributário***: questões pertinentes à contribuição sindical regulamentada na CLT (arts. 578 e seguintes) e ao PIS apresentam relevância ao âmbito trabalhista. O imposto de renda incide sobre salário e outras verbas remuneratórias decorrentes da relação de emprego, conforme legislação fiscal específica.
- ***Direito Econômico***: disciplina as atividades desenvolvidas nos mercados, organizando-os para atender ao interesse social, e relaciona-se com o Direito do Trabalho em temas pertinentes a políticas econômicas e salariais, com reflexos nas relações de emprego e nas condições de trabalho, na busca pelo bem-estar social.
- ***Direito Processual do Trabalho***: assegura a aplicação das normas de Direito material, especialmente de Direito do Trabalho, solucionando conflitos trabalhistas.

2.6 RELAÇÕES COM OS DIREITOS HUMANOS E FUNDAMENTAIS

Os direitos trabalhistas, como *direitos sociais*, são assegurados no rol dos *direitos fundamentais* no âmbito constitucional (arts. 6.º a 11 da CF/1988) e reconhecidos como *direitos humanos* no plano internacional, conforme se observa na Declaração Universal dos Direitos Humanos (arts. 22 a 25).

Nessa linha, o Pacto Internacional sobre Direitos Econômicos, Sociais e Culturais, de 1966, aprovado e promulgado pelo Decreto 591/1992, garante os direitos sociais, nestes incluídos os direitos trabalhistas (arts. 6.º a 8.º), como integrantes do Direito Internacional dos Direitos Humanos.

Os direitos humanos, na realidade, são universais, indivisíveis, interdependentes e inter-relacionados, o que é confirmado pela Declaração de Viena, de 1993 (art. 5.º)[8], mesmo porque decorrentes da dignidade, como atributo inerente à pessoa humana (art. 1.º da Declaração Universal dos Direitos Humanos, de 1948).

Ainda quanto ao tema, o Decreto 9.571/2018 estabelece as Diretrizes Nacionais sobre Empresas e Direitos Humanos.

As Diretrizes em questão serão implementadas "voluntariamente" pelas empresas (art. 1.º, § 2.º, do Decreto 9.571/2018). Apesar dessa previsão, cabe ressaltar que os direitos humanos, em si, são prerrogativas essenciais à dignidade da pessoa humana e devem ser observados imperativamente por todos, inclusive pelas empresas.

São *eixos orientadores* das Diretrizes Nacionais sobre Empresas e Direitos Humanos: a obrigação do Estado com a proteção dos direitos humanos em atividades empresariais;

8. Cf. PIOVESAN, Flávia. *Direitos humanos e o direito constitucional internacional*. 11. ed. São Paulo: Saraiva, 2010. p. 13, 145-148.

a responsabilidade das empresas com o respeito aos direitos humanos; o acesso aos mecanismos de reparação e remediação para aqueles que, nesse âmbito, tenham seus direitos afetados; a implementação, o monitoramento e a avaliação das Diretrizes (art. 2.º do Decreto 9.571/2018).

A responsabilidade do Estado com a proteção dos direitos humanos em atividades empresariais deve ser pautada, entre outras, pelas seguintes diretrizes: garantia de condições de trabalho dignas para seus recursos humanos, por meio de ambiente produtivo, com remuneração adequada e em condições de liberdade, equidade e segurança, com estímulo à observância desse objetivo pelas empresas; combate à discriminação nas relações de trabalho e promoção da valorização da diversidade; promoção e apoio às medidas de inclusão e de não discriminação, com criação de programas de incentivos para contratação de grupos vulneráveis; estímulo à negociação permanente sobre as condições de trabalho e a resolução de conflitos, a fim de evitar litígios; aperfeiçoamento dos programas e das políticas públicas de combate ao trabalho infantil e ao trabalho análogo à escravidão (art. 3.º, incisos XI a XV, do Decreto 9.571/2018).

Cabe às empresas o respeito: aos direitos humanos protegidos nos tratados internacionais dos quais o seu Estado de incorporação ou de controle sejam signatários; aos direitos e às garantias fundamentais previstos na Constituição da República (art. 4.º do Decreto 9.571/2018).

Em verdade, se a empresa tem atuação no Brasil, os direitos humanos assegurados em tratados internacionais em vigor no País, evidentemente, também devem ser respeitados. Nesse sentido, os direitos e garantias expressos na Constituição Federal de 1988 não excluem outros decorrentes do regime e dos princípios por ela adotados, ou dos tratados internacionais em que a República Federativa do Brasil seja parte (art. 5.º, § 2.º, da CF/1988).

Cabe, ainda, às empresas:

> I – monitorar o respeito aos direitos humanos na *cadeia produtiva vinculada à empresa*;
>
> II – divulgar internamente os instrumentos internacionais de responsabilidade social e de direitos humanos, tais como: a) os Princípios Orientadores sobre Empresas e Direitos Humanos da Organização das Nações Unidas; b) as Diretrizes para Multinacionais da Organização para a Cooperação e Desenvolvimento Econômico; c) as *Convenções da Organização Internacional do Trabalho*;
>
> III – implementar atividades educativas em direitos humanos para seus recursos humanos e seus "colaboradores", com disseminação da legislação nacional e dos parâmetros internacionais, com foco nas normas relevantes para a prática dos indivíduos e os riscos para os direitos humanos;
>
> IV – utilizar mecanismos de educação, de conscientização e de treinamento, tais como cursos, palestras e avaliações de aprendizagem, para que seus dirigentes, empregados, "colaboradores", distribuidores, parceiros comerciais e terceiros conheçam os valores, as normas e as políticas da empresa e conheçam seu papel para o sucesso dos programas;
>
> V – redigir código de conduta publicamente acessível, aprovado pela alta administração da empresa, que deve conter os seus engajamentos e as suas políticas de implementação dos direitos humanos na atividade empresarial (art. 5.º do Decreto 9.571/2018).

É responsabilidade das empresas *não violar os direitos de sua força de trabalho*, de seus clientes e das comunidades, mediante o controle de riscos e o dever de enfrentar os impactos adversos em direitos humanos com os quais tenham algum envolvimento (art. 6.º do Decreto 9.571/2018).

Compete às empresas garantir *condições decentes de trabalho*, por meio de ambiente produtivo, com remuneração adequada, em condições de liberdade, equidade e segurança, com iniciativas para:

> I – manter ambientes e locais de trabalho acessíveis às pessoas com deficiência, mesmo em áreas ou atividades onde não há atendimento ao público, a fim de que tais pessoas encontrem, no ambiente de trabalho, as condições de acessibilidade necessárias ao desenvolvimento pleno de suas atividades;
>
> II – observar os direitos de seus "colaboradores" de: a) se associar livremente; b) afiliar-se a sindicatos de trabalhadores; c) participar dos conselhos de trabalho; d) envolver-se em negociações coletivas; e) receber os benefícios previstos em lei, incluídos os repousos legais; f) não exceder a jornada de trabalho legal;
>
> III – manter compromisso com as políticas de erradicação do trabalho análogo à escravidão e garantir ambiente de trabalho saudável e seguro;
>
> IV – não manter relações comerciais ou relações de investimentos, seja de subcontratação, seja de aquisição de bens e serviços, com empresas ou pessoas que violem os direitos humanos;
>
> V – respeitar os direitos de crianças e adolescentes, de forma a incluir, em seus planos de trabalho, assim como exigir de seus fornecedores, empresas coligadas, controladas, subsidiárias e parceiras, ações preventivas e reparatórias para evitar riscos, impactos e violações a direitos de crianças e adolescentes, especialmente as de enfrentamento, erradicação do trabalho infantil e exploração sexual de crianças e adolescentes;
>
> VI – avaliar e monitorar os contratos firmados com seus fornecedores de bens e serviços, parceiros e clientes que contenham cláusulas de direitos humanos que impeçam o trabalho infantil ou o trabalho análogo à escravidão;
>
> VII – adotar medidas de prevenção e precaução, para evitar ou minimizar os impactos adversos que as suas atividades podem causar direta ou indiretamente sobre os direitos humanos, a saúde e a segurança de seus empregados;
>
> VIII – assegurar a aplicação vertical de medidas de prevenção a violações de direitos humanos (art. 7.º do Decreto 9.571/2018).

A inexistência de certeza científica absoluta não será invocada como argumento para adiar a adoção de medidas para evitar violações aos direitos humanos, à saúde e à segurança dos empregados.

As medidas de prevenção e precaução a violações aos direitos humanos devem ser adotadas em toda a cadeia de produção dos grupos empresariais.

Cabe às empresas *combater a discriminação nas relações de trabalho* e promover a valorização e o respeito da diversidade em suas áreas e hierarquias, com ênfase em: resguardar a igualdade de salários e de benefícios para cargos e funções com atribuições semelhantes, independentemente de critério de gênero, orientação sexual, étnico-racial, de origem, geracional, religiosa, de aparência física e de deficiência; adotar políticas de metas percentuais crescentes de preenchimento de vagas e de promoção hierárquica para essas pessoas, contempladas a diversidade e a pluralidade, ainda que para o preenchimento dessas vagas seja necessário proporcionar cursos e treinamentos específicos; promover o acesso da juventude à formação para o trabalho em condições adequadas; respeitar e promover os direitos das pessoas idosas e promover a sua empregabilidade; respeitar e promover os direitos das pessoas com deficiência e garantir a acessibilidade igualitária, a ascensão hierárquica, a sua empregabilidade e a realização da política de cotas; respeitar e promover o direito de grupos populacionais que tiveram dificuldades de acesso ao emprego em função de práticas discriminatórias; respeitar e promover os direitos das mulheres para sua plena cidadania, empregabilidade e ascensão hierárquica; buscar a erradicação de todas as formas de desigualdade e discriminação; respeitar a livre orientação sexual, a identidade de gênero e a igualdade de direitos em âmbito empresarial; efetivar os direitos sociais, econômicos e culturais das comunidades locais e dos povos tradicionais, respeitadas a sua identidade social e cultural e a sua fonte de subsistência e promover consulta prévia e diálogo constante com a comunidade (art. 8.º do Decreto 9.571/2018).

Compete às empresas identificar os riscos de impacto e a violação a direitos humanos no contexto de suas operações, com a adoção de ações de prevenção e de controle adequadas e efetivas (art. 9.º do Decreto 9.571/2018).

É responsabilidade das empresas estabelecer mecanismos operacionais de denúncia e de reclamação que permitam identificar os riscos e os impactos e reparar as violações, quando couber, em especial:

> I – instituir mecanismos de denúncia, apuração e medidas corretivas, assegurados o sigilo e o anonimato aos denunciantes de boa-fé, de modo que tais instrumentos estejam acessíveis a "colaboradores", fornecedores, parceiros e comunidade de entorno e sejam transparentes, imparciais e aptos a tratar de questões que envolvam ameaças aos direitos humanos, além de terem fluxos e prazos para a resposta previamente estabelecidos e amplamente divulgados;
>
> II – implementar sistema de gerenciamento de riscos de abusos de direitos humanos, incluídos o *gerenciamento de riscos sobre a saúde e a segurança dos empregados*, com a identificação dos impactos negativos sobre os direitos humanos, direta ou indiretamente relacionados com a sua atividade;
>
> III – adotar política de comunicação, fiscalização e sanção direcionada aos seus "colaboradores" e buscar a promoção do respeito aos direitos humanos e à prevenção de riscos e violações;
>
> IV – divulgar os canais internos de denúncia e os canais públicos de denúncias de ofensas a direitos humanos;
>
> V – adequar a empresa e suas coligadas, controladas, suas subsidiárias, suas parceiras e seus fornecedores às exigências e às proibições legais em relação ao combate à corrupção, aos comportamentos antiéticos e ao *assédio moral*, entre outros;
>
> VI – fomentar cultura de ética e de respeito às leis, notadamente aquelas que dizem respeito à lisura do processo de contratação pública, por meio de declarações documentadas da alta administração da empresa aos seus empregados, "colaboradores" e parceiros e esclarecer os padrões éticos da empresa;
>
> VII – criar e manter: a) programa de integridade na empresa; b) instância responsável pelo referido programa de integridade, dotada de autonomia, imparcialidade, recursos materiais, humanos e financeiros, com possibilidade de acesso direto ao maior nível decisório da empresa e com a atribuição de rever o programa periodicamente;
>
> VIII – estabelecer procedimentos de controle interno e de verificação de aplicabilidade do programa de integridade, inclusive com a apresentação de relatórios frequentes e a publicação de demonstrações financeiras;
>
> IX – instituir processos internos que permitam investigações para atender prontamente às denúncias de comportamentos antiéticos, de forma a garantir que os fatos sejam identificados e averiguados com credibilidade, de forma rigorosa, independente e analítica e que os culpados sejam devidamente responsabilizados, admitidas a advertência e a "demissão";
>
> X – publicar anualmente as ações realizadas para promoção da integridade e controle de corrupção (art. 10 do Decreto 9.571/2018).

É responsabilidade das empresas adotar medidas de garantia de transparência ativa, com divulgação de informações relevantes, de documentos acessíveis às partes interessadas, quanto aos mecanismos de proteção de direitos humanos e de prevenção e de reparação de violações de direitos humanos na cadeia produtiva (art. 11 do Decreto 9.571/2018).

O Estado deve manter mecanismos de denúncia e reparação judiciais e não judiciais, de modo a produzir levantamento técnico sobre mecanismos estatais de reparação das violações de direitos humanos relacionadas com empresas, como fortalecer as ações de fiscalização na hipótese de infração de direitos trabalhistas e ambientais (art. 13, inciso XII, do Decreto 9.571/2018).

Compete à administração pública incentivar que as empresas estabeleçam ou participem de mecanismos de denúncia e reparação efetivos e eficazes, que permitam propor reclamações e reparar violações dos direitos humanos relacionadas com atividades empresariais.

A *reparação integral* de pessoas e comunidades atingidas pode incluir as seguintes medidas, exemplificativas e passíveis de aplicação, que podem ser cumulativas: pedido público de desculpas; restituição; reabilitação; compensações econômicas ou não econômicas; sanções punitivas, como multas, sanções penais ou sanções administrativas; medidas de prevenção de novos danos como liminares ou garantias de não repetição (art. 15 do Decreto 9.571/2018).

Os procedimentos de reparação devem ser claros e transparentes em suas etapas, amplamente divulgados para todas as partes interessadas, com garantia da imparcialidade, da equidade de tratamento entre os indivíduos e serem passíveis de monitoramento de sua efetividade a partir de indicadores quantitativos e qualitativos de direitos humanos.

É assegurado, nos termos da lei, o direito à proteção dos dados pessoais, inclusive nos meios digitais (art. 5.º, inciso LXXIX, da Constituição Federal de 1988, incluído pela Emenda Constitucional 115/2022).

Frise-se que compete à União organizar e fiscalizar a proteção e o tratamento de dados pessoais, nos termos da lei (art. 21, inciso XXVI, incluído pela Emenda Constitucional 115/2022). Além disso, compete privativamente à União legislar sobre proteção e tratamento de dados pessoais (art. 22, inciso XXX, incluído pela Emenda Constitucional 115/2022).

A Lei 13.709/2018 dispõe sobre o tratamento de dados pessoais, inclusive nos meios digitais, por pessoa natural ou por pessoa jurídica de direito público ou privado, com o objetivo de proteger os direitos fundamentais de liberdade e de privacidade e o livre desenvolvimento da personalidade da pessoa natural. Desse modo, no âmbito trabalhista, cabe ao empregador observar as normas relativas à proteção de dados pessoais do empregado.

2.7 RELAÇÕES COM OUTRAS CIÊNCIAS

O Direito do Trabalho também apresenta relações com **outros ramos do conhecimento científico**, como[9]:

- *Economia*: o trabalho e o salário são relevantes para o estudo da distribuição de riquezas;

9. Cf. MARTINS, Sergio Pinto. *Direito do trabalho*. 28. ed. São Paulo: Atlas, 2012. p. 30-36. Cf. ainda NASCIMENTO, Amauri Mascaro. *Curso de direito do trabalho*. 26. ed. São Paulo: Saraiva, 2011. p. 307-316.

- *Sociologia*: o trabalho é estudado no plano das relações humanas e sociais;
- *Filosofia*: estudo da essência do valor do trabalho e sua importância para a vida do ser humano;
- *História*: evolução no tempo das relações de trabalho e do Direito;
- *Administração de Empresas*: no que se refere à administração de pessoal e setor de recursos humanos;
- *Contabilidade*: cálculo de verbas trabalhistas;
- *Medicina*: estudo das doenças ocupacionais, prevenção, tratamento e saúde do trabalhador;
- *Engenharia*: disposições sobre segurança do trabalho;
- *Psicologia*: comportamentos pessoais e problemas psicológicos relacionados às relações de trabalho no meio ambiente de trabalho.

Foi instituído o Prêmio Nacional Trabalhista, com a finalidade de estimular a pesquisa nas áreas de Direito do Trabalho, Segurança e Saúde no Trabalho, Economia do Trabalho, Auditoria-Fiscal do Trabalho, além de temas correlatos a serem estabelecidos pelo Ministério do Trabalho e Previdência (art. 10 do Decreto 10.854/2021).

2.8 NATUREZA JURÍDICA DO DIREITO DO TRABALHO

É tradicional a divisão do Direito em:

- ***Direito Público***: voltado à organização do Estado;
- ***Direito Privado***: pertinente à regulação dos interesses dos particulares.

A divisão em Direito Público e Privado apresenta caráter didático, conforme as características preponderantes da ciência jurídica. Por isso, a análise da natureza jurídica do Direito do Trabalho significa verificar a sua posição no sistema jurídico como um todo[10].

No Direito do Trabalho observam-se diversas *normas de caráter cogente*, ou seja, com *natureza de ordem pública*. Isso, no entanto, não significa que o Direito do Trabalho seja considerado Direito Público, pois não regula, de forma preponderante, a atividade estatal, nem o exercício de seu poder de império. O caráter imperativo de certas normas jurídicas apenas significa a relevância, para a sociedade, na sua observância.

Conforme a teoria do ***Direito Social***, o Direito do Trabalho é gênero distinto dos ramos público e privado, com a finalidade de proteger os hipossuficientes. No entanto, todos os ramos do Direito, por natureza, são sociais, pois regulam as diversas relações em sociedade.

A teoria do ***Direito Misto*** defende que o Direito do Trabalho engloba relações privadas e relações públicas. Na realidade, a presença de normas de Direito Privado e outras de caráter público também se verifica em outros ramos do Direito Privado, como o Direito Civil, do qual faz parte o Direito de Família.

De acordo com a teoria do ***Direito Unitário***, o Direito do Trabalho é o resultado da fusão do Direito Público e Privado, destacando-se a sua unidade. Entretanto, a simples

10. Cf. MARTINS, Sergio Pinto. *Direito do trabalho*. 28. ed. São Paulo: Atlas, 2012. p. 24-26.

presença de certas normas de ordem pública não acarreta a natureza de Direito Público, nem faz com que surja um terceiro gênero na classificação didática sugerida.

O entendimento majoritário é no sentido de ser o Direito do Trabalho ramo do ***Direito Privado***, tendo como instituto central o próprio contrato de trabalho, regulando, de forma preponderante, os interesses dos particulares envolvidos nas diversas relações jurídicas pertinentes à matéria estudada. No âmbito coletivo, o princípio da liberdade sindical (art. 8.º, inciso I, da CF/1988), vedando a interferência do Estado na organização sindical, confirma a natureza privada do Direito do Trabalho.

2.9 FONTES DO DIREITO DO TRABALHO

As **fontes do Direito** podem ser assim classificadas:

- *fontes materiais*: referem-se aos fatores sociais, econômicos, políticos, filosóficos e históricos que deram origem ao Direito, influenciando na criação das normas jurídicas.
- *fontes formais*: referem-se às formas de manifestação do Direito no sistema jurídico, pertinentes, assim, à exteriorização das normas jurídicas[11].

Para a *teoria monista*, o Estado é o único centro de positivação, do qual emanam todas as normas jurídicas.

A *teoria pluralista*, de forma mais acertada, reconhece a pluralidade de centros de poder, ou seja, núcleos de produção dos quais se originam as diversas normas jurídicas.

No Direito do Trabalho, o **pluralismo das fontes** é demonstrado pela existência de normas jurídicas emanadas não só do Estado, mas de certos grupos sociais, como ocorre com as convenções e acordos coletivos de trabalho.

As fontes formais podem ser classificadas em **autônomas** e **heterônomas**, conforme a sua origem e a participação, ou não, dos destinatários principais das normas jurídicas, na sua produção.

- *fontes heterônomas*: decorrentes da atividade normativa direta do Estado, como a Constituição, as leis, os decretos e a sentença normativa.
- *fontes autônomas*: produção de normas por certos grupos sociais organizados, como os usos e costumes, e os instrumentos normativos decorrentes da negociação coletiva (acordos coletivos e convenções coletivas). O poder conferido aos mencionados atores sociais para regular, no caso, diversos aspectos das relações de trabalho é chamado *autonomia coletiva dos particulares*.

As fontes do Direito do Trabalho podem, ainda, ser classificadas em:

- *fontes internacionais*: Convenções da Organização Internacional do Trabalho; tratados internacionais (bilaterais e multilaterais) versando sobre Direito do Trabalho. As Recomendações da OIT, por sua vez, têm o papel de servir, normalmente, como sugestão ao Direito interno dos Estados. As declarações internacionais, que podem tratar de direitos sociais, apesar da importância, não compõem determinações imperativas, contendo preceitos de justiça para a inspiração dos diversos sistemas jurídicos. No campo

11. Cf. MARTINS, Sergio Pinto. *Direito do trabalho*. 28. ed. São Paulo: Atlas, 2012. p. 37.

do Direito Comunitário, na União Europeia, há normas comunitárias (regulamentos, diretivas e decisões) regulando questões trabalhistas.

- *fontes nacionais*: produção de normas nacionais, ou seja, originadas internamente, no âmbito do próprio país, podendo, da mesma forma, ser estatais e não estatais.

2.10 FONTES FORMAIS DO DIREITO DO TRABALHO

2.10.1 Constituição

A **Constituição Federal de 1988** é considerada fonte formal de hierarquia superior no ordenamento jurídico, de grande importância inclusive no Direito do Trabalho, pois estabelece aspectos fundamentais desse ramo do Direito.

Os principais dispositivos constitucionais sobre Direito do Trabalho estão no Capítulo II ("Dos Direitos sociais") de seu Título II ("Dos Direitos e garantias fundamentais").

O art. 7.º da Lei Maior versa sobre direitos dos trabalhadores urbanos e rurais.

O art. 8.º trata de questões pertinentes ao Direito Coletivo do Trabalho.

O direito de greve é assegurado no art. 9.º.

O art. 10 prevê o direito de participação dos trabalhadores e empregadores nos colegiados dos órgãos públicos em que seus interesses profissionais ou previdenciários sejam objeto de discussão e deliberação.

O art. 11 versa sobre a eleição de representante de empregados nas empresas de mais de 200 empregados.

2.10.2 Leis

Observam-se várias leis regulando diversos aspectos do Direito do Trabalho.

A **Consolidação das Leis do Trabalho** (Decreto-lei 5.452, de 1.º de maio de 1943) é o principal diploma legal sobre o tema.

Além da CLT, há várias leis esparsas versando sobre temas específicos do Direito do Trabalho.

As leis complementares sobre Direito do Trabalho não são numerosas. O art. 7.º, inciso I, da Constituição Federal de 1988 prevê lei complementar regulando a proteção da relação de emprego contra despedida arbitrária ou sem justa causa, a qual ainda não foi promulgada disciplinando a matéria em seu todo, sendo aplicável, até que isso ocorra, o art. 10 do ADCT.

A Lei Complementar 146, de 25 de junho de 2014, por exemplo, determina que o direito previsto no art. 10, inciso II, *b*, do Ato das Disposições Constitucionais Transitórias deve ser assegurado, nos casos em que ocorrer o falecimento da genitora, a quem detiver a guarda do seu filho.

Cabe registrar, ainda, a Lei Complementar 150, de 1.º de junho de 2015, sobre o contrato de trabalho doméstico.

A Lei 13.667/2018 dispõe sobre o Sistema Nacional de Emprego (Sine), o qual será financiado e gerido pela União e pelas esferas de governo que a ele aderirem.

Mesmo sendo da União a competência legislativa sobre Direito do Trabalho, o parágrafo único do art. 22 da Constituição da República estabelece que lei complementar poderá autorizar os Estados a legislar sobre questões específicas das matérias relacionadas neste artigo, o que abrange o Direito do Trabalho (inciso I). Nesse sentido, a Lei

Complementar 103, de 14 de julho de 2000, autoriza os Estados e o Distrito Federal a instituir o piso salarial a que se refere o inciso V do art. 7.º da Constituição Federal.

O art. 62 da Constituição Federal de 1988, com redação determinada pela Emenda Constitucional 32/2001, possibilita a adoção de medidas provisórias pelo Presidente da República, com força de lei, em caso de relevância e urgência, devendo submetê-las de imediato ao Congresso Nacional. Observam-se algumas medidas provisórias tratando sobre questões de Direito do Trabalho.

2.10.3 Atos do Poder Executivo

A legislação trabalhista, originada do Estado, também inclui disposições inseridas em atos do Poder Executivo.

Nesse aspecto, cabe fazer menção aos **regulamentos** presidenciais, ou seja, **decretos** que regulamentam certas leis pertinentes ao Direito do Trabalho. Cabe destacar que referidas disposições não podem alterar normas legais, nem versar sobre questões de competência da lei propriamente, mas apenas regulamentar a sua fiel execução (art. 84, inciso IV, da Constituição Federal de 1988).

O Decreto 99.684/1990 consolida as normas regulamentares do Fundo de Garantia do Tempo de Serviço (FGTS).

Além disso, diversas disposições oriundas do **Ministério do Trabalho** versam sobre questões trabalhistas, inspeção do trabalho, bem como Segurança e Medicina do Trabalho. O art. 87, parágrafo único, inciso II, da Constituição Federal, estabelece competir ao Ministro de Estado a expedição de instruções para a execução de leis, decretos e regulamentos.

A Portaria 3.214, 8 de junho de 1978, do Ministério do Trabalho, aprovou as **Normas Regulamentadoras** (NRs) do Capítulo V, do Título II, da Consolidação das Leis do Trabalho, relativas à Segurança e Medicina do Trabalho.

A Portaria 671/2021 do Ministério do Trabalho e Previdência disciplina matérias referentes à legislação trabalhista, à inspeção do trabalho, às políticas públicas e às relações de trabalho no que se refere a:

> I – Carteira de Trabalho e Previdência Social (CTPS);
>
> II – contrato de trabalho, em especial: a) registro de empregados e anotações na CTPS; b) trabalho autônomo; c) trabalho intermitente; d) consórcio de empregadores rurais; e) contrato e nota contratual de músicos profissionais, artistas e técnicos de espetáculos de diversões;
>
> III – contrato de parceria entre os salões de beleza e os profissionais;
>
> IV – autorização de contratação de trabalhador por empresa estrangeira para trabalhar no exterior;
>
> V – jornada de trabalho, em especial: a) autorização transitória para trabalho aos domingos e feriados; b) autorização permanente para trabalho aos domingos e feriados; c) prorrogação de jornada em atividades insalubres; d) anotação da hora de entrada e de saída em registro manual, mecânico ou eletrônico;
>
> VI – apuração de parcelas variáveis de remuneração;
>
> VII – efeitos de débitos salariais, de mora de Fundo de Garantia do Tempo de Serviço (FGTS), de mora contumaz salarial e de mora contumaz de FGTS;
>
> VIII – local para guarda e assistência dos filhos no período da amamentação;

IX - reembolso-creche;

X - registro profissional;

XI - registro de empresa de trabalho temporário;

XII - sistemas e cadastros, em especial: a) domicílio eletrônico trabalhista (DET) e livro de inspeção do trabalho eletrônico (eLIT); b) substituição de informações nos sistemas do Cadastro Geral de Empregados e Desempregados (CAGED) e da Relação Anual de Informações Sociais (RAIS); c) RAIS; d) CAGED; e) disponibilização e utilização de informações contidas nas bases de dados do CAGED, da RAIS, do seguro-desemprego, do benefício emergencial de preservação do emprego e da renda (BEm) e do novo benefício emergencial de preservação do emprego e da renda (Novo BEm); f) cadastro de empregados por meio da Caixa Econômica Federal; g) Classificação Brasileira de Ocupações (CBO);

XIII - medidas contra a discriminação no trabalho;

XIV - trabalho em condições análogas às de escravo;

XV - atividades de direção, assessoramento e apoio político-partidário;

XVI - entidades sindicais e instrumentos coletivos de trabalho, em especial: a) registro no Cadastro Nacional de Entidades Sindicais (CNES) e certidão sindical; b) recolhimento e distribuição da contribuição sindical urbana; c) registro de instrumentos coletivos de trabalho; d) mediação na negociação coletiva de natureza trabalhista;

XVII - fiscalização orientadora em microempresas e empresas de pequeno porte;

XVIII - simulação de rescisão contratual e levantamento do FGTS em fraude à lei;

XIX - procedimentos e requisitos para o cadastro das entidades autorizadas a operar ou participar do Programa Nacional de Microcrédito Produtivo Orientado (PNMPO);

XX - diretrizes para execução da aprendizagem profissional e o Cadastro Nacional de Aprendizagem Profissional (CNAP);

XXI - diretrizes para execução da modalidade qualificação presencial no âmbito do Programa Brasileiro de Qualificação Social e Profissional (QUALIFICAÇÃO BRASIL).

Ainda a respeito do tema, segundo o art. 29 da Lei de Introdução às Normas do Direito Brasileiro, incluído pela Lei 13.655/2018, em qualquer órgão ou Poder, a edição de *atos normativos por autoridade administrativa*, salvo os de mera organização interna, pode ser precedida de *consulta pública para manifestação de interessados*, preferencialmente por meio eletrônico, a qual deve ser considerada na decisão. A *convocação* deve conter a minuta do ato normativo e fixará o prazo e demais condições da consulta pública, observadas as normas legais e regulamentares específicas, se houver.

As autoridades públicas devem atuar para aumentar a *segurança jurídica na aplicação das normas*, inclusive por meio de *regulamentos, súmulas administrativas e respostas a consultas* (art. 30 da Lei de Introdução às Normas do Direito Brasileiro, acrescentado pela Lei 13.655/2018). Os mencionados instrumentos terão *caráter vinculante em relação ao órgão ou entidade a que se destinam*, até ulterior revisão.

Ademais, conforme o art. 26 da Lei de Introdução às Normas do Direito Brasileiro, incluído pela Lei 13.655/2018, para eliminar irregularidade, incerteza jurídica ou situação contenciosa na *aplicação do Direito Público*, inclusive no caso de expedição de licença, a autoridade administrativa pode, após oitiva do órgão jurídico e, quando for o caso, após realização de consulta pública, e presentes razões de relevante interesse geral, *celebrar compromisso com os interessados*, observada a legislação aplicável, o qual só deve produzir efeitos a partir de sua publicação oficial.

Embora esse dispositivo mencione Direito Público, é possível entender que a sua previsão também se aplica, de forma extensiva, às *normas de ordem pública*.

O referido *compromisso*: deve buscar solução jurídica proporcional, equânime, eficiente e compatível com os interesses gerais; não pode conferir desoneração permanente de dever ou condicionamento de direito reconhecidos por orientação geral; deve prever com clareza as obrigações das partes, o prazo para seu cumprimento e as sanções aplicáveis em caso de descumprimento.

2.10.3.1 Regulamentação de disposições relativas à legislação trabalhista

O art. 16 da Lei Complementar 95/1998 estabelece que os órgãos diretamente subordinados à Presidência da República e os Ministérios, assim como as entidades da administração indireta, devem adotar as providências necessárias para ser efetuada a triagem, o exame e a consolidação dos decretos de conteúdo normativo e geral e demais atos normativos inferiores em vigor, vinculados às respectivas áreas de competência, remetendo os textos consolidados à Presidência da República, que os examinará e reunirá em coletâneas, para posterior publicação.

Nesse contexto, o Decreto 10.854/2021 regulamenta disposições relativas à legislação trabalhista sobre os seguintes temas: I – Programa Permanente de Consolidação, Simplificação e Desburocratização de Normas Trabalhistas Infralegais; II – Prêmio Nacional Trabalhista; III – domicílio eletrônico trabalhista (DET) e livro de inspeção do trabalho eletrônico (eLIT); IV – fiscalização das normas de proteção ao trabalho e de segurança e saúde no trabalho; V – diretrizes para elaboração e revisão das Normas Regulamentadoras de Segurança e Saúde no Trabalho; VI – certificado de aprovação do equipamento de proteção individual, nos termos do disposto no art. 167 da CLT; VII – registro eletrônico de controle de jornada, nos termos do disposto no art. 74 da CLT; VIII – mediação de conflitos coletivos de trabalho; IX – empresas prestadoras de serviços a terceiros, nos termos do disposto na Lei 6.019/1974; X – trabalho temporário, nos termos do disposto na Lei 6.019/1974; XI – gratificação de Natal, nos termos do disposto na Lei 4.090/1962 e na Lei 4.749/1965; XII – relações individuais e coletivas de trabalho rural, nos termos do disposto na Lei 5.889/1973; XIII – vale-transporte, nos termos do disposto na Lei 7.418/1985; XIV – Programa Empresa Cidadã, destinado à prorrogação da licença-maternidade e da licença-paternidade, nos termos do disposto na Lei 11.770/2008; XV – situação de trabalhadores contratados ou transferidos para prestar serviços no exterior, nos termos do disposto no § 2.º do art. 5.º, nos §§ 1.º a 4.º do art. 9.º e no art. 12 da Lei 7.064/1982; XVI – repouso semanal remunerado e pagamento de salário nos feriados civis e religiosos, nos termos do disposto na Lei 605/1949; XVII – Relação Anual de Informações Sociais (RAIS); XVIII – Programa de Alimentação do Trabalhador (PAT).

2.10.3.2 Programa Permanente de Consolidação, Simplificação e Desburocratização de Normas Trabalhistas Infralegais

Foi instituído o Programa Permanente de Consolidação, Simplificação e Desburocratização de Normas Trabalhistas Infralegais no âmbito do Ministério do Trabalho e Previdência (art. 2.º do Decreto 10.854/2021).

Sendo assim, o Programa Permanente de Consolidação, Simplificação e Desburocratização de Normas Trabalhistas Infralegais deve abranger iniciativas de revisão, compilação e consolidação de normas trabalhistas infralegais (art. 3.º do Decreto 10.854/2021).

A compilação e a consolidação dos atos normativos em vigor vinculados à área trabalhista devem obedecer ao disposto no Decreto 9.191/2017 e no Decreto 10.139/2019 (art. 4.º do Decreto 10.854/2021).

O Decreto 9.191/2017 estabelece as normas e as diretrizes para elaboração, redação, alteração, consolidação e encaminhamento de propostas de atos normativos ao Presidente da República pelos Ministros de Estado (art. 1.º). Incumbe aos Ministros de Estado a proposição de atos normativos, conforme as áreas de competências dos órgãos (art. 22 do Decreto 9.191/2017).

O Decreto 10.139/2019 dispõe sobre a revisão e a consolidação dos atos normativos inferiores a decreto editados por órgãos e entidades da administração pública federal direta, autárquica e fundacional (art. 1.º).

São objetivos gerais do Programa Permanente de Consolidação, Simplificação e Desburocratização de Normas Trabalhistas Infralegais: I – promover a conformidade às normas trabalhistas infralegais e o direito ao trabalho digno; II – buscar a simplificação e a desburocratização do marco regulatório trabalhista, de modo a observar o respeito aos direitos trabalhistas e a redução dos custos de conformidade das empresas; III – promover a segurança jurídica; IV – alcançar marco regulatório trabalhista infralegal harmônico, moderno e dotado de conceitos claros, simples e concisos; V – aprimorar a interação do Ministério do Trabalho e Previdência com os administrados; VI – ampliar a transparência do arcabouço normativo aos trabalhadores, aos empregadores, às entidades sindicais e aos operadores do direito por meio do acesso simplificado ao marco regulatório trabalhista infralegal; VII – promover a integração das políticas de trabalho e de previdência; VIII – melhorar o ambiente de negócios, o aumento da competitividade e a eficiência do setor público, para a geração e a manutenção de empregos (art. 5.º do Decreto 10.854/2021).

São objetivos específicos do Programa Permanente de Consolidação, Simplificação e Desburocratização de Normas Trabalhistas Infralegais: I – triar e catalogar a legislação trabalhista infralegal com matérias conexas ou afins; II – garantir, por meio da articulação entre as áreas, que o repositório de normas trabalhistas infralegais seja disponibilizado em ambiente único e digital, constantemente atualizado; III – promover a participação social, inclusive por meio de consultas públicas; IV – buscar a harmonização das normas trabalhistas e previdenciárias infralegais; V – revogar atos normativos exauridos ou tacitamente revogados (art. 6.º do Decreto 10.854/2021).

As normas trabalhistas infralegais analisadas no âmbito do Programa Permanente de Consolidação, Simplificação e Desburocratização de Normas Trabalhistas Infralegais devem ser organizadas e compiladas em coletâneas, de acordo com os seguintes temas: I – legislação trabalhista, relações de trabalho e políticas públicas de trabalho; II – segurança e saúde no trabalho; III – inspeção do trabalho; IV – procedimentos de multas e recursos de processos administrativos trabalhistas; V – convenções e recomendações da Organização Internacional do Trabalho (OIT); VI – profissões regulamentadas; VII – normas administrativas (art. 7.º do Decreto 10.854/2021). O Ministério do Trabalho e Previdência pode incluir outros temas para a organização de normas infralegais relacionados à sua área de atuação.

Nos termos do art. 8.º do Decreto 10.854/2021, os atos normativos infralegais de natureza trabalhista editados pelo Ministério do Trabalho e Previdência devem ser incorporados aos atos normativos consolidados ou revistos de acordo com os temas de que trata o art. 7.º do Decreto 10.854/2021.

É vedada a edição de atos normativos autônomos quando houver ato normativo consolidado ou compilado que trate do mesmo tema. Os atos normativos infralegais de matéria trabalhista a serem editados pelo Ministério do Trabalho e Previdência, incluídos aqueles relativos à inspeção do trabalho, devem ser redigidos com clareza, precisão e ordem lógica, e devem apresentar conceitos técnicos e objetivos, em observância ao disposto no Decreto 9.191/2017 e no Decreto 10.139/2019.

Apenas serão admitidos os atos normativos inferiores a decreto editados nos termos do disposto no art. 2.º do Decreto 10.139/2019[12]. Quaisquer outros documentos existentes, no âmbito da Secretaria de Trabalho do Ministério do Trabalho e Previdência, que não tenham adotado a denominação prevista no art. 2.º do Decreto 10.139/2019, tais como manuais, recomendações, ofícios circulares, diretrizes e congêneres, perdem validade a partir da data de publicação do Decreto 10.854/2021 (11.11.2021).

O Ministério do Trabalho e Previdência deve avaliar e monitorar, a cada biênio, os resultados obtidos quanto à aderência aos objetivos específicos do Programa Permanente de Consolidação, Simplificação e Desburocratização de Normas Trabalhistas Infralegais previstos no art. 6.º do Decreto 10.139/2019 (art. 9.º).

2.10.4 Sentença normativa

Os **conflitos coletivos de trabalho** devem ser preferencialmente solucionados por meio de negociação coletiva. Quando esta se frustra e as partes recusam a arbitragem, o conflito coletivo pode ser solucionado pelo dissídio coletivo, instaurado perante a Justiça do Trabalho (art. 114, § 2.º, da Constituição Federal).

A **sentença normativa** é a decisão proferida no dissídio coletivo, pondo fim ao conflito coletivo, estabelecendo normas e condições de trabalho, por meio do exercício do **poder normativo** pela Justiça do Trabalho.

Conforme o Precedente Normativo 120 da SDC do TST: "Sentença normativa. Duração. Possibilidade e limites (positivo). A sentença normativa vigora, desde seu termo inicial até que sentença normativa, convenção coletiva de trabalho ou acordo coletivo de trabalho superveniente produza sua revogação, expressa ou tácita, respeitado, porém, o prazo máximo legal de quatro anos de vigência".

Como a sentença normativa estabelece condições de trabalho a serem aplicadas aos envolvidos no conflito coletivo, é considerada fonte formal, por ser genérica e abstrata. Trata-se de fonte heterônoma, estatal, pois a decisão é imposta pelo Poder Judiciário, quando frustrada a negociação coletiva.

2.10.5 Jurisprudência

A jurisprudência pode ser entendida como "a reiterada interpretação conferida pelos tribunais às normas jurídicas, a partir dos casos concretos colocados a seu exame jurisdicional"[13].

---

12. A partir da entrada em vigor do Decreto 10.139/2019 (03.02.2020), os atos normativos inferiores a decreto devem ser editados sob a forma de: I – portarias: atos normativos editados por uma ou mais autoridades singulares; II – resoluções: atos normativos editados por colegiados; ou III – instruções normativas: atos normativos que, sem inovar, orientem a execução das normas vigentes pelos agentes públicos (art. 2.º do Decreto 10.139/2019).

13. DELGADO, Mauricio Godinho. *Curso de direito do trabalho*. São Paulo: LTr, 2002. p. 164. Cf. ainda REALE, Miguel. *Lições preliminares de direito*. 18. ed. São Paulo: Saraiva, 1991. p. 167: "Pela palavra 'jurisprudência' (*stricto*

Não é pacífica a inclusão da jurisprudência como fonte formal do Direito. A vertente mais moderna reconhece a jurisprudência como fonte formal do Direito[14]. O juiz não é mero aplicador de regras postas, não se podendo negar o seu papel criador. A sentença, aliás, pode ser vista como a norma que regula o caso concreto.

Cabe destacar, ainda, as ***súmulas vinculantes*** **do Supremo Tribunal Federal**, conforme previsão do art. 103-A da Constituição Federal de 1988 (acrescentado pela Emenda Constitucional 45/2004), matéria regulamentada pela Lei 11.417, de 19 de dezembro de 2006. As súmulas vinculantes apresentam os requisitos de verdadeiras normas jurídicas, mesmo para a vertente mais tradicional, por serem disposições genéricas, abstratas e de caráter obrigatório.

Frise-se que, no presente, a jurisprudência passou a ter conotação obrigatória e força nitidamente vinculante em diversas situações, como se observa nos arts. 489, § 1.º, inciso VI[15], e 927 do CPC de 2015[16], o que confirma a sua natureza de fonte do Direito, inclusive no âmbito jurídico trabalhista (art. 15 do CPC de 2015).

Ressalte-se que todas as decisões do Poder Judiciário devem ser *fundamentadas*, sob pena de nulidade (art. 93, inciso IX, da Constituição da República e art. 11 do CPC de 2015). A Administração Pública também deve obedecer ao princípio da *motivação* (art. 2.º da Lei 9.784/1999), pois os atos administrativos, em regra, devem ser *motivados* (art. 50 da Lei 9.784/1999). Trata-se de exigência inerente ao Estado Democrático de Direito.

Nos termos do art. 20 da Lei de Introdução às Normas do Direito Brasileiro, incluído pela Lei 13.655/2018, nas esferas administrativa, controladora e judicial, não se deve decidir com base em valores jurídicos abstratos sem que sejam consideradas as *consequências práticas da decisão*.

Consideram-se *valores jurídicos abstratos* aqueles previstos em normas jurídicas com alto grau de indeterminação e abstração (art. 3.º, § 1.º, do Decreto 9.830/2019).

A *motivação* deve demonstrar a *necessidade* e a *adequação* da medida imposta ou da invalidação de ato, contrato, ajuste, processo ou norma administrativa, inclusive em face das possíveis alternativas (art. 20, parágrafo único, da Lei de Introdução às Normas do Direito Brasileiro).

---

sensu) devemos entender a forma de revelação do direito que se processa através do exercício da jurisdição, em virtude de uma sucessão harmônica de decisões dos tribunais".

14. Cf. REALE, Miguel. *Lições preliminares de direito*. 18. ed. São Paulo: Saraiva, 1991. p. 169: "Se uma regra é, no fundo, a sua interpretação, isto é, aquilo que se diz ser o seu significado, não há como negar à Jurisprudência a categoria de *fonte do Direito*, visto como ao juiz é dado armar de obrigatoriedade aquilo que declara ser 'de direito' no caso concreto. O magistrado, em suma, interpreta a norma legal situada numa 'estrutura de poder', que lhe confere competência para converter em sentença, que é uma *norma particular*, o seu entendimento da lei" (destaques do original).

15. "§ 1.º Não se considera fundamentada qualquer decisão judicial, seja ela interlocutória, sentença ou acórdão, que: [...] VI – deixar de seguir enunciado de súmula, jurisprudência ou precedente invocado pela parte, sem demonstrar a existência de distinção no caso em julgamento ou a superação do entendimento".

16. "Art. 927. Os juízes e os tribunais observarão: I – as decisões do Supremo Tribunal Federal em controle concentrado de constitucionalidade; II – os enunciados de súmula vinculante; III – os acórdãos em incidente de assunção de competência ou de resolução de demandas repetitivas e em julgamento de recursos extraordinário e especial repetitivos; IV – os enunciados das súmulas do Supremo Tribunal Federal em matéria constitucional e do Superior Tribunal de Justiça em matéria infraconstitucional; V – a orientação do plenário ou do órgão especial aos quais estiverem vinculados".

A decisão deve ser *motivada* com a contextualização dos fatos, quando cabível, e com a indicação dos fundamentos de mérito e jurídicos (art. 2.º do Decreto 9.830/2019).

A *motivação da decisão* deve conter os seus fundamentos e apresentará a congruência entre as normas e os fatos que a embasaram, de forma argumentativa. A motivação indicará as normas, a interpretação jurídica, a jurisprudência ou a doutrina que a embasaram. A motivação pode ser constituída por declaração de concordância com o conteúdo de notas técnicas, pareceres, informações, decisões ou propostas que precederam a decisão (art. 2.º, §§ 1.º a 3.º, do Decreto 9.830/2019).

A *decisão* que, nas esferas administrativa, controladora ou judicial, decretar a invalidação de ato, contrato, ajuste, processo ou norma administrativa deve indicar de modo expresso suas *consequências jurídicas e administrativas* (art. 21 da Lei de Introdução às Normas do Direito Brasileiro, acrescentado pela Lei 13.655/2018).

A decisão mencionada deve, quando for o caso, indicar as condições para que a regularização ocorra de modo *proporcional e equânime* e sem prejuízo aos interesses gerais, não se podendo impor aos sujeitos atingidos ônus ou perdas que, em função das peculiaridades do caso, sejam anormais ou excessivos.

A *decisão do processo*, nas esferas administrativa, controladora ou judicial, pode impor *compensação por benefícios indevidos ou prejuízos anormais ou injustos* resultantes do processo ou da conduta dos envolvidos (art. 27 da Lei de Introdução às Normas do Direito Brasileiro, incluído pela Lei 13.655/2018).

A decisão sobre a compensação deve ser *motivada*, ouvidas previamente as partes sobre seu cabimento, sua forma e, se for o caso, seu valor. Para prevenir ou regular a compensação, pode ser celebrado *compromisso processual* entre os envolvidos.

O agente público responde *pessoalmente* por suas decisões ou opiniões técnicas em caso de *dolo ou erro grosseiro* (art. 28 da Lei de Introdução às Normas do Direito Brasileiro, acrescentado pela Lei 13.655/2018). Considera-se *erro grosseiro* aquele manifesto, evidente e inescusável praticado com *culpa grave*, caracterizado por ação ou omissão com elevado grau de negligência, imprudência ou imperícia (art. 12, § 1.º, do Decreto 9.830/2019).

Especificamente quanto à esfera jurisdicional, o juiz responde, *civil e regressivamente*, por perdas e danos quando: I – no exercício de suas funções, proceder com dolo ou fraude; II – recusar, omitir ou retardar, sem justo motivo, providência que deva ordenar de ofício ou a requerimento da parte (art. 143 do CPC de 2015). As hipóteses previstas no inciso II somente serão verificadas depois que a parte requerer ao juiz que determine a providência e o requerimento não for apreciado no prazo de 10 dias.

Nesse contexto, cabe salientar que as pessoas jurídicas de direito público e as de direito privado prestadoras de serviços públicos respondem pelos danos que seus agentes, nessa qualidade, causarem a terceiros, *assegurado o direito de regresso contra o responsável nos casos de dolo ou culpa* (art. 37, § 6.º, da Constituição da República)[17]. Trata-se, quanto à parte inicial, de responsabilidade objetiva do Estado, adotando-se a *teoria do risco administrativo*[18].

---

17. A respeito do tema, o Supremo Tribunal Federal fixou a seguinte tese de repercussão geral: "A teor do disposto no art. 37, § 6.º, da Constituição Federal, a ação por danos causados por agente público deve ser ajuizada contra o Estado ou a pessoa jurídica de direito privado prestadora de serviço público, sendo parte ilegítima para a ação o autor do ato, assegurado o direito de regresso contra o responsável nos casos de dolo ou culpa" (STF, Pleno, RE 1.027.633/SP, Rel. Min. Marco Aurélio, j. 14.08.2019).

18. Cf. MEIRELLES, Hely Lopes. *Direito administrativo brasileiro*. 26. ed. atualizada por Eurico de Andrade Azevedo, Délcio Balestero Aleixo e José Emmanuel Burle Filho. São Paulo: Malheiros, 2001. p. 614.

Ainda assim, segundo a jurisprudência do Supremo Tribunal Federal: "salvo nos casos previstos no art. 5.º, LXXV, da Magna Carta – erro judiciário e prisão além do tempo fixado na sentença –, e daqueles expressamente previstos em lei, a responsabilidade objetiva do Estado não se aplica aos atos jurisdicionais" (STF, 1.ª T., AgR-RE 765.139/RN, Rel. Min. Rosa Weber, *DJe* 21.11.2017).

A divergência na interpretação de lei ou na avaliação de fatos e provas não configura abuso de autoridade (art. 1.º, § 2.º, da Lei 13.869/2019).

O art. 8.º, § 2.º, da CLT estabelece que as Súmulas e outros enunciados de jurisprudência editados pelo Tribunal Superior do Trabalho e pelos Tribunais Regionais do Trabalho não podem restringir direitos legalmente previstos nem criar obrigações que não estejam previstas em lei.

Tendo em vista o princípio da legalidade, "ninguém será obrigado a fazer ou deixar de fazer alguma coisa senão em virtude de lei" (art. 5.º, inciso II, da Constituição da República). A jurisdição, exercida pelos tribunais, assim, não pode legislar, em respeito ao princípio da separação de poderes. Nesse sentido, são Poderes da União, independentes e harmônicos entre si, o Legislativo, o Executivo e o Judiciário (art. 2.º da Constituição Federal de 1988).

Entretanto, cabe registrar não só a existência do poder normativo da Justiça do Trabalho no âmbito dos dissídios coletivos (art. 114, §§ 2.º e 3.º, da Constituição da República), mas principalmente que o Direito não é sinônimo de lei, a ela não se reduzindo, por englobar as vertentes social (fatos), axiológica (valores) e normativa[19].

A jurisprudência interpreta e aplica o sistema jurídico, o qual, mesmo no aspecto normativo, é formado de regras e princípios, presentes nas esferas constitucional e infraconstitucional, internacional e interna, não se restringindo às leis.

2.10.6 Sentença arbitral

A **arbitragem** é forma de solução de conflitos, no caso, heterônoma, pois um terceiro (árbitro) é quem decidirá o litígio, por meio da sentença arbitral. É estabelecida por meio da convenção de arbitragem, que engloba a cláusula compromissória e o compromisso arbitral (art. 3.º da Lei 9.307/1996).

Como os conflitos coletivos de trabalho podem ser solucionados por meio da arbitragem (art. 114, §§ 1.º e 2.º, da Constituição Federal), a sentença arbitral, estabelecendo condições de trabalho, também pode ser considerada fonte formal do Direito do Trabalho. Há previsão da arbitragem na esfera das relações de trabalho, conforme Lei 7.783/1989, art. 3.º, *caput*, sobre direito de greve, Lei 10.101/2000, art. 4.º, inciso II, sobre participação nos lucros ou resultados, e Lei 12.815/2013 (art. 37, § 1.º), sobre trabalho portuário.

O § 2.º do art. 764 da CLT, ao mencionar o termo "juízo arbitral", utilizou-o com o evidente sentido de jurisdição estatal, pois, não havendo acordo em juízo, é proferida a decisão pelo juiz do trabalho.

Anteriormente, prevalecia o entendimento de que a arbitragem, quanto ao Direito do Trabalho, apenas era aplicável ao âmbito coletivo, sendo incompatível nas relações individuais de trabalho. A Lei 9.307/1996, em seu art. 1.º, restringe a possibilidade de arbitragem "a direitos patrimoniais disponíveis". O Direito Individual do Trabalho tem como um de seus princípios fundamentais o da irrenunciabilidade, sendo as suas normas

19. Cf. REALE, Miguel. *Lições preliminares de direito*. 18. ed. São Paulo: Saraiva, 1991. p. 66.

de ordem pública, dotadas de certo grau de indisponibilidade. Assim, diante do art. 1.º da Lei 9.307/1996 e da análise global do sistema jurídico, entendia-se os conflitos individuais de trabalho *não* poderiam ser solucionados pela arbitragem.

Na atualidade, o art. 507-A da CLT prevê que nos contratos individuais de trabalho cuja remuneração seja superior a duas vezes o limite máximo estabelecido para os benefícios do Regime Geral de Previdência Social, pode ser pactuada *cláusula compromissória de arbitragem*, desde que por iniciativa do empregado ou mediante a sua concordância expressa, nos termos previstos na Lei 9.307/1996.

A cláusula compromissória é a convenção por meio da qual as partes em um contrato comprometem-se a submeter à arbitragem os litígios que possam vir a surgir, relativamente a tal contrato (art. 4.º, *caput*, da Lei 9.307/1996).

Logo, por meio dessa convenção, as partes do contrato individual de trabalho previsto no art. 507-A da CLT se comprometem a submeter à arbitragem os litígios que possam surgir e forem decorrentes desse contrato.

Entretanto, entende-se que o mais adequado, inclusive com o fim de preservar a higidez da manifestação de vontade do empregado, teria sido a exigência de *compromisso arbitral* na hipótese em estudo, o qual é a convenção por meio da qual as partes submetem um litígio (já existente) à arbitragem de uma ou mais pessoas, podendo ser judicial ou extrajudicial (art. 9.º, *caput*, da Lei 9.307/1996).

A *sentença arbitral* produz, entre as partes e seus sucessores, os mesmos efeitos da sentença proferida pelos órgãos do Poder Judiciário e, sendo condenatória, constitui título executivo (art. 31 da Lei 9.307/1996), em regra, de natureza judicial (art. 515, inciso VII, do CPC de 2015). Nesse enfoque, o árbitro é juiz de fato e de direito, e a sentença que proferir não fica sujeita a recurso ou a homologação pelo Poder Judiciário (art. 18 da Lei 9.307/1996).

2.10.7 Convenções e acordos coletivos

Havendo conflito coletivo de trabalho, o ideal é que as partes envolvidas o resolvam de forma negociada, por meio da **autocomposição**. A **negociação coletiva** é um procedimento que pode dar origem a normas jurídicas, dispondo sobre condições de trabalho de forma genérica e abstrata. Assim, o **acordo coletivo** e a **convenção coletiva de trabalho** são considerados fontes formais decorrentes da autonomia coletiva dos particulares.

A *convenção coletiva* põe fim a conflitos coletivos envolvendo a categoria profissional e a categoria econômica. Assim, em princípio, é firmada pelos respectivos sindicatos de trabalhadores e empregadores.

O *acordo coletivo* é o instrumento normativo negociado firmado entre o sindicato da categoria profissional e uma ou mais empresas, solucionando conflito coletivo envolvendo os empregados de uma ou mais empresas e seus empregadores.

O art. 614, § 3.º, da CLT, com redação dada pela Lei 13.467/2017, prevê que não será permitido estipular duração de convenção coletiva ou acordo coletivo de trabalho superior a dois anos, sendo vedada a ultratividade. A respeito do tema, cf. Capítulo 28, item 28.17.

2.10.8 Usos e costumes

Os usos e costumes são considerados fontes formais também no Direito do Trabalho, envolvendo condutas reiteradamente praticadas e observadas pelo grupo social ou comunidade, que as consideram juridicamente obrigatórias.

O costume pode ser enfocado como conduta que abrange grupo de maior alcance, enquanto o uso é mais restrito. Vejamos as modalidades de costumes:

- costume *contra legem*: é aquele que viola a norma legal, não sendo, por isso, válido;
- costume *secundum legem*: refere-se à conduta que já está prevista na própria lei;
- costume *praeter legem*: significa aquele que, embora não previsto em lei, não a afronta, sendo aceito pelo sistema jurídico.

No Direito do Trabalho, a **conduta habitual do empregador,** que seja mais benéfica do que a previsão mínima contida na lei, passa a ser obrigatória, em face do princípio da condição mais benéfica e do disposto no art. 468 da CLT.

Além disso, um dos requisitos do salário *in natura* é justamente a **habitualidade** na concessão da utilidade (art. 458, *caput*, da CLT).

Da mesma forma, o art. 460 da CLT estabelece que, na falta de estipulação do salário ou não havendo prova sobre a importância ajustada, o empregado terá direito a perceber salário igual ao daquele que, na mesma empresa, fizer serviço equivalente, ou do que for *habitualmente* (ou seja, costumeiramente) pago para serviço semelhante.

O art. 8.º, *caput*, da CLT explicita que os usos e costumes também podem ser utilizados na falta de disposições legais e contratuais, ou seja, como forma de integração do ordenamento jurídico no Direito do Trabalho.

2.10.9 Regulamento de empresa

O regulamento de empresa prevê diversos direitos e deveres, de forma genérica e abstrata, alcançando os empregados contratados. Por isso, o regulamento de empresa pode ser considerado fonte formal do Direito do Trabalho[20]. Registre-se, no entanto, o entendimento divergente, no sentido de que o regulamento de empresa não possui natureza de norma jurídica, não sendo fonte formal do Direito, por se tratar de ato de vontade do empregador[21].

O regulamento de empresa pode ser:

- *bilateral*: quando elaborado em conjunto com os empregados;
- *unilateral*: quando estabelecido apenas pelo empregador.

Os **direitos trabalhistas previstos no regulamento de empresa** passam a integrar os contratos de trabalho de cada empregado, devendo observar os preceitos mínimos presentes na legislação trabalhista e demais instrumentos normativos, bem como as normas de ordem pública a respeito.

O regulamento de empresa é mencionado no art. 144 da CLT, ao versar sobre o abono de férias.

Nos termos da Súmula 51, inciso I, do TST: "As cláusulas regulamentares, que revoguem ou alterem vantagens deferidas anteriormente, só atingirão os trabalhadores admitidos após a revogação ou alteração do regulamento". Trata-se de entendimento

20. Cf. MARTINS, Sergio Pinto. *Direito do trabalho*. 22. ed. São Paulo: Atlas, 2006. p. 41; BARROS, Alice Monteiro de. *Curso de direito do trabalho*. 2. ed. São Paulo: LTr, 2006. p. 118; NASCIMENTO, Amauri Mascaro. *Curso de direito do trabalho*. 19. ed. São Paulo: Saraiva, 2004. p. 272.

21. Cf. DELGADO, Mauricio Godinho. *Curso de direito do trabalho*. São Paulo: LTr, 2002. p. 163.

em conformidade com o art. 468, *caput*, da CLT, consagrando o **princípio da condição mais favorável**.

A Súmula 51, inciso II, do TST, por sua vez, assim prevê: "Havendo a coexistência de dois regulamentos da empresa, a opção do empregado por um deles tem efeito jurídico de renúncia às regras do sistema do outro".

O art. 611-A, inciso VI, da CLT prevê que a convenção coletiva e o acordo coletivo de trabalho têm prevalência sobre a lei quando dispuserem sobre *regulamento empresarial*.

2.10.10 Contrato de trabalho

De acordo com parte da doutrina, o próprio **contrato individual de trabalho**, ao prever e estipular uma série de direitos e deveres às partes que figuram na relação de emprego, pode ser visto como uma fonte formal do Direito do Trabalho.

No entanto, como não se verificam os requisitos da generalidade e abstração, há entendimento divergente, de que o contrato individual de trabalho não se consubstancia em fonte formal do Direito do Trabalho.

2.10.11 Princípios jurídicos

Reconhece-se na atualidade que os **princípios de Direito** apresentam natureza normativa, devendo ser incluídos entre as fontes formais do Direito do Trabalho.

Tanto é assim que há diversos princípios inseridos e positivados na própria Constituição, a qual, sem dúvida, é considerada fonte formal também do Direito do Trabalho.

2.11 INTERPRETAÇÃO DO DIREITO DO TRABALHO

A **interpretação** da norma jurídica significa a obtenção de seu verdadeiro sentido e alcance. **Hermenêutica** é a ciência do Direito que versa sobre o conjunto de teorias, princípios e meios de interpretação das normas jurídicas.

No Direito do Trabalho são utilizados os **métodos de interpretação** da Teoria Geral do Direito, como a seguir exposto.

- *interpretação gramatical ou literal*: verificação da redação e do sentido gramatical das disposições literais da norma jurídica, utilizando-se regras linguísticas e gramaticais;
- *interpretação lógica*: análise da norma jurídica de acordo com razoabilidade e bom senso, seguindo as regras de lógica, de modo a observar a coerência na disposição normativa. Por meio desse método, busca-se a chamada *mens legis*, ou seja, o pensamento contido na própria norma jurídica, e não a vontade de quem a produziu;
- *interpretação sistemática*: análise da norma jurídica de acordo com o sistema em que se encontra inserida, ou seja, de forma harmônica com as diversas outras disposições, e não de forma isolada;
- *interpretação teleológica*: verificação da finalidade, ou seja, do objetivo que a norma jurídica busca alcançar. De acordo com o art. 5.º da Lei de Introdução às Normas do Direito Brasileiro (Decreto-lei 4.657, de 4 de setembro de 1942, ementa conforme a Lei 12.376, de 30 de dezembro de 2010), na aplicação da lei, o juiz atenderá aos fins sociais a que a lei se dirige e às exigências do bem comum, o que corresponde à *interpreta-*

ção sociológica, tendo em vista as necessidades sociais da norma jurídica[22]. Ao aplicar o ordenamento jurídico, o juiz deve atender aos fins sociais e às exigências do bem comum, resguardando e promovendo a dignidade da pessoa humana e observando a proporcionalidade, a razoabilidade, a legalidade, a publicidade e a eficiência (art. 8.º do CPC de 2015). O art. 8.º, *caput*, da CLT determina que nenhum interesse de classe ou particular prevaleça sobre o interesse público;

- *interpretação histórica*: análise dos fatos sociais e históricos que deram origem à norma jurídica, bem como do contexto da sociedade na ocasião, para melhor compreender a disposição normativa.

Conforme o art. 22 da Lei de Introdução às Normas do Direito Brasileiro, incluído pela Lei 13.655/2018, na *interpretação de normas sobre gestão pública*, devem ser considerados os obstáculos e as dificuldades reais do gestor e as exigências das políticas públicas a seu cargo, sem prejuízo dos direitos dos administrados.

Em decisão sobre regularidade de conduta ou validade de ato, contrato, ajuste, processo ou norma administrativa, devem ser consideradas as circunstâncias práticas que houverem imposto, limitado ou condicionado a ação do agente.

Na *aplicação de sanções*, devem ser consideradas a natureza e a gravidade da infração cometida, os danos que dela provierem para a administração pública, as circunstâncias agravantes ou atenuantes e os antecedentes do agente. As sanções aplicadas ao agente devem ser levadas em conta na dosimetria das demais sanções de mesma natureza e relativas ao mesmo fato.

Nos termos do art. 23 da Lei de Introdução às Normas do Direito Brasileiro, acrescentado pela Lei 13.655/2018, a decisão administrativa, controladora ou judicial que estabelecer *interpretação ou orientação nova sobre norma de conteúdo indeterminado*, impondo novo dever ou novo condicionamento de direito, deve *prever regime de transição* quando indispensável para que o novo dever ou condicionamento de direito seja cumprido de modo proporcional, equânime e eficiente e sem prejuízo aos interesses gerais.

Procura-se garantir, assim, a *segurança jurídica*, essencial à estabilidade e à harmonia das relações sociais no Estado Democrático de Direito.

Quanto ao resultado da interpretação, esta pode ser:

- *interpretação restritiva ou limitativa*: resulta na limitação do sentido da disposição literal da norma jurídica, quando o legislador tiver dito mais do que o pretendido;
- *interpretação extensiva ou ampliativa*: confere sentido mais amplo do que a literalidade da norma jurídica, aplicada quando a sua redação não corresponde à real vontade da disposição normativa;
- *interpretação declarativa*: a redação da norma jurídica corresponde ao exato sentido normativo, sem a necessidade de restrição ou ampliação pelo intérprete.

De acordo com a origem da interpretação, esta pode ser:

- *interpretação autêntica*: efetuada pelo próprio órgão que editou a norma jurídica, para esclarecer e declarar o seu verdadeiro sentido e alcance. Em se tratando de lei, a interpretação por meio de outra disposição legal significa a interpretação legislativa. No entanto, há corrente de entendimento no sentido de que o *intérprete autêntico* é o juiz,

22. Cf. MARTINS, Sergio Pinto. *Direito do trabalho*. 28. ed. São Paulo: Atlas, 2012. p. 49-50.

ao interpretar/aplicar os textos normativos e os fatos, exercendo ato de poder, com o que "cria direito, no sentido de definir normas de decisão"[23]. Nesse enfoque, o intérprete autêntico, ou seja, o juiz "completa o trabalho do autor do texto normativo" e "produz o direito", pois essa interpretação/aplicação transforma o texto normativo em norma jurídica[24];

- *interpretação jurisprudencial*: efetuada pelos tribunais, de acordo com as decisões proferidas, ao aplicar as disposições normativas incidentes sobre os conflitos objeto de apreciação;
- *interpretação doutrinária*: decorrente dos estudos e escritos da doutrina, elaborada pelos estudiosos e pesquisadores do Direito, ao analisar as normas jurídicas.

Como nas demais ciências jurídicas, também no Direito do Trabalho os critérios de interpretação devem ser utilizados em conjunto, para que se possa verificar o verdadeiro significado, conteúdo e extensão da norma jurídica.

2.12 INTEGRAÇÃO DO DIREITO DO TRABALHO

A integração do Direito tem a finalidade de **suprir as lacunas** da lei, ou seja, resolver o problema da ausência de norma jurídica específica regulando determinada situação. A integração concretiza o princípio da completude do ordenamento jurídico.

Conforme a Lei de Introdução às Normas do Direito Brasileiro, art. 4.º, quando a lei for omissa, o juiz decidirá o caso de acordo com a **analogia**, os **costumes** e os **princípios gerais de Direito**.

O art. 140 do Código de Processo Civil de 2015 (art. 126 do CPC de 1973) dispõe que o juiz não se exime de decidir alegando lacuna ou obscuridade do ordenamento jurídico.

Especificamente quanto ao Direito do Trabalho, o art. 8.º, *caput*, da CLT, estabelece que na falta de disposições legais ou contratuais, as autoridades administrativas e a Justiça do Trabalho devem decidir, conforme o caso: pela **jurisprudência**, por **analogia**, por **equidade** e **outros princípios e normas gerais do Direito, principalmente do Direito do Trabalho**, e, ainda, de acordo com os **usos e costumes** e o **Direito comparado**.

O § 1.º do art. 8.º da CLT, com redação dada pela Lei 13.467/2017, estabelece que o **Direito comum** será fonte subsidiária do Direito do Trabalho.

Como toda aplicação subsidiária, entende-se que persiste a necessidade de compatibilidade ou harmonia com o sistema jurídico trabalhista. Não há como se admitir a aplicação de previsões legais de outros ramos do Direito, de forma subsidiária, sem que elas sejam compatíveis como a sistemática própria do Direito do Trabalho, sob pena de desarmonia e desajuste do ordenamento jurídico, o qual deve manter a coerência, justamente por ser um sistema normativo de regras e princípios.

Assim, omisso o Direito do Trabalho, é possível a aplicação do Direito comum, abrangendo o Direito Civil e Empresarial, desde que compatível com os princípios fundamentais daquele ramo do Direito.

---

23. GRAU, Eros Roberto. *Ensaio e discurso sobre a interpretação/aplicação do direito*. 4. ed. São Paulo: Malheiros, 2006. p. 90.

24. Cf. GRAU, Eros Roberto. *Ensaio e discurso sobre a interpretação/aplicação do direito*. 4. ed. São Paulo: Malheiros, 2006. p. 64-65.

A *jurisprudência* significa a reiteração de decisões dos tribunais, aplicando e interpretando as normas jurídicas.

A *analogia* é o principal método de integração do ordenamento jurídico, significando a aplicação de certa norma jurídica para situação de fato sem tratamento específico, mas semelhante à relação regulada pela disposição normativa.

A doutrina menciona a existência de duas modalidades de analogia:

- analogia *legis*: a lacuna é preenchida por meio da aplicação de norma jurídica específica, a qual regula situação de fato semelhante àquela não regulada expressamente.
- analogia *juris*: a integração ocorre aplicando-se ao fato não regulado o preceito jurídico extraído de um conjunto de normas presentes no ordenamento jurídico, bem como dos princípios gerais de direito.

A analogia pode ser:

- analogia *interna*: quando a norma supletiva, a ser aplicada ao caso em que se verificou a omissão normativa, integra o mesmo ramo do Direito em que se verificou a lacuna;
- analogia *externa*: a norma que se aplica ao caso omisso integra outro ramo do Direito.

Mesmo na analogia *juris*, esta também pode ser: *interna*, mediante a aplicação de princípios e normas gerais de Direito do Trabalho; *externa*, incidindo os princípios gerais de Direito para a integração da lacuna jurídica.

A *equidade* pode ser entendida de duas formas[25]:

- equidade de origem grega (*epieikeia*): amenização do rigor da norma jurídica, retificando distorções, ou seja, envolve a interpretação mais branda, equitativa, corrigindo as injustiças da norma abstrata na aplicação sobre situações em concreto, levando em conta suas particularidades. Dessa forma, o art. 852-I, § 1.º, da CLT, que se refere ao procedimento sumaríssimo, estabelece que o juiz deve adotar, em cada caso, a decisão que reputar mais *justa e equânime*, atendendo aos fins sociais da lei e às exigências do bem comum;
- equidade de origem romana (*aequitas*): criação de regra jurídica para o caso concreto, possibilitando a decisão sem vinculação às disposições legais, mas sim de acordo com os critérios de justiça. Conforme o parágrafo único do art. 140 do CPC de 2015 (art. 127 do CPC de 1973), a decisão por equidade depende de expressa autorização no ordenamento jurídico. O art. 766 da CLT estabelece que nos dissídios sobre estipulação de salários, serão estabelecidas condições que, assegurando *justos* salários aos trabalhadores, permitam também *justa* retribuição às empresas interessadas, indicando a importância da equidade no exercício do poder normativo pela Justiça do Trabalho.

Princípios gerais de direito são verdades que dão sustentação ao sistema jurídico como um todo, por exemplo: a ninguém se deve lesar; dar a cada um aquilo que é seu; viver honestamente.

Os *princípios do Direito do Trabalho* são o da proteção (que abrange a aplicação da norma mais favorável, a condição mais benéfica e o *in dubio pro operario*), o da irrenunciabilidade, o da primazia da realidade e o da continuidade da relação de emprego,

25. Cf. DELGADO, Mauricio Godinho. *Curso de direito do trabalho*. 15. ed. São Paulo: LTr, 2016. p. 178-179.

podendo-se fazer referência, ainda, aos princípios da boa-fé, da razoabilidade e da não discriminação[26].

O Direito Comparado, por sua vez, significa o confronto das leis de diversos países, levando em conta as estruturas sociais, históricas e políticas de cada um deles, as quais condicionam a formação dos diferentes sistemas jurídicos[27].

Entende-se por *autointegração* o preenchimento da lacuna normativa com a aplicação das próprias fontes principais do Direito, quer dizer, por meio da *analogia*, de modo que a lacuna seja integrada mediante normas internas, presentes no interior do próprio ordenamento jurídico.

Na *heterointegração*, a lacuna normativa é suprida por outros meios, não inseridos nas fontes principais do Direito, ou seja, com a incidência da jurisprudência, da equidade, dos princípios gerais de direito e do Direito do Trabalho, dos usos e costumes e do Direito comparado.

Embora a analogia seja apontada como forma de autointegração, observa-se que a modalidade da analogia *juris*, preenchendo-se a lacuna com a incidência de princípios gerais de direito, acaba por se confundir com a heterointegração[28].

2.13 EFICÁCIA NO TEMPO DAS NORMAS DE DIREITO DO TRABALHO

A **entrada em vigor** da norma é tema pertinente à sua vigência em abstrato, enquanto a **eficácia** refere-se à sua incidência e aplicação para as relações jurídicas e fatos em concreto.

A **Lei de Introdução às Normas do Direito Brasileiro**, no art. 1.º, estabelece que, salvo disposição contrária, a lei começa a vigorar em todo o país 45 dias depois de ser publicada. Nos Estados estrangeiros, a obrigatoriedade da lei, quando admitida, inicia-se três meses depois de oficialmente publicada. Muitas vezes, a entrada em vigor da lei ocorre na data de publicação. Também é possível a lei estabelecer *vacatio legis* diferenciada para sua entrada em vigor.

Quanto ao término da vigência, o art. 2.º da Lei de Introdução às Normas do Direito Brasileiro estabelece que, não se destinando à vigência temporária, a lei terá vigor até que outra a modifique ou revogue. Os parágrafos desse dispositivo esclarecem, ainda, que:

- a lei posterior revoga a anterior quando expressamente o declare, quando seja com ela incompatível ou quando regule inteiramente a matéria de que tratava a lei anterior;
- a lei nova, que estabeleça disposições gerais ou especiais a par das já existentes, não revoga nem modifica a lei anterior;
- salvo disposições em contrário, a lei revogada não se restaura por ter a lei revogadora perdido a vigência.

Em relação às convenções e acordos coletivos de trabalho, os §§ 1.º e 3.º do art. 614 da CLT estabelecem a entrada em vigor três dias após a data da sua entrega no órgão competente do Ministério do Trabalho, não sendo permitido estipular duração superior a dois anos.

---

26. Cf. PLÁ RODRIGUEZ, Américo. *Princípios de direito do trabalho*. 3. ed. Tradução e revisão técnica de Wagner D. Giglio. Tradução das atualizações de Edilson Alkmim Cunha. São Paulo: LTr, 2004. p. 61.

27. Cf. REALE, Miguel. *Lições preliminares de direito*. 18. ed. São Paulo: Saraiva, 1991. p. 305.

28. Cf. BARROS, Alice Monteiro de. *Curso de direito do trabalho*. 2. ed. São Paulo: LTr, 2006. p. 140 e 146.

Nesse sentido, de acordo com a Orientação Jurisprudencial 322 da SBDI-I do TST: "Nos termos do art. 614, § 3.º, da CLT, é de 2 anos o prazo máximo de vigência dos acordos e das convenções coletivas. Assim sendo, é inválida, naquilo que ultrapassa o prazo total de 2 anos, a cláusula de termo aditivo que prorroga a vigência do instrumento coletivo originário por prazo indeterminado".

A **sentença normativa**, conforme interpretação do art. 868, parágrafo único, da CLT, tem prazo máximo de vigência de quatro anos. A entrada em vigor da sentença normativa ocorre (art. 867, parágrafo único, c/c art. 616, § 3.º, da CLT):

- a partir da data de sua publicação, quando ajuizado o dissídio coletivo após o prazo de sessenta dias anteriores ao termo final da norma coletiva anterior, ou, quando não existir acordo, convenção ou sentença normativa em vigor, da data do ajuizamento;
- a partir do dia imediato ao termo final de vigência do acordo, convenção ou sentença normativa, quando ajuizado o dissídio coletivo no prazo de sessenta dias anteriores ao termo final da norma coletiva anterior.

A eficácia da norma jurídica no tempo indica a sua produção de efeitos, ou seja, o período em que incide sobre as relações jurídicas.

A teoria do *efeito imediato* da norma jurídica é a que apresenta maior adequação, inclusive para o Direito do Trabalho. A nova disposição normativa tem aplicação imediata, ou seja, incide sobre a relação de emprego em curso, regulando apenas os fatos ocorridos daí para frente, sem atingir eventos anteriores.

O contrato de trabalho já extinto não é alcançado pela norma jurídica posterior à cessação do vínculo; a relação de emprego iniciada após a nova disposição normativa é por esta regulada.

O art. 6.º da Lei de Introdução às Normas do Direito Brasileiro estabelece que a lei em vigor terá **efeito imediato e geral**, respeitados o **ato jurídico perfeito**, o **direito adquirido** e a **coisa julgada**.

Trata-se do mesmo critério seguido pelo art. 912 da CLT, ao prever que os dispositivos de caráter imperativo terão *aplicação imediata* às relações iniciadas, mas não consumadas, antes da vigência da Consolidação das Leis do Trabalho.

O *direito adquirido* é aquele que integra o patrimônio jurídico da pessoa. O direito é considerado adquirido no momento em que o titular preenche os seus requisitos, podendo, assim, exercê-lo quando quiser[29]. Antes do cumprimento dos requisitos para a sua aquisição, a pessoa tem mera expectativa de direito. Nesse enfoque, segundo a jurisprudência do Supremo Tribunal Federal, não há direito adquirido a regime jurídico (STF, Pleno, RE 575.089/RS, Rel. Min. Ricardo Lewandowski, *DJe* 24.10.2008), ou seja, de permanecer em certo regime jurídico (formado por normas jurídicas, em regra genéricas e abstratas, que compõem o ordenamento jurídico ou o Direito objetivo), mesmo depois da sua modificação legal.

Rubens Limongi França conceitua o direito adquirido como: "a consequência de uma lei, por via direta ou por intermédio de fato idôneo; consequência que, tendo passado a integrar o patrimônio material ou moral do sujeito, não se fez valer antes da vigência de lei nova sobre o mesmo objeto"[30].

29. Cf. MARTINS, Sergio Pinto. *Direito do trabalho*. 28. ed. São Paulo: Atlas, 2012. p. 334.
30. FRANÇA, Rubens Limongi. *A irretroatividade das leis e o direito adquirido*. 3. ed. São Paulo: RT, 1982. p. 208.

Conforme o **princípio da irretroatividade das leis**, estas devem dispor para o futuro, não atingindo fatos passados. Cabe ressalvar, no entanto, admitir-se a *retroatividade benéfica*, principalmente no Direito Penal, conforme o art. 5.º, inciso XL, da Constituição Federal de 1988, e mesmo no Direito Tributário[31].

O princípio da irretroatividade, na verdade, decorre da exigência de *segurança jurídica* (art. 5.º, *caput*, da Constituição da República), como pressuposto fundamental à adequada vida em sociedade.

Ainda nesse contexto, a decisão administrativa, controladora ou judicial que estabelecer *interpretação ou orientação nova sobre norma de conteúdo indeterminado*, impondo novo dever ou novo condicionamento de direito, deve *prever regime de transição* quando indispensável para que o novo dever ou condicionamento de direito seja cumprido de modo proporcional, equânime e eficiente e sem prejuízo aos interesses gerais (art. 23 da Lei de Introdução às Normas do Direito Brasileiro, incluído pela Lei 13.655/2018).

Tendo em vista a necessidade de *segurança jurídica*, conforme o art. 24 da Lei de Introdução às Normas do Direito Brasileiro, incluído pela Lei 13.655/2018, a *revisão*, nas esferas administrativa, controladora ou judicial, quanto à validade de ato, contrato, ajuste, processo ou norma administrativa cuja produção já se houver completado deve levar em conta as *orientações gerais da época*, sendo vedado que, com base em mudança posterior de orientação geral, se declarem inválidas situações plenamente constituídas.

Consideram-se *orientações gerais* as interpretações e especificações contidas em atos públicos de caráter geral ou em jurisprudência judicial ou administrativa majoritária, e ainda as adotadas por prática administrativa reiterada e de amplo conhecimento público.

Além disso, as autoridades públicas devem atuar para aumentar a *segurança jurídica* na aplicação das normas, inclusive por meio de regulamentos, súmulas administrativas e respostas a consultas (art. 30 da Lei de Introdução às Normas do Direito Brasileiro, acrescentado pela Lei 13.655/2018). Os referidos instrumentos terão *caráter vinculante em relação ao órgão ou entidade a que se destinam*, até ulterior revisão.

A Constituição Federal de 1988, no art. 5.º, inciso XXXVI, reitera que a lei não prejudicará o direito adquirido, o ato jurídico perfeito e a coisa julgada.

Assim, ficam resguardados:

- os atos consumados à época da lei anterior;
- os direitos já integrados definitivamente ao patrimônio das pessoas antes da vigência da nova disposição;
- as questões definitivamente decididas pelos tribunais.

Apenas excepcionalmente é que o próprio texto constitucional, mediante o Poder Constituinte originário, pode prever em sentido contrário, como ocorre no art. 46, parágrafo único, do Ato das Disposições Constitucionais Transitórias da Constituição Federal de 1988.

No caso da Lei 13.467/2017, que instituiu a reforma trabalhista, entende-se que a sua eficácia no tempo deve ocorrer de forma imediata, embora não retroativa.

31. Cf. BITTAR, Carlos Alberto. *Curso de direito civil*. Rio de Janeiro: Forense Universitária, 1994. v. 1, p. 34: "Pode, no entanto, o legislador determinar, por exemplo, o alcance de situações passadas, ou em curso, mas para beneficiar os interessados (retroatividade benéfica), como em certas relações de Direito Tributário e de Direito Penal. Deve ser, no entanto, explicitada tal característica, pois não se admite retroatividade virtual ou inata, ou seja, inexiste lei retroativa por índole. A regra é a referida irretroatividade".

Ainda assim, quanto aos contratos em curso, deve-se respeitar a norma constitucional que prevê a *irredutibilidade do salário*, salvo o disposto em convenção ou acordo coletivo (art. 7.º, inciso VI, da Constituição da República). Nesse contexto, cabe lembrar a previsão da Súmula 191 do TST, notadamente em seu inciso III (cf. Capítulo 9, item 9.3.4).

O art. 2.º da Medida Provisória 808/2017 previa que o disposto na Lei 13.467/2017 seria aplicável, na integralidade, aos contratos de trabalho vigentes. Entretanto, a Medida Provisória 808/2017 perdeu eficácia em 24 de abril de 2018, desde a edição, por não ter sido convertida em lei (art. 62, § 3.º, da Constituição da República).

Com isso, ganhou força o entendimento de que as previsões decorrentes da Lei 13.467/2017 que estabeleçam condições de trabalho menos benéficas ao empregado, ou seja, em patamar inferior ao anteriormente estabelecido, apenas seriam aplicáveis aos contratos de trabalho pactuados a partir da vigência do referido diploma legal, em respeito ao ato jurídico perfeito e ao direito adquirido (arts. 5.º, inciso XXXV, e 7.º, *caput*, da Constituição da República).

Ainda assim, no âmbito administrativo, notadamente para fins de fiscalização trabalhista, de acordo com o Parecer 00248/2018/CONJUR-MTB/CGU/AGU, de 14 de maio de 2018, aprovado pelo Ministro do Trabalho (Diário Oficial da União de 15.05.2018), "entende-se que mesmo a perda de eficácia do artigo 2.º da MP 808/2017, a qual estabelecia de forma explícita, apenas a título de esclarecimento, a aplicabilidade imediata da Lei 13.467/2017 a todos os contratos de trabalho vigentes, não modifica o fato de que esta referida lei é aplicável de forma geral, abrangente e imediata a todos os contratos de trabalho regidos pela CLT (Decreto-lei nº 5.542, de 1.º de maio de 1943), inclusive, portanto, àqueles iniciados antes da vigência da referida lei e que continuaram em vigor após 11/11/2017, quando passou a ser aplicável a Lei 13.467/2017".

Cf. TST, IncJulgRREmbRep - 528-80.2018.5.14.0004.

2.14 EFICÁCIA NO ESPAÇO DAS NORMAS DE DIREITO DO TRABALHO

A eficácia da norma jurídica no espaço tem relevância no Direito do Trabalho para solucionar conflitos de disposições normativas quanto ao território de aplicação, o que é regulado pelos critérios do **Direito Internacional Privado**.

Em regra, aplica-se a *lei do local da execução do contrato de trabalho* para a solução de conflitos de normas no espaço.

O critério da lei do local da prestação dos serviços é previsto no Código de Bustamante (art. 198), ratificado pelo Brasil e promulgado pelo Decreto 18.871/1929. Assim, o elemento de conexão, em matéria trabalhista, é o da territorialidade, tendo em vista a **soberania nacional**.

A Súmula 207 do TST, atualmente *cancelada* (*DEJT* de 20.04.2012), assim dispunha: "A relação jurídica trabalhista é regida pelas leis vigentes no país da prestação de serviço e não por aquelas do local da contratação".

Ocorrendo transferências provisórias, de curta duração, para outros países, pode-se entender que o empregado permanece regido pela lei do local principal, pertinente ao contrato de trabalho e sua execução.

Anteriormente, a Lei 7.064, de 6 de dezembro de 1982, regulava a situação de "trabalhadores contratados no Brasil, ou transferidos por empresas prestadoras de serviços de engenharia, inclusive consultoria, projetos e obras, montagens, gerenciamento e congêneres, para prestar serviços no exterior" (art. 1.º).

Na atualidade, a Lei 11.962, de 3 de julho de 2009 (*DOU* de 06.07.2009), alterou o art. 1.º da Lei 7.064/1982, passando a dispor que este diploma legal "regula a situação de trabalhadores contratados no Brasil ou transferidos por seus empregadores para prestar serviço no exterior".

Com isso, a Lei em questão passou a disciplinar, *de forma geral*, os casos em que o trabalhador é contratado no Brasil, ou transferido por seu empregador, **para laborar no exterior**, não mais se restringindo às empresas de engenharia, consultoria, projetos e obras, montagens, gerenciamento e congêneres.

Para os efeitos da Lei 7.064/1982, considera-se **transferido**: o empregado removido para o exterior, cujo contrato estava sendo executado no território brasileiro; o empregado cedido à empresa sediada no estrangeiro, para trabalhar no exterior, desde que mantido o vínculo trabalhista com o empregador brasileiro; o empregado contratado por empresa sediada no Brasil para trabalhar a seu serviço no exterior (art. 2.º).

De acordo com a relevante disposição do art. 3.º da Lei 7.064/1982: "A empresa responsável pelo contrato de trabalho do empregado transferido assegurar-lhe-á, independentemente da observância da legislação do local da execução dos serviços: I – os direitos previstos nesta Lei; II – a aplicação da legislação brasileira de proteção ao trabalho, naquilo que não for incompatível com o disposto nesta Lei, quando mais favorável do que a legislação territorial, no conjunto de normas e em relação a cada matéria"[32].

O parágrafo único do mesmo dispositivo estabelece, ainda, que: "Respeitadas as disposições especiais desta Lei, aplicar-se-á a legislação brasileira sobre Previdência Social, Fundo de Garantia do Tempo de Serviço – FGTS e Programa de Integração Social – PIS/PASEP".

Nesse sentido, de acordo com a Orientação Jurisprudencial 232 da SBDI-I do TST: "O FGTS incide sobre todas as parcelas de natureza salarial pagas ao empregado em virtude de prestação de serviços no exterior".

Portanto, a Lei 7.064/1982 passou a regular, de forma genérica, a situação de trabalhadores contratados no Brasil ou transferidos por seus empregadores para prestar serviço no exterior, o que certamente acarretou o cancelamento da Súmula 207 do Tribunal Superior do Trabalho[33].

Em razão disso, pode-se entender que passa a ser aplicada a previsão do art. 3.º da Lei 7.064/1982 nas hipóteses de transferência do empregado para prestar serviço no exterior.

No caso de contratação de trabalhador, por empresa estrangeira, para trabalhar no exterior, exige-se a prévia autorização do Ministério do Trabalho (art. 12 da Lei 7.064/1982). Essa autorização somente poderá ser dada à empresa de cujo capital participe, em pelo menos 5%, pessoa jurídica domiciliada no Brasil (art. 13).

---

32. De acordo com o parágrafo único do art. 1.º da Lei 7.064/1982: "Fica excluído do regime desta Lei o empregado designado para prestar serviços de natureza transitória, por período não superior a 90 (noventa) dias, desde que: *a*) tenha ciência expressa dessa transitoriedade; *b*) receba, além da passagem de ida e volta, diárias durante o período de trabalho no exterior, as quais, seja qual for o respectivo valor, não terão natureza salarial".

33. Cf. DELGADO, Mauricio Godinho. *Curso de direito do trabalho*. 11. ed. São Paulo: LTr, 2012. p. 1.071: "Em consequência da Lei 11.962/2009, o critério da territorialidade, afirmado pela Súmula 207, perdeu validade quanto às transferências obreiras submetidas ao critério mais benéfico do novo diploma legal".

O art. 14 do mesmo diploma legal apresenta a seguinte disposição: "Sem prejuízo da aplicação das leis do país da prestação dos serviços, no que respeita a direitos, vantagens e garantias trabalhistas e previdenciárias, a empresa estrangeira assegurará ao trabalhador os direitos a ele conferidos neste Capítulo".

Na realidade, a Lei 7.064/1982 disciplina:

- em seu Capítulo II, **a transferência do empregado para trabalhar no exterior** (art. 2.º), hipótese em que se aplica o já destacado art. 3.º;
- em seu Capítulo III, **a contratação do empregado, por empresa estrangeira, para trabalhar no exterior**.

Nesse último caso, o art. 14 estabelece a aplicação das leis do país da prestação dos serviços, mas a parte final desse dispositivo menciona que a empresa estrangeira deve assegurar os direitos "conferidos neste Capítulo". Entretanto, o Capítulo mencionado é o III da Lei 7.064/1982, enquanto o seu art. 3.º encontra-se no Capítulo II, relativo à transferência do empregado ao exterior. Por isso, na hipótese de *empregado contratado por empresa estrangeira, para prestar serviço no exterior*, pode-se entender que não se aplica a previsão do art. 3.º da Lei 7.064/1982, mas sim a **lei do país da prestação dos serviços** (conforme art. 198 do Código de Bustamante), tendo em vista a disposição especial do seu art. 14.

Já no caso de empregado contratado por *empresa brasileira*, para prestar serviço no exterior, cabe lembrar que, de acordo com o art. 2.º, inciso III, da Lei 7.064/1982, considera-se *transferido* "o empregado contratado por empresa sediada no Brasil para trabalhar a seu serviço no exterior". Desse modo, nessa última hipótese, torna-se aplicável o já mencionado art. 3.º do mesmo diploma legal.

Por fim, *nas hipóteses não disciplinadas pela Lei 7.064/1982* (alterada pela Lei 11.962/2009), isto é, nas *situações que não se referem a trabalhadores contratados no Brasil ou transferidos por seus empregadores para prestar serviço no exterior*, envolvendo, diversamente, apenas prestação de serviço no exterior (sem contratação no Brasil nem transferência a outro país), apesar do cancelamento da Súmula 207 do TST, em princípio, entende-se que deve ser aplicado o art. 198 do Código de Bustamante, no sentido de que a relação de emprego é regida pela lei do local da prestação do serviço.

De acordo com o art. 281 da Convenção de Direito Internacional Privado (Código de Bustamante), promulgada pelo Decreto 18.871/1929, as obrigações dos oficiais e da "gente do mar" (quer dizer, dos que trabalham a bordo da embarcação, integrando a tripulação marítima) e a ordem interna do navio subordinam-se à lei do pavilhão (lei da bandeira do navio), isto é, à lei do país (Estado) onde está registrada (matriculada) a embarcação (art. 274). A respeito do tema, cf. TST, 4.ª T., RR - 1829-57.2016.5.13.0005, Rel. Min. Alexandre Luiz Ramos, *DEJT* 01.02.2019.

Entretanto, segundo o entendimento majoritário da jurisprudência, em cruzeiros marítimos internacionais, aos empregados contratados no Brasil para trabalhar em navios estrangeiros, com viagens ou percursos em águas brasileiras e estrangeiras ou internacionais, deve ser aplicada a legislação brasileira de proteção ao trabalho, naquilo que não for incompatível com o disposto na Lei 7.064/1982, quando mais favorável do que a legislação territorial estrangeira, no conjunto de normas e em relação a cada matéria, em consonância com o art. 3.º, inciso II, da Lei 7.064/1982. Cf. TST, 6.ª T., ARR - 1370-79.2015.5.09.0012, Rel. Min. Kátia Magalhães Arruda, *DEJT* 14.02.2020.

Registre-se ainda a previsão do art. 7.º da Resolução Normativa 5/2017 do Conselho Nacional de Imigração. Cf. Capítulo 24, item 24.2.

2.15 PRINCÍPIOS DE DIREITO DO TRABALHO

Os princípios, nas lições de Miguel Reale, "são 'verdades fundantes' de um sistema de conhecimento, como tais admitidas, por serem evidentes ou por terem sido comprovadas, mas também por motivos de ordem prática de caráter operacional, isto é, como pressupostos exigidos pelas necessidades da pesquisa e da *praxis*"[34].

Os **princípios gerais de Direito**, portanto, são verdades que dão sustentação ao sistema jurídico como um todo, ou seja, "enunciações normativas de valor genérico, que condicionam e orientam a compreensão do ordenamento jurídico, quer para a sua aplicação e integração, quer para a elaboração de novas normas"[35].

É adequado dizer que *os princípios apresentam natureza normativa*, não se tratando de meros enunciados formais. Isso é demonstrado quando se constata que dos princípios são extraídas outras normas, significando que aqueles têm a mesma natureza. Além disso, os princípios também exercem certa função reguladora das relações sociais, como ocorre com as demais normas jurídicas[36].

Na realidade, o sistema jurídico contém normas, as quais representam um gênero, do qual são espécies as regras e os princípios[37]. Os princípios apresentam grau de abstração e generalidade superior quando comparados às regras, pois servem de inspiração para estas e de sustentação de todo o sistema. As regras regulam apenas os fatos e atos nelas previstos, enquanto os princípios comportam uma série indefinida de aplicações[38].

Os **princípios** exercem relevantes **funções** no sistema jurídico, podendo ser sintetizadas em três aspectos:

- *integração* do ordenamento jurídico: observada a ausência de disposição específica para regular o caso em questão, pode-se recorrer aos princípios gerais de direito, "tradicionalmente conhecidos por analogia *iuris*"[39].
- *interpretação*, orientando o juiz e o aplicador ou intérprete das normas jurídicas quanto ao real sentido e alcance destas.
- *inspiração ao* legislador, em sua atividade de elaboração de novas disposições normativas.

O Direito do Trabalho apresenta princípios próprios, reconhecidos pela doutrina e aplicados pela jurisprudência, quais sejam: o **princípio da proteção**, o **princípio da irrenunciabilidade**, o **princípio da primazia da realidade** e o **princípio da continuidade da relação de emprego**.

34. REALE, Miguel. *Lições preliminares de direito*. 18. ed. São Paulo: Saraiva, 1991. p. 299.

35. REALE, Miguel. *Lições preliminares de direito*. 18. ed. São Paulo: Saraiva, 1991. p. 300.

36. Cf. BOBBIO, Norberto. *Teoria do ordenamento jurídico*. 10. ed. Tradução de Maria Celeste Cordeiro Leite dos Santos, revisão técnica Claudio De Cicco. Brasília: Editora Universidade de Brasília, 1997. p. 158-159.

37. Cf. GRAU, Eros Roberto. *A ordem econômica na Constituição de 1988*. 3. ed. São Paulo: Malheiros, 1997. p. 76: "um sistema ou ordenamento jurídico não será jamais integrado exclusivamente por regras. Nele se compõem, também, os princípios jurídicos ou princípios de direito". Idem, ibidem, p. 112: "norma jurídica é *gênero* que alberga, como *espécies*, regras e princípios jurídicos" (destaques do original).

38. Cf. GRAU, Eros Roberto. *A ordem econômica na Constituição de 1988*. 3. ed. São Paulo: Malheiros, 1997. p. 95.

39. BOBBIO, Norberto. *Teoria do ordenamento jurídico*. 10. ed. Tradução de Maria Celeste Cordeiro Leite dos Santos, revisão técnica Claudio De Cicco. Brasília: Editora Universidade de Brasília, 1997. p. 156.

Existem, ainda, **princípios constitucionais do trabalho**, presentes no texto da Constituição Federal de 1988, os quais figuram como verdadeiros alicerces na regulação da matéria.

Nesse sentido, a República Federativa do Brasil constitui-se em Estado Democrático de Direito, tendo como "fundamentos": a *soberania*; a *cidadania*; a *dignidade da pessoa humana*; os *valores sociais do trabalho* e da livre iniciativa (art. 1.º da CF/1988).

Da mesma forma, constituem "objetivos fundamentais" da República Federativa do Brasil: *construir uma sociedade* livre, *justa* e solidária; garantir o desenvolvimento nacional; *erradicar a pobreza e a marginalização e reduzir as desigualdades sociais* e regionais; *promover o bem de todos*, sem preconceitos de origem, raça, sexo, cor, idade e quaisquer outras formas de discriminação (art. 3.º da CF/1988).

Cabe destacar que a República Federativa do Brasil, em suas relações internacionais, tem como um de seus princípios regentes a "prevalência dos direitos humanos" (art. 4.º, inciso II, da CF/1988).

De extrema importância, ainda, a previsão do art. 170 da Constituição Federal de 1988, ao prever que a ordem econômica é "fundada na *valorização do trabalho* e na livre iniciativa", tendo por fim "assegurar a todos *existência digna*, conforme os ditames da *justiça social*", observados, entre outros, os princípios da função social da propriedade, da defesa do meio ambiente, da *redução das desigualdades* regionais e *sociais*, da *busca do pleno emprego*.

O art. 5.º, inciso XIII, da Constituição Federal assegura a liberdade do exercício de qualquer trabalho, ofício ou profissão, atendidas as qualificações profissionais que a lei estabelecer.

O art. 6.º da Constituição da República, por sua vez, assegura, como direito social, de ordem fundamental, o *direito ao trabalho*, ao lado de outros, como o direito à proteção da maternidade.

O art. 7.º, *caput*, da Constituição Federal de 1988, ao ressalvar outros direitos que visem à melhoria da condição social de trabalhadores urbanos e rurais, adota o princípio da proteção, a ser estudado em seguida.

Além disso, verifica-se a incidência do *princípio da igualdade* no tratamento constitucional dos empregados urbanos e rurais.

Cabe destacar que o princípio da igualdade (art. 5.º, *caput*, da CF/1988) fundamenta o *princípio da isonomia salarial*. Além disso, o princípio da igualdade deve ser entendido em sua vertente não apenas formal, mas também material, tratando de forma desigual os desiguais, na medida de sua desigualdade.

É proibida a diferença de salários, de exercício de funções e de critério de admissão por motivo de sexo, idade, cor ou estado civil (art. 7.º, inciso XXX, da Constituição da República).

O art. 7.º, no inciso XXXI, da Constituição Federal de 1988 veda a discriminação no tocante a salário e critérios de admissão do trabalhador portador de deficiência. O mesmo art. 7.º, no inciso XXXII, proíbe a distinção entre trabalho manual, técnico e intelectual ou entre os profissionais respectivos. O *princípio da não discriminação*, no caso, significa não ser admitido o tratamento desigual sem razoabilidade nem justificativa lógica, caracterizando injusta diferenciação sem parâmetros que possam ser admitidos ou mesmo justificados[40].

40. Cf. Orientação Jurisprudencial 25 da SDC do TST: "Salário normativo. Contrato de experiência. Limitação. Tempo de serviço. Possibilidade. Não fere o princípio da isonomia salarial (art. 7.º, XXX, da CF/88) a previsão de salário normativo tendo em vista o fator tempo de serviço".

O inciso I do art. 7.º da Constituição fundamenta-se no *princípio da proteção da despedida arbitrária ou sem justa causa*, bem como remonta ao princípio da continuidade da relação de emprego, a ser estudado posteriormente.

O *princípio da irredutibilidade salarial* é previsto no art. 7.º, inciso VI, da Constituição da República. Não se trata de princípio absoluto, tendo em vista a ressalva contida na parte final do dispositivo, reportando-se à convenção ou ao acordo coletivo de trabalho.

A proteção em face da automação (art. 7.º, inciso XXVII), a representação dos trabalhadores na empresa (art. 11) e a greve (art. 9.º), embora estejam previstas na Constituição Federal de 1988, podem ser entendidas como "direitos" de natureza trabalhista, embora parte da doutrina também os arrole entre os princípios constitucionais do Direito do Trabalho[41].

O art. 8.º, *caput* e incisos I e V, da Constituição Federal assegura o *princípio da liberdade sindical*, embora o texto constitucional estabeleça certas restrições ao referido princípio. Tanto é assim que o art. 8.º, inciso II, prevê o *princípio da unicidade sindical*, ao vedar a criação de mais de uma organização sindical, em qualquer grau, representativa de categoria profissional ou econômica, na mesma base territorial.

O *princípio da autonomia coletiva dos particulares* é o fundamento da previsão do art. 7.º, inciso XXVI (que reconhece as convenções e acordos coletivos de trabalho), bem como do art. 8.º, inciso VI (sobre a participação dos sindicatos na negociação coletiva), ambos da Constituição da República.

Cabe lembrar, por fim, que os princípios que regem a Administração Pública estão previstos no art. 37, *caput*, da Constituição Federal, podendo incidir nas relações jurídicas dos servidores regidos pela legislação trabalhista.

2.15.1 Princípio da proteção

O princípio da proteção engloba três vertentes:

- *in dubio pro operario*;
- aplicação da norma mais favorável;
- condição mais benéfica[42].

O polo mais vulnerável da relação jurídica de emprego merece um tratamento jurídico superior, por meio de medidas protetoras, para que se alcance a efetiva **igualdade substancial**, ou seja, promovendo-se o equilíbrio que falta na relação de trabalho, pois, na origem, os seus titulares normalmente se apresentam em posições socioeconômicas desiguais.

De acordo com o *in dubio pro operario*, na interpretação de uma norma jurídica que possa ser entendida de diversos modos (ou seja, havendo dúvida sobre o seu efetivo alcance), deve-se interpretá-la a favor do empregado.

Por se tratar de princípio inerente ao Direito (material) do Trabalho, entende-se que o *in dubio pro operario* não apresenta caráter processual, uma vez que o Direito

41. Cf. NASCIMENTO, Amauri Mascaro. *Iniciação ao direito do trabalho*. 31. ed. São Paulo: LTr, 2005. p. 149.

42. Cf. PLÁ RODRIGUEZ, Américo. *Princípios de direito do trabalho*. 3. ed. Tradução e revisão técnica de Wagner D. Giglio. Tradução das atualizações de Edilson Alkmim Cunha. São Paulo: LTr, 2004. p. 106-107.

Processual do Trabalho possui disposições específicas e próprias, como a avaliação da qualidade das provas produzidas e a aplicação das regras de ônus da prova[43].

O *princípio da aplicação da norma mais favorável* é no sentido de que, havendo diversas normas válidas incidentes sobre a relação de emprego, deve-se aplicar aquela mais benéfica ao trabalhador.

Isso significa que, existindo mais de uma norma jurídica válida e vigente, aplicável a determinada situação, prevalece aquela mais favorável ao empregado, ainda que esta norma esteja em posição hierárquica formalmente inferior no sistema jurídico.

Há alguns critérios para se saber qual é, efetivamente, a norma mais favorável:

- *teoria da acumulação*: as diversas disposições contidas nos instrumentos normativos devem ser comparadas individualmente, escolhendo aquelas mais favoráveis, aproveitando-se certas disposições (muitas vezes isoladas) de diversas normas, o que cria uma verdadeira "colcha de retalhos". A crítica que se pode fazer a esta teoria é que, sem levar em conta o todo sistemático, cria-se um terceiro instrumento normativo.
- *teoria do conglobamento*: os instrumentos normativos devem ser comparados em seu todo, optando por aquele que, no conjunto, é mais benéfico ao empregado. O problema desta teoria é a extrema dificuldade de se avaliar cada instrumento normativo na sua totalidade, quando tratam de temas os mais diversos.
- terceira intermediária (*conglobamento mitigado*): a norma mais favorável deve ser buscada por meio da comparação das diversas regras sobre cada instituto ou matéria.

Prevalece na jurisprudência o entendimento de que a verificação da norma mais favorável deve seguir a *teoria do conglobamento*, de modo que as disposições das normas coletivas devem ser analisadas em seu conjunto e não isoladamente[44].

O parâmetro para se verificar a norma mais favorável não deve ser o trabalhador considerado individualmente, mas sim "a *coletividade interessada* (categoria, por exemplo)"[45], ou "o trabalhador como um todo, objetivamente conceituado"[46], salvo hipóteses excepcionais.

Por meio do *princípio da condição mais benéfica*, assegura-se ao empregado a manutenção, durante o contrato de trabalho, de direitos mais vantajosos, de forma que as vantagens adquiridas não podem ser retiradas nem modificadas para pior.

---

43. Cf. TEIXEIRA FILHO, Manoel Antonio. *A prova no processo do trabalho*. 7. ed. São Paulo: LTr, 1997. p. 141: "entendemos que o princípio do *in dubio pro misero* não incide em matéria de apreciação da prova".

44. "Agravo de instrumento em recurso de revista da reclamada. Apelo interposto na vigência do Novo CPC (Lei nº 13.105/2015). Conflito de normas coletivas aplicáveis. Nos termos do art. 611, *caput* e § 1.º, da CLT, é autorizado aos sindicatos profissionais firmarem com os sindicatos patronais convenção coletiva de trabalho e, com os próprios empregadores, acordo coletivo de trabalho. Por força do princípio da aplicação da norma mais benéfica ao trabalhador, havendo conflito entre as duas normas autônomas, convenção coletiva ou acordo coletivo, deve prevalecer a que, em seu conjunto, mostrar-se mais favorável ao trabalhador. Nesse mesmo sentido, a diretriz inserta no art. 620 da CLT. No caso dos autos, tendo o Regional expressamente consignado que as cláusulas previstas na convenção coletiva (CCT de 2014/2014) eram, em seu conjunto (teoria do conglobamento), mais benéficas ao Reclamante, a determinação de prevalência da convenção coletiva sobre o acordo coletivo não afronta a literalidade do art. 620 da CLT. Agravo de Instrumento conhecido e não provido" (TST, 4.ª T., AIRR - 829-62.2015.5.14.0091, Rel. Min. Maria de Assis Calsing, *DEJT* 19.05.2017).

45. DELGADO, Mauricio Godinho. *Curso de direito do trabalho*. São Paulo: LTr, 2002. p. 178 (destaques do original).

46. NASCIMENTO, Amauri Mascaro. *Curso de direito do trabalho*. 19. ed. São Paulo: Saraiva, 2004. p. 295.

Trata-se, de certa forma, de aplicação do princípio do direito adquirido (art. 5.º, inciso XXXVI, da CF/1988) no âmbito da relação de emprego, estando incorporado na legislação por meio do art. 468 da CLT, o que pode ser observado nas Súmulas 51, inciso I[47], e 288, inciso I, do TST[48].

2.15.2 Princípio da irrenunciabilidade

O princípio da irrenunciabilidade significa não se admitir, em tese, que o empregado renuncie, ou seja, abra mão dos direitos assegurados pelo sistema jurídico trabalhista, cujas normas são, em sua grande maioria, de **ordem pública**, dotadas de **natureza cogente**.

Sendo assim, as normas que regulam as relações de trabalho não podem ser modificadas livremente pelo empregador, ou seja, não são dispositivas. Por exemplo, não são consideradas válidas estipulações, no contrato individual de trabalho, de salário inferior ao mínimo legal, nem de férias por período menor do que o previsto em lei, ainda que o empregado concordasse com tais derrogações de direitos trabalhistas, conforme disposições dos arts. 9.º e 444 da CLT[49].

Além disso, quanto ao momento da renúncia, aquela feita quando da celebração do contrato de trabalho é considerada, normalmente, nula de pleno direito; durante a vigência da relação de emprego, a renúncia apenas excepcionalmente é admitida, ou seja, quando existente autorização expressa; depois da cessação do contrato de trabalho, certas vezes é admitida com menos restrições. Por fim, a condição pessoal do empregado e o grau de subordinação jurídica apresentam relevância quando da verificação da higidez na manifestação de sua vontade.

---

47. Súmula 51 do TST: "Norma regulamentar. Vantagens e opção pelo novo regulamento. Art. 468 da CLT. I – *As cláusulas regulamentares, que revoguem ou alterem vantagens deferidas anteriormente, só atingirão os trabalhadores admitidos após a revogação ou alteração do regulamento.* II – Havendo a coexistência de dois regulamentos da empresa, a opção do empregado por um deles tem efeito jurídico de renúncia às regras do sistema do outro" (destaquei).

48. Súmula 288 do TST: "Complementação dos proventos da aposentadoria. I – *A complementação dos proventos de aposentadoria, instituída, regulamentada e paga diretamente pelo empregador, sem vínculo com as entidades de previdência privada fechada, é regida pelas normas em vigor na data de admissão do empregado, ressalvadas as alterações que forem mais benéficas (art. 468 da CLT).* II – Na hipótese de coexistência de dois regulamentos de planos de previdência complementar, instituídos pelo empregador ou por entidade de previdência privada, a opção do beneficiário por um deles tem efeito jurídico de renúncia às regras do outro. III – Após a entrada em vigor das Leis Complementares n.ºs 108 e 109, de 29.05.2001, reger-se-á a complementação dos proventos de aposentadoria pelas normas vigentes na data da implementação dos requisitos para obtenção do benefício, ressalvados o direito adquirido do participante que anteriormente implementara os requisitos para o benefício e o direito acumulado do empregado que até então não preenchera tais requisitos. IV – O entendimento da primeira parte do item III aplica-se aos processos em curso no Tribunal Superior do Trabalho em que, em 12.04.2016, ainda não haja sido proferida decisão de mérito por suas Turmas e Seções" (destaquei).

49. Mesmo em se tratando de cláusula de instrumento normativo, cabe fazer referência à Orientação Jurisprudencial 30 da SDC do TST: "Estabilidade da gestante. Renúncia ou transação de direitos constitucionais. Impossibilidade. Nos termos do art. 10, II, 'b', do ADCT, a proteção à maternidade foi erigida à hierarquia constitucional, pois retirou do âmbito do direito potestativo do empregador a possibilidade de despedir arbitrariamente a empregada em estado gravídico. Portanto, a teor do artigo 9.º, da CLT, torna-se nula de pleno direito a cláusula que estabelece a possibilidade de renúncia ou transação, pela gestante, das garantias referentes à manutenção do emprego e salário". Cf. ainda a Orientação Jurisprudencial 31 da SDC do TST: "Estabilidade do acidentado. Acordo homologado. Prevalência. Impossibilidade. Violação do art. 118 da lei nº 8.213/91. Não é possível a prevalência de acordo sobre legislação vigente, quando ele é menos benéfico do que a própria lei, porquanto o caráter imperativo dessa última restringe o campo de atuação da vontade das partes".

A respeito das peculiaridades relativas ao empregado com formação superior e maior patamar remuneratório, cf. Capítulo 5, item 5.2.8.

2.15.3 Princípio da primazia da realidade

O princípio da primazia da realidade indica que, na relação de emprego, deve prevalecer a efetiva **realidade dos fatos**, e não eventual forma construída em desacordo com a verdade.

Em razão disso, por exemplo, na avaliação de certo documento pertinente à relação de emprego, deve-se verificar se ele corresponde ao ocorrido no plano dos fatos, pois deve prevalecer a **verdade real**.

Quando se discute se determinada relação de trabalho é um vínculo de emprego, nem sempre a roupagem atribuída à contratação corresponde à realidade. Aliás, pode ocorrer que mesmo no ajuste de vontades, pertinente à prestação do trabalho, as partes indiquem não se tratar de relação de emprego. No entanto, por meio da noção de "contrato-realidade", deve prevalecer o reconhecimento do vínculo empregatício, caso presentes os seus requisitos (arts. 2.º e 3.º da CLT).

2.15.4 Princípio da continuidade da relação de emprego

O princípio da continuidade da relação de emprego tem o objetivo de **preservar o contrato de trabalho**, fazendo com que se presuma ser a prazo indeterminado e se permita a contratação a prazo certo apenas como exceção.

A importância desse princípio revela-se não apenas ao conferir segurança ao empregado durante a vigência de seu contrato de trabalho, mas também na sua integração à empresa, favorecendo a qualidade do serviço prestado.

Esse princípio inspira diversas disposições contidas no sistema jurídico brasileiro, objetivando a manutenção do contrato de trabalho:

- art. 7.º, inciso I, da Constituição Federal de 1988: prevê a **proteção da relação de emprego contra a dispensa arbitrária ou sem justa causa**, embora remeta a questão à lei complementar, ainda não existente de forma completa. Mesmo assim, o art. 10, inciso II, do Ato das Disposições Constitucionais Transitórias, veda a dispensa arbitrária ou sem justa causa nas hipóteses ali previstas (membro da CIPA e empregada gestante). A Lei Complementar 146/2014 dispõe que o direito previsto no art. 10, inciso II, alínea *b*, do Ato das Disposições Constitucionais Transitórias deve ser assegurado, nos casos em que ocorrer o falecimento da genitora, a quem detiver a guarda do seu filho;
- a previsão na Constituição[50], na lei[51] e em outras fontes formais do Direito do Trabalho, de certas **estabilidades e garantias no emprego**, normalmente transitórias (garantindo a permanência no emprego, por certo tempo, de trabalhadores em situações especiais), também é uma forma de concretizar o princípio da continuidade do contrato de trabalho. O mesmo se pode dizer quanto à vedação de dispensa por ato discriminatório (Lei 9.029/1995);
- imposição ao empregador do dever de **indenizar** o empregado quando da sua dispensa sem justa causa (art. 10, inciso I, do ADCT e art. 18, § 1.º da Lei 8.036/1990);

---

50. Cf. art. 8.º, VIII, da CF/1988 e art. 19 do ADCT.

51. Cf. art. 118 da Lei 8.213/1991; art. 625-B, § 1.º, da CLT; art. 55 da Lei 5.764/1971; art. 3.º, § 9.º, da Lei 8.036/1990; art. 3.º, § 7.º, da Lei 8.213/1991.

- imposição ao empregador de conceder o **aviso prévio** (art. 7.º, inciso XXI, da CF/1988 e art. 487 da CLT): formas de não incentivo à ruptura contratual, revelando a preferência na sua manutenção;
- **sucessão trabalhista**: prevista nos arts. 10 e 448 da CLT, a qual permite a preservação da relação de emprego, mesmo havendo mudança na estrutura jurídica da empresa ou alteração na sua titularidade;
- ocorrendo a extinção do estabelecimento, o art. 469, § 2.º, da CLT, permite a **transferência do empregado**, o que também objetiva a continuidade do contrato de trabalho;
- hipóteses de **suspensão e interrupção do contrato de trabalho**: embora não havendo a prestação de serviços, o contrato de trabalho não é encerrado, buscando-se, assim, a sua manutenção;
- **presume-se a continuidade do contrato de trabalho**, cabendo ao empregador provar o seu término, bem como a dispensa do empregado.

2.15.5 Outros princípios aplicáveis ao Direito do Trabalho

Américo Plá Rodriguez, em sua obra *Princípios de Direito do Trabalho*, faz menção, ainda, ao **princípio da boa-fé** e ao **princípio da razoabilidade**[52]; no entanto, estes não são específicos do Direito do Trabalho, mas aplicáveis ao Direito como um todo.

Posteriormente, o mesmo autor incluiu como princípio do Direito do Trabalho o "princípio de não discriminação"[53], o qual "leva a excluir todas aquelas diferenciações que põem um trabalhador numa situação de inferioridade ou mais desfavorável que o conjunto, e sem razão válida nem legítima"[54].

O art. 7.º, nos incisos XXX a XXXII, da Constituição Federal de 1988 apresenta disposições pertinentes ao Direito do Trabalho fundadas na **vedação de discriminação**[55]. Pode-se dizer que esse princípio de não discriminação, de fundamento constitucional, alcança o Direito como um todo, como se observa pela disposição dos arts. 3.º, inciso IV, e 5.º, inciso XLI, da Constituição da República.

A Convenção 111 da OIT, de 1959, aprovada pelo Brasil e promulgada pelo Decreto 62.150, de 19 de janeiro de 1968 (atualmente Decreto 10.088/2019), trata da discriminação em matéria de emprego e profissão.

Para os fins da Convenção 111 da OIT, o termo *discriminação* compreende: a) toda distinção, exclusão ou preferência fundada na raça, cor, sexo, religião, opinião políti-

52. Cf. PLÁ RODRIGUEZ, Américo. *Princípios de direito do trabalho*. 3. ed. Tradução e revisão técnica de Wagner D. Giglio. Tradução das atualizações de Edilson Alkmim Cunha. São Paulo: LTr, 2004. p. 61.

53. PLÁ RODRIGUEZ, Américo. *Princípios de direito do trabalho*. 3. ed. Tradução e revisão técnica de Wagner D. Giglio. Tradução das atualizações de Edilson Alkmim Cunha. São Paulo: LTr, 2004. p. 61 e p. 445: "depois de vários anos de reflexão, nos inclinamos por admitir o princípio de não discriminação".

54. PLÁ RODRIGUEZ, Américo. *Princípios de direito do trabalho*. 3. ed. Tradução e revisão técnica de Wagner D. Giglio. Tradução das atualizações de Edilson Alkmim Cunha. São Paulo: LTr, 2004. p. 445.

55. "Art. 7.º São direitos dos trabalhadores urbanos e rurais, além de outros que visem à melhoria de sua condição social: [...] XXX – proibição de diferença de salários, de exercício de funções e de critério de admissão por motivo de sexo, idade, cor ou estado civil; XXXI – proibição de qualquer discriminação no tocante a salário e critérios de admissão do trabalhador portador de deficiência; XXXII – proibição de distinção entre trabalho manual, técnico e intelectual ou entre os profissionais respectivos". Cf. ainda a Orientação Jurisprudencial 26 da SDC do TST: "Salário normativo. Menor empregado. Art. 7.º, XXX, da CF/88. Violação. Os empregados menores não podem ser discriminados em cláusula que fixa salário mínimo profissional para a categoria".

ca, ascendência nacional ou origem social, que tenha por efeito destruir ou alterar a igualdade de oportunidades ou de tratamento em matéria de emprego ou profissão; b) qualquer outra distinção, exclusão ou preferência que tenha por efeito destruir ou alterar a igualdade de oportunidades ou tratamento em matéria de emprego ou profissão, que pode ser especificada pelo Estado-Membro interessado depois de consultadas as organizações representativas de empregadores e trabalhadores, quando estas existam, e outros organismos adequados (art. 1.º, item 1).

Cabe esclarecer que as distinções, exclusões ou preferências fundadas em qualificações exigidas para determinado emprego não são consideradas como discriminação (art. 1.º, item 2). Para os fins da Convenção 111, as palavras "emprego" e "profissão" incluem o acesso à formação profissional, ao emprego e às diferentes profissões, bem como as condições de emprego (art. 1.º, item 3).

As medidas especiais de proteção ou de assistência previstas em outras convenções ou recomendações adotadas pela Conferência Internacional do Trabalho não são consideradas como discriminação (art. 5.º, item 1). Qualquer Estado-Membro pode (depois de consultadas as organizações representativas de empregadores e trabalhadores) definir como não discriminatórias quaisquer outras medidas especiais que tenham por fim salvaguardar as necessidades particulares de pessoas em relação às quais a atribuição de uma proteção ou assistência especial seja, de maneira geral, reconhecida como necessária, por razões como o sexo, a invalidez, os encargos de família ou o nível social ou cultural (art. 5.º, item 2).

A *discriminação*, na realidade, envolve o *preconceito exteriorizado* pela pessoa, grupo, comunidade ou sociedade[56], representando uma distinção, exclusão ou preferência injusta, infundada e não justificável[57].

O *preconceito*, como o próprio nome indica, revela um conceito ou opinião previamente estabelecida e mantida sobre uma pessoa ou grupo, sem estar fundada em justificativas plausíveis, importando em injusta generalização.

A **discriminação** pode ocorrer em diversas formas, ou seja:

- *discriminação direta*: quando há conduta expressa de preconceito quanto à condição da pessoa (exemplos: proibição explícita de admitir pessoas conforme o gênero, a religião, a orientação sexual, a origem, a cor, a idade, a filiação a sindicato, podendo-se destacar, ainda, anúncios de emprego contendo exigências discriminatórias, *v.g.*, quanto à idade, raça, cor, aparência, religião);
- *discriminação indireta*: quando não verificada de forma explícita, mas sim velada, podendo ser constatada por indícios e estatísticas (por exemplo, observada na constante preterição de admissão ou promoção de pessoas de certos grupos, por razões discriminatórias);
- *discriminação institucional*: quando a discriminação atinge a própria organização da empresa, encontrando-se inserida na forma de sua organização e administração.

A Convenção Interamericana contra o Racismo, a Discriminação Racial e Formas Correlatas de Intolerância, firmada na 43.ª Sessão Ordinária da Assembleia Geral da Organização dos Estados Americanos, na Guatemala, em 5 de junho de 2013, foi aprovada por meio do Decreto Legislativo 1/2021, conforme o procedimento de que trata o

56. Cf. BRITO FILHO, José Claudio Monteiro de. *Trabalho decente*: análise jurídica da exploração do trabalho: trabalho escravo e outras formas de trabalho indigno. 4. ed. São Paulo: LTr, 2016. p. 124.

57. Cf. CARLOS, Vera Lúcia. *Discriminação nas relações de trabalho*. São Paulo: Método, 2004. p. 27-30.

§ 3.º do art. 5.º da Constituição da República, e promulgada pelo Decreto 10.932/2022. Sendo assim, tem hierarquia equivalente às emendas constitucionais.

Para os efeitos da referida Convenção (artigo 1):

1. *Discriminação racial* é qualquer distinção, exclusão, restrição ou preferência, em qualquer área da vida pública ou privada, cujo propósito ou efeito seja anular ou restringir o reconhecimento, gozo ou exercício, em condições de igualdade, de um ou mais direitos humanos e liberdades fundamentais consagrados nos instrumentos internacionais aplicáveis aos Estados Partes. A discriminação racial pode basear-se em raça, cor, ascendência ou origem nacional ou étnica.

2. *Discriminação racial indireta* é aquela que ocorre, em qualquer esfera da vida pública ou privada, quando um dispositivo, prática ou critério aparentemente neutro tem a capacidade de acarretar uma desvantagem particular para pessoas pertencentes a um grupo específico, com base nas razões estabelecidas no artigo 1.1, ou as coloca em desvantagem, a menos que esse dispositivo, prática ou critério tenha um objetivo ou justificativa razoável e legítima à luz do Direito Internacional dos Direitos Humanos.

3. *Discriminação múltipla ou agravada* é qualquer preferência, distinção, exclusão ou restrição baseada, de modo concomitante, em dois ou mais critérios dispostos no artigo 1.1, ou outros reconhecidos em instrumentos internacionais, cujo objetivo ou resultado seja anular ou restringir o reconhecimento, gozo ou exercício, em condições de igualdade, de um ou mais direitos humanos e liberdades fundamentais consagrados nos instrumentos internacionais aplicáveis aos Estados Partes, em qualquer área da vida pública ou privada.

4. *Racismo* consiste em qualquer teoria, doutrina, ideologia ou conjunto de ideias que enunciam um vínculo causal entre as características fenotípicas ou genotípicas de indivíduos ou grupos e seus traços intelectuais, culturais e de personalidade, inclusive o falso conceito de superioridade racial. O racismo ocasiona desigualdades raciais e a noção de que as relações discriminatórias entre grupos são moral e cientificamente justificadas. Toda teoria, doutrina, ideologia e conjunto de ideias racistas descritas no artigo 1.4 são cientificamente falsas, moralmente censuráveis, socialmente injustas e contrárias aos princípios fundamentais do Direito Internacional e, portanto, perturbam gravemente a paz e a segurança internacional, sendo, dessa maneira, condenadas pelos Estados Partes.

5. As *medidas especiais ou de ação afirmativa* adotadas com a finalidade de assegurar o gozo ou exercício, em condições de igualdade, de um ou mais direitos humanos e liberdades fundamentais de grupos que requeiram essa proteção não constituirão discriminação racial, desde que essas medidas não levem à manutenção de direitos separados para grupos diferentes e não se perpetuem uma vez alcançados seus objetivos.

6. *Intolerância* é um ato ou conjunto de atos ou manifestações que denotam desrespeito, rejeição ou desprezo à dignidade, características, convicções ou opiniões de pessoas por serem diferentes ou contrárias. Pode manifestar-se como a marginalização e a exclusão de grupos em condições de vulnerabilidade da participação em qualquer esfera da vida pública ou privada ou como violência contra esses grupos.

Quanto à **idade**, cabe destacar a Lei 10.741, de 1.º de outubro de 2003 (com entrada em vigor decorridos 90 dias da sua publicação – *DOU* de 03.10.2003), que dispõe sobre o "**Estatuto da Pessoa Idosa**" (redação dada pela Lei 14.423/2022), regulando os direitos assegurados às pessoas com idade igual ou superior a 60 anos (art. 1.º).

Nenhuma pessoa idosa pode ser vítima de qualquer tipo de negligência, discriminação, violência, crueldade ou opressão, e todo atentado aos seus direitos, por ação ou omissão, será punido na forma da lei (art. 4.º da Lei 10.741/2003).

A pessoa idosa tem direito ao exercício de atividade profissional, respeitadas suas condições físicas, intelectuais e psíquicas (art. 26 da Lei 10.741/2003).

De acordo com o art. 27 da Lei 10.741/2003, na admissão da pessoa idosa em qualquer trabalho ou emprego, é vedada a discriminação e a fixação de limite máximo de idade, inclusive para concursos, ressalvados os casos em que a natureza do cargo o exigir. O primeiro critério de desempate em concurso público será a idade, dando-se preferência ao de idade mais elevada.

Da mesma forma, a discriminação em razão da idade também é vedada como fundamento para a cessação do contrato de trabalho, hipótese em que a dispensa deve ser considerada nula, como se observa no seguinte julgado do Tribunal Superior do Trabalho:

> "Recurso de revista. Dispensa discriminatória por idade. Nulidade. Abuso de direito. Reintegração. Se das premissas fáticas emergiu que a empresa se utiliza da prática de dispensar seus funcionários quando estes completam 60 anos, imperioso se impõe ao julgador coibir tais procedimentos irregulares, efetivados sob o manto do poder potestativo, para que as dispensas não se efetivem sob a pecha discriminatória da maior idade. Embora o caso vertente não tivesse à época de sua ocorrência previsão legal especial (a Lei 9.029 que trata da proibição de práticas discriminatórias foi editada em 13.04.1995 e a dispensa do reclamante ocorreu anteriormente), cabe ao prolator da decisão o dever de valer-se dos princípios gerais do direito, da analogia e dos costumes, para solucionar os conflitos a ele impostos, sendo esse, aliás, o entendimento consagrado pelo art. 8.º, da CLT, que admite que a aplicação da norma jurídica em cada caso concreto, não desenvolve apenas o dispositivo imediatamente específico para o caso, ou o vazio de que se ressente, mas sim, todo o universo de normas vigentes, os precedentes, a evolução da sociedade, os princípios, ainda que não haja omissão na norma. Se a realidade do ordenamento jurídico trabalhista contempla o direito potestativo da resilição unilateral do contrato de trabalho, é verdade que o exercício deste direito guarda parâmetros éticos e sociais como forma de preservar a dignidade do cidadão trabalhador. A despedida levada a efeito pela reclamada, embora cunhada no seu direito potestativo de resilição contratual, estava prenhe de mácula pelo seu conteúdo discriminatório, sendo nula de pleno direito, em face da expressa disposição do art. 9.º da CLT, não gerando qualquer efeito, tendo como consequência jurídica a continuidade da relação de emprego, que se efetiva através da reintegração. Efetivamente, é a aplicação da regra do § 1.º do art. 5.º da Constituição Federal, que impõe a aplicação imediata das normas definidoras dos direitos e garantias fundamentais, pois, como apontado pelo v. acórdão, a prática da dispensa discriminatória por idade confrontou o princípio da igualdade contemplado no *caput* do art. 5.º da Constituição Federal. Inocorrência de vulneração ao princípio da legalidade e não configurada divergência jurisprudencial. Recurso de Revista não conhecido relativamente ao tema" (TST, 5.ª T., RR 462.888-56.1998.5.09.5555, Rel. Juiz Convocado André Luiz Moraes de Oliveira, *DJ* 26.09.2003).

Cabe frisar que não são consideradas ilícitas, ou seja, discriminatórias em seu sentido negativo, as "**ações afirmativas**" (também conhecidas como medidas de "discriminação positiva"), buscando alcançar o ideal de **igualdade material**[58], como se verifica em previsões fixando quotas em favor de admissão de pessoas com deficiência ou reabilitadas

58. Na consagrada lição de Rui Barbosa: "a regra da igualdade não consiste senão em aquinhoar desigualmente os desiguais, na medida em que sejam desiguais. Nessa desigualdade social, proporcionada à desigualdade natural, é que se acha a verdadeira lei da igualdade. Tratar como desiguais a iguais, ou a desiguais com igualdade, seria desigualdade flagrante, e não igualdade real" (*Oração aos moços*. Rio de Janeiro: Casa de Rui Barbosa, 1956. p. 32, *apud* MARTINS, Sergio Pinto. *Direito da seguridade social*. 8. ed. São Paulo: Atlas, 1997. p. 62).

(art. 93 da Lei 8.213/1991) ou estabelecendo reserva de vagas às pessoas portadoras de deficiência em concursos públicos (art. 37, inciso VIII, da CF/1988). Nesses casos, o tratamento jurídico diferenciado se justifica em razão da diversidade de certas condições peculiares, na proporção da desigualdade verificada no plano dos fatos.

Ainda quanto ao tema, cabe ressaltar que a Lei Brasileira de Inclusão da Pessoa com Deficiência (Estatuto da Pessoa com Deficiência), instituída pela Lei 13.146, de 6 de julho de 2015, com início de vigência após 180 dias de sua publicação oficial (art. 127), ocorrida no *DOU* de 07.07.2015, é destinada a assegurar e promover, em condições de igualdade, o exercício dos direitos e das liberdades fundamentais pela pessoa com deficiência, visando à sua inclusão social e cidadania (art. 1.º da Lei 13.146/2015).

Toda pessoa com deficiência tem direito à igualdade de oportunidades com as demais pessoas e não deve sofrer nenhuma espécie de discriminação (art. 4.º da Lei 13.146/2015).

Considera-se *discriminação em razão da deficiência* toda forma de distinção, restrição ou exclusão, por ação ou omissão, que tenha o propósito ou o efeito de prejudicar, impedir ou anular o reconhecimento ou o exercício dos direitos e das liberdades fundamentais de pessoa com deficiência, incluindo a recusa de adaptações razoáveis e de fornecimento de tecnologias assistivas[59].

A pessoa com deficiência não está obrigada à fruição dos benefícios decorrentes de ação afirmativa. Trata-se, portanto, de um direito subjetivo da pessoa com deficiência, que pode ser exercido pelo titular.

A pessoa com deficiência deve ser protegida de toda forma de negligência, discriminação, exploração, violência, tortura, crueldade, opressão, tratamento desumano ou degradante (art. 5.º da Lei 13.146/2015).

Para os fins dessa proteção, são considerados especialmente vulneráveis a criança, o adolescente, a mulher e o idoso, com deficiência.

É dever do Estado, da sociedade e da família assegurar à pessoa com deficiência, com prioridade, a efetivação dos direitos referentes à vida, à saúde, à sexualidade, à paternidade e à maternidade, à alimentação, à habitação, à educação, à profissionalização, *ao trabalho*, à previdência social, à habilitação e à reabilitação, ao transporte, à acessibilidade, à cultura, ao desporto, ao turismo, ao lazer, à informação, à comunicação, aos avanços científicos e tecnológicos, à dignidade, ao respeito, à liberdade e à convivência familiar e comunitária, entre outros decorrentes da Constituição da República Federativa do Brasil, da Convenção sobre os Direitos das Pessoas com Deficiência e seu Protocolo Facultativo e das leis e de outras normas que garantam seu bem-estar pessoal, social e econômico (art. 8.º da Lei 13.146/2015).

A pessoa com deficiência tem *direito ao trabalho de sua livre escolha e aceitação*, em ambiente acessível e inclusivo, em igualdade de oportunidades com as demais pessoas (art. 34 da Lei 13.146/2015).

As pessoas jurídicas de direito público, privado ou de qualquer natureza são obrigadas a garantir ambientes de trabalho acessíveis e inclusivos.

A pessoa com deficiência tem direito, em igualdade de oportunidades com as demais pessoas, a *condições justas e favoráveis de trabalho, incluindo igual remuneração por trabalho de igual valor.*

---

59. Consideram-se tecnologia assistiva ou ajuda técnica: produtos, equipamentos, dispositivos, recursos, metodologias, estratégias, práticas e serviços que objetivem promover a funcionalidade, relacionada à atividade e à participação da pessoa com deficiência ou com mobilidade reduzida, visando à sua autonomia, independência, qualidade de vida e inclusão social (art. 3.º, inciso III, da Lei 13.146/2015).

É vedada restrição ao trabalho da pessoa com deficiência e qualquer discriminação em razão de sua condição, inclusive nas etapas de recrutamento, seleção, contratação, admissão, exames admissional e periódico, permanência no emprego, ascensão profissional e reabilitação profissional, bem como exigência de aptidão plena.

A pessoa com deficiência tem direito à participação e ao acesso a cursos, treinamentos, educação continuada, planos de carreira, promoções, bonificações e incentivos profissionais oferecidos pelo empregador, em igualdade de oportunidades com os demais empregados.

É garantida aos trabalhadores com deficiência a acessibilidade nos cursos de formação e de capacitação.

É finalidade primordial das políticas públicas de trabalho e emprego promover e garantir condições de acesso e de permanência da pessoa com deficiência no campo do trabalho (art. 35 da Lei 13.146/2015).

Os programas de estímulo ao empreendedorismo e ao trabalho autônomo, incluídos o cooperativismo e o associativismo, devem prever a participação da pessoa com deficiência e a disponibilização de linhas de crédito, quando necessárias.

Constitui modo de *inclusão da pessoa com deficiência no trabalho* a colocação competitiva, em igualdade de oportunidades com as demais pessoas, nos termos da legislação trabalhista e previdenciária, na qual devem ser atendidas as regras de acessibilidade, o fornecimento de recursos de tecnologia assistiva e a adaptação razoável no ambiente de trabalho (art. 37 da Lei 13.146/2015).

A colocação competitiva da pessoa com deficiência pode ocorrer por meio de trabalho com apoio, observadas as seguintes diretrizes: prioridade no atendimento à pessoa com deficiência com maior dificuldade de inserção no campo de trabalho; provisão de suportes individualizados que atendam a necessidades específicas da pessoa com deficiência, inclusive a disponibilização de recursos de tecnologia assistiva, de agente facilitador e de apoio no ambiente de trabalho; respeito ao perfil vocacional e ao interesse da pessoa com deficiência apoiada; oferta de aconselhamento e de apoio aos empregadores, com vistas à definição de estratégias de inclusão e de superação de barreiras, inclusive atitudinais; realização de avaliações periódicas; articulação intersetorial das políticas públicas; possibilidade de participação de organizações da sociedade civil.

A entidade contratada para a realização de processo seletivo público ou privado para cargo, função ou emprego está obrigada à observância do disposto na Lei Brasileira de Inclusão da Pessoa com Deficiência e em outras normas de acessibilidade vigentes (art. 38 da Lei 13.146/2015).

Cabe esclarecer que os direitos, os prazos e as obrigações previstos na Lei Brasileira de Inclusão da Pessoa com Deficiência não excluem os já estabelecidos em outras legislações, inclusive em pactos, tratados, convenções e declarações internacionais aprovados e promulgados pelo Congresso Nacional, e devem ser aplicados em conformidade com as demais normas internas e acordos internacionais vinculantes sobre a matéria (art. 121 da Lei 13.146/2015). Prevalece, assim, a *norma mais benéfica* à pessoa com deficiência.

A Lei 14.238/2021 institui o Estatuto da Pessoa com Câncer, destinado a assegurar e a promover, em condições de igualdade, o acesso ao tratamento adequado e o exercício dos direitos e das liberdades fundamentais da pessoa com câncer, com vistas a garantir o respeito à dignidade, à cidadania e à sua inclusão social (art. 1.º).

Nenhuma pessoa com câncer será vítima de qualquer tipo de negligência, discriminação ou violência, e todo atentado aos seus direitos, por ação ou omissão, deve ser punido na forma da lei (art. 6.º da Lei 14.238/2021). Considera-se discriminação qualquer distinção, restrição ou exclusão em razão da doença, mediante ação ou omissão, que tenha o propósito ou o efeito de prejudicar, de impedir ou de anular o reconhecimento dos direitos assegurados na Lei 14.238/2021.

Para os efeitos da Lei 14.238/2021, considera-se pessoa com câncer aquela que tenha o regular diagnóstico, nos termos de relatório elaborado por médico devidamente inscrito no conselho profissional, acompanhado pelos laudos e exames diagnósticos complementares necessários para a correta caracterização da doença (art. 4.º, § 1.º, da Lei 14.238/2021).

Conforme o art. 187 da Portaria 671/2021 do Ministério do Trabalho e Previdência, as seguintes práticas discriminatórias são vedadas ao empregador para fins de seleção, contratação, remuneração, promoção, formação profissional e manutenção do emprego, além de outras previstas em legislações específicas: I – considerar como variável determinante idade, raça, cor, etnia, sexo, situação familiar, religião, procedência nacional, condição de portador do vírus da imunodeficiência adquirida (HIV), condição de pessoa com deficiência ou reabilitado, entre outras previstas na legislação; II – fazer exigência de quaisquer documentos com fins discriminatórios ou obstativos, como certidão negativa de reclamatória trabalhista, teste, exame, perícia, laudo, atestado ou declaração relativos à esterilização ou a estado de gravidez.

As políticas, programas e projetos desenvolvidos no âmbito da Secretaria de Trabalho devem contemplar ações de estímulo a inclusão da população negra do mercado de trabalho na forma prevista no Capítulo V da Lei 12.288/2010, que institui o Estatuto da Igualdade Racial (art. 188 da Portaria 671/2021 do Ministério do Trabalho e Previdência).

As referidas práticas discriminatórias são passíveis das sanções previstas nas respectivas legislações específicas (art. 189 da Portaria 671/2021 do Ministério do Trabalho e Previdência).

Os arts. 190 a 206 da Portaria 671/2021 do Ministério do Trabalho e Previdência estabelecem orientações sobre o combate à discriminação relacionada ao HIV e à Aids nos locais de trabalho.

O disposto nos arts. 185 a 206 da Portaria 671/2021 do Ministério do Trabalho e Previdência, sobre medidas contra a discriminação no trabalho, abrange todos os trabalhadores que atuem sob todas as formas ou modalidades, e em todos os locais de trabalho, inclusive: as pessoas que exercem qualquer emprego ou ocupação; as pessoas em formação, incluídos os estagiários e aprendizes; os voluntários; as pessoas que estão à procura de um emprego e os candidatos a um emprego; os trabalhadores desligados ou suspensos do trabalho (art. 186 da Portaria 671/2021 do Ministério do Trabalho e Previdência).

2.16 FLEXIBILIZAÇÃO E DIREITO DO TRABALHO

A *flexibilização* pode ser entendida como forma de amenizar o rigor ou a rigidez de certas normas jurídicas, referentes, no caso, ao Direito do Trabalho.

A *desregulamentação*, por sua vez, refere-se ao fenômeno de se suprimir determinadas normas jurídicas, principalmente estatais, pertinentes à regulação das relações de trabalho, passando os próprios atores sociais a estabelecer a regra aplicável. Nesse sentido, fala-se em *desregulamentação negociada* do Direito do Trabalho.

A flexibilização *in pejus* de direitos trabalhistas, mesmo por meio de negociação coletiva, ainda que admitida pela Constituição Federal de 1988, é verdadeira exceção no sistema jurídico. Portanto, não se pode concluir que a flexibilização integra os fundamentos, ou seja, a estrutura e a essência do Direito do Trabalho.

Na Constituição da República, a flexibilização é prevista apenas para hipóteses específicas (art. 7.º, incisos VI, XIII e XIV), em que, por meio da negociação coletiva, o sistema jurídico permite convencionar condições de trabalho inferiores[60], *exigindo-se, de qualquer forma, a devida motivação e comprovação de que a adoção da medida justifica-se em proteção do próprio trabalho como valor social*. Nesse sentido, cabe transcrever a seguinte ementa:

> "Convenção ou acordo coletivo. Redução de direitos. Limites de admissibilidade. A ressalva ao princípio da irredutibilidade do salário, contemplada no art. 7.º, VI, da Constituição Federal, não implica autorização aos sindicatos para livremente transigirem acerca dos direitos individuais dos integrantes da categoria, em qualquer circunstância (partindo do pressuposto de que, permitida a redução de salário, que é o direito básico do trabalhador, autorizada resultaria a redução de qualquer outro direito trabalhista, situado em nível inferior de essencialidade). A permissão para redução de direitos previstos na Constituição Federal ou na legislação infraconstitucional deve ser entendida no contexto das garantias instituídas em favor do trabalhador e de seus dependentes e da preservação dos 'valores sociais do trabalho', que constituem princípio fundamental da República (CF, art. 1.º, IV). Assim, a redução de direitos só pode ser aceita como medida de caráter excepcional, justificada pelas dificuldades financeiras ou operacionais enfrentadas pela empresa ou pelo segmento econômico (e revogável, assim, quando cessadas tais dificuldades), ou, ainda, em atenção a peculiaridades que impeçam a observância estrita dos preceitos trabalhistas, e acompanhada, sempre que possível, de contrapartida em favor dos empregados, de forma a impedir a quebra do equilíbrio que deve presidir as relações contratuais entre empregadores e empregados. Só nessas condições o acordo ou convenção coletiva se legitima, tornando impositivo seu reconhecimento (CF, art. 7.º, XXVI). Qualquer acordo coletivo de redução de direitos trabalhistas deve observar tais parâmetros, sendo inválido e ineficaz quando não o fizer" (TRT/SP, 8.ª T., RO 02990131366, Ac. 20000223713, Rel.ª Juíza Wilma Nogueira de Araújo Vaz da Silva, *DOE* 30.05.2000).

A regra, no Direito do Trabalho, é a aplicação da **norma mais favorável ao trabalhador**, orientação decorrente de princípios, ainda mais amplos, da proteção e da melhoria das condições sociais de trabalho, conforme previsto no art. 7.º, *caput*, da Constituição Federal de 1988: "São direitos dos trabalhadores urbanos e rurais, *além de outros que visem à melhoria de sua condição social*" (destaquei)[61].

Apenas nas situações especificamente excepcionadas pela Constituição Federal de 1988 é que se pode admitir a flexibilização, possibilitando a aplicação de regra menos benéfica ao trabalhador, mas sempre exigindo, como já destacado, que a medida seja justificada e demonstrada como adequada à própria proteção do trabalho. Referidas exceções, mesmo previstas na Constituição, não podem ser interpretadas como se estivesse autorizada qualquer flexibilização prejudicial ao trabalhador.

---

60. Cf. SÜSSEKIND, Arnaldo. *Instituições de direito do trabalho*. 18. ed. São Paulo: LTr, 1999. v. 1, p. 215: "A Constituição brasileira adotou, embora timidamente, a flexibilização de algumas de suas normas: redutibilidade salarial, compensação de horários na semana e trabalho em turnos de revezamento (art. 7.º, VI, XIII e XIV); mas sempre sob tutela sindical".

61. Cf. DALLEGRAVE NETO, José Affonso. *Inovações na legislação trabalhista*. São Paulo: LTr, 2000. p. 55: "Não é ocioso lembrar que o princípio da norma mais benéfica está estampado no *caput* do art. 7.º da Constituição Federal".

Sobre a matéria, destaca-se a Súmula 423 do TST, versando sobre hipótese em que a Constituição Federal de 1988 autorizou a **flexibilização por meio de negociação coletiva** (art. 7.º, inciso XIV, da CF/1988):

> "Estabelecida jornada superior a seis horas e limitada a oito horas por meio de regular negociação coletiva, os empregados submetidos a turnos ininterruptos de revezamento não têm direito ao pagamento da sétima e oitava horas como extras".

Quando o ordenamento jurídico estatal não autoriza qualquer derrogação *in pejus* do disposto na lei, a negociação coletiva fica limitada ao tratamento mínimo legal e constitucional, não tendo eficácia a cláusula normativa que contrarie a lei e disponha de modo prejudicial ao trabalhador. Inexistindo autorização expressa e específica para a flexibilização de direito trabalhista, não pode ser aceita a sua "precarização". O mero reconhecimento constitucional das convenções e acordos coletivos de trabalho (art. 7.º, inciso XXVI), por si só, não autoriza a flexibilização *in pejus* generalizada, o que representaria uma interpretação contrária à sistemática constitucional vigente. A proteção da dignidade do trabalhador, por meio da melhoria de sua condição social, não pode ser mitigada por objetivos voltados à mera redução de custos econômicos das empresas.

Cabe salientar que o Supremo Tribunal Federal fixou a seguinte tese de repercussão geral: "São constitucionais os acordos e as convenções coletivos que, ao considerarem a adequação setorial negociada, pactuam limitações ou afastamentos de direitos trabalhistas, independentemente da explicitação especificada de vantagens compensatórias, desde que respeitados os direitos absolutamente indisponíveis" (STF, Pleno, ARE 1.121.633/GO, Rel. Min. Gilmar Mendes, j. 02.06.2022). Cf. ainda Capítulo 28, item 28.2.

A Súmula 364, inciso II, do TST, na redação decorrente da Resolução 209/2016, por sua vez, assim dispõe:

> "II – Não é válida a cláusula de acordo ou convenção coletiva de trabalho fixando o adicional de periculosidade em percentual inferior ao estabelecido em lei e proporcional ao tempo de exposição ao risco, pois tal parcela constitui medida de higiene, saúde e segurança do trabalho, garantida por norma de ordem pública (arts. 7.º, XXII e XXIII, da CF e 193, § 1.º, da CLT)".

Esse atual entendimento da jurisprudência revela-se adequado, uma vez que a proteção prevista para o labor perigoso integra o tema da **segurança e medicina do trabalho**, cujas normas são *cogentes* (art. 7.º, inciso XXII, da CF/1988), não podendo ser objeto de redução, nem mesmo por meio de instrumento normativo decorrente de negociação coletiva[62]. Além disso, embora se admita a natureza remuneratória do referido adicional de periculosidade (art. 7.º, inciso XXIII, da CF/1988), não se confunde com o salário em sentido estrito, como, aliás, se verifica pelo disposto no art. 457 da CLT. Como a parte final do inciso VI do art. 7.º da Constituição Federal é uma disposição excepcional, o termo "salário", ali previsto, deve ser interpretado restritivamente.

---

62. Cf. ainda a Súmula 361 do TST: "Adicional de periculosidade. Eletricitários. Exposição intermitente. O trabalho exercido em condições perigosas, embora de forma intermitente, dá direito ao empregado a receber o adicional de periculosidade de forma integral, porque a Lei 7.369, de 20.09.1985, não estabeleceu nenhuma proporcionalidade em relação ao seu pagamento". Cabe esclarecer que a Lei 12.740/2012 revogou a Lei 7.369/1985, bem como inseriu no art. 193 da CLT a previsão da atividade com exposição permanente à energia elétrica como atividade perigosa.

Tendo em vista os princípios que compõem a estrutura do Direito do Trabalho, em especial o da proteção, na vertente da regra mais favorável, não se admitem a validade e a aplicação de norma *prejudicial* aos empregados, notadamente em matéria pertinente à segurança no trabalho. Cf. ainda Capítulo 28, itens 28.19, 28.20 e 28.21.

2.16.1 Programa Seguro-Emprego

Ainda quanto ao tema da flexibilização das condições de trabalho, cabe fazer referência ao Programa Seguro-Emprego (PSE), instituído pela Lei 13.189/2015 (a qual foi alterada pela Lei 13.456/2017), com os seguintes objetivos: possibilitar a *preservação dos empregos em momentos de retração da atividade econômica*; favorecer a *recuperação econômico-financeira das empresas*; sustentar a demanda agregada durante momentos de adversidade, para facilitar a recuperação da economia; estimular a produtividade do trabalho por meio do *aumento da duração do vínculo empregatício*; *fomentar a negociação coletiva* e aperfeiçoar as relações de emprego (art. 1.º).

O referido Programa Seguro-Emprego, na verdade, consiste em ação para auxiliar os trabalhadores na *preservação do emprego*, nos termos do art. 2.º, inciso II, da Lei 7.998/1990, ao prever que o programa do seguro-desemprego tem por finalidade auxiliar os trabalhadores na busca ou preservação do emprego, promovendo, para tanto, ações integradas de orientação, recolocação e qualificação profissional.

Podem aderir ao Programa Seguro-Emprego (PSE) as empresas de todos os setores em *situação de dificuldade econômico-financeira* que celebrarem acordo coletivo de trabalho específico de redução de jornada e de salário (art. 2.º da Lei 13.189/2015).

A adesão ao PSE pode ser feita perante o Ministério do Trabalho até o dia 31 de dezembro de 2017, observado o prazo máximo de permanência de 24 meses, na forma definida em regulamento, respeitada a data de extinção do Programa. Cabe esclarecer que o Programa Seguro-Emprego (PSE) extingue-se em 31 de dezembro de 2018 (art. 11 da Lei 13.189/2015, com redação dada pela Lei 13.456/2017).

Têm prioridade de adesão ao PSE, observados os critérios definidos pelo Poder Executivo federal: a empresa que demonstre observar a cota de pessoas com deficiência; as microempresas e empresas de pequeno porte; a empresa que possua em seus quadros programa de reinserção profissional de egressos do sistema penitenciário.

As microempresas e as empresas de pequeno porte podem contar com o apoio técnico do Serviço Brasileiro de Apoio às Micro e Pequenas Empresas (Sebrae), conforme disposto em regulamento.

Nos termos do art. 3.º da Lei 13.189/2015, podem aderir ao PSE as empresas que se enquadrem nas condições estabelecidas pelo Comitê do Programa, independentemente do setor econômico, e que cumprirem os seguintes requisitos: I – celebrar e apresentar *acordo coletivo de trabalho específico*, nos termos do art. 5.º da Lei 13.189/2015; II – apresentar ao Ministério do Trabalho solicitação de adesão ao PSE; III – apresentar a relação dos empregados abrangidos, especificando o salário individual; IV – ter registro no Cadastro Nacional da Pessoa Jurídica (CNPJ) há, no mínimo, dois anos; V – comprovar a regularidade fiscal, previdenciária e relativa ao Fundo de Garantia do Tempo de Serviço (FGTS); VI – comprovar a situação de dificuldade econômico-financeira, fundamentada no Indicador Líquido de Empregos (ILE), considerando-se nessa situação a empresa cujo ILE seja igual ou inferior ao percentual a ser definido em ato do Poder Executivo federal, apurado com base nas informações disponíveis no Cadastro Geral de Empregados e Desempregados (CAGED), consistindo o ILE no percentual representado pela diferença entre admissões e demissões acumulada nos 12 meses anteriores ao da solicitação de adesão ao PSE dividida pelo número de empregados no mês anterior ao início desse período.

Para fins do disposto no inciso IV do art. 3.º, em caso de solicitação de adesão por filial de empresa, pode ser considerado o tempo de registro no CNPJ da matriz.

A regularidade de que trata o inciso V do art. 3.º deve ser observada durante o período de adesão ao PSE, como condição para permanência no Programa.

No cálculo do indicador de que trata o inciso VI do art. 3.º não devem ser computados os eventos de transferência por entrada, de transferência por saída e de admissão ou desligamento de aprendizes.

Os empregados de empresas que aderirem ao Programa Seguro-Emprego (PSE) e que tiverem o seu salário reduzido, nos termos do art. 5.º da Lei 13.189/2015, fazem jus à *compensação pecuniária* equivalente a 50% do valor da redução salarial e limitada a 65% do valor máximo da parcela do seguro-desemprego, enquanto perdurar o período de redução temporária da jornada de trabalho (art. 4.º da Lei 13.189/2015).

O valor do salário pago pelo empregador, após a redução prevista no art. 5.º da Lei 13.189/2015, não pode ser inferior ao valor do salário mínimo, em observância ao art. 7.º, inciso IV, da Constituição da República.

Ato do Poder Executivo federal deve dispor sobre a forma de pagamento da compensação pecuniária, a ser custeada pelo Fundo de Amparo ao Trabalhador (FAT).

Nesse modelo, portanto, o poder público também participa, em termos financeiros, da medida emergencial e temporária de flexibilização trabalhista, justificada por crise econômica, havendo, assim, certa divisão de responsabilidades.

O *acordo coletivo de trabalho específico* para adesão ao Programa Seguro-Emprego, celebrado entre a empresa e o sindicato de trabalhadores representativo da categoria da atividade econômica preponderante da empresa, *pode reduzir em até 30% a jornada e o salário* (art. 5.º da Lei 13.189/2015).

O acordo deve ser aprovado em assembleia dos trabalhadores abrangidos pelo Programa e deve dispor sobre: I – número total de empregados abrangidos pela redução e sua identificação; II – estabelecimentos ou setores específicos da empresa abrangidos; III – percentual de redução da jornada e redução proporcional ou menor do salário; IV – período pretendido de adesão ao PSE e de redução temporária da jornada de trabalho, que deve ter duração de até seis meses, podendo ser prorrogado por períodos de seis meses, desde que o período total não ultrapasse 24 meses; V – período de garantia no emprego, que deve ser equivalente, no mínimo, ao período de redução de jornada acrescido de um terço; VI – constituição de comissão paritária, composta por representantes do empregador e dos empregados abrangidos pelo PSE, para acompanhar e fiscalizar o cumprimento do acordo e do Programa, exceto nas microempresas e empresas de pequeno porte.

O acordo coletivo de trabalho específico não pode dispor sobre outras condições de trabalho que não aquelas decorrentes da adesão ao PSE. A empresa deve demonstrar ao sindicato que foram esgotados os bancos de horas, além de fornecer as informações econômico-financeiras.

É facultada a celebração de *acordo coletivo múltiplo de trabalho específico* a grupo de microempresas e empresas de pequeno porte, do mesmo setor econômico, com o sindicato de trabalhadores representativo da categoria da atividade econômica preponderante. Nessa hipótese, a comissão paritária de que trata o inciso VI deve ser composta por representantes do empregador e do sindicato de trabalhadores que celebrar o acordo coletivo múltiplo de trabalho específico. Cada microempresa ou empresa de pequeno porte deve demonstrar individualmente o cumprimento dos requisitos exigidos para adesão ao PSE, com o apoio técnico do Serviço Brasileiro de Apoio às Micro e Pequenas Empresas (Sebrae).

Para fins dos incisos I e II, o acordo deve abranger todos os empregados da empresa ou, no mínimo, os empregados de setor ou estabelecimento específico. Trata-se de determinação com o objetivo de preservar o *princípio da isonomia*.

Em face da exigência prevista no art. 7.º, inciso VI, parte final, da Constituição da República, a redução de que trata o art. 5.º da Lei 13.189/2015 está condicionada à celebração de acordo coletivo de trabalho específico com o sindicato de trabalhadores representativo da categoria, observado o disposto no art. 511 da Consolidação das Leis do Trabalho, ao prever as categorias econômicas, profissionais e profissionais diferenciadas.

No caso de empregados que integrem *categoria profissional diferenciada* (art. 511, § 3.º, da CLT), entende-se que o acordo coletivo de trabalho específico deve ser pactuado com o respectivo sindicato, ou seja, que represente a categoria profissional diferenciada na área territorial envolvida.

O número total de trabalhadores e de setores abrangidos pelo Programa de que tratam os incisos I e II e a redução do percentual de que trata o inciso III podem ser alterados durante o período de adesão ao Programa, desde que aprovados em assembleia dos trabalhadores abrangidos pelo Programa, dispensada a formalização de termo aditivo ao acordo, observados os critérios a serem estabelecidos em ato do Poder Executivo federal.

Conforme o art. 6.º da Lei 13.189/2015, a empresa que aderir ao Programa Seguro-Emprego (PSE) fica proibida de: I – dispensar arbitrariamente ou sem justa causa os empregados que tiverem sua jornada de trabalho temporariamente reduzida enquanto vigorar a adesão ao PSE e, após o seu término, durante o prazo equivalente a um terço do período de adesão; II – contratar empregado para executar, total ou parcialmente, as mesmas atividades exercidas por empregado abrangido pelo Programa, exceto nas hipóteses de: a) reposição; b) aproveitamento de concluinte de curso de aprendizagem na empresa, nos termos do art. 429 da CLT; c) efetivação de estagiário; d) contratação de pessoas com deficiência ou idosas; e) contratação de egresso dos sistemas prisional e de medidas socioeducativas. Nas hipóteses de contratação previstas no inciso II do art. 6.º, o empregado deve ser abrangido pelo acordo coletivo de trabalho específico.

Garante-se, com isso, a manutenção do emprego, de forma provisória, dos trabalhadores envolvidos pelo mencionado Programa.

Durante o período de adesão, é proibida a realização de horas extraordinárias pelos empregados abrangidos pelo referido Programa.

A empresa pode denunciar o Programa Seguro-Emprego (PSE) a qualquer momento, desde que comunique o ato ao sindicato que celebrou o acordo coletivo de trabalho específico, aos seus trabalhadores e ao Poder Executivo federal, com antecedência mínima de 30 dias, demonstrando as razões e a superação da situação de dificuldade econômico-financeira (art. 7.º da Lei 13.189/2015).

Somente após o prazo de 30 dias é que a empresa pode exigir o cumprimento da jornada integral de trabalho. Deve ser mantida a garantia de emprego, nos termos da adesão original ao PSE e aos seus acréscimos. Somente após seis meses da denúncia é que a empresa pode aderir novamente ao PSE, caso demonstre que enfrenta nova situação de dificuldade econômico-financeira.

Fica excluída do PSE e impedida de aderir ao Programa novamente a empresa que: I – descumprir os termos do acordo coletivo de trabalho específico relativo à redução temporária da jornada de trabalho ou qualquer outro dispositivo da Lei 13.189/2015 ou de sua regulamentação; II – cometer fraude no âmbito do PSE (assim entendida como a situação em que empresa obtiver, para si ou para outrem, vantagem ilícita, em prejuízo alheio, induzindo ou mantendo alguém em erro, mediante artifício, ardil ou qualquer outro meio fraudulento, relativamente ao Programa, como atos praticados quanto à burla das condições e dos critérios para adesão e permanência no Programa, fornecimento de informações não verídicas, apresentação de documentos falsos ou desvio dos recursos da compensação financeira do Programa destinada aos empregados abrangidos); ou III – for condenada por decisão judicial transitada em julgado ou autuada administrativamente após decisão final no processo administrativo por prática de trabalho análogo ao de escravo, trabalho infantil ou degradante (art. 8.º da Lei 13.189/2015).

A empresa que descumprir o acordo coletivo ou as normas relativas ao PSE fica obrigada a restituir ao FAT os recursos recebidos, devidamente corrigidos, e a pagar multa administrativa correspondente a 100% desse valor, calculada em dobro no caso de fraude, a ser aplicada conforme o Título VII da CLT (arts. 626 e seguintes), e revertida ao FAT (art. 8.º, § 1.º, da Lei 13.189/2015).

Para fins do disposto no inciso I do art. 8.º, a denúncia de que trata o art. 7.º da Lei 13.189/2015 não é considerada descumprimento dos termos do acordo coletivo de trabalho específico.

Para fins da correção dos recursos de que trata o § 1.º do art. 8.º da Lei 13.189/2015, o valor a ser restituído ao FAT, por ocasião do pagamento, deve ser acrescido de juros equivalentes à taxa referencial do Sistema Especial de Liquidação e de Custódia (Selic) para títulos federais, calculada na forma de capitalização simples, ou seja, pela soma aritmética dos valores mensais da taxa Selic, adicionando-se 1% no último mês de atualização e utilizando-se para o cálculo do débito o Sistema Débito Web disponibilizado no sítio eletrônico do Tribunal de Contas da União.

Até o final do mês de fevereiro de cada exercício, o Poder Executivo federal deve estabelecer o limite máximo anual para as despesas totais do PSE, observados os parâmetros econômicos oficiais utilizados na gestão fiscal (art. 11-A da Lei 13.189/2015, incluído pela Lei 13.456/2017). Para fins de estimativa do cálculo das despesas totais referidas, deve ser considerado o somatório do estoque de benefícios concedidos com os novos benefícios a serem desembolsados no exercício. Essa gestão fiscal compreende a elaboração dos orçamentos anuais e as avaliações de receitas e despesas para cumprimento do disposto no art. 9.º da Lei Complementar 101/2000, que, ao estabelecer normas de finanças públicas voltadas para a responsabilidade na gestão fiscal, dispõe sobre a execução orçamentária e o cumprimento das metas.

O Poder Executivo federal, por meio de regulamento, pode fixar orçamento do PSE dedicado exclusivamente a microempresas e empresas de pequeno porte.

O Ministério do Trabalho deve enviar semestralmente, pelo período de duração do PSE, aos Ministérios da Fazenda e do Planejamento, Desenvolvimento e Gestão e à Casa Civil da Presidência da República, informações que permitam avaliar a efetividade do PSE como política pública em relação aos objetivos pretendidos (art. 11-B da Lei 13.189/2015, incluído pela Lei 13.456/2017).

2.16.2 Medidas trabalhistas alternativas para enfrentamento de estado de calamidade pública

A Lei 14.437/2022 autoriza o Poder Executivo federal a dispor sobre a adoção, por empregados e empregadores, de medidas trabalhistas alternativas e sobre o Programa

Emergencial de Manutenção do Emprego e da Renda, para enfrentamento das consequências sociais e econômicas de estado de calamidade pública em âmbito nacional ou em âmbito estadual, distrital ou municipal reconhecido pelo Poder Executivo federal.

São objetivos da Lei 14.437/2022: I – preservar o emprego e a renda; II – garantir a continuidade das atividades laborais, empresariais e das organizações da sociedade civil sem fins lucrativos; III – reduzir o impacto social decorrente das consequências de estado de calamidade pública em âmbito nacional ou em âmbito estadual, distrital ou municipal reconhecido pelo Poder Executivo federal.

As referidas medidas podem ser adotadas exclusivamente: para trabalhadores em grupos de risco; para trabalhadores de áreas específicas dos entes federativos atingidos por estado de calamidade pública.

Podem ser adotadas, por empregados e empregadores, para a preservação do emprego, a sustentabilidade do mercado de trabalho e o enfrentamento das consequências de estado de calamidade pública em âmbito nacional ou em âmbito estadual, distrital ou municipal reconhecido pelo Poder Executivo federal, as seguintes medidas trabalhistas alternativas: I – o teletrabalho; II – a antecipação de férias individuais; III – a concessão de férias coletivas; IV – o aproveitamento e a antecipação de feriados; V – o banco de horas; VI – a suspensão da exigibilidade dos recolhimentos do Fundo de Garantia do Tempo de Serviço (FGTS) (art. 2.º da Lei 14.437/2022).

A adoção das referidas medidas deve observar o disposto em ato do Ministério do Trabalho e Previdência, que estabelecerá, entre outros parâmetros, o prazo em que as medidas trabalhistas alternativas poderão ser adotadas. O mencionado prazo será de até 90 dias, prorrogável enquanto durar o estado de calamidade pública em âmbito nacional ou em âmbito estadual, distrital ou municipal reconhecido pelo Poder Executivo federal.

O empregador pode, a seu critério, durante o prazo previsto no ato do Ministério do Trabalho e Previdência de que trata o art. 2.º da Lei 14.437/2022, alterar o regime de trabalho presencial para teletrabalho ou trabalho remoto, além de determinar o retorno ao regime de trabalho presencial, independentemente da existência de acordos individuais ou coletivos, dispensado o registro prévio da alteração no contrato individual de trabalho (art. 3.º da Lei 14.437/2022).

Essa previsão decorre do exercício do poder de direção (art. 2.º da CLT), mais especificamente do *jus variandi*, permitindo que o empregador, de forma unilateral, modifique o regime de trabalho presencial para teletrabalho ou trabalho remoto, assim como determine o retorno do empregado ao regime de trabalho presencial.

Para fins do disposto na Lei 14.437/2022, considera-se teletrabalho ou trabalho remoto a definição constante do art. 75-B da Consolidação das Leis do Trabalho. Sendo assim, considera-se teletrabalho ou trabalho remoto a prestação de serviços fora das dependências do empregador, de maneira preponderante ou não, com a utilização de tecnologias de informação e de comunicação, que, por sua natureza, não configure trabalho externo (redação dada pela Lei 14.442/2022). Cf. Capítulo 5, item 5.2.2.

A alteração de que trata o art. 3.º da Lei 14.437/2022 deve ser notificada ao empregado com antecedência de, no mínimo, 48 horas, por escrito ou por meio eletrônico.

As disposições relativas à responsabilidade pela aquisição, pela manutenção ou pelo fornecimento dos equipamentos tecnológicos e da infraestrutura necessária e adequada à prestação de teletrabalho ou de trabalho remoto e as disposições relativas ao reembolso de despesas efetuadas pelo empregado devem ser previstas em contrato escrito, firmado previamente ou no prazo de 30 dias, contado da data da mudança do regime de trabalho.

Na hipótese de o empregado não possuir os equipamentos tecnológicos ou a infraestrutura necessária e adequada à prestação de teletrabalho ou de trabalho remoto: I – o empregador pode fornecer os equipamentos em regime de comodato e custear os serviços de infraestrutura, que não caracterizarão verba de natureza salarial; ou II – o período da jornada normal de trabalho deve ser computado como tempo de trabalho à disposição do empregador, na impossibilidade do oferecimento do regime de comodato de que trata o inciso I. Logo, nessa última situação, o empregado terá direito à remuneração correspondente à jornada normal de trabalho, na linha do previsto no art. 4.º da CLT, o que decorre da determinação de que o empregador assume os riscos de sua atividade (art. 2.º da CLT).

O tempo de uso de equipamentos tecnológicos e de infraestrutura necessária, bem como de *softwares*, de ferramentas digitais ou de aplicações de internet utilizados para o teletrabalho ou o trabalho remoto, fora da jornada de trabalho normal do empregado não constitui tempo à disposição ou regime de prontidão ou de sobreaviso, exceto se houver previsão em acordo individual ou em acordo ou convenção coletiva de trabalho.

Essa previsão, de certa forma, é questionável, pois se o referido uso ocorrer em razão do trabalho, ou seja, para fins da prestação de serviço, ainda que fora da jornada de trabalho formalmente convencionada, a rigor, deve ser nela computado. Nesse sentido, considera-se como de serviço efetivo o período em que o empregado esteja à disposição do empregador, aguardando ou executando ordens, salvo disposição especial expressamente consignada (art. 4.º da CLT). Cf. ainda Capítulo 12, item 12.3.20.

Aplica-se ao teletrabalho e ao trabalho remoto de que trata o art. 3.º da Lei 14.437/2022 o disposto no art. 62, inciso III, da Consolidação das Leis do Trabalho, ao prever que não são abrangidos pelo regime de duração do trabalho os empregados em regime de teletrabalho que prestam serviço por produção ou tarefa (conforme redação dada pela Lei 14.442/2022). Cf. Capítulo 18, item 18.11.

Fica permitida a adoção do regime de teletrabalho ou de trabalho remoto para estagiários e aprendizes, nos termos dos arts. 3.º a 5.º da Lei 14.437/2022 (art. 4.º da Lei 14.437/2022).

O regime de teletrabalho ou de trabalho remoto não se confunde nem se equipara à ocupação de operador de *telemarketing* ou de teleatendimento (art. 5.º da Lei 14.437/2022).

O empregador deve informar ao empregado, durante o prazo previsto no ato do Ministério do Trabalho e Previdência de que trata o art. 2.º da Lei 14.437/2022, sobre a antecipação de suas férias com antecedência de, no mínimo, 48 horas, por escrito ou por meio eletrônico, com a indicação do período a ser gozado pelo empregado (art. 6.º da Lei 14.437/2022).

As férias antecipadas nos termos indicados: I – não podem ser gozadas em períodos inferiores a cinco dias corridos; II – podem ser concedidas por ato do empregador, ainda que o período aquisitivo a que se referem não tenha transcorrido (art. 6.º, § 1.º, da Lei 14.437/2022).

O empregado e o empregador podem, adicionalmente, negociar a antecipação de períodos futuros de férias, por meio de acordo individual escrito (art. 6.º, § 2.º, da Lei 14.437/2022).

Essa possibilidade de antecipação de períodos futuros de férias pode inviabilizar a finalidade social do referido direito (art. 7.º, inciso XVII, da Constituição da República), que é permitir o descanso e o lazer pelo empregado, por período mais extenso, para se restabelecer em termos físicos, mentais e sociais. Nessa linha, conforme o art. 10, item 2, da Convenção 132 da Organização Internacional do Trabalho, promulgada pelo Decreto

3.197/1999 (atualmente Decreto 10.088/2019), para fixar a ocasião do período de gozo das férias devem ser levadas em conta as necessidades do trabalho e as possibilidades de repouso e diversão ao alcance da pessoa empregada.

O empregador pode, durante o prazo previsto no ato do Ministério do Trabalho e Previdência de que trata o art. 2.º da Lei 14.437/2022, suspender as férias e as licenças não remuneradas dos profissionais da área de saúde ou daqueles que desempenham funções essenciais, por meio de comunicação formal da decisão ao trabalhador por escrito ou, preferencialmente, por meio eletrônico, com antecedência de 48 horas (art. 7.º da Lei 14.437/2022).

O adicional de 1/3 relativo às férias concedidas durante o prazo previsto no ato do Ministério do Trabalho e Previdência de que trata o art. 2.º da Lei 14.437/2022 pode ser pago após a sua concessão, a critério do empregador, até a data em que é devida a gratificação natalina prevista no art. 1.º da Lei 4.749/1965, ou seja, até o dia 20 de dezembro de cada ano (art. 8.º da Lei 14.437/2022).

O art. 7.º, inciso XVII, da Constituição Federal de 1988 assegura o direito de gozo de férias anuais remuneradas com, pelo menos, 1/3 a mais do que o salário normal, mas o prazo para pagamento do referido adicional é objeto de disciplina infraconstitucional. Ainda assim, para que o empregado tenha condições de verdadeiramente descansar e se restabelecer durante as férias, o correto seria o recebimento do adicional de 1/3 juntamente com a remuneração das férias, para que o empregado tenha os recursos financeiros necessários para usufruí-las de modo efetivo.

A conversão de 1/3 do período das férias em abono pecuniário depende da anuência do empregador, hipótese em que o pagamento pode ser efetuado até a data de que trata o art. 8.º da Lei 14.437/2022 (art. 9.º da Lei 14.437/2022). Sendo assim, o referido abono pecuniário (art. 143 da CLT) também pode ser pago após a concessão das férias, até a data em que é devida a gratificação natalina.

O pagamento da remuneração das férias concedidas durante o prazo previsto no ato do Ministério do Trabalho e Previdência de que trata o art. 2.º da Lei 14.437/2022 pode ser efetuado até o quinto dia útil do mês subsequente ao do início do gozo das férias, hipótese em que não se aplica o disposto no art. 145 da Consolidação das Leis do Trabalho (art. 10 da Lei 14.437/2022).

Essa previsão, ao afastar a exigência de pagamento da remuneração das férias até dois dias antes do início do respectivo período (art. 145 da CLT), é questionável, por fazer com que o empregado tenha de iniciar as férias sem ter recebido a correspondente remuneração, inviabilizando, em termos remuneratórios, que dela efetivamente usufrua. Nessa linha, conforme o art. 7.º, item 2, da Convenção 132, as quantias devidas em decorrência do gozo de período de férias devem ser pagas ao empregado antes do período de férias, salvo estipulação em contrário contida em acordo que vincule a referida pessoa e seu empregador.

Na hipótese de rescisão do contrato de trabalho, os valores das férias, individuais ou coletivas, ainda não adimplidos devem ser pagos juntamente com as verbas rescisórias devidas (art. 11 da Lei 14.437/2022). No caso de pedido de demissão, as férias antecipadas gozadas cujo período não tenha sido adquirido devem ser descontadas das verbas rescisórias devidas ao empregado (art. 11, parágrafo único, da Lei 14.437/2022).

O empregador pode, a seu critério, durante o prazo previsto no ato do Ministério do Trabalho e Previdência de que trata o art. 2.º da Lei 14.437/2022, conceder férias coletivas a todos os empregados ou a setores da empresa e deve notificar o conjunto de empregados afetados, por escrito ou por meio eletrônico, com antecedência de, no mínimo, 48 horas, hipótese em que não se aplicam o limite máximo de períodos anuais e o limite mínimo de dias corridos previstos na Consolidação das Leis do Trabalho, permitida a concessão por prazo superior a 30 dias (art. 12 da Lei 14.437/2022).

Aplica-se às férias coletivas o disposto no art. 6.º, § 1.º, nos arts. 8.º, 9.º e 10 e no art. 11, parágrafo único, da Lei 14.437/2022 (art. 13 da Lei 14.437/2022).

Na hipótese de que trata o art. 12 da Lei 14.437/2022, ficam dispensadas a comunicação prévia ao órgão local do Ministério do Trabalho e Previdência e a comunicação aos sindicatos representativos da categoria profissional de que trata o art. 139 da Consolidação das Leis do Trabalho (art. 14 da Lei 14.437/2022).

Os empregadores podem, durante o prazo previsto no ato do Ministério do Trabalho e Previdência de que trata o art. 2.º da Lei 14.437/2022, antecipar o gozo de feriados federais, estaduais, distritais e municipais, incluídos os religiosos, e devem notificar, por escrito ou por meio eletrônico, o conjunto de empregados beneficiados, com antecedência de, no mínimo, 48 horas, com a indicação expressa dos feriados aproveitados (art. 15 da Lei 14.437/2022). Os mencionados feriados podem ser utilizados para compensação do saldo em banco de horas.

Embora essa disposição se fundamente no poder de direção do empregador (art. 2.º da CLT), o objetivo dos feriados, que seria permitir o descanso do trabalhador, o lazer com a família e outras atividades sociais, culturais e religiosas, na prática, pode deixar de ser alcançado. Além disso, ao não se estabelecer o limite de feriados cujo gozo possa ser antecipado, o empregado pode ficar sem usufruir, nas datas corretas, diversos feriados futuros, desvirtuando a finalidade desses dias de descanso remunerado.

São feriados nacionais os dias 1.º de janeiro, 21 de abril, 1.º de maio, 7 de setembro, 2 de novembro, 15 de novembro e 25 de dezembro (art. 1.º da Lei 662/1949, com redação dada pela Lei 10.607/2002). São feriados civis: os declarados em lei federal; a data magna do Estado fixada em lei estadual; os dias do início e do término do ano do centenário de fundação do Município, fixados em lei municipal (art. 1.º da Lei 9.093/1995). São feriados religiosos, por sua vez, os dias de guarda, declarados em lei municipal, de acordo com a tradição local e em número não superior a quatro, neste incluída a Sexta-Feira da Paixão (art. 2.º da Lei 9.093/1995).

Ficam autorizadas, durante o prazo previsto no ato do Ministério do Trabalho e Previdência de que trata o art. 2.º da Lei 14.437/2022, a interrupção das atividades pelo empregador e a constituição de regime especial de compensação de jornada, por meio de banco de horas, em favor do empregador ou do empregado, estabelecido por meio de acordo individual ou coletivo escrito, para a compensação no prazo de até 18 meses, contado da data de encerramento do período estabelecido no ato do Ministério do Trabalho e Previdência (art. 16 da Lei 14.437/2022).

Essa possibilidade de estabelecer banco de horas com período de compensação superior a um ano, por meio de acordo meramente individual, ainda que escrito, é questionável, em face da previsão do art. 7.º, inciso XIII, da Constituição da República, por não se tratar de compensação de jornada nos moldes tradicionais, isto é, semanal ou mensal, mas sim por período bem mais longo. A mencionada possibilidade de interrupção das atividades pelo empregador, com isso, pode acarretar ao empregado um desproporcional saldo de horas a serem trabalhadas posteriormente, em favor do empregador, invertendo a determinação de que cabe a este correr o risco de sua atividade.

A compensação de tempo para recuperação do período interrompido pode ser feita por meio da prorrogação de jornada em até duas horas, a qual não pode exceder 10 horas diárias e pode ser realizada aos finais de semana, observado o disposto no art. 68

da Consolidação das Leis do Trabalho, no sentido que o trabalho em domingo, seja total ou parcial, deve ser sempre subordinado à permissão prévia da autoridade competente em matéria de trabalho.

A compensação do saldo de horas pode ser determinada pelo empregador independentemente de convenção coletiva ou de acordo individual ou coletivo (art. 16, § 2.º, da Lei 14.437/2022). Essa previsão procura se fundamentar no poder de direção, que é exercido pelo empregador, mas fragiliza a bilateralidade, que caracteriza o contrato de trabalho.

As empresas que desempenham atividades essenciais podem, durante o prazo previsto no ato do Ministério do Trabalho e Previdência de que trata o art. 2.º da Lei 14.437/2022, constituir regime especial de compensação de jornada por meio de banco de horas independentemente da interrupção de suas atividades.

O ato do Ministério do Trabalho e Previdência de que trata o art. 2.º da Lei 14.437/2022 pode suspender a exigibilidade dos recolhimentos do FGTS de até quatro competências, relativos aos estabelecimentos dos empregadores situados em Municípios alcançados por estado de calamidade pública reconhecido pelo Poder Executivo federal (art. 17 da Lei 14.437/2022).

Os empregadores podem fazer uso da mencionada prerrogativa independentemente: do número de empregados; do regime de tributação; da natureza jurídica; do ramo de atividade econômica; da adesão prévia.

O depósito das competências suspensas pode ser realizado de forma parcelada, sem a incidência da atualização, da multa e dos encargos previstos no art. 22 da Lei 8.036/1990 (art. 18 da Lei 14.437/2022).

Os depósitos referentes às competências suspensas devem ser realizados em até seis parcelas, nos prazos e nas condições estabelecidos no ato do Ministério do Trabalho e Previdência, na data prevista para o recolhimento mensal devido, conforme disposto no art. 15 da Lei 8.036/1990 (art. 18, § 1.º, da Lei 14.437/2022).

Logo, além da possibilidade de suspensão dos recolhimentos do FGTS de até quatro competências, o seu depósito pode ser efetuado de forma parcelada (ou seja, em até seis parcelas). O direito dos empregados aos depósitos ao FGTS, de todo modo, fica mantido, ou seja, não é excluído mesmo no referido período.

Até que o disposto no art. 17-A da Lei 8.036/1990 (sistema de escrituração digital) seja regulamentado e produza efeitos, para usufruir da prerrogativa prevista no art. 18 da Lei 14.438/2022, o empregador fica obrigado a declarar as informações na data prevista em ato do Ministério do Trabalho e Previdência, nos termos do art. 32, inciso IV, da Lei 8.212/1991, observado que: I – as informações prestadas constituem declaração e reconhecimento dos créditos delas decorrentes, caracterizam confissão de débito e constituem instrumento hábil e suficiente para a cobrança do crédito de FGTS; II – os valores não declarados não têm sua exigibilidade suspensa e obrigam o pagamento integral da multa e dos encargos devidos nos termos do art. 22 da Lei 8.036/1990, sem possibilidade de realização do parcelamento de que trata o art. 18 da Lei 14.437/2022.

Para os depósitos de FGTS realizados nos termos do art. 18 da Lei 14.437/2022, a atualização monetária e a capitalização dos juros de que trata o art. 13 da Lei 8.036/1990, incidentes sobre os valores devidos na competência originária, correm à conta do FGTS.

Na hipótese de rescisão do contrato de trabalho que autorize o saque do FGTS, a suspensão prevista no art. 17 da Lei 14.437/2022 resolve-se em relação ao respectivo empregado, e fica o empregador obrigado: I – ao recolhimento dos valores de FGTS cuja exigibilidade tenha sido suspensa nos termos da Lei 14.437/2022, sem incidência da multa e dos encargos devidos na forma do art. 22 da Lei 8.036/1990, desde que seja efetuado no prazo legal; II – ao depósito dos valores previstos no art. 18 da Lei 8.036/1990 (art. 19 da Lei 14.437/2022). Na referida hipótese, as eventuais parcelas vincendas terão a sua data de vencimento antecipada para o prazo aplicável ao recolhimento previsto no art. 18 da Lei 8.036/1990.

A conta vinculada do trabalhador no FGTS pode ser movimentada nas situações previstas no art. 20 da Lei 8.036/1990.

Ocorrendo rescisão do contrato de trabalho por parte do empregador, este fica obrigado a depositar na conta vinculada do trabalhador no FGTS os valores relativos aos depósitos referentes ao mês da rescisão e ao imediatamente anterior, que ainda não houver sido recolhido, sem prejuízo das cominações legais (art. 18 da Lei 8.036/1990).

Na hipótese de despedida pelo empregador sem justa causa, este deve depositar, na conta vinculada do trabalhador no FGTS, importância igual a 40% do montante de todos os depósitos realizados na conta vinculada durante a vigência do contrato de trabalho, atualizados monetariamente e acrescidos dos respectivos juros (art. 18, § 1.º, da Lei 8.036/1990). Quando ocorrer despedida por culpa recíproca ou força maior, reconhecida pela Justiça do Trabalho, o mencionado percentual será de 20% (art. 18, § 2.º, da Lei 8.036/1990).

As importâncias de que trata o art. 18 da Lei 8.036/1990 devem constar da documentação comprobatória do recolhimento dos valores devidos a título de rescisão do contrato de trabalho, observado o disposto no art. 477 da CLT, eximindo o empregador, exclusivamente, quanto aos valores discriminados (art. 18, § 3.º, da Lei 8.036/1990).

Os valores de FGTS cuja exigibilidade tenha sido suspensa nos termos do art. 17 da Lei 14.437/2022, caso inadimplidos nos prazos fixados na forma da Lei 14.437/2022, estão sujeitos à multa e aos encargos devidos nos termos do art. 22 da Lei 8.036/1990, desde a data originária de vencimento fixada no art. 15 da Lei 8.036/1990 (art. 20 da Lei 14.437/2022).

Na hipótese de suspensão da exigibilidade de que trata o art. 17 da Lei 14.437/2022, o prazo prescricional dos débitos relativos aos depósitos do FGTS vencidos até a data de publicação do ato do Ministério do Trabalho e Previdência de que trata o art. 2.º da Lei 14.437/2022 fica suspenso por 120 dias (art. 21 da Lei 14.437/2022). Cf. ainda Súmula 362 do TST (Cf. Capítulo 17, item 17.11).

O inadimplemento das parcelas previstas no art. 18, § 1.º, da Lei 14.437/2022 e a não quitação do FGTS nos termos do art. 19 da Lei 14.437/2022 ensejam o bloqueio da emissão do certificado de regularidade do FGTS (art. 22 da Lei 14.437/2022).

Na hipótese de suspensão da exigibilidade de que trata o art. 17 da Lei 14.437/2022, os prazos dos certificados de regularidade do FGTS emitidos até a data de publicação do ato do Ministério do Trabalho e Previdência de que trata o art. 2.º da Lei 14.437/2022 ficam prorrogados por 90 dias (art. 23 da Lei 14.437/2022).

Durante o prazo previsto no ato do Ministério do Trabalho e Previdência de que trata o art. 2.º da Lei 14.437/2022, o curso ou o programa de qualificação profissional de que trata o art. 476-A da Consolidação das Leis do Trabalho pode ser oferecido pelo empregador exclusivamente na modalidade não presencial e terá duração de, no mínimo, um mês e, no máximo, três meses (art. 43 da Lei 14.437/2022). Essa previsão decorre da maior dificuldade de presença física em curso ou programa de qualificação profissional, em razão de estado de calamidade pública em âmbito nacional ou em âmbito estadual, distrital ou municipal reconhecido pelo Poder Executivo federal. Cf. Capítulo 12, item 12.4.

A referida suspensão do contrato de trabalho para a realização do curso de qualificação pode ser realizada por acordo individual escrito, quando houver o pagamento pelo empregador de ajuda compensatória mensal em valor equivalente à diferença entre a remuneração do empregado e a bolsa de qualificação (art. 43, § 1.º, da Lei 14.437/2022).

O pagamento da referida ajuda compensatória deve observar o disposto no art. 31, § 1.º, da Lei 14.437/2022, sobre o pagamento, pelo empregador, de ajuda compensatória mensal, em decorrência da redução proporcional da jornada de trabalho e do salário ou da suspensão temporária do contrato de trabalho, no âmbito do Programa Emergencial de Manutenção do Emprego e da Renda.

Se, após a pactuação de acordo individual na forma prevista no art. 43, § 1.º, da Lei 14.437/2022 houver a celebração de convenção coletiva ou de acordo coletivo de trabalho com cláusulas conflitantes com as cláusulas do acordo individual, devem ser observadas as seguintes regras: I – a aplicação das condições estabelecidas no acordo individual em relação ao período anterior ao período da negociação coletiva; II – a prevalência das condições estipuladas na negociação coletiva, naquilo em que conflitarem com as condições estabelecidas no acordo individual, a partir da data de entrada em vigor da convenção coletiva ou do acordo coletivo de trabalho.

As condições do acordo individual prevalecem sobre a negociação coletiva se forem mais favoráveis ao trabalhador.

Durante o prazo previsto no regulamento de que trata o art. 2.º da Lei 14.437/2022, fica permitida a utilização de meios eletrônicos para cumprimento dos requisitos formais previstos no Título VI da Consolidação das Leis do Trabalho (sobre convenções coletivas de trabalho e acordos coletivos de trabalho), inclusive para convocação, deliberação, decisão, formalização e publicidade de convenção ou de acordo coletivo de trabalho (art. 44 da Lei 14.437/2022). Essa previsão tem como objetivo facilitar o procedimento da negociação coletiva e a celebração dos instrumentos normativos decorrentes, considerando a dificuldade de presença física nos atos necessários, em decorrência de estado de calamidade pública em âmbito nacional ou em âmbito estadual, distrital ou municipal reconhecido pelo Poder Executivo federal.

Durante o prazo previsto no ato do Ministério do Trabalho e Previdência de que trata o art. 2.º da Lei 14.437/2022, os prazos previstos no Título VI da Consolidação das Leis do Trabalho (arts. 611 a 625) ficam reduzidos pela metade (art. 45 da Lei 14.437/2022). Essa previsão visa a acelerar os trâmites para a formalização da norma coletiva negociada, em razão de estado de calamidade pública em âmbito nacional ou em âmbito estadual, distrital ou municipal reconhecido pelo Poder Executivo federal.

O disposto na Lei 14.437/2022 aplica-se também: I – às relações de trabalho regidas: a) pela Lei 6.019/1974 (relações de trabalho na empresa de trabalho temporário, na empresa de prestação de serviços e nas respectivas tomadoras de serviço e contratante); b) pela Lei 5.889/1973 (relações de trabalho rural); II – no que couber, às relações regidas pela Lei Complementar 150/2015 (contrato de trabalho doméstico), tais como as disposições referentes ao Programa Emergencial de Manutenção do Emprego e da Renda, à redução de jornada, ao banco de horas e às férias (art. 46 da Lei 14.437/2022).

A Lei 14.437/2022 entrou em vigor na data de sua publicação, ocorrida em 16.08.2022 (art. 47 da Lei 14.437/2022).

2.16.3 Programa Emergencial de Manutenção do Emprego e da Renda

O Poder Executivo federal pode instituir o Programa Emergencial de Manutenção do Emprego e da Renda, para o enfrentamento das consequências sociais e econômicas de estado de calamidade pública em âmbito nacional ou em âmbito estadual, distrital ou municipal reconhecido pelo Poder Executivo federal (art. 24 da Lei 14.437/2022).

A adoção do Programa Emergencial de Manutenção do Emprego e da Renda deve observar o disposto no regulamento, que estabelecerá a forma e o prazo durante o qual o Programa pode ser adotado, observadas as disponibilidades financeiras e orçamentárias. O mencionado prazo será de até 90 dias, prorrogável enquanto durar o estado de calamidade pública em âmbito nacional ou em âmbito estadual, distrital ou municipal reconhecido pelo Poder Executivo federal.

São medidas do Programa Emergencial de Manutenção do Emprego e da Renda: I – o pagamento do benefício emergencial de manutenção do emprego e da renda (BEm); II – a redução proporcional da jornada de trabalho e do salário; III – a suspensão temporária do contrato de trabalho (art. 25 da Lei 14.437/2022).

Essa previsão não se aplica: I – no âmbito da União, dos Estados, do Distrito Federal e dos Municípios: a) aos órgãos da administração pública direta e indireta; b) às empresas públicas e às sociedades de economia mista, inclusive às suas subsidiárias; II – aos organismos internacionais.

Compete ao Ministério do Trabalho e Previdência coordenar, executar, monitorar e fiscalizar o Programa Emergencial de Manutenção do Emprego e da Renda e editar as normas complementares necessárias à sua execução (art. 26 da Lei 14.437/2022).

O Ministério do Trabalho e Previdência deve divulgar, por meio eletrônico, informações detalhadas sobre os acordos firmados, com o número de empregados e empregadores beneficiados.

O benefício emergencial de manutenção do emprego e da renda deve ser pago nas hipóteses de: I – redução proporcional da jornada de trabalho e do salário; II – suspensão temporária do contrato de trabalho (art. 27 da Lei 14.437/2022).

O benefício emergencial de manutenção do emprego e da renda deve ser custeado com recursos da União, mediante disponibilidade orçamentária.

O benefício emergencial de manutenção do emprego e da renda será de prestação mensal e devido a partir da data do início da redução da jornada de trabalho e do salário ou da suspensão temporária do contrato de trabalho, observadas as seguintes disposições: I – o empregador deve informar ao Ministério do Trabalho e Previdência a redução da jornada de trabalho e do salário ou a suspensão temporária do contrato de trabalho, no prazo de 10 dias, contado da data da celebração do acordo; II – a primeira parcela deve ser paga no prazo de 30 dias, contado da data da celebração do acordo, desde que a celebração do acordo seja informada no prazo a que se refere o inciso I; III – o benefício deve ser pago exclusivamente enquanto durar a redução da jornada de trabalho e do salário ou a suspensão temporária do contrato de trabalho (art. 27, § 2.º, da Lei 14.437/2022).

Caso a informação de que trata o inciso I não seja prestada no prazo de 10 dias, contado da data da celebração do acordo: I – o empregador ficará responsável pelo pagamento da remuneração no valor anterior à redução da jornada de trabalho e do salário ou à suspensão temporária do contrato de trabalho do empregado, inclusive dos respectivos encargos sociais e trabalhistas, até que a informação seja prestada; II – a data de início do benefício emergencial de manutenção do emprego e da renda será estabelecida na data em que a informação tenha sido efetivamente prestada, e o benefício será devido pelo restante do período pactuado; III – a primeira parcela, observado o disposto no inciso II, será paga no prazo de 30 dias, contado da data em que a informação tiver sido efetivamente prestada.

Ato do Ministério do Trabalho e Previdência deve disciplinar a forma de: transmissão das informações e das comunicações pelo empregador; concessão e pagamento do benefício emergencial de manutenção do emprego e da renda; interposição de recurso contra as decisões proferidas em relação ao benefício emergencial de manutenção do emprego e da renda.

As notificações e as comunicações referentes ao benefício emergencial de manutenção do emprego e da renda podem ser realizadas exclusivamente por meio digital, mediante a ciência do interessado, o cadastramento em sistema próprio e a utilização de certificado digital da Infraestrutura de Chaves Públicas Brasileira (ICP-Brasil) ou o uso de *login* e senha, conforme estabelecido em ato do Ministério do Trabalho e Previdência.

O devido recebimento do benefício emergencial de manutenção do emprego e da renda não impede a concessão nem altera o valor do seguro-desemprego a que o empregado vier a ter direito, desde que cumpridos os requisitos previstos na Lei 7.998/1990, no momento de eventual dispensa.

O benefício emergencial de manutenção do emprego e da renda deve ser operacionalizado e pago pelo Ministério do Trabalho e Previdência.

O valor do benefício emergencial de manutenção do emprego e da renda deve ter como base de cálculo o valor da parcela do seguro-desemprego a que o empregado teria direito, nos termos do art. 5.º da Lei 7.998/1990, observadas as seguintes disposições: I – na hipótese de redução da jornada de trabalho e do salário, deve ser calculado com a aplicação do percentual da redução sobre a base de cálculo; II – na hipótese de suspensão temporária do contrato de trabalho, tem valor mensal: a) equivalente a 100% do valor do seguro-desemprego a que o empregado teria direito, na hipótese prevista no art. 30, *caput*, da Lei 14.437/2022; ou b) equivalente a 70% do valor do seguro-desemprego a que o empregado teria direito, na hipótese prevista no art. 30, § 6.º, da Lei 14.437/2022 (art. 28 da Lei 14.437/2022).

O benefício emergencial de manutenção do emprego e da renda deve ser pago ao empregado independentemente do: cumprimento de qualquer período aquisitivo; tempo de vínculo empregatício; número de salários recebidos.

O benefício emergencial de manutenção do emprego e da renda não é devido ao empregado que: I – seja ocupante de cargo ou emprego público ou cargo em comissão de livre nomeação e exoneração, ou seja titular de mandato eletivo; ou II – esteja em gozo: a) de benefício de prestação continuada do Regime Geral de Previdência Social ou dos Regimes Próprios de Previdência Social, ressalvados os benefícios de pensão por morte e de auxílio-acidente; b) do seguro-desemprego, em quaisquer de suas modalidades; ou c) da bolsa de qualificação profissional de que trata o art. 2.º-A da Lei 7.998/1990 (custeada pelo Fundo de Amparo ao Trabalhador).

O empregado com mais de um vínculo formal de emprego pode receber cumulativamente um benefício emergencial de manutenção do emprego e da renda para cada vínculo com redução proporcional da jornada de trabalho e do salário ou com suspensão temporária do contrato de trabalho.

Nos casos em que o cálculo do benefício emergencial de manutenção do emprego e da renda resultar em valores decimais, o valor a ser pago deve ser arredondado para a unidade inteira imediatamente superior.

O empregado com contrato de trabalho intermitente a que se refere o art. 443, § 3.º, da Consolidação das Leis do Trabalho não faz jus ao benefício emergencial de manutenção do emprego e da renda.

O benefício emergencial de manutenção do emprego e da renda do aprendiz: pode ser acumulado com o benefício de prestação continuada de que trata o art. 20 da Lei 8.742/1993; não é computado para fins de cálculo da renda familiar *per capita* para a concessão ou a manutenção do benefício de prestação continuada de que trata o art. 20 da Lei 8.742/1993.

Fica suspenso o prazo a que se refere o art. 21-A, § 2.º, da Lei 8.742/1993 (dois anos)[63] durante o recebimento do benefício emergencial de manutenção do emprego e da renda pelo aprendiz.

O empregador, na forma e no prazo previstos no regulamento de que trata o art. 24 da Lei 14.437/2022, pode acordar a redução proporcional da jornada de trabalho e do salário de seus empregados, de forma setorial, departamental, parcial ou na totalidade dos postos de trabalho, observados os seguintes requisitos: I – preservação do valor do salário-hora de trabalho; II – pactuação, conforme o disposto nos arts. 33 e 34 da Lei 14.437/2022, por convenção coletiva de trabalho, por acordo coletivo de trabalho ou por acordo individual escrito entre empregador e empregado; III – na hipótese de pactuação por acordo individual escrito, encaminhamento da proposta de acordo ao empregado com antecedência de, no mínimo, dois dias corridos e redução da jornada de trabalho e do salário somente nos seguintes percentuais: a) 25%; b) 50%; ou c) 70% (art. 29 da Lei 14.437/2022).

A jornada de trabalho e o salário pago anteriormente devem ser restabelecidos no prazo de dois dias corridos, contado da: I – cessação do estado de calamidade pública; II – data estabelecida como termo de encerramento do período de redução pactuado; ou III – data de comunicação do empregador que informe ao empregado a sua decisão de antecipar o fim do período de redução pactuado.

O empregador, na forma e no prazo previstos no regulamento de que trata o art. 24 da Lei 14.437/2022, pode acordar a suspensão temporária do contrato de trabalho de seus empregados, de forma setorial, departamental, parcial ou na totalidade dos postos de trabalho (art. 30 da Lei 14.437/2022).

A suspensão temporária do contrato de trabalho deve ser pactuada, conforme o disposto nos arts. 33 e 34 da Lei 14.437/2022, por convenção coletiva de trabalho, por acordo coletivo de trabalho ou por acordo individual escrito entre empregador e empregado. Na hipótese de acordo individual escrito entre empregador e empregado, a proposta deve ser encaminhada ao empregado com antecedência de, no mínimo, dois dias corridos.

O empregado, durante o período de suspensão temporária do contrato de trabalho: faz jus a todos os benefícios concedidos pelo empregador aos seus empregados; fica autorizado a recolher para o Regime Geral de Previdência Social na qualidade de segurado facultativo.

O contrato de trabalho deve ser restabelecido no prazo de dois dias corridos, contado da: I – cessação do estado de calamidade pública; II – data estabelecida como termo de encerramento do período de suspensão pactuado; ou III – data de comunicação do empregador que informe ao empregado a sua decisão de antecipar o fim do período de suspensão pactuado.

63. "§ 2.º A contratação de pessoa com deficiência como aprendiz não acarreta a suspensão do benefício de prestação continuada, limitado a 2 (dois) anos o recebimento concomitante da remuneração e do benefício".

Se durante o período de suspensão temporária do contrato de trabalho o empregado mantiver as atividades de trabalho, ainda que parcialmente, por meio de teletrabalho, trabalho remoto ou trabalho a distância, ficará descaracterizada a suspensão temporária do contrato de trabalho, e o empregador estará sujeito: ao pagamento imediato da remuneração e dos encargos sociais referentes a todo o período; às penalidades previstas na legislação; às sanções previstas em convenção coletiva ou em acordo coletivo de trabalho.

A empresa que tiver auferido, no ano-calendário anterior ao estado de calamidade pública de que trata o art. 1.º da Lei 14.437/2022, receita bruta superior ao limite máximo previsto no art. 3.º, inciso II, da Lei Complementar 123/2006 (R$ 4.800.000,00), somente pode suspender o contrato de trabalho de seus empregados mediante o pagamento de ajuda compensatória mensal no valor de 30% do valor do salário do empregado, durante o período de suspensão temporária do contrato de trabalho pactuado, observado o disposto nos arts. 30 e 31 da Lei 14.437/2022 (art. 30, § 6.º, da Lei 14.437/2022).

O benefício emergencial de manutenção do emprego e da renda pode ser acumulado com o pagamento, pelo empregador, de *ajuda compensatória mensal*, em decorrência da redução proporcional da jornada de trabalho e do salário ou da suspensão temporária do contrato de trabalho de que trata a Lei 14.437/2022 (art. 31).

A mencionada ajuda compensatória mensal: deve ter o valor definido em negociação coletiva ou no acordo individual escrito pactuado; não integra a base de cálculo do valor dos depósitos do FGTS, instituído pela Lei 8.036/1990 e de que trata a Lei Complementar 150/2015 (art. 31, § 1.º, da Lei 14.437/2022).

Na hipótese de redução proporcional da jornada de trabalho e do salário, a referida ajuda compensatória não integra o salário devido pelo empregador e deve observar o disposto no art. 31, § 1.º, da Lei 14.437/2022.

Fica reconhecida a garantia provisória no emprego ao empregado que receber o benefício emergencial de manutenção do emprego e da renda em decorrência da redução da jornada de trabalho e do salário ou da suspensão temporária do contrato de trabalho de que trata a Lei 14.437/2022, nos seguintes termos: I – durante o período acordado de redução da jornada de trabalho e do salário ou de suspensão temporária do contrato de trabalho; II – após o restabelecimento da jornada de trabalho e do salário ou do encerramento da suspensão temporária do contrato de trabalho, por período equivalente ao acordado para a redução ou a suspensão; III – no caso da empregada gestante, por período equivalente ao acordado para a suspensão temporária do contrato de trabalho, contado da data do término do período da garantia estabelecida no art. 10, inciso II, alínea *b*, do Ato das Disposições Constitucionais Transitórias (cinco meses após o parto) (art. 32 da Lei 14.437/2022).

A dispensa sem justa causa que ocorrer durante o referido período de garantia provisória no emprego sujeita o empregador ao pagamento, além das parcelas rescisórias previstas na legislação, de indenização no valor de: I – 50% do salário a que o empregado teria direito no período de garantia provisória no emprego, na hipótese de redução da jornada de trabalho e do salário igual ou superior a 25% e inferior a 50%; II – 75% do salário a que o empregado teria direito no período de garantia provisória no emprego, na hipótese de redução da jornada de trabalho e do salário igual ou superior a 50% e inferior a 70%; III – 100% do salário a que o empregado teria direito no período de garantia provisória no emprego, nas hipóteses de redução da jornada de trabalho e do salário em percentual igual ou superior a 70% ou de suspensão temporária do contrato de trabalho.

Os prazos da garantia provisória no emprego decorrente dos acordos de redução proporcional da jornada de trabalho e do salário ou de suspensão do contrato de trabalho com base em regulamento editado na forma do art. 24 da Lei 14.437/2022 ficam suspensos na hipótese de recebimento do benefício com fundamento em um regulamento posterior, também expedido na forma do art. 24 da Lei 14.437/2022, durante o recebimento do benefício emergencial de manutenção do emprego e da renda de que trata esse regulamento posterior, e somente retomam a sua contagem após o encerramento do período da garantia de emprego de que trata o regulamento posterior.

O disposto no art. 32 da Lei 14.437/2022 não se aplica às hipóteses de pedido de demissão, de extinção do contrato de trabalho por acordo nos termos do art. 484-A da Consolidação das Leis do Trabalho ou de dispensa por justa causa do empregado.

As medidas de redução proporcional da jornada de trabalho e do salário ou de suspensão temporária do contrato de trabalho de que trata a Lei 14.437/2022 podem ser celebradas por meio de negociação coletiva, observado o disposto no art. 33, § 1.º, e nos arts. 29 e 30 da Lei 14.437/2022 (art. 33 da Lei 14.437/2022).

A convenção coletiva ou o acordo coletivo de trabalho podem estabelecer redução da jornada de trabalho e do salário em percentuais diversos daqueles previstos no art. 29, inciso III, da Lei 14.437/2022 (art. 33, § 1.º, da Lei 14.437/2022).

Na hipótese prevista no art. 33, § 1.º, da Lei 14.437/2022, o benefício emergencial de manutenção do emprego e da renda será devido nos seguintes termos: I – sem percepção do benefício, para a redução da jornada de trabalho e do salário inferior a 25%; II – no valor de 25% sobre a base de cálculo prevista no art. 28 da Lei 14.437/2022, para a redução da jornada de trabalho e do salário igual ou superior a 25% e inferior a 50%; III – no valor de 50% sobre a base de cálculo prevista no art. 28 da Lei 14.437/2022, para a redução da jornada de trabalho e do salário igual ou superior a 50% e inferior a 70%; IV – no valor de 70% sobre a base de cálculo prevista no art. 28 da Lei 14.437/2022, para a redução da jornada de trabalho e do salário igual ou superior a 70%.

As convenções coletivas ou os acordos coletivos de trabalho celebrados anteriormente à publicação do regulamento de que trata o art. 24 da Lei 14.437/2022 podem ser renegociados para adequação de seus termos no prazo de 10 dias corridos, contado da data de publicação do regulamento.

As medidas de que trata o art. 25 da Lei 14.437/2022 serão implementadas por meio de acordo individual escrito ou de negociação coletiva aos empregados: I – com salário igual ou inferior a metade do limite máximo dos benefícios do Regime Geral de Previdência Social; ou II – com diploma de nível superior que percebam salário mensal igual ou superior a duas vezes o limite máximo dos benefícios do Regime Geral de Previdência Social (art. 34 da Lei 14.437/2022).

Para os empregados que não se enquadrem nessa previsão, as medidas de que trata o art. 25 da Lei 14.437/2022 somente podem ser estabelecidas por convenção coletiva ou por acordo coletivo de trabalho, exceto nas seguintes hipóteses, nas quais se admite a pactuação por acordo individual escrito: I – redução proporcional da jornada de trabalho e do salário de 25%, de que trata o art. 29, inciso III, alínea *a*, da Lei 14.437/2022; ou II – redução proporcional da jornada de trabalho e do salário ou suspensão temporária do contrato de trabalho, quando do acordo não resultar diminuição do valor total recebido mensalmente pelo empregado, incluídos o valor do benefício emergencial de manutenção do emprego e da renda, a ajuda compensatória mensal e, em caso de redução da jornada de trabalho, o salário pago pelo empregador em razão das horas trabalhadas pelo empregado (art. 34, § 1.º, da Lei 14.437/2022).

Apesar do art. 7.º, inciso VI, da Constituição Federal de 1988, ao estabelecer a irredutibilidade do salário, salvo o disposto em convenção coletiva ou acordo coletivo de trabalho, cabe o registro de que o Supremo Tribunal Federal decidiu manter as previsões da Medida Provisória 936/2020, posteriormente convertida na Lei 14.020/2020, sobre autorização, em certas hipóteses, da redução da jornada de trabalho e de salário ou da suspensão temporária do contrato de trabalho por meio de acordo individual escrito, independentemente de negociação coletiva e da anuência do sindicato. Em razão daquele momento excepcional, entendeu-se razoável a previsão de acordo individual, ao garantir renda mínima ao trabalhador e preservar o vínculo de emprego na crise, além do que a exigência de atuação sindical, instaurando a negociação coletiva ou não se manifestando no prazo previsto, geraria insegurança jurídica e aumento do risco de desemprego (STF, Pleno, MC-ADI 6.363/DF, Red. p/ ac. Min. Alexandre de Moraes, j. 17.04.2020, *DJe* 24.11.2020)[64]. Com a publicação da Lei 14.020/2020, que instituiu o Programa Emergencial de Manutenção do Emprego e da Renda e dispôs sobre medidas complementares para enfrentamento do estado de calamidade pública e da emergência de saúde pública de importância internacional decorrente do coronavírus, a referida ação direta de inconstitucionalidade foi julgada prejudicada, em razão da substancial alteração dos dispositivos questionados (STF, ADI 6.363/DF, Rel. Min. Ricardo Lewandowski, *DJe* 24.08.2021).

Para os empregados que se encontrem em gozo do benefício de aposentadoria, a implementação das medidas de redução proporcional da jornada de trabalho e do salário ou de suspensão temporária do contrato de trabalho por acordo individual escrito somente é admitida quando, além do enquadramento em alguma das hipóteses de autorização do acordo individual de trabalho previstas no art. 34, § 1.º, da Lei 14.437/2022, houver o pagamento, pelo empregador, de ajuda compensatória mensal, observados o disposto no art. 31 da Lei 14.437/2022 e as seguintes condições: I – o valor da referida ajuda compensatória mensal deve ser, no mínimo, equivalente ao valor do benefício emergencial de manutenção do emprego e da renda que o empregado receberia se não houvesse a vedação prevista no art. 28, § 2.º, inciso II, alínea *a*, do da Lei 14.437/2022; II – o valor total pago a título de ajuda compensatória mensal deve ser, no mínimo, igual à soma do valor previsto no art. 30, § 6.º, da Lei 14.437/2022 com o valor mínimo previsto no inciso I, na hipótese de empresa que se enquadre no disposto naquele dispositivo.

Os atos necessários à pactuação dos acordos individuais escritos de que trata o art. 34 da Lei 14.437/2022 podem ser realizados por meios físicos ou eletrônicos.

Os acordos individuais de redução da jornada de trabalho e do salário ou de suspensão temporária do contrato de trabalho, pactuados nos termos da Lei 14.437/2022, devem ser comunicados pelos empregadores ao sindicato da categoria profissional, no prazo de 10 dias corridos, contado da data de sua celebração.

Se, após a pactuação de acordo individual na forma prevista no art. 34 da Lei 14.437/2022, houver a celebração de convenção coletiva ou de acordo coletivo de trabalho com cláusulas conflitantes com as cláusulas do acordo individual, devem ser observadas as seguintes regras: I – a aplicação das condições estabelecidas no acordo individual em relação ao período anterior ao período da negociação coletiva; II – a prevalência das condições estipuladas na negociação coletiva, naquilo em que conflitarem com as condições estabelecidas no acordo individual, a partir da data de entrada em vigor da convenção coletiva ou do acordo coletivo de trabalho.

64. Disponível em: <http://portal.stf.jus.br/noticias/verNoticiaDetalhe.asp?idConteudo=441651&ori=1>.

As condições do acordo individual prevalecem sobre a negociação coletiva se forem mais favoráveis ao trabalhador. Trata-se de previsão que decorre do princípio da norma mais favorável, com fundamento no art. 7.º, *caput*, da Constituição Federal de 1988.

A redução proporcional da jornada de trabalho e do salário ou a suspensão temporária do contrato de trabalho, quando adotada, deve resguardar o exercício e o funcionamento dos serviços públicos e das atividades essenciais de que trata a Lei 7.783/1989, que dispõe sobre o exercício do direito de greve (art. 35 da Lei 14.437/2022).

As irregularidades constatadas pela Auditoria-Fiscal do Trabalho do Ministério do Trabalho e Previdência quanto aos acordos de redução proporcional da jornada de trabalho e do salário ou de suspensão temporária do contrato de trabalho de que trata a Lei 14.437/2022 sujeitam os infratores à multa prevista no art. 25 da Lei 7.998/1990 (art. 36 da Lei 14.437/2022).

O processo de fiscalização, de notificação, de autuação e de imposição de multas decorrente das disposições da Lei 14.437/2022 deve observar o disposto no Título VII da Consolidação das Leis do Trabalho (arts. 626 a 642, sobre processo de multas administrativas), hipótese em que não se aplica o critério da dupla visita.

O disposto nos arts. 24 a 42 da Lei 14.437/2022 aplica-se aos contratos de trabalho celebrados até a data de publicação do regulamento de que trata o art. 24 da Lei 14.437/2022 (art. 37 da Lei 14.437/2022). Essa previsão aplica-se aos contratos de trabalho de aprendizagem e de jornada parcial.

O trabalhador que receber indevidamente parcela do benefício emergencial de manutenção do emprego e da renda está sujeito à compensação automática com eventuais parcelas devidas do referido benefício relativas ao mesmo acordo ou a acordos diversos ou com futuras parcelas de abono salarial de que trata a Lei 7.998/1990 ou de seguro-desemprego a que tiver direito, na forma prevista no art. 25-A da referida Lei, conforme estabelecido em ato do Ministério do Trabalho e Previdência, garantido ao trabalhador o direito de ciência prévia sobre a referida compensação (art. 38 da Lei 14.437/2022).

O empregador e o empregado podem, em comum acordo, optar pelo cancelamento de aviso prévio em curso (art. 39 da Lei 14.437/2022). Trata-se de previsão aplicável ao aviso prévio na forma trabalhada, concedido pelo empregador ou pelo empregado, na linha do art. 489 da CLT. Na hipótese de cancelamento do aviso prévio na forma indicada, as partes podem adotar as medidas do Programa Emergencial de Manutenção do Emprego e da Renda.

Fica dispensada a licitação para contratação da Caixa Econômica Federal e do Banco do Brasil S.A. para a operacionalização do pagamento do benefício emergencial de manutenção do emprego e da renda (art. 40 da Lei 14.437/2022).

O beneficiário pode receber o benefício emergencial de manutenção do emprego e da renda na instituição financeira em que possuir conta-poupança ou conta de depósito à vista, exceto conta-salário, desde que autorize o empregador a informar os seus dados bancários quando prestadas as informações de que trata o art. 27, § 2.º, inciso I, da Lei 14.437/2022 (art. 41 da Lei 14.437/2022).

O Ministério do Trabalho e Previdência deve editar os atos complementares necessários à execução do disposto nos arts. 40 e 41 da Lei 14.437/2022 (art. 42 da Lei 14.437/2022).

2.16.4 Apoio à parentalidade por meio da flexibilização do regime de trabalho

Foi instituído o Programa Emprega + Mulheres, destinado à inserção e à manutenção de mulheres no mercado de trabalho por meio da implementação, entre outras, das seguintes medidas para apoio à parentalidade por meio da flexibilização do regime de trabalho: teletrabalho; regime de tempo parcial; regime especial de compensação de jornada de trabalho por meio de banco de horas; jornada de 12 horas trabalhadas por 36 horas ininterruptas de descanso, quando a atividade permitir; antecipação de férias individuais; horários de entrada e de saída flexíveis (art. 1.º, inciso II, da Lei 14.457/2022).

Para os efeitos da Lei 14.457/2022, parentalidade é o vínculo socioafetivo maternal, paternal ou qualquer outro que resulte na assunção legal do papel de realizar as atividades parentais, de forma compartilhada entre os responsáveis pelo cuidado e pela educação das crianças e dos adolescentes, nos termos do art. 22, parágrafo único, da Lei 8.069/1990 (Estatuto da Criança e do Adolescente)[65].

Na alocação de vagas para as atividades que possam ser efetuadas por meio de teletrabalho, trabalho remoto ou trabalho a distância, nos termos do Capítulo II-A do Título II da Consolidação das Leis do Trabalho (arts. 75-A a 75-F), os empregadores devem conferir prioridade: I – às empregadas e aos empregados com filho, enteado ou criança sob guarda judicial com até seis anos de idade; II – às empregadas e aos empregados com filho, enteado ou pessoa sob guarda judicial com deficiência, sem limite de idade (art. 7.º da Lei 14.457/2022). Trata-se de previsão que complementa o disposto no art. 75-F da CLT, incluído pela Lei 14.442/2022.

No âmbito dos poderes diretivo e gerencial dos empregadores, e considerada a vontade expressa dos empregados e das empregadas, haverá priorização na concessão de uma ou mais das seguintes medidas de flexibilização da jornada de trabalho e das férias aos empregados e às empregadas que tenham filho, enteado ou pessoa sob sua guarda com até seis anos de idade ou com deficiência, com vistas a promover a conciliação entre o trabalho e a parentalidade: I – regime de tempo parcial, nos termos do art. 58-A da CLT; II – regime especial de compensação de jornada de trabalho por meio de banco de horas, nos termos do art. 59 da CLT; III – jornada de 12 horas trabalhadas por 36 horas ininterruptas de descanso, nos termos do art. 59-A da CLT; IV – antecipação de férias individuais; V – horários de entrada e de saída flexíveis (art. 8.º da Lei 14.457/2022).

As medidas de que tratam os incisos I e IV do art. 8.º da Lei 14.457/2022 somente podem ser adotadas até o segundo ano: do nascimento do filho ou enteado; da adoção; ou da guarda judicial (art. 8.º, § 1.º, da Lei 14.457/2022). Esse prazo aplica-se inclusive para o empregado ou a empregada que tiver filho, enteado ou pessoa sob guarda judicial com deficiência.

As medidas de que trata art. 8.º da Lei 14.457/2022 devem ser formalizadas por meio de acordo individual, de acordo coletivo ou de convenção coletiva de trabalho (art. 8.º, § 2.º, da Lei 14.457/2022).

Na hipótese de rescisão do contrato de trabalho de empregado ou empregada em regime de compensação de jornada por meio de banco de horas, as horas acumuladas ainda não compensadas serão: I – descontadas das verbas rescisórias devidas ao empregado ou à empregada, na hipótese de banco de horas em favor do empregador, quando a demissão for a pedido e o empregado ou empregada não tiver interesse ou não puder compensar a jornada devida durante o prazo do aviso prévio; ou II – pagas juntamente

65. A mãe e o pai, ou os responsáveis, têm direitos iguais e deveres e responsabilidades compartilhados no cuidado e na educação da criança, devendo ser resguardado o direito de transmissão familiar de suas crenças e culturas, assegurados os direitos da criança estabelecidos na Lei 8.069/1990 (art. 22, parágrafo único, do Estatuto da Criança e do Adolescente).

com as verbas rescisórias, na hipótese de banco de horas em favor do empregado ou da empregada (art. 9.º da Lei 14.457/2022).

A antecipação de férias individuais pode ser concedida ao empregado ou à empregada que se enquadre nos critérios estabelecidos no art. 8.º, § 1.º, da Lei 14.457/2022 (ou seja, até o segundo ano do nascimento do filho ou enteado, da adoção ou da guarda judicial), ainda que não tenha transcorrido o seu período aquisitivo (art. 10 da Lei 14.457/2022). As férias antecipadas não podem ser usufruídas em período inferior a cinco dias corridos.

Para as férias concedidas na forma prevista no art. 10 da Lei 14.457/2022, o empregador pode optar por efetuar o pagamento do adicional de 1/3 de férias após a sua concessão, até a data em que for devida a gratificação natalina prevista no art. 1.º da Lei 4.749/1965 (art. 11 da Lei 14.457/2022).

O pagamento da remuneração da antecipação das férias na forma do art. 10 da Lei 14.457/2022 pode ser efetuado até o quinto dia útil do mês subsequente ao início do gozo das férias, hipótese em que não se aplica o disposto no art. 145 da Consolidação das Leis do Trabalho (art. 12 da Lei 14.457/2022).

Na hipótese de rescisão do contrato de trabalho, os valores das férias ainda não usufruídas devem ser pagos juntamente com as verbas rescisórias devidas (art. 13 da Lei 14.457/2022).

Na hipótese de período aquisitivo não cumprido, as férias antecipadas e usufruídas serão descontadas das verbas rescisórias devidas ao empregado no caso de pedido de demissão.

Nos termos do art. 14 da Lei 14.457/2022, quando a atividade permitir, os horários fixos da jornada de trabalho podem ser flexibilizados ao empregado ou à empregada que se enquadre nos critérios estabelecidos no art. 8.º da Lei 14.457/2022 (ou seja, que tenha filho, enteado ou pessoa sob sua guarda com até seis anos de idade ou com deficiência). A referida flexibilização ocorrerá em intervalo de horário previamente estabelecido, considerados os limites inicial e final de horário de trabalho diário.

A opção por acordo individual para formalizar as medidas previstas no art. 8.º, § 2.º, da Lei 14.457/2022 somente pode ser realizada: I – nos casos de empresas ou de categorias de trabalhadores para as quais não haja acordo coletivo ou convenção coletiva de trabalho celebrados; ou II – se houver acordo coletivo ou convenção coletiva de trabalho celebrados, se o acordo individual a ser celebrado contiver medidas mais vantajosas à empregada ou ao empregado que o instrumento coletivo vigente (art. 21 da Lei 14.457/2022).

Tanto na priorização para vagas em regime de teletrabalho, trabalho remoto ou trabalho a distância quanto na adoção das medidas de flexibilização do regime de trabalho previstas nos Capítulo III da Lei 14.457/2022 (arts. 7.º a 14), deve sempre ser levada em conta a vontade expressa da empregada ou do empregado beneficiado pelas medidas de apoio ao exercício da parentalidade (art. 22 da Lei 14.457/2022).

2.17 DECLARAÇÃO DE DIREITOS DE LIBERDADE ECONÔMICA E DIREITO DO TRABALHO

Foi instituída a *Declaração de Direitos de Liberdade Econômica*, que estabelece normas de proteção à livre iniciativa e ao livre exercício de atividade econômica e disposições sobre a atuação do Estado como agente normativo e regulador, nos termos do inciso IV do art. 1.º, do parágrafo único do art. 170 e do *caput* do art. 174 da Constituição Federal de 1988 (art. 1.º da Lei 13.874/2019).

Entretanto, deve-se ressaltar que a livre iniciativa não é o único fundamento do Estado Democrático de Direito, merecendo destaque a dignidade da pessoa humana e o valor social do trabalho.

Nesse sentido, a República Federativa do Brasil constitui-se em Estado Democrático de Direito e tem como fundamentos: I – a soberania; II – a cidadania; III – a dignidade da pessoa humana; IV – os valores sociais do trabalho e da livre iniciativa; V – o pluralismo político (art. 1.º da Constituição da República).

Mesmo a ordem econômica não é fundada apenas na livre iniciativa.

Na verdade, a ordem econômica é fundada na *valorização do trabalho humano* e na livre iniciativa, tendo por fim assegurar a todos existência digna, conforme os ditames da justiça social, observados os seguintes princípios: I – soberania nacional; II – propriedade privada; III – função social da propriedade; IV – livre concorrência; V – defesa do consumidor; VI – defesa do meio ambiente, inclusive mediante tratamento diferenciado conforme o impacto ambiental dos produtos e serviços e de seus processos de elaboração e prestação; VII – redução das desigualdades regionais e sociais; VIII – busca do pleno emprego; IX – tratamento favorecido para as empresas de pequeno porte constituídas sob as leis brasileiras e que tenham sua sede e administração no País (art. 170 da Constituição Federal de 1988).

É assegurado a todos o livre exercício de qualquer atividade econômica, independentemente de autorização de órgãos públicos, salvo nos casos previstos em lei (art. 170, parágrafo único, da Constituição da República).

Nesse contexto, são princípios que norteiam o disposto na Lei 13.874/2019: I – a liberdade como uma garantia no exercício de atividades econômicas; II – a boa-fé do particular perante o poder público; III – a intervenção subsidiária e excepcional do Estado sobre o exercício de atividades econômicas; IV – o reconhecimento da vulnerabilidade do particular perante o Estado (art. 2.º da Lei 13.874/2019). Cabe ao regulamento dispor sobre os critérios de aferição para afastamento do inciso IV, limitados a questões de má-fé, hipersuficiência ou reincidência.

Como agente normativo e regulador da atividade econômica, o Estado deve exercer, na forma da lei, as funções de fiscalização, incentivo e planejamento, sendo este determinante para o setor público e indicativo para o setor privado (art. 174 da Constituição Federal de 1988).

O disposto na Lei 13.874/2019 deve ser observado na aplicação e na interpretação do Direito Civil, Empresarial, Econômico, Urbanístico e do Trabalho nas relações jurídicas que se encontrem no seu âmbito de aplicação e na ordenação pública, inclusive sobre exercício das profissões, comércio, juntas comerciais, registros públicos, trânsito, transporte e proteção ao meio ambiente (art. 1.º, § 1.º, da Lei 13.874/2019).

Na realidade, os mandamentos constitucionais, notadamente os *objetivos fundamentais* da República Federativa do Brasil, é que devem nortear a aplicação e a interpretação do Direito, inclusive do Direito Civil, Empresarial, Econômico, Urbanístico e do Trabalho.

Portanto, em consonância com o art. 3.º da Constituição Federal de 1988, constituem objetivos fundamentais da República Federativa do Brasil: I – construir uma sociedade livre, justa e solidária; II – garantir o desenvolvimento nacional; III – erradicar a pobreza e a marginalização e reduzir as desigualdades sociais e regionais; IV – promover o bem de todos, sem preconceitos de origem, raça, sexo, cor, idade e quaisquer outras formas de discriminação.

Interpretam-se em favor da liberdade econômica, da boa-fé e do respeito aos contratos, aos investimentos e à propriedade todas as normas de ordenação pública sobre atividades econômicas privadas (art. 1.º, § 2.º, da Lei 13.874/2019).

Ainda assim, cabe salientar que no Estado Democrático de Direito os contratos e a propriedade devem atender a sua *função social* (arts. 5.º, inciso XXIII, 170, inciso III, 182, § 2.º, e 186 da Constituição da República), respeitando as normas de ordem pública.

A liberdade contratual deve ser exercida nos limites da função social do contrato (art. 421 do Código Civil, com redação dada pela Lei 13.874/2019).

Frise-se que um dos direitos de toda pessoa, natural ou jurídica, essencial para o desenvolvimento e o crescimento econômicos do País, observando-se o disposto no parágrafo único do art. 170 da Constituição Federal de 1988, é o de desenvolver atividade econômica em qualquer horário ou dia da semana, inclusive feriados, sem que para isso esteja sujeita a cobranças ou encargos adicionais, observadas, entre outras, as normas de proteção ao meio ambiente e a *legislação trabalhista* (art. 3.º, inciso II, alíneas *a* e *c*, da Lei 13.874/2019).

Quando o local onde se exerce a atividade empresarial for físico, a fixação do horário de funcionamento competirá ao Município[66], observada a regra geral prevista no art. 3.º, inciso II, da Lei 13.874/2019, sobre direitos de liberdade econômica (art. 1.142, § 3.º, do Código Civil, incluído pela Lei 14.382/2022).

Além disso, é direito de toda pessoa, natural ou jurídica, essencial para o desenvolvimento e o crescimento econômicos do País, observado o disposto no parágrafo único do art. 170 da Constituição Federal de 1988, o de desenvolver *atividade econômica de baixo risco*, para a qual se valha exclusivamente de propriedade privada própria ou de terceiros consensuais, sem a necessidade de quaisquer atos públicos de liberação da atividade econômica (art. 3.º, inciso I, da Lei 13.874/2019). Cf. Capítulo 25, item 25.5.

Saliente-se, por fim, que os preceitos relativos à ordem econômica devem estar em harmonia com a ordem social, a qual tem como base o *primado do trabalho*, e como objetivo o bem-estar e a justiça sociais (art. 193 da Constituição da República)[67].

66. Cf. Súmula Vinculante 38 do STF: "É competente o Município para fixar o horário de funcionamento de estabelecimento comercial".

67. "Os valores sociais do trabalho constituem: a) fundamento da República Federativa do Brasil (inciso IV do artigo 1.º da CF); b) alicerce da Ordem Econômica, que tem por finalidade assegurar a todos existência digna, conforme os ditames da justiça social, e, por um dos seus princípios, a busca do pleno emprego (artigo 170, *caput* e inciso VIII); c) base de toda a Ordem Social (artigo 193)" (STF, Pleno, ADI 1.721/DF, Rel. Min. Carlos Britto, j. 11.10.2006, *DJe* 29.06.2007).

Capítulo **3**

DIREITO INTERNACIONAL DO TRABALHO

3.1 INTRODUÇÃO

O Direito Internacional do Trabalho, em termos científicos, é um dos segmentos do Direito Internacional Público, e não do Direito do Trabalho propriamente. Mesmo assim, é relevante a análise dos principais aspectos envolvidos.

3.2 INCORPORAÇÃO DE NORMAS INTERNACIONAIS AO SISTEMA JURÍDICO INTERNO

No que se refere à relação **entre o Direito Internacional e o Direito interno de cada Estado**, são conhecidas as seguintes teorias:

- *teoria dualista*: em termos mais genéricos, defende que o Direito Internacional e o Direito interno compõem ordens jurídicas totalmente independentes, separadas e autônomas;
- *teoria monista*: o Direito Internacional e o Direito interno integram uma mesma unidade de ordem jurídica.

Na atualidade, tende a prevalecer a teoria monista[1-2], a qual, no entanto, apresenta uma subdivisão, havendo os que defendem a primazia do Direito interno, tendo em vista a superioridade da soberania estatal (posição esta fundada em Hegel), e aqueles que entendem prevalecer o Direito Internacional (posição esta defendida por Kelsen).

1. Cf. SÜSSEKIND, Arnaldo. *Direito internacional do trabalho*. 3. ed. São Paulo: LTr, 2000. p. 63, nota 12 ("a maioria dos países adota a teoria monista"), e p. 65 ("a teoria monista está consagrada pelo direito interno de muitos países: Alemanha, Áustria, Bélgica, Espanha, Estados Unidos da América, Finlândia, França, Grécia, Holanda, Itália, Luxemburgo, Portugal, Suécia, Suíça, países africanos de idioma francês e diversos Estados latino-americanos, entre os quais a Argentina, o Brasil, o México e o Uruguai"). Cf. ainda MANNRICH, Nelson. *Dispensa coletiva*: da liberdade contratual à responsabilidade social. São Paulo: LTr, 2000. p. 414: "No Brasil, a doutrina é uníssona em afirmar a aplicação do princípio monista".

2. Em sentido divergente, cf. LENZA, Pedro. *Direito constitucional esquematizado*. 10. ed. São Paulo: Método, 2006. p. 316: "constata-se que o sistema constitucional brasileiro não exige, para efeito de executoriedade doméstica dos tratados internacionais, a expedição de lei formal distinta (visão *dualista extremada* ou *radical*), satisfazendo-se com a adoção de *iter procedimental* complexo, que compreende a *aprovação congressional* e a *promulgação executiva do texto convencional*. Isto quer dizer que o Brasil adotou o princípio do *dualismo moderado*". Cf. ainda NUNES, Rizzato. *Curso de direito do consumidor*. 3. ed. São Paulo: Saraiva, 2008. p. 21: "No Brasil vigem as regras da teoria dualista, de modo que, para ter vigência no território brasileiro, o tratado ou a convenção dependem de recepção pelo ordenamento jurídico, que [...] tem tratamento pela tradição e por normas da Carta Magna".

Observados os aspectos acima, é importante destacar a seguinte decisão do Supremo Tribunal Federal sobre o tema:

> "[...] É na Constituição da República – e não na controvérsia doutrinária que antagoniza monistas e dualistas – que se deve buscar a solução normativa para a questão da incorporação dos atos internacionais ao sistema de direito positivo interno brasileiro. O exame da vigente Constituição Federal permite constatar que a execução dos tratados internacionais e a sua incorporação à ordem jurídica interna decorrem, no sistema adotado pelo Brasil, de um ato subjetivamente complexo, resultante da conjugação de duas vontades homogêneas: a do Congresso Nacional, que resolve, definitivamente, mediante decreto legislativo, sobre tratados, acordos ou atos internacionais (CF, art. 49, I) e a do Presidente da República, que, além de poder celebrar esses atos de direito internacional (CF, art. 84, VIII), também dispõe – enquanto Chefe de Estado que é – da competência para promulgá-los mediante decreto. O *iter* procedimental de incorporação dos tratados internacionais – superadas as fases prévias da celebração da convenção internacional, de sua aprovação congressional e da ratificação pelo Chefe de Estado – conclui-se com a expedição, pelo Presidente da República, de decreto, de cuja edição derivam três efeitos básicos que lhe são inerentes: (a) a promulgação do tratado internacional; (b) a publicação oficial de seu texto; e (c) a executoriedade do ato internacional, que passa, então, e somente então, a vincular e a obrigar no plano do direito positivo interno. Precedentes" (STF, Pleno, ADI-MC 1.480/DF, Rel. Min. Celso de Mello, j. 04.09.1997, *DJ* 18.05.2001).

Como se pode verificar, as normas internacionais, mesmo depois de celebradas no âmbito internacional, devem passar por um processo de aprovação, para somente então integrarem o ordenamento jurídico nacional.

Em conformidade com o art. 84, inciso VIII, da Constituição da República, compete privativamente ao Presidente da República celebrar tratados, convenções e atos internacionais, sujeitos a referendo do Congresso Nacional.

Essa ***celebração*** do tratado, convenção, acordo ou ato internacional, em regra, compõe-se de três fases distintas:

- *negociação*, em que se discutem as disposições e o teor da norma a ser firmada;
- *deliberação* ou *conclusão*, na qual se decide a respeito do conteúdo que integrará a norma internacional;
- *assinatura*, ou seja, ato que simboliza e materializa a celebração da norma na esfera internacional.

A celebração, em si, do tratado normalmente é tarefa desempenhada pelo Presidente da República, como chefe de Estado, representando, no âmbito internacional, o País, podendo ser assessorado por membros do corpo diplomático nacional.

Mesmo após a celebração do tratado ou outras modalidades de norma internacional, isso ainda não significa a sua incorporação ao ordenamento jurídico nacional. Faz-se necessária, assim, a sua ***aprovação*** pelo Estado, conforme as regras do seu Direito Interno. Nesse sentido, de acordo com o art. 49, inciso I, da Constituição Federal de 1988, é da competência exclusiva do Congresso Nacional resolver definitivamente sobre tratados, acordos ou atos internacionais que acarretem encargos ou compromissos gravosos ao patrimônio nacional. O Congresso Nacional pode aprovar ou rejeitar a norma internacional celebrada. A aprovação se dá por meio de Decreto legislativo.

Após essa aprovação, a norma internacional deve ser objeto de ***ratificação***, entendida em termos estritos, ou seja, como a comunicação internacional de que a norma foi aprovada internamente, em regra por meio de depósito no órgão internacional[3].

A norma internacional celebrada, aprovada e ratificada, deve ser ***promulgada*** pelo Presidente da República, por meio de Decreto presidencial, atestando a validade da norma jurídica.

Por fim, a promulgação da norma jurídica deve ser ***publicada*** no Diário Oficial da União, para receber a publicidade que se exige para a entrada em vigor.

O Decreto 10.088/2019 consolida os atos normativos editados pelo Poder Executivo federal que dispõem sobre a promulgação de convenções e recomendações da Organização Internacional do Trabalho ratificadas pela República Federativa do Brasil.

No âmbito do Mercado Comum do Sul (MERCOSUL), o Decreto 9.499/2018 promulgou o Mecanismo para o Exercício Profissional Temporário, aprovado pela Decisão CMC 25/03, do Conselho Mercado Comum, firmada na XXV Reunião de Cúpula do Mercosul, em Montevidéu, em 15 de dezembro de 2003. O Congresso Nacional aprovou o Mecanismo para o Exercício Profissional Temporário por meio do Decreto Legislativo 347/2008.

3.3 HIERARQUIA DA NORMA INTERNACIONAL NO ORDENAMENTO JURÍDICO NACIONAL

Questão extremamente controvertida refere-se ao patamar hierárquico que a norma jurídica internacional passa a ocupar no ordenamento nacional, depois de aprovada, ratificada, promulgada e publicada.

O entendimento mais tradicional, várias vezes adotado pelo Supremo Tribunal Federal[4], é no sentido da sua posição como lei ordinária. Essa corrente defende que a

---

3. "3. O teor do art. 49, inciso I, e do art. 84, inciso VIII, da Constituição Federal indica uma necessária conjugação de vontades para a adesão do Estado Brasileiro aos termos de um tratado internacional, ou seja, requer uma convergência das competências do Presidente da República, a quem cabe celebrar o acordo, e do Congresso Nacional, que exerce função de controle e fiscalização, autorizando sua ratificação pelo chefe do Poder Executivo (Precedente: ADI 1.480/DF-MC, Tribunal Pleno, Rel. Min. Celso de Mello, *DJ* de 18/5/01)" (STF, Pleno, ADC 39/DF, Rel. Min. Dias Toffoli, *DJe* 18.08.2023).

4. "[...] SUBORDINAÇÃO NORMATIVA DOS TRATADOS INTERNACIONAIS À CONSTITUIÇÃO DA REPÚBLICA. No sistema jurídico brasileiro, os tratados ou convenções internacionais estão hierarquicamente subordinados à autoridade normativa da Constituição da República. Em consequência, nenhum valor jurídico terão os tratados internacionais, que, incorporados ao sistema de direito positivo interno, transgredirem, formal ou materialmente, o texto da Carta Política. O exercício do *treaty-making power*, pelo Estado brasileiro – não obstante o polêmico art. 46 da Convenção de Viena sobre o Direito dos Tratados (ainda em curso de tramitação perante o Congresso Nacional) –, está sujeito à necessária observância das limitações jurídicas impostas pelo texto constitucional. CONTROLE DE CONSTITUCIONALIDADE DE TRATADOS INTERNACIONAIS NO SISTEMA JURÍDICO BRASILEIRO. O Poder Judiciário – fundado na supremacia da Constituição da República – dispõe de competência, para, quer em sede de fiscalização abstrata, quer no âmbito do controle difuso, efetuar o exame de constitucionalidade dos tratados ou convenções internacionais já incorporados ao sistema de direito positivo interno. Doutrina e Jurisprudência. PARIDADE NORMATIVA ENTRE ATOS INTERNACIONAIS E NORMAS INFRACONSTITUCIONAIS DE DIREITO INTERNO. Os tratados ou convenções internacionais, uma vez regularmente incorporados ao direito interno, situam-se, no sistema jurídico brasileiro, nos mesmos planos de validade, de eficácia e de autoridade em que se posicionam as leis ordinárias, havendo, em consequência, entre estas e os atos de direito internacional público, mera relação de paridade normativa. Precedentes. No sistema jurídico brasileiro, os atos internacionais não dispõem de primazia hierárquica sobre as normas de direito interno. A eventual precedência dos tratados ou convenções internacionais sobre as regras infraconstitucionais de direito interno somente se justificará quando a situação de antinomia com o ordenamento doméstico impuser, para

norma internacional fica em posição inferior à norma constitucional, a qual detém a supremacia no ordenamento jurídico, em manifestação da soberania do Estado.

Há quem defenda, no entanto, que as normas internacionais, se pertinentes à matéria de direitos humanos e fundamentais, uma vez passando a integrar o ordenamento jurídico nacional, o fazem com o patamar das normas constitucionais, na forma do art. 5.º, § 2.º, da Constituição Federal de 1988[5]. O art. 4.º, inciso II, da Constituição da República[6] confirmaria essa interpretação.

A Emenda Constitucional 45/2004, acrescentando o § 3.º ao art. 5.º da Constituição Federal de 1988, introduziu importante modificação sobre o tema:

> "§ 3.º Os tratados e convenções internacionais sobre direitos humanos que forem aprovados, em cada Casa do Congresso Nacional, em dois turnos, por três quintos dos votos dos respectivos membros, serão equivalentes às emendas constitucionais".

Desse modo, observam-se duas modalidades de tratados e convenções internacionais:

- **normas internacionais sobre direitos humanos**, hipótese em que, se forem aprovadas na forma do art. 5.º, § 3.º, da Constituição Federal de 1988, serão equivalentes às emendas constitucionais (sendo aprovadas sem alcançar o referido *quorum* especial, as mencionadas normas não deixam de integrar o ordenamento jurídico, mas o fazem, ao menos no aspecto formal, sem a hierarquia de emenda constitucional, embora em termos materiais seja possível defender, ainda assim, o seu teor constitucional, conforme o art. 5.º, § 2.º, da CF/1988);
- **normas internacionais sobre temas distintos**, hipótese em que após a aprovação, passam a figurar no ordenamento jurídico com a hierarquia equivalente às leis ordinárias.

Mesmo aplicando-se a previsão do art. 5.º, § 3.º, da Constituição da República, verifica-se a existência de duas correntes a respeito das normas internacionais aprovadas antes da entrada em vigor da Emenda Constitucional 45/2004:

- primeira corrente: entende que as normas internacionais anteriormente aprovadas, para adquirirem o *status* de emenda constitucional, devem ser aprovadas, novamente, de acordo com o *quorum* especial do atual § 3.º do art. 5.º da Constituição da República;
- segunda corrente: defende que as normas internacionais aprovadas antes da Emenda Constitucional 45/2004, se forem pertinentes aos direitos humanos e fundamentais, já

---

a solução do conflito, a aplicação alternativa do critério cronológico (*lex posterior derogat priori*) ou, quando cabível, do critério da especialidade. Precedentes. TRATADO INTERNACIONAL E RESERVA CONSTITUCIONAL DE LEI COMPLEMENTAR. O primado da Constituição, no sistema jurídico brasileiro, é oponível ao princípio *pacta sunt servanda*, inexistindo, por isso mesmo, no direito positivo nacional, o problema da concorrência entre tratados internacionais e a Lei Fundamental da República, cuja suprema autoridade normativa deverá sempre prevalecer sobre os atos de direito internacional público. Os tratados internacionais celebrados pelo Brasil – ou aos quais o Brasil venha a aderir – não podem, em consequência, versar matéria posta sob reserva constitucional de lei complementar. É que, em tal situação, a própria Carta Política subordina o tratamento legislativo de determinado tema ao exclusivo domínio normativo da lei complementar, que não pode ser substituída por qualquer outra espécie normativa infraconstitucional, inclusive pelos atos internacionais já incorporados ao direito positivo interno" (STF, Pleno, ADI-MC 1.480/DF, Rel. Min. Celso de Mello, j. 04.09.1997, *DJ* 18.05.2001).

5. "§ 2.º Os direitos e garantias expressos nesta Constituição não excluem outros decorrentes do regime e dos princípios por ela adotados, ou dos tratados internacionais em que a República Federativa do Brasil seja parte".

6. "Art. 4.º A República Federativa do Brasil rege-se nas suas relações internacionais pelos seguintes princípios: [...] II – prevalência dos direitos humanos".

possuem o patamar equivalente às emendas constitucionais, com base no art. 5.º, § 2.º, da Constituição Federal de 1988, pois não prevista, ao caso específico, regra semelhante à estabelecida pela mesma Emenda Constitucional 45/2004 quanto às Súmulas do STF já aprovadas, e a possibilidade de serem convertidas em Súmulas vinculantes (art. 8.º da Emenda Constitucional 45/2004[7]).

Tratando da questão da hierarquia dos tratados sobre direitos humanos, cabe registrar relevantes decisões proferidas pelo Supremo Tribunal Federal, em sessão plenária do dia 03 de dezembro de 2008. Ao apreciar o RE 349.703 e o RE 466.343, o STF estendeu a proibição de prisão civil por dívida, prevista no art. 5.º, inciso LXVII, da Constituição Federal de 1988, à hipótese de infidelidade no depósito de bens e, também, à alienação fiduciária, tratada nos dois recursos mencionados, passando a entender que "a prisão civil por dívida é aplicável apenas ao responsável pelo inadimplemento voluntário e inescusável de obrigação alimentícia". Prevaleceu o entendimento de que a segunda parte do dispositivo constitucional que versa sobre o assunto, excetuado o inadimplente com alimentos, tornou-se inaplicável por ausência de lei que defina rito processual e prazos, sabendo-se que o Pacto de São José da Costa Rica (Convenção Americana sobre Direitos Humanos), ratificado pelo Brasil e promulgado pelo Decreto 678/1992, proíbe, em seu art. 7, n. 7, a prisão civil por dívida, excetuado (apenas) o "inadimplemento de obrigação alimentar". O STF decidiu no mesmo sentido, ainda, o *Habeas Corpus* 87585, tendo revogado a Súmula 619 do STF, segundo a qual "a prisão do depositário judicial pode ser decretada no próprio processo em que se constituiu o encargo, independentemente da propositura de ação de depósito". A tese majoritária, que prevaleceu no STF, foi no sentido de conferir *status* supralegal (acima da legislação ordinária) aos tratados internacionais sobre direitos humanos ratificados pelo Brasil, situando-os, no entanto, em nível hierárquico abaixo da Constituição Federal. Essa corrente admite conferir aos referidos tratados sobre direitos humanos *status* constitucional, se aprovados, em cada Casa do Congresso Nacional, em dois turnos, por três quintos dos votos dos respectivos membros, conforme § 3.º do art. 5.º da Constituição Federal de 1988, acrescentado pela Emenda Constitucional 45/2004[8]. Foram votos vencidos parcialmente, defendendo o *status* constitucional dos tratados sobre direitos humanos ratificados pelo Brasil, os Ministros Celso de Mello, Cezar Peluso, Eros Grau e Ellen Gracie[9].

3.4 ORGANIZAÇÃO INTERNACIONAL DO TRABALHO

A *Organização Internacional do Trabalho* (OIT) foi instituída pelo **Tratado de Versalhes**, de 1919, em sua Parte XIII. Posteriormente, a **Declaração de Filadélfia**, de 1944, complementou aquelas disposições[10].

---

7. "Art. 8.º As atuais súmulas do Supremo Tribunal Federal somente produzirão efeito vinculante após sua confirmação por dois terços de seus integrantes e publicação na imprensa oficial".

8. "5. Uma vez incorporados ao direito interno, os tratados passam a contar com força de lei ordinária federal, ressalvados os tratados que versam sobre direitos humanos, os quais passam a ter natureza supralegal ou até mesmo constitucional, caso observem o procedimento previsto no art. 5.º, § 3.º, da CF/88. Como tais, aos tratados se aplicam os mesmos critérios de solução de conflito de normas, como o da cronologia (norma posterior revoga a anterior) e da especialidade (norma especial prevalece sobre a genérica) (Precedentes: ADI 1.480/DF-MC, Tribunal Pleno, Rel. Min. Celso de Mello, *DJ* de 18/5/01; ARE 766.618/SP, Tribunal Pleno, Rel. Min. Roberto Barroso, julgado em 25/5/17, *DJe* de 13/11/17)" (STF, Pleno, ADC 39/DF, Rel. Min. Dias Toffoli, *DJe* 18.08.2023).

9. Disponível em: <http://www.stf.jus.br/portal/cms/verNoticiaDetalhe.asp?idConteudo= 100258>.

10. Cf. NASCIMENTO, Amauri Mascaro. *Curso de direito do trabalho*. 26. ed. São Paulo: Saraiva, 2011. p. 132-139.

Os países que integram a Organização das Nações Unidas são automaticamente membros da OIT.

A Organização Internacional do Trabalho é composta de três órgãos principais:

- *Conferência ou Assembleia Geral*, que é o órgão de deliberação da OIT, reunindo-se no local indicado pelo Conselho de Administração.

A Conferência Geral é constituída pelos Estados-membros, com sessões pelo menos uma vez por ano, nas quais comparecem delegações compostas de membros do governo, representantes dos trabalhadores e dos empregadores. Sua tarefa é estabelecer as diretrizes fundamentais a serem observadas no âmbito da OIT, elaborando as Convenções e Recomendações.

- *Conselho de Administração*, exercendo função executiva e de administração da OIT, composto de representantes de trabalhadores, empregadores e do governo. Reúne-se, em regra, três vezes ao ano, além de eleger o Diretor-Geral da Repartição Internacional do Trabalho e instituir comissões permanentes ou especiais.
- *Repartição Internacional do Trabalho*, que é a secretaria da OIT, com tarefas de documentar e divulgar suas atividades, publicando as Convenções e Recomendações, além de editar publicações sobre temas de interesse do Direito do Trabalho na comunidade internacional.

A Repartição Internacional do Trabalho é dirigida pelo Diretor-Geral.

OIT {
- CONFERÊNCIA GERAL
- CONSELHO DE ADMINISTRAÇÃO
- REPARTIÇÃO INTERNACIONAL DO TRABALHO

As Convenções da OIT possuem natureza de tratados internacionais multilaterais, estabelecendo normas obrigatórias àqueles Estados que as ratificarem. Essa ratificação não é obrigatória.

As **Convenções da OIT** podem ser de três modalidades[11]:

- *autoaplicáveis*: dispensam qualquer regulamentação;
- *de princípios*: estabelecem apenas normas gerais a serem reguladas pelos Estados;
- *promocionais*: fixam programas a serem disciplinados por normas nacionais a médio e longo prazo.

Não se pode confundir a vigência da Convenção da OIT no plano interno com a sua vigência internacional. Esta normalmente ocorre a partir de 12 meses depois do registro de duas ratificações pelos Estados-membros na Repartição Internacional do Trabalho.

As **Recomendações da OIT**, por sua vez, têm o papel preponderante de servir como sugestão ou indicação ao direito interno dos Estados, podendo anteceder ou complementar uma Convenção. Mesmo assim, conforme o art. 19, item 6, *b*, da Constituição da OIT, cada Estado-membro compromete-se a submeter, dentro do prazo de um ano

11. Cf. MARTINS, Sergio Pinto. *Direito do trabalho*. 22. ed. São Paulo: Atlas, 2006. p. 72.

a partir do encerramento da sessão da Conferência (ou, em razão de circunstâncias excepcionais, logo que seja possível, sem exceder o prazo de 18 meses após o referido encerramento), a recomendação às autoridades competentes em relação à matéria, "a fim de que estas a transformem em lei ou tomem medidas de outra natureza".

A Convenção e a Recomendação devem ser aprovadas pela Conferência Internacional do Trabalho por duas vezes, em dois anos seguidos.

A *denúncia* refere-se ao aviso prévio dado pelo Estado, no sentido de que não pretende continuar aplicando a norma internacional.

A *revisão* é ato pelo qual a norma internacional é adaptada às novas realidades e aperfeiçoada.

A *reclamação* refere-se à forma que as organizações profissionais ou de empregadores utilizam para informar e mostrar o não cumprimento de Convenção da OIT, sendo submetida ao Conselho de Administração.

A *queixa* é o processo contra o Estado-membro, por não ter adotado medidas para o cumprimento de Convenção ratificada, sendo apresentada à Repartição Internacional do Trabalho, que a encaminha ao Conselho de Administração.

O controle de aplicação das Convenções ratificadas pelo Estado-membro é feito pela Comissão de Peritos em Aplicação de Convenções e Recomendações da Conferência Internacional do Trabalho. Trata-se de órgão técnico, composto de membros independentes, que se reúnem anualmente e tem as suas observações submetidas à Comissão da Conferência[12].

Frise-se que a Convenção 144 da OIT, de 1976, dispõe sobre *consultas tripartites para promover a aplicação das normas internacionais do trabalho*, tendo sido aprovada por meio do Decreto Legislativo 6/1989 e promulgada pelo Decreto 2.518/1998 (atualmente Decreto 10.088/2019).

A Organização Internacional do Trabalho, na 86.ª sessão da sua Conferência Internacional do Trabalho, em junho de 1998, aprovou a **Declaração relativa aos princípios e direitos fundamentais no trabalho**.

No referido documento, foram reiterados importantes preceitos, a seguir destacados:

- a criação da OIT procede da convicção de que *a justiça social é essencial para garantir uma paz universal e permanente*;
- o crescimento econômico é essencial, mas insuficiente, para assegurar a equidade, o progresso social e a erradicação da pobreza, o que confirma a necessidade de que a OIT promova *políticas sociais sólidas, justiça e instituições democráticas*;
- a OIT deve mobilizar o conjunto de seus meios de ação normativa, de cooperação técnica e de investigação em todos os âmbitos de sua competência, e em particular no âmbito do emprego, da formação profissional e das condições de trabalho, a fim de que, no âmbito de uma estratégia global de *desenvolvimento econômico e social*, as políticas econômicas e sociais se reforcem mutuamente com vistas à criação de um desenvolvimento sustentável de ampla base;
- a OIT deve prestar *especial atenção aos problemas de pessoas com necessidades sociais especiais, em particular os desempregados e os trabalhadores migrantes*, mobilizar e estimular os esforços nacionais, regionais e internacionais encaminhados à solução de seus problemas, e promover políticas eficazes destinadas à criação de emprego;

12. Cf. MARTINS, Sergio Pinto. *Direito do trabalho*. 22. ed. São Paulo: Atlas, 2006. p. 73-74.

- com o objetivo de *manter o vínculo entre progresso social e crescimento econômico*, a *garantia dos princípios e direitos fundamentais no trabalho* reveste importância e significado especiais ao assegurar aos próprios interessados a possibilidade de reivindicar livremente e em igualdade de oportunidades uma participação justa nas riquezas a cuja criação tem contribuído, assim como a de desenvolver plenamente seu potencial humano;
- a OIT é a organização internacional e o órgão competente para estabelecer normas internacionais do trabalho, gozando de apoio e reconhecimento universais na *promoção dos direitos fundamentais no trabalho como expressão de seus princípios constitucionais*.

A mencionada Declaração da OIT destaca, ainda, os princípios relativos aos direitos fundamentais no trabalho, que são objeto de importantes Convenções:

- a liberdade sindical e o reconhecimento efetivo do direito de negociação coletiva;
- a eliminação de todas as formas de trabalho forçado ou obrigatório;
- a abolição efetiva do trabalho infantil;
- a eliminação da discriminação em matéria de emprego e ocupação;
- um ambiente de trabalho seguro e saudável (incluído na 110.ª sessão da Conferência Internacional do Trabalho, em junho de 2022).

A Organização Internacional do Trabalho, na 97.ª sessão da sua Conferência Internacional do Trabalho, em junho de 2008, aprovou a **Declaração sobre a justiça social para uma globalização equitativa**.

No mencionado documento, foram reconhecidos e declarados os aspectos a seguir indicados.

Em um contexto marcado por mudanças aceleradas, os compromissos e esforços dos Estados-Membros e da Organização Internacional do Trabalho, visando a colocar em prática o mandamento constitucional da OIT, particularmente por meio das normas internacionais do trabalho, e para situar o *pleno emprego produtivo* e o *trabalho decente* como elemento central das políticas econômicas e sociais, devem basear-se nos *quatro igualmente importantes objetivos estratégicos da OIT*, sobre os quais se articula a *Agenda do Trabalho Decente*, os quais podem resumir-se da seguinte forma:

a) *promover o emprego* criando um ambiente institucional e econômico sustentável de forma que:
   - os indivíduos possam adquirir e atualizar as capacidades e competências necessárias que permitam trabalhar de maneira produtiva para sua própria realização pessoal e bem-estar coletivo;
   - o conjunto de empresas, tanto públicas como privadas, sejam sustentáveis com o fim de favorecer o crescimento e a criação de maiores possibilidades e perspectivas de emprego e renda para todos;
   - as sociedades possam alcançar seus objetivos de desenvolvimento econômico e de progresso social, bem como alcançar um bom nível de vida;

b) adotar e ampliar medidas de *proteção social* (seguridade social e proteção dos trabalhadores) que sejam sustentáveis e estejam adaptadas às circunstâncias nacionais, e particularmente:
   - extensão da seguridade social a todos os indivíduos, incluindo medidas para proporcionar ingressos básicos àqueles que precisem dessa proteção e a adaptação de seu alcance e cobertura para responder às novas necessidades e incertezas geradas pela rapidez dos avanços tecnológicos, sociais, demográficos e econômicos;

- condições de trabalho que preservem a saúde e segurança dos trabalhadores;
- possibilidades para todos de uma participação equitativa em matéria de salários e benefícios, jornada e outras condições de trabalho, bem como um salário mínimo vital para todos aqueles que têm um emprego e precisam dessa proteção;

c) promover o *diálogo social* e o *tripartismo* como os métodos mais apropriados para:
- adaptar a aplicação dos objetivos estratégicos às necessidades e circunstâncias de cada país;
- transformar o desenvolvimento econômico em progresso social e o progresso social em desenvolvimento econômico;
- facilitar a formação de consenso sobre as políticas nacionais e internacionais pertinentes que incidem nas estratégias e programas de emprego e trabalho decente;
- fomentar a efetividade da legislação e as instituições de trabalho, em particular o reconhecimento da relação de trabalho, a promoção de boas relações profissionais e o estabelecimento de sistemas eficazes de inspeção do trabalho;

d) respeitar, promover e aplicar os *princípios e direitos fundamentais no trabalho*, que são de particular importância, não só como direitos, mas como condições necessárias para a plena realização dos objetivos estratégicos, tendo em vista que:
- a liberdade de associação e liberdade sindical e o reconhecimento efetivo do direito de negociação coletiva são particularmente importantes para alcançar esses quatro objetivos estratégicos;
- a violação dos princípios e direitos fundamentais no trabalho não pode ser invocada nem utilizada como legítima vantagem comparativa e as normas do trabalho não devem servir aos fins comerciais protecionistas.

Os quatro objetivos estratégicos são indissociáveis, interdependentes e se reforçam mutuamente. A falta de promoção de qualquer um deles prejudicaria a realização dos demais. Para obter maior impacto, os esforços destinados a promovê-los devem compor uma estratégia global e integrada da OIT em benefício do *trabalho decente*. A igualdade entre homens e mulheres e a não discriminação devem ser consideradas questões transversais no marco dos objetivos estratégicos mencionados anteriormente.

Cabe a cada Estado-Membro, sem prejuízo das obrigações a que está sujeito e dos princípios e direitos fundamentais no trabalho, determinar como alcançar os objetivos estratégicos, tendo em conta, entre outros:

a) as condições e circunstâncias nacionais, assim como necessidades e prioridades expressadas pelas organizações representativas de empregadores e trabalhadores;

b) a interdependência, solidariedade e cooperação entre todos os Estados-membros da OIT, que são mais pertinentes que nunca, no contexto de uma economia globalizada;

c) os princípios e disposições das normas internacionais do trabalho.

A *Declaração do centenário da OIT para o futuro do trabalho* foi adotada pela Conferência Internacional do Trabalho, em 21 de junho de 2019.

3.5 DIREITO COMUNITÁRIO

Na União Europeia, a soberania dos Estados é objeto de relativização. Trata-se de nível mais avançado de agrupamento de Estados, verificando-se a liberdade de circulação de bens, mercadorias, pessoas, serviços e capitais. Nesse enfoque, o Direito Comunitário, tal como reconhecido pelos tratados comunitários, decorre das normas jurídicas supranacionais, positivadas pelos órgãos comunitários.

No processo de *formação de blocos econômicos*, envolvendo a *cooperação* e a *integração* entre os países, a primeira etapa é a chamada "**zona de livre comércio**", ocorrendo a redução ou eliminação de restrições ao comércio entre os países integrantes do grupo.

A etapa seguinte é a "**união aduaneira**", estabelecendo-se uma Tarifa Externa Comum (TEC) para o comércio com terceiros, a ser aplicada por todos os países integrantes do bloco econômico.

Avançando ainda mais, tem-se a fase de "**mercado comum**", com a livre circulação de pessoas, serviços, bens, mercadorias e capitais (fatores de produção).

Por fim, tem-se a fase de "**união política, econômica e monetária**", estabelecendo-se uma política externa comum. Como exemplo, tem-se justamente a União Europeia[13].

zona de livre comércio ➔ união aduaneira ➔
mercado comum ➔ união política, econômica e monetária

Os antecedentes da União Europeia remontam ao *Tratado de Paris* (1951), que instituiu a Comunidade Europeia do Carvão e do Aço (CECA), e aos *Tratados de Roma* (1957), instituindo a Comunidade Econômica Europeia (CEE) e a Comunidade Europeia de Energia Atômica (CEEA ou EURATOM).

Em 7 de fevereiro de 1992 foi assinado, em *Maastricht*, o *Tratado da União Europeia*, "consolidando a união econômica e monetária, bem como o espaço de livre circulação"[14]. Posteriormente, em 2 de outubro de 1997, foi assinado o *Tratado de Amsterdã*, em vigor a partir de maio de 1999, tratando de questões relacionadas à cidadania europeia. Por sua vez, o *Tratado de Nice*, assinado em 26 de fevereiro de 2001, objetivou a reforma do sistema institucional. Em Nice também foi adotada, em 2000, a *Carta dos Direitos Fundamentais da União Europeia*. O *Tratado de Lisboa*, de 2007, alterou o Tratado da União Europeia e o Tratado que institui a Comunidade Europeia (que passou a se chamar Tratado sobre o Funcionamento da União Europeia).

Há, ainda, Cartas Sociais, podendo-se destacar a *Carta Social Europeia*, assinada em Turim (1961, do Conselho da Europa), e, no âmbito da União Europeia, a *Carta Comunitária dos Direitos Sociais Fundamentais dos Trabalhadores* (1989).

As principais instituições da União Europeia, com algumas de suas funções desempenhadas, são:

- o *Parlamento Europeu*: participa do processo de elaboração das normas comunitárias;
- o *Conselho da União Europeia* (Conselho de Ministros): coordena políticas gerais e econômicas;
- a *Comissão Europeia*: cuida da aplicação dos tratados comunitários, formulando recomendações e pareceres;
- o *Tribunal de Justiça*: garante o respeito da ordem jurídica comunitária por meio da interpretação e aplicação dos Tratados da União Europeia;

13. Cf. LENZA, Pedro. *Direito constitucional esquematizado*. 10. ed. São Paulo: Método, 2006. p. 187-188.
14. BELTRAN, Ari Possidonio. *Direito do trabalho e direitos fundamentais*. São Paulo: LTr, 2002. p. 144.

- o *Tribunal de Contas*: examina as contas, receitas e despesas da União Europeia e seus organismos, objetivando a regularidade da gestão financeira.

Na União Europeia, os *Regulamentos* têm alcance geral e obrigatório, sendo aplicáveis diretamente em cada Estado-membro.

As *Diretivas* também são obrigatórias, mas as autoridades dos Estados-membros podem escolher a forma para essa consecução.

As *Decisões* são atos particulares para certos casos concretos, sendo consideradas normas individualizadas.

Capítulo 4

CONTRATO DE TRABALHO

4.1 CONTRATO DE TRABALHO E RELAÇÃO DE EMPREGO

É corrente a utilização dos termos *relação de emprego* e *contrato de trabalho* significando o vínculo empregatício existente entre empregado e empregador. Trata-se, assim, do *contrato individual de trabalho*.

Pode-se dizer que a relação de trabalho é um gênero, que tem como uma de suas espécies a relação de emprego.

Outras modalidades de relação de trabalho são, por exemplo: o trabalho eventual, autônomo, avulso e voluntário.

Na realidade, seria mais precisa a expressão **contrato de emprego**, correspondendo à **relação de emprego**. Mesmo assim, a expressão **contrato de trabalho** encontra-se consagrada não só na doutrina e na jurisprudência, mas também na própria legislação. Nesse sentido tem-se a disposição do art. 442 da CLT: "Contrato individual de trabalho é o acordo tácito ou expresso, correspondente à relação de emprego".

4.2 NATUREZA JURÍDICA

Discute-se na doutrina a natureza jurídica do vínculo existente entre empregado e empregador[1].

Vejamos, primeiramente, as **teorias anticontratualistas**.

A *teoria da relação de trabalho* defende que a existência do vínculo trabalhista não exige pactuação ou manifestação da vontade neste sentido, bastando a ocorrência (objetiva) da prestação dos serviços, o que já seria suficiente para fazer incidir as regras jurídicas pertinentes, evidenciando uma relação de natureza estatutária. Entende-se que o trabalho, em si, já faz com que o empregado seja inserido na empresa.

A *teoria da instituição* considera que o empregado encontra-se inserido na organização empresarial, em uma relação de hierarquia, estatutária, para que a empresa tenha duração no meio social, tendo em vista o interesse superior, comum a todos os membros.

A *teoria contratualista* indica a natureza contratual da relação entre empregado e empregador.

Prevalece na doutrina a orientação de que se trata de **vínculo de natureza contratual**, pois a manifestação de vontade, dando origem ao vínculo de trabalho, e pos-

---

1. Cf. MARTINS, Sergio Pinto. *Direito do trabalho*. 28. ed. São Paulo: Atlas, 2012. p. 92-99.

sibilitando a sua manutenção, pode se apresentar de forma expressa ou mesmo tácita. A liberdade de trabalho, assim, deve ser garantida como preceito fundamental.

Pode-se entender, ainda, que do mesmo modo que o contrato é fonte das obrigações (sendo esta uma relação ou vínculo jurídico), o contrato de trabalho é a fonte da relação de emprego, dando origem a essa relação jurídica. Além disso, o contrato de trabalho, como modalidade de negócio jurídico, também pode ser visto em seu papel dinâmico, ou seja, retratando a própria relação jurídica de emprego em execução, em que a vontade se manifesta (ainda que de forma tácita) não apenas em seu momento inicial, mas também em seus desdobramentos sucessivos.

Tendo em vista a natureza contratual, o contrato de trabalho apresenta natureza de **negócio jurídico**, ou seja, ato jurídico voluntário, de intuito negocial, em que a declaração bilateral de vontade (consentimento) é manifestada com o fim de produzir seus efeitos jurídicos próprios.

4.3 CONTRATAÇÃO DO EMPREGADO

O *contrato de adesão* é definido pelo Código de Defesa do Consumidor como "aquele cujas cláusulas tenham sido aprovadas pela autoridade competente ou estabelecidas unilateralmente pelo fornecedor de produtos ou serviços, sem que o consumidor possa discutir ou modificar substancialmente seu conteúdo" (art. 54, *caput*, da Lei 8.078, de 11 de setembro de 1990).

Essa forma de contratação não é exclusiva das relações de consumo, também podendo existir, por exemplo, nas relações civis e empresariais (arts. 423 e 424 do Código Civil de 2002), *bem como nas relações de trabalho*.

Portanto, o contrato de adesão caracteriza-se pela *ausência* de discussão do conteúdo do negócio jurídico pelas partes contratantes, "posto que uma organiza suas cláusulas e condições e a outra, sem qualquer possibilidade de alterá-las, concorda, aderindo a essas regras"[2].

Há entendimento de que o contrato de trabalho muitas vezes é do tipo *de adesão*[3]. No entanto, conforme observa Orlando Gomes: "o contrato de trabalho deixa de ser contrato de adesão propriamente dito quando celebrado com pequeno empresário e se o candidato ao emprego se acha em posição de discutir as condições"[4]. Desse modo, ainda que em diversas situações concretas o contrato de trabalho possa apresentar características do contrato de adesão, não se trata de elemento que lhe seja intrínseco, necessário ou essencial, pois, como visto, há casos em que isso não ocorre.

No contrato de trabalho, muitas disposições e regras são estabelecidas pelo Estado, como forma de assegurar a **igualdade material** no âmbito da relação jurídica de emprego, objetivando, assim, alcançar o ideal de **justiça social**. Isso se justifica diante da posição inferior, em termos socioeconômicos, que o empregado normalmente se encontra frente ao empregador, o qual é titular do poder de direção, a ser exercido nos limites estabelecidos pela lei.

---

2. AZEVEDO, Álvaro Villaça. *Teoria geral dos contratos típicos e atípicos*. 2. ed. São Paulo: Atlas, 2004. p. 92.
3. Cf. DALLEGRAVE NETO, José Affonso. *Contrato individual de trabalho*: uma visão estrutural. São Paulo: LTr, 1998. p. 82.
4. GOMES, Orlando. *Contratos*. 26. ed. atualizada por Antonio Junqueira de Azevedo e Francisco Paulo de Crescenzo Marino. Rio de Janeiro: Forense, 2008. p. 132-133.

Ainda no que se refere à **contratação do empregado**, cabe destacar a Lei 11.644, de 10 de março de 2008, publicada no *DOU* de 11.03.2008, a qual acrescentou o art. 442-A à CLT, passando a tratar da questão da comprovação (pelo candidato ao emprego) de experiência prévia na atividade em que pretende a admissão.

Vejamos, assim, a atual previsão do art. 442-A da Consolidação das Leis do Trabalho, acrescentado pela referida Lei 11.644/2008:

> "Art. 442-A. Para fins de contratação, o empregador não exigirá do candidato a emprego comprovação de experiência prévia por tempo superior a 6 (seis) meses no mesmo tipo de atividade".

A determinação legal é imperativa e dirigida não apenas à empresa, mas ao empregador em sentido amplo (art. 2.º da CLT), ou seja, àquele que admite (contrata) empregados, resultando em vínculo de emprego. A indicação referente ao "mesmo tipo de atividade", no caso, envolve as funções e tarefas a serem desempenhadas pelo trabalhador após a sua contratação.

Seguindo-se a previsão legal indicada, o empregador, por exemplo, ao publicar anúncio para a contratação de empregado, não poderá inserir como requisito para a contratação a comprovação de experiência prévia acima de seis meses, ou seja, só poderá exigir experiência até este limite máximo. Da mesma forma, o empregador não poderá rejeitar a admissão de certo candidato ao emprego, sob o fundamento de que ele não comprovou experiência prévia por tempo superior a seis meses no mesmo tipo de atividade.

Em termos práticos, no que tange à aplicação concreta da norma em questão, podem surgir dificuldades quanto à sua eficácia. Efetivamente, pode ocorrer de o empregador não exigir, formalmente, a comprovação de experiência prévia superior a seis meses no mesmo tipo de atividade, mas acabar deixando de contratar o empregado que não tenha a experiência necessária para a função, embora sem declarar ou exteriorizar esta justificativa.

Além disso, verifica-se que a previsão legal em referência estabeleceu a regra aqui comentada de forma genérica, sem apresentar (ao menos expressamente) abertura para possíveis exceções referentes a certas situações especiais. Pode-se imaginar uma grande empresa multinacional que precise contratar o novo diretor empregado, para dirigir todo o conglomerado, necessitando de alguém com anos de vivência e experiência como administrador, para que possa ter condições de lidar com a difícil atividade.

Como se pode notar, a atual disposição do art. 442-A da CLT trata a questão de forma generalizada, não levando em consideração as possíveis situações especiais ou excepcionais, que podem exigir tratamento diferenciado e mais adequado à realidade. Aliás, cabe lembrar que, de acordo com o princípio da isonomia material, as situações iguais devem receber tratamento igual, mas as situações desiguais merecem tratamento desigual, na medida da desigualdade.

No plano constitucional, é possível o entendimento de que a previsão em comento está em consonância com o art. 5.º, inciso XIII, e o art. 7.º, inciso XXX.

Além disso, pode-se dizer que a previsão legal também tem a finalidade de concretizar o princípio constitucional da *busca do pleno emprego*, previsto no art. 170, inciso VIII, da Constituição Federal de 1988.

Verifica-se, de acordo com o art. 7.º, inciso XXX, da Constituição da República, ser proibida a diferença de critério de admissão "por motivo de sexo, idade, cor ou estado civil". O referido dispositivo da Constituição Federal de 1988 não menciona, nem proíbe, que o empregador exija a comprovação de experiência prévia na atividade, para fins de admissão do trabalhador. Mesmo assim, como é evidente, não se admite a discriminação, inclusive para fins de admissão no trabalho (art. 3.º, inciso IV, da CF/1988). Desse modo, eventual exigência de comprovação da experiência prévia para a admissão não pode se tornar fator de exclusão infundada de certos trabalhadores.

Defende-se que a referida previsão legal deve ser interpretada de forma lógico-teleológica, em conformidade com as peculiaridades de cada caso e com os princípios da razoabilidade e da boa-fé. Desse modo, a determinação legal seria a regra, ou seja, a diretriz geral a ser seguida, mas certos casos excepcionais podem surgir, devendo ser analisados tendo como parâmetro o *princípio da não discriminação* na admissão ou contratação dos empregados. Devem-se, portanto, compatibilizar os diferentes princípios e valores constitucionais incidentes ao caso, aplicando-se a disposição legal de forma a atender ao bem comum, mas sem afrontar, de forma injustificada, outros princípios e valores igualmente consagrados na Constituição Federal.

4.3.1 Certidão de antecedentes criminais

Ainda quanto à contratação, cabe analisar a licitude da conduta do empregador de exigir e solicitar certidão de antecedentes criminais para a admissão do empregado.

A Constituição da República, no art. 5.º, inciso XXXIV, alínea *b*, determina ser assegurada a todos, independentemente do pagamento de taxas, a obtenção de certidões em repartições públicas para defesa de direitos e esclarecimento de situações de interesse pessoal. O art. 5.º, inciso XIV, por sua vez, assegura a todos o acesso à informação.

A consulta e a exigência de certidão de antecedentes criminais, pelo empregador, assim, decorrem dos mencionados direitos fundamentais.

Não obstante, a Constituição Federal de 1988, no art. 5.º, inciso X, dispõe que são invioláveis a intimidade e a vida privada das pessoas. Além disso, integram os objetivos fundamentais da República Federativa do Brasil promover o bem de todos, sem preconceitos de origem, raça, sexo, cor, idade e quaisquer outras formas de discriminação (art. 3.º, inciso IV, da CF/1988).

A discriminação é, portanto, vedada, o que também se confirma pelo art. 5.º, inciso XLI, da Constituição da República, ao prever que a lei deve punir qualquer discriminação atentatória dos direitos e liberdades fundamentais.

O art. 7.º, nos incisos XXX, XXXI e XXXII, da Constituição Federal de 1988 apresenta disposições pertinentes ao Direito do Trabalho fundadas na vedação de discriminação.

A Convenção 111 da OIT, de 1959, aprovada pelo Brasil e promulgada pelo Decreto 62.150/1968 (atualmente Decreto 10.088/2019), trata da discriminação em matéria de emprego e profissão.

A discriminação, ao contrariar o princípio da igualdade, significa o tratamento desigual, sem razoabilidade, nem justificativa lógica, isto é, a diferenciação prejudicial e sem parâmetros legítimos (cf. ainda Capítulo 2, item 2.15.5).

A Lei 9.029/1995, no art. 1.º, com redação dada pela Lei 13.146/2015, também proíbe a adoção de qualquer prática discriminatória e limitativa para efeito de acesso à relação de trabalho, ou de sua manutenção, por motivo de sexo, origem, raça, cor, estado civil, situação familiar, deficiência, reabilitação profissional, idade, entre outros (ressalvadas, nesse caso, as hipóteses de proteção à criança e ao adolescente previstas no art. 7.º, inciso XXXIII, da Constituição Federal).

Como se pode notar, os direitos fundamentais à privacidade e de não discriminação se opõem à exigência e à consulta de certidão de antecedentes criminais, no caso, para a admissão do empregado.

A respeito da matéria em estudo, cabe salientar a presença de leis especiais que autorizam a exigência de certidão de antecedentes criminais pelo empregador, para o objetivo específico de contratação de empregados que exercem certas funções.

Anteriormente, a Lei 5.859/1972, revogada pela Lei Complementar 150/2015, que dispõe sobre o contrato de trabalho doméstico, no art. 2.º, inciso II, previa que, para admissão ao emprego, deve o empregado doméstico apresentar "atestado de boa conduta".

A Lei 7.102/1982, art. 16, inciso VI, dispõe que, para o exercício da profissão, o vigilante deve preencher, entre outros, o requisito de "não ter antecedentes criminais registrados".

Nota-se que, na hipótese acima, a lei infraconstitucional fez prevalecer os princípios fundamentais de acesso à informação e de obtenção de certidões em repartições públicas.

Na realidade, a questão em análise deve ser examinada sob o enfoque da colisão de princípios, relativos a direitos fundamentais, com a incidência do princípio (ou máxima) da proporcionalidade, em seus três níveis (adequação, necessidade, proporcionalidade em sentido estrito), para que se possa aferir se a restrição estabelecida em lei, a um dos direitos fundamentais envolvidos, é (ou não) constitucional[5].

Vale dizer, a previsão do diploma legal referido, ao estabelecer restrições a certos direitos fundamentais envolvidos quanto ao tema (privacidade e não discriminação), para ser considerada constitucional, deve atender ao princípio da proporcionalidade.

Sendo assim, tendo em vista as peculiaridades das funções envolvidas, a mencionada disposição legal pode ser considerada constitucional: se adequada quanto ao meio utilizado, levando em conta o objetivo que se busca atingir; se necessária para alcançar os fins pretendidos, no sentido da ausência de outro meio menos gravoso para isso; se não acarretar restrições excessivas aos direitos fundamentais (proporcionalidade em sentido estrito), em exame de ponderação entre os valores e direitos em discussão[6].

Pode-se entender que, no caso em questão, o princípio do acesso a informações, por meio de certidões públicas, é necessário ao exercício de funções, como a disciplinada na Lei 7.102/1982. Não se observa, por outro lado, violação ao princípio da igualdade, uma vez que este deve ser interpretado em seu enfoque substancial, por ser vedado tratar de forma igual os que estão em situação desigual.

As instituições sociais públicas ou privadas que desenvolvam atividades com crianças e adolescentes e que recebam recursos públicos devem exigir e manter certidões de antecedentes criminais de todos os seus colaboradores (ou seja, trabalhadores), as quais devem ser atualizadas a cada seis meses (art. 59-A da Lei 8.069/1990, incluído pela Lei 14.811/2024).

Os estabelecimentos educacionais e similares, públicos ou privados, que desenvolvem atividades com crianças e adolescentes, independentemente de recebimento de recursos públicos, devem manter fichas cadastrais e certidões de antecedentes criminais

---

5. Cf. ALEXY, Robert. *Teoria dos direitos fundamentais*. Tradução de Virgílio Afonso da Silva. São Paulo: Malheiros, 2008. p. 116-120, 131.

6. Cf. CRISTOVAM, José Sérgio da Silva. Considerações acerca das máximas da razoabilidade e da proporcionalidade. *ADV – Seleções Jurídicas*, Rio de Janeiro, COAD, p. 3-19, jan. 2012.

atualizadas de todos os seus colaboradores (art. 59-A, parágrafo único, da Lei 8.069/1990, incluído pela Lei 14.811/2024). O termo colaboradores, embora não seja técnico, conforme normalmente mencionado na prática, tem o nítido sentido de trabalhadores.

Diversamente, para outras funções, a lei não prevê, expressamente, a possibilidade de exigência de certidão de antecedentes criminais para a admissão do empregado.

Assim, não sendo imprescindíveis as referidas informações, pode-se entender que devem prevalecer os princípios da privacidade e da não discriminação. Por outro lado, se, conforme as circunstâncias do caso concreto e a função a ser exercida, houver necessidade de se ter conhecimento de informações sobre antecedentes criminais, justifica-se a sua exigência[7].

De todo modo, frise-se que o Tribunal Superior do Trabalho, em julgamento de incidente de recurso repetitivo, fixou as seguintes teses jurídicas a respeito do tema:

> "1. Não é legítima e caracteriza lesão moral a exigência de Certidão de Antecedentes Criminais de candidato a emprego quando traduzir tratamento discriminatório ou não se justificar em razão de previsão em lei, da natureza do ofício ou do grau especial de fidúcia exigido.
>
> 2. A exigência de Certidão de Antecedentes Criminais de candidato a emprego é legítima e não caracteriza lesão moral quando amparada em expressa previsão legal ou justificar-se em razão da natureza do ofício ou do grau especial de fidúcia exigido, a exemplo de empregados domésticos, cuidadores de menores, idosos ou deficientes (em creches, asilos ou instituições afins), motoristas rodoviários de carga, empregados que laboram no setor da agroindústria no manejo de ferramentas de trabalho perfurocortantes, bancários e afins, trabalhadores que atuam com substâncias tóxicas, entorpecentes e armas, trabalhadores que atuam com informações sigilosas.
>
> 3. A exigência de Certidão de Antecedentes Criminais, quando ausente alguma das justificativas *supra*, caracteriza dano moral *in re ipsa*, passível de indenização, independentemente de o candidato ao emprego ter ou não sido admitido" (TST, SBDI-I, IRR-RR-243000-58.2013.5.13.0023, Redator Min. João Oreste Dalazen, *DEJT* 22.09.2017).

4.3.2 Consulta a informações creditícias

Entende-se que a pesquisa de informações creditícias dos candidatos ao emprego e empregados, por meio de consulta a cadastros de serviços de proteção ao crédito,

---

7. "Recurso de revista. Operadora de *telemarketing*. Exigência de certidão de antecedentes criminais quando da contratação. Cargo cuja natureza justifica a exigência. Dano moral. A prática de exigir a apresentação da certidão de antecedentes criminais não constitui conduta discriminatória, quando a natureza da atividade a ser exercida pelo empregado contratado justificar a exigência de certidão. Na hipótese, a reclamante, operadora de *telemarketing*, tem acesso amplo a dados sigilosos dos clientes, fato que justifica a exigência da certidão de antecedentes criminais no momento da contratação e, portanto, não é causa de abalo moral. Precedentes. Recurso de revista de que não se conhece" (TST, 1.ª T., RR 176200-45.2013.5.13.0024, Rel. Min. Walmir Oliveira da Costa, *DEJT* 30.05.2016). Cf. ainda: "Agravo de instrumento. Recurso de revista. Responsabilidade civil. Dano moral. Exigência de antecedentes criminais. 1. A exigência de certidão negativa de antecedentes criminais de candidato ao emprego, por si só, não implica violação à dignidade, à intimidade ou à vida privada, máxime se justificada pela necessidade da empresa em aproveitá-lo em atividades que envolvam uma maior parcela de fidúcia pelo acesso a informações confidenciais dos clientes. 2. Ausência de afronta ao art. 5.º incisos V e X da Constituição Federal e ao art. 186 do Código Civil. 3. Agravo de instrumento de que se conhece e a que se nega provimento" (TST, 4.ª T., AIRR - 140300-83.2012.5.13.0008, Rel. Min. João Oreste Dalazen, *DEJT* 24.06.2014).

envolve conduta discriminatória (art. 1.º da Lei 9.029/1995)[8], a qual gera dano moral (art. 5.º, incisos V e X, da Constituição da República), pois a situação creditícia do trabalhador, inclusive da pessoa que busca se inserir no mercado de trabalho, não tem relação com as suas qualidades profissionais ou habilidades laborais. Cf. TST, 2.ª T., RR-1170-75.2010.5.02.0066, Rel. Min. Jose Roberto Freire Pimenta, *DEJT* 13.11.2020. TST, 3.ª T., RR-1000432-69.2014.5.02.0312, Rel. Min. Mauricio Godinho Delgado, *DEJT* 19.12.2022.

4.4 CONTRATO DE TRABALHO POR EQUIPE

O *contrato de trabalho por equipe* é entendido como um *feixe de contratos individuais de trabalho*.

Assim, o contrato de trabalho por equipe não se confunde com o contrato coletivo de trabalho, pois este último é regulado pelo Direito Coletivo do Trabalho, dando origem a normas coletivas firmadas por entes sindicais, no exercício da autonomia coletiva dos particulares.

No contrato por equipe, também conhecido por contrato de grupo e comum em conjuntos musicais, orquestras e bandas[9], verifica-se a existência de diferentes relações individuais de emprego, mantidas em conjunto, mas preservando cada uma delas a sua autonomia, embora relacionadas entre si, tendo em vista a forma da prestação do serviço, a existência de objetivo comum e a identidade do empregador. Desse modo, cada empregado (pessoa física), mesmo abrangido por um contrato de trabalho de equipe, mantém o seu vínculo de emprego individual com o empregador (ou seja, aquele que exerce o poder diretivo, organizando, controlando e dirigindo a prestação dos serviços).

4.5 CONCEITO DE CONTRATO DE TRABALHO

O contrato de trabalho pode ser conceituado como o *negócio jurídico em que o empregado, pessoa natural, presta serviços de forma pessoal, subordinada e não eventual ao empregador, recebendo, como contraprestação, a remuneração*.

O *objeto imediato* do contrato de trabalho é a *prestação dos serviços*.

O *objeto mediato*, como bem jurídico, é o *trabalho* em si.

4.6 REQUISITOS DO CONTRATO DE TRABALHO

São requisitos da relação de emprego: a prestação de serviços por *pessoa física* (*pessoa natural*), com *pessoalidade*, de forma *não eventual*, *subordinada* e com *onerosidade* (arts. 2.º e 3.º da CLT).

Esses são os requisitos fático-jurídicos, ou seja, para a verificação de vínculo de emprego no plano dos fatos.

A exclusividade não é exigida como elemento imprescindível para a configuração da relação de emprego, embora a sua existência possa reforçar a presença do contrato de trabalho.

---

8. "Quanto ao tema, a jurisprudência desta Corte firmou-se no sentido de que as informações de cadastro de serviços de proteção ao crédito não podem ser exigidas de empregados e candidatos a emprego, por caracterizar vedada discriminação (art. 1.º da Lei 9.029/95)" (TST, SBDI-I, E-RR-933-49.2012.5.10.0001, Rel. Min. Alberto Luiz Bresciani de Fontan Pereira, *DEJT* 25.02.2022).

9. Cf. BARROS, Alice Monteiro de. *Curso de direito do trabalho*. 2. ed. São Paulo: LTr, 2006. p. 212-213.

Especificamente quanto ao *aeronauta* (piloto de aeronave, comissário de voo e mecânico de voo), conforme o art. 20, § 1.º, da Lei 13.475/2017, o tripulante de voo ou de cabine só pode exercer função remunerada a bordo de aeronave de um operador ao qual não esteja diretamente vinculado por contrato de trabalho quando o serviço aéreo não constituir atividade fim, e desde que por prazo não superior a 30 dias consecutivos, contado da data de início da prestação dos serviços. Essa prestação de serviço remunerado não pode ocorrer por mais de uma vez ao ano e deve ser formalizada por contrato escrito, sob pena de presunção de vínculo empregatício do tripulante diretamente com o operador da aeronave.

Logo, observa-se certa restrição quanto ao tripulante de voo ou de cabine a respeito do exercício de labor remunerado a bordo de aeronave para outro operador que não seja o empregador, isto é, com quem não seja mantido diretamente o contrato de trabalho.

Frise-se que o disposto no art. 20 da Lei 13.475/2017 não se aplica quando o operador da aeronave for órgão ou entidade da administração pública, no exercício de missões institucionais ou de poder de polícia (art. 20, § 3.º, da Lei 13.475/2017, incluído pela Lei 14.163/2021).

4.6.1 Pessoa natural

O empregado é sempre *pessoa física* (pessoa natural).

O Direito do Trabalho estabelece normas jurídicas em proteção da pessoa humana do trabalhador, garantindo o preceito maior de dignidade nas relações de trabalho.

Nos termos do art. 129 da Lei 11.196/2005, para fins fiscais e previdenciários, a prestação de serviços intelectuais, inclusive os de natureza científica, artística ou cultural, em caráter personalíssimo ou não, com ou sem a designação de quaisquer obrigações a sócios ou empregados da *sociedade prestadora de serviços*, quando por esta realizada, se sujeita tão somente à legislação aplicável às pessoas jurídicas, sem prejuízo da observância do disposto no art. 50 do Código Civil.

O referido dispositivo legal estabelece que as *pessoas jurídicas* prestadoras de *serviços intelectuais*, incluídos os de natureza científica, artística ou cultural, sujeitam-se apenas ao regime fiscal e previdenciário das pessoas jurídicas. Admite-se, entretanto, a desconsideração da personalidade jurídica da sociedade, em caso de abuso da personalidade jurídica, caracterizado pelo desvio de finalidade ou pela confusão patrimonial.

O Supremo Tribunal Federal declarou a *constitucionalidade* do art. 129 da Lei 11.196/2005 (STF, Pleno, ADC 66/DF, Rel. Min. Cármen Lúcia, j. 21.12.2020).

Prevaleceu o entendimento de que essa norma legal está em harmonia com os preceitos constitucionais, notadamente com o art. 1.º, inciso IV, da Constituição Federal de 1988, ao prever que a República Federativa do Brasil tem como fundamentos, entre outros, os valores sociais do trabalho e da livre iniciativa. Nesse contexto, é livre o exercício de qualquer trabalho, ofício ou profissão, atendidas as qualificações profissionais que a lei estabelecer (art. 5.º, inciso XIII, da Constituição da República). Além disso, é assegurado a todos o livre exercício de qualquer atividade econômica, independentemente de autorização de órgãos públicos, salvo nos casos previstos em lei (art. 170, parágrafo único, da Constituição Federal de 1988).

Ainda assim, a contratação de pessoa jurídica para a prestação de serviços intelectuais, conforme o caso concreto, pode ser objeto de verificação quanto à legalidade e regularidade, mesmo na esfera trabalhista (art. 9.º da CLT), por não se admitir a fraude à lei (art. 166, inciso VI, do Código Civil), o abuso de direito (art. 187 do Código Civil) e o abuso da personalidade jurídica (art. 50 do Código Civil).

4.6.2 Pessoalidade

A *pessoalidade* significa a prestação dos serviços pelo próprio trabalhador, sem que seja substituído constantemente por terceiros, aspecto este relevante ao empregador, que o contratou tendo em vista a sua pessoa.

O contrato de trabalho, portanto, é *intuitu personae*. Mesmo assim, a substituição, em uma ou outra ocasião, do empregado, com a anuência do empregador, não é apta a descaracterizar um longo vínculo de emprego.

4.6.3 Não eventualidade

Trabalho *não eventual*, em um primeiro enfoque, é aquele habitual, contínuo.

Pode-se dizer, entretanto, que a não eventualidade significa a prestação de serviços ligados às atividades normais do empregador, ou seja, realizando serviços permanentemente necessários à atividade do empregador ou ao seu empreendimento.

A não eventualidade também pode significar a fixação do empregado em certa fonte de trabalho, que toma os seus serviços.

4.6.4 Subordinação

A *subordinação*, considerado o requisito de maior relevância na caracterização da relação de emprego, significa que a prestação dos serviços é feita de forma dirigida pelo empregador, o qual exerce o poder de direção. O empregado, inserido na organização da atividade do empregador, deve seguir as suas determinações e orientações, estabelecidas dentro dos limites legais.

O empregador é quem corre os riscos da atividade exercida. O empregado, assim, presta serviços por conta alheia, o que corresponde à "alteridade", presente no contrato de trabalho.

A subordinação, no caso, decorre do contrato de trabalho, referindo-se ao modo de o empregado prestar os serviços ao empregador. Trata-se, assim, de ***subordinação jurídica***, que é a modalidade de subordinação essencial para caracterizar a relação de emprego.

No entanto, a **subordinação** também pode ser vista no **aspecto econômico**, no sentido de que o empregado estaria subordinado, em termos econômicos, ao empregador. Porém, a relação de emprego pode perfeitamente existir sem que esta situação esteja presente.

A **subordinação social** significa que o empregado estaria em posição social inferior em relação ao empregador, por ser este o titular do empreendimento. Também, aqui, tal situação não é obrigatoriamente exigida no contrato de trabalho.

A **subordinação técnica** indica que o empregador estaria em posição superior ao empregado, no que tange ao conhecimento técnico referente à atividade exercida. Mais uma vez, tal hipótese pode deixar de existir na relação de emprego, bastando imaginar o caso em que o empregado, altamente especializado, é contratado justamente por ter os conhecimentos que faltam e são necessários ao titular do empreendimento.

Frise-se que a relação de emprego, na qualidade de advogado, não retira a isenção técnica nem reduz a independência profissional inerentes à advocacia (art. 18 da Lei 8.906/1994). O advogado empregado não está obrigado à prestação de serviços profissionais de interesse pessoal dos empregadores, fora da relação de emprego.

Por fim, tem-se a **subordinação hierárquica**, no sentido de que o empregado estaria inserido na hierarquia da instituição da empresa, devendo, assim, obedecer às suas regras.

Tendo em vista as novas formas de organização do trabalho, parte da doutrina e da jurisprudência reconhece não apenas a *subordinação objetiva* (presente quando os serviços prestados integram os objetivos da atividade empresarial), mas também a *subordinação estrutural*, principalmente em questões relacionadas à terceirização e ao trabalho a distância (como o teletrabalho). Nesse enfoque, reconhece-se a subordinação, inerente à relação de emprego, quando o empregado desempenha atividades que se encontram integradas à estrutura e à dinâmica organizacional da empresa, ao seu processo produtivo ou às suas atividades essenciais, não mais se exigindo a subordinação jurídica clássica, em que se verificavam ordens diretamente emanadas do empregador[10].

Ainda assim, prevalece o entendimento de que a subordinação estrutural não é suficiente para a configuração do vínculo de emprego, exigindo-se a presença de subordinação jurídica[11], relativa ao modo de prestação do serviço pelo empregado[12], em que o empregador exerce o poder de direção, como decorrência do contrato de trabalho.

---

10. "Registre-se que a subordinação enfatizada pela CLT (arts. 2.º e 3.º) não se circunscreve à dimensão tradicional, subjetiva, com profundas, intensas e irreprimíveis ordens do tomador ao obreiro. Pode a subordinação ser do tipo objetivo, em face da realização pelo trabalhador dos objetivos sociais da empresa. Ou pode ser simplesmente do tipo estrutural, harmonizando-se o obreiro à organização, dinâmica e cultura do empreendimento que lhe capta os serviços. Presente qualquer das dimensões da subordinação (subjetiva, objetiva ou estrutural), considera-se configurado esse elemento fático-jurídico da relação de emprego" (TST, 3.ª T., RR-710-60.2017.5.09.0127, Rel. Min. Mauricio Godinho Delgado, *DEJT* 06.06.2019).

11. "Recurso de revista interposto sob a égide da Lei nº 13.015/2014. Contrato de parceria para cessão de uso de táxi. Lei nº 6.094/74. Vínculo de emprego. Ausência de subordinação à luz do art. 3.º da CLT. O Tribunal Regional reformou a sentença para reconhecer a existência de vínculo de emprego entre as partes. Contudo, depreende-se do consignado no acórdão que a situação dos autos trata de contrato de parceria entre as partes, previsto na Lei 6.094/74, para a utilização do táxi, em regime de colaboração, em que, embora presente subordinação estrutural, não se verifica, no caso, a existência do requisito da subordinação jurídica, à luz do art. 3.º da CLT, a possibilitar o reconhecimento de vínculo de emprego. A subordinação estrutural não é critério de distinção, para a configuração da subordinação jurídica. Recurso de revista da parte reclamada conhecido e provido" (TST, 2.ª T., RR-1893-51.2017.5.10.0802, Rel. Min. Maria Helena Mallmann, *DEJT* 03.11.2021). "Ora, todo empregado terceirizado se submete, de alguma forma, à dinâmica empresarial do tomador, porque é este o beneficiário final dos serviços prestados pelo trabalhador. Sendo assim, pode ele perfeitamente supervisionar e determinar a forma de execução das atividades. Tal situação, contudo, não configura subordinação jurídica. Quando muito, poderia caracterizar a denominada subordinação estrutural, que com aquela não se confunde" (TST, 4.ª T., RR-21078-11.2015.5.04.0221, Rel. Min. Guilherme Augusto Caputo Bastos, *DEJT* 08.10.2021). "2. Nada obstante o posicionamento até então abraçado por esta Corte Superior, o Supremo Tribunal Federal, no julgamento da ADPF 324 e do RE 958.252, de repercussão geral, firmou entendimento no sentido de que 'é lícita a terceirização ou qualquer outra forma de divisão do trabalho entre pessoas jurídicas distintas, independentemente do objeto social das empresas envolvidas, mantida a responsabilidade subsidiária da empresa contratante'. 3. No caso, não há no acórdão regional qualquer registro concernente à existência de pessoalidade e/ou subordinação direta ao tomador dos serviços, sendo certo que a mera subordinação estrutural não é suficiente a atrair o vínculo empregatício entre o trabalhador e a empresa tomadora, não havendo como reputar ilícita a terceirização empreendida" (TST, 1.ª T., RR-714-33.2014.5.12.0026, Rel. Min. Hugo Carlos Scheuermann, *DEJT* 04.08.2021).

12. Cf. MANUS, Pedro Paulo Teixeira. A subordinação jurídica e o vínculo de emprego. *Consultor Jurídico*, 3 de dezembro de 2021. Disponível em: <https://www.conjur.com.br/2021-dez-03/reflexoes-trabalhistas-subordinacao-juridica-vinculo-emprego>.

A respeito da controvérsia sobre a configuração do vínculo de emprego entre motorista de aplicativo e empresa responsável por plataforma digital de transporte de passageiros, cf. TST, E-RR-1000123-89.2017.5.02.0038 e E-RR-100353-02.2017.5.01.0066. Cf. ainda STF, Rcl 64.018/MG, Rcl 60.347/MG, Rcl 59.795/MG, Rel. Min. Alexandre de Moraes.

4.6.5 Onerosidade

A *onerosidade* significa que os serviços prestados têm como contraprestação o recebimento da remuneração, não se tratando, assim, de trabalho gratuito. O empregado trabalha com o fim de receber salário, sendo este seu objetivo ao firmar o pacto laboral.

Isso significa a existência do *animus contrahendi*, no sentido de intenção de formar o pacto laboral, com o intuito do empregado, ao contratar, de receber a contraprestação pela prestação de seu serviço, ou seja, a remuneração, para que se possa falar em relação de emprego.

Ainda quanto ao tema, cabe fazer referência ao seguinte julgado:

> "Pastor evangélico. Relação de emprego. Não configuração. Reexame de prova vedado pela Súmula nº 126 do TST. O vínculo que une o pastor à sua igreja é de natureza religiosa e vocacional, relacionado à resposta a uma chamada interior e não ao intuito de percepção de remuneração terrena. A subordinação existente é de índole eclesiástica, e não empregatícia, e a retribuição percebida diz respeito exclusivamente ao necessário para a manutenção do religioso. Apenas no caso de desvirtuamento da própria instituição religiosa, buscando lucrar com a palavra de Deus, é que se poderia enquadrar a igreja evangélica como empresa e o pastor como empregado. No entanto, somente mediante o reexame da prova poder-se-ia concluir nesse sentido, o que não se admite em recurso de revista, a teor da Súmula nº 126 do TST, pois as premissas fáticas assentadas pelo TRT foram de que o Reclamante ingressou na Reclamada apenas visando a 'ganhar almas para Deus' e não se discutiu a natureza espiritual ou mercantil da Reclamada" (TST, 4.ª T., AIRR 365200-63.2002.5.05.0900, Rel. Min. Ives Gandra Martins Filho, *DJ* 09.05.2003).

Não existe vínculo empregatício entre entidades religiosas de qualquer denominação ou natureza ou instituições de ensino vocacional e ministros de confissão religiosa, membros de instituto de vida consagrada, de congregação ou de ordem religiosa, ou quaisquer outros que a eles se equiparem, ainda que se dediquem parcial ou integralmente a atividades ligadas à administração da entidade ou instituição a que estejam vinculados ou estejam em formação ou treinamento (art. 442, § 2.º, da CLT, incluído pela Lei 14.647/2023).

Com fundamento no princípio da primazia da realidade (art. 9.º da CLT), defende-se que essa previsão deve ser interpretada no sentido da ausência do vínculo de emprego quando efetivamente não estiverem presentes os seus requisitos (arts. 2.º e 3.º da CLT).

Tanto é assim que o disposto no art. 442, § 2.º, da CLT não se aplica em caso de desvirtuamento da finalidade religiosa e voluntária (art. 442, § 3.º, da CLT, incluído pela Lei 14.647/2023).

No âmbito previdenciário, o ministro de confissão religiosa e o membro de instituto de vida consagrada, de congregação ou de ordem religiosa é segurado obrigatório do Regime Geral de Previdência Social, na qualidade de contribuinte individual (art. 11, inciso V, alínea *c*, da Lei 8.213/1991), e não de empregado.

A onerosidade pode estar presente mesmo que a remuneração, em si, não tenha sido quitada, encontrando-se o empregador inadimplente com esta obrigação.

4.7 CARACTERÍSTICAS DO CONTRATO DE TRABALHO

Adotando-se as diversas classificações dos contratos, pode-se dizer que o contrato de trabalho é:

- *contrato bilateral*: envolve obrigações de ambas as partes, caracterizando-se por ser sinalagmático, tendo em vista a reciprocidade no conjunto das prestações.
- *contrato consensual*: aperfeiçoa-se com o consenso na manifestação de vontade, expressa ou tácita (art. 443 da CLT), não exigindo a entrega de coisa (como ocorre nos contratos reais), nem qualquer formalidade ou solenidade.
- *contrato comutativo*: no contrato de trabalho as prestações são equivalentes, o que é conhecido desde o início da avença.
- *contrato oneroso*: o empregado presta serviços e tem o direito de receber, como contraprestação, a remuneração, não se tratando de contrato gratuito.
- *contrato de trato sucessivo*: a relação jurídica apresenta duração, ou seja, continuidade no tempo, não se tratando de contrato instantâneo.
- *contrato de atividade*: o seu objeto imediato é a prestação de serviços pelo empregado.

4.8 ELEMENTOS DO CONTRATO DE TRABALHO

Aplicando-se a teoria dos negócios jurídicos, pode-se visualizar o contrato de trabalho nos três diferentes planos, de *existência*, *validade* (art. 104 do Código Civil de 2002) e *eficácia*.

Para a ***EXISTÊNCIA*** do contrato de trabalho, exige-se a presença dos seguintes elementos essenciais:

- manifestação de vontade (consenso);
- partes (empregado e empregador);
- objeto (prestação de serviço subordinado);
- forma.

A ***VALIDADE*** do contrato de trabalho depende da presença dos seguintes requisitos, que qualificam os elementos essenciais:

a) manifestação de vontade de forma hígida, por meio de declaração bilateral de vontade (consenso expresso ou tácito);

b) partes (agentes) capazes e legítimas, no caso, quanto ao empregado e o empregador;

De acordo com o art. 7.º, inciso XXXIII, da Constituição Federal de 1988, é proibido o trabalho noturno, perigoso ou insalubre a menores de 18 anos e qualquer trabalho a menores de 16 anos, salvo na condição de aprendiz, a partir dos 14 anos.

c) objeto lícito e hígido (possível, determinado ou determinável), quanto ao trabalho prestado;

d) forma prescrita ou não defesa em lei, sabendo-se que, no contrato de trabalho, em regra, não se exige forma especial, podendo ser acordado de forma tácita ou expressa, verbalmente ou por escrito (art. 443 da CLT).

Há disposições específicas, prevendo a necessidade de ser o contrato de trabalho firmado por escrito, como ocorre com o contrato de aprendizagem (art. 428 da CLT), o contrato de trabalho temporário (Lei 6.019/1974, art. 11), o contrato especial de trabalho esportivo (Lei 14.597/2023, art. 86), o contrato de artista (Lei 6.533/1978, art. 9.º). Mesmo nesses casos, eventual ausência da forma escrita apenas pode fazer com que o pacto permaneça como um contrato de trabalho comum.

O art. 313 da CLT dispõe sobre inscrição e registro daqueles que, sem caráter profissional, exercerem atividades jornalísticas. Os arts. 4.º, 5.º, 8.º, 10, 11 e 12 do Decreto-lei 972/1969 versam sobre registro no Ministério do Trabalho para exercício da profissão de jornalista e registro dos diretores de empresas jornalísticas que, não sendo jornalistas, respondessem pelas respectivas publicações.

Entende-se que não foram recepcionadas as referidas previsões pela Constituição Federal de 1988, a qual assegura a liberdade de trabalho, ofício ou profissão (art. 5.º, inciso XIII), não se justificando a imposição de exigências formais que restrinjam o exercício da referida profissão, em prejuízo da sociedade[13].

O Supremo Tribunal Federal decidiu não ter sido recepcionado o art. 4.º, inciso V, do Decreto-lei 972/1969, pela Constituição Federal de 1988, em razão das liberdades de profissão, de expressão e de informação (art. 5.º, incisos IX e XIII, e art. 220, *caput* e § 1.º, da CF/1988), tendo entendido que não se pode exigir o diploma de curso superior de jornalismo como condição para o exercício da profissão de jornalista (STF, Pleno, RE 511.961/SP, Rel. Min. Gilmar Mendes, *DJe* 13.11.2009).

Atualmente, prevalece o entendimento de que não se exige o registro no Ministério do Trabalho para o reconhecimento da função de jornalista, incidindo o princípio da primazia da realidade sobre a forma. Cf. TST, 3.ª T., AIRR 419-98.2014.5.10.0010, Rel. Min. Alberto Luiz Bresciani de Fontan Pereira, *DEJT* 19.12.2016).

Os arts. 6.º a 8.º e 29 da Lei 6.615/1978 dispõem sobre registro no Ministério do Trabalho para exercício da profissão de radialista.

Na verdade, prevalece o entendimento de que a função de radialista não depende do mencionado registro para ser reconhecida, devendo prevalecer o princípio da primazia da realidade sobre a forma. Cf. TST, SBDI-I, E-ED-RR 526-76.2012.5.09.0872, Rel. Min. Hugo Carlos Scheuermann, *DEJT* 01.09.2017.

Quanto à atividade de músico, tendo em vista a garantia constitucional de livre expressão da atividade artística (art. 5.º, inciso IX, da Constituição Federal de 1988), o Supremo Tribunal Federal fixou a seguinte tese de repercussão geral: "É incompatível com a Constituição a exigência de inscrição na Ordem dos Músicos do Brasil, bem como de pagamento de anuidade, para o exercício da profissão" (STF, Pleno, RG-RE 795.467/SP, Rel. Min. Teori Zavascki, *DJe* 24.06.2014). Cf. ainda STF, Pleno, ADPF 183/DF, Rel. Min. Alexandre de Moraes, *DJe* 18.11.2019.

Cabe registrar que parte da doutrina faz menção à *causa* do negócio jurídico, entendida como o fim típico da modalidade negocial, ou a função econômico-social do negócio jurídico (concepção objetiva). Não se confunde com o motivo, situado no plano subjetivo, como intuito pessoal ou razão íntima, que leva as partes a celebrarem o negócio jurídico, e varia conforme cada situação[14]. Assim, no contrato de trabalho, pode-se dizer que a causa é o trabalho prestado e o recebimento da remuneração.

---

13. Cf. BARROS, Alice Monteiro de. *Contratos e regulamentações especiais de trabalho*. 2. ed. São Paulo: LTr, 2002. p. 224.

14. Cf. GOMES, Orlando. *Introdução ao direito civil*. 19. ed. rev., atual. e aum. por Edvaldo Brito e Reginalda Paranhos de Brito. Rio de Janeiro: Forense, 2007. p. 307-308, 339.

Esclareça-se que o falso motivo só vicia a declaração de vontade quando expresso como razão determinante (art. 140 do Código Civil de 2002).

É nulo o negócio jurídico quando o motivo determinante, comum a ambas as partes, for ilícito (art. 166, inciso III, do Código Civil de 2002). Por exemplo, se o motivo (intuito subjetivo) comum a ambas as partes que determinou a celebração do contrato de trabalho foi a prática de crime, em razão da sua ilicitude, há nulidade do negócio jurídico.

A ***EFICÁCIA*** do contrato refere-se à sua aptidão para produzir efeitos, ligando-se às cláusulas referentes à condição, termo e encargo.

No contrato de trabalho não se verifica possibilidade de incidência do encargo, ou seja, de ônus que deve ser cumprido pela parte que recebeu certo bem ou direito (arts. 136 e 137 do Código Civil de 2002).

A condição, mesmo não sendo tão frequente, pode ser observada no âmbito trabalhista.

Condição é a cláusula que, derivando exclusivamente da vontade das partes, subordina o efeito do negócio jurídico a evento futuro e incerto (art. 121 do CC/2002).

A condição suspensiva subordina a eficácia do negócio jurídico enquanto esta não se verificar (art. 125 do CC/2002).

Na modalidade suspensiva, pode-se imaginar a pactuação de se firmar contrato (definitivo) de trabalho, se o empregador vencer determinada licitação.

Na condição resolutiva, o negócio jurídico produz efeitos enquanto ela não se verificar (art. 127 do CC/2002); sobrevindo a condição resolutiva, cessam os efeitos do negócio jurídico quanto aos eventos futuros (art. 128 do CC/2002).

Pode-se verificar condição resolutiva em contrato de trabalho pactuado, mas que pode cessar os seus efeitos caso o empregador venha a perder a autorização de funcionamento do estabelecimento, o que seria pactuado como motivo de extinção da relação de emprego. A justa causa também é vista como uma condição resolutiva, ainda que tácita, no contrato de trabalho.

O termo é o evento futuro e certo, podendo figurar no contrato de trabalho a prazo determinado (termo final).

O termo inicial (art. 131 do CC/2002), de incidência mais rara no âmbito trabalhista, poderia ser imaginado na hipótese de um pré-contrato de trabalho, que convencione firmar contrato definitivo em determinada data.

Segue-se aqui o entendimento de que pré-contrato é justamente o contrato preliminar, configurando uma promessa de contratar[15], diferenciando-se da mera negociação preliminar (fase de tratativas).

Caso a obrigação avençada no contrato preliminar de trabalho não seja adimplida, a consequência é o direito à indenização por perdas e danos, com base nas regras da responsabilidade civil. Nesse sentido, de acordo com o art. 465 do Código Civil de 2002: "Se o estipulante não der execução ao contrato preliminar, poderá a outra parte considerá-lo desfeito, e pedir perdas e danos". Pode-se imaginar o exemplo do trabalhador que se demitiu de emprego anterior, tendo em vista o pré-contrato de trabalho firmado, mas que não foi cumprido pelo futuro empregador, o qual deixou injustificadamente de

15. Cf. AZEVEDO, Álvaro Villaça. *Teoria geral dos contratos típicos e atípicos*. 2. ed. São Paulo: Atlas, 2004. p. 80.

firmar o contrato de trabalho definitivo, gerando prejuízos (materiais e, eventualmente, morais) àquele trabalhador.

Na hipótese em questão, cabe lembrar-se de ser possível encontrar posição doutrinária mais arrojada, entendendo que o empregado possuiria, até mesmo, direito de ter o contrato de trabalho definitivo firmado, podendo postular judicialmente a respectiva tutela específica, com fundamento nos arts. 463 e 464 do Código Civil de 2002[16], bem como no art. 501 do CPC de 2015 e nos arts. 466-A e 466-B do CPC de 1973 (acrescentados pela Lei 11.232/2006). Mesmo assim, o entendimento mais tradicional, nessa hipótese, é de que o direito ficaria restrito às perdas e danos (de ordem material e moral), tendo em vista não ser possível impor a alguém o dever de firmar um contrato de trabalho, por implicar violação da "liberdade" de admissão para o trabalho, tendo em vista ter a natureza personalíssima da referida obrigação, em conformidade com a parte final do art. 464 do Código Civil de 2002.

A condição e o termo são entendidos como *elementos acidentais* do negócio jurídico, no caso, do contrato de trabalho, pois são elementos meramente circunstanciais e episódicos, mas que alteram certos efeitos do pacto quando nele previstos.

Diferentemente, os *elementos naturais* do negócio jurídico são aqueles que normalmente são verificados na estrutura do negócio jurídico, tendo-se como exemplo a jornada de trabalho no contrato de emprego[17].

Por fim, os *elementos essenciais* do negócio jurídico, também denominados por parte da doutrina como "elementos jurídico-formais"[18], são aqueles que compõem a sua estrutura, ou seja, são elementos inerentes ao contrato, tendo sido estudados acima, no que se refere à existência e à validade do contrato de trabalho.

4.8.1 Contrato de trabalho com o indígena

Discute-se quanto à possibilidade de o indígena firmar contrato de trabalho, principalmente no que se refere à questão da sua plena capacidade de exercício[19].

No Código Civil de 1916, embora os silvícolas estivessem arrolados como relativamente incapazes (art. 6.º, inciso III), o parágrafo único do art. 6.º (com redação determinada pela Lei 4.121/1962) previa, mais especificamente, que: "os silvícolas ficarão sujeitos ao regime tutelar, estabelecido em leis e regulamentos especiais, o qual cessará à medida que forem adaptando à civilização".

---

16. Cf. Código Civil de 2002: "Art. 462. O contrato preliminar, exceto quanto à forma, deve conter todos os requisitos essenciais ao contrato a ser celebrado. Art. 463. Concluído o contrato preliminar, com observância do disposto no artigo antecedente, e desde que dele não conste cláusula de arrependimento, qualquer das partes terá o direito de exigir a celebração do definitivo, assinando prazo à outra para que o efetive. Parágrafo único. O contrato preliminar deverá ser levado ao registro competente. Art. 464. Esgotado o prazo, poderá o juiz, a pedido do interessado, suprir a vontade da parte inadimplente, conferindo caráter definitivo ao contrato preliminar, salvo se a isto se opuser a natureza da obrigação".

17. Cf. DELGADO, Maurício Godinho. *Curso de direito do trabalho*. 4. ed. São Paulo: LTr, 2005. p. 505-506.

18. Cf. DELGADO, Maurício Godinho. *Curso de direito do trabalho*. 4. ed. São Paulo: LTr, 2005. p. 498.

19. De acordo com o art. 3.º da Lei 6.001/1973: "I – Índio ou Silvícola: É todo indivíduo de origem e ascendência pré-colombiana que se identifica e é identificado como pertencente a um grupo étnico cujas características culturais o distinguem da sociedade nacional; II – Comunidade Indígena ou Grupo Tribal: É um conjunto de famílias ou comunidades índias, quer vivendo em estado de completo isolamento em relação aos outros setores da comunhão nacional, quer em contatos intermitentes ou permanentes, sem contudo estarem neles integrados".

Com o Código Civil de 2002, o art. 4.º, parágrafo único, passou a prever que: "A capacidade dos indígenas será regulada por legislação especial".

Tendo em vista essa remissão à legislação especial, cabe destacar a Lei 6.001, de 19 de dezembro de 1973, dispondo sobre o Estatuto do Índio. O seu art. 8.º prevê que: "São nulos os atos praticados entre o índio não integrado e qualquer pessoa estranha à comunidade indígena quando não tenha havido assistência do órgão tutelar competente". No entanto, tal regra não se aplica "no caso em que o índio revele consciência e conhecimento do ato praticado, desde que não lhe seja prejudicial, e da extensão dos seus efeitos".

Pode-se entender que o índio integrado à sociedade deve ser considerado plenamente capaz. Já o índio ainda não integrado à comunidade, sem discernimento para os atos praticados em sociedade, fica sujeito ao regime tutelar estabelecido na Lei 6.001/1973, sendo de incumbência da União essa tutela, que a exerce por meio do competente órgão federal de assistência aos silvícolas (art. 7.º, § 2.º). A Fundação Nacional dos Povos Indígenas (FUNAI), instituída pela Lei 5.371/1967, exerce os poderes de representação ou assistência jurídica inerentes ao regime tutelar do índio (art. 1.º, parágrafo único).

O art. 15 da Lei 6.001/1973 prevê ser "nulo" o contrato de trabalho ou de locação de serviços realizado com os *índios isolados*, ou seja, quando vivem em grupos desconhecidos ou de que se possuem poucos e vagos informes, por meio de contatos eventuais com elementos da comunhão nacional (art. 4.º, inciso I).

Mesmo assim, entende-se que a referida nulidade não pode prejudicar aquele a quem a norma jurídica está tutelando, no caso, o índio isolado, não integrado à sociedade. Por isso, a mencionada nulidade apenas deve operar efeitos *ex nunc*, gerando a aplicabilidade de sanção ao infrator da regra jurídica em questão, mas assegurando todos os direitos trabalhistas àquele que prestou serviços com os requisitos da relação de emprego, até mesmo para se evitar o enriquecimento ilícito.

Os contratos de trabalho ou de locação de serviços realizados com indígenas em processo de integração, ou habitantes de parques ou colônias agrícolas, dependem de prévia aprovação do órgão de proteção ao índio (ou seja, a FUNAI), obedecendo, quando necessário, às normas próprias (art. 16 da Lei 6.001/1973). Os *índios em vias de integração* são assim considerados quando, em contato intermitente ou permanente com grupos estranhos, conservam menor ou maior parte das condições de sua vida nativa, mas aceitam algumas práticas e modos de existência comuns aos demais setores da comunhão nacional, das quais vão necessitando cada vez mais para o próprio sustento (art. 4.º, inciso II).

Os *índios* são considerados *integrados* quando incorporados à comunhão nacional e reconhecidos no pleno exercício dos direitos civis, ainda que conservem usos, costumes e tradições característicos da sua cultura (art. 4.º, inciso III, da Lei 6.001/1973).

Nesse último caso, tendo em vista a plena capacidade de exercício, o índio integrado encontra-se em condições de pactuar contrato de trabalho de forma válida.

Não se admite a discriminação entre trabalhadores indígenas e os demais trabalhadores, aplicando-se-lhes todos os direitos e garantias das leis trabalhistas e de previdência social. O que se permite é a adaptação de condições de trabalho aos usos e costumes da comunidade a que pertencer o índio (art. 14 da Lei 6.001/1973).

Por fim, cabe destacar o art. 232 da Constituição Federal de 1988, de acordo com o qual: "Os índios, suas comunidades e organizações são partes legítimas para ingressar em juízo em defesa de seus direitos e interesses, intervindo o Ministério Público em todos os atos do processo".

4.9 CLÁUSULA DE NÃO CONCORRÊNCIA

A cláusula de não concorrência no contrato de trabalho é vista como uma condição especial no referido pacto. A sua inclusão é justificada pela necessidade de proteger a empresa da concorrência. Por outro lado, por representar certa restrição à liberdade de trabalho, certos limites devem ser observados, havendo mesmo aqueles que não admitem a sua validade nas relações de emprego.

O entendimento majoritário é no sentido de se admitir a cláusula de não concorrência no contrato de trabalho, podendo produzir efeitos mesmo após a sua cessação, desde que em situações excepcionais que a justifiquem[20].

Para que não ocorra violação do direito constitucional de liberdade de exercício de trabalho, ofício ou profissão (art. 5.º, inciso XIII, da CF/1988), a cláusula de não concorrência, para ser válida mesmo após o término do contrato de emprego, deve sofrer **limitações** quanto ao seu *tempo de duração* e ao *espaço territorial* de incidência, referindo-se a *certa modalidade específica de trabalho*. Além disso, faz-se necessário assegurar ao trabalhador uma **indenização justa e razoável**, compensando o dever de observar a cláusula de não concorrência.

4.10 NULIDADE NO DIREITO DO TRABALHO: TRABALHO ILÍCITO E TRABALHO PROIBIDO

A teoria das nulidades apresenta certas particularidades no Direito do Trabalho. Parte da doutrina faz menção ao efeito *ex nunc* da nulidade no âmbito trabalhista (ou seja, apenas a partir do reconhecimento da nulidade, preservando os efeitos anteriormente produzidos), para que não ocorra o enriquecimento sem causa do empregador.

Cabe destacar a diferença entre o **trabalho proibido** e o **trabalho ilícito**.

O *trabalho proibido* é aquele prestado em desacordo com normas de proteção trabalhista. É o caso do trabalho do menor de 16 anos (não sendo a hipótese de aprendizagem), do menor de 14 anos, ou do menor de 18 anos em horário noturno, em condições insalubres ou perigosas.

Nesses casos, embora o trabalho ocorra em afronta de norma trabalhista de ordem pública, todos os efeitos do contrato são resguardados, pois a disposição que tutela o trabalhador não pode ser interpretada e aplicada de forma contrária a quem ela visa proteger. Constatado o labor pelo menor de idade, a autoridade competente deve tomar as providências necessárias para fazer cessá-lo, de modo a se restaurar a ordem jurídica violada, fazendo jus o menor trabalhador ao recebimento de todos os direitos decorrentes do trabalho já prestado.

No *trabalho ilícito* o próprio objeto do contrato de trabalho (ou seja, a prestação do serviço) apresenta-se ilícito, afrontando o ordenamento jurídico e a própria lei penal. Têm-se como exemplo os casos de trabalho envolvendo contrabando e tráfico de entorpecentes. Nos termos da Orientação Jurisprudencial 199 da SBDI-I do TST, o contrato de trabalho envolvendo **jogo do bicho**, tendo objeto ilícito, é eivado de nulidade.

Assim, nos casos de trabalho ilícito propriamente, não se reconhece a produção de efeitos, não se podendo alegar o desconhecimento da vedação legal.

---

20. Cf. BARROS, Alice Monteiro de. *Curso de direito do trabalho*. 2. ed. São Paulo: LTr, 2006. p. 236-237.

De acordo com Sergio Pinto Martins: "Haveria objeto ilícito quando fosse contratado um empregado para fazer apostas de jogo do bicho, trabalhar num prostíbulo ou para vender drogas etc."[21]

O *trabalho imoral*, em afronta aos bons costumes, quando a imoralidade representa violação de normas, regras e princípios que regem a sociedade, também será considerado nulo, tendo em vista as mesmas consequências do trabalho ilegal.

A nulidade, no entanto, apenas se verifica se o objeto do contrato, em si, for ilícito. Ou seja, no caso de clínica ilegal de aborto, a nulidade não atinge aquele que presta serviços desvinculados da atividade ilícita. Da mesma forma, a boa-fé do empregado, desconhecendo a ilicitude da atividade do empregador, afasta a nulidade do contrato de trabalho.

De acordo com a Súmula 386 do TST: "Preenchidos os requisitos do art. 3.º da CLT, é legítimo o reconhecimento de relação de emprego entre policial militar e empresa privada, independentemente do eventual cabimento de penalidade disciplinar prevista no Estatuto do Policial Militar". Assim, de acordo com a jurisprudência, trata-se de hipótese de trabalho proibido.

Pode-se dizer que o trabalho do estrangeiro em situação irregular, da mesma forma, acarreta hipótese de trabalho proibido, reconhecendo-se os efeitos produzidos.

Por fim, conforme o entendimento previsto na Súmula 363 do TST: "A contratação de servidor público, após a CF/1988, sem prévia aprovação em concurso público, encontra óbice no respectivo art. 37, II, e § 2.º, somente lhe conferindo direito ao pagamento da contraprestação pactuada, em relação ao número de horas trabalhadas, respeitado o valor da hora do salário mínimo, e dos valores referentes aos depósitos do FGTS" (redação dada pela Resolução 121/2003).

A necessidade de prévia aprovação em concurso público seria uma forma especial, exigida para a contratação do servidor público. A inobservância dessa formalidade acarreta a nulidade do ato jurídico e a punição da autoridade responsável, conforme o art. 37, § 2.º, da Constituição Federal de 1988.

O reconhecimento do direito aos salários (em sentido estrito) correspondentes ao trabalho prestado é uma forma de evitar o enriquecimento sem causa, pois, como o serviço já foi prestado, não há como retornar ao *status quo ante*[22].

---

21. MARTINS, Sergio Pinto. *Direito do trabalho*. 22. ed. São Paulo: Atlas, 2006. p. 99.

22. Sobre a incidência de contribuições previdenciárias, cf. a seguinte decisão: "Contrato nulo. Recolhimento previdenciário. Considerando que os saldos de salários, previstos na Súmula 363 do TST, têm natureza remuneratória, uma vez que visam à contraprestação dos serviços prestados pelo Obreiro, a consequência lógica é a obrigação tributária de recolhimento das contribuições previdenciárias, nos termos do art. 195, I, *a*, da Constituição Federal. Recurso de Revista não conhecido" (TST, 2.ª T., RR 984/2006-007-18-00.9, Rel. Min. José Simpliciano Fontes de F. Fernandes, *DJ* 09.11.2007). Entretanto, na SBDI-I do TST, prevaleceu entendimento diverso: "Recurso de embargos em recurso de revista. Acórdão embargado publicado antes da entrada em vigor da Lei 11.496/2007. Contrato nulo. Saldo de salários. Contribuições previdenciárias. À luz da jurisprudência sedimentada nesta Corte, inquinada de nulidade *pleno jure* a contratação de trabalhador por ente público sem a prévia aprovação em concurso público, em obediência ao art. 37, II, e § 2.º, da Lei Maior, de sorte que, dada a irreversibilidade do labor prestado, apenas há direito à contraprestação das horas trabalhadas e não pagas e aos depósitos do FGTS. Indevido o recolhimento de contribuições previdenciárias. Recurso de embargos conhecido e provido" (TST, SBDI-I, E-RR-982/2006-007-18-00.0, Rel. Min. Rosa Maria Weber Candiota da Rosa, j. 12.03.2009, *DJ* 20.03.2009). Registre-se que a Turma Nacional de Uniformização dos Juizados Especiais Federais fixou a seguinte tese (Tema 209): "O labor prestado à Administração Pública, sob contratação reputada nula pela falta de realização de prévio concurso público, produz efeitos previdenciários, desde que ausente simulação ou fraude na investidura ou contratação, tendo em vista que a relação jurídica previdenciária inerente ao RGPS

O TST tem entendido que as horas trabalhadas devem ser remuneradas sem o eventual acréscimo do adicional legal de horas extras, sendo devido, assim, o salário referente às horas extras laboradas, mas não o respectivo adicional[23].

O direito aos depósitos do FGTS decorre da previsão do art. 19-A da Lei 8.036/1990, acrescentado pela Medida Provisória 2.164-41, de 24 de agosto de 2001[24].

Nesse sentido, o Supremo Tribunal Federal fixou a seguinte tese de repercussão geral: "A contratação por tempo determinado para atendimento de necessidade temporária de excepcional interesse público realizada em desconformidade com os preceitos do art. 37, IX, da Constituição Federal não gera quaisquer efeitos jurídicos válidos em relação aos servidores contratados, com exceção do direito à percepção dos salários referentes ao período trabalhado e, nos termos do art. 19-A da Lei 8.036/1990, ao levantamento dos depósitos efetuados no Fundo de Garantia do Tempo de Serviço – FGTS" (STF, Pleno, RG-RE 765.320/MG, Rel. Min. Teori Zavascki, *DJe* 23.09.2016).

O Supremo Tribunal Federal esclareceu ainda que: "A aplicação do art. 19-A da Lei 8.036/1990 aos servidores irregularmente contratados na forma do art. 37, IX, da CF/88 não se restringe a relações regidas pela Consolidação das Leis do Trabalho" (STF, Pleno, ED-RE 765.320/MG, Rel. Min. Alexandre de Moraes, *DJe* 21.09.2017).

Cabe alertar que parte da doutrina e da jurisprudência discorda da referida orientação sumulada, entendendo que a Administração Pública não poderia alegar a própria torpeza, no sentido de ter contratado o servidor sem prévio concurso público. Assim, todas as verbas trabalhistas seriam devidas ao empregado, ainda que sob a forma de indenização, devendo a Carteira de Trabalho e Previdência Social ser anotada, pois o trabalhador não pode responder pela irregularidade praticada pela autoridade responsável. Esta sim é quem deve ser punida, por improbidade administrativa, devendo, ainda, ressarcir a lesão ao erário público.

Ademais, deve-se salientar a seguinte previsão da Súmula 430 do TST: "Administração pública indireta. Contratação. Ausência de concurso público. Nulidade. Ulterior privatização. Convalidação. Insubsistência do vício. Convalidam-se os efeitos do contrato de trabalho que, considerado nulo por ausência de concurso público, quando celebrado originalmente com ente da Administração Pública Indireta, continua a existir após a sua privatização".

4.11 DIREITOS E DEVERES

Tendo em vista o **caráter bilateral do contrato de trabalho**, observam-se direitos e deveres recíprocos, de ambas as partes, merecendo destaque:

[Regime Geral de Previdência Social], na modalidade de segurado empregado, é relativamente independente da relação jurídica de trabalho a ela subjacente" (TNU, PEDILEF 0502656-69.2018.4.05.8404/RN, Rel. Juiz Federal José Francisco Andreotti Spizzirri, *DJe* 23.09.2019).

23. "Agravo. Recurso de Revista. Contrato reputado nulo. Adicional de horas extras indevido. Consoante o entendimento que se extrai da Súmula 363 do TST, por contraprestação pactuada tem-se, tão somente, a retribuição pelo trabalho prestado. Assim, as horas extras porventura trabalhadas devem, sim, ser remuneradas, mas de forma simples, ou seja, sem o acréscimo do adicional legal, não havendo falar em ofensa ao art. 7.º, inciso XVI, da Constituição da República" (TST, 3.ª T., RR 921/2002-019-03-00.0, Rel. Min. Maria Cristina Irigoyen Peduzzi, *DJ* 26.10.2007).

24. Cf. Orientação Jurisprudencial 362 da SBDI-I do TST: "Contrato nulo. Efeitos. FGTS. Medida provisória 2.164-41, de 24.08.2001, e art. 19-A da Lei 8.036, de 11.05.1990. Irretroatividade. Não afronta o princípio da irretroatividade da lei a aplicação do art. 19-A da Lei 8.036, de 11.05.1990, aos contratos declarados nulos celebrados antes da vigência da Medida Provisória 2.164-41, de 24.08.2001" (*DJ* 20.05.2008).

- *dever de prestar serviços*: que corresponde ao dever de pagar o salário, ou, em outros termos, o direito do empregado de receber a remuneração. Além disso, o empregador também tem a obrigação de proporcionar a prestação de serviços pelo empregado admitido, não podendo impor-lhe que fique sem nada fazer.
- *dever de obediência*: deve o empregado observar as ordens gerais e pessoais emitidas pelo empregador, referentes à prestação de serviços, sob pena de caracterização, respectivamente, de indisciplina e insubordinação.
- dever de *probidade*: o empregado e o empregador devem ser honestos, pautando-se pelos ditames da boa-fé (art. 422 do Código Civil de 2002).
- dever de *diligência*: o empregado deve prestar serviços com atenção, cuidado, dedicação, assiduidade e pontualidade.
- dever de *fidelidade*: o empregador mantém relação de fidúcia, ou seja, confiança, com o empregado, devendo este colaborar com os fins da empresa, e não fazer concorrência desleal a esta.
- dever de *observar as normas de segurança e medicina do trabalho*, seja pelo empregador, fornecendo, por exemplo, equipamentos de proteção individual e mantendo o meio ambiente de trabalho hígido, seja pelo empregado, respeitando as determinações com este objetivo.
- dever do *empregador não discriminar o empregado*, em razão do gênero, idade, religião, raça, cor, estado civil etc.

4.12 DIREITOS INTELECTUAIS E INVENÇÕES DO EMPREGADO

O contrato de trabalho apresenta **efeitos conexos**, gerando **direitos intelectuais**, como o direito autoral e aqueles decorrentes de invenções do empregado[25].

Os *direitos de autor* decorrem da criação (no caso, pelo empregado) de obras literárias ou científicas. Tendo em vista a ausência de regras específicas no que se refere aos direitos autorais no contrato de trabalho, defende-se a aplicação analógica do art. 4.º da Lei 9.609/1998, que dispõe sobre a proteção da propriedade intelectual de programa de computador. De acordo com o referido dispositivo, *salvo estipulação em contrário*, pertencem exclusivamente ao empregador os direitos relativos ao programa de computador:

- desenvolvido e elaborado durante a vigência do contrato de trabalho (ou vínculo estatutário) expressamente destinado à pesquisa e desenvolvimento, ou
- desenvolvido e elaborado durante a vigência do contrato de trabalho (ou vínculo estatutário) em que a atividade do empregado seja assim prevista, ou que decorra da própria natureza dos encargos concernentes a esses vínculos (de emprego ou estatutário).

De acordo com Amauri Mascaro Nascimento: "Os direitos autorais, no contrato de trabalho, têm natureza própria não salarial, quando desvinculados do salário"[26]. Assim,

25. Cf. NASCIMENTO, Amauri Mascaro. *Curso de direito do trabalho*. 19. ed. São Paulo: Saraiva, 2004. p. 474: "Os *direitos intelectuais* são de mais de uma ordem: primeiro os direitos de autor; segundo os direitos de propriedade industrial, que são aqueles sobre inventos do empregado, como os de um desenhista que quer recebê-los pelos desenhos que no emprego criou. Pode-se, hoje, falar não em duplicidade, mas em triplicidade de direitos intelectuais protegidos, os do autor (Lei 9.610, de 1998), os da propriedade industrial (Lei 9.279, de 1996) e os de criação e utilização de *software* (Lei 9.609, de 1998)" (destaques do original).

26. NASCIMENTO, Amauri Mascaro. *Curso de direito do trabalho*. 19. ed. São Paulo: Saraiva, 2004. p. 477.

salvo hipótese de fraude (art. 9.º da CLT), embora os direitos autorais constituam renda (passível da respectiva tributação), não apresentam natureza salarial para fins trabalhistas.

Conforme o art. 5.º, inciso XXIX, da Constituição Federal de 1988: "a lei assegurará aos autores de inventos industriais privilégio temporário para sua utilização, bem como proteção às criações industriais, à propriedade das marcas, aos nomes de empresas e a outros signos distintivos, tendo em vista o interesse social e o desenvolvimento tecnológico e econômico do País".

Regulamentando esse preceito, encontra-se em vigor a Lei 9.279/1996, conhecida como Lei de Propriedade Industrial.

A chamada ***invenção de serviço*** decorre da atividade inventiva do trabalhador, contratado para o exercício das funções de inventor. Nessa hipótese, o empregado não tem direito sobre a criação, mas o empregador, titular da patente, poderá conceder ao empregado, autor de invento ou aperfeiçoamento, participação nos ganhos econômicos resultantes da exploração da patente, mediante negociação com o interessado ou conforme disposto em norma da empresa (art. 89 da Lei 9.279/1996). A participação mencionada não se incorpora, a qualquer título, ao salário do empregado (parágrafo único do referido artigo)[27].

Como segunda modalidade, tem-se a chamada ***invenção livre***, a qual resulta da atividade criadora do trabalhador, sem qualquer vinculação com a existência e a execução do contrato laboral. Nessa hipótese, os meios, recursos e equipamentos do empregador não são utilizados na criação do empregado. Além disso, eventuais conhecimentos técnicos, adquiridos na vigência do contrato laboral, não geram para o empregador direitos de propriedade nem de exploração do invento, os quais são exclusivos do empregado. Desse modo, pertence exclusivamente ao empregado a invenção ou o modelo de utilidade por ele desenvolvido, desde que desvinculado do contrato de trabalho e não decorrente da utilização de recursos, meios, dados, materiais, instalações ou equipamentos do empregador (art. 90 da Lei 9.279/1996).

Por fim, verifica-se a ***invenção de empresa***, também chamada *invenção casual*. Trata-se de uma hipótese intermediária entre a invenção de serviço e a invenção livre. Nesse caso, quando a criação intelectual provém do esforço de certo empregado ou grupo de empregados identificados, sabendo-se que o contrato de trabalho não foi firmado com o objetivo específico de se obter tal invento, passa a ser devida a compensação pela utilidade auferida pelo empregador, ou seja, uma indenização decorrente da invenção de empresa. Nesse caso, o direito de exploração é do empregador, embora a propriedade seja comum (art. 91 da Lei 9.279/1996).

A respeito do tema, transcreve-se o seguinte julgado proferido pelo Tribunal Superior do Trabalho:

> "Invento. Modelo de utilidade. Contribuição pessoal do empregado. Exploração pelo empregador. Indenização por perdas e danos. Justa remuneração. 1. Em caso de invenção de empresa de autoria do empregado, no curso da relação de emprego, embora seja comum a propriedade e exclusiva a exploração do invento pelo empregador, a lei assegura ao empregado o direito a uma justa remuneração, resultante de sua contribuição pessoal e engenhosidade. Pouco importa que o invento haja sido propiciado, mediante recursos, meios, dados e materiais, nas instalações da empresa. 2. Comprovada a autoria, a novidade, bem como a utilização lucrativa do invento, construído à base de material sucateado, em prol da

27. Cf. BARROS, Alice Monteiro de. *Curso de direito do trabalho*. 2. ed. São Paulo: LTr, 2006. p. 605.

atividade empresarial, o empregador, independentemente de prévio ajuste, está obrigado a pagar justa remuneração ao empregado. 3. Irrelevante haver, ou não, o empregado patenteado o invento. A obrigação de pagar justa remuneração ao empregado inventor tem por fato gerador a utilidade extracontratual, emanação da atividade intelectiva irradiada da personalidade do trabalhador, revertida em benefício da exploração econômica do empreendedor, direito assegurado na Constituição Federal. 4. Não viola o art. 88, § 1.º, da Lei 9.279/1996 decisão regional que, à falta de parâmetros objetivos na lei, mantém sentença que fixa o valor da justa remuneração de cada modelo de utilidade criado pelo autor em metade da última remuneração percebida, pelo prazo de dez anos. 5. Recurso de revista de que não se conhece" (TST, RR 749341/2001, 1.ª T., Rel. Min. João Oreste Dalazen, *DJ* 06.10.2006).

4.13 INDENIZAÇÃO POR DANOS EXTRAPATRIMONIAIS E MATERIAIS TRABALHISTAS

A Lei 13.467/2017 acrescentou à CLT o Título II-A, sobre o *dano extrapatrimonial*.

Dano é o prejuízo causado à pessoa, ou seja, a lesão a bem ou interesse jurídico, podendo ser de ordem material ou extrapatrimonial[28].

Os danos extrapatrimoniais abrangem os de natureza moral, estética e existencial.

O *dano moral* é a lesão a direitos imateriais da pessoa, violando a honra, a dignidade, a intimidade, a imagem ou outros direitos da personalidade, ou mesmo direitos fundamentais que preservem a dignidade da pessoa humana.

Parte da doutrina prefere a expressão "dano pessoal", pois "exprime com mais fidelidade o que é efetivamente lesado pelo dano: os direitos da pessoa humana"[29], ou seja, os direitos da personalidade, "em suas diversas integridades psicofísicas, intelectual e moral"[30].

O dano moral pode ser direto ou indireto[31]: o primeiro resulta da violação específica de bem imaterial, causando sofrimento, dor psíquica à vítima ou desrespeitando a dignidade da pessoa humana; o último decorre da lesão a bem patrimonial (do que decorre dano material direto), mas que acaba por gerar dano a direito extrapatrimonial.

O dano moral direto pode causar, indiretamente, dano material, quando a violação de bem imaterial, de forma reflexa e simultânea, acaba por atingir, também, direito patrimonial[32].

Por dano moral trabalhista entende-se aquele ocorrido no âmbito do contrato de trabalho e em razão da sua existência, envolvendo os dois polos dessa relação jurídica (de emprego), ou seja, o empregador e o empregado.

O *dano estético* resulta da lesão da integridade física, especialmente quanto ao direito à imagem ou aparência externa, o qual é direito da personalidade[33].

---

28. Cf. DINIZ, Maria Helena. *Curso de direito civil brasileiro:* responsabilidade civil. 9. ed. São Paulo: Saraiva, 1995. v. 7, p. 48.

29. OLIVEIRA, Paulo Eduardo Vieira de. *O dano pessoal no direito do trabalho.* São Paulo: LTr, 2002. p. 18.

30. OLIVEIRA, Paulo Eduardo Vieira de. *O dano pessoal no direito do trabalho.* São Paulo: LTr, 2002. p. 35.

31. Cf. DINIZ, Maria Helena. *Curso de direito civil brasileiro:* responsabilidade civil. 9. ed. São Paulo: Saraiva, 1995. v. 7, p. 68.

32. Cf. DINIZ, Maria Helena. *Curso de direito civil brasileiro:* responsabilidade civil. 9. ed. São Paulo: Saraiva, 1995. v. 7, p. 54.

33. Cf. CAVALIERI FILHO, Sergio. *Programa de responsabilidade civil.* 8. ed. São Paulo: Atlas, 2008. p. 101. Cf. ainda LOPEZ, Teresa Ancona. *O dano estético*: responsabilidade civil. 3. ed. São Paulo: RT, 2004. p. 64. Na jurisprudência, cf.: "Indenização por danos estéticos. Possibilidade de cumulação. [...] É que o dano estético,

O *dano existencial* ocorre quando a lesão a direito extrapatrimonial, de maior gravidade, frustra, na verdade, um projeto de vida (pessoal, familiar, social ou profissional) ou a própria convivência social e familiar, justificando, assim, uma indenização específica e diferenciada, o que pode ocorrer também no âmbito trabalhista, por exemplo, em casos de jornadas de trabalho exaustivas e extenuantes ou de ausência reiterada de concessão de férias, desde que gerem as referidas consequências[34].

Prevalece o entendimento de que para a configuração do dano existencial, de modo específico, há necessidade de demonstração do prejuízo pessoal, social ou familiar, isto é, do prejuízo ao projeto de vida ou às relações sociais[35].

De acordo com o art. 223-A da CLT, acrescentado pela Lei 13.467/2017, aplicam-se à reparação de danos de natureza extrapatrimonial decorrentes da relação de trabalho *apenas* os dispositivos do mencionado Título da Consolidação das Leis do Trabalho.

Embora a intenção pudesse ser de afastar a incidência de outras normas a respeito do tema, defende-se o entendimento de que a matéria tem como fundamento a Constituição da República.

Nesse sentido, o art. 5.º, inciso V, da Constituição Federal de 1988 dispõe ser assegurado o direito de resposta, proporcional ao agravo, além da indenização por dano material, moral ou à imagem.

Além disso, são invioláveis a intimidade, a vida privada, a honra e a imagem das pessoas, assegurado o direito a indenização pelo dano material ou moral decorrente de sua violação (art. 5.º, inciso X, da Constituição da República).

Portanto, não se pode afastar a aplicação da teoria geral dos direitos da personalidade e dos direitos fundamentais decorrentes da dignidade da pessoa humana (art. 1.º,

---

mesmo cumulável com danos materiais, configura-se a partir de deformações físicas capazes de afetar a imagem do empregado, não só no local de trabalho, mas, sobretudo, no convívio social, tal como explicitado no aresto trazido a cotejo, no qual se adotou a tese, convergente com o substrato fático do acórdão impugnado, de que ele poderá ser o resultado de uma ferida que gera cicatriz, da amputação de um membro, falange, orelha, nariz, olho ou outro elemento da anatomia humana" (TST, 4.ª T., RR 52/2003-019-12-00.6, Rel. Min. Antônio José de Barros Levenhagen, *DJ* 06.10.2006).

34. "Dano moral. Dano existencial. Submissão a jornada extenuante. Prejuízo não comprovado. O dano existencial é espécie de dano imaterial. No caso das relações de trabalho, o dano existencial ocorre quando o trabalhador sofre dano/limitações em relação à sua vida fora do ambiente de trabalho em razão de condutas ilícitas praticadas pelo empregador, impossibilitando-o de estabelecer a prática de um conjunto de atividades culturais, sociais, recreativas, esportivas, afetivas, familiares etc., ou de desenvolver seus projetos de vida nos âmbitos profissional, social e pessoal. Não é qualquer conduta isolada e de curta duração, por parte do empregador, que pode ser considerada como dano existencial. Para isso, a conduta deve perdurar no tempo, sendo capaz de alterar o objetivo de vida do trabalhador, trazendo-lhe um prejuízo no âmbito de suas relações sociais" (TST, 4.ª T., RR 354-59.2013.5.24.0007, Rel. Min. Maria de Assis Calsing, *DEJT* 18.09.2015).

35. "Embargos em recurso de revista interposto na vigência da Lei nº 13.015/2014. Dano existencial. Jornada excessiva. 1. Discute-se nos autos se o trabalho em jornada excessiva constitui dano *in re ipsa*. 2. A Turma entendeu que a realização de jornada excessiva habitual, por si só, enseja o pagamento de indenização ao empregado. 3. O dano existencial não pode ser reconhecido à míngua de prova específica do efetivo prejuízo pessoal, social ou familiar. Nessa situação, é inviável a presunção de que o dano existencial tenha efetivamente acontecido, em face da ausência de provas nos autos. 4. Embora a possibilidade, abstratamente, exista, é necessária a constatação no caso concreto para que sobre o indivíduo recaia a reparação almejada. Demonstrado concretamente o prejuízo às relações sociais e a ruína do projeto de vida do trabalhador, tem-se como comprovados, *in re ipsa*, a dor e o dano à sua personalidade. 5. O que não se pode admitir é que, comprovada a prestação de horas extraordinárias, extraia-se daí automaticamente a consequência de que as relações sociais do trabalhador foram rompidas ou que seu projeto de vida foi suprimido do seu horizonte. Precedentes. Recurso de embargos conhecido e provido" (TST, SBDI-I, E-RR-402-61.2014.5.15.0030, Rel. Min. Luiz Philippe Vieira de Mello Filho, *DEJT* 27.11.2020).

inciso III, da Constituição Federal de 1988) no âmbito da relação de emprego, de modo que a violação desses direitos gera danos de natureza extrapatrimonial na esfera trabalhista.

Com isso, a interpretação constitucional revela a incidência de dispositivos do Código Civil sobre direitos da personalidade e responsabilidade civil também na esfera do contrato de trabalho, inclusive com fundamento no art. 8.º, § 1.º, da CLT, nos casos de omissão e desde que presente a compatibilidade.

Causa dano de natureza extrapatrimonial a ação ou omissão que ofenda a esfera moral ou existencial da pessoa física ou jurídica, as quais são as titulares *exclusivas* do direito à reparação (art. 223-B da CLT, acrescentado pela Lei 13.467/2017).

Entende-se que o dano estético é abrangido pelo conceito de dano moral, embora mereça uma indenização diferenciada, em razão do direito da personalidade especificamente violado, como quando ocorrem sequelas, mutilações ou deformações físicas[36], o que tem fundamento na parte final do art. 949 do Código Civil[37].

Não apenas a pessoa física (natural), mas a pessoa jurídica também pode sofrer dano extrapatrimonial[38], mesmo porque, segundo o art. 52 do Código Civil, é aplicável às pessoas jurídicas, no que couber, a proteção dos direitos da personalidade.

Logo, o titular do direito à reparação por danos extrapatrimoniais na esfera trabalhista pode ser o trabalhador (empregado) e o empregador.

O art. 223-B da CLT, ao mencionar que as pessoas física ou jurídica que sofreram a ofensa à esfera moral ou existencial são as titulares "exclusivas" do direito à reparação do dano de natureza extrapatrimonial, parece indicar a intenção de afastar o *dano moral reflexo* ou *em ricochete*, ou seja, quando o direito violado é de uma pessoa, mas quem sofre os efeitos da lesão é outra pessoa.

Entretanto, defende-se o entendimento de que a referida hipótese não pode ser validamente excluída do sistema jurídico, mesmo no âmbito trabalhista, pois, conforme o preceito fundamental de que *a ninguém se deve lesar*[39], aquele que sofreu os efeitos da lesão (de forma direta ou indireta) tem direito de receber a respectiva indenização. Mesmo porque, nesse caso, quem postula a reparação também é uma pessoa física ou jurídica que teve o direito à integridade moral violado (ainda que de forma reflexa).

Ademais, se a pessoa física sofreu lesão a direito extrapatrimonial de sua titularidade, em caso de seu posterior falecimento, o direito à reparação é transmitido aos sucessores. Nesse sentido, conforme o art. 943 do Código Civil, o direito de exigir reparação e a obrigação de prestá-la transmitem-se com a herança.

---

36. Cf. OLIVEIRA, Sebastião Geraldo de. *Indenizações por acidente do trabalho ou doença ocupacional*. 2. ed. São Paulo: LTr, 2006. p. 199: "mesmo estando o dano estético compreendido no gênero dano moral, a doutrina e a jurisprudência evoluíram para definir indenizações distintas quando esses danos forem passíveis de apuração em separado, com causas inconfundíveis".

37. "Art. 949. No caso de lesão ou outra ofensa à saúde, o ofensor indenizará o ofendido das despesas do tratamento e dos lucros cessantes até ao fim da convalescença, além de algum outro prejuízo que o ofendido prove haver sofrido". Cf. Súmula 387 do STJ: "É lícita a cumulação das indenizações de dano estético e dano moral".

38. Súmula 227 do STJ: "A pessoa jurídica pode sofrer dano moral".

39. Cf. BITTAR, Carlos Alberto. *Curso de direito civil*. Rio de Janeiro: Forense Universitária, 1994. v. 1, p. 10: "Alguns princípios, no entanto, sobrepairam a essas diversidades e mantêm-se como universais, eis que enraizados na própria consciência coletiva e traduzidos sob máximas, que informam os sistemas jurídicos, a saber, as de *honeste vivere, neminem laedere e suum cuique tribuere* (viver honestamente; a ninguém lesar; e dar a cada um o que é seu)".

Nos termos da Súmula 642 do STJ: "O direito à indenização por danos morais transmite-se com o falecimento do titular, possuindo os herdeiros da vítima legitimidade ativa para ajuizar ou prosseguir a ação indenizatória".

O Supremo Tribunal Federal julgou parcialmente procedente o pedido em ação direta de inconstitucionalidade para conferir interpretação conforme a Constituição, de modo a estabelecer que as redações conferidas aos arts. 223-A e 223-B da CLT não excluem o direito à reparação por dano moral indireto ou dano em ricochete no âmbito das relações de trabalho, a ser apreciado nos termos da legislação civil (STF, Pleno, ADI 6.050/DF, ADI 6.069/DF, ADI 6.082/DF, Rel. Min. Gilmar Mendes, j. 26.06.2023).

O art. 223-B da CLT, acrescentado pela Lei 13.467/2017, prevê que o dano de natureza extrapatrimonial decorre da ação ou omissão que ofenda a esfera moral ou existencial da pessoa física ou jurídica.

Em verdade, de forma mais precisa e adequada, os danos extrapatrimoniais decorrem de lesão a *direitos da personalidade*[40], ou mesmo direitos que preservem a *dignidade da pessoa humana*[41]. Os direitos da personalidade são aqueles inerentes à pessoa em suas diversas projeções física, psíquica, intelectual e moral[42].

A honra, a imagem, a intimidade, a liberdade de ação, a autoestima, a sexualidade, a saúde, o lazer e a integridade física são os bens juridicamente tutelados inerentes à pessoa física (art. 223-C da CLT, acrescentado pela Lei 13.467/2017).

Defende-se o entendimento de que esse rol de direitos extrapatrimoniais é apenas *exemplificativo*, pois a matéria tem fundamento constitucional, decorrendo dos direitos da personalidade e dos direitos fundamentais oriundos da dignidade da pessoa humana. Nesse sentido, também podem gerar dados extrapatrimoniais, por exemplo, a lesão ao direito à privacidade, à vida e à integridade psíquica.

Cabe fazer referência ao entendimento de que a exigência da Classificação Internacional de Doenças (CID) nos atestados médicos viola os direitos fundamentais à intimidade e à privacidade do trabalhador[43].

---

40. Cf. GAGLIANO, Pablo Stolze; PAMPLONA FILHO, Rodolfo. *Novo curso de direito civil*: responsabilidade civil. 3. ed. São Paulo: Saraiva, 2005. v. 3, p. 49.

41. Cf. CAVALIERI FILHO, Sergio. *Programa de responsabilidade civil*. 8. ed. São Paulo: Atlas, 2008. p. 80-81.

42. Cf. GAGLIANO, Pablo Stolze; PAMPLONA FILHO, Rodolfo. *Novo curso de direito civil*: parte geral. 6. ed. São Paulo: Saraiva, 2005. v. 1, p. 157-158.

43. "Atestados médicos e odontológicos. Exigência de previsão da CID (Classificação Internacional de Doenças). Invalidade. A Constituição da República, em seu artigo 5.º, X, garante a inviolabilidade da intimidade, da honra, da imagem e da vida privada das pessoas, mandamento que projeta seus efeitos também para as relações de trabalho. Portanto, deve ser respeitada pelo empregador. A exigência do diagnóstico codificado nos atestados médicos, estabelecida por norma coletiva, obriga o trabalhador a divulgar informações acerca de seu estado de saúde, sempre que exercer o seu direito de justificar a ausência no trabalho, por motivo de doença comprovada. Embora importante no aspecto informativo, quanto ao conhecimento por parte do empregador da espécie da moléstia acometida ao empregado, por outro lado, a exigência em norma coletiva da codificação da enfermidade nos atestados médicos fere direitos fundamentais. De acordo com o Código de Ética Médica e com a Resolução nº 1.658/2002, oriundas do Conselho Federal de Medicina, é o próprio paciente que deve autorizar a identificação do diagnóstico. Isso se deve ao fato de a saúde estar relacionada a aspectos da intimidade e personalidade de cada indivíduo. Observa-se, no caso concreto, que o conflito exposto não é entre norma coletiva e Resoluções do Conselho Federal de Medicina, mas entre norma coletiva e preceitos constitucionais, que protegem a intimidade e a privacidade dos trabalhadores. A imposição constitucional de reconhecimento das convenções e acordos coletivos de trabalho (art. 7.º, XXVI) não concede liberdade negocial absoluta para os sujeitos coletivos, que devem sempre respeitar certos parâmetros protetivos das relações de trabalho e do próprio trabalhador. Um desses parâmetros é a tutela da intimidade e privacidade do empregado. No caso, forçoso reconhecer que a cláusula negociada, que condiciona a validade de atestados médicos

A imagem, a marca, o nome, o segredo empresarial e o sigilo da correspondência são bens juridicamente tutelados inerentes à pessoa jurídica (art. 223-D da CLT, acrescentado pela Lei 13.467/2017).

Como mencionado anteriormente, a pessoa jurídica também pode sofrer dano extrapatrimonial, por ser titular de certos direitos da personalidade.

São responsáveis pelo dano extrapatrimonial todos os que tenham colaborado para a ofensa ao bem jurídico tutelado, na proporção da ação ou da omissão (art. 223-E da CLT, acrescentado pela Lei 13.467/2017).

Nessa linha, os bens do responsável pela ofensa ou violação do direito de outrem ficam sujeitos à reparação do dano causado. Se a ofensa tiver mais de um autor, todos respondem solidariamente pela reparação (art. 942 do Código Civil). São solidariamente responsáveis com os autores os coautores e as pessoas designadas no art. 932 do Código Civil.

A reparação por danos extrapatrimoniais pode ser pedida cumulativamente com a indenização por danos materiais decorrentes do mesmo ato lesivo (art. 223-F da CLT, acrescentado pela Lei 13.467/2017).

Nesse sentido, de acordo com a Súmula 37 do STJ:

> "São cumuláveis as indenizações por dano material e dano moral oriundos do mesmo fato".

Se houver cumulação de pedidos, o juízo, ao proferir a decisão, deve discriminar os valores das indenizações a título de danos patrimoniais e das reparações por danos de natureza extrapatrimonial (art. 223-F, § 1.º, da CLT, acrescentado pela Lei 13.467/2017).

As reparações por danos extrapatrimoniais podem abranger, na realidade, as lesões a danos morais, estéticos e existenciais, de modo que os valores decorrentes devem ser especificados.

O *dano patrimonial*, por sua vez, decorre da violação de direitos materiais (pecuniários)[44], devendo o valor da respectiva reparação também ser especificado.

Portanto, os valores das indenizações de danos patrimoniais e das reparações por danos de natureza extrapatrimonial (moral, estético e existencial) devem ser discriminados na decisão judicial.

A composição das perdas e danos, assim compreendidos os lucros cessantes e os danos emergentes, não interfere na avaliação dos danos extrapatrimoniais (art. 223-F, § 2.º, da CLT, acrescentado pela Lei 13.467/2017).

Ocorrendo dano de natureza patrimonial ou extrapatrimonial, presentes o nexo causal e o dolo ou a culpa (exceto nas hipóteses de responsabilidade objetiva), surge o dever de indenizar.

Nessa ordem, responsabilidade civil é a obrigação de responder pelas consequências jurídicas decorrentes do ato ilícito praticado, reparando o prejuízo causado.

É possível, aliás, que os referidos danos sofridos pelo empregado sejam decorrentes de acidente do trabalho e doenças ocupacionais (art. 7.º, inciso XXVIII, segunda parte, da Constituição Federal de 1988).

---

e odontológicos à indicação do CID (Classificação Internacional de Doenças), afronta normas reguladoras oriundas do Conselho Federal de Medicina, bem como viola as garantias constitucionais da inviolabilidade da intimidade, vida privada, honra e imagem (art. 5.º, X, da Constituição Federal). Recurso ordinário a que se nega provimento" (TST, SDC, RO-213-66.2017.5.08.0000, Rel. Min. Kátia Magalhães Arruda, *DEJT* 10.03.2019).

44. Cf. BITTAR, Carlos Alberto. *Curso de direito civil*. Rio de Janeiro: Forense Universitária, 1994. v. 1, p. 570.

Como já destacado, o direito à reparação por danos extrapatrimoniais decorre de lesão a direitos da personalidade e direitos fundamentais oriundos da dignidade da pessoa humana. Desse modo, não se exige a efetiva demonstração de eventual sofrimento, aflição ou outro sentimento intimamente padecido pela vítima, pois é da violação do direito da personalidade em si (*in re ipsa*) que surge, automaticamente, o dano moral.

Quanto à reparação dos danos patrimonial e extrapatrimonial, deve-se procurar assegurar ao ofendido o retorno da situação anterior à lesão (*restitutio in integrum*)[45], preferencialmente de forma específica ou mesmo *in natura*.

Quando isso não for possível, a indenização pecuniária (art. 947 do Código Civil) deve ser suficiente para reparar o dano integralmente.

Portanto, na responsabilidade civil, inclusive de âmbito trabalhista, aplica-se a previsão do art. 944, *caput*, do Código Civil, no sentido de que a "indenização mede-se pela extensão do dano".

Ainda assim, conforme o parágrafo único do art. 944 do Código Civil, se houver excessiva desproporção entre a gravidade da culpa e o dano, pode o juiz reduzir, equitativamente, a indenização.

Quanto aos danos patrimoniais, a indenização deve ressarcir o dano emergente (diminuição *efetiva* do patrimônio da vítima) e os lucros cessantes (redução *potencial* no patrimônio, acarretando perda de ganho esperado), inclusive conforme os arts. 402 e 403 do Código Civil[46].

De todo modo, a indenização das perdas e danos (assim compreendidos os lucros cessantes e os danos emergentes) não interfere na avaliação dos danos extrapatrimoniais.

Ainda quanto à reparação por danos extrapatrimoniais, conforme o art. 223-G da CLT, acrescentado pela Lei 13.467/2017, ao apreciar o pedido, o juízo deve considerar:

I – a natureza do bem jurídico tutelado;

II – a intensidade do sofrimento ou da humilhação;

III – a possibilidade de superação física ou psicológica;

IV – os reflexos pessoais e sociais da ação ou da omissão;

V – a extensão e a duração dos efeitos da ofensa;

VI – as condições em que ocorreu a ofensa ou o prejuízo moral;

VII – o grau de dolo ou culpa;

VIII – a ocorrência de retratação espontânea;

IX – o esforço efetivo para minimizar a ofensa;

X – o perdão, tácito ou expresso;

XI – a situação social e econômica das partes envolvidas;

XII – o grau de publicidade da ofensa.

Nos danos extrapatrimoniais, a indenização apresenta natureza de ressarcimento, compensatória e punitiva[47].

45. Cf. BITTAR, Carlos Alberto. *Curso de direito civil*. Rio de Janeiro: Forense Universitária, 1994. v. 1, p. 601: "A satisfação dos interesses do lesado" pode dar-se "mediante a reparação das coisas no estado anterior (com a denominada '*restitutio in integrum*')".

46. Cf. MELO, Raimundo Simão de. *Direito ambiental do trabalho e saúde do trabalhador*: responsabilidades legais, dano material, dano moral, dano estético. São Paulo: LTr, 2004. p. 384-385.

47. Cf. GAGLIANO, Pablo Stolze; PAMPLONA FILHO, Rodolfo. *Novo curso de direito civil*: responsabilidade civil. 3. ed. São Paulo: Saraiva, 2005. v. 3, p. 20-24.

Por isso, segundo a doutrina, os principais critérios a serem adotados na fixação do valor são: posição social, financeira e patrimonial do ofensor; posição social, financeira e patrimonial da vítima; intensidade do ânimo de ofender; reiteração (ou não) da lesão; intensidade de sofrimento ou desgaste da vítima; gravidade da ofensa; repercussão da ofensa; existência (ou não) de retratação espontânea e cabal pelo ofensor e a consequente amenização (ou não) do dano sofrido[48].

Com a Lei 13.467/2017, o valor da reparação dos danos extrapatrimoniais a ser fixado pelo juízo deve considerar: a natureza do bem jurídico tutelado; a intensidade do sofrimento ou da humilhação; a possibilidade de superação física ou psicológica; os reflexos pessoais e sociais da ação ou da omissão; a extensão e a duração dos efeitos da ofensa; as condições em que ocorreu a ofensa ou o prejuízo moral; o grau de dolo ou culpa; a ocorrência de retratação espontânea; o esforço efetivo para minimizar a ofensa; o perdão, tácito ou expresso; a situação social e econômica das partes envolvidas; o grau de publicidade da ofensa (art. 223-G, *caput*, da CLT).

Deve-se salientar que a previsão relativa ao "grau de dolo ou culpa" (art. 223-G, inciso VII, da CLT) é nitidamente voltada à fixação do valor da reparação por danos extrapatrimoniais. Vale dizer, o dispositivo em questão não trata dos requisitos da responsabilidade civil em si.

Na responsabilidade civil, em princípio, são requisitos para a existência do direito à indenização: a ação ou a omissão; o dano; o nexo de causalidade; a culpa ou o dolo[49].

Portanto, defende-se o entendimento de que não se exclui a incidência das hipóteses de responsabilidade objetiva, mesmo em casos de danos extrapatrimoniais decorrentes de relação de trabalho.

Efetivamente, ocorrendo dano de natureza extrapatrimonial ou material, presentes o nexo causal e o dolo ou a culpa, *exceto nas hipóteses de responsabilidade objetiva*[50], há o dever de indenizar.

A respeito do tema, de acordo com o Enunciado 37, aprovado na 1.ª Jornada de Direito Material e Processual na Justiça do Trabalho, ocorrida no TST (Brasília, 23.11.2007):

> "Responsabilidade civil objetiva no acidente de trabalho. Atividade de risco. Aplica-se o art. 927, parágrafo único, do Código Civil nos acidentes do trabalho. O art. 7.º, XXVIII, da Constituição da República, não constitui óbice à aplicação desse dispositivo legal, visto que seu *caput* garante a inclusão de outros direitos que visem à melhoria da condição social dos trabalhadores".

Do mesmo modo, em conformidade com o Enunciado 38, também aprovado na 1.ª Jornada de Direito Material e Processual na Justiça do Trabalho:

> "Responsabilidade civil. Doenças ocupacionais decorrentes dos danos ao meio ambiente do trabalho. Nas doenças ocupacionais decorrentes dos danos ao meio ambiente do traba-

48. Cf. DELGADO, Mauricio Godinho. *Curso de direito do trabalho*. 4. ed. São Paulo: LTr, 2005. p. 622-623; SANTOS, Enoque Ribeiro dos. *O dano moral na dispensa do empregado*. 3. ed. São Paulo: LTr, 2002. p. 191-192.

49. Cf. RODRIGUES, Silvio. *Direito civil*: parte geral. 28. ed. São Paulo: Saraiva, 1998. v. 1, p. 301-306.

50. Cf. art. 927, parágrafo único, do Código Civil: "Haverá obrigação de reparar o dano, independentemente de culpa, nos casos especificados em lei, ou quando a atividade normalmente desenvolvida pelo autor do dano implicar, por sua natureza, risco para os direitos de outrem". Cf. ainda o art. 37, § 6.º, da Constituição da República, bem como o art. 225, § 3.º, da Constituição Federal de 1988 e o art. 14, § 1.º, da Lei 6.938/1981 (Lei de Política Nacional do Meio Ambiente), que preveem a responsabilidade civil objetiva nas lesões ao meio ambiente, no qual se inclui o meio ambiente de trabalho (art. 200, inciso VIII, da Constituição da República).

lho, a responsabilidade do empregador é objetiva. Interpretação sistemática dos arts. 7.º, XXVIII, 200, VIII, 225, § 3.º, da Constituição Federal e do art. 14, § 1.º, da Lei 6.938/1981".

Ainda segundo o Enunciado 40 da 1.ª Jornada de Direito Material e Processual na Justiça do Trabalho:

> "Responsabilidade civil. Acidente do trabalho. Empregado público. A responsabilidade civil nos acidentes do trabalho envolvendo empregados de pessoas jurídicas de Direito Público interno é objetiva. Inteligência do artigo 37, § 6.º, da Constituição Federal e do artigo 43 do Código Civil".

O Supremo Tribunal Federal decidiu que o trabalhador que atua em atividade de risco tem direito à indenização em razão de danos decorrentes de acidente de trabalho, independentemente da comprovação de culpa ou dolo do empregador. Prevaleceu o entendimento de que é constitucional a incidência da responsabilidade civil objetiva do empregador por danos decorrentes de acidentes de trabalho em atividades de risco (STF, Pleno, RE 828.040/DF, Rel. Min. Alexandre de Moraes, j. 05.09.2019).

Nesse sentido, o Supremo Tribunal Federal fixou a seguinte tese de repercussão geral: "O artigo 927, parágrafo único, do Código Civil é compatível com o artigo 7.º, XXVIII, da Constituição Federal, sendo constitucional a responsabilização objetiva do empregador por danos decorrentes de acidentes de trabalho, nos casos especificados em lei, ou quando a atividade normalmente desenvolvida, por sua natureza, apresentar exposição habitual a risco especial, com potencialidade lesiva e implicar ao trabalhador ônus maior do que aos demais membros da coletividade" (STF, Pleno, RE 828.040/DF, Rel. Min. Alexandre de Moraes, *DJe* 26.06.2020).

Nos termos do art. 223-G, § 1.º, da CLT, acrescentado pela Lei 13.467/2017, se julgar procedente o pedido, o juízo deve fixar a indenização a ser paga, a cada um dos ofendidos, em um dos seguintes parâmetros, vedada a acumulação:

> I – ofensa de natureza leve, até 3 (três) vezes o último salário contratual do ofendido;
>
> II – ofensa de natureza média, até 5 (cinco) vezes o último salário contratual do ofendido;
>
> III – ofensa de natureza grave, até 20 (vinte) vezes o último salário contratual do ofendido;
>
> IV – ofensa de natureza gravíssima, até 50 (cinquenta) vezes o último salário contratual do ofendido.

Quanto à fixação do valor da reparação dos danos extrapatrimoniais, a orientação que prevalece é de que cabe ao juiz arbitrá-lo (art. 946 do Código Civil), utilizando-se da *razoabilidade*, da prudência, do equilíbrio e da *equidade*, no sentido da justiça no caso concreto[51] (como prevê o art. 953, parágrafo único, do Código Civil, para os casos de indenização por injúria, difamação ou calúnia).

Desse modo, revela-se ilegítima e inadequada a tentativa de tarifação da reparação por danos extrapatrimoniais prevista no art. 223-G, § 1.º, da CLT.

Ao levar em consideração o valor do último salário contratual do ofendido, empregados que recebessem valor salarial menor teriam tratamento prejudicial e inferior, em comparação com os que recebessem patamar remuneratório superior, mesmo em casos

51. Cf. GAGLIANO, Pablo Stolze; PAMPLONA FILHO, Rodolfo. *Novo curso de direito civil*: responsabilidade civil. 3. ed. São Paulo: Saraiva, 2005. v. 3, p. 396-399.

envolvendo a mesma lesão a direitos, o que poderia resultar em afronta ao princípio da isonomia substancial e em tratamento discriminatório para fins de indenização de danos extrapatrimoniais.

Na realidade, a reparação de danos extrapatrimoniais tem fundamento constitucional (art. 5.º, incisos V e X, da Constituição da República), por decorrer da violação de direitos inerentes ao ser humano, tendo como fundamento a dignidade da pessoa humana (art. 1.º, inciso III, da Constituição Federal de 1988).

Desse modo, não se pode considerar válida a tarifação da indenização de danos extrapatrimoniais, em contrariedade ao direito constitucional à sua ampla e justa indenização. Nesse sentido, cabe registrar o entendimento firmado pelo Supremo Tribunal Federal ao analisar dispositivos semelhantes da Lei de Imprensa (STF, 2.ª T., RE 348.827/RJ, Rel. Min. Carlos Velloso, *DJ* 06.08.2004. Cf. ainda STF, Pleno, ADPF 130/DF, Rel. Min. Ayres Britto, *DJe* 06.11.2009).

Na mesma linha, conforme a Súmula 281 do STJ: "A indenização por dano moral não está sujeita à tarifação prevista na Lei de Imprensa".

Além disso, o critério relativo ao salário contratual do ofendido pode gerar injusto tratamento não isonômico entre empregados igualmente lesados, mas com patamar remuneratório distinto.

Frise-se que o art. 7.º, inciso XXXII, da Constituição da República proíbe a distinção entre trabalho manual, técnico e intelectual ou entre os profissionais respectivos.

O referido critério, ademais, pode acarretar tratamento discriminatório, quando a lesão atingir empregados, bem como outras pessoas sem vínculo empregatício com o ofensor.

Desse modo, segundo a interpretação constitucional, defende-se que o art. 223-G, § 1.º, da CLT, apenas tem o objetivo de servir como possível parâmetro ou sugestão oferecida ao juiz na atividade jurisdicional de fixação do valor da reparação dos danos extrapatrimoniais.

Nesse enfoque, conforme as peculiaridades do caso concreto, torna-se possível ao juiz, desde que de modo fundamentado, em consonância com o art. 93, inciso IX, da Constituição da República, afastar-se dos critérios rigidamente previstos no dispositivo indicado.

O Supremo Tribunal Federal julgou parcialmente procedente o pedido em ação direta de inconstitucionalidade para conferir interpretação conforme a Constituição, de modo a estabelecer que os critérios de quantificação de reparação por dano extrapatrimonial previstos no art. 223-G, *caput* e § 1.º, da CLT deverão ser observados pelo julgador como critérios orientativos de fundamentação da decisão judicial. É constitucional, porém, o arbitramento judicial do dano em valores superiores aos limites máximos dispostos nos incisos I a IV do § 1.º do art. 223-G, quando consideradas as circunstâncias do caso concreto e os princípios da razoabilidade, da proporcionalidade e da igualdade (STF, Pleno, ADI 6.050/DF, ADI 6.069/DF, ADI 6.082/DF, Rel. Min. Gilmar Mendes, j. 26.06.2023).

Se o ofendido for pessoa jurídica, a indenização deve ser fixada com observância dos mesmos parâmetros estabelecidos no § 1.º do art. 223-G da CLT, mas em relação ao salário contratual do ofensor (art. 223-G, § 2.º, da CLT, acrescentado pela Lei 13.467/2017).

Na reincidência entre partes idênticas, o juízo *pode* elevar ao dobro o valor da indenização (art. 223-G, § 3.º, da CLT, acrescentado pela Lei 13.467/2017).

O dano extrapatrimonial pode ser decorrente, até mesmo, do *assédio moral*, também conhecido como "terror psicológico no trabalho" ou *mobbing*, que se caracteriza por uma conduta reiterada, de violência psicológica, desestabilizando e prejudicando o equilíbrio psíquico e emocional do empregado (como atitudes de perseguição, indiferença ou discriminação, normalmente de forma velada), deteriorando o meio ambiente de trabalho, podendo resultar em doenças graves de ordem física e psíquica.

Na esfera criminal, o art. 147-A do Código Penal, incluído pela Lei 14.132/2021, prevê o crime de perseguição. Sendo assim, constitui crime perseguir alguém, reiteradamente e por qualquer meio, ameaçando-lhe a integridade física ou psicológica, restringindo-lhe a capacidade de locomoção ou, de qualquer forma, invadindo ou perturbando sua esfera de liberdade ou privacidade. A pena é de reclusão, de seis meses a dois anos, e multa.

Trata-se de crime contra a liberdade pessoal, também conhecido como *stalking*. Se a mencionada conduta ocorrer, de forma sucessiva, no ambiente de trabalho, tendo como vítima o empregado, pode ficar configurado o assédio moral. Nesse sentido, a perseguição reiterada do trabalhador, por qualquer meio (por exemplo, de modo presencial, por telefonemas, meios eletrônicos ou digitais), ameaçando-lhe a integridade física ou psicológica, pode caracterizar o assédio moral no trabalho.

A pena é aumentada de metade se o crime de perseguição é cometido: I – contra criança, adolescente ou idoso; II – contra mulher por razões da condição de sexo feminino, nos termos do § 2.º-A do art. 121 do Código Penal (quando o crime envolve violência doméstica e familiar, menosprezo ou discriminação à condição de mulher); III – mediante concurso de duas ou mais pessoas ou com o emprego de arma (art. 147-A, § 1.º, do Código Penal).

Embora com ênfase no assédio escolar, a Lei 13.185/2015 institui o Programa de Combate à Intimidação Sistemática (*Bullying*) em todo o território nacional. No contexto e para os fins do referido diploma legal, considera-se intimidação sistemática (*bullying*) todo ato de violência física ou psicológica, intencional e repetitivo, que ocorre sem motivação evidente, praticado por indivíduo ou grupo, contra uma ou mais pessoas, com o objetivo de intimidá-la ou agredi-la, causando dor e angústia à vítima, em uma relação de desequilíbrio de poder entre as partes envolvidas (art. 1.º, § 1.º).

Caracteriza-se a intimidação sistemática (*bullying*) quando há violência física ou psicológica em atos de intimidação, humilhação ou discriminação e, ainda: ataques físicos; insultos pessoais; comentários sistemáticos e apelidos pejorativos; ameaças por quaisquer meios; grafites depreciativos; expressões preconceituosas; isolamento social consciente e premeditado; pilhérias (art. 2.º da Lei 13.185/2015). Há intimidação sistemática na rede mundial de computadores (*cyberbullying*), quando se usarem os instrumentos que lhe são próprios para depreciar, incitar a violência, adulterar fotos e dados pessoais com o intuito de criar meios de constrangimento psicossocial.

O art. 146-A do Código Penal, incluído pela Lei 14.811/2024, prevê o crime de intimidação sistemática (*bullying*). Sendo assim, constitui crime intimidar sistematicamente, individualmente ou em grupo, mediante violência física ou psicológica, uma ou mais pessoas, de modo intencional e repetitivo, sem motivação evidente, por meio de atos de intimidação, de humilhação ou de discriminação ou de ações verbais, morais, sexuais, sociais, psicológicas, físicas, materiais ou virtuais. A pena é de multa, se a conduta não constituir crime mais grave.

O art. 146-A, parágrafo único, do Código Penal, incluído pela Lei 14.811/2024, prevê o crime de intimidação sistemática virtual (*cyberbullying*). Se a conduta é realizada por meio da rede de computadores, de rede social, de aplicativos, de jogos *on-line* ou por qualquer outro meio ou ambiente digital, ou transmitida em tempo real, a pena é de reclusão, de dois anos a quatro anos, e multa, se a conduta não constituir crime mais grave.

Observa-se certa desproporcionalidade na distinção entre as penas previstas para os crimes de *bullying* (multa) e de *cyberbullying* (reclusão e multa).

Cabe ressaltar que os menores de 18 anos são penalmente inimputáveis, ficando sujeitos às normas estabelecidas na legislação especial (art. 27 do Código Penal).

O assédio moral afronta os princípios da dignidade da pessoa humana e da valorização social do trabalho (art. 1.º, incisos III e IV, da CF/1988), o objetivo fundamental da promoção do bem de todos, sem preconceitos de origem, raça, sexo, cor, idade e quaisquer outras formas de discriminação (art. 3.º, inciso IV, da CF/1988), o direito de ninguém ser submetido à tortura nem a tratamento desumano ou degradante (art. 5.º, inciso III, da CF/1988) e o direito à inviolabilidade da intimidade, da vida privada, da honra, e da imagem das pessoas (art. 5.º, inciso X, da CF/1988).

No assédio moral, o agressor normalmente é o empregador, o superior hierárquico ou o preposto (*assédio vertical descendente*). No entanto, embora não tão frequente, também é possível o assédio moral em que o assediador é o colega de trabalho que ocupa a mesma hierarquia na empresa (*assédio horizontal*) ou o grupo de empregados em posição hierárquica inferior (*assédio vertical ascendente*).

O assédio moral, ademais, pode ser *individual* (quando voltado a um ou mais empregados individualmente considerados) ou *coletivo*, alcançando a coletividade de trabalhadores, também conhecido como *organizacional* ou *institucional*, por decorrer de formas abusivas de gestão empresarial.

O assédio moral pode ser fundamento para a despedida indireta, de acordo com o art. 483, alínea *d* (que prevê o não cumprimento das obrigações do contrato pelo empregador) e alínea *e*, da CLT, prevendo a prática, pelo empregador ou seus prepostos, contra o empregado ou pessoas de sua família, de ato lesivo da honra e boa fama.

Se o empregado pratica o assédio moral contra outro colega de trabalho, tem-se a prática de justa causa para a resolução do contrato de trabalho, conforme o art. 482, alínea *j*, da CLT, o qual prevê o ato lesivo da honra ou da boa fama praticado no serviço contra qualquer pessoa, ou ofensas físicas, nas mesmas condições, salvo em legítima defesa, própria ou de outrem.

Cabe às empresas, aos empregadores, às entidades profissionais, às organizações sindicais, aos órgãos públicos voltados às relações trabalhistas e à sociedade civil como um todo assegurar medidas de conscientização, prevenção e combate ao assédio moral.

O *assédio sexual*, por sua vez, pode ocorrer no âmbito das relações de emprego, podendo gerar importantes consequências para o contrato de trabalho.

Na esfera criminal, a Lei 10.224, de 13 de maio de 2001, acrescentou o art. 216-A do Código Penal, assim prevendo:

> "Art. 216-A. Constranger alguém com o intuito de obter vantagem ou favorecimento sexual, prevalecendo-se o agente da sua condição de superior hierárquico ou ascendência inerentes ao exercício de emprego, cargo ou função.
>
> Pena – detenção, de 1 (um) a 2 (dois) anos".

No âmbito penal, o assédio sexual é restrito à hipótese em que o delito é praticado por agente de condição hierárquica superior, como o chefe ou o gerente, tendo como vítima pessoa que exerce cargo ou função hierarquicamente inferior, com ameaças de perda do emprego ou de direitos no trabalho. Trata-se da modalidade do assédio sexual decorrente do abuso de autoridade, também conhecida como "assédio sexual por chantagem"[52].

No entanto, na esfera trabalhista, também é possível ocorrer o assédio sexual envolvendo colegas de trabalho, ou seja, empregados do mesmo nível hierárquico, ou mesmo aquele praticado por empregado de condição inferior na hierarquia da empresa, embora essa última hipótese seja menos frequente. Tem-se aqui a modalidade conhecida como "assédio sexual por intimidação", ocorrido no ambiente de trabalho[53].

Para a ocorrência do assédio sexual, exige-se o *constrangimento*, envolvendo a ideia de imposição, contrariando a vontade e a liberdade da vítima. Isso afasta a ocorrência de assédio sexual quando existe anuência da suposta vítima[54].

O assédio sexual acarreta grave violação da dignidade da pessoa que o sofre, configurando dano moral passível de indenização, bem como a despedida indireta em favor do empregado assediado (art. 483, alíneas *c* a *e*, da CLT), ou a dispensa por justa causa do empregado assediador (art. 482, alínea *b*, da CLT).

A Convenção 190 da Organização Internacional do Trabalho, de 2019, dispõe sobre a violência e o assédio no trabalho.

Para efeitos da referida Convenção, a expressão "violência e assédio" no mundo do trabalho designa um conjunto de comportamentos e práticas inaceitáveis, ou de ameaças de tais comportamentos e práticas, quer se manifestem uma única vez ou de forma repetida, que tenham por objetivo, que causem ou que sejam suscetíveis de causar um dano físico, psicológico, sexual ou econômico, e inclui a violência e o assédio em razão de gênero. A expressão "violência e assédio em razão de gênero" designa a violência e o assédio dirigidos contra as pessoas em razão de seu sexo ou gênero, ou que afetam de maneira desproporcional as pessoas de um determinado sexo ou gênero, e inclui o assédio sexual. A violência e o assédio podem ser definidos na legislação nacional como um conceito único ou como conceitos separados (art. 1.º).

A Convenção 190 da OIT se aplica a todos os setores, público ou privado, da economia tanto formal como informal, nas zonas urbanas ou rurais (art. 2.º). A mencionada Convenção se aplica à violência a ao assédio no mundo do trabalho que ocorram durante o trabalho, em relação com o trabalho ou como resultado do trabalho (art. 3.º).

Conforme o Estatuto da Advocacia, no âmbito da ética do advogado, constitui infração disciplinar praticar assédio moral, assédio sexual ou discriminação (art. 34, inciso XXX, da Lei 8.906/1994, incluído pela Lei 14.612/2023).

Como sanção disciplinar, a suspensão é aplicável nos casos de infrações definidas no art. 34, inciso XXX, da Lei 8.906/1994 (art. 37, inciso I, da Lei 8.906/1994, com redação dada pela Lei 14.612/2023).

---

52. Cf. BARROS, Alice Monteiro de. *Contratos e regulamentações especiais de trabalho*. 2. ed. São Paulo: LTr, 2002. p. 298.

53. Cf. BARROS, Alice Monteiro de. *Contratos e regulamentações especiais de trabalho*. 2. ed. São Paulo: LTr, 2002. p. 298.

54. Cf. NASCIMENTO, Amauri Mascaro. *Iniciação ao direito do trabalho*. 31. ed. São Paulo: LTr, 2005. p. 139: "O ilícito penal é autônomo, tem efeitos próprios diferentes do ilícito trabalhista. Embora sendo uma lei penal, pode servir de diretriz para a configuração do ilícito trabalhista. Pressupõe o *constrangimento* que desaparece se o suposto ofendido dá mostras de aceitação" (destaque do original).

Para os fins da Lei 8.906/1994, considera-se:

I – *assédio moral*: a conduta praticada no exercício profissional ou em razão dele, por meio da repetição deliberada de gestos, palavras faladas ou escritas ou comportamentos que exponham o estagiário, o advogado ou qualquer outro profissional que esteja prestando seus serviços a situações humilhantes e constrangedoras, capazes de lhes causar ofensa à personalidade, à dignidade e à integridade psíquica ou física, com o objetivo de excluí-los das suas funções ou de desestabilizá-los emocionalmente, deteriorando o ambiente profissional;

II – *assédio sexual*: a conduta de conotação sexual praticada no exercício profissional ou em razão dele, manifestada fisicamente ou por palavras, gestos ou outros meios, proposta ou imposta à pessoa contra sua vontade, causando-lhe constrangimento e violando a sua liberdade sexual;

III – *discriminação*: a conduta comissiva ou omissiva que dispense tratamento constrangedor ou humilhante a pessoa ou grupo de pessoas, em razão de sua deficiência, pertença a determinada raça, cor ou sexo, procedência nacional ou regional, origem étnica, condição de gestante, lactante ou nutriz, faixa etária, religião ou outro fator (art. 34, § 2.º, da Lei 8.906/1994, incluído pela Lei 14.612/2023).

É possível, ainda, que os danos morais e materiais sofridos pelo empregado sejam decorrentes de *acidente do trabalho* (art. 7.º, inciso XXVIII, segunda parte, da CF/1988), a que a Lei 8.213/1991, no art. 20, equiparou a *doença profissional* e a *doença do trabalho*.

Cabe destacar que *o dano moral pode ser individual ou coletivo*, conforme a violação de direitos da personalidade, ou de direitos humanos e fundamentais, em preservação da dignidade da pessoa humana, seja de ordem individual ou se trate de lesão de natureza metaindividual (difusos e coletivos em sentido estrito). Nesse sentido, a Lei da Ação Civil Pública (Lei 7.347/1985), no art. 1.º, *caput*, expressamente, prevê a possibilidade de responsabilização por danos morais e patrimoniais causados a interesses difusos ou coletivos, em consonância com o art. 129, inciso III, da Constituição Federal de 1988.

Os referidos danos morais coletivos podem ser pleiteados por meio de ações civis públicas e coletivas, ajuizadas pelos entes legitimados, entre os quais cabe destacar o Ministério Público do Trabalho e os sindicatos. Nesse sentido, cabe transcrever a seguinte decisão do Tribunal Superior do Trabalho:

> "Agravo de instrumento. Recurso de revista. Ação civil pública. Dano moral coletivo. Reparação. Possibilidade. Ato atentatório à dignidade dos trabalhadores rurais da região. Não resta dúvida quanto à proteção que deve ser garantida aos interesses transindividuais, o que encontra-se expressamente delimitado no objetivo da ação civil pública, que busca garantir à sociedade o bem jurídico que deve ser tutelado. Trata-se de um direito coletivo, transindividual, de natureza indivisível, cujos titulares são os trabalhadores rurais da região de Minas Gerais ligados entre si com os recorrentes por uma relação jurídica base, ou seja, o dispêndio da força de trabalho em condições que aviltam a honra e a dignidade e na propriedade dos recorridos. Verificado o dano à coletividade, que tem a dignidade e a honra abalada em face do ato infrator, cabe a reparação, cujo dever é do causador do dano. O fato de ter sido constatada a melhoria da condição dos trabalhadores em nada altera o decidido, porque ao inverso da tutela inibitória que visa coibir a prática de atos futuros, a indenização por danos morais visa reparar lesão ocorrida no passado, e que, de tão grave, ainda repercute no seio da coletividade. Incólumes os dispositivos de lei apontados como violados e inespecíficos os arestos é de se negar provimento ao agravo de instrumento" (TST, 6.ª T., AIRR-561/2004-096-03-40.2, Rel. Min. Aloysio Corrêa da Veiga, j. 03.10.2007).

Tem-se, assim, a possibilidade de ocorrer:

a) *dano moral individual*, o qual pode ser:
   - *dano moral individual puro*, a ser pleiteado pela própria pessoa, titular do direito (da personalidade) de natureza essencialmente individual;
   - *dano moral individual homogêneo*, que pode ser pleiteado pelos entes legitimados para as ações de natureza metaindividual[55].

b) *dano moral coletivo*, a ser postulado pelos entes legitimados ao ajuizamento de ações civis públicas e coletivas.

Parte da doutrina faz menção, ainda, ao "dano moral social", no sentido de que certas lesões a direitos trabalhistas, mesmo que objeto de ações individuais, na realidade, acarretam prejuízo a toda a sociedade. Desse modo, o descumprimento deliberado e reincidente do ordenamento jurídico trabalhista, além da lesão individual, pode gerar repercussões sociais, devendo, assim, a indenização servir como forma de desestimular o referido ilícito[56].

4.13.1 Trabalho em condições análogas à de escravo e tráfico de pessoas

O trabalho em condições análogas à de escravo, verificado no presente, apresenta diferenças da escravidão da Antiguidade.

No plano internacional, cabe destacar a Convenção 29 da OIT, de 1930 (aprovada pelo Brasil e promulgada pelo Decreto 41.721, de 25.06.1957, atualmente Decreto 10.088/2019), e a Convenção 105 da OIT, de 1957, sobre a abolição do trabalho forçado (ratificada pelo Brasil e promulgada pelo Decreto 58.822, de 14.07.1966, atualmente Decreto 10.088/2019).

Ainda no plano internacional, deve-se destacar a Declaração Universal dos Direitos Humanos, de 1948, segundo a qual "ninguém será mantido em escravidão ou servidão; a escravidão e o tráfico de escravos serão proibidos em todas as suas formas" (art. IV). Além disso, "toda pessoa tem direito ao trabalho, à livre escolha de emprego, a condições justas e favoráveis de trabalho e à proteção contra o desemprego" (art. XXIII, item 1).

Na conceituação anterior, o trabalho escravo ou forçado exige que o trabalhador seja **coagido a permanecer prestando serviços**, impossibilitando ou dificultando o seu desligamento, com violação da liberdade de labor e de vontade.

Na atualidade, o *trabalho degradante*, caracterizado por péssimas condições de labor, inclusive sem a observância das normas de segurança e medicina do trabalho, também é visto como uma das modalidades do trabalho em condições análogas à de escravo.

Desse modo, o *trabalho escravo ou em condições análogas à de escravo* passou a ser gênero, tendo como modalidades ou espécies o *trabalho forçado*, a *jornada exaustiva* e o *trabalho degradante*, os quais são considerados atentatórios à dignidade da pessoa humana e vedados pela Constituição Federal de 1988 (art. 5.º, incisos III, XIII e XLVII, *c*, da CF/1988)[57], representando a própria essência dos direitos humanos e fundamentais.

---

55. Cf. MELO, Luís Antônio Camargo de. Ação coletiva no combate ao trabalho escravo. In: RIBEIRO JÚNIOR, José Hortêncio; CORDEIRO, Juliana Vignoli; FAVA, Marcos Neves; CAIXETA, Sebastião Vieira (Org.). *Ação coletiva na visão de juízes e procuradores do trabalho*. São Paulo: LTr, 2006. p. 177-178, inclusive nota 53.

56. Cf. SOUTO MAIOR, Jorge Luiz. Responsabilidade civil objetiva do empregador com relação a danos pessoais e sociais no âmbito das relações de trabalho. *Revista Trabalhista*, Rio de Janeiro: Forense, ano 4, v. XIII, p. 109, jan.-mar. 2005.

57. "III – ninguém será submetido a tortura nem a tratamento desumano ou degradante." "XIII – é livre o exercício de qualquer trabalho, ofício ou profissão, atendidas as qualificações profissionais que a lei estabelecer".

O art. 149 do Código Penal, com redação determinada pela Lei 10.803/2003, assim tipifica o crime de redução à condição análoga à de escravo:

> "Art. 149. Reduzir alguém a condição análoga à de escravo, quer submetendo-o a trabalhos forçados ou a jornada exaustiva, quer sujeitando-o a condições degradantes de trabalho, quer restringindo, por qualquer meio, sua locomoção em razão de dívida contraída com o empregador ou preposto.
>
> Pena – reclusão, de 2 (dois) a 8 (oito) anos, e multa, além da pena correspondente à violência.
>
> § 1.º Nas mesmas penas incorre quem:
>
> I – cerceia o uso de qualquer meio de transporte por parte do trabalhador, com o fim de retê-lo no local de trabalho;
>
> II – mantém vigilância ostensiva no local de trabalho ou se apodera de documentos ou objetos pessoais do trabalhador, com o fim de retê-lo no local de trabalho.
>
> § 2.º A pena é aumentada de metade, se o crime é cometido:
>
> I – contra criança ou adolescente;
>
> II – por motivo de preconceito de raça, cor, etnia, religião ou origem".

Mesmo no âmbito da Organização Internacional do Trabalho, a Convenção 182, de 1999 (ratificada pelo Brasil e promulgada pelo Decreto 3.597/2000, atualmente Decreto 10.088/2019), no art. 3.º, *a*, prevê que as "piores formas de trabalho infantil" abrangem "*todas as formas de escravidão ou práticas análogas à escravidão, tais como* a venda e tráfico de crianças, *a servidão por dívidas e a condição de servo, e o trabalho forçado ou obrigatório*, inclusive o recrutamento forçado ou obrigatório de crianças para serem utilizadas em conflitos armados" (destaquei).

Assim, segundo leciona José Cláudio Monteiro de Brito Filho, "podemos definir trabalho em condições análogas à condição de escravo como o exercício do trabalho humano em que há restrição, em qualquer forma, à liberdade do trabalhador, e/ou quando não são respeitados os direitos mínimos para o resguardo da dignidade do trabalhador"[58].

Ainda quanto ao tema, é importante salientar que a Emenda Constitucional 81/2014 modificou o art. 243 da Constituição da República, passando a prever que as propriedades rurais e urbanas de qualquer região do País onde forem localizadas culturas ilegais de plantas psicotrópicas ou a exploração de trabalho escravo, nos termos da lei, devem ser expropriadas e destinadas à reforma agrária e a programas de habitação popular, *sem qualquer indenização ao proprietário e sem prejuízo de outras sanções previstas em lei*, observado, no que couber, o disposto no art. 5.º da mesma Constituição.

Ademais, qualquer bem de valor econômico apreendido em decorrência do tráfico ilícito de entorpecentes e drogas afins e da exploração de trabalho escravo deve ser confiscado e reverter a fundo especial com a destinação específica, na forma da lei.

O direito de propriedade, assegurado no art. 5.º, inciso XXII, da Constituição Federal de 1988, como é evidente, deve ser exercido de forma lícita, não abusiva, *devendo*

"XLVII – não haverá penas: c) de trabalhos forçados".

58. BRITO FILHO, José Cláudio Monteiro de. Trabalho com redução à condição análoga à de escravo: análise a partir do tratamento decente e de seu fundamento, a dignidade da pessoa humana. In: VELLOSO, Gabriel; FAVA, Marcos Neves (Coord.). *Trabalho escravo contemporâneo*: o desafio de superar a negação. São Paulo: LTr, 2006. p. 133.

atender a sua função social (art. 5.º, inciso XXIII; art. 170, inciso III, da CF/1988), o que não ocorre no caso da utilização para a prática de trabalho escravo.

O art. 186 da Constituição Federal de 1988 prevê que a função social é cumprida quando a propriedade rural atende, de forma simultânea, segundo critérios e graus de exigência estabelecidos em lei, aos seguintes requisitos: aproveitamento racional e adequado; utilização adequada dos recursos naturais disponíveis e preservação do meio ambiente; *observância das disposições que regulam as relações de trabalho*; *exploração que favoreça o bem-estar* dos proprietários e *dos trabalhadores*.

Justifica-se, portanto, a referida mudança na Constituição, pois o trabalho em condições análogas à de escravo, que é o "trabalho escravo" da atualidade, é a antítese do *trabalho decente*, o qual respeita o princípio da dignidade da pessoa humana.

Cabe salientar a grave questão relativa ao *tráfico de pessoas*, que pode ocorrer dentro do próprio país (tráfico interno) ou entre países distintos (tráfico internacional ou transnacional), merecendo efetiva prevenção e punição pelos Estados.

Na esfera do Direito Internacional, destaca-se o "Protocolo Adicional à Convenção das Nações Unidas contra o Crime Organizado Transnacional Relativo à Prevenção, Repressão e Punição do Tráfico de Pessoas, em Especial Mulheres e Crianças", o qual foi adotado em Nova Iorque, em 15 de novembro de 2000 (conhecido como "Protocolo de Palermo"), ratificado pelo Brasil e promulgado pelo Decreto 5.017/2004.

Os objetivos do mencionado Protocolo são: (a) *prevenir e combater o tráfico de pessoas*, prestando uma atenção especial às mulheres e às crianças; (b) *proteger e ajudar as vítimas desse tráfico*, respeitando plenamente os seus direitos humanos; e (c) promover a cooperação entre os Estados-Partes, de forma a atingir esses objetivos (art. 2.º).

Nos termos do art. 3.º do mesmo diploma normativo internacional:

> a) a expressão "tráfico de pessoas" significa *o recrutamento, o transporte, a transferência, o alojamento ou o acolhimento de pessoas, recorrendo à ameaça ou uso da força ou a outras formas de coação, ao rapto, à fraude, ao engano, ao abuso de autoridade ou à situação de vulnerabilidade ou à entrega ou aceitação de pagamentos ou benefícios para obter o consentimento de uma pessoa que tenha autoridade sobre outra para fins de exploração*.
>
> A exploração incluirá, no mínimo, *a exploração da prostituição de outrem ou outras formas de exploração sexual, o trabalho ou serviços forçados, escravatura ou práticas similares à escravatura, a servidão ou a remoção de órgãos*;
>
> b) o consentimento dado pela vítima de tráfico de pessoas, tendo em vista qualquer tipo de *exploração* descrito na alínea a) acima, será considerado irrelevante se tiver sido utilizado qualquer um dos meios referidos na mencionada alínea a);
>
> c) o recrutamento, o transporte, a transferência, o alojamento ou o acolhimento de uma criança para fins de exploração serão considerados "tráfico de pessoas", mesmo que não envolvam nenhum dos meios referidos da alínea a) acima;
>
> d) o termo "criança" significa qualquer pessoa com idade inferior a 18 anos.

O "Protocolo Adicional à Convenção das Nações Unidas contra o Crime Organizado Transnacional, relativo ao Combate ao Tráfico de Migrantes por Via Terrestre, Marítima e Aérea", adotado em Nova Iorque, em 15 de novembro de 2000, também foi ratificado pelo Brasil e promulgado pelo Decreto 5.016/2004.

O objetivo desse Protocolo é de "*prevenir e combater o tráfico de migrantes*, bem como promover a cooperação entre os Estados-Partes com esse fim, *protegendo ao mesmo tempo os direitos dos migrantes objeto desse tráfico*" (art. 2.º).

Em conformidade com o art. 3.º dessa norma internacional:

a) a expressão "tráfico de migrantes" significa *a promoção, com o objetivo de obter, direta ou indiretamente, um benefício financeiro ou outro benefício material, da entrada ilegal de uma pessoa num Estado-Parte do qual essa pessoa não seja nacional ou residente permanente*;

b) a expressão "entrada ilegal" significa *a passagem de fronteiras sem preencher os requisitos necessários para a entrada legal no Estado de acolhimento*;

c) a expressão "documento de viagem ou de identidade fraudulento" significa qualquer documento de viagem ou de identificação: (i) que tenha sido falsificado ou alterado de forma substancial por uma pessoa ou uma entidade que não esteja legalmente autorizada a fazer ou emitir documentos de viagem ou de identidade em nome de um Estado; ou (ii) que tenha sido emitido ou obtido de forma irregular, por meio de falsas declarações, corrupção ou coação ou qualquer outro meio ilícito; ou (iii) que seja utilizado por uma pessoa que não seja seu titular legítimo;

d) o termo "navio" significa todo o tipo de embarcação, incluindo embarcações sem calado e hidroaviões, utilizados ou que possam ser utilizados como meio de transporte sobre a água, com exceção dos vasos de guerra, navios auxiliares da armada ou outras embarcações pertencentes a um Governo ou por ele exploradas, desde que sejam utilizadas exclusivamente por um serviço público não comercial.

No âmbito do Direito interno brasileiro, o Decreto 5.948, de 26 de outubro de 2006, aprova a Política Nacional de Enfrentamento ao Tráfico de Pessoas (PNETP), "que tem por finalidade estabelecer princípios, diretrizes e ações de prevenção e repressão ao tráfico de pessoas e de atendimento às vítimas" (art. 1.º). Ainda quanto ao tema, o Decreto 9.833/2019 dispõe sobre o Comitê Nacional de Enfrentamento ao Tráfico de Pessoas.

A Lei 13.344/2016 dispõe sobre o *tráfico de pessoas* cometido no território nacional contra vítima brasileira ou estrangeira e no exterior contra vítima brasileira. O enfrentamento ao tráfico de pessoas compreende a prevenção e a repressão desse delito, bem como a atenção às suas vítimas.

O enfrentamento ao tráfico de pessoas deve atender aos seguintes *princípios*: respeito à dignidade da pessoa humana; promoção e garantia da cidadania e dos direitos humanos; universalidade, indivisibilidade e interdependência; não discriminação por motivo de gênero, orientação sexual, origem étnica ou social, procedência, nacionalidade, atuação profissional, raça, religião, faixa etária, situação migratória ou outro *status*; transversalidade das dimensões de gênero, orientação sexual, origem étnica ou social, procedência, raça e faixa etária nas políticas públicas; atenção integral às vítimas diretas e indiretas, independentemente de nacionalidade e de colaboração em investigações ou processos judiciais; proteção integral da criança e do adolescente (art. 2.º da Lei 13.344/2016).

A proteção e o atendimento à vítima direta ou indireta do tráfico de pessoas compreendem: I – assistência jurídica, social, de *trabalho e emprego* e de saúde; II – acolhimento e abrigo provisório; III – atenção às suas necessidades específicas, especialmente em relação a questões de gênero, orientação sexual, origem étnica ou social, procedência, nacionalidade, raça, religião, faixa etária, situação migratória, atuação profissional, diversidade cultural, linguagem, laços sociais e familiares ou outro *status*; IV – preservação da intimidade e da identidade; V – prevenção à revitimização no atendimento e nos procedimentos investigatórios e judiciais; VI – atendimento humanizado; VII – informação sobre procedimentos administrativos e judiciais (art. 6.º da Lei 13.344/2016).

A atenção às vítimas dar-se-á com a interrupção da situação de exploração ou violência, a sua reinserção social, a garantia de facilitação do acesso à educação, à cultura, à formação profissional e ao trabalho e, no caso de crianças e adolescentes, a busca de sua reinserção familiar e comunitária. No exterior, a assistência imediata a vítimas brasileiras estará a cargo da rede consular brasileira e será prestada independentemente de sua situação migratória, ocupação ou outro *status*. A assistência à saúde prevista no art. 6.º, inciso I, da Lei 13.344/2016 deve compreender os aspectos de recuperação física e psicológica da vítima.

Devem ser adotadas campanhas nacionais de enfrentamento ao tráfico de pessoas, a serem divulgadas em veículos de comunicação, visando à conscientização da sociedade sobre todas as modalidades de tráfico de pessoas (art. 15 da Lei 13.344/2016).

No Código Penal, merece destaque o crime de "aliciamento para o fim de emigração", previsto no art. 206, com a seguinte tipificação: "Recrutar trabalhadores, mediante fraude, com o fim de levá-los para território estrangeiro: Pena – detenção, de 1 (um) a 3 (três) anos e multa" (redação dada pela Lei 8.683/1993).

Ainda no Código Penal, o crime de "aliciamento de trabalhadores de um local para outro do território nacional" é previsto no art. 207, assim tipificado: "Aliciar trabalhadores, com o fim de levá-los de uma para outra localidade do território nacional: Pena – detenção de um a três anos, e multa" (redação dada pela Lei 9.777/1998).

Incorre na mesma pena "quem recrutar trabalhadores fora da localidade de execução do trabalho, dentro do território nacional, mediante fraude ou cobrança de qualquer quantia do trabalhador, ou, ainda, não assegurar condições do seu retorno ao local de origem" (art. 207, § 1.º, do Código Penal, incluído pela Lei 9.777/1998). A pena é aumentada de um sexto a um terço se a vítima é menor de 18 anos, idosa, gestante, indígena ou portadora de deficiência física ou mental (art. 207, § 2.º, incluído pela Lei 9.777/1998).

Ainda relacionado ao tema, o crime de *tráfico de pessoas* é previsto no art. 149-A do Código Penal, acrescentado pela Lei 13.344/2016, assim tipificado: "Agenciar, aliciar, recrutar, transportar, transferir, comprar, alojar ou acolher pessoa, mediante grave ameaça, violência, coação, fraude ou abuso, com a finalidade de: I – remover-lhe órgãos, tecidos ou partes do corpo; II – submetê-la a trabalho em condições análogas à de escravo; III – submetê-la a qualquer tipo de servidão; IV – adoção ilegal; ou V – exploração sexual. Pena – reclusão, de 4 (quatro) a 8 (oito) anos, e multa".

A pena é aumentada de um terço até a metade se: I – o crime for cometido por funcionário público no exercício de suas funções ou a pretexto de exercê-las; II – o crime for cometido contra criança, adolescente ou pessoa idosa ou com deficiência; III – o agente se prevalecer de relações de parentesco, domésticas, de coabitação, de hospitalidade, de dependência econômica, de autoridade ou de superioridade hierárquica inerente ao exercício de emprego, cargo ou função; ou IV – a vítima do tráfico de pessoas for retirada do território nacional (art. 149-A, § 1.º, do Código Penal).

A pena é reduzida de um a dois terços se o agente for primário e não integrar organização criminosa (art. 149-A, § 2.º, do Código Penal).

4.13.2 Trabalho decente

O trabalho degradante, e mesmo o trabalho em condições análogas à de escravo como um todo, são a negação e a antítese do "trabalho decente", o qual respeita o princípio da dignidade da pessoa humana[59]. O *trabalho decente* exige o respeito a direitos mínimos do trabalhador.

59. Cf. BRITO FILHO, José Cláudio Monteiro de. Trabalho com redução à condição análoga à de escravo: análise a partir do tratamento decente e de seu fundamento, a dignidade da pessoa humana, cit., p. 126:

Uma das diretrizes do Sistema Nacional de Emprego (Sine) é justamente a otimização do acesso ao *trabalho decente*, exercido em condições de liberdade, equidade, dignidade e segurança, e a sistemas de educação e de qualificação profissional e tecnológica (art. 2.º, inciso I, da Lei 13.667/2018).

No âmbito da Organização Internacional do Trabalho, os pontos básicos normalmente apontados para a existência do trabalho decente são: a **liberdade de trabalho**; a **igualdade no trabalho**; a **proibição do trabalho infantil**; a **liberdade sindical**. Cf. Capítulo 3, item 3.4.

Na esfera da Organização das Nações Unidas, a *Agenda 2030 para o Desenvolvimento Sustentável*, de setembro de 2015, em seu Objetivo 8, assim estabelece: "Promover o crescimento econômico sustentado, inclusivo e sustentável, emprego pleno e produtivo e trabalho decente para todos"[60].

Como define José Cláudio Monteiro de Brito Filho, trabalho decente: "é um conjunto mínimo de direitos do trabalhador que corresponde: à existência de trabalho; à liberdade de trabalho; à igualdade no trabalho; ao trabalho com condições justas, incluindo a remuneração, e a preservação de sua saúde e segurança; à proibição do trabalho infantil; à liberdade sindical; e à proteção contra os riscos sociais"[61].

Foi instituída a Política Nacional de Trabalho Digno e Cidadania para a População em Situação de Rua (PNTC PopRua), destinada a promover os direitos humanos de pessoas em situação de rua ao trabalho, à renda, à qualificação profissional e à elevação da escolaridade (art. 1.º da Lei 14.821/2024).

Considera-se população em situação de rua o grupo populacional heterogêneo que tem em comum a falta de moradia e utiliza os logradouros públicos como espaço de moradia e de sustento, bem como as unidades de acolhimento institucional para pernoite eventual ou provisório, podendo tal condição estar associada a outras vulnerabilidades como a pobreza e os vínculos familiares interrompidos ou fragilizados.

"Trabalho decente é aquele em que são respeitados os direitos mínimos dos trabalhadores necessários à preservação de sua dignidade".

60. Merecem destaque os seguintes itens do Objetivo 8 de Desenvolvimento Sustentável da ONU: "8.3 Promover políticas orientadas para o desenvolvimento que apoiem as atividades produtivas, geração de emprego decente, empreendedorismo, criatividade e inovação, e incentivar a formalização e o crescimento das micro, pequenas e médias empresas, inclusive por meio do acesso a serviços financeiros; 8.4 Melhorar progressivamente, até 2030, a eficiência dos recursos globais no consumo e na produção, e empenhar-se para dissociar o crescimento econômico da degradação ambiental, de acordo com o Plano Decenal de Programas sobre Produção e Consumo Sustentáveis, com os países desenvolvidos assumindo a liderança; 8.5 Até 2030, alcançar o emprego pleno e produtivo e trabalho decente todas as mulheres e homens, inclusive para os jovens e as pessoas com deficiência, e remuneração igual para trabalho de igual valor; 8.6 Até 2020, reduzir substancialmente a proporção de jovens sem emprego, educação ou formação; 8.7 Tomar medidas imediatas e eficazes para erradicar o trabalho forçado, acabar com a escravidão moderna e o tráfico de pessoas, e assegurar a proibição e eliminação das piores formas de trabalho infantil, incluindo recrutamento e utilização de crianças-soldado, e até 2025 acabar com o trabalho infantil em todas as suas formas; 8.8 Proteger os direitos trabalhistas e promover ambientes de trabalho seguros e protegidos para todos os trabalhadores, incluindo os trabalhadores migrantes, em particular as mulheres migrantes, e pessoas em empregos precários; 8.9 Até 2030, elaborar e implementar políticas para promover o turismo sustentável, que gera empregos e promove a cultura e os produtos locais". Disponível em: <https://nacoesunidas.org/wp-content/uploads/2015/10/agenda2030-pt-br.pdf>.

61. BRITO FILHO, José Cláudio Monteiro de. Trabalho com redução à condição análoga à de escravo: análise a partir do tratamento decente e de seu fundamento, a dignidade da pessoa humana. In: VELLOSO, Gabriel; FAVA, Marcos Neves (Coord.). *Trabalho escravo contemporâneo*: o desafio de superar a negação. São Paulo: LTr, 2006. p. 128.

São princípios da Política Nacional de Trabalho Digno e Cidadania para a População em Situação de Rua (PNTC PopRua): I – respeito à dignidade da pessoa humana; II – valorização e respeito à vida e à cidadania; III – estabelecimento de condições de *trabalho decente*; IV – articulação entre trabalho, educação e desenvolvimento; V – sustentabilidade ambiental; VI – atendimento humanizado e universalizado; VII – participação e controle sociais; VIII – direito à convivência familiar e busca da inserção comunitária; IX – transparência na execução dos programas e ações e na aplicação dos recursos a ela destinados; X – respeito às condições sociais e às diferenças de origem, de raça, de idade, de nacionalidade e de religião, com atenção especial às pessoas com deficiência ou com comorbidades e às famílias monoparentais com crianças; XI – promoção de igualdade de oportunidades e não discriminação (art. 2.º da Lei 14.821/2024).

Uma das diretrizes da Política Nacional de Trabalho Digno e Cidadania para a População em Situação de Rua (PNTC PopRua) é o fomento de ações de enfrentamento do preconceito, da discriminação e da violência contra pessoas em situação de rua no *ambiente de trabalho* (art. 3.º, inciso III, da Lei 14.821/2024).

A Política Nacional de Trabalho Digno e Cidadania para a População em Situação de Rua (PNTC PopRua) deve instituir mecanismos que garantam os direitos da população em situação de rua, por meio da criação de incentivos à sua contratação, na forma da Lei 14.821/2024, sem prejuízo de outras legislações específicas, bem como fomentar a produção de circuitos de economia solidária (art. 5.º da Lei 14.821/2024).

A União, por meio do Poder Executivo federal, e os demais entes federativos podem firmar convênios com entidades públicas e privadas sem fins lucrativos para o desenvolvimento e a execução de projetos que beneficiem a população em situação de rua e estejam de acordo com os princípios, as diretrizes e os objetivos que orientam a Política Nacional de Trabalho Digno e Cidadania para a População em Situação de Rua (PNTC PopRua).

A contratação de pessoas em situação de rua deve respeitar a legislação trabalhista e previdenciária, especialmente a proibição, em qualquer hipótese, da remuneração por diária de trabalho abaixo do mínimo definido pelas convenções coletivas de trabalho, bem como o devido fornecimento, quando necessário, de equipamentos de proteção individual (art. 5.º, § 2.º, da Lei 14.821/2024).

O poder público, em todas as esferas federativas que aderirem à Política Nacional de Trabalho Digno e Cidadania para a População em Situação de Rua (PNTC PopRua), deve instituir rede de Centros de Apoio ao Trabalhador em Situação de Rua (CatRua) com o objetivo de prestar atendimento às pessoas em situação de rua que buscam orientação profissional e inserção no mercado de trabalho (art. 6.º da Lei 14.821/2024).

São atribuições dos Centros de Apoio ao Trabalhador em Situação de Rua (CatRua), sem prejuízo de regulamentação posterior: I – captar, cadastrar e oferecer aos desempregados e aos trabalhadores em situação de rua vagas para reinserção no mercado de trabalho; II – captar, cadastrar e encaminhar pessoas em situação de rua para vagas de qualificação profissional; III – garantir acesso das pessoas em situação de rua ao Programa Nacional de Acesso ao Ensino Técnico e Emprego (Pronatec) e ao Sistema Nacional de Emprego (Sine); IV – facilitar e auxiliar a emissão de segunda via de documentos como Registro Geral (RG), certidão de nascimento e certidão de casamento, bem como o registro no Cadastro de Pessoas Físicas (CPF), para pessoas em situação de rua; V – facilitar a emissão de Carteira de Trabalho e Previdência Social (CTPS) para pessoas em situação de rua; VI – prestar os serviços de orientação trabalhista e previdenciária às pessoas em situação de rua; VII – prestar informação, assessoria e orientação aos empregadores sobre as necessidades de apoio e de adaptações do ambiente de trabalho ao trabalhador em situação de rua; VIII – realizar ações de apoio às pessoas em situação de rua nos postos de trabalho, na formação ou treinamento, no desenvolvimento de habilidades socioemocionais e relacionais e no acompanhamento do processo de inserção e continuidade no ambiente de trabalho, conforme a necessidade individualizada de cada trabalhador em situação de rua; IX – indicar para o órgão público gestor possíveis beneficiários das Bolsas de Qualificação para o Trabalho e Ensino da População em Situação de Rua (Bolsas QualisRua), de que trata o art. 12 da Lei 14.821/2024 (art. 7.º).

Os entes federativos podem instituir o Programa Selo Amigo PopRua, com o objetivo de promover as *ações afirmativas* específicas da iniciativa privada, a fim de estimular a contratação de pessoas em situação de rua (art. 8.º da Lei 14.821/2024).

A Política Nacional de Trabalho Digno e Cidadania para a População em Situação de Rua (PNTC PopRua) deve criar mecanismos para garantir a inclusão de adolescentes e jovens, com idade entre 15 e 29 anos, conforme a Lei 12.852/2013 (Estatuto da Juventude), em situação de rua, nos programas de aprendizagem, de qualificação profissional e de inserção segura no mercado de trabalho (art. 10 da Lei 14.821/2024).

A Política Nacional de Trabalho Digno e Cidadania para a População em Situação de Rua (PNTC PopRua) deve adotar medidas para incentivar as empresas vencedoras de licitações públicas a priorizar a contratação de aprendizes adolescentes, com idade entre 14 e 18 anos, em situação de rua.

As crianças e os adolescentes com as idades previstas no art. 2.º da Lei 8.069/1990 (considera-se criança a pessoa até 12 anos de idade incompletos, e adolescente a pessoa entre 12 e 18 anos de idade) em situação de rua identificados em situação de trabalho infantil devem ser incluídos no Programa de Erradicação do Trabalho Infantil (Peti).

A Política Nacional de Trabalho Digno e Cidadania para a População em Situação de Rua (PNTC PopRua) deve criar mecanismos para ofertar permanentemente cursos para a população em situação de rua com o objetivo de promover gradativamente o direito dos trabalhadores em situação de rua à capacitação, à profissionalização e à qualificação e requalificação profissional (art. 11 da Lei 14.821/2024).

A Política Nacional de Trabalho Digno e Cidadania para a População em Situação de Rua (PNTC PopRua) deve criar fluxos de trabalho específicos com os órgãos de fiscalização entre a União, os Estados, o Distrito Federal e os Municípios, a fim de garantir o cumprimento da Lei 14.821/2024, de combater as violações de direitos e de promover o *trabalho decente* de pessoas em situação de rua, especialmente por meio da efetivação de seus direitos trabalhistas e previdenciários (art. 31 da Lei 14.821/2024).

4.14 TERMO DE QUITAÇÃO ANUAL DE OBRIGAÇÕES TRABALHISTAS

A *quitação* é a prova do pagamento, ou seja, do cumprimento da obrigação[62].

Nesse sentido, o devedor que paga tem direito a quitação regular, e pode reter o pagamento, enquanto não lhe seja dada (art. 319 do Código Civil).

O art. 507-B da CLT, acrescentado pela Lei 13.467/2017, prevê que é facultado a empregados e empregadores, na vigência ou não do contrato de emprego, firmar o *termo de quitação anual* de obrigações trabalhistas, perante o sindicato da categoria dos empregados.

62. Cf. WALD, Arnoldo. *Obrigações e contratos*. 16. ed. São Paulo: Saraiva, 2005. p. 81, 87.

A previsão em destaque tem natureza facultativa, havendo necessidade de que tanto o empregador como o empregado, consensualmente, manifestem suas vontades nesse sentido.

O termo de quitação, desse modo, pode ser firmado a cada ano, na presença do sindicato da categoria profissional.

Argumenta-se que a medida possa gerar maior segurança jurídica nas relações trabalhistas. Não obstante, como a quitação anual pode ser feita mesmo durante a vigência do contrato de trabalho, sabendo-se que o empregado presta serviços de forma subordinada ao empregador e muitas vezes necessita do trabalho para manter a subsistência, em termos práticos, podem ocorrer situações em que o termo de quitação (por exemplo, de horas extras) não corresponda à efetiva realidade verificada durante o vínculo de emprego.

O termo deve discriminar as obrigações de dar e fazer cumpridas mensalmente e dele constará a quitação anual dada pelo empregado, com eficácia liberatória das parcelas nele especificadas (art. 507-B, parágrafo único, da CLT, acrescentado pela Lei 13.467/2017).

A quitação, desse modo, abrange apenas as parcelas especificadas no respectivo termo. Entretanto, é possível sustentar que os valores relativos às parcelas especificadas no termo de quitação não poderão ser mais discutidos posteriormente, justamente em razão dessa eficácia liberatória. Isso pode gerar situações injustas, em que o pagamento feito não corresponda à integralidade dos valores que, na realidade, seriam devidos ao empregado.

4.15 DIFERENÇAS ENTRE CONTRATO DE TRABALHO E OUTRAS MODALIDADES CONTRATUAIS

O contrato de trabalho é um contrato específico, que se diferencia das demais modalidades contratuais presentes no Direito comum.

O contrato de trabalho não se confunde com o *contrato de compra e venda*, pois este é instantâneo, tem como objeto a coisa, adquirida pelo pagamento de certo preço (art. 481 do CC/2002). O trabalho não é mercadoria, mas valor essencial, que dignifica a vida humana. Além disso, o contrato de trabalho é de trato sucessivo.

O *contrato de arrendamento* também não se confunde com o contrato de trabalho, pelas suas características próprias e específicas, sabendo-se que naquele não há subordinação, podendo ser firmado entre pessoas jurídicas.

O *contrato de prestação de serviços*, previsto nos arts. 593 e seguintes do Código Civil de 2002, diferencia-se do contrato de trabalho, pois naquele não se verifica a subordinação, quanto à forma de prestar o trabalho, mas sim independência e autonomia na atividade.

O contrato de trabalho também se distingue do *contrato de representação comercial* (Lei 4.886/1965, alterada pela Lei 8.420/1992) ou *de agência e distribuição* (arts. 710 a 721 do Código Civil de 2002), pois neste não se verifica a subordinação jurídica, inerente ao contrato de trabalho, caracterizando-se pela intensidade e repetição de ordens em face do empregado, dirigindo a forma de prestação do serviço e o modo de desempenhar as funções[63].

Na *empreitada*, regulada nos arts. 610 e seguintes do Código Civil de 2002, contrata-se uma obra, podendo ser avençado o fornecimento só de mão de obra (unicamente

63. Cf. DELGADO, Mauricio Godinho. *Curso de direito do trabalho*. 4. ed. São Paulo: LTr, 2005. p. 597-598.

de lavor), ou de trabalho além de materiais, resultando esta última obrigação da lei ou da vontade das partes. Como diferenças do contrato de trabalho, a empreitada é um contrato de resultado; além disso, o empreiteiro não é subordinado ao dono da obra.

O *contrato de sociedade* distingue-se do contrato de trabalho, pois naquele se faz presente o chamado *affectio societatis*, ou seja, o interesse comum dos sócios, de colaboração para alcançar o mesmo fim, não se verificando subordinação entre eles. Além disso, no contrato de sociedade, o sócio pode sofrer prejuízos, tendo em vista o risco da atividade, o que não se verifica no contrato de trabalho.

O *mandato* (arts. 653 e seguintes do CC/2002) também não se confunde com o contrato de trabalho, pois apenas neste se verifica prestação de serviços de forma subordinada. O mandato é normalmente gratuito, enquanto o contrato de trabalho é oneroso. Pode existir a representação do empregador pelo empregado, como se verifica em cargos de confiança.

4.16 CONTRATO DE TRABALHO A PRAZO DETERMINADO

O contrato de trabalho pode ser por prazo determinado ou indeterminado (art. 443, *caput*, da CLT).

Discute-se sobre a necessidade de ser o contrato de trabalho a prazo certo por escrito. A forma escrita, em regra, não é exigida no contrato de trabalho, com a ressalva das hipóteses já indicadas (como é o caso do contrato de aprendizagem, definido pelo art. 428, *caput*, da CLT como um contrato de trabalho especial, ajustado por escrito e por prazo determinado).

No entanto, para efeito de prova da contratação a prazo determinado, reconhece-se que a forma escrita é muito mais indicada, pois a presunção é justamente de ser o contrato a prazo indeterminado.

Em razão do princípio da continuidade da relação de emprego, presente no Direito do Trabalho, a presunção é de que o contrato seja a prazo indeterminado, permitindo-se a contratação a prazo certo apenas nas hipóteses admitidas no ordenamento jurídico.

O § 1.º do art. 443 da CLT considera como de prazo determinado "o contrato de trabalho cuja vigência dependa de *termo prefixado* ou da *execução de serviços especificados* ou ainda da *realização de certo acontecimento* suscetível de previsão aproximada".

No trabalho rural, considera-se contrato de safra aquele que tenha a sua duração dependente de variações estacionais das atividades agrárias, assim entendidas as tarefas normalmente executadas no período compreendido entre o preparo do solo para o cultivo e a colheita (art. 96, parágrafo único, do Decreto 10.854/2021).

O § 2.º do art. 443 da CLT autoriza o contrato por tempo determinado, considerando-o válido, nas seguintes hipóteses:

- *serviço cuja natureza ou transitoriedade justifique a predeterminação do prazo*: trata-se de caso em que o serviço é transitório, como em razão de aumento de produção em épocas festivas;
- *atividades empresariais de caráter transitório*: aqui a própria atividade da empresa reveste-se de transitoriedade, podendo-se exemplificar com empresa constituída somente para realizar certa atividade de duração determinada, como organizar uma excursão para visitar certo evento em determinado local, ou realizar venda de produtos relacionados às festas do mês de junho, encerrando-se a atividade empresarial logo após estes eventos;
- *contrato de experiência*.

Apesar das discussões doutrinárias sobre o contrato de experiência e sua natureza jurídica, de acordo com a orientação legal (§ 2.º, *c*, do art. 443 da CLT, acrescentado pelo Decreto-lei 229/1967), o referido pacto foi inserido como uma das modalidades de contrato por tempo determinado, o qual está sujeito a termo final.

Entendendo-se o contrato de experiência como uma mera espécie do gênero dos contratos a prazo certo (art. 443, § 2.º, *c*), a posição majoritária é de que não se exige do empregador o dever de justificar o fim do referido pacto, pois este cessa justamente em razão de o termo final ter sido alcançado. No entanto, a orientação mais justa seria no sentido de ser necessária a motivação da dispensa quando do término do prazo do contrato de experiência, justamente por ter este o objetivo de possibilitar a verificação da adequação do serviço prestado, no contexto da empresa, bem como a postura do empregado e do empregador no vínculo de emprego.

O contrato de trabalho por prazo determinado não poderá ser estipulado por mais de dois anos, sendo que, para o contrato de experiência, o prazo máximo é de 90 dias (parágrafo único do art. 445 da CLT, acrescentado pelo Decreto-lei 229/1967). Estes são os prazos máximos, podendo ocorrer estipulação de tempo inferior de duração.

De acordo com o art. 451 da CLT, admite-se apenas uma prorrogação do contrato por prazo determinado. Mesmo assim, o entendimento praticamente pacificado é de que essa prorrogação deve respeitar os já indicados prazos máximos.

Como a lei não restringe, a orientação majoritária é de que nada impede ser a prorrogação por tempo superior ao prazo inicialmente contratado, desde que observado o prazo máximo (dois anos e 90 dias, conforme a hipótese).

De acordo com a Súmula 188 do TST: "O contrato de experiência pode ser prorrogado, respeitado o limite máximo de 90 (noventa) dias".

Se ocorrer mais de uma prorrogação, o contrato de trabalho passa a ser por prazo indeterminado (art. 451 da CLT).

Esse mesmo dispositivo autoriza a prorrogação de forma expressa ou tácita. A prorrogação expressa poderia ser inclusive de modo verbal, embora não seja nada indicada, tendo em vista a dificuldade de eventual prova neste sentido. Quanto à prorrogação tácita, o mais adequado seria aquela em que já se prevê, na contratação originária, a possibilidade de prorrogação por certo prazo (observando-se o limite), que poderia ocorrer pelo simples fato de prosseguir a prestação dos serviços.

Tratando-se de contrato a termo, a sua suspensão não prorrogará a respectiva data de término, a não ser que as partes tenham acordado (o que normalmente não ocorre) no sentido de que o período de afastamento não será computado na contagem deste prazo para a terminação (art. 472, § 2.º, da CLT).

Na hipótese de ainda não ter chegado a termo o contrato, até que o obreiro receba alta médica (a qual corresponde, em tese, à cessação da incapacidade laborativa, e ao fim do benefício previdenciário), tem-se como vedada a sua dispensa sem justa causa ou arbitrária, justamente em razão da suspensão contratual. Eventual dispensa imotivada, durante essa suspensão, será nula, em razão de estar o contrato suspenso[64].

64. "*Rescisão contratual. Contrato suspenso. Impossibilidade.* É nula a rescisão contratual se o pacto encontra-se marcado pela suspensão imperativa, eis que esta tem, como efeitos elementares, a persistência do vínculo de emprego, o direito do empregado ao retorno e a impossibilidade da extinção contratual por ato voluntário. Nessa esteira, correta a decisão originária que declarou nula a rescisão contratual e determinou o cancelamento da baixa consignada na CTPS da autora" (TRT 15.ª R., 5.ª T., 30729/2000, Ac. 33766/2001, Rel.

Nesse caso, embora o trabalhador faça jus à restauração do pacto, uma vez restabelecidos os efeitos e a execução da relação de emprego, advindo o prazo de seu término (aquele previamente estipulado ou este acrescido dos dias do afastamento, como já mencionado), a sua cessação pode ocorrer, exceto havendo certas estabilidades provisórias, como a seguir explicitado.

Sendo o contrato a prazo determinado, que é gênero, do qual o contrato de experiência é espécie (art. 443, § 2.º, *c*, da CLT), discute-se se o término do pacto no prazo previamente estipulado prevalece, ainda que se verifiquem os requisitos de estabilidade provisória ou garantia de emprego[65]. Há entendimento no sentido de que essa estabilidade provisória não deve ser assegurada, quando ela não envolver alguma condição pessoal e subjetiva do empregado, de modo que a referida garantia de emprego somente deve ser assegurada até o termo final do contrato, conforme interpretação extensiva da norma prevista no art. 1.º, § 4.º, da Lei 9.601/1998[66], a outras formas de contratação por prazo determinado.

Na atualidade, a Súmula 244, inciso III, do TST, assim prevê: "A empregada gestante tem direito à estabilidade provisória prevista no art. 10, inciso II, alínea 'b', do Ato das Disposições Constitucionais Transitórias, mesmo na hipótese de admissão mediante contrato por tempo determinado".

Ainda sobre o tema, a Súmula 378, inciso III, do TST dispõe que: "O empregado submetido a contrato de trabalho por tempo determinado goza da garantia provisória de emprego decorrente de acidente de trabalho prevista no art. 118 da Lei 8.213/1991"[67].

Juíza Olga Aida Joaquim Gomieri, *DOE* 06.08.2001, p. 42. In: *Revista Nacional de Direito do Trabalho*, Ribeirão Preto, ano 4, n. 42, p. 205, out. 2001).

65. Cf. MARTINS, Sergio Pinto. *Comentários à CLT*. 10. ed. São Paulo: Atlas, 2006. p. 380: "No contrato de trabalho por tempo determinado, as partes sabem desde o início quando o pacto irá terminar. A existência de garantia de emprego obtida no curso do contrato de trabalho não transforma o pacto em prazo indeterminado. Assim, se a empregada ficar grávida, se o empregado for eleito membro da CIPA ou dirigente sindical, o pacto laboral terminará na data acordada, sem se falar em direito à garantia de emprego. Não há dispensa arbitrária, nem mesmo dispensa, mas término do contrato de trabalho pelo advento do prazo estipulado".

66. Cf. Lei 9.601/1998, art. 1.º, § 4.º: "São garantidas as estabilidades provisórias da gestante; do dirigente sindical, ainda que suplente; do empregado eleito para cargo de direção de comissões internas de prevenção de acidentes; do empregado acidentado, nos termos do art. 118 da Lei nº 8.213, de 24 de julho de 1991, durante a vigência do contrato por prazo determinado, que não poderá ser rescindido antes do prazo estipulado pelas partes".

67. Cf. ainda: "Agravo regimental no recurso extraordinário. Servidoras públicas e empregadas gestantes. Licença-maternidade. Estabilidade provisória. Art. 7.º, XVIII, da Constituição. Art. 10, II, 'b', do ADCT. O Supremo Tribunal Federal fixou entendimento no sentido de que as servidoras públicas e empregadas gestantes, inclusive as contratadas a título precário, independentemente do regime jurídico de trabalho, têm direito à licença-maternidade de cento e vinte dias e à estabilidade provisória desde a confirmação da gravidez até cinco meses após o parto, nos termos do art. 7.º, XVIII, da Constituição do Brasil e do art. 10, II, 'b', do Ato das Disposições Constitucionais Transitórias. Precedentes. Agravo regimental a que se nega provimento" (STF, 2.ª T., RE 600.057/SC-AgR, Rel. Min. Eros Grau, *DJe* de 23.10.2009). "Embargos em embargos declaratórios em recurso de revista. Estabilidade provisória. Acidente do trabalho. Contrato de experiência. O artigo 118 da Lei 8.213/91 não faz distinção entre contrato por prazo determinado e indeterminado, pelo que inviável a pretensão recursal de restringir o direito à estabilidade provisória decorrente do acidente de trabalho apenas aos trabalhadores contratados por tempo indeterminado. Nesse contexto, reconhecido o acidente de trabalho, com percepção do benefício previdenciário, faz jus o empregado à estabilidade provisória. Precedente da excelsa Suprema Corte no sentido de extensão dos direitos sociais previstos no artigo 7.º da Constituição Federal aos servidores contratados temporariamente. Recurso de embargos conhecido e não provido" (TST, SBDI-I, E-RR 73740-05.2005.5.02.0464, Rel. Min. Horácio Raymundo de Senna Pires, *DEJT* 28.10.2011).

Aspecto diverso da prorrogação do contrato por tempo determinado é a nova pactuação do referido contrato.

Em conformidade com o art. 452 da CLT: "Considera-se por prazo indeterminado todo contrato que suceder, dentro de 6 (seis) meses, a outro contrato por prazo determinado, *salvo se a expiração deste dependeu da execução de serviços especializados ou da realização de certos acontecimentos*".

Pode-se discutir a validade de um novo contrato de experiência, mesmo depois do período de seis meses (previsto no art. 452 da CLT). Tendo em vista que a finalidade deste é verificar a adaptação do empregado ao serviço a ser desempenhado, bem como aos diversos aspectos da empresa, mesmo sendo observado o referido intervalo, não faz sentido um novo contrato de experiência para as mesmas ou semelhantes funções, o que poderia acarretar a invalidade deste último, com a sua conversão para o contrato a prazo indeterminado (art. 9.º da CLT).

Vejamos, ainda, as consequências do encerramento do contrato a tempo certo, antes do prazo final avençado.

De acordo com o art. 481 da CLT: "Aos contratos por prazo determinado, que contiverem cláusula assecuratória do *direito recíproco de rescisão antes de expirado o termo ajustado*, aplicam-se, caso seja exercido tal direito por qualquer das partes, os princípios que regem a rescisão dos contratos por prazo indeterminado".

Desse modo, se as partes firmam um contrato a prazo certo, mas inserem o direito recíproco de fazer cessá-lo antes do termo fixado, caso este direito seja exercido, aplicam-se as normas pertinentes à cessação do contrato a prazo indeterminado, com o direito, *v.g.*, ao aviso prévio e à indenização de 40%.

Frise-se que a previsão do mencionado art. 481 da CLT é aplicável ao contrato de experiência, por ser modalidade de contrato a prazo determinado. Assim, conforme a Súmula 163 do TST: "Cabe aviso prévio nas rescisões antecipadas dos contratos de experiência, na forma do art. 481 da CLT".

Não havendo a referida cláusula assecuratória do direito recíproco de rescisão, é necessário verificar se a cessação do contrato, antes do termo ajustado, foi de iniciativa do empregador ou do empregado.

No primeiro caso, em conformidade com o art. 479 da CLT: "Nos contratos que tenham termo estipulado, o empregador que, sem justa causa, despedir o empregado será obrigado a pagar-lhe, a título de indenização, e por metade, a remuneração a que teria direito até o termo do contrato".

Se o empregador despede o empregado sem justa causa, antes do termo final avençado, deve pagar-lhe uma indenização, no valor correspondente à metade da remuneração que ainda seria devida até o fim do contrato. O entendimento que prevalece (Súmula 125 do TST) é no sentido de que essa indenização encontra-se em vigor, não tendo sido revogada pelo direito ao Fundo de Garantia do Tempo de Serviço (art. 7.º, inciso III, da CF/1988).

Além disso, na hipótese em questão, de rescisão antecipada de contrato a termo, sem justa causa e por iniciativa do empregador, o empregado tem direito à indenização compensatória de 40% do FGTS (ou 20%, tratando-se de culpa recíproca), "sem prejuízo do disposto no referido art. 479 da CLT", conforme expressamente prevê o art. 14 do Regulamento do FGTS, aprovado pelo Decreto 99.684/1990, que regulamenta a Lei 8.036/1990.

Por fim, se o empregado é quem se desliga, sem justa causa, do contrato, antes do termo estipulado, obriga-se a indenizar o empregador dos prejuízos que desse fato lhe resultarem (art. 480 da CLT).

Nesse último caso, o tratamento é um pouco diferente da hipótese anterior, pois o empregado só tem o dever de indenizar o empregador se a rescisão antecipada acarretar prejuízos a este último. De todo modo, essa indenização "não poderá exceder àquela a que teria direito o empregado em idênticas condições" (§ 1.º do art. 480 da CLT).

4.17 CONTRATOS DE TRABALHO A PRAZO DETERMINADO EM LEIS ESPECÍFICAS

Além das hipóteses previstas na Consolidação das Leis do Trabalho, verifica-se a previsão de contratação do empregado a prazo certo em leis específicas.

Os contratos de *técnicos estrangeiros* domiciliados ou residentes no exterior, para execução, no Brasil, de *serviços especializados*, em *caráter provisório*, com estipulação de salários em moeda estrangeira, devem ser, obrigatoriamente, celebrados por *prazo determinado* e *prorrogáveis sempre a termo certo*, ficando excluídos da aplicação do disposto nos arts. 451, 452 e 453 da CLT (art. 1.º do Decreto-Lei 691/1969). A rescisão dos mencionados contratos rege-se pelas normas estabelecidas nos arts. 479, 480 e 481 da CLT. Nos referidos contratos, a taxa de conversão da moeda estrangeira será, para todos os efeitos, a da data do vencimento da obrigação (art. 3.º do Decreto-Lei 691/1969). A competência para solucionar as controvérsias oriundas das relações estabelecidas sob o regime do Decreto-Lei 691/1969 é da Justiça do Trabalho (art. 4.º).

No âmbito do trabalho rural, a Lei 5.889, de 8 de junho de 1973, prevê o contrato de safra, considerado como "o que tenha sua duração dependente de variações estacionais da atividade agrária" (parágrafo único do art. 14). O *caput* do art. 14 prevê que, expirado normalmente o contrato, a empresa pagará ao safrista, a título de indenização do tempo de serviço, importância correspondente a 1/12 do salário mensal, por mês de serviço ou fração superior a 14 dias. No entanto, embora de forma minoritária, seria possível entender que essa indenização por tempo de serviço foi revogada pelo sistema do FGTS, que passou a ser aplicado também aos empregados rurais, conforme o art. 7.º, inciso III, da Constituição Federal de 1988. De todo modo, prevalece o entendimento de que o art. 14 da Lei 5.889/1973 foi recepcionado pela Constituição Federal de 1988, permanecendo aplicável a referida indenização[68]. Essa posição é confirmada pelo art. 97 do Decreto 10.854/2021.

Ainda na esfera do trabalho rural, a Lei 11.718, de 20 de junho de 2008, publicada no *DOU* de 23.06.2008, acrescentou à Lei 5.889/1973 o art. 14-A, criando o "contrato de trabalhador rural por pequeno prazo". Na realidade, a mencionada Lei tem origem

68. "Agravo de instrumento em recurso de revista. Procedimento sumaríssimo. Contrato de safra. Indenização do art. 14 da Lei nº 5.889/73. Compatibilidade com o regime do FGTS. Esta Corte Superior adota posicionamento de que a indenização por tempo de serviço, objeto do art. 14 da Lei 5.889/73, é compatível com o regime do FGTS, não havendo falar em *bis in idem*. Precedentes. Agravo de instrumento conhecido e não provido" (TST, 8.ª T., AIRR - 98-87.2014.5.15.0151, Rel. Min. Dora Maria da Costa, *DEJT* 27.11.2015).

na conversão da Medida Provisória 410, de 28 de dezembro de 2007 (*DOU* de 28.12.2007 – edição extra).

De acordo com o referido dispositivo legal:

"Art. 14-A. O produtor rural pessoa física poderá realizar contratação de trabalhador rural por pequeno prazo para o exercício de atividades de natureza temporária.

§ 1.º A contratação de trabalhador rural por pequeno prazo que, dentro do período de 1 (um) ano, superar 2 (dois) meses fica convertida em contrato de trabalho por prazo indeterminado, observando-se os termos da legislação aplicável.

§ 2.º A filiação e a inscrição do trabalhador de que trata este artigo na Previdência Social decorrem, automaticamente, da sua inclusão pelo empregador na Guia de Recolhimento do Fundo de Garantia do Tempo de Serviço e Informações à Previdência Social – GFIP, cabendo à Previdência Social instituir mecanismo que permita a sua identificação.

§ 3.º O contrato de trabalho por pequeno prazo deverá ser formalizado mediante a inclusão do trabalhador na GFIP, na forma do disposto no § 2.º deste artigo, e:

I – mediante a anotação na Carteira de Trabalho e Previdência Social e em Livro ou Ficha de Registro de Empregados; ou

II – mediante contrato escrito, em 2 (duas) vias, uma para cada parte, onde conste, no mínimo:

a) expressa autorização em acordo coletivo ou convenção coletiva;

b) identificação do produtor rural e do imóvel rural onde o trabalho será realizado e indicação da respectiva matrícula;

c) identificação do trabalhador, com indicação do respectivo Número de Inscrição do Trabalhador – NIT.

§ 4.º A contratação de trabalhador rural por pequeno prazo só poderá ser realizada por produtor rural pessoa física, proprietário ou não, que explore diretamente atividade agroeconômica.

§ 5.º A contribuição do segurado trabalhador rural contratado para prestar serviço na forma deste artigo é de 8% (oito por cento) sobre o respectivo salário de contribuição definido no inciso I do *caput* do art. 28 da Lei 8.212, de 24 de julho de 1991.

§ 6.º A não inclusão do trabalhador na GFIP pressupõe a inexistência de contratação na forma deste artigo, sem prejuízo de comprovação, por qualquer meio admitido em direito, da existência de relação jurídica diversa.

§ 7.º Compete ao empregador fazer o recolhimento das contribuições previdenciárias nos termos da legislação vigente, cabendo à Previdência Social e à Receita Federal do Brasil instituir mecanismos que facilitem o acesso do trabalhador e da entidade sindical que o representa às informações sobre as contribuições recolhidas.

§ 8.º São assegurados ao trabalhador rural contratado por pequeno prazo, além de remuneração equivalente à do trabalhador rural permanente, os demais direitos de natureza trabalhista.

§ 9.º Todas as parcelas devidas ao trabalhador de que trata este artigo serão calculadas dia a dia e pagas diretamente a ele mediante recibo.

§ 10. O Fundo de Garantia do Tempo de Serviço – FGTS deverá ser recolhido e poderá ser levantado nos termos da Lei 8.036, de 11 de maio de 1990".

O "contrato de trabalhador rural por pequeno prazo" pode ser firmado por "**produtor rural pessoa física, proprietário ou não,** ***que explore diretamente atividade***

agroeconômica" (art. 14-A, *caput* e § 4.º, da Lei 5.889/1973, com redação determinada pela Lei 11.718/2008), o que afasta a referida contratação por pessoa jurídica.

A contratação mencionada deve ter por finalidade o "**exercício de atividades de natureza temporária**". Desse modo, para a validade do mencionado contrato, a atividade a ser desempenhada pelo empregado não pode ter duração de conotação indeterminada, mas sim previsão de término em curto espaço de tempo.

O § 1.º do art. 14-A da Lei 5.889/1973, acima indicado, revela que o *prazo* do contrato em questão *não pode superar dois meses, dentro do período de um ano*; caso esse limite seja superado, o contrato fica automaticamente convertido em contrato de trabalho por prazo indeterminado. Pode-se entender que depois de terminado o período de um ano, nova contratação fica autorizada, desde que tenha por finalidade o exercício de atividades de natureza temporária, devendo-se observar, novamente, o prazo limite mencionado.

A disposição em foco também permite o entendimento de ser possível a *prorrogação* do contrato de trabalhador rural por pequeno prazo, firmado com certo empregado, desde que persista a justificativa do exercício de atividade de natureza temporária, observando-se, dentro do período de um ano, o prazo máximo de dois meses, mesmo com eventual prorrogação contratual (ou seja, já computada a prorrogação, o prazo máximo deve ser de dois meses, dentro do período de um ano).

Disposição mais inovadora, e que pode gerar certa controvérsia, refere-se ao § 3.º do art. 14-A da Lei 5.889/1973 (especialmente no inciso II), ao prever que o contrato de trabalhador rural por pequeno prazo deve ser formalizado mediante a inclusão do trabalhador na GFIP e:

> "I - mediante a anotação na Carteira de Trabalho e Previdência Social e em Livro ou Ficha de Registro de Empregados; ***ou***
>
> II - mediante contrato escrito, em 2 (duas) vias, uma para cada parte, onde conste, no mínimo:
>
> *a)* expressa autorização em acordo coletivo ou convenção coletiva;
>
> *b)* identificação do produtor rural e do imóvel rural onde o trabalho será realizado e indicação da respectiva matrícula;
>
> *c)* identificação do trabalhador, com indicação do respectivo Número de Inscrição do Trabalhador - NIT".

Assim sendo, apenas se houver autorização em instrumento normativo decorrente de negociação coletiva de trabalho (art. 7.º, inciso XXVI, da CF/1988) é que se permite a contratação na forma mencionada no inciso II do § 3.º do art. 14-A da Lei 5.889/1973. Tendo em vista essa exigência, deve-se destacar o papel do ente sindical representante da categoria profissional, ao participar da negociação coletiva, na forma do art. 8.º, inciso VI, da Constituição Federal de 1988. Enquanto o acordo coletivo é firmado com o empregador (art. 617 da CLT), a convenção coletiva é firmada com o ente sindical representante da categoria econômica (art. 611 da CLT).

É da tradição e da sistemática do Direito do Trabalho no Brasil que o empregado tenha o respectivo contrato de trabalho anotado na CTPS e no Livro ou Ficha de Registro de Empregados (CLT, arts. 29 e 41). A disposição em comento, ao conferir alternativa, permitindo que o contrato de trabalhador rural por pequeno prazo não seja anotado na CTPS ou em Livro ou Ficha de Registro, ainda que isso tenha passado a depender de autorização em norma coletiva negociada, pode trazer certas dificuldades e prejuízos ao empregado em questão, principalmente com o passar dos anos, quando for eventualmente preciso demonstrar (por exemplo, perante o INSS) a relação de emprego ocorrida, sabendo-se que pode ocorrer de o mencionado contrato escrito, justamente por ser um documento avulso, ser perdido pelo obreiro.

Quanto ao registro do empregado em Ficha ou Livro, por sua vez, a sua ausência pode dificultar a atuação dos órgãos de *fiscalização do trabalho*, além de poder fomentar práticas ilícitas em que o mencionado "contrato escrito" torne-se mero "contrato de gaveta", a ser apresentado apenas no caso de ocorrer alguma inspeção pela fiscalização do trabalho (não ocorrendo, o contrato seria inutilizado, restando ao empregado postular o seu reconhecimento em juízo).

Além disso, a Carteira de Trabalho e Previdência Social é documento dotado de valor diferenciado para os trabalhadores, por já fazer parte da *história e tradição do Direito do Trabalho no Brasil*, podendo-se entender que a faculdade de sua não anotação, apenas em relação ao referido contrato de trabalhador rural por pequeno prazo, representa tratamento não isonômico quando comparado aos demais empregados, não se verificando pressuposto lógico ou razoável que possa autorizar ou justificar a mencionada distinção.

Note-se, aliás, que o art. 7.º, *caput*, da Constituição Federal de 1988 estabelece a igualdade entre trabalhadores urbanos e rurais, permitindo-se entender que a previsão mencionada acaba por tratar de forma desigual certa parcela de empregados rurais, com possíveis prejuízos a estes, retirando-lhes o direito à anotação do contrato de trabalho em CTPS ou em Livro ou Ficha de registro, em afronta ao mandamento constitucional em questão.

Mesmo quanto à atual previsão, no sentido de que para a contratação de trabalhador rural por pequeno prazo, sem a anotação de CTPS e no Registro de Empregados, exige-se *expressa autorização em acordo coletivo ou convenção coletiva de trabalho* (art. 14-A, § 3.º, inciso II, *a*, da Lei 5.889/1973), deve-se destacar que a flexibilização dos direitos trabalhistas, quando prejudicial aos trabalhadores, não pode ocorrer de forma ilimitada, não sendo válida quando contraria *norma de ordem pública e direito indisponível*, como é o caso em questão.

A Constituição Federal de 1988, no art. 7.º, incisos VI, XIII e XIV, estabelece as hipóteses em que, excepcionalmente, há autorização para a flexibilização negociada de normas e direitos trabalhistas, flexibilização esta que, mesmo assim, é admitida como forma de se conferir a devida proteção ao trabalho e à relação de emprego, em situações que justifiquem a medida. No caso em questão, o direito à anotação do contrato de trabalho na CTPS e em Livro ou Ficha de Registro de Empregados não se amolda a nenhuma das hipóteses em que a Constituição da República, de modo estrito e excepcional, permitiu a flexibilização. Com isso, é possível concluir que nem mesmo por meio de negociação coletiva é válida a tentativa de se afastar o mencionado direito social trabalhista, decorrente de **norma cogente e imperativa**.

Nesse sentido, pode-se mesmo entender que a referida previsão viola o princípio constitucional da igualdade (art. 5.º, *caput*, da CF/1988), além de ser uma forma de contribuir para a "precarização" das relações de trabalho rural, afrontando o princípio do não retrocesso social, bem como o princípio constitucional da melhoria das condições sociais dos trabalhadores (art. 7.º, *caput*, da CF/1988).

Em razão disso, o ideal é que a contratação em estudo ocorra na forma do art. 14-A, § 3.º, inciso I, da Lei 5.889/1973, não se utilizando da alternativa (faculdade) prevista no inciso II do mesmo dispositivo.

De todo modo, o contrato de trabalho por pequeno prazo deve ser sempre formalizado mediante a inclusão do trabalhador na Guia de Recolhimento do Fundo de

Garantia do Tempo de Serviço e Informações à Previdência Social (GFIP). A filiação e a inscrição do trabalhador em questão na Previdência Social decorrem, automaticamente, da sua inclusão pelo empregador na GFIP, cabendo à Previdência Social instituir mecanismo que permita a sua identificação. Caso o trabalhador não seja incluído na GFIP, pressupõe-se a inexistência de contratação na forma do art. 14-A da Lei 5.889/1973, sem prejuízo de comprovação, por qualquer meio admitido em direito, da existência de relação jurídica diversa (*v.g.*, relação de trabalho autônoma ou eventual).

Assegura-se ao trabalhador rural contratado por pequeno prazo, além de remuneração equivalente à do trabalhador rural permanente, os demais direitos de natureza trabalhista (*princípio da isonomia*). Tendo em vista tratar-se de contrato por pequeno prazo, para o exercício de atividades de natureza temporária, todas as parcelas devidas ao trabalhador contratado por pequeno prazo devem ser *calculadas dia a dia e pagas diretamente a ele mediante recibo*. Frise-se que esse cálculo das verbas trabalhistas "dia a dia" inclui direitos, como férias e décimo terceiro salário, tendo em vista a incidência da regra especial no caso particular em questão. A prova da quitação de cada um dos direitos trabalhistas devidos, assim, é feita por meio do recibo respectivo, firmado pelo trabalhador rural. No entanto, em razão de suas peculiaridades, o Fundo de Garantia do Tempo de Serviço – FGTS deve ser recolhido, e pode ser levantado, nos termos da Lei 8.036/1990.

A Lei 2.959, de 17 de novembro de 1956, por sua vez, dispõe sobre os **contratos por obra certa**. O seu art. 1.º esclarece que o contrato em questão só pode ser firmado com o empregador construtor, que exerça tal atividade (de construção civil) em caráter permanente.

Entende-se que a referida previsão legal permanece em vigor, até porque o contrato por obra certa não deixa de ser um serviço transitório (art. 443, § 2.º, *a*, da CLT).

No entanto, quanto ao art. 2.º da Lei 2.959/1956, que prevê indenização por tempo de serviço (na forma do art. 478 da CLT, com redução de 30%), na rescisão do contrato de trabalho por término da obra ou serviço, tendo o empregado mais de 12 meses de serviço, embora o tema seja controvertido, defende-se que não foi recepcionada pela Constituição Federal de 1988, pois, de acordo com o seu art. 7.º, inciso III, o Fundo de Garantia do Tempo de Serviço passou a ser o sistema legal obrigatório a todos os empregados.

A Lei 9.601, de 21 de janeiro de 1998, dispõe sobre um **contrato por prazo determinado especial**.

Conforme o art. 1.º do referido diploma legal, as convenções e os acordos coletivos de trabalho poderão estipular contrato de trabalho por prazo determinado, de que trata o art. 443 da CLT, independentemente das condições estabelecidas em seu § 2.º (serviço transitório, atividade empresarial transitória e contrato de experiência), em qualquer atividade desenvolvida pela empresa ou estabelecimento, para admissões que representem acréscimo no número de empregados.

Não se aplica ao referido contrato o disposto no art. 451 da CLT (art. 1.º, § 2.º, da Lei 9.601/1998), de modo que são permitidas sucessivas prorrogações.

Entende-se como aplicável, no entanto, o art. 445 da CLT, limitando o prazo máximo do referido contrato a dois anos.

Quanto à rescisão antecipada, não se aplicam os arts. 479 e 480 da CLT, devendo as partes estabelecer, na convenção ou acordo coletivo, a indenização devida na hipótese, nos casos de iniciativa do empregador ou do empregado (art. 1.º, § 1.º, inciso I).

O número de empregados a serem contratados deve observar o limite estabelecido no instrumento normativo negociado, não podendo ultrapassar os percentuais definidos no art. 3.º da Lei 9.601/1998.

A Lei 9.601/1998 teve o objetivo de fomentar contratação de empregados, mas estabelecia certa forma de flexibilização, quanto ao teor das contratações ali versadas.

Nesse sentido, o art. 2.º do referido diploma legal, em sua redação original, previa a redução, "por dezoito meses, a contar da data de publicação desta Lei":

> I – a 50% de seu valor vigente em janeiro de 1996, as contribuições sociais destinadas ao sistema "S" (serviço social), ou seja, SESI, SESC, SEST, SENAI, SENAC, SENAT, SEBRAE, INCRA, bem como ao salário-educação e para o financiamento do seguro de acidente do trabalho;
>
> II – para 2%, a alíquota de contribuição para o FGTS, de que trata a Lei 8.036/1990.

Essa última redução, por envolver direito social trabalhista, previsto na Constituição Federal de 1988 (art. 7.º, inciso III), é passível de ser considerada inconstitucional, por representar precarização das condições de trabalho, em verdadeiro retrocesso quanto à garantia dos direitos sociais. A tese majoritária entende não se verificar tal inconstitucionalidade, pois o contrato de trabalho em questão é diferenciado, autorizando o tratamento também específico.

Para a aplicação das referidas reduções, o art. 4.º da Lei 9.601/1998 exige que no momento da contratação: o empregador esteja adimplente junto ao INSS e ao FGTS; o contrato de trabalho por prazo determinado e a relação dos contratados tenham sido depositadas no Ministério do Trabalho.

O referido art. 2.º, *caput*, da Lei 9.601/1998 teve a sua redação determinada pela Medida Provisória 2.164-41, de 24 de agosto de 2001, passando a estabelecer a mencionada redução "por sessenta meses", a contar da publicação da Lei 9.601/1998, dos referidos percentuais. Como a Lei 9.601 foi publicada no *Diário Oficial da União* de 22 de janeiro de 1998, após 22 de janeiro de 2003, não vigora mais a referida redução de contribuições.

4.18 CONTRATO DE TRABALHO INTERMITENTE

O art. 443 da CLT, com redação dada pela Lei 13.467/2017, prevê que o contrato individual de trabalho pode ser acordado tácita ou expressamente, verbalmente ou por escrito, por prazo determinado ou indeterminado, ou para prestação de *trabalho intermitente*.

No trabalho intermitente a jornada de trabalho é normalmente móvel e mais flexível, permitindo que o empregado receba apenas pelo tempo de labor efetivamente prestado, deixando ao empregador a definição do período que será laborado em cada dia e época.

Entretanto, trata-se de sistemática que pode gerar certa insegurança ao trabalhador, não permitindo saber se será convocado para prestar serviços, ou por quanto tempo, o que resulta no desconhecimento de qual será o valor do salário a ser recebido e no desconhecimento do verdadeiro nível remuneratório mensal.

Na prática, a medida pode gerar a transferência ao empregado, que é a parte mais vulnerável da relação jurídica, dos riscos da atividade econômica e do empreendimento desenvolvido, que por natureza devem ser do empregador, por ser o titular dos meios de produção (art. 2.º da CLT). Os empregados, evidentemente, também têm as suas despesas mensais, e muitas delas são fixas, necessitando saber, com maior segurança e previsibilidade, o patamar de sua renda, não podendo conviver com tamanha incerteza.

Argumenta-se que a medida permitiria ao trabalhador ter mais de um emprego, o que a tornaria vantajosa a ambas as partes. Esquece-se, entretanto, que a exclusividade, em regra, não é requisito do contrato de trabalho (arts. 2.º e 3.º da CLT). Normalmente, nada impede que o empregado tenha mais de um vínculo de emprego, mesmo sendo fixo o horário de labor.

Na realidade, essa modalidade de trabalho pode favorecer a parte mais forte da relação de emprego, permitindo ao empregador a busca pelo lucro sem assumir o risco inerente à atividade desempenhada.

Além da ausência de demonstração científica de que a medida em questão é apta a reduzir os níveis de desemprego, em termos práticos, o empregado dificilmente conseguirá conciliar mais de um emprego, ao não saber com maior antecedência o período de trabalho que será efetivamente permitido, bem como quanto tempo ainda terá disponível a cada dia para realizar outras atividades.

Pode haver perda de qualidade de vida dos trabalhadores resultante do trabalho intermitente, em que a jornada de trabalho é flexível, podendo gerar impactos sociais negativos e prejuízos às pessoas que sobrevivem apenas de sua força de trabalho.

Em tese, segundo a previsão legal imperativa, o período em que o empregado está à disposição do empregador, *aguardando* ou executando ordens, também se considera como de serviço efetivo (art. 4.º da CLT). Portanto, não apenas o tempo de labor concretamente realizado, mas todo o período referido, por integrar a jornada de trabalho, também deve ser remunerado.

Considerando o exposto, anteriormente, havia entendimento no sentido de não ser válida a pactuação de jornada de trabalho móvel e variável, como ocorre no trabalho intermitente, fazendo com que o empregado recebesse apenas as horas trabalhadas, nem mesmo por meio de convenção ou acordo coletivo. Nesse sentido, pode ser destacado o seguinte julgado:

> "Recurso de revista. Horas extras. Jornada de trabalho móvel e variável. Previsão em norma coletiva. Invalidade. 1. Conquanto a Constituição da República, por meio do art. 7.º, XXVI, prestigie a pactuação coletiva, impõe-se que os instrumentos autônomos observem as normas de ordem pública que garantem direitos mínimos dos trabalhadores. 2. Na hipótese, observa-se que a jornada de trabalho 'móvel e variável', prevista nos instrumentos coletivos, importa, efetivamente, em transferência ao empregado dos riscos econômicos da atividade. Isso porque tal prática submete o trabalhador ao puro alvitre da empresa no tocante à jornada a ser efetivamente cumprida, conforme a variação de movimento dos estabelecimentos comerciais da reclamada, exigindo-se que o empregado fique à disposição empresarial por 44 horas semanais, mas podendo, por decisão exclusiva da empregadora, laborar – e obter remuneração – por qualquer período entre o máximo e o mínimo de 8 (oito) horas por semana. 3. Os preceitos protetivos do Direito do Trabalho não autorizam que o empregado se submeta, para mera salvaguarda do empregador contra as naturais oscilações de demanda produtiva, à incerteza da jornada de trabalho e da remuneração a ser percebida, em evidente prejuízo à sua vida particular e sua saúde financeira. 4. A prática em questão constitui evidente fraude à legislação trabalhista, atraindo a aplicação do art. 9.º da CLT. Precedentes. Recurso de revista conhecido e provido" (TST, 1.ª T., RR – 1293-16.2012.5.04.0012, Rel. Min. Walmir Oliveira da Costa, *DEJT* 19.12.2016).

A rigor, pode-se distinguir a *jornada de trabalho intermitente*, assim entendida como a que é móvel, flexível e variável, atendendo às necessidades do empregador, com o *contrato de trabalho intermitente*.

O art. 611-A, inciso VIII, da CLT, acrescentado pela Lei 13.467/2017, prevê que a convenção coletiva e o acordo coletivo de trabalho têm prevalência sobre a lei quando dispuserem sobre teletrabalho, regime de sobreaviso e *trabalho intermitente*.

Além disso, com a Lei 13.467/2017, o próprio *contrato de trabalho intermitente* é reconhecido, permitindo-se a sua celebração.

Considera-se como *intermitente* o contrato de trabalho no qual a prestação de serviços, com subordinação, não é contínua, ocorrendo com alternância de períodos de prestação de serviços e de inatividade, determinados em horas, dias ou meses, independentemente do tipo de atividade do empregado e do empregador, exceto para os aeronautas, regidos por legislação própria (art. 443, § 3.º, da CLT, acrescentado pela Lei 13.467/2017)[69].

O art. 36 da Portaria 671/2021 do Ministério do Trabalho e Previdência explicita que para fins do disposto no § 3.º do art. 443 da CLT, considera-se *período de inatividade* o intervalo temporal distinto daquele para o qual o empregado intermitente haja sido convocado e tenha prestado serviços nos termos do § 1.º do art. 452-A da CLT.

Durante o período de inatividade, o empregado pode prestar serviços de qualquer natureza a outros tomadores de serviço, que exerçam ou não a mesma atividade econômica, utilizando contrato de trabalho intermitente ou outra modalidade de contrato de trabalho (art. 36, § 1.º, da Portaria 671/2021).

No contrato de trabalho intermitente, o período de inatividade não será considerado tempo à disposição do empregador e não será remunerado. Ficará descaracterizado o contrato de trabalho intermitente se houver remuneração por tempo à disposição no período de inatividade (art. 36, § 2.º, da Portaria 671/2021). Pode-se dizer que essa previsão tem conteúdo típico de norma de hierarquia legal. Ainda assim, certamente entendeu-se que a disposição decorre da própria natureza e das características do contrato de trabalho intermitente, como desdobramento inerente à sua disciplina legislativa.

Os aeronautas, em razão das peculiaridades no exercício da profissão (regida pela Lei 13.475/2017), foram expressamente excluídos da possibilidade de serem admitidos e prestarem serviços por meio de contrato de trabalho intermitente.

69. Na jurisprudência, cf.: "6. Numa hermenêutica estrita, levando em conta a literalidade dos arts. 443, § 3.º, e 452-A da CLT, que introduziram a normatização do trabalho intermitente no Brasil, tem-se como 'intermitente o contrato de trabalho no qual a prestação de serviços, com subordinação, não é contínua, ocorrendo com alternância de períodos de prestação de serviços e de inatividade, determinados em horas, dias ou meses, independentemente do tipo de atividade do empregado e do empregador, exceto para os aeronautas, regidos por legislação própria' (§ 3.º). Ou seja, não se limita a determinadas atividades ou empresas, nem a casos excepcionais. Ademais, fala-se em valor horário do salário mínimo ou daquele pago a empregados contratados sob modalidade distinta de contratação (CLT, art. 452-A). 7. Contrastando a decisão regional com os comandos legais supracitados, não poderia ser mais patente o desrespeito ao princípio da legalidade. O 3.º Regional, refratário, como se percebe, à reforma trabalhista, cria mais parâmetros e limitações do que aqueles impostos pelo legislador ao trabalho intermitente, malferindo o princípio da legalidade, erigido pelo art. 5.º, II, da CF como baluarte da segurança jurídica. 8. Ora, a introdução de regramento para o trabalho intermitente em nosso ordenamento jurídico deveu-se à necessidade de se conferir direitos básicos a uma infinidade de trabalhadores que se encontravam na informalidade (quase 50% da força de trabalho do país), vivendo de 'bicos', sem carteira assinada e sem garantia de direitos trabalhistas fundamentais. Trata-se de uma das novas modalidades contratuais existentes no mundo, flexibilizando a forma de contratação e remuneração, de modo a combater o desemprego. Não gera precarização, mas segurança jurídica a trabalhadores e empregadores, com regras claras, que estimulam a criação de novos postos de trabalho. 9. Nesses termos, é de se acolher o apelo patronal, para restabelecer a sentença de improcedência da reclamatória trabalhista. Recurso de revista conhecido e provido" (TST, 4.ª T., RR-10454-06.2018.5.03.0097, Rel. Min. Ives Gandra Martins Filho, *DEJT* 09.08.2019).

No contrato de trabalho intermitente a prestação de serviços, embora ocorra de forma subordinada ao empregador, que exerce o poder de direção, *não é contínua* (o que não se confunde com a não eventualidade, a qual é considerada requisito da relação de emprego).

Portanto, no contrato de trabalho intermitente, os períodos de prestação de serviços são *alternados* com períodos de inatividade, definidos em horas, dias ou meses, seja qual for a atividade do empregado e do empregador.

O contrato de trabalho intermitente deve ser celebrado *por escrito* e deve conter especificamente o valor da hora de trabalho, que não pode ser inferior ao valor horário do salário mínimo ou àquele devido aos demais empregados do estabelecimento que exerçam a mesma função em contrato intermitente ou não (art. 452-A da CLT, acrescentado pela Lei 13.467/2017).

O art. 30 da Portaria 671/2021 do Ministério do Trabalho e Previdência reitera a explicita que o contrato de trabalho intermitente, de que trata o art. 452-A da CLT, deve ser celebrado por escrito, ainda que previsto em acordo coletivo de trabalho ou convenção coletiva, e conterá:

> I – identificação, assinatura e domicílio ou sede das partes;
>
> II – valor da hora ou do dia de trabalho, que não será inferior ao valor horário ou diário do salário mínimo, nem inferior àquele devido aos demais empregados do estabelecimento que exerçam a mesma função, assegurada a remuneração do trabalho noturno superior à do diurno;
>
> III – o local e o prazo para o pagamento da remuneração.

A remuneração horária ou diária do trabalhador intermitente pode ser superior à paga aos demais trabalhadores da empresa contratados a prazo indeterminado, dadas as características especiais do contrato de trabalho intermitente (art. 33 da Portaria 671/2021 do Ministério do Trabalho e Previdência).

O art. 35 da Portaria 671/2021 do Ministério do Trabalho e Previdência explicita ainda que é facultado às partes convencionar por meio do contrato de trabalho intermitente:

> I – locais de prestação de serviços;
>
> II – turnos para os quais o empregado será convocado para prestar serviços;
>
> III – formas e instrumentos de convocação e de resposta para a prestação de serviços.

Tendo em vista a incidência do princípio da isonomia, o salário devido ao empregado no contrato de trabalho intermitente deve ser calculado com base no valor da hora de labor, não podendo ser menos do que o valor por hora do salário mínimo ou do salário devido aos demais empregados do estabelecimento que desempenhem função idêntica (em contrato intermitente ou não).

Como a jornada de trabalho no contrato intermitente nem sempre será completa, cabe salientar que, conforme a Orientação Jurisprudencial 358 da SBDI-I do TST:

> "Salário mínimo e piso salarial proporcional à jornada reduzida. Empregado. Servidor público.
>
> I – Havendo contratação para cumprimento de jornada reduzida, inferior à previsão constitucional de oito horas diárias ou quarenta e quatro semanais, é lícito o pagamento do piso salarial ou do salário mínimo proporcional ao tempo trabalhado.

II – Na Administração Pública direta, autárquica e fundacional não é válida remuneração de empregado público inferior ao salário mínimo, ainda que cumpra jornada de trabalho reduzida. Precedentes do Supremo Tribunal Federal".

De todo modo, tendo em vista o art. 7.º, inciso VII, da Constituição Federal de 1988, fica garantido o salário nunca inferior ao mínimo para os que percebem remuneração variável.

O empregador deve convocar, por qualquer meio de comunicação eficaz, para a prestação de serviços, informando qual será a jornada, com, pelo menos, três dias corridos de antecedência (art. 452-A, § 1.º, da CLT, acrescentado pela Lei 13.467/2017).

Recebida a convocação, o empregado tem o prazo de um dia útil para responder ao chamado, presumindo-se, no silêncio, a recusa (art. 452-A, § 2.º, da CLT, acrescentado pela Lei 13.467/2017).

Não se exige, assim, que o empregado justifique a recusa.

O art. 34 da Portaria 671/2021 do Ministério do Trabalho e Previdência explicita que serão considerados cumpridos os prazos de convocação ao trabalho e resposta ao chamado, previstos nos §§ 1.º e 2.º do art. 452-A da CLT, quando constatada a prestação dos serviços pelo trabalhador intermitente.

A recusa da oferta não descaracteriza a subordinação para fins do contrato de trabalho intermitente (art. 452-A, § 3.º, da CLT, acrescentado pela Lei 13.467/2017).

A recusa da oferta pelo empregado, assim, não tem qualquer conotação de infração disciplinar.

De acordo com o art. 452-A, § 4.º, da CLT, acrescentado pela Lei 13.467/2017, aceita a oferta para o comparecimento ao trabalho, a parte que descumprir, sem justo motivo, pagará à outra parte, no prazo de 30 dias, multa de 50% da remuneração que seria devida, permitida a compensação em igual prazo.

Segundo o art. 452-A, § 5.º, da CLT, acrescentado pela Lei 13.467/2017, o período de inatividade não é considerado tempo à disposição do empregador, podendo o trabalhador prestar serviços a outros contratantes.

No contrato de trabalho intermitente, o período de inatividade, desse modo, tem natureza de *suspensão do contrato de trabalho*, pois o empregado não presta serviços, não tem direito à remuneração, nem o tempo de serviço é computado.

Ao final de cada período de prestação de serviço, o empregado deve receber o pagamento imediato das seguintes parcelas:

I – remuneração;

II – férias proporcionais com acréscimo de 1/3;

III – décimo terceiro salário proporcional;

IV – repouso semanal remunerado; e

V – adicionais legais (art. 452-A, § 6.º, da CLT, acrescentado pela Lei 13.467/2017).

O art. 32 da Portaria 671/2021 do Ministério do Trabalho e Previdência explicita que na hipótese de o período de convocação (ou seja, de trabalho) exceder um mês, o pagamento das parcelas a que se referem o § 6.º do art. 452-A da CLT não pode ser estipulado por período superior a um mês, e devem ser pagas até o quinto dia útil do mês seguinte ao trabalhado, de acordo com o previsto no § 1.º do art. 459 da CLT.

O recibo de pagamento deve conter a discriminação dos valores pagos relativos a cada uma das parcelas acima referidas (art. 452-A, § 7.º, da CLT, acrescentado pela Lei 13.467/2017).

Não se admite, portanto, o pagamento *complessivo*, ou seja, um único valor englobando todos os direitos trabalhistas devidos ao empregado[70].

Conforme o art. 452-A, § 8.º, da CLT, acrescentado pela Lei 13.467/2017, o empregador deve efetuar o recolhimento da contribuição previdenciária e o depósito do Fundo de Garantia do Tempo de Serviço, na forma da lei, com base nos valores pagos no período mensal e fornecerá ao empregado comprovante do cumprimento dessas obrigações.

O art. 38 da Portaria 671/2021 do Ministério do Trabalho e Previdência reitera que no contrato de trabalho intermitente, o empregador deve efetuar o recolhimento das contribuições previdenciárias próprias e do empregado e o depósito do FGTS com base nos valores pagos no período mensal e fornecerá ao empregado comprovante do cumprimento dessas obrigações.

A cada 12 meses, o empregado adquire direito a usufruir, nos 12 meses subsequentes, um mês de férias, período no qual não pode ser convocado para prestar serviços pelo mesmo empregador (art. 452-A, § 9.º, da CLT, acrescentado pela Lei 13.467/2017).

Embora o direito de gozar férias seja formalmente assegurado, o empregado, na prática, pode acabar realizando outras atividades laborativas no período, inclusive em razão de necessidades financeiras, deixando, assim, de descansar efetivamente.

Desde que haja concordância do empregado, as férias podem ser usufruídas em até três períodos, sendo que um deles não pode ser inferior a 14 dias corridos e os demais não podem ser inferiores a cinco dias corridos, cada um (art. 134, § 1.º, da CLT, com redação dada pela Lei 13.467/2017).

É vedado o início das férias no período de dois dias que antecede feriado ou dia de repouso semanal remunerado (art. 134, § 3.º, da CLT, com redação dada pela Lei 13.467/2017).

O art. 31 da Portaria 671/2021 do Ministério do Trabalho e Previdência explicita que o empregado, mediante prévio acordo com o empregador, pode usufruir suas férias em até três períodos, nos termos dos §§ 1.º e § 3.º do art. 134 da CLT.

As verbas rescisórias e o aviso prévio devem ser calculados com base na média dos valores recebidos pelo empregado no curso do contrato de trabalho intermitente (art. 37 da Portaria 671/2021 do Ministério do Trabalho e Previdência).

4.19 TRABALHADOR TEMPORÁRIO: LEI 6.019/1974

Trabalho temporário é aquele prestado por pessoa física contratada por uma empresa de trabalho temporário que a coloca à disposição de uma empresa tomadora de serviços, para atender à **necessidade de substituição transitória de pessoal permanente** *ou* à **demanda complementar de serviços** (art. 2.º da Lei 6.019/1974, com redação dada pela Lei 13.429/2017).

Considera-se complementar a demanda de serviços que seja oriunda de fatores imprevisíveis ou, quando decorrente de fatores previsíveis, tenha natureza intermitente, periódica ou sazonal (art. 2.º, § 2.º, da Lei 6.019/1974).

70. Cf. Súmula 91 do TST: "Salário complessivo. Nula é a cláusula contratual que fixa determinada importância ou percentagem para atender englobadamente vários direitos legais ou contratuais do trabalhador".

Não se consideram demanda complementar de serviços: as demandas contínuas ou permanentes; as demandas decorrentes da abertura de filiais (art. 43, parágrafo único, do Decreto 10.854/2021).

Considera-se substituição transitória de pessoal permanente a substituição de trabalhador permanente da empresa tomadora de serviços ou cliente afastado por motivo de suspensão ou interrupção do contrato de trabalho, tais como férias, licenças e outros afastamentos previstos em lei (art. 43, inciso V, do Decreto 10.854/2021).

É proibida a contratação de trabalho temporário para a substituição de trabalhadores em greve, salvo nos casos previstos em lei (art. 2.º, § 1.º, da Lei 6.019/1974).

Conforme o art. 7.º, parágrafo único, da Lei 7.783/1989, é vedada a rescisão de contrato de trabalho durante a greve, bem como a contratação de trabalhadores substitutos, exceto na ocorrência das hipóteses previstas nos arts. 9.º e 14 do referido diploma legal. Sendo assim, pode-se concluir que em caso de *greve abusiva* é possível haver a contratação de trabalho temporário.

Essa *relação triangular de trabalho* é regida pela Lei 6.019, de 3 de janeiro de 1974 (modificada pela Lei 13.429/2017).

O mencionado trabalhador mantém relação jurídica com a empresa de trabalho temporário, a qual o coloca à disposição da empresa cliente, em razão de contrato firmado entre as duas empresas.

Considera-se contrato individual de trabalho temporário o contrato de trabalho individual escrito celebrado entre o trabalhador e a empresa de trabalho temporário (art. 43, inciso VI, do Decreto 10.854/2021).

A empresa de trabalho temporário celebra contrato individual de trabalho temporário por escrito com o trabalhador colocado à disposição da empresa tomadora ou cliente, do qual devem constar expressamente: I – os direitos conferidos ao trabalhador temporário decorrentes da sua condição; II – a indicação da empresa tomadora de serviços ou cliente (art. 65 do Decreto 10.854/2021).

Considera-se contrato de prestação de serviços de colocação à disposição de trabalhador temporário o contrato escrito celebrado entre empresa de trabalho temporário e empresa tomadora de serviços ou cliente para a prestação de serviços de colocação de trabalhadores temporários de que trata o art. 9.º da Lei 6.019/1974 (art. 43, inciso VII, do Decreto 10.854/2021).

Embora apontado por parte da doutrina como modalidade expressamente prevista em lei de terceirização, no trabalho temporário o que ocorre, na realidade, não é a contratação de serviços especializados realizados pela empresa prestadora (terceirizada), mas sim o fornecimento de mão de obra, em regra vedado pelo sistema jurídico, embora admitido, excepcionalmente, nas hipóteses legais em questão[71].

Nesse sentido, o trabalho temporário não se confunde com a prestação de serviços a terceiros de que trata o art. 4.º-A da Lei 6.019/1974 (art. 42 do Decreto 10.854/2021).

Se estiverem ausentes as razões justificadoras dessa modalidade contratual, ou excedido o prazo legal de prestação de serviços, a relação de emprego forma-se diretamente com a empresa tomadora, tendo em vista a fraude na contratação de trabalho temporário (art. 9.º da CLT).

71. Cf. CARELLI, Rodrigo de Lacerda. *Formas atípicas de trabalho*. São Paulo: LTr, 2004. p. 20 e 32-33.

A referida prestação de serviço, pelo trabalhador temporário, ocorre por meio da **empresa de trabalho temporário**.

É reconhecida a atividade da empresa de trabalho temporário, que integra o plano básico do enquadramento sindical a que se refere o art. 577 da CLT (art. 3.º da Lei 6.019/1974).

Desse modo, empresa de trabalho temporário é a pessoa jurídica, devidamente registrada no Ministério do Trabalho, responsável pela colocação de trabalhadores à disposição de outras empresas temporariamente (art. 4.º da Lei 6.019/1974).

Com a Lei 13.429/2017, o trabalho temporário passa a ser possível também no âmbito rural.

Empresa tomadora de serviços, por seu turno, é a pessoa jurídica ou entidade a ela equiparada que celebra contrato de prestação de trabalho temporário com a empresa de trabalho temporário (art. 5.º da Lei 6.019/1974).

A pessoa física, portanto, não pode figurar como tomadora de serviços no trabalho temporário. Quanto às entidades equiparadas à pessoa jurídica, podem ser assim consideradas as empresas individuais e os entes despersonalizados (como os condomínios) que recebem tratamento jurídico similar às pessoas jurídicas.

São requisitos para funcionamento e registro da empresa de trabalho temporário no Ministério do Trabalho: prova de inscrição no Cadastro Nacional da Pessoa Jurídica (CNPJ), do Ministério da Fazenda; prova do competente registro na Junta Comercial da localidade em que tenha sede; prova de possuir capital social de, no mínimo, R$ 100.000,00 (art. 6.º da Lei 6.019/1974).

O **contrato celebrado pela empresa de trabalho temporário e a tomadora de serviços** deve ser por escrito, ficará à disposição da autoridade fiscalizadora no estabelecimento da tomadora de serviços e conterá: qualificação das partes; motivo justificador da demanda de trabalho temporário; prazo da prestação de serviços; valor da prestação de serviços; disposições sobre a segurança e a saúde do trabalhador, independentemente do local de realização do trabalho (art. 9.º da Lei 6.019/1974).

O valor da prestação de serviços consiste na taxa de agenciamento da prestação de serviço de colocação à disposição de trabalhadores temporários (art. 71, § 1.º, do Decreto 10.854/2021).

A justificativa (motivo justificador) da demanda de trabalho temporário consiste na descrição do fato ensejador da contratação de trabalho temporário (art. 71, § 2.º, do Decreto 10.854/2021).

É responsabilidade da empresa contratante (tomadora) garantir as *condições de segurança, higiene e salubridade dos trabalhadores*, quando o trabalho for realizado em suas dependências ou em local por ela designado (art. 9.º, § 1.º, da Lei 6.019/1974).

A contratante deve estender ao trabalhador da empresa de trabalho temporário o mesmo atendimento médico, ambulatorial e de refeição destinado aos seus empregados, existente nas dependências da contratante, ou local por ela designado (art. 9.º, § 2.º, da Lei 6.019/1974).

O contrato de trabalho temporário pode versar sobre o desenvolvimento de *atividades-meio e atividades-fim* a serem executadas na empresa tomadora de serviços (art. 9.º, § 3.º, da Lei 6.019/1974).

Logo, no trabalho temporário, por se tratar de modalidade excepcional, especificamente prevista em lei, de fornecimento de mão de obra, o trabalhador temporário pode atuar tanto em atividades-meio quanto em atividades-fim da empresa tomadora.

Efetivamente, se a prestação de serviços pode ocorrer para atender à necessidade de substituição transitória de pessoal permanente ou à demanda complementar de serviços da empresa tomadora (art. 2.º da Lei 6.019/1974), é natural que isso aconteça em quaisquer atividades (meio ou fim) da tomadora.

Portanto, na hipótese em estudo, verifica-se a existência de subordinação jurídica do trabalhador temporário mesmo em face da empresa tomadora, o que decorre da própria natureza da contratação.

Nessa linha, a empresa tomadora de serviços ou cliente exercerá o poder técnico, disciplinar e diretivo sobre os trabalhadores temporários colocados à sua disposição (art. 58 do Decreto 10.854/2021).

Qualquer que seja o ramo da empresa tomadora de serviços, não existe vínculo de emprego entre ela e os trabalhadores contratados pelas empresas de trabalho temporário (art. 10 da Lei 6.019/1974).

Essa ausência de relação de emprego entre o trabalhador temporário e a empresa tomadora depende da observância dos requisitos legais do trabalho temporário.

Em caso de trabalho temporário irregular, ou seja, com violação de suas disposições legais, forma-se o vínculo de emprego do trabalhador temporário com a empresa tomadora dos serviços, a qual passa a ser considerada a verdadeira empregadora. Nessa hipótese específica, a empresa de trabalho temporário responde de forma solidária pelos créditos trabalhistas, por ter participado da fraude, com fundamento no art. 942 do Código Civil.

O contrato de trabalho temporário, em relação ao mesmo empregador, não pode exceder ao prazo de 180 dias, consecutivos ou não (art. 10, § 1.º, da Lei 6.019/1974).

O contrato pode ser prorrogado por até 90 dias, consecutivos ou não, além do referido prazo de 180 dias, quando comprovada a manutenção das condições que o ensejaram (art. 10, § 2.º, da Lei 6.019/1974).

O art. 66 do Decreto 10.854/2021 esclarece que o prazo de duração do contrato individual de trabalho temporário não será superior a 180 dias corridos, independentemente de a prestação de serviço ocorrer em dias consecutivos ou não. O contrato, comprovada a manutenção das condições que ensejaram a contratação temporária, pode ser prorrogado apenas uma vez, além do referido prazo, por até 90 dias corridos, independentemente de a prestação de trabalho ocorrer em dias consecutivos ou não.

O *contrato de trabalho temporário* é mantido entre o trabalhador temporário e a empresa de trabalho temporário (mencionada no art. 10, § 1.º, da Lei 6.019/1974 como "empregador"). O contrato de trabalho temporário, assim, tem prazo máximo de duração (isto é, prazo determinado) e natureza de vínculo de emprego, embora de caráter especial. Não se confunde, entretanto, com o contrato de trabalho por prazo determinado previsto na CLT (o qual é firmado entre o empregado e o empregador).

O contrato de trabalho temporário também não se confunde com o contrato celebrado entre a empresa de trabalho temporário e a empresa tomadora de serviços (art. 5.º da Lei 6.019/1974), o qual tem natureza civil ou empresarial.

Não se aplica ao trabalhador temporário, contratado pela tomadora de serviços, o contrato de experiência previsto no parágrafo único do art. 445 da CLT (art. 10, § 4.º, da Lei 6.019/1974).

O contrato de experiência é uma modalidade de contrato de trabalho por prazo determinado (art. 443, § 2.º, *c*, da CLT), firmado diretamente pelo empregador, que também figura como tomador do serviço. Logo, não se confunde com o trabalho temporário. Ainda assim, caso o trabalhador temporário venha a ser contratado diretamente pela empresa tomadora de serviço, não se autoriza que essa contratação posterior seja sob a forma de contrato de experiência, justamente porque o empregador já conhece o empregado e se este se adapta às funções a serem desempenhadas.

O trabalhador temporário que cumprir o período estipulado nos §§ 1.º e 2.º do art. 10 da Lei 6.019/1974 (até 180 dias, podendo ser prorrogado por até 90 dias) somente pode ser colocado à disposição da mesma tomadora de serviços em novo contrato temporário, após 90 dias do término do contrato anterior (art. 10, § 5.º, da Lei 6.019/1974). A contratação anterior a esse prazo caracteriza vínculo empregatício com a tomadora.

Nos termos do art. 10, § 7.º, da Lei 6.019/1974, a empresa contratante (tomadora) é *subsidiariamente* responsável pelas obrigações trabalhistas referentes ao período em que ocorrer o trabalho temporário, e o recolhimento das contribuições previdenciárias deve observar o disposto no art. 31 da Lei 8.212/1991.

Por se tratar de responsabilidade subsidiária (e não solidária), há necessidade de cobrança, primeiramente, da empresa de trabalho temporário. Somente se verificada a ausência de bens suficientes desta é que a empresa tomadora, posteriormente, passa a responder pelos créditos do trabalhador temporário.

O art. 31 da Lei 8.212/1991 dispõe que a empresa contratante de serviços executados mediante cessão de mão de obra, inclusive em regime de trabalho temporário, deve reter 11% do valor bruto da nota fiscal ou fatura de prestação de serviços e recolher, em nome da empresa cedente da mão de obra, a importância retida até o dia 20 do mês subsequente ao da emissão da respectiva nota fiscal ou fatura, ou até o dia útil imediatamente anterior se não houver expediente bancário naquele dia, observado o disposto no art. 33, § 5.º, do mesmo diploma legal, ao prever que o desconto de contribuição e de consignação legalmente autorizadas sempre se presume feito oportuna e regularmente pela empresa a isso obrigada, não lhe sendo lícito alegar omissão para se eximir do recolhimento, ficando diretamente responsável pela importância que deixou de receber ou arrecadou em desacordo com o disposto na Lei 8.212/1991.

No caso de *falência da empresa de trabalho temporário*, a empresa tomadora ou cliente é *solidariamente* responsável pelo recolhimento das contribuições previdenciárias, no tocante ao tempo em que o trabalhador esteve sob suas ordens, assim como em referência ao mesmo período, pela remuneração e indenização previstas na Lei 6.019/1974 (art. 16).

O contrato de trabalho celebrado entre empresa de trabalho temporário e cada um dos assalariados colocados à disposição de uma empresa tomadora ou cliente é *obrigatoriamente escrito* e dele devem constar, expressamente, os direitos conferidos aos trabalhadores pela Lei 6.019/1974 (art. 11).

Será *nula de pleno direito* qualquer cláusula de reserva, proibindo a contratação do trabalhador pela empresa tomadora ou cliente ao fim do prazo em que tenha sido colocado à sua disposição pela empresa de trabalho temporário.

Em consonância com o art. 12 da Lei 6.019/1974, ficam assegurados ao trabalhador temporário os seguintes direitos:

a) remuneração equivalente à percebida pelos empregados de mesma categoria da empresa tomadora ou cliente, calculada à base horária, garantida, em qualquer hipótese, a percepção do salário mínimo;

b) jornada de trabalho normal de oito horas (e duração semanal de 44 horas), remuneradas as horas extraordinárias (que não devem exceder de duas) com o acréscimo de no mínimo 50% (art. 7.º, incisos XIII e XVI, da Constituição Federal de 1988);

c) férias proporcionais com o adicional de 1/3 (art. 7.º, inciso XVII, da Constituição da República);

d) repouso semanal remunerado;

e) adicional por trabalho noturno;

f) indenização por dispensa sem justa causa ou término normal do contrato, correspondente a 1/12 do pagamento recebido;

g) seguro contra acidente do trabalho (atualmente abrangido pela Previdência Social);

h) proteção previdenciária (benefícios e serviços da Previdência Social).

Assim, assegura-se ao trabalhador temporário o direito à *remuneração equivalente* dos empregados da mesma categoria da empresa tomadora, o que deve ser interpretado de forma a abranger o conjunto das verbas trabalhistas de natureza remuneratória, como o 13.º salário, feriados remunerados e os adicionais de insalubridade e de periculosidade.

Desse modo, mesmo havendo sindicato de categoria profissional que abranja (para os fins de enquadramento sindical) os trabalhadores temporários (normalmente junto com os empregados de empresas prestadoras de serviços), os direitos remuneratórios previstos em normas coletivas dos empregados da empresa tomadora devem ser aplicados aos trabalhadores temporários.

Além disso, na realidade, ao trabalhador temporário devem ser assegurados os direitos sociais e trabalhistas previstos no art. 7.º da Constituição Federal de 1988.

Entende-se que se houver jornada de trabalho especial (reduzida) aplicável ao âmbito da empresa tomadora, esta também deve ser observada quanto aos trabalhadores temporários, inclusive para que se preserve a mencionada equivalência remuneratória[72].

A jornada de trabalho pode ter duração superior a oito horas diárias na hipótese de a empresa tomadora de serviços ou cliente utilizar jornada de trabalho específica (art. 61, § 1.º, do Decreto 10.854/2021).

Prevalece na jurisprudência o entendimento de que a indenização prevista no art. 12, *f*, da Lei 6.019/1974 permanece em vigor, sendo compatível com o regime do FGTS (TST, SBDI-I, E-RR – 1342-91.2010.5.02.0203, Redator Min. Renato de Lacerda Paiva, *DEJT* 14.08.2015).

Entretanto, a referida indenização não é mencionada no art. 60 do Decreto 10.854/2021, que arrola os direitos do trabalhador temporário, sabendo-se que o Fundo de Garantia do Tempo de Serviço passou a ser assegurado como direito trabalhista, de forma obrigatória, no art. 7.º, inciso III, da Constituição Federal de 1988.

Frise-se que a conta vinculada do trabalhador no FGTS pode ser movimentada na extinção normal do contrato a termo, *inclusive o dos trabalhadores temporários* regidos pela Lei 6.019/1974 (art. 20, inciso IX, da Lei 8.036/1990).

Não se aplica ao trabalhador temporário a indenização prevista no art. 479 da Consolidação das Leis do Trabalho (art. 64, inciso II, do Decreto 10.854/2021), mesmo porque o contrato individual de trabalho temporário não se confunde com o contrato

72. Cf. DELGADO, Mauricio Godinho. *Curso de direito do trabalho*. 15. ed. São Paulo: LTr, 2016. p. 517.

por prazo determinado previsto no art. 443 da CLT e na Lei 9.601/1998 (art. 70 do Decreto 10.854/2021).

O Tribunal Superior do Trabalho fixou a seguinte tese jurídica: "É inaplicável ao regime de trabalho temporário, disciplinado pela Lei nº 6.019/1974, a garantia de estabilidade provisória à empregada gestante, prevista no art. 10, II, *b*, do Ato das Disposições Constitucionais Transitórias" (TST, Pleno, IAC - 5639-31.2013.5.12.0051, Redatora Min. Maria Cristina Irigoyen Peduzzi, j. 18.11.2019).

Os trabalhadores temporários são beneficiários do vale-transporte, nos termos da Lei 7.418/1985 (art. 106, inciso III, do Decreto 10.854/2021).

Compete à empresa de trabalho temporário remunerar e assistir os trabalhadores temporários quanto aos seus direitos assegurados (art. 48 do Decreto 10.854/2021).

Deve-se registrar na Carteira de Trabalho e Previdência Social do trabalhador sua condição de temporário (art. 12, § 1.º, da Lei 6.019/1974).

A empresa de trabalho temporário fica obrigada a anotar, em relação ao trabalhador temporário, nas anotações gerais da Carteira de Trabalho e Previdência Social, ou em meio eletrônico que vier a substituí-la, a sua condição de temporário, na forma estabelecida em ato do Ministro de Estado do Trabalho e Previdência (art. 49 do Decreto 10.854/2021).

A empresa tomadora ou cliente é obrigada a comunicar à empresa de trabalho temporário a ocorrência de todo acidente cuja vítima seja um trabalhador posto à sua disposição, considerando-se local de trabalho, para efeito da legislação específica, tanto aquele onde se efetua a prestação do trabalho, quanto a sede da empresa de trabalho temporário (art. 12, § 2.º, da Lei 6.019/1974).

Constituem *justa causa* para rescisão do contrato do trabalhador temporário os atos e circunstâncias mencionados nos arts. 482 e 483 da CLT, ocorrentes entre o trabalhador e a empresa de trabalho temporário ou entre aquele e a empresa cliente (tomadora) em que estiver prestando serviço (art. 13 da Lei 6.019/1974).

É vedado à empresa de trabalho temporário a contratação de estrangeiro com visto provisório de permanência no País (art. 17 da Lei 6.019/1974).

É vedado à empresa do trabalho temporário cobrar do trabalhador qualquer importância, mesmo a título de mediação, podendo apenas efetuar os descontos previstos em lei (art. 18 da Lei 6.019/1974). A infração dessa previsão importa no cancelamento do registro para funcionamento da empresa de trabalho temporário, sem prejuízo das sanções administrativas e penais cabíveis.

A empresa de trabalho temporário fica obrigada a discriminar, separadamente, em nota fiscal, os valores pagos a título de obrigações trabalhistas e fiscais e a taxa de agenciamento de colocação à disposição dos trabalhadores temporários (art. 51 do Decreto 10.854/2021). A mencionada taxa de agenciamento, no entanto, não pode ser cobrada do trabalhador.

A fiscalização do trabalho pode exigir da empresa tomadora ou cliente a apresentação do contrato firmado com a empresa de trabalho temporário, e, desta última, o contrato firmado com o trabalhador temporário, bem como a comprovação do respectivo recolhimento das contribuições previdenciárias (art. 15 da Lei 6.019/1974).

Desse modo, a empresa de trabalho temporário fica obrigada a apresentar à inspeção do trabalho, quando solicitado, o contrato celebrado com o trabalhador temporário, a comprovação do recolhimento das contribuições previdenciárias e os demais documentos comprobatórios do cumprimento das obrigações estabelecidas nos arts. 41 a 75 do Decreto 10.854/2021 (art. 50).

É vedado à empresa de trabalho temporário ter ou utilizar, em seus serviços, trabalhador temporário, exceto quando: I – o trabalhador for contratado por outra empresa de trabalho temporário; e II – for comprovada a necessidade de substituição transitória de pessoal permanente ou demanda complementar de serviços (art. 52 do Decreto 10.854/2021).

A empresa tomadora de serviços ou cliente manterá, em seu estabelecimento, e apresentará à inspeção do trabalho, quando solicitado, o contrato de prestação de serviços de colocação à disposição de trabalhadores temporários celebrado com a empresa de trabalho temporário (art. 54 do Decreto 10.854/2021).

O descumprimento do disposto na Lei 6.019/1974 sujeita a empresa infratora ao pagamento de multa (art. 19-A, acrescentado pela Lei 13.429/2017).

A fiscalização, a autuação e o processo de imposição das multas reger-se-ão pelo Título VII da CLT, que dispõe sobre processo de multas administrativas aplicadas pela inspeção do trabalho (arts. 626 a 642).

4.20 CONTRATO DE TRABALHO VERDE E AMARELO

O *contrato de trabalho verde e amarelo* é modalidade de contratação destinada à criação de novos postos de trabalho para as pessoas entre 18 e 29 anos de idade, para fins de registro do primeiro emprego em Carteira de Trabalho e Previdência Social (art. 1.º da Medida Provisória 905/2019).

A contratação de trabalhadores nessa modalidade seria realizada *exclusivamente para novos postos de trabalho*, tendo como referência a média do total de empregados registrados na folha de pagamentos entre 1.º de janeiro e 31 de outubro de 2019 (art. 2.º da Medida Provisória 905/2019).

A Medida Provisória 905/2019, embora possa ter produzido efeitos durante o seu período de vigência, foi revogada pela Medida Provisória 955/2020 e perdeu eficácia.

Capítulo **5**

EMPREGADO

5.1 CONCEITO

De acordo com o art. 3.º, *caput*, da CLT: "Considera-se empregado toda pessoa física que prestar serviços de natureza não eventual a empregador, sob a dependência deste e mediante salário".

Na realidade, empregado é todo trabalhador que presta serviço ao empregador. Nos polos da relação jurídica de emprego figuram, justamente, o empregado e o empregador.

O empregado é sempre uma pessoa física ou natural, que presta serviços com subordinação ("dependência"), não eventualidade, onerosidade (prestação de serviço "mediante salário") e pessoalidade, sendo este último aspecto mencionado no art. 2.º, *caput*, da CLT.

5.2 MODALIDADES DE EMPREGADO

O empregado é espécie do gênero trabalhador. Vejamos, assim, algumas modalidades especiais de empregados.

5.2.1 Empregado eleito diretor de sociedade

A doutrina discute as consequências da hipótese em que o empregado, trabalhando em empresa (mais especificamente em sociedade anônima), é *eleito para exercer a função de diretor da sociedade*. Persistindo a prestação dos serviços na condição de diretor da sociedade, podem ser vislumbradas as seguintes correntes de entendimento:

- o *contrato de trabalho termina*, pois seria incompatível a figura do diretor, que é um órgão da sociedade, com o vínculo de emprego, no qual se exige a prestação de serviços de forma subordinada;
- o *contrato de trabalho permanece em vigor*, sem sofrer suspensão nem interrupção, pois o empregado eleito diretor continua subordinado ao conselho de administração da sociedade;
- o *contrato de trabalho fica interrompido* durante o exercício da função de diretor;
- o *contrato de trabalho é suspenso* durante o exercício da função de diretor da sociedade.

Na jurisprudência, conforme a **Súmula 269 do TST**: "O empregado eleito para ocupar cargo de diretor tem o respectivo contrato de trabalho suspenso, não se computando o tempo de serviço desse período, salvo se permanecer a subordinação jurídica inerente à relação de emprego".

Situação diversa refere-se à pessoa física que é contratada, pela sociedade, para exercer atividades laborativas em favor desta, como, por exemplo, administrar a sociedade anônima (compondo seu conselho de administração ou diretoria). Nesse caso, trata-se de relação de trabalho (gênero), podendo configurar, conforme o caso concreto, vínculo de emprego ou estatutário (institucional). Cabe destacar que, mesmo para as sociedades limitadas, o art. 1.061 do Código Civil de 2002 prevê a permissão, no contrato das sociedades em questão, de "administradores não sócios", os quais, assim, podem manter relação de trabalho com a pessoa jurídica.

5.2.2 Empregado em domicílio e teletrabalho

O *empregado em domicílio* é aquele que trabalha em sua própria residência.

O art. 83 da CLT, além de assegurar ao empregado em domicílio o salário mínimo, define tal trabalho como aquele "executado na habitação do empregado ou em oficina de família, por conta de empregador que o remunere".

De acordo com o art. 6.º, *caput*, da CLT, com redação dada pela Lei 12.551/2011: "Não se distingue entre o trabalho realizado no estabelecimento do empregador, o executado no domicílio do empregado e o realizado a distância, desde que estejam caracterizados os pressupostos da relação de emprego".

A parte final do dispositivo em questão se justifica, tendo em vista que no trabalho em domicílio os requisitos da relação de emprego podem ser de mais difícil aferição.

Mesmo assim, o direito a horas extras, no caso do empregado em domicílio, apresenta maior dificuldade de se caracterizar como devido, justamente em razão do labor na própria residência do empregado, o que significa, em tese, poder trabalhar no horário que entender mais adequado. Assim, somente se devidamente caracterizado o efetivo labor em sobrejornada é que o respectivo direito pode ser assegurado.

O *teletrabalho* é uma modalidade de trabalho a distância, típica dos tempos contemporâneos, em que o **avanço da tecnologia** permite o labor fora do estabelecimento do empregador (normalmente na própria residência do empregado), embora mantendo o contato com este por meio de recursos eletrônicos e de informática, principalmente o computador e a internet.

Enquanto o trabalho em domicílio é mais comum em atividades manuais, o teletrabalho, normalmente, é desenvolvido em diversas atividades que exigem conhecimentos mais especializados, como auditoria, gestão de recursos, tradução, jornalismo, digitação[1].

Embora o trabalho a distância seja normalmente realizado na própria residência do empregado, segundo a doutrina, não se restringe a essa hipótese. Efetivamente, há centros de trabalho que estão situados fora do estabelecimento do empregador, os quais também podem ser considerados "unidades de fornecimento de trabalho a distância", podendo haver "centros de atendimento de serviços fora das empresas beneficiadas"[2].

Na realidade, pode-se dizer que o trabalho a distância é gênero, tendo como uma de suas espécies o *teletrabalho*. Em termos doutrinários, o trabalho em domicílio, de certa forma, também seria uma modalidade de trabalho a distância.

O *teletrabalho*, como modalidade especial, diferencia-se da figura mais genérica do trabalho a distância, justamente em razão da ênfase na utilização de recursos eletrônicos, de informática e de comunicação.

1. Cf. BARROS, Alice Monteiro de. *Curso de direito do trabalho*. 2. ed. São Paulo: LTr, 2006. p. 304.
2. NASCIMENTO, Amauri Mascaro. *Curso de direito do trabalho. 24. ed.* São Paulo: Saraiva, 2009. p. 825.

O Código do Trabalho de Portugal, de 2009, no art. 165.º, dispõe que *teletrabalho* é "a prestação laboral realizada com subordinação jurídica, habitualmente fora da empresa e através do recurso a tecnologias de informação e de comunicação".

Mesmo sendo o teletrabalho, ou trabalho a distância, realizado fora do estabelecimento do empregador, caso estejam presentes os requisitos dos arts. 2.º e 3.º da CLT, tem-se a existência da relação de emprego.

Em razão das peculiaridades da forma de exercício do referido labor, a subordinação e a pessoalidade podem exigir um exame mais cuidadoso do caso concreto. De todo modo, havendo o controle e a direção quanto à forma do trabalho, mesmo que por meio de instrumentos eletrônicos, fica reconhecida a presença da subordinação jurídica.

Isso é confirmado pela Lei 12.551/2011, ao alterar o art. 6.º da CLT, bem como acrescentar o parágrafo único, passando a assim dispor:

> "Art. 6.º Não se distingue entre o trabalho realizado no estabelecimento do empregador, o executado no domicílio do empregado e o realizado a distância, desde que estejam caracterizados os pressupostos da relação de emprego.
>
> Parágrafo único. Os meios telemáticos e informatizados de comando, controle e supervisão se equiparam, para fins de subordinação jurídica, aos meios pessoais e diretos de comando, controle e supervisão do trabalho alheio".

Como se nota, passou a existir o expresso reconhecimento legislativo de que o teletrabalho, como modalidade de trabalho a distância, quando presentes os requisitos da relação de emprego, não se diferencia das demais modalidades de vínculo empregatício.

No caso do teletrabalho, em razão das peculiaridades quanto à forma da prestação do serviço pelo empregado, e do exercício do poder de direção pelo empregador, a subordinação jurídica pode ser decorrente de **meios telemáticos e informatizados de comando, controle e supervisão**.

No teletrabalho é frequente ocorrer uma flexibilização do horário de trabalho. Além disso, evita-se a necessidade de deslocamento até o estabelecimento do empregador, o que economiza tempo, principalmente em grandes cidades, possibilitando maior tempo livre ao empregado. Para a empresa, há economia quanto à manutenção de local de trabalho e sua infraestrutura, mas podem surgir certas dificuldades de fiscalização e controle do trabalho a ser desempenhado, justamente em razão da forma diferenciada de trabalho em questão. Além disso, podem ocorrer desvantagens no teletrabalho, como a maior dificuldade de inserção do empregado no grupo dos demais trabalhadores, bem como na sua participação em atuações coletivas e sindicais, além de serem possíveis prejuízos na vida íntima e familiar do empregado, ou mesmo situações de cansaço e esgotamento daqueles que apresentem maior dificuldade em delimitar o período de trabalho e o tempo livre, por estarem constantemente conectados com o empregador.

A Lei 13.467/2017 acrescentou ao Título II da CLT, sobre normas gerais de tutela do trabalho, o Capítulo II-A, a respeito do *teletrabalho*. A Lei 14.442/2022, que entrou em vigor em 05.09.2022, estabeleceu modificações a respeito do tema.

Desse modo, a prestação de serviços pelo empregado em regime de teletrabalho deve observar o disposto no referido Capítulo da Consolidação das Leis do Trabalho (art. 75-A da CLT, acrescentado pela Lei 13.467/2017).

Considera-se teletrabalho ou trabalho remoto a prestação de serviços fora das dependências do empregador, de maneira preponderante ou não, com a utilização de tecnologias de informação e de comunicação, que, por sua natureza, não configure trabalho externo (art. 75-B da CLT, com redação dada pela Lei 14.442/2022).

Sendo assim, inclui-se no conceito de teletrabalho ou trabalho remoto a prestação de serviços pelo empregado de forma híbrida ou mista, isto é, dentro e fora das dependências do empregador, sem que se exija a preponderância desta última situação.

O teletrabalho é realizado em local diverso do estabelecimento do empregador, de forma preponderante ou não, com a utilização de recursos tecnológicos, de informática e de comunicação eletrônica, como ocorre no *home office* e no labor em centros ou estações de trabalho.

O comparecimento, ainda que de modo habitual, às dependências do empregador para a realização de atividades específicas que exijam a presença do empregado no estabelecimento não descaracteriza o regime de teletrabalho ou trabalho remoto (art. 75-B, § 1.º, da CLT, incluído pela Lei 14.442/2022).

O empregado submetido ao regime de teletrabalho ou trabalho remoto pode prestar serviços por jornada ou por produção ou tarefa (art. 75-B, § 2.º, da CLT, incluído pela Lei 14.442/2022).

Essa previsão é passível de crítica, uma vez que mesmo no teletrabalho ou trabalho remoto, por envolver empregado, a jornada de trabalho não se confunde com as formas de fixação do salário. Trata-se, assim, de institutos distintos, voltados à duração do trabalho e à remuneração. Vale dizer, a jornada de trabalho não é excluída em decorrência de o salário ser fixado por produção ou tarefa (art. 78, art. 142, § 2.º, art. 478, § 5.º, art. 483, *g*, art. 487, § 3.º, e art. 582, § 1.º, *b*, da CLT). Cf. Orientação Jurisprudencial 235 da SBDI-I do TST. Na verdade, o salário pode ser fixado por unidade de tempo, por unidade de obra (produção) ou por tarefa, o que se distingue da jornada de trabalho propriamente. Cf. Capítulo 9, item 9.9.

Na hipótese da prestação de serviços em regime de teletrabalho ou trabalho remoto por produção ou tarefa, não se aplica o disposto no Capítulo II do Título II da Consolidação das Leis do Trabalho (arts. 57 a 75), sobre duração do trabalho (art. 75-B, § 3.º, da CLT, incluído pela Lei 14.442/2022).

No mesmo sentido, o art. 62, inciso III, da CLT, com redação dada pela Lei 14.442/2022, dispõe que não são abrangidos pelo regime de duração do trabalho os empregados em regime de teletrabalho que prestam serviço por produção ou tarefa. Cf. Capítulo 18, item 18.11.

O regime de teletrabalho ou trabalho remoto não se confunde nem se equipara à ocupação de operador de *telemarketing* ou de teleatendimento (art. 75-B, § 4.º, da CLT, incluído pela Lei 14.442/2022).

A rigor, o *telemarketing* ou o teleatendimento diz respeito à função ou atividade exercida pelo trabalhador, enquanto o teletrabalho ou trabalho remoto envolve o regime ou modalidade de trabalho. Logo, em tese, é possível que o operador de *telemarketing* ou de teleatendimento realize a prestação de serviços em regime presencial (dentro das dependências do empregador) ou na modalidade de teletrabalho ou trabalho remoto (fora das dependências do empregador, de maneira preponderante ou não, com a utilização de tecnologias de informação e de comunicação, sem configurar trabalho externo).

O tempo de uso de equipamentos tecnológicos e de infraestrutura necessária, bem como de *softwares*, de ferramentas digitais ou de aplicações de internet utilizados para o teletrabalho, fora da jornada de trabalho normal do empregado não constitui tempo à disposição ou regime de prontidão ou de sobreaviso, exceto se houver previsão em acordo individual ou em acordo ou convenção coletiva de trabalho (art. 75-B, § 5.º, da CLT, incluído pela Lei 14.442/2022).

Essa previsão é questionável, pois se o uso de equipamentos tecnológicos e de infraestrutura necessária, bem como de *softwares*, de ferramentas digitais ou de aplicações de internet ocorrer em razão do trabalho, ou seja, para fins da prestação de serviço, ainda que fora da jornada de trabalho formalmente convencionada, a rigor, deve ser nela computado (art. 4.º da CLT).

Fica permitida a adoção do regime de teletrabalho ou trabalho remoto para estagiários e aprendizes (art. 75-B, § 6.º, da CLT, incluído pela Lei 14.442/2022).

Aos empregados em regime de teletrabalho aplicam-se as disposições previstas na legislação local e nas convenções e nos acordos coletivos de trabalho relativas à base territorial do estabelecimento de lotação do empregado (art. 75-B, § 7.º, da CLT, incluído pela Lei 14.442/2022).

Logo, seguindo o critério da territorialidade, devem ser aplicadas, em princípio, as normas legais do local da prestação do serviço e as normas coletivas que incidem na localidade do estabelecimento em que o empregado em regime de teletrabalho está lotado, ou seja, vinculado. Considera-se estabelecimento todo complexo de bens organizado para o exercício de atividade econômica ou social do empregador (art. 51, § 2.º, do Decreto 9.579/2018 e art. 1.142 do Código Civil).

Ao contrato de trabalho do empregado admitido no Brasil que optar pela realização de teletrabalho fora do território nacional aplica-se a legislação brasileira, excetuadas as disposições constantes da Lei 7.064/1982, salvo disposição em contrário estipulada entre as partes (art. 75-B, § 8.º, da CLT, incluído pela Lei 14.442/2022).

Quanto a essa ressalva final, entende-se que a estipulação pelas partes da legislação aplicável, com fundamento na autonomia da vontade, apenas deve prevalecer se mais benéfica ao empregado, em consonância com o princípio da norma mais favorável, inerente ao Direito do Trabalho, que decorre do princípio da proteção (art. 7.º, *caput*, da Constituição Federal de 1988). Logo, mesmo na hipótese indicada, não se admite que as partes do contrato de trabalho afastem a incidência de normas cogentes que regulam a relação de emprego, as quais limitam o exercício da autonomia privada individual (art. 444, *caput*, da CLT).

A Lei 7.064/1982, por sua vez, regula a situação de trabalhadores contratados no Brasil ou transferidos por seus empregadores para prestar serviço no exterior (art. 1.º da Lei 7.064/1982, com redação dada pela Lei 11.962/2009)[3].

Para os efeitos da Lei 7.064/1982, considera-se transferido: o empregado removido para o exterior, cujo contrato estava sendo executado no território brasileiro; o empregado cedido à empresa sediada no estrangeiro, para trabalhar no exterior, desde que mantido o vínculo trabalhista com o empregador brasileiro; o empregado contratado por empresa sediada no Brasil para trabalhar a seu serviço no exterior (art. 2.º da Lei 7.064/1982).

A empresa responsável pelo contrato de trabalho do empregado transferido deve assegurar-lhe, independentemente da observância da legislação do local da execução dos serviços: I – os direitos previstos na Lei 7.064/1982; II – a aplicação da legislação

---

3. Fica excluído do regime da Lei 7.064/1982 o empregado designado para prestar serviços de natureza transitória, por período não superior a 90 dias, desde que: a) tenha ciência expressa dessa transitoriedade; b) receba, além da passagem de ida e volta, diárias durante o período de trabalho no exterior, as quais, seja qual for o respectivo valor, não terão natureza salarial (art. 1.º, parágrafo único, da Lei 7.064/1982).

brasileira de proteção ao trabalho, naquilo que não for incompatível com o disposto na Lei 7.064/1982, quando mais favorável do que a legislação territorial, no conjunto de normas e em relação a cada matéria (art. 3.º da Lei 7.064/1982). Respeitadas as disposições especiais da Lei 7.064/1982, deve-se aplicar a legislação brasileira sobre Previdência Social, Fundo de Garantia do Tempo de Serviço (FGTS) e Programa de Integração Social (PIS/PASEP).

A contratação de trabalhador, por empresa estrangeira, para trabalhar no exterior está condicionada à prévia autorização do Ministério do Trabalho (art. 12 da Lei 7.064/1982). Nos termos do art. 14 da Lei 7.064/1982, sem prejuízo da aplicação das leis do país da prestação dos serviços, no que respeita a direitos, vantagens e garantias trabalhistas e previdenciárias, a empresa estrangeira deve assegurar ao trabalhador os direitos a ele conferidos nos arts. 12 a 20 da Lei 7.064/1982. Cf. Capítulo 11, item 11.4.1.

Acordo individual pode dispor sobre os horários e os meios de comunicação entre empregado e empregador, desde que assegurados os repousos legais (art. 75-B, § 9.º, da CLT, incluído pela Lei 14.442/2022). Mesmo no teletrabalho ou trabalho remoto, devem ser observados os períodos de descanso previstos em lei, assegurando-se ao empregado, assim, o direito à desconexão. Cf. Capítulo 28, item 28.19.8.

A prestação de serviços na modalidade de teletrabalho deve constar expressamente do instrumento de contrato individual de trabalho (art. 75-C da CLT, com redação dada pela Lei 14.442/2022).

Pode ser realizada a alteração entre regime presencial e de teletrabalho desde que haja mútuo acordo entre as partes, registrado em aditivo contratual (art. 75-C, § 1.º, da CLT, acrescentado pela Lei 13.467/2017).

Pode ser realizada a alteração do regime de teletrabalho para o presencial por determinação do empregador, garantido prazo de transição mínimo de 15 dias, com correspondente registro em aditivo contratual (art. 75-C, § 2.º, da CLT, acrescentado pela Lei 13.467/2017). A norma legal, como se pode notar, não autoriza que a modificação para o regime presencial ocorra em razão apenas da vontade do empregado, mas por determinação do empregador, no exercício do seu poder de direção e de organização.

O empregador não será responsável pelas despesas resultantes do retorno ao trabalho presencial, na hipótese de o empregado optar pela realização do teletrabalho ou trabalho remoto fora da localidade prevista no contrato, salvo disposição em contrário estipulada entre as partes (art. 75-C, § 3.º, da CLT, incluído pela Lei 14.442/2022).

Portanto, conforme a ressalva indicada, no exercício da autonomia da vontade, as partes do contrato de trabalho podem estipular, de forma mais benéfica ao empregado, que o empregador será responsável pelas despesas decorrentes do retorno ao trabalho presencial, caso o empregado tenha optado pela realização do teletrabalho ou trabalho remoto fora do local previsto no contrato. Além disso, entende-se que o empregador será responsável pelas despesas resultantes do retorno ao trabalho presencial, se o empregado realizou o teletrabalho ou trabalho remoto fora da localidade prevista no contrato por exigência ou determinação do empregador.

As disposições relativas à responsabilidade pela aquisição, manutenção ou fornecimento dos equipamentos tecnológicos e da infraestrutura necessária e adequada à prestação do trabalho remoto, bem como ao reembolso de despesas arcadas pelo empregado, devem ser previstas em contrato escrito (art. 75-D da CLT, acrescentado pela Lei 13.467/2017).

Sabendo-se que a empresa corre os riscos do empreendimento e da atividade desenvolvida, conforme mandamento de ordem pública decorrente do art. 2.º, *caput*, da

CLT, defende-se o entendimento de que a mencionada responsabilidade é do empregador, o que deve ser explicitado em contrato escrito firmado com o empregado.

Confirmando o exposto, o dispositivo em questão é expresso ao prever, em sua parte final, o *reembolso* (pelo empregador) das despesas arcadas pelo empregado.

As utilidades mencionadas no art. 75-D, *caput*, da CLT não integram a remuneração do empregado (art. 75-D, parágrafo único, da CLT, acrescentado pela Lei 13.467/2017).

Desse modo, as referidas utilidades não são têm natureza salarial, por se tratar de utilidades fornecidas para o trabalho, e não como contraprestação pelo serviço prestado pelo empregado em regime de teletrabalho.

O empregador deve instruir os empregados, de maneira expressa e ostensiva, quanto às precauções a tomar a fim de evitar doenças e acidentes de trabalho (art. 75-E da CLT, acrescentado pela Lei 13.467/2017).

O empregado deve assinar termo de responsabilidade comprometendo-se a seguir as instruções fornecidas pelo empregador (art. 75-E, parágrafo único, da CLT, acrescentado pela Lei 13.467/2017). O descumprimento dos mencionados deveres pelo empregado, se presentes os requisitos legais, pode configurar indisciplina, permitindo a despedida por justa causa (art. 482, *h*, da CLT).

Os empregadores devem dar prioridade aos empregados com deficiência e aos empregados com filhos ou criança sob guarda judicial até quatro anos de idade na alocação em vagas para atividades que possam ser efetuadas por meio do teletrabalho ou trabalho remoto (art. 75-F da CLT, incluído pela Lei 14.442/2022).

Essa preferência tem como fundamento a situação específica dos mencionados empregados, tendo em vista que no teletrabalho ou trabalho remoto evita-se a necessidade de deslocamentos mais frequentes para as dependências do empregador.

Ainda nesse contexto, na alocação de vagas para as atividades que possam ser efetuadas por meio de teletrabalho, trabalho remoto ou trabalho a distância, nos termos do Capítulo II-A do Título II da Consolidação das Leis do Trabalho (arts. 75-A a 75-F), os empregadores devem conferir prioridade: I – às empregadas e aos empregados com filho, enteado ou criança sob guarda judicial com até seis anos de idade; II – às empregadas e aos empregados com filho, enteado ou pessoa sob guarda judicial com deficiência, sem limite de idade (art. 7.º da Lei 14.457/2022).

Trata-se de medida de apoio à parentalidade por meio da flexibilização do regime de trabalho. Para os efeitos da Lei 14.457/2022, parentalidade é o vínculo socioafetivo maternal, paternal ou qualquer outro que resulte na assunção legal do papel de realizar as atividades parentais, de forma compartilhada entre os responsáveis pelo cuidado e pela educação das crianças e dos adolescentes, nos termos do art. 22, parágrafo único, da Lei 8.069/1990 (Estatuto da Criança e do Adolescente).

Na priorização para vagas em regime de teletrabalho, trabalho remoto ou trabalho a distância, deve sempre ser levada em conta a vontade expressa da empregada ou do empregado beneficiado pela medida de apoio ao exercício da parentalidade (art. 22 da Lei 14.457/2022).

5.2.2.1 Regime de trabalho do advogado empregado

Além dos aspectos anteriormente examinados, de forma mais específica, as atividades do advogado empregado podem ser realizadas, a critério do empregador, em qualquer um dos seguintes regimes:

I – *exclusivamente presencial*: modalidade na qual o advogado empregado, desde o início da contratação, realiza o trabalho nas dependências ou locais indicados pelo empregador;

II – *não presencial, teletrabalho ou trabalho a distância*: modalidade na qual, desde o início da contratação, o trabalho é preponderantemente realizado fora das dependências do empregador, observado que o comparecimento nas dependências de forma não permanente, variável ou para participação em reuniões ou em eventos presenciais não descaracteriza o regime não presencial;

III – *misto*: modalidade na qual as atividades do advogado podem ser presenciais, no estabelecimento do contratante ou onde este indicar, ou não presenciais, conforme as condições definidas pelo empregador em seu regulamento empresarial, independentemente de preponderância ou não (art. 18, § 2.º, da Lei 8.906/1994, incluído pela Lei 14.365/2022).

Na vigência da relação de emprego, as partes podem pactuar, por acordo individual simples, a alteração de um regime para outro (art. 18, § 3.º, da Lei 8.906/1994, incluído pela Lei 14.365/2022).

5.2.2.2 Regime de trabalho da empregada gestante

Durante a emergência de saúde pública de importância nacional decorrente do coronavírus SARS-CoV-2, a empregada gestante que ainda não tenha sido totalmente imunizada contra o referido agente infeccioso, de acordo com os critérios definidos pelo Ministério da Saúde e pelo Plano Nacional de Imunizações (PNI), deve permanecer afastada das atividades de trabalho presencial (art. 1.º da Lei 14.151/2021, com redação dada pela Lei 14.311/2022).

A empregada gestante afastada nos termos mencionados ficará à disposição do empregador para exercer as atividades em seu domicílio, por meio de teletrabalho, trabalho remoto ou outra forma de trabalho a distância, sem prejuízo de sua remuneração (art. 1.º, § 1.º, da Lei 14.151/2021, incluído pela Lei 14.311/2022).

Para o fim de compatibilizar as atividades desenvolvidas pela empregada gestante na forma indicada, o empregador pode, respeitadas as competências para o desempenho do trabalho e as condições pessoais da gestante para o seu exercício, alterar as funções por ela exercidas, sem prejuízo de sua remuneração integral e assegurada a retomada da função anteriormente exercida, quando retornar ao trabalho presencial (art. 1.º, § 2.º, da Lei 14.151/2021, incluído pela Lei 14.311/2022). Autoriza-se, assim, o exercício do poder de direção pelo empregador, quanto ao aspecto da organização da sua atividade, na linha do previsto no art. 392, § 4.º, inciso I, da CLT. Caso essa alteração de função também não seja possível, não havendo nenhum modo de realizar o trabalho a distância, entende-se que a empregada gestante deve permanecer afastada das atividades de trabalho presencial, sem prejuízo de sua remuneração. Logo, nessa hipótese, ocorrerá a interrupção do contrato de trabalho, cabendo ao empregador pagar o salário durante o referido período de afastamento.

Salvo se o empregador optar por manter o exercício das suas atividades nos termos do § 1.º do art. 1.º da Lei 14.151/2021, a empregada gestante deve retornar à atividade presencial nas seguintes hipóteses: I – após o encerramento do estado de emergência de saúde pública de importância nacional decorrente do coronavírus SARS-CoV-2; II – após sua vacinação contra o coronavírus SARS-CoV-2, a partir do dia em que o Ministério da Saúde considerar completa a imunização; III – mediante o exercício de legítima opção individual pela não vacinação contra o coronavírus SARS-CoV-2 que lhe tiver sido disponibilizada, conforme o calendário divulgado pela autoridade de saúde e mediante termo de responsabilidade (art. 1.º, § 3.º, da Lei 14.151/2021, incluído pela Lei 14.311/2022).

Na hipótese de que trata o inciso III do § 3.º do art. 1.º da Lei 14.151/2021, a empregada gestante deve assinar termo de responsabilidade e de livre consentimento para exercício do trabalho presencial, comprometendo-se a cumprir todas as medidas preventivas adotadas pelo empregador (art. 1.º, § 6.º, da Lei 14.151/2021, incluído pela Lei 14.311/2022).

O exercício da opção a que se refere o inciso III do § 3.º do art. 1.º da Lei 14.151/2021 é uma expressão do direito fundamental da liberdade de autodeterminação individual, e não pode ser imposta à gestante que fizer a escolha pela não vacinação qualquer restrição de direitos em razão dela (art. 1.º, § 7.º, da Lei 14.151/2021, incluído pela Lei 14.311/2022).

Foi declarado o encerramento da emergência em saúde pública de importância nacional (Espin) em decorrência da infecção humana pelo novo coronavírus (2019-nCov), de que tratava a Portaria 188/2020 (Portaria 913/2022 do Ministério da Saúde, com entrada em vigor 30 dias após a data de sua publicação, ocorrida em 22.04.2022). Com isso, deixam de ser aplicadas as mencionadas previsões da Lei 14.151/2021, nos termos do seu art. 1.º.

5.2.3 Empregado doméstico

O empregado doméstico, de acordo com a definição contida no art. 1.º da Lei Complementar 150/2015, que dispõe sobre o contrato de trabalho doméstico, é "aquele que presta serviços de forma contínua, subordinada, onerosa e pessoal e de finalidade não lucrativa à pessoa ou à família, no âmbito residencial destas, por mais de 2 (dois) dias por semana".

Na realidade, pode-se entender que o empregado doméstico presta serviços, de natureza não econômica, à pessoa física ou à família, para o âmbito residencial destas. É doméstico não só o empregado que exerce funções internamente, na residência do empregador, como de limpeza, de faxina, de cozinhar, cuidando de crianças ou idosos, mas também o jardineiro, o vigia da casa, o motorista etc.

O empregador doméstico, portanto, não é uma empresa, não exercendo atividades econômicas ou lucrativas, mas sim é a pessoa natural ou a família.

Cabe ressaltar que a norma legal em questão específica do empregado doméstico, exige, para a existência do vínculo de emprego em questão, a *continuidade* na prestação de serviços. Assim, embora existisse entendimento de que o referido termo tem o mesmo sentido da não eventualidade, prevista no art. 3.º da CLT, a posição que prevalece é no sentido de que as duas expressões não apresentam o mesmo alcance. No caso do empregado doméstico, em particular, a lei exige a efetiva habitualidade na prestação de serviços, de forma contínua, e não intermitente, ao longo da semana. Nessa linha, não é empregado doméstico aquele que presta serviços esporádicos, ou mesmo intermitentes, ou seja, em um ou dois dias na semana.

A Lei Complementar 150/2015, que dispõe sobre o contrato de trabalho doméstico, atualmente em vigor, exige a continuidade na prestação de serviços *por mais de dois dias por semana* para a configuração dessa modalidade de vínculo de emprego.

O art. 7.º, parágrafo único, da Constituição Federal de 1988, com redação dada pela Emenda Constitucional 72, publicada em abril de 2013, indica os direitos assegurados aos domésticos.

Frise-se que o art. 7.º, *caput*, da Constituição da República reconhece a possibilidade de outros direitos que visem à melhoria da condição do trabalhador, devendo o parágrafo único deste mesmo dispositivo ser interpretado neste contexto.

A Convenção 189 da Organização Internacional do Trabalho, de 2011, dispõe sobre o trabalho doméstico.

Para o propósito da referida Convenção, o termo "trabalho doméstico" designa o trabalho executado *em* ou *para* um domicílio ou domicílios.

O termo "trabalhadores domésticos" designa toda pessoa, do sexo feminino ou masculino, que realiza um trabalho doméstico no marco de uma relação de trabalho.

Entretanto, para os fins da Convenção 189 da OIT, uma pessoa que executa o trabalho doméstico *apenas ocasionalmente* ou *esporadicamente*, sem que esse trabalho seja uma ocupação profissional, não é considerada trabalhador doméstico (art. 1.º).

Como se pode notar, a Convenção 189 da OIT utiliza a expressão "trabalhador doméstico" com nítido sentido de empregado doméstico.

Nesse enfoque, a Convenção 189 é aplicável a todos os trabalhadores (ou seja, empregados) domésticos (art. 2.º).

De acordo com o art. 7.º, parágrafo único, da Constituição da República, com redação dada pela Emenda Constitucional 72/2013, são assegurados à categoria dos trabalhadores domésticos os direitos previstos no art. 7.º, incisos IV, VI, VII, VIII, X, XIII, XV, XVI, XVII, XVIII, XIX, XXI, XXII, XXIV, XXVI, XXX, XXXI e XXXIII da Constituição Federal de 1988, e, atendidas as condições estabelecidas em lei e observada a simplificação do cumprimento das obrigações tributárias, principais e acessórias, decorrentes da relação de trabalho e suas peculiaridades, os previstos no art. 7.º, incisos I, II, III, IX, XII, XXV e XXVIII, da Constituição da República, bem como a sua integração à Previdência Social.

Desse modo, são assegurados ao empregado doméstico os seguintes direitos previstos no art. 7.º da Constituição Federal de 1988:

- *salário mínimo*, fixado em lei, nacionalmente unificado, capaz de atender às suas necessidades vitais básicas e às de sua família com moradia, alimentação, educação, saúde, lazer, vestuário, higiene, transporte e previdência social, com reajustes periódicos que lhe preservem o poder aquisitivo, sendo vedada sua vinculação para qualquer fim (inciso IV);
- *irredutibilidade do salário*, salvo o disposto em convenção ou acordo coletivo (inciso VI);
- *garantia de salário*, nunca inferior ao mínimo, para os que percebem *remuneração variável* (inciso VII)[4];
- *décimo terceiro salário* com base na remuneração integral ou no valor da aposentadoria (inciso VIII);
- *proteção do salário* na forma da lei, constituindo crime sua retenção dolosa (inciso X);
- *duração do trabalho* normal não superior a oito horas diárias e quarenta e quatro semanais, facultada a compensação de horários e a redução da jornada, mediante acordo ou convenção coletiva de trabalho (inciso XIII)[5];

4. Na relação de emprego do doméstico, de todo modo, não é tão comum estabelecer a remuneração de forma variável.

5. Trata-se de previsão de destaque, ao estabelecer a duração da jornada normal do empregado doméstico, inclusive daquele que dorme na casa onde trabalha, devendo o empregador cuidar para que essa determinação seja respeitada.

- *repouso semanal remunerado*, preferencialmente aos domingos (inciso XV);
- *remuneração do serviço extraordinário* superior, no mínimo, em 50% à do normal (inciso XVI);
- *gozo de férias anuais remuneradas* com, pelo menos, um terço a mais do que o salário normal (inciso XVII);
- *licença à gestante*, sem prejuízo do emprego e do salário, com duração de cento e vinte dias (inciso XVIII);
- *licença-paternidade*, nos termos fixados em lei (inciso XIX)[6];
- *aviso prévio proporcional ao tempo de serviço*, sendo no mínimo de 30 dias, nos termos da lei (inciso XXI);
- *redução dos riscos inerentes ao trabalho*, por meio de normas de saúde, higiene e segurança (inciso XXII)[7];
- *aposentadoria* (inciso XXIV);
- reconhecimento das *convenções e acordos coletivos de trabalho* (inciso XXVI)[8];
- *proibição de diferença de salários, de exercício de funções e de critério de admissão* por motivo de sexo, idade, cor ou estado civil (inciso XXX)[9];
- *proibição de qualquer discriminação* no tocante a salário e critérios de admissão do trabalhador portador de deficiência (inciso XXXI);
- *proibição de trabalho noturno, perigoso ou insalubre a menores de 18 e de qualquer trabalho a menores de 16 anos, salvo na condição de aprendiz, a partir de 14 anos* (inciso XXXIII).

Quanto ao tema em questão, cabe ressaltar que o Decreto 6.481/2008 aprovou a chamada "Lista das Piores Formas de Trabalho Infantil" (Lista TIP), conforme o seu Anexo, de acordo com o disposto nos arts. 3.º, *d*, e 4.º da Convenção 182 da Organização Internacional do Trabalho (aprovada pelo Decreto Legislativo 178/1999 e promulgada pelo Decreto 3.597/2000, atualmente Decreto 10.088/2019).

---

6. Conforme o art. 10, § 1.º, do Ato das Disposições Constitucionais Transitórias, até que a lei venha a disciplinar o disposto no art. 7.º, inciso XIX, da Constituição Federal de 1988, o prazo da licença-paternidade a que se refere esse dispositivo é de cinco dias.

7. São aplicáveis à relação de emprego doméstico, assim, as normas voltadas ao meio ambiente de trabalho hígido, salubre e seguro, especialmente aquelas aprovadas pelo Ministério do Trabalho.

8. Observa-se certa dificuldade na concretização do preceito em destaque, principalmente quanto à legitimidade das entidades sindicais que representam as categorias patronais domésticas, ou seja, de empregadores domésticos. Há argumentos de que estes, por definição legal, não prestam serviços de natureza econômica ou lucrativa, para serem considerados uma "categoria", nos termos do art. 511, § 1.º, da CLT. Não obstante, segundo a vertente mais atual, adotada pela Convenção 189, de 2011, da OIT, todo Estado-membro deve, no que diz respeito aos trabalhadores domésticos, adotar medidas previstas na referida Convenção para respeitar, promover e tornar realidade os princípios e direitos fundamentais no trabalho, a saber: (a) *a liberdade de associação e a liberdade sindical e o reconhecimento efetivo do direito à negociação coletiva*; (b) a eliminação de todas as formas de trabalho forçado ou obrigatório; (c) a erradicação efetiva do trabalho infantil; e (d) a eliminação da discriminação em matéria de emprego e ocupação (art. 3.º, item 2). Ainda quanto ao tema, ao adotar medidas para assegurar que os trabalhadores domésticos e os empregadores dos trabalhadores domésticos usufruam da liberdade sindical, da liberdade de associação e do reconhecimento efetivo do *direito à negociação coletiva*, os Estados-membros devem proteger o direito dos trabalhadores domésticos e dos empregadores dos trabalhadores domésticos de constituir organizações, federações e confederações que julguem pertinentes, e, a partir da condição de observar os estatutos destas organizações, afiliar-se a elas (art. 3.º, item 3, da Convenção 189/2011).

9. Trata-se de previsão em harmonia com o direito à igualdade e a proibição da discriminação, os quais são previstos nos arts. 3.º, inciso IV, e 5.º, *caput* e inciso XLI, da Constituição da República Federativa do Brasil.

Nos termos do art. 2.º do Decreto 6.481/2008, fica proibido o trabalho do menor de 18 anos nas atividades descritas na Lista TIP, salvo nas hipóteses previstas nesse mesmo Decreto.

Com isso, a referida proibição de trabalho ao menor de 18 anos (nas atividades descritas na Lista TIP) pode ser elidida (art. 2.º, § 1.º): na hipótese de ser o emprego ou o trabalho, *a partir da idade de 16 anos*, autorizado pelo Ministério do Trabalho, após consulta às organizações de empregadores e de trabalhadores interessadas, desde que fiquem plenamente garantidas a saúde, a segurança e a moral dos adolescentes; e, na hipótese de aceitação de parecer técnico circunstanciado, assinado por profissional legalmente habilitado em segurança e saúde no trabalho, que ateste a não exposição a riscos que possam comprometer a saúde, a segurança e a moral dos adolescentes, depositado na unidade descentralizada do Ministério do Trabalho da circunscrição onde ocorrerem as referidas atividades.

Além disso, o Anexo do mencionado Decreto 6.481/2008, ao estabelecer a "Lista das Piores Formas de Trabalho Infantil" (Lista TIP), prevê, justamente, o "serviço doméstico", estabelecendo, como "prováveis riscos ocupacionais dessa atividade": "esforços físicos intensos; isolamento; abuso físico, psicológico e sexual; longas jornadas de trabalho; trabalho noturno; calor; exposição ao fogo, posições antiergonômicas e movimentos repetitivos; tracionamento da coluna vertebral; sobrecarga muscular e queda de nível". Da mesma forma, o mesmo Anexo dispõe, como "prováveis repercussões à saúde dessa atividade": "afecções musculoesqueléticas (bursites, tendinites, dorsalgias, sinovites, tenossinovites); contusões; fraturas; ferimentos; queimaduras; ansiedade; alterações na vida familiar; transtornos do ciclo vigília-sono; DORT/LER; deformidades da coluna vertebral (lombalgias, lombociatalgias, escolioses, cifoses, lordoses); síndrome do esgotamento profissional e neurose profissional; traumatismos; tonturas e fobias".

Ainda em consonância com o art. 7.º, parágrafo único, da Constituição da República, com redação dada pela Emenda Constitucional 72/2013, são assegurados aos empregados domésticos, *atendidas as condições estabelecidas em lei e observada a simplificação do cumprimento das obrigações tributárias, principais e acessórias, decorrentes da relação de trabalho e suas peculiaridades*, os seguintes direitos previstos no art. 7.º:

- *relação de emprego protegida contra despedida arbitrária ou sem justa causa*, nos termos de lei complementar, que preverá indenização compensatória, dentre outros direitos (inciso I);
- *seguro-desemprego*, em caso de desemprego involuntário (inciso II);
- *Fundo de Garantia do Tempo de Serviço* (inciso III);
- *remuneração do trabalho noturno* superior à do diurno (inciso IX);
- *salário-família* pago em razão do dependente do trabalhador de baixa renda nos termos da lei (inciso XII);
- *assistência gratuita* aos filhos e dependentes desde o nascimento até cinco anos de idade em *creches e pré-escolas* (inciso XXV)[10];
- *seguro contra acidentes de trabalho*, a cargo do empregador, sem excluir a indenização a que este está obrigado, quando incorrer em dolo ou culpa (inciso XXVIII);
- *integração à Previdência Social.*

10. A respeito da matéria, o art. 208, inciso IV, da Constituição da República prevê que o dever do Estado com a educação deve ser efetivado mediante a garantia de "educação infantil, em creche e pré-escola, às crianças até 5 (cinco) anos de idade".

Vejamos, assim, de forma sistemática, a disciplina legal do contrato de trabalho doméstico, bem como dos direitos e deveres aplicáveis, conforme a Lei Complementar 150/2015.

5.2.3.1 Conceito de empregado doméstico

Como já mencionado, ao empregado doméstico, assim considerado *aquele que presta serviços de forma contínua, subordinada, onerosa e pessoal e de finalidade não lucrativa à pessoa ou à família, no âmbito residencial destas, por mais de dois dias por semana*, aplica-se o disposto na Lei Complementar 150/2015 (art. 1.º).

5.2.3.2 Trabalho do menor proibido

É *vedada a contratação de menor de 18 anos para desempenho de trabalho doméstico*, de acordo com a Convenção 182, de 1999, da Organização Internacional do Trabalho (OIT) e com o Decreto 6.481/2008.

5.2.3.3 Duração do trabalho

A *duração normal do trabalho doméstico* não excederá oito horas diárias e 44 horas semanais, observado o disposto na Lei Complementar 150/2015 (art. 2.º).

5.2.3.4 Horas extras

A *remuneração da hora extraordinária* será, no mínimo, 50% superior ao valor da hora normal (art. 2.º, § 1.º, da Lei Complementar 150/2015).

O *salário-hora normal*, em caso de empregado mensalista, é obtido dividindo-se o salário mensal por 220 horas, salvo se o contrato estipular jornada mensal inferior que resulte em divisor diverso (art. 2.º, § 2.º).

O *salário-dia normal*, em caso de empregado mensalista, é obtido dividindo-se o salário mensal por 30 e serve de base para pagamento do repouso remunerado e dos feriados trabalhados (art. 2.º, § 3.º).

5.2.3.5 Compensação de horas

Pode ser dispensado o acréscimo de salário e instituído o regime de *compensação de horas*, mediante *acordo escrito* entre empregador e empregado, se o excesso de horas de um dia for compensado em outro (art. 2.º, § 4.º, da Lei Complementar 150/2015).

Nesse regime de compensação de horas (art. 2.º, § 5.º):

> I – é devido o pagamento, como horas extraordinárias (com o adicional de no mínimo 50%) das primeiras 40 horas mensais excedentes ao horário normal de trabalho;
>
> II – das 40 horas referidas no inciso I, podem ser deduzidas, sem o correspondente pagamento, as horas não trabalhadas, em função de redução do horário normal de trabalho ou de dia útil não trabalhado, *durante o mês*;
>
> III – o saldo de horas que excederem as 40 primeiras horas mensais de que trata o inciso I, com a dedução prevista no inciso II, quando for o caso, deve ser compensado no período máximo de um ano.

Na hipótese de rescisão do contrato de trabalho sem que tenha havido a compensação integral da jornada extraordinária, o empregado faz jus ao pagamento das horas extras não compensadas, calculadas sobre o valor da remuneração na data de rescisão (art. 2.º, § 6.º).

5.2.3.6 Períodos não computados na jornada de trabalho

Os intervalos previstos na Lei Complementar 150/2015, o tempo de repouso, as horas não trabalhadas, os feriados e os domingos livres em que o empregado que mora no local de trabalho nele permaneça *não são computados como horário de trabalho* (art. 2.º, § 7.º, da Lei Complementar 150/2015).

5.2.3.7 Trabalho em dias de descanso

O trabalho não compensado prestado em domingos e feriados deve ser pago *em dobro*, sem prejuízo da remuneração relativa ao repouso semanal (art. 2.º, § 8.º, da Lei Complementar 150/2015).

5.2.3.8 Trabalho em regime de tempo parcial

Considera-se *trabalho em regime de tempo parcial* aquele cuja duração não exceda 25 horas semanais (art. 3.º da Lei Complementar 150/2015).

O salário a ser pago ao empregado sob regime de tempo parcial é *proporcional a sua jornada*, em relação ao empregado que cumpre, nas mesmas funções, tempo integral.

A duração normal do trabalho do empregado em regime de tempo parcial pode ser acrescida de horas suplementares, em número *não excedente a uma hora diária*, mediante *acordo escrito* entre empregador e empregado, aplicando-se, ainda, o disposto no art. 2.º, §§ 2.º e 3.º, que versam sobre o salário-hora normal e o salário-dia normal, com o limite máximo (da duração do trabalho) de seis horas diárias.

Na modalidade do regime de tempo parcial, após cada período de 12 meses de vigência do contrato de trabalho, o empregado tem direito a *férias*, na seguinte proporção:

> I – 18 dias, para a duração do trabalho semanal superior a 22 horas, até 25 horas;
>
> II – 16 dias, para a duração do trabalho semanal superior a 20 horas, até 22 horas;
>
> III – 14 dias, para a duração do trabalho semanal superior a 15 horas, até 20 horas;
>
> IV – 12 dias, para a duração do trabalho semanal superior a 10 horas, até 15 horas;
>
> V – 10 dias, para a duração do trabalho semanal superior a 5 horas, até 10 horas;
>
> VI – 8 dias, para a duração do trabalho semanal igual ou inferior a 5 horas.

5.2.3.9 Contrato por prazo determinado

É facultada a contratação, *por prazo determinado*, do empregado doméstico:

> I – mediante *contrato de experiência;*
>
> II – para atender *necessidades familiares de natureza transitória* e para *substituição temporária de empregado doméstico com contrato de trabalho interrompido ou suspenso* (art. 4.º da Lei Complementar 150/2015).

No caso do inciso II, a duração do contrato de trabalho é limitada ao término do evento que motivou a contratação, obedecido o limite máximo de dois anos.

O *contrato de experiência* não pode exceder 90 dias (art. 5.º da Lei Complementar 150/2015).

O contrato de experiência pode ser prorrogado uma vez, desde que a soma dos dois períodos não ultrapasse 90 dias.

O contrato de experiência que, havendo continuidade do serviço, não for prorrogado após o decurso de seu prazo previamente estabelecido ou que ultrapassar o período de 90 dias passa a vigorar como contrato de trabalho por prazo indeterminado.

Durante a vigência dos contratos previstos no art. 4.º, incisos I e II, o empregador que, sem justa causa, despedir o empregado é obrigado a pagar-lhe, a título de indenização, metade da remuneração a que teria direito até o termo do contrato (art. 6.º da Lei Complementar 150/2015).

Durante a vigência dos contratos previstos no art. 4.º, incisos I e II, o empregado não pode se desligar do contrato sem justa causa, sob pena de ser obrigado a indenizar o empregador dos prejuízos que desse fato lhe resultarem (art. 7.º da Lei Complementar 150/2015).

Essa indenização não pode exceder aquela a que teria direito o empregado em idênticas condições.

Durante a vigência dos contratos previstos no art. 4.º, incisos I e II, não será exigido aviso prévio (art. 8.º da Lei Complementar 150/2015).

5.2.3.10 Carteira de Trabalho e Previdência Social

A *Carteira de Trabalho e Previdência Social* deve ser obrigatoriamente apresentada, contrarrecibo, pelo empregado ao empregador que o admitir, o qual tem o prazo de 48 horas para nela anotar, especificamente, a data de admissão, a remuneração e, quando for o caso, os contratos por prazo determinado previstos no art. 4.º, incisos I e II (art. 9.º da Lei Complementar 150/2015).

5.2.3.11 Jornada 12x36

É facultado às partes do contrato de trabalho doméstico, mediante *acordo escrito* entre essas, estabelecer horário de trabalho de 12 horas seguidas por 36 horas ininterruptas de descanso, observados ou indenizados os intervalos para repouso e alimentação (art. 10 da Lei Complementar 150/2015).

Nesse caso, portanto, há autorização legal para que os intervalos para repouso e alimentação possam ser *usufruídos* ou *indenizados*.

A remuneração mensal pactuada pelo horário de trabalho de 12 horas seguidas por 36 horas ininterruptas de descanso *abrange os pagamentos devidos pelo descanso semanal remunerado e pelo descanso em feriados*, e são *considerados compensados os feriados e as prorrogações de trabalho noturno*, quando houver, de que tratam os arts. 70 e 73, § 5.º, da Consolidação das Leis do Trabalho, bem como o art. 9.º da Lei 605/1949 (art. 10, § 1.º, da Lei Complementar 150/2015).

5.2.3.12 Viagens

Em relação ao empregado responsável por acompanhar o empregador prestando serviços *em viagem*, são consideradas apenas as horas efetivamente trabalhadas no período, podendo ser compensadas as horas extraordinárias em outro dia, observado o art. 2.º da Lei Complementar 150/2015 (art. 11 da Lei Complementar 150/2015).

O acompanhamento do empregador pelo empregado em viagem é condicionado à prévia existência de *acordo escrito* entre as partes.

A remuneração-hora do serviço em viagem deve ser, no mínimo, 25% superior ao valor do salário-hora normal. Essa previsão pode ser, mediante acordo, convertida em acréscimo no banco de horas, a ser utilizado a critério do empregado.

5.2.3.13 Registro de horário de trabalho

É *obrigatório o registro do horário de trabalho do empregado doméstico* por qualquer meio manual, mecânico ou eletrônico, desde que idôneo (art. 12 da Lei Complementar 150/2015).

5.2.3.14 Intervalo intrajornada

É obrigatória a concessão de *intervalo para repouso ou alimentação* pelo período de, no mínimo, uma hora e, no máximo, duas horas, admitindo-se, mediante *prévio acordo escrito* entre empregador e empregado, a sua *redução* a 30 minutos (art. 13 da Lei Complementar 150/2015).

Caso o empregado resida no local de trabalho, o período de intervalo pode ser *desmembrado* em dois períodos, desde que cada um deles tenha, no mínimo, uma hora, até o limite de quatro horas ao dia.

Em caso de modificação do intervalo, na forma do art. 13, § 1.º (desmembramento em dois períodos), é obrigatória a sua anotação no registro diário de horário, vedada sua prenotação.

5.2.3.15 Trabalho noturno

Considera-se *noturno*, para os efeitos da Lei Complementar 150/2015, o trabalho executado entre as 22 horas de um dia e as 5 horas do dia seguinte (art. 14 da Lei Complementar 150/2015).

A hora de trabalho noturno terá duração de 52 minutos e 30 segundos.

A remuneração do trabalho noturno deve ter acréscimo de, no mínimo, 20% sobre o valor da hora diurna.

Em caso de contratação, pelo empregador, de empregado exclusivamente para desempenhar trabalho noturno, o acréscimo deve ser calculado sobre o salário anotado na Carteira de Trabalho e Previdência Social.

5.2.3.16 Horários mistos

Conforme o art. 14, § 4.º, da Lei Complementar 150/2015, nos *horários mistos*, assim entendidos aqueles que abrangem períodos diurnos e noturnos, aplica-se às horas de trabalho noturno o disposto no art. 14 e seus parágrafos da Lei Complementar 150/2015.

Desse modo, nos termos da Súmula 60 do TST, especialmente no inciso II, aplicável à hipótese: "Adicional noturno. Integração no salário e prorrogação em horário diurno. I – O adicional noturno, pago com habitualidade, integra o salário do empregado para todos os efeitos. II – Cumprida integralmente a jornada no período noturno e prorrogada esta, devido é também o adicional quanto às horas prorrogadas. Exegese do art. 73, § 5.º, da CLT".

5.2.3.17 Intervalo interjornada

Entre duas jornadas de trabalho, deve haver período mínimo de 11 horas consecutivas para descanso (art. 15 da Lei Complementar 150/2015).

5.2.3.18 Repouso semanal remunerado e feriados

É devido ao empregado doméstico *descanso semanal remunerado* de, no mínimo, 24 horas consecutivas, preferencialmente aos domingos, além de descanso remunerado em *feriados* (art. 16 da Lei Complementar 150/2015).

5.2.3.19 Férias

O empregado doméstico tem direito a *férias anuais remuneradas* de 30 dias, salvo o disposto no art. 3.º, § 3.º (que dispõe sobre férias no regime de tempo parcial), com acréscimo de, pelo menos, *um terço do salário normal*, após cada período de 12 meses de trabalho prestado à mesma pessoa ou família (art. 17 da Lei Complementar 150/2015).

Na cessação do contrato de trabalho, o empregado, desde que não tenha sido demitido por justa causa, tem direito à remuneração relativa ao período incompleto de férias, na proporção de 1/12 (um doze avos) por mês de serviço ou fração superior a 14 dias.

O período de férias pode, a critério do empregador, ser *fracionado em até dois períodos*, sendo um deles de, no mínimo, 14 dias corridos.

É facultado ao empregado doméstico converter 1/3 (um terço) do período de férias a que tiver direito em *abono pecuniário*, no valor da remuneração que lhe seria devida nos dias correspondentes.

O abono de férias deve ser requerido até 30 dias antes do término do período aquisitivo.

É lícito ao empregado que reside no local de trabalho nele permanecer durante as férias.

As férias devem ser concedidas pelo empregador nos 12 meses subsequentes à data em que o empregado tiver adquirido o direito.

5.2.3.20 Descontos salariais e utilidades

É vedado ao empregador doméstico efetuar *descontos no salário* do empregado por fornecimento de alimentação, vestuário, higiene ou moradia, bem como por despesas com transporte, hospedagem e alimentação em caso de acompanhamento em viagem (art. 18 da Lei Complementar 150/2015).

É facultado ao empregador efetuar descontos no salário do empregado em caso de adiantamento salarial e, mediante acordo escrito entre as partes, para a inclusão do empregado em planos de assistência médico-hospitalar e odontológica, de seguro e de previdência privada, não podendo a dedução ultrapassar 20% do salário.

Podem ser descontadas as despesas com moradia quando esta se referir a local diverso da residência em que ocorrer a prestação de serviço, desde que essa possibilidade tenha sido expressamente acordada entre as partes.

As despesas referidas no art. 18, *caput*, da Lei Complementar 150/2015 *não têm natureza salarial* nem se incorporam à remuneração para quaisquer efeitos.

O fornecimento de moradia ao empregado doméstico na própria residência ou em morada anexa, de qualquer natureza, não gera a ele qualquer direito de posse ou de propriedade sobre a referida moradia.

5.2.3.21 Aplicação subsidiária

Observadas as peculiaridades do trabalho doméstico, a este também se aplicam a Lei 605/1949 (sobre o repouso semanal remunerado), a Lei 4.090/1962 (sobre a gratificação natalina), a Lei 4.749/1965 (sobre a gratificação natalina) e a Lei 7.418/1985 (sobre o vale-transporte), e, subsidiariamente, a Consolidação das Leis do Trabalho (art. 19 da Lei Complementar 150/2015).

5.2.3.22 Vale-transporte

A obrigação prevista no art. 4.º da Lei 7.418/1985[11], sobre *vale-transporte*, pode ser substituída, a critério do empregador, pela concessão, mediante recibo, dos valores para a aquisição das passagens necessárias ao custeio das despesas decorrentes do deslocamento residência-trabalho e vice-versa (art. 19, parágrafo único, da Lei Complementar 150/2015).

5.2.3.23 Previdência Social

O empregado doméstico é *segurado obrigatório da Previdência Social*, sendo-lhe devidas, na forma da Lei 8.213/1991, as prestações nela arroladas, atendido o disposto na Lei Complementar 150/2015 e observadas as características especiais do trabalho doméstico (art. 20 da Lei Complementar 150/2015).

5.2.3.24 FGTS

É devida a inclusão do empregado doméstico no *Fundo de Garantia do Tempo de Serviço* (FGTS), na forma do regulamento a ser editado pelo Conselho Curador e pelo agente operador do FGTS, no âmbito de suas competências, conforme disposto nos arts. 5.º e 7.º da Lei 8.036/1990, inclusive no que tange aos aspectos técnicos de depósitos, saques, devolução de valores e emissão de extratos, entre outros determinados na forma da lei (art. 21 da Lei Complementar 150/2015).

O empregador doméstico somente passa a ter obrigação de promover a inscrição e de efetuar os recolhimentos referentes a seu empregado após a entrada em vigor do regulamento referido anteriormente.

O empregador doméstico deve depositar a importância de *3,2%* sobre a remuneração devida, no mês anterior, a cada empregado, destinada ao pagamento da indenização compensatória da perda do emprego, sem justa causa ou por culpa do empregador,

---

11. "Art. 4.º A concessão do benefício ora instituído implica a aquisição pelo empregador dos Vales-Transportes necessários aos deslocamentos do trabalhador no percurso residência-trabalho e vice-versa, no serviço de transporte que melhor se adequar. Parágrafo único. O empregador participará dos gastos de deslocamento do trabalhador com a ajuda de custo equivalente à parcela que exceder a 6% (seis por cento) de seu salário básico".

não se aplicando ao empregado doméstico o disposto nos §§ 1.º a 3.º do art. 18 da Lei 8.036/1990 (art. 22 da Lei Complementar 150/2015).

Nas hipóteses de dispensa por justa causa ou a pedido, de término do contrato de trabalho por prazo determinado, de aposentadoria e de falecimento do empregado doméstico, os valores previstos no art. 22, *caput*, da Lei Complementar 150/2015 devem ser movimentados pelo empregador.

Na hipótese de culpa recíproca, metade dos valores previstos no art. 22, *caput*, deve ser movimentada pelo empregado, enquanto a outra metade será movimentada pelo empregador.

Os valores previstos no art. 22, *caput*, devem ser depositados na conta vinculada do empregado, em variação distinta daquela em que se encontrarem os valores oriundos dos depósitos de que trata o art. 34, inciso IV, da Lei Complementar 150/2015 (ou seja, 8% de recolhimento para o FGTS), e somente podem ser movimentados por ocasião da rescisão contratual.

À importância monetária de que trata o art. 22, *caput*, aplicam-se as disposições da Lei 8.036/1990 (sobre o Fundo de Garantia do Tempo de Serviço) e da Lei 8.844/1994 (sobre a fiscalização, apuração e cobrança judicial as contribuições e multas devidas ao FGTS), inclusive quanto à sujeição passiva e equiparações, ao prazo de recolhimento, à administração, à fiscalização, ao lançamento, à consulta, à cobrança, às garantias, ao processo administrativo de determinação e à exigência de créditos tributários federais.

Pode-se dizer que a extensão do regime do FGTS, de forma obrigatória, também para a relação de emprego doméstico, é um modo de concretizar o mandamento constitucional de melhoria das condições sociais dos referidos empregados (art. 7.º, *caput*, da CF/1988), em consonância, ainda, com os ditames da valorização do trabalho e da dignidade da pessoa humana (arts. 1.º, incisos III e IV, e 3.º, incisos I, III e IV, da CF/1988).

5.2.3.25 Aviso prévio

Não havendo prazo estipulado no contrato, a parte que, sem justo motivo, quiser rescindi-lo deverá *avisar* a outra de sua *intenção* (art. 23 da Lei Complementar 150/2015).

O *aviso prévio* deve ser concedido na proporção de 30 dias ao empregado que conte com até um ano de serviço para o mesmo empregador (art. 23, § 1.º, da Lei Complementar 150/2015).

Ao aviso prévio previsto no art. 23 da Lei Complementar 150/2015, devido ao empregado, devem ser acrescidos três dias por ano de serviço prestado para o mesmo empregador, até o máximo de 60 dias, perfazendo um total de até 90 dias (art. 23, § 2.º, da Lei Complementar 150/2015).

A falta de aviso prévio por parte do empregador dá ao empregado o direito aos salários correspondentes ao prazo do aviso, garantida sempre a integração desse período ao seu tempo de serviço (art. 23, § 3.º, da Lei Complementar 150/2015).

A falta de aviso prévio por parte do empregado dá ao empregador o direito de descontar os salários correspondentes ao prazo respectivo (art. 23, § 4.º, da Lei Complementar 150/2015).

O valor das horas extraordinárias habituais integra o aviso prévio indenizado (art. 23, § 5.º, da Lei Complementar 150/2015).

O horário normal de trabalho do empregado durante o aviso prévio, quando a rescisão tiver sido promovida pelo empregador, deve ser reduzido de duas horas diárias, sem prejuízo do salário integral (art. 24 da Lei Complementar 150/2015).

É facultado ao empregado trabalhar sem a redução das duas horas diárias, caso em que pode faltar ao serviço, sem prejuízo do salário integral, por sete dias corridos, na hipótese dos §§ 1.º e 2.º do art. 23 da Lei Complementar 150/2015.

5.2.3.26 Licença-maternidade

A empregada doméstica gestante tem direito à *licença-maternidade de 120 dias, sem prejuízo do emprego e do salário*, nos termos dos arts. 391 e seguintes da CLT, ou seja, da Seção V do Capítulo III do Título III da Consolidação das Leis do Trabalho (art. 25 da Lei Complementar 150/2015).

5.2.3.27 Estabilidade provisória da gestante

A confirmação do estado de gravidez durante o curso do contrato de trabalho, ainda que durante o prazo do aviso prévio trabalhado ou indenizado, garante à empregada gestante a estabilidade provisória prevista no art. 10, inciso II, *b*, do Ato das Disposições Constitucionais Transitórias (art. 25, parágrafo único, da Lei Complementar 150/2015).

Com isso, a empregada doméstica também tem direito à garantia de emprego prevista no art. 10, inciso II, *b*, do Ato das Disposições Constitucionais Transitórias, válido até a promulgação da lei complementar a que se refere o art. 7.º, inciso I, da Constituição Federal de 1988[12].

Tal lei também dispõe que esse direito deve ser assegurado, nos casos em que ocorrer o falecimento da trabalhadora gestante, a quem detiver a guarda do seu filho.

Ainda assim, tendo em vista que a relação de emprego doméstico envolve o labor no âmbito residencial, resultando em contato com a privacidade ou mesmo intimidade da pessoa natural ou da família, há entendimento de que, no caso de reconhecimento judicial da referida estabilidade provisória, não sendo possível a reintegração voluntária, não seria adequado impor a reintegração *forçada* propriamente, inserindo a obreira no âmbito familiar sem a concordância de seus membros, devendo-se deferir à empregada doméstica o direito à respectiva indenização do período de estabilidade (conforme Súmula 396 do TST).

5.2.3.28 Seguro-desemprego

O empregado doméstico que for dispensado sem justa causa fará jus ao benefício do *seguro-desemprego*, na forma da Lei 7.998/1990, no valor de um salário mínimo, por período máximo de três meses, de forma contínua ou alternada (art. 26 da Lei Complementar 150/2015).

O benefício do seguro-desemprego deve ser concedido ao empregado nos termos do regulamento do Conselho Deliberativo do Fundo de Amparo ao Trabalhador (Codefat).

O benefício do seguro-desemprego deve ser *cancelado*, sem prejuízo das demais sanções cíveis e penais cabíveis: pela recusa, por parte do trabalhador desempregado,

---

12. Cf. Súmula 244 do TST: "I – O desconhecimento do estado gravídico pelo empregador não afasta o direito ao pagamento da indenização decorrente da estabilidade (art. 10, II, *b*, do ADCT); II – A garantia de emprego à gestante só autoriza reintegração se esta se der durante o período de estabilidade. Do contrário, a garantia restringe-se aos salários e demais direitos correspondentes ao período de estabilidade; III – A empregada gestante tem direito à estabilidade provisória prevista no art. 10, inciso II, 'b', do Ato das Disposições Constitucionais Transitórias, mesmo na hipótese de admissão mediante contrato por tempo determinado".

de outro emprego condizente com sua qualificação registrada ou declarada e com sua remuneração anterior; por comprovação de falsidade na prestação das informações necessárias à habilitação; por comprovação de fraude visando à percepção indevida do benefício do seguro-desemprego; ou por morte do segurado.

Para se habilitar ao benefício do seguro-desemprego, o trabalhador doméstico deve apresentar ao órgão competente do Ministério do Trabalho (art. 28 da Lei Complementar 150/2015):

> I - Carteira de Trabalho e Previdência Social, na qual devem constar a anotação do contrato de trabalho doméstico e a data de dispensa, de modo a comprovar o vínculo empregatício, como empregado doméstico, durante pelo menos 15 meses nos últimos 24 meses;
>
> II - termo de rescisão do contrato de trabalho;
>
> III - declaração de que não está em gozo de benefício de prestação continuada da Previdência Social, exceto auxílio-acidente e pensão por morte; e
>
> IV - declaração de que não possui renda própria de qualquer natureza suficiente a sua manutenção e a de sua família.

O seguro-desemprego deve ser requerido no prazo de sete até 90 dias contados da data de dispensa (art. 29 da Lei Complementar 150/2015).

Um novo seguro-desemprego só pode ser requerido após o cumprimento de novo período aquisitivo, cuja duração é definida pelo Codefat (art. 30 da Lei Complementar 150/2015).

5.2.3.29 Justa causa

No caso do empregado doméstico, considera-se *justa causa* para os efeitos da Lei Complementar 150/2015 (art. 27):

> I - submissão a maus-tratos de idoso, de enfermo, de pessoa com deficiência ou de criança sob cuidado direto ou indireto do empregado;
>
> II - prática de ato de improbidade;
>
> III - incontinência de conduta ou mau procedimento;
>
> IV - condenação criminal do empregado transitada em julgado, caso não tenha havido suspensão da execução da pena;
>
> V - desídia no desempenho das respectivas funções;
>
> VI - embriaguez habitual ou em serviço;
>
> VII - (*vetado*);
>
> VIII - ato de indisciplina ou de insubordinação;
>
> IX - abandono de emprego, assim considerada a ausência injustificada ao serviço por, pelo menos, 30 dias corridos;
>
> X - ato lesivo à honra ou à boa fama ou ofensas físicas praticadas em serviço contra qualquer pessoa, salvo em caso de legítima defesa, própria ou de outrem;
>
> XI - ato lesivo à honra ou à boa fama ou ofensas físicas praticadas contra o empregador doméstico ou sua família, salvo em caso de legítima defesa, própria ou de outrem;
>
> XII - prática constante de jogos de azar.

5.2.3.30 Rescisão indireta

No caso do empregado doméstico, o contrato de trabalho pode ser rescindido por *culpa do empregador* quando (art. 27, parágrafo único, da Lei Complementar 150/2015):

> I – o empregador exigir serviços superiores às forças do empregado doméstico, defesos por lei, contrários aos bons costumes ou alheios ao contrato;
>
> II – o empregado doméstico for tratado pelo empregador ou por sua família com rigor excessivo ou de forma degradante;
>
> III – o empregado doméstico correr perigo manifesto de mal considerável;
>
> IV – o empregador não cumprir as obrigações do contrato;
>
> V – o empregador ou sua família praticar, contra o empregado doméstico ou pessoas de sua família, ato lesivo à honra e à boa fama;
>
> VI – o empregador ou sua família ofender o empregado doméstico ou sua família fisicamente, salvo em caso de legítima defesa, própria ou de outrem;
>
> VII – o empregador praticar qualquer das formas de violência doméstica ou familiar contra mulheres de que trata o art. 5.º da Lei 11.340/2006[13].

5.2.3.31 Simples Doméstico

Foi instituído o *regime unificado de pagamento de tributos, de contribuições e dos demais encargos do empregador doméstico* (Simples Doméstico), regulamentado no prazo de 120 dias a contar da data de entrada em vigor da Lei Complementar 150, publicada no *Diário Oficial da União* de 02.06.2015 (art. 31).

A *inscrição do empregador* e a entrada única de dados cadastrais e de informações trabalhistas, previdenciárias e fiscais no âmbito do Simples Doméstico dar-se-ão mediante registro em *sistema eletrônico* a ser disponibilizado em portal na Internet, conforme regulamento (art. 32 da Lei Complementar 150/2015).

A impossibilidade de utilização do sistema eletrônico deve ser objeto de regulamento, a ser editado pelo Ministério da Fazenda e pelo agente operador do FGTS.

O Simples Doméstico é disciplinado por ato conjunto dos Ministros de Estado da Fazenda, da Previdência Social e do Trabalho que dispõem sobre a apuração, o recolhimento e a distribuição dos recursos recolhidos por meio do Simples Doméstico, observadas as disposições do art. 21 da Lei Complementar 150/2015 (art. 33 da Lei Complementar 150/2015).

Esse ato conjunto deve dispor também sobre o sistema eletrônico de registro das obrigações trabalhistas, previdenciárias e fiscais e sobre o cálculo e o recolhimento dos tributos e encargos trabalhistas vinculados ao Simples Doméstico. As informações prestadas nesse sistema eletrônico:

---

13. "Art. 5.º Para os efeitos desta Lei, configura violência doméstica e familiar contra a mulher qualquer ação ou omissão baseada no gênero que lhe cause morte, lesão, sofrimento físico, sexual ou psicológico e dano moral ou patrimonial: I – no âmbito da unidade doméstica, compreendida como o espaço de convívio permanente de pessoas, com ou sem vínculo familiar, inclusive as esporadicamente agregadas; II – no âmbito da família, compreendida como a comunidade formada por indivíduos que são ou se consideram aparentados, unidos por laços naturais, por afinidade ou por vontade expressa; III – em qualquer relação íntima de afeto, na qual o agressor conviva ou tenha convivido com a ofendida, independentemente de coabitação. Parágrafo único. As relações pessoais enunciadas neste artigo independem de orientação sexual".

I - têm caráter declaratório, constituindo instrumento hábil e suficiente para a exigência dos tributos e encargos trabalhistas delas resultantes e que não tenham sido recolhidos no prazo consignado para pagamento; e

II - devem ser fornecidas até o vencimento do prazo para pagamento dos tributos e encargos trabalhistas devidos no Simples Doméstico em cada mês, relativamente aos fatos geradores ocorridos no mês anterior.

O sistema eletrônico de registro das obrigações trabalhistas, previdenciárias e fiscais (art. 33, § 1.º) e o sistema eletrônico de inscrição do empregador no Simples Doméstico (art. 32) substituem, na forma regulamentada pelo ato conjunto mencionado, a obrigatoriedade de entrega de todas as informações, os formulários e as declarações a que estão sujeitos os empregadores domésticos, inclusive os relativos ao recolhimento do FGTS.

O Simples Doméstico assegura o recolhimento mensal, mediante *documento único de arrecadação*, dos seguintes valores (art. 34 da Lei Complementar 150/2015):

I - 8% a 11% de contribuição previdenciária, a cargo do segurado empregado doméstico, nos termos do art. 20 da Lei 8.212/1991;

II - 8% de contribuição patronal previdenciária para a Seguridade Social, a cargo do empregador doméstico, nos termos do art. 24 da Lei 8.212/1991;

III - 0,8% de contribuição social para financiamento do seguro contra acidentes do trabalho;

IV - 8% de recolhimento para o FGTS;

V - 3,2%, na forma do art. 22 da Lei Complementar 150/2015; e

VI - imposto sobre a renda retido na fonte de que trata o art. 7.º, inciso I, da Lei 7.713/1988, se incidente.

As contribuições, os depósitos e o imposto arrolados nos incisos I a VI incidem sobre a remuneração paga ou devida no mês anterior, a cada empregado, incluída na remuneração a gratificação de Natal a que se referem a Lei 4.090/1962 e a Lei 4.749/1965.

A contribuição e o imposto previstos nos incisos I e VI devem ser descontados da remuneração do empregado pelo empregador, que é responsável por seu recolhimento.

O produto da arrecadação das contribuições, dos depósitos e do imposto referidos deve ser centralizado na Caixa Econômica Federal.

A Caixa Econômica Federal, com base nos elementos identificadores do recolhimento, disponíveis no *sistema eletrônico de registro das obrigações trabalhistas, previdenciárias e fiscais* (previsto no art. 33, § 1.º), deve transferir para a Conta Única do Tesouro Nacional o valor arrecadado das contribuições e do imposto previstos nos incisos I, II, III e VI.

O recolhimento por meio do Simples Doméstico (conforme art. 33) deve ser efetuado em instituições financeiras integrantes da rede arrecadadora de receitas federais (art. 34, § 5.º, da Lei Complementar 150/2015).

O empregador deve fornecer, mensalmente, ao empregado doméstico cópia do *documento único de arrecadação*, previsto no art. 34, § 6.º, da Lei Complementar 150/2015.

O recolhimento mensal, mediante documento único de arrecadação, e a exigência das contribuições, dos depósitos e do imposto, nos valores definidos nos incisos I a VI, somente são devidos após 120 dias da data de publicação da Lei Complementar 150/2015.

Fica o empregador doméstico obrigado a:

I – pagar a remuneração devida ao empregado doméstico até o sétimo dia do mês seguinte ao da competência;

II – arrecadar e recolher a contribuição prevista no art. 34, inciso I, da Lei Complementar 150/2015, e arrecadar e recolher as contribuições, os depósitos e o imposto a seu cargo de que tratam os incisos II, III, IV, V e VI do art. 34 da Lei Complementar 150/2015, até o vigésimo dia do mês seguinte ao da competência (art. 10 da Lei 14.438/2022). Quanto ao prazo, como o art. 35 da Lei Complementar 150/2015 previa até o dia 7 do mês seguinte ao da competência, essa alteração produz efeitos a partir da data de início da arrecadação por meio da prestação dos serviços digitais de geração de guias do FGTS, para fatos geradores ocorridos a partir dessa data (art. 19, inciso I, alínea *b*, da Lei 14.438/2022).

Os valores previstos no art. 34, incisos I, II, III e VI, da Lei Complementar 150/2015 não recolhidos até a data de vencimento ficam sujeitos à incidência de encargos legais na forma prevista na legislação do imposto sobre a renda.

Os valores previstos no art. 34, incisos IV e V, da Lei Complementar 150/2015, referentes ao FGTS, não recolhidos até a data de vencimento devem ser corrigidos e terão a incidência de multa, conforme disposto na Lei 8.036/1990.

5.2.3.32 Prescrição

O direito de ação quanto a créditos resultantes das relações de trabalho *prescreve* em cinco anos até o limite de dois anos após a extinção do contrato de trabalho (art. 43 da Lei Complementar 150/2015).

5.2.3.33 Fiscalização

É de responsabilidade do empregador o arquivamento de documentos comprobatórios do cumprimento das obrigações fiscais, trabalhistas e previdenciárias, enquanto essas não prescreverem (art. 42 da Lei Complementar 150/2015).

No caso da relação de emprego doméstico, observa-se certa dificuldade quanto ao exercício das atividades da inspeção do trabalho, tendo em vista que o local a ser fiscalizado é, justamente, a residência do empregador. Isso porque, nos termos do art. 5.º, inciso XI, da Constituição Federal de 1988, "a casa é asilo inviolável do indivíduo, ninguém nela podendo penetrar sem consentimento do morador, salvo em caso de flagrante delito ou desastre, ou para prestar socorro, ou, durante o dia, por determinação judicial".

Desse modo, a verificação, pelo Auditor-Fiscal do Trabalho, do cumprimento das normas que regem o trabalho do empregado doméstico, no âmbito do domicílio do empregador, depende de agendamento e de entendimento *prévios* entre a fiscalização e o empregador (art. 11-A da Lei 10.593/2002, acrescentado pelo art. 44 da Lei Complementar 150/2015).

A fiscalização deve ter natureza *prioritariamente orientadora*.

Deve ser observado o critério de *dupla visita* para lavratura de auto de infração, salvo quando for constatada infração por falta de anotação na Carteira de Trabalho e Previdência Social ou, ainda, na ocorrência de reincidência, fraude, resistência ou embaraço à fiscalização.

Durante a inspeção do trabalho do empregado doméstico, o Auditor-Fiscal do Trabalho deve fazer-se acompanhar pelo empregador ou por alguém de sua família por este designado.

5.2.3.34 Modificações legais futuras

As matérias tratadas na Lei Complementar 150/2015, que dispõe sobre o contrato de trabalho doméstico, que não sejam reservadas constitucionalmente a lei complementar, podem ser objeto de alteração por lei ordinária (art. 45 da Lei Complementar 150/2015).

Frise-se ainda que a política urbana tem por objetivo ordenar o pleno desenvolvimento das funções sociais da cidade e da propriedade urbana, tendo como uma de suas seguintes diretrizes gerais a garantia de condições condignas de acessibilidade, utilização e conforto nas dependências internas das edificações urbanas, *inclusive nas destinadas à moradia e ao serviço dos trabalhadores domésticos*, observados requisitos mínimos de dimensionamento, ventilação, iluminação, ergonomia, privacidade e qualidade dos materiais empregados (art. 2.º, inciso XIX, da Lei 10.257/2001, incluído pela Lei 13.699/2018).

5.2.4 Empregado rural

O art. 7.º da Constituição Federal de 1988, ao arrolar direitos dos trabalhadores, faz previsão quanto aos "trabalhadores urbanos e rurais" (*caput*).

A Lei 5.889, de 8 de junho de 1973, estatui normas reguladoras do trabalho rural.

As relações de trabalho rural são reguladas pela Lei 5.889/1973 e, naquilo que não dispuser em contrário, pela CLT e pela legislação especial (art. 1.º da Lei 5.889/1973 e art. 86 do Decreto 10.854/2021).

O empregado rural é definido pelo art. 2.º do referido diploma legal, como "toda pessoa física que, em propriedade rural ou prédio rústico, presta serviços de natureza não eventual a empregador rural, sob a dependência deste e mediante salário".

Por ser um empregado, aplicam-se ao rural os requisitos, já estudados, da relação de emprego: pessoa física, pessoalidade, não eventualidade, subordinação e onerosidade.

Analisando o mencionado art. 2.º da Lei 5.889/1973, observa-se a menção de que o empregado rural presta serviços "em propriedade rural ou prédio rústico". A propriedade rural é aquela situada na zona rural. O prédio rústico pode ser entendido como aquele que, situado na zona rural ou mesmo em zona urbana, tem como destinação a exploração de atividade agroeconômica.

Ainda pela definição do referido art. 2.º, verifica-se que, na realidade, *empregado rural é aquele que presta serviços a empregador rural.*

O art. 3.º, *caput*, da Lei 5.889/1973 define empregador rural como "a pessoa física ou jurídica, proprietária ou não, que explore atividade agroeconômica, em caráter permanente ou temporário, diretamente ou através de prepostos e com auxílio de empregados".

Como se nota, para saber se o empregador é rural (e, por consequência, se o empregado também o é), é relevante saber a finalidade da atividade explorada por aquele, se de natureza agroeconômica, ou seja, direcionada à agricultura ou à pecuária.

A função, em si, desempenhada pelo empregado, não é o fator relevante na referida caracterização do empregado como rural, mas sim a natureza da atividade desempenhada pelo empregador.

Pelo critério da lei em vigor, é empregado rural todo aquele que presta serviços ao empregador que explora atividade de natureza (finalidade) agroeconômica, mesmo que a função do empregado não seja, por exemplo, diretamente exercida no plantio, na safra, na criação de gado etc., mas sim no escritório da fazenda.

O § 1.º do art. 3.º da Lei 5.889/1973 inclui na atividade econômica referida no *caput* desse mesmo dispositivo (ou seja, também sendo considerada como de empregador rural) a exploração industrial em estabelecimento agrário não compreendido na Consolidação das Leis do Trabalho, bem como a exploração do turismo rural "ancilar" (ou seja, de forma acessória) à exploração agroeconômica. Para a devida compreensão desse dispositivo, deve-se observar o disposto no art. 84, §§ 4.º e 5.º, do Decreto 10.854/2021.

Assim, consideram-se como exploração industrial em estabelecimento agrário as atividades que compreendem o primeiro tratamento dos produtos agrários *in natura* sem transformá-los em sua natureza, tais como: I – o beneficiamento, a primeira modificação e o preparo dos produtos agropecuários e hortigranjeiros e das matérias-primas de origem animal ou vegetal para posterior venda ou industrialização; II – o aproveitamento dos subprodutos provenientes das operações de preparo e modificação dos produtos *in natura* de que trata o inciso I.

Para fins do disposto acima, não se considera indústria rural aquela que, ao operar a primeira modificação do produto agrário, transforme a sua natureza a ponto de perder a condição de matéria-prima.

Desse modo, a **indústria rural**, em que o empregador também é considerado rural, é aquela em que o produto agrário recebe o primeiro tratamento, desde que não ocorra a transformação de sua condição *in natura*. É o exemplo do primeiro beneficiamento do arroz. Por isso, se ocorrer a mudança da referida natureza do produto, como ocorre com a produção (industrialização) de farinha, a atividade não pode ser considerada rural, mas sim industrial urbana.

Ainda sobre o tema, de acordo com a Orientação Jurisprudencial 38 da SBDI-I do TST: "Empregado que exerce atividade rural. Empresa de reflorestamento. Prescrição própria do rurícola (Lei n.º 5.889, de 08.06.1973, art. 10, e Decreto n.º 73.626, de 12.02.19/74, art. 2.º, § 4.º). O empregado que trabalha em empresa de reflorestamento, cuja atividade está diretamente ligada ao manuseio da terra e de matéria-prima, é rurícola e não industriário, nos termos do Decreto n.º 73.626, de 12.02.1974, art. 2.º, § 4.º [Decreto 10.854/2021, art. 84, § 4.º], pouco importando que o fruto de seu trabalho seja destinado à indústria. Assim, aplica-se a prescrição própria dos rurícolas aos direitos desses empregados".

Dúvidas surgem quando, no mesmo estabelecimento, independentemente de se encontrar situado na zona rural, o empregador exerce tanto atividade nitidamente agroeconômica (por exemplo, plantio de cana-de-açúcar) como industrial, mas com a total transformação da natureza *in natura* do produto agrário (seguindo com o exemplo, a produção/industrialização de açúcar e de álcool). Nessas circunstâncias, o melhor critério seria diferenciar os empregados que exercem suas funções no âmbito da atividade agroeconômica, considerados, assim, empregados rurais, dos empregados que laborem na atividade industrial não rural, considerados, assim, urbanos[14].

---

14. "Recurso de revista em face de decisão publicada antes da vigência da Lei nº 13.015/2014. Empresa agroindustrial. Enquadramento. Prescrição. Empregador urbano. A jurisprudência desta Corte estava cristalizada na Orientação Jurisprudencial 419 da SBDI-I, segundo a qual se considera 'rurícola empregado que, a despeito da atividade exercida, presta serviços a empregador agroindustrial (art. 3.º, § 1.º, da Lei nº 5.889, de 08.06.1973),

Entretanto, há entendimento de que, em casos como os de usina de cana-de-açúcar, para fins de enquadramento do empregado como urbano ou rural, deve-se verificar qual a atividade preponderante do empregador, e não as peculiaridades da atividade exercida pelo trabalhador. Nesse sentido, destaca-se o seguinte julgado:

> "Enquadramento. Trabalhador rural. Critério para definição. Usina de cana-de-açúcar. Prescrição. Para o enquadramento do empregado como trabalhador urbano ou rural é irrelevante a análise das peculiaridades da atividade por ele exercida, devendo-se observar a atividade preponderante do empregador. Recurso de Embargos de que se conhece e a que se dá provimento" (TST, SBDI-I, E-ED-RR 63600-16.2002.5.15.0120, Rel. Min. João Batista Brito Pereira, *DEJT* 24.02.2012).

De acordo com essa posição, sendo o empregador uma usina de cana-de-açúcar, considerada empresa agroindustrial, com atividade preponderantemente agrícola, os seus empregados são considerados trabalhadores rurais[15].

Na atualidade, tem-se admitido, mesmo no âmbito rural, a presença de *categoria profissional diferenciada* (ou seja, que se forma dos empregados que exerçam profissões ou funções diferenciadas por força de estatuto profissional especial ou em consequência de condições de vida singulares), conforme art. 511, § 3.º, da CLT e art. 19 da Lei 5.889/1973.

Equipara-se ao empregador rural a pessoa física ou jurídica que, habitualmente, em caráter profissional, e por conta de terceiros, execute serviços de natureza agrária, mediante utilização do trabalho de outrem (art. 4.º da Lei 5.889/1973).

---

visto que, neste caso, é a atividade preponderante da empresa que determina o enquadramento'. Contudo, na sessão do dia 27/10/2015, do Tribunal Pleno desta Corte, referida orientação jurisprudencial foi cancelada. A partir de então, a questão passa a ser dirimida caso a caso, considerando, inclusive, a atividade desenvolvida pelo trabalhador. Na hipótese dos autos, a Corte de origem registrou, com base nos documentos constitutivos juntados, tratar-se de empresa agroindustrial de produção de cana-de-açúcar e fabricação e comércio de açúcar e álcool. Resultou incontroverso ainda que o reclamante executava as funções de operador, operador carregamento, encarregado e líder logística interna, todas na indústria da transformação, não havendo labor em estabelecimento rústico no tratamento inicial da cana-de-açúcar. Nesse contexto, não há como afastar a condição de empregado urbano e aplicação da prescrição quinquenal, conforme determinado na decisão recorrida. Recurso de revista de que se conhece e a que se nega provimento" (TST, 7.ª T., RR - 152200-24.2004.5.15.0029, Rel. Min. Cláudio Mascarenhas Brandão, *DEJT* 10.06.2016).

15. "Agravo de instrumento. Recurso de revista. Processo sob a égide da Lei 13.015/2014. 1. Enquadramento. Empregado que exerce atividade em empresa agroindustrial. Definição pela atividade preponderante da empresa. 2. Horas *in itinere*. Acordo coletivo de trabalho. Supressão. Impossibilidade. 3. Adicional de insalubridade. Atividade a céu aberto. Exposição ao sol e calor. OJ 173, II/SBDI-I/TST. 4. Jornada de trabalho. Horas extras. Registro britânico. Apresentação parcial dos cartões de ponto. Súmula 338, I, do TST. Decisão denegatória. Manutenção. Os empregados do agronegócio, tais como usinas de açúcar e de álcool, são enquadrados como rurícolas, independentemente da função que efetivamente exercem, por serem agroeconômicos seus empregadores (art. 3.º, *caput*, § 1.º, Lei n.º 5.889/73). Nesse enquadramento, prevalece o critério da lei imperativa (arts. 2.º e 3.º, *caput*, § 1.º, Lei n.º 5.889/73), ao invés do critério sugerido pelo Decreto regulamentador da Lei de Trabalho Rural. Assim, consignado pelo TRT que o Reclamante é empregado de empresa agroindustrial, forçoso concluir que o seu enquadramento deve ser conferido como trabalhador rural (art. 2.º, Lei n.º 5.889/73). Dessa forma, sendo rurícola a atividade empresarial desenvolvida pela Reclamada, aplicam-se ao contrato de trabalho firmado com o Reclamante as normas coletivas do setor rural, durante seus respectivos períodos de vigência. Nesse ver, não há como assegurar o processamento do recurso de revista quando o agravo de instrumento interposto não desconstitui os termos da decisão denegatória, que subsiste por seus próprios fundamentos. Agravo de instrumento desprovido" (TST, 3.ª T., AIRR 1258-69.2013.5.18.0129, Rel. Min. Maurício Godinho Delgado, *DEJT* 18.12.2015). Cf. ainda Súmula 578 do STJ: "Os empregados que laboram no cultivo da cana-de-açúcar para empresa agroindustrial ligada ao setor sucroalcooleiro detêm a qualidade de rurícola, ensejando a isenção do FGTS desde a edição da Lei Complementar n. 11/1971 até a promulgação da Constituição Federal de 1988".

Equipara-se ao empregador rural, ainda, o consórcio simplificado de produtores rurais de que trata o art. 25-A da Lei 8.212/1991 (art. 84, § 1.º, inciso II, do Decreto 10.854/2021). Cf. Capítulo 7, item 7.3.

Cabe registrar que as normas da Lei 5.889/1973 são aplicáveis, no que couber, aos trabalhadores rurais não compreendidos na definição do art. 2.º do referido diploma legal (empregado rural), que prestem serviços a empregador rural (art. 17 da Lei 5.889/1973). Essa previsão legal, certamente com o objetivo de garantir um patamar mínimo de direitos no âmbito das relações de trabalho rural, estendeu aos trabalhadores rurais, mesmo que não sejam empregados propriamente (mas sim, por exemplo, trabalhadores rurais autônomos ou eventuais), ao prestarem serviços a empregador rural, no que couber, os direitos trabalhistas ali previstos, o que é uma forma de concretizar o mandamento constitucional da dignidade da pessoa humana no âmbito das relações de trabalho rural.

Nessa linha, aplicam-se aos trabalhadores rurais sem vínculo empregatício que prestem serviços a empregadores rurais, entre outras, as normas referentes: à segurança e à saúde no trabalho; à jornada de trabalho; ao trabalho noturno; ao trabalho do menor de idade (art. 94 do Decreto 10.854/2021).

Especificamente quanto ao trabalhador avulso, a Constituição Federal de 1988 assegura a igualdade de direitos com o trabalhador com vínculo empregatício permanente (art. 7.º, inciso XXXIV).

5.2.5 Empregado público

Os *agentes públicos* são "todas as pessoas físicas incumbidas, definitiva ou transitoriamente, do exercício de alguma função estatal"[16].

Trata-se de gênero composto de cinco espécies:

- *agentes políticos*;
- *agentes administrativos*;
- *agentes honoríficos*;
- *agentes delegados*;
- *agentes credenciados*.

Reputa-se agente público, para os efeitos da Lei 13.869/2019 (que dispõe sobre os crimes de abuso de autoridade), todo aquele que exerce, ainda que transitoriamente ou sem remuneração, por eleição, nomeação, designação, contratação ou qualquer outra forma de investidura ou vínculo, mandato, cargo, emprego ou função em órgão ou entidade abrangidos pelo art. 2.º do mencionado diploma legal (administração direta, indireta ou fundacional de qualquer dos Poderes da União, dos Estados, do Distrito Federal, dos Municípios e de Território).

Os *agentes administrativos*, por sua vez, englobam:

- os servidores públicos investidos em cargos ou empregos públicos, cuja investidura depende de aprovação prévia em concurso público (art. 37, inciso II, da CF/1988);

16. MEIRELLES, Hely Lopes. *Direito administrativo brasileiro*. 26. ed., atualizada por Eurico de Andrade Azevedo, Délcio Balestero Aleixo e José Emmanuel Burle Filho. São Paulo: Malheiros, 2001. p. 69.

- os servidores públicos nomeados para funções de confiança e cargos em comissão (art. 37, incisos II, parte final, e V, da CF/1988);
- os servidores temporários, contratados na forma do art. 37, inciso IX, da Constituição da República[17].

De acordo com o art. 37, inciso V, da Constituição Federal de 1988, as funções de confiança (a serem exercidas exclusivamente por servidores ocupantes de cargos efetivos) e os cargos em comissão (a serem preenchidos por servidores de carreira nos casos, condições e percentuais mínimos previstos em lei) "destinam-se *apenas* às atribuições de *direção, chefia* e *assessoramento*" (redação determinada pela Emenda Constitucional 19/1998)[18].

Admite-se a contratação por tempo determinado de servidores públicos temporários, na forma do art. 37, inciso IX, da Constituição da República, apenas na hipótese de "necessidade temporária de excepcional interesse público", conforme previsão em lei própria.

Mesmo em relação aos Conselhos responsáveis pela fiscalização do exercício de profissões, defende-se o entendimento de que integram a Administração Pública indireta, como autarquias federais profissionais, sendo dotados de personalidade jurídica de direito público[19]. Desse modo, exige-se a prévia aprovação em concurso público para a admissão dos seus servidores, na forma do art. 37, inciso II, da Constituição Federal de 1988[20]. Nesse sentido, cabe transcrever a seguinte decisão:

> "Recurso de revista. Conselho Federal de Contabilidade. Autarquia corporativa. Ausência de concurso público. Os conselhos responsáveis pela fiscalização do exercício de profissões

---

17. Cf. MEIRELLES, Hely Lopes. *Direito administrativo brasileiro*. 26. ed., atualizada por Eurico de Andrade Azevedo, Délcio Balestero Aleixo e José Emmanuel Burle Filho. São Paulo: Malheiros, 2001. p. 70-74.

18. O Supremo Tribunal Federal fixou a seguinte tese de repercussão geral: "a) A criação de cargos em comissão somente se justifica para o exercício de funções de direção, chefia e assessoramento, não se prestando ao desempenho de atividades burocráticas, técnicas ou operacionais; b) tal criação deve pressupor a necessária relação de confiança entre a autoridade nomeante e o servidor nomeado; c) o número de cargos comissionados criados deve guardar proporcionalidade com a necessidade que eles visam suprir e com o número de servidores ocupantes de cargos efetivos no ente federativo que os criar; e d) as atribuições dos cargos em comissão devem estar descritas, de forma clara e objetiva, na própria lei que os instituir" (STF, Pleno, RG-RE 1.041.210/SP, Rel. Min. Dias Toffoli, *DJe* 22.05.2019).

19. O Supremo Tribunal Federal, no julgamento da ADI 1.717-6/DF, em que se discutia a natureza jurídica dos Conselhos de Fiscalização Profissional, declarou a inconstitucionalidade do art. 58, *caput* e parágrafos, da Lei 9.649/1998 (tendo considerado prejudicado somente o § 3.º, em face da alteração do texto originário do art. 39 da Constituição Federal pela EC 19/1998), que lhes atribuía personalidade jurídica de direito privado, tendo em vista a "indelegabilidade, a uma entidade privada, de atividade típica de Estado, que abrange até poder de polícia, de tributar e de punir, no que concerne ao exercício de atividades profissionais regulamentadas" (arts. 5.º, XIII, 22, XVI, 21, XXIV, 70, parágrafo único, 149 e 175, da Constituição Federal de 1988). Com isso, restou firmada a natureza de autarquia corporativa, de direito público, das referidas entidades. Nesse sentido, cf. ainda: "Mandado de Segurança. Os Conselhos Regionais de Medicina, como sucede com o Conselho Federal, são autarquias federais sujeitas à prestação de contas ao Tribunal de Contas da União por força do disposto no inciso II do artigo 71 da atual Constituição. [...] Mandado de segurança indeferido" (STF, Pleno, MS 22.643-9/SC, Rel. Min. Moreira Alves, *DJ* 14.12.1998).

20. "Conselho de fiscalização profissional. Nulidade da contratação. Necessidade de concurso público após o julgamento da ADIn 1.717/DF pelo STF. Submissão às regras do artigo 37, II, da CF. Conforme entendimento atual da SDI-1 deste Tribunal Superior do Trabalho, os conselhos de fiscalização profissional possuem personalidade jurídica de direito público, inclusive sendo necessária a aprovação em concurso público para ingresso em seus quadros. Precedentes" (TST, 8.ª T., AIRR - 305-17.2014.5.04.0661, Rel. Min. Dora Maria da Costa, *DEJT* 14.12.2018).

têm natureza jurídica de autarquias profissionais ou corporativas, com personalidade jurídica de direito público, sendo parte da Administração Pública Indireta, donde resulta sua necessária submissão aos preceitos do artigo 37 da Constituição Federal, dentre os quais a exigência contida no inciso II, de realização de concurso público para a investidura em cargo ou emprego público. Recurso conhecido e provido" (TST, 3.ª T., RR 1227/2003-007-10-85.6, Rel. Min. Carlos Alberto Reis de Paula, *DJ* 01.06.2007).

No entanto, a assertiva acima não se aplica à Ordem dos Advogados do Brasil, em razão de sua natureza diferenciada, conforme decidido pelo Supremo Tribunal Federal:

"Ação direta de inconstitucionalidade. § 1.º do artigo 79 da Lei 8.906, 2.ª Parte. 'Servidores' da Ordem dos Advogados do Brasil. Preceito que possibilita a opção pelo regime celetista. Compensação pela escolha do regime jurídico no momento da aposentadoria. Indenização. Imposição dos ditames inerentes à administração pública direta e indireta. Concurso público (art. 37, II, da Constituição do Brasil). *Inexigência de concurso público para a admissão dos contratados pela OAB*. Autarquias especiais e agências. Caráter jurídico da OAB. Entidade prestadora de serviço público independente. Categoria ímpar no elenco das personalidades jurídicas existentes no direito brasileiro. Autonomia e independência da entidade. Princípio da moralidade. Violação do artigo 37, *caput*, da Constituição do Brasil. Não ocorrência. [...]" (STF, Pleno, ADI 3.026/DF, Rel. Min. Eros Grau, *DJ* 29.06.2006).

Registre-se o entendimento de que "os servidores dos conselhos de fiscalização profissional submetem-se ao regime jurídico único" (STJ, 1.ª Seção, AgInt na AR 6.257/RJ, 2018/0100236-0, Rel. Min. Og Fernandes, *DJe* 22.11.2018). Nesse sentido, o regime jurídico dos servidores dos conselhos profissionais deve ser o estatutário (Cf. STJ, 1.ª T., AgInt no REsp 1.667.851/RJ, 2017/0099322-3, Rel. Min. Regina Helena Costa, *DJe* 30.08.2017). Entretanto, o art. 58, § 3.º, da Lei 9.649/1998 estabelece que os empregados dos conselhos de fiscalização de profissões regulamentadas são regidos pela *legislação trabalhista*, sendo vedada qualquer forma de transposição, transferência ou deslocamento para o quadro da Administração Pública direta ou indireta. Cf. STF, Pleno, ADC 36/DF, ADPF 367/DF e ADI 5.367/DF. Em se tratando de empregado, regido pela legislação trabalhista, ainda que exigida aprovação prévia em concurso público (art. 37, inciso II, da Constituição da República), o regime é de Direito do Trabalho.

Nesse sentido, o Supremo Tribunal Federal declarou a constitucionalidade do art. 58, § 3.º, da Lei 9.649/1998, bem como da legislação que permite a contratação no âmbito dos conselhos profissionais sob o regime celetista (STF, Pleno, ADC 36/DF, ADI 5.367/DF, Red. p/ ac. Min. Alexandre de Moraes, j. 08.09.2020).

Cabe frisar que a Emenda Constitucional 19/1998 retirou a exigência do regime jurídico único no serviço público. Assim, podem ser encontrados empregados públicos (servidores públicos regidos pela legislação trabalhista) na administração federal, estadual, do Distrito Federal e municipal, direta, autárquica e fundacional. No âmbito da administração federal direta, autárquica e fundacional, a Lei 9.962, de 22 de fevereiro de 2000, disciplina o regime de emprego público.

No entanto, o Supremo Tribunal Federal, na Ação Direta de Inconstitucionalidade 2.135/DF, em seu Pleno, deferiu, em 02.08.2007, cautelar para suspender a vigência do art. 39, *caput*, da Constituição Federal, em sua redação determinada pela Emenda Constitucional 19/1998, sob o fundamento de não ter a referida mudança passado em dois turnos na Câmara dos Deputados (inconstitucionalidade formal). Desse modo, voltou a vigorar a redação anterior do mencionado art. 39, *caput*, da Constituição da República, o qual impõe o regime jurídico único, tendo o STF decidido ser este "incompatível com a figura do emprego público". Anteriormente, havia entendimento de que o mencionado regime jurídico único deveria ser considerado em cada esfera da República Federativa (União, Estados, Distrito Federal e Municípios), podendo ser de natureza estatutária, ou seja, administrativa, ou mesmo trabalhista, embora já houvesse o entendimento quanto a ser a primeira modalidade a mais adequada para reger as relações jurídicas entre os servidores e a Administração Pública. Esclareça-se que a mencionada decisão do STF tem efeito *ex nunc*, ou seja, passa a valer somente a partir de então. Com isso, entende-se que a legislação editada durante a vigência do art. 39, *caput*, da Constituição Federal, com a redação dada pela Emenda Constitucional 19/1998, continua válida, de forma a resguardar as situações consolidadas até o julgamento do mérito (STF, Pleno, ADI-MC 2.135-4/DF, Rel. originário Min. Néri da Silveira, Rel. p/ ac. Min. Ellen Gracie, *DJ* 07.03.2008).

Quanto às empresas públicas, sociedades de economia mista e suas subsidiárias que explorem atividade econômica de produção ou comercialização de bens ou de prestação de serviços, tendo natureza de direito privado (art. 173, § 1.º, inciso II, da Constituição Federal), integrando a administração pública indireta, o regime aplicável ao pessoal das empresas estatais é o da Consolidação das Leis do Trabalho.

Os *servidores públicos* compreendem:

- *servidores estatutários*: ocupam cargos públicos de provimento efetivo ou em comissão;
- *empregados públicos*: servidores regidos pela legislação trabalhista;
- *servidores temporários*: contratados por tempo determinado para atender à necessidade de excepcional interesse público (art. 37, inciso IX, da CF/1988).

Os servidores contratados por tempo determinado são "servidores públicos, submetidos ao *regime jurídico administrativo especial* da lei prevista no art. 37, IX, da Carta Magna"[21]. Trata-se de regime administrativo, mas especial, sem se confundir, ainda, com os servidores públicos estatutários (art. 37, inciso II, da CF/1988).

Frise-se que o mencionado inciso IX do art. 37 da Constituição da República não exige prévia aprovação em concurso público para a contratação, confirmando tratar-se de situação diferenciada. Segundo Maria Sylvia Zanella Di Pietro, os "servidores temporários" do art. 37, inciso IX, da Constituição: "são contratados para exercer funções temporárias, mediante regime especial a ser disciplinado em lei de cada unidade da federação"[22].

A respeito do tema, o Supremo Tribunal Federal fixou a seguinte tese de repercussão geral: "Nos termos do art. 37, IX, da Constituição Federal, para que se considere válida a contratação temporária de servidores públicos, é preciso que: a) os casos excepcionais estejam previstos em lei; b) o prazo de contratação seja predeterminado; c) a necessidade seja temporária; d) o interesse público seja excepcional; e) a contratação seja indispensável, sendo vedada para os serviços ordinários permanentes do Estado que estejam sob o espectro das contingências normais da Administração" (STF, Pleno, RE 658.026/MG, Rel. Min. Dias Toffoli, *DJe* 31.10.2014).

No âmbito da administração *federal* direta, autarquias e fundações públicas, a Lei 8.745, de 9 de dezembro de 1993, dispõe sobre a contratação por prazo determinado para atender à necessidade temporária de excepcional interesse público, prevista no art. 37, inciso IX, da Constituição Federal de 1988. O art. 3.º prevê o recrutamento do

21. MEIRELLES, Hely Lopes. *Direito administrativo brasileiro*. 26. ed., atualizada por Eurico de Andrade Azevedo, Délcio Balestero Aleixo e José Emmanuel Burle Filho. São Paulo: Malheiros, 2001. p. 385.

22. DI PIETRO, Maria Sylvia Zanella. *Direito administrativo*. 19. ed. São Paulo: Atlas, 2006. p. 502.

pessoal por meio de "processo seletivo simplificado", "prescindindo de concurso público", sem a necessidade do primeiro em contratação para "atender às necessidades decorrentes de calamidade pública, de emergência ambiental e de emergências em saúde pública" (§ 1.º).

Deve-se destacar que, de acordo com o art. 198, §§ 4.º e 5.º, da Constituição da República, e regulamentação prevista na Lei 11.350/2006, arts. 8.º e 9.º, os agentes comunitários de saúde e os agentes de combate às endemias são admitidos por meio de processo seletivo público (de provas ou de provas e títulos, de acordo com a natureza e a complexidade de suas atribuições e requisitos específicos para o exercício das atividades, que atenda aos princípios de legalidade, impessoalidade, moralidade, publicidade e eficiência), submetendo-se ao regime jurídico estabelecido pela Consolidação das Leis do Trabalho – CLT, salvo se, no caso dos Estados, do Distrito Federal e dos Municípios, lei local dispuser de forma diversa.

O *consórcio público*, com personalidade jurídica de direito público ou privado, deve observar as *normas de direito público* no que concerne à realização de licitação, à celebração de contratos, à prestação de contas e à *admissão de pessoal*, que será regido pela Consolidação das Leis do Trabalho (art. 6.º, § 2.º, da Lei 11.107/2005, com redação dada pela Lei 13.822/2019). Logo, nessa hipótese, mesmo havendo a exigência, em regra, de concurso público, aplica-se o regime jurídico da CLT.

Esclareça-se que as entidades de serviço social e de formação profissional, integrantes do chamado sistema "S" (art. 240 da Constituição Federal de 1988), são pessoas jurídicas de direito privado e não integram a Administração Pública[23].

Prevendo medida jurídica em proteção às pessoas com deficiência, a Constituição Federal de 1988, no art. 37, inciso VIII, prevê que "a lei reservará percentual dos *cargos e empregos públicos* para as pessoas portadoras de deficiência e definirá os critérios de sua admissão".

No âmbito federal, a Lei 8.112, de 11 de dezembro de 1990, a qual dispõe sobre o regime jurídico dos servidores públicos civis da União, das autarquias e das fundações públicas federais, em seu art. 5.º, § 2.º, assim prevê: "Às pessoas portadoras de deficiência é assegurado o direito de se inscrever em concurso público para provimento de cargo cujas atribuições sejam compatíveis com a deficiência de que são portadoras; para tais pessoas serão reservadas até 20% (vinte por cento) das vagas oferecidas no concurso".

O Decreto 3.298, de 20 de dezembro de 1999, que regulamenta a Lei 7.853, de 24 de outubro de 1989, e dispõe sobre a Política Nacional para a Integração da Pessoa Portadora de Deficiência.

Fica assegurado à pessoa com deficiência o direito de se inscrever, no âmbito da administração pública federal direta e indireta e em igualdade de oportunidade com os demais candidatos, nas seguintes seleções: em concurso público para o provimento de cargos efetivos e de empregos públicos; em processos seletivos para a contratação por tempo determinado para atender necessidade temporária de excepcional interesse público, de que trata a Lei 8.745/1993 (art. 1.º do Decreto 9.508/2018).

---

23. "I – [...] Os serviços sociais autônomos do denominado sistema 'S', embora compreendidos na expressão de entidade paraestatal, são pessoas jurídicas de direito privado, definidos como entes de colaboração, mas não integrantes da Administração Pública. II – Quando o produto das contribuições ingressa nos cofres dos Serviços Sociais Autônomos perde o caráter de recurso público. Precedentes" (STF, Pleno, AgR-ACO 1.953/ES, Rel. Min. Ricardo Lewandowski, *DJe* 19.02.2014).

Ficam reservadas às pessoas com deficiência, no mínimo, 5% das vagas oferecidas para o provimento de cargos efetivos e para a contratação por tempo determinado para atender necessidade temporária de excepcional interesse público, no âmbito da administração pública federal direta e indireta (art. 1.º, § 1.º, do Decreto 9.508/2018).

Ficam reservadas às pessoas com deficiência os percentuais de cargos de que trata o art. 93 da Lei 8.213/1991 às empresas públicas e às sociedades de economia mista (art. 1.º, § 2.º, do Decreto 9.508/2018).

Na hipótese de o quantitativo a que se referem os § 1.º e § 2.º do art. 1.º do Decreto 9.508/2018 resultar em número fracionado, este deve ser aumentado para o primeiro número inteiro subsequente.

A reserva do percentual de vagas a que se referem os § 1.º e § 2.º do art. 1.º do Decreto 9.508/2018 deve observar as seguintes disposições: na hipótese de concurso público ou de processo seletivo regionalizado ou estruturado por especialidade, o percentual mínimo de reserva será aplicado ao total das vagas do edital, ressalvados os casos em que seja demonstrado que a aplicação regionalizada ou por especialidade não implicará em redução do número de vagas destinadas às pessoas com deficiência; o percentual mínimo de reserva será observado na hipótese de aproveitamento de vagas remanescentes e na formação de cadastro de reserva.

As vagas reservadas às pessoas com deficiência nos termos do disposto no art. 1.º do Decreto 9.508/2018 podem ser ocupadas por candidatos sem deficiência na hipótese de não haver inscrição ou aprovação de candidatos com deficiência no concurso público ou no processo seletivo de que trata a Lei 8.745/1993.

Ressalvadas as disposições previstas em regulamento, a pessoa com deficiência participará de concurso público ou de processo seletivo de que trata a Lei 8.745/1993 em igualdade de condições com os demais candidatos no que diz respeito: ao conteúdo das provas; à avaliação e aos critérios de aprovação; ao horário e ao local de aplicação das provas; à nota mínima exigida para os demais candidatos (art. 2.º do Decreto 9.508/2018).

Os editais dos concursos públicos e dos processos seletivos de que trata a Lei 8.745/1993 devem indicar: I – o número total de vagas previstas e o número de vagas correspondentes à reserva para pessoas com deficiência, discriminada, no mínimo, por cargo; II – as principais atribuições dos cargos e dos empregos públicos; III – a previsão de adaptação das provas escritas e práticas, inclusive durante o curso de formação, se houver, e do estágio probatório ou do período de experiência, estipuladas as condições de realização de cada evento e respeitados os impedimentos ou as limitações do candidato com deficiência; IV – a exigência de apresentação pelo candidato com deficiência, no ato da inscrição, de comprovação da condição de deficiência nos termos do disposto no § 1.º do art. 2.º da Lei 13.146/2015[24], sem prejuízo da adoção de critérios adicionais previstos em edital; V – a sistemática de convocação dos candidatos classificados, respeitado o disposto nos § 1.º e § 2.º do art. 1.º do Decreto 9.508/2018; VI – a previsão da possibilidade de uso, nas provas físicas, de tecnologias assistivas que o candidato com deficiência já utilize, sem

24. "Art. 2.º Considera-se pessoa com deficiência aquela que tem impedimento de longo prazo de natureza física, mental, intelectual ou sensorial, o qual, em interação com uma ou mais barreiras, pode obstruir sua participação plena e efetiva na sociedade em igualdade de condições com as demais pessoas. § 1.º A avaliação da deficiência, quando necessária, será biopsicossocial, realizada por equipe multiprofissional e interdisciplinar e considerará: I – os impedimentos nas funções e nas estruturas do corpo; II – os fatores socioambientais, psicológicos e pessoais; III – a limitação no desempenho de atividades; e IV – a restrição de participação".

a necessidade de adaptações adicionais, inclusive durante o curso de formação, se houver, e no estágio probatório ou no período de experiência (art. 3.º do Decreto 9.508/2018).

Fica assegurada a adequação de critérios para a realização e a avaliação das provas de que trata o inciso III do art. 3.º do Decreto 9.508/2018 à deficiência do candidato, a ser efetivada por meio do acesso a tecnologias assistivas e a adaptações razoáveis, observado o disposto no Anexo do Decreto 9.508/2018 (art. 4.º).

O candidato com deficiência que necessitar de tratamento diferenciado na realização das provas deve requerê-lo, no ato de inscrição no concurso público ou no processo seletivo de que trata a Lei 8.745/1993 em prazo determinado em edital, e indicará as tecnologias assistivas e as condições específicas de que necessita para a realização das provas (art. 4.º, § 1.º, do Decreto 9.508/2018).

O candidato com deficiência que necessitar de tempo adicional para realização das provas deve requerê-lo, com justificativa acompanhada de parecer emitido por equipe multiprofissional ou por profissional especialista nos impedimentos apresentados por cada candidato, no prazo estabelecido em edital (art. 4.º, § 2.º, do Decreto 9.508/2018).

As fases dos concursos públicos ou dos processos seletivos em que se fizerem necessários serviços de assistência de interpretação por terceiros aos candidatos com deficiência devem ser registradas em áudio e vídeo e disponibilizadas nos períodos de recurso estabelecidos em edital (art. 4.º, § 3.º, do Decreto 9.508/2018).

Os critérios de aprovação nas provas físicas para os candidatos com deficiência, inclusive durante o curso de formação, se houver, e no estágio probatório ou no período de experiência, podem ser os mesmos critérios aplicados aos demais candidatos, conforme previsto no edital (art. 4.º, § 4.º, do Decreto 9.508/2018).

O Supremo Tribunal Federal, quanto aos art. 3.º, inciso VI, e art. 4.º, § 4.º, do Decreto 9.508/2018, fixou interpretação conforme a Constituição, tendo proferido a seguinte decisão: "2. De acordo com o art. 2.º da Convenção de Direitos das Pessoas com Deficiência – CDPD, a recusa de adaptação razoável é considerada discriminação por motivo de deficiência. 3. O art. 3.º, VI, do Decreto nº 9.508/2018 estabelece uma faculdade em benefício do candidato com deficiência, que pode utilizar suas próprias tecnologias assistivas e adaptações adicionais, se assim preferir. É inconstitucional a interpretação que exclua o direito desses candidatos à adaptação razoável. 4. O art. 4.º, § 4.º, do Decreto nº 9.508/2018, que estabelece que os critérios de aprovação nas provas físicas poderão ser os mesmos para candidatos com e sem deficiência, somente é aplicável às hipóteses em que essa exigência for indispensável ao exercício das funções próprias de um cargo público específico. É inconstitucional a interpretação que submeta candidatos com e sem deficiência aos mesmos critérios nas provas físicas, sem a demonstração da sua necessidade para o desempenho da função pública. 5. Referendo da medida cautelar convertido em julgamento de mérito. Pedido julgado procedente, com a fixação das seguintes teses de julgamento: 1. É inconstitucional a interpretação que exclui o direito de candidatos com deficiência à adaptação razoável em provas físicas de concursos públicos; 2. É inconstitucional a submissão genérica de candidatos com e sem deficiência aos mesmos critérios em provas físicas, sem a demonstração da sua necessidade para o exercício da função pública" (STF, Pleno, ADI 6.476/DF, Rel. Min. Roberto Barroso, *DJe* 16.09.2021).

O órgão ou a entidade da administração pública federal responsável pela realização do concurso público ou do processo seletivo de que trata a Lei 8.745/1993 terá a assistência de equipe multiprofissional composta por três profissionais capacitados e atuantes nas áreas das deficiências que o candidato possuir, dentre os quais um deve ser médico, e três profissionais da carreira a que concorrerá o candidato (art. 5.º do Decreto 9.508/2018).

A equipe multiprofissional deve emitir parecer que observará: as informações prestadas pelo candidato no ato da inscrição no concurso público ou no processo seletivo; a natureza das atribuições e das tarefas essenciais do cargo, do emprego ou da função a desempenhar; a viabilidade das condições de acessibilidade e as adequações do ambiente de trabalho na execução das tarefas; a possibilidade de uso, pelo candidato, de equipamentos ou de outros meios que utilize de forma habitual; o resultado da avaliação com base no disposto no § 1.º do art. 2.º da Lei 13.146/2015, sem prejuízo da adoção de critérios adicionais previstos em edital.

As entidades contratadas para a realização de concurso público ou de processo seletivo de que trata a Lei 8.745/1993, em qualquer modalidade, ficam obrigadas a observar o disposto no Decreto 9.508/2018 no momento da elaboração e da execução do edital (art. 6.º).

É vedado obstar a inscrição de pessoa com deficiência em concurso público ou em processo seletivo de que trata a Lei 8.745/1993 que atenda aos requisitos mínimos exigidos em edital, para ingresso em cargo ou emprego público da administração pública federal direta e indireta (art. 7.º do Decreto 9.508/2018).

O resultado do concurso público ou do processo seletivo de que trata a Lei 8.745/1993 deve ser publicado em lista única com a pontuação dos candidatos e a sua classificação, observada a reserva de vagas às pessoas com deficiência de que trata o Decreto 9.508/2018 (art. 8.º).

A nomeação dos aprovados no concurso público ou no processo seletivo deve obedecer à ordem de classificação, observados os critérios de alternância e de proporcionalidade entre a classificação de ampla concorrência e da reserva para as pessoas com deficiência, e o disposto nos § 1.º e § 2.º do art. 1.º do Decreto 9.508/2018.

A desclassificação, a desistência ou qualquer outro impedimento de candidato ocupante de vaga reservada implica a sua substituição pelo próximo candidato com deficiência classificado, desde que haja candidato com deficiência classificado.

Os órgãos da administração pública federal direta e indireta, as empresas públicas e as sociedades de economia mista devem providenciar a acessibilidade no local de trabalho e a adaptação razoável, quando requerida, para o efetivo exercício laboral da pessoa com deficiência (art. 9.º do Decreto 9.508/2018).

Ainda no contexto das *ações afirmativas*, ficam reservadas aos negros 20% das vagas oferecidas nos concursos públicos para provimento de cargos efetivos e empregos públicos no âmbito da administração pública federal, das autarquias, das fundações públicas, das empresas públicas e das sociedades de economia mista controladas pela União, na forma da Lei 12.990/2014 (art. 1.º).

A reserva de vagas deve ser aplicada sempre que o número de vagas oferecidas no concurso público for igual ou superior a três. Na hipótese de quantitativo fracionado para o número de vagas reservadas a candidatos negros, esse deve ser aumentado para o primeiro número inteiro subsequente, em caso de fração igual ou maior que 0,5 (cinco décimos), ou diminuído para número inteiro imediatamente inferior, em caso de fração menor que 0,5 (cinco décimos). A reserva de vagas a candidatos negros deve constar expressamente dos editais dos concursos públicos, que devem especificar o total de vagas correspondentes à reserva para cada cargo ou emprego público oferecido.

A respeito do tema, o Supremo Tribunal Federal, ao julgar constitucional a Lei 12.990/2014, firmou a seguinte tese: "É constitucional a reserva de 20% das vagas oferecidas nos concursos públicos para provimento de cargos efetivos e empregos públicos no âmbito da administração pública direta e indireta. É legítima a utilização, além da autodeclaração, de critérios subsidiários de heteroidentificação, desde que respeitada a dignidade da pessoa humana e garantidos o contraditório e a ampla defesa" (STF, Pleno, ADC 41/DF, Rel. Min. Roberto Barroso, *DJe* 17.08.2017).

5.2.6 Empregado aprendiz

O *aprendiz* é o empregado vinculado ao empregador pelo respectivo contrato de trabalho de aprendizagem.

De acordo com a definição do art. 428, *caput*, da CLT (com redação determinada pela Lei 11.180/2005):

> "Contrato de aprendizagem é o contrato de trabalho especial, ajustado por escrito e por prazo determinado, em que o empregador se compromete a assegurar ao maior de 14 (quatorze) e menor de 24 (vinte e quatro) anos inscrito em programa de aprendizagem formação técnico-profissional metódica, compatível com o seu desenvolvimento físico, moral e psicológico, e o aprendiz, a executar com zelo e diligência as tarefas necessárias a essa formação".

O art. 7.º, inciso XXXIII, da Constituição Federal de 1988, na redação determinada pela Emenda Constitucional 20/1998, autoriza o trabalho como aprendiz a partir dos 14 anos.

De acordo com o art. 53 do Decreto 9.579/2018, a contratação de aprendizes deve atender, prioritariamente, aos adolescentes com idade entre 14 e 18 anos[25].

Cabe destacar, ainda, que conforme o § 5.º do art. 428 da CLT, acrescentado pela mesma Lei 11.180/2005, a idade máxima acima prevista (24 anos) não se aplica aos "aprendizes portadores de deficiência".

Por se tratar de **contrato de trabalho especial**, **por prazo determinado**, o contrato de aprendizagem não pode ser estipulado por mais de dois anos, exceto quando se tratar de aprendiz portador de deficiência (art. 428, § 3.º, da CLT, com redação determinada pela Lei 11.788, de 25.09.2008).

Além da necessidade de ser ajustado por escrito, a validade do contrato de aprendizagem pressupõe a anotação na Carteira de Trabalho e Previdência Social, matrícula e

---

25. A contratação de aprendizes deve atender, prioritariamente, aos adolescentes com idade entre 14 e 18 anos, exceto quando: I – as atividades ocorrerem no interior do estabelecimento e sujeitarem os aprendizes à insalubridade ou à periculosidade sem que se possa elidir o risco ou realizá-las integralmente em ambiente simulado; II – a lei exigir, para o desempenho das atividades práticas, licença ou autorização vedada para pessoa com idade inferior a 18 anos; III – a natureza das atividades práticas for incompatível com o desenvolvimento físico, psicológico ou moral dos adolescentes aprendizes (art. 53 do Decreto 9.579/2018, com redação dada pelo Decreto 11.479/2023). As atividades práticas da aprendizagem a que se refere o art. 53 do Decreto 9.579/2018 podem ser atribuídas, quando for o caso, a jovens aprendizes com idade entre 18 e 24 anos. A seleção de aprendizes deve priorizar a inclusão de jovens e adolescentes em situação de vulnerabilidade ou risco social, tais como: I – adolescentes egressos do sistema socioeducativo ou em cumprimento de medidas socioeducativas; II – jovens em cumprimento de pena no sistema prisional; III – jovens e adolescentes cujas famílias sejam beneficiárias de programas de transferência de renda; IV – jovens e adolescentes em situação de acolhimento institucional; V – jovens e adolescentes egressos do trabalho infantil; VI – jovens e adolescentes com deficiência; VII – jovens e adolescentes matriculados em instituição de ensino da rede pública, em nível fundamental, médio regular ou médio técnico, incluída a modalidade de educação de jovens e adultos; VIII – jovens desempregados e com ensino fundamental ou médio concluído em instituição de ensino da rede pública.

frequência do aprendiz na escola, caso não haja concluído o ensino médio, e inscrição em programa de aprendizagem desenvolvido sob orientação de entidade qualificada em formação técnico-profissional metódica (§ 1.º do art. 428 da CLT, com redação determinada pela Lei 11.788/2008). Nas localidades onde não houver oferta de ensino médio para o cumprimento do disposto no § 1.º do art. 428 da CLT, "a contratação do aprendiz poderá ocorrer sem a frequência à escola, desde que ele já tenha concluído o ensino fundamental" (§ 7.º do art. 428 da CLT, acrescentado pela Lei 11.788/2008).

A **formação técnico-profissional** em questão caracteriza-se por atividades teóricas e práticas, metodicamente organizadas em tarefas de complexidade progressiva desenvolvidas no ambiente de trabalho (§ 4.º do art. 428 da CLT).

A duração do trabalho do aprendiz não deve exceder seis horas diárias, sendo vedadas a prorrogação e a compensação de jornada. No entanto, esse limite pode ser de até oito horas diárias para os aprendizes que já tiverem completado o ensino fundamental, se nelas forem computadas as horas destinadas à aprendizagem teórica (art. 432 da CLT).

De acordo com o art. 15, § 7.º, da Lei 8.036/1990, acrescentado pela Lei 10.097/2000, os contratos de aprendizagem terão alíquota do FGTS (a ser depositado em conta vinculada) "reduzida para 2% (dois por cento)".

Quanto à remuneração, ao aprendiz, salvo condição mais favorável, será garantido o **salário mínimo hora** (§ 2.º do art. 428 da CLT).

De acordo com o art. 429, *caput*, da CLT, os estabelecimentos de qualquer natureza são *obrigados* a empregar e matricular nos cursos dos Serviços Nacionais de Aprendizagem número de aprendizes equivalente a 5%, no mínimo, e 15%, no máximo, dos trabalhadores existentes em cada estabelecimento, "cujas funções demandem formação profissional". As frações de unidade, no cálculo da referida percentagem, darão lugar à admissão de um aprendiz (§ 1.º do art. 429 da CLT).

O § 2.º do art. 429 da CLT, acrescentado pela Lei 12.594/2012, por sua vez, prevê que: "Os estabelecimentos de que trata o *caput* ofertarão vagas de aprendizes a adolescentes usuários do Sistema Nacional de Atendimento Socioeducativo (Sinase) nas condições a serem dispostas em instrumentos de cooperação celebrados entre os estabelecimentos e os gestores dos Sistemas de Atendimento Socioeducativo locais"[26].

Os estabelecimentos de que trata o art. 429 da CLT podem ofertar vagas de aprendizes a adolescentes usuários do Sistema Nacional de Políticas Públicas sobre Drogas (Sisnad) nas condições a serem dispostas em instrumentos de cooperação celebrados entre os estabelecimentos e os gestores locais responsáveis pela prevenção do uso indevido, atenção e reinserção social de usuários e dependentes de drogas (art. 429, § 3.º, da CLT, incluído pela Lei 13.840/2019)[27].

---

26. Esclareça-se que a Lei 12.594/2012 "institui o Sistema Nacional de Atendimento Socioeducativo (Sinase) e regulamenta a execução das medidas destinadas a adolescente que pratique ato infracional" (art. 1.º). Ainda de acordo com o art. 1.º, § 1.º, da Lei 12.594/2012: "Entende-se por Sinase o conjunto ordenado de princípios, regras e critérios que envolvem a execução de medidas socioeducativas, incluindo-se nele, por adesão, os sistemas estaduais, distrital e municipais, bem como todos os planos, políticas e programas específicos de atendimento a adolescente em conflito com a lei".

27. Conforme o art. 3.º, § 1.º, da Lei 11.343/2006: "Entende-se por Sisnad o conjunto ordenado de princípios, regras, critérios e recursos materiais e humanos que envolvem as políticas, planos, programas, ações e projetos sobre drogas, incluindo-se nele, por adesão, os Sistemas de Políticas Públicas sobre Drogas dos Estados, Distrito Federal e Municípios".

Considera-se estabelecimento todo complexo de bens organizado para o exercício de atividade econômica ou social do empregador, que se submeta ao regime da CLT (art. 51, § 2.º, do Decreto 9.579/2018).

No entanto, o referido limite fixado no art. 429 da CLT não se aplica quando o empregador for entidade sem fins lucrativos, que tenha por objetivo a educação profissional (§ 1.º-A do art. 429 da CLT).

Desse modo, as entidades sem fins lucrativos que tenham por objetivo a educação profissional ficam dispensadas da contratação de aprendizes (art. 56, inciso II, do Decreto 9.579/2018).

Os estabelecimentos a que se refere o art. 429, *caput*, da CLT podem destinar o equivalente a até 10% de sua cota de aprendizes à formação técnico-profissional metódica em áreas relacionadas a práticas de atividades desportivas, à prestação de serviços relacionados à infraestrutura, incluindo as atividades de construção, ampliação, recuperação e manutenção de instalações esportivas e à organização e promoção de eventos esportivos (§ 1.º-B do art. 429 da CLT). Mesmo nesses casos, deve ser observada a proibição de trabalho noturno, perigoso, insalubre ou penoso aos menores de 18 anos (art. 7.º, inciso XXXIII, da Constituição da República e art. 67 da Lei 8.069/1990).

Também ficam dispensadas da contratação de aprendizes as microempresas e as empresas de pequeno porte (art. 51, inciso III, da Lei Complementar 123/2006 e art. 56, inciso I, do Decreto 9.579/2018).

Devem ser incluídas no cálculo da porcentagem do número de aprendizes todas as funções que demandem formação profissional, independentemente de serem proibidas para menores de 18 anos, considerada a Classificação Brasileira de Ocupações do Ministério do Trabalho e Emprego (art. 52 do Decreto 9.579/2018, com redação dada pelo Decreto 11.479/2023).

Ficam excluídas do cálculo as funções que: I – demandem, para o seu exercício, habilitação profissional de nível técnico ou superior; II – estejam caracterizadas como cargos de direção, de gerência ou de confiança, nos termos do disposto no art. 62, inciso II e parágrafo único, e no art. 224, § 2.º, da CLT.

Ficam excluídos do cálculo da porcentagem do número de aprendizes: I – os empregados que executem os serviços prestados sob o regime de trabalho temporário instituído pela Lei 6.019/1974; II – os aprendizes já contratados (art. 54 do Decreto 9.579/2018, com redação dada pelo Decreto 11.479/2023).

Na hipótese de empresas que prestem serviços especializados para terceiros, independentemente do local onde sejam executados, os empregados devem ser considerados exclusivamente para o cálculo da porcentagem da empresa prestadora.

A administração pública federal direta, autárquica e fundacional deve *priorizar* a contratação de serviços sob o regime de execução indireta prestados por empresas que comprovem o emprego da cota de aprendizes de que trata o art. 429 da CLT, em relação aos trabalhadores existentes em cada estabelecimento, cujas funções demandem formação profissional (art. 6.º do Decreto 9.427/2018).

Se os Serviços Nacionais de Aprendizagem não oferecerem cursos ou vagas suficientes para atender à demanda dos estabelecimentos, esta poderá ser suprida por outras entidades qualificadas em formação técnico-profissional metódica (art. 430 da CLT), quais sejam:

I – Escolas Técnicas de Educação;

II – entidades sem fins lucrativos, que tenham por objetivo a assistência ao adolescente e à educação profissional, registradas no Conselho Municipal dos Direitos da Criança e do Adolescente;

III – entidades de prática desportiva das diversas modalidades filiadas ao Sistema Nacional do Desporto e aos Sistemas de Desporto dos Estados, do Distrito Federal e dos Municípios.

Essas entidades devem contar com estrutura adequada ao desenvolvimento dos programas de aprendizagem, de forma a manter a qualidade do processo de ensino, bem como acompanhar e avaliar os resultados (§ 1.º do art. 430 da CLT). Aos aprendizes que concluírem os cursos de aprendizagem, com aproveitamento, será concedido certificado de qualificação profissional (§ 2.º do art. 430 da CLT).

O art. 99, § 3.º, da Lei 14.597/2023 prevê que o atleta não profissional em formação, maior de 14 e menor de 20 anos de idade, pode receber auxílio financeiro da organização esportiva formadora, sob a forma de *bolsa de aprendizagem* livremente pactuada mediante contrato formal, sem que seja gerado vínculo empregatício entre as partes. Essa previsão merece certa crítica, ao excluir a presença do vínculo de emprego nesse caso específico, o que revela não se tratar de aprendizagem típica, ou seja, de contrato de trabalho de aprendizagem, tal como previsto no art. 428 da CLT.

O Ministério do Trabalho deve fixar normas para avaliação da competência das entidades mencionadas nos incisos II e III do art. 430 da CLT.

As entidades mencionadas nos incisos II e III do art. 430 da CLT devem cadastrar seus cursos, turmas e aprendizes matriculados no Ministério do Trabalho (art. 430, § 4.º, da CLT, acrescentado pela Lei 13.420/2017).

As entidades mencionadas no art. 430 da CLT podem firmar *parcerias entre si* para o desenvolvimento dos programas de aprendizagem, conforme regulamento (art. 430, § 5.º, da CLT, acrescentado pela Lei 13.420/2017).

O aprendiz pode ser contratado (art. 431 da CLT):

- *pela empresa onde se realizará a aprendizagem*, hipótese em que a referida empresa figura como empregador;
- *pelas entidades sem fins lucrativos*, que tenham por objetivo a assistência ao adolescente e à educação profissional, registradas no Conselho Municipal dos Direitos da Criança e do Adolescente;
- *pelas entidades de prática desportiva* das diversas modalidades filiadas ao Sistema Nacional do Desporto e aos Sistemas de Desporto dos Estados, do Distrito Federal e dos Municípios.

De acordo com o art. 431 da CLT, com redação dada pela Lei 13.420/2017, a contratação do aprendiz nesses últimos dois casos "não gera vínculo de emprego com a empresa tomadora dos serviços".

Na realidade, mesmo o empregado aprendiz prestando serviços para empresa tomadora (e não para o empregador propriamente, no caso, a entidade sem fins lucrativos que tenha por objetivo a assistência ao adolescente e à educação profissional ou entidade de prática desportiva), isso não gera vínculo de emprego com a empresa tomadora, justamente porque o contrato de trabalho do aprendiz é firmado, nessas hipóteses, com as entidades mencionadas no art. 430, incisos II e III, da CLT. De todo modo, aplicando-se o art. 5.º-A, § 5.º, da Lei 6.019/1974 (acrescentado pela Lei 13.429/2017), a referida empresa tomadora responde subsidiariamente pelas verbas trabalhistas não adimplidas pelo empregador.

Sendo assim, a contratação do aprendiz deve ser efetivada diretamente pelo estabelecimento, que assume a condição de empregador e deve inscrever o aprendiz em programa de aprendizagem a ser ministrado pelas entidades qualificadas em formação técnico-profissional metódica (art. 57 do Decreto 9.579/2018, com redação dada pelo Decreto 11.479/2023).

Na hipótese de impossibilidade de contratação direta pelo estabelecimento, para fins do cumprimento da cota referente ao número de aprendizes, a contratação pode ser feita, supletivamente, pelas entidades sem fins lucrativos que tenham por objetivos a assistência ao adolescente e à educação profissional, registradas no Conselho Municipal dos Direitos da Criança e do Adolescente, desde que haja prévia celebração de contrato com o estabelecimento (art. 57, § 1.º, do Decreto 9.579/2018, com redação dada pelo Decreto 11.479/2023).

O referido contrato deve conter, entre outras, as seguintes obrigações: I – a entidade sem fins lucrativos, simultaneamente ao desenvolvimento do programa de aprendizagem: a) assumirá a condição de empregador, com os ônus dela decorrentes; b) assinará a Carteira de Trabalho e Previdência Social do aprendiz, na qual anotará, no espaço destinado às anotações gerais, a informação de que o contrato de trabalho decorre de contrato firmado com determinado estabelecimento para fins do cumprimento de sua cota de aprendizagem; II – o estabelecimento assumirá a obrigação de proporcionar ao aprendiz a experiência prática da formação técnico-profissional metódica a que este será submetido (art. 57, § 2.º, do Decreto 9.579/2018, com redação dada pelo Decreto 11.479/2023).

A contratação do aprendiz por empresas públicas e sociedades de economia mista deve ocorrer: I – de forma direta, nos termos do art. 57 do Decreto 9.579/2018, por meio da realização de processo seletivo, divulgado pela publicação de edital; ou II – nos termos do art. 57, § 1.º, do Decreto 9.579/2018 (art. 58 do Decreto 9.579/2018, com redação dada pelo Decreto 11.479/2023).

A contratação do aprendiz por órgãos e entidades da administração pública direta, autárquica e fundacional deve observar regulamento específico.

Em razão de ser o contrato de aprendizagem um contrato a prazo certo, ele se extingue no seu termo, ou quando o aprendiz completar 24 anos, ressalvada a hipótese dos aprendizes portadores de deficiência (art. 433 da CLT).

O contrato em questão pode cessar, antecipadamente, nas seguintes hipóteses:

- desempenho insuficiente ou inadaptação do aprendiz, salvo para o aprendiz com deficiência quando desprovido de recursos de acessibilidade, de tecnologias assistivas e de apoio necessário ao desempenho de suas atividades[28];
- falta disciplinar grave;
- ausência injustificada à escola que implique perda do ano letivo; ou
- a pedido do aprendiz.

De acordo com o art. 433, § 2.º, da CLT, nessas hipóteses, não se aplicam os arts. 479 e 480 da CLT, não tendo o aprendiz direito à indenização (por cessação antecipada do contrato

28. Cf. Lei 13.146/2015: "Art. 3.º Para fins de aplicação desta Lei, consideram-se: I – acessibilidade: possibilidade e condição de alcance para utilização, com segurança e autonomia, de espaços, mobiliários, equipamentos urbanos, edificações, transportes, informação e comunicação, inclusive seus sistemas e tecnologias, bem como de outros serviços e instalações abertos ao público, de uso público ou privados de uso coletivo, tanto na zona urbana como na rural, por pessoa com deficiência ou com mobilidade reduzida; [...] III – tecnologia assistiva ou ajuda técnica: produtos, equipamentos, dispositivos, recursos, metodologias, estratégias, práticas e serviços que objetivem promover a funcionalidade, relacionada à atividade e à participação da pessoa com deficiência ou com mobilidade reduzida, visando à sua autonomia, independência, qualidade de vida e inclusão social".

a prazo determinado) ali prevista, e também não tendo o empregador direito a indenização por eventuais prejuízos decorrentes da rescisão antecipada por iniciativa do aprendiz.

Embora o tema seja controvertido, pode-se entender que a previsão do art. 433 da CLT não esgota todas as modalidades de cessação antecipada do contrato de trabalho de aprendizagem. Basta imaginar a hipótese de justa causa patronal, aplicando-se, como parece evidente, a despedida indireta. Da mesma forma, a lei não assegurou ao aprendiz a garantia de sua manutenção no emprego, de modo que a dispensa sem justa causa, prevista no ordenamento jurídico (art. 10, inciso I, do ADCT), não foi vedada no caso em questão (salvo se presente alguma hipótese de estabilidade provisória). Obviamente, nesse caso, as verbas rescisórias correspondentes serão devidas, podendo-se entender aplicável, para essa dispensa sem justa causa, inclusive, o art. 479 da CLT, seja porque o contrato de aprendizagem é por prazo determinado, seja em razão da interpretação, *a contrario sensu*, do art. 433, § 2.º, da CLT.

5.2.7 Mãe social

Considera-se mãe social aquela que, dedicando-se à **assistência ao menor abandonado**, exerça o encargo em nível social, dentro do sistema de casas-lares, conforme a Lei 7.644, de 18 de dezembro de 1987.

A casa-lar é a unidade residencial sob responsabilidade de mãe social, que abrigue até 10 menores.

Para os efeitos dos benefícios previdenciários, os menores residentes nas casas-lares são considerados dependentes da mãe social a que foram confiados pela instituição empregadora (art. 3.º, § 3.º, da Lei 7.644/1987).

As instituições que funcionam pelo sistema de casas-lares manterão, além destas, Casas de Juventude, para jovens com mais de 13 anos de idade, os quais encaminharão ao ensino profissionalizante (art. 11).

De acordo com o art. 12 da Lei 7.644/1987, cabe à administração de cada aldeia assistencial providenciar a colocação dos menores no mercado de trabalho, como estagiários, aprendizes ou empregados, em estabelecimentos públicos ou privados. No entanto, devem ser rigorosamente observadas as proibições e restrições constitucionais e legais referentes ao trabalho do menor (art. 7.º, inciso XXXIII, da CF/1988).

No exercício de suas atividades, são atribuições da mãe social: propiciar o surgimento de condições próprias de uma família, orientando e assistindo aos menores colocados sob seus cuidados; administrar o lar, realizando e organizando as tarefas a ele pertinentes; dedicar-se, com exclusividade, aos menores e à casa-lar que lhes forem confiados. A mãe social, enquanto no desempenho de suas atribuições, deve residir, com os menores que lhe forem confiados, na casa-lar que lhe for destinada.

O trabalho desenvolvido pela mãe social é de caráter intermitente, realizando-se pelo tempo necessário ao desempenho de suas tarefas (art. 6.º). Entende-se que as mães sociais mantêm um contrato de trabalho de natureza especial com a instituição assistencial[29]. Tanto é assim que a referida Lei 7.644/1987 remete a diversos dispositivos da CLT (art. 19), prevê penalidades aplicáveis pela "entidade empregadora" (art. 14) e remete à Justiça do Trabalho a competência para "dirimir as controvérsias entre empregado e empregador". Além disso, assegura à mãe social os seguintes direitos (art. 5.º):

29. Cf. BARROS, Alice Monteiro de. *Curso de direito do trabalho*. 2. ed. São Paulo: LTr, 2006. p. 286.

- anotação na Carteira de Trabalho e Previdência Social;
- remuneração, em valor não inferior ao salário mínimo;
- repouso semanal remunerado de 24 horas consecutivas;
- apoio técnico, administrativo e financeiro no desempenho de suas funções;
- 30 dias de férias anuais remuneradas nos termos do que dispõe o capítulo IV, da Consolidação das Leis do Trabalho;
- benefícios e serviços previdenciários, inclusive, em caso de acidente do trabalho, na qualidade de segurada obrigatória;
- gratificação de Natal (13.º salário);
- Fundo de Garantia do Tempo de Serviço.

Prevalece o entendimento de que, por se tratar de contrato de trabalho especial, não são assegurados outros direitos trabalhistas não previstos na lei específica em questão.

No entanto, caso o empregador seja ente público, como fundação pública de caráter assistencial, integrante da Administração Pública indireta, exige-se a prévia aprovação em concurso público para a regularidade da relação de emprego, de acordo com o art. 37, inciso II e § 2.º, da Constituição Federal de 1988. A não observância desse requisito constitucional faz incidir o disposto na Súmula 363 do TST, que prevê a nulidade da contratação.

5.2.8 Empregado com formação superior e maior patamar remuneratório

As relações contratuais de trabalho podem ser objeto de livre estipulação das partes interessadas em tudo quanto não contravenha às disposições de proteção ao trabalho, aos contratos coletivos que lhes sejam aplicáveis e às decisões das autoridades competentes (art. 444 da CLT).

Nesse contexto, o *princípio da irrenunciabilidade*, inerente ao Direito do Trabalho, significa não se admitir, em tese, que o empregado renuncie, ou seja, disponha dos direitos assegurados pelo sistema jurídico trabalhista, cujas normas são, em sua grande maioria, de ordem pública, dotadas de natureza cogente. As normas trabalhistas, portanto, são dotadas de certo grau de indisponibilidade.

Isso significa que os direitos trabalhistas, objeto de tutela legal, em princípio, não podem ser estipulados de forma menos benéfica ao trabalhador, na contratação individual com o empregador (art. 9.º da CLT).

Apesar do exposto, o art. 444, parágrafo único, da CLT, acrescentado pela Lei 13.467/2017, prevê que a livre estipulação das relações contratuais de trabalho (a que se refere o art. 444, *caput*, da CLT) aplica-se às hipóteses previstas no art. 611-A da CLT, com a mesma eficácia legal e preponderância sobre os instrumentos coletivos, no caso de empregado portador de diploma de nível superior e que perceba salário mensal igual ou superior a duas vezes o limite máximo dos benefícios do Regime Geral de Previdência Social.

Com isso, objetiva-se autorizar a plena e ilimitada autonomia individual da vontade, em moldes já ultrapassados até mesmo no Direito Civil mais tradicional, quanto a empregados que tenham formação intelectual e maior patamar remuneratório, autorizando que a negociação individual com o empregador, nas hipóteses exemplificativamente arroladas no art. 611-A da CLT, prevaleça sobre a lei e o negociado coletivamente, mesmo que a avença seja prejudicial ao trabalhador e contrarie a legislação e a norma coletiva.

Ademais, frise-se que o próprio art. 619 da CLT, sem distinguir quanto ao tipo de empregado, estabelece que *nenhuma disposição de contrato individual de trabalho que contrarie normas de convenção ou acordo coletivo de trabalho pode prevalecer na execução dele*, sendo considerada nula de pleno direito.

Desconsidera-se que o empregado, por natureza, presta serviços de forma subordinada ao empregador, o qual exerce o poder de direção independentemente da formação intelectual e do valor da remuneração recebida pelo empregado, e este, ainda que receba salário mais elevado, não é titular dos meios de produção e precisa trabalhar para manter a sua subsistência.

Além disso, segundo exigência constitucional, apenas por meio de convenção coletiva ou acordo coletivo, com a participação do sindicato da categoria profissional em negociação coletiva, é que se permite flexibilizar certos direitos trabalhistas de forma menos benéfica ao empregado (art. 7.º, incisos VI, XIII, XIV, XXVI, e art. 8.º, inciso VI, da Constituição da República).

Assim, a autonomia da vontade no âmbito trabalhista, notadamente no plano individual, não pode ser exercida sem limites, em prejuízo aos direitos fundamentais e às determinações legais de ordem pública, a serem aplicadas a todos os tipos de empregados, sob pena de afronta aos princípios da igualdade e da legalidade (art. 5.º, *caput*, e inciso II, da Constituição da República).

Logo, a interpretação conforme a Constituição do art. 444, parágrafo único, da CLT, acrescentado pela Lei 13.467/2017, revela que a livre estipulação das relações contratuais de trabalho, mesmo no caso de empregado portador de diploma de nível superior e que perceba salário mensal igual ou superior a duas vezes o limite máximo dos benefícios do Regime Geral de Previdência Social, apenas tem validade quando respeitar as previsões legais e negociadas coletivamente e estabelecer patamar superior de direitos trabalhistas.

5.3 IDENTIFICAÇÃO PROFISSIONAL E REGISTRO DO EMPREGADO

O tema em destaque enfoca dois institutos essenciais: a **Carteira de Trabalho e Previdência Social**, conhecida como CTPS, e o **registro de empregado**.

Enquanto a CTPS é documento pessoal e essencial do empregado, o registro é mantido pela empresa, podendo ser feito de diversas formas autorizadas em lei.

5.3.1 Carteira de Trabalho e Previdência Social

A CTPS tem a finalidade de documentar e comprovar o contrato de trabalho, bem como o tempo de serviço do empregado, para fins trabalhistas e previdenciários.

Pode-se conceituar a Carteira de Trabalho e Previdência Social como o documento de identificação profissional do trabalhador, provando a existência de contrato de trabalho e o tempo de serviço.

A CTPS pode ser utilizada não só por empregados urbanos, rurais, domésticos (Lei Complementar 150/2015, art. 9.º), mas, também, por trabalhadores temporários (Lei 6.019/1974, art. 12, § 1.º), ou mesmo trabalhadores autônomos (art. 13 da CLT).

A Carteira de Trabalho e Previdência Social (CTPS) obedecerá aos modelos que o Ministério da Economia (Ministério do Trabalho) adotar (art. 13, § 2.º, da CLT, com redação dada pela Lei 13.874/2019).

A Carteira de Trabalho e Previdência Social (CTPS) deve ser emitida pelo Ministério da Economia (Ministério do Trabalho) *preferencialmente em meio eletrônico* (art. 14 da CLT, com redação dada pela Lei 13.874/2019).

Excepcionalmente, a CTPS pode ser emitida em meio físico, desde que: I – nas unidades descentralizadas do Ministério da Economia (Ministério do Trabalho) que forem habilitadas para a emissão; II – mediante convênio, por órgãos federais, estaduais e municipais da administração direta ou indireta; III – mediante convênio com serviços notariais e de registro, sem custos para a administração, ficando garantidas as condições de segurança das informações (art. 14, parágrafo único, da CLT, com redação dada pela Lei 13.874/2019).

A regra, assim, em consonância com a contemporaneidade e os avanços da tecnologia, passa a ser a emissão da Carteira de Trabalho e Previdência Social em meio eletrônico.

Em harmonia com o exposto, os procedimentos para emissão da CTPS ao interessado serão estabelecidos pelo Ministério da Economia (Ministério do Trabalho) em regulamento próprio, privilegiada a emissão em formato eletrônico (art. 15 da CLT, com redação dada pela Lei 13.874/2019).

Os arts. 2.º a 12 da Portaria 671/2021 do Ministério do Trabalho e Previdência versam sobre Carteira de Trabalho e Previdência Social (CTPS).

A CTPS emitida em meio eletrônico, de que trata o art. 14 da CLT, é denominada Carteira de Trabalho Digital (art. 3.º da Portaria 671/2021 do Ministério do Trabalho e Previdência).

Para fins do disposto na CLT, a Carteira de Trabalho Digital é equivalente à CTPS emitida em meio físico. A Carteira de Trabalho Digital é previamente emitida a todos os inscritos no Cadastro de Pessoas Físicas (CPF), sendo necessária sua habilitação. A Carteira de Trabalho Digital não se equipara aos documentos de identificação civis de que trata o art. 2.º da Lei 12.037/2009.

A habilitação da Carteira de Trabalho Digital é realizada por meio de: aplicativo eletrônico específico, denominado Carteira de Trabalho Digital, disponibilizado gratuitamente para dispositivos móveis; ou serviço específico da Carteira de Trabalho Digital diretamente no portal gov.br (art. 4.º da Portaria 671/2021 do Ministério do Trabalho e Previdência).

A CTPS em meio físico é emitida por meio do sistema informatizado de emissão de Carteira de Trabalho e Previdência Social (art. 5.º da Portaria 671/2021 do Ministério do Trabalho e Previdência).

O art. 16 da CLT, com redação dada pela Lei 13.874/2019, dispõe que a CTPS terá como identificação única do empregado o número de inscrição no Cadastro de Pessoas Físicas (CPF).

O empregador terá o prazo de cinco dias úteis para anotar na Carteira de Trabalho e Previdência Social (CTPS), em relação aos trabalhadores que admitir, a data de admissão, a remuneração e as condições especiais, se houver, facultada a adoção de sistema manual, mecânico ou eletrônico, conforme instruções a serem expedidas pelo Ministério da Economia (Ministério do Trabalho) (art. 29 da CLT, com redação dada pela Lei 13.874/2019).

As anotações concernentes à remuneração devem especificar o salário, qualquer que seja sua forma de pagamento, seja ele em dinheiro ou em utilidades, bem como a estimativa da gorjeta (art. 29, § 1.º, da CLT).

As empresas que cobrarem a gorjeta de que trata o art. 457, § 3.º, da CLT devem anotar na Carteira de Trabalho e Previdência Social e no contracheque de seus empregados o salário contratual fixo e o percentual percebido a título de gorjeta (art. 457, § 6.º, inciso III, da CLT, acrescentado pela Lei 13.419/2017).

As empresas devem anotar na CTPS de seus empregados o salário fixo e a média dos valores das gorjetas referente aos últimos 12 meses (art. 457, § 8.º, da CLT, acrescentado pela Lei 13.419/2017).

O empregador que infringir o disposto no *caput* e no § 1.º do art. 29 da CLT fica sujeito a multa no valor de R$ 3.000,00 por empregado prejudicado, acrescido de igual valor em cada reincidência (art. 29-A da CLT, incluído pela Lei 14.438/2022). No caso de microempresa ou de empresa de pequeno porte, o valor final da multa aplicada é de R$ 800,00 por empregado prejudicado (art. 29-A, § 1.º, da CLT).

A infração de que trata o art. 29-A da CLT, sobre anotação da data de admissão, da remuneração e das condições especiais, se houver, na CTPS do empregado pelo empregador, constitui exceção ao critério da dupla visita (art. 29-A, § 2.º, da CLT, incluído pela Lei 14.438/2022).

A Lei 12.790/2013, ao dispor sobre a regulamentação do exercício da profissão de comerciário, no art. 2.º, *caput*, estabelece que "na Carteira de Trabalho e Previdência Social (CTPS), a atividade ou função desempenhada pelos empregados do comércio deve ser especificada, desde que inexista a possibilidade de classificação por similaridade".

As anotações na Carteira de Trabalho e Previdência Social serão feitas (art. 29, § 2.º, da CLT):

- na data-base;
- a qualquer tempo, por solicitação do trabalhador;
- no caso de rescisão contratual; ou
- necessidade de comprovação perante a Previdência Social.

Na hipótese de não serem realizadas as anotações a que se refere o art. 29, § 2.º, da CLT, o empregador fica sujeito a multa no valor de R$ 600,00 por empregado prejudicado (art. 29-B da CLT, incluído pela Lei 14.438/2022).

A falta de cumprimento pelo empregador do disposto no art. 29 da CLT acarretará a lavratura do auto de infração, pelo Auditor-Fiscal do Trabalho, que deverá, de ofício, comunicar a falta de anotação ao órgão competente, para o fim de instaurar o processo de anotação (art. 29, § 3.º, da CLT).

É vedado ao empregador efetuar anotações desabonadoras à conduta do empregado em sua Carteira de Trabalho e Previdência Social (§ 4.º do art. 29 da CLT). O descumprimento dessa regra pode acarretar ao empregador o dever de: pagamento de multa administrativa (§ 5.º do art. 29 da CLT); indenização por danos morais, se houver violação de direito de personalidade do empregado.

Esclareça-se que a comunicação pelo trabalhador do número de inscrição no CPF ao empregador equivale à apresentação da CTPS em meio digital, dispensado o empregador da emissão de recibo (art. 29, § 6.º, da CLT, incluído pela Lei 13.874/2019).

Os registros eletrônicos gerados pelo empregador nos sistemas informatizados da CTPS em meio digital equivalem às anotações a que se refere a Consolidação das Leis do Trabalho (art. 29, § 7.º, da CLT, incluído pela Lei 13.874/2019).

O trabalhador deve ter acesso às informações da sua CTPS no prazo de até 48 horas a partir de sua anotação (art. 29, § 8.º, da CLT, incluído pela Lei 13.874/2019).

Para os empregadores que têm a obrigação de uso do Sistema Simplificado de Escrituração Digital das Obrigações Previdenciárias, Trabalhistas e Fiscais (eSocial), a comunicação pelo empregado do número de inscrição no Cadastro de Pessoas Físicas (CPF) equivale à apresentação da Carteira de Trabalho Digital e dispensa a emissão de recibo pelo empregador (art. 6.º da Portaria 671/2021 do Ministério do Trabalho e Previdência).

O trabalhador deve ter acesso às informações de seu contrato de trabalho na Carteira de Trabalho Digital após o processamento das respectivas anotações.

A CTPS em meio físico deve ser utilizada, em caráter excepcional, pelos empregados das pessoas jurídicas de direito público da administração direta, autárquica e fundacional, que adotem o regime jurídico previsto na CLT, bem como das organizações internacionais, das fundações públicas de direito privado, dos consórcios públicos, dos fundos públicos e das comissões polinacionais, enquanto estes entes não forem obrigados ao envio de eventos periódicos ao eSocial.

As anotações feitas na CTPS servem de prova do contrato de trabalho, do tempo de serviço do trabalhador, bem como das informações regularmente constantes do mencionado documento.

A Carteira de Trabalho e Previdência Social (CTPS) regularmente emitida e anotada servirá de prova: nos casos de dissídio na Justiça do Trabalho entre a empresa e o empregado por motivo de salário, férias ou tempo de serviço; para cálculo de indenização por acidente do trabalho ou doença profissional (art. 40 da CLT).

O art. 456 da CLT determina que a "prova do contrato individual do trabalho será feita pelas anotações constantes da carteira profissional ou por instrumento escrito", podendo tal prova ser suprida por todos os meios permitidos em direito.

Está pacificado o entendimento de que as anotações na CTPS possuem **presunção relativa de veracidade**. Isso significa que essas anotações podem ser elididas por prova em contrário, as quais, se não produzidas, fazem com que prevaleça a informação constante da Carteira de Trabalho e Previdência Social.

Nesse sentido, a Súmula 12 do TST assim prevê: "As anotações apostas pelo empregador na carteira profissional do empregado não geram presunção *juris et de jure*, mas apenas *juris tantum*".

A mesma orientação é seguida pela Súmula 225 do STF: "Não é absoluto o valor probatório das anotações da Carteira Profissional".

A CLT prevê procedimento específico para os casos em que o empregador se recusa a fazer as devidas anotações na CTPS, ou a devolvê-la.

Cabe destacar que o referido processo, de natureza administrativa, não é obrigatório, nem representa uma condição para o ajuizamento de ação perante a Justiça do Trabalho, mesmo tratando-se de pedido de anotação na CTPS ou sua devolução. Pode o trabalhador, assim, ajuizar a ação diretamente, perante a Justiça do Trabalho.

Desse modo, de acordo com o art. 36 da CLT, o empregado pode comparecer, pessoalmente ou por intermédio de seu sindicato, perante a Delegacia Regional ou órgão autorizado (Superintendências Regionais do Trabalho, Gerências Regionais do Trabalho e Agências Regionais do Trabalho), para apresentar reclamação.

Lavrado o termo de reclamação, determina-se a realização de diligência para instrução do feito, notificando-se posteriormente o reclamado por carta registrada, caso persista a recusa, para que, em dia e hora previamente designados, venha prestar esclarecimentos ou efetuar as devidas anotações na Carteira de Trabalho e Previdência Social ou sua entrega (art. 37 da CLT).

De acordo com a redação do parágrafo único do art. 37 da CLT: "Não comparecendo o reclamado, lavrar-se-á termo de ausência, sendo considerado revel e confesso sobre os termos da reclamação feita, devendo as anotações ser efetuadas por despacho da autoridade que tenha processado a reclamação". No entanto, por se tratar de processo administrativo, e não de processo judicial propriamente, não se encontram empregadas em seu sentido técnico as expressões "revel e confesso", as quais pertencem, originalmente, ao âmbito jurisdicional.

Comparecendo o empregador e recusando-se a fazer as anotações reclamadas, é lavrado um termo de comparecimento, que deve conter, entre outras indicações, o lugar, o dia e a hora de sua lavratura, o nome e a residência do empregador, assegurando-se o prazo de 48 (quarenta e oito) horas, a contar do termo, para apresentar defesa (art. 38 da CLT).

Findo o prazo para a defesa, o processo deve seguir à autoridade administrativa de primeira instância, para se ordenarem diligências, que completem a instrução do feito, ou para julgamento, se o caso estiver suficientemente esclarecido.

Verificando-se que as alegações feitas pelo reclamado versam sobre a não existência de relação de emprego ou sendo impossível verificar essa condição pelos meios administrativos, será o processo encaminhado à Justiça do Trabalho, ficando, nesse caso, sobrestado o julgamento do auto de infração que houver sido lavrado (art. 39 da CLT).

Referido encaminhamento transforma o processo, inicialmente de natureza administrativa, em processo judicial, em consonância com o art. 114, inciso I, da Constituição Federal, por ser a Justiça do Trabalho competente para decidir a respeito da efetiva existência, ou não, de relação de emprego.

Se não houver acordo, a Vara do Trabalho ordenará em sua sentença que a Secretaria efetue as devidas anotações quando do trânsito em julgado, e faça a comunicação à autoridade competente para o fim de aplicar a multa cabível (§ 1.º do art. 39 da CLT), de natureza administrativa.

Igual procedimento deve ser observado no caso de processo trabalhista de qualquer natureza, quando for verificada a falta de anotações na Carteira de Trabalho e Previdência Social, devendo o juiz, nessa hipótese, mandar proceder, desde logo, àquelas sobre as quais não houver controvérsia (§ 2.º do art. 39 da CLT).

O art. 49 da CLT dispõe que, para os efeitos da emissão, substituição ou anotação de Carteiras de Trabalho e Previdência Social, deve-se considerar como crime de falsidade, com as penalidades previstas no art. 299 do Código Penal: fazer, no todo ou em parte, qualquer documento falso ou alterar o verdadeiro; afirmar falsamente a sua própria identidade, filiação, lugar de nascimento, residência, profissão ou estado civil e beneficiários, ou atestar os de outra pessoa; servir-se de documentos por qualquer forma falsificados; falsificar, fabricando ou alterando, ou vender, usar ou possuir Carteira de Trabalho e Previdência Social que assim tiver sido alterada; anotar dolosamente em Carteira de Trabalho e Previdência Social ou registro de empregado, ou confessar ou declarar em juízo ou fora dele, data de admissão em emprego diversa da verdadeira.

Ainda quanto à necessária anotação da Carteira de Trabalho e Previdência Social, cabe lembrar a previsão do art. 297, § 4.º, do Código Penal, acrescentado pela Lei 9.983/2000, que determina incorrer nas mesmas penas do crime de "falsificação de documento público" (ou seja, reclusão de dois a seis anos e multa) quem omite, na folha de pagamento, na Carteira de Trabalho e Previdência Social do empregado, em documento contábil ou em qualquer outro documento que deva produzir efeito perante a previdência social, "nome do segurado e seus dados pessoais, a remuneração, a *vigência do contrato de trabalho* ou de prestação de serviços" (destaquei).

De todo modo, quando a própria existência da relação de emprego é verdadeiramente controvertida e duvidosa, não havendo a intenção do agente de omitir em CTPS a anotação da vigência de contrato de trabalho, pode-se dizer que não se observam os elementos do tipo penal em questão.

Na esfera penal, considera-se crime falsificar, no todo ou em parte, documento público, ou alterar documento público verdadeiro, sendo prevista a pena de reclusão, de dois a seis anos, e multa (art. 297 do Código Penal). Se o agente é funcionário público, e comete o crime prevalecendo-se do cargo, aumenta-se a pena de sexta parte.

O art. 13 da CLT dispõe que a Carteira de Trabalho e Previdência Social é obrigatória para o exercício de qualquer emprego, inclusive de natureza rural, ainda que em caráter temporário, e para o exercício por conta própria de atividade profissional remunerada.

O antigo Enunciado 64 do TST, já cancelado pela Resolução 121/2003, previa que: "A prescrição para reclamar contra anotação de carteira profissional, ou omissão desta, flui da data de cessação do contrato de trabalho".

No entanto, a anotação na CTPS apenas reflete a pretensão principal, de natureza declaratória, referente ao reconhecimento de certa relação jurídica, no caso, pertinente ao contrato de trabalho. A referida pretensão, por ser de natureza declaratória, não se encontra sujeita ao prazo prescricional quanto à exigibilidade.

Tanto é assim que o § 1.º do art. 11 da CLT, acrescentado pela Lei 9.658/1998, confirma que a disposição do *caput* do referido art. 11, a qual versa sobre os prazos prescricionais dos créditos trabalhistas, "não se aplica às ações que tenham por objeto anotações para fins de prova junto à Previdência Social".

5.3.2 Registro de empregado

Além da Carteira de Trabalho e Previdência Social, a identificação profissional é feita, também, pelo registro de empregados, o qual deve ser feito e mantido pelo empregador.

Nesse sentido, de acordo com o art. 41 da CLT, em todas as atividades será obrigatório para o empregador o registro dos respectivos trabalhadores, podendo ser adotados livros, fichas ou sistema eletrônico, conforme instruções a serem expedidas pelo Ministério do Trabalho.

Além da qualificação civil ou profissional de cada trabalhador, deverão ser anotados todos os dados relativos à sua: admissão no emprego; duração e efetividade do trabalho; férias; acidentes e demais circunstâncias que interessem à proteção do trabalhador (art. 41, parágrafo único, da CLT).

Os arts. 13 a 23 da Portaria 671/2021 do Ministério do Trabalho e Previdência versam sobre registro de empregados e das anotações na Carteira de Trabalho e Previdência Social.

O registro de empregados de que trata o art. 41 da CLT, ressalvado o disposto no art. 17 da Portaria 671/2021, e as anotações na Carteira de Trabalho Digital de que trata o art. 29 da CLT devem ser realizados pelo empregador por meio do Sistema Simplificado de Escrituração Digital das Obrigações Previdenciárias, Trabalhistas e Fiscais (eSocial) (art. 13 da Portaria 671/2021 do Ministério do Trabalho e Previdência).

Para a utilização de sistema de registro eletrônico de empregados previsto no art. 41 da CLT é obrigatório o uso do eSocial, vedados outros meios de registro (art. 16 da

Portaria 671/2021 do Ministério do Trabalho e Previdência). Essa previsão não se aplica aos empregadores ainda não obrigados ao eSocial.

O empregador já obrigado ao eSocial que optar por não realizar o registro dos empregados por meio eletrônico deve anotar, nos mesmos prazos, as informações legais em livro ou ficha de registro, que permanecerá no estabelecimento ao qual o trabalhador estiver vinculado (art. 17 da Portaria 671/2021 do Ministério do Trabalho e Previdência).

A empresa que mantiver empregado não registrado nos termos do art. 41 da CLT incorrerá em multa administrativa, a ser aplicada pelos órgãos de fiscalização do trabalho.

Segundo o art. 47 da CLT, com redação dada pela Lei 13.467/2017, o empregador que mantiver empregado não registrado nos termos do art. 41 do mesmo diploma legal ficará sujeito a multa no valor de R$ 3.000,00 por empregado não registrado, acrescido de igual valor em cada reincidência.

Especificamente quanto à infração a que se refere o art. 47, *caput*, da CLT, o valor final da multa aplicada será de R$ 800,00 (oitocentos reais) por empregado não registrado, quando se tratar de *microempresa ou empresa de pequeno porte* (art. 47, § 1.º, da CLT).

A previsão tem como fundamento o art. 179 da Constituição da República, ao prever que a União, os Estados, o Distrito Federal e os Municípios devem dispensar às microempresas e às empresas de pequeno porte, assim definidas em lei, *tratamento jurídico diferenciado*, visando a incentivá-las pela simplificação de suas obrigações administrativas, tributárias, previdenciárias e creditícias, ou pela eliminação ou redução destas por meio de lei.

A respeito do tema, a Lei Complementar 123/2006 estabelece normas gerais relativas ao tratamento diferenciado e favorecido a ser dispensado às microempresas e empresas de pequeno porte no âmbito dos Poderes da União, dos Estados, do Distrito Federal e dos Municípios, inclusive no que se refere ao cumprimento de obrigações trabalhistas e previdenciárias, inclusive obrigações acessórias (art. 1.º).

O § 2.º do art. 47 da CLT dispõe que a infração relativa ao empregador que mantiver empregado não registrado constitui *exceção à dupla visita*, o que já é previsto no art. 6.º, § 3.º, segunda parte, da Lei 7.855/1989[30], bem como no art. 55, § 1.º, segunda parte, da Lei Complementar 123/2006[31].

O art. 47-A da CLT prevê que na hipótese de não serem informados os dados a que e refere o parágrafo único do art. 41 do mesmo diploma legal, o empregador ficará sujeito à multa de R$ 600,00 por empregado prejudicado.

Esclareça-se que o art. 41, parágrafo único, da CLT dispõe que além da qualificação civil ou profissional de cada trabalhador, devem ser anotados todos os dados relativos à sua admissão no emprego, duração e efetividade do trabalho, a férias, acidentes e demais circunstâncias que interessem à proteção do trabalhador.

---

30. "§ 3.º Será observado o critério de dupla visita nas empresas com até dez empregados, salvo quando for constatada infração por falta de registro de empregado, anotação de sua Carteira de Trabalho e Previdência Social e na ocorrência de fraude, resistência ou embaraço à fiscalização".

31. "Art. 55. A fiscalização, no que se refere aos aspectos trabalhista, metrológico, sanitário, ambiental, de segurança, de relações de consumo e de uso e ocupação do solo das microempresas e das empresas de pequeno porte, deverá ser prioritariamente orientadora quando a atividade ou situação, por sua natureza, comportar grau de risco compatível com esse procedimento. § 1.º Será observado o critério de dupla visita para lavratura de autos de infração, salvo quando for constatada infração por falta de registro de empregado ou anotação da Carteira de Trabalho e Previdência Social – CTPS, ou, ainda, na ocorrência de reincidência, fraude, resistência ou embaraço à fiscalização".

O art. 634, § 2.º, da CLT, acrescentado pela Lei 13.467/2017, prevê que os valores das multas administrativas expressos em moeda corrente serão *reajustados anualmente* pela Taxa Referencial (TR), divulgada pelo Banco Central do Brasil, ou pelo índice que vier a substituí-lo.

O poder público deve promover ações que assegurem a igualdade de oportunidades no mercado de trabalho para a população negra, inclusive mediante a implementação de medidas visando à promoção da igualdade nas contratações do setor público e o incentivo à adoção de medidas similares nas empresas e organizações privadas (art. 39 da Lei 12.288/2010, que institui o Estatuto da Igualdade Racial).

Nesse contexto, os registros administrativos direcionados a órgãos e entidades da administração pública, a empregadores privados e a trabalhadores que lhes sejam subordinados devem conter campos destinados a identificar o segmento étnico e racial a que pertence o trabalhador retratado no respectivo documento, com utilização do critério da autoclassificação em grupos previamente delimitados (art. 39, § 8.º, da Lei 12.288/2010, incluído pela Lei 14.553/2023).

Sem prejuízo de extensão obrigatória a outros documentos ou registros de mesma natureza identificados em regulamento, aplica-se o disposto acima a: I – formulários de admissão e demissão no emprego; II – formulários de acidente de trabalho; III – instrumentos de registro do Sistema Nacional de Emprego (Sine), ou de estrutura que venha a suceder-lhe em suas finalidades; IV – Relação Anual de Informações Sociais (Rais), ou outro documento criado posteriormente com conteúdo e propósitos a ela assemelhados; V – documentos, inclusive os disponibilizados em meio eletrônico, destinados à inscrição de segurados e dependentes no Regime Geral de Previdência Social; VI – questionários de pesquisas levadas a termo pela Fundação Instituto Brasileiro de Geografia e Estatística (IBGE), ou por órgão ou entidade posteriormente incumbida das atribuições imputadas a essa autarquia (art. 39, § 9.º, da Lei 12.288/2010, incluído pela Lei 14.553/2023).

Capítulo **6**

OUTRAS ESPÉCIES DE TRABALHADORES

6.1 TRABALHADOR AVULSO

O *trabalhador avulso* caracteriza-se por prestar serviços a diversas empresas (sem fixação a uma fonte tomadora), com a **intermediação do sindicato ou do Órgão de Gestão de Mão de Obra**.

Parte da doutrina entende tratar-se de modalidade de trabalho eventual[1]. No entanto, em razão das diversas peculiaridades envolvendo o trabalho avulso, pode-se dizer que ele, na realidade, se distingue do mero trabalho eventual.

O trabalhador avulso é comum no âmbito portuário; anteriormente, a intermediação do seu trabalho, prestado para as empresas portuárias, era feita pelo seu sindicato. Com a Lei 8.630/1993 (revogada pela atual Lei 12.815/2013, publicada no *DOU* de 05.06.2013), o Órgão de Gestão de Mão de Obra passou a ter, entre outras finalidades, a atribuição de administrar o fornecimento da mão de obra do trabalhador portuário e do trabalhador portuário avulso (art. 32, inciso I, da Lei 12.815/2013).

Registre-se o entendimento de que as entidades sindicais representativas dos trabalhadores poderiam realizar a intermediação do trabalho portuário avulso, sem a intervenção do órgão gestor de mão de obra, se assim previsto em contrato, acordo ou convenção coletiva de trabalho celebrado com os tomadores de serviços, nos termos do art. 32, parágrafo único, da Lei 12.815/2013[2].

No entanto, segundo a jurisprudência do Tribunal Superior do Trabalho, a intermediação do trabalho portuário avulso deve ser feita pelo órgão gestor de mão de obra, e não pelos sindicatos. Entende-se que o parágrafo único do art. 32 da Lei 12.815/2013 admite a celebração de instrumento coletivo autônomo, mas esse dispositivo deve ser interpretado conforme o art. 43 da Lei 12.815/2013, ao prever que a remuneração, a definição das funções, a composição dos ternos, a multifuncionalidade e as demais condições do trabalho avulso serão objeto de negociação entre as entidades representativas dos trabalhadores portuários avulsos e dos operadores portuários. Sendo assim, o órgão gestor de mão de obra tem a exclusividade para gerir e intermediar o fornecimento de

---

1. Cf. NASCIMENTO, Amauri Mascaro. *Curso de direito do trabalho*. 12. ed. São Paulo: Saraiva, 1996. p. 263.
2. "Em síntese: existindo previsão em norma coletiva autônoma no sentido de regular a contratação de mão de obra portuária avulsa por intermediação direta do respectivo sindicato profissional, o disposto no instrumento precederá o órgão gestor e dispensará sua intervenção nas relações entre capital e trabalho no porto – conforme expressamente autorizado pelo art. 32, parágrafo único, da Lei 12.815/2013" (TST, SDC, RO-636-89.2018.5.08.0000, Rel. Min. Mauricio Godinho Delgado, *DEJT* 26.02.2021). Ao chamar o feito à ordem, esse acórdão foi tornado sem efeito (TST, SDC, j. 16.08.2021).

mão de obra portuária avulsa (TST, SDC, DC-1000360-97.2017.5.00.0000, Rel. Min. Kátia Magalhães Arruda, *DEJT* 28.10.2021).

Confirmando o exposto, de acordo com o art. 5.º da Lei 9.719/1998, a escalação do trabalhador portuário avulso, em sistema de rodízio, será feita pelo órgão gestor de mão de obra. Logo, prevalece o entendimento de que a intermediação do OGMO na escalação do trabalhador portuário avulso não pode ser afastada nem mesmo por negociação coletiva[3].

O órgão gestor de mão de obra deve fazer a escalação de trabalhadores portuários avulsos por meio eletrônico, de modo que o trabalhador possa habilitar-se sem comparecer ao posto de escalação (art. 5.º, § 1.º, da Lei 9.719/1998, incluído pela Lei 14.047/2020). O meio eletrônico adotado para a escalação de trabalhadores portuários avulsos deve ser inviolável e tecnicamente seguro (art. 5.º, § 2.º, da Lei 9.719/1998, incluído pela Lei 14.047/2020). Fica vedada a escalação presencial de trabalhadores portuários (art. 5.º, § 3.º, da Lei 9.719/1998, incluído pela Lei 14.047/2020).

No entanto, além do trabalhador avulso portuário, existe o não portuário, ou seja, aquele que trabalha "fora dos portos, no meio urbano ou rural, quando a sua contratação se faz pelo sindicato da categoria profissional, para tomadores dos seus serviços, que são aqueles que se beneficiam e o remuneram"[4].

Nesse sentido, o trabalhador avulso é aquele que:

a) sindicalizado ou não, preste serviço de natureza urbana ou rural a diversas empresas, ou equiparados, sem vínculo empregatício, com intermediação obrigatória do órgão gestor de mão de obra, nos termos do disposto na Lei 12.815/2013, ou do sindicato da categoria, assim considerados: 1) o trabalhador que exerça atividade portuária de capatazia, estiva, conferência e conserto de carga e vigilância de embarcação e bloco; 2) o trabalhador de estiva de mercadorias de qualquer natureza, inclusive carvão e minério; 3) o trabalhador em alvarenga (embarcação para carga e descarga de navios); 4) o amarrador de embarcação; 5) o ensacador de café, cacau, sal e similares; 6) o trabalhador na indústria de extração de sal; 7) o carregador de bagagem em porto; 8) o prático de barra em porto; 9) o guindasteiro; 10) o classificador, o movimentador e o empacotador de mercadorias em portos;

b) exerça atividade de movimentação de mercadorias em geral, nos termos do disposto na Lei 12.023/2009, em áreas urbanas ou rurais, sem vínculo empregatício, com intermediação obrigatória do sindicato da categoria, por meio de acordo ou convenção coletiva de trabalho, nas atividades de: 1) cargas e descargas de mercadorias a granel e ensacados, costura, pesagem, embalagem, enlonamento, ensaque, arrasto, posicionamento, acomodação, reordenamento, reparação de carga, amostragem, arrumação, remoção,

---

3. "Tendo em consideração todos esses aspectos legais e da estrutura organizacional do OGMO, não é possível concluir, a partir de uma interpretação sistemática e axiológica do parágrafo único do art. 32 da Lei 12.815/2013, que o acordo ou a convenção coletiva de trabalho possa afastar a sua competência ou atribuição legal e exclusiva para gerenciar a intermediação da mão de obra do trabalhador portuário avulso. Não é viável, do ponto de vista dos limites da criatividade jurídica da negociação coletiva, transferir, em favor do sindicato obreiro, a atribuição exclusiva do OGMO estabelecida pela legislação portuária, nos portos em que ambos existem e atuam" (TST, SDC, RO-636-89.2018.5.08.0000, Rel. Min. Mauricio Godinho Delgado, *DEJT* 25.10.2021).

4. NASCIMENTO, Amauri Mascaro. *Iniciação ao direito do trabalho*. 28. ed. São Paulo: LTr, 2002. p. 125. Cf. ainda NASCIMENTO, Amauri Mascaro. O avulso não portuário e a intermediação do sindicato. *Revista LTr*, São Paulo, LTr, ano 68, n. 02, p. 135-145, fev. 2004. Cf. ainda MARTINS, Sergio Pinto. *Direito do trabalho*. 5. ed. São Paulo: Malheiros, 1998. p. 129: "não é apenas o portuário que é considerado avulso, pois também o são o classificador de frutas que trabalha no meio rural, o ensacador de café, cacau, sal etc.".

classificação, empilhamento, transporte com empilhadeiras, paletização, ova e desova de vagões, carga e descarga em feiras livres e abastecimento de lenha em secadores e caldeiras; 2) operação de equipamentos de carga e descarga; 3) pré-limpeza e limpeza em locais necessários às operações ou à sua continuidade (art. 9.º, inciso VI, do Regulamento da Previdência Social, com redação dada pelo Decreto 10.410/2020).

A Lei 12.023, de 27 de agosto de 2009, publicada no *DOU* de 28.08.2009, com entrada em vigor 30 dias após sua publicação (art. 12), dispõe sobre as atividades de movimentação de mercadorias em geral e sobre o trabalho avulso.

De acordo com o art. 1.º do mencionado diploma legal, consideram-se atividades de movimentação de mercadorias em geral exercidas por trabalhadores avulsos aquelas desenvolvidas em áreas urbanas ou rurais sem vínculo empregatício, mediante intermediação obrigatória do sindicato da categoria, por meio de acordo ou convenção coletiva de trabalho para execução das atividades. A remuneração, a definição das funções, a composição de equipes e as demais condições de trabalho são objeto de negociação entre as entidades representativas dos trabalhadores avulsos e dos tomadores de serviços.

Logo, a intermediação é necessariamente exercida pelo sindicato da categoria profissional, conforme previsão em instrumento normativo decorrente de negociação coletiva de trabalho.

A Lei 12.023/2009, conforme art. 11, não se aplica às relações de trabalho regidas pelas Leis 8.630/1993 (atual Lei 12.815/2013) e 9.719/1998, as quais tratam do trabalho portuário. Isso significa que o mencionado diploma legal dispõe, de forma específica, apenas a respeito do trabalho avulso não portuário.

O art. 2.º da Lei 12.023/2009 arrola as atividades da movimentação de mercadorias em geral, quais sejam: cargas e descargas de mercadorias a granel e ensacados, costura, pesagem, embalagem, enlonamento, ensaque, arrasto, posicionamento, acomodação, reordenamento, reparação da carga, amostragem, arrumação, remoção, classificação, empilhamento, transporte com empilhadeiras, paletização, ova e desova de vagões, carga e descarga em feiras livres e abastecimento de lenha em secadores e caldeiras; operações de equipamentos de carga e descarga; pré-limpeza e limpeza em locais necessários à viabilidade das operações ou à sua continuidade.

Na realidade, as atividades acima mencionadas devem ser exercidas por trabalhadores com vínculo empregatício ou em regime de trabalho avulso nas empresas tomadoras do serviço (art. 3.º).

Cabe ao sindicato elaborar a escala de trabalho e as folhas de pagamento dos trabalhadores avulsos, com a indicação do tomador do serviço e dos trabalhadores que participaram da operação (art. 4.º).

Registre-se, ainda, que as empresas tomadoras do trabalho avulso respondem *solidariamente* pela efetiva remuneração do trabalho contratado e são responsáveis pelo recolhimento dos encargos fiscais e sociais, bem como das contribuições ou de outras importâncias devidas à Seguridade Social, no limite do uso que fizerem do trabalho avulso intermediado pelo sindicato (art. 8.º).

Além disso, as empresas tomadoras do trabalho avulso são responsáveis pelo fornecimento dos Equipamentos de Proteção Individual e por zelar pelo cumprimento das normas de segurança no trabalho (art. 9.º). Ao sindicato intermediador também cabe, entre outros deveres, "zelar pela observância das normas de segurança, higiene e saúde no trabalho" (art. 5.º, inciso V).

Embora não tenha vínculo de emprego, a Constituição Federal de 1988 assegura a **igualdade de direitos entre o trabalhador avulso e o empregado** (art. 7.º, inciso XXXIV).

Na realidade, o trabalhador portuário pode ser contratado não só como trabalhador avulso, mas também como empregado, regido pela Consolidação das Leis do Trabalho.

A Lei 12.815, de 5 de junho de 2013, que dispõe sobre a exploração direta e indireta pela União de portos e instalações portuárias e sobre as atividades desempenhadas pelos operadores portuários, no art. 40, *caput*, assim determina: "O trabalho portuário de capatazia, estiva, conferência de carga, conserto de carga, bloco e vigilância de embarcações, nos portos organizados, será realizado por trabalhadores portuários com vínculo empregatício por prazo indeterminado e por trabalhadores portuários avulsos".

As atividades exercidas pelos trabalhadores portuários são capatazia, estiva, conferência, conserto de carga, vigilância de embarcações e trabalho de bloco, explicitadas no art. 40, § 1.º, da Lei 12.815/2013[5]. Ademais, o operador portuário, nessas atividades acima indicadas, não poderá locar ou tomar mão de obra sob o regime de trabalho temporário de que trata a Lei 6.019/1974 (art. 40, § 3.º, da Lei 12.815/2013). Cabe ressaltar, ainda, que as categorias aqui indicadas "constituem categorias profissionais diferenciadas" (art. 40, § 4.º, da Lei 12.815/2013).

Desde que possuam a qualificação necessária, os trabalhadores portuários avulsos registrados e cadastrados podem desempenhar quaisquer das atividades de que trata o § 1.º do art. 40 da Lei 12.815/2013 (capatazia, estiva, conferência de carga, conserto de carga, vigilância de embarcações e bloco), sendo vedada a exigência de novo registro ou cadastro específico, independentemente de acordo ou convenção coletiva (art. 40, § 5.º, da Lei 12.815/2013, incluído pela Lei 14.047/2020).

Ao órgão de gestão de mão de obra do trabalho portuário avulso compete promover "a formação profissional do trabalhador portuário e do trabalhador portuário avulso, adequando-a aos modernos processos de movimentação de carga e de operação de aparelhos e equipamentos portuários", bem como "o treinamento multifuncional do trabalhador portuário e do trabalhador portuário avulso" (arts. 33, inciso II, *a* e *b*, da Lei 12.815/2013). Desse modo, o trabalhador portuário, desde que habilitado pelo OGMO (art. 32, inciso III, da Lei 12.815/2013), pode prestar serviços (concorrendo à escala) em

5. Lei 12.815/2013, art. 40, § 1.º: "§ 1.º Para os fins desta Lei, consideram-se:

I – capatazia: atividade de movimentação de mercadorias nas instalações dentro do porto, compreendendo o recebimento, conferência, transporte interno, abertura de volumes para a conferência aduaneira, manipulação, arrumação e entrega, bem como o carregamento e descarga de embarcações, quando efetuados por aparelhamento portuário;

II – estiva: atividade de movimentação de mercadorias nos conveses ou nos porões das embarcações principais ou auxiliares, incluindo o transbordo, arrumação, peação e despeação, bem como o carregamento e a descarga, quando realizados com equipamentos de bordo;

III – conferência de carga: contagem de volumes, anotação de suas características, procedência ou destino, verificação do estado das mercadorias, assistência à pesagem, conferência do manifesto e demais serviços correlatos, nas operações de carregamento e descarga de embarcações;

IV – conserto de carga: reparo e restauração das embalagens de mercadorias, nas operações de carregamento e descarga de embarcações, reembalagem, marcação, remarcação, carimbagem, etiquetagem, abertura de volumes para vistoria e posterior recomposição;

V – vigilância de embarcações: atividade de fiscalização da entrada e saída de pessoas a bordo das embarcações atracadas ou fundeadas ao largo, bem como da movimentação de mercadorias nos portalós, rampas, porões, conveses, plataformas e em outros locais da embarcação; e

VI – bloco: atividade de limpeza e conservação de embarcações mercantes e de seus tanques, incluindo batimento de ferrugem, pintura, reparos de pequena monta e serviços correlatos".

mais de uma atividade portuária. Mesmo assim, o trabalhador avulso pode ter apenas um registro ou cadastro no OGMO, contendo todas as suas habilitações[6].

O órgão de gestão de mão de obra é reputado de utilidade pública, sendo-lhe vedado ter fins lucrativos, prestar serviços a terceiros ou exercer qualquer atividade não vinculada à gestão de mão de obra (art. 39 da Lei 12.815/2013).

Entende-se que a aposentadoria espontânea do trabalhador portuário avulso não acarreta a extinção da inscrição do cadastro e do registro perante o Órgão Gestor de Mão de Obra (TST, Pleno, ArgInc - 395400-83.2009.5.09.0322, Rel. Min. Pedro Paulo Manus, *DEJT* 30.11.2012).

A Lei 9.719, de 27 de novembro de 1998, enfatiza, no art. 1.º, que "a mão de obra do trabalho portuário avulso deverá ser requisitada ao órgão gestor de mão de obra".

Na escalação diária do trabalhador portuário avulso deve sempre ser observado um intervalo mínimo de 11 horas consecutivas entre duas jornadas, salvo em situações excepcionais, constantes de acordo ou convenção coletiva de trabalho (art. 8.º da Lei 9.719/1998).

O operador portuário e o órgão gestor de mão de obra são *solidariamente responsáveis* pelo pagamento dos encargos trabalhistas, das contribuições previdenciárias e demais obrigações, inclusive acessórias, devidas à Seguridade Social, sendo vedada a invocação do benefício de ordem (Lei 9.719/1998, art. 2.º, § 4.º). O órgão gestor de mão de obra responde, solidariamente com os operadores portuários, pela remuneração devida ao trabalhador portuário avulso e pelas indenizações decorrentes de acidente de trabalho (art. 33, § 2.º, da Lei 12.815/2013).

6.2 ESTAGIÁRIO

O estágio é atualmente regulado pela Lei 11.788, de 25 de setembro de 2008, publicada no *DOU* de 26.09.2008.

Anteriormente, o contrato de estágio era disciplinado pela Lei 6.494, de 7 de dezembro de 1977 (expressamente revogada pela Lei 11.788/2008, art. 22), naquela época regulamentada pelo Decreto 87.497, de 18 de agosto de 1982.

De acordo com a definição do art. 1.º da Lei 11.788/2008:

> "Estágio é ato educativo escolar supervisionado, desenvolvido no ambiente de trabalho, que visa à preparação para o trabalho produtivo de educandos que estejam frequentando o ensino regular em instituições de educação superior, de educação profissional, de ensino médio, da educação especial e dos anos finais do ensino fundamental, na modalidade profissional da educação de jovens e adultos".

Desse modo, o estágio apresenta natureza de *ato educativo escolar supervisionado* (pela instituição de ensino), *realizado no meio ambiente de trabalho*, tendo como objetivo a *preparação para o trabalho produtivo*.

Nota-se que a Lei 11.788/2008 manteve a autorização do estágio para educando em curso de "ensino médio" e até mesmo ampliou para aqueles "dos anos finais do ensino fundamental" (arts. 1.º, *caput*, 3.º, inciso I, e 10, incisos I e II). Essas hipóteses, no

---

6. Cf. ARAUJO PINTO, Cristiano Paixão; FLEURY, Ronaldo Curado. *A modernização dos portos e as relações de trabalho no Brasil*. Porto Alegre: Síntese, 2004. p. 36-37.

entanto, são objeto de fundadas críticas por uma parte da doutrina, sob o argumento de não se vislumbrar como possa o estágio proporcionar ao aluno de "ensino médio" não profissionalizante (regular), e até mesmo aos educandos dos anos finais do ensino fundamental, os objetivos de preparação para o trabalho produtivo. Mesmo assim, verifica-se o entendimento de que, em razão da expressa previsão legal, o estágio nas referidas situações é possível, sendo admitido desde que não desvirtuado, como uma forma de complementar a formação do estudante, inclusive como cidadão, tendo o acompanhamento de sua regularidade feita também pela instituição de ensino (art. 7.º da Lei 11.788/2008).

O estágio faz parte do projeto pedagógico do curso, além de integrar o itinerário formativo do educando (art. 1.º, § 1.º, da Lei 11.788/2008).

O estágio visa ao aprendizado de competências próprias da atividade profissional e à contextualização curricular, objetivando o desenvolvimento do educando para a vida cidadã e para o trabalho (art. 1.º, § 2.º, da Lei 11.788/2008).

Em conformidade com o art. 2.º da Lei 11.788/2008: "O estágio poderá ser obrigatório ou não obrigatório, conforme determinação das diretrizes curriculares da etapa, modalidade e área de ensino e do projeto pedagógico do curso".

Assim, duas passaram a ser as modalidades de estágio, conforme a seguir explicitado.

Estágio obrigatório é aquele definido como tal no projeto do curso, cuja carga horária é requisito para aprovação e obtenção de diploma (art. 2.º, § 1.º, da Lei 11.788/2008).

Estágio não obrigatório é aquele desenvolvido como atividade opcional, acrescida à carga horária regular e obrigatória (art. 2.º, § 2.º, da Lei 11.788/2008).

As atividades de extensão, de monitorias e de iniciação científica na educação superior, desenvolvidas pelo estudante, somente poderão ser equiparadas ao estágio em caso de previsão no projeto pedagógico do curso (art. 2.º, § 3.º, da Lei 11.788/2008).

O estagiário não é considerado empregado, conforme disposição expressa do art. 3.º da Lei 11.788/2008, o qual prevê que o estágio (tanto o obrigatório como o não obrigatório) "não cria vínculo empregatício de qualquer natureza", observados os seguintes requisitos:

> I – matrícula e frequência regular do educando em curso de educação superior, de educação profissional, de ensino médio, da educação especial e nos anos finais do ensino fundamental, na modalidade profissional da educação de jovens e adultos e atestados pela instituição de ensino;
>
> II – celebração de termo de compromisso entre o educando, a parte concedente do estágio e a instituição de ensino;
>
> III – compatibilidade entre as atividades desenvolvidas no estágio e aquelas previstas no termo de compromisso.

O estágio, como ato educativo escolar supervisionado, deverá ter acompanhamento efetivo pelo professor orientador da instituição de ensino e por supervisor da parte concedente, comprovado por vistos nos relatórios referidos no inciso IV do *caput* do art. 7.º da Lei 11.788/2008 e por menção de aprovação final.

O descumprimento de qualquer dos incisos acima indicados ou de qualquer obrigação contida no termo de compromisso caracteriza vínculo de emprego do educando com a parte concedente do estágio para todos os fins da legislação trabalhista e previdenciária (Lei 11.788/2008, art. 3.º, § 2.º).

O **termo de compromisso** deverá ser firmado pelo estagiário ou com seu representante ou assistente legal e pelos representantes legais da parte concedente e da instituição de ensino, vedada a atuação dos agentes de integração a que se refere o art. 5.º da Lei 11.788/2008 como representante de qualquer das partes (art. 16 da Lei 11.788/2008).

Como se pode notar, para que o estágio não resulte em vínculo de emprego, devem estar presentes, na realidade dos fatos, os requisitos do verdadeiro estágio. Caso contrário, verificando-se fraude, presentes os elementos do vínculo de emprego, este deve ser reconhecido (art. 9.º da CLT). Nessa última hipótese, se o tomador do serviço for ente da Administração Pública, o reconhecimento da relação de emprego, pela ausência de prévia aprovação em concurso público (art. 37, inciso II, e § 2.º, da CF/1988), encontrará óbice nos termos do disposto na Súmula 363 do TST, matéria já estudada anteriormente. Nesse sentido, de acordo com a Orientação Jurisprudencial 366 da SBDI-I do TST:

> "Estagiário. Desvirtuamento do contrato de estágio. Reconhecimento do vínculo empregatício com a administração pública direta ou indireta. Período posterior à Constituição Federal de 1988. Impossibilidade. Ainda que desvirtuada a finalidade do contrato de estágio celebrado na vigência da Constituição Federal de 1988, é inviável o reconhecimento do vínculo empregatício com ente da Administração Pública direta ou indireta, por força do art. 37, II, da CF/1988, bem como o deferimento de indenização pecuniária, exceto em relação às parcelas previstas na Súmula 363 do TST, se requeridas" (*DJ* 20.05.2008).

A realização de estágios, nos termos da Lei 11.788/2008, aplica-se aos estudantes estrangeiros regularmente matriculados em cursos superiores no País, autorizados ou reconhecidos, observado o prazo do visto temporário de estudante, na forma da legislação aplicável (art. 4.º da Lei 11.788/2008).

As instituições de ensino e as partes cedentes de estágio podem, a seu critério, recorrer a serviços de **agentes de integração** públicos e privados, mediante condições acordadas em instrumento jurídico apropriado, devendo ser observada, no caso de contratação com recursos públicos, a legislação que estabelece as normas gerais de licitação (art. 5.º da Lei 11.788/2008).

Cabe aos agentes de integração, como auxiliares no processo de aperfeiçoamento do instituto do estágio:

I - identificar oportunidades de estágio;

II - ajustar suas condições de realização;

III - fazer o acompanhamento administrativo;

IV - encaminhar negociação de seguros contra acidentes pessoais;

V - cadastrar os estudantes.

É vedada a cobrança de qualquer valor dos estudantes, a título de remuneração pelos serviços referidos acima (art. 5.º, § 2.º, da Lei 11.788/2008).

Os agentes de integração serão responsabilizados civilmente se indicarem estagiários para a realização de atividades não compatíveis com a programação curricular estabelecida para cada curso, assim como estagiários matriculados em cursos ou instituições para as quais não há previsão de estágio curricular (art. 5.º, § 3.º, da Lei 11.788/2008).

O local de estágio pode ser selecionado a partir de cadastro de partes cedentes, organizado pelas instituições de ensino ou pelos agentes de integração (art. 6.º da Lei 11.788/2008).

São obrigações das **instituições de ensino**, em relação aos estágios de seus educandos (art. 7.º da Lei 11.788/2008):

I – celebrar termo de compromisso com o educando ou com seu representante ou assistente legal, quando ele for absoluta ou relativamente incapaz, e com a parte concedente, indicando as condições de adequação do estágio à proposta pedagógica do curso, à etapa e modalidade da formação escolar do estudante e ao horário e calendário escolar;

II – avaliar as instalações da parte concedente do estágio e sua adequação à formação cultural e profissional do educando;

III – indicar professor orientador, da área a ser desenvolvida no estágio, como responsável pelo acompanhamento e avaliação das atividades do estagiário;

IV – exigir do educando a apresentação periódica, em prazo não superior a 6 (seis) meses, de relatório das atividades;

V – zelar pelo cumprimento do termo de compromisso, reorientando o estagiário para outro local em caso de descumprimento de suas normas;

VI – elaborar normas complementares e instrumentos de avaliação dos estágios de seus educandos;

VII – comunicar à parte concedente do estágio, no início do período letivo, as datas de realização de avaliações escolares ou acadêmicas.

O *plano de atividades do estagiário*, elaborado em acordo das três partes que celebram o termo de compromisso (educando, parte concedente do estágio e instituição de ensino, conforme o art. 3.º, inciso II, da Lei 11.788/2008), será incorporado ao termo de compromisso por meio de aditivos à medida que for avaliado, progressivamente, o desempenho do estudante.

Em conformidade com o art. 8.º da Lei 11.788/2008, é facultado às instituições de ensino celebrar com entes públicos e privados "convênio de concessão de estágio", nos quais se explicitem o processo educativo compreendido nas atividades programadas para seus educandos e as condições de que tratam os arts. 6.º a 14 da Lei 11.788/2008. A celebração de convênio de concessão de estágio entre a instituição de ensino e a parte concedente não dispensa a celebração do termo de compromisso de que trata o inciso II do *caput* do art. 3.º da Lei 11.788/2008.

O estágio pode ser oferecido pelas "pessoas jurídicas de direito privado e os órgãos da administração pública direta, autárquica e fundacional de qualquer dos Poderes da União, dos Estados, do Distrito Federal e dos Municípios, bem como profissionais liberais de nível superior devidamente registrados em seus respectivos conselhos de fiscalização profissional" (art. 9.º da Lei 11.788/2008).

As mencionadas "partes concedentes" podem oferecer estágio, observadas as seguintes obrigações:

I – celebrar termo de compromisso com a instituição de ensino e o educando, zelando por seu cumprimento;

II – ofertar instalações que tenham condições de proporcionar ao educando atividades de aprendizagem social, profissional e cultural;

III – indicar funcionário de seu quadro de pessoal, com formação ou experiência profissional na área de conhecimento desenvolvida no curso do estagiário, para orientar e supervisionar até 10 (dez) estagiários simultaneamente;

IV - contratar em favor do estagiário seguro contra acidentes pessoais, cuja apólice seja compatível com valores de mercado, conforme fique estabelecido no termo de compromisso;

V - por ocasião do desligamento do estagiário, entregar termo de realização do estágio com indicação resumida das atividades desenvolvidas, dos períodos e da avaliação de desempenho;

VI - manter à disposição da fiscalização documentos que comprovem a relação de estágio;

VII - enviar à instituição de ensino, com periodicidade mínima de 6 (seis) meses, relatório de atividades, com vista obrigatória ao estagiário.

No caso de estágio obrigatório, a responsabilidade pela contratação do seguro poderá, alternativamente, ser assumida pela instituição de ensino (art. 9.º, parágrafo único, da Lei 11.788/2008).

A Lei 11.788/2008, no art. 10, prevê que a *jornada de atividade em estágio* será definida de comum acordo entre a instituição de ensino, a parte concedente e o aluno estagiário ou seu representante legal, devendo constar do termo de compromisso ser compatível com as atividades escolares e não ultrapassar:

I - 4 (quatro) horas diárias e 20 (vinte) horas semanais, no caso de estudantes de educação especial e dos anos finais do ensino fundamental, na modalidade profissional de educação de jovens e adultos;

II - 6 (seis) horas diárias e 30 (trinta) horas semanais, no caso de estudantes do ensino superior, da educação profissional de nível médio e do ensino médio regular.

O estágio relativo a cursos que alternam teoria e prática, nos períodos em que não estão programadas aulas presenciais, poderá ter jornada de até 40 (quarenta) horas semanais, desde que isso esteja previsto no projeto pedagógico do curso e da instituição de ensino (art. 10, § 1.º).

Se a instituição de ensino adotar verificações de aprendizagem periódicas ou finais, nos períodos de avaliação, a carga horária do estágio será reduzida pelo menos à metade, segundo estipulado no termo de compromisso, para garantir o bom desempenho do estudante (art. 10, § 2.º).

Ainda de acordo com a Lei 11.788/2008, art. 11: "A duração do estágio, na mesma parte concedente, não poderá exceder 2 (dois) anos, exceto quando se tratar de estagiário portador de deficiência".

O estagiário *poderá* receber bolsa ou outra forma de contraprestação que venha a ser acordada, sendo compulsória a sua concessão, bem como a do auxílio-transporte, na hipótese de estágio não obrigatório (art. 12 da Lei 11.788/2008).

Entende-se, assim, que, na modalidade de "estágio obrigatório", o recebimento da bolsa pelo estagiário (ou outra forma de contraprestação que venha a ser acordada) é apenas uma faculdade, não sendo imposta a sua concessão.

Diversamente, no "estágio não obrigatório" a concessão da bolsa (ou outra forma de contraprestação pactuada), bem como do auxílio-transporte, é um dever cogente.

A eventual concessão de benefícios relacionados a transporte, alimentação e saúde, entre outros, não caracteriza vínculo empregatício (art. 12, § 1.º).

Poderá o educando inscrever-se e contribuir como segurado facultativo do Regime Geral de Previdência Social.

A Lei 11.788/2008, art. 13, também passou a prever que é assegurado ao estagiário, sempre que o estágio tenha duração igual ou superior a um ano, período de recesso de 30 dias, a ser gozado preferencialmente durante suas férias escolares.

O recesso mencionado deverá ser remunerado quando o estagiário receber bolsa ou outra forma de contraprestação. Os dias de recesso serão concedidos de maneira proporcional, nos casos de o estágio ter duração inferior a um ano.

Além disso, como prevê a importante norma inserida no art. 14 da Lei 11.788/2008: "Aplica-se ao estagiário a legislação relacionada à saúde e segurança no trabalho, sendo sua implementação de responsabilidade da parte concedente do estágio".

Cabe, assim, à parte concedente do estágio assegurar o cumprimento das normas de segurança e medicina do trabalho também no que se refere aos estagiários.

A manutenção de estagiários em desconformidade com a Lei 11.788/2008 caracteriza vínculo de emprego do educando com a parte concedente do estágio para todos os fins da legislação trabalhista e previdenciária (art. 15).

A instituição privada ou pública que reincidir na irregularidade em questão ficará impedida de receber estagiários por dois anos, contados da data da decisão definitiva do processo administrativo correspondente. Esta última penalidade, no entanto, limita-se à filial ou agência em que for cometida a irregularidade (art. 15, § 2.º, da Lei 11.788/2008).

Inovando em mais um aspecto, a Lei 11.788/2008 passou a prever, no art. 17, que o número máximo de estagiários em relação ao quadro de pessoal das entidades concedentes de estágio deverá atender às seguintes proporções:

I - de 1 (um) a 5 (cinco) empregados: 1 (um) estagiário;

II - de 6 (seis) a 10 (dez) empregados: até 2 (dois) estagiários;

III - de 11 (onze) a 25 (vinte e cinco) empregados: até 5 (cinco) estagiários;

IV - acima de 25 (vinte e cinco) empregados: até 20% (vinte por cento) de estagiários.

Para efeito da Lei 11.788/2008, considera-se quadro de pessoal o conjunto de trabalhadores empregados existentes no estabelecimento do estágio.

Na hipótese de a parte concedente contar com várias filiais ou estabelecimentos, os quantitativos previstos acima serão aplicados a cada um deles.

Quando o cálculo do percentual disposto no inciso IV acima resultar em fração, poderá ser arredondado para o número inteiro imediatamente superior.

Trata-se de previsão com o intuito de evitar a contratação excessiva e irregular de estagiários, em prejuízo da contratação de trabalhadores por meio de vínculo de emprego devidamente formalizado. Entretanto, de acordo com o § 4.º do art. 17: "Não se aplica o disposto no *caput* deste artigo aos estágios de nível superior e de nível médio profissional". Isso significa que a limitação prevista no art. 17, *caput*, da Lei 11.788/2008, acima mencionada, apenas incide nos estágios de ensino médio regular (não profissional), de educação especial e nos estágios dos anos finais do ensino fundamental, na modalidade profissional da educação de jovens e adultos e atestados pela instituição de ensino.

Fica assegurado às pessoas portadoras de deficiência o percentual de 10% das vagas oferecidas pela parte concedente do estágio (art. 17, § 5.º, da Lei 11.788/2008). A previsão legal, assim, tem como objetivo reservar parte das vagas oferecidas na contratação de estagiários às pessoas com deficiência, como forma de garantir o acesso a essa modalidade de atividade.

Ficam reservadas aos negros 30% das vagas oferecidas nas seleções para estágio no âmbito da administração pública federal direta, autárquica e fundacional (art. 1.º do Decreto 9.427/2018). Essa reserva de vagas será aplicada quando o número de vagas oferecidas na seleção for igual ou superior a três. Na hipótese de quantitativo fracionado para o número de vagas reservadas a candidatos negros: o quantitativo será aumentado para o primeiro número inteiro subsequente, em caso de fração igual ou maior que cinco décimos; ou o quantitativo será diminuído para número inteiro imediatamente inferior, em caso de fração menor que cinco décimos. A reserva de vagas a candidatos negros deve constar expressamente dos editais das seleções, que especificarão o total de vagas correspondentes à reserva para cada vaga de estágio oferecida.

A prorrogação dos estágios contratados antes do início da vigência da Lei 11.788/2008 apenas poderá ocorrer se ajustada às suas disposições (art. 18). Frise-se que a referida Lei 11.788 entrou em vigor na data de sua publicação (art. 21), ou seja, em 26.09.2008. Pode-se entender, assim, com fundamento no art. 5.º, inciso XXXVI, da Constituição Federal de 1988, que as novas disposições da Lei 11.788/2008 são aplicadas aos contratos de estágio firmados a partir da data de sua vigência, bem como àqueles prorrogados na forma do art. 18 da mesma Lei, resguardando-se o ato jurídico perfeito e a eficácia não retroativa da norma jurídica, sabendo-se que o estágio não se confunde com o vínculo de emprego, quando observados os requisitos da Lei 11.788/2008 (art. 3.º). No entanto, o tema pode ser objeto de controvérsia, sendo possível o entendimento de que as novas disposições são aplicáveis imediatamente, também aos contratos de estágio já em andamento quando do início da vigência do mencionado diploma legal (eficácia imediata, mas não retroativa, de novas normas jurídicas em contrato de trato sucessivo).

De forma específica, para inscrição como estagiário de advocacia é necessário: I – preencher os requisitos mencionados nos incisos I, III, V, VI e VII do art. 8.º da Lei 8.906/1994 (capacidade civil; título de eleitor e quitação do serviço militar, se brasileiro; não exercer atividade incompatível com a advocacia; idoneidade moral; prestar compromisso perante o Conselho); II – ter sido admitido em estágio profissional de advocacia (art. 9.º da Lei 8.906/1994).

O estágio profissional de advocacia, com duração de dois anos, realizado nos últimos anos do curso jurídico, pode ser mantido pelas respectivas instituições de ensino superior, pelos Conselhos da OAB, ou por setores, órgãos jurídicos e escritórios de advocacia credenciados pela OAB, sendo obrigatório o estudo do Estatuto da Advocacia e do Código de Ética e Disciplina (art. 9.º, § 1.º, da Lei 8.906/1994).

A inscrição do estagiário é feita no Conselho Seccional da OAB em cujo território se localize seu curso jurídico (art. 9.º, § 2.º, da Lei 8.906/1994).

O aluno de curso jurídico que exerça atividade incompatível com a advocacia pode frequentar o estágio ministrado pela respectiva instituição de ensino superior, para fins de aprendizagem, vedada a inscrição na OAB (art. 9.º, § 3.º, da Lei 8.906/1994).

O estágio profissional de advocacia pode ser cumprido por bacharel em Direito que queira se inscrever na Ordem dos Advogados do Brasil (art. 9.º, § 4.º, da Lei 8.906/1994). Trata-se de norma especial, que prevalece em face da norma geral (art. 2.º, § 2.º, da Lei de Introdução às Normas do Direito Brasileiro).

Em caso de pandemia ou em outras situações excepcionais que impossibilitem as atividades presenciais, declaradas pelo poder público, o estágio profissional de advocacia pode ser realizado no regime de teletrabalho ou de trabalho a distância em sistema remoto ou não, por qualquer meio telemático, sem configurar vínculo de emprego a adoção de qualquer uma dessas modalidades (art. 9.º, § 5.º, da Lei 8.906/1994, incluído pela Lei 14.365/2022).

Se houver concessão, pela parte contratante ou conveniada, de equipamentos, sistemas e materiais ou reembolso de despesas de infraestrutura ou instalação, todos destinados a viabilizar a realização da atividade de estágio profissional de advocacia no regime de teletrabalho ou de trabalho a distância em sistema remoto ou não, por qualquer meio telemático, essa informação deve constar, expressamente, do convênio de estágio e do termo de estágio (art. 9.º, § 6.º, da Lei 8.906/1994, incluído pela Lei 14.365/2022).

6.3 TRABALHADOR AUTÔNOMO

Trabalhador autônomo "é aquele que não transfere para terceiro o poder de organização de sua atividade"[7]. Assim, o referido obreiro trabalha por conta própria.

Pode-se dividir o trabalho autônomo em:

- trabalho autônomo propriamente dito: por exemplo, o médico e o dentista, em seus consultórios, e o advogado, em seu escritório, como autônomos;
- empreitada: contrato civil, que "consiste na realização de uma determinada obra (material ou imaterial) por meio de ação de outrem, remunerado para tanto pelo interessado"[8]. Diferencia-se do contrato de prestação de serviços, regido pelo Direito Civil, pois neste um serviço ou trabalho é pactuado (art. 594 do Código Civil de 2002), enquanto na empreitada, o que se contrata é a edificação ou a criação de uma obra. É certo que a empreitada pode ser sem o fornecimento de material, ou seja, apenas de lavor, ou acompanhada de fornecimento de material, mas sempre tendo por objeto a contratação de uma obra (art. 610 do Código Civil de 2002).

O contrato de empreitada, assim como o contrato civil de prestação de serviço, não se confunde com a relação de emprego, por ausência de subordinação jurídica, ou seja, quanto ao modo de "concretização do trabalho pactuado"[9].

Cabe ainda tratar da representação comercial autônoma, a qual é regulada pela Lei 4.886, de 9 de dezembro de 1965.

De acordo com o art. 1.º desse diploma legal, referida representação é exercida por pessoa jurídica ou pessoa física, sem relação de emprego, que desempenha, em caráter não eventual, por conta de uma ou mais pessoas, a mediação para a realização de negócios mercantis, agenciando propostas ou pedidos, para transmiti-los aos representados, praticando ou não atos relacionados com a execução dos negócios.

Diferencia-se da relação de emprego, pela ausência da subordinação jurídica, inerente ao contrato de trabalho. No entanto, há situações concretas de difícil diferenciação entre as duas figuras[10], devendo-se verificar certos critérios práticos, tais como a existência de controle de jornada, de carteira de clientes, de visitas a serem feitas, de metas a serem necessariamente alcançadas, obrigatoriedade de comparecimento na sede da empresa e em reuniões, bem como observar a orientação da doutrina, no sentido de que a "in-

7. NASCIMENTO, Amauri Mascaro. *Curso de direito do trabalho*. 12. ed. São Paulo: Saraiva, 1996. p. 264.
8. BITTAR, Carlos Alberto. *Curso de direito civil*. Rio de Janeiro: Forense Universitária, 1994. v. 2, p. 713.
9. DELGADO, Mauricio Godinho. *Introdução ao direito do trabalho*. 2. ed. São Paulo: LTr, 1999. p. 274.
10. Cf. BARROS, Alice Monteiro de. *Contratos e regulamentações especiais de trabalho*. 2. ed. São Paulo: LTr, 2002. p. 463-467.

tensidade de ordens no tocante à prestação de serviços é que tenderá a determinar, no caso concreto, qual sujeito da relação jurídica detém a direção da prestação dos serviços: sendo o próprio profissional, emerge como autônomo o vínculo concretizado; sendo o tomador de serviços, surge como subordinado o referido vínculo"[11].

Como destaca Rubens Requião: "O contrato de representação comercial situa-se no plano da colaboração na realização de negócio jurídico, acarretando remuneração de conformidade com o seu resultado útil"[12].

Aliás, também podem existir relações de trabalho autônomo decorrentes de outros contratos de atividade, ou seja, envolvendo o trabalho prestado pela pessoa natural, regidos pelo Direito Civil, como os contratos de agência e distribuição (arts. 710 a 721 do Código Civil de 2002), de corretagem (arts. 722 a 729), de transporte (arts. 730 a 756) e de parceria, os quais não se confundem com o contrato de emprego.

O art. 442-B da CLT, acrescentado pela Lei 13.467/2017, dispõe que a contratação do autônomo, cumpridas por este todas as formalidades legais, com ou sem exclusividade, de forma contínua ou não, afasta a qualidade de empregado prevista no art. 3.º da Consolidação das Leis do Trabalho.

O art. 25 da Portaria 671/2021 do Ministério do Trabalho e Previdência reitera essa previsão.

É assegurado o direito constitucional ao livre exercício de qualquer trabalho, ofício ou profissão, devendo ser atendidas as qualificações profissionais que a lei estabelecer (art. 5.º, inciso XIII, da Constituição da República).

A prestação de serviços de forma efetivamente autônoma, ainda que com exclusividade a certo tomador, por si, não gera a existência da relação de emprego, justamente em razão da ausência de subordinação jurídica.

O art. 25, parágrafo único, da Portaria 671/2021 do Ministério do Trabalho e Previdência explicita que não caracteriza a qualidade de empregado o fato de o autônomo prestar serviços a apenas um tomador de serviços.

O autônomo pode prestar serviços de qualquer natureza a outros tomadores de serviços que exerçam ou não a mesma atividade econômica, sob qualquer modalidade de contrato de trabalho, inclusive como autônomo (art. 26 da Portaria 671/2021 do Ministério do Trabalho e Previdência).

Se não houver exclusividade, o trabalhador autônomo tem a faculdade de prestar quaisquer serviços a outros tomadores, de idêntica ou diversa atividade econômica, seja como empregado ou autônomo (ou mesmo como eventual).

O trabalhador autônomo, justamente por prestar serviços por conta própria, sem se subordinar a poder de direção de empregador, pode não aceitar atividade solicitada pelo contratante (tomador), ainda que, em razão disso, haja a incidência de eventual consequência estabelecida em cláusula contratual.

O art. 27 da Portaria 671/2021 do Ministério do Trabalho e Previdência explicita que fica garantida ao autônomo a possibilidade de recusa de realizar atividade demandada

---

11. DELGADO, Mauricio Godinho. *Introdução ao direito do trabalho*. 2. ed. São Paulo: LTr, 1999. p. 274. Cf. ainda COELHO, Fábio Ulhoa. *Manual de direito comercial*. 10. ed. São Paulo: Saraiva, 1999. p. 422: "em existindo uma subordinação que extrapole o aspecto meramente negocial para alcançar a pessoa mesma do representante, então não haverá contrato mercantil, mas de trabalho, sujeito a um regime jurídico substancialmente diverso".

12. REQUIÃO, Rubens. *Curso de direito comercial*. 21. ed. São Paulo: Saraiva, 1993. v. 1, p. 163.

pelo contratante, ressalvada a possibilidade de aplicação de cláusula de penalidade, pela recusa, caso prevista em contrato.

Presente a subordinação jurídica, será reconhecido o vínculo empregatício, ainda que o trabalhador preste serviços por meio de pessoa jurídica (art. 28 da Portaria 671/2021 do Ministério do Trabalho e Previdência). A caracterização da subordinação jurídica deve ser demonstrada no caso concreto, comprovada a submissão direta, habitual e reiterada do trabalhador aos poderes diretivo, regulamentar e disciplinar da empresa contratante, entre outros.

Evidentemente, como a presença da *subordinação jurídica*, quanto à forma da prestação dos serviços, significa a ausência de autonomia, nesse caso deve ser reconhecida a relação de emprego.

O que caracteriza o trabalhador autônomo, na verdade, é a prestação dos serviços sem subordinação, mesmo que a atividade realizada seja ligada ao negócio empresarial de quem o contrata, aspecto este que não diz respeito à questão envolvida.

O *princípio da primazia da realidade*, inerente ao Direito do Trabalho, indica que, na relação de emprego, deve prevalecer a efetiva realidade dos fatos, e não a forma construída em desacordo com a verdade.

Em razão disso, na avaliação de certo documento pertinente à relação de emprego, deve-se verificar se ele corresponde ao ocorrido no plano dos fatos, pois deve prevalecer a verdade real.

Quando se discute se determinada relação de trabalho é um vínculo de emprego, nem sempre a roupagem atribuída à contratação corresponde à realidade.

Aliás, pode ocorrer que mesmo no ajuste de vontades, pertinente à prestação do trabalho, as partes indiquem não se tratar de relação de emprego.

Desse modo, deve prevalecer o reconhecimento do vínculo empregatício caso presentes os seus requisitos, quais sejam, pessoa física, pessoalidade, não eventualidade, subordinação e onerosidade (arts. 2.º e 3.º da CLT).

A exclusividade na prestação do serviço não é requisito para a existência da relação de emprego.

Uma vez presente a relação de emprego segundo a realidade dos fatos, a qual é garantida na esfera constitucional (art. 7.º da Constituição da República), esta deve ser assim reconhecida.

Desse modo, o art. 442-B da CLT deve ser interpretado em conformidade com a Constituição, no sentido de que se o trabalhador foi efetivamente contratado como autônomo, com a observância das exigências legais, prestando serviços sem subordinação jurídica, não será empregado, uma vez que ausente o exercício do poder de direção pelo tomador.

Essa ausência da relação de emprego, a qual deve ser analisada em cada caso concreto, não se altera em razão da presença ou ausência de exclusividade e de continuidade, pois o trabalho é prestado de forma autônoma.

Ainda quanto ao tema, cabe frisar que a Lei 13.097/2015, no art. 139, ao tratar da *profissão de corretor de imóveis*, alterou o art. 6.º da Lei 6.530/1978, cujo § 2.º passou a prever que "o corretor de imóveis pode associar-se a uma ou mais imobiliárias, mantendo sua autonomia profissional, sem qualquer outro vínculo, inclusive empregatício e previdenciário, mediante contrato de associação específico, registrado no Sindicato dos Corretores de Imóveis ou, onde não houver sindicato instalado, registrado nas delegacias da Federação Nacional de Corretores de Imóveis".

Trata-se, no caso, de trabalho realizado de forma autônoma, ou seja, sem a presença da subordinação jurídica, o que corresponde à ausência do exercício do poder de direção, inerente à relação de emprego.

Pelo referido contrato, o corretor de imóveis associado e a imobiliária *coordenam*, entre si, o desempenho de funções correlatas à intermediação imobiliária e ajustam critérios para a partilha dos resultados da atividade de corretagem, mediante obrigatória assistência da entidade sindical.

Observa-se, portanto, nítida influência da *teoria da parassubordinação*, em que o trabalho é prestado de forma coordenada, ou seja, em regime de colaboração entre o profissional autônomo e o ente tomador, presentes a continuidade e certa pessoalidade. Mesmo com essa coordenação, salvo hipótese de fraude, o trabalho é exercido por conta própria, isto é, sem a sujeição aos poderes de organização, controle e disciplinar do tomador do serviço (imobiliária), por não ser empregador.

O mencionado contrato de associação, de todo modo, não implica troca de serviços, pagamentos ou remunerações entre a imobiliária e o corretor de imóveis associado, desde que não configurados os elementos caracterizadores do vínculo empregatício, previstos no art. 3.º da CLT.

Como se pode notar, apesar da necessidade de se observar os requisitos formais do contrato de associação específico (entre o corretor de imóveis e a imobiliária), no Direito do Trabalho, deve prevalecer o princípio da primazia da realidade. Com isso, uma vez presentes os elementos da relação de emprego, com destaque à subordinação, esta deve ser reconhecida, nos termos dos arts. 9.º e 444 da CLT.

Cabe ainda fazer referência à previsão de que os salões de beleza podem celebrar *contratos de parceria*, por escrito, com os profissionais que desempenham as atividades de cabeleireiro, barbeiro, esteticista, manicure, pedicure, depilador e maquiador (art. 1.º-A da Lei 12.592/2012, acrescentado pela Lei 13.352/2016).

Os estabelecimentos e os profissionais mencionados são denominados *salão-parceiro* e *profissional-parceiro*, respectivamente, para todos os efeitos jurídicos. O salão-parceiro é responsável pela centralização dos pagamentos e recebimentos decorrentes das atividades de prestação de serviços de beleza realizadas pelo profissional-parceiro.

O salão-parceiro deve realizar a retenção de sua cota-parte percentual, fixada no contrato de parceria, bem como dos valores de recolhimento de tributos e contribuições sociais e previdenciárias devidos pelo profissional-parceiro incidentes sobre a cota-parte que a este couber na parceria.

A cota-parte retida pelo salão-parceiro deve ocorrer a título de atividade de aluguel de bens móveis e de utensílios para o desempenho das atividades de serviços de beleza e/ou a título de serviços de gestão, de apoio administrativo, de escritório, de cobrança e de recebimentos de valores transitórios recebidos de clientes das atividades de serviços de beleza. A cota-parte destinada ao profissional-parceiro, por sua vez, deve ocorrer a título de *atividades de prestação de serviços de beleza*.

A cota-parte destinada ao profissional-parceiro não será considerada para o cômputo da receita bruta do salão-parceiro ainda que adotado sistema de emissão de nota fiscal unificada ao consumidor.

O profissional-parceiro não pode assumir as responsabilidades e obrigações decorrentes da administração da pessoa jurídica do salão-parceiro, de ordem contábil, fiscal, trabalhista e previdenciária incidentes, ou quaisquer outras relativas ao funcionamento do negócio.

Os profissionais-parceiros podem ser qualificados, perante as autoridades fazendárias, como pequenos empresários, microempresários ou microempreendedores individuais.

O mencionado contrato de parceria deve ser firmado entre as partes, mediante *ato escrito, homologado pelo sindicato da categoria profissional e laboral e, na ausência desses, pelo órgão local competente do Ministério do Trabalho, perante duas testemunhas*. O profissional-parceiro, mesmo que inscrito como pessoa jurídica, deve ser assistido pelo seu sindicato de categoria profissional e, na ausência deste, pelo órgão local competente do Ministério do Trabalho.

São *cláusulas obrigatórias* do referido contrato de parceria as que estabeleçam: percentual das retenções pelo salão-parceiro dos valores recebidos por cada serviço prestado pelo profissional-parceiro; obrigação, por parte do salão-parceiro, de retenção e de recolhimento dos tributos e contribuições sociais e previdenciárias devidos pelo profissional-parceiro em decorrência da atividade deste na parceria; condições e periodicidade do pagamento do profissional-parceiro, por tipo de serviço oferecido; direitos do profissional-parceiro quanto ao uso de bens materiais necessários ao desempenho das atividades profissionais, bem como sobre o acesso e circulação nas dependências do estabelecimento; possibilidade de rescisão unilateral do contrato, no caso de não subsistir interesse na sua continuidade, mediante aviso prévio de, no mínimo, 30 dias; responsabilidades de ambas as partes com a manutenção e higiene de materiais e equipamentos, das condições de funcionamento do negócio e do bom atendimento dos clientes; obrigação, por parte do profissional-parceiro, de manutenção da regularidade de sua inscrição perante as autoridades fazendárias.

O profissional-parceiro *não terá relação de emprego ou de sociedade* com o salão--parceiro enquanto perdurar a relação de parceria tratada na Lei 12.592/2012 e modificada pela Lei 13.352/2016.

Ao salão-parceiro cabe a preservação e a manutenção das adequadas condições de trabalho do profissional-parceiro, especialmente quanto aos seus equipamentos e instalações, possibilitando as condições adequadas ao cumprimento das normas de segurança e saúde estabelecidas no art. 4.º da Lei 12.592/2012, ao prever que os profissionais de que trata esse diploma legal devem obedecer às normas sanitárias, efetuando a esterilização de materiais e utensílios utilizados no atendimento a seus clientes (art. 1.º-B da Lei 12.592/2012, acrescentado pela Lei 13.352/2016).

Configura-se vínculo empregatício entre a pessoa jurídica do salão-parceiro e o profissional-parceiro quando: não existir contrato de parceria formalizado na forma descrita na Lei 12.592/2012 e modificada pela Lei 13.352/2016; o profissional-parceiro desempenhar funções diferentes das descritas no contrato de parceria (art. 1.º-C da Lei 12.592/2012, acrescentado pela Lei 13.352/2016). O processo de fiscalização, de autuação e de imposição de multas rege-se pelo disposto no Título VII da CLT (art. 1.º-D da Lei 12.592/2012, acrescentado pela Lei 13.352/2016).

Sendo assim, em caso de fraude, se presentes os requisitos do vínculo de emprego, incide o princípio da primazia da realidade também quanto à hipótese em questão (arts. 9.º e 444 da CLT).

O Supremo Tribunal Federal julgou improcedente o pedido formulado em ação direta de inconstitucionalidade sobre a Lei 13.352/2016 e fixou a seguinte tese de julgamento: "1) É constitucional a celebração de contrato civil de parceria entre salões de beleza e profissionais do setor, nos termos da Lei 13.352, de 27 de outubro de 2016; 2) É nulo o contrato civil de parceria referido, quando utilizado para dissimular relação de emprego de fato existente, a ser reconhecida sempre que se fizerem presentes seus elementos caracterizadores" (STF, Pleno, ADI 5.625/DF, Red. p/ ac. Min. Nunes Marques, j. 28.10.2021).

A Lei 11.442/2007 dispõe sobre o transporte rodoviário de cargas (TRC) realizado em vias públicas, no território nacional, por conta de terceiros e mediante remuneração, os mecanismos de sua operação e a responsabilidade do transportador.

A atividade econômica de que trata a Lei 11.442/2007 é de natureza comercial, exercida por pessoa física ou jurídica em regime de livre concorrência, e depende de prévia inscrição do interessado em sua exploração no Registro Nacional de Transportadores Rodoviários de Cargas (RNTR-C) da Agência Nacional de Transportes Terrestres (ANTT), nas seguintes categorias: I – transportador autônomo de cargas (TAC), pessoa física que tenha no transporte rodoviário de cargas a sua atividade profissional; II – empresa de transporte rodoviário de cargas (ETC), pessoa jurídica constituída por qualquer forma prevista em lei que tenha no transporte rodoviário de cargas a sua atividade principal; III – cooperativa de transporte rodoviário de cargas (CTC), sociedade cooperativa na forma da lei, constituída por pessoas físicas e/ou jurídicas, que exerce atividade de transporte rodoviário de cargas (art. 2.º da Lei 11.442/2007).

O transportador autônomo de cargas (TAC) deve: I – comprovar ser proprietário, coproprietário ou arrendatário de, pelo menos, um veículo automotor de carga, registrado em seu nome no órgão de trânsito, como veículo de aluguel; II – comprovar ter experiência de, pelo menos, três anos na atividade, ou ter sido aprovado em curso específico.

A empresa de transporte rodoviário de cargas (ETC) deve: I – ter sede no Brasil; II – comprovar ser proprietária ou arrendatária de, pelo menos, um veículo automotor de carga, registrado no País; III – indicar e promover a substituição do responsável técnico, que deve ter, pelo menos, três anos de atividade ou ter sido aprovado em curso específico; IV – demonstrar capacidade financeira para o exercício da atividade e idoneidade de seus sócios e de seu responsável técnico.

O contrato a ser celebrado entre a empresa de transporte rodoviário de cargas (ETC) e o transportador autônomo de cargas (TAC) ou entre o dono ou embarcador da carga e o transportador autônomo de cargas (TAC) deve definir a forma de prestação de serviço desse último, como agregado ou independente (art. 4.º da Lei 11.442/2007).

Denomina-se *transportador autônomo de cargas agregado* (TAC-agregado) aquele que coloca veículo de sua propriedade ou de sua posse, a ser dirigido por ele próprio ou por preposto seu, a serviço do contratante, com exclusividade, mediante remuneração certa.

Denomina-se *transportador autônomo de cargas independente* (TAC-independente) aquele que presta os serviços de transporte de carga de que trata a Lei 11.442/2007 em caráter eventual e sem exclusividade, mediante frete ajustado a cada viagem.

Sem prejuízo dos demais requisitos de controle estabelecidos em regulamento, é facultada ao transportador autônomo de cargas (TAC) a cessão de seu veículo em regime de colaboração a outro profissional, assim denominado *transportador autônomo de cargas auxiliar* (TAC-auxiliar), não implicando tal cessão a caracterização de vínculo de emprego. O transportador autônomo de cargas auxiliar deve contribuir para a Previdência Social de forma idêntica à dos transportadores autônomos.

As relações decorrentes do contrato estabelecido entre o transportador autônomo de cargas e seu auxiliar ou entre o transportador autônomo e o embarcador não caracterizam vínculo de emprego.

As relações decorrentes do contrato de transporte de cargas de que trata o art. 4.º da Lei 11.442/2007 são sempre de natureza comercial, não ensejando, em nenhuma hipótese, a caracterização de vínculo de emprego (art. 5.º da Lei 11.442/2007).

No caso de contratação direta do transportador autônomo de cargas (TAC) pelo proprietário da mercadoria, a relação dar-se-á nos termos da Lei 11.442/2007 e será considerada de natureza comercial, conforme o art. 5.º da Lei 11.442/2007.

No âmbito processual, compete à Justiça Comum o julgamento de ações oriundas dos contratos de transportes de cargas (art. 5.º, § 3.º, da Lei 11.442/2007).

Prescreve em um ano a pretensão à reparação pelos danos relativos aos contratos de transporte, iniciando-se a contagem do prazo a partir do conhecimento do dano pela parte interessada (art. 18 da Lei 11.442/2007).

É facultado aos contratantes dirimir seus conflitos recorrendo à arbitragem (art. 19 da Lei 11.442/2007).

A respeito do tema, o Supremo Tribunal Federal firmou a seguinte tese: "1 – A Lei 11.442/2007 é constitucional, uma vez que a Constituição não veda a terceirização, de atividade-meio ou fim. 2 – O prazo prescricional estabelecido no art. 18 da Lei 11.442/2007 é válido porque não se trata de créditos resultantes de relação de trabalho, mas de relação comercial, não incidindo na hipótese o art. 7.º, XXIX, CF. 3 – Uma vez preenchidos os requisitos dispostos na Lei 11.442/2007, estará configurada a relação comercial de natureza civil e afastada a configuração de vínculo trabalhista" (STF, Pleno, ADC 48/DF, ADI 3.961/DF, Rel. Min. Roberto Barroso, j. 15.04.2020, *DJe* 05.06.2020)[13].

Nos termos do art. 100 da Lei 9.504/1997, com redação dada pela Lei 13.165/2015, a contratação de pessoal para prestação de serviços nas *campanhas eleitorais* não gera vínculo empregatício com o candidato ou partido contratantes, aplicando-se à pessoa física contratada o disposto na alínea *h* do inciso V do art. 12 da Lei 8.212/1991, que prevê o *trabalhador autônomo* (ou seja, "a pessoa física que exerce, por conta própria, atividade econômica de natureza urbana, com fins lucrativos ou não") como segurado obrigatório da Previdência Social, na modalidade de contribuinte individual.

Não se aplica aos *partidos políticos*, para fins da contratação de pessoal para prestação de serviços nas campanhas eleitorais, o disposto no parágrafo único do art. 15 da Lei 8.212/1991, que versa sobre entidades equiparadas à empresa para os efeitos da Previdência Social.

Além disso, os preceitos da Consolidação das Leis do Trabalho, em regra, não se aplicam às atividades de *direção e assessoramento* nos órgãos, institutos e fundações dos *partidos* (políticos), assim definidas em normas internas de organização partidária (art. 7.º, alínea *f*, da CLT, incluída pela Lei 13.877/2019).

13. "Direito do Trabalho. Ação Direta de Inconstitucionalidade e Ação Declaratória de Constitucionalidade. Transporte rodoviário de cargas. Lei 11.442/2007, que previu a terceirização da atividade-fim. Vínculo meramente comercial. Não configuração de relação de emprego. 1. A Lei 11.442/2007 (i) regulamentou a contratação de transportadores autônomos de carga por proprietários de carga e por empresas transportadoras de carga; (ii) autorizou a terceirização da atividade-fim pelas empresas transportadoras; e (iii) afastou a configuração de vínculo de emprego nessa hipótese. 2. É legítima a terceirização das atividades-fim de uma empresa. Como já foi decidido pelo Supremo Tribunal Federal, a Constituição não impõe uma única forma de estruturar a produção. Ao contrário, o princípio constitucional da livre iniciativa garante aos agentes econômicos liberdade para eleger suas estratégias empresariais dentro do marco vigente (CF/1988, art. 170). A proteção constitucional ao trabalho não impõe que toda e qualquer prestação remunerada de serviços configure relação de emprego (CF/1988, art. 7.º). Precedente: ADPF 524, Rel. Min. Luís Roberto Barroso. 3. Não há inconstitucionalidade no prazo prescricional de 1 (um) ano, a contar da ciência do dano, para a propositura de ação de reparação de danos, prevista no art. 18 da Lei 11.442/2007, à luz do art. 7.º, XXIX, CF, uma vez que não se trata de relação de trabalho, mas de relação comercial. 4. Procedência da ação declaratória da constitucionalidade e improcedência da ação direta de inconstitucionalidade" (STF, Pleno, ADC 48/DF, ADI 3.961/DF, Rel. Min. Roberto Barroso, *DJe* 05.06.2020).

Com fundamento no *princípio da primazia da realidade*, defende-se que a correta interpretação dessas previsões legais deve ser no sentido da ausência de vínculo emprego quando os seus requisitos realmente não estiverem presentes no caso concreto.

Os advogados podem reunir-se em sociedade simples de prestação de serviços de advocacia ou constituir sociedade unipessoal de advocacia, na forma disciplinada na Lei 8.906/1994 e no regulamento geral da OAB (art. 15 da Lei 8.906/1994).

Nesse contexto, cabem ao Conselho Federal da OAB a fiscalização, o acompanhamento e a definição de parâmetros e de diretrizes da relação jurídica mantida entre advogados e sociedades de advogados ou entre escritório de advogados sócios e advogado associado, inclusive no que se refere ao cumprimento dos requisitos norteadores da associação sem vínculo empregatício autorizada expressamente no art. 15, § 10, da Lei 8.906/1994 (incluído pela Lei 14.365/2022).

Frise-se que não será admitida a averbação (no Conselho Seccional da OAB) do contrato de associação que contenha, em conjunto, os elementos caracterizadores de relação de emprego previstos na Consolidação das Leis do Trabalho (art. 15, § 11, da Lei 8.906/1994, incluído pela Lei 14.365/2022).

A sociedade de advogados e a sociedade unipessoal de advocacia podem ter como sede, filial ou local de trabalho espaço de uso individual ou compartilhado com outros escritórios de advocacia ou empresas, desde que respeitadas as hipóteses de sigilo previstas na Lei 8.906/1994 e no Código de Ética e Disciplina (art. 15, § 12, da Lei 8.906/1994, incluído pela Lei 14.365/2022).

O advogado pode associar-se a uma ou mais sociedades de advogados ou sociedades unipessoais de advocacia, sem que estejam presentes os requisitos legais de vínculo empregatício, para prestação de serviços e participação nos resultados, na forma do Regulamento Geral e de Provimentos do Conselho Federal da OAB (art. 17-A da Lei 8.906/1994, incluído pela Lei 14.365/2022).

A referida associação dar-se-á por meio de pactuação de contrato próprio, que pode ser de caráter geral ou restringir-se a determinada causa ou trabalho e que deve ser registrado no Conselho Seccional da OAB em cuja base territorial tiver sede a sociedade de advogados que dele tomar parte (art. 17-B da Lei 8.906/1994, incluído pela Lei 14.365/2022).

No contrato de associação, o advogado sócio ou associado e a sociedade devem pactuar as condições para o desempenho da atividade advocatícia e estipularão livremente os critérios para a partilha dos resultados dela decorrentes, devendo o contrato conter, no mínimo: I – qualificação das partes, com referência expressa à inscrição no Conselho Seccional da OAB competente; II – especificação e delimitação do serviço a ser prestado; III – forma de repartição dos riscos e das receitas entre as partes, vedada a atribuição da totalidade dos riscos ou das receitas exclusivamente a uma delas; IV – responsabilidade pelo fornecimento de condições materiais e pelo custeio das despesas necessárias à execução dos serviços; V – prazo de duração do contrato.

6.4 TRABALHADOR EVENTUAL

Há diversas teorias a respeito da caracterização do trabalhador como eventual, adotando critérios diferenciadores distintos, merecendo destaque:

- a que considera a "ausência de continuidade na prestação de serviços"[14];

14. MARTINS, Sergio Pinto. *Direito do trabalho*. 5. ed. São Paulo: Malheiros, 1998. p. 127.

- a que leva em conta a ausência de fixação jurídica a uma fonte de trabalho[15];
- a que entende como eventual o trabalho que não se insere nos "fins normais da empresa"[16], ou seja, "na ordem normal das atividades econômicas do empresário"[17].

Referidos entendimentos podem ser aplicados, conforme a situação em concreto e suas peculiaridades, para a efetiva caracterização do trabalhador eventual. Por não se confundir com o empregado, o trabalhador eventual não é regido pelo Direito do Trabalho, não fazendo jus aos diversos direitos trabalhistas.

6.5 TRABALHADOR VOLUNTÁRIO

O trabalho voluntário diferencia-se da relação de emprego, em razão da **ausência de onerosidade**. Esta significa que o serviço prestado tem como objetivo o recebimento da contraprestação (a remuneração, no caso do empregado), não se tratando, assim, de trabalho gratuito. Embora a onerosidade não seja atributo exclusivo do contrato de trabalho, trata-se de requisito fático-jurídico para a sua configuração (art. 3.º da CLT).

O empregado trabalha com o fim de receber salário, sendo este seu objetivo ao firmar o pacto laboral, o que envolve o *animus contrahendi*, ou seja, a "intenção de prestar serviços sob a forma de emprego"[18]. Ainda que a remuneração não tenha sido quitada, por estar em atraso, sendo o trabalho pactuado com o fim de receber a contraprestação, tem-se a onerosidade. Por outro lado, mesmo que haja o recebimento de valor (como para custear despesas), caso o trabalho seja prestado com objetivos outros, diversos do intuito de receber remuneração (como fins assistenciais, religiosos e de caridade), não se verifica a onerosidade, afastando a existência de vínculo de emprego.

Pode-se dizer que o trabalho não oneroso (gratuito) é que engloba o trabalho voluntário.

A Lei 9.608, de 18 de fevereiro de 1998, em seu art. 1.º, com redação dada pela Lei 13.297/2016, define o serviço voluntário como "a atividade não remunerada prestada por pessoa física a entidade pública de qualquer natureza ou a instituição privada de fins não lucrativos que tenha objetivos cívicos, culturais, educacionais, científicos, recreativos ou de assistência à pessoa". O parágrafo único desse dispositivo explicita que o referido serviço "não gera vínculo empregatício, nem obrigação de natureza trabalhista, previdenciária ou afim".

Como se nota, nem todo trabalho não oneroso está incluído como "voluntário" em sentido estrito, podendo-se fazer menção àquele com o intuito exclusivamente religioso.

A referida Lei 9.608/1998, no art. 3.º, prevê a possibilidade de ressarcimento de despesas que o prestador do serviço voluntário comprovadamente realizar no desempenho de suas atividades (devendo estar as despesas expressamente autorizadas pela entidade a que for prestado o serviço voluntário).

Ainda quanto ao tema, os estudantes matriculados em curso de graduação e associados à respectiva "empresa júnior" exercem *trabalho voluntário*, nos termos da Lei 9.608/1998 (art. 3.º, § 2.º, da Lei 13.267/2016, a qual disciplina a criação e a organi-

15. Cf. NASCIMENTO, Amauri Mascaro. *Iniciação ao direito do trabalho*. 28. ed. São Paulo: LTr, 2002. p. 166.
16. MARANHÃO, Délio. *Instituições de direito do trabalho*. 18. ed. São Paulo: LTr, 1999. v. 1, p. 318.
17. RUSSOMANO, Mozart Victor. *Curso de direito do trabalho*. 6. ed. Curitiba: Juruá, 1997. p. 77.
18. NASCIMENTO, Amauri Mascaro. *Curso de direito do trabalho*. 12. ed. São Paulo: Saraiva, 1996. p. 337.

zação das associações denominadas "empresas juniores", com funcionamento perante instituições de ensino superior).

Na mesma linha, o Supremo Tribunal Federal fixou a seguinte tese de repercussão geral: "O sistema de prestação voluntária de serviço auxiliar de Polícia Militar, previsto pela Lei Federal 10.029/2000 e instituído no Estado de São Paulo pela Lei 11.064/2002, cujas despesas são custeadas por auxílio mensal, de natureza meramente indenizatória, não gera vínculo empregatício nem obrigação de natureza trabalhista, previdenciária ou afim" (STF, Pleno, RE 1.231.242/SP, Rel. Min. Luiz Fux, *DJe* 19.11.2020).

A Lei 14.370/2022 instituiu o Programa Nacional de Prestação de Serviço Civil Voluntário e o Prêmio Portas Abertas, vinculados ao Ministério do Trabalho e Previdência, com o objetivo de auxiliar na inclusão produtiva de pessoas em situação de vulnerabilidade e de reduzir os impactos sociais e no mercado de trabalho causados pela emergência de saúde pública de importância internacional relacionada ao coronavírus responsável pela covid-19. O referido Programa tem duração de 24 meses a contar da entrada em vigor da Lei 14.370/2022 (15.06.2022).

O Programa Nacional de Prestação de Serviço Civil Voluntário tem o objetivo de incentivar os Municípios e o Distrito Federal a ofertar atividades de interesse público, sem vínculo empregatício ou profissional de qualquer natureza, para: I – jovens com idade entre 18 e 29 anos; II – pessoas com idade superior a 50 anos sem vínculo formal de emprego há mais de 24 meses; III – pessoas com deficiência, nos termos do art. 2.º da Lei 13.146/2015 - Estatuto da Pessoa com Deficiência (art. 2.º da Lei 14.370/2022).

Têm prioridade para aderir ao Programa Nacional de Prestação de Serviço Civil Voluntário os trabalhadores que: I – forem beneficiários dos programas de transferência de renda de que trata a Lei 14.284/2021 (Programa Auxílio Brasil e Programa Alimenta Brasil), ou de outros que venham a substituí-los; ou II – pertencerem à família de baixa renda inscrita no Cadastro Único para Programas Sociais do Governo Federal (CadÚnico), de que trata o art. 6.º-F da Lei 8.742/1993.

São consideradas atividades de interesse público aquelas identificadas pelo Município ou pelo Distrito Federal com a finalidade de cumprir os objetivos do Programa Nacional de Prestação de Serviço Civil Voluntário, desde que a conveniência e a oportunidade da sua escolha sejam fundamentadas pelo gestor municipal ou distrital.

Não podem participar do Programa Nacional de Prestação de Serviço Civil Voluntário aqueles que receberem benefício de natureza previdenciária do Regime Geral de Previdência Social ou dos Regimes Próprios de Previdência Social (art. 3.º da Lei 14.370/2022). Essa previsão não se aplica aos beneficiários de pensão por morte ou auxílio-acidente.

O Prêmio Portas Abertas, por sua vez, tem a finalidade de reconhecer e condecorar os entes federativos que se destacarem na implementação do Programa Nacional de Prestação de Serviço Civil Voluntário (art. 15 da Lei 14.370/2022).

O mencionado Programa é passível de questionamento, notadamente quanto à constitucionalidade, pois desvirtua a concepção de serviço voluntário, ao estabelecer, entre outros aspectos: o pagamento de auxílio pecuniário de natureza indenizatória, a título de bolsa (art. 6.º, inciso IV, da Lei 14.370/2022), em valor equivalente ao salário mínimo por hora (art. 6.º, § 2.º, da Lei 14.370/2022); o pagamento de vale-transporte ou o oferecimento de outra forma de transporte (art. 6.º, inciso V, da Lei 14.370/2022); a contratação de seguro contra acidentes pessoais (art. 6.º, inciso VI, da Lei 14.370/2022); o encaminhamento para os serviços de intermediação de mão de obra (art. 6.º, inciso VIII, da Lei 14.370/2022); a carga horária máxima para o desempenho de atividades de interesse público no âmbito de órgãos e entidades municipais e distritais (art. 5.º, inciso

I, da Lei 14.370/2022); a carga horária mínima para a oferta de cursos de formação inicial e continuada ou de qualificação profissional (art. 5.º, inciso II, da Lei 14.370/2022); o período de recesso, a ser gozado preferencialmente durante as férias escolares (art. 6.º, § 5.º, da Lei 14.370/2022).

As disposições na Lei 14.370/2022 indicam, na realidade, a presença de caráter oneroso na relação jurídica em questão, mais próxima do vínculo de emprego precário, sem a garantia plena dos direitos trabalhistas e previdenciários, em desacordo com o art. 7.º da Constituição da República, distanciando-se do genuíno serviço voluntário e do trabalho gratuito.

O auxílio pecuniário devido ao beneficiário, a título de bolsa, embora formalmente de natureza indenizatória, é pago "pelo desempenho das atividades" (art. 6.º, inciso IV, da Lei 14.370/2022), ou seja, como contraprestação pelo serviço prestado, o que indica a existência de onerosidade (art. 3.º da CLT). Não se trata, assim, de valor destinado ao custeio das despesas necessárias à execução do serviço voluntário, como se observa no art. 6.º da Lei 10.029/2000, ou de ressarcimento pelas despesas comprovadamente realizadas no desempenho das atividades voluntárias (art. 3.º da Lei 9.608/1998).

O art. 10 da Lei 14.370/2022, sobre as entidades que devem realizar a qualificação para o trabalho dos beneficiários (Serviço Nacional de Aprendizagem dos Industriários, Serviço Nacional de Aprendizagem Comercial, Serviço Nacional de Aprendizagem Rural, Serviço Nacional de Aprendizagem do Transporte, Serviço Nacional de Aprendizagem do Cooperativismo, Serviço Brasileiro de Apoio às Micro e Pequenas Empresas), confirma o desvirtuamento do serviço voluntário decorrente desse diploma legal, pois mesmo o aprendiz, inscrito em programa de aprendizagem de formação técnico-profissional metódica, normalmente oferecido pelos Serviços Nacionais de Aprendizagem, é considerado empregado, regido por contrato de trabalho especial (art. 428 da CLT).

Além disso, a previsão de que o referido Programa será ofertado pelo Município ou pelo Distrito Federal por meio de processo seletivo público simplificado, que dispensará a realização de concurso público (art. 4.º, § 1.º, da Lei 14.370/2022), pode gerar a violação do art. 37, inciso II, da Constituição Federal de 1988.

Frise-se ainda que o beneficiário será desligado do Programa Nacional de Prestação de Serviço Civil Voluntário nas seguintes hipóteses: I – admissão em emprego, na forma prevista no art. 3.º da Consolidação das Leis do Trabalho; II – posse em cargo público; III – frequência inferior à mínima estabelecida no curso de formação inicial e continuada ou de qualificação profissional; ou IV – aproveitamento insuficiente (art. 14 da Lei 14.370/2022). O edital de seleção pública pode prever outras hipóteses de desligamento do Programa Nacional de Prestação de Serviço Civil Voluntário.

6.6 MEDIDAS DE PROTEÇÃO AO ENTREGADOR QUE PRESTA SERVIÇO POR INTERMÉDIO DE EMPRESA DE APLICATIVO DE ENTREGA

A Lei 14.297/2022 dispõe sobre medidas de proteção asseguradas ao entregador que presta serviço por intermédio de empresa de aplicativo de entrega durante a vigência, no território nacional, da emergência de saúde pública decorrente do coronavírus responsável pela covid-19.

As medidas previstas na Lei 14.297/2022 devem ser asseguradas até que seja declarado o término da emergência em saúde pública de importância nacional (Espin) em decorrência da infecção humana pelo coronavírus Sars-CoV-2 (art. 1.º, parágrafo único, da Lei 14.297/2022). Essa eficácia temporária é passível de crítica, pois certas medidas de proteção, como se observa nos arts. 3.º e 6.º da Lei 14.297/2022, não têm a sua relevância limitada apenas ao mencionado período de emergência em saúde pública.

Foi declarado o encerramento da emergência em saúde pública de importância nacional (Espin) em decorrência da infecção humana pelo novo coronavírus (2019-nCov), de que tratava a Portaria 188/2020 (Portaria 913/2022 do Ministério da Saúde, com entrada em vigor 30 dias após a data de sua publicação, ocorrida em 22.04.2022).

Esclareça-se que os benefícios e as conceituações previstos na Lei 14.297/2022 não servirão de base para caracterização da natureza jurídica da relação entre os entregadores e as empresas de aplicativo de entrega (art. 10 da Lei 14.297/2022). Trata-se, assim, de questão a ser definida em cada caso concreto, por meio da análise da presença dos requisitos da relação de emprego (arts. 2.º e 3.º da CLT) ou do trabalho autônomo (art. 442-B da CLT), com destaque ao modo de prestação do serviço (sob subordinação jurídica ou por conta própria), em consonância com o princípio da primazia da realidade.

Considera-se *empresa de aplicativo de entrega* a empresa que possui como principal atividade a intermediação, por meio de plataforma eletrônica, entre o fornecedor de produtos e serviços de entrega e o seu consumidor. Considera-se *entregador* o trabalhador que presta serviço de retirada e entrega de produtos e serviços contratados por meio da plataforma eletrônica de aplicativo de entrega (art. 2.º da Lei 14.297/2022).

A empresa de aplicativo de entrega deve contratar *seguro contra acidentes*, sem franquia, em benefício do entregador nela cadastrado, exclusivamente para acidentes ocorridos durante o período de retirada e entrega de produtos e serviços, devendo cobrir, obrigatoriamente, acidentes pessoais, invalidez permanente ou temporária e morte (art. 3.º da Lei 14.297/2022).

Na hipótese de o entregador prestar serviços para mais de uma empresa de aplicativo de entrega, a indenização, no caso de acidente, deve ser paga pelo seguro contratado pela empresa para a qual o entregador prestava o serviço no momento do acidente.

A rigor, o entregador, como trabalhador, é segurado obrigatório da Previdência Social, na qualidade de empregado ou contribuinte individual (trabalhador autônomo), conforme art. 11, incisos I e V, *h*, da Lei 8.213/1991. O mais adequado, portanto, seria a formalização dessa relação jurídica, para se assegurar a ampla proteção previdenciária, por meio do Regime Geral de Previdência Social (art. 201 da Constituição da República), independentemente de seguro contra acidentes de natureza privada.

A empresa de aplicativo de entrega deve assegurar ao entregador afastado em razão de infecção pelo coronavírus responsável pela covid-19 *assistência financeira* pelo período de 15 dias, o qual pode ser prorrogado por mais dois períodos de 15 dias, mediante apresentação do comprovante ou do laudo médico (art. 4.º da Lei 14.297/2022).

A mencionada assistência financeira deve ser calculada de acordo com a média dos três últimos pagamentos mensais recebidos pelo entregador. A concessão da referida assistência financeira está condicionada à apresentação de comprovante de resultado positivo para covid-19 (obtido por meio de exame RT-PCR) ou de laudo médico que ateste condição decorrente da covid-19 que justifique o afastamento.

Se o entregador tiver a qualidade de segurado da Previdência Social, como empregado ou contribuinte individual (trabalhador autônomo), e preencher os requisitos legais, terá direito ao auxílio-doença (auxílio por incapacidade temporária), o qual é devido se ficar incapacitado para o trabalho por mais de 15 dias consecutivos (art. 59 da Lei 8.213/1991). Nessa hipótese, no período de recebimento do benefício previdenciário pelo entregador, entende-se que a assistência financeira não seria devida pela empresa de aplicativo de entrega.

A empresa de aplicativo de entrega deve fornecer ao entregador informações sobre os riscos do coronavírus responsável pela covid-19 e os cuidados necessários para se prevenir do contágio e evitar a disseminação da doença (art. 5.º da Lei 14.297/2022).

Cabe à empresa de aplicativo de entrega disponibilizar máscaras e álcool em gel ou outro material higienizante aos entregadores, para proteção pessoal durante as entregas. O cumprimento dessa disposição pela empresa de aplicativo de entrega pode ser feito por meio de repasse ou reembolso das despesas efetuadas pelo entregador.

A empresa fornecedora do produto ou do serviço deve: permitir que o entregador utilize as instalações sanitárias de seu estabelecimento; garantir o acesso do entregador a água potável (art. 6.º da Lei 14.297/2022).

A empresa de aplicativo de entrega e a empresa fornecedora do produto ou do serviço devem adotar prioritariamente forma de pagamento por meio da internet (art. 7.º da Lei 14.297/2022). Essa previsão certamente tem como objetivo evitar o risco de contato com o coronavírus, procurando prevenir o contágio da covid-19.

Do contrato ou do termo de registro celebrado entre a empresa de aplicativo de entrega e o entregador devem constar expressamente as hipóteses de bloqueio, de suspensão ou de exclusão da conta do entregador da plataforma eletrônica (art. 8.º da Lei 14.297/2022). Assegura-se ao entregador, com isso, o direito à informação sobre as condutas que podem acarretar essas sanções.

A aplicação da exclusão de conta deve ser precedida de comunicação prévia, com antecedência mínima de três dias úteis, e será acompanhada das razões que a motivaram, que devem ser devidamente fundamentadas, preservadas a segurança e a privacidade do usuário da plataforma eletrônica. O mencionado prazo não se aplica aos casos de ameaça à segurança e à integridade da plataforma eletrônica, dos fornecedores e dos consumidores, em razão de suspeita de prática de infração penal prevista na legislação vigente.

Como a exclusão da conta do entregador da plataforma eletrônica é medida mais rigorosa, em regra, deve ser precedida das mencionadas exigências, para que não haja arbitrariedades. No entanto, o bloqueio e a suspensão da conta também podem acarretar prejuízos ao entregador, de modo que deveriam observar requisitos prévios.

O descumprimento da Lei 14.297/2022 pela empresa de aplicativo de entrega ou pela empresa que utiliza serviços de entrega implica, nos termos definidos em regulamento: I – a aplicação de advertência; II – o pagamento de multa administrativa no valor de R$ 5.000,00 por infração cometida, em caso de reincidência (art. 9.º da Lei 14.297/2022). O regulamento deve especificar o órgão com atribuição para a fiscalização do cumprimento das referidas previsões legais.

Capítulo 7

EMPREGADOR

7.1 CONCEITO

Conforme o art. 2.º, *caput*, da CLT:

> "Considera-se empregador a empresa, individual ou coletiva, que, assumindo os riscos da atividade econômica, admite, assalaria e dirige a prestação pessoal de serviços".

Empresa é a atividade econômica *organizada*, presente a coordenação e a organização dos fatores de produção, destinada à produção ou à circulação de bens ou de serviços no mercado.

Empresário é quem exerce profissionalmente esta atividade (art. 966 do Código Civil de 2002). Portanto, há aqueles que, mesmo exercendo atividade econômica, não são considerados empresários, seja por expressa exclusão prevista em lei (parágrafo único do art. 966 do Código Civil de 2002), seja pela ausência de organização dos fatores de produção ao desenvolver a atividade. Frise-se que o empresário, ou seja, aquele que exerce a atividade empresarial, tanto pode ser uma pessoa jurídica como uma pessoa física.

No âmbito da Consolidação das Leis do Trabalho, o empregador é considerado como a própria empresa. Essa previsão é objeto de crítica por parte da doutrina, justamente porque a empresa, como mencionado, em termos técnicos, seria a atividade econômica organizada, não apresentando personalidade jurídica para figurar em um dos polos da relação jurídica de emprego.

No entanto, a definição adotada pelo art. 2.º, *caput*, da CLT apresenta importantes efeitos práticos, em questões envolvendo a **sucessão trabalhista**, no sentido de que o empregador é a empresa, independentemente de modificações na sua titularidade ou propriedade (arts. 10 e 448 da CLT).

Na realidade, em termos mais científicos, doutrinariamente, pode-se dizer que **empregador** é toda pessoa jurídica, pessoa natural ou ente despersonalizado que contrate empregado, mantendo relação jurídica com este, ou seja, todo ente que se utilize de empregados para a realização de seu objetivo social.

Mesmo tendo a lei definido o empregador como empresa, cabe asseverar ser possível existir empregador que não apresenta os elementos da empresa, sem exercer atividade econômica, ou que não tenha atividade com fins lucrativos, mas que, mesmo assim, precisa contratar empregado. Tendo em vista esse aspecto, a CLT apresenta a figura do *empregador por equiparação*.

De acordo com o § 1.º do art. 2.º da CLT: "Equiparam-se ao empregador, para os efeitos exclusivos da relação de emprego, os profissionais liberais, as instituições de beneficência, as associações recreativas ou outras instituições sem fins lucrativos, que admitirem trabalhadores como empregados".

O condomínio também pode ser empregador, ainda que não exerça atividade econômica ou lucrativa propriamente, não sendo, portanto, empresa no sentido técnico do termo.

Cabe ressaltar que o art. 7.º, *a*, da CLT estabelece que os preceitos contidos na Consolidação das Leis do Trabalho não se aplicam "aos empregados domésticos", sendo que estes possuem lei específica, já estudada. Atualmente, na verdade, observadas as peculiaridades do trabalho doméstico, a ele também se aplica, subsidiariamente, a Consolidação das Leis do Trabalho, conforme art. 19 da Lei Complementar 150/2015. A Lei 2.757, de 23 de abril de 1956, em seu art. 1.º, esclareceu que são excluídos das disposições do art. 7.º, *a*, da CLT, "os empregados porteiros, zeladores, faxineiros e serventes de prédios de apartamentos residenciais, *desde que a serviço da administração do edifício e não de cada condômino em particular*". Assim, o condomínio encontra-se inserido como empregador por equiparação (art. 2.º, § 1.º, *in fine*, da CLT).

Portanto, o condomínio, por expressa disposição de lei, é verdadeiro empregador, não doméstico, quando possua empregado, aplicando-se as disposições da CLT.

7.2 GRUPO DE EMPRESAS

O art. 2.º, § 2.º, da Consolidação das Leis do Trabalho versa sobre o grupo de empresas no âmbito da relação de emprego, tendo a seguinte redação na atualidade, decorrente da Lei 13.467/2017:

> "Sempre que uma ou mais empresas, tendo, embora, cada uma delas, personalidade jurídica própria, estiverem sob a direção, controle ou administração de outra, ou ainda quando, mesmo guardando cada uma sua autonomia, integrem grupo econômico, serão responsáveis solidariamente pelas obrigações decorrentes da relação de emprego".

No Direito do Trabalho não são exigidos requisitos formais para a configuração do grupo de empresas, que pode decorrer de situação de fato, mesmo porque incide o princípio da primazia da realidade. Ainda na esfera trabalhista, entende-se que os integrantes do grupo econômico podem ser, de forma ampla, não apenas sociedades, mas também outras modalidades de pessoas jurídicas, organizações e mesmo pessoas naturais[1].

O grupo econômico é formado por duas ou mais empresas, cada uma com personalidade jurídica própria.

A rigor, quem tem personalidade jurídica é a pessoa física ou natural (art. 2.º do Código Civil) ou a pessoa jurídica (art. 44 do Código Civil) que integra o grupo econômico, sabendo-se que a *empresa* é a *atividade econômica* organizada para oferecer bens e serviços ao mercado, normalmente com fim de lucro[2].

Por se tratar de grupo econômico, integrado por empresas, não se admite a sua constituição exclusivamente por entidades assim não consideradas, que não exerçam atividades econômicas e empresariais.

1. Cf. MARTINS, Sergio Pinto. *Direito do trabalho*. 28. ed. São Paulo: Atlas, 2012. p. 203-204.
2. Cf. art. 966, *caput*, do Código Civil: "Art. 966. Considera-se empresário quem exerce profissionalmente atividade econômica organizada para a produção ou a circulação de bens ou de serviços".

Nesse sentido, a rigor, não se configuraria grupo de empresas quando presentes apenas entidades consideradas empregadores por equiparação, que não exerçam atividades econômicas ou não tenham fins lucrativos, conforme art. 2.º, § 1.º, da CLT[3]. Ainda assim, é possível a existência de grupo que tenha atividade econômica em seu todo, embora de natureza mista, por ser composto de empresas e também de entidades consideradas empregadores por equiparação, isto é, com a presença também de entes que não exercem atividade tipicamente econômica, o que não afastaria a existência do grupo para fins trabalhistas.

Da mesma forma, admite-se a existência de grupo econômico em que as empresas exercem atividades econômicas de diversas naturezas, inclusive o grupo formado de empresas urbanas e de pessoas físicas ou jurídicas que exerçam atividade agroeconômica (empregadores rurais).

O grupo econômico, em tese, pode ser configurado de dois modos alternativos:

1) quando as empresas envolvidas estão sob a direção, controle ou administração de outra; ou
2) quando, mesmo guardando cada uma das empresas a sua autonomia, integrem grupo econômico.

A primeira hipótese refere-se ao *grupo econômico hierarquizado ou sob subordinação*, em que uma das empresas exerce o poder de dominação em face das demais.

Essa *dominação* da empresa principal é exercida sob a forma de *direção, controle ou administração* das empresas subordinadas.

Logo, no grupo econômico hierarquizado, a empresa principal, ao exercer o seu poder de dominação:

a) *dirige* as empresas subordinadas, determinando o que fazer e como elas devem exercer as suas atividades; ou
b) *controla* as empresas subordinadas, decidindo a respeito dos rumos a serem tomados ou das diretrizes a serem observadas por elas (como ocorre, por exemplo, quando a empresa controladora detém quantidade de ações suficiente para exercer o controle das empresas controladas); ou
c) *administra* as empresas subordinadas, gerindo as suas atividades e organizando o modo de atuarem no mercado.

---

3. "§ 1.º Equiparam-se ao empregador, para os efeitos exclusivos da relação de emprego, os profissionais liberais, as instituições de beneficência, as associações recreativas ou outras instituições sem fins lucrativos, que admitirem trabalhadores como empregados". Em sentido mais ampliativo, cf.: "A) Agravo de instrumento em recurso de revista. Responsabilidade solidária. Grupo econômico. Entidade sem fins lucrativos. Ante a demonstração de aparente violação do art. 2.º, § 2.º, da CLT, impõe-se o processamento do recurso de revista, a fim de melhor examinar a questão. Agravo de instrumento conhecido e provido. B) Recurso de revista. Responsabilidade solidária. Grupo econômico. Entidade sem fins lucrativos. Possibilidade. No caso, não se constata efetiva violação do § 2.º do artigo 2.º da CLT, na medida em que, segundo a dicção do § 1.º do referido dispositivo legal, as instituições sem fins lucrativos equiparam-se ao conceito de empregador para todos os efeitos legais trabalhistas. Logo, numa interpretação sistemática e teleológica da referida norma, não há como afastar a aplicação do § 2.º às instituições sem fins lucrativos, pois a ausência de finalidade lucrativa não inviabiliza a formação de grupo econômico. Na mesma linha, inclusive, já se posicionou a SDI-1 desta Corte, sendo reiterado o mesmo entendimento no âmbito das Turmas deste Tribunal Superior. Recurso de revista não conhecido" (TST, 8.ª T., RR - 101607-86.2016.5.01.0052, Red. Min. Dora Maria da Costa, *DEJT* 10.05.2019).

A segunda hipótese diz respeito ao *grupo econômico não hierarquizado*, ou seja, em que as empresas mantêm relação horizontal[4], isto é, de coordenação, e não de dominação, inexistindo uma empresa principal e outras a ela subordinadas.

Entretanto, em qualquer caso, a mera identidade de sócios não caracteriza o grupo econômico, pois são necessários para a configuração do grupo três requisitos, quais sejam: a demonstração do interesse integrado, a efetiva comunhão de interesses e a atuação conjunta das empresas dele integrantes (art. 2.º, § 3.º, da CLT).

Portanto, a existência de sócios comuns, por si só, não configura o grupo de empresas, embora possa ser um indício da sua presença, a qual exige a efetiva comprovação dos três requisitos indicados[5].

Assim, mesmo quando as empresas mantêm a autonomia entre si, a presença de interesses comuns e compartilhados entre elas, fazendo com que exerçam as suas atividades de modo conjunto, configura a existência do grupo econômico para fins trabalhistas.

Ainda a respeito do tema, conforme dispõe a Súmula 239 do TST:

> "Bancário. Empregado de empresa de processamento de dados. É bancário o empregado de empresa de processamento de dados que presta serviço a banco integrante do mesmo grupo econômico, exceto quando a empresa de processamento de dados presta serviços a banco e a empresas não bancárias do mesmo grupo econômico ou a terceiros".

No âmbito rural, nos termos do art. 3.º, § 2.º, da Lei 5.889/1973, sempre que uma ou mais empresas, embora tendo cada uma delas personalidade jurídica própria, estiverem sob direção, controle ou administração de outra, ou ainda quando, mesmo guardando cada uma sua autonomia, integrem grupo econômico ou financeiro rural, serão responsáveis solidariamente nas obrigações decorrentes da relação de emprego.

Como se pode notar, na esfera rural também se admite o grupo econômico hierarquizado, ou seja, por dominação, e o grupo econômico em que as empresas mantêm entre si relação de coordenação[6].

A consequência da existência de grupo econômico é que todas as empresas que o integram são *solidariamente responsáveis* pelas obrigações decorrentes da relação de emprego.

Isso significa que tanto a empresa principal como as empresas subordinadas (no grupo econômico hierarquizado) e todas as empresas que mantêm relação de coordenação entre si (no grupo econômico não hierarquizado) são responsáveis solidárias pelos direitos devidos aos empregados do grupo econômico e das empresas que o integrem.

---

4. Cf. RUSSOMANO, Mozart Victor. *Curso de direito do trabalho*. 6. ed. Curitiba: Juruá, 1997. p. 67; NASCIMENTO, Amauri Mascaro. *Iniciação ao direito do trabalho*. 28. ed. São Paulo: LTr, 2002. p. 199.

5. "Recurso de embargos em recurso de revista. Configuração de grupo econômico. Art. 2.º, § 2.º, da CLT. Existência de sócios em comum. A interpretação do art. 2.º, § 2.º, da CLT conduz à conclusão de que, para a configuração de grupo econômico, não basta a mera situação de coordenação entre as empresas. É necessária a presença de relação hierárquica entre elas, de efetivo controle de uma empresa sobre as outras. O simples fato de haver sócios em comum não implica por si só o reconhecimento do grupo econômico. No caso, não há elementos fáticos que comprovem a existência de hierarquia ou de laços de direção entre as reclamadas que autorize a responsabilidade solidária. Recurso de Embargos conhecido por divergência jurisprudencial e desprovido" (TST, SBDI-I, E-ED-RR-214940-39.2006.5.02.0472, Rel. Min. Horácio Raymundo de Senna Pires, *DEJT* 15.08.2014).

6. Cf. MAGANO, Octavio Bueno. *Manual de direito do trabalho*: direito individual do trabalho. 3. ed. São Paulo: LTr, 1992. v. 2, p. 88. Cf. ainda MARTINS, Sergio Pinto. *Direito do trabalho*. 5. ed. São Paulo: Malheiros, 1998. p. 143.

Trata-se, no caso, de *solidariedade passiva*, decorrente de expressa previsão legal.

Nos termos do art. 265 do Código Civil, a solidariedade não se presume, pois resulta da lei (como ocorre no caso) ou da vontade das partes.

Por consequência, o credor (empregado) tem direito a exigir e receber de um ou de alguns dos devedores (empresas integrantes do grupo econômico), parcial ou totalmente, a dívida comum. Se o pagamento tiver sido parcial, todos os demais devedores continuam obrigados solidariamente pelo restante (art. 275 do Código Civil).

Além disso, não importa renúncia da solidariedade a propositura de ação pelo credor em face de um ou alguns dos devedores (uma ou algumas das empresas que integram o grupo econômico).

O empregado, assim, pode exigir os créditos trabalhistas da empresa a quem prestou serviços e (ou) das demais empresas que compõem o grupo econômico.

Não se observa benefício de ordem entre as empresas, pois a responsabilidade é solidária, e não subsidiária.

Discute-se, entretanto, se o grupo de empresas é o *empregador único*. Vale dizer, questiona-se se a relação jurídica do empregado é mantida com a empresa ou com o grupo econômico. Cabe verificar, assim, se o empregador é a empresa que integra o grupo econômico ou se é o próprio grupo econômico.

A questão envolve a temática de saber se no grupo de empresas também há *solidariedade ativa*, em que cada um dos credores solidários tem direito a exigir do devedor o cumprimento da prestação por inteiro (art. 267 do Código Civil).

Enquanto para certa corrente também incide a solidariedade ativa, por ser o grupo o empregador único[7], para outros a solidariedade é apenas passiva[8].

A atual redação do art. 2.º, § 2.º, da CLT parece indicar que a responsabilidade das empresas que integram o grupo econômico é apenas passiva, ao prever que elas "serão responsáveis solidariamente pelas *obrigações* decorrentes da relação de emprego" (destaquei).

Ainda assim, defende-se o entendimento de que essa questão deve ser analisada em cada caso concreto, tendo em vista a incidência do princípio da primazia da realidade.

Há situações em que o poder de direção é exercido pelo grupo econômico como um todo, de modo que o empregado irá prestar serviços de forma subordinada às empresas que o integram. Com isso, o tempo de serviço prestado a uma das empresas é computado (como para fins de férias, 13.º salário e indenizações) quando o empregado é transferido e passa a prestar serviços para outra empresa do mesmo grupo econômico. Nesse caso, a relação de emprego existe e se desenvolve entre o empregado e o grupo econômico, o qual figura como o verdadeiro empregador. Ou seja, o contrato de trabalho é mantido entre o empregado e o grupo econômico, como empregador único.

A respeito do tema, nos termos da Súmula 129 do TST:

> "Contrato de trabalho. Grupo econômico. A prestação de serviços a mais de uma empresa do mesmo grupo econômico, durante a mesma jornada de trabalho, não caracteriza a coexistência de mais de um contrato de trabalho, salvo ajuste em contrário".

---

7. Cf. MAGANO, Octavio Bueno. *Manual de direito do trabalho*: direito individual do trabalho. 3. ed. São Paulo: LTr, 1992. v. 2, p. 97-101. Cf. ainda MARTINS, Sergio Pinto. *Direito do trabalho*. 5. ed. São Paulo: Malheiros, 1998. p. 145.
8. Cf. NASCIMENTO, Amauri Mascaro. *Iniciação ao direito do trabalho*. 28. ed. São Paulo: LTr, 2002. p. 201.

Diversamente, há situações em que o empregado é juridicamente subordinado apenas a uma empresa, a qual exerce o poder diretivo e figura como o efetivo empregador. Nesse caso, o contrato de trabalho tem como sujeitos o empregado e a empresa. As demais empresas que integram o grupo econômico, ainda assim, respondem solidariamente pelos créditos trabalhistas.

Em consonância com a Súmula 93 do TST:

> "Bancário. Integra a remuneração do bancário a vantagem pecuniária por ele auferida na colocação ou na venda de papéis ou valores mobiliários de empresas pertencentes ao mesmo grupo econômico, se exercida essa atividade no horário e no local de trabalho e com o consentimento, tácito ou expresso, do banco empregador".

7.3 CONSÓRCIO DE EMPREGADORES

O "consórcio de empregadores rurais" surgiu inicialmente, de forma oficial, na Portaria 1.964 do Ministério do Trabalho, de 1.º de dezembro de 1999 (revogada pela Portaria 671/2021).

Em conformidade com o art. 40 da Portaria 671/2021 do Ministério do Trabalho e Previdência, considera-se consórcio de empregadores rurais a união de produtores rurais, pessoas físicas, com a finalidade única de contratar, gerir e demitir trabalhadores para prestação de serviços, exclusivamente, aos seus integrantes.

A Lei 10.256, de 9 de julho de 2001, acrescentou à Lei 8.212/1991 o art. 25-A, estabelecendo sobre o tema que:

> "Equipara-se ao empregador rural pessoa física o consórcio simplificado de produtores rurais, formado pela união de produtores rurais pessoas físicas, que outorgar a um deles poderes para contratar, gerir e demitir trabalhadores para prestação de serviços, exclusivamente, aos seus integrantes, mediante documento registrado em cartório de títulos e documentos".

O objetivo desse instituto é estabelecer um novo modelo de contratação de empregados rurais, de forma conjunta, por vários produtores rurais. Procura-se evitar a informalidade no referido labor, bem como a intensa rotatividade de mão de obra, a incerteza quanto ao trabalho e o próprio desemprego.

Cabe esclarecer que, na expressão "consórcio de empregadores rurais", o termo consórcio não está sendo utilizado em seu conceito técnico, do Direito Comercial e Empresarial, tal como previsto no art. 278 da Lei 6.404/1976.

Na realidade, o consórcio aqui mencionado é representado por um "pacto de solidariedade", devidamente registrado em cartório de títulos e documentos, na forma do art. 265 do Código Civil de 2002, o que é previsto no art. 42, inciso II, da Portaria 671/2021 do Ministério do Trabalho e Previdência. O art. 25-A, § 3.º, da Lei 8.212/1991 ratifica que os produtores rurais integrantes do consórcio serão "responsáveis solidários em relação às obrigações previdenciárias".

De acordo com o art. 25-A, § 1.º, da Lei 8.212/1991, o documento (a ser registrado em cartório de títulos e documentos) de outorga, a um dos produtores, de poderes para contratar, gerir e demitir trabalhadores para prestação de serviços, exclusivamente, aos seus integrantes, deverá conter a identificação de cada produtor, seu endereço pessoal e o de sua propriedade rural, *bem como o respectivo registro no Instituto Nacional de Colonização e Reforma Agrária – INCRA ou informações relativas a parceria, arrendamento ou equivalente* e a matrícula no Instituto Nacional do Seguro Social – INSS de cada um dos produtores rurais.

Em conformidade com o art. 25-A, § 2.º, da Lei 8.212/1991, o consórcio "deverá ser matriculado no INSS em nome do empregador a quem hajam sido outorgados os poderes".

O consórcio de empregadores rurais, integrado por pessoas físicas, não se confunde com o grupo de empresas, pois não são exigidos os requisitos específicos do art. 2.º, § 2.º, da CLT, ou mesmo do art. 3.º, § 2.º, da Lei 5.889/1973. Mesmo assim, há traços de semelhança entre essas duas figuras, como a regra da responsabilidade solidária e o fato de se considerar o consórcio de empregadores como "empregador único", pois o contrato de trabalho, mantido com o empregado rural, no caso, é um só, na mesma linha da previsão da Súmula 129 do TST.

Por meio desse novo instituto, possibilita-se um único contrato de trabalho, firmado entre o empregado rural e o "consórcio de empregadores rurais", concretizando o princípio da continuidade da relação de emprego, possibilitando que aquele preste os serviços a todos os integrantes do consórcio, que respondem, de forma solidária, em face da prestação do serviço como um todo.

Há corrente que defende a possibilidade do consórcio de empregadores também no meio urbano, por não se verificar prejuízos ao empregado, mas, pelo contrário, os benefícios acima destacados, não ocorrendo, ainda, infração à legislação trabalhista e previdenciária. Nessa linha, para o âmbito urbano, sustenta-se a aplicação da legislação já existente, referente ao consórcio de produtores rurais, por meio da analogia, o que é autorizado pelo art. 8.º da CLT, tendo em vista a semelhança entre as duas situações de fato e a ausência de regulação legal específica para o caso do consórcio de empregadores urbanos.

7.4 SUCESSÃO TRABALHISTA

A *sucessão trabalhista* é tema de fundamental importância no Direito do Trabalho, encontrando-se prevista nos arts. 10 e 448 da CLT.

Primeiramente, a *mudança na estrutura jurídica formal da empresa* (por exemplo, a alteração da modalidade de sociedade) não afeta os contratos de trabalho dos respectivos empregados (art. 448), nem os direitos por eles adquiridos (art. 10).

A *transformação*, assim, é a operação pela qual a sociedade passa, independentemente de dissolução e liquidação, de um tipo para outro (art. 220 da Lei 6.404/1976).

Desse modo, o ato de transformação independe de dissolução ou liquidação da sociedade e obedecerá aos preceitos reguladores da constituição e inscrição próprios do tipo em que vai se converter (art. 1.113 do Código Civil). Como mencionado, a transformação da sociedade não modificará nem prejudicará, em qualquer caso, os direitos dos credores (art. 1.115 do Código Civil).

Da mesma forma, a *transferência de titularidade da empresa* não atinge os contratos de trabalho (art. 448 da CLT).

Para a caracterização da sucessão trabalhista, é necessária a transferência de uma "unidade econômico-jurídica"[9], ou seja, de "*parte significativa do(s) estabelecimento(s) ou da empresa*"[10], permanecendo, ainda, a prestação de serviços pela empresa (continuidade da atividade empresarial).

9. MARANHÃO, Délio. *Instituições de direito do trabalho*. 18. ed. São Paulo: LTr, 1999. v. 1, p. 315.

10. DELGADO, Mauricio Godinho. *Curso de direito do trabalho*. São Paulo: LTr, 2002. p. 399 (destaques do original).

A sucessão empresarial pode decorrer de incorporação, de fusão e mesmo de cisão de sociedades. Na *incorporação*, uma ou várias sociedades são absorvidas por outra, que lhes sucede em todos os direitos e obrigações (art. 1.116 do Código Civil). A *fusão* determina a extinção das sociedades que se unem, para formar sociedade nova, que a elas sucederá nos direitos e obrigações (art. 1.119 do Código Civil). A *cisão* é a operação pela qual a companhia transfere parcelas do seu patrimônio para uma ou mais sociedades, constituídas para esse fim ou já existentes, extinguindo-se a companhia cindida, se houver versão de todo o seu patrimônio, ou dividindo-se o seu capital, se parcial a versão (art. 229 da Lei 6.404/1976). A sociedade que absorver parcela do patrimônio da companhia cindida sucede a esta nos direitos e obrigações relacionados no ato da cisão.

Ocorrendo a sucessão trabalhista, o sucessor responde por todos os direitos trabalhistas do empregado, ainda que referentes a período anterior à sucessão, e mesmo que o contrato de trabalho tenha cessado anteriormente a ela[11]. Nesse sentido a ementa da seguinte decisão:

> "*Sucessão de empresas. Responsabilidade do sucessor.* O fato de a reclamante não ter prestado serviços à empresa sucessora em nada altera a situação jurídica da sucessão empresarial nos moldes trabalhistas, na medida em que os arts. 10 e 448, da CLT visam garantir ao empregado a possibilidade de voltar-se contra quem possuir a empresa – não somente contra quem foi seu empregador originário – para facilitar-lhe e garantir-lhe o recebimento de seus créditos" (TRT 2.ª R., RO 09792200390202004, Ac. 9.ª T., 20030589163, Rel. Juíza Jane Granzoto Torres da Silva. *DJSP* 14.11.2003).

A Orientação Jurisprudencial 261 da SBDI-I do TST (inserida em 27.09.2002) esclarece, ainda, importante questão, no sentido de que:

> "Bancos. Sucessão trabalhista. As obrigações trabalhistas, inclusive as contraídas à época em que os empregados trabalhavam para o banco sucedido, são de responsabilidade do sucessor, uma vez que a este foram transferidos os ativos, as agências, os direitos e deveres contratuais, caracterizando típica sucessão trabalhista".

Assim, se ficar caracterizada a sucessão trabalhista, é o sucessor quem responde pelos eventuais direitos trabalhistas ainda não adimplidos[12]. Eventual cláusula contratual entre sucessor e sucedido, dispondo de forma distinta, não produz efeitos quanto aos empregados, até porque as normas dos arts. 10 e 448 da CLT são de ordem pública. O que pode existir é eventual direito de regresso do sucessor em face do sucedido[13].

---

11. Cf. o seguinte julgado (*Nova jurisprudência em direito do trabalho*. 2000, 2.º semestre. São Paulo: Saraiva, 2001. p. 162, ementa 812): "É sabido que a sucessão é modalidade de assunção de débito e crédito, sendo o sucessor responsável pelos encargos e obrigações imputados à sucedida e decorrentes da relação de trabalho, incluindo-se os débitos vencidos à época da sucessão, pois a responsabilidade pelos débitos trabalhistas existe em função da empresa, em respeito ao princípio da despersonalização do empregador. (RR 522698/1998) Antonio Levenhagem – TST".

12. Conforme a Orientação Jurisprudencial 408 da SBDI-I do TST: "Juros de mora. Empresa em liquidação extrajudicial. Sucessão trabalhista. É devida a incidência de juros de mora em relação aos débitos trabalhistas de empresa em liquidação extrajudicial sucedida nos moldes dos arts. 10 e 448 da CLT. O sucessor responde pela obrigação do sucedido, não se beneficiando de qualquer privilégio a este destinado" (*DEJT* 22.10.2010).

13. Cf. a seguinte ementa (In: OLIVEIRA, Francisco Antonio de. *Consolidação das Leis do Trabalho comentada*. 2. ed. São Paulo: RT, 2000. p. 337): "Uma vez reconhecida a sucessão trabalhista na forma prevista nos arts. 10 e 448 da CLT, a responsabilidade integral é do sucessor. Ao recorrente resta o direito regressivo conforme previsto na lei civil. (TST-RR 13.936/1990.4, Ac. 3.ª T. 281/1992, Rel. Min. Francisco Fausto)".

Segundo doutrina e jurisprudência amplamente majoritárias, apenas no caso de fraude é que o sucedido também responde solidariamente pelo débito[14]. A sucessão fraudulenta não produz efeitos prejudiciais ao empregado (art. 9.º da CLT), o que acarreta a responsabilidade solidária do sucedido, juntamente com o sucessor, por ter participado da fraude (art. 942 do Código Civil de 2002, correspondente ao art. 1.518 do Código Civil de 1916).

Cabe mencionar a situação específica indicada na Orientação Jurisprudencial 225 da Subseção I de Dissídios Individuais do TST, com a seguinte redação:

> "Celebrado contrato de concessão de serviço público em que uma empresa (primeira concessionária) outorga a outra (segunda concessionária), no todo ou em parte, mediante arrendamento ou qualquer outra forma contratual, a título transitório, bens de sua propriedade: I – em caso de rescisão do contrato de trabalho após a entrada em vigor da concessão, a segunda concessionária, na condição de sucessora, responde pelos direitos decorrentes do contrato de trabalho, sem prejuízo da responsabilidade subsidiária da primeira concessionária pelos débitos trabalhistas contraídos até a concessão; II – no tocante ao contrato de trabalho extinto antes da vigência da concessão, a responsabilidade pelos direitos dos trabalhadores será exclusivamente da antecessora (nova redação, *DJ* 20.04.2005)".

Nos termos do art. 448-A da CLT, acrescentado pela Lei 13.467/2017, caracterizada a sucessão empresarial ou de empregadores prevista nos arts. 10 e 448 da Consolidação das Leis do Trabalho, as obrigações trabalhistas, inclusive as contraídas à época em que os empregados trabalhavam para a empresa sucedida, são de responsabilidade do sucessor.

A empresa sucedida responde solidariamente com a sucessora quando ficar comprovada *fraude* na transferência (art. 448-A, parágrafo único, da CLT, acrescentado pela Lei 13.467/2017).

Logo, apenas em caso de fraude é que o sucedido também responde solidariamente pelo débito. A sucessão fraudulenta não produz efeitos prejudiciais ao empregado (art. 9.º da CLT), o que acarreta a responsabilidade solidária do sucedido, juntamente com o sucessor, por ter participado da fraude (art. 942 do Código Civil).

Cabe registrar que, na esfera civil, mesmo não havendo fraude na sucessão, o art. 1.146 do Código Civil assim prevê:

> "O adquirente do estabelecimento responde pelo pagamento dos débitos anteriores à transferência, desde que regularmente contabilizados, continuando o devedor primitivo solidariamente obrigado pelo prazo de um ano, a partir, quanto aos créditos vencidos, da publicação, e, quanto aos outros, da data do vencimento".

Além disso, como esclarece a Orientação Jurisprudencial 92 da SBDI-I do TST: "Em caso de criação de novo município, por desmembramento, cada uma das novas entidades

---

14. Cf. o seguinte julgado (*Nova jurisprudência em direito do trabalho*. 2000, 2.º semestre. São Paulo: Saraiva, 2001. p. 162, ementa 814): "Na conformidade do art. 896 do Código Civil [de 1916, art. 265 do CC-02], a solidariedade não se presume, decorre da lei ou da vontade das partes. No ordenamento jurídico-trabalhista pátrio não há previsão de responsabilidade solidária da empresa sucedida quando operada sucessão de empregadores. Nesse compasso, a parte legítima para responder por possíveis obrigações trabalhistas descumpridas é a empresa sucessora. Ressalvem-se apenas os casos de comprovada fraude no ato jurídico da sucessão, que tenham o escopo de frustrar direitos do Obreiro, pois, nessas circunstâncias, com base na melhor doutrina, reconhece-se a solidariedade dos empregadores envolvidos (sucedido e sucessor). (RR 357052/1997) Ives Gandra Martins Filho – TST".

responsabiliza-se pelos direitos trabalhistas do empregado no período em que figurarem como real empregador".

Cabe fazer menção à hipótese em que certa empresa (1) adquire outra (2), sendo que esta última integrava um grupo econômico, juntamente com outra empresa (3). É certo que, em razão desse grupo econômico, as empresas que o compõem (2 e 3) respondem solidariamente quanto aos débitos trabalhistas das empresas integrantes desse grupo (art. 2.º, § 2.º, da CLT). Entretanto, na situação mencionada, não sendo caso de fraude ou má-fé, como a empresa (1) apenas adquiriu uma das empresas (2), *e não o grupo como um todo*, aquela empresa adquirente (1), embora seja sucessora (somente) da empresa adquirida (2), não responde solidariamente pelos débitos da outra empresa (3) que, à época, era devedora direta e solvente ou idônea economicamente, pois esta, como mencionado, não foi adquirida pela empresa sucessora (1).

Nesse sentido dispõe a Orientação Jurisprudencial 411 da SBDI-I do TST: "Sucessão trabalhista. Aquisição de empresa pertencente a grupo econômico. Responsabilidade solidária do sucessor por débitos trabalhistas de empresa não adquirida. Inexistência. O sucessor não responde solidariamente por débitos trabalhistas de empresa não adquirida, integrante do mesmo grupo econômico da empresa sucedida, quando, à época, a empresa devedora direta era solvente ou idônea economicamente, ressalvada a hipótese de má-fé ou fraude na sucessão" (*DEJT* 22.10.2010).

Por fim, esclarecendo certa situação em concreto, cabe destacar a Orientação Jurisprudencial Transitória 59 da SBDI-I do TST, com a seguinte previsão: "Interbrás. Sucessão. Responsabilidade. *DJ* 25.04.2007. A Petrobras não pode ser responsabilizada solidária ou subsidiariamente pelas obrigações trabalhistas da extinta Interbrás, da qual a União é a real sucessora, nos termos do art. 20 da Lei 8.029, de 12.04.1990 (atual art. 23, em face da renumeração dada pela Lei 8.154, de 28.12.1990)".

7.4.1 Sucessão trabalhista na Lei 11.101/2005

A Lei 11.101, de 9 de fevereiro de 2005, que regula a recuperação judicial, a recuperação extrajudicial e a falência do empresário e da sociedade empresária, apresenta importantes disposições pertinentes à sucessão trabalhista.

Na falência, o art. 141 da Lei 11.101/2005, com as alterações decorrentes da Lei 14.112/2020, assim estabelece:

> "Art. 141. Na alienação conjunta ou separada de ativos, inclusive da empresa ou de suas filiais, promovida sob qualquer das modalidades de que trata o art. 142:
>
> I – todos os credores, observada a ordem de preferência definida no art. 83 desta Lei, sub-rogam-se no produto da realização do ativo;
>
> II – o objeto da alienação estará livre de qualquer ônus e não haverá sucessão do arrematante nas obrigações do devedor, inclusive as de natureza tributária, as derivadas da legislação do trabalho e as decorrentes de acidentes de trabalho.
>
> § 1.º O disposto no inciso II do *caput* deste artigo não se aplica quando o arrematante for:
>
> I – sócio da sociedade falida, ou sociedade controlada pelo falido;
>
> II – parente, em linha reta ou colateral até o 4.º (quarto) grau, consanguíneo ou afim, do falido ou de sócio da sociedade falida; ou
>
> III – identificado como agente do falido com o objetivo de fraudar a sucessão.

> § 2.º Empregados do devedor contratados pelo arrematante serão admitidos mediante novos contratos de trabalho e o arrematante não responde por obrigações decorrentes do contrato anterior.
>
> § 3.º A alienação nas modalidades de que trata o art. 142 desta Lei poderá ser realizada com compartilhamento de custos operacionais por 2 (duas) ou mais empresas em situação falimentar".

Como se nota, o art. 141, inciso II, da Lei 11.101/2005 afasta a existência de sucessão, inclusive para efeitos trabalhistas, quanto ao arrematante da empresa ou filiais, na realização do ativo (mais especificamente na alienação de ativos), no processo de falência.

Tanto é assim que os empregados do devedor devem ser admitidos mediante "novos contratos de trabalho", sem responsabilização do arrematante, quanto às obrigações do contrato anterior (§ 2.º do art. 141 da Lei 11.101/2005).

Isso significa que o art. 141 da Lei 11.101/2005, por ser regra especial, exclui a aplicação dos arts. 10 e 448 da CLT, nas hipóteses ali previstas, ou seja, de alienação da empresa ou de suas filiais no processo de falência, como alienação de ativos[15].

Discute-se quanto à existência, ou não, de sucessão trabalhista, na hipótese de *recuperação judicial*, com a "alienação judicial de filiais ou de unidades produtivas isoladas do devedor" (art. 60 da Lei 11.101/2005).

O parágrafo único do art. 60 da Lei 11.101/2005, com redação dada pela Lei 14.112/2020, tem a seguinte redação:

> "O objeto da alienação estará livre de qualquer ônus e não haverá sucessão do arrematante nas obrigações do devedor de qualquer natureza, incluídas, mas não exclusivamente, as de natureza ambiental, regulatória, administrativa, penal, anticorrupção, tributária e trabalhista, observado o disposto no § 1.º do art. 141 desta Lei".

A atual previsão legal estabelece que na recuperação judicial, em regra, não há sucessão do arrematante nas obrigações de natureza trabalhista do devedor.

O disposto no parágrafo único do art. 60 da Lei 11.101/2005 não se aplica quando o arrematante for: I – sócio da sociedade falida, ou sociedade controlada pelo falido; II – parente, em linha reta ou colateral até o 4.º grau, consanguíneo ou afim, do falido ou de sócio da sociedade falida; ou III – identificado como agente do falido com o objetivo de fraudar a sucessão (art. 141, § 1.º, da Lei 11.101/2005).

Mesmo antes da alteração decorrente da Lei 14.112/2020, já prevalecia o entendimento de que fica excluída a incidência da sucessão trabalhista (arts. 10 e 448 da CLT) na referida alienação judicial, no âmbito do plano de recuperação judicial, que não se confunde com a falência.

O art. 60, parágrafo único, da Lei 11.101/2005, mesmo na redação original, ao estabelecer que o objeto da alienação "estará livre de qualquer ônus e não haverá sucessão do arrematante nas obrigações do devedor", não apresenta qualquer restrição, com o que abrange, também, as obrigações trabalhistas.

O Supremo Tribunal Federal julgou totalmente improcedente o pedido em ação direta de inconstitucionalidade que impugnava os arts. 60, parágrafo único (o qual, na

---

15. "Art. 142. A alienação de bens dar-se-á por uma das seguintes modalidades: I – leilão eletrônico, presencial ou híbrido; II – revogado; III – revogado; IV – processo competitivo organizado promovido por agente especializado e de reputação ilibada, cujo procedimento deverá ser detalhado em relatório anexo ao plano de realização do ativo ou ao plano de recuperação judicial, conforme o caso; V – qualquer outra modalidade, desde que aprovada nos termos desta Lei".

recuperação judicial, dispõe que o objeto da alienação judicial estará livre de qualquer ônus e não haverá sucessão nas obrigações do devedor), 83, incisos I e VI, alínea *c* (que tratam da ordem de satisfação dos créditos na falência, limitando os créditos trabalhistas em 150 salários mínimos por credor, e os saldos que excederem esse limite são considerados créditos quirografários), e 141, inciso II (que, na falência, afasta a sucessão do arrematante nas obrigações do devedor, inclusive as de natureza tributária, as derivadas da legislação do trabalho e as decorrentes de acidentes de trabalho), da Lei 11.101/2005 (STF, Pleno, ADI 3.934/DF, Rel. Min. Ricardo Lewandowski, j. 27.05.2009)[16].

Observa-se que o Supremo Tribunal Federal, na referida ação direta de inconstitucionalidade, acabou se manifestando no sentido de que o art. 60, parágrafo único, da Lei 11.101/2005 afasta a sucessão trabalhista na recuperação judicial, considerando constitucional a norma nesse sentido[17].

Na mesma linha, o Tribunal Superior do Trabalho fixou a tese jurídica de que "o preceito do artigo 60, parágrafo único, da Lei 11.101/2005, é plenamente aplicável aos casos envolvendo a alienação de ativos da VEM S.A., tendo em vista que esse dispositivo exonera o arrematante das obrigações do devedor não só nas hipóteses de alienação de unidades produtivas isoladas, mas também de suas filiais" (TST, Pleno, IRR-69700-28.2008.5.04.0008, Rel. Min. Guilherme Augusto Caputo Bastos, j. 22.05.2017).

7.4.2 Despersonalização do empregador e desconsideração da personalidade jurídica

A Consolidação das Leis do Trabalho, ao identificar e definir o empregador como a própria empresa, adota a *despersonalização do empregador*, pois a empresa, como atividade econômica organizada, não apresenta, rigorosamente, personalidade jurídica.

Apesar de críticas de ordem doutrinária, a posição assumida pela CLT gera importantes consequências práticas para fins de sucessão trabalhista, como estudado anteriormente.

Desse modo, o empregador não é propriamente o dono ou o titular do empreendimento empresarial, nem a forma empresarial adotada, mas a empresa em si, o que

---

16. "Ação direta de inconstitucionalidade. Artigos 60, parágrafo único, 83, I e IV, c, e 141, II, da Lei 11.101/2005. Falência e recuperação judicial. Inexistência de ofensa aos artigos 1.º, III e IV, 6.º, 7.º, I, e 170, da Constituição Federal de 1988. ADI julgada improcedente. [...] II – Não há, também, inconstitucionalidade quanto à ausência de sucessão de créditos trabalhistas. [...] IV – Diploma legal que objetiva prestigiar a função social da empresa e assegurar, tanto quanto possível, a preservação dos postos de trabalho. V – Ação direta julgada improcedente" (STF, Pleno, ADI 3.934/DF, Rel. Min. Ricardo Lewandowski, *DJe* 06.11.2009).

17. Cf. o seguinte trecho do voto do Ministro Relator: "Cumpre ressaltar, por oportuno, que a ausência de sucessão das obrigações trabalhistas pelo adquirente de ativos das empresas em recuperação judicial não constitui uma inovação do legislador pátrio. De fato, em muitos países, dentre os quais destaco a França (*Code de Commerce*, arts. L631-1, L631-13 e L642-1) e a Espanha (*Ley* 22/2003, art. 148), existem normas que enfrentam a problemática de modo bastante semelhante ao nosso. Na lei falimentar italiana, por exemplo, há inclusive um dispositivo bastante similar à regra aqui contestada. Trata-se do art. 105 do Decreto 267/1942, com a redação que lhe emprestou o Decreto Legislativo 5/2006, que tem a seguinte redação: 'Salvo disposição em contrário, não há responsabilidade do adquirente pelo débito relativo ao exercício do estabelecimento empresarial adquirido'. Por essas razões, entendo que os arts. 60, parágrafo único, e 141, II, do texto legal em comento mostram-se constitucionalmente hígidos no aspecto em que estabelecem a inocorrência de sucessão dos créditos trabalhistas, particularmente porque o legislador ordinário, ao concebê-los, optou por dar concreção a determinados valores constitucionais, a saber, a livre iniciativa e a função social da propriedade – de cujas manifestações a empresa é uma das mais conspícuas – em detrimento de outros, com igual densidade axiológica, eis que os reputou mais adequados ao tratamento da matéria" (STF, Pleno, ADI 3.934/DF, Rel. Min. Ricardo Lewandowski, j. 27.05.2009).

favorece a concretização do princípio da continuidade do contrato de trabalho, pois eventuais alterações da referida titularidade, bem como da composição societária, não afetam a relação jurídica de emprego (arts. 10 e 448 da CLT).

Na realidade, a *despersonalização do empregador*, de acordo com a definição da CLT, não se confunde com a *desconsideração da personalidade jurídica*; tanto é assim que esta última tem origem e aplicação em outros ramos do Direito, não se restringindo à figura do empregador.

A pessoa jurídica tem existência autônoma daqueles que a integram.

Nesse sentido, a pessoa jurídica não se confunde com os seus sócios, associados, instituidores ou administradores (art. 49-A do Código Civil, incluído pela Lei 13.874/2019).

Consequentemente, os bens da pessoa jurídica, em princípio, não se confundem com aqueles de seus componentes.

A *autonomia patrimonial das pessoas jurídicas* é um instrumento lícito de alocação e segregação de riscos, estabelecido pela lei com a finalidade de estimular empreendimentos, para a geração de empregos, tributo, renda e inovação em benefício de todos (art. 49-A, parágrafo único, do Código Civil, incluído pela Lei 13.874/2019).

A pessoa jurídica não pode ser utilizada de forma a ser desviada de seus fins, encobrindo a prática de atos ilícitos, abusivos ou fraudulentos de seus membros. Ocorrendo o referido desvio de finalidade ou a confusão entre o patrimônio da pessoa jurídica e o de seus componentes, por meio da técnica de se superar a personalidade jurídica, alcança-se a responsabilização dos sócios envolvidos, atingindo-se o patrimônio individual destes. Assim, a *disregard doctrine* consiste em superar os efeitos da personalidade jurídica em casos concretos, impedindo desvios na utilização de sua finalidade, de forma a alcançar a responsabilidade de seus membros e bens pessoais[18].

O art. 50 do Código Civil (com redação dada pela Lei 13.874/2019) e o art. 28 do Código de Defesa do Consumidor (Lei 8.078/1990)[19] disciplinam as hipóteses de desconsideração da personalidade jurídica, podendo-se defender a aplicação subsidiária ao âmbito trabalhista, na forma do art. 8.º, § 1.º, da CLT.

A doutrina tradicional aponta como fundamentos para a aplicação da desconsideração da personalidade jurídica o abuso de direito e a fraude no uso da personalidade jurídica. O desvio de função, ou seja, a "utilização da pessoa jurídica, fora de sua função"[20], também é apontada, ao lado da "confusão patrimonial"[21], no critério objetivo, como fundamento para a referida desconsideração.

---

18. Cf. REQUIÃO, Rubens. Abuso de direito e fraude através da personalidade jurídica. *Revista dos Tribunais*, São Paulo, RT, ano 58, v. 410, p. 12-24, dez. 1969.

19. "Art. 28. O juiz poderá desconsiderar a personalidade jurídica da sociedade quando, em detrimento do consumidor, houver abuso de direito, excesso de poder, infração da lei, fato ou ato ilícito ou violação dos estatutos ou contrato social. A desconsideração também será efetivada quando houver falência, estado de insolvência, encerramento ou inatividade da pessoa jurídica provocados por má administração. § 1.° (vetado). § 2.° As sociedades integrantes dos grupos societários e as sociedades controladas são subsidiariamente responsáveis pelas obrigações decorrentes deste Código. § 3.° As sociedades consorciadas são solidariamente responsáveis pelas obrigações decorrentes deste Código. § 4.° As sociedades coligadas só responderão por culpa. § 5.° Também poderá ser desconsiderada a pessoa jurídica sempre que sua personalidade for, de alguma forma, obstáculo ao ressarcimento de prejuízos causados aos consumidores".

20. OLIVEIRA, José Lamartine Corrêa de. *A dupla crise da pessoa jurídica*. São Paulo: Saraiva, 1979. p. 613.

21. COMPARATO, Fábio Konder. *O poder de controle na sociedade anônima*. São Paulo: RT, 1976. p. 362.

Em caso de *abuso da personalidade jurídica*, caracterizado pelo desvio de finalidade ou pela confusão patrimonial, pode o juiz, a requerimento da parte, ou do Ministério Público quando lhe couber intervir no processo, desconsiderá-la para que os efeitos de certas e determinadas relações de obrigações sejam estendidos aos bens particulares de administradores ou de sócios da pessoa jurídica beneficiados direta ou indiretamente pelo abuso (art. 50 do Código Civil, com redação dada pela Lei 13.874/2019).

Portanto, o abuso de personalidade jurídica é gênero que abrange o desvio de finalidade e a confusão patrimonial, os quais autorizam a desconsideração da personalidade jurídica. Por meio desta, os efeitos de certas obrigações da pessoa jurídica podem alcançar os bens particulares de seus administradores ou sócios que tenham sido beneficiados, direta ou indiretamente, pelo abuso.

Para os fins do disposto no art. 50 do Código Civil, *desvio de finalidade* é a utilização da pessoa jurídica com o propósito de lesar credores e para a prática de atos ilícitos de qualquer natureza (art. 50, § 1.º, do Código Civil, incluído pela Lei 13.874/2019).

Entende-se por *confusão patrimonial* a ausência de separação de fato entre os patrimônios, caracterizada por: I – cumprimento repetitivo pela sociedade de obrigações do sócio ou do administrador ou vice-versa; II – transferência de ativos ou de passivos sem efetivas contraprestações, exceto os de valor proporcionalmente insignificante; III – outros atos de descumprimento da autonomia patrimonial (art. 50, § 2.º, do Código Civil, incluído pela Lei 13.874/2019).

O disposto no art. 50, *caput* e §§ 1.º e 2.º, do Código Civil também se aplica à extensão das obrigações de sócios ou de administradores à pessoa jurídica (art. 50, § 3.º, do Código Civil, incluído pela Lei 13.874/2019). Trata-se da chamada *desconsideração inversa da personalidade jurídica*, em que os efeitos de certas obrigações de pessoas que são administradores ou sócios podem alcançar os bens da pessoa jurídica que tenha sido beneficiada direta ou indiretamente pelo abuso.

Ressalte-se que a mera existência de grupo econômico sem a presença dos requisitos de que trata o art. 50 do Código Civil não autoriza a desconsideração da personalidade da pessoa jurídica (art. 50, § 4.º, do Código Civil, incluído pela Lei 13.874/2019).

Além disso, não constitui desvio de finalidade a mera expansão ou a alteração da finalidade original da atividade econômica específica da pessoa jurídica (art. 50, § 5.º, do Código Civil, incluído pela Lei 13.874/2019). Nessas hipóteses, portanto, não há abuso da personalidade jurídica que justifique a mencionada desconsideração.

A Lei Complementar 182/2021 institui o marco legal das *startups* e do empreendedorismo inovador.

São enquadradas como *startups* as organizações empresariais ou societárias, nascentes ou em operação recente, cuja atuação caracteriza-se pela inovação aplicada a modelo de negócios ou a produtos ou serviços ofertados (art. 4.º da Lei Complementar 182/2021).

As *startups* podem admitir aporte de capital por pessoa física ou jurídica, que pode resultar ou não em participação no capital social da *startup*, a depender da modalidade de investimento escolhida pelas partes (art. 5.º da Lei Complementar 182/2021).

Considera-se "investidor-anjo" o investidor (pessoa física ou jurídica) que não é considerado sócio nem tem qualquer direito a gerência ou a voto na administração da empresa, não responde por qualquer obrigação da empresa e é remunerado por seus aportes (art. 2.º, inciso I, da Lei Complementar 182/2021).

O investidor que realizar o aporte de capital a que se refere o art. 5.º da Lei Complementar 182/2021: I – não será considerado sócio ou acionista nem possuirá direito a gerência ou a voto na administração da empresa, conforme pactuação contratual; II – não responderá por qualquer dívida da empresa, inclusive em recuperação judicial, e a ele não se estenderá o disposto no art. 50 do Código Civil, no art. 855-A da CLT, nos arts. 124, 134 e 135 do Código Tributário Nacional, e em outras disposições atinentes à desconsideração da personalidade jurídica existentes na legislação vigente (art. 8.º da Lei Complementar 182/2021).

As disposições do inciso II do art. 5.º da Lei Complementar 182/2021 não se aplicam às hipóteses de dolo, de fraude ou de simulação com o envolvimento do investidor. Logo, nessas situações excepcionais, aplicam-se as previsões relativas à desconsideração da personalidade jurídica.

Em consonância com o art. 10-A da CLT, acrescentado pela Lei 13.467/2017, o *sócio retirante* responde *subsidiariamente* pelas obrigações trabalhistas da sociedade relativas ao período em que figurou como sócio, somente em ações ajuizadas até dois anos depois de averbada a modificação do contrato, observada a seguinte *ordem de preferência*: I – a empresa devedora; II – os sócios atuais; e III – os sócios retirantes.

Trata-se, no caso, de regra específica de *responsabilidade patrimonial* na esfera trabalhista, estabelecida na CLT.

Em termos processuais, entende-se necessária a instauração do *incidente de desconsideração da personalidade jurídica* (art. 855-A da CLT e arts. 133 a 137 do CPC), em respeito ao contraditório, à ampla defesa e ao devido processo legal (art. 5.º, incisos LIV e LV, da Constituição Federal de 1988).

A responsabilidade *subsidiária* do sócio retirante apenas incide no prazo de dois anos depois da averbação da modificação do contrato social. Essa limitação temporal leva em consideração o disposto nos arts. 1.003, parágrafo único, e 1.032 do Código Civil[22].

O referido prazo de dois anos deve ser contado a partir da averbação da modificação do contrato social até o ajuizamento da ação trabalhista.

O sócio retirante responde *solidariamente* com os demais quando ficar comprovada *fraude* na alteração societária decorrente da modificação do contrato (art. 10-A, parágrafo único, da CLT, incluído pela Lei 13.467/2017).

Na fraude o sujeito utiliza-se de subterfúgio formal e aparentemente lícito, mas, na realidade, para alcançar um fim ilícito, ou seja, que contraria o sistema jurídico, causando prejuízo a terceiros[23].

Nesse enfoque, são considerados nulos de pleno direito os atos praticados com o objetivo de desvirtuar, impedir ou fraudar a aplicação dos preceitos contidos na legislação trabalhista (art. 9.º da CLT).

---

22. "Retirada dos sócios. Responsabilidade inexistente. Inexiste na hipótese a responsabilidade pelos créditos do exequente da parte incluída na execução na condição de ex-sócio da empresa executada, pois a sua retirada formal e regular da sociedade ocorreu mais de dois anos antes do ajuizamento da ação. Nos termos do artigo 1.032 do Código Civil, o ex-sócio só pode ser chamado a responder por débitos da sociedade, a depender de sua natureza, até dois anos após retirar-se do empreendimento ou da formalização de sua saída com averbação na Junta Comercial" (TRT da 3.ª Região, 9.ª T., AP-010413-97.2014.5.03.0026, Rel. Des. João Bosco Pinto Lara, *DJE* 19.04.2016).

23. Cf. RODRIGUES, Silvio. *Direito civil*: parte geral. 28. ed. São Paulo: Saraiva, 1998. v. 1, p. 226.

No caso em questão, isso pode ocorrer se o sócio se retirar da sociedade apenas com o objetivo de deixar esta sem qualquer patrimônio que possa adimplir os créditos trabalhistas. A fraude, entretanto, não se presume, devendo ser demonstrada.

7.4.3 Cartórios notariais e de registro (extrajudiciais)

Os cartórios notariais e de registro são também conhecidos como cartórios não oficializados, distinguindo-se dos cartórios judiciais. Nestes últimos, por tratar-se de serventias judiciais, subordinadas ao Poder Judiciário, os seus servidores são, normalmente, estatutários[24].

Já quanto aos cartórios notariais e de registro, cabe destacar o art. 236, *caput*, da Constituição Federal de 1988, de acordo com o qual: "Os serviços notariais e de registro são exercidos em caráter privado, por delegação do Poder Público"[25]. A Lei 8.935, de 18 de novembro de 1994, regulamentando o preceito constitucional, dispõe sobre serviços notariais e de registro.

Desse modo, os notários, registradores e tabeliães são entendidos como **agentes públicos delegados**, ou seja, particulares que exercem um serviço público em conformidade com as normas do Estado, sob a fiscalização do poder público.

Os titulares dos referidos cartórios não judiciais, no exercício da delegação estatal, podem contratar trabalhadores para auxiliar no exercício da atividade objeto da delegação estatal. Nesse caso, o entendimento é de que o titular do cartório notarial ou de registro se equipara ao empregador (art. 2.º, § 1.º, da CLT), para fins da relação jurídica estabelecida com os seus empregados.

De acordo com o art. 20 da Lei 8.935/1994: "Os notários e os oficiais de registro poderão, para o desempenho de suas funções, contratar escreventes, dentre eles escolhendo os substitutos, e auxiliares como empregados, com remuneração livremente ajustada e sob o regime da legislação do trabalho".

Quanto aos escreventes e auxiliares que já se encontravam prestando serviços nos cartórios não oficializados quando do advento da Lei 8.935/1994, cabe destacar as seguintes disposições transitórias:

> "Art. 48. Os notários e os oficiais de registro poderão contratar, segundo a legislação trabalhista, seus atuais escreventes e auxiliares de investidura estatutária ou em regime especial desde que estes aceitem a transformação de seu regime jurídico, em opção expressa, no prazo improrrogável de trinta dias, contados da publicação desta lei.
>
> § 1.º Ocorrendo opção, o tempo de serviço prestado será integralmente considerado, para todos os efeitos de direito.
>
> § 2.º Não ocorrendo opção, os escreventes e auxiliares de investidura estatutária ou em regime especial continuarão regidos pelas normas aplicáveis aos funcionários públicos ou pelas editadas pelo Tribunal de Justiça respectivo, vedadas novas admissões por qualquer desses regimes, a partir da publicação desta lei".

24. Cf. art. 31 do ADCT: "Serão estatizadas as serventias do foro judicial, assim definidas em lei, respeitados os direitos dos atuais titulares".

25. Cf. art. 32 do ADCT: "O disposto no art. 236 não se aplica aos serviços notariais e de registro que já tenham sido oficializados pelo Poder Público, respeitando-se o direito de seus servidores".

Observados esses aspectos, cabe fazer menção à controvérsia existente quanto à aplicabilidade da sucessão trabalhista na hipótese de alteração da titularidade do cartório não oficializado.

Há entendimento de que o titular do cartório extrajudicial, por se equiparar ao empregador na contratação de empregados, corre o risco da atividade exercida, de modo que os arts. 10 e 448 da CLT incidem havendo mudança de titularidade, por se tratar de transferência da unidade econômico-jurídica, resguardando-se os direitos dos empregados contratados anteriormente. Nesse sentido tem-se a seguinte decisão:

> "Recurso de revista. Mudança da titularidade de cartório extrajudicial. Sucessão trabalhista. 1. A sucessão de empresas, nos termos dos arts. 10 e 448 da CLT, não afeta os contratos de trabalho nem os direitos adquiridos dos empregados. Isso implica dizer que o sucessor responde, inclusive, pelos contratos de trabalho já extintos no momento da sucessão, ou seja, por débitos exigidos por Reclamante que nunca lhe prestou serviços. 2. No caso de mudança da titularidade dos cartórios extrajudiciais, havendo a transferência da unidade econômico-jurídica que integra o estabelecimento, além da continuidade na prestação dos serviços, resta caracterizada a sucessão trabalhista nos mesmos moldes da sucessão de empresas, de sorte que o tabelião sucessor é o responsável pelos débitos trabalhistas. 3. Nesse contexto, merece reforma o acórdão regional que deu provimento ao apelo obreiro para reconhecer a responsabilidade trabalhista do anterior titular do cartório" (TST, 4.ª T., RR-474/2003-107-03-00.9, Rel. Min. Ives Gandra Martins Filho, *DJ* 08.09.2006).

No entanto, pode-se defender tese distinta. O titular do cartório notarial ou de registro, para ingressar nessa atividade, depende de aprovação, em concurso público, de provas e títulos (art. 236, § 3.º, da CF/1988). Desse modo, na mudança de titularidade do cartório não se verifica propriamente aquisição, cessão, transação comercial ou civil, ou mesmo transferência de titularidade da empresa ou de atividade econômica organizada. Tanto é assim que o novo titular do cartório, após a necessária aprovação em concurso público, assume a delegação para o exercício da atividade notarial e de registro (art. 14 da Lei 8.935/1994), mas não recebe o patrimônio do antigo titular. Por isso, referida corrente entende não ser aplicável a sucessão trabalhista ao caso, tal como prevista nos arts. 10 e 448, afastando a responsabilidade do atual titular do cartório quanto aos débitos decorrentes dos contratos de trabalho mantidos com o antigo empregador. Nessa linha, cabe transcrever a seguinte decisão:

> "Sucessão trabalhista. Titular de cartório. Contrato de emprego extinto. Ausência de prestação de serviços. 1. Os contratos de trabalho executados em favor da serventia extrajudicial são firmados diretamente com a pessoa do titular do cartório. 2. Excetuada a continuidade do labor em prol do novo titular, cumpre a cada titular de cartório responsabilizar-se pelas obrigações derivantes das respectivas rescisão de contrato de trabalho. (*sic*) 3. Incontroversa a ausência de prestação de serviços ao novo titular do cartório, provido mediante aprovação em concurso público, não se caracteriza sucessão trabalhista, sob pena de a assunção do passivo trabalhista contraído do antigo titular constituir imenso desestímulo à participação no certame. 4. Recurso de revista não conhecido" (TST, 1.ª T., RR-547/2004-015-10-00.1, Rel. Min. João Oreste Dalazen, *DJ* 09.06.2006).

De todo modo, de acordo com a atual jurisprudência do TST, a sucessão trabalhista em caso de mudança de titularidade de cartório extrajudicial ocorre quando, além da transferência da unidade econômico-jurídica, houver a continuidade na prestação de serviços em favor do titular sucessor. Nesse sentido, cabe destacar o seguinte julgado:

"Recurso de revista. Mudança de titularidade de cartório extrajudicial. Responsabilidade. Sucessão trabalhista. Recurso interposto antes da Lei n.º 13.015/2014. I – Nos termos da jurisprudência do TST, a sucessão de empregadores, no caso de cartório extrajudicial, opera-se quando, além da transferência da unidade econômico-jurídica que integra o estabelecimento, não haja solução de continuidade na prestação dos serviços. Considerando que, na hipótese, houve mudança de titularidade do cartório e a reclamante continuou prestando seus serviços ao novo titular, não há como afastar a sucessão. [...] Recurso de revista não conhecido" (TST, 5.ª T., RR 214-44.2012.5.04.0871, Rel. Min. Maria Helena Mallmann, *DEJT* 26.06.2015).

7.5 ENTIDADES DE PRÁTICA DESPORTIVA

As organizações esportivas (organizações de administração e de prática esportiva) devem se constituir como pessoas jurídicas de direito privado, financiadas por meio das próprias atividades, admitido o seu fomento pelo poder público, para a realização dos objetivos previstos no Plano Nacional do Esporte (PNEsporte), bem como para a execução descentralizada de programas e ações públicos relacionados ao esporte (art. 33 da Lei 14.597/2023).

Considera-se direcionada à prática esportiva profissional a organização esportiva, independentemente de sua natureza jurídica, que mantenha atletas profissionais em seus quadros (art. 83 da Lei 14.597/2023).

No contrato especial de trabalho esportivo, a organização de prática esportiva é o empregador do atleta profissional (arts. 85 e 86 da Lei 14.597/2023).

Em se tratando de atividade profissional de futebol, a entidade de prática desportiva (organização de prática esportiva), quanto à forma jurídica adotada, pode ser: associação civil dedicada ao fomento e à prática do futebol (clube); sociedade empresarial dedicada ao fomento e à prática do futebol (pessoa jurídica original); ou sociedade anônima do futebol (art. 1.º da Lei 14.193/2021).

A entidade de administração (organização de administração esportiva) é a confederação, federação ou liga, com previsão na Lei 9.615/1998 (atualmente, Lei 14.597/2023), que administra, dirige, regulamenta ou organiza competição profissional de futebol (art. 1.º, § 1.º, inciso III, da Lei 14.193/2021).

Constitui sociedade anônima do futebol a companhia cuja atividade principal consiste na prática do futebol, feminino e masculino, em competição profissional, sujeita às regras específicas da Lei 14.193/2021 e, subsidiariamente, às disposições da Lei 6.404/1976 e da Lei 9.615/1998. À sociedade anônima do futebol, regida pela Lei 14.193/2021, aplica-se subsidiariamente a Lei 14.597/2023 (Lei Geral do Esporte), no que com aquela não for conflitante (art. 214).

A sociedade anônima do futebol é uma entidade de prática desportiva, ou seja, organização de prática esportiva (art. 1.º, § 4.º, da Lei 14.193/2021).

O objeto social da sociedade anônima do futebol pode compreender as seguintes atividades: I – o fomento e o desenvolvimento de atividades relacionadas com a prática do futebol, obrigatoriamente nas suas modalidades feminino e masculino; II – a formação de atleta profissional de futebol, nas modalidades feminino e masculino, e a obtenção de receitas decorrentes da transação dos seus direitos desportivos; III – a exploração, sob qualquer forma, dos direitos de propriedade intelectual de sua titularidade ou dos quais seja cessionária, incluídos os cedidos pelo clube ou pessoa jurídica original que a constituiu; IV – a exploração de direitos de propriedade intelectual de terceiros, relacionados ao futebol; V – a exploração econômica de ativos, inclusive imobiliários, sobre os quais detenha direitos; VI – quaisquer outras atividades conexas ao futebol e ao patrimônio da sociedade anônima do futebol, incluída a organização de espetáculos esportivos, sociais ou culturais; VII – a participação em outra sociedade, como sócio ou acionista, no território nacional, cujo objeto seja uma ou mais das atividades mencionadas nos incisos acima, com exceção do inciso II (art. 1.º, § 2.º, da Lei 14.193/2021).

A sociedade anônima do futebol pode ser constituída: I – pela transformação do clube ou pessoa jurídica original em sociedade anônima do futebol; II – pela cisão do departamento de futebol do clube ou pessoa jurídica original e transferência do seu patrimônio relacionado à atividade futebol; III – pela iniciativa de pessoa natural ou jurídica ou de fundo de investimento (art. 2.º da Lei 14.193/2021).

Nas hipóteses dos incisos I e II do art. 2.º da Lei 14.193/2021 (transformação e cisão): I – a sociedade anônima do futebol sucede obrigatoriamente o clube ou pessoa jurídica original nas relações com as entidades de administração, bem como nas relações contratuais, de qualquer natureza, com atletas profissionais do futebol; II – a sociedade anônima do futebol tem o direito de participar de campeonatos, copas ou torneios em substituição ao clube ou pessoa jurídica original, nas mesmas condições em que se encontravam no momento da sucessão, competindo às entidades de administração a devida substituição sem quaisquer prejuízos de ordem desportiva (art. 2.º, § 1.º, da Lei 14.193/2021).

Na hipótese do inciso II do art. 2.º da Lei 14.193/2021 (cisão): I – os direitos e deveres decorrentes de relações, de qualquer natureza, estabelecidos com o clube, pessoa jurídica original e entidades de administração, inclusive direitos de participação em competições profissionais, bem como contratos de trabalho, de uso de imagem ou quaisquer outros contratos vinculados à atividade do futebol devem ser obrigatoriamente transferidos à sociedade anônima do futebol; II – o clube ou pessoa jurídica original e a sociedade anônima do futebol devem contratar, na data de constituição desta, a utilização e o pagamento de remuneração decorrente da exploração pela sociedade anônima do futebol de direitos de propriedade intelectual de titularidade do clube ou pessoa jurídica original; III – os bens e direitos devem ser transferidos à sociedade anônima do futebol em definitivo ou a termo, conforme estabelecido em contrato; IV – a transferência dos direitos e do patrimônio para a sociedade anônima do futebol independe de autorização ou consentimento de credores ou partes interessadas, inclusive aqueles de natureza pública, salvo se disposto de modo diverso em contrato ou outro negócio jurídico; V – se as instalações desportivas, como estádio, arena e centro de treinamento, não forem transferidas para a sociedade anônima do futebol, o clube ou pessoa jurídica original e a sociedade anônima do futebol deverão celebrar, na data de constituição desta, contrato no qual se estabelecerão as condições para utilização das instalações; VI – o clube ou pessoa jurídica original não pode participar, direta ou indiretamente, de competições profissionais do futebol, sendo a participação prerrogativa da sociedade anônima do futebol por ele constituída; VII – a sociedade anônima do futebol deve emitir obrigatoriamente ações ordinárias da classe A para subscrição exclusivamente pelo clube ou pessoa jurídica original que a constituiu (art. 2.º, § 2.º, da Lei 14.193/2021).

7.5.1 Sucessão e responsabilidade

Nos casos em que a sociedade anônima do futebol é constituída pela transformação do clube ou pessoa jurídica original, ou pela cisão do departamento de futebol do clube ou pessoa jurídica original e transferência do seu patrimônio relacionado à atividade futebol, a sociedade anônima do futebol sucede o clube ou pessoa jurídica original nas relações contratuais com atletas profissionais do futebol (art. 2.º, § 1.º, inciso I, da Lei 14.193/2021).

Tendo em vista a referida sucessão, a sociedade anônima do futebol, como sucessora, passa a ser a empregadora nos contratos de trabalho dos atletas profissionais.

De acordo com o art. 9.º da Lei 14.193/2021, a sociedade anônima do futebol não responde pelas obrigações do clube ou pessoa jurídica original que a constituiu, anteriores ou posteriores à data de sua constituição, exceto quanto às atividades específicas do seu objeto social (art. 1.º, § 2.º, da Lei 14.193/2021), e responde pelas obrigações que lhe forem transferidas conforme disposto no art. 2.º, § 2.º, da Lei 14.193/2021[26], cujo pagamento aos credores deve se limitar à forma estabelecida no art. 10 da Lei 14.193/2021. Em relação à dívida trabalhista, integram o rol dos mencionados credores os atletas, membros da comissão técnica e funcionários cuja atividade principal seja vinculada diretamente ao departamento de futebol (art. 9.º, parágrafo único, da Lei 14.193/2021).

Segundo a disciplina própria da Lei 14.193/2021, a responsabilidade da sociedade anônima do futebol (sucessora) pelos débitos trabalhistas do clube ou pessoa jurídica original que a constituiu (sucedido), anteriores à data da constituição daquela, limita-se às receitas a serem transferidas pela sociedade anônima do futebol ao clube ou pessoa jurídica original, ou seja, aos repasses financeiros estabelecidos no art. 10 da Lei 14.193/2021. Por se tratar de regra especial, afasta-se a aplicação da norma geral prevista no art. 448-A da CLT.

O clube ou pessoa jurídica original é responsável pelo pagamento das obrigações anteriores à constituição da sociedade anônima do futebol, por meio de receitas próprias e das seguintes receitas que lhe serão transferidas pela sociedade anônima do futebol, quando constituída, exclusivamente: I – por destinação de 20% das receitas correntes mensais auferidas pela sociedade anônima do futebol, conforme plano aprovado pelos credores, nos termos do inciso I do art. 13 da Lei 14.193/2021 (sobre concurso de credores e regime centralizado de execuções); II – por destinação de 50% dos dividendos, dos juros sobre o capital próprio ou de outra remuneração recebida desta, na condição de acionista (art. 10 da Lei 14.193/2021).

Sem prejuízo das disposições relativas à responsabilidade dos dirigentes previstas no art. 18-B da Lei 9.615/1998 (atualmente, art. 66 da Lei 14.597/2023)[27], os administradores da sociedade anônima do futebol respondem pessoal e solidariamente pelas obrigações relativas aos repasses financeiros definidos no art. 10 da Lei 14.193/2021, assim como respondem, pessoal e solidariamente, o presidente do clube ou os sócios administradores da

26. Na hipótese do inciso II do art. 2.º da Lei 14.193/2021 (sociedade anônima do futebol constituída pela cisão do departamento de futebol do clube ou pessoa jurídica original e transferência do seu patrimônio relacionado à atividade futebol), os direitos e deveres decorrentes de relações, de qualquer natureza, estabelecidos com o clube, pessoa jurídica original e entidades de administração, inclusive direitos de participação em competições profissionais, bem como contratos de trabalho, de uso de imagem ou quaisquer outros contratos vinculados à atividade do futebol serão obrigatoriamente transferidos à sociedade anônima do futebol (art. 2.º, § 2.º, inciso I, da Lei 14.193/2021).

27. "Art. 66. Os dirigentes das organizações esportivas, independentemente da forma jurídica adotada, têm seus bens particulares sujeitos ao disposto no art. 50 da Lei nº 10.406, de 10 de janeiro de 2002 (Código Civil). § 1.º Para os fins do disposto nesta Lei, dirigente é aquele que exerce, de fato ou de direito, poder de decisão na gestão da entidade, inclusive seus administradores. § 2.º Os dirigentes de organizações esportivas respondem solidária e ilimitadamente pelos atos ilícitos praticados e pelos atos de gestão irregular ou temerária ou contrários ao previsto no contrato social ou estatuto. § 3.º O dirigente que tiver conhecimento do não cumprimento dos deveres estatutários ou contratuais por seu predecessor ou pelo administrador competente e deixar de comunicar o fato ao órgão estatutário competente será responsabilizado solidariamente".

pessoa jurídica original pelo pagamento aos credores dos valores que forem transferidos pela sociedade anônima do futebol, conforme estabelecido na Lei 14.193/2021 (art. 11 da Lei 14.193/2021).

Enquanto a sociedade anônima do futebol cumprir os pagamentos previstos nos arts. 9.º a 11 da Lei 14.193/2021, é vedada qualquer forma de constrição ao patrimônio ou às receitas, por penhora ou ordem de bloqueio de valores de qualquer natureza ou espécie sobre as suas receitas, em relação às obrigações anteriores à constituição da sociedade anônima do futebol (art. 12 da Lei 14.193/2021).

O clube ou pessoa jurídica original pode efetuar o pagamento das obrigações diretamente aos seus credores, ou a seu exclusivo critério: I – pelo concurso de credores, por intermédio do regime centralizado de execuções previsto na Lei 14.193/2021; ou II – por meio de recuperação judicial ou extrajudicial, nos termos da Lei 11.101/2005 (art. 13 da Lei 14.193/2021).

Depreende-se que o clube ou pessoa jurídica original tem a faculdade de realizar o pagamento das suas obrigações (nas quais se incluem os débitos trabalhistas anteriores à constituição da sociedade anônima do futebol) de três modos alternativos, podendo optar por um deles: diretamente aos seus credores (nos quais se incluem os credores trabalhistas); pelo concurso de credores no regime centralizado de execuções; por meio de recuperação judicial ou extrajudicial.

O clube ou pessoa jurídica original que optar pela alternativa do inciso I do art. 13 da Lei 14.193/2021 deve ser submetido ao concurso de credores por meio do regime centralizado de execuções, que consiste em concentrar no juízo centralizador as execuções, as suas receitas e os valores arrecadados na forma do art. 10 da Lei 14.193/2021, bem como a distribuição desses valores aos credores em concurso e de forma ordenada (art. 14 da Lei 14.193/2021).

Na hipótese de inexistência de órgão de centralização de execuções no âmbito do Judiciário, o juízo centralizador deve ser aquele que tiver ordenado o pagamento da dívida em primeiro lugar (art. 14, § 1.º, da Lei 14.193/2021).

O requerimento deve ser apresentado pelo clube ou pessoa jurídica original e será concedido pelo Presidente do Tribunal Regional do Trabalho, quanto às dívidas trabalhistas, e pelo Presidente do Tribunal de Justiça, quanto às dívidas de natureza civil, observados os requisitos de apresentação do plano de credores, conforme disposto no art. 16 da Lei 14.193/2021.

Quanto às dívidas trabalhistas do clube ou pessoa jurídica original, o concurso de credores por meio do regime centralizado de execuções é de competência da Justiça do Trabalho (art. 114 da Constituição Federal de 1988), devendo ser processado no órgão de centralização de execuções ou juízo centralizador no âmbito do Tribunal Regional do Trabalho.

Cabe ao Poder Judiciário disciplinar o regime centralizado de execuções, por meio de ato próprio dos seus tribunais, e conferir o prazo de seis anos para pagamento dos credores (art. 15 da Lei 14.193/2021). Na ausência da mencionada regulamentação, compete ao Tribunal Superior respectivo suprir a omissão (art. 15, § 1.º, da Lei 14.193/2021).

Se o clube ou pessoa jurídica original comprovar a adimplência de ao menos 60% do seu passivo original ao final do prazo previsto no art. 15 da Lei 14.193/2021 (seis anos), será permitida a prorrogação do regime centralizado de execuções por mais quatro anos, período em que o percentual a que se refere o inciso I do art. 10 da Lei 14.193/2021 (20% das receitas correntes mensais auferidas pela sociedade anônima do futebol) poderá, a pedido do interessado, ser reduzido pelo juízo centralizador das execuções a 15% das suas receitas correntes mensais (art. 15, § 2.º, da Lei 14.193/2021).

Portanto, o regime centralizado de execuções para pagamento dos credores pode ter duração de seis anos, prorrogáveis por mais quatro anos (se preenchidos os requisitos legais acima indicados), resultando no total de 10 anos. Após esse prazo, aplica-se o art. 24 da Lei 14.193/2021, sobre a responsabilidade subsidiária da sociedade anônima do futebol pelo pagamento das obrigações civis e trabalhistas anteriores à sua constituição, salvo, quanto às dívidas trabalhistas do clube ou pessoa jurídica original, se houver sido estabelecido plano de pagamento de forma diversa, por meio de negociação coletiva (art. 19 da Lei 14.193/2021).

Ao clube ou pessoa jurídica original que requerer a centralização das suas execuções será concedido o prazo de até 60 dias para apresentação do seu plano de credores, que deve conter obrigatoriamente os seguintes documentos: I – o balanço patrimonial; II – as demonstrações contábeis relativas aos três últimos exercícios sociais; III – as obrigações consolidadas em execução e a estimativa auditada das suas dívidas ainda em fase de conhecimento; IV – o fluxo de caixa e a sua projeção de três anos; V – o termo de compromisso de controle orçamentário (art. 16 da Lei 14.193/2021).

Os clubes e as pessoas jurídicas originais devem fornecer ao juízo centralizador e publicar em sítio eletrônico próprio as seguintes informações: I – os documentos exigidos nos incisos III, IV e V do 16 da Lei 14.193/2021; II – a ordem da fila de credores com seus respectivos valores individualizados e atualizados; III – os pagamentos efetuados no período.

No regime centralizado de execuções, consideram-se credores preferenciais, para ordenação do pagamento: I – idosos, nos termos da Lei 10.741/2003 (Estatuto da Pessoa Idosa); II – pessoas com doenças graves; III – pessoas cujos créditos de natureza salarial sejam inferiores a 60 salários mínimos; IV – gestantes; V – pessoas vítimas de acidente de trabalho oriundo da relação de trabalho com o clube ou pessoa jurídica original; VI – credores com os quais haja acordo que preveja redução da dívida original em pelo menos 30% (art. 17 da Lei 14.193/2021). Na hipótese de concorrência entre os créditos, os processos mais antigos têm preferência.

O pagamento das obrigações do clube ou pessoa jurídica original anteriores à constituição da sociedade anônima do futebol, previstas no art. 10 da Lei 14.193/2021, deve privilegiar os créditos trabalhistas, e cumprirá ao plano de pagamento dos credores, apresentado pelo clube ou pessoa jurídica original, definir a sua destinação (art. 18 da Lei 14.193/2021).

A partir da centralização das execuções, as dívidas de natureza cível e trabalhista devem ser corrigidas somente pela taxa referencial do Sistema Especial de Liquidação e de Custódia (Selic), ou outra taxa de mercado que vier a substituí-la (art. 18, parágrafo único, da Lei 14.193/2021). Aplica-se o índice adotado pelo Supremo Tribunal Federal para a atualização dos créditos trabalhistas na fase judicial, cabendo ressaltar que a Selic engloba juros moratórios e correção monetária, sendo vedada a cumulação com outros índices (STF, Pleno, ADC 58/DF, ADC 59/DF, ADI 5.867/DF e ADI 6.021/DF, Rel. Min. Gilmar Mendes, *DJe* 07.04.2021).

É facultado às partes, por meio de negociação coletiva, estabelecer o plano de pagamento de forma diversa (art. 19 da Lei 14.193/2021). Sendo assim, quanto aos créditos trabalhistas devidos pelo clube ou pessoa jurídica original, o plano de pagamento dos credores pode ser estabelecido em convenção coletiva ou acordo coletivo de trabalho (art. 7.º, inciso XXVI, da Constituição Federal de 1988) de forma diversa das previsões da Lei 14.193/2021.

Ao credor, titular do crédito, é facultada a conversão, no todo ou em parte, da dívida do clube ou pessoa jurídica original em ações da sociedade anônima do futebol ou em títulos por ela emitidos, desde que assim previsto em seu estatuto (art. 20 da Lei 14.193/2021).

Ao credor de dívida trabalhista e ao credor de dívida cível, de qualquer valor, é facultado anuir, a seu critério exclusivo, a deságio sobre o valor do débito (art. 21 da Lei 14.193/2021).

Ao credor de dívida trabalhista, como titular do crédito, a seu exclusivo critério, é facultada a cessão do crédito a terceiro, que ficará sub-rogado em todos os direitos e em todas as obrigações do credor e ocupará a mesma posição do titular do crédito original na fila de credores, devendo ser dada ciência ao clube ou pessoa jurídica original, bem como ao juízo centralizador da dívida para que promova a anotação (art. 22 da Lei 14.193/2021). Logo, permite-se a cessão do crédito trabalhista, na linha do art. 83, § 5.º, da Lei 11.101/2005.

Enquanto o clube ou pessoa jurídica original cumprir os pagamentos previstos no regime centralizado de execuções, é vedada qualquer forma de constrição ao patrimônio ou às receitas, por penhora ou ordem de bloqueio de valores de qualquer natureza ou espécie sobre as suas receitas (art. 23 da Lei 14.193/2021).

Uma vez superado o prazo estabelecido no art. 15 da Lei 14.193/2021 (seis anos, permitida a prorrogação por mais quatro anos), a sociedade anônima do futebol responderá, nos limites estabelecidos no art. 9.º da Lei 14.193/2021, subsidiariamente, pelo pagamento das obrigações civis e trabalhistas anteriores à sua constituição, salvo o disposto no art. 19 da Lei 14.193/2021, que faculta às partes estabelecer o plano de pagamento de forma diversa, por meio de negociação coletiva (art. 24 da Lei 14.193/2021).

Confirma-se, assim, que a disciplina legal específica em questão afasta a incidência das previsões gerais do art. 448-A da CLT, sobre responsabilidade na sucessão.

O clube, ao optar pela alternativa do inciso II do art. 13 da Lei 14.193/2021, e por exercer atividade econômica, é admitido como parte legítima para requerer a recuperação judicial ou extrajudicial, submetendo-se à Lei 11.101/2005 (art. 25 da Lei 14.193/2021).

A pessoa jurídica original, por ser sociedade empresarial dedicada ao fomento e à prática do futebol (art. 1.º, § 1.º, inciso II, da Lei 14.193/2021), também pode requerer a recuperação judicial ou extrajudicial, nos termos da Lei 11.101/2005.

Frise-se que a sujeição dos créditos de natureza trabalhista e por acidentes de trabalho à *recuperação extrajudicial* exige negociação coletiva com o sindicato da respectiva categoria profissional (art. 161, § 1.º, da Lei 11.101/2005, com redação dada pela Lei 14.112/2020).

Os contratos bilaterais, bem como os contratos de atletas profissionais vinculados ao clube ou pessoa jurídica original não se resolvem em razão do pedido de recuperação judicial e extrajudicial e podem ser transferidos à sociedade anônima do futebol no momento de sua constituição (art. 25, parágrafo único, da Lei 14.193/2021).

Mesmo em caso de decretação da falência, os contratos bilaterais não se resolvem pela falência e podem ser cumpridos pelo administrador judicial se o cumprimento reduzir ou evitar o aumento do passivo da massa falida ou for necessário à manutenção e preservação de seus ativos, mediante autorização do Comitê de Credores (art. 117 da Lei 11.101/2005).

7.6 PODER DE DIREÇÃO DO EMPREGADOR

O *poder de direção*, tendo por fundamento legal o art. 2.º, *caput*, da CLT, pode ser conceituado como aquele que autoriza o empregador a *organizar*, *controlar* e *disciplinar* a prestação de serviços pelo empregado, a qual ocorre, assim, de forma subordinada[28].

O poder de direção também é denominado *poder diretivo*, encontrando-se na doutrina, ainda, a expressão *poder hierárquico*.

O poder diretivo também é entendido como a prerrogativa do empregador de dirigir, regulamentar, fiscalizar e disciplinar o trabalho prestado pelo empregado.

O referido poder, assim, é de titularidade do empregador. Além disso, o exercício do poder de direção é, justamente, o fator de subordinação jurídica, presente na relação de emprego. Ou seja, o empregado trabalha de forma subordinada em razão do exercício do poder de direção pelo empregador.

O poder de direção não é ilimitado, mas deve ser exercido dentro dos limites previstos na lei e no sistema jurídico, em consonância com os direitos e garantias a que fazem jus os empregados. O *abuso* no exercício do poder de direção não deve ser aceito, o que faz com que o empregado possa a ele se opor, fazendo jus à reparação ou prevenção da decorrente lesão, na esfera material e moral.

Vejamos, de acordo com as principais teorias existentes, qual seria o fundamento do poder de direção[29].

Faz-se menção à *teoria da instituição*, no sentido de que a empresa, exercida pelo empregador (ou com ele se confundindo) e na qual estão inseridos os empregados de forma organizada e hierarquizada, é o âmbito de exercício do poder de direção, que tem nela o seu fundamento, com o objetivo de perpetuação da atividade empresarial.

Outra teoria é a do poder de direção como *direito potestativo*, no sentido de que o empregador o exerce unilateralmente, independentemente da anuência do empregado. De todo modo, cabe reiterar que o poder de direção não é ilimitado, pois o empregado não se obriga a aceitar ordens ilegais ou abusivas.

Há o entendimento de que o poder de direção se funda no *direito de propriedade*. O empregador, justamente por ser o titular do empreendimento empresarial, teria o poder de organizar, controlar e disciplinar os fatores de produção, no caso, o trabalho prestado pelos empregados. Deve-se ressaltar que o direito de propriedade sofre limites por outros direitos, devendo ser exercido dentro de suas funções sociais, aspecto plenamente aplicável quanto ao exercício do poder de direção, na esfera trabalhista.

Outra corrente, que pode ser considerada a mais adequada, defende que o fundamento do poder de direção encontra-se no *contrato de trabalho*. O fundamento, assim, seria de ordem jurídica; a existência do contrato de emprego, em si, autoriza o empregador a exercer o poder de direção, tornando o trabalho do empregado subordinado.

O poder de direção pode ser dividido em três diferentes aspectos[30], facilitando a compreensão de seu conteúdo. Vejamos, assim, cada um deles:

a) *Poder de organização*

Por intermédio do poder de organização é que o empregador tem o direito de **organizar o seu empreendimento**, quanto aos diferentes fatores de produção, no caso,

28. Cf. MARTINS, Sergio Pinto. *Direito do trabalho*. 28. ed. São Paulo: Atlas, 2012. p. 216-220.
29. Cf. MARTINS, Sergio Pinto. *Direito do trabalho*. 28. ed. São Paulo: Atlas, 2012. p. 216-220.
30. Cf. MARTINS, Sergio Pinto. *Direito do trabalho*. 28. ed. São Paulo: Atlas, 2012. p. 216-220.

o trabalho prestado pelos empregados, distribuindo e determinando as funções a serem exercidas, o local de trabalho, horário etc.

O empregador é quem corre os riscos de seu empreendimento, não podendo transferi-lo ao empregado. Desse modo, o ordenamento jurídico autoriza que ele possa organizar a sua atividade empresarial, de forma a alcançar os resultados almejados. Cabe reiterar que a mencionada organização da atividade do empregador deve ocorrer em obediência às diversas normas jurídicas que a regulam, respeitando, inclusive, os direitos de ordem social e trabalhista.

b) *Poder de controle*

Por meio do poder de controle, autoriza-se que o **empregador gerencie a atividade laboral dos empregados**, no que tange à prestação de serviços, no sentido de observarem as diversas regras e ordens por ele e pelo sistema jurídico exigidas.

Por exemplo, o empregador pode controlar se os empregados estão respeitando o horário de trabalho estipulado (art. 74 da CLT). O empregador pode, dentro dos limites estabelecidos pelo ordenamento jurídico, verificar se os empregados estão respeitando as exigências e diretrizes estabelecidas para o desempenho da atividade laborativa.

Referido controle, no entanto, não pode invadir a esfera de intimidade dos empregados, além de outros direitos de ordem fundamental, vedando-se, por exemplo, a revista íntima (art. 373-A, inciso VI, da CLT), bem como a violação do sigilo de correspondência e das comunicações telegráficas, de dados e das comunicações telefônicas (ressalvada, neste último caso, por ordem judicial, nas hipóteses e na forma que a lei estabelecer para fins de investigação criminal ou instrução processual penal) dos empregados (art. 5.º, inciso XII, da CF/1988).

c) *Poder disciplinar*

O poder disciplinar permite que o empregador aplique **penalidades** ao empregado que não observe as ordens e regras impostas à atividade desempenhada. A punição, no caso, aplicada pelo empregador, situa-se na esfera do Direito do Trabalho, não se confundindo com a penalidade de ordem criminal, a qual se encontra inserida no âmbito do Direito Público, decorrente de poder de titularidade do Estado.

As medidas disciplinares, trabalhistas, que o empregador pode aplicar ao empregado, são:

- **advertência** (podendo ser verbal ou escrita);
- **suspensão** (limitada a 30 dias consecutivos, conforme o art. 474 da CLT);
- **dispensa por justa causa** (considerada a punição mais grave, pois resulta na cessação do contrato de trabalho, nas hipóteses previstas no art. 482 da CLT).

Não se exige que as penalidades sejam aplicadas de forma gradual, pois uma falta de elevada gravidade pode, por si só, conforme as circunstâncias, justificar a imposição de pena mais drástica (como a suspensão ou a própria dispensa por justa causa).

De todo modo, a punição abusiva ou excessiva pode ser questionada pelo empregado. Aliás, a ilicitude em questão pode, inclusive, acarretar ao empregador o dever de reparar eventual lesão a direito do empregado, de ordem pessoal (moral) ou material.

Assim, o Poder Judiciário pode decidir a respeito da validade, ou seja, regularidade e licitude, ou não, da pena aplicada pelo empregador, quando acionado pela parte interessada. No entanto, prevalece o entendimento de que se não for verificada a correção na medida disciplinar adotada pelo empregador, cabe ao juiz decretar a sua nulidade, não podendo substituí-la, aumentá-la ou diminuí-la, o que estaria restrito ao poder disciplinar que pertence apenas ao empregador.

Deve-se destacar que a "multa", ou seja, a pena pecuniária, em regra, não é admitida como medida disciplinar válida em nosso Direito do Trabalho, inclusive por contrariar o princípio da intangibilidade salarial (art. 462 da CLT). No entanto, como *exceção*, há previsão especial autorizando a aplicação da multa (penalidade pecuniária) ao atleta profissional. Nessa mesma linha, também cabe destacar o art. 48, inciso III, da Lei 9.615/1998, pertinente a atleta profissional (de desporto).

7.6.1 Verificação de *e-mail* pelo empregador

Discute-se, ainda, sobre a possibilidade de controlar, o empregador, *e-mail* do empregado.

Entende-se que, caso o *e-mail* seja privativo (particular) do empregado, quer dizer, desvinculado do empregador (*e-mail* não corporativo), encontra-se plenamente coberto pela garantia de proibição de violação do sigilo das comunicações e de dados, embora não se confunda com uma simples correspondência, em seu sentido tradicional.

No caso do *e-mail* corporativo, ou seja, disponibilizado pelo empregador, para que o trabalho seja desenvolvido, as polêmicas aumentam ainda mais, havendo aqueles entendendo que, mesmo assim, a mencionada vedação da violação do sigilo incide normalmente.

No entanto, tratando-se de verdadeira ferramenta de trabalho, pode-se entender que, tendo o empregador avisado, previamente, quanto à possibilidade de seu controle, de forma impessoal, na esfera da empresa, e estando em jogo algum outro valor de ordem fundamental – como o dever de não se enviar mensagens em tom criminoso, ilegal ou desrespeitoso a terceiros –, pode-se autorizar a referida verificação, pela empresa, no seu equipamento de informática, resguardando a sua eventual responsabilidade, o que não se confunde com interceptação da mensagem quando em seu caminho de destino.

Sobre o tema, cabe transcrever a seguinte ementa de julgado do Tribunal Superior do Trabalho:

> "Prova ilícita. 'E-mail' corporativo. Justa causa. Divulgação de material pornográfico.
>
> 1. Os sacrossantos direitos do cidadão à privacidade e ao sigilo de correspondência, constitucionalmente assegurados, concernem à comunicação estritamente pessoal, ainda que virtual ('e-mail' particular). Assim, apenas o *e-mail* pessoal ou particular do empregado, socorrendo-se de provedor próprio, desfruta da proteção constitucional e legal de inviolabilidade.
>
> 2. Solução diversa impõe-se em se tratando do chamado 'e-mail' corporativo, instrumento de comunicação virtual mediante o qual o empregado louva-se de terminal de computador e de provedor da empresa, bem assim do próprio endereço eletrônico que lhe é disponibilizado igualmente pela empresa. Destina-se este a que nele trafeguem mensagens de cunho estritamente profissional. Em princípio, é de uso corporativo, salvo consentimento do empregador. Ostenta, pois, natureza jurídica equivalente à de uma ferramenta de trabalho proporcionada pelo empregador ao empregado para a consecução do serviço.
>
> 3. A estreita e cada vez mais intensa vinculação que passou a existir, de uns tempos a esta parte, entre Internet e/ou correspondência eletrônica e justa causa e/ou crime exige muita parcimônia dos órgãos jurisdicionais na qualificação da ilicitude da prova referente ao desvio de finalidade na utilização dessa tecnologia, tomando-se em conta, inclusive, o

princípio da proporcionalidade e, pois, os diversos valores jurídicos tutelados pela lei e pela Constituição Federal. A experiência subministrada ao magistrado pela observação do que ordinariamente acontece revela que, notadamente o 'e-mail' corporativo, não raro sofre acentuado desvio de finalidade, mediante a utilização abusiva ou ilegal, de que é exemplo o envio de fotos pornográficas. Constitui, assim, em última análise, expediente pelo qual o empregado pode provocar expressivo prejuízo ao empregador.

4. Se se cuida de 'e-mail' corporativo, declaradamente destinado somente para assuntos e matérias afetas ao serviço, o que está em jogo, antes de tudo, é o exercício do direito de propriedade do empregador sobre o computador capaz de acessar à Internet e sobre o próprio provedor. Insta ter presente também a responsabilidade do empregador, perante terceiros, pelos atos de seus empregados em serviço (Código Civil, art. 932, inciso III), bem como que está em xeque o direito à imagem do empregador, igualmente merecedor de tutela constitucional. Sobretudo, imperativo considerar que o empregado, ao receber uma caixa de 'e-mail' de seu empregador para uso corporativo, mediante ciência prévia de que nele somente podem transitar mensagens profissionais, não tem razoável expectativa de privacidade quanto a esta, como se vem entendendo no Direito Comparado (EUA e Reino Unido).

5. Pode o empregador monitorar e rastrear a atividade do empregado no ambiente de trabalho, em 'e-mail' corporativo, isto é, checar suas mensagens, tanto do ponto de vista formal quanto sob o ângulo material ou de conteúdo. Não é ilícita a prova assim obtida, visando a demonstrar justa causa para a despedida decorrente do envio de material pornográfico a colega de trabalho. Inexistência de afronta ao art. 5.º, incisos X, XII e LVI, da Constituição Federal.

6. Agravo de Instrumento do Reclamante a que se nega provimento" (TST, 1.ª T., RR-613/2000-013-10-00.7, Rel. Min. João Oreste Dalazen, *DJ* 10.06.2005).

7.6.2 Regulamento de empresa

O regulamento de empresa, ao prever uma série de direitos e deveres dos empregados e do empregador, bem como a forma de seu exercício, é manifestação do exercício do poder de direção pelo empregador, notadamente quanto ao seu *poder de organização*.

Trata-se do *poder regulamentar*, inserido no poder de direção do empregador.

O regulamento de empresa pode ser *bilateral*, quando elaborado em conjunto com os empregados, ou *unilateral*, quando estabelecido apenas pelo empregador (Cf. Capítulo 2, item 2.10.9 e Capítulo 28, item 28.19.6).

Os direitos trabalhistas previstos no regulamento de empresa passam a integrar os contratos de trabalho de cada empregado. Obviamente, suas regras devem observar os preceitos mínimos presentes na legislação trabalhista e demais instrumentos normativos, bem como normas de ordem pública a respeito.

7.6.3 Revistas pessoais

Questão frequentemente discutida refere-se à possibilidade, ou não, de o empregador realizar revistas pessoais em seus empregados, tanto no seu corpo como em seus pertences e objetos.

O art. 373-A, inciso VI, da CLT (acrescentado pela Lei 9.799/1999) proíbe as "revistas íntimas nas empregadas ou funcionárias". Na realidade, tendo em vista o princípio da igualdade, previsto no art. 5.º, inciso I, da Constituição Federal de 1988, a referida vedação é perfeitamente aplicável também aos empregados do sexo masculino.

A revista *íntima*, que conta com a expressa proibição legal, seria aquela que representa invasão à intimidade do(a) empregado(a), violando a sua integridade física, psíquica e moral, em afronta ao art. 5.º, inciso X, da Lei Maior.

Já quanto à revista *pessoal*, sem contato físico, há entendimento de que o empregador, por ser titular do poder de direção e controle, com o objetivo de evitar lesões ao patrimônio empresarial, dependendo da atividade desempenhada, teria o direito de realizar revistas nos empregados, *desde que de forma não abusiva* e *sem caracterizar afronta à sua intimidade*, não podendo, ainda, ser uma forma de perseguição ou discriminação contra certos trabalhadores. Para essa corrente, a revista pessoal (que não seja íntima) é admitida nas atividades que justifiquem a medida, devendo ser feita de forma aleatória (*v.g.*, por sorteio), moderada, respeitosa, por pessoa do mesmo sexo, sem exposição desnecessária ou abusiva do empregado revistado.

No entanto, o entendimento mais adequado, em conformidade com os direitos da personalidade e da dignidade da pessoa humana, é aquele que veda a revista pessoal em toda e qualquer circunstância, pois o empregador pode, perfeitamente, valer-se de meios tecnológicos para a proteção dos seus bens, bem como do patrimônio empresarial, contra eventuais condutas lesivas[31].

Quanto aos objetos, bens e locais reservados ao empregado, pelo empregador, na realidade, estão abrangidos no conceito constitucional de "domicílio", devendo incidir, desse modo, o art. 5.º, inciso XI, da Constituição Federal de 1988. Logo, "só poderão sofrer revista no caso de flagrante delito ou por determinação judicial"[32].

De todo modo, segundo o entendimento que prevalece no TST, a revista pessoal que não seja íntima, ou seja, sem contato físico, em bolsas e pertences dos empregados, apenas visual, é admissível quando realizada de forma impessoal e genérica, como decorrência do poder de fiscalização do empregador, não acarretando, assim, direito à indenização. Nesse sentido, cabe fazer referência ao seguinte julgado:

> "Recurso de embargos regido pela Lei n.º 13.015/2014. Indenização por dano moral – Revista impessoal e indiscriminada de bolsas dos empregados. Esta SBDI1 tem entendido reiteradamente que a inspeção de bolsas, sacolas e outros pertences de empregados, desde que realizada de maneira generalizada, sem que reste configurado qualquer ato que denote abuso de seu direito de zelar pelo próprio patrimônio, não é ilícita, pois não importa ofensa à intimidade, vida privada, honra ou imagem daqueles. No caso em apreço, a fiscalização da recorrente, como descrita no acórdão regional, não configura ato ilícito, uma vez que não era dirigida somente ao autor, nem implicava contato físico de qualquer natureza, não sendo possível presumir-se qualquer dano moral dela decorrente. Precedentes. Recurso de embargos não conhecido" (TST, SBDI-I, E-RR 1390-97.2010.5.19.0002, Rel. Min. Renato de Lacerda Paiva, *DEJT* 18.03.2016).

Ainda quanto ao tema, conforme o art. 1.º da Lei 13.271/2016, as "empresas privadas, os órgãos e entidades da administração pública, direta e indireta, ficam proibidos de adotar qualquer prática de revista íntima de suas funcionárias e de clientes do sexo feminino".

---

31. Cf. SIMÓN, Sandra Lia. *A proteção constitucional da intimidade e da vida privada do empregado*. São Paulo: LTr, 2000. p. 147-149.

32. SIMÓN, Sandra Lia. *A proteção constitucional da intimidade e da vida privada do empregado*. São Paulo: LTr, 2000. p. 151.

Em caso de não cumprimento do mencionado art. 1.º da Lei 13.271/2016, ficam os infratores sujeitos a: I – multa de R$ 20.000,00 ao empregador, revertidos aos órgãos de proteção dos direitos da mulher; II – multa em dobro do valor estipulado no inciso I, em caso de reincidência, independentemente da indenização por danos morais e materiais e sanções de ordem penal.

Cabe salientar a impropriedade na utilização do termo "funcionárias", pois, tratando-se de trabalhadoras regidas pelo Direito do Trabalho, o correto seria mencionar "empregadas", em consonância com o art. 3.º da CLT. Mesmo no caso de trabalhadoras na administração pública, deveria ser utilizada a expressão "servidoras públicas", em harmonia com a atual previsão constitucional (arts. 39 a 41 da Constituição Federal de 1988).

Além disso, nos termos do art. 5.º, *caput*, da Constituição da República, *todos são iguais perante a lei, sem distinção de qualquer natureza*, garantindo-se aos brasileiros e aos estrangeiros residentes no País a inviolabilidade do direito à vida, à liberdade, à *igualdade*, à segurança e à propriedade.

Desse modo, *homens e mulheres são iguais em direitos e obrigações*, nos termos da Constituição Federal de 1988 (art. 5.º, inciso I).

Sendo assim, são invioláveis a *intimidade*, a vida privada, a honra e a imagem das pessoas, assegurado o direito a indenização pelo dano material ou moral decorrente de sua violação (art. 5.º, inciso X, da Constituição da República).

Logo, a inviolabilidade da intimidade é garantida não apenas às mulheres, mas também aos homens, não se admitindo tratamento que possa resultar em discriminação (arts. 3.º, inciso IV, e 5.º, inciso XLI, da Constituição Federal de 1988).

Não obstante, a Lei 13.271/2016 limita o seu alcance somente às mulheres, incidindo em nítida inconstitucionalidade parcial, no caso, por omissão, pois a norma legal não deveria restringir a proteção considerando o sexo da pessoa.

Portanto, o mais adequado seria corrigir a apontada desigualdade, estendendo a proibição de revista íntima a todas as pessoas, independentemente do sexo.

Tendo em vista o princípio da legalidade (art. 5.º, inciso II, da Constituição da República), sabendo-se que a penalidade não pode ser interpretada de modo ampliativo, pode-se dizer que, enquanto não houver a referida previsão legal mais ampla, apenas no caso de revista íntima em "funcionárias" e "clientes do sexo feminino" é que podem ser aplicadas as sanções especificamente previstas no art. 2.º da Lei 13.271/2016.

Apesar de não ser muito clara a redação do inciso II, parte final, do art. 2.º da Lei 13.271/2016, para a indenização por danos morais e materiais (e as sanções de ordem penal) não se exige a *reincidência* no descumprimento da proibição de revista íntima.

Consoante o art. 5.º, inciso X, da Constituição Federal de 1988, assegura-se o direito à indenização pelo dano material ou moral decorrente de violação da intimidade, da vida privada, da honra e da imagem das pessoas, não se exigindo, evidentemente, que haja reincidência, fator que pode ser considerado para fins de fixação do valor indenizatório devido, em razão da maior gravidade da conduta.

7.6.4 Uso de uniforme

O art. 456-A da CLT, acrescentado pela Lei 13.467/2017, prevê que cabe ao empregador definir o padrão de vestimenta no meio ambiente laboral, sendo lícita a inclusão no uniforme de logomarcas da própria empresa ou de empresas parceiras e de outros itens de identificação relacionados à atividade desempenhada.

O empregador, assim, no exercício do poder diretivo, tem o direito de *organizar* o seu empreendimento, quanto aos diferentes fatores de produção, no caso, a forma como o trabalho deve ser prestado pelos empregados, o que inclui a definição do padrão de vestimenta no meio ambiente laboral.

Pelo mesmo fundamento, permite-se a inclusão no uniforme do empregado de logomarcas da empresa ou de empresas parceiras e de outros itens de identificação relacionados à atividade desempenhada.

Como o empregador corre os riscos do empreendimento, não podendo transferi-lo ao empregado, o ordenamento jurídico autoriza que ele possa organizar a sua atividade empresarial, de forma a alcançar os resultados almejados. Essa organização da atividade do empregador deve ocorrer em obediência às diversas normas jurídicas que a regulam, respeitando, inclusive, os direitos de ordem social e trabalhista.

Logo, a vestimenta e o uniforme estabelecidos pelo empregador devem observar os direitos da personalidade do empregado, não podendo haver violação da intimidade, exposição indevida e constrangimentos ao trabalhador.

O art. 456-A, parágrafo único, da CLT, acrescentado pela Lei 13.467/2017, estabelece que a higienização do uniforme é de responsabilidade do trabalhador, salvo nas hipóteses em que forem necessários procedimentos ou produtos diferentes dos utilizados para a higienização das vestimentas de uso comum.

Desse modo, em princípio, cabe ao empregado manter o uniforme higienizado.

Entretanto, caso sejam necessários procedimentos ou produtos diferentes dos utilizados para a higienização das vestimentas de uso comum, a responsabilidade passa a ser do empregador.

7.6.5 Câmeras de vigilância

Quanto à utilização de câmeras e outros instrumentos eletrônicos de vigilância à distância no local de trabalho, entende-se que os referidos equipamentos não devem ser instalados em áreas que possam violar a dignidade e a intimidade das pessoas, como toaletes, vestiários e, em regra, mesmo em refeitórios, sob pena de ser devida a consequente indenização do dano extrapatrimonial (art. 5.º, incisos V e X, da Constituição da República)[33].

Desse modo, são admitidos os mencionados recursos tecnológicos apenas quando tiverem como objetivo a *segurança* no ambiente de trabalho, isto é, a proteção patrimonial e das pessoas no local, ou quando fundadas exigências relativas à natureza da atividade justifiquem essa medida, sendo relevante que haja conhecimento prévio dos trabalhadores a respeito.

7.7 PRESERVAÇÃO DO SIGILO SOBRE DOENÇAS E CONDIÇÕES DE SAÚDE

A Lei 14.289, de 3 de janeiro de 2022, dispõe sobre a obrigatoriedade de preservação do sigilo sobre a condição de pessoa que vive com infecção pelos vírus da imunodeficiência humana (HIV) e das hepatites crônicas (HBV e HCV) e de pessoa com hanseníase e com tuberculose, nos casos que estabelece.

33. Cf. DELGADO, Mauricio Godinho. *Curso de direito do trabalho*. 15. ed. São Paulo: LTr, 2016. p. 716.

Trata-se de diploma legal que tem como objetivo assegurar o sigilo das mencionadas situações sobre a saúde da pessoa, em respeito à privacidade e à intimidade (art. 5.º, inciso X, da Constituição da República), evitando-se, ainda, a discriminação (art. 3.º, inciso IV, e art. 5.º, inciso XLI, da Constituição Federal de 1988).

Nesse contexto, é vedada a divulgação, pelos agentes públicos ou privados, de informações que permitam a identificação da condição de pessoa que vive com infecção pelos vírus da imunodeficiência humana (HIV) e das hepatites crônicas (HBV e HCV) e de pessoa com hanseníase e com tuberculose, nos seguintes âmbitos: I - serviços de saúde; II - estabelecimentos de ensino; III - *locais de trabalho*; IV - administração pública; V - segurança pública; VI - processos judiciais; VII - mídia escrita e audiovisual (art. 2.º da Lei 14.289/2022).

O sigilo profissional sobre a condição de pessoa que vive com infecção pelos vírus da imunodeficiência humana (HIV) e das hepatites crônicas (HBV e HCV) e de pessoa com hanseníase e com tuberculose somente pode ser quebrado nos casos determinados por lei, por justa causa ou por autorização expressa da pessoa acometida ou, quando se tratar de criança, de seu responsável legal, mediante assinatura de termo de consentimento informado, observado o disposto no art. 11 da Lei 13.709/2018 (Lei Geral de Proteção de Dados Pessoais - LGPD), sobre tratamento de dados pessoais sensíveis.

Em casos de outras doenças graves ou similares, que possam gerar estigma ou preconceito, defende-se a possibilidade de interpretação extensiva das referidas previsões normativas, por não se tratar de rol taxativo. Cf. ainda Súmula 443 do TST. Cf. Capítulo 13, item 13.5.

Os serviços de saúde, públicos ou privados, e as operadoras de planos privados de assistência à saúde estão obrigados a proteger as informações relativas a pessoas que vivem com infecção pelos vírus da imunodeficiência humana (HIV) e das hepatites crônicas (HBV e HCV) e a pessoas com hanseníase e com tuberculose, bem como a garantir o sigilo das informações que eventualmente permitam a identificação dessa condição (art. 3.º da Lei 14.289/2022).

Esclareça-se que a obrigatoriedade de preservação do sigilo sobre a condição de pessoa que vive com infecção pelos vírus da imunodeficiência humana (HIV) e das hepatites crônicas (HBV e HCV) e de pessoa com hanseníase e com tuberculose usuárias dos serviços de saúde recai sobre todos os profissionais de saúde e os trabalhadores da área de saúde.

O atendimento nos serviços de saúde, públicos ou privados, deve ser organizado de forma a não permitir a identificação, pelo público em geral, da condição de pessoa que vive com infecção pelos vírus da imunodeficiência humana (HIV) e das hepatites crônicas (HBV e HCV) e de pessoa com hanseníase e com tuberculose.

O descumprimento das disposições da Lei 14.289/2022 sujeita o agente público ou privado infrator às sanções previstas no art. 52 da Lei 13.709/2018, bem como às demais sanções administrativas cabíveis, e obriga-o a indenizar a vítima por danos materiais e morais, nos termos do art. 927 do Código Civil (art. 6.º da Lei 14.289/2022).

Entende-se que os danos morais (extrapatrimoniais) decorrem da violação dos direitos da personalidade envolvidos (privacidade, intimidade e sigilo), tornando devida a respectiva indenização. A obrigação de reparar os danos materiais, por sua vez, exige que a conduta do agente tenha causado prejuízos patrimoniais à vítima.

Nas situações em que for divulgada informação sobre a condição de pessoa que vive com infecção pelos vírus da imunodeficiência humana (HIV) e das hepatites crônicas (HBV e HCV) e de pessoa com hanseníase e com tuberculose por agentes que, por força de sua profissão ou do cargo que ocupam, estão obrigados à preservação do sigilo, e essa divulgação ficar caracterizada como intencional e com o intuito de causar dano ou ofensa, devem ser aplicadas em dobro: I – as penas pecuniárias ou de suspensão de atividades previstas no art. 52 da Lei 13.709/2018 (sanções administrativas); II – as indenizações pelos danos morais causados à vítima (art. 6.º, parágrafo único, da Lei 14.289/2022).

Nessas hipóteses, em decorrência do descumprimento do dever funcional e da presença de dolo específico do agente, as consequências do ato ilícito (ou seja, da referida divulgação) são mais acentuadas (dobradas), em consonância com o critério de justiça substancial.

Capítulo **8**

TERCEIRIZAÇÃO

8.1 INTRODUÇÃO

A *terceirização* pode ser entendida como a transferência da execução de certas atividades da empresa tomadora (ou contratante) a empresas prestadoras de serviços.

Terceirização tem o sentido de prestação de serviços a terceiros. Adotando-se o atual critério legal (art. 4.º-A da Lei 6.019/1974, com redação dada pela Lei 13.467/2017), terceirização é a transferência feita pela contratante (tomadora) da execução de quaisquer de suas atividades, inclusive sua atividade principal, à pessoa jurídica de direito privado prestadora de serviços que possua capacidade econômica compatível com a sua execução.

O trabalhador, assim, presta serviços ao ente tomador, mas mantém relação jurídica com a empresa prestadora de serviços. A relação passa a ser *triangular ou trilateral*, pois na terceirização o empregado da empresa prestadora presta serviços ao tomador.

Entre o empregado e o empregador (empresa prestadora de serviços) verifica-se a *relação de emprego*, decorrente do *contrato de trabalho* (art. 442, *caput*, da CLT).

O vínculo entre o tomador (que terceirizou alguma de suas atividades) e a empresa prestadora deriva de outro contrato, de natureza civil ou comercial, cujo objeto é a prestação de serviços.

A terceirização revela uma situação diferenciada, sabendo-se que tradicionalmente a relação jurídica de emprego é bilateral, tendo como sujeitos apenas o empregado e o empregador, que também é o tomador do serviço prestado.

Como se sabe, a terceirização é fenômeno verificado com grande frequência nos dias atuais, como forma de diminuição de custos, prestação de serviços com maior eficiência, produtividade e competitividade, que são objetivos intensamente buscados em tempos de globalização.

O sistema jurídico estabelece limites à terceirização, visando a tutelar as garantias inerentes à relação de emprego, de forma a preservar o valor constitucional do trabalho (arts. 1.º, inciso IV, 170, *caput*, da Constituição Federal de 1988), em respeito ao princípio da dignidade da pessoa humana (art. 1.º, inciso III).

A rigor, a terceirização se distingue do trabalho temporário, pois enquanto aquela diz respeito à prestação de serviços por empresa contratada, neste há o fornecimento de mão de obra à tomadora por meio de empresa interposta (ou seja, pela empresa de trabalho temporário).

Ainda assim, o trabalho temporário também apresenta conotação *triangular*, pois a empresa tomadora contrata a empresa de trabalho temporário para que sejam fornecidos trabalhadores temporários, pelo prazo e nas hipóteses excepcionalmente admitidas pelo sistema jurídico (Cf. Capítulo 4, item 4.19).

8.2 TERCEIRIZAÇÃO E INTERMEDIAÇÃO DE MÃO DE OBRA

A **terceirização** envolve uma *relação triangular* entre o empregado, a empresa prestadora de serviços (empregador) e a empresa tomadora (contratante dos serviços).

Entre a empresa tomadora (contratante) e a prestadora de serviço é firmado um contrato de natureza civil ou empresarial (contrato de prestação de serviços). Diversamente, entre a empresa prestadora de serviço e o empregado é firmado o contrato de trabalho. O vínculo de emprego, assim, existe entre o empregado e a empresa prestadora, mas aquele presta serviço à empresa tomadora (contratante).

A terceirização, portanto, não se confunde com a *intermediação irregular de mão de obra* (em fraude ao vínculo de emprego), a qual, em regra, é vedada pelo sistema jurídico (art. 9.º da CLT), uma vez que o trabalho não pode ser tratado como mercadoria, o que seria contrário ao seu valor social e à dignidade da pessoa humana.

8.3 PARÂMETROS DA TERCEIRIZAÇÃO

A Lei 13.429, de 31 de março de 2017, com início de vigência na data de sua publicação, ocorrida no *Diário Oficial da União* de 31.03.2017, alterou dispositivos da Lei 6.019/1974, que dispõe sobre o trabalho temporário, e versa sobre as relações de trabalho na empresa de prestação de serviços a terceiros.

O Supremo Tribunal Federal julgou improcedente pedido formulado em ação direta, tendo considerado constitucional a Lei 13.429/2017 (STF, Pleno, ADI 5.685/DF, Rel. Min. Gilmar Mendes, j. 16.06.2020).

A Lei 6.019/1974 foi posteriormente modificada pela Lei 13.467, de 13 de julho de 2017, com início de vigência depois de 120 dias de sua publicação oficial, ocorrida em 14.07.2017.

Assim, a Lei 6.019/1974 passou a reger as relações de trabalho na empresa de trabalho temporário, na empresa de prestação de serviços e nas respectivas tomadoras de serviço e contratante (art. 1.º, com redação dada pela Lei 13.429/2017).

Conforme o art. 4.º-A da Lei 6.019/1974, com redação dada pela Lei 13.467/2017, considera-se prestação de serviços a terceiros a transferência feita pela contratante da execução de quaisquer de suas atividades, *inclusive sua atividade principal*, à pessoa jurídica de direito privado prestadora de serviços que possua capacidade econômica compatível com a sua execução.

Com isso, a terceirização, entendida como prestação de serviços a terceiros, passa a ser entendida como a transferência feita pela contratante da execução de *quaisquer de suas atividades*, inclusive a sua atividade principal, à pessoa jurídica de direito privado prestadora de serviços.

Admite-se de forma expressa a terceirização de forma ampla, ou seja, de quaisquer das atividades da contratante (tomadora), inclusive de sua atividade principal. Logo, ficou superada a distinção entre atividades-fim e atividades-meio, anteriormente adotada pela jurisprudência, como se observava na Súmula 331, inciso III, do TST (a qual não mais prevalece).

Na mesma linha, o Supremo Tribunal Federal fixou a seguinte tese de repercussão geral: "É lícita a terceirização ou qualquer outra forma de divisão do trabalho entre pessoas jurídicas distintas, independentemente do objeto social das empresas envolvidas, mantida a responsabilidade subsidiária da empresa contratante" (STF, Pleno, RE 958.252/MG, Rel. Min. Luiz Fux, j. 30.08.2018). No referido julgado foi reconhecida a inconstitucionalidade dos incisos I, III, IV e VI da Súmula 331 do TST, por violação aos princípios da livre iniciativa (arts. 1.º, inciso IV, e 170 da Constituição Federal de 1988) e da liberdade contratual (art. 5.º, inciso II, da Constituição da República), como se observa em sua ementa (*DJe* 13.09.2019).

O Supremo Tribunal Federal modulou os efeitos do referido julgamento e estabeleceu a aplicabilidade dos efeitos da tese jurídica fixada apenas aos processos que ainda estavam em curso na data da conclusão do julgado (30.08.2018), restando obstado o ajuizamento de ações rescisórias contra decisões transitadas em julgado antes da mencionada data que tenham a Súmula 331 do TST por fundamento (STF, Pleno, ED-RE 958.252/MG, Rel. Min. Luiz Fux, j. 04.07.2022).

O Supremo Tribunal Federal também julgou *procedente* o pedido em arguição de descumprimento de preceito fundamental (em que se questionou a constitucionalidade da interpretação adotada em reiteradas decisões da Justiça do Trabalho que restringiam a terceirização com base na Súmula 331 do Tribunal Superior do Trabalho) e firmou a seguinte tese: "1. É lícita a terceirização de toda e qualquer atividade, meio ou fim, não se configurando relação de emprego entre a contratante e o empregado da contratada. 2. Na terceirização, compete à contratante: i) verificar a idoneidade e a capacidade econômica da terceirizada; e ii) responder subsidiariamente pelo descumprimento das normas trabalhistas, bem como por obrigações previdenciárias, na forma do art. 31 da Lei 8.212/1991". O Relator esclareceu que a referida decisão não afeta automaticamente os processos em relação aos quais tenha havido coisa julgada (STF, Pleno, ADPF 324/DF, Rel. Min. Roberto Barroso, j. 30.08.2018), conforme também explicitado em sua ementa (*DJe* 06.09.2019).

O Supremo Tribunal Federal decidiu "ser lícita a terceirização por 'pejotização', não havendo falar em irregularidade na contratação de pessoa jurídica formada por profissionais liberais para prestar serviços terceirizados na atividade-fim da contratante" (STF, 1.ª T., AgR-Rcl 47.843/BA, Red. p/ ac. Min. Alexandre de Moraes, *DJe* 07.04.2022).

Ainda assim, entende-se que a *intermediação irregular de mão de obra* não é admitida, por resultar em fraude ao vínculo de emprego com o efetivo empregador (art. 9.º da CLT) e em violação ao valor social do trabalho (art. 1.º, inciso IV, da Constituição da República), o qual não pode ser tratado como mercadoria.

Desse modo, a terceirização deve envolver a prestação de *serviços*, e não o fornecimento de trabalhadores por meio de empresa interposta. Portanto, defende-se o entendimento de que os referidos serviços, na terceirização, normalmente devem ter certa especialidade[1].

Isso é confirmado pelo art. 5.º-B da Lei 6.019/1974, acrescentado pela Lei 13.429/2017, ao prever que o *contrato de prestação de serviços* deve conter a qualificação das partes, a *especificação do serviço* a ser prestado, o prazo para realização do serviço, quando for o caso, e o valor.

Portanto, a empresa prestadora não pode prestar serviços genéricos, pois não se admite a terceirização, pela empresa contratante (tomadora), de atividades sem especificação.

1. Cf. MANNRICH, Nelson. *A modernização do contrato de trabalho*. São Paulo: LTr, 1998. p. 117.

Especificamente quanto aos *aeronautas* (piloto de aeronave, comissário de voo e mecânico de voo), segundo o art. 20 da Lei 13.475/2017, a função remunerada dos tripulantes a bordo de aeronave deve, obrigatoriamente, ser formalizada por meio de contrato de trabalho firmado *diretamente* com o operador da aeronave.

Conforme essa regra especial (art. 2.º, § 2.º, da Lei de Introdução às Normas do Direito Brasileiro), não se admite a terceirização pelo operador da aeronave das atividades relativas à mencionada função dos tripulantes a bordo de aeronave. Do mesmo modo, não é permitida a contratação dos referidos empregados pelo operador da aeronave de forma intermediada (por meio de terceiro) ou interposta, como ocorre no trabalho temporário.

Deve-se ressaltar, assim, que a lei nova, ao estabelecer *disposições* gerais ou *especiais* a par das já existentes, não revoga nem modifica a lei anterior (art. 2.º, § 2.º, da Lei de Introdução às Normas do Direito Brasileiro).

O disposto no art. 20 da Lei 13.475/2017 não se aplica quando o operador da aeronave for órgão ou entidade da administração pública, no exercício de missões institucionais ou de poder de polícia (art. 20, § 3.º, da Lei 13.475/2017, incluído pela Lei 14.163/2021).

A empresa prestadora de serviços (contratada) é considerada a *pessoa jurídica de direito privado* prestadora de serviços que possua capacidade econômica compatível com a sua execução (art. 4.º-A da Lei 6.019/1974). A empresa prestadora de serviços a terceiros, assim, não pode ser pessoa física, nem empresário individual, devendo ser necessariamente pessoa jurídica.

Anteriormente, a jurisprudência, em regra, admitia a terceirização apenas de *serviços de vigilância, de conservação, limpeza e de atividades-meio da empresa tomadora*. Nesse sentido previa a Súmula 331, inciso III, do TST, a qual não mais prevalece.

Atividade-meio é a de mero suporte, acessória ou periférica, que não integra o núcleo, ou seja, a essência das atividades empresariais do tomador, enquanto *atividade-fim* é a que compõe a atividade principal da empresa.

De todo modo, na terceirização lícita não há pessoalidade e subordinação direta entre o empregado da empresa prestadora de serviços e o tomador (contratante), justamente porque este último não é o empregador.

No que se refere à empresa tomadora, não deve importar a *pessoalidade* quanto a quem está efetivamente prestando os serviços terceirizados, mas sim a atividade especializada contratada, sendo irrelevante qualquer substituição de trabalhadores da prestadora. O ente tomador, na terceirização, contrata o serviço empresarial especializado, mas não a mão de obra ou certo trabalhador.

O trabalho humano, protegido constitucionalmente, não pode ser objeto de intermediação, nem ter tratamento semelhante ao de mercadoria, sob pena de afronta ao direito fundamental da dignidade da pessoa humana[2].

Assim, a *empresa prestadora de serviços* contrata, remunera e dirige o trabalho realizado por seus trabalhadores, ou subcontrata outras empresas para realização desses serviços (art. 4.º-A, § 1.º, da Lei 6.019/1974).

A parte final desse dispositivo legal expressamente permite a chamada *terceirização em cadeia*, em que a empresa prestadora de serviços subcontrata outras empresas para a realização dos serviços contratados pela empresa tomadora. A rigor, essa hipótese pode

2. Cf. *Declaração de Filadélfia*, da Organização Internacional do Trabalho (OIT): "I – A Conferência reafirma os princípios fundamentais sobre os quais repousa a Organização, principalmente os seguintes: a) o trabalho não é uma mercadoria" (In: SÜSSEKIND, Arnaldo. *Direito internacional do trabalho*. 3. ed. São Paulo: LTr, 2000. p. 23).

se distinguir da *quarteirização*, na qual certa empresa é contratada para administrar e gerir os diversos contratos de prestação de serviços mantidos pela empresa contratante.

O empregador do empregado terceirizado é a empresa prestadora de serviços. Logo, esta contrata, remunera e dirige o trabalho realizado pelos seus empregados, ou seja, exerce o poder de direção (arts. 2.º e 3.º da CLT). Vale dizer, a subordinação jurídica do empregado terceirizado existe em face da empresa prestadora de serviços (e não do tomador ou contratante).

Não se configura vínculo empregatício entre os trabalhadores, ou sócios das empresas prestadoras de serviços, qualquer que seja o seu ramo, e a empresa contratante (art. 4.º-A, § 2.º, da Lei 6.019/1974). Essa ausência de vínculo de emprego entre a empresa tomadora e os empregados da empresa prestadora de serviços, evidentemente, pressupõe que a terceirização tenha sido feita em consonância com as exigências legais.

A empresa prestadora de serviços, como empregadora, mantém contrato de trabalho com os seus empregados, mas estes laboram na empresa tomadora (contratante). O poder de direção, assim, deve ser exercido pela empresa prestadora de serviços em face de seus empregados, embora estes laborem na empresa contratante (tomadora). Desse modo, os referidos empregados são juridicamente subordinados à empresa prestadora de serviços, e não à tomadora.

A remuneração dos empregados terceirizados também é devida pela empresa prestadora de serviço, por ser a empregadora.

Sendo assim, a verificação de vínculo empregatício e de infrações trabalhistas, quando se tratar de trabalhador terceirizado, deve ser realizada contra a empresa prestadora dos serviços, e não em relação à empresa contratante, exceto nas hipóteses de infração previstas nos §§ 7.º e 8.º do art. 39 do Decreto 10.854/2021 (abaixo indicadas) e quando for comprovada fraude na contratação da prestadora, situação em que deve ser indicado o dispositivo da Lei 6.019/1974 que houver sido infringido (art. 39, § 3.º, do Decreto 10.854/2021).

Na hipótese de configuração de vínculo empregatício com a empresa contratante, o reconhecimento do vínculo deve ser precedido da caracterização individualizada dos seguintes elementos da relação de emprego: não eventualidade; subordinação jurídica; onerosidade; pessoalidade (art. 39, § 4.º, do Decreto 10.854/2021). Trata-se dos requisitos extraídos dos arts. 2.º e 3.º da CLT, cabendo lembrar que o empregado é pessoa física.

A mera identificação do trabalhador na cadeia produtiva da contratante ou o uso de ferramentas de trabalho ou de métodos organizacionais e operacionais estabelecidos pela contratante não implica a existência de vínculo empregatício (art. 39, § 5.º, do Decreto 10.854/2021).

A caracterização da subordinação jurídica deve ser demonstrada no caso concreto e incorporará a submissão direta, habitual e reiterada do trabalhador aos poderes diretivo, regulamentar e disciplinar da empresa contratante, entre outros (art. 39, § 6.º, do Decreto 10.854/2021).

Para a configuração do vínculo de emprego com o contratante (tomador) é exigida, assim, a presença de subordinação jurídica em relação a este, a qual decorre do contrato de trabalho, envolve ao modo de prestação do serviço pelo empregado e corresponde ao exercício do poder de direção pelo empregador, não sendo suficiente a mera subordinação estrutural[3].

3. "Assim, não havendo alusão no acórdão regional acerca da efetiva existência de pessoalidade e subordinação jurídica direta com a tomadora de serviços, não há como se reconhecer o vínculo direto com a empresa

A empresa contratante é subsidiariamente responsável pelas obrigações trabalhistas referentes ao período em que ocorrer a prestação de serviços, e o recolhimento das contribuições previdenciárias deve observar o disposto no art. 31 da Lei 8.212/1991, sobre retenção pelo contratante (art. 39, § 7.º, do Decreto 10.854/2021). Cf. Capítulo 8, item 8.5.

A empresa contratante é responsável pelas infrações relacionadas às condições de segurança, higiene e salubridade dos trabalhadores quando o trabalho for realizado nas suas dependências ou em local previamente convencionado em contrato, observado o disposto no art. 5.º-A, § 3.º, da Lei 6.019/1974 (art. 39, § 8.º, do Decreto 10.854/2021). Esse dispositivo legal dispõe que é responsabilidade da contratante garantir as condições de segurança, higiene e salubridade dos trabalhadores, quando o trabalho for realizado em suas dependências ou local previamente convencionado em contrato.

São requisitos para o funcionamento da empresa de prestação de serviços a terceiros:

I – prova de inscrição no Cadastro Nacional da Pessoa Jurídica (CNPJ);

II – registro na Junta Comercial;

III – capital social compatível com o número de empregados, observando-se os seguintes parâmetros:

a) empresas com até 10 empregados – capital mínimo de R$ 10.000,00;

b) empresas com mais de 10 e até 20 empregados – capital mínimo de R$ 25.000,00;

c) empresas com mais de 20 e até 50 empregados – capital mínimo de R$ 45.000,00;

d) empresas com mais de 50 e até 100 empregados – capital mínimo de R$ 100.000,00;

---

tomadora de serviços. Quanto a esse último aspecto, não se leva em conta a mera subordinação estrutural ou indireta, que, aliás, é inerente à terceirização da atividade fim – tal implicaria esvaziar de sentido os já mencionados precedentes do STF –, sendo necessário estar comprovada nos autos a subordinação hierárquica direta, presencial ou por via telemática, do trabalhador aos prepostos da tomadora" (TST, 6.ª T., RR-551-58.2012.5.04.0022, Rel. Min. Augusto César Leite de Carvalho, *DEJT* 03.12.2021). "4. Na linha dos precedentes firmados pelo Supremo Tribunal Federal, remanesce a possibilidade de reconhecimento de vínculo com a empresa contratante somente nas hipóteses em que há explícita referência, no acórdão prolatado pelo Tribunal Regional, acerca da configuração da pessoalidade e da subordinação hierárquica direta - presencial ou por via telemática - do obreiro aos prepostos da tomadora dos serviços, sendo insuficiente a constatação da mera subordinação estrutural ou indireta, inerente à própria terceirização" (TST, 6.ª T., RR-11548-30.2013.5.18.0005, Rel. Min. Lelio Bentes Corrêa, *DEJT* 26.11.2021). "Ora, todo empregado terceirizado se submete, de alguma forma, à dinâmica empresarial do tomador, porque é este o beneficiário final dos serviços prestados pelo trabalhador. Sendo assim, pode ele perfeitamente supervisionar e determinar a forma de execução das atividades. Tal situação, contudo, não configura subordinação jurídica. Quando muito, poderia caracterizar a denominada subordinação estrutural, que com aquela não se confunde" (TST, 4.ª T., RR-21078-11.2015.5.04.0221, Rel. Min. Guilherme Augusto Caputo Bastos, *DEJT* 08.10.2021). "Efetivamente, conforme já expresso acima, o Plenário da Suprema Corte concluiu que é lícita a terceirização de toda e qualquer atividade, seja ela meio ou fim, não se configurando relação de emprego entre a contratante e o empregado da contratada tão somente com fundamento na denominada 'subordinação estrutural'" (TST, 7.ª T., AIRR-253-75.2016.5.13.0022, Rel. Min. Renato de Lacerda Paiva, *DEJT* 01.10.2021). "2. Nada obstante o posicionamento até então abraçado por esta Corte Superior, o Supremo Tribunal Federal, no julgamento da ADPF 324 e do RE 958.252, de repercussão geral, firmou entendimento no sentido de que 'é lícita a terceirização ou qualquer outra forma de divisão do trabalho entre pessoas jurídicas distintas, independentemente do objeto social das empresas envolvidas, mantida a responsabilidade subsidiária da empresa contratante'. 3. No caso, não há no acórdão regional qualquer registro concernente à existência de pessoalidade e/ou subordinação direta ao tomador dos serviços, sendo certo que a mera subordinação estrutural não é suficiente a atrair o vínculo empregatício entre o trabalhador e a empresa tomadora, não havendo como reputar ilícita a terceirização empreendida" (TST, 1.ª T., RR-714-33.2014.5.12.0026, Rel. Min. Hugo Carlos Scheuermann, *DEJT* 04.08.2021).

e) empresas com mais de 100 empregados – capital mínimo de R$ 250.000,00 (art. 4.º-B da Lei 6.019/1974, acrescentada pela Lei 13.429/2017).

Não pode figurar como contratada (prestadora), nos termos do art. 4.º-A da Lei 6.019/1974, a pessoa jurídica cujos titulares ou sócios tenham, nos últimos 18 meses, prestado serviços à contratante na qualidade de empregado ou trabalhador sem vínculo empregatício, exceto se os referidos titulares ou sócios forem aposentados (art. 5.º-C da Lei 6.019/1974, incluído pela Lei 13.467/2017).

Procura-se evitar a fraude por meio da chamada *pejotização*, ou seja, a contratação de empregados sob a forma de pessoa jurídica. Entretanto, após o referido prazo de 18 meses, é justamente isso o que pode acabar acontecendo, gerando fraude ao vínculo de emprego, o que é vedado pelo art. 9.º da CLT.

O art. 5.º-D da Lei 6.019/1974, acrescentado pela Lei 13.467/2017, por sua vez, dispõe que o empregado que for demitido não poderá prestar serviços para esta mesma empresa na qualidade de empregado de empresa prestadora de serviços antes do decurso de prazo de dezoito meses, contados a partir da demissão do empregado.

Trata-se, na realidade, da despedida do empregado por certa empresa, não se admitindo que ele passe a prestar serviço para esta, no referido período, mas como empregado de empresa prestadora, ou seja, como terceirizado. Após o referido prazo, entretanto, essa substituição de empregados diretos por terceirizados pode acabar acontecendo na empresa, que deixa de ser empregadora e passa a ser apenas tomadora (contratante).

Na terceirização lícita, a fiscalização, o controle e a organização das atividades do empregado (do serviço terceirizado) não devem ser feitas pelo tomador, mas sim pelo empregador, que é a empresa prestadora. Na hipótese em análise, a relação jurídica do tomador é com a referida empresa, e não com os empregados desta.

Da mesma forma, quem deve exercer o poder disciplinar, perante o trabalhador terceirizado, é o seu empregador. Na terceirização, o empregado não deve ser subordinado de forma direta ao tomador dos serviços, mas sim à empresa prestadora, uma vez que esta exerce o poder de direção.

Cabe frisar ser aplicável ao Direito do Trabalho o *princípio da primazia da realidade*, no sentido de que importa a efetiva verdade dos fatos, e não a simples forma ou denominação atribuída ao negócio jurídico. Portanto, se o trabalhador for contratado por empresa interposta, forma-se o vínculo de emprego diretamente com o tomador dos serviços, salvo sem se tratando de trabalho temporário, observados os requisitos da Lei 6.019/1974.

Ou seja, se, na realidade dos fatos, o empregado tiver vínculo de emprego com o ente tomador, presentes a subordinação direta e a pessoalidade entre eles, este é o verdadeiro empregador, e não a empresa que somente intermediou a mão de obra, ainda que ela figure, formalmente, como contratante do trabalhador. Essa intermediação configura fraude aos preceitos jurídico-trabalhistas, de natureza cogente, não produzindo efeitos em razão da nulidade incidente (art. 9.º da CLT).

Se, com o fim de terceirizar certa atividade, for contratada empresa prestadora, mas o tomador exercer o poder diretivo diretamente perante o trabalhador, este, na realidade, passa a ter sua relação jurídica de emprego com o próprio tomador. Trata-se da consequência de a terceirização ser considerada ilícita.

Além disso, a empresa que intermediou a mão de obra também responde de forma solidária pelos créditos trabalhistas, com fundamento no art. 942 do Código Civil de 2002, c/c o art. 8.º, § 1.º, da CLT, justamente por ter participado da lesão do direito decorrente da terceirização fraudulenta.

Portanto, caso haja subordinação direta dos empregados terceirizados com a empresa contratante, a terceirização deve ser considerada ilícita, gerando o vínculo de emprego diretamente com o tomador (exceto no caso da Administração Pública, em razão da exigência de aprovação prévia em concurso público, nos termos do art. 37, inciso II, da Constituição da República).

A intermediação irregular de mão de obra constitui fraude à aplicação dos direitos trabalhistas, pois visa a retirar a incidência da respectiva legislação, de ordem pública, que tutela as relações de emprego.

Cabe o registro, ainda, da ilegalidade decorrente da intermediação de mão de obra com a utilização irregular do trabalho presidiário.

O *trabalho do preso*, de acordo com a Lei de Execução Penal (art. 28, § 2.º, da Lei 7.210/1984), não está sujeito ao regime da Consolidação das Leis do Trabalho. Desse modo, o entendimento normalmente adotado é no sentido da ausência de vínculo de emprego, deixando de incidir os diversos direitos previstos na legislação trabalhista[4]. A justificativa estaria nos contornos bem diferenciados do referido labor, visto como "dever social", tendo finalidade preponderantemente "educativa" (art. 28, *caput*, da Lei 7.210/1984), com importante papel na ressocialização do presidiário.

Desse modo, não se pode admitir a terceirização ilícita (abusiva) de toda a atividade ou produção da empresa para o presídio, em manifesta fraude às relações de trabalho, inaceitável prejuízo ao nível de emprego, constituindo até mesmo, no âmbito da ordem econômica, grave concorrência desleal perante as demais empresas (que admitem empregados e arcam com os custos dos diversos direitos trabalhistas e previdenciários).

Por isso, deve ser necessariamente observado o limite máximo de utilização da mão de obra carcerária, ou seja, até 10% do número de empregados ativados em cada empresa com quem o presídio ou centro de ressocialização mantenha parceria (convênio), seja no trabalho externo, seja no trabalho interno e nas oficinas de trabalho, nos termos dos arts. 34, § 2.º, e 36 da Lei de Execução Penal (Lei 7.210/1984). O limite de presos expressamente previsto no art. 36, § 1.º (10% do total de empregados na obra), portanto, deve ser aplicado sistematicamente, ou seja, não só para o trabalho externo, mas extensiva e analogicamente também ao trabalho interno, inclusive em oficinas de trabalho[5].

4. De acordo com o art. 28, § 1.º, da Lei de Execução Penal: "Aplicam-se à organização e aos métodos de trabalho as precauções relativas à segurança e à higiene".

5. "Recurso de revista. Ação civil pública. Indenização por dano moral coletivo. Descumprimento de preceito legal. Contratação de detentos acima do limite legal. Preterição de trabalhadores livres. Violação do direito social ao trabalho e ao postulado do pleno emprego. [...] Nos termos do art. 28 da Lei de Execução Penal, o trabalho realizado pelo condenado tem finalidade educativa e produtiva, sendo um dever social e condição de dignidade humana. Por outro lado, o § 2.º do referido dispositivo expressamente exclui do regime da CLT o trabalho realizado pelo preso. O trabalho constitui, ainda, um dever do condenado (art. 39, V, da Lei 7.210/1984). Sem dúvida que o trabalho do preso é benéfico para ele próprio e para a sociedade, como meio de ressocialização e de afirmação de sua dignidade, bem como forma de qualificação profissional e reinserção no mercado de trabalho após o cumprimento da pena. Além disso, o trabalho do condenado constitui medida de remição da pena (art. 126 da LEP), que é diminuída proporcionalmente ao tempo de trabalho prestado. Dessa forma, o trabalho do detento é, a priori, medida de inclusão social. No entanto, o estímulo à contratação de mão de obra carcerária não pode servir de pretexto para violação de direitos sociais constitucionalmente garantidos a todos os cidadãos, qual seja, o direito ao trabalho e ao pleno emprego. Assim, no caso concreto, verifica-se a lesão a uma coletividade de trabalhadores pelo descumprimento do artigo 36, § 1.º, da Lei

Nos contratos administrativos, o edital de licitação pode, na forma disposta em regulamento, exigir que percentual mínimo da mão de obra responsável pela execução do objeto da contratação seja constituído por: I – mulheres vítimas de violência doméstica; II – oriundos ou egressos do sistema prisional (art. 25, § 9.º, da Lei 14.133/2021). O Decreto 9.450/2018 institui a Política Nacional de Trabalho no âmbito do Sistema Prisional (Pnat) para permitir a inserção das pessoas privadas de liberdade e egressas do sistema prisional no mundo do trabalho e na geração de renda.

8.4 TERCEIRIZAÇÃO NA ADMINISTRAÇÃO PÚBLICA

No caso de terceirização no âmbito da Administração Pública, observa-se a presença de contrato administrativo, firmado com a empresa prestadora de serviço especializado, devendo ser precedido, em regra, de licitação.

A respeito do tema, tem-se admitido a terceirização também no âmbito da Administração Pública[6], desde que envolva certos serviços e estejam ausentes a pessoalidade e a subordinação direta com o ente público.

A Lei 13.429/2017 não restringe a sua incidência à esfera privada, podendo dar margem ao entendimento de que certas previsões sobre terceirização poderiam ser aplicadas, em tese, também à Administração Pública, desde que sejam observadas as disposições

---

7.210/1984 (Lei de Execução Penal), que impõe o limite de 10% para a contratação de trabalho de presos. De fato, na interpretação gramatical do referido dispositivo se constata que a limitação se aplica ao trabalho externo realizado pelo preso. No entanto, cabe ao magistrado, no plano da hermenêutica, buscar uma interpretação que seja mais condizente com os princípios gerais do direito e à própria Constituição Federal. Isso porque, o ordenamento jurídico deve ser interpretado em seu todo, de maneira sistemática e lógica, a fim de buscar a sua completude e sincronia, evitando, assim, interpretações isoladas, com conclusões que levem ao absurdo. Dessa forma, a partir de uma interpretação da ordem constitucional, que tem como fundamento os valores sociais do trabalho e da livre iniciativa (art. 1.º, IV, da CF), bem como o direito social ao trabalho (art. 6.º da CF), o postulado da valorização do trabalho humano (art. 170, *caput*, da CF) e o princípio do pleno emprego (art. 170, VIII, da CF), verifica-se que a conduta da ré, em prestigiar a contratação de mão de obra de detentos em percentual superior ao permitido pela lei, sem reconhecimento de direitos trabalhistas assegurados pela CLT (conforme expressa determinação legal), em detrimento de outros trabalhadores livres, que buscam a efetivação do direito social ao trabalho e do pleno emprego, viola a ordem jurídica e causa dano moral coletivo. A Lei de Execução Penal, apesar de facultar a contratação de detentos, impõe limite máximo, de forma que agride a lei contratar além desse limite, pois a fraude reside na contratação sem vínculo para economizar custos de contratação com vínculo. Além disso, em se tratando de serviços prestados diretamente dentro do presídio, vários custos operacionais da empresa são reduzidos (ex.: energia elétrica, consumo de água, aluguel do espaço físico, transporte e alimentação dos prestadores de serviços, etc.). Por certo que não se pode desprestigiar a conduta da ré, que, ultrapassando preconceitos sociais e buscando a efetivação de direitos outros relacionados à comunidade carcerária, tem proporcionado dignidade a estes, implementando trabalho diretamente nos presídios. Por outro lado, essa faculdade por ela exercida deve observar um limite legalmente imposto, a fim de preservar a possibilidade de contratação de trabalhadores livres, que tenham direitos trabalhistas assegurados, realizando assim sua função social e a efetivação de direitos sociais constitucionalmente previstos. [...]" (TST, 3.ª T., RR - 41600-72.2009.5.15.0024, Rel. Min. Alexandre de Souza Agra Belmonte, *DEJT* 13.04.2018).

6. Cf. Decreto-lei 200, de 25.02.1967, art. 10, § 7.º: "Para melhor desincumbir-se das tarefas de planejamento, coordenação, supervisão e controle e com o objetivo de impedir o crescimento desmesurado da máquina administrativa, a Administração procurará desobrigar-se da realização material de tarefas executivas, recorrendo, sempre que possível, à execução indireta, mediante contrato, desde que exista, na área, iniciativa privada suficientemente desenvolvida e capacitada a desempenhar os encargos de execução". A aplicação desse critério está condicionada, em qualquer caso, aos ditames do interesse público e às conveniências da segurança nacional (art. 10, § 8.º, do Decreto-lei 200/1967). Cf. ainda CARELLI, Rodrigo de Lacerda. *Formas atípicas de trabalho*. São Paulo: LTr, 2004. p. 48.

específicas a respeito, como a exigência de licitação na contratação de serviços (art. 37, inciso XXI, da Constituição Federal de 1988).

A terceirização não pode acarretar o descumprimento da exigência constitucional de aprovação prévia em concurso público para a investidura em cargo ou emprego público (art. 37, inciso II, da Constituição da República).

De forma específica, o Decreto 9.507/2018 dispõe sobre a *execução indireta*, mediante contratação, de serviços da administração pública federal direta, autárquica e fundacional e das empresas públicas e das sociedades de economia mista controladas pela União (art. 1.º).

Ato do Ministro de Estado do Planejamento, Desenvolvimento e Gestão deve estabelecer os serviços que serão *preferencialmente* objeto de execução indireta mediante contratação (art. 2.º do Decreto 9.507/2018).

Não serão objeto de execução indireta na administração pública federal direta, autárquica e fundacional, os serviços: I – que envolvam a tomada de decisão ou posicionamento institucional nas áreas de planejamento, coordenação, supervisão e controle; II – que sejam considerados estratégicos para o órgão ou a entidade, cuja terceirização possa colocar em risco o controle de processos e de conhecimentos e tecnologias; III – que estejam relacionados ao poder de polícia, de regulação, de outorga de serviços públicos e de aplicação de sanção; IV – que sejam inerentes às categorias funcionais abrangidas pelo plano de cargos do órgão ou da entidade, exceto disposição legal em contrário ou quando se tratar de cargo extinto, total ou parcialmente, no âmbito do quadro geral de pessoal (art. 3.º do Decreto 9.507/2018).

Os *serviços auxiliares, instrumentais ou acessórios* de que tratam os incisos acima podem ser executados de forma indireta, sendo vedada a transferência de responsabilidade para a realização de atos administrativos ou a tomada de decisão para o contratado.

Os serviços auxiliares, instrumentais ou acessórios de fiscalização e consentimento relacionados ao exercício do *poder de polícia* não serão objeto de execução indireta.

Nas empresas públicas e nas sociedades de economia mista controladas pela União, *não serão objeto de execução indireta* os serviços que demandem a utilização, pela contratada, de profissionais com atribuições inerentes às dos cargos integrantes de seus Planos de Cargos e Salários, exceto se contrariar os princípios administrativos da eficiência, da economicidade e da razoabilidade, tais como na ocorrência de, ao menos, uma das seguintes hipóteses: I – caráter temporário do serviço; II – incremento temporário do volume de serviços; III – atualização de tecnologia ou especialização de serviço, quando for mais atual e segura, que reduzem o custo ou for menos prejudicial ao meio ambiente; ou IV – impossibilidade de competir no mercado concorrencial em que se insere (art. 4.º do Decreto 9.507/2018). Trata-se de exceção que, por fazer menção a preceitos genéricos, pode dar margem a questionamentos.

As situações de exceção a que se referem os incisos I e II podem estar relacionadas às especificidades da localidade ou à necessidade de maior abrangência territorial.

Os empregados da contratada com atribuições semelhantes ou não com as atribuições da contratante devem atuar somente no desenvolvimento dos serviços contratados.

Não se aplica a vedação do art. 4.º do Decreto 9.507/2018 quando se tratar de cargo extinto ou em processo de extinção.

O Conselho de Administração ou órgão equivalente das empresas públicas e das sociedades de economia mista controladas pela União deve estabelecer o conjunto de atividades que são passíveis de *execução indireta, mediante contratação de serviços*.

Embora o Decreto 9.507/2018 estabeleça certa disciplina delimitadora quanto à execução indireta de serviços da administração pública federal, observa-se nítida *ampliação* quanto à admissão da terceirização nesse âmbito, notadamente quando se compara com as previsões do Decreto 2.271/1997, o qual foi revogado (art. 17 do Decreto 9.507/2018). A interpretação conforme a Constituição da República, assim, impõe que se observe a exigência de aprovação prévia em concurso público para a investidura em cargo ou emprego público (art. 37, inciso II).

É *vedada a contratação*, por órgão ou entidade da administração pública federal direta, autárquica e fundacional e das empresas públicas e das sociedades de economia mista controladas pela União (art. 1.º do Decreto 9.507/2018), de pessoa jurídica na qual haja administrador ou sócio com poder de direção que tenham *relação de parentesco* com: detentor de cargo em comissão ou função de confiança que atue na área responsável pela demanda ou pela contratação; ou autoridade hierarquicamente superior no âmbito de cada órgão ou entidade (art. 5.º do Decreto 9.507/2018). Trata-se de proibição que tem como fundamento os *princípios da impessoalidade e da moralidade* na administração pública (art. 37, *caput*, da Constituição da República).

Para a *execução indireta de serviços*, no âmbito dos órgãos e das entidades da administração pública federal direta, autárquica e fundacional e das empresas públicas e das sociedades de economia mista controladas pela União, *as contratações devem ser precedidas de planejamento* e o objeto será definido de forma precisa no instrumento convocatório, no projeto básico ou no termo de referência e no contrato como exclusivamente de *prestação de serviços* (art. 6.º do Decreto 9.507/2018).

Os referidos instrumentos convocatórios e os contratos podem prever padrões de aceitabilidade e nível de desempenho para aferição da qualidade esperada na prestação dos serviços, com previsão de adequação de pagamento em decorrência do resultado.

Merece destaque a previsão do art. 7.º do Decreto 9.507/2018, no sentido de ser *vedada* a inclusão de disposições nos instrumentos convocatórios que permitam: a indexação de preços por índices gerais, nas hipóteses de alocação de mão de obra; *a caracterização do objeto como fornecimento de mão de obra*; a previsão de reembolso de salários pela contratante; *a pessoalidade e a subordinação direta dos empregados da contratada aos gestores da contratante.*

Os arts. 8.º e 9.º do Decreto 9.507/2018 dispõem sobre *disposições contratuais obrigatórias*, os arts. 10 e 11 tratam da *gestão e fiscalização da execução dos contratos*, e os arts. 12 e 13 versam sobre *repactuação e reajuste.*

As empresas públicas e as sociedades de economia mista controladas pela União devem adotar os mesmos parâmetros das sociedades privadas naquilo que não contrariar seu regime jurídico e o disposto no Decreto 9.507/2018 (art. 14).

Nesse sentido, cabe à lei estabelecer o estatuto jurídico da empresa pública, da sociedade de economia mista e de suas subsidiárias que explorem atividade econômica de produção ou comercialização de bens ou de prestação de serviços, dispondo sobre a *sujeição ao regime jurídico próprio das empresas privadas*, inclusive quanto aos direitos e obrigações civis, comerciais, trabalhistas e tributários (art. 173, § 1.º, inciso II, da Constituição da República)[7].

---

7. A Lei 13.303/2016 dispõe sobre o estatuto jurídico da empresa pública, da sociedade de economia mista e de suas subsidiárias, abrangendo toda e qualquer empresa pública e sociedade de economia mista da União, dos Estados, do Distrito Federal e dos Municípios que explore atividade econômica de produção

Nos casos em que o contratante (tomador) é ente público, mesmo sendo a terceirização ilícita, envolvendo contratação irregular de trabalhador, mediante empresa interposta, não há possibilidade de reconhecimento do vínculo de emprego com os órgãos da Administração Pública direta, indireta ou fundacional, em razão da ausência do requisito constitucional de aprovação prévia em concurso público (art. 37, inciso II, e § 2.º, da Constituição da República)[8]. Nesse sentido, consoante a Súmula 331, inciso II, do TST:

> "II – A contratação irregular de trabalhador, mediante empresa interposta, não gera vínculo de emprego com os órgãos da Administração Pública direta, indireta ou fundacional (art. 37, II, da CF/1988)".

Ainda assim, em se tratando de terceirização ilícita em que a Administração Pública figure como tomadora (contratante), segundo a Orientação Jurisprudencial 383 da SBDI-I do TST:

> "Terceirização. Empregados da empresa prestadora de serviços e da tomadora. Isonomia. Art. 12, 'a', da Lei nº 6.019, DE 03.01.1974. A contratação irregular de trabalhador, mediante empresa interposta, não gera vínculo de emprego com ente da Administração Pública, não afastando, contudo, pelo princípio da isonomia, o direito dos empregados terceirizados às mesmas verbas trabalhistas legais e normativas asseguradas àqueles contratados pelo tomador dos serviços, desde que presente a igualdade de funções. Aplicação analógica do art. 12, 'a', da Lei nº 6.019, de 03.01.1974".

Nessa linha de entendimento, se a contratante (tomadora) tiver empregados próprios (contratados diretamente) e empregados terceirizados (contratados pela empresa prestadora) exercendo as mesmas funções, em idênticas condições, tendo em vista a incidência do princípio da igualdade (art. 5.º, *caput*, da Constituição da República), deve-se aplicar o mesmo patamar remuneratório e de outros direitos trabalhistas a ambos os tipos de empregados, para que não haja tratamento discriminatório entre trabalhadores (art. 3.º, inciso IV, art. 5.º, inciso XLI, e art. 7.º, incisos XXX, XXXI e XXXII, da Constituição Federal de 1988).

Entretanto, na atualidade, o Supremo Tribunal Federal, ao julgar recurso extraordinário com repercussão geral, firmou entendimento em sentido diverso, afastando o direito à equiparação de remuneração e de direitos entre empregados de empresa pública tomadora de serviços e empregados da empresa contratada ou terceirizada (STF, Pleno, RE 635.546/MG, Red. p/ ac. Min. Roberto Barroso, j. 29.03.2021).

Nesse sentido, o Supremo Tribunal Federal fixou a seguinte tese de repercussão geral: "A equiparação de remuneração entre empregados da empresa tomadora de serviços e empregados da empresa contratada (terceirizada) fere o princípio da livre iniciativa, por se tratar de agentes econômicos distintos, que não podem estar sujeitos a decisões

---

ou comercialização de bens ou de prestação de serviços, ainda que a atividade econômica esteja sujeita ao regime de monopólio da União ou seja de prestação de serviços públicos.

8. Cf. ainda a Súmula 363 do TST: "A contratação de servidor público, após a CF/1988, sem prévia aprovação em concurso público, encontra óbice no respectivo art. 37, II, e § 2.º, somente lhe conferindo direito ao pagamento da contraprestação pactuada, em relação ao número de horas trabalhadas, respeitado o valor da hora do salário mínimo, e dos valores referentes aos depósitos do FGTS".

empresariais que não são suas" (STF, Pleno, RE 635.546/MG, Red. p/ ac. Min. Roberto Barroso, *DJe* 19.05.2021)[9].

Ademais, conforme a Orientação Jurisprudencial 321 da SBDI-I do TST, *em relação a período anterior à vigência da Constituição Federal de 1988*, na contratação ilegal de trabalhadores, por empresa interposta, salvo serviços de vigilância e trabalho temporário nos termos da lei, forma-se o vínculo empregatício diretamente com o tomador dos serviços, mesmo sendo a Administração Pública[10].

No regime da Constituição Federal de 1967, com a redação dada pela Emenda Constitucional 1/1969, a *primeira* investidura em *cargo público* é que dependia da aprovação em concurso público, não havendo, na época, essa mesma exigência quanto ao emprego público, regido pela Consolidação das Leis do Trabalho.

Em razão disso, quanto ao período anterior a 5 de outubro de 1988, caso a Administração Pública figure como tomadora de serviços, tratando-se de terceirização irregular ou contratação de trabalhador por empresa interposta (intermediação ilícita de mão de obra), forma-se o vínculo empregatício diretamente com aquela. Para o empregado público em específico, a prévia aprovação em concurso público é requisito exigido somente a partir da vigência da Constituição Federal de 1988 (art. 37, inciso II, e § 2.º). Portanto, a contratação, antes de 5.10.1988, sem esse requisito, não implica nulidade, e o vínculo de emprego prossegue normalmente.

Aliás, se presentes os requisitos do art. 19 do Ato das Disposições Constitucionais Transitórias, o servidor será até mesmo considerado estável no serviço público.

8.5 RESPONSABILIDADE DO TOMADOR

Na terceirização, *contratante* é a pessoa física ou jurídica que celebra contrato com empresa de prestação de serviços relacionados a *quaisquer de suas atividades, inclusive sua atividade principal* (art. 5.º-A da Lei 6.019/1974, com redação dada pela Lei 13.467/2017).

Assim, reitera-se a previsão de que a contratante (tomadora) pode terceirizar quaisquer de suas atividades, *inclusive a sua atividade principal*, perdendo relevância a distinção entre atividades-fim e atividades-meio.

O *contrato de prestação de serviços* deve conter: qualificação das partes; especificação do serviço a ser prestado; prazo para realização do serviço, quando for o caso; valor (art. 5.º-B da Lei 6.019/1974, acrescentado pela Lei 13.429/2017).

---

9. "Direito constitucional e do Trabalho. Terceirização de atividade-fim. Equiparação remuneratória. Descabimento. 1. Recurso extraordinário em que se debate se o empregado de empresa contratada teria direito à equiparação remuneratória com o empregado da empresa tomadora do serviço, quando ambos atuarem na mesma atividade-fim. 2. Conforme decisão proferida pelo Supremo Tribunal Federal nos autos da ADPF 324, Rel. Min. Luís Roberto Barroso, a terceirização das atividades-meio ou das atividades-fim de uma empresa tem amparo nos princípios constitucionais da livre iniciativa e da livre concorrência, que asseguram aos agentes econômicos a liberdade de decidir como estruturarão seu negócio (art. 170, *caput* e inc. IV, CF). 3. Do mesmo modo, a decisão sobre quanto pagar ao empregado é tomada por cada empresa, de acordo com suas capacidades econômicas, e protegida pelos mesmos princípios constitucionais. Portanto, não se pode sujeitar a contratada à decisão da tomadora e vice-versa. 4. Além disso, a exigência de equiparação, por via transversa, inviabiliza a terceirização para fins de redução de custos, esvaziando o instituto. 5. Recurso provido [...]" (STF, Pleno, RE 635.546/MG, Red. p/ ac. Min. Roberto Barroso, *DJe* 19.05.2021).

10. Orientação Jurisprudencial 321 da SBDI-I do TST: "Vínculo empregatício com a Administração Pública. Período anterior à CF/1988. Salvo os casos de trabalho temporário e de serviço de vigilância, previstos nas Leis ns. 6.019, de 3 de janeiro de 1974, e 7.102, de 20 de junho de 1983, é ilegal a contratação de trabalhadores por empresa interposta, formando-se o vínculo empregatício diretamente com o tomador dos serviços, inclusive ente público, em relação ao período anterior à vigência da CF/1988".

A empresa contratante (tomadora), diversamente da empresa prestadora de serviços, pode ser pessoa física ou jurídica.

Observa-se, portanto, a previsão de que a terceirização da execução de atividades da contratante (tomadora) deve dizer respeito a serviços especificados.

Como a empresa contratada presta serviços especificados, estes normalmente envolvem serviços especializados, ainda que a atividade cuja execução seja transferida possa dizer respeito à atividade principal da contratante (art. 4.º-A da Lei 6.019/1974).

É vedada à contratante (tomadora) a utilização dos trabalhadores em atividades distintas daquelas que foram objeto do contrato com a empresa prestadora de serviços (art. 5.º-A, § 1.º, da Lei 6.019/1974).

Além disso, os serviços contratados podem ser executados nas instalações físicas da empresa contratante (como normalmente ocorre) ou em outro local, de comum acordo entre as partes (art. 5.º-A, § 2.º, da Lei 6.019/1974). Torna-se possível, assim, o empregado terceirizado prestar serviço a distância, inclusive sob a forma de teletrabalho (art. 6.º da CLT, com redação dada pela Lei 12.551/2011).

É responsabilidade da contratante (tomadora) garantir as condições de segurança, higiene e salubridade dos trabalhadores, quando o trabalho for realizado em suas dependências ou local previamente convencionado em contrato (art. 5.º-A, § 3.º, da Lei 6.019/1974).

Logo, se o empregado terceirizado prestar serviço no estabelecimento da empresa tomadora ou em outro local pactuado entre as partes, esta responde pela higidez do meio ambiente de trabalho, inclusive em casos de acidentes de trabalho e doenças ocupacionais. Sendo assim, as indenizações decorrentes desses infortúnios são de responsabilidade solidária tanto da empresa prestadora de serviço, por ser empregadora, como da empresa contratante, por ter o dever de cuidar do meio ambiente de trabalho (arts. 932, inciso III, 933 e 942, parágrafo único, do Código Civil).

A contratante *pode* estender ao trabalhador da empresa de prestação de serviços o mesmo atendimento médico, ambulatorial e de refeição destinado aos seus empregados, existente nas dependências da contratante, ou local por ela designado (art. 5.º-A, § 4.º, da Lei 6.019/1974).

A previsão tem caráter meramente facultativo, diversamente da determinação cogente relativa ao trabalho temporário (art. 9.º, § 2.º, da Lei 6.019/1974, acrescentado pela Lei 13.429/2017).

Entretanto, de acordo com o art. 4.º-C da Lei 6.019/1974, incluído pela Lei 13.467/2017, são asseguradas aos empregados da empresa prestadora de serviços a que se refere o art. 4.º-A da Lei 6.019/1974, *quando e enquanto os serviços*, que podem ser de qualquer uma das atividades da contratante, *forem executados nas dependências da tomadora*, as mesmas condições:

> I – relativas a: a) alimentação garantida aos empregados da contratante, quando oferecida em refeitórios; b) direito de utilizar os serviços de transporte; c) atendimento médico ou ambulatorial existente nas dependências da contratante ou local por ela designado; d) treinamento adequado, fornecido pela contratada, quando a atividade o exigir.
>
> II – sanitárias, de medidas de proteção à saúde e de segurança no trabalho e de instalações adequadas à prestação do serviço.

Contratante e contratada *podem* estabelecer, se assim entenderem, que os empregados da contratada farão jus a salário equivalente ao pago aos empregados da contratante, além de outros direitos não previstos no art. 4.º-C da Lei 6.019/1974. Trata-se de mera faculdade no caso de terceirização, diversamente da previsão imperativa quanto ao trabalhador temporário (art. 12, *a*, da Lei 6.019/1974).

Nos contratos que impliquem mobilização de empregados da contratada (prestadora) em número igual ou superior a 20% dos empregados da contratante (tomadora), esta pode disponibilizar aos empregados da contratada os serviços de alimentação e atendimento ambulatorial em outros locais apropriados e com igual padrão de atendimento, com vistas a manter o pleno funcionamento dos serviços existentes (art. 4.º-C, § 2.º, da Lei 6.019/1974).

A empresa contratante (tomadora) é *subsidiariamente* responsável pelas obrigações trabalhistas referentes ao período em que ocorrer a prestação de serviços, e o recolhimento das contribuições previdenciárias deve observar o disposto no art. 31 da Lei 8.212/1991 (art. 5.º-A, § 5.º, da Lei 6.019/1974).

Trata-se do entendimento que já prevalecia nas hipóteses de terceirização lícita, como se observava na Súmula 331, inciso IV, do TST.

Ou seja, quem terceiriza certas atividades tem os deveres de escolher empresa prestadora de serviços idônea e de acompanhar o correto cumprimento dos preceitos trabalhistas.

Havendo o descumprimento dos direitos do empregado, o responsável principal é o empregador, no caso, a empresa prestadora de serviços. Caso esta não tenha condições patrimoniais de satisfazer esses direitos trabalhistas, o tomador passa a responder de forma subsidiária, em razão até mesmo do risco que assume por ter decidido no sentido da terceirização de suas atividades, deixando de contratar empregados para exercê-las diretamente.

Frise-se que a "responsabilização subsidiária da tomadora dos serviços pressupõe a sua participação no processo judicial, bem como a sua inclusão no título executivo judicial" (STF, Pleno, ADPF 324/DF, Rel. Min. Roberto Barroso, *DJe* 06.09.2019).

Como a responsabilidade é subsidiária, mas não solidária, há necessidade de cobrança, primeiramente, da empresa prestadora de serviço, por ser esta a empregadora. Se esta não tiver bens suficientes é que a empresa contratante (tomadora) passa a responder pelos direitos do empregado terceirizado, o que dificulta a celeridade e a efetividade na satisfação do crédito trabalhista.

Qualquer disposição contratual entre o tomador e a empresa prestadora, excluindo a responsabilidade subsidiária daquele, não tem eficácia perante o trabalhador, eis que a responsabilização decorre de norma de ordem pública, cogente, e, portanto, irrevogável pela vontade das partes.

Entende-se que a mencionada responsabilidade subsidiária do tomador abrange a integralidade das verbas trabalhistas devidas ao empregado, relativas ao período em que ocorreu a prestação do serviço. Nesse sentido já previa a Súmula 331, inciso VI, do TST. Entretanto, por critério de lógica e justiça, se a empresa não figurava como tomadora em certo período, pode-se dizer que não há como responder subsidiariamente por verbas trabalhistas relativas à época que não estava em seu âmbito, acesso ou controle.

Como o contrato de transporte não se confunde com o contrato de prestação de serviços, segundo a jurisprudência do Tribunal Superior do Trabalho, a contratação de transporte de cargas (mercadorias) ou pessoas tem natureza civil ou comercial, não configurando terceirização de serviços, o que afasta a aplicação da responsabilidade subsidiária do contratante. Cf. TST, SBDI-I, E-RR-10985-37.2017.5.15.0051, Rel. Min. Breno

Medeiros, *DEJT* 17.02.2023. TST, SBDI-I, E-RR-10984-48.2017.5.15.0117, Rel. Min. Breno Medeiros, *DEJT* 17.02.2023.

Esclareça-se que a responsabilidade subsidiária pelas obrigações trabalhistas referentes ao período em que ocorrer a prestação de serviços não implica qualquer tipo de desconsideração da cadeia produtiva quanto ao vínculo empregatício entre o empregado da empresa prestadora de serviços e a empresa contratante (art. 40 do Decreto 10.854/2021).

É vedada a caracterização de grupo econômico pela mera identidade de sócios, hipótese em que será necessária, para a sua configuração, conforme o disposto no § 3.º do art. 2.º da CLT, a demonstração: I – do interesse integrado; II – da efetiva comunhão de interesses; e III – da atuação conjunta das empresas que o integrem (art. 40, parágrafo único, do Decreto 10.854/2021).

Cabe verificar, ainda, a hipótese em que o contratante (tomador) é ente da Administração Pública.

Conforme a anterior Lei sobre licitações e contratos da Administração Pública, o contratado é responsável pelos encargos trabalhistas, previdenciários, fiscais e comerciais resultantes da execução do contrato (art. 71 da 8.666/1993). A inadimplência do contratado, com referência aos *encargos trabalhistas*, fiscais e comerciais não transfere à Administração Pública a responsabilidade por seu pagamento, nem pode onerar o objeto do contrato ou restringir a regularização e o uso das obras e edificações, inclusive perante o Registro de Imóveis (art. 71, § 1.º, da Lei 8.666/1993, com redação dada pela Lei 9.032/1995).

Nos casos de terceirização de serviços em que a Administração Pública figure como tomadora, o dispositivo legal em questão afasta a responsabilidade desta quanto aos encargos trabalhistas, mesmo nas hipóteses em que a empresa prestadora dos serviços deixa de cumpri-los.

O Supremo Tribunal Federal decidiu ser válida essa previsão legal, conforme a seguinte ementa:

> "Responsabilidade contratual. Subsidiária. Contrato com a administração pública. Inadimplência negocial do outro contraente. Transferência consequente e automática dos seus encargos trabalhistas, fiscais e comerciais, resultantes da execução do contrato, à administração. Impossibilidade jurídica. Consequência proibida pelo art. 71, § 1.º, da Lei federal nº 8.666/93. Constitucionalidade reconhecida dessa norma. Ação direta de constitucionalidade julgada, nesse sentido, procedente. Voto vencido. É constitucional a norma inscrita no art. 71, § 1.º, da Lei federal nº 8.666, de 26 de junho de 1993, com a redação dada pela Lei nº 9.032, de 1995" (STF, Pleno, ADC 16/DF, Rel. Min. Cezar Peluso, *DJe* 09.09.2011).

O Supremo Tribunal Federal confirmou o referido entendimento, no sentido de ser vedada a responsabilização automática da Administração Pública, só cabendo a sua condenação se houver prova inequívoca de sua conduta omissiva ou comissiva na fiscalização dos contratos (STF, Pleno, RE 760.931/DF, Redator p/ ac. Min. Luiz Fux, j. 30.03.2017).

A respeito do tema, o Supremo Tribunal Federal, em 26.04.2017, fixou a seguinte tese de repercussão geral: "O inadimplemento dos encargos trabalhistas dos empregados do contratado não transfere automaticamente ao Poder Público contratante a responsabilidade pelo seu pagamento, seja em caráter solidário ou subsidiário, nos termos do art. 71, § 1.º, da Lei nº 8.666/93" (STF, Pleno, RE 760.931/DF, Red. p/ ac. Min. Luiz Fux, *DJe* 02.05.2017).

No mencionado julgado, sobre terceirização no âmbito da administração pública, nota-se que o Supremo Tribunal Federal indicou a possibilidade de terceirização mais ampla, entendendo-se como superada a distinção entre atividade-fim e atividade-meio[11].

A Lei 13.303/2016, que dispõe sobre o estatuto jurídico da empresa pública, da sociedade de economia mista e de suas subsidiárias, no art. 77, prevê que o contratado

11. "Recurso extraordinário representativo de controvérsia com repercussão geral. Direito Constitucional. Direito do Trabalho. Terceirização no âmbito da administração pública. Súmula 331, IV e V, do TST. Constitucionalidade do art. 71, § 1.º, da Lei nº 8.666/93. Terceirização como mecanismo essencial para a preservação de postos de trabalho e atendimento das demandas dos cidadãos. Histórico científico. Literatura: economia e administração. Inexistência de precarização do trabalho humano. Respeito às escolhas legítimas do legislador. Precedente: ADC 16. Efeitos vinculantes. Recurso parcialmente conhecido e provido. Fixação de tese para aplicação em casos semelhantes. 1. A dicotomia entre 'atividade-fim' e 'atividade-meio' é imprecisa, artificial e ignora a dinâmica da economia moderna, caracterizada pela especialização e divisão de tarefas com vistas à maior eficiência possível, de modo que frequentemente o produto ou serviço final comercializado por uma entidade comercial é fabricado ou prestado por agente distinto, sendo também comum a mutação constante do objeto social das empresas para atender a necessidades da sociedade, como revelam as mais valiosas empresas do mundo. É que a doutrina no campo econômico é uníssona no sentido de que as 'Firmas mudaram o escopo de suas atividades, tipicamente reconcentrando em seus negócios principais e terceirizando muitas das atividades que previamente consideravam como centrais' (ROBERTS, John. *The Modern Firm*: Organizational Design for Performance and Growth. Oxford: Oxford University Press, 2007). 2. A cisão de atividades entre pessoas jurídicas distintas não revela qualquer intuito fraudulento, consubstanciando estratégia, garantida pelos artigos 1.º, IV, e 170 da Constituição brasileira, de configuração das empresas, incorporada à Administração Pública por imperativo de eficiência (art. 37, *caput*, CRFB), para fazer frente às exigências dos consumidores e cidadãos em geral, justamente porque a perda de eficiência representa ameaça à sobrevivência da empresa e ao emprego dos trabalhadores. 3. Histórico científico: Ronald H. Coase, 'The Nature of The Firm', Economica (new series), Vol. 4, Issue 16, p. 386-405, 1937. O objetivo de uma organização empresarial é o de reproduzir a distribuição de fatores sob competição atomística dentro da firma, apenas fazendo sentido a produção de um bem ou serviço internamente em sua estrutura quando os custos disso não ultrapassarem os custos de obtenção perante terceiros no mercado, estes denominados 'custos de transação', método segundo o qual firma e sociedade desfrutam de maior produção e menor desperdício. 4. A Teoria da Administração qualifica a terceirização (*outsourcing*) como modelo organizacional de desintegração vertical, destinado ao alcance de ganhos de performance por meio da transferência para outros do fornecimento de bens e serviços anteriormente providos pela própria firma, a fim de que esta se concentre somente naquelas atividades em que pode gerar o maior valor, adotando a função de 'arquiteto vertical' ou 'organizador da cadeia de valor'. 5. A terceirização apresenta os seguintes benefícios: (i) aprimoramento de tarefas pelo aprendizado especializado; (ii) economias de escala e de escopo; (iii) redução da complexidade organizacional; (iv) redução de problemas de cálculo e atribuição, facilitando a provisão de incentivos mais fortes a empregados; (v) precificação mais precisa de custos e maior transparência; (vi) estímulo à competição de fornecedores externos; (vii) maior facilidade de adaptação a necessidades de modificações estruturais; (viii) eliminação de problemas de possíveis excessos de produção; (ix) maior eficiência pelo fim de subsídios cruzados entre departamentos com desempenhos diferentes; (x) redução dos custos iniciais de entrada no mercado, facilitando o surgimento de novos concorrentes; (xi) superação de eventuais limitações de acesso a tecnologias ou matérias-primas; (xii) menor alavancagem operacional, diminuindo a exposição da companhia a riscos e oscilações de balanço, pela redução de seus custos fixos; (xiii) maior flexibilidade para adaptação ao mercado; (xiii) não comprometimento de recursos que poderiam ser utilizados em setores estratégicos; (xiv) diminuição da possibilidade de falhas de um setor se comunicarem a outros; e (xv) melhor adaptação a diferentes requerimentos de administração, *know-how* e estrutura, para setores e atividades distintas. 6. A Administração Pública, pautada pelo dever de eficiência (art. 37, *caput*, da Constituição), deve empregar as soluções de mercado adequadas à prestação de serviços de excelência à população com os recursos disponíveis, mormente quando demonstrado, pela teoria e pela prática internacional, que a terceirização não importa precarização às condições dos trabalhadores. 7. O art. 71, § 1.º, da Lei nº 8.666/93, ao definir que a inadimplência do contratado, com referência aos encargos trabalhistas, não transfere à Administração Pública a responsabilidade por seu pagamento, representa legítima escolha do legislador, máxime porque a Lei nº 9.032/95 incluiu no dispositivo exceção à regra de não responsabilização com referência a encargos trabalhistas. 8. Constitucionalidade do art. 71, § 1.º, da Lei nº 8.666/93 já reconhecida por esta Corte em caráter *erga omnes* e vinculante: ADC 16, Relator(a): Min. Cezar Peluso, Tribunal Pleno, julgado em 24/11/2010. [...]" (STF, Pleno, RE 760.931/DF, Red. p/ ac. Min. Luiz Fux, *DJe* 12.09.2017).

é responsável pelos encargos trabalhistas, fiscais e comerciais resultantes da execução do contrato.

A inadimplência do contratado quanto aos encargos trabalhistas, fiscais e comerciais não transfere à empresa pública ou à sociedade de economia mista a responsabilidade por seu pagamento, nem pode onerar o objeto do contrato ou restringir a regularização e o uso das obras e edificações, inclusive perante o Registro de Imóveis (art. 77, § 1.º, da Lei 13.303/2016).

Ainda assim, é possível dizer que a exclusão da responsabilidade da Administração Pública aplica-se quando esta cumpre as normas sobre licitações, fiscalizando o contrato administrativo firmado com a empresa prestadora dos serviços.

Nessa linha, pode-se defender que, conforme o caso concreto e as suas peculiaridades, excepcionalmente, é possível a responsabilização do ente público tomador dos serviços terceirizados, quando houver demonstração de que incorreu em dolo ou culpa na fiscalização contratual do cumprimento das obrigações da empresa contratada. Quanto ao tema, em consonância com a Súmula 331, inciso V, do TST:

> "V – Os entes integrantes da Administração Pública direta e indireta respondem subsidiariamente, nas mesmas condições do item IV, caso evidenciada a sua conduta culposa no cumprimento das obrigações da Lei n.º 8.666, de 21.06.1993, especialmente na fiscalização do cumprimento das obrigações contratuais e legais da prestadora de serviço como empregadora. A aludida responsabilidade não decorre de mero inadimplemento das obrigações trabalhistas assumidas pela empresa regularmente contratada".

De acordo com a Lei de Licitações e Contratos Administrativos, somente o contratado é responsável pelos encargos trabalhistas, previdenciários, fiscais e comerciais resultantes da execução do contrato (art. 121 da Lei 14.133/2021).

Considera-se *contratado* a pessoa física ou jurídica, ou consórcio de pessoas jurídicas, signatária de contrato com a Administração Pública (art. 6.º, inciso VIII, da Lei 14.133/2021).

A inadimplência do contratado em relação aos encargos trabalhistas, fiscais e comerciais não transfere à Administração Pública a responsabilidade pelo seu pagamento e não pode onerar o objeto do contrato nem restringir a regularização e o uso das obras e das edificações, inclusive perante o Registro de Imóveis, ressalvada a hipótese prevista no § 2.º do art. 121 da Lei 14.133/2021.

Exclusivamente nas contratações de serviços contínuos com regime de dedicação exclusiva de mão de obra, a Administração Pública responderá solidariamente pelos encargos previdenciários e subsidiariamente pelos encargos trabalhistas se comprovada falha na fiscalização do cumprimento das obrigações do contratado (art. 121, § 2.º, da Lei 14.133/2021).

Portanto, conforme a atual previsão legal sobre licitações e contratos administrativos, a responsabilidade subsidiária da Administração Pública por encargos trabalhistas devidos pelo contratado apenas se aplica nas contratações de serviços contínuos com regime de dedicação exclusiva de mão de obra, incidindo se demonstrada a falha na fiscalização pela Administração Pública do cumprimento das obrigações do contratado (culpa *in vigilando*).

Consideram-se *serviços contínuos com regime de dedicação exclusiva de mão de obra* aqueles cujo modelo de execução contratual exige, entre outros requisitos, que: a) os empregados do contratado fiquem à disposição nas dependências do contratante para a prestação dos serviços; b) o contratado não compartilhe os recursos humanos e materiais disponíveis de uma contratação para execução simultânea de outros contratos; c) o contratado possibilite a fiscalização pelo contratante quanto à distribuição, controle e supervisão dos recursos humanos alocados aos seus contratos (art. 6.º, inciso XVI, da Lei 14.133/2021).

Nas contratações de serviços com regime de dedicação exclusiva de mão de obra, o contratado deve apresentar, quando solicitado pela Administração Pública, sob pena de multa, comprovação do cumprimento das obrigações trabalhistas e com o Fundo de Garantia do Tempo de Serviço (FGTS) em relação aos empregados diretamente envolvidos na execução do contrato, em especial quanto ao: I – registro de ponto; II – recibo de pagamento de salários, adicionais, horas extras, repouso semanal remunerado e décimo terceiro salário; III – comprovante de depósito do FGTS; IV – recibo de concessão e pagamento de férias e do respectivo adicional; V – recibo de quitação de obrigações trabalhistas e previdenciárias dos empregados dispensados até a data da extinção do contrato; VI – recibo de pagamento de vale-transporte e vale-alimentação, na forma prevista em norma coletiva (art. 50 da Lei 14.133/2021).

Nas contratações de serviços contínuos com regime de dedicação exclusiva de mão de obra, para assegurar o cumprimento de obrigações trabalhistas pelo contratado, a Administração Pública, mediante disposição em edital ou em contrato, pode, entre outras medidas: I – exigir caução, fiança bancária ou contratação de seguro-garantia com cobertura para verbas rescisórias inadimplidas; II – condicionar o pagamento à comprovação de quitação das obrigações trabalhistas vencidas relativas ao contrato; III – efetuar o depósito de valores em conta vinculada; IV – em caso de inadimplemento, efetuar diretamente o pagamento das verbas trabalhistas, que devem ser deduzidas do pagamento devido ao contratado; V – estabelecer que os valores destinados a férias, a décimo terceiro salário, a ausências legais e a verbas rescisórias dos empregados do contratado que participarem da execução dos serviços contratados serão pagos pelo contratante ao contratado somente na ocorrência do fato gerador (art. 121, § 3.º, da Lei 14.133/2021).

Os valores depositados na conta vinculada a que se refere o inciso III do § 3.º do art. 121 da 14.133/2021 são absolutamente impenhoráveis (art. 121, § 4.º, da Lei 14.133/2021).

O recolhimento das contribuições previdenciárias deve observar o disposto no art. 31 da Lei 8.212/1991, sobre retenção pelo contratante (art. 121, § 5.º, da Lei 14.133/2021).

Registre-se, ainda, a Orientação Jurisprudencial Transitória 66 da SBDI-I do TST, com a seguinte previsão:

> "SPTrans. Responsabilidade subsidiária. Não configuração. Contrato de concessão de serviço público. Transporte coletivo. A atividade da São Paulo Transportes S/A – SPTrans de gerenciamento e fiscalização dos serviços prestados pelas concessionárias de transporte público, atividade descentralizada da Administração Pública, não se confunde com a terceirização de mão de obra, não se configurando a responsabilidade subsidiária".

8.6 TERCEIRIZAÇÃO EM CONCESSÃO DE SERVIÇO PÚBLICO

A Lei 8.987, de 13 de fevereiro de 1995, dispõe sobre o regime de *concessão e permissão da prestação de serviços públicos*, o qual é previsto no art. 175 da Constituição Federal de 1988, e dá outras providências.

Incumbe à concessionária a execução do serviço concedido, cabendo-lhe responder por todos os prejuízos causados ao poder concedente, aos usuários ou a terceiros, sem que a fiscalização exercida pelo órgão competente exclua ou atenue essa responsabilidade (art. 25 da Lei 8.987/1995).

Sem prejuízo dessa responsabilidade, a concessionária pode contratar com terceiros o desenvolvimento de *atividades inerentes, acessórias ou complementares* ao serviço concedido, bem como a implementação de projetos associados (art. 25, § 1.º, da Lei 8.987/1995).

Os contratos celebrados entre a concessionária e os terceiros a que se refere o parágrafo anterior regem-se pelo Direito privado, não se estabelecendo qualquer relação jurídica entre os terceiros e o poder concedente (art. 25, § 2.º, da Lei 8.987/1995). A execução das atividades contratadas com terceiros pressupõe o cumprimento das normas regulamentares da modalidade do serviço concedido (art. 25, § 3.º, da Lei 8.987/1995).

O Supremo Tribunal Federal declarou a constitucionalidade do art. 25, § 1.º, da Lei 8.987/1995 (STF, Pleno, ADC 26/DF, Rel. Min. Edson Fachin, j. 23.08.2019). O mencionado dispositivo legal autoriza a terceirização de atividades por empresas concessionárias de serviço público. No referido julgado, ressaltou-se a jurisprudência "do STF consolidada nos julgamentos da ADPF 324, Rel. Ministro Roberto Barroso e, sob a sistemática da repercussão geral, do RE 958.252, Rel. Ministro Luiz Fux (tema 725), no sentido de reconhecer a constitucionalidade do instituto da terceirização em qualquer área da atividade econômica, afastando a incidência do enunciado sumular trabalhista" [ou seja, da Súmula 331 do TST] (STF, Pleno, ADC 26/DF, Rel. Min. Edson Fachin, *DJe* 09.09.2019).

A Lei 9.472, de 16 de julho de 1997, dispõe sobre a organização dos *serviços de telecomunicações*, a criação e funcionamento de um órgão regulador e outros aspectos institucionais. Compete à União, por intermédio do órgão regulador e nos termos das políticas estabelecidas pelos Poderes Executivo e Legislativo, organizar a exploração dos serviços de telecomunicações (art. 1°).

No cumprimento de seus deveres, a concessionária pode, observadas as condições e limites estabelecidos pela Agência: empregar, na execução dos serviços, equipamentos e infraestrutura que não lhe pertençam; contratar com terceiros o desenvolvimento de *atividades inerentes, acessórias ou complementares ao serviço*, bem como a implementação de projetos associados. Em qualquer caso, a concessionária continua sempre responsável perante a Agência e os usuários. Serão regidas pelo Direito comum as relações da concessionária com os terceiros, que não têm direitos frente à Agência (art. 94 da Lei 9.472/1997).

Apesar do exposto, a jurisprudência do Tribunal Superior do Trabalho, anteriormente, entendia que, mesmo nesses casos, a terceirização de atividade-fim não seria permitida[12].

12. "Agravo de instrumento. Recurso de revista. Terceirização ilícita. Atividade-fim. Súmula nº 331, I, do TST. 1. Consoante entendimento consolidado pela Subseção I Especializada em Dissídios Individuais do Tribunal Superior do Trabalho, a Lei Geral de Telecomunicações (Lei nº 9.472/97), ao regulamentar matéria estranha ao direito do trabalho, não possibilitou, em seu art. 94, II, a terceirização ampla e irrestrita das atividades desempenhadas pelas concessionárias de serviço de telecomunicações. 2. A terceirização de serviços ligados à atividade-fim do empregador enseja a declaração de ilicitude, conforme entendimento consubstanciado na Súmula nº 331 do TST. 3. Em observância à diretriz perfilhada na Súmula nº 331, I, do TST, impõe-se, como consequência lógica, o reconhecimento do vínculo empregatício entre o trabalhador terceirizado e a empresa tomadora de serviços. 4. Há que se manter, todavia, a responsabilidade subsidiária aplicada, de modo a evitar-se a reforma para pior, ante a ausência de impugnação, mediante recurso de revista, pelo Reclamante. 5. Agravo de instrumento de que se conhece e a que se nega provimento" (TST, 4.ª T., AIRR - 301-24.2011.5.09.0021, Rel. Min. João Oreste Dalazen, *DEJT* 15.08.2014).

Argumentava-se que as referidas leis seriam de Direito Administrativo, voltadas à concessão de serviços públicos, e que a questão da licitude da terceirização, em si, deveria ser solucionada conforme a interpretação dos princípios e regras de Direito do Trabalho.

Na atualidade, admite-se a prestação de serviços a terceiros (terceirização) de *quaisquer das atividades da contratante* (tomadora), inclusive sua *atividade principal* (art. 4.º-A da Lei 6.019/1974, com redação dada pela Lei 13.467/2017). Desse modo, a terceirização passa a ser permitida de forma ampla, não apenas para as atividades-meio, mas também para as atividades-fim da contratante, o que certamente se aplica às concessionárias de serviços públicos e de serviços de telecomunicações, ao contratarem a prestação de serviços de terceiros.

A respeito do tema, o Supremo Tribunal Federal fixou a seguinte tese de repercussão geral: "É nula a decisão de órgão fracionário que se recusa a aplicar o art. 94, II, da Lei 9.472/1997, sem observar a cláusula de reserva de Plenário (CF, art. 97), observado o art. 949 do Código de Processo Civil" (STF, Pleno, ARE 791.932/DF, Rel. atual Min. Alexandre de Moraes, j. 11.10.2018, *DJe* 06.03.2019).

Conforme decidido no referido julgado do STF: "É nula a decisão de órgão fracionário que, ao negar a aplicação do inciso II, do art. 94 da Lei 9.472/1997, com base na Súmula 331/TST, e declarar ilícita a terceirização e atividade-fim, reconhece a existência de vínculo trabalhista entre a contratante e o empregado da contratada, pois exerceu controle difuso de constitucionalidade, declarando a parcial nulidade sem redução de texto do referido dispositivo em observar a cláusula de reserva de Plenário" (ARE 791.932/DF, Rel. atual Min. Alexandre de Moraes).

Além disso, ressaltou-se que: "O Plenário da Corte [ou seja, do STF] declarou parcialmente inconstitucional a Súmula 331/TST e proclamou a licitude da terceirização de toda e qualquer atividade, meio ou fim; para afirmar a inexistência de relação de emprego entre a contratante e o empregado da contratada" (ARE 791.932/DF, Rel. atual Min. Alexandre de Moraes).

Ainda de acordo com o voto do relator: "Dessa forma, não há como se confundir a terceirização de uma das etapas do fluxo de produção com a hipótese de ilícita intermediação de mão de obra, como fez o acórdão recorrido" (STF, Pleno, ARE 791.932/DF, Rel. atual Min. Alexandre de Moraes, j. 11.10.2018)[13].

8.7 ENQUADRAMENTO SINDICAL NA TERCEIRIZAÇÃO

A respeito do tema, cf. Capítulo 28, item 28.8.1.

8.8 FISCALIZAÇÃO DA TERCEIRIZAÇÃO

O descumprimento do disposto na Lei 6.019/1974 sujeita a empresa infratora ao pagamento de multa (art. 19-A, acrescentado pela Lei 13.429/2017).

A fiscalização, a autuação e o processo de imposição das multas reger-se-ão pelo Título VII da CLT, que dispõe sobre processo de multas administrativas aplicadas pela inspeção do trabalho (arts. 626 a 642).

Os contratos em vigência, se as partes assim acordarem, podem ser adequados aos termos da Lei 6.019/1974 (art. 19-C, acrescentado pela Lei 13.429/2017).

---

13. Disponível em: <http://www.stf.jus.br/arquivo/cms/noticiaNoticiaStf/anexo/ARE791932.pdf>.

8.9 EMPRESAS DE VIGILÂNCIA

Em conformidade com o art. 19-B, acrescentado pela Lei 13.429/2017, o disposto na Lei 6.019/1974 não se aplica às empresas de vigilância e transporte de valores, permanecendo as respectivas relações de trabalho reguladas por legislação especial, e subsidiariamente pela CLT.

A respeito do tema, a Lei 7.102/1983 dispõe sobre segurança para estabelecimentos financeiros, estabelece normas para constituição e funcionamento das empresas particulares que exploram serviços de vigilância e de transporte de valores, bem como dá outras providências.

Ainda assim, defende-se o entendimento de que a contratante (tomadora) de serviços prestados por empresas de vigilância e transporte de valores é subsidiariamente responsável pelas obrigações trabalhistas referentes ao período em que ocorrer a prestação laboral, com fundamento nas decisões do STF sobre terceirização (ADPF 324/DF e RE 958.252/MG) e na analogia (arts. 8.º e 455 da CLT).

Da mesma forma, nos casos de serviços prestados por empresas de vigilância e transporte de valores, entende-se analogicamente aplicável a previsão de que é responsabilidade da contratante (tomadora) garantir as condições de segurança, higiene e salubridade dos trabalhadores, quando o trabalho for realizado em suas dependências ou local previamente convencionado em contrato.

8.10 DONO DA OBRA E EMPREITADA

Cabe examinar, ainda, a posição do *dono da obra*, ao firmar contrato de empreitada, especialmente no que tange à possibilidade de sua responsabilização para fins trabalhistas.

O art. 455, *caput*, da CLT versa sobre os "contratos de subempreitada", estabelecendo a responsabilidade do subempreiteiro "pelas obrigações derivadas do contrato de trabalho que celebrar". Nada mais coerente, pois o subempreiteiro, como empregador, responde pelos direitos trabalhistas de seus empregados.

No entanto, o mesmo dispositivo amplia a regra de responsabilidade, ao prever o cabimento do "direito de reclamação", pelos empregados do subempreiteiro, "contra o empreiteiro principal pelo inadimplemento daquelas obrigações por parte do primeiro".

Como se nota, o empreiteiro, mesmo não sendo o empregador, responde pelo inadimplemento de obrigações trabalhistas dos empregados do subempreiteiro contratado.

Tanto é assim que o parágrafo único do art. 455 da CLT ressalva ao empreiteiro, "nos termos da lei civil, ação regressiva contra o subempreiteiro e a retenção de importâncias a este devidas, para a garantia das obrigações previstas neste artigo". Logo, apesar da responsabilidade do empreiteiro, a lei indica que o responsável principal, na realidade, é o empregador (subempreiteiro). Desse modo, o empreiteiro responde de forma *subsidiária* pelos créditos trabalhistas devidos aos empregados do subempreiteiro.

O dispositivo em questão, ao tratar da relação do empreiteiro com subempreiteiro, não prevê a responsabilidade *automática* do dono da obra, ou seja, daquele que contratou o empreiteiro, quanto às obrigações trabalhistas pertinentes aos empregados deste último. Eis a explicação para o que dispõe a Orientação Jurisprudencial 191 da SBDI-I do TST, com a seguinte redação:

> "Contrato de empreitada. Dono da obra de construção civil. Responsabilidade. Diante da inexistência de previsão legal específica, o contrato de empreitada de construção civil

entre o dono da obra e o empreiteiro não enseja responsabilidade solidária ou subsidiária nas obrigações trabalhistas contraídas pelo empreiteiro, salvo sendo o dono da obra uma empresa construtora ou incorporadora".

Seguindo essa linha de entendimento, se a empresa, não sendo uma construtora nem incorporadora, apenas contrata o empreiteiro, por ser mera dona da obra, e não tomadora de serviços terceirizados propriamente, não responde *automaticamente* por obrigações trabalhistas pertinentes aos empregados do empreiteiro.

De acordo com a parte final desse verbete jurisprudencial, se o dono da obra for uma empresa construtora ou incorporadora, *a contrario sensu*, pode responder, de forma solidária ou subsidiária, pelas obrigações trabalhistas originadas de contratos de emprego mantidos pelo empreiteiro.

A ressalva se justifica porque, nesse caso, observa-se terceirização de serviço pela empresa construtora ou incorporadora, ao transferir parte de sua atividade ao empreiteiro. Por isso, mesmo figurando como tomadora de serviço terceirizado licitamente, incide a responsabilidade subsidiária, conforme art. 5.º-A, § 5.º, da Lei 6.019/1974, acrescentado pela Lei 13.429/2017.

Tratando-se de mera intermediação irregular de mão de obra, por meio de empresa interposta (fraude), forma-se o vínculo de emprego diretamente com a empresa tomadora (art. 9.º da CLT), desde que, como já mencionado, não se trate de ente integrante da Administração Pública (Súmula 331, inciso II, do TST).

Mais recentemente, o Tribunal Superior do Trabalho, no julgamento de incidente de recurso de revista repetitivo, fixou as seguintes teses jurídicas a respeito do tema:

> "1. A exclusão de responsabilidade solidária ou subsidiária por obrigação trabalhista, a que se refere a Orientação Jurisprudencial nº 191 da SbDI-1 do TST, não se restringe a pessoa física ou micro e pequenas empresas. Compreende igualmente empresas de médio e grande porte e entes públicos.
>
> 2. A excepcional responsabilidade por obrigações trabalhistas, prevista na parte final da Orientação Jurisprudencial nº 191 da SbDI-1 do TST, por aplicação analógica do artigo 455 da CLT, alcança os casos em que o dono da obra de construção civil é construtor ou incorporador e, portanto, desenvolve a mesma atividade econômica do empreiteiro.
>
> 3. Não é compatível com a diretriz sufragada na Orientação Jurisprudencial nº 191 da SbDI-1 do TST jurisprudência de Tribunal Regional do Trabalho que amplia a responsabilidade trabalhista do dono da obra, excepcionando apenas 'a pessoa física ou micro e pequenas empresas, na forma da lei, que não exerçam atividade econômica vinculada ao objeto contratado'.
>
> 4. Exceto ente público da Administração direta e indireta, se houver inadimplemento das obrigações trabalhistas contraídas por empreiteiro que contratar, sem idoneidade econômico-financeira, o dono da obra responderá subsidiariamente por tais obrigações, em face de aplicação analógica do art. 455 da CLT e de culpa *in eligendo* (TST, SBDI-I, IRR - 190-53.2015.5.03.0090, Rel. Min. João Oreste Dalazen, *DEJT* 30.06.2017).
>
> 5. O entendimento contido na tese jurídica nº 4 aplica-se exclusivamente aos contratos de empreitada celebrados após 11 de maio de 2017, data do presente julgamento" (TST, SBDI-I, ED-IRR - 190-53.2015.5.03.0090, Rel. Min. João Oreste Dalazen, *DEJT* 19.10.2018).

O mencionado item 4 revela que o dono da obra deve responder de forma subsidiária pelo inadimplemento dos créditos trabalhistas devidos pelo empreiteiro (quanto aos seus empregados) quando ficar demonstrada a inidoneidade econômica e financeira deste, com fundamento na analogia (arts. 8.º, *caput*, e 455 da CLT) e na culpa do dono da obra na escolha do referido empreiteiro.

A solidariedade não se presume, por resultar da lei ou da vontade das partes (art. 265 do Código Civil), o que também deve ser aplicado, naturalmente, à responsabilidade subsidiária. Portanto, o mais adequado seria a responsabilidade do dono da obra decorrer de expressa previsão legislativa, respeitando-se, inclusive, o princípio da legalidade (art. 5.º, inciso II, da Constituição da República).

Ademais, cabe fazer menção à Orientação Jurisprudencial 185 da SBDI-I do TST, que assim prevê:

> "Contrato de trabalho com a Associação de Pais e Mestres – APM. Inexistência de responsabilidade solidária ou subsidiária do Estado. O Estado-Membro não é responsável subsidiária ou solidariamente com a Associação de Pais e Mestres pelos encargos trabalhistas dos empregados contratados por esta última, que deverão ser suportados integral e exclusivamente pelo real empregador".

Na hipótese do verbete em questão, o Tribunal Superior do Trabalho firmou o entendimento de que a mencionada associação civil, com finalidade específica, não se equipara à empresa prestadora de serviços, não figurando o Estado-membro, portanto, como tomador de serviços terceirizados (o que afasta a sua responsabilidade subsidiária)[14].

8.11 CONTRATO DE FACÇÃO

No *contrato de facção* a empresa contratante adquire produtos prontos e acabados, fornecidos pela empresa contratada.

Desse modo, segundo a jurisprudência majoritária, entende-se que não ocorre a terceirização de serviços na referida hipótese, o que afasta a incidência de responsabilidade do contratante por verbas trabalhistas devidas aos empregados da empresa contratada, exceto se houver a prática de fraude.

Nesse sentido, destaca-se o seguinte julgado:

> "Responsabilidade subsidiária. Contrato de facção. Inaplicabilidade da Súmula 331, item IV, do TST. A responsabilidade subsidiária prevista na Súmula 331, item IV, desta Corte somente tem lugar quando se trata de terceirização lícita de mão de obra, hipótese em que deve o tomador de serviços responder em decorrência das culpas *in vigilando* e/ou *in eligendo* na contratação da empresa interposta, que se torna inadimplente quanto ao pagamento dos créditos trabalhistas devidos ao empregado. Nos contratos de facção, no entanto, não existe contratação de mão de obra, uma vez que a contratada se compromete a entregar à contratante um produto final, acabado, produzido por seus empregados, sob sua responsabilidade e controle. Assim, a 'empresa tomadora dos serviços', por não ter nenhum controle sobre a produção da contratada, isenta-se de qualquer responsabilidade pelos contratos trabalhistas

14. "Responsabilidade subsidiária. Estado do Rio Grande do Sul. Círculo de pais e mestres. Ilegitimidade passiva do estado. O reclamante foi contratado pelo Círculo de Pais e Mestres, entidade com personalidade jurídica própria, para prestar serviços em escola pública estadual, sem qualquer ingerência do Estado. Nesse contexto, inviável a imposição a este último de qualquer responsabilidade subsidiária pelos encargos trabalhistas decorrentes da relação de emprego, que deverão ser suportados integral e exclusivamente pelo real empregador. Recurso de embargos provido" (TST, SBDI-I, E-RR-301.378/96.0, Rel. Min. Milton de Moura França, *DJU* 02.06.2000).

firmados com os empregados da empresa de facção, os quais não estão subordinados juridicamente à contratante. No caso, o Regional consignou que não se configurou a alegada ingerência nos serviços da empresa prestadora por parte da segunda reclamada, concluindo que, 'ainda que a primeira ré produzisse produtos exclusivamente em prol da segunda, essa opção ficou a cargo da própria empresa, que, a despeito da relação de dependência que criou para si, continuou a existir autonomamente, como se vê dos respectivos contratos sociais, sem sofrer qualquer tipo de ingerência por parte da segunda ré (o que, mais uma vez, não foi provado pela reclamante)'. Assim, para chegar a conclusão diversa, seria necessário o reexame do conteúdo fático dos autos, procedimento inviável nesta fase do processo, nos termos da Súmula 126 do TST. Inaplicável o disposto na Súmula 331, item IV, do TST. Agravo de instrumento desprovido" (TST, 2.ª T., AIRR 37600-18.2009.5.01.0283, Rel. Min. José Roberto Freire Pimenta, *DEJT* 13.06.2014).

8.12 COOPERATIVAS DE TRABALHO

Quanto às cooperativas de trabalho, a Lei 8.949/1994 acrescentou o parágrafo único (atualmente § 1.º) ao art. 442 da CLT, estabelecendo: "Qualquer que seja o ramo de atividade da sociedade cooperativa, não existe vínculo empregatício entre ela e seus associados, nem entre estes e os tomadores de serviços daquela".

Esse dispositivo acarretou considerável aumento de terceirizações por meio das cooperativas de prestação de serviço.

No entanto, não se pode confundir cooperativa fornecedora de mão de obra (que exerce atividade ilícita, de intermediação de trabalhadores) com as cooperativas de serviço e de produção. Nestes casos, os cooperados trabalham e a cooperativa detém os meios de produção (operando a socialização da propriedade e constituindo forma de autogestão), sendo modalidades abrangidas pelo § 1.º do art. 442 da CLT[15].

O art. 90 da Lei 5.764/1971, sobre as sociedades cooperativas, já estabelecia que: "Qualquer que seja o tipo de cooperativa, não existe vínculo empregatício entre ela e seus associados". O que a Lei 8.949/1994 explicitou é a ausência de relação de emprego entre os associados da cooperativa e os seus tomadores de serviço.

Entretanto, segundo o princípio da primazia da realidade, somente o verdadeiro cooperado é que não será considerado empregado. Caso seja utilizado somente o rótulo de cooperativa para simular verdadeiro contrato de trabalho, isso será considerado fraude à legislação trabalhista, sendo nulo de pleno direito (art. 9.º da CLT).

O verdadeiro cooperado beneficia-se de serviços prestados pela cooperativa diretamente a ele associado (Lei 5.764/1971, art. 4.º, *caput*). Além disso, o cooperativismo autêntico viabiliza a obtenção de vantagens e resultados ao cooperado muito superiores, quando comparados à atuação de forma isolada, em razão da ampla estrutura colocada à

---

15. Cf. CARELLI, Rodrigo de Lacerda. *Cooperativas de mão de obra*: manual contra a fraude. São Paulo: LTr, 2002. p. 13. Cf. ainda: Idem, ibidem, p. 47: "Existe cooperativa de trabalho legal? A resposta é sim. Desde que não realize fornecimento de trabalhadores para outra empresa, e que constitua uma unidade de produção, cuja organização será realizada conjuntamente pelos trabalhadores por meio da cooperativa. É justamente o caso das famosas e multicitadas espécies de cooperativismo de trabalho legal, como a de médicos, de taxistas e de artesãos, bem como aquelas autogestionárias. Nesses casos, não há intermediação de mão de obra, não há fornecimento de trabalhadores, e sim união de esforços (cooperativismo) para a prestação de serviços por parte da cooperativa para a obtenção de um objetivo comum dos associados, qual seja a melhoria das condições econômicas por intermédio da melhor organização da sociedade cooperativa. É o velho ditado: 'se separados não somos ninguém, juntos poderemos ser alguém'".

disposição de cada filiado[16]. Por isso, a verdadeira cooperativa de trabalho deve ser criada e formada por **profissionais autônomos**, que exerçam a mesma profissão, unindo esforços para obter vantagens ao próprio empreendimento, prestando serviços sem nenhuma intermediação nem subordinação (seja perante terceiros, seja em face da cooperativa).

Se a cooperativa, na verdade, somente tem o objetivo de intermediação irregular de mão de obra, havendo a prestação de serviços de forma subordinada, e não autônoma, em face do tomador, o vínculo de emprego do associado forma-se diretamente com este, por não se tratar de cooperado propriamente.

No entanto, como já mencionado, tratando-se de órgãos da Administração Pública direta, indireta ou fundacional, entende-se não ser possível o reconhecimento de vínculo de emprego com o Estado, em razão da ausência do requisito constitucional da prévia aprovação em concurso público (art. 37, inciso II, e § 2.º, da CF/1988 e Súmula 331, inciso II, do TST)[17].

Mesmo assim, cabe frisar que as cooperativas podem ter empregados (art. 91 da Lei 5.764/1971). Portanto, caso os requisitos do vínculo de emprego estejam presentes em face da própria cooperativa, de forma que não mais se trate de associado, mas sim de empregado, o ente público, tomador dos serviços, excepcionalmente, pode responder de forma subsidiária pelo inadimplemento das obrigações trabalhistas (STF, ADC 16/DF, RE 760.931/DF e Súmula 331, inciso V, do TST).

A Lei 12.690, de 19 de julho de 2012, publicada no *DOU* de 20.07.2012, com entrada em vigor na data de sua publicação (art. 29), passou a dispor sobre a organização e o funcionamento das cooperativas de trabalho e instituiu o Programa Nacional de Fomento às Cooperativas de Trabalho (Pronacoop).

O art. 30 do Projeto de Lei da Câmara dos Deputados 4.622/2004 (n.º 131/2008 no Senado Federal), que deu origem ao diploma legal mencionado, previa a revogação do parágrafo único do art. 442 da Consolidação das Leis do Trabalho. Entretanto, o referido art. 30 foi *vetado*. Segundo as razões do veto, o "dispositivo da CLT que se pretende revogar disciplina a matéria de forma ampla e suficiente, sendo desnecessária regra específica para as cooperativas de trabalho". Desse modo, permanece em vigor o mencionado dispositivo da CLT, já analisado acima.

A cooperativa de trabalho, assim, passou a ser regulada pela mencionada Lei 12.690/2012 e, no que com ela não colidir, pelas Leis 5.764, de 16 de dezembro de 1971, e 10.406, de 10 de janeiro de 2002 – Código Civil (art. 1.º).

Entretanto, estão *excluídas* do âmbito da Lei 12.690/2012:

I – as *cooperativas de assistência à saúde* na forma da legislação de saúde suplementar;

II – as *cooperativas que atuam no setor de transporte regulamentado pelo poder público e que detenham, por si ou por seus sócios, a qualquer título, os meios de trabalho;*

III – as *cooperativas de profissionais liberais cujos sócios exerçam as atividades em seus próprios estabelecimentos*; e

IV – as *cooperativas de médicos cujos honorários sejam pagos por procedimento* (art. 1.º, parágrafo único).

Cabe questionar se essa exclusão não colide com o princípio da igualdade (material), no sentido de saber se existem fundamentos suficientes, que diferenciem as

16. Cf. DELGADO, Mauricio Godinho. *Curso de direito do trabalho*. 4. ed. São Paulo: LTr, 2005. p. 329-333.
17. Cf. MARTINS, Sergio Pinto. *A terceirização e o direito do trabalho*. 3. ed. São Paulo: Malheiros, 1997. p. 128.

referidas cooperativas das demais, justificando a disciplina legal diversa (art. 5.º, *caput*, da CF/1988). De todo modo, para as cooperativas indicadas nos incisos I a IV do art. 1.º, parágrafo único, são aplicáveis a Lei 5.764/1971 e o Código Civil (art. 1.093 a 1.096).

Considera-se cooperativa de trabalho "a sociedade constituída por trabalhadores para o exercício de suas atividades laborativas ou profissionais com proveito comum, autonomia e autogestão para obterem melhor qualificação, renda, situação socioeconômica e condições gerais de trabalho" (art. 2.º).

Como se nota, na cooperativa de trabalho, a atividade laborativa ou profissional deve ser em proveito comum dos cooperados, bem como exercida de forma *autônoma*, por meio de *autogestão*, com o fim de se obter melhor qualificação e renda, melhor situação socioeconômica e melhoria das condições gerais de trabalho.

Na realidade, como já mencionado, a rigor, para que se trate de cooperativa de trabalho, a atividade laborativa ou profissional, além de dever ser em proveito comum dos cooperados, deve ser exercida de forma autônoma, pelo cooperado em si (autonomia individual), ainda que por meio de autogestão, com o fim de se obter melhor qualificação e renda, melhor situação socioeconômica e melhoria das condições gerais de trabalho, mas, inclusive, de cada cooperado individualmente, reunido na cooperativa.

A mencionada *autonomia* da atividade laborativa ou profissional deve ser exercida de forma coletiva e coordenada, mediante a fixação, em Assembleia Geral, das regras de funcionamento da cooperativa e da forma de execução dos trabalhos, nos termos da Lei 12.690/2012 (art. 2.º, § 1.º).

Entretanto, pode-se dizer que o dispositivo acima acarreta risco de que essa autonomia, "exercida de forma coletiva e coordenada", na realidade, dê origem à existência de subordinação interna, dentro da própria cooperativa, desvirtuando a sua essência e os seus fins.

Como demonstrado anteriormente, a verdadeira cooperativa de trabalho deve ser criada e formada por profissionais autônomos, que exerçam a mesma profissão, unindo esforços para obter vantagens ao próprio empreendimento, sem nenhuma intermediação, nem subordinação (seja perante terceiros, seja em face da cooperativa).

Considera-se *autogestão* o processo democrático no qual a Assembleia Geral define as diretrizes para o funcionamento e as operações da cooperativa, e os sócios decidem sobre a forma de execução dos trabalhos, nos termos da lei (art. 2.º, § 2.º).

Cabe ressaltar, ainda, que a cooperativa de trabalho deve se reger pelos seguintes princípios e valores (art. 3.º):

I - adesão voluntária e livre;

II - gestão democrática;

III - participação econômica dos membros;

IV - autonomia e independência;

V - educação, formação e informação;

VI - intercooperação;

VII - interesse pela comunidade;

VIII - preservação dos direitos sociais, do valor social do trabalho e da livre iniciativa;

IX - não precarização do trabalho;

X - respeito às decisões de assembleia, observado o disposto na Lei 12.690/2012;

XI – participação na gestão em todos os níveis de decisão de acordo com o previsto em lei e no Estatuto Social.

De acordo com a Lei 12.690/2012 (art. 4.º), a cooperativa de trabalho, como gênero, pode ser das seguintes espécies:

I – *de produção*, quando constituída por sócios que contribuem com trabalho para a produção em comum de bens e a cooperativa detém, a qualquer título, os meios de produção; e

II – *de serviço*, quando constituída por sócios para a prestação de serviços especializados a terceiros, sem a presença dos pressupostos da relação de emprego.

Como se nota, além da *cooperativa de produção*, também se admite a *cooperativa de serviço*, voltada à prestação de serviços especializados a terceiros, o que indica a possibilidade de terceirização por empresas e entes tomadores.

De todo modo, *a cooperativa de trabalho não pode ser utilizada para intermediação de mão de obra subordinada* (art. 5.º).

Trata-se de importante previsão, mas que já é inerente ao sistema jurídico, justamente em razão do valor social do trabalho e da dignidade da pessoa humana, de modo que o labor humano jamais pode ser tratado como mercadoria.

A cooperativa de trabalho pode ser constituída com número mínimo de sete sócios (art. 6.º).

O art. 7.º da Lei 12.690/2012 inova, ao passar a garantir aos sócios das cooperativas de trabalho, embora não sendo empregados, certos direitos tipicamente trabalhistas.

Vale dizer, mesmo sendo regular a cooperativa de trabalho, isto é, mesmo não havendo fraude, determinados direitos trabalhistas são assegurados aos cooperados.

Nesse sentido, a cooperativa de trabalho deve garantir aos sócios os seguintes direitos, além de outros que a Assembleia Geral venha a instituir:

I – retiradas não inferiores ao piso da categoria profissional e, na ausência deste, não inferiores ao salário mínimo, calculadas de forma proporcional às horas trabalhadas ou às atividades desenvolvidas;

II – duração do trabalho normal não superior a 8 (oito) horas diárias e 44 (quarenta e quatro) horas semanais, exceto quando a atividade, por sua natureza, demandar a prestação de trabalho por meio de plantões ou escalas, facultada a compensação de horários;

III – repouso semanal remunerado, preferencialmente aos domingos;

IV – repouso anual remunerado;

V – retirada para o trabalho noturno superior à do diurno;

VI – adicional sobre a retirada para as atividades insalubres ou perigosas;

VII – seguro de acidente de trabalho.

Não se aplica o disposto nos incisos III e IV acima (RSR e RAR) nos casos em que as operações entre o sócio e a cooperativa sejam *eventuais*, salvo decisão da Assembleia Geral em contrário (art. 7.º, § 1.º).

Com isso, não havendo prestação do labor de forma repetida e automática ao longo do tempo pelo cooperado, deixa de fazer jus ao repouso semanal remunerado (preferencialmente aos domingos) e ao repouso anual remunerado, salvo se a Assembleia Geral decidir que tais direitos devem ser garantidos. Entretanto, o mais adequado, na realidade, seria que tais direitos fossem assegurados, ainda que de forma proporcional, na hipótese em questão (eventualidade das operações entre o sócio e a cooperativa de trabalho).

Tratando-se de cooperativa de trabalho, formada por sócios, cabe aqui questionar se há efetiva coerência quanto à previsão legal, ao estabelecer, aos cooperados autônomos, jornada de trabalho. Há risco, assim, de que, na prática, em especial quanto às cooperativas de prestação de serviço, haja, na realidade, verdadeira relação de emprego, embora não devidamente formalizada, inclusive em face do tomador, principalmente se forem aplicadas as teorias da subordinação estrutural e objetiva (inserção do trabalhador na estrutura e no objetivo social da empresa, não se exigindo a presença de ordens pessoais e diretas pelo empregador).

De todo modo, a cooperativa de trabalho deve buscar meios, inclusive mediante provisionamento de recursos, com base em critérios que devem ser aprovados em Assembleia Geral, para assegurar os direitos previstos nos incisos I, III, IV, V, VI e VII, acima indicados, e outros que a Assembleia Geral venha a instituir (art. 7.º, § 2.º).

A cooperativa de trabalho, além dos fundos obrigatórios previstos em lei, pode criar, em Assembleia Geral, outros fundos, inclusive rotativos, com recursos destinados a fins específicos, fixando o modo de formação, custeio, aplicação e liquidação (art. 7.º, § 3.º).

A cooperativa de trabalho constituída nos termos do inciso I do *caput* do art. 4.º da Lei 12.690/2012 (isto é, a *cooperativa de produção*) pode, em Assembleia Geral Extraordinária, estabelecer *carência* (isto é, a necessidade do preenchimento de certo prazo mínimo de adesão à cooperativa pelo sócio) na fruição dos direitos previstos nos incisos I e VII do *caput* do art. 7.º, acima indicados (art. 7.º, § 5.º).

As atividades identificadas com o objeto social da cooperativa de trabalho prevista no inciso II do *caput* do art. 4.º da Lei 12.690/2012, isto é, da *cooperativa de serviço*, quando prestadas fora do estabelecimento da cooperativa, devem ser submetidas "a uma coordenação com mandato nunca superior a 1 (um) ano ou ao prazo estipulado para a realização dessas atividades, eleita em reunião específica pelos sócios que se disponham a realizá-las, em que serão expostos os requisitos para sua consecução, os valores contratados e a retribuição pecuniária de cada sócio partícipe" (art. 7.º, § 6.º).

O dispositivo acima, portanto, trata, de forma específica, das cooperativas de serviço, reiterando a autorização de prestação de serviço (especializado) fora do estabelecimento da cooperativa, ou seja, em empresa ou ente tomador. Nesse caso, a Lei 12.690/2012 determina que essas atividades de prestação de serviço devem estar submetidas a uma "coordenação", a ser realizada por um coordenador, ao que tudo indica alguém da própria cooperativa de trabalho, com mandato nunca superior a um ano (ou ao prazo definido para realizar a atividade de prestação do serviço). Tanto é assim que o referido "coordenador" deve ser eleito em reunião específica pelos sócios que tenham interesse em realizar as atividades de prestação de serviço, na qual também devem ser expostos os requisitos para a realização da atividade, os valores contratados e a retribuição a ser recebida pelo sócio que participar.

Entretanto, há risco de que essa "coordenação", na realidade, se torne efetiva subordinação do suposto "cooperado" (sócio) ao gestor da cooperativa, acarretando a existência de relação de emprego, tendo em vista o princípio da primazia da realidade.

Pode-se notar, aqui, certa influência da *parassubordinação*, em que o trabalhador presta serviço de forma autônoma, mas mediante colaboração coordenada e contínua perante o ente tomador.

As cooperativas de trabalho devem observar as *normas de saúde e segurança do trabalho* previstas na legislação em vigor, bem como em atos normativos expedidos pelas autoridades competentes (art. 8.º).

O contratante da cooperativa de trabalho prevista no inciso II do *caput* do art. 4.º da Lei 12.690/2012, isto é, *o contratante da cooperativa de serviço, responde solidariamente pelo cumprimento das normas de saúde e segurança do trabalho quando os serviços forem prestados no seu estabelecimento ou em local por ele determinado* (art. 9.º).

Quanto ao funcionamento, a cooperativa de trabalho pode "adotar por objeto social qualquer gênero de serviço, operação ou atividade, desde que previsto no seu Estatuto Social" (art. 10).

Nesse aspecto, nota-se que o dispositivo legal, em sua literalidade, parece indicar, de forma ampla, que o objeto social da cooperativa de trabalho pode envolver qualquer gênero de serviço, operação ou atividade, apenas exigindo a previsão no Estatuto Social.

Entretanto, na prática, há certas atividades que dificilmente seriam compatíveis com a autonomia quanto à forma de prestação de serviço, a qual é exigida para a licitude da cooperativa de trabalho, em especial na cooperativa de serviço. Logo, o dispositivo pode dar margem a fraudes e desvirtuamentos, com terceirização de atividades integrantes do núcleo da atividade da empresa ou ente tomador, por intermédio de supostas cooperativas de trabalho, em prejuízo da devida formalização do vínculo de emprego.

A Lei 6.019/1974 atualmente rege as relações de trabalho na empresa de trabalho temporário, na empresa de prestação de serviços e nas respectivas tomadoras de serviço e contratante (art. 1.º, com redação dada pela Lei 13.429/2017).

É obrigatório o uso da expressão "Cooperativa de Trabalho" na denominação social da cooperativa (art. 10, § 1.º).

O art. 10, § 2.º, da Lei 12.690/2012, por sua vez, estabelece que a cooperativa de trabalho não pode ser impedida de participar de procedimentos de licitação pública que tenham por escopo os mesmos serviços, operações e atividades previstas em seu objeto social.

No caso de cooperativa de serviço, os supostos "sócios" ("cooperados") não são registrados, não lhes sendo assegurados todos os direitos trabalhistas. Tendo em vista a consequente redução de custos, é possível ocorrer favorecimento e concorrência desleal, em prejuízo das empresas de prestação de serviço, que forem idôneas e que registram os seus empregados, os quais, assim, passam a ter todos os direitos trabalhistas assegurados.

Essa situação, além de poder acarretar a precarização das relações de trabalho, em afronta ao art. 7.º, *caput*, da Constituição Federal de 1988, pode gerar violação ao princípio da igualdade, em razão do tratamento privilegiado das cooperativas de prestação de serviço, no caso, em licitações públicas.

A admissão de sócios na cooperativa está limitada consoante as possibilidades de reunião, abrangência das operações, controle e prestação de serviços e congruente com o objeto estatuído (art. 10, § 3.º).

Para o cumprimento dos seus objetivos sociais, o sócio pode exercer qualquer atividade da cooperativa, conforme deliberado em Assembleia Geral (art. 10, § 4.º).

Além da realização da Assembleia Geral Ordinária e Extraordinária para deliberar nos termos dos e sobre os assuntos previstos na Lei 5.764/1971, e no Estatuto Social, a cooperativa de trabalho deve realizar anualmente, no mínimo, mais uma Assembleia Geral Especial para deliberar, entre outros assuntos especificados no edital de convocação, sobre gestão da cooperativa, disciplina, direitos e deveres dos sócios, planejamento e resultado econômico dos projetos e contratos firmados e organização do trabalho (art. 11).

O destino das sobras líquidas ou o rateio dos prejuízos deve ser decidido em Assembleia Geral Ordinária (art. 11, § 1.º).

As cooperativas de trabalho devem estabelecer, em Estatuto Social ou Regimento Interno, incentivos à participação efetiva dos sócios na Assembleia Geral e eventuais sanções em caso de ausências injustificadas (art. 11, § 2.º).

O *quorum* mínimo de instalação das Assembleias Gerais será de: I – 2/3 do número de sócios, em primeira convocação; II – metade mais um dos sócios, em segunda convocação; III – 50 sócios ou, no mínimo, 20% do total de sócios, prevalecendo o menor número, em terceira convocação, exigida a presença de, no mínimo, quatro sócios para as cooperativas que possuam até 19 sócios matriculados (art. 11, § 3.º).

As decisões das assembleias devem ser consideradas válidas quando contarem com a aprovação da maioria absoluta dos sócios presentes (art. 11, § 4.º). Comprovada fraude ou vício nas decisões das assembleias, serão elas nulas de pleno direito, aplicando-se, conforme o caso, a legislação civil e penal (art. 11, § 5.º).

A Assembleia Geral Especial de que trata o art. 11, *caput*, da Lei 12.690/2012, deve ser realizada no segundo semestre do ano (art. 11, § 6.º).

A notificação dos sócios para participação das assembleias deve ser pessoal e ocorrer com antecedência mínima de dez dias de sua realização (art. 12).

Na impossibilidade de notificação pessoal, a notificação deve se dar por via postal, respeitada a antecedência prevista no *caput* do art. 12, isto é, de dez dias. Na impossibilidade de realização das notificações pessoal e postal, os sócios devem ser notificados mediante edital afixado na sede e em outros locais previstos nos estatutos e publicado em jornal de grande circulação na região da sede da cooperativa ou na região onde ela exerça suas atividades, respeitada a antecedência prevista no *caput* do art. 12, acima indicado (art. 12, §§ 1.º e 2.º).

É vedado à cooperativa de trabalho distribuir verbas de qualquer natureza entre os sócios, exceto a retirada devida em razão do exercício de sua atividade como sócio ou retribuição por conta de reembolso de despesas comprovadamente realizadas em proveito da cooperativa (art. 13).

A cooperativa de trabalho deve deliberar, anualmente, na Assembleia Geral Ordinária, sobre a adoção ou não de diferentes faixas de retirada dos sócios (art. 14). No caso de fixação de faixas de retirada, a diferença entre as de maior e as de menor valor deve ser fixada na Assembleia (art. 14, parágrafo único).

De todo modo, pode-se dizer que a eventual deliberação relativa à adoção de diferentes faixas de retirada de sócios deve ser objeto de justificado e lógico fundamento.

O Conselho de Administração deve ser composto por, no mínimo, três sócios, eleitos pela Assembleia Geral, para um prazo de gestão não superior a quatro anos, sendo obrigatória a renovação de, no mínimo, 1/3 do colegiado, ressalvada a hipótese do art. 16 da Lei 12.690/2012 (art. 15).

Essa obrigatoriedade de renovação quanto à composição do Conselho de Administração é essencial para a preservação dos princípios e valores do cooperativismo, em especial a gestão democrática (art. 3.º, inciso II, da Lei 12.690/2012). Sendo assim, há risco de que a ressalva prevista na parte final do art. 15, na prática, dê margem a desvirtuamentos, com a "perpetuação" de lideranças na gestão da cooperativa, em prejuízo de sua autonomia e independência (art. 3.º, inciso IV, da Lei 12.690/2012).

A cooperativa de trabalho constituída por até 19 sócios pode estabelecer, em Estatuto Social, composição para o Conselho de Administração e para o Conselho Fiscal distinta da prevista na Lei 12.690/2012 e no art. 56 da Lei 5.764/1971[18], assegurados, no mínimo, três conselheiros fiscais (art. 16).

Cabe ao Ministério do Trabalho, no âmbito de sua competência, a fiscalização do cumprimento do disposto na Lei 12.690/2012 (art. 17).

A Cooperativa de Trabalho que intermediar mão de obra subordinada e os contratantes de seus serviços estarão sujeitos à multa de R$ 500,00 por trabalhador prejudicado, dobrada na reincidência, a ser revertida em favor do Fundo de Amparo ao Trabalhador – FAT (art. 17, § 1.º).

Presumir-se-á intermediação de mão de obra subordinada a relação contratual estabelecida entre a empresa contratante e as cooperativas de trabalho que não cumprirem o disposto no § 6.º do art. 7.º da mencionada Lei (art. 17, § 2.º).

Como já estudado, as atividades identificadas com o objeto social da cooperativa de trabalho prevista no inciso II do *caput* do art. 4.º da Lei 12.690/2012 (isto é, *cooperativa de serviço*), quando prestadas fora do estabelecimento da cooperativa, devem ser submetidas a uma "coordenação com mandato nunca superior a um ano" (ou ao prazo estipulado para a realização dessas atividades), eleita em reunião específica pelos sócios que se disponham a realizá-las, em que serão expostos os requisitos para sua consecução, os valores contratados e a retribuição pecuniária de cada sócio partícipe.

Se essa determinação do art. 7.º, § 6.º, da Lei 12.690/2012 não for observada, presume-se que se trata de intermediação de mão de obra subordinada, formando-se o vínculo de emprego diretamente em face da empresa ou ente contratante (tomador).

As penalidades devem ser aplicadas pela autoridade competente do Ministério do Trabalho, de acordo com o estabelecido no Título VII da Consolidação das Leis do Trabalho (art. 17, § 3.º).

A constituição ou utilização de cooperativa de trabalho para fraudar deliberadamente a legislação trabalhista, previdenciária e o disposto na Lei 12.690/2012 acarretará aos responsáveis as sanções penais, cíveis e administrativas cabíveis, sem prejuízo da ação judicial visando à dissolução da cooperativa (art. 18).

Fica inelegível para qualquer cargo em cooperativa de trabalho, pelo período de até cinco anos, contado a partir da sentença transitada em julgado, o sócio, dirigente ou o administrador condenado pela prática das fraudes elencadas no *caput* do art. 18 da Lei 12.690/2012 (art. 18, § 2.º).

A Lei 12.690/2012, no art. 19, institui, no âmbito do Ministério do Trabalho, o Programa Nacional de Fomento às Cooperativas de Trabalho (PRONACOOP), com a finalidade de promover o desenvolvimento e a melhoria do desempenho econômico e social da cooperativa de trabalho.

Na realidade, pode-se dizer que deveria o legislador, em sintonia com os princípios e mandamentos constitucionais (art. 7.º da CF/1988), fomentar a formalização da *rela-*

---

18. "Art. 56. A administração da sociedade será fiscalizada, assídua e minuciosamente, por um Conselho Fiscal, constituído de 3 (três) membros efetivos e 3 (três) suplentes, todos associados eleitos anualmente pela Assembleia Geral, sendo permitida apenas a reeleição de 1/3 (um terço) dos seus componentes. § 1.º Não podem fazer parte do Conselho Fiscal, além dos inelegíveis enumerados no artigo 51, os parentes dos diretores até o 2.º (segundo) grau, em linha reta ou colateral, bem como os parentes entre si até esse grau. § 2.º O associado não pode exercer cumulativamente cargos nos órgãos de administração e de fiscalização".

ção de emprego, a qual constitui o *núcleo do Direito do Trabalho*, considerado verdadeira conquista histórica, essencial à humanidade (ao tornar possível a melhoria das condições sociais e a preservação da dignidade da pessoa humana do trabalhador), bem como o ramo do Direito apto a tornar viável a própria manutenção do sistema capitalista, com o necessário respeito dos direitos fundamentais e sociais.

Não obstante, apesar de constar, *formalmente*, no art. 3.º, incisos VIII e IX, que a cooperativa de trabalho rege-se pelos princípios e valores da "preservação dos direitos sociais, do valor social do trabalho e da livre iniciativa" e da "não precarização do trabalho", o que se nota é o forte incentivo, pela lei, de formas precárias de trabalho humano, uma vez que *sem a garantia plena de todos os direitos inerentes à relação de emprego*, com o fomento e a abertura para a ampla e intensa prestação de serviços por cooperativas de trabalho, sem indicar, de forma clara e adequada, o que são serviços especializados, nem vedar, de forma expressa, a terceirização de atividade-fim, autorizando, ademais, que as cooperativas de trabalho adotem qualquer objeto social (art. 10).

Isso certamente acarretará o aumento substancial de relações triangulares de trabalho, mas sem a formalização de vínculo de emprego, por se tratar de prestação de serviços por cooperativas de trabalho, inclusive mediante a "coordenação" dos supostos "sócios" (cooperados) por um gestor que, embora eleito (art. 7.º, § 6.º), na prática, pode significar a existência de subordinação (inclusive em sua atual vertente estrutural) e o exercício do poder de direção, inerentes ao contrato de emprego. O resultado, com isso, pode ser o retrocesso social, em prejuízo das garantias constitucionais do trabalho digno e da efetividade dos direitos sociais e fundamentais trabalhistas.

De todo modo, o referido Programa Nacional de Fomento às Cooperativas de Trabalho (Pronacoop) tem como finalidade apoiar (art. 19, parágrafo único):

I - a produção de diagnóstico e plano de desenvolvimento institucional para as cooperativas de trabalho dele participantes;

II - a realização de acompanhamento técnico visando ao fortalecimento financeiro, de gestão, de organização do processo produtivo ou de trabalho, bem como à qualificação dos recursos humanos;

III - a viabilização de linhas de crédito;

IV - o acesso a mercados e à comercialização da produção;

V - o fortalecimento institucional, a educação cooperativista e a constituição de cooperativas centrais, federações e confederações de cooperativas;

VI - outras ações que venham a ser definidas por seu Comitê Gestor no cumprimento da finalidade estabelecida no *caput* do art. 19 acima, isto é, promover o desenvolvimento e a melhoria do desempenho econômico e social da cooperativa de trabalho.

A Lei 12.690/2012, no art. 20, cria o Comitê Gestor do Pronacoop, com as seguintes atribuições:

I - acompanhar a implementação das ações previstas na Lei 12.690/2012;

II - estabelecer as diretrizes e metas para o Pronacoop;

III - definir as normas operacionais para o Pronacoop;

IV - propor o orçamento anual do Pronacoop.

O Comitê Gestor deve ter composição paritária entre o governo e entidades representativas do cooperativismo de trabalho. O número de membros, a organização e o funcionamento do Comitê Gestor devem ser estabelecidos em regulamento (art. 20, §§ 1.º e 2.º).

O Ministério do Trabalho pode celebrar convênios, acordos, ajustes e outros instrumentos que objetivem a cooperação técnico-científica com órgãos do setor público e entidades privadas sem fins lucrativos, no âmbito do Pronacoop (art. 21).

As despesas decorrentes da implementação do Pronacoop devem correr à conta das dotações orçamentárias consignadas anualmente ao Ministério do Trabalho (art. 22).

Os recursos destinados às linhas de crédito do Pronacoop devem ser provenientes: I – do Fundo de Amparo ao Trabalhador (FAT); II – de recursos orçamentários da União; e III – de outros recursos que venham a ser alocados pelo poder público (art. 23).

O Conselho Deliberativo do Fundo de Amparo ao Trabalhador (CODEFAT) definirá as diretrizes para a aplicação, no âmbito do Pronacoop, dos recursos oriundos do Fundo de Amparo ao Trabalhador – FAT (art. 23, parágrafo único).

As instituições financeiras autorizadas a operar com os recursos do Pronacoop poderão realizar operações de crédito destinadas a empreendimentos inscritos no Programa sem a exigência de garantias reais, que poderão ser substituídas por garantias alternativas, observadas as condições estabelecidas em regulamento (art. 24).

A Lei 12.690/2012, no art. 26, institui a Relação Anual de Informações das Cooperativas de Trabalho (RAICT), a ser preenchida pelas Cooperativas de Trabalho, anualmente, com informações relativas ao ano-base anterior.

Cabe ao Poder Executivo regulamentar o modelo de formulário da RAICT, os critérios para entrega das informações e as responsabilidades institucionais sobre a coleta, processamento, acesso e divulgação das informações (art. 26, parágrafo único).

Capítulo **9**

REMUNERAÇÃO

9.1 CONCEITO

A remuneração pode ser entendida como a *contraprestação recebida pelo empregado, decorrente do contrato de trabalho*.

O art. 457, *caput*, da CLT apresenta o conceito de salário, possibilitando a diferenciação da remuneração propriamente.

Assim, perante o sistema jurídico em vigor, a **remuneração** é termo mais amplo, ou seja, o *gênero* que engloba como espécies o salário e a gorjeta, pois "compreendem-se na remuneração [...] além do salário [...] as gorjetas".

O **salário** é a quantia paga "diretamente pelo empregador" (art. 457, *caput*, da CLT), decorrendo do contrato de trabalho.

O salário é pago e devido não só como contraprestação do efetivo serviço prestado, mas também dos períodos em que o empregado esteve à disposição do empregador, aguardando ou executando ordens (art. 4.º, *caput*, da CLT), bem como de certos períodos de descanso remunerado (hipóteses de interrupção do contrato de trabalho, como ocorre nas férias e nos descansos semanais e feriados remunerados).

Considera-se **gorjeta** "não só a importância espontaneamente dada pelo cliente ao empregado, como também o valor cobrado pela empresa, como serviço ou adicional, a qualquer título, e destinado à distribuição aos empregados" (art. 457, § 3.º, da CLT, com redação dada pela Lei 13.419/2017).

Assim, em termos práticos:

REMUNERAÇÃO = SALÁRIO + GORJETA

Essa diferenciação entre salário e gorjeta é de relevância, pois, como esclarece a Súmula 354 do TST:

> "Gorjetas. Natureza jurídica. Repercussões. As gorjetas, cobradas pelo empregador na nota de serviço ou oferecidas espontaneamente pelos clientes, integram a remuneração do empregado, não servindo de base de cálculo para as parcelas de aviso prévio, adicional noturno, horas extras e repouso semanal remunerado".

Como as gorjetas integram a remuneração, os seus valores devem ser considerados no cálculo do FGTS (art. 15 da Lei 8.036/1990), das férias (art. 142 da CLT), do 13.º salário (art. 1.º da Lei 4.090/1962) e das contribuições previdenciárias (art. 28, inciso I, da Lei 8.212/1991).

A Lei 13.467/2017, ao dar nova redação ao art. 457, §§ 1.º, 2.º e 4.º, da CLT, não considerou a existência dos §§ 5.º a 11 do art. 457 do mesmo diploma legal, que haviam sido incluídos pela Lei 13.419/2017, ao indicar que o art. 457 da CLT terminaria no § 4.º

("NR"), gerando o entendimento de que ocorreu a revogação tácita. Entretanto, como não houve revogação expressa (art. 5.º da Lei 13.467/2017), seria possível dizer que eles foram mantidos.

Inexistindo previsão em convenção ou acordo coletivo de trabalho, os critérios de rateio e distribuição da gorjeta e os percentuais de retenção previstos nos §§ 6.º e 7.º do art. 457 da CLT devem ser definidos em assembleia geral dos trabalhadores, na forma do art. 612 da CLT (art. 457, § 5.º, da CLT).

O art. 612 da CLT prevê que os sindicatos só podem celebrar convenções ou acordos coletivos de trabalho por deliberação de assembleia geral especialmente convocada para asse fim, consoante o disposto nos respectivos estatutos, dependendo a sua validade do comparecimento e votação, em primeira convocação, de 2/3 dos associados da entidade, se se tratar de convenção, e dos interessados, no caso de acordo, e, em segunda, de 1/3 destes. O quórum de comparecimento e votação será de 1/8 dos associados em segunda convocação, nas entidades sindicais que tenham mais de 5.000 associados.

Logo, na ausência de convenção coletiva ou acordo coletivo de trabalho a respeito dos mencionados critérios de rateio e distribuição da gorjeta, bem como dos referidos percentuais de retenção, essas questões devem ser estabelecidas em assembleia geral dos trabalhadores, adotando-se o mesmo quórum previsto no art. 612 da CLT.

Desse modo, pode-se dizer que a referida assembleia geral de trabalhadores, para ser válida, dependerá do comparecimento e votação, em primeira convocação, de 2/3 dos trabalhadores interessados (ou seja, dos empregados na empresa envolvida), e, em segunda convocação, de 1/3 destes.

As empresas que cobrarem a gorjeta de que trata o § 3.º do art. 457 da CLT devem (art. 457, § 6.º, da CLT):

> I – para as empresas *inscritas* em *regime de tributação federal diferenciado*, lançá-la na respectiva nota de consumo, facultada a retenção de até 20% da arrecadação correspondente, mediante previsão em convenção ou acordo coletivo de trabalho, para custear os encargos sociais, previdenciários e trabalhistas derivados da sua integração à remuneração dos empregados, devendo o valor remanescente ser revertido integralmente em favor do trabalhador;
>
> II – para as empresas *não inscritas em regime de tributação federal diferenciado*, lançá-la na respectiva nota de consumo, facultada a retenção de até 33% da arrecadação correspondente, mediante previsão em convenção ou acordo coletivo de trabalho, para custear os encargos sociais, previdenciários e trabalhistas derivados da sua integração à remuneração dos empregados, devendo o valor remanescente ser revertido integralmente em favor do trabalhador;
>
> III – anotar na Carteira de Trabalho e Previdência Social e no contracheque de seus empregados o salário contratual fixo e o percentual percebido a título de gorjeta.

Observa-se que o limite do percentual de retenção da arrecadação das gorjetas é inferior (até 20%) no caso de empresas inscritas no Regime Especial Unificado de Arrecadação de Tributos e Contribuições devidos pelas Microempresas e Empresas de Pequeno Porte (Simples Nacional), quando comparado com o limite das empresas não inscritas nesse regime de tributação diferenciado (até 33%).

Isso certamente decorre da possível redução da carga tributária incidente no caso de empresas optantes pelo Simples Nacional.

Segundo a determinação legal, essa retenção de parte do valor da gorjeta depende de previsão em convenção coletiva ou acordo coletivo de trabalho e tem como fim custear os encargos sociais, previdenciários e trabalhistas decorrentes de sua integração à remuneração dos empregados, como as contribuições para a Seguridade Social (art. 195 da Constituição da República), previdenciárias (Lei 8.212/1991) e do Fundo de Garantia do Tempo de Serviço (art. 7.º, inciso III, da Constituição Federal de 1988 e Lei 8.036/1990).

O valor *remanescente* da gorjeta, assim, deve ser destinado integralmente aos empregados.

Cabe esclarecer que a Lei Complementar 123/2006 estabelece normas gerais relativas ao tratamento diferenciado e favorecido a ser dispensado às microempresas e empresas de pequeno porte no âmbito dos Poderes da União, dos Estados, do Distrito Federal e dos Municípios (art. 1.º). O art. 12 da Lei Complementar 123/2006 instituiu o Regime Especial Unificado de Arrecadação de Tributos e Contribuições devidos pelas Microempresas e Empresas de Pequeno Porte (Simples Nacional).

Anteriormente, entendia-se não ser válida a cláusula de norma coletiva prevendo a retenção pelo empregador de parte das gorjetas, com o repasse apenas parcial dos valores aos empregados, justamente por se tratar de direito destes, de natureza remuneratória[1]. A atual previsão legal pode ser prejudicial ao empregado, ao permitir que a norma coletiva negociada estabeleça certo percentual sobre o valor das gorjetas a ser retido pelo empregador.

Embora a Constituição da República, no art. 7.º, inciso VI, estabeleça a *irredutibilidade do salário*, ressalva o disposto em convenção ou acordo coletivo. Além disso, a gorjeta, em verdade, não integra o salário propriamente, mas sim a remuneração. Ainda assim, o valor global da remuneração do empregado, com essa possibilidade de retenção de parte das gorjetas, pode se tornar inferior ao recebido anteriormente.

O art. 29, § 1.º, da CLT prevê que as anotações na Carteira de Trabalho e Previdência Social sobre a remuneração devem especificar o salário, qualquer que seja sua forma de pagamento, seja ele em dinheiro ou em utilidades, bem como a estimativa da gorjeta.

Com o art. 457, § 6.º, inciso III, da CLT, as empresas que cobrarem a gorjeta devem anotar na CTPS e no contracheque de seus empregados o salário contratual fixo e o percentual percebido a título de gorjeta. Trata-se, no caso, da modalidade de gorjeta em que o valor é *cobrado pela empresa*, como serviço ou adicional, a qualquer título, e destinado à distribuição aos empregados.

---

1. "III – Recurso de revista do reclamante interposto na vigência de Lei 13.015/2014. Gorjeta. Direito dos empregados. Impossibilidade de retenção pelo empregador de percentual do seu valor a título de taxa de serviço. Invalidade da norma coletiva. Conquanto a Constituição Federal tenha assegurado o reconhecimento das convenções e acordos coletivos de trabalho (art. 7.º, XXVI), e não obstante ser o princípio da criatividade jurídica inerente ao instituto, isso não significa que o sindicato possui ampla liberdade para ajustar todo e qualquer tipo de cláusula normativa, ao contrário, não pode transacionar sobre direitos trabalhistas de indisponibilidade absoluta, que asseguram um patamar civilizatório mínimo, além do que devem sempre buscar entabular regras que permitam implementar um padrão normativo superior ao já estabelecido no estuário normativo heterônomo, consoante diretriz do princípio da adequação setorial negociada. Neste diapasão, esta Corte Superior consolidou entendimento no sentido de ser inválida a cláusula coletiva que prevê a retenção pelo empregador de parte do valor correspondente às gorjetas, para posterior distribuição entre os empregados e a própria empresa, sobretudo porque o art. 457 da CLT é claro ao estabelecer que tanto as gorjetas dadas espontaneamente pelos clientes como as cobradas pela empresa destes, integram a remuneração do empregado, motivo pelo qual não podem ser destinadas a outra finalidade que não seja a remuneração do empregado. Precedentes. Recurso de revista conhecido e provido" (TST, 2.ª T., RR – 503-80.2015.5.21.0003, Rel. Min. Delaíde Miranda Arantes, *DEJT* 03.03.2017).

Conforme o art. 457, § 7.º, da CLT, a gorjeta, quando entregue pelo consumidor diretamente ao empregado, terá seus critérios definidos em convenção ou acordo coletivo de trabalho, *facultada a retenção* nos parâmetros do § 6.º do art. 457 da CLT.

As empresas devem anotar na Carteira de Trabalho e Previdência Social de seus empregados o salário fixo e a média dos valores das gorjetas referente aos últimos 12 meses (art. 457, § 8.º, da CLT).

O art. 457, § 6.º, inciso III, da CLT não se confunde com o determinado no art. 457, § 8.º, da CLT, pois aquele se refere à anotação na CTPS do *percentual* percebido a título de gorjeta *cobrada* pela empresa, considerando a possibilidade de retenção de parte da arrecadação. Diversamente, o § 8.º do art. 457 prevê a anotação na CTPS da *média* dos valores das gorjetas (espontaneamente dadas pelos clientes ao empregado e as que forem cobradas pela empresa) referente aos últimos 12 meses.

Na hipótese de *gorjetas espontâneas*, como o empregador nem sempre tem como saber, de forma precisa, as quantias oferecidas pelos clientes aos empregados, é comum a previsão de seus valores estimados em convenções e acordos coletivos de trabalho, firmados com os sindicatos das categorias profissionais[2]. Trata-se de previsão que não se aplica, entretanto, às gorjetas cobradas pela empresa, como serviço ou adicional, para posterior distribuição aos empregados[3].

Cessada pela empresa a cobrança da gorjeta de que trata o § 3.º do art. 457 da CLT, desde que cobrada por mais de 12 meses, essa se incorporará ao salário do empregado, tendo como base a média dos últimos 12 meses, salvo o estabelecido em convenção ou acordo coletivo de trabalho (art. 457, § 9.º, da CLT).

A hipótese em questão trata da modalidade de gorjeta em que o valor é cobrado pela empresa, como serviço ou adicional, a qualquer título, e destinado à distribuição aos empregados.

Nesse caso, se a empresa, após ter cobrado dos clientes a gorjeta por mais de 12 meses, deixar de fazer essa cobrança, segundo a previsão legal, o valor deve ser incorporado ao salário do empregado, adotando-se o valor decorrente da média dos últimos

---

2. "Agravo de instrumento. Recurso de revista. Gorjeta. Pagamento espontâneo. Estimativa mediante norma coletiva para cálculo de parcelas salariais e recolhimento de encargos. Validade. 1. A Constituição da República (art. 7.º, XXVI), a par de assegurar condições mínimas de trabalho, protege as convenções e acordos coletivos de trabalho, especialmente permitindo a negociação coletiva para reduzir salários e fixar jornada de trabalho, conforme disposto no art. 7.º, VI e XIII, da CF/88. Enseja, assim, uma relativa flexibilização de tais cláusulas do contrato de trabalho, privilegiando, no particular, a desejável autonomia privada coletiva do Sindicato. 2. É válida cláusula de convenção coletiva de trabalho no que fixa estimativa do valor referente às gorjetas espontâneas para cálculo de parcelas salariais e recolhimento de encargos. Há que se reconhecer, pois, a primazia da norma resultante de negociação coletiva, em obediência ao preceito contido no art. 7.º, XXVI, da Constituição Federal. 3. Agravo de instrumento do Reclamante de que se conhece e a que se nega provimento" (TST, 4.ª T., AIRR - 254300-96.2009.5.02.0044, Rel. Min. João Oreste Dalazen, *DEJT* 25.09.2015).

3. "Agravo de instrumento em recurso de revista. Gorjetas. Integração salarial. Controle e ingerência da empresa sobre os valores pagos pelos clientes. Inaplicabilidade da estimativa de gorjetas. Matéria fática. Óbice da Súmula 126, do C. TST. Violação aos arts. 7.º, XXVI e 8.º, III e VI, da Constituição Federal, 348 do CPC e 457 e 832, da CLT, não configurada. Partindo das premissas fáticas fixadas pela Corte Regional e inalteráveis por esta Instância Extraordinária, na forma da Súmula 126, do C. TST, havia efetivo controle e ingerência da reclamada sobre os valores arrecadados junto aos clientes a título de gorjeta, o que afasta, de forma lógica, a previsão convencional relativa à estimativa de gorjetas, aplicável apenas quando tais montantes escapam ao conhecimento e domínio da empresa. Afasta-se, em tais condições, a alegação de afronta aos artigos 7.º, XXVI, e 8.º, III e VI, da Constituição Federal, 348, do CPC e 457 e 832, da CLT. Agravo de Instrumento conhecido e desprovido" (TST, 8.ª T., AIRR - 231-65.2012.5.01.0030, Rel. Des. Conv. Jane Granzoto Torres da Silva, *DEJT* 09.10.2015).

12 meses, sem afastar o que estiver previsto em instrumento normativo decorrente de negociação coletiva de trabalho.

Frise-se que a gorjeta, a rigor, tem natureza de remuneração, mas não se confunde com o salário (art. 457 da CLT). Ainda assim, na situação específica do art. 457, § 9.º, da CLT, observa-se a determinação no sentido de sua incorporação "ao salário", revelando certa desarmonia legislativa.

Para empresas com mais de 60 empregados, deve ser constituída comissão de empregados, mediante previsão em convenção ou acordo coletivo de trabalho, para acompanhamento e fiscalização da regularidade da cobrança e distribuição da gorjeta de que trata o § 3.º do art. 457 da CLT, cujos representantes devem ser eleitos em assembleia geral convocada para esse fim pelo sindicato laboral e gozarão de garantia de emprego vinculada ao desempenho das funções para que foram eleitos, e, para as demais empresas, será constituída comissão intersindical para o referido fim (art. 457, § 10, da CLT).

Sendo assim, no caso de empresas com mais de 60 empregados, cabe à convenção coletiva ou acordo coletivo de trabalho estabelecer a disciplina mais detalhada da mencionada estabilidade provisória dos trabalhadores que integram a referida comissão voltada ao acompanhamento e à fiscalização da regularidade da cobrança e distribuição das gorjetas.

Comprovado o descumprimento do disposto nos §§ 4.º, 6.º, 7.º e 9.º do art. 457 da CLT, o empregador deve pagar ao trabalhador prejudicado, a título de multa, o valor correspondente a 1/30 da média da gorjeta por dia de atraso, limitada ao piso da categoria, assegurados em qualquer hipótese o contraditório e a ampla defesa, observadas as seguintes regras: essa limitação deve ser triplicada caso o empregador seja reincidente; considera-se reincidente o empregador que, durante o período de doze meses, descumpre o disposto nos §§ 4.º, 6.º, 7.º e 9.º do art. 457 da CLT por mais de 60 dias (art. 457, § 11, da CLT).

A multa em questão é devida em favor do empregado prejudicado e, portanto, não se confunde com a penalidade administrativa decorrente de autuação feita pela fiscalização do trabalho (art. 510 da CLT).

O contraditório e a ampla defesa, mencionados no art. 457, § 11, da CLT, são exigidos não apenas em eventual processo judicial no qual se postule a referida multa (art. 5.º, incisos LIV e LV, da Constituição da República), mas também no âmbito extrajudicial, em consonância com a *eficácia horizontal dos direitos fundamentais*, inclusive no caso de ser a questão discutida em comissão de empregados, prevista no art. 457, § 10, da CLT, constituída em empresa com mais de 60 empregados, por meio de convenção coletiva ou acordo coletivo de trabalho, para acompanhamento e fiscalização da regularidade da cobrança e distribuição da gorjeta, ou comissão intersindical, no caso das demais empresas, constituída com o mesmo objetivo.

9.2 PARCELAS DE NATUREZA SALARIAL

Integram o salário a importância fixa estipulada, as gratificações legais e as comissões pagas pelo empregador (art. 457, § 1.º, da CLT, com redação dada pela Lei 13.467/2017).

Entendia-se que a parcela conhecida como "luvas", paga aos atletas profissionais quando da assinatura do contrato de trabalho (em dinheiro, títulos ou bens), teria natureza salarial, por ser uma forma de remuneração antecipada.

Na atualidade, na relação do atleta profissional com a organização esportiva empregadora, o valor das luvas, caso ajustadas, não possui natureza salarial e constará de contrato avulso de natureza exclusivamente civil (art. 85, § 1.º, da Lei 14.597/2023). Da mesma forma, na relação do treinador profissional de futebol com a organização esportiva empregadora, o valor das luvas, caso ajustadas, não possui natureza salarial e constará de contrato avulso de natureza exclusivamente civil (art. 98, § 2.º, da Lei 14.597/2023).

Entende-se que o bônus de contratação ou de permanência (*hiring bonus*), pago com o objetivo de atrair e manter o empregado contratado na empresa por certo período mínimo, tem natureza salarial, por se constituir em incentivo à celebração do contrato de trabalho (TST, 5.ª T., ED-RR - 10233-48.2014.5.01.0055, Rel. Min. Douglas Alencar Rodrigues, *DEJT* 15.12.2017). Desse modo, a referida parcela repercute sobre o depósito do FGTS no mês em que for paga e na indenização de 40% do FGTS (TST, SBDI-I, E-ED--ARR - 723-08.2013.5.04.0008, Rel. Min. Guilherme Augusto Caputo Bastos, j. 29.11.2018).

As diferentes parcelas salariais não podem ser pagas sob a forma de uma única rubrica, sendo vedado englobá-las em certo valor total. Nesse sentido, a Súmula 91 do TST estabelece, quanto ao "salário complessivo", ser nula a cláusula contratual que fixa determinada importância ou percentagem para atender, de forma englobada, vários direitos legais ou contratuais do trabalhador.

9.2.1 Comissões

As comissões são valores que o empregado recebe do empregador, normalmente por vendas de certos produtos ou serviços, podendo ser pagas em valores fixos ou calculadas na forma de percentuais incidentes sobre os valores dessas vendas.

As comissões são variáveis e pagas, por exemplo, em certos valores ou percentuais decorrentes de vendas realizadas ou negócios fechados pelo empregado.

Desse modo, as comissões, embora normalmente sejam em valores variáveis, integram o salário (art. 457, § 1.º, da CLT).

O art. 7.º, inciso VII, da Constituição da República estabelece a garantia de salário, nunca inferior ao mínimo, para os que percebem remuneração variável.

De acordo com a Orientação Jurisprudencial 181 da SBDI-I do TST: "Comissões. Correção monetária. Cálculo. O valor das comissões deve ser corrigido monetariamente para em seguida obter-se a média para efeito de cálculo de férias, 13.º salário e verbas rescisórias".

9.2.2 Gratificações

Apenas as *gratificações legais*, ou seja, previstas em lei, é que integram o salário.

Quanto à *gratificação legal*, cabe fazer referência à gratificação natalina ou décimo terceiro salário (art. 7.º, inciso VIII, da Constituição Federal de 1988, Lei 4.090/1962 e Lei 4.749/1965).

Também pode ser considerada gratificação legal a *gratificação de função*, uma vez que prevista nos arts. 62, parágrafo único, 224, § 2.º, e 468, § 2.º, da CLT (acrescentado pela Lei 13.467/2017).

Portanto, as demais gratificações meramente espontâneas ou contratuais, ainda que ajustadas (de forma expressa ou tácita) ou habituais, pagas pelo empregador, mas sem previsão em lei ou que não sejam de função, deixam de ser previstas legalmente como integrantes do salário.

Logo, ficaria superada a Súmula 152 do TST, com a seguinte redação: "Gratificação. Ajuste tácito. O fato de constar do recibo de pagamento de gratificação o caráter de liberalidade não basta, por si só, para excluir a existência de ajuste tácito".

Do mesmo modo, também ficou superada a Súmula 203 do TST: "Gratificação por tempo de serviço. Natureza salarial. A gratificação por tempo de serviço integra o salário para todos os efeitos legais".

Ainda assim, quanto às gratificações previstas em norma coletiva negociada (art. 7.º, inciso XXVI, da Constituição da República), e mesmo em regulamento de empresa e contrato individual de trabalho, se estabelecida a sua natureza salarial nos referidos instrumentos, entende-se que essa previsão específica deve ser observada, inclusive por ser mais favorável ao empregado (art. 7.º, *caput*, da Constituição Federal de 1988).

A Lei 8.212/1991, no art. 28, § 9.º, *e*, 7, exclui do salário de contribuição as "importâncias recebidas a título de ganhos eventuais e abonos expressamente desvinculados do salário".

Em conformidade com a Súmula 225 do TST: "As gratificações por tempo de serviço e produtividade, pagas mensalmente, não repercutem no cálculo do repouso semanal remunerado".

De acordo com a Súmula 115 do TST: "O valor das horas extras habituais integra a remuneração do trabalhador para cálculo das gratificações semestrais".

Ao versar sobre hipótese específica de gratificação ou adicional por tempo de serviço, a Orientação Jurisprudencial Transitória 60 da SBDI-I do TST assim dispõe:

> "Adicional por tempo de serviço. Base de cálculo. Salário-base. Art. 129 da Constituição do Estado de São Paulo. O adicional por tempo de serviço – quinquênio –, previsto no art. 129 da Constituição do Estado de São Paulo, tem como base de cálculo o vencimento básico do servidor público estadual, ante o disposto no art. 11 da Lei Complementar do Estado de São Paulo 712, de 12.04.1993" (*DJ* 14.03.2008).

9.2.3 Décimo terceiro salário

O *décimo terceiro salário*, também denominada *gratificação natalina*, encontra previsão constitucional no art. 7.º, inciso VIII, da Constituição da República, devendo ser pago com base na remuneração integral ou no valor da aposentadoria.

Trata-se de modalidade especial de gratificação, obrigatória, pois prevista em lei.

A Lei 4.090, de 13 de julho de 1962, no art. 1.º, estabelece o direito de o empregado receber a referida gratificação salarial no mês de dezembro de cada ano. A gratificação corresponderá a 1/12 da remuneração devida em dezembro, por mês de serviço, do ano correspondente; a fração igual ou superior a 15 dias de trabalho será havida como mês integral (§§ 1.º e 2.º).

O décimo terceiro salário é devido de forma proporcional: na extinção dos contratos a prazo, incluídos os de safra, ainda que a relação de emprego haja terminado antes de dezembro; na cessação da relação de emprego resultante de aposentadoria, mesmo que antes de dezembro (§ 3.º).

Além disso, o empregado faz jus ao décimo terceiro salário proporcional quando é dispensado sem justa causa (art. 3.º da Lei 4.090/1962), ou mesmo no pedido de demissão (Súmula 157 do TST), só não tendo tal direito na dispensa por justa causa.

Na culpa recíproca (art. 484 da CLT), o empregado tem direito a 50% do valor do décimo terceiro salário, conforme Súmula 14 do TST, na redação determinada pela Resolução 121/2003.

O décimo terceiro integral, se já adquirido o direito, obviamente, passa a ser devido em qualquer hipótese.

A Lei 4.749, de 12 de agosto de 1965, em seu art. 1.º, estabelece que a gratificação natalina será paga pelo empregador até o dia 20 de dezembro de cada ano, compensada a importância que, a título de adiantamento, o empregado houver recebido.

Efetivamente, entre os meses de fevereiro e novembro de cada ano, o empregador pagará, como adiantamento da gratificação natalina, de uma só vez, metade do salário recebido pelo respectivo empregado no mês anterior (art. 2.º da Lei 4.749/1965). O empregador não é obrigado a pagar referido adiantamento, no mesmo mês, a todos os empregados (§ 1.º). O adiantamento será pago no mês de férias do empregado, sempre que este o requerer no mês de janeiro do respectivo ano (§ 2.º).

Se a extinção do contrato de trabalho ocorrer antes da data de pagamento do décimo terceiro salário, o empregador poderá compensar o adiantamento em questão com a gratificação natalina proporcional que for devida, e, se não bastar, com outro crédito de natureza trabalhista que possua o respectivo empregado (art. 3.º da Lei 4.749/1965).

O art. 77 do Decreto 10.854/2021, ao regulamentar as Leis 4.090/1962 e 4.749/1965, esclarece a hipótese em que o empregado recebe salário variável, a qualquer título. Nesse caso, a gratificação de Natal deve ser calculada na base de 1/11 da soma dos valores variáveis devidos nos meses trabalhados até novembro de cada ano e será adicionada àquela que corresponder à parte do salário contratual fixo, quando houver. Até o dia 10 de janeiro de cada ano, computada a parcela do mês de dezembro, o cálculo da gratificação de Natal deve ser revisto para 1/12 do total devido no ano anterior, de forma a se processar a correção do valor da respectiva gratificação com o pagamento ou a compensação das possíveis diferenças.

As horas extras habituais devem ser levadas em conta (integração) para fins de cálculo da gratificação de Natal (Súmula 45 do TST), pois esta incide sobre a "remuneração integral" (art. 7.º, inciso VIII, da CF/1988).

A gratificação natalina é computável para efeito de cálculo de indenização (Súmula 148 do TST).

A gratificação natalina, instituída pela Lei 4.090/1962, é devida pela empresa cessionária ao servidor público cedido enquanto durar a cessão (Súmula 50 do TST).

9.2.4 Quebra de caixa

A parcela em questão também é chamada de "gratificação de caixa", sendo comumente paga àqueles que exercem funções de caixa, normalmente como bancários. Trata-se de valor pago pela empresa em decorrência do exercício dessa função, tendo em vista a possibilidade de que o caixa operado apresente diferença, a ser ressarcida pelo empregado.

A parcela, logo, seria decorrente da peculiaridade (risco) da atividade exercida.

Conforme o art. 457, § 1.º, da CLT, com redação dada pela Lei 13.467/2017, as *gratificações legais* integram o salário. Pode-se dizer que a *gratificação de função* também deve ser considerada gratificação legal, uma vez que prevista nos arts. 62, parágrafo único, 224, § 2.º, e 468, § 2.º, da CLT (acrescentado pela Lei 13.457/2017).

Desse modo, como a "quebra de caixa" é uma gratificação paga em razão da função exercida pelo empregado, tendo em vista a possibilidade de o caixa operado apresentar diferenças, entende-se que, em tese, tem natureza salarial.

Nesse sentido, de acordo com a Súmula 247 do TST: "Quebra de caixa. Natureza jurídica. A parcela paga aos bancários sob a denominação 'quebra de caixa' possui natureza salarial, integrando o salário do prestador de serviços, para todos os efeitos legais".

Além disso, é possível dizer que se a "quebra de caixa" for paga somente quando ocorrer a diferença de caixa, como forma de indenizar o empregado, exatamente pelo valor do desconto salarial respectivo, tem natureza indenizatória ou de ressarcimento[4].

9.3 ADICIONAIS AO SALÁRIO

Observam-se diversas modalidades de adicionais pagos sobre o salário, e que são devidos em razão do labor em certas condições especiais.

Quanto aos adicionais legais, o entendimento atualmente pacífico, na doutrina e na jurisprudência, é no sentido da sua natureza salarial ou remuneratória.

Possuir natureza salarial, no entanto, não significa confundir-se com o próprio salário em sentido estrito; o reconhecimento de serem verbas de natureza salarial, em oposição à natureza indenizatória, é aspecto de relevância para fins de incidência do FGTS, de contribuições sociais e reflexos em outras verbas trabalhistas.

9.3.1 Adicional de horas extras

Quanto ao adicional de horas extras, o inciso XVI do art. 7.º da Constituição Federal de 1988 expressamente estabelece o *mínimo* de 50% sobre a remuneração da hora normal, o que afasta a possibilidade de ser fixado em nível inferior, ainda que por meio de negociação coletiva.

De acordo com a Súmula 264 do TST, o valor das horas extras deve ser calculado sobre a globalidade salarial recebida pelo empregado (arts. 64 e 457 da CLT). Vejamos a redação do mencionado verbete:

> "Hora suplementar. Cálculo. A remuneração do serviço suplementar é composta do valor da hora normal, integrado por parcelas de natureza salarial e acrescido do adicional previsto em lei, contrato, acordo, convenção coletiva ou sentença normativa".

Por isso, em conformidade com a atual Súmula 132 do TST, inciso I: "O adicional de periculosidade, pago em caráter permanente, integra o cálculo de indenização e de horas extras".

Da mesma forma, de acordo com a Orientação Jurisprudencial 47 da SBDI-I do TST: "Hora extra. Adicional de insalubridade. Base de cálculo. A base de cálculo da hora extra é o resultado da soma do salário contratual mais o adicional de insalubridade" (redação determinada pela Resolução 148, de 26 de junho de 2008).

Nessa linha, a Súmula 60 e a Orientação Jurisprudencial 97 da SBDI-I do TST confirmam que o adicional noturno integra a base de cálculo das horas extras prestadas no período noturno.

---

4. Cf. MARTINS, Sergio Pinto. *Direito do trabalho*. 22. ed. São Paulo: Atlas, 2006. p. 260.

Seguindo a mesma orientação, dispõe a Súmula 226 do TST: "Bancário. Gratificação por tempo de serviço. Integração no cálculo das horas extras. A gratificação por tempo de serviço integra o cálculo das horas extras".

Quanto aos trabalhadores portuários, tendo em vista a previsão específica, contida na Lei 4.860/1965, arts. 4.º e 7.º, § 5.º, para o cálculo das horas extras prestadas observar-se-á somente o salário básico percebido, excluídos os adicionais de risco e produtividade (Orientação Jurisprudencial 60, inciso II, da SBDI-I do TST).

Já o empregado, sujeito a controle de horário, remunerado à base de comissões, tem direito ao adicional de, no mínimo, 50% pelo trabalho em horas extras, calculado sobre o valor-hora das comissões recebidas no mês, considerando-se como divisor o número de horas efetivamente trabalhadas (Súmula 340 do TST, na redação determinada pela Resolução 121/2003).

Por outro lado, insere-se no cálculo da indenização por antiguidade o salário recebido a serviço extraordinário, desde que habitualmente prestado (Súmula 24 do TST).

Da mesma forma, computam-se no cálculo do repouso remunerado as horas extras habitualmente prestadas (Súmula 172 do TST), em conformidade com a Lei 605/1949, art. 7.º.

As férias também devem ser remuneradas levando-se em conta as horas extras recebidas (art. 142, § 5.º, da CLT).

O cálculo do valor das horas extras habituais, para efeito de reflexos em verbas trabalhistas, observará o número de horas efetivamente prestadas e a ele aplica-se o valor do salário-hora da época do pagamento daquelas verbas, conforme critério previsto na Súmula 347 do TST.

Importante lembrar os esclarecimentos presentes na Súmula 376 do TST, com a seguinte redação:

> "Horas extras. Limitação. Art. 59 da CLT. Reflexos.
>
> I – A limitação legal da jornada suplementar a duas horas diárias não exime o empregador de pagar todas as horas trabalhadas.
>
> II – O valor das horas extras habitualmente prestadas integra o cálculo dos haveres trabalhistas, independentemente da limitação prevista no *caput* do art. 59 da CLT".

Quanto à possibilidade de supressão (total ou parcial) das horas extras habitualmente prestadas, a Súmula 291 do TST, revisando a Súmula 76 (já cancelada), estabelece que:

> "A supressão total ou parcial, pelo empregador, de serviço suplementar prestado com habitualidade, durante pelo menos 1 (um) ano, assegura ao empregado o direito à indenização correspondente ao valor de 1 (um) mês das horas suprimidas, total ou parcialmente, para cada ano ou fração igual ou superior a seis meses de prestação de serviço acima da jornada normal. O cálculo observará a média das horas suplementares nos últimos 12 (doze) meses anteriores à mudança, multiplicada pelo valor da hora extra do dia da supressão".

9.3.2 Adicional noturno

O trabalho noturno assegura ao empregado o direito de receber o adicional respectivo (art. 7.º, inciso IX, da CF/1988).

Para o empregado urbano, o adicional pelo trabalho noturno é de 20% sobre a hora diurna, conforme o art. 73, *caput*, da CLT.

O adicional noturno, pago com habitualidade, integra o salário do empregado para todos os efeitos (Súmula 60, inciso I, do TST).

O trabalho noturno, pelo empregado urbano, também assegura a redução da hora noturna, prevista no art. 73, § 1.º, da CLT, com a seguinte redação: "A hora de trabalho noturno será computada como de 52 (cinquenta e dois) minutos e 30 (trinta) segundos". Essa previsão encontra-se em vigor, mesmo depois da Constituição Federal de 1988, conforme a Orientação Jurisprudencial 127 da SBDI-I do TST.

Além disso, considera-se noturno o trabalho urbano executado entre as 22 horas de um dia e as 5 horas do dia seguinte (§ 2.º).

No entanto, interpretando o art. 73, § 5.º, da CLT, a Súmula 60 do TST estabelece, em seu inciso II, que: "Cumprida integralmente a jornada no período noturno e prorrogada esta, devido é também o adicional quanto às horas prorrogadas. Exegese do art. 73, § 5.º, da CLT".

No âmbito rural, a Lei 5.889/1973 prevê o adicional pelo trabalho noturno de 25% sobre a remuneração normal (art. 7.º, parágrafo único), não havendo previsão, na lei específica, da hora noturna reduzida no trabalho rural.

Além disso, considera-se trabalho noturno rural o executado:

- entre as 21 (vinte e uma) horas de um dia e as 5 (cinco) horas do dia seguinte, na lavoura;
- entre as 20 (vinte) horas de um dia e as 4 (quatro) horas do dia seguinte, na pecuária.

Para os trabalhadores portuários, a previsão específica da Lei 4.860/1965, arts. 4.º e 7.º, § 5.º, estabelece que a hora noturna no regime de trabalho no porto, compreendida entre as dezenove horas e as sete horas do dia seguinte, é de sessenta minutos (Orientação Jurisprudencial 60, inciso I, da SBDI-I do TST).

Quanto ao trabalho noturno dos empregados nas atividades de exploração, perfuração, produção e refinação do petróleo, industrialização do xisto, indústria petroquímica e transporte de petróleo e seus derivados, por meio de dutos, por ser regulado pela Lei 5.811, de 11 de outubro de 1972, não se lhe aplica a hora reduzida de 52 minutos e 30 segundos prevista no art. 73, § 1.º, da CLT (Súmula 112 do TST).

Importante frisar que, em conformidade com a Súmula 265 do TST: "Adicional noturno. Alteração de turno de trabalho. Possibilidade de supressão. A transferência para o período diurno de trabalho implica a perda do direito ao adicional noturno".

Trata-se de previsão fundada no *jus variandi*, de titularidade do empregador, por lhe ser assegurado gerir a empresa e, com isso, estabelecer certas alterações que podem alcançar algumas condições de trabalho, pertinentes aos contratos de emprego. Além disso, a alteração é benéfica ao trabalhador e à sua saúde, o que leva à melhoria de sua condição, atendendo aos ditames dos arts. 6.º e 7.º da Constituição Federal de 1988.

9.3.3 Adicional de transferência

O adicional de transferência é de, no mínimo, 25% do salário, encontrando-se previsto no art. 469, § 3.º, da CLT, calculado sobre o salário que recebia no local em que estava laborando.

Como esse dispositivo prevê o respectivo direito na hipótese de "necessidade de serviço", quando o empregador poderá transferir o empregado para localidade diversa da que resultar do contrato, "enquanto durar essa situação", entende-se que esse adicional é devido no caso de transferência provisória.

Nessa linha, a Orientação Jurisprudencial 113 da SBDI-I do TST prevê: "O fato de o empregado exercer cargo de confiança ou a existência de previsão de transferência no contrato de trabalho não exclui o direito ao adicional. O pressuposto legal apto a legitimar a percepção do mencionado adicional é a transferência provisória".

Tendo em vista a parte inicial do *caput* do art. 469 da CLT, entende-se que se o empregado foi quem solicitou a transferência, ou, por ser de seu interesse, estabeleceu ajuste com o empregador nesse sentido, o adicional de transferência não é devido.

Além disso, de acordo com o *caput* do art. 469 da CLT, não se considera transferência a que "não acarretar necessariamente a mudança do seu domicílio".

A Súmula 29 do TST versa sobre questão distinta, apresentando a seguinte redação:

> "Empregado transferido, por ato unilateral do empregador, para local mais distante de sua residência, tem direito a suplemento salarial correspondente ao acréscimo da despesa de transporte".

Na realidade, o acréscimo na referida despesa de transporte para o trabalho deve repercutir, mas, no vale-transporte, a ser concedido pelo empregador, devendo o empregado efetuar a respectiva atualização de informação a respeito (art. 112, § 1.º, do Decreto 10.854/2021).

9.3.4 Adicional de periculosidade

O adicional de periculosidade, previsto no art. 7.º, inciso XXIII, da Constituição Federal de 1988, é regulamentado pelos arts. 193 e seguintes da CLT.

O art. 193, *caput*, da CLT, com redação dada pela Lei 12.740/2012 (publicada no *DOU* de 10.12.2012, data de sua entrada em vigor), estabelece as atividades ou operações consideradas perigosas, "na forma da regulamentação aprovada pelo Ministério do Trabalho", referindo-se àquelas "que, por sua natureza ou métodos de trabalho, impliquem risco acentuado em virtude de exposição permanente do trabalhador a: I – inflamáveis, explosivos ou energia elétrica; II – roubos ou outras espécies de violência física nas atividades profissionais de segurança pessoal ou patrimonial; III – colisões, atropelamentos ou outras espécies de acidentes ou violências nas atividades profissionais dos agentes das autoridades de trânsito" (incluído pela Lei 14.684/2023)[5].

O disposto no inciso I do art. 193 da CLT não se aplica às quantidades de inflamáveis contidas nos tanques de combustíveis originais de fábrica e suplementares, para consumo próprio de veículos de carga e de transporte coletivo de passageiros, de máquinas e de equipamentos, certificados pelo órgão competente, e nos equipamentos de refrigeração de carga (art. 193, § 5.º, da CLT, incluído pela Lei 1.766/2023).

5. Cf. Súmula 364 do TST: "Adicional de periculosidade. Exposição eventual, permanente e intermitente. I – Tem direito ao adicional de periculosidade o empregado exposto permanentemente ou que, de forma intermitente, sujeita-se a condições de risco. Indevido, apenas, quando o contato dá-se de forma eventual, assim considerado o fortuito, ou o que, sendo habitual, dá-se por tempo extremamente reduzido. II – Não é válida a cláusula de acordo ou convenção coletiva de trabalho fixando o adicional de periculosidade em percentual inferior ao estabelecido em lei e proporcional ao tempo de exposição ao risco, pois tal parcela constitui medida de higiene, saúde e segurança do trabalho, garantida por norma de ordem pública (arts. 7.º, XXII e XXIII, da CF e 193, § 1.º, da CLT)".

Anteriormente, a Lei 7.369, de 20 de setembro de 1985 (regulamentada pelo Decreto 93.412/1986), revogada pela Lei 12.740/2012, estabelecia o direito ao adicional de periculosidade ao "empregado que exerce atividade no setor de energia elétrica"[6].

Segundo explicita a Súmula 447 do TST:

> "Adicional de periculosidade. Permanência a bordo durante o abastecimento da aeronave. Indevido. Os tripulantes e demais empregados em serviços auxiliares de transporte aéreo que, no momento do abastecimento da aeronave, permanecem a bordo não têm direito ao adicional de periculosidade a que aludem o art. 193 da CLT e o Anexo 2, item 1, *c*, da NR 16 do MTE".

De acordo com a Súmula 39 do TST: "Periculosidade. Os empregados que operam em bomba de gasolina têm direito ao adicional de periculosidade (Lei nº 2.573, de 15.08.1955)".

A Orientação Jurisprudencial 347 da SBDI-I do TST também apresenta o seguinte esclarecimento: "Adicional de periculosidade. Sistema elétrico de potência. Lei 7.369, de 20.09.1985, regulamentada pelo Decreto 93.412, de 14.10.1986. Extensão do direito aos cabistas, instaladores e reparadores de linhas e aparelhos em empresa de telefonia. *DJ* 25.04.2007. É devido o adicional de periculosidade aos empregados cabistas, instaladores e reparadores de linhas e aparelhos de empresas de telefonia, desde que, no exercício de suas funções, fiquem expostos a condições de risco equivalente ao do trabalho exercido em contato com sistema elétrico de potência".

Além disso, o Tribunal Superior do Trabalho aprovou a Orientação Jurisprudencial 345 da SBDI-I, entendendo que a exposição do empregado à radiação ionizante ou à substância radioativa enseja a percepção do adicional de periculosidade (Portaria 518, de 4 de abril de 2003, que restabeleceu a diretriz da anterior Portaria 3.393/1987).

A Portaria MTE 595/2015 incluiu "Nota Explicativa" no final do Quadro Anexo da Portaria 518/2003, que dispõe sobre as atividades e operações perigosas com radiações ionizantes ou substâncias radioativas, assim prevendo: "1. Não são consideradas perigosas, para efeito deste anexo, as atividades desenvolvidas em áreas que utilizam equipamentos móveis de Raios X para diagnóstico médico. 2. Áreas tais como emergências, centro de tratamento intensivo, sala de recuperação e leitos de internação não são classificadas como salas de irradiação em razão do uso do equipamento móvel de Raios X".

A respeito do tema, o Tribunal Superior do Trabalho, com base no art. 896-C da CLT, fixou as seguintes teses jurídicas de observância obrigatória (art. 927 do CPC): "I – a Portaria MTE nº 595/2015 e sua nota explicativa não padecem de inconstitucionalidade ou ilegalidade. II – não é devido o adicional de periculosidade a trabalhador que, sem operar o equipamento móvel de Raios X, permaneça, habitual, intermitente ou eventualmente, nas áreas de seu uso. III – os efeitos da Portaria nº 595/2015 do Ministério do Trabalho alcançam as situações anteriores à data de sua publicação" (TST, SBDI-I, IRR - 1325-18.2012.5.04.0013, Redatora Min. Maria Cristina Irigoyen Peduzzi, j. 01.08.2019).

---

6. Cf. Súmula 361 do TST: "Adicional de periculosidade. Eletricitários. Exposição intermitente. O trabalho exercido em condições perigosas, embora de forma intermitente, dá direito ao empregado a receber o adicional de periculosidade de forma integral, porque a Lei 7.369, de 20.09.1985, não estabeleceu nenhuma proporcionalidade em relação ao seu pagamento". Cf. ainda Orientação Jurisprudencial 324 da SBDI-I do TST: "Adicional de periculosidade. Sistema elétrico de potência. Decreto 93.412/1986, art. 2.º, § 1.º, *DJ* 09.12.2003. É assegurado o adicional de periculosidade apenas aos empregados que trabalham em sistema elétrico de potência em condições de risco, ou que o façam com equipamentos e instalações elétricas similares, que ofereçam risco equivalente, ainda que em unidade consumidora de energia elétrica".

A Lei 12.997, de 18 de junho de 2014, em vigor na data de sua publicação (*DOU* de 20.06.2014), acrescentou o § 4.º ao art. 193 da CLT, passando a dispor que "são também consideradas perigosas as atividades de trabalhador em motocicleta".

Com isso, o adicional de periculosidade também passa a ser devido, por exemplo, a empregados que exercem as funções de "motoboy", "mototaxista" e carteiros que utilizam motocicleta para a entrega de correspondências.

É assegurado ao bombeiro civil o adicional de periculosidade de 30% do salário mensal sem os acréscimos resultantes de gratificações, prêmios ou participações nos lucros da empresa (art. 6.º, inciso III, da Lei 11.901/2009).

O adicional de periculosidade, que é devido no montante de 30%, quanto à base de cálculo, incide "sobre o salário sem os acréscimos resultantes de gratificações, prêmios ou participações nos lucros da empresa", conforme o art. 193, § 1.º, da CLT. Devem ser descontados ou compensados do adicional outros da mesma natureza eventualmente já concedidos ao vigilante por meio de acordo coletivo (art. 193, § 3.º, CLT). Por meio de interpretação extensiva, pode-se dizer que o adicional, da mesma natureza, já pago em razão de *convenção coletiva de trabalho*, também deve servir para o referido desconto ou compensação, inclusive como forma de se evitar o enriquecimento sem causa.

Trata-se de disposição peculiar, pois, de acordo com a regra mais genérica do art. 457, § 1.º, da CLT, as gratificações legais integram o salário. A participação nos lucros ou resultados, de forma distinta, tem previsão no art. 7.º, inciso XI, da Constituição Federal de 1988, não possuindo, em tese, natureza salarial, quando paga de acordo com a Lei 10.101/2000 (art. 3.º).

Quanto à base de cálculo do adicional de periculosidade devido aos empregados que exercem atividade no setor de energia elétrica, anteriormente, a sua previsão não se encontrava propriamente na CLT, mas, de forma específica, na Lei 7.369/1985 (atualmente revogada pela Lei 12.740/2012). O art. 1.º desse diploma legal, além de estabelecer que o adicional de periculosidade também é devido no montante de 30%, mencionava a sua incidência "sobre o salário que perceber" o empregado.

Portanto, nota-se que para o cálculo do adicional de periculosidade, pertinente aos empregados em atividade no setor de energia elétrica, deveria levar em conta este conceito mais amplo de salário, e não o salário básico propriamente. De todo modo, a norma especial, qual seja, a Lei 7.369/1985, art. 1.º, não revogaria a disposição geral. Por isso, para o adicional de periculosidade devido com base nas hipóteses da Consolidação das Leis do Trabalho, persiste a incidência do art. 193, § 1.º, da CLT.

Em razão desses aspectos, a Súmula 191 do TST, em sua atual redação, apresenta a seguinte previsão:

> "Adicional de periculosidade. Incidência. Base de cálculo.
>
> I – O adicional de periculosidade incide apenas sobre o salário básico e não sobre este acrescido de outros adicionais.
>
> II – O adicional de periculosidade do empregado eletricitário, contratado sob a égide da Lei nº 7.369/1985, deve ser calculado sobre a totalidade das parcelas de natureza salarial. Não é válida norma coletiva mediante a qual se determina a incidência do referido adicional sobre o salário básico.
>
> III – A alteração da base de cálculo do adicional de periculosidade do eletricitário promovida pela Lei nº 12.740/2012 atinge somente contrato de trabalho firmado a partir de sua vigência, de modo que, nesse caso, o cálculo será realizado exclusivamente sobre o salário básico, conforme determina o § 1.º do art. 193 da CLT".

Como se pode notar, tendo em vista a alteração no art. 193 da CLT, decorrente da Lei 12.740/2012, que revogou a Lei 7.369/1985, o adicional de periculosidade dos eletricitários também passou a incidir sobre o salário básico quanto aos contratos de trabalho firmados a partir da vigência da mencionada Lei 12.740/2012.

Aos empregados eletricitários contratados na vigência da Lei 7.369/1985, entretanto, essa modificação da base de cálculo não se aplica, em razão da impossibilidade de redução salarial, com fundamento no princípio da condição mais benéfica.

O TST uniformizou a sua jurisprudência, no sentido de que o labor com exposição à radiação ionizante ou substância radioativa gera o direito ao adicional de periculosidade (Orientação Jurisprudencial 345 da SBDI-I). Trata-se de atividade prevista no art. 200, inciso VI e parágrafo único, da CLT, e o adicional de periculosidade, nessa hipótese, incide apenas sobre o salário básico (Súmula 191 do TST, inciso I).

Mesmo incidindo o adicional de periculosidade, nas hipóteses previstas na Consolidação das Leis do Trabalho, apenas sobre o salário básico, se o empregado recebe salário-utilidade, pode-se dizer que este deve ser computado.

De acordo com a atual Súmula 132 do TST, que incorporou as Orientações Jurisprudenciais 174 e 267 da SBDI-I:

> "I – O adicional de periculosidade, pago em caráter permanente, integra o cálculo de indenização e de horas extras.
>
> II – Durante as horas de sobreaviso, o empregado não se encontra em condições de risco, razão pela qual é incabível a integração do adicional de periculosidade sobre as mencionadas horas".

Como se pode notar, o adicional de periculosidade é que integra a base de cálculo das horas extras, pois, no pagamento destas, adota-se a globalidade salarial, o que está de acordo com a Súmula 264 do TST. Por isso, as horas extras, que já foram calculadas levando em conta o adicional de periculosidade, por sua vez, não podem integrar a base de cálculo desta última parcela. Ter-se-ia, caso contrário, verdadeiro *bis in idem*, ou seja, a utilização do adicional de periculosidade (embutido nas horas extras) para o cálculo do próprio adicional de periculosidade.

Conforme a Orientação Jurisprudencial 259 da SBDI-I do TST: "Adicional noturno. Base de cálculo. Adicional de periculosidade. Integração. O adicional de periculosidade deve compor a base de cálculo do adicional noturno, já que também neste horário o trabalhador permanece sob as condições de risco".

Sendo assim, como para calcular o adicional pelo labor noturno (art. 73 da CLT) já se integra o adicional de periculosidade, aquele não pode mais incidir sobre este. Do contrário, o adicional de periculosidade estaria incidindo sobre base de cálculo na qual este mesmo adicional se encontra presente (embutido no adicional noturno).

Além disso, anteriormente, o art. 1.º da Lei 7.369/1985, já revogado pela Lei 12.740/2012, estabelecia o direito ao adicional de periculosidade "sobre o salário que perceber" o empregado no setor de energia elétrica, mas não sobre a remuneração propriamente.

Portanto, da mesma forma que as horas extras são calculadas sobre a globalidade salarial (Súmula 264 do TST), mas não com a integração de gorjetas (Súmula 354 do TST), pode-se dizer que o adicional de periculosidade dos eletricitários, antes da mencionada Lei 12.740/2012, incidia sobre o conjunto das parcelas salariais, mas não sobre as gorjetas propriamente.

Por fim, como o art. 193, § 2.º, da CLT assegura o direito do empregado de optar entre o adicional de periculosidade e o adicional de insalubridade, tende a prevalecer o entendimento de que ele não faz jus ao recebimento de ambos os adicionais ao mesmo tempo[7], entendimento este que, no entanto, merece *fundada crítica*, pois, se o empregado está exposto tanto ao agente insalubre como à periculosidade, nada mais justo e coerente do que receber ambos os adicionais (art. 7.º, inciso XXIII, da CF/1988), uma vez que os fatos geradores são distintos e autônomos. Além disso, a restrição a apenas um dos adicionais acaba desestimulando que a insalubridade e a periculosidade sejam eliminadas e neutralizadas, o que estaria em desacordo com o art. 7.º, inciso XXII, da Constituição Federal de 1988[8] (cf. ainda Capítulo 25, item 25.27). De todo modo, ainda que o adicional de insalubridade tenha natureza salarial (Súmula 139 do TST[9]), caso prevaleça o mencionado entendimento, mais tradicional, de que o recebimento do adicional de periculosidade afasta o direito ao adicional de insalubridade, não haveria, consequentemente, como integrá-lo no cálculo do adicional de periculosidade.

9.3.5 Adicional de insalubridade

O adicional de insalubridade é previsto no art. 7.º, inciso XXIII, da Constituição Federal de 1988, com regulamentação pelos arts. 189 e seguintes da Consolidação das Leis do Trabalho.

As atividades e operações insalubres são indicadas na Norma Regulamentadora 15, da Portaria 3.214/1978 do Ministério do Trabalho, a qual descreve os agentes químicos, físicos e biológicos prejudiciais à saúde do empregado, bem como os respectivos limites de tolerância.

De acordo com a redação do art. 192 da CLT: "O exercício de trabalho em condições insalubres, acima dos limites de tolerância estabelecidos pelo Ministério do Trabalho, assegura a percepção de adicional respectivamente de 40% (quarenta por cento), 20% (vinte por cento) e 10% (dez por cento) do salário mínimo da região, segundo se classifiquem nos graus máximo, médio e mínimo".

Prevalece o entendimento de que no caso de incidência de mais de um fator de insalubridade, será apenas considerado o de grau mais elevado, para efeito de acréscimo salarial, sendo vedada a percepção cumulativa (NR 15, item 15.3).

Anteriormente, prevalecia o entendimento de que o cálculo do adicional de insalubridade com base no salário mínimo, como estabelece o art. 192 da CLT, não apresentava inconstitucionalidade, pois ausente o efeito de indexação da economia. Nesse sentido chegou a decidir o Supremo Tribunal Federal:

> "Agravo regimental no agravo de instrumento. Adicional de insalubridade. Fixação em percentual do salário mínimo. Possibilidade. O Supremo firmou entendimento no sentido de que o artigo 7.º, IV, da Constituição do Brasil veda apenas o emprego do salário mínimo

---

7. Cf. MARTINS, Sergio Pinto. *Comentários à CLT*. 10. ed. São Paulo: Atlas, 2006. p. 213: "Não poderá, porém, haver o pagamento dos dois adicionais ao mesmo tempo"; CARRION, Valentin. *Comentários à Consolidação das Leis do Trabalho*. 31. ed. atual. por Eduardo Carrion. São Paulo: Saraiva, 2006. p. 189: "A lei impede a acumulação dos adicionais de insalubridade e periculosidade; a escolha de um dos dois pertence ao empregado (art. 193, § 2.º)".

8. "XXII – redução dos riscos inerentes ao trabalho, por meio de normas de saúde, higiene e segurança".

9. Súmula 139 do TST: "Adicional de insalubridade. Enquanto percebido, o adicional de insalubridade integra a remuneração para todos os efeitos legais".

como indexador, sendo legítima a sua utilização como base de cálculo do adicional de insalubridade [Precedentes: AI 444.412-AgRg, Relator o Ministro Carlos Velloso, *DJ* 19.09.2003; RE 340.275, Relatora a Ministra Ellen Gracie, *DJ* 22.10.2004]. Agravo regimental a que se nega provimento" (STF, 2.ª T., AI-AgRg 638100/ES, Rel. Min. Eros Grau, j. 22.05.2007, *DJ* 15.06.2007).

Cabe ressalvar que antes da Constituição de 1988, e apenas durante a vigência do Decreto-lei 2.351/1987, a base de cálculo do adicional de insalubridade era o piso nacional de salários (Orientação Jurisprudencial Transitória 33 da SBDI-I do TST, ex-OJ 3 da SBDI-I).

Posteriormente, passou-se a entender que a disposição do art. 192 da CLT, especificamente quanto ao cálculo do adicional de insalubridade com base no salário mínimo, não havia sido recepcionada pela Constituição em vigor. O mencionado posicionamento destaca que essa previsão viola o art. 7.º, inciso IV, parte final, da Constituição Federal de 1988, ao vedar a vinculação do salário mínimo para qualquer fim. Nesse sentido, podem ser mencionadas as seguintes decisões:

"Agravo regimental em recurso extraordinário. Trabalhista. Adicional de insalubridade. Vinculação ao salário mínimo. Inconstitucionalidade. A utilização do salário mínimo como base de cálculo do adicional de insalubridade ofende a parte final do inciso IV do art. 7.º da Constituição Federal. Precedentes: RE 435.011-AgRg e AI 423.622-ED. Agravo Regimental desprovido" (STF, 1.ª T., RE-AgRg 451220/ES, Rel. Min. Carlos Britto, j. 28.11.2006, *DJ* 20.04.2007).

"Recurso extraordinário. 2. Adicional de insalubridade. Base de cálculo. 3. Vedação de vinculação ao salário mínimo. Posicionamento da 1.ª Turma. Adesão. 4. Restabelecimento do critério estabelecido pelo Tribunal de origem para fixação da base de cálculo. 5. Recurso extraordinário conhecido e provido" (STF, RE 439035-3/ES, 2.ª T., Rel. Min. Gilmar Mendes, j. 11.12.2007, v.u., *DJ* 28.03.2008).

Ainda quanto ao tema, o Supremo Tribunal Federal aprovou a *Súmula Vinculante 4*, com a seguinte redação:

"**Salvo nos casos previstos na Constituição, o salário mínimo não pode ser usado como indexador de base de cálculo de vantagem de servidor público ou de empregado, nem ser substituído por decisão judicial**"[10].

A mencionada Súmula Vinculante foi aprovada após o Pleno do STF decidir o Recurso Extraordinário 565.714, com *repercussão geral*, no dia 30 de abril de 2008.

A decisão do Plenário do STF foi unânime, no sentido de que a vinculação do adicional de insalubridade ao salário mínimo ofende a Constituição Federal, mas a alteração da base de cálculo por meio de interpretação jurídica (ou seja, em decisão judicial) não é possível. Adotou-se, assim, a técnica da *declaração de inconstitucionalidade sem pronúncia da nulidade*, em que a norma, embora seja considerada inconstitucional, continua a ser aplicada até que seja aprovada lei sobre a matéria.

---

10. "Legislação: Constituição Federal de 1988, art. 7.º, inciso IV e XXIII, art. 39, §§ 1.º e 3.º, art. 42, § 1.º, art. 142, § 3.º, inciso X. Precedentes: RE 236396; RE 208684; RE 217700; RE 221234; RE 338760; RE 439035; RE 565714", p. 247. Cabe esclarecer que a Rel. Min. Cármen Lúcia Antunes Rocha, em seu voto, salientou que a parte final do art. 7.º, inciso IV, da Constituição proíbe expressamente a vinculação do salário mínimo para qualquer fim. O objetivo da norma, explicou a Ministra, é impedir que haja pressões que levem a reajustes menores no salário mínimo. Ela lembrou diversos precedentes da Corte no sentido de que o mínimo não pode ser usado como indexador, seja de vencimentos, abonos, pensão ou indenizações, entre outros.

Tendo em vista a sua relevância, transcreve-se a ementa do referido julgado:

"Constitucional. Art. 7.º, inciso IV, da Constituição da República. Não recepção do art. 3.º, parágrafo único, da Lei Complementar Paulista 432/1985 pela Constituição de 1988. Inconstitucionalidade de vinculação do adicional de insalubridade ao salário mínimo: precedentes. Impossibilidade da modificação da base de cálculo do benefício por decisão judicial. Recurso extraordinário ao qual se nega provimento.

1. O sentido da vedação constante da parte final do inciso IV do art. 7.º da Constituição impede que o salário mínimo possa ser aproveitado como fator de indexação; essa utilização tolheria eventual aumento do salário mínimo pela cadeia de aumentos que ensejaria se admitida essa vinculação (RE 217.700, Ministro Moreira Alves).

A norma constitucional tem o objetivo de impedir que aumento do salário mínimo gere, indiretamente, peso maior do que aquele diretamente relacionado com o acréscimo. Essa circunstância pressionaria reajuste menor do salário mínimo, o que significaria obstaculizar a implementação da política salarial prevista no art. 7.º, inciso IV, da Constituição da República.

O aproveitamento do salário mínimo para a formação da base de cálculo de qualquer parcela remuneratória ou com qualquer outro objetivo pecuniário (indenizações, pensões etc.) esbarra na vinculação vedada pela Constituição do Brasil.

Histórico e análise comparativa da jurisprudência do Supremo Tribunal Federal.

Declaração de não recepção pela Constituição da República de 1988 do art. 3.º, parágrafo único, da Lei Complementar n. 432/1985 do Estado de São Paulo.

3. Inexistência de regra constitucional autorizativa de concessão de adicional de insalubridade a servidores públicos (art. 39, § 1.º, inciso III) ou a policiais militares (art. 42, § 1.º, c/c o art. 142, § 3.º, inciso X).

4. Inviabilidade de invocação do art. 7.º, inciso XXIII, da Constituição da República, pois mesmo se a legislação local determina a sua incidência aos servidores públicos, a expressão *adicional de remuneração* contida na norma constitucional há de ser interpretada como *adicional remuneratório*, a saber, aquele que desenvolve atividades penosas, insalubres ou perigosas tem direito a adicional, a compor a sua remuneração. Se a Constituição tivesse estabelecido remuneração do trabalhador como base de cálculo teria afirmado *adicional sobre a remuneração*, o que não fez.

5. Recurso extraordinário ao qual se nega provimento" (STF, Pleno, RE 565.714-1/SP, Rel. Min. Cármen Lúcia, j. 30.04.2008, *DJ* 08.08.2008).

O STF, assim, decidiu que a parte final do art. 7.º, inciso IV, da Constituição Federal de 1988 proíbe a vinculação do salário mínimo para qualquer fim. Ao mesmo tempo, o STF decidiu que se deve assegurar a *manutenção do pagamento do adicional de insalubridade da forma como ocorre atualmente, até que uma nova lei venha a fixar os critérios de atualização e a nova base de cálculo.*

Verifica-se que o referido verbete vinculante foi aprovado pelo Supremo Tribunal Federal com uma redação ampla, não restringindo nem distinguindo entre servidores públicos e empregados, os quais, aliás, acabaram sendo expressamente incluídos na Súmula Vinculante 4.

Cabe esclarecer que o art. 7.º, inciso XXIII, da Constituição Federal de 1988, na realidade, utilizou a expressão "remuneração" no seu sentido mais genérico de recebimento, ganho, ou seja, com o nítido enfoque de remunerar a atividade insalubre. O referido dispositivo não tratou da base de cálculo do referido adicional, não se referindo à "remuneração" em sentido técnico, tal como prevista no art. 457, *caput*, da CLT[11].

Obviamente, eventual alteração legislativa, assegurando o direito ao adicional de insalubridade com base na remuneração ou no salário contratual[12], além de evidentemente atender ao escopo protetor do Direito do Trabalho, estaria em conformidade com o preceito constitucional contido no art. 7.º, inciso XXII, da Constituição da República, como forma de garantir a "redução dos riscos inerentes ao trabalho por meio de normas de saúde, higiene e segurança"[13].

Confirmando o entendimento de que o adicional de insalubridade não incide sobre a remuneração, de acordo com a Resolução 148, de 26 de junho de 2008, do Pleno do TST, foi mantida a Orientação Jurisprudencial 2 da SBDI-II do TST, versando sobre o cabimento de "ação rescisória", assim dispondo: "Viola o art. 192 da CLT decisão que acolhe pedido de adicional de insalubridade com base na remuneração do empregado".

A Orientação Jurisprudencial 47 da SBDI-I, por sua vez, assim prevê: "Hora extra. Adicional de insalubridade. Base de cálculo. A base de cálculo da hora extra é o resultado da soma do salário contratual mais o adicional de insalubridade".

Logicamente, em face dos princípios da norma mais favorável e da condição mais benéfica, inerentes ao Direito do Trabalho, se houver norma jurídica válida e em vigência (p. ex., convenção coletiva ou acordo coletivo), estabelecendo o direito ao adicional de insalubridade de acordo com base mais benéfica, deverá ser observada.

Como a Súmula Vinculante 4 do STF determina que "o salário mínimo não pode ser usado como indexador de base de cálculo de vantagem de servidor público ou de empregado, *nem ser substituído por decisão judicial*" (destaquei), o tema retornou ao Supremo Tribunal Federal, tendo em vista a Resolução 148, de 26 de junho de 2008, aprovada pelo Pleno do TST, que alterou a redação da sua Súmula 228, passando a prever que a partir de 9 de maio de 2008, data da publicação da Súmula Vinculante 4 do Supremo Tribunal Federal, o adicional de insalubridade seria calculado sobre o salário básico (em analogia com a base de cálculo do adicional de periculosidade, prevista no art. 193, § 1.º, da CLT e na Súmula 191 do TST), salvo critério mais vantajoso fixado em instrumento coletivo.

Nesse sentido, foi ajuizada Reclamação, com pedido liminar, ao Supremo Tribunal Federal[14], "em face da decisão proferida pelo Plenário do Tribunal Superior do Trabalho

11. Cf. MARTINS, Sergio Pinto. *Comentários à CLT*. 10. ed. São Paulo: Atlas, 2006. p. 210: "A Constituição não reza que o adicional incide sobre a remuneração, mas menciona adicional de remuneração. Há que se entender que o sentido da palavra remuneração a que se refere a Lei Fundamental é o do verbo remunerar e não propriamente a remuneração de que trata o art. 457 da CLT".

12. Cf. SÜSSEKIND, Arnaldo. *Instituições de direito do trabalho*. 18. ed. São Paulo: LTr, 1999. v. 2, p. 935: "Para os efeitos da relação de trabalho, o Congresso Nacional terá de legislar a respeito, ocasião em que, a nosso ver, deveria também estabelecer que o adicional de insalubridade, tal como o pertinente à periculosidade, passe a incidir sobre o salário contratual do respectivo empregado, e não sobre o salário mínimo. Aliás, a expressão 'adicional de remuneração' parece ter sido inserida, com essa intenção, no texto constitucional. Contudo, ela revela apenas a natureza salarial dos adicionais de insalubridade e de periculosidade".

13. Cf. NASCIMENTO, Amauri Mascaro. *Teoria jurídica do salário*. 2. ed. São Paulo: LTr, 1997. p. 248-249: "A Constituição não altera essa regra. Não declara que o adicional incidirá sobre a remuneração. Refere-se a adicional *de* remuneração e não a adicional *sobre* remuneração" (destaques do original).

14. Cf. art. 103-A, § 3.º, da CF/1988 (acrescentado pela EC 45/2004): "Do ato administrativo ou decisão judicial que contrariar a súmula aplicável ou que indevidamente a aplicar, caberá reclamação ao Supremo Tribunal Federal que, julgando-a procedente, anulará o ato administrativo ou cassará a decisão judicial re-

que editou a Resolução 148/2008 e deu nova redação ao verbete 228 da Súmula daquele Tribunal (Súmula 228/TST)". Com isso, foi deferida a liminar para suspender a aplicação da Súmula 228 do TST na parte em que permite a utilização do salário básico para calcular o adicional de insalubridade.

Na Medida Cautelar em Reclamação 6.266-0/DF, o Ministro Gilmar Mendes, do STF, proferiu a seguinte decisão (datada de 15.07.2008):

> "À primeira vista, a pretensão do reclamante afigura-se plausível no sentido de que a decisão reclamada teria afrontado a Súmula Vinculante 4 desta Corte:
>
> 'Salvo nos casos previstos na Constituição, o salário mínimo não pode ser usado como indexador de base de cálculo de vantagem de servidor público ou de empregado, nem ser substituído por decisão judicial'.
>
> Com efeito, no julgamento que deu origem à mencionada Súmula Vinculante n.º 4 (RE 565.714/SP, Rel. Min. Cármen Lúcia, Sessão de 30.04.2008 – *Informativo* 510/STF), esta Corte entendeu que o adicional de insalubridade deve continuar sendo calculado com base no salário mínimo, enquanto não superada a inconstitucionalidade por meio de lei ou convenção coletiva.
>
> Dessa forma, com base no que ficou decidido no RE 565.714/SP e fixado na Súmula Vinculante n.º 4, este Tribunal entendeu que não é possível a substituição do salário mínimo, seja como base de cálculo, seja como indexador, antes da edição de lei ou celebração de convenção coletiva que regule o adicional de insalubridade.
>
> Logo, à primeira vista, a nova redação estabelecida para a Súmula n.º 228/TST revela aplicação indevida da Súmula Vinculante n.º 4, porquanto permite a substituição do salário mínimo pelo salário básico no cálculo do adicional de insalubridade sem base normativa.
>
> Ante o exposto, defiro a medida liminar para suspender a aplicação da Súmula n.º 228/TST na parte em que permite a utilização do salário básico para calcular o adicional de insalubridade".

Em razão dessa decisão, foi inserida a seguinte informação na Súmula 228 do TST: "Súmula cuja eficácia está suspensa por decisão liminar do Supremo Tribunal Federal".

Ainda no Supremo Tribunal Federal, foi julgada procedente a Reclamação 6.275 "para cassar a Súmula 228 do TST, apenas e tão somente na parte em que estipulou o salário básico do trabalhador como base de cálculo do adicional de insalubridade devido" (STF, Rcl 6.275/SP, Rel. Min. Ricardo Lewandowski, j. 11.04.2018).

Portanto, relativamente à base de cálculo do adicional de insalubridade, prevalece o entendimento de que, enquanto não houver a modificação da referida previsão legal, permanece aplicável o salário mínimo, tendo em vista a impossibilidade de se adotar outra base de cálculo por meio de decisão judicial. Nesse sentido, cabe destacar o seguinte julgado:

> "Embargos declaratórios. Agravo regimental em recurso de embargos. Adicional de insalubridade. Base de cálculo. Salário mínimo. Súmula vinculante. Na esteira da jurisprudência do Supremo Tribunal Federal, restou claro o posicionamento desta Subseção de que, não obstante a inconstitucionalidade da vinculação do salário mínimo como base de cálculo do adicional de insalubridade, tendo em vista o disposto no art. 7.º, IV, da Constituição da

---

clamada, e determinará que outra seja proferida com ou sem a aplicação da súmula, conforme o caso". Cf. ainda Lei 11.417/2006, art. 7.º: "da decisão judicial ou do ato administrativo que contrariar enunciado de súmula vinculante, negar-lhe vigência ou aplicá-lo indevidamente caberá reclamação ao Supremo Tribunal Federal, sem prejuízo dos recursos ou outros meios admissíveis de impugnação".

República (Súmula Vinculante n.º 4 do STF), deve ser considerado como indexador até que nova lei seja editada disciplinando a matéria. Embargos declaratórios conhecidos e desprovidos" (TST, SBDI-I, ED-AgR-E-ED-RR 133700-91.2005.5.17.0004, Rel. Min. Alexandre de Souza Agra Belmonte, *DEJT* 20.11.2015).

Entretanto, como já mencionado, é possível admitir a estipulação de norma mais favorável ao empregado a respeito do tema, em convenção e acordo coletivo, decorrentes de negociação coletiva de trabalho, com fundamento nos arts. 7.º, *caput*, incisos XXIII e XXVI, e 8.º, inciso VI, da Constituição Federal de 1988[15].

Os agentes comunitários de saúde e os agentes de combate às endemias terão, em razão dos riscos inerentes às funções desempenhadas, aposentadoria especial e, somado aos seus vencimentos, adicional de insalubridade (art. 198, § 10, da Constituição da República, incluído pela Emenda Constitucional 120/2022).

Cabe ressaltar que o exercício de trabalho de forma habitual e permanente em condições insalubres, acima dos limites de tolerância estabelecidos pelo órgão competente do Poder Executivo federal, assegura aos agentes de que trata a Lei 11.350/2006, ou seja, aos *Agentes Comunitários de Saúde e Agentes de Combate às Endemias*, a percepção de *adicional de insalubridade*, calculado sobre o seu vencimento ou *salário-base*: nos termos do disposto no art. 192 da CLT, quando submetidos a esse regime; nos termos da legislação específica, quando submetidos a vínculos de outra natureza (art. 9.º-A, § 3.º, da Lei 11.350/2006, incluído pela Lei 13.342/2016).

Desse modo, quanto aos Agentes Comunitários de Saúde e Agentes de Combate às Endemias que sejam *empregados*, o exercício de trabalho em condições insalubres, acima dos limites de tolerância estabelecidos pelo Ministério do Trabalho, assegura o recebimento do adicional de 40%, 20% e 10%, segundo se classifiquem em grau máximo, médio e mínimo (art. 192 da CLT). Nessa hipótese específica, em razão da expressa previsão legal, o adicional de insalubridade deve ser calculado sobre o salário-base. Entretanto, por se tratar de norma especial, ela não modifica a norma geral anterior relativa aos demais empregados (art. 2.º, § 2.º, da Lei de Introdução às Normas do Direito Brasileiro).

Quanto ao piso salarial dos *técnicos em radiologia* e à base de cálculo do adicional de insalubridade dos que exercem essa profissão (art. 16 da Lei 7.394/1985 - 40%), cabe fazer referência à seguinte decisão do Supremo Tribunal Federal: "O Tribunal, por unanimidade, julgou parcialmente procedente o pedido formulado na arguição de descumprimento de preceito fundamental para declarar a não-recepção do art. 16 da Lei nº 7.394/1985, ressalvando, porém, que: (i) os critérios estabelecidos pela referida lei devem continuar sendo aplicados, até que sobrevenha norma que fixe nova base de cálculo, seja lei federal, editada pelo Congresso Nacional, sejam convenções ou acordos coletivos de trabalho, ou, ainda, lei estadual, editada conforme delegação prevista na Lei Complementar 103/2000; (ii) fica congelada a base de cálculo em questão, a fim de que seja calculada de acordo com o valor de dois salários mínimos vigentes na data do

15. "Adicional de insalubridade. Base de cálculo. Súmula Vinculante n.º 4 do STF. Conquanto o Supremo Tribunal Federal, por intermédio da Súmula Vinculante n.º 4, tenha vedado a utilização do salário mínimo como parâmetro para cálculo do adicional de insalubridade e a sua substituição por decisão judicial, também concedeu medida liminar para suspender a aplicação da Súmula n.º 228 desta Corte na parte em que permite a utilização do salário básico para o mesmo fim. Assim sendo, enquanto não editada lei ou norma coletiva que defina base de cálculo diversa, permanece a utilização do salário mínimo. Recurso de revista de que se conhece e a que se dá provimento" (TST, 7.ª T., RR 182400-28.2009.5.15.0097, Rel. Min. Cláudio Mascarenhas Brandão, *DEJT* 04.05.2015).

trânsito em julgado da decisão que deferiu a medida cautelar (i.e., 13.05.2011), de modo a desindexar o salário mínimo, nos termos do voto do Relator" (STF, Pleno, ADPF 151/DF, Rel. Min. Roberto Barroso, j. 07.02.2019)[16].

9.3.6 Adicional por acúmulo de funções

O exercício da profissão de radialista é regulado pela Lei 6.615/1978 (art. 1.º). Considera-se *radialista* o empregado de empresa de radiodifusão que exerça uma das funções em que se desdobram as atividades mencionadas no art. 4.º da Lei 6.615/1978 (art. 2.º).

Considera-se *empresa de radiodifusão*, para os efeitos da Lei 6.615/1978, aquela que explora serviços de transmissão de programas e mensagens, destinada a ser recebida livre e gratuitamente pelo público em geral, compreendendo a radiodifusão sonora (rádio) e radiodifusão de sons e imagens (televisão), conforme art. 3.º da Lei 6.615/1978.

Considera-se, igualmente, para os efeitos da Lei 6.615/1978, *empresa de radiodifusão*: a que explore serviço de música funcional ou ambiental e outras que executem, por quaisquer processos, transmissões de rádio ou de televisão; a que se dedique, exclusivamente, à produção de programas para empresas de radiodifusão; a entidade que execute serviços de repetição ou de retransmissão de radiodifusão; a entidade privada e a fundação mantenedora que executem serviços de radiodifusão, inclusive em circuito fechado de qualquer natureza; as empresas ou agências de qualquer natureza destinadas, em sua finalidade, a produção de programas, filmes e dublagens, comerciais ou não, para serem divulgados por meio das empresas de radiodifusão (art. 3.º, parágrafo único, da Lei 6.615/1978).

A profissão de radialista compreende as seguintes *atividades*: administração; produção; técnica (art. 4.º da Lei 6.615/1978).

As *atividades de administração* compreendem somente as especializadas, peculiares às empresas de radiodifusão (art. 4.º, § 1.º, da Lei 6.615/1978).

As *atividades de produção* se subdividem nos seguintes *setores*: autoria; direção; produção; interpretação; dublagem; locução; caracterização; cenografia (art. 4.º, § 2.º, da Lei 6.615/1978).

As *atividades técnicas* se subdividem nos seguintes *setores*: direção; tratamento e registros sonoros; tratamento e registros visuais; montagem e arquivamento; transmissão de sons e imagens; revelação e copiagem de filmes; artes plásticas e animação de desenhos e objetos; manutenção técnica (art. 4.º, § 3.º, da Lei 6.615/1978).

As denominações e descrições das funções em que se desdobram as atividades e os setores mencionados nos §§ 1.º, 2.º e 3.º do art. 4.º da Lei 6.615/1978, a serem previstas e atualizadas em regulamento, devem considerar: as ocupações e *multifuncionalidades* geradas pela digitalização das emissoras de radiodifusão, novas tecnologias, equipamentos e meios de informação e comunicação; exclusivamente as funções técnicas ou especializadas, próprias das atividades de empresas de radiodifusão.

---

16. "Direito do Trabalho. Arguição de Descumprimento de Preceito Fundamental. Piso salarial dos técnicos em radiologia. Adicional de insalubridade. Indexação ao salário mínimo. Medida cautelar confirmada. 1. Inconstitucionalidade da indexação de piso salarial ao valor do salário mínimo. 2. Congelamento da base de cálculo, a fim de que seja calculada de acordo com o valor de dois salários mínimos vigentes na data de estabilização da decisão que deferiu a medida cautelar. Não-recepção do art. 16 da Lei nº 7.394/1985. 3. Arguição de descumprimento de preceito fundamental julgada procedente" (STF, Pleno, ADPF 151/DF, Rel. Min. Roberto Barroso, *DJe* 11.04.2019).

Não se incluem no disposto na Lei 6.615/1978 os atores e figurantes que prestam serviços a empresas de radiodifusão (art. 5.º).

Na atualidade, não mais se exige o registro no Ministério do Trabalho para o exercício da profissão de radialista, devendo prevalecer o princípio da primazia da realidade (Cf. TST, 2.ª T., RR - 5009-75.2015.5.10.0013, Rel. Min. Maria Helena Mallmann, *DEJT* 10.08.2017).

Nos termos do art. 13 da Lei 6.615/1978, na hipótese de exercício de *funções acumuladas dentro de um mesmo setor* em que se desdobram as atividades mencionadas no art. 4.º, assegura-se ao radialista um *adicional* mínimo de:

I - 40%, pela função acumulada, tomando-se por base a função melhor remunerada, nas emissoras de potência igual ou superior a 10 quilowatts, e nas empresas equiparadas segundo o parágrafo único do art. 3.º da Lei 6.615/1978;

II - 20%, pela função acumulada, tomando-se por base a função melhor remunerada, nas emissoras de potência inferior a 10 quilowatts e, superior a um quilowatt;

III - 10%, pela função acumulada, tomando-se por base a função melhor remunerada, nas emissoras de potência igual ou inferior a um quilowatt.

Entretanto, não é permitido, por força de um só contrato de trabalho, o exercício de atividades para diferentes setores dentre os mencionados no art. 4.º da Lei 6.615/1978 (art. 14).

Logo, o acúmulo de funções em setores diferentes das atividades do radialista gera o direito ao reconhecimento de mais de um contrato de trabalho, enquanto o exercício de mais de uma função pelo radialista dentro do mesmo setor gera direito ao *adicional por acúmulo de funções* (Cf. TST, 1.ª T., Ag-AIRR - 711-35.2013.5.09.0014, Rel. Min. Walmir Oliveira da Costa, *DEJT* 09.03.2018).

Entende-se que o empregado radialista que acumula mais de duas funções dentro de um mesmo setor tem direito ao pagamento dos adicionais de quantas forem as funções acumuladas (Cf. TST, 3.ª T., RR - 172-23.2015.5.12.0012, Rel. Min. Mauricio Godinho Delgado, *DEJT* 25.08.2017).

Quando o exercício de qualquer função for acumulado com responsabilidade de chefia, o radialista tem direito a um acréscimo de 40% sobre o salário (art. 15 da Lei 6.615/1978).

O Tribunal Superior do Trabalho tem admitido a aplicação ao jornalista, por analogia, da legislação sobre a atividade do radialista quanto ao pagamento do adicional por acúmulo de funções (Cf. TST, 3.ª T., RR - 1-16.2010.5.04.0028, Rel. Min. Alexandre de Souza Agra Belmonte, *DEJT* 15.12.2017).

Em se tratando de outras modalidades de empregados, em consonância com o art. 456, parágrafo único, da CLT, na ausência de prova ou inexistindo no contrato de trabalho cláusula expressa a tal respeito, entende-se que o empregado se obrigou a todo e qualquer serviço compatível com a sua condição pessoal. Frise-se ainda que a CLT não exige a contratação de um salário específico para remunerar cada uma das tarefas ou atividades realizadas pelo empregado durante a jornada de trabalho, admitindo-se um único valor salarial para remunerar o conjunto de atividades exercidas durante a jornada de trabalho (Cf. TST, 3.ª T., RR - 11109-05.2015.5.01.0043, Rel. Min. Mauricio Godinho Delgado, *DEJT* 16.03.2018). A rigor, entende-se que o adicional por acúmulo de funções é devido quando previsto em norma legal específica, instrumento normativo, regulamento de empresa ou mesmo no contrato de trabalho[17].

---

17. Cf. ainda: "Acúmulo de funções. Diferenças salariais. *Plus* salarial indevido. Funções compatíveis e exercidas na mesma jornada de trabalho. Infere-se da análise dos autos que o autor requer a condenação

9.3.7 Adicional de risco

A Lei 4.860/1965 dispõe sobre o regime de trabalho nos portos organizados.

Desse modo, no âmbito do trabalho portuário, a fim de remunerar os riscos relativos à insalubridade, periculosidade e outros porventura existentes, é devido o adicional de riscos de 40%, incidente sobre o valor do salário-hora ordinário do período diurno, substituindo todos aqueles que, com sentido ou caráter idêntico, vinham sendo pagos (art. 14 da Lei 4.860/1965).

O referido adicional somente é devido enquanto não forem removidas ou eliminadas as causas de risco. O adicional em questão somente é devido durante o tempo efetivo no serviço considerado sob risco. No caso em estudo, nenhum outro adicional é devido além do previsto no art. 14 da Lei 4.860/1965. O adicional de risco só é devido uma única vez, na execução da mesma tarefa, mesmo quando ocorra, simultaneamente, mais de uma causa de risco.

Nos termos da Orientação Jurisprudencial 402 da SBDI-I do TST: "Adicional de risco. Portuário. Terminal privativo. Arts. 14 e 19 da Lei nº 4.860, de 26.11.1965. Indevido. O adicional de risco previsto no artigo 14 da Lei nº 4.860, de 26.11.1965, aplica-se somente aos portuários que trabalham em portos organizados, não podendo ser conferido aos que operam terminal privativo".

A respeito do direito ao adicional de risco aos trabalhadores portuários avulsos, com fundamento no art. 7.º, inciso, XXXIV da Constituição Federal de 1988, que prevê igualdade de direitos entre o trabalhador com vínculo empregatício permanente e o trabalhador avulso, o Supremo Tribunal Federal fixou a seguinte tese de repercussão geral: "Sempre que for pago ao trabalhador com vínculo permanente, o adicional de riscos é devido, nos mesmos termos, ao trabalhador portuário avulso" (STF, Pleno, RE 597.124/PR, Rel. Min. Edson Fachin, j. 03.06.2020).

9.4 PARCELAS SEM NATUREZA SALARIAL

Nos termos do art. 457, § 2.º, da CLT, com redação dada pela Lei 13.467/2017, as importâncias, ainda que habituais, pagas a título de ajuda de custo, auxílio-alimentação, vedado seu pagamento em dinheiro, diárias para viagem, prêmios e abonos não integram a remuneração do empregado, não se incorporam ao contrato de trabalho e não constituem base de incidência de qualquer encargo trabalhista e previdenciário.

Com a Lei 13.467/2017, a ajuda de custo, o auxílio-alimentação (vedado o seu pagamento em dinheiro), as diárias para viagem, os prêmios e os abonos, *mesmo que*

---

da reclamada ao pagamento de acúmulo de função, ao argumento de que foi contratado para a função de engenheiro e respondia, concomitantemente, pelo centro de manutenção da empresa. A condenação em diferenças salariais por acúmulo de funções é aceita pela jurisprudência quando se constata que as atribuições do cargo ocupado são incompatíveis com as que foram exigidas, demonstrando abuso do empregador e alteração contratual em prejuízo do empregado. Nos termos do parágrafo único do artigo 456 da CLT, inexistindo prova ou cláusula expressa acerca das funções a serem exercidas pelo empregado, entende-se que ele se obriga a todo e qualquer serviço compatível com a sua condição pessoal. Além do mais, a CLT não veda a fixação de um salário como contraprestação para todas as tarefas desempenhadas pelo trabalhador. Assim, o acréscimo de tarefas, por si só, não gera o direito à percepção de um *plus* salarial. [...] O exercício de atribuições de uma outra função, dentro da jornada laboral, não implica automaticamente o reconhecimento do direito ao *plus* salarial pleiteado, mormente considerando a área de atuação do reclamante, na hipótese, manutenção de linha e de oficina de aeronaves. Agravo de instrumento desprovido" (TST, 2.ª T., AIRR – 3422-83.2013.5.02.0086, Rel. Min. José Roberto Freire Pimenta, *DEJT* 15.12.2017).

habituais, não integram a remuneração do empregado, nem se incorporam ao contrato de trabalho. Além disso, as referidas parcelas não constituem base de incidência de encargo trabalhista (FGTS) e previdenciário (contribuição previdenciária).

Por não se incorporarem ao contrato de trabalho, o art. 468, *caput*, da CLT deixa de incidir quanto às mencionadas verbas pagas pelo empregador, o que resulta na possibilidade de serem modificadas ou excluídas unilateralmente pelo empregador, por motivo justificado (em consonância com a exigência de boa-fé contratual), sem que o empregado possa alegar discordância ou prejuízo.

Entretanto, se a parcela, na realidade, é paga como contraprestação pelos serviços prestados, em fraude, ou seja, apenas sob a forma de verba indenizatória, deve prevalecer a sua verdadeira natureza (art. 9.º da CLT).

Vejamos, com mais detalhes, os contornos das referidas verbas, bem como outras sem natureza salarial.

9.4.1 Abonos

Os abonos, anteriormente, em regra, integravam o salário, significando valores de adiantamento ou antecipação salarial.

Conforme o art. 457, § 2.º, da CLT, com redação dada pela Lei 13.467/2017, as importâncias, ainda que habituais, pagas a título de *abonos* não têm natureza salarial. Nesse enfoque, os abonos poderiam ser entendidos como acréscimos de natureza indenizatória pagos ao empregado.

Com isso, pode-se dizer que o abono, como acréscimo ou antecipação, em regra, não tem natureza salarial, como ocorre quando previsto em lei de política salarial e como é o caso do abono (pecuniário) de férias, conforme art. 144 da CLT[18].

Entretanto, o mero adiantamento salarial feito pelo empregador, sem natureza de abono, deve ser considerado salário.

Ainda quanto ao tema, de acordo com a Orientação Jurisprudencial 346 da SBDI-I do TST:

> "Abono previsto em norma coletiva. Natureza indenizatória. Concessão apenas aos empregados em atividade. Extensão aos inativos. Impossibilidade. A decisão que estende aos inativos a concessão de abono de natureza jurídica indenizatória, previsto em norma coletiva apenas para os empregados em atividade, a ser pago de uma única vez, e confere natureza salarial à parcela, afronta o art. 7.º, XXVI, da CF/1988".

9.4.2 Abono do PIS

Para o recebimento do *abono anual do PIS*, o empregado deve estar cadastrado no Plano de Integração Social (PIS), sendo necessário preencher, ainda, os requisitos previstos no art. 239 da Constituição Federal de 1988 e art. 9.º da Lei 7.998/1990.

Desse modo, na vigência da Constituição Federal de 1988, o abono do PIS é devido apenas aos trabalhadores cadastrados há mais de cinco anos e que tenham auferido,

18. "Art. 144. O abono de férias de que trata o artigo anterior, bem como o concedido em virtude de cláusula do contrato de trabalho, do regulamento da empresa, de convenção ou acordo coletivo, desde que não excedente de vinte dias do salário, não integrarão a remuneração do empregado para os efeitos da legislação do trabalho".

no ano-base, remuneração média mensal de até dois salários mínimos, bem como trabalhado pelo menos 30 dias no mesmo período.

O mencionado abono do PIS, por não ser pago pelo empregador, nem como contraprestação dos serviços, não possui natureza salarial ou remuneratória, tratando-se de verba de direito público, ou seja, advinda de fundo de natureza pública.

O não cadastramento do empregado no PIS pode, assim, gerar direito à indenização correspondente, a cargo do empregador culpado (arts. 186 e 927 do Código Civil de 2002). Nos termos da Súmula 300 do TST, compete à Justiça do Trabalho processar e julgar ações de empregados contra empregadores, relativas ao cadastramento no Programa de Integração Social (PIS).

9.4.3 Ajuda de custo

De acordo com o art. 457, § 2.º, da CLT, com redação dada pela Lei 13.467/2017, as importâncias, ainda que habituais, pagas a título de ajuda de custo, não integram a remuneração do empregado, nem se incorporam ao contrato de trabalho. Além disso, as referidas parcelas não constituem base de incidência de encargo trabalhista (FGTS) e previdenciário (contribuição previdenciária).

A *ajuda de custo* é paga pelo empregador não como contraprestação pelos serviços prestados pelo empregado, mas sim como reembolso, compensação ou ressarcimento de despesas decorrentes do trabalho realizado, envolvendo maior dificuldade na sua prestação, como em serviço externo, em razão de locomoção, deslocamento e alimentação[19].

Quanto ao radialista, na hipótese de trabalho executado fora do local constante do contrato de trabalho, correm à conta do empregador, além do salário, as despesas de transportes e de alimentação e hospedagem, até o respectivo retorno (art. 16 da Lei 6.615/1978).

O art. 470 da CLT estabelece que as despesas da transferência do empregado devem correr por conta do empregador. Trata-se, aqui, de modalidade específica de ajuda de custo, como valor devido em razão de transferência do empregado (art. 469 da CLT), sem natureza salarial.

Entretanto, podem existir outras modalidades de ajuda de custo, pagas pelo empregador não com o caráter de contraprestação de serviços prestados, mas sim como *ressarcimento de despesas* pelo labor prestado em condições especiais.

Se a parcela, na realidade, é paga como contraprestação dos serviços, sem se caracterizar como efetiva ajuda de custo, a fraude não deve produzir efeitos (art. 9.º da CLT), prevalecendo a sua verdadeira natureza salarial.

A *verba de representação*, por sua vez, tem o objetivo de reembolsar o empregado, das despesas que ele demonstrar ter efetuado para o desenvolvimento da atividade profissional, como as despesas necessárias para manter relação com os clientes. Trata-se, portanto, de pagamento com natureza indenizatória.

9.4.4 Auxílio-alimentação

O auxílio-alimentação, ainda que concedido de forma habitual, vedado o seu pagamento em dinheiro, não se incorpora ao contrato de trabalho e não constitui base de

19. Cf. MARTINS, Sergio Pinto. *Direito do trabalho*. 28. ed. São Paulo: Atlas, 2012. p. 268-270.

incidência de qualquer encargo trabalhista e previdenciário (art. 457, § 2.º, da CLT, com redação dada pela Lei 13.467/2017).

Para que o auxílio-alimentação não integre a remuneração, nem se incorpore ao contrato de trabalho, deve ser fornecido como utilidade, não podendo ser pago em dinheiro.

Esclareça-se que as importâncias pagas pelo empregador a título de auxílio-alimentação de que trata o art. 457, § 2.º, da CLT devem ser utilizadas para o pagamento de refeições em restaurantes e estabelecimentos similares ou para a aquisição de gêneros alimentícios em estabelecimentos comerciais (art. 2.º da Lei 14.442/2022).

O empregador, ao contratar pessoa jurídica para o fornecimento do auxílio-alimentação de que trata o art. 2.º da Lei 14.442/2022, não pode exigir ou receber: I – qualquer tipo de deságio ou imposição de descontos sobre o valor contratado; II – prazos de repasse ou pagamento que descaracterizem a natureza pré-paga dos valores a serem disponibilizados aos empregados; ou III – outras verbas e benefícios diretos ou indiretos de qualquer natureza não vinculados diretamente à promoção de saúde e segurança alimentar do empregado, no âmbito de contratos firmados com empresas emissoras de instrumentos de pagamento de auxílio-alimentação (art. 3.º da Lei 14.442/2022).

A referida vedação não se aplica aos contratos de fornecimento de auxílio-alimentação vigentes, até seu encerramento ou até que tenha decorrido o prazo de 14 meses, contado da data de publicação da Lei 14.442/2022 (05.09.2022), o que ocorrer primeiro. É vedada a prorrogação de contrato de fornecimento de auxílio-alimentação em desconformidade com o disposto no art. 3.º da Lei 14.442/2022.

A execução inadequada, o desvio ou o desvirtuamento das finalidades do auxílio-alimentação de que trata o art. 457, § 2.º, da CLT pelos empregadores ou pelas empresas emissoras de instrumentos de pagamento de auxílio-alimentação, sem prejuízo da aplicação de outras penalidades cabíveis pelos órgãos competentes, acarretará a aplicação de multa no valor de R$ 5.000,00 a R$ 50.000,00, a qual deve ser aplicada em dobro em caso de reincidência ou de embaraço à fiscalização (art. 4.º da Lei 14.442/2022). Os critérios de cálculo e os parâmetros de gradação da referida multa devem ser estabelecidos em ato do Ministro de Estado do Trabalho e Previdência.

O estabelecimento que comercializa produtos não relacionados à alimentação do empregado e a empresa que o credenciou sujeitam-se à aplicação da multa prevista no art. 4.º da Lei 14.442/2022.

9.4.5 Diárias para viagem

As diárias para viagem, ainda que pagas de forma habitual, não integram a remuneração do empregado, não se incorporam ao contrato de trabalho e não constituem base de incidência de qualquer encargo trabalhista e previdenciário (art. 475, § 2.º, da CLT, com redação dada pela Lei 13.467/2017).

As diárias para viagem são pagas pelo empregador ao empregado, como o próprio nome indica, em razão de despesas decorrentes de *viagem* que este realiza a serviço, ou seja, para ressarcir despesas como deslocamento, estadia e alimentação do empregado que viajar a trabalho.

Desse modo, as diárias para viagem, independentemente do valor, não integram a remuneração.

9.4.6 Participação nos lucros

A participação nos lucros ou resultados tem previsão no art. 7.º, inciso XI, da Constituição Federal de 1988, não possuindo, em tese, natureza salarial, quando paga de acordo com a Lei 10.101/2000 (art. 3.º).

Se a mencionada parcela for paga, de forma fraudulenta, para encobrir o pagamento de verdadeiro salário, como tal deve ser tratado (art. 9.º da CLT), tendo em vista o princípio da primazia da realidade.

Em conformidade com o referido diploma legal (art. 2.º), com redação modificada pela Lei 12.832/2013, a participação nos lucros ou resultados deve ser objeto de negociação entre a empresa e seus empregados, mediante um dos seguintes procedimentos, escolhidos pelas partes de comum acordo:

I – comissão paritária escolhida pelas partes, integrada, também, por um representante indicado pelo sindicato da respectiva categoria;

II – convenção ou acordo coletivo (art. 2.º da Lei 10.101/2000).

Cabe esclarecer que o procedimento do art. 2.º, inciso I, da Lei 10.101/2000 não tem natureza de negociação coletiva de trabalho, em que é obrigatória a participação do sindicato da categoria profissional (art. 8.º, inciso VI, da Constituição Federal de 1988), mas sim de procedimento no âmbito interno da empresa.

Uma vez composta, a comissão paritária de que trata o art. 2.º, inciso I, da Lei 10.101/2000 deve dar ciência por escrito ao ente sindical para que indique seu representante no prazo máximo de 10 dias corridos, findo o qual a comissão pode iniciar e concluir suas tratativas (art. 2.º, § 10, da Lei 10.101/2000, incluído pela Lei 14.020/2020).

Dos instrumentos decorrentes da negociação devem constar regras claras e objetivas quanto à fixação dos direitos substantivos da participação e das regras adjetivas, inclusive mecanismos de aferição das informações pertinentes ao cumprimento do acordado, periodicidade da distribuição, período de vigência e prazos para revisão do acordo, podendo ser considerados, entre outros, os seguintes critérios e condições:

I – índices de produtividade, qualidade ou lucratividade da empresa;

II – programas de metas, resultados e prazos, pactuados previamente (art. 2.º, § 1.º, da Lei 10.101/2000).

Na fixação dos direitos substantivos e das regras adjetivas, inclusive no que se refere à fixação dos valores e à utilização exclusiva de metas individuais, a autonomia da vontade das partes contratantes deve ser respeitada e prevalecerá em face do interesse de terceiros (art. 2.º, § 6.º, da Lei 10.101/2000, incluído pela Lei 14.020/2020).

Consideram-se previamente estabelecidas as regras fixadas em instrumento assinado: I – anteriormente ao pagamento da antecipação, quando prevista; II – com antecedência de, no mínimo, 90 dias da data do pagamento da parcela única ou da parcela final, caso haja pagamento de antecipação (art. 2.º, § 7.º, da Lei 10.101/2000, incluído pela Lei 14.020/2020).

O instrumento de acordo celebrado deve ser arquivado na entidade sindical dos trabalhadores (art. 2.º, § 2.º, da Lei 10.101/2000).

Não se equipara a empresa, para os fins da Lei 10.101/2000:

I – a pessoa física;

II - a entidade sem fins lucrativos que, cumulativamente: a) não distribua resultados, a qualquer título, ainda que indiretamente, a dirigentes, administradores ou empresas vinculadas; b) aplique integralmente os seus recursos em sua atividade institucional e no País; c) destine o seu patrimônio a entidade congênere ou ao poder público, em caso de encerramento de suas atividades; d) mantenha escrituração contábil capaz de comprovar a observância dos demais requisitos deste inciso, e das normas fiscais, comerciais e de direito econômico que lhe sejam aplicáveis (art. 2.º, § 3.º, da Lei 10.101/2000).

A não equiparação de que trata o inciso II do § 3.º do art. 2.º da Lei 10.101/2000 não é aplicável às hipóteses em que tenham sido utilizados índices de produtividade ou qualidade ou programas de metas, resultados e prazos (art. 2.º, § 3.º-A, da Lei 10.101/2000, incluído pela Lei 14.020/2020). Nesses casos, por se tratar de entidade equiparada a empresa para os fins da Lei 10.101/2000, admite-se a participação nos lucros ou resultados.

Quando forem considerados os critérios e condições definidos nos incisos I e II do § 1.º do art. 2.º da Lei 10.101/2000:

- a empresa deve prestar aos representantes dos trabalhadores na comissão paritária *informações que colaborem para a negociação*;
- não se aplicam as metas referentes à saúde e segurança no trabalho (art. 2.º, § 4.º, da Lei 10.101/2000, acrescentado pela Lei 12.832/2013).

O dever de prestar informações, acima mencionado, certamente decorre do *princípio da boa-fé objetiva*, no sentido de se exigir uma conduta honesta e transparente das partes na negociação[20].

Caso a negociação, visando à participação nos lucros ou resultados na empresa, resulte em impasse, as partes poderão utilizar-se dos seguintes mecanismos de solução do litígio:

I - mediação;

II - arbitragem de ofertas finais, utilizando-se, no que couber, os termos da Lei 9.307, de 23 de setembro de 1996 (art. 4.º da Lei 10.101/2000, com redação dada pela Lei 12.832/2013).

Considera-se arbitragem de ofertas finais aquela em que o árbitro deve restringir-se a optar pela proposta apresentada, em caráter definitivo, por uma das partes (art. 4.º, § 1.º, da Lei 10.101/2000). O mediador ou o árbitro deve ser escolhido de comum acordo entre as partes (art. 4.º, § 2.º, da Lei 10.101/2001). Firmado o compromisso arbitral, não será admitida a desistência unilateral de qualquer das partes (art. 4.º, § 3.º, da Lei 10.101/2001). O laudo arbitral tem força normativa, independentemente de homologação judicial (art. 4.º, § 4.º, da Lei 10.101/2000).

20. De acordo com a Recomendação 163 da OIT, art. 7: "(1) Medidas condizentes com as condições nacionais devem ser tomadas, se necessário, para que as partes tenham *acesso à informação necessária a negociações significativas*. (2) Para esse fim: a) empregadores públicos e privados, a pedido de organizações de trabalhadores, devem pôr à sua disposição *informações sobre a situação econômica e social da unidade negociadora e da empresa em geral, se necessárias para negociações significativas*; no caso de vir a ser prejudicial à empresa a revelação de parte dessas informações, sua comunicação pode ser condicionada ao compromisso de que será tratada como confidencial na medida do necessário; a informação a ser posta à disposição pode ser acordada entre as partes da negociação coletiva; b) as autoridades públicas devem pôr à disposição, se necessário, informações sobre a situação econômica e social do país em geral e sobre o setor de atividade envolvido, na medida em que a revelação dessa informação não for prejudicial ao interesse nacional" (destaquei).

Prevalece o entendimento de que não cabe à Justiça do Trabalho conceder vantagem a título de participação nos lucros ou resultados, ressalvadas as hipóteses de apresentação de contraproposta pela categoria econômica ou quando há norma preexistente. Ainda assim, a jurisprudência do TST, com fundamento no art. 4.º, inciso II e § 1.º, da Lei 10.101/2000, admite a atuação da Justiça do Trabalho, para decidir conflito sobre participação nos lucros ou resultados, por meio do sistema da arbitragem de ofertas finais, quando as partes assim pactuarem (TST, SDC, RO - 5902-33.2016.5.15.0000, Rel. Min. Kátia Magalhães Arruda, *DEJT* 22.06.2018).

É vedado o pagamento de qualquer antecipação ou distribuição de valores a título de participação nos lucros ou resultados da empresa em mais de duas vezes no mesmo ano civil e em periodicidade inferior a um trimestre civil (art. 3.º, § 2.º, da Lei 10.101/2000, com redação determinada pela Lei 12.832/2013).

Apesar disso, havendo instrumento normativo decorrente de negociação coletiva, autorizando, excepcionalmente, o pagamento da participação nos lucros de forma mensal e parcelada, a jurisprudência atual do TST tem entendido válida essa previsão[21].

A inobservância à periodicidade estabelecida no art. 3.º, § 2.º, da Lei 10.101/2000 invalida exclusivamente os pagamentos feitos em desacordo com a norma, assim entendidos: I – os pagamentos excedentes ao segundo, feitos a um mesmo empregado, no mesmo ano civil; II – os pagamentos efetuados a um mesmo empregado, em periodicidade inferior a um trimestre civil do pagamento anterior (art. 2.º, § 8.º, da Lei 10.101/2000, incluído pela Lei 14.020/2020).

Na hipótese do inciso II do § 8.º do art. 2.º da Lei 10.101/2000, mantém-se a validade dos demais pagamentos (art. 2.º, § 9.º, da Lei 10.101/2000).

As partes podem: I – adotar os procedimentos de negociação estabelecidos nos incisos I e II do art. 2.º da Lei 10.101/2000, simultaneamente; II – estabelecer múltiplos programas de participação nos lucros ou nos resultados, observada a periodicidade estabelecida pelo art. 3.º, § 2.º, da Lei 10.101/2000 (art. 2.º, § 5.º, da Lei 10.101/2000, incluído pela Lei 14.020/2020).

Todos os pagamentos efetuados em decorrência de planos de participação nos lucros ou resultados, mantidos espontaneamente pela empresa, podem ser compensados com as obrigações decorrentes de acordos ou convenções coletivas de trabalho atinentes à participação nos lucros ou resultados (art. 3.º, § 3.º, da Lei 10.101/2001).

A participação nos lucros ou resultados, relativamente aos trabalhadores de empresas estatais (empresas públicas, sociedades de economia mista, suas subsidiárias e contratadas e demais empresas em que a União, direta ou indiretamente, detenha a maioria do capital social com direito a voto), deve observar diretrizes específicas fixadas pelo Poder Executivo (art. 5.º da Lei 10.101/2000).

O Supremo Tribunal Federal declarou constitucional o disposto no art. 5.º da Lei 10.101/2000 (STF, Pleno, ADI 5.417/DF, Rel. Min. Cármen Lúcia, j. 07.12.2020).

---

21. Cf. Orientação Jurisprudencial Transitória 73 da SBDI-I do TST: "Volkswagen do Brasil Ltda. Participação nos lucros e resultados. Pagamento mensal em decorrência de norma coletiva. Natureza indenizatória. A despeito da vedação de pagamento em periodicidade inferior a um semestre civil ou mais de duas vezes no ano cível, disposta no art. 3.º, § 2.º, da Lei 10.101, de 19.12.2000, o parcelamento em prestações mensais da participação nos lucros e resultados de janeiro de 1999 a abril de 2000, fixado no acordo coletivo celebrado entre o Sindicato dos Metalúrgicos do ABC e a Volkswagen do Brasil Ltda., não retira a natureza indenizatória da referida verba (art. 7.º, XI, da CF), devendo prevalecer a diretriz constitucional que prestigia a autonomia privada coletiva (art. 7.º, XXVI, da CF)".

A Súmula 451 do TST, aplicando o princípio da igualdade material, assim dispõe: "Participação nos lucros e resultados. Rescisão contratual anterior à data da distribuição dos lucros. Pagamento proporcional aos meses trabalhados. Princípio da isonomia (conversão da Orientação Jurisprudencial nº 390 da SBDI-1). Fere o princípio da isonomia instituir vantagem mediante acordo coletivo ou norma regulamentar que condiciona a percepção da parcela participação nos lucros e resultados ao fato de estar o contrato de trabalho em vigor na data prevista para a distribuição dos lucros. Assim, inclusive na rescisão contratual antecipada, é devido o pagamento da parcela de forma proporcional aos meses trabalhados, pois o ex-empregado concorreu para os resultados positivos da empresa".

De acordo com a Orientação Jurisprudencial Transitória 64 da SBDI-I do TST:

> "Petrobras. Parcelas gratificação contingente e participação nos resultados deferidas por norma coletiva a empregados da ativa. Natureza jurídica não salarial. Não integração na complementação de aposentadoria. As parcelas gratificação contingente e participação nos resultados, concedidas por força de acordo coletivo a empregados da Petrobrás em atividade, pagas de uma única vez, não integram a complementação de aposentadoria".

9.4.7 Prêmios

Os prêmios são normalmente pagos em razão do preenchimento de certas condições específicas, previamente fixadas, como alcançar determinada meta, ou não se verificarem faltas e atrasos injustificados (prêmio assiduidade).

Os prêmios também são chamados, por vezes, de bônus.

Conforme o art. 457, § 2.º, da CLT, com redação dada pela Lei 13.467/2017, as importâncias, ainda que habituais, pagas a título de prêmios não integram a remuneração do empregado, não se incorporam ao contrato de trabalho e não constituem base de incidência de qualquer encargo trabalhista e previdenciário.

Nos termos do art. 457, § 4.º, da CLT, com redação dada pela Lei 13.467/2017, consideram-se prêmios as liberalidades concedidas pelo empregador em forma de bens, serviços ou valor em dinheiro a empregado ou a grupo de empregados, em razão de desempenho superior ao ordinariamente esperado no exercício de suas atividades.

Os prêmios, assim, são concedidos como liberalidades pelo empregador, e não como exigência e determinação legal, em forma de bens, serviços (utilidades) ou valor em dinheiro.

Os prêmios têm como fundamento o desempenho diferenciado, ou seja, quando mais elevado do que o normalmente realizado, podendo ser concedidos pelo empregador a empregado ou a grupo de empregados.

Pode-se dizer que a parcela conhecida como "bicho", paga aos atletas profissionais em razão de vitórias ou empates, é uma modalidade especial de prêmio.

Na relação do atleta profissional com a organização esportiva empregadora, os prêmios por performance ou resultado não possuem natureza salarial e constarão de contrato avulso de natureza exclusivamente civil (art. 85, § 1.º, da Lei 14.597/2023).

Consideram-se prêmios por performance as liberalidades concedidas pela organização que se dedique à prática esportiva empregadora em dinheiro a atleta, a grupo de atletas, a treinadores e a demais integrantes de comissões técnicas e delegações, em razão do seu desempenho individual ou do desempenho coletivo da equipe da organização que se dedique à prática esportiva, previstas em contrato especial de trabalho esportivo ou não (art. 85, § 2.º, da Lei 14.597/2023).

Da mesma forma, na relação do treinador profissional de futebol com a organização esportiva empregadora, os prêmios por performance ou resultado não possuem natureza salarial e constarão de contrato avulso de natureza exclusivamente civil (art. 98, § 2.º, da Lei 14.597/2023).

Se os prêmios forem pagos em desconformidade com a lei, como em caso de fraude, seria possível aplicar a Súmula 209 do STF, a qual fica, em regra, prejudicada, ao assim prever: "O salário-produção, como outras modalidades de salário-prêmio, é devido, desde que verificada a condição a que estiver subordinado, e não pode ser suprimido, unilateralmente, pelo empregador quando pago com habitualidade".

Além disso, segundo a Orientação Jurisprudencial Transitória 5 da SBDI-I do TST:

> "Servita. Bonificação de assiduidade e produtividade paga semanalmente. Repercussão no repouso semanal remunerado. O valor das bonificações de assiduidade e produtividade, pago semanalmente e em caráter permanente pela empresa Servita, visando a incentivar o melhor rendimento dos empregados, possui natureza salarial, repercutindo no cálculo do repouso semanal remunerado".

9.5 *GUELTAS*

Observa-se, em certos casos, que o empregado, principalmente tratando-se de vendedor, recebe valores diretamente de empresas fabricantes ou distribuidoras de certos produtos, de determinadas marcas. Trata-se da chamada "guelta".

Essas empresas concedem tal pagamento ao trabalhador que não é seu empregado propriamente, mas sim da empresa que vende ou comercializa seus produtos, certamente com o objetivo de aumentar as vendas aos clientes e consumidores.

Portanto, na realidade, tem-se pagamento feito diretamente por terceiros (fabricantes). Assim, não se trata de salário, o qual é pago diretamente pelo empregador (art. 457, *caput*, da CLT). Entretanto, se caracterizada a fraude, ou seja, se na verdade o pagamento for referente a comissões devidas ao empregado pelo empregador, em que este apenas procurou encobrir a natureza salarial da parcela, deve-se reconhecer a sua natureza de salário (art. 9.º da CLT).

Mesmo não sendo caso de fraude, o entendimento que prevalece é no sentido de que a referida oportunidade de ganho, denominada *guelta*, equipara-se à gorjeta, por ser um valor recebido pelo empregado, no âmbito da prestação do serviço, mas pago por terceiro, tendo, assim, natureza remuneratória, embora não seja salário (Súmula 354 do TST)[22].

No entanto, seria possível entender que a *guelta* também não se confunde com a gorjeta, pois os fabricantes não pagam em razão do serviço prestado, nem se confundem com cliente (art. 457, § 3.º, da CLT), de modo que os seus valores não integrariam a remuneração. Nessa última linha de entendimento, a qual é minoritária, Valentin Carrion

22. "*Gueltas*. Natureza jurídica. Ao contrário do que é alegado pela empresa, a parcela denominada 'guelta', paga por terceiros (fornecedores) em decorrência da venda de produtos durante a execução do contrato de trabalho, equipara-se às gorjetas e, como tal, deve integrar a remuneração para todos os efeitos legais, nos termos do artigo 457 da CLT. Aplicação analógica da Súmula nº 354. Precedentes. Incidência do artigo 896, § 4.º da CLT. Agravo de instrumento conhecido e desprovido" (TST, 3.ª T., AIRR – 892-43.2010.5.04.0026, Rel. Min. Alexandre de Souza Agra Belmonte, *DEJT* 02.10.2015).

destaca que: "*Gueltas*: são gratificações ou prêmios oferecidos por terceiros a empregados pela produção, beneficiando estes terceiros; [...] não influem na relação empregatícia"[23].

9.6 *STOCK OPTION*

A opção de compra de ações (*stock option*) tem origem nas corporações americanas, e vem se observando na atualidade também no Brasil.

A Lei 6.404/1976, que dispõe sobre as sociedades por ações, no art. 168, § 3.º, estabelece que o estatuto pode prever que a companhia, dentro do limite de capital autorizado, e de acordo com plano aprovado pela assembleia geral, outorgue *opção de compra de ações* a seus administradores ou empregados, ou a pessoas naturais que prestem serviços à companhia ou a sociedade sob seu controle.

O empregado recebe da empresa um lote de ações, podendo, após certo prazo, se ainda estiver prestando serviços, exercer o *direito de compra* das ações, pelo preço do dia da reserva, mas vendê-las pelo valor atualizado, do momento de exercício da referida opção.

Como ensina Sergio Pinto Martins: "É uma participação na valorização futura das ações da empresa. O prazo costuma ser de três, cinco ou dez anos. Caso o empregado deixe a empresa antes disso, perderá o direito"[24].

Obviamente, o mencionado direito de opção será exercido pelo trabalhador apenas se o valor da ação estiver em patamar superior ao preço estabelecido no início, quando concedido o lote de ações ao empregado, pois do contrário este teria prejuízo.

O empregado, ao receber as ações com opção de compra, não é obrigado a pagar o respectivo valor de imediato. O trabalhador *pode* exercer a opção de compra, após o prazo estabelecido, caso seja vantajoso; se isso ainda não tiver ocorrido, pode fazê-lo futuramente.

Cabe saber a natureza jurídica do valor que o empregado recebe, correspondente à diferença entre o valor das ações quando foram concedidas, e o preço obtido quando do exercício da opção de compra.

O tema apresenta certa controvérsia, havendo quem defenda a natureza salarial, pois o empregado estaria recebendo o valor em questão como contraprestação dos serviços. Tendo em vista a sistemática específica, o trabalhador não teria como sofrer prejuízos com a opção de compra, confirmando o seu caráter salarial.

A Lei 12.973/2014, embora de natureza tributária, no art. 33, dispõe que "*o valor da remuneração dos serviços prestados por empregados ou similares, efetuada por meio de acordo com pagamento baseado em ações*, deve ser adicionado ao lucro líquido para fins de apuração do lucro real no período de apuração em que o custo ou a despesa forem apropriados".

No entanto, para fins trabalhistas, prevalece o entendimento de que a opção de compra não apresenta natureza salarial, por se tratar de valor decorrente de negociação desvinculada do contrato de trabalho. Trata-se, na realidade, de negócio jurídico de natureza comercial, pois o empregado tem a faculdade de vender, ou não, as referidas ações, podendo, ou não, alcançar eventual lucro na operação em questão. Assim, pode-se

23. CARRION, Valentin. *Comentários à Consolidação das Leis do Trabalho*. 29. ed. atual. por Eduardo Carrion. São Paulo: Saraiva, 2004. p. 301.

24. MARTINS, Sergio Pinto. *Direito do trabalho*. 22. ed. São Paulo: Atlas, 2006. p. 223.

verificar até mesmo eventual risco do mercado financeiro, assumido pelo empregado, quanto à "flutuação" do valor das ações[25].

Como se nota, o valor não é concedido pelo empregador, mas apenas possível de ser obtido pelo empregado, na transação mercantil em destaque.

Não se verificam, assim, os requisitos do salário, das parcelas salariais ou remuneratórias, afastando a incidência das disposições trabalhistas sobre o valor em questão.

9.7 SALÁRIO-FAMÍLIA

O *salário-família* tem previsão no art. 7.º, inciso XII, da Constituição Federal, com redação determinada pela Emenda Constitucional 20/1998, sendo regulamentado pelos arts. 65 a 70 da Lei 8.213/1991 e 81 a 92 do Decreto 3.048/1999.

De acordo com a previsão constitucional, o salário-família é "pago em razão do dependente do trabalhador de baixa renda".

As cotas do salário-família são pagas pela empresa ou pelo empregador doméstico, mensalmente, com o salário, efetivando-se compensação quando do recolhimento das contribuições previdenciárias (art. 68 da Lei 8.213/1991). Mesmo assim, o referido direito apresenta natureza previdenciária, e não trabalhista. Por isso, o salário-família não possui natureza salarial ou remuneratória.

Referido benefício é devido mensalmente ao segurado empregado, inclusive o doméstico, e ao trabalhador avulso, na proporção do respectivo número de filhos ou equiparados (até 14 anos de idade destes ou inválido de qualquer idade).

De acordo com a Súmula 254 do TST: "O termo inicial do direito ao salário-família coincide com a prova da filiação. Se feita em juízo, corresponde à data de ajuizamento do pedido, salvo se comprovado que anteriormente o empregador se recusara a receber a respectiva certidão".

Na verdade, o art. 67 da Lei 8.213/1991, com redação determinada pela Lei 9.876/1999, exige a apresentação da certidão de nascimento do filho ou da documentação relativa ao equiparado ou ao inválido, e a apresentação anual de atestado de vacinação obrigatória e de comprovação de frequência à escola do filho ou equiparado. O empregado doméstico, entretanto, deve apresentar apenas a certidão de nascimento.

9.8 SALÁRIO-MATERNIDADE

A licença-gestante é prevista no art. 7.º, inciso XVIII, da Constituição Federal de 1988, "sem prejuízo do emprego e do salário, com a duração de cento e vinte dias".

No período respectivo, assegura-se o *salário-maternidade*, regulamentado pelos arts. 71 a 73 da Lei 8.213/1991 e 93 a 103 do Decreto 3.048/1999.

A Convenção 103 da Organização Internacional do Trabalho, de 1952, promulgada pelo Decreto 58.820/1966 (atualmente Decreto 10.088/2019), estabelece que em caso algum o empregador deve ficar pessoalmente responsável pelo custo das prestações devidas à mulher que emprega, em caso de licença de maternidade. A previsão tem por objetivo evitar a discriminação na admissão e no ingresso da mulher no mercado de trabalho.

---

25. Cf. MARTINS, Sergio Pinto. *Direito do trabalho*. 28. ed. São Paulo: Atlas, 2012. p. 248-252.

O referido direito apresenta natureza previdenciária, e não trabalhista. Por isso, o salário-maternidade não possui natureza salarial ou remuneratória.

Cabe à empresa pagar o salário-maternidade, efetivando-se compensação quando do recolhimento das contribuições incidentes sobre a folha de salários e demais rendimentos pagos ou creditados, a qualquer título, à pessoa física ou jurídica que lhe preste serviço (art. 72, § 1.º, da Lei 8.213/1991, acrescentado pela Lei 10.710/2003). O salário-maternidade devido à trabalhadora avulsa e à empregada do microempreendedor individual (de que trata o art. 18-A da Lei Complementar 123/2006) deve ser pago diretamente pela Previdência Social (art. 72, § 3.º, da Lei 8.213/1991, com redação dada pela Lei 12.470/2011). Esse pagamento é feito diretamente pela Previdência Social também aos demais segurados (art. 73 da Lei 8.213/1991, com redação determinada pela Lei 10.710/2003), inclusive à empregada doméstica (art. 7.º, parágrafo único, da CF/1988).

O art. 97 do Regulamento da Previdência Social prevê que o salário-maternidade da segurada empregada é devido pela Previdência Social enquanto existir relação de emprego, observadas as regras quanto ao pagamento desse benefício pela empresa.

Na realidade, o benefício em questão é devido enquanto for mantida a qualidade de segurado, nos termos do art. 15 da Lei 8.213/1991. Nesse sentido, durante o período de graça, a segurada desempregada faz jus ao recebimento do salário-maternidade, situação em que o benefício deve ser pago diretamente pela previdência social (art. 97, parágrafo único, do Regulamento da Previdência Social, com redação dada pelo Decreto 10.410/2020).

O mencionado benefício, com a Lei 10.421, de 15 de abril de 2002 (publicada no *DOU* de 16.04.2002, a qual acrescentou à CLT o art. 392-A e, à Lei 8.213/1991, o art. 71-A), também passou a ser devido à segurada da Previdência Social que adotar ou obtiver guarda judicial para fins de adoção da criança.

Esclareça-se que a Lei 12.010, de 29 de julho de 2009 (*DOU* de 04.08.2009), em vigor 90 dias após a sua publicação (conforme art. 7.º), além de dispor sobre adoção, em seu art. 8.º, revogou os §§ 1.º a 3.º do art. 392-A da CLT, que estabeleciam diversidade de períodos de licença-maternidade da mãe adotante, conforme a idade da criança.

De forma coerente e harmônica, o art. 71-A da Lei 8.213/1991, com redação dada pela Lei 12.873/2013, passou a prever que *ao segurado ou segurada* da Previdência Social que adotar ou obtiver guarda judicial para fins de adoção de criança, é devido salário-maternidade pelo *período de 120 dias*. Como se nota, além da uniformização do prazo de 120 dias, o segurado também passou a ter o direito em questão.

Conforme o art. 71-B da Lei 8.213/1991, acrescentado pela Lei 12.873/2013, no caso de falecimento da segurada ou segurado que fizer jus ao recebimento do salário-maternidade, o benefício deve ser pago, por todo o período ou pelo tempo restante a que teria direito, ao cônjuge ou companheiro sobrevivente que tenha a qualidade de segurado, exceto no caso do falecimento do filho ou de seu abandono, observadas as normas aplicáveis ao salário-maternidade. O pagamento desse benefício previdenciário deve ser requerido até o último dia do prazo previsto para o término do salário-maternidade originário (art. 71-B, § 1.º). O benefício em questão deve ser pago diretamente pela Previdência Social durante o período entre a data do óbito e o último dia do término do salário-maternidade originário e será calculado sobre: a remuneração integral, para o empregado e trabalhador avulso; o último salário de contribuição, para o empregado doméstico; 1/12 avos da soma dos 12 últimos salários de contribuição, apurados em um período não superior a 15 meses, para o contribuinte individual, facultativo e desempregado; e o valor do salário mínimo, para o segurado especial (art. 71-B, § 2.º).

Cabe frisar que o disposto no art. 71-B, da Lei 8.213, é aplicável ao segurado que adotar ou obtiver guarda judicial para fins de adoção (art. 71-B, § 3.º).

Ademais, a percepção do salário-maternidade, inclusive o previsto no art. 71-B da Lei 8.213/1991, está condicionada ao afastamento do segurado do trabalho ou da atividade desempenhada, sob pena de suspensão do benefício (art. 71-C da Lei 8.213/1991, acrescentado pela Lei 12.873/2013).

O art. 392-A da CLT, com redação dada pela Lei 13.509/2017, prevê que à empregada que adotar ou obtiver guarda judicial para fins de adoção de *criança ou adolescente* será concedida licença-maternidade nos termos do art. 392 da CLT. Esse dispositivo, por sua vez, prevê o direito da empregada gestante à licença-maternidade de 120 dias, sem prejuízo do emprego e do salário. Cf. Capítulo 12, item 12.3.17.

O § 5.º do art. 392-A da CLT, acrescentado pela Lei 12.873/2013, passou a estabelecer que *a adoção ou guarda judicial conjunta deve ensejar a concessão de licença-maternidade a apenas um dos adotantes ou guardiães empregado ou empregada*.

Em caso de morte da genitora, é assegurado ao cônjuge ou companheiro empregado o gozo de licença por todo o período da licença-maternidade ou pelo tempo restante a que teria direito a mãe, exceto no caso de falecimento do filho ou de seu abandono (art. 392-B da CLT, acrescentado pela Lei 12.873/2013).

Afastando quaisquer dúvidas quanto à extensão do direito em estudo também ao empregado (homem), o art. 392-C da CLT, acrescentado pela Lei 12.873/2012, dispõe que se aplica, no que couber, o disposto nos arts. 392-A e 392-B *ao empregado* que adotar ou obtiver guarda judicial para fins de adoção.

O salário-maternidade em caso de adoção ou guarda para fins de adoção, da mesma forma que o salário-maternidade da gestante, tem natureza de benefício previdenciário, a ser pago pelo INSS, o que impede a discriminação na admissão da mulher (art. 7.º, incisos XX e XXX, da CF/1988), que poderia se verificar caso o salário do período de licença ficasse a cargo do empregador. Além disso, a mencionada disposição legal concretiza o comando do art. 201, inciso II, da Constituição Federal de 1988, no sentido de que a previdência social, nos termos da lei, atenderá a "proteção à maternidade".

O salário-maternidade para a segurada empregada ou trabalhadora avulsa consistirá em uma renda mensal igual à sua remuneração integral (Lei 8.213/1991, art. 72, com redação determinada pela Lei 9.876/1999).

9.9 FORMAS DE FIXAÇÃO DO SALÁRIO

O salário pode ser avençado nas seguintes *modalidades*[26]:

- *salário por unidade de tempo*: o empregado recebe em conformidade com o tempo de trabalho desenvolvido, por exemplo, o salário por dia, por hora, por semana, por quinzena, por mês etc.

Não se pode confundir o salário por unidade de tempo com a periodicidade com que o salário é pago, ou seja, por mês ou quinzena. Nesse sentido, o empregado que tem o salário fixado em certo valor por horas trabalhadas ("horista") pode recebê-lo mensalmente.

- *salário por unidade de obra*: o empregado recebe de acordo com a quantidade produzida.

26. Cf. MARTINS, Sergio Pinto. *Direito do trabalho*. 28. ed. São Paulo: Atlas, 2012. p. 235-237.

Essa modalidade de pagamento do salário pode se revelar, de certa forma, prejudicial à saúde e à segurança do empregado, ao incentivá-lo a prestar serviços além de suas forças físicas e psíquicas, com o fim de receber maior remuneração, levando-o à exaustão ou esgotamento, com as péssimas consequências disso decorrentes.

A respeito do tema, o art. 235-G da CLT, com redação decorrente da Lei 13.103/2015, ao tratar do serviço do motorista profissional empregado, passou a prever que é "permitida a remuneração do motorista em função da distância percorrida, do tempo de viagem ou da natureza e quantidade de produtos transportados, inclusive mediante oferta de comissão ou qualquer outro tipo de vantagem, desde que essa remuneração ou comissionamento não comprometa a segurança da rodovia e da coletividade ou possibilite a violação das normas previstas nesta Lei".

- *salário por tarefa*: forma mista de pagamento do salário, ou seja, o empregado recebe conforme o serviço estipulado, a ser realizado em certo período de tempo. Se o empregado termina a tarefa antes do tempo estipulado, fica com o tempo restante livre, podendo deixar a empresa.

Conforme estabelece a Súmula 149 do TST: "Tarefeiro. Férias. A remuneração das férias do tarefeiro deve ser calculada com base na média da produção do período aquisitivo, aplicando-se-lhe a tarifa da data da concessão".

O salário pode ser *classificado*, ainda, em:

- *salário fixo*: o empregado recebe o valor já fixado com antecedência, sem poder sofrer variações.
- *salário variável*: o valor pode variar, como ocorre no salário por produção, por tarefa, fixado em comissões etc.

De todo modo, de acordo com o art. 7.º, inciso VII, da Constituição Federal de 1988, fica garantido o salário nunca inferior ao mínimo "para os que percebem remuneração variável".

O salário pode, ainda, ser fixado e pago em dinheiro ou em utilidades. Como estabelece o art. 458, *caput*, da CLT:

> "Além do pagamento em dinheiro, compreende-se no salário, para todos os efeitos legais, a alimentação, habitação, vestuário ou outras prestações *in natura* que a empresa, por força do contrato ou do costume, fornecer habitualmente ao empregado. Em caso algum será permitido o pagamento com bebidas alcoólicas ou drogas nocivas".

Entende-se que ao menos 30% do salário precisa ser pago, em dinheiro, ao empregado. Mesmo sendo o salário contratual superior ao mínimo legal, aplica-se, ainda que por analogia, a regra do art. 82, parágrafo único, da CLT, com o que no mínimo 30% do salário global deve ser pago em dinheiro, sendo os 70% restantes representados por salário-utilidade.

O art. 463 da CLT utiliza o termo salário "em espécie" para a modalidade em dinheiro. O salário em dinheiro deve ser pago em moeda corrente do País, no caso, o "Real". O parágrafo único do art. 463 da CLT considera como "não feito" o pagamento do salário em desacordo com a referida regra. Caso o salário seja estipulado, irregularmente, em moeda estrangeira, deve ser considerado o valor correspondente em moeda nacional, na data do ajuste ou contratação.

A Lei 7.064, de 6 de dezembro de 1982, que regula a situação de trabalhadores contratados ou transferidos para prestar serviços no exterior, estabelece, em seu art. 5.º, que o salário-base do contrato será obrigatoriamente estipulado em moeda nacional, mas a remuneração devida durante a transferência do empregado, computado o adicional de transferência, poderá, no todo ou em parte, ser paga no exterior, em moeda estrangeira.

Especificamente quanto aos contratos por prazo determinado de *técnicos estrangeiros* domiciliados ou residentes no exterior, para execução, no Brasil, de serviços especializados, em caráter provisório, admite-se a *estipulação* de salários em moeda estrangeira (art. 1.º do Decreto-Lei 691/1969). Nos mencionados contratos, a taxa de conversão da moeda estrangeira será, para todos os efeitos, a da data do vencimento da obrigação (art. 3.º do Decreto-Lei 691/1969). Portanto, mesmo nesses casos, entende-se que o pagamento dos salários (que não se confunde com a sua estipulação) deve ocorrer em moeda corrente nacional.

9.10 SALÁRIO-UTILIDADE

O *salário-utilidade* também é denominado salário *in natura*.

O primeiro requisito para a utilidade concedida pelo empregador ser considerada salário é o caráter de *contraprestação* pelo serviço prestado.

Se a prestação é fornecida *para* o trabalho, não tem natureza salarial; caso o seja *pelo* trabalho, considera-se salário-utilidade.

A diferenciação aqui, portanto, é pela indispensabilidade, ou não, da utilidade fornecida pelo empregador, para a prestação dos serviços pelo empregado.

Atualmente, a Súmula 367 do TST estabelece, em seu inciso I:

> "A habitação, a energia elétrica e veículo fornecidos pelo empregador ao empregado, quando indispensáveis para a realização do trabalho, não têm natureza salarial, ainda que, no caso de veículo, seja ele utilizado pelo empregado também em atividades particulares".

Se a utilidade é fornecida de modo a possibilitar a prestação dos serviços, sendo imprescindível para tanto, o empregador não poderá descontar do salário do empregado o valor respectivo, sob pena de violação do princípio da intangibilidade salarial. Inversamente, se caracterizada a natureza salarial, facultada será a dedução do respectivo valor[27].

---

27. Cf. PRUNES, José Luiz Ferreira. *Direito do trabalho para advogados e empregadores rurais*. Curitiba: Juruá, 2000. p. 493: "Quando a habitação é concedida para possibilitar o trabalho (sem o que este seria impossível ou difícil), não pode ser paga pelo empregado. Noutro sentido, quando a habitação é fornecida como benefício ou também para uso da família do assalariado, o desconto de seu valor (calculado sobre o salário mínimo) está autorizado por lei; não se trata, contudo, de aluguel, mas de salário em utilidade. Portanto, quaisquer discussões daí originadas, são de competência da Justiça do Trabalho". No mesmo sentido, cf. CARRION, Valentin. *Comentários à Consolidação das Leis do Trabalho*. 23. ed. São Paulo: Saraiva, 1998. p. 134: "As utilidades que forem condição para o exercício de qualquer trabalho não podem ser descontadas (ferramentas, uniforme, capacetes)"; OLIVEIRA, Francisco Antonio de. *Consolidação das Leis do Trabalho comentada*. 2. ed. São Paulo: RT, 2000. p. 131: "Existem utilidades que o empregador fornece e que são vitais para o desempenho do trabalho. Nesse caso, não podem ser descontadas do trabalhador e nem se transformam em parte da remuneração, (...). Existem outras utilidades que são fornecidas para facilitar a vida do trabalhador, *v.g.* alimentação na própria empresa. Nesse caso poderá a empresa efetuar o desconto razoável, desde que não supere a previsão legal (Lei 3.030, de 19.12.56). *Se esse valor não for descontado, acrescerá à remuneração como componente desta*".

Além disso, segundo a própria letra do art. 458, *caput*, da CLT, apenas quando a utilidade é fornecida *habitualmente* é que se considera salário. Ou seja, a eventualidade no seu fornecimento indica não representar a prestação salário *in natura*.

Essa habitualidade, ainda segundo a lei, decorre do contrato ou do costume. Assim, não só a pactuação expressa da concessão da utilidade, mas também a repetição do seu fornecimento, durante a relação de emprego, geram a sua natureza salarial.

Esses dois requisitos devem existir simultaneamente para que a prestação corresponda a salário *in natura*: a utilidade deve ser fornecida *pelo trabalho e* de forma *habitual* ao empregado.

Há entendimento no sentido de que, para que a prestação seja considerada salário-utilidade, ela deve ser fornecida gratuitamente pelo empregador. Na realidade, o relevante é verificar se a utilidade é *fornecida* pelo empregador – hipótese em que poderá caracterizar-se como salário, se preenchidos os demais requisitos pertinentes – ou se é o empregado quem, manifestando seu desejo de adquirir o bem ou o serviço, paga por ele, às vezes em um autêntico contrato de compra e venda[28]. Nesse último caso, não há que se falar em salário-utilidade, mas sim em contrato de natureza civil, paralelo ao contrato de trabalho. Aqui, o empregado estará pagando o preço de bem que ele desejou adquirir, e não o que foi fornecido pelo empregador.

Há posicionamento de que se o valor descontado da utilidade, pelo empregador, for ínfimo, seria uma fraude, visando apenas afastar, ilicitamente, a natureza salarial da utilidade[29]. Como já observado, ínfimo ou não o desconto em si, isso não afasta, por si só, a natureza salarial da prestação fornecida, caso presentes os requisitos já vistos acima. No entanto, o que pode ocorrer é ser a dedução em valor inferior ao que representa a utilidade fornecida. Nesse caso, a diferença entre o valor falsamente atribuído pelo empregador à utilidade e seu efetivo montante também deve ser considerada salário *in natura*, pois o que interessa nas relações laborais é a realidade dos fatos.

De todo modo, prevalece o entendimento de que a utilidade fornecida de forma não gratuita pelo empregador, por meio de desconto na remuneração (ainda que simbólico ou irrisório), como forma de coparticipação do empregado no custeio da utilidade, descaracteriza a sua natureza salarial[30].

---

28. "Salário-utilidade. O fato de o empregador não efetuar descontos relativos a prestações como alimentação, está a reforçar convencimento sobre o caráter das mesmas – salário-utilidade. Assim o é, porquanto o art. quatrocentos e cinquenta e oito, da CLT, cogita de fornecimento habitual ao empregado e não aquisição por parte deste. Tendo em vista que as exceções devem ser interpretadas estritamente, impossível é em tal caso ver tais parcelas alcançadas pelo par. segundo do mencionado art. mormente quando inexistam aspectos suficientes à conclusão sobre ser indispensáveis tais prestações ao desenvolvimento dos serviços" (TST, 1.ª T., Acórdão 2.312, RR 4.952, 1981, Rel. Min. Marco Aurélio, *DJ* 03.09.1982).

29. Cf. MARTINS, Sergio Pinto. *Comentários à CLT*. 5. ed. São Paulo: 2002. p. 398: "Entretanto, o salário deve ser fornecido gratuitamente ao empregado, pois, se a utilidade for cobrada, não haverá que se falar em salário, *salvo se for cobrada uma importância ínfima apenas para desvirtuar a sua natureza*" (destaquei).

30. "Recurso de revista. Auxílio-alimentação. Natureza jurídica. Coparticipação do empregado no custeio. Cinge-se a controvérsia à natureza jurídica do auxílio-alimentação fornecido ao longo da contratualidade, mediante coparticipação do empregado no custeio do benefício. A controvérsia não comporta maiores debates, consoante o entendimento jurisprudencial firmado no âmbito deste Tribunal Superior, no sentido de que a alimentação fornecida de forma não gratuita pelo empregador, mediante contribuição do empregado no custeio da parcela, descaracteriza a sua natureza salarial. Precedentes. Recurso de revista conhecido e provido" (TST, 8.ª T., ARR - 20925-70.2016.5.04.0664, Rel. Min. Dora Maria da Costa, *DEJT* 15.03.2019).

Conforme o art. 458, § 1.º, da CLT, os valores atribuídos às prestações *in natura* devem ser justos e razoáveis, não podendo exceder, em cada caso, os dos percentuais das parcelas componentes do salário mínimo (arts. 81 e 82).

No entanto, quanto ao valor da utilidade de natureza salarial, a Súmula 258 do TST (com redação determinada pela Resolução 121/2003) esclarece que:

> "Os percentuais fixados em lei relativos ao salário *in natura* apenas se referem às hipóteses em que o empregado percebe salário mínimo, apurando-se, nas demais, o real valor da utilidade".

Mesmo assim, embora correto que se deva considerar o "real valor da utilidade", conforme o § 3.º do art. 458 da CLT, acrescentado pela Lei 8.860/1994: "A habitação e a alimentação fornecidas como salário-utilidade deverão atender aos fins a que se destinam e não poderão exceder, respectivamente, a 25% (vinte e cinco por cento) e 20% (vinte por cento) do salário contratual". Nesses casos, portanto, o montante máximo das mencionadas utilidades tem sua forma de cálculo fixada pela lei.

Tratando-se de habitação coletiva, o valor do salário-utilidade a ela correspondente deve ser obtido mediante a divisão do justo valor da habitação pelo número de habitantes, sendo vedada, em qualquer hipótese, a utilização da mesma unidade residencial por mais de uma família (art. 458, § 4.º, da CLT).

Já no caso do *empregado rural*, a Lei 5.889/1973, no art. 9.º, apresenta disposição específica, permitindo descontos apenas nas hipóteses de "autorização legal ou decisão judiciária", bem como das seguintes parcelas, calculadas sobre o salário mínimo: até o limite de 20% pela ocupação da morada; até 25% pelo fornecimento de alimentação; adiantamentos em dinheiro. As referidas deduções devem ser previamente autorizadas, "sem o que serão nulas de pleno direito" (art. 9.º, § 1.º). Sempre que mais de um empregado residir na mesma morada, o desconto de 20% sobre o salário mínimo deve ser dividido proporcionalmente ao número de empregados, "vedada, em qualquer hipótese, a moradia coletiva de famílias" (art. 9.º, § 2.º).

O empregado rural, rescindido ou extinto o contrato de trabalho, é obrigado a desocupar a morada fornecida pelo empregador no prazo de 30 dias, contado da data do término da relação laboral (art. 9.º, § 3.º, da Lei 5.889/1973 e art. 95, § 4.º, do Decreto 10.854/2021).

É vedado ao empregador doméstico efetuar *descontos no salário* do empregado por fornecimento de alimentação, vestuário, higiene ou moradia, bem como por despesas com transporte, hospedagem e alimentação em caso de acompanhamento em viagem (art. 18 da Lei Complementar 150/2015).

É facultado ao empregador efetuar descontos no salário do empregado em caso de adiantamento salarial e, mediante acordo escrito entre as partes, para a inclusão do empregado em planos de assistência médico-hospitalar e odontológica, de seguro e de previdência privada, não podendo a dedução ultrapassar 20% do salário (art. 18, § 1.º, da Lei Complementar 150/2015).

Podem ser descontadas as despesas com moradia quando esta se referir a local diverso da residência em que ocorrer a prestação de serviço, desde que essa possibilidade tenha sido expressamente acordada entre as partes (art. 18, § 2.º, da Lei Complementar 150/2015).

As despesas referidas no art. 18, *caput*, da Lei Complementar 150/2015 *não têm natureza salarial* nem se incorporam à remuneração para quaisquer efeitos (art. 18, § 3.º, da Lei Complementar 150/2015).

O fornecimento de moradia ao empregado doméstico na própria residência ou em morada anexa, de qualquer natureza, *não gera ao empregado qualquer direito de posse ou de propriedade sobre a referida moradia* (art. 18, § 4.º, da Lei Complementar 150/2015).

O referido art. 18, *caput*, da Lei Complementar 150/2015 concretiza o *princípio da intangibilidade salarial* no âmbito da relação de emprego doméstico. Como já mencionado, as parcelas *in natura* fornecidas aos empregados e utilizadas no local de trabalho, "para a prestação do serviço" (art. 458, § 2.º, inciso I, da CLT), não podem ser objeto de descontos salariais, pois são disponibilizadas justamente *para viabilizar* o trabalho, o que também afasta a natureza salarial, conforme orientação presente na Súmula 367, inciso I, do TST.

Para possibilitar o desconto da moradia fornecida, são exigidos dois requisitos, cumulativamente: que o local da moradia seja diverso da residência em que ocorrer o labor; e a possibilidade de desconto ter sido expressamente acordada entre as partes.

De acordo com o art. 18, § 3.º, da Lei Complementar 150/2015, não têm natureza salarial as utilidades arroladas no *caput*, quais sejam: alimentação, vestuário, higiene ou moradia, bem como despesas com transporte, hospedagem e alimentação em caso de acompanhamento em viagem. Essas utilidades são normalmente fornecidas *para possibilitar* ou viabilizar a própria prestação dos serviços domésticos, o que já afasta o seu caráter salarial, na mesma linha do que prevê o art. 458, § 2.º, inciso I, da CLT.

Como o § 3.º do art. 18 da Lei Complementar 150/2015 estabelece que "as despesas referidas no *caput* deste artigo" é que não têm natureza salarial (nem se incorporam à remuneração para quaisquer efeitos), pode-se interpretar, *a contrario sensu*, que a moradia, quando presentes os requisitos do § 2.º do art. 18 da Lei Complementar 150/2015, possui natureza salarial. Da mesma forma, outras utilidades (embora difíceis de serem verificadas, na prática, na relação de emprego doméstico), caso tenham natureza salarial e sejam de modalidades diversas daquelas previstas no art. 18, *caput*, da Lei Complementar 150/2015, também podem ser objetos de descontos; além disso, se presentes os requisitos do salário *in natura* e não houver o respectivo desconto (que não seja vedado por lei), o valor da utilidade deve ser computado no salário, para cálculo de outras verbas trabalhistas e previdenciárias.

9.11 UTILIDADES SEM NATUREZA SALARIAL

A ausência da natureza salarial de certas utilidades é uma forma de *incentivar* a concessão da utilidade pelo empregador. Não sendo incluída na remuneração ("folha de pagamento"), o empregador tem, certamente, maior disposição para fornecer ao empregado o bem jurídico em questão, o que acaba beneficiando o próprio trabalhador.

Nessa linha, observa-se a tendência da própria legislação, como se verifica na Lei 10.243, de 19 de junho de 2001, que modificou o art. 458, § 2.º, da CLT, excluindo a natureza salarial de diversas utilidades concedidas pelo empregador, quais sejam:

I - vestuários, equipamentos e outros acessórios fornecidos aos empregados e utilizados no local de trabalho, para a prestação do serviço;

II - educação, em estabelecimento de ensino próprio ou de terceiros, compreendendo os valores relativos a matrícula, mensalidade, anuidade, livros e material didático;

III - transporte destinado ao deslocamento para o trabalho e retorno, em percurso servido ou não por transporte público;

IV- assistência médica, hospitalar e odontológica, prestada diretamente ou mediante seguro-saúde;

V - seguros de vida e de acidentes pessoais;

VI - previdência privada[31];

VII - o valor correspondente ao vale-cultura[32].

Do mesmo modo, pode-se fazer menção aos seguintes dispositivos:

- art. 3.º da Lei 6.321/1976, regulamentada pelos arts. 166 a 182 do Decreto 10.854/2021, no sentido de que o **Programa de Alimentação do Trabalhador** (PAT) não tem natureza salarial[33];
- art. 2.º da Lei 7.418/1985, regulamentada pelos arts. 106 a 136 do Decreto 10.854/2021, no sentido de que o **vale-transporte** não tem natureza salarial[34].

A respeito da assistência médica, cabe ressaltar que o Superior Tribunal de Justiça firmou a seguinte tese em recurso repetitivo: "Nos planos de saúde coletivos custeados exclusivamente pelo empregador não há direito de permanência do ex-empregado aposentado ou demitido sem justa causa como beneficiário, salvo disposição contrária expressa prevista em contrato ou em acordo/convenção coletiva de trabalho, não caracterizando contribuição o pagamento apenas de coparticipação, tampouco se enquadrando como salário indireto" (STJ, 2.ª Seção, REsp 1.680.318/SP (2017/0146777-1), Rel. Min. Ricardo Villas Bôas Cueva, j. 22.08.2018, *DJe* 24.08.2018).

São beneficiários do vale-transporte, nos termos do disposto na Lei 7.418/1985, os trabalhadores em geral, tais como: I – os empregados, assim definidos no art. 3.º da CLT; II – os empregados do subempreiteiro, o subempreiteiro e o empreiteiro principal, nos termos do disposto no art. 455 da CLT; III – os trabalhadores temporários, assim definidos no art. 2.º da Lei 6.019/1974; IV – os atletas profissionais, de que trata a Lei 9.615/1998 (atualmente, Lei 14.597/2023); V – os empregados domésticos, assim definidos no art. 1.º da Lei Complementar 150/2015; VI – os empregados a domicílio, para os deslocamentos indispensáveis à prestação do trabalho e à percepção de salários e os necessários ao desenvolvimento das relações com o empregador (art. 106 do Decreto 10.854/2021).

O vale-transporte constitui benefício que o empregador antecipa ao trabalhador para a utilização efetiva em despesas de deslocamento residência-trabalho e vice-versa

---

31. Conforme o art. 202, § 2.º, da CF/1988 (com redação determinada pela EC 20/1998): "As contribuições do empregador, os benefícios e as condições contratuais previstas nos estatutos, regulamentos e planos de benefícios das entidades de previdência privada não integram o contrato de trabalho dos participantes, assim como, à exceção dos benefícios concedidos, não integram a remuneração dos participantes, nos termos da lei".

32. Cf. Lei 12.761/2012, art. 3.º: "Fica criado o vale-cultura, de caráter pessoal e intransferível, válido em todo o território nacional, para acesso e fruição de produtos e serviços culturais, no âmbito do Programa de Cultura do Trabalhador".

33. Cf. Orientação Jurisprudencial 133 da SBDI-I do TST: "A ajuda alimentação fornecida por empresa participante do Programa de Alimentação ao Trabalhador, instituído pela Lei 6.321/1976, não tem caráter salarial. Portanto, não integra o salário para nenhum efeito legal".

34. Cf. Orientação Jurisprudencial 216 da SBDI-I do TST: "Vale-transporte. Servidor público celetista. Lei 7.418/1985. Devido. Aos servidores públicos celetistas é devido o vale-transporte, instituído pela Lei 7.418/1985, de 16 de dezembro de 1985".

(art. 107 do Decreto 10.854/2021). Entende-se como deslocamento a soma dos segmentos componentes da viagem do beneficiário, por um ou mais meios de transporte, entre a sua residência e o local de trabalho.

O vale-transporte é utilizável em todas as formas de transporte público coletivo urbano ou, ainda, intermunicipal e interestadual de caráter urbano, estabelecidas na forma prevista na Lei 12.587/2012, operado diretamente pelo Poder Público ou por empresa por ele delegada, em linhas regulares e com tarifas estabelecidas pela autoridade competente (art. 108 do Decreto 10.854/2021). Essa disposição não se aplica aos serviços de transporte privado coletivo e transporte público individual.

O empregador que proporcionar, por meios próprios ou contratados, em veículos adequados ao transporte coletivo, o deslocamento residência-trabalho e vice-versa de seus trabalhadores fica desobrigado de fornecer-lhes vale-transporte (art. 109 do Decreto 10.854/2021). Caso o empregador forneça ao trabalhador transporte próprio ou fretado que não cubra integralmente os seus deslocamentos, o vale-transporte deve ser fornecido para os segmentos da viagem não abrangidos pelo referido transporte.

É vedado ao empregador substituir o vale-transporte por antecipação em dinheiro ou qualquer outra forma de pagamento, exceto quanto ao empregador doméstico (art. 110 do Decreto 10.854/2021). Nas hipóteses de indisponibilidade operacional da empresa operadora e de falta ou insuficiência de estoque de vale-transporte necessário ao atendimento da demanda e ao funcionamento do sistema, o beneficiário deve ser ressarcido pelo empregador na folha de pagamento imediata quanto à parcela correspondente, quando tiver efetuado a despesa para o seu deslocamento por conta própria.

Ainda assim, segundo entendimento firmado pela jurisprudência, o fornecimento do vale-transporte em pecúnia não altera a sua natureza jurídica indenizatória (TST, 2.ª T., RR-1979-84.2012.5.15.0114, Rel. Min. Maria Helena Mallmann, *DEJT* 29.11.2019). Nesse sentido, o pagamento do vale-transporte em dinheiro não afeta o seu caráter não salarial (STF, Pleno, RE 478.410/SP, Rel. Min. Eros Grau, *DJe* 14.05.2010)[35].

O vale-transporte, quanto à contribuição do empregador: não tem natureza salarial, nem se incorpora à remuneração do beneficiário para quaisquer efeitos; não constitui base de incidência de contribuição previdenciária ou do FGTS; não é considerado para fins de pagamento da gratificação de Natal; não configura rendimento tributável do beneficiário (art. 2.º da Lei 7.418/1985 e art. 111 do Decreto 10.854/2021).

O vale-transporte será custeado: I – pelo beneficiário, na parcela equivalente a 6% de seu salário básico ou vencimento, excluídos quaisquer adicionais ou vantagens; II – pelo empregador, no que exceder à parcela de que trata o inciso I. O empregador fica autorizado a descontar mensalmente o valor da parcela de que trata o inciso I do salário básico ou vencimento do empregado que utilizar o vale-transporte (art. 114 do Decreto 10.854/2021).

No caso do contrato de trabalho doméstico, a obrigação prevista no art. 4.º da Lei 7.418/1985[36], sobre o vale-transporte, pode ser substituída, a critério do empregador,

---

35. "3. De fato, o Superior Tribunal de Justiça possui entendimento consolidado segundo o qual a verba auxílio-transporte (vale-transporte), ainda que paga em pecúnia, possui natureza indenizatória, não sendo elemento que compõe o salário; assim, sobre ela não deve incidir contribuição previdenciária" (STJ, 2.ª T., REsp 1.928.591/RS, 2021/0083365-3, Rel. Min. Herman Benjamin, *DJe* 05.11.2021).

36. "Art. 4.º A concessão do benefício ora instituído implica a aquisição pelo empregador dos Vales-Transportes necessários aos deslocamentos do trabalhador no percurso residência-trabalho e vice-versa, no serviço de transporte que melhor se adequar. Parágrafo único. O empregador participará dos gastos de

pela concessão, mediante recibo, dos valores para a aquisição das passagens necessárias ao custeio das despesas decorrentes do deslocamento residência-trabalho e vice-versa (art. 19, parágrafo único, da Lei Complementar 150/2015).

A parcela paga *in natura* pela pessoa jurídica beneficiária, no âmbito do Programa de Alimentação do Trabalhador (PAT), ou disponibilizada na forma de instrumentos de pagamento, vedado o seu pagamento em dinheiro: não tem natureza salarial; não se incorpora à remuneração para quaisquer efeitos; não constitui base de incidência do FGTS (art. 3.º da Lei 6.321/1976 e art. 178 do Decreto 10.854/2021).

Reitere-se que o auxílio-alimentação, ainda que concedido de forma habitual, *vedado o seu pagamento em dinheiro*, não se incorpora ao contrato de trabalho e não constitui base de incidência de qualquer encargo trabalhista e previdenciário (art. 457, § 2.º, da CLT). Nesse enfoque, ficou superada a Súmula 241 do TST.

Na Lei 5.889/1973, pertinente ao trabalho rural, o art. 9.º, § 5.º, acrescentado pela Lei 9.300/1996, estabelece, de forma mais minuciosa, que: "A cessão pelo empregador, de moradia e de sua infraestrutura básica, assim como, bens destinados à produção para sua subsistência e de sua família, não integram o salário do trabalhador rural, desde que caracterizados como tais, em contrato escrito celebrado entre as partes, com testemunhas e notificação obrigatória ao respectivo sindicato de trabalhadores rurais".

O art. 458, § 5.º, da CLT, acrescentado pela Lei 13.467/2017, prevê que o valor relativo à assistência prestada por serviço médico ou odontológico, próprio ou não, inclusive o reembolso de despesas com medicamentos, óculos, aparelhos ortopédicos, próteses, órteses, despesas médico-hospitalares e outras similares, mesmo quando concedido em diferentes modalidades de planos e coberturas, *não integram o salário do empregado para qualquer efeito nem o salário de contribuição*, para efeitos do previsto no art. 28, § 9.º, alínea *q*, da Lei 8.212/1991.

A ausência de natureza salarial quanto às mencionadas utilidades é uma forma de incentivar a concessão pelo empregador, por não integrar a remuneração e não gerar encargos trabalhistas e previdenciários. Isso explica a tendência da legislação de excluir a natureza salarial de certas utilidades, para que a concessão pelo empregador seja fomentada.

A norma coletiva, assim como outras fontes do Direito do Trabalho, pode fixar o direito do empregado de receber certa utilidade, como, por exemplo, cesta básica. Há corrente de entendimento no sentido de que o instrumento normativo pode prever a natureza não salarial da prestação (art. 7.º, inciso XXVI, da CF/1988). Entretanto, se a parcela é prevista especificamente em lei, defende-se que a indicação da sua natureza jurídica é matéria reservada à própria norma legal (art. 22, inciso I, da CF/1988).

A cesta básica concedida por meio do PAT não tem caráter salarial.

De todo modo, em conformidade com a Orientação Jurisprudencial Transitória 61 da SBDI-I do TST:

> "Auxílio cesta-alimentação previsto em norma coletiva. CEF. Cláusula que estabelece natureza indenizatória à parcela. Extensão aos aposentados e pensionistas. Impossibilidade. Havendo previsão em cláusula de norma coletiva de trabalho de pagamento mensal de auxílio cesta-alimentação somente a empregados em atividade, dando-lhe caráter indenizatório, é indevida a extensão desse benefício aos aposentados e pensionistas. Exegese do art. 7.º, XXVI, da Constituição Federal" (*DJ* 14.03.2008).

---

deslocamento do trabalhador com a ajuda de custo equivalente à parcela que exceder a 6% (seis por cento) de seu salário básico".

A Orientação Jurisprudencial 123 da SBDI-I do TST, por sua vez, assim dispõe:

> "Bancários. Ajuda alimentação. A ajuda alimentação prevista em norma coletiva em decorrência de prestação de horas extras tem natureza indenizatória e, por isso, não integra o salário do empregado bancário.
>
> Em 10.02.1998, a SDI-Plena, por maioria, decidiu que ajuda alimentação paga ao bancário, em decorrência de prestação de horas extras por prorrogação de jornada, tem natureza indenizatória e, portanto, não integrativa ao salário".

Tendo em vista o princípio da condição mais benéfica e a aplicação do art. 468, *caput*, da CLT, nos termos da Orientação Jurisprudencial 413 da SBDI-I do TST: "Auxílio-alimentação. Alteração da natureza jurídica. Norma coletiva ou adesão ao PAT. A pactuação em norma coletiva conferindo caráter indenizatório à verba 'auxílio-alimentação' ou a adesão posterior do empregador ao Programa de Alimentação do Trabalhador – PAT – não altera a natureza salarial da parcela, instituída anteriormente, para aqueles empregados que, habitualmente, já percebiam o benefício, a teor das Súmulas n.os 51, I, e 241 do TST".

De acordo com a parte final do art. 458, *caput*, da CLT: "Em caso algum será permitido o pagamento com bebidas alcoólicas ou drogas nocivas". Desse modo, de acordo com a Súmula 367, inciso II, do TST: "O cigarro não se considera salário utilidade em face de sua nocividade à saúde".

9.12 TEMPO DE PAGAMENTO DO SALÁRIO

O pagamento do salário deve ser estipulado, seja qual for a modalidade de trabalho (por unidade de tempo, por unidade de obra, por tarefa), respeitando-se o limite previsto no art. 459 da CLT, qual seja, o período de um mês, salvo no que concerne a comissões, percentagens e gratificações. Verificam-se gratificações pagas de forma semestral ou mesmo anual, justificando, assim, a referida ressalva.

As comissões e percentagens, de acordo com o art. 4.º da Lei 3.207/1957, devem ser pagas mensalmente, conforme ocorra a conclusão dos respectivos negócios. No entanto, de acordo com o parágrafo único desse dispositivo, as partes podem fixar outra época para pagamento das comissões e percentagens, desde que não exceda a um trimestre, contado da aceitação do negócio.

Além disso, quando o pagamento do salário houver sido estipulado por mês, deverá ser efetuado, o mais tardar, até o quinto dia útil do mês subsequente (art. 459, § 1.º, da CLT). Conforme a Súmula 381 do TST: "Correção monetária. Salário. Art. 459 da CLT. O pagamento dos salários até o 5.º dia útil do mês subsequente ao vencido não está sujeito à correção monetária. Se essa data limite for ultrapassada, incidirá o índice da correção monetária do mês subsequente ao da prestação dos serviços, a partir do dia 1.º".

De acordo com a Orientação Jurisprudencial 159, da Subseção I de Dissídios Individuais do Tribunal Superior do Trabalho, publicada no *DJ* de 26 de março de 1999:

> "Data de pagamento. Salários. Alteração. Diante da inexistência de previsão expressa em contrato ou em instrumento normativo, a alteração de data de pagamento pelo empregador não viola o art. 468, desde que observado o parágrafo único, do art. 459, ambos da CLT".

O art. 466 da CLT estabelece que o pagamento das comissões e percentagens só é exigível "depois de ultimada a transação a que se referem". Esta disposição deve ser interpretada em consonância com o art. 3.º da Lei 3.207, de 18 de julho de 1957, que regulamenta a atividade dos empregados vendedores, viajantes ou pracistas, dispondo que:

> "A transação será considerada aceita se o empregador não a recusar por escrito, dentro de 10 (dez) dias, contados da data da proposta. Tratando-se de transação a ser concluída com comerciante ou empresa estabelecida noutro Estado ou no estrangeiro, o prazo para aceitação ou recusa da proposta de venda será de 90 (noventa) dias podendo, ainda, ser prorrogado, por tempo determinado, mediante comunicação escrita feita ao empregado".

Como se nota, o direito às comissões é adquirido, pelo empregado, não com o pagamento da prestação (pelo comprador), mas sim com a aceitação do negócio pelo empregador, na forma acima descrita. Essa aquisição do direito à comissão (pelo empregado) não se confunde com a exigibilidade do seu pagamento, que ocorre mensalmente, devendo a empresa expedir, no fim de cada mês, a conta respectiva com as cópias das faturas correspondentes aos negócios concluídos. Ressalva-se às partes, no entanto, fixar outra época para pagamento das comissões e percentagens, desde que não exceda a um trimestre, contado da aceitação do negócio (art. 4.º da Lei 3.207/1957).

Nas transações realizadas em prestações sucessivas, o pagamento das comissões e percentagens é exigível proporcionalmente à respectiva liquidação (§ 1.º do art. 466 da CLT). Do mesmo modo, o art. 5.º da Lei 3.207/1957 dispõe que nas transações em que a empresa se obriga por prestações sucessivas, "o pagamento das comissões e percentagens será exigível de acordo com a ordem de recebimento" delas.

A cessação da relação de trabalho não prejudica o recebimento das comissões e percentagens devidas ao empregado (art. 466, § 2.º, da CLT).

Somente no caso de "insolvência do comprador" é que o empregador pode estornar a comissão que houver pago (art. 7.º da Lei 3.207/1957), pois o empregador é quem corre o risco do empreendimento, não se admitindo a adoção da chamada cláusula *stare del credere*. Desse modo, o trabalhador faz jus à comissão, mesmo que o comprador simplesmente não pague a compra ou devolva o bem adquirido.

9.13 DÉBITOS SALARIAIS E MORA CONTUMAZ

O art. 7.º, inciso X, da Constituição Federal de 1988 prevê a "proteção do salário na forma da lei, constituindo crime sua retenção dolosa". Tendo em vista a necessidade de regulamentação por lei, tem-se, no caso, norma constitucional de eficácia limitada[37].

O *débito salarial* é definido no art. 1.º, parágrafo único, do Decreto-lei 368/1968: "Considera-se em débito salarial a empresa que não paga, no prazo e nas condições da lei ou do contrato, o salário devido a seus empregados".

A *mora contumaz*, por sua vez, é definida no art. 2.º, § 1.º, do mesmo diploma legal: "Considera-se mora contumaz o atraso ou sonegação de salários devidos aos empregados, por período igual ou superior a 3 (três) meses, sem motivo grave e relevante, excluídas as causas pertinentes ao risco do empreendimento".

Considera-se "salário devido", para os efeitos do Decreto-lei 368/1968, a retribuição de responsabilidade direta da empresa, inclusive comissões, percentagens, gratificações,

37. Cf. MARTINS, Sergio Pinto. *Direito do trabalho*. 22. ed. São Paulo: Atlas, 2006. p. 277.

diárias para viagens e abonos, quando a sua liquidez e certeza não sofram contestação nem estejam pendentes de decisão judicial (art. 6.º).

De acordo com o art. 1.º, *caput*, do Decreto-lei 368/1968, a *empresa em débito salarial* com seus empregados não poderá:

I - pagar honorário, gratificação, *pro labore* ou qualquer outro tipo de retribuição ou retirada a seus diretores, sócios, gerentes ou titulares da firma individual;

II - distribuir quaisquer lucros, bonificações, dividendos ou interesses a seus sócios, titulares, acionistas, ou membros de órgãos dirigentes, fiscais ou consultivos;

III - ser dissolvida.

A *empresa em mora contumaz relativamente a salários* não poderá, além das previsões acima (previstas no art. 1.º, referentes ao débito salarial), ser favorecida com qualquer benefício de natureza fiscal, tributária, ou financeira, por parte de órgãos da União, dos Estados ou dos Municípios, ou de que estes participem (art. 2.º). Não se incluem nessa proibição as operações de crédito destinadas à liquidação dos débitos salariais existentes, o que deverá ser expressamente referido em documento firmado pelo responsável legal da empresa, como justificação do crédito.

A mora contumaz e a infração às restrições previstas no art. 1.º (impostas mesmo no caso de débito salarial) devem ser apuradas mediante "denúncia" de empregado da empresa, ou de entidade sindical da respectiva categoria profissional, pela Delegacia Regional do Trabalho (atualmente denominada Superintendência Regional do Trabalho, em processo sumário, assegurada ampla defesa ao interessado (art. 3.º). Por se tratar de processo de natureza administrativa, incide a garantia constitucional do contraditório e da ampla defesa (art. 5.º, inciso LV, da CF/1988).

Os diretores, sócios, gerentes, membros de órgãos fiscais ou consultivos, titulares de firma individual ou quaisquer outros dirigentes de empresa responsável por infração do disposto no art. 1.º, I e II, do Decreto-lei 368/1968 (ou seja, caso a empresa esteja em débito salarial ou mora contumaz, mas ocorra violação das proibições de: pagar honorário, gratificação, *pro labore* ou qualquer outro tipo de retribuição ou retirada a seus diretores, sócios, gerentes ou titulares da firma individual; distribuir quaisquer lucros, bonificações, dividendos ou interesses a seus sócios, titulares, acionistas, ou membros de órgãos dirigentes, fiscais ou consultivos), estão sujeitos a pena de detenção de um mês a um ano. Apurada a referida infração, o Delegado Regional do Trabalho representará, sob pena de responsabilidade, ao Ministério Público, para a instauração da competente ação penal (art. 4.º).

9.14 LOCAL E FORMA DE PAGAMENTO DO SALÁRIO

O art. 465 da CLT traz regra expressa sobre o local de pagamento do salário, estabelecendo: "O pagamento dos salários será efetuado em dia útil e no local do trabalho, dentro do horário do serviço ou imediatamente após o encerramento deste, salvo quando efetuado por depósito em conta bancária".

Efetivamente, o pagamento do salário deve ser feito contra recibo, assinado pelo empregado. Tratando-se de analfabeto, mediante sua impressão digital, ou, não sendo esta possível, a seu rogo (art. 464 da CLT).

Mesmo assim, terá força de recibo o comprovante de depósito em conta bancária, aberta para esse fim em nome de cada empregado, com consentimento deste, em estabelecimento de crédito próximo ao local de trabalho (parágrafo único do art. 464 da CLT, acrescentado pela Lei 9.528/1997).

Cabe ressaltar que é lícito ao trabalhador menor firmar recibo pelo pagamento dos salários. Tratando-se, porém, de rescisão do contrato de trabalho, é vedado ao menor de 18 anos dar, sem assistência dos seus responsáveis legais, quitação ao empregador pelo recebimento da indenização que lhe for devida (art. 439 da CLT).

9.15 GARANTIAS DE PROTEÇÃO DO SALÁRIO

O salário é reconhecido como direito essencial do trabalhador. Tanto é assim que a própria Constituição Federal de 1988 reconhece o seu caráter alimentar (art. 100, § 1.º).

No contrato de trabalho, o motivo para a prestação do labor é, justamente, o recebimento da remuneração (art. 3.º da CLT), com o fim de garantir a sobrevivência do empregado e de sua família.

Tendo em vista a referida importância do direito ao salário, este apresenta uma série de garantias, de modo a assegurar que o empregado efetivamente o receba e possa usufruir do seu valor de modo livre.

9.15.1 Garantias do salário perante o empregador

Já foram estudadas as regras pertinentes ao *local* (art. 465 da CLT), *tempo* (art. 459 da CLT) e à *forma de pagamento dos salários* (arts. 463 e 464 da CLT).

Além disso, como garantias inerentes ao salário, como direito do empregado frente ao empregador, podem ser destacados os seguintes aspectos: a *irredutibilidade* e a *intangibilidade*.

Cabe destacar que não se admite o chamado "truck system", que pode configurar verdadeira servidão por dívida. Nesse sentido, é vedado ao empregador, que mantiver armazém para venda de mercadorias aos empregados ou serviços destinados a proporcionar-lhes prestações *in natura*, "exercer qualquer coação ou induzimento no sentido de que os empregados se utilizem do armazém ou dos serviços" (art. 462, § 2.º, da CLT).

Sempre que não for possível o acesso dos empregados a armazéns ou serviços não mantidos pela empresa, é lícito à autoridade competente determinar a adoção de medidas adequadas, visando a que as mercadorias sejam vendidas e os serviços prestados a preços razoáveis, sem intuito de lucro e sempre em benefício dos empregados (art. 462, § 3.º, da CLT).

A Constituição Federal de 1988 indica ser o salário, em regra, irredutível (art. 7.º, inciso VI). A *irredutibilidade salarial*, com isso, pode ser erigida em princípio, de hierarquia constitucional, do Direito do Trabalho.

Estabelece o art. 7.º, inciso VI, da Constituição da República ser direito dos trabalhadores urbanos e rurais a: "irredutibilidade do salário, salvo o disposto em convenção ou acordo coletivo".

A redução salarial, além de ser uma exceção, somente é válida se prevista por meio de acordo coletivo ou de convenção coletiva, instrumentos normativos decorrentes de negociação coletiva, reconhecidos no texto constitucional (art. 7.º, inciso XXVI). Por tal motivo, não foi recepcionada pela ordem constitucional vigente a faculdade, prevista no art. 503 da CLT, de o empregador reduzir, *independentemente de negociação coletiva*, os salários de seus empregados, mesmo em caso de força maior ou prejuízos devidamente comprovados.

Diante da clareza do mandamento constitucional, tem-se que a redução salarial não poderá ser prevista, de forma válida, em sentença normativa, ainda que posterior a uma negociação coletiva frustrada. Tendo em vista o caráter excepcional da redução de salários, a restrição a um direito tão fundamental do trabalhador não encontra supedâneo na ordem jurídico-constitucional sem uma motivação adequada. Essa flexibilização, *in pejus* ao trabalhador, deve ser efetivamente imprescindível, sob pena de ser a norma coletiva subjacente ilegítima e contrária à estrutura de todo o sistema normativo-trabalhista, seus princípios fundamentais e pilares sociojurídicos.

Por exemplo, a força maior (mencionada no art. 501 da CLT), ou a conjuntura econômica desfavorável da empresa (prevista na Lei 4.923/1965), caso correspondam a fatos indicadores da efetiva necessidade da redução salarial, principalmente se com vistas a evitar o desemprego em massa, é que podem justificar essa redução, sempre por meio da negociação coletiva.

Em tese, o que pode ser reduzido por meio de negociação coletiva, por motivo justificado, é o "salário" em seu sentido próprio, estrito, técnico e legal. Não são todas as importâncias que compõem a remuneração, nem são todas as parcelas de "natureza salarial ou remuneratória" que podem ser objeto desta redução.

Aliás, quanto ao adicional de horas extras, o inciso XVI do mesmo art. 7.º da Constituição Federal de 1988 expressamente estabelece o mínimo de 50% sobre a hora normal, o que afasta a possibilidade de ser fixado em nível inferior, ainda que mediante negociação coletiva. Assim como o salário mínimo deve ser sempre respeitado em qualquer redução salarial (art. 7.º, inciso IV, da CF/1988), isto ocorre quanto ao adicional mencionado.

No entanto, cabe fazer referência ao entendimento de que a redução salarial, por meio de negociação coletiva, autorizada pelo art. 7.º, inciso VI, da Constituição da República, abrangeria as parcelas de *natureza salarial*.

O princípio da *intangibilidade salarial* proíbe que ocorram descontos ilegais e abusivos no salário do empregado.

Para os empregados regidos pela Consolidação das Leis do Trabalho, os arts. 81 e 82 (c/c o art. 458, § 1.º, da CLT), embora tratando do salário mínimo legal, indicam a autorização de descontos de utilidades, ou seja, parcelas *in natura*. No âmbito rural, a Lei 5.889/1973, no art. 9.º, trata do tema, como já estudado no item referente ao salário-utilidade. Na relação de emprego doméstico, cabe lembrar as disposições (também já analisadas anteriormente) do art. 18 da Lei Complementar 150/2015.

Para o empregado urbano, regido pela CLT, o art. 462 da CLT também veda ao empregador efetuar desconto nos salários dos empregados, "salvo quando este resultar de adiantamentos, de dispositivos de lei ou de contrato coletivo" (isto é, acordo coletivo ou convenção coletiva de trabalho).

Sobre o tema, merece destaque a Orientação Jurisprudencial 18 da SDC do TST, com a seguinte previsão: "Descontos autorizados no salário pelo trabalhador. Limitação máxima de 70% do salário-base. Os descontos efetuados com base em cláusula de acordo firmado entre as partes não podem ser superiores a 70% do salário-base percebido pelo empregado, pois deve-se assegurar um mínimo de salário em espécie ao trabalhador".

O art. 611-B, inciso XXVI, da CLT, incluído pela Lei 13.467/2017, ao prever que constitui objeto ilícito de convenção coletiva ou de acordo coletivo de trabalho a supressão ou a redução do direito de liberdade de associação profissional ou sindical do trabalhador, assegura, inclusive, o direito de não sofrer, sem sua expressa e prévia anuência, qualquer cobrança ou *desconto salarial* estabelecidos em convenção coletiva ou acordo coletivo de trabalho.

A Lei 10.820/2003 dispõe sobre a possibilidade de os empregados autorizarem, de forma irrevogável e irretratável, o desconto em folha de pagamento ou na sua remuneração disponível dos valores referentes ao pagamento de empréstimos, financiamentos, cartões de crédito e operações de arrendamento mercantil concedidos por instituições financeiras e sociedades de arrendamento mercantil, quando previsto nos respectivos contratos (art. 1.º). O mencionado desconto também pode incidir sobre verbas rescisórias devidas pelo empregador, se assim previsto no respectivo contrato de empréstimo, financiamento, cartão de crédito ou arrendamento mercantil, até o limite previsto no art. 1.º, § 1.º, da Lei 10.820/2003.

O § 1.º do art. 462 da CLT regula o desconto pelo dano causado pelo empregado, que é lícito desde que a possibilidade de desconto tenha sido acordada (no caso de culpa em sentido estrito)[38] ou na ocorrência de dolo.

Na mesma linha, a Lei 13.103/2015, no art. 2.º, inciso V, *a*, prevê o direito dos motoristas profissionais (de veículos automotores de transporte rodoviário de passageiros e de transporte rodoviário de cargas), se empregados, de não responder perante o empregador por prejuízo patrimonial decorrente da ação de terceiro, *ressalvado o dolo ou a desídia do motorista*, nesses casos mediante comprovação, no cumprimento de suas funções.

Frise-se que o equipamento de proteção individual deve ser fornecido pelo empregador *gratuitamente* aos empregados (art. 166 da CLT), não se admitindo, assim, desconto salarial a respeito.

Ainda sobre essa questão, de acordo com a Súmula 342 do TST:

> "Descontos salariais efetuados pelo empregador, com a autorização prévia e por escrito do empregado, para ser integrado em planos de assistência odontológica, médico-hospitalar, de seguro, de previdência privada, ou de entidade cooperativa, cultural ou recreativo-associativa de seus trabalhadores, em seu benefício e de seus dependentes, não afrontam o disposto no art. 462 da CLT, salvo se ficar demonstrada a existência de coação ou de outro defeito que vicie o ato jurídico"[39].

De acordo com o art. 477, § 5.º, da CLT, qualquer compensação no pagamento das verbas rescisórias não poderá exceder o equivalente a um mês de remuneração.

O art. 467 da CLT, com redação determinada pela Lei 10.272, de 5 de setembro de 2001 (publicada no *DOU* de 06.09.2001), estabelece, *in verbis*:

> "Em caso de rescisão de contrato de trabalho, havendo controvérsia sobre o montante das verbas rescisórias, o empregador é obrigado a pagar ao trabalhador, à data do comparecimento à Justiça do Trabalho, a parte incontroversa dessas verbas, sob pena de pagá-las acrescidas de cinquenta por cento".

---

38. Cf. ainda a Orientação Jurisprudencial 251 da SBDI-I do TST: "Descontos. Frentista. Cheques sem fundos. É lícito o desconto salarial referente à devolução de cheques sem fundos, quando o frentista não observar as recomendações previstas em instrumento coletivo".

39. Cf. ainda a Orientação Jurisprudencial 160 da SBDI-I do TST: "Descontos salariais. Autorização no ato da admissão. Validade. É inválida a presunção de vício de consentimento resultante do fato de ter o empregado anuído expressamente com descontos salariais na oportunidade da admissão. É de se exigir demonstração concreta do vício de vontade".

Assim, existe obrigatoriedade de pagamento das *verbas rescisórias incontroversas* logo na primeira audiência no foro trabalhista, sob pena de seu pagamento com o acréscimo de 50%.

Podem-se entender como verbas rescisórias as seguintes parcelas, decorrentes da extinção do pacto laboral: saldo salarial (referentes aos dias trabalhados no mês da rescisão e pagos como verbas rescisórias), aviso prévio indenizado, décimo terceiro salário referente ao ano da extinção contratual, férias vencidas, mas ainda não gozadas com 1/3, férias proporcionais com 1/3, participação nos lucros e resultados proporcionais, indenização de 40% do FGTS (Lei 8.036/1990, art. 18, §§ 1.º e 2.º – sendo que este último trata da culpa recíproca prevendo a indenização em apenas 20%), depósitos do FGTS sobre o aviso prévio indenizado, saldo salarial e 13.º salário rescisório, indenização do art. 479 da CLT (art. 14 do Regulamento do FGTS, aprovado pelo Decreto 99.684/1990) e indenização por tempo de serviço, nos termos dos arts. 477, *caput*, e 478 da CLT, c/c a Lei 8.036/1990, art. 14, § 1.º (embora esta última indenização esteja em "extinção"). Os depósitos do FGTS, incidentes sobre o aviso prévio indenizado (Súmula 305 do TST) e sobre o décimo terceiro salário rescisório, também devem ser considerados como "verbas rescisórias", justamente porque são devidos em razão da extinção contratual (Lei 8.036/1990, art. 18, *caput*). A indenização adicional, prevista nos arts. 9.º das Leis 6.708/1979 e 7.238/1984, decorrente da dispensa sem justa causa do empregado, ocorrida no trintídio que antecede a data-base (Súmulas 182, 242 e 314 do TST), também está abrangida pelo dispositivo da CLT.

No entanto, pode-se entender que os salários em atraso (retidos) não são considerados "verbas rescisórias", pois não são devidos em consequência do fim do contrato de trabalho, mas sim como contraprestação do labor, *independentemente do término do pacto laboral*.

O seguro-desemprego, por ser benefício pago pelo Estado, também não pode ser aqui incluído, eis que o dever do empregador é de entregar as guias respectivas. Nem mesmo a indenização prevista na hipótese da Súmula 389 do TST pode ser aqui incluída, pois este valor indenizatório tem por fundamento, entre outros, os arts. 186 e 927 do Código Civil de 2002, não configurando verba rescisória em sentido estrito.

A norma em questão incide em qualquer caso de extinção do contrato de trabalho, inclusive decorrente de pedido de demissão pelo empregado ou da sua dispensa com justa causa. O acréscimo de 50% sobre as verbas rescisórias incontroversas é uma penalidade, não possuindo natureza salarial, ainda que a verba rescisória sobre o qual incida o tenha.

Não há que se falar em *bis in idem* na aplicação conjunta das multas previstas no art. 477, § 8.º, da CLT, e do acréscimo de 50%, previsto no art. 467 desse mesmo diploma legal. No caso, aquele dispositivo prevê sanção específica para a inobservância dos prazos para a "entrega ao empregado de documentos que comprovem a comunicação da extinção contratual aos órgãos competentes bem como o pagamento dos valores constantes do instrumento de rescisão ou recibo de quitação" (§ 6.º do art. 477 da CLT); já o art. 467 da CLT sanciona a ausência de pagamento das "verbas rescisórias" em situação bem distinta, qual seja, no momento da audiência inaugural trabalhista, que pressupõe o ajuizamento da respectiva reclamação.

De acordo com a Súmula 69 do TST, com redação determinada pela Resolução 121/2003: "A partir da Lei 10.272, de 5 de setembro de 2001, havendo rescisão do contrato de trabalho e sendo revel e confesso quanto à matéria de fato, deve ser o empregador condenado ao pagamento das verbas rescisórias, não quitadas na primeira audiência, com acréscimo de 50% (cinquenta por cento)".

Seguindo o entendimento dominante na doutrina e na jurisprudência, o disposto no art. 467 da CLT não se aplica à massa falida, pois esta não tem disponibilidade para o pagamento imediato das verbas trabalhistas na primeira audiência, nas quais se incluem as verbas rescisórias[40]. Entretanto, caso a falência do empregador seja posterior à audiência na Justiça do Trabalho, há a incidência do referido dispositivo da CLT, justamente porque a quebra, nesse caso, ocorre após a aquisição do direito.

Cabe destacar o parágrafo único do art. 467 da CLT, acrescido pela Medida Provisória 2.180-35, de 24 de agosto de 2001 (publicada no *DOU* de 27.08.2001), art. 9.º, com a seguinte redação:

> "Parágrafo único. O disposto no *caput* não se aplica à União, aos Estados, ao Distrito Federal, aos Municípios e às suas autarquias e fundações públicas".

O entendimento que prevalecia era de que esse parágrafo único do art. 467 permanecia em vigor. No entanto, pode-se entender que a disposição acrescida pela referida Medida Provisória 2.180-35/2001 não preenche os requisitos constitucionais relativos à "relevância e urgência" (art. 62, *caput*, da CF/1988). Além disso, o mencionado parágrafo único, por ela acrescido, não mais vigora, pois a já mencionada Lei 10.272/2001, que alterou a redação do art. 467 da CLT, entrou em vigor em 6 de setembro de 2001 e, ao conferir a nova redação, deixou de estabelecer que o art. 467 da CLT é integrado por qualquer parágrafo único. Assim, o parágrafo único que existia (introduzido por Medida Provisória) acabou sendo *revogado*. Frise-se que a Lei 10.272/2001 vigorou a partir de 06.09.2001, data posterior ao início da vigência da última edição da Medida Provisória em questão (27.08.2001).

9.15.2 Garantias do salário perante credores do empregado

O salário, por apresentar natureza alimentícia, é considerado *impenhorável*. Tem-se, assim, a impenhorabilidade como garantia do salário perante credores do próprio empregado. Tal regra é prevista nos arts. 833, inciso IV, do CPC de 2015 (649, inciso IV, do CPC de 1973).

Em conformidade com a referida disposição, são impenhoráveis os vencimentos, os subsídios, os soldos, os salários, as remunerações, os proventos de aposentadoria, as pensões, os pecúlios e os montepios, bem como as quantias recebidas por liberalidade de terceiro e destinadas ao sustento do devedor e de sua família, os ganhos de trabalhador autônomo e os honorários de profissional liberal, ressalvado o § 2.º do art. 833 do CPC de 2015.

Essa previsão de impenhorabilidade não se aplica no caso de penhora "para pagamento de prestação alimentícia, independentemente de sua origem" (§ 2.º do art. 833 do CPC de 2015 e § 2.º do art. 649 do CPC de 1973).

---

40. Súmula 388 do TST: "Massa falida. Arts. 467 e 477 da CLT. Inaplicabilidade (conversão das Orientações Jurisprudenciais n. 201 e 314 da SBDI-1) – Res. 129/2005 – *DJ* 20.04.2005. A Massa Falida não se sujeita à penalidade do art. 467 e nem à multa do § 8.º do art. 477, ambos da CLT (ex-OJs n. 201 – *DJ* 11.08.2003 e n. 314 – *DJ* 08.11.2000)". Quanto às empresas em liquidação extrajudicial, não se aplica o mesmo raciocínio, por ausência de norma assim dispondo, tanto que, nesse caso, a jurisprudência não aceita a falta do pagamento de custas e do depósito recursal, nos termos da Súmula 86 do TST, e ressalta ser direta a execução pelo juízo trabalhista.

Como se nota, a garantia em questão apresenta ressalva, admitindo a penhorabilidade no caso de o próprio empregado ser devedor de prestação alimentícia, por exemplo, a ascendentes, descendentes ou cônjuge.

Ademais, com o Código de Processo Civil de 2015, a referida impenhorabilidade também não se aplica relativamente às "importâncias excedentes a 50 (cinquenta) salários mínimos mensais" (art. 833, § 2.º, do CPC de 2015).

Na realidade, a "disposição abrange salário a qualquer título, isto é, todo direito do empregado, presente, passado, futuro, pago ou não pago, na constância do emprego ou por despedida (*RT* 618/195, *JTJ* 205/231). Assim, não é possível penhora de saldo em conta-corrente bancária, se proveniente de salário (*Lex-JTA* 148/160)"[41].

Logo, tratando-se, efetivamente, de salário, mesmo se depositado em conta corrente, o valor não perde a natureza salarial, com a sua finalidade alimentar, inclusive em conformidade com o art. 464, parágrafo único, da CLT[42]. A hipótese é diferente se o valor refere-se a aplicação financeira ou depósito bancário similar, caso em que se perdem a natureza e o objetivo do salário propriamente. O art. 833 do CPC de 2015 (art. 649 do CPC de 1973) esclarece que é impenhorável a quantia depositada em caderneta de poupança, até o limite de 40 salários mínimos (inciso X). Assim, o valor excedente ao referido limite é considerado penhorável, quando depositado na caderneta de poupança.

Cabe destacar a existência de corrente de entendimento defendendo que, no caso de *execução de crédito trabalhista*, a impenhorabilidade do salário recebido pelo executado deve ser interpretada em sintonia com os princípios da razoabilidade e da proporcionalidade. Argumenta-se que *o crédito trabalhista também possui natureza alimentícia*, conforme o art. 100, § 1.º, da Constituição da República. Sendo assim, observa-se, no caso, um confronto entre dois princípios, quais sejam: o da impenhorabilidade salarial e o da supremacia e natureza alimentar do crédito trabalhista.

Como a satisfação do crédito trabalhista é exigência para a garantia da própria *dignidade da pessoa humana*, referida corrente de entendimento, aplicando os *princípios da proporcionalidade e da razoabilidade*, defende que se tiverem sido esgotadas todas as tentativas para a garantia da execução do crédito trabalhista, torna-se possível a penhora de certo montante do salário do devedor do referido crédito trabalhista, preservando-se, ao mesmo tempo, o mínimo necessário à subsistência do devedor (executado). Nesse sentido, cabe transcrever a seguinte decisão:

> "Artigo 649, IV, do CPC [1973]. Impenhorabilidade do salário. Execução trabalhista. Em se tratando de execução trabalhista, o artigo 649, IV, do CPC [1973], deve ser aplicado com prudência e razoabilidade, interpretando-se a expressão 'pagamento de prestação alimentícia', nos termos do artigo 100, §1.º-A, da Constituição Federal. Assim sendo, revela-se possível e viável a penhora de parte do salário percebido pelo executado, desde que a constrição judicial não importe em sonegação do mínimo necessário à sua subsistência e que tenham sido esgotadas todas as diligências no sentido de se encontrarem bens suficientes à garantia da execução" (TRT da 3.ª Região, 3.ª T., AP, Processo 00821-2005-106-03-00, Rel. Juiz César Pereira da Silva Machado Júnior, *DJMG* 16.12.2006).

---

41. NEGRÃO, Theotonio (Org.). *Código de Processo Civil e legislação processual em vigor*. 32. ed., com a colaboração de José Roberto Ferreira Gouvêa. São Paulo: Saraiva, 2001. p. 712, nota 25 ao art. 649 do CPC [1973].

42. Em sentido diverso, cf. MARTINS, Sergio Pinto. *Direito do trabalho*. 22. ed. São Paulo: Atlas, 2006. p. 281: "Estando o salário na conta corrente, já não é mais salário, mas numerário à disposição do cliente, podendo ser penhorado".

Tendo em vista que a constrição judicial não deve comprometer o "mínimo necessário ao atendimento das necessidades básicas do executado e de sua família", no julgado acima, foi decidido que "a penhora deverá limitar-se a 15% do valor do salário" do executado, com vistas à satisfação do crédito trabalhista objeto da execução.

Nos termos do art. 833, § 2.º, do CPC de 2015, o disposto nos seus incisos IV e X (sobre impenhorabilidade de salários e de quantia depositada em caderneta da poupança até o limite de 40 salários mínimos) não se aplica à hipótese de penhora para pagamento de prestação alimentícia, *independentemente de sua origem*, bem como relativamente às *importâncias excedentes a 50 salários mínimos mensais*, devendo a constrição observar o disposto nos arts. 528, § 8.º, e 529, § 3.º[43], ambos do CPC de 2015, que tratam do cumprimento de sentença que condena ao pagamento de prestação alimentícia.

Segundo a Orientação Jurisprudencial 153 da SBDI-II do TST:

> "Mandado de segurança. Execução. Ordem de penhora sobre valores existentes em conta salário. Art. 649, IV, do CPC de 1973. Ilegalidade. Ofende direito líquido e certo decisão que determina o bloqueio de numerário existente em conta salário, para satisfação de crédito trabalhista, ainda que seja limitado a determinado percentual dos valores recebidos ou a valor revertido para fundo de aplicação ou poupança, visto que o art. 649, IV, do CPC de 1973 contém norma imperativa que não admite interpretação ampliativa, sendo a exceção prevista no art. 649, § 2.º, do CPC de 1973 espécie e não gênero de crédito de natureza alimentícia, não englobando o crédito trabalhista".

De todo modo, conforme mencionado, com o CPC de 2015, além da hipótese de prestação alimentícia, "independentemente de sua origem", como é o caso do crédito trabalhista, conforme a atual jurisprudência do TST (SBDI-II, RO – 21601-36.2017.5.04.0000, Rel. Min. Maria Helena Mallmann, *DEJT* 07.12.2017), passou-se a admitir a penhora de *rendimentos elevados*, ou seja, do valor superior a 50 salários mínimos de verbas com natureza salarial ou remuneratória.

Em outras palavras, passa a ser penhorável o valor superior a 50 salários mínimos mensais dos vencimentos, subsídios, soldos, salários, remunerações, proventos de aposentadoria, pensões, pecúlios e montepios, bem como quantias recebidas por liberalidade de terceiro e destinadas ao sustento do devedor e de sua família, ganhos de trabalhador autônomo e honorários de profissional liberal.

9.15.3 Garantias do salário perante credores do empregador

Quando se faz menção à garantia do salário, como direito do empregado em face de outros credores do empregador, tem-se a questão da supremacia do crédito trabalhista frente aos demais créditos.

A Convenção 95 da OIT, ratificada pelo Brasil e promulgada pelo Decreto 41.721/1957 (atualmente Decreto 10.088/2019), estabelece que, em caso de falência ou de liquidação judicial da empresa, os empregados serão credores privilegiados dos salários que não ultrapassem os limites previstos na legislação nacional.

---

43. "§ 3.º Sem prejuízo do pagamento dos alimentos vincendos, o débito objeto de execução pode ser descontado dos rendimentos ou rendas do executado, de forma parcelada, nos termos do *caput* deste artigo, contanto que, somado à parcela devida, não ultrapasse cinquenta por cento de seus ganhos líquidos".

A CLT, no art. 449, *caput*, também estabelece que: "Os direitos oriundos da existência do contrato de trabalho subsistirão em caso de falência, concordata ou dissolução da empresa". Atualmente, com a Lei 11.101/2005, não mais se verifica a concordata, mas sim a recuperação de empresa.

No caso da recuperação judicial, entende-se que pode ser aplicada a disposição do art. 449, § 2.º, da CLT, originalmente prevista para a concordata na falência, no sentido de ser facultado aos contratantes tornar sem efeito a rescisão do contrato de trabalho e consequente indenização, desde que o empregador pague, no mínimo, metade dos salários devidos ao empregado durante o interregno, em interpretação evolutiva desta regra jurídica.

O art. 83 da Lei 11.101/2005, com as alterações decorrente da Lei 14.112/2020, estabelece que a *classificação dos créditos na falência* obedece à seguinte ordem:

> "I – os créditos derivados da legislação trabalhista, limitados a 150 (cento e cinquenta) salários mínimos por credor, e aqueles decorrentes de acidentes de trabalho;
>
> II – os créditos gravados com direito real de garantia até o limite do valor do bem gravado;
>
> III – os créditos tributários, independentemente da sua natureza e do tempo de constituição, exceto os créditos extraconcursais e as multas tributárias;
>
> IV – (revogado);
>
> V – (revogado);
>
> VI – os créditos quirografários, a saber: a) aqueles não previstos nos demais incisos deste artigo; b) os saldos dos créditos não cobertos pelo produto da alienação dos bens vinculados ao seu pagamento; c) os saldos dos créditos derivados da legislação trabalhista que excederem o limite estabelecido no inciso I do *caput* deste artigo;
>
> VII – as multas contratuais e as penas pecuniárias por infração das leis penais ou administrativas, incluídas as multas tributárias;
>
> VIII – os créditos subordinados, a saber: a) os previstos em lei ou em contrato; b) os créditos dos sócios e dos administradores sem vínculo empregatício cuja contratação não tenha observado as condições estritamente comutativas e as práticas de mercado;
>
> IX – os juros vencidos após a decretação da falência, conforme previsto no art. 124 desta Lei.
>
> § 1.º Para os fins do inciso II do *caput* deste artigo, será considerado como valor do bem objeto de garantia real a importância efetivamente arrecadada com sua venda, ou, no caso de alienação em bloco, o valor de avaliação do bem individualmente considerado.
>
> § 2.º Não são oponíveis à massa os valores decorrentes de direito de sócio ao recebimento de sua parcela do capital social na liquidação da sociedade.
>
> § 3.º As cláusulas penais dos contratos unilaterais não serão atendidas se as obrigações neles estipuladas se vencerem em virtude da falência.
>
> § 4.º (revogado).
>
> § 5.º Para os fins do disposto nesta Lei, os créditos cedidos a qualquer título manterão sua natureza e classificação.
>
> § 6.º Para os fins do disposto nesta Lei, os créditos que disponham de privilégio especial ou geral em outras normas integrarão a classe dos créditos quirografários".

Parte da doutrina aponta a inviabilidade da cessão do salário, pois este é devido em favor do empregado, que presta serviços com pessoalidade, havendo incompatibilidade dessa cessão com as normas de proteção que regulam a matéria, sabendo-se que o salário deve ser pago diretamente ao empregado (art. 464 da CLT)[44]. No entanto, para os fins do disposto na Lei 11.101/2005, que disciplina a recuperação judicial, a recuperação extrajudicial e a falência do empresário e da sociedade empresária, os créditos cedidos a qualquer título manterão sua natureza e classificação (art. 83, § 5.º, da Lei 11.101/2005, incluído pela Lei 14.112/2020).

O privilégio do crédito trabalhista sofreu substancial alteração com a referida Lei 11.101/2005, pois apenas aqueles "limitados a 150 (cento e cinquenta) salários mínimos por credor" (e os decorrentes de acidentes de trabalho, estes sem limite máximo) é que permanecem na primeira colocação.

Os saldos dos créditos derivados da legislação trabalhista que excederem o limite estabelecido no inciso I do *caput* do art. 83 da Lei 11.101/2005 são considerados créditos quirografários (inciso VI, *c*), ou seja, sem qualquer preferência ou privilégio.

A justificativa para a referida limitação seria no sentido de se evitar fraudes, em prejuízo das demais modalidades de credores, que também devem receber seus créditos, ainda que seja em parte.

Como o tema também alcança matéria prevista no Código Tributário Nacional, a Lei Complementar 118, de 9 de fevereiro de 2005, alterou a redação do art. 186 do referido diploma legal, passando a estabelecer que:

> "Art. 186. O crédito tributário prefere a qualquer outro, seja qual for sua natureza ou o tempo de sua constituição, ressalvados os créditos decorrentes da legislação do trabalho ou do acidente de trabalho.
>
> Parágrafo único. Na falência:
>
> I – o crédito tributário não prefere aos créditos extraconcursais ou às importâncias passíveis de restituição, nos termos da lei falimentar, nem aos créditos com garantia real, no limite do valor do bem gravado;
>
> II – a lei poderá estabelecer limites e condições para a preferência dos créditos decorrentes da legislação do trabalho; e
>
> III – a multa tributária prefere apenas aos créditos subordinados".

Há entendimento no sentido de que a referida "fixação do valor em salários mínimos é inconstitucional, pois serve de forma de indexação, que é vedado pelo inciso IV do art. 7.º da Constituição, que proíbe a vinculação ao salário mínimo para qualquer fim"[45]. No entanto, prevalece a posição de que a mencionada limitação de valor para efeito do privilégio do crédito trabalhista é válida, até porque está de acordo com a previsão da Convenção 95 da OIT, além do que não se trata de vinculação ao salário mínimo como fator de indexação da economia, não tendo efeito inflacionário.

Anteriormente, seria possível defender que a referida *limitação* da preferência do crédito trabalhista na falência, que a Lei 11.101/2005 passou a estabelecer (art. 83, inciso I), afronta diversos preceitos constitucionais. A limitação a 150 salários mínimos faz com que o valor excedente seja considerado crédito quirografário, sem qualquer preferência ou privilégio. Essa previsão menospreza o preceito constitucional, fundamental, de "proteção do salário", conforme o art. 7.º, inciso X, da Constituição Federal de 1988.

44. Cf. GOMES, Orlando; GOTTSCHALK, Elson. *Curso de direito do trabalho*. 18. ed. atual. por José Augusto Rodrigues Pinto e Otávio Augusto Reis de Sousa. Rio de Janeiro: Forense, 2007. p. 284-285.

45. MARTINS, Sergio Pinto. *Direito do trabalho*. 22. ed. São Paulo: Atlas, 2006. p. 281.

Além disso, tratando-se de disposição prejudicial aos direitos sociais, no caso, de natureza trabalhista, haveria violação ao princípio da vedação do retrocesso social, adotado internacionalmente, e até mesmo implícito no sistema jurídico nacional, conforme disposições dos arts. 1.º, incisos III e IV, 3.º, inciso III, 4.º, inciso II, 6.º, 7.º, *caput*, 170, *caput*, e 193, entre outras previsões da Constituição Federal de 1988. Assim, a alteração em questão estaria em desacordo com o valor social do trabalho, em prejuízo da dignidade da pessoa humana, ao dificultar o recebimento da contraprestação devida pelo labor prestado. Cabe reiterar que os direitos trabalhistas são direitos sociais, considerados direitos humanos e fundamentais, protegidos pelo sistema constitucional (art. 5.º, § 2.º, c/c arts. 6.º e 7.º da CF/1988).

Entretanto, o Supremo Tribunal Federal julgou totalmente improcedente o pedido em ação direta de inconstitucionalidade que impugnava os arts. 60, parágrafo único (o qual, na recuperação judicial, dispõe que o objeto da alienação judicial estará livre de qualquer ônus e não haverá sucessão nas obrigações do devedor), 83, incisos I e VI, alínea *c* (que tratam da ordem de satisfação dos créditos na falência, limitando os créditos trabalhistas em 150 salários mínimos por credor, e os saldos que excederem esse limite são considerados créditos quirografários), e 141, inciso II (que, na falência, afasta a sucessão do arrematante nas obrigações do devedor, inclusive as de natureza tributária, as derivadas da legislação do trabalho e as decorrentes de acidentes de trabalho), da Lei 11.101/2005 (STF, Pleno, ADI 3.934/DF, Rel. Min. Ricardo Lewandowski, j. 27.05.2009).

Desse modo, o Supremo Tribunal Federal decidiu pela constitucionalidade do referido art. 83, inciso I, da Lei 11.101/2005. Argumentou-se que a própria Convenção 173 da Organização Internacional do Trabalho, sobre proteção dos créditos trabalhistas em caso de insolvência do empregador, embora não tenha sido ratificada pelo Brasil, em seu art. 7.1, prevê que a legislação nacional poderá limitar o alcance do privilégio dos créditos trabalhistas a um montante estabelecido, que não deverá ser inferior a um mínimo socialmente aceitável (STF, Pleno, ADI 3.934/DF, Rel. Min. Ricardo Lewandowski, j. 27.05.2009)[46].

Os créditos trabalhistas de natureza estritamente salarial vencidos nos três meses anteriores à decretação da falência, até o limite de cinco salários mínimos por trabalhador, devem ser pagos tão logo haja disponibilidade em caixa (art. 151 da Lei 11.101/2005). Os referidos créditos serão considerados *extraconcursais* e devem ser pagos com precedência sobre os mencionados no art. 83 da Lei 11.101/2005 (art. 84, inciso I-A, da Lei 11.101/2005, incluído pela Lei 14.112/2020).

Serão ainda considerados créditos extraconcursais e devem ser pagos com precedência sobre os mencionados no art. 83 da Lei 11.101/2005 aqueles relativos às remunerações devidas ao administrador judicial e aos seus auxiliares, aos reembolsos devidos a membros do Comitê de Credores, e aos créditos derivados da legislação trabalhista ou

46. "Ação direta de inconstitucionalidade. Artigos 60, parágrafo único, 83, I e IV, *c*, e 141, II, da Lei 11.101/2005. Falência e recuperação judicial. Inexistência de ofensa aos artigos 1.º, III e IV, 6.º, 7.º, I, e 170, da Constituição Federal de 1988. ADI julgada improcedente. I – Inexiste reserva constitucional de lei complementar para a execução dos créditos trabalhistas decorrente de falência ou recuperação judicial. II – Não há, também, inconstitucionalidade quanto à ausência de sucessão de créditos trabalhistas. III – Igualmente não existe ofensa à Constituição no tocante ao limite de conversão de créditos trabalhistas em quirografários. IV – Diploma legal que objetiva prestigiar a função social da empresa e assegurar, tanto quanto possível, a preservação dos postos de trabalho. V – Ação direta julgada improcedente" (STF, Pleno, ADI 3.934/DF, Rel. Min. Ricardo Lewandowski, *DJe* 06.11.2009).

decorrentes de acidentes de trabalho relativos a serviços prestados após a decretação da falência (art. 84, inciso I-D, da Lei 11.101/2005, incluído pela Lei 14.112/2020).

Esclareça-se que estão sujeitos à *recuperação judicial* todos os créditos existentes na data do pedido, ainda que não vencidos (art. 49 da Lei 11.101/2005). A respeito do tema, o Superior Tribunal de Justiça fixou a seguinte tese em recurso especial repetitivo: "Para o fim de submissão aos efeitos da recuperação judicial, considera-se que a existência do crédito é determinada pela data em que ocorreu o seu fato gerador" (STJ, 2.ª Seção, REsp 1.840.531/RS, 2019/0290623-2, Rel. Min. Ricardo Villas Bôas Cueva, *DJe* 17.12.2020)[47].

O art. 50, inciso VIII, da Lei 11.101/2005 prevê como um dos meios de recuperação judicial a "redução salarial, compensação de horários e redução da jornada, mediante acordo ou convenção coletiva". Tendo em vista o disposto no art. 7.º, inciso VI, da Constituição Federal de 1988, a redução de salário, como medida excepcional, deve ser prevista em convenção ou acordo coletivo.

O plano de recuperação judicial não pode prever prazo superior a um ano para pagamento dos créditos derivados da legislação do trabalho ou decorrentes de acidentes de trabalho vencidos até a data do pedido de recuperação judicial (art. 54 da Lei 11.101/2005). Esse prazo pode ser estendido em até dois anos, se o plano de recuperação judicial atender aos seguintes requisitos, cumulativamente: apresentação de garantias julgadas suficientes pelo juiz; aprovação pelos credores titulares de créditos derivados da legislação trabalhista ou decorrentes de acidentes de trabalho; garantia da integralidade do pagamento dos créditos trabalhistas (art. 54, § 2.º, da Lei 11.101/2005, incluído pela Lei 14.112/2020).

O plano de recuperação judicial não pode, ainda, prever prazo superior a 30 dias para o pagamento, até o limite de cinco salários mínimos por trabalhador, dos créditos de natureza estritamente salarial vencidos nos três meses anteriores ao pedido de recuperação judicial (art. 54, § 1.º, da Lei 11.101/2005).

Prevalece o entendimento de que o mencionado prazo para pagamento dos credores trabalhistas se inicia com a concessão da recuperação judicial (arts. 58 e 61 da Lei 11.101/2005). Cf. STJ, 3ª T., REsp 1.924.164/SP, 2021/0054433-3, Rel. Min. Nancy Andrighi, *DJe* 17.06.2021.

Frise-se que na recuperação judicial em específico, a Lei 11.101/2005 não estabelece limitação à preferência dos créditos trabalhistas[48].

Na representação comercial autônoma, no caso de falência ou de recuperação judicial do representado, as importâncias por ele devidas ao representante comercial, relacionadas com a representação, inclusive comissões vencidas e vincendas, indenização e aviso prévio, e qualquer outra verba devida ao representante oriunda da relação estabelecida com base na Lei 4.886/1965, devem ser consideradas créditos da mesma

---

47. "Recurso especial repetitivo. Direito Empresarial. Recuperação judicial. Crédito. Existência. Sujeição aos efeitos da recuperação judicial. Art. 49, *caput*, da Lei nº 11.101/2005. Data do fato gerador. [...] 4. A existência do crédito está diretamente ligada à relação jurídica que se estabelece entre o devedor e o credor, o liame entre as partes, pois é com base nela que, ocorrido o fato gerador, surge o direito de exigir a prestação (direito de crédito). 5. Os créditos submetidos aos efeitos da recuperação judicial são aqueles decorrentes da atividade do empresário antes do pedido de soerguimento, isto é, de fatos praticados ou de negócios celebrados pelo devedor em momento anterior ao pedido de recuperação judicial, excetuados aqueles expressamente apontados na lei de regência. [...] 7. Recurso especial provido" (STJ, 2.ª Seção, REsp 1.840.531/RS, 2019/0290623-2, Rel. Min. Ricardo Villas Bôas Cueva, *DJe* 17.12.2020).

48. Cf. MARTINS, Sergio Pinto. *Direito do trabalho*. 22. ed. São Paulo: Atlas, 2006. p. 283.

natureza dos créditos trabalhistas para fins de inclusão no pedido de falência ou plano de recuperação judicial (art. 44 da Lei 4.886/1965, com redação dada pela Lei 14.195/2021).

O devedor que preencher os requisitos do art. 48 da Lei 11.101/2005 pode propor e negociar com credores *plano de recuperação extrajudicial* (art. 161 da Lei 11.101/2005).

A sujeição dos créditos de natureza trabalhista e por acidentes de trabalho à recuperação extrajudicial exige *negociação coletiva* com o sindicato da respectiva categoria profissional (art. 161, § 1.º, da Lei 11.101/2005, com redação dada pela Lei 14.112/2020).

Logo, os créditos trabalhistas que estiverem sujeitos ao plano de recuperação extrajudicial homologado pelo juiz (art. 165 da Lei 11.101/2005), por ter havido autorização em negociação coletiva, devem ser satisfeitos na forma nele prevista.

Por fim, na liquidação extrajudicial (que não se confunde com a recuperação extrajudicial), os créditos trabalhistas são devidos normalmente, sem afetar ou suspender os processos na Justiça do Trabalho, inclusive conforme a Súmula 86 do TST, apenas com a ressalva (quanto aos juros) prevista na Súmula 304 do TST (a qual, no entanto, somente se aplica às instituições financeiras, cooperativas de crédito, havendo liquidação extrajudicial decretada pelo Banco Central, abrangida pela Lei 6.024/1974).

Nessa linha, a Orientação Jurisprudencial 53 da SBDI-II do TST assim prevê: "Mandado de segurança. Cooperativa em liquidação extrajudicial. Lei 5.764/1971, art. 76. Inaplicável. Não suspende a execução. A liquidação extrajudicial de sociedade cooperativa não suspende a execução dos créditos trabalhistas existentes contra ela".

9.16 DIREITO DE ARENA E DIREITO DE IMAGEM

No âmbito dos direitos fundamentais, é assegurada, nos termos da lei, a proteção à reprodução da imagem e voz humanas, inclusive nas atividades desportivas (art. 5.º, inciso XXVIII, alínea *a*, da Constituição Federal de 1988).

A difusão de imagens captadas em eventos esportivos é passível de exploração comercial (art. 159 da Lei 14.597/2023).

Nas relações de trabalho no esporte, pertence às organizações esportivas mandantes o *direito de arena*, que consiste no direito de exploração e comercialização de difusão de imagens, abrangendo a prerrogativa privativa de negociar, de autorizar ou de proibir a captação, a fixação, a emissão, a transmissão, a retransmissão e a reprodução de imagens, por qualquer meio ou processo, de evento esportivo de que participem (art. 160 da Lei 14.597/2023).

De acordo com o art. 42-A, § 2.º, da Lei 9.615/1998, incluído pela Lei 14.205/2021, devem ser distribuídos aos atletas profissionais, em partes iguais, 5% da receita proveniente da exploração de direitos desportivos audiovisuais do espetáculo desportivo.

O pagamento da verba decorrente do direito de arena aos atletas profissionais deve ser realizado por intermédio dos sindicatos das respectivas categorias, que são responsáveis pelo recebimento e pela logística de repasse aos participantes do evento, no prazo de até 72 horas, contado do recebimento das verbas pelo sindicato (art. 160, § 2.º, da Lei 14.597/2023).

É facultado à organização esportiva detentora do direito de arena e dos direitos comerciais inerentes ao evento esportivo cedê-los no todo ou em parte, por meio de documento escrito, a outras organizações esportivas que regulam a modalidade e organizam competições.

Na hipótese acima, pertence às organizações esportivas responsáveis pela organização da competição o direito de autorizar ou de proibir a captação, a fixação, a emissão, a transmissão, a retransmissão e a reprodução de imagens, por qualquer meio ou processo, de eventos esportivos compreendidos em quaisquer das competições por elas organizadas, bem como de autorizar ou de proibir a exploração comercial de nome, de símbolos, de marcas, de publicidade estática e das demais propriedades inerentes às competições que organizem.

Discute-se a respeito do direito de arena devido aos atletas profissionais. Anteriormente, havia posicionamento no sentido da sua natureza remuneratória, equiparando-se à gorjeta, por ser paga por terceiros, considerando-se uma oportunidade de ganho oferecida ao empregado. Entretanto, prevalece o entendimento de que a referida parcela não tem caráter trabalhista nem salarial, mas natureza civil, por decorrer do direito de exploração e comercialização de difusão de imagens. Nesse sentido, a previsão do art. 42, § 1.º, da Lei 9.615/1998, com redação dada pela Lei 12.395/2011. De acordo com o art. 42-A, § 3.º, da Lei 9.615/1998, incluído pela Lei 14.205/2021, a distribuição da receita proveniente da exploração de direitos desportivos audiovisuais do espetáculo desportivo tem caráter de pagamento de natureza civil, exceto se houver disposição em contrário constante de convenção coletiva de trabalho.

Na hipótese de realização de eventos esportivos sem definição do mando de jogo, a captação, a fixação, a emissão, a transmissão, a retransmissão e a reprodução de imagens, por qualquer meio ou processo, dependem da anuência das organizações esportivas participantes (art. 160, § 6.º, da Lei 14.597/2023).

As disposições do art. 160 da Lei 14.597/2023 não se aplicam a contratos que tenham por objeto direitos de transmissão celebrados previamente à vigência da Lei 14.597/2023 (15.06.2023), os quais permanecem regidos pela legislação em vigor na data de sua celebração. Essa eficácia não retroativa da norma jurídica tem como objetivo preservar o ato jurídico perfeito (art. 5.º, inciso XXXVI, da Constituição da República). Os referidos contratos não podem atingir as organizações esportivas que não cederam seus direitos de transmissão a terceiros previamente à vigência da Lei 14.597/2023, as quais podem cedê-los livremente, conforme as disposições previstas no art. 160 da Lei 14.597/2023.

A difusão de imagens de eventos esportivos na rede mundial de computadores deve respeitar as disposições dos arts. 159 a 164 da Lei 14.597/2023.

A rigor, o direito de arena, acima indicado, não se confunde com o direito decorrente de contrato específico de cessão do uso de imagem. Este último não tem natureza remuneratória, desde que ausente a fraude, a qual se configura quando se trata de mera contraprestação do trabalho realizado, incidindo, nesse caso, o art. 9.º da CLT.

O *direito ao uso da imagem* do atleta profissional ou não profissional pode ser por ele cedido ou explorado por terceiros, inclusive por pessoa jurídica da qual seja sócio, mediante ajuste contratual de natureza civil e com fixação de direitos, deveres e condições inconfundíveis com o contrato especial de trabalho esportivo (art. 164 da Lei 14.597/2023). O direito decorrente de cessão ou exploração do direito ao uso de imagem, assim, não integra o contrato especial de trabalho esportivo, pois tem natureza jurídica civil, e não trabalhista, o que afasta o seu caráter salarial.

Não há impedimento a que o atleta empregado, concomitantemente à existência de contrato especial de trabalho esportivo, ceda seu direito de imagem à organização esportiva empregadora, mas a remuneração pela cessão de direito de imagem não substitui a remuneração devida quando configurada a relação de emprego entre o atleta e a organização esportiva contratante (art. 164, § 1.º, da Lei 14.597/2023).

A remuneração devida a título de imagem ao atleta pela organização esportiva não pode ser superior a 50% de sua remuneração (art. 164, § 2.º, da Lei 14.597/2023).

Caso esse limite legal seja desrespeitado, havendo relação de emprego, entende-se que o referido pagamento passa a ter natureza salarial, como contraprestação da atividade realizada (art. 457 da CLT).

A utilização da imagem do atleta pela organização esportiva pode ocorrer, durante a vigência do vínculo esportivo e contratual, das seguintes formas, entre outras: I – divulgação da imagem do atleta no sítio eletrônico da organização e nos demais canais oficiais de comunicação, tais como redes sociais, revistas e vídeos institucionais; II – realização de campanhas de divulgação da organização esportiva e de sua equipe competitiva; III – participação nos eventos de lançamento da equipe e comemoração dos resultados.

Deve ser efetivo o uso comercial da exploração do direito de imagem do atleta, de modo a se combater a simulação e a fraude (art. 164, § 4.º, da Lei 14.597/2023). Nesse enfoque, se o mencionado pagamento, na realidade, tiver como objetivo apenas a contraprestação da atividade laboral, a sua natureza jurídica passa a ser salarial (arts. 9.º e 457 da CLT).

Fica permitida a exploração da imagem dos atletas e dos membros das comissões técnicas, de forma coletiva, assim considerada, no mínimo, três atletas ou membros das respectivas comissões técnicas agrupados, em atividade profissional, em campo ou fora dele, captada no contexto das atividades esportivas e utilizada para fins promocionais, institucionais e de fomento ao esporte, pelas organizações que administram e regulam o esporte e pelas organizações que se dediquem à prática esportiva, respeitado o disposto no art. 164 da Lei 14.597/2023 no que se refere ao direito de imagem de cada atleta e membro da comissão técnica, quando individualmente considerados.

Na relação do atleta profissional com a organização esportiva empregadora, o direito de imagem não possui natureza salarial e constará de contrato avulso de natureza exclusivamente civil (art. 85, § 1.º, da Lei 14.597/2023).

Da mesma forma, na relação do treinador profissional de futebol com a organização esportiva empregadora, o direito de imagem não possui natureza salarial e constará de contrato avulso de natureza exclusivamente civil (art. 98, § 2.º, da Lei 14.597/2023).

Capítulo 10

EQUIPARAÇÃO SALARIAL E POLÍTICA SALARIAL

10.1 INTRODUÇÃO

A equiparação salarial representa a concretização do princípio fundamental da igualdade (art. 5.º, *caput*, da CF/1988) no plano do Direito do Trabalho, mais especificamente quanto à matéria salarial.

No Estado Democrático de Direito, que tem como um de seus objetivos "erradicar a pobreza e a marginalização e reduzir as desigualdades sociais e regionais" (art. 3.º, inciso III, da CF/1988), a mencionada igualdade não pode ser meramente formal, mas também em seu aspecto material e mesmo social: seja conferindo tratamento igual àqueles em iguais condições e desigual àqueles em condições desiguais[1]; seja concretizando o ideal de verdadeira justiça social, pondo fim às desigualdades verificadas na sociedade.

A equiparação salarial também concretiza o princípio fundamental que **veda a discriminação**, que figura como objetivo da República Federativa do Brasil (art. 3.º, inciso IV, da CF/1988). O art. 7.º, nos incisos XXX[2], XXXI[3] e XXXII[4], da Constituição Federal de 1988, apresenta disposições pertinentes ao Direito do Trabalho fundadas na vedação de discriminação.

Por ser a "igualdade" um direito de ordem fundamental, integrando (em classificação de fins meramente didáticos) os direitos humanos de segunda dimensão ou geração, e por ser o direito à equiparação salarial uma concretização da igualdade na esfera dos direitos sociais (no caso, trabalhistas), pode-se estabelecer a seguinte conclusão, que merece destaque: a equiparação salarial representa uma aplicação dos direitos humanos e fundamentais no plano da relação jurídica de emprego. Isso representa a "eficácia

1. Na consagrada lição de Rui Barbosa: "a regra da igualdade não consiste senão em aquinhoar desigualmente os desiguais, na medida em que sejam desiguais. Nessa desigualdade social, proporcionada à desigualdade natural, é que se acha a verdadeira lei da igualdade. Tratar como desiguais a iguais, ou a desiguais com igualdade, seria desigualdade flagrante, e não igualdade real" (*Oração aos moços*. Rio de Janeiro: Casa de Rui Barbosa, 1956. p. 32, *apud* MARTINS, Sergio Pinto. *Direito da seguridade social*. 8. ed. São Paulo: Atlas, 1997. p. 62).

2. "XXX – proibição de diferença de salários, de exercício de funções e de critério de admissão por motivo de sexo, idade, cor ou estado civil".

3. "XXXI – proibição de qualquer discriminação no tocante a salário e critérios de admissão do trabalhador portador de deficiência".

4. "XXXII – proibição de distinção entre trabalho manual, técnico e intelectual ou entre os profissionais respectivos".

horizontal" dos direitos fundamentais, ou seja, a sua aplicação entre particulares[5], no caso, empregador e empregado, que figuram como sujeitos da relação jurídica de natureza de direito privado.

No plano internacional, a Convenção 100 da OIT, ratificada pelo Brasil e promulgada pelo Decreto 41.721/1957 (atualmente Decreto 10.088/2019), também prevê a igualdade de remuneração entre homens e mulheres.

A Convenção 111 da OIT, também ratificada pelo Brasil e promulgada pelo Decreto 62.150/1968 (atualmente Decreto 10.088/2019), veda a discriminação no emprego e qualquer distinção, exclusão ou preferência, baseada em sexo (cf. ainda Capítulo 2, item 2.15.5).

Por sua vez, a Convenção 117 da OIT, promulgada pelo Decreto 66.496/1970 (atualmente Decreto 10.088/2019), prevê que um dos fins da política social deve ser o de suprimir qualquer discriminação entre trabalhadores por motivo de raça, cor, sexo, crença, filiação sindical, no que se refere ao contrato de trabalho, inclusive quanto à remuneração.

10.2 REQUISITOS DA EQUIPARAÇÃO SALARIAL

Conforme o art. 5.º da CLT: "A todo trabalho de igual valor corresponderá salário igual, sem distinção de sexo".

O art. 461 da CLT estabelece os requisitos do direito à equiparação salarial.

10.2.1 Identidade de funções

Conforme o art. 461 da CLT, com redação dada pela Lei 13.467/2017: "Sendo idêntica a função, a todo trabalho de igual valor, prestado ao mesmo empregador, no mesmo estabelecimento empresarial, corresponderá igual salário, sem distinção de sexo, etnia, nacionalidade ou idade".

Faz-se necessária a efetiva *identidade de função*, independentemente da denominação formal atribuída aos cargos, pois prevalece a primazia da realidade no âmbito das relações trabalhistas.

Além disso, não basta a mera semelhança de atribuições, sendo exigida a identidade nas tarefas e atividades desempenhadas entre os empregados, para que façam jus ao mesmo salário. A respeito do tema, cabe destacar a Súmula 6, inciso III, do TST:

> "A equiparação salarial só é possível se o empregado e o paradigma exercerem a mesma função, desempenhando as mesmas tarefas, não importando se os cargos têm, ou não, a mesma denominação".

Questão difícil refere-se à equiparação salarial entre empregados que exercem **funções intelectuais**. Como a lei não veda a equiparação nesse caso, o TST adotou o seguinte entendimento na Súmula 6, inciso VII:

---

5. Cf. SARLET, Ingo Wolfgang. *A eficácia dos direitos fundamentais*. 7. ed. Porto Alegre: Livraria do Advogado, 2007. p. 398: "Para além de vincularem todos os poderes públicos, os direitos fundamentais exercem sua eficácia vinculante também na esfera jurídico-privada, isto é, no âmbito das relações jurídicas entre particulares. Esta temática, por sua vez, tem sido versada principalmente sob os títulos eficácia privada, eficácia externa (ou eficácia em relação a terceiros) ou horizontal dos direitos fundamentais".

"Desde que atendidos os requisitos do art. 461 da CLT, é possível a equiparação salarial de trabalho intelectual, que pode ser avaliado por sua perfeição técnica, cuja aferição terá critérios objetivos".

Ainda sobre o tema, cabe destacar a seguinte decisão do TST:

"Agravo de instrumento. Recurso de revista. Equiparação salarial entre professores de nível médio que lecionam matérias distintas. Tendo o agravo de instrumento logrado demonstrar que o recurso de revista preenchia os requisitos do art. 896 da CLT, quanto ao tema relativo à equiparação salarial, ante a constatação de violação dos arts. 5.º, *caput* e I, e 7.º, XXX e XXXII, da CF, merece provimento. Agravo de instrumento provido.

Recurso de revista. Equiparação salarial entre professores de nível médio que lecionam matérias distintas. Discriminação legal e constitucional. Configura manifesta discriminação, não tolerada pela ordem jurídica, inclusive constitucional, tratamento remuneratório diferenciado em vista de fator injustamente desqualificante, tal como a mera circunstância de os professores de ensino médio lecionarem matérias distintas. Violação direta e frontal dos arts. 5.º, *caput* e I, e 7.º, XXX e XXXII, da CF. Recurso de revista parcialmente provido" (TST, 6.ª T., RR-95.049/2003-900-01-00.1, Rel. Min. Mauricio Godinho Delgado, *DJ* 20.06.2008).

De acordo com a Orientação Jurisprudencial 297 da SBDI-I do TST:

"Equiparação salarial. Servidor público da administração direta, autárquica e fundacional. Art. 37, XIII, da CF/1988. O art. 37, inciso XIII, da CF/1988, veda a equiparação de qualquer natureza para o efeito de remuneração do pessoal do serviço público, sendo juridicamente impossível a aplicação da norma infraconstitucional prevista no art. 461 da CLT quando se pleiteia equiparação salarial entre servidores públicos, independentemente de terem sido contratados pela CLT".

O art. 37, inciso XIII, da Constituição Federal de 1988 estabelece ser "vedada a vinculação ou equiparação de quaisquer espécies remuneratórias para o efeito de remuneração de pessoal do serviço público".

Na realidade, a previsão constitucional mencionada, com redação determinada pela Emenda Constitucional 19/1998, obsta tratamento igual de servidores públicos em situações e condições fático-jurídicas desiguais.

Como assevera Alice Monteiro de Barros: "É inviável a equiparação salarial entre *servidores regidos por regimes jurídicos diversos*, em que *as vantagens* e deveres *se distinguem, inclusive, no tocante à fixação de retribuição*, dada a natureza contratual e institucional dos regimes"[6] (destaquei).

Ademais, conforme o entendimento pacificado pela Súmula Vinculante 37 do STF: "Não cabe ao Poder Judiciário, que não tem função legislativa, aumentar vencimentos de servidores públicos sob o fundamento de isonomia" (conversão da Súmula 339 do STF).

Nesse sentido, o art. 37, inciso X, da Constituição Federal de 1988 dispõe que a remuneração dos servidores públicos e o subsídio somente podem ser fixados ou alterados por *lei específica*, observada a iniciativa privativa em cada caso, assegurada revisão geral anual, sempre na mesma data e sem distinção de índices[7].

6. BARROS, Alice Monteiro de. *Curso de direito do trabalho*. 2. ed. São Paulo: 2006. p. 512.

7. O Supremo Tribunal Federal fixou a seguinte tese de repercussão geral: "O Poder Judiciário não possui competência para determinar ao Poder Executivo a apresentação de projeto de lei que vise a promover a

Frise-se ainda que o Supremo Tribunal Federal fixou a seguinte tese de repercussão geral: "Não cabe ao Poder Judiciário, que não tem função legislativa, aumentar qualquer verba de servidores públicos de carreiras distintas sob o fundamento de isonomia, tenham elas caráter remuneratório ou indenizatório" (STF, Pleno, RE 710.293/SC, Rel. Min. Luiz Fux, j. 16.09.2020).

De todo modo, a Orientação Jurisprudencial 297 da SBDI-I do TST, acima mencionada, é voltada apenas ao servidor público da administração direta, autárquica e fundacional. Diversamente, quanto ao empregado público da sociedade de economia mista, aplica-se a Súmula 455 do TST, com a seguinte redação:

> "Equiparação salarial. Sociedade de economia mista. Art. 37, XIII, da CF/1988. Possibilidade (conversão da Orientação Jurisprudencial 353 da SBDI-1 com nova redação). À sociedade de economia mista não se aplica a vedação à equiparação prevista no art. 37, XIII, da CF/1988, pois, ao admitir empregados sob o regime da CLT, equipara-se a empregador privado, conforme disposto no art. 173, § 1.º, II, da CF/1988".

O mesmo entendimento também pode ser aplicado, em tese, ao empregado público de empresa pública, tendo em vista o mesmo fundamento do art. 173, § 1.º, inciso II, da Constituição Federal de 1988.

10.2.2 Identidade de empregador

Outro requisito para a equiparação salarial é que *o empregador dos empregados seja o mesmo.*

Quando se trata de **empresas do mesmo grupo econômico**, há controvérsia, já estudada, a respeito da existência, ou não, de empregador único na hipótese, aspecto este que reflete no presente tema de equiparação salarial.

Caso seja adotada a teoria do grupo de empresas como empregador único, como ocorre na situação retratada na Súmula 129 do TST, o requisito em questão estará presente.

Se prevalecer a teoria de que o grupo econômico apenas acarreta a responsabilidade solidária, ou seja, a solidariedade passiva, sendo o empregador cada empresa distinta, não haverá identidade de empregador entre empregados de empresas diversas, ainda que pertencentes ao mesmo grupo econômico.

Como já analisado, defende-se que a análise deve ser feita de acordo com cada caso concreto, para verificar, na realidade dos fatos, se o empregador verdadeiro é o próprio grupo econômico ou a empresa em si; ou seja, se a relação jurídica substancial, de emprego, é mantida com o grupo como um todo ou com certa empresa que dele participa. Tratando-se da primeira situação, em que o grupo figura como o verdadeiro empregador, o requisito em estudo estará presente.

Cabe destacar que, de acordo com a Súmula 6, inciso V, do TST:

> "A cessão de empregados não exclui a equiparação salarial, embora exercida a função em órgão governamental estranho à cedente, se esta responde pelos salários do paradigma e do reclamante".

---

revisão geral anual da remuneração dos servidores públicos, nem tampouco para fixar o respectivo índice de correção" (STF, Pleno, RE 843.112/SP, Rel. Min. Luiz Fux, j. 22.09.2020).

No caso inverso, ou seja, havendo a cessão do empregado para exercer função em órgão governamental estranho à empresa cedente, se esta *não* responde pelo pagamento dos salários do paradigma e do autor da respectiva ação, o direito à equiparação salarial *não* se verifica (quer dizer, fica excluído). Por isso, de acordo com o Decreto-lei 855, de 11 de setembro de 1969, arts. 1.º e 2.º, não servirão de paradigma (para aplicação do art. 461, e seus parágrafos, da CLT) os empregados de empresas concessionárias de serviços públicos (federais, estaduais e municipais) que, por força de encampação ou transferência desses serviços, tenham sido absorvidas por empresa pública ou sociedade de economia mista.

10.2.3 Identidade de estabelecimento

Como se verifica do art. 461, *caput*, da CLT, exige-se que os empregados trabalhem no *mesmo estabelecimento empresarial*, para haver o direito à identidade de salário.

Anteriormente, o art. 461 da CLT exigia, de forma mais ampla, a "mesma localidade".

A atual previsão do art. 461, *caput*, da CLT, decorrente da Lei 13.467/2017, ao exigir a identidade de estabelecimento empresarial, é passível de crítica, pois além de ser mais restritiva (devendo ser interpretada em consonância com os princípios constitucionais da igualdade e da proibição de discriminação), nem todo empregador realiza atividade empresarial propriamente, como se observa quanto aos entes que não exercem atividade econômica organizada na forma de empresa, mas são empregadores.

Nesse sentido, equiparam-se ao empregador, para os efeitos exclusivos da relação de emprego, os profissionais liberais, as instituições de beneficência, as associações recreativas ou outras instituições sem fins lucrativos, que admitirem trabalhadores como empregados (art. 2.º, § 1.º, da CLT).

Segundo o art. 1.142 do Código Civil, considera-se estabelecimento todo complexo de bens organizado, para exercício da empresa, por empresário, ou por sociedade empresária. O estabelecimento não se confunde com o local onde se exerce a atividade empresarial, que pode ser físico ou virtual (art. 1.142, § 1.º, do Código Civil).

Desse modo, adotando-se o conceito mais amplo, previsto no 51, § 2.º, do Decreto 9.579/2018, sobre contratação de aprendiz, considera-se *estabelecimento* todo complexo de bens organizado para o exercício de atividade econômica ou social do empregador, que se submeta ao regime da CLT.

Portanto, para que haja direito à equiparação salarial, os empregados devem prestar serviço na mesma unidade de atividade do empregador.

10.2.4 Trabalho de igual valor

O art. 461 da CLT também exige o *trabalho de igual valor* para se haja o direito à equiparação salarial.

Trabalho de igual valor é o que for feito com igual produtividade e com a mesma perfeição técnica, entre pessoas cuja diferença de tempo de serviço para o mesmo empregador não seja superior a quatro anos e a diferença de tempo na função não seja superior a dois anos (art. 461, § 1.º, da CLT, com redação dada pela Lei 13.467/2017).

Na redação anterior, o art. 461, § 1.º, da CLT assim dispunha: "Trabalho de igual valor, para os fins deste Capítulo, será o que for feito com igual produtividade e com a mesma perfeição técnica, entre pessoas cuja diferença de tempo de serviço não for superior a 2 (dois) anos".

Na realidade, para que se verifique o "trabalho de igual valor", faz-se necessária a existência, *simultânea*, de quatro aspectos diversos:

- mesma produtividade;
- mesma perfeição técnica;
- diferença de tempo de serviço para o mesmo empregador não superior a quatro anos;
- diferença de tempo na função não superior a dois anos.

A *mesma produtividade* significa identidade de produção em determinado espaço de tempo. Refere-se, portanto, a aspecto da quantidade de produção.

De acordo com Alice Monteiro de Barros:

> "Verifica-se que a lei fala em produtividade, ou seja, resultado da capacidade de produzir, e não em produção, que é o ato de produzir. Em face da distinção entre os dois termos, a assiduidade ou pontualidade do empregado não poderá ser vista como fator de produtividade desigual, podendo configurar um comportamento desidioso passível de punição disciplinar"[8].

A *mesma perfeição técnica*, por sua vez, quer dizer igual qualidade entre os serviços. Conforme a Orientação Jurisprudencial 296 da SBDI-I do TST:

> "Equiparação salarial. Atendente e auxiliar de enfermagem. Impossibilidade. Sendo regulamentada a profissão de auxiliar de enfermagem, cujo exercício pressupõe habilitação técnica, realizada pelo Conselho Regional de Enfermagem, impossível a equiparação salarial do simples atendente com o auxiliar de enfermagem".

Entretanto, o entendimento em questão, embora dominante, pode afrontar o princípio da primazia da realidade, inerente ao Direito do Trabalho, ao afastar, de plano, o direito à equiparação salarial, em razão de aspecto meramente formal.

Critério correto, aliás, encontra-se adotado na Súmula 301 do TST, com a seguinte redação:

> "Auxiliar de laboratório. Ausência de diploma. Efeitos. O fato de o empregado não possuir diploma de profissionalização de auxiliar de laboratório não afasta a observância das normas da Lei 3.999, de 15.12.1961, uma vez comprovada a prestação de serviços na atividade".

Com a Lei 13.467/2017, a diferença de tempo de serviço para o mesmo empregador não pode ser superior a quatro anos *e* a diferença de tempo na função não pode ser superior a dois anos. Todos os requisitos são necessários para o direito à equiparação salarial.

Logo, ficou superada a Súmula 6, inciso II, do TST, ao assim dispor: "II – Para efeito de equiparação de salários em caso de trabalho igual, conta-se o tempo de serviço na função e não no emprego".

A regra mencionada deve ser interpretada de forma teleológica (art. 5.º da Lei de Introdução às Normas do Direito Brasileiro). Por isso, se o empregado que recebe salário inferior possui maior tempo de serviço para o mesmo empregador e maior tempo na função do que o paradigma (mas este, paradoxalmente, recebe salário superior), presentes os demais requisitos para a equiparação salarial, esta é devida.

8. BARROS, Alice Monteiro de. *Curso de direito do trabalho*. 2. ed. São Paulo: LTr, 2006. p. 798.

As alegações de diversidade de produtividade e de perfeição técnica, bem como de diferença de tempo de serviço para o mesmo empregador superior a quatro anos e de diferença de tempo na função superior a dois anos, representam fatos impeditivos ao direito à equiparação salarial, sendo do empregador o respectivo ônus da prova (arts. 818, inciso II, da CLT, 373, inciso II, do CPC de 2015, e 333, inciso II, do CPC de 1973), incidindo a Súmula 6, inciso VIII, do TST:

> "É do empregador o ônus da prova do fato impeditivo, modificativo ou extintivo da equiparação salarial".

10.2.5 Ausência de quadro de carreira e de plano de cargos e salários

O quinto requisito refere-se à *inexistência*, na empresa, de quadro de carreira e de plano de cargos e salários (§ 2.º do art. 461 da CLT).

Trata-se, portanto, de requisito negativo, pois a presença do referido quadro ou do mencionado plano obsta o direito à equiparação salarial. Em outras palavras, para que a equiparação salarial possa ser deferida, o quadro de carreira e o plano de cargos e salários não podem existir.

Nesse sentido, os dispositivos do art. 461 da CLT não prevalecem quando o empregador tiver pessoal organizado em quadro de carreira ou adotar, por meio de norma interna da empresa ou de negociação coletiva, plano de cargos e salários, sendo dispensada qualquer forma de homologação ou registro em órgão público (art. 461, § 2.º, da CLT, com redação dada pela Lei 13.467/2017).

Além do quadro de carreira, o plano de cargos e salários também exclui o direito à equiparação salarial. O plano de cargos e salários pode ser adotado pelo empregador por meio de *norma interna da empresa* (ou seja, regulamento empresarial) ou de *negociação coletiva* (dando origem a acordo coletivo ou convenção coletiva de trabalho).

Não mais se exige qualquer homologação ou registro em órgão público. Anteriormente, essa exigência de homologação do quadro de carreira decorria de interpretação extensiva do art. 358, *b*, da CLT, sobre o trabalho do estrangeiro, o que deixa de ser aplicável.

No caso do § 2.º do art. 461 da CLT, as promoções podem ser feitas por merecimento e por antiguidade, *ou* por apenas um destes critérios, dentro de cada categoria profissional (art. 461, § 3.º, da CLT, com redação dada pela Lei 13.467/2017).

Desse modo, passam a ser admitidas as promoções somente por merecimento, embora estas normalmente decorram de critérios mais subjetivos do empregador do que as promoções por antiguidade.

Se houver quadro de carreira ou o plano de cargos e salários (art. 461, § 2.º, da CLT), com as promoções na forma do art. 461, § 3.º, da CLT, o empregado pode postular eventuais direitos decorrentes de preterição, enquadramento ou reclassificação, o que não se confunde com direito à equiparação salarial[9].

9. Cf. Súmula 19 do TST: "Quadro de carreira. A Justiça do Trabalho é competente para apreciar reclamação de empregado que tenha por objeto direito fundado em quadro de carreira". Cf. ainda Súmula 127 do TST: "Quadro de carreira. Quadro de pessoal organizado em carreira, aprovado pelo órgão competente, excluída a hipótese de equiparação salarial, não obsta reclamação fundada em preterição, enquadramento ou reclassificação".

10.2.6 Contemporaneidade na prestação dos serviços

A equiparação salarial só é possível entre empregados *contemporâneos no cargo ou na função*, ficando vedada a indicação de paradigmas remotos, ainda que o paradigma contemporâneo tenha obtido a vantagem em ação judicial própria (art. 461, § 5.º, da CLT, acrescentado pela Lei 13.467/2017).

Exige-se, assim, a *contemporaneidade* entre os empregados na prestação dos serviços ao empregador.

Desse modo, os empregados devem ter prestado serviços ao mesmo tempo, em alguma época coincidente, para que possam ser comparadas as atividades exercidas, com o fim de verificar a identidade, ou não, de funções. Como esclarece a Súmula 6, inciso IV, do TST:

> "IV – É desnecessário que, ao tempo da reclamação sobre equiparação salarial, reclamante e paradigma estejam a serviço do estabelecimento, desde que o pedido se relacione com situação pretérita".

Passa a ser proibida a indicação de *paradigmas remotos*, ainda que o paradigma contemporâneo tenha obtido a vantagem em ação judicial própria. Não mais se admite a equiparação salarial *em cadeia*.

Pode-se dizer ainda que as vantagens estritamente pessoais (como adicionais por tempo de serviço) não podem ser levadas em conta para estabelecer o direito a diferenças salariais, em favor de outro empregado, fundado em equiparação salarial.

Ainda assim, não se faz necessário que o empregado e o paradigma tenham prestado serviços, ao mesmo tempo, durante *todo* o contrato de trabalho daquele. Efetivamente, se em determinado caso estiverem presentes todos os requisitos da equiparação salarial em certa época, na qual os empregados prestaram serviços de forma contemporânea, mesmo que o contrato de trabalho do paradigma tenha se encerrado antes daquele do empregado (autor da ação judicial), sendo deferido o pedido de diferenças salariais, estas são devidas até quando cessou ou cessar o vínculo de emprego do autor da demanda (e não apenas até a ruptura contratual do paradigma), sob pena de redução salarial, vedada pelo art. 7.º, inciso VI, da Constituição Federal de 1988.

10.2.7 Empregado readaptado e que não pode servir de paradigma

De acordo com o § 4.º do art. 461 da CLT:

> "O trabalhador readaptado em nova função por motivo de deficiência física ou mental atestada pelo órgão competente da Previdência Social não servirá de paradigma para fins de equiparação salarial".

O empregado em questão, em razão das peculiaridades de suas condições pessoais, não pode servir de paradigma. Trata-se, mais uma vez, de concretização do mandamento universal, de **se tratar de forma desigual os que se encontram em situações desiguais**.

O trabalhador readaptado em nova função, por motivo de deficiência física ou mental atestada pelo órgão competente da Previdência Social, encontra-se em situação bem específica, o que justifica, eventualmente, receber salário também diferenciado, pois vedado que passe a receber valor inferior àquele percebido antes da readaptação ou do respectivo afastamento previdenciário.

Justamente por isso, o mencionado empregado readaptado não pode servir de paradigma, pois pode estar recebendo salário (pertinente à função exercida na época anterior ao afastamento previdenciário) mais elevado do que os outros trabalhadores que exercem a mesma função.

10.3 PRESCRIÇÃO NA EQUIPARAÇÃO SALARIAL

A pretensão quanto a créditos resultantes das relações de trabalho prescreve em cinco anos para os trabalhadores urbanos e rurais, até o limite de dois anos após a extinção do contrato de trabalho (art. 11 da CLT, com redação dada pela Lei 13.467/2017).

Quanto à prescrição da pretensão relativa à equiparação salarial, cabe destacar a Súmula 6, inciso IX, do TST, assim estabelecendo:

> "Na ação de equiparação salarial, a prescrição é parcial e só alcança as diferenças salariais vencidas no período de 5 (cinco) anos que precedeu o ajuizamento".

A hipótese é de prescrição parcial (e não total), pois a lesão ao direito é sucessiva, repetindo-se no tempo, e o direito à equiparação salarial está assegurado por preceito de lei (art. 461 da CLT).

Nessa linha, tratando-se de pretensão que envolva pedido de prestações sucessivas decorrente de alteração ou descumprimento do pactuado, a prescrição é total, exceto quando o direito à parcela esteja também assegurado por preceito de lei (art. 11, § 2.º, da CLT, acrescentado pela Lei 13.467/2017).

10.4 MULTA DECORRENTE DE DISCRIMINAÇÃO POR MOTIVO DE SEXO, RAÇA, ETNIA, ORIGEM OU IDADE

Na hipótese de *discriminação* por motivo de sexo, raça, etnia, origem ou idade, o pagamento das diferenças salariais devidas ao empregado discriminado não afasta seu direito de ação de indenização por *danos morais*, consideradas as especificidades do caso concreto (art. 461, § 6.º, da CLT, com redação dada pela Lei 14.611/2023).

Procura-se, assim, alcançar o objetivo fundamental de promover o bem de todos, sem preconceitos de origem, raça, sexo, cor, idade e quaisquer outras formas de discriminação (art. 3.º, inciso IV, da Constituição da República).

Sem prejuízo do disposto no art. 461, § 6.º, da CLT, no caso de infração ao previsto no art. 461 da CLT (sobre igualdade salarial), a multa de que trata o art. 510 da CLT (penalidade administrativa) corresponderá a 10 vezes o valor do novo salário devido pelo empregador ao empregado discriminado, elevada ao dobro, no caso de reincidência, sem prejuízo das demais cominações legais (art. 461, § 7.º, da CLT, incluído pela Lei 14.611/2023).

Nesse sentido, cabe ressaltar que a lei deve punir qualquer discriminação atentatória dos direitos e liberdades fundamentais (art. 5.º, inciso XLI, da Constituição Federal de 1988).

A igualdade salarial e de critérios remuneratórios entre mulheres e homens para a realização de trabalho de igual valor ou no exercício da mesma função é obrigatória e será garantida nos termos da Lei 14.611/2023 (art. 2.º).

Trata-se de previsão que tem como fundamento a proibição de diferença de salários, de exercício de funções e de critério de admissão por motivo de sexo, idade, cor ou estado civil (art. 7.º, inciso XXX, da Constituição da República).

De forma ampla, todos são iguais perante a lei, sem distinção de qualquer natureza (art. 5.º, *caput*, da Constituição da República). Além disso, homens e mulheres são iguais em direitos e obrigações, nos termos da Constituição Federal de 1988 (art. 5.º, inciso I).

A igualdade salarial e de critérios remuneratórios entre mulheres e homens deve ser garantida por meio das seguintes medidas:

I – estabelecimento de mecanismos de transparência salarial e de critérios remuneratórios;

II – incremento da fiscalização contra a discriminação salarial e de critérios remuneratórios entre mulheres e homens;

III – disponibilização de canais específicos para denúncias de discriminação salarial;

IV – promoção e implementação de programas de diversidade e inclusão no ambiente de trabalho que abranjam a capacitação de gestores, de lideranças e de empregados a respeito do tema da equidade entre homens e mulheres no mercado de trabalho, com aferição de resultados;

V – fomento à capacitação e à formação de mulheres para o ingresso, a permanência e a ascensão no mercado de trabalho em igualdade de condições com os homens (art. 4.º da Lei 14.611/2023).

Nesse contexto, cabe fazer referência ao direito à proteção do mercado de trabalho da mulher, mediante incentivos específicos, nos termos da lei (art. 7.º, inciso XX, da Constituição da República).

Fica determinada a publicação semestral de relatórios de transparência salarial e de critérios remuneratórios pelas pessoas jurídicas de direito privado com 100 ou mais empregados, observada a proteção de dados pessoais de que trata a Lei 13.709/2018 – Lei Geral de Proteção de Dados Pessoais (art. 5.º da Lei 14.611/2023).

Os relatórios de transparência salarial e de critérios remuneratórios devem conter dados anonimizados (dados relativos a titulares que não possam ser identificados, considerando a utilização de meios técnicos razoáveis e disponíveis na ocasião de seu tratamento, conforme art. 5.º, inciso III, da Lei 13.709/2018) e informações que permitam a comparação objetiva entre salários, remunerações e a proporção de ocupação de cargos de direção, gerência e chefia preenchidos por mulheres e homens, acompanhados de informações que possam fornecer dados estatísticos sobre outras possíveis desigualdades decorrentes de raça, etnia, nacionalidade e idade, observada a legislação de proteção de dados pessoais e regulamento específico (art. 5.º, § 1.º, da Lei 14.611/2023).

De forma mais específica, o relatório de transparência salarial e de critérios remuneratórios tem por finalidade a comparação objetiva entre salários, remunerações e a proporção de ocupação de cargos e deve contemplar, no mínimo, as seguintes informações: I – o cargo ou a ocupação contida na Classificação Brasileira de Ocupações (CBO), com as respectivas atribuições; II – o valor: do salário contratual; do décimo terceiro salário; das gratificações; das comissões; das horas extras; dos adicionais noturno, de insalubridade, de penosidade, de periculosidade, entre outros; do terço de férias; do aviso prévio trabalhado; relativo ao descanso semanal remunerado; das gorjetas; relativo às demais parcelas que, por força de lei ou norma coletiva de trabalho, componham a remuneração do trabalhador (art. 2.º do Decreto 11.795/2023).

Ato do Ministério do Trabalho e Emprego estabelecerá as informações que devem constar do mencionado relatório e disporá sobre o formato e o procedimento para o seu envio.

Os dados e as informações constantes dos relatórios devem ser: anonimizados, observada a proteção de dados pessoais de que trata a Lei 13.709/2018; enviados por meio de ferramenta informatizada disponibilizada pelo Ministério do Trabalho e Emprego.

O mencionado relatório deve ser publicado nos sítios eletrônicos das próprias empresas, nas redes sociais ou em instrumentos similares, garantida a ampla divulgação para seus empregados, colaboradores e público em geral. A publicação dos relatórios deve ocorrer nos meses de março e setembro, conforme detalhado em ato do Ministério do Trabalho e Emprego.

Para fins de fiscalização ou averiguação cadastral, o Ministério do Trabalho e Emprego pode solicitar às empresas informações complementares às contidas no relatório.

Nas hipóteses em que for identificada desigualdade salarial ou de critérios remuneratórios, independentemente do descumprimento do disposto no art. 461 da CLT, a pessoa jurídica de direito privado deve apresentar e implementar *plano de ação* para mitigar a desigualdade, com metas e prazos, garantida a participação de representantes das entidades sindicais e de representantes dos empregados nos locais de trabalho.

Sendo assim, verificada a desigualdade salarial e de critérios remuneratórios entre mulheres e homens pelo Ministério do Trabalho e Emprego, as empresas com 100 ou mais empregados devem elaborar e implementar plano de ação para mitigação da desigualdade salarial e de critérios remuneratórios entre mulheres e homens, que deve estabelecer: I – as medidas a serem adotadas, as metas e os prazos; II – a criação de programas relacionados à: capacitação de gestores, lideranças e empregados a respeito do tema da equidade entre mulheres e homens no mercado de trabalho; promoção da diversidade e inclusão no ambiente de trabalho; capacitação e formação de mulheres para o ingresso, a permanência e a ascensão no mercado de trabalho em igualdade de condições com os homens (art. 3.º do Decreto 11.795/2023).

Na elaboração e na implementação do referido plano de ação, deve ser garantida a participação de representantes das entidades sindicais e dos empregados, preferencialmente, na forma definida em norma coletiva de trabalho. Na ausência de previsão específica em norma coletiva de trabalho, a referida participação se dará, preferencialmente, por meio da comissão de empregados estabelecida nos termos dos art. 510-A a art. 510-D da CLT. Nessa hipótese, a empresa que tiver entre 100 e 200 empregados pode promover procedimento eleitoral específico para instituir uma comissão que garanta a participação efetiva de representantes dos empregados.

Na hipótese de descumprimento do disposto no art. 5.º da Lei 14.611/2023, deve ser aplicada multa administrativa cujo valor corresponderá a até 3% da folha de salários do empregador, limitado a 100 salários mínimos, sem prejuízo das sanções aplicáveis aos casos de discriminação salarial e de critérios remuneratórios entre mulheres e homens.

O Poder Executivo federal deve disponibilizar de forma unificada, em plataforma digital de acesso público, observada a proteção de dados pessoais de que trata a Lei 13.709/2018 (Lei Geral de Proteção de Dados Pessoais), além das informações previstas no art. 5.º, § 1.º, da Lei 14.611/2023, indicadores atualizados periodicamente sobre mercado de trabalho e renda desagregados por sexo, inclusive indicadores de violência contra a mulher, de vagas em creches públicas, de acesso à formação técnica e superior e de serviços de saúde, bem como demais dados públicos que impactem o acesso ao emprego e à renda pelas mulheres e que possam orientar a elaboração de políticas públicas.

Ato do Poder Executivo deve instituir protocolo de fiscalização contra a discriminação salarial e de critérios remuneratórios entre mulheres e homens (art. 6.º da Lei 14.611/2023).

10.5 EQUIPARAÇÃO SALARIAL POR FUNÇÃO ANÁLOGA

Além da equiparação salarial por igualdade (estudada nos itens anteriores), a doutrina indica uma hipótese de equiparação salarial por mera semelhança de funções exercidas (funções análogas). Trata-se do caso previsto no art. 358 da CLT, com a seguinte redação:

> "Art. 358. Nenhuma empresa, ainda que não sujeita à proporcionalidade, poderá pagar a brasileiro que exerça função análoga, a juízo do Ministério do Trabalho, Indústria e Comércio, à que é exercida por estrangeiro a seu serviço, salário inferior ao deste, excetuando-se os casos seguintes:
>
> a) quando, nos estabelecimentos que não tenham quadros de empregados organizados em carreira, o brasileiro contar menos de 2 (dois) anos de serviço, e o estrangeiro mais de 2 (dois) anos;
>
> b) quando, mediante aprovação do Ministério do Trabalho, Indústria e Comércio, houver quadro organizado em carreira em que seja garantido o acesso por antiguidade;
>
> c) quando o brasileiro for aprendiz, ajudante ou servente, e não o for o estrangeiro;
>
> d) quando a remuneração resultar de maior produção, para os que trabalham à comissão ou por tarefa.
>
> Parágrafo único. Nos casos de falta ou cessação de serviço, a dispensa do empregado estrangeiro deve preceder à de brasileiro que exerça função análoga".

Em conformidade com a previsão em destaque, nenhuma empresa, mesmo aquela não sujeita à previsão do art. 354 da CLT (a chamada "lei dos 2/3"), pode pagar ao empregado brasileiro, que exerça *função análoga* àquela exercida por empregado estrangeiro que também lhe preste serviço, salário inferior ao deste.

Assim, a mera semelhança de funções, exercidas pelo empregado brasileiro e pelo empregado estrangeiro, já estabelece o dever do empregador de pagar o mesmo salário, e o direito do primeiro de receber valor salarial idêntico.

No entanto, a Constituição da República, em seu art. 5.º, *caput*, estabelece que:

> "*Todos são iguais perante a lei, sem distinção de qualquer natureza, garantindo-se aos brasileiros e aos estrangeiros residentes no País a inviolabilidade do direito* à vida, à liberdade, *à igualdade*, à segurança e à propriedade" (destaquei).

Com isso, pode-se entender que as disposições, estabelecendo tais desigualdades entre empregados brasileiros e estrangeiros, não foram recepcionadas pela nova ordem constitucional, instaurada em 1988.

Mesmo assim, cabe destacar o entendimento, de certo modo majoritário, de que o art. 358 da CLT permanece em vigor, pois apenas estabelece uma norma favorável ao empregado brasileiro, sem instituir qualquer discriminação, mas, pelo contrário, concretizar o princípio da igualdade. Adotando esse último entendimento, cabe transcrever a seguinte ementa de julgado proferido pelo Tribunal Superior do Trabalho:

> "Recurso de revista adesivo interposto pelo reclamante. Equiparação salarial a estrangeiro. A igualdade preconizada no *caput* do art. 5.º da Constituição Federal não afasta a aplicação da disposição contida no art. 358 da CLT, nos termos da qual é assegurada a igualdade de salários entre brasileiros e estrangeiros quando no exercício de funções análogas. Recurso de revista a que se dá provimento" (TST, 5.ª T., TST-RR-443.696/1998.8, Rel. Min. Gelson de Azevedo, j. 16.02.2005, *DJ* 04.03.2005).

10.6 EQUIPARAÇÃO SALARIAL POR EQUIVALÊNCIA

A equivalência salarial, na realidade, é hipótese de equiparação salarial por mera equivalência de funções exercidas entre os empregados. Trata-se do caso previsto no art. 460 da CLT, com a seguinte redação:

> "Na falta de estipulação do salário ou não havendo prova sobre a importância ajustada, o empregado terá direito a perceber salário igual ao daquele que, na mesma empresa, fizer serviço equivalente, ou do que for habitualmente pago para serviço semelhante".

Portanto, a disposição aplica-se, em especial, quando o vínculo de emprego é reconhecido somente em juízo, mas não ocorreu a estipulação do salário, ou não há provas sobre o valor ajustado.

10.7 SALÁRIO DO PERÍODO DE SUBSTITUIÇÃO NÃO PROVISÓRIA

O salário-substituição não apresenta previsão explícita na lei, mas decorre de critério de igualdade e justiça.

Além disso, o art. 450 da CLT apresenta a seguinte disposição, que tangencia o tema em questão: "Ao empregado chamado a ocupar, em comissão, interinamente, ou em substituição eventual ou temporária, cargo diverso do que exercer na empresa, serão garantidas a contagem do tempo naquele serviço, bem como volta ao cargo anterior".

Com fundamento nesses aspectos, a Súmula 159 do TST, com redação determinada pela Resolução 121/2003, assim estabelece:

> "Substituição de caráter não eventual e vacância do cargo.
>
> I – Enquanto perdurar a substituição que não tenha caráter meramente eventual, inclusive nas férias, o empregado substituto fará jus ao salário contratual do substituído.
>
> II – Vago o cargo em definitivo, o empregado que passa a ocupá-lo não tem direito a salário igual ao do antecessor".

A substituição deve ser provisória (embora não eventual) para que o empregado que substitui tenha direito ao salário do substituído, exatamente como ocorre, por exemplo, nas férias e na licença-maternidade.

Além disso, para que o direito ao salário do substituído se verifique, salvo previsão mais benéfica (*v.g.*, em convenção ou acordo coletivo), a substituição não pode ser definitiva, pois neste último caso não há simultaneidade na prestação de serviços, mas sim vacância do cargo, a ser preenchido por outro empregado, não se tratando de mera substituição.

Salvo previsão em norma mais benéfica, entende-se que se o empregado continuar exercendo as suas efetivas funções, mas de forma cumulada com a função de outro colega (que, por exemplo, que está em férias), não há o direito de receber ambos os salários, mas sim, apenas, o salário-substituição, caso presentes os seus requisitos, acima indicados.

10.8 EQUIPARAÇÃO SALARIAL NA TERCEIRIZAÇÃO

O enquadramento sindical é feito em conformidade com a **atividade preponderante do empregador**.

Sendo assim, o empregado integra a categoria profissional que se contraponha à categoria econômica relativa à atividade preponderantemente exercida pela empresa (art. 511, §§ 1.º e 2.º, da CLT), com exceção da hipótese de categoria profissional diferenciada (art. 511, § 3.º, da CLT).

Tratando-se de prestadora de serviços, esta é a sua efetiva atividade empresarial, para fins do seu enquadramento sindical. Caso a terceirização seja lícita, o art. 5.º-A, § 5.º, da Lei 6.019/1974 (acrescentado pela Lei 13.429/2017), como já destacado, estabelece apenas a responsabilidade subsidiária da empresa tomadora, sem a formação de vínculo de emprego diretamente com ela.

Não se configura vínculo empregatício entre os trabalhadores, ou sócios das empresas prestadoras de serviços, qualquer que seja o seu ramo, e a empresa contratante (art. 4.º-A, § 2.º, da Lei 6.019/1974, acrescentado pela Lei 13.429/2017). Essa ausência de vínculo de emprego entre a empresa tomadora e os empregados da empresa prestadora de serviços, evidentemente, pressupõe que a terceirização tenha sido feita em consonância com as exigências legais. Cf. Capítulo 8, item 8.3.

Nos termos do art. 5.º-A, § 5.º, da Lei 6.019/1974, acrescentado pela Lei 13.429/2017, a empresa contratante (tomadora) é subsidiariamente responsável pelas obrigações trabalhistas referentes ao período em que ocorrer a prestação de serviços, e o recolhimento das contribuições previdenciárias deve observar o disposto no art. 31 da Lei 8.212/1991.

Nessa hipótese, a efetiva empregadora não é a tomadora, mas sim a prestadora dos serviços, o que é relevante para o estudado enquadramento sindical, o qual se pauta pela sua atividade preponderante. Cf. Capítulo 28, item 28.8.1.

No sentido acima exposto, cabe transcrever a seguinte decisão do Tribunal Superior do Trabalho:

> "Enquadramento sindical na categoria da entidade tomadora dos serviços. Impossibilidade. 1. Hipótese em que se discute pedido de reenquadramento sindical, com vistas à obtenção de vantagens conquistadas mediante negociação coletiva pelos empregados da entidade tomadora dos serviços. 2. O enquadramento sindical é feito, em regra, com base na atividade preponderante do empregador, não havendo autorização legal para que tal ato seja realizado levando em consideração a atividade desenvolvida pela entidade tomadora dos serviços. 3. Logo, não tendo sido sequer formulada a pretensão de reconhecimento de vínculo de emprego com a tomadora dos serviços, revela-se desprovido de amparo jurídico o pleito concernente ao reenquadramento sindical. Recurso conhecido, por divergência jurisprudencial, e desprovido" (TST, 2.ª T., RR 497.085/1998.9, Rel. Juiz Convocado Altino Pedrozo dos Santos, j. 20.11.2002, *DJU* 17.02.2003).

Efetivamente, não há como se aplicar a norma coletiva de categoria diversa daquela da qual faz parte a empresa prestadora dos serviços, por não ter sido representada na negociação coletiva (ou no dissídio coletivo) que a antecede, tal como ocorre na hipótese prevista na Súmula 374 do TST (ex-Orientação Jurisprudencial 55 da SBDI-I).

Quanto à equiparação salarial propriamente, um dos seus requisitos é justamente a *identidade de empregadores* entre os empregados, conforme o art. 461, *caput*, da CLT. Tratando-se de terceirização lícita, ou seja, autorizada pelo sistema jurídico, a empresa de prestação de serviços é a verdadeira empregadora do empregado que presta serviços para a tomadora, a qual não mantém vínculo de emprego com o mencionado trabalhador.

Não havendo identidade de empregadores na hipótese de terceirização lícita, não se verifica o direito à equiparação salarial, conforme exigência expressa, prevista na

Consolidação das Leis do Trabalho. Nesse sentido, cabe transcrever a seguinte decisão, oriunda da Segunda Turma do TST:

> "Equiparação salarial em terceirização. Não participação da empresa interposta nos acordos normativos firmados pela tomadora. A decisão recorrida reconheceu a responsabilidade subsidiária da tomadora dos serviços. No entanto, afastou a aplicação dos acordos normativos, firmados diretamente pela tomadora, sem a participação da real empregadora. Não se vislumbra violação ao princípio da isonomia, eis que não declarado o vínculo empregatício diretamente com a tomadora, nem emitida tese acerca da existência de fraude na contratação" (TST, 2.ª T., RR 454956/1998, Rel. Juiz Convocado Aloysio Corrêa da Veiga, *DJU* 22.02.2002).

Apesar do exposto acima, quanto ao tema analisado, tem-se a possibilidade de se sustentar argumentação diversa, no sentido de que, mesmo na hipótese da terceirização lícita, em face do princípio constitucional da igualdade (art. 5.º, *caput*, da CF/1988), o empregado que presta serviços à empresa tomadora (que terceirizou serviços) faz jus às vantagens previstas nas normas coletivas aplicáveis aos empregados desta.

Em reforço a essa tese, pode-se indicar a aplicação, ainda que analógica, da Lei 6.019/1974, que expressamente assegura aos trabalhadores temporários o direito à "remuneração equivalente à percebida pelos empregados de mesma categoria da empresa tomadora ou cliente" (art. 12, *a*). Isso porque o trabalho temporário seria, de certa forma, modalidade de terceirização prevista em lei, autorizando o uso da analogia para as demais hipóteses de labor terceirizado (art. 8.º, *caput*, da CLT). Seguindo esse entendimento, cabe destacar a seguinte decisão do Tribunal Superior do Trabalho:

> "Terceirização. Isonomia salarial. Identidade de funções entre os empregados da empresa fornecedora de mão de obra e os contratados diretamente pela tomadora dos serviços. Artigo 12, alínea *a*, da Lei 6.019/1974. Aplicação analógica. 1. À falta de previsão legal específica, socorrendo-se da analogia e dos princípios gerais do direito, bem como atendendo aos fins sociais da norma aplicada e às exigências do bem comum (LICC, arts. 4.º e 5.º), aplica-se o preceito inscrito na alínea *a* do artigo 12 da Lei 6.019/1974 para reconhecer aos empregados terceirizados tratamento isonômico em relação àqueles contratados pela tomadora dos serviços, desde que haja igualdade de funções. 2. O legislador ordinário lançou mão do referido dispositivo no intuito de coibir qualquer tratamento discriminatório gerado a partir de possível diferenciação de conduta e de salário, no ambiente de trabalho, entre os empregados temporários e os de mesma categoria da empresa tomadora. Ora, se na terceirização temporária de curto prazo vislumbrou-se a possibilidade de tratamento discriminatório, com muito maior gravidade, constância e profundidade tal circunstância verificar-se-á na terceirização permanente, em que, não raro, os empregados da prestadora dos serviços sujeitam-se por período prolongado a condições de patente desigualdade salarial em relação aos empregados de mesma categoria da empresa tomadora, não obstante desempenhando idênticas funções. 3. Embargos de que se conhece, por divergência jurisprudencial, e a que se dá provimento para, reconhecendo o direito dos Reclamantes, terceirizados, à isonomia salarial com os empregados da tomadora dos serviços exercentes das mesmas funções, restabelecer a r. sentença" (TST, SBDI-I, ERR 654.203/00.9, Redator Min. João Oreste Dalazen, j. 12.09.2005, *DJ* 11.11.2005).

Mesmo reconhecendo os relevantes objetivos dessa corrente de entendimento, uma possível objeção seria de se estar conferindo à terceirização o mesmo tratamento da intermediação fraudulenta de mão de obra, ao menos quanto às questões salariais e de aplicação dos direitos trabalhistas previstos em normas coletivas. Como se sabe, estabelecer tratamento igual, para situações desiguais, representa séria afronta ao princípio da igualdade, em sua dimensão material.

Além disso, segundo conhecida regra de hermenêutica, a norma *especial* (no caso, pertinente ao trabalhador temporário, que se refere ao fornecimento de mão de obra, e não terceirização em sentido estrito) deve ser aplicada estritamente para a hipótese nela prevista.

10.8.1 Equiparação salarial na intermediação de mão de obra

Na hipótese de terceirização ilícita, ou seja, de fraude, havendo mera intermediação irregular de mão de obra, o vínculo de emprego forma-se diretamente com a tomadora (art. 9.º da CLT).

Caso isso ocorra, tem-se que o trabalhador apenas formalmente era empregado da prestadora de serviços; existindo contrato de trabalho direto com a tomadora dos serviços, ela é, segundo o princípio da primazia da realidade, a verdadeira empregadora. Para o enquadramento sindical desse trabalhador, a atividade preponderante a ser buscada é a desta empresa, fazendo gerar o direito à aplicação das vantagens previstas nas normas coletivas referentes à sua categoria profissional, tornando irrelevante, para os fins em questão, a atividade preponderante da empresa interposta, conforme o art. 9.º da CLT.

Cabe recordar, no entanto, que nos casos de órgãos da Administração Pública direta, indireta ou fundacional, entende-se não ser possível o reconhecimento de vínculo de emprego com o Estado, em razão da ausência do requisito constitucional da prévia aprovação em concurso público (art. 37, inciso II, e § 2.º, da CF/1988 e Súmula 331, inciso II, do TST).

Em consequência, por exemplo, no caso de terceirização efetivada por empresa estatal (art. 173, § 1.º, inciso II, da CF/1988), seria possível entender que não se podem aplicar, ao empregado terceirizado (mesmo ilicitamente), as normas coletivas da categoria profissional da tomadora. Entretanto, o entendimento que prevaleceu no TST é no sentido de assegurar os mesmos direitos dos empregados da empresa tomadora, mesmo que estatal.

Nesse sentido, de acordo com a Orientação Jurisprudencial 383 da SBDI-I do TST:

> "Terceirização. Empregados da empresa prestadora de serviços e da tomadora. Isonomia. Art. 12, *a*, da Lei 6.019, de 03.01.1974. A contratação irregular de trabalhador, mediante empresa interposta, não gera vínculo de emprego com ente da Administração Pública, não afastando, contudo, pelo princípio da isonomia, o direito dos empregados terceirizados às mesmas verbas trabalhistas legais e normativas asseguradas àqueles contratados pelo tomador dos serviços, desde que presente a igualdade de funções. Aplicação analógica do art. 12, *a*, da Lei 6.019, de 03.01.1974" (*DEJT* 19.04.2010).

Nessa linha de entendimento, se a contratante (tomadora) tiver empregados próprios (contratados diretamente) e empregados terceirizados (contratados pela empresa prestadora) exercendo as mesmas funções, em idênticas condições, tendo em vista a incidência do princípio da igualdade (art. 5.º, *caput*, da Constituição da República), deve-se aplicar o mesmo patamar remuneratório e de outros direitos trabalhistas a ambos os tipos de empregados, para que não haja tratamento discriminatório entre trabalhadores (art. 3.º, inciso IV, art. 5.º, inciso XLI, e art. 7.º, incisos XXX, XXXI e XXXII, da Constituição Federal de 1988).

Na atualidade, o Supremo Tribunal Federal, ao julgar recurso extraordinário com repercussão geral, firmou entendimento em sentido diverso, afastando o direito à equiparação de remuneração e de direitos entre empregados de empresa pública tomadora de serviços e empregados terceirizados (STF, Pleno, RE 635.546/MG, Red. p/ ac. Min. Roberto Barroso, j. 29.03.2021).

Nesse sentido, o Supremo Tribunal Federal fixou a seguinte tese de repercussão geral: "A equiparação de remuneração entre empregados da empresa tomadora de serviços e empregados da empresa contratada (terceirizada) fere o princípio da livre iniciativa, por se tratar de agentes econômicos distintos, que não podem estar sujeitos a decisões empresariais que não são suas" (STF, Pleno, RE 635.546/MG, Red. p/ ac. Min. Roberto Barroso, *DJe* 19.05.2021).

De todo modo, tratando-se de ente com personalidade jurídica de direito público, especificamente quanto às cláusulas de natureza econômica, seguindo a corrente majoritária, não se observa possibilidade de se firmar convenção ou acordo coletivo e de ajuizamento de dissídio coletivo, não havendo, assim, norma coletiva de tomadora, quanto ao tema, que se possa pleitear incidência[10].

Em relação à equiparação salarial propriamente, na intermediação irregular de mão de obra, como a fraude não produz efeitos e o vínculo de emprego é reconhecido diretamente com a empresa tomadora dos serviços, esta é reconhecida como a verdadeira empregadora. Assim, encontra-se presente o requisito da identidade de empregador, para fins de equiparação salarial entre os empregados contratados regularmente pela empresa tomadora e os empregados que foram vítimas da intermediação de mão de obra pela empresa interposta.

10.9 DESVIO DE FUNÇÃO

O *desvio de função* ocorre quando o empregado passa a exercer função diversa, ou seja, diferente daquela originalmente exercida ou contratada, mas sem receber o salário correspondente à verdadeira função desempenhada.

Essa situação pode gerar, como consequência, o direito de receber diferenças salariais, o que não se confunde com a equiparação salarial, por não dizer respeito à comparação entre dois empregados de função idêntica[11].

Desse modo, o direito à diferença salarial decorrente do desvio de função é devido inclusive quando existente quadro de carreira ou plano de cargos e salários na empresa.

O empregado, durante o desvio funcional, tem direito à diferença salarial, ainda que o empregador possua quadro de pessoal organizado em carreira (Súmula 223 do antigo TFR).

Reconhecido o desvio de função, o servidor faz jus às diferenças salariais decorrentes (Súmula 378 do STJ).

No desvio de função, entretanto, entende-se que o empregado não tem direito ao reenquadramento, mas apenas às diferenças de salário decorrentes.

---

10. Orientação Jurisprudencial 5 da SDC do TST: "Dissídio coletivo. Pessoa jurídica de direito público. Possibilidade jurídica. Cláusula de natureza social (redação alterada na sessão do Tribunal Pleno realizada em 14.09.2012). Em face de pessoa jurídica de direito público que mantenha empregados, cabe dissídio coletivo exclusivamente para apreciação de cláusulas de natureza social. Inteligência da Convenção n.º 151 da Organização Internacional do Trabalho, ratificada pelo Decreto Legislativo n.º 206/2010". Cf. ainda: STF, ADI 554/MG, Rel. Min. Eros Grau.

11. Cf. MARTINS, Sergio Pinto. *Direito do trabalho*. 28. ed. São Paulo: Atlas, 2012. p. 326.

A respeito do tema, nos termos da Orientação Jurisprudencial 125 da SBDI-I do TST: "Desvio de função. Quadro de carreira. O simples desvio funcional do empregado não gera direito a novo enquadramento, mas apenas às diferenças salariais respectivas, mesmo que o desvio de função haja iniciado antes da vigência da CF/1988".

Cabe esclarecer que no caso de reabilitação profissional no âmbito da Previdência Social, a alteração das atribuições e responsabilidades do segurado compatíveis com a limitação que tenha sofrido em sua capacidade física ou mental não configura desvio de cargo ou função do segurado reabilitado ou que estiver em processo de reabilitação profissional a cargo do INSS (art. 62, § 2.º, da Lei 8.213/1991, incluído pela Lei 13.846/2019).

10.10 POLÍTICA SALARIAL

Política salarial significa a escolha de meios para se alcançar a proteção ao valor do salário, bem como a distribuição de riqueza e combate ao desemprego e à inflação[12].

No âmbito da política salarial são estabelecidos o **reajuste salarial** e o **aumento salarial**. Enquanto o reajuste visa a repor o valor de aquisição do salário, frente à desvalorização decorrente da inflação, o aumento significa a efetiva majoração do valor real do salário.

Sobre o tema, cabe observar a Orientação Jurisprudencial 325 da SBDI-I do TST:

> "Aumento salarial concedido pela empresa. Compensação no ano seguinte em antecipação sem a participação do sindicato profissional. Impossibilidade (*DJ* 09.12.2003). O aumento real, concedido pela empresa a todos os seus empregados, somente pode ser reduzido mediante a participação efetiva do sindicato profissional no ajuste, nos termos do art. 7.º, VI, da CF/1988".

10.10.1 Salário mínimo

O art. 76 da CLT conceituava o salário mínimo da seguinte forma:

> "Salário mínimo é a contraprestação mínima devida e paga diretamente pelo empregador a todo trabalhador, inclusive ao trabalhador rural, sem distinção de sexo, por dia normal de serviço, e capaz de satisfazer, em determinada época e região do País, as suas necessidades normais de alimentação, habitação, vestuário, higiene e transporte".

No entanto, atualmente, o art. 7.º, inciso IV, da Constituição Federal de 1988 alterou certos aspectos da definição acima, além de ter ampliado o rol de necessidades que o salário mínimo deve atender, assegurando o direito ao:

> "salário mínimo, fixado em lei, nacionalmente unificado, capaz de atender a suas necessidades vitais básicas e às de sua família com moradia, alimentação, educação, saúde, lazer, vestuário, higiene, transporte e previdência social, com reajustes periódicos que lhe preservem o poder aquisitivo, sendo vedada sua vinculação para qualquer fim".

Portanto, o salário mínimo não é mais regional, mas sim nacionalmente unificado, estabelecido por lei federal (lembrando-se que medida provisória tem força de lei, na forma do art. 62, *caput*, da CF/1988).

12. Cf. MARTINS, Sergio Pinto. *Direito do trabalho*. 22. São Paulo: Atlas, 2006. p. 301.

Por se tratar das necessidades básicas, não se confunde o salário mínimo com o conceito, de certa forma indeterminado, de "salário justo". Este seria o salário no valor equitativo, ou seja, em consonância com as regras para a harmoniosa convivência em sociedade, atendendo aos objetivos e às necessidades de plena satisfação ao empregado.

Cabe lembrar que há os valores mensal, diário e horário do salário mínimo.

De acordo com a Orientação Jurisprudencial 272 da SBDI-I do TST: "Salário mínimo. Servidor. Salário-base inferior. Diferenças. Indevidas. A verificação do respeito ao direito ao salário mínimo não se apura pelo confronto isolado do salário-base com o mínimo legal, mas deste com a soma de todas as parcelas de natureza salarial recebidas pelo empregado diretamente do empregador".

Na mesma linha, a Súmula Vinculante 16 do STF assim dispõe: "Os arts. 7.º, IV, e 39, § 3.º (redação da EC 19/1998), da Constituição, referem-se ao total da remuneração percebida pelo servidor público".

O Supremo Tribunal Federal fixou a seguinte tese de repercussão geral: "É defeso o pagamento de remuneração em valor inferior ao salário mínimo ao servidor público, ainda que labore em jornada reduzida de trabalho" (STF, Pleno, RE 964.659/RS, Rel. Min. Dias Toffoli, j. 08.08.2022).

Para a preservação do poder aquisitivo do salário mínimo, em decorrência de efeito inflacionário na economia, a mesma norma constitucional assegura a existência de "reajustes periódicos". No entanto, a concretização dessa garantia depende de leis estabelecendo o mencionado reajuste no valor do mínimo salarial.

A disposição constitucional veda a vinculação do salário mínimo para qualquer fim. Assim, o seu valor não pode ser utilizado como fator indexador da economia, em avenças e contratos (como de locação), pois isso poderia acarretar desequilíbrios na economia, como a inflação, em prejuízo do País. Em razão dessa proibição de vinculação ao salário mínimo, de acordo com a Súmula Vinculante 15 do STF: "O cálculo de gratificações e outras vantagens não incide sobre o abono utilizado para se atingir o salário mínimo do servidor público".

Cabe fazer menção, ainda, à Lei 12.382, de 25 de fevereiro de 2011, a qual estabeleceu as diretrizes para a política de valorização do salário mínimo a vigorar entre 2012 e 2015, a serem aplicadas em 1.º de janeiro do respectivo ano (art. 2.º). Os reajustes para a preservação do poder aquisitivo do salário mínimo deverão corresponder à variação do Índice Nacional de Preços ao Consumidor (INPC), calculado e divulgado pela Fundação Instituto Brasileiro de Geografia e Estatística (IBGE), acumulada nos 12 meses anteriores ao mês do reajuste (art. 2.º, § 1.º). O mesmo diploma legal também estabeleceu a aplicação de percentuais a título de aumento real em cada ano, levando em conta a taxa de crescimento real do Produto Interno Bruto (PIB), apurada pelo IBGE (art. 2.º, § 4.º).

O art. 3.º, por sua vez, prevê que: "Os reajustes e aumentos fixados na forma do art. 2.º serão estabelecidos pelo Poder Executivo, por meio de decreto, nos termos desta Lei". Apesar da previsão constitucional no sentido de que o salário mínimo deve ser "fixado em lei" (art. 7.º, inciso IV, da CF/1988), o Supremo Tribunal Federal, em 03.11.2011, julgou improcedente a Ação Direta de Inconstitucionalidade 4.568, que questionava o referido dispositivo legal. Nesse sentido, prevaleceu o entendimento de que o Decreto presidencial relativo à divulgação anual do salário mínimo é simples aplicação de fórmula, índice e periodicidade estabelecidos pela Lei 12.382/2011.

As mesmas diretrizes foram estabelecidas para a política de valorização do salário mínimo a vigorar entre 2016 e 2019, aplicadas em 1.º de janeiro do respectivo ano, quanto a reajustes do salário mínimo e aumentos reais, a serem estabelecidos pelo Poder Executivo, por meio de decreto (Lei 13.152/2015).

Foram estabelecidas as diretrizes para a política de valorização do salário mínimo a vigorar a partir de 2024, a serem aplicadas em 1.º de janeiro do respectivo ano, considerando que o valor deve decorrer da soma do índice de medida da inflação do ano anterior, para a preservação do poder aquisitivo, com o índice correspondente ao crescimento real do Produto Interno Bruto (PIB) de dois anos anteriores, para fins de aumento real, conforme apuração nos termos do art. 3.º da Lei 14.663/2023.

Os reajustes para a preservação do poder aquisitivo do salário mínimo devem corresponder à variação do Índice Nacional de Preços ao Consumidor (INPC), calculado e divulgado pela Fundação Instituto Brasileiro de Geografia e Estatística (IBGE), acumulada nos 12 meses encerrados em novembro do exercício anterior ao do reajuste. Em caso de taxa de crescimento real negativa do PIB, o salário mínimo deve ser reajustado apenas pelo INPC vigente à época.

Os reajustes e os aumentos fixados na forma do art. 3.º serão estabelecidos pelo Poder Executivo federal por meio de decreto, nos termos da Lei 14.663/2023 (art. 4.º).

10.10.2 Salário profissional e piso da categoria

O "salário profissional" é aquele "de certas *profissões legalmente regulamentadas*", ou seja, "é fixado por lei e deferido a profissionais cujo ofício seja regulamentado também em diploma legal"[13] (art. 511, § 3.º, da CLT).

O salário profissional é também chamado de salário *mínimo* profissional. Trata-se, portanto, de patamar *mínimo* salarial, específico de certas profissões. Na lição de Amauri Mascaro Nascimento: "Denomina-se salário profissional aquele fixado como o mínimo de uma profissão com o que se caracteriza como uma espécie do gênero *mínimo salarial*"[14].

Já o "salário mínimo normativo" é o fixado por sentença normativa, e o "salário mínimo convencional" é o fixado por convenção coletiva e acordo coletivo[15].

Conforme a Orientação Jurisprudencial 25 da SDC do TST: "Salário normativo. Contrato de experiência. Limitação. Tempo de serviço. Possibilidade. Não fere o princípio da isonomia salarial (art. 7.º, XXX, da CF/88) a previsão de salário normativo tendo em vista o fator tempo de serviço".

O "piso da categoria", por sua vez, representa o salário de toda uma categoria dos empregados (art. 511, § 2.º, da CLT) que trabalham em determinado setor da atividade econômica, em certa base territorial (não se referindo à categoria profissional diferenciada).

Nos termos da Orientação Jurisprudencial 26 da SDC do TST: "Salário normativo. Menor empregado. Art. 7.º, XXX, da CF/88. Violação. Os empregados menores não podem ser discriminados em cláusula que fixa salário mínimo profissional para a categoria".

A Lei 12.790/2013, ao dispor sobre a regulamentação do exercício da profissão de comerciário, no art. 4.º, estabelece que o piso salarial deve ser fixado em convenção ou acordo coletivo de trabalho, nos termos do inciso V do art. 7.º da Constituição Federal.

---

13. DELGADO, Mauricio Godinho. *Salário*: teoria e prática. Belo Horizonte: Del Rey, 1997. p. 205. Cf. ainda NASCIMENTO, Amauri Mascaro. *Teoria jurídica do salário*. 2. ed. São Paulo: LTr, 1997. p. 322.

14. NASCIMENTO, Amauri Mascaro. *Teoria jurídica do salário*. 2. ed. São Paulo: LTr, 1997. p. 321 (destaques do original).

15. Cf. DELGADO, Mauricio Godinho. *Salário*: teoria e prática. Belo Horizonte: Del Rey, 1997. p. 206.

Importante destacar, ainda, a existência de fixação do salário profissional por meio de número múltiplo de salários mínimos, o que ocorre, por exemplo, com os médicos (Lei 3.999/1961, art. 5.º), engenheiros (Lei 4.950-A/1966, art. 5.º) e técnicos em radiologia (Lei 7.394/1985, art. 16)[16]. A Súmula 370 do TST reconhece os salários profissionais dos engenheiros e médicos empregados, fixados nas leis específicas[17].

O Supremo Tribunal Federal julgou parcialmente procedente o pedido formulado em arguição de descumprimento de preceito fundamental, para atribuir interpretação conforme a Constituição ao art. 5.º da Lei 4.950-A/1966, de modo a congelar a base de cálculo dos pisos profissionais nele fixados (de engenharia, química, arquitetura, agronomia e veterinária) na data da publicação da ata da sessão do referido julgamento (STF, Pleno, ADPF 53/PI, ADPF 149/DF e ADPF 171/MA, Rel. Min. Rosa Weber, j. 21.02.2022).

Na mesma linha, o Supremo Tribunal Federal julgou parcialmente procedente o pedido formulado em arguição de descumprimento fundamental, para reconhecer a compatibilidade do art. 5.º da Lei 3.999/1961 com o texto constitucional e, com apoio na técnica da interpretação conforme a Constituição, determinar o congelamento do valor dos pisos salariais (de médicos, cirurgiões-dentistas e respectivos auxiliares), devendo o *quantum* ser calculado com base no valor do salário mínimo vigente na data da publicação da ata da sessão do referido julgamento (STF, Pleno, ADPF 325/DF, Rel. Min. Rosa Weber, j. 21.03.2022).

O vencimento dos agentes comunitários de saúde e dos agentes de combate às endemias não será inferior a dois salários mínimos, repassados pela União aos Municípios, aos Estados e ao Distrito Federal (art. 198, § 9.º, da Constituição da República, incluído pela Emenda Constitucional 120/2022). Trata-se, assim, de piso salarial profissional nacional.

Lei federal instituirá pisos salariais profissionais nacionais para o enfermeiro, o técnico de enfermagem, o auxiliar de enfermagem e a parteira, a serem observados por pessoas jurídicas de direito público e de direito privado (art. 198, § 12, da Constituição da República, incluído pela Emenda Constitucional 124/2022).

A União, os Estados, o Distrito Federal e os Municípios, até o final do exercício financeiro em que for publicada a lei de que trata o art. 198, § 12, da Constituição Federal, devem adequar a remuneração dos cargos ou dos respectivos planos de carreiras, quando houver, de modo a atender aos pisos estabelecidos para cada categoria profissional (art. 198, § 13, da Constituição da República, incluído pela Emenda Constitucional 124/2022).

Mesmo sendo da União a competência legislativa sobre Direito do Trabalho, o parágrafo único do art. 22 da Constituição estabelece que a lei complementar pode autorizar os Estados a legislar sobre questões específicas das matérias ali relacionadas, o que abrange o Direito do Trabalho (inciso I). Nesse sentido, a Lei Complementar 103, de 14 de julho de 2000, autorizou os Estados e o Distrito Federal a instituir o piso sala-

16. De acordo com a Orientação Jurisprudencial 71 da SBDI-II do TST: "Ação rescisória. Salário profissional. Fixação. Múltiplo de salário mínimo. Art. 7.º, IV, da CF/1988. A estipulação do salário profissional em múltiplos do salário mínimo não afronta o art. 7.º, IV, da Constituição Federal de 1988, só incorrendo em vulneração do referido preceito constitucional a fixação de correção automática do salário pelo reajuste do salário mínimo".

17. Súmula 370 do TST: "Médico e engenheiro. Jornada de trabalho. Leis 3.999/1961 e 4.950-A/1966. Tendo em vista que as Leis 3.999/1961 e 4.950-A/1966 não estipulam a jornada reduzida, mas apenas estabelecem o *salário mínimo da categoria* para uma jornada de 4 horas para os médicos e de 6 horas para os engenheiros, não há que se falar em horas extras, salvo as excedentes à oitava, desde que seja respeitado o salário mínimo/horário das categorias".

rial a que se refere o inciso V do art. 7.º da Constituição Federal, ou seja, "piso salarial proporcional à extensão e à complexidade do trabalho".

Trata-se, assim, do *piso salarial estadual*, o qual não se confunde com o salário mínimo, pois este é nacionalmente unificado (inciso IV do art. 7.º da CF/1988). Desse modo, a lei estadual, ao fixar o piso salarial estadual, deve prever valores diferenciados para as diferentes funções ou categorias profissionais, conforme a extensão e a complexidade do respectivo trabalho. De acordo com as previsões da mencionada Lei Complementar 103/2000:

> "Art. 1.º Os Estados e o Distrito Federal ficam autorizados a instituir, mediante lei de iniciativa do Poder Executivo, o piso salarial de que trata o inciso V do art. 7.º da Constituição Federal *para os empregados que não tenham piso salarial definido em lei federal, convenção ou acordo coletivo de trabalho*.
>
> § 1.º A autorização de que trata este artigo *não poderá ser exercida*:
>
> I – no segundo semestre do ano em que se verificar eleição para os cargos de Governador dos Estados e do Distrito Federal e de Deputados Estaduais e Distritais;
>
> II – *em relação à remuneração de servidores públicos municipais*.
>
> § 2.º O piso salarial a que se refere o *caput* poderá ser estendido aos empregados domésticos".

Por sua vez, a respeito do pagamento de piso salarial ou salário mínimo proporcional ao tempo trabalhado, é importante destacar, ainda, a Orientação Jurisprudencial 358 da SBDI-I do TST, que, na atual redação, assim prevê:

> "Salário mínimo e piso salarial proporcional à jornada reduzida. Possibilidade. Empregado. Servidor público. I – Havendo contratação para cumprimento de jornada reduzida, inferior à previsão constitucional de oito horas diárias ou quarenta e quatro semanais, é lícito o pagamento do piso salarial ou do salário mínimo proporcional ao tempo trabalhado. II – Na Administração Pública direta, autárquica e fundacional não é válida remuneração de empregado público inferior ao salário mínimo, ainda que cumpra jornada de trabalho reduzida. Precedentes do Supremo Tribunal Federal"[18].

Como as gorjetas integram a remuneração (Súmula 354 do TST), mas não têm natureza salarial (art. 457 da CLT), pois são pagas pelos clientes, entende-se que o empregado não pode receber apenas gorjetas, tendo direito ao salário mínimo, ao salário profissional, normativo ou ao piso da categoria, a ser pago diretamente pelo empregador[19].

---

18. Cf. ainda: "Agravo regimental no agravo de instrumento. Servidor público. Jornada reduzida. Remuneração inferior a um salário mínimo. Impossibilidade. Precedentes. 1. A Suprema Corte vem se pronunciando no sentido de que a remuneração do servidor público não pode ser inferior a um salário mínimo. Esse entendimento se aplica ao servidor que trabalha em regime de jornada reduzida. 2. Agravo regimental não provido" (STF, 1.ª T., AgR-AI 815.869/PR, Rel. Min. Dias Toffoli, *DJe* 24.11.2014).

19. "Recurso de revista. Gorjetas. Ausência de pagamento de salário. O artigo 457 da CLT define salário como a parte da remuneração que é contraprestacional e é paga diretamente pelo empregador. No conjunto da remuneração, o que excede o seu elemento mais restrito, o salário, é a gorjeta paga por terceiros. O legislador teve a clara intenção de não permitir que a gorjeta, ou seja, a parte da remuneração paga por terceiro, compusesse o salário mínimo. Retirou-lhe, assim, a natureza salarial. Portanto, não pode o empregador deixar de pagar o salário, ainda que as gorjetas recebidas pelo empregado superem o valor do salário mínimo ou do

A Lei 11.738/2008 regulamenta o piso salarial profissional nacional para os profissionais do *magistério público da educação básica* a que se refere a alínea *e* do inciso III do *caput* do art. 60 do Ato das Disposições Constitucionais Transitórias[20].

Na composição da jornada de trabalho, deve-se observar o limite máximo de 2/3 da carga horária para o desempenho das atividades de interação com os educandos (art. 2.º, § 4.º, da Lei 11.738/2008)[21].

A respeito do professor, cf. ainda Capítulo 18, item 18.6.1.

10.10.3 Política salarial em vigor

Os diversos **planos econômicos** já instituídos no Brasil, modificando situações em vigor até então regidas por outras disposições, normalmente trazem discussões jurídicas, como ocorreu quando da conversão de moeda de "cruzeiros" para "cruzados".

Sobre essa questão específica, a Orientação Jurisprudencial 43 da SBDI-I do TST assim estabelece: "Conversão de salários de cruzeiros para cruzados. Decreto-lei 2.284/1986 (nova redação, *DJ* 20.04.2005). A conversão de salários de cruzeiros para cruzados, nos termos do Decreto-lei 2.284/1986, não afronta direito adquirido dos empregados".

A respeito da questão do direito ao reajuste salarial previsto até então, e do advento de novos planos econômicos modificando a situação existente, cabe destacar, ainda, a Súmula 315 do TST, bem como as Orientações Jurisprudenciais 58 e 59 e as Orientações Jurisprudenciais Transitórias 54 e 55, ambas da SBDI-I do TST:

---

salário normativo da categoria. Recurso de revista conhecido e provido" (TST, 6.ª T., RR - 668-35.2011.5.15.0133, Rel. Min. Augusto César Leite de Carvalho, *DEJT* 22.09.2017).

20. "Constitucional. Financeiro. Pacto federativo e repartição de competência. Piso nacional para os professores da educação básica. Conceito de piso: vencimento ou remuneração global. Riscos financeiro e orçamentário. Jornada de trabalho: fixação do tempo mínimo para dedicação a atividades extraclasse em 1/3 da jornada. Arts. 2.º, §§ 1.º e 4.º, 3.º, *caput*, II e III e 8.º, todos da Lei 11.738/2008. Constitucionalidade. Perda parcial de objeto. [...] 2. É constitucional a norma geral federal que fixou o piso salarial dos professores do ensino médio [educação básica] com base no vencimento, e não na remuneração global. Competência da União para dispor sobre normas gerais relativas ao piso de vencimento dos professores da educação básica, de modo a utilizá-lo como mecanismo de fomento ao sistema educacional e de valorização profissional, e não apenas como instrumento de proteção mínima ao trabalhador. 3. É constitucional a norma geral federal que reserva o percentual mínimo de 1/3 da carga horária dos docentes da educação básica para dedicação às atividades extraclasse. Ação direta de inconstitucionalidade julgada improcedente" (STF, Pleno, ADI 4.167/DF, Rel. Min. Joaquim Barbosa, j. 27.04.2011, *DJe* 24.08.2011).

21. "Recurso de embargos. Professor. Carga horária semanal. Não observância da proporcionalidade entre o tempo em sala de aula e as atividades extraclasse. Direito ao adicional de horas extraordinárias. 1. O art. 2.º, § 4.º, da Lei nº 11.738/2008 cuida da jornada de trabalho dos professores do ensino público básico, consoante se depreende da literalidade do dispositivo legal, dos termos da declaração de constitucionalidade proferida pelo STF no julgamento da ADI 4.167/DF, e, ainda, a título complementar, dos próprios debates legislativos que envolveram a matéria. 2. O referido dispositivo legal não conflita com a norma contida no art. 320, *caput*, da CLT, mas apenas inscreve no ordenamento jurídico regra especial para os professores do ensino público básico. 3. Dessa forma, pelo critério da especialidade, prevalece a disposição particularizada que estabelece a distribuição matemática das horas em classe e extraclasse, ainda que estejam ambas englobadas pela remuneração mensal do professor, como preceitua o art. 320, *caput*, da CLT. 4. A consequência jurídica do descumprimento de regra que disciplina a composição interna da jornada de trabalho, quando não extrapolado o limite semanal de duração da jornada, é o pagamento do adicional de 50% para as horas trabalhadas em sala de aula além do limite de 2/3 da jornada. 5. Entendimento aplicável para o trabalho prestado após 27/4/2011, em respeito à modulação dos efeitos da decisão do STF. Recurso de embargos conhecido e desprovido" (TST, Pleno, E-RR - 10314-74.2015.5.15.0086, Rel. Min. Luiz Philippe Vieira de Mello Filho, *DEJT* 16.10.2019).

"315. IPC de março/1990. Lei 8.030, de 12.04.1990 (Plano Collor). Inexistência de direito adquirido. A partir da vigência da Medida Provisória 154, de 15.03.1990, convertida na Lei 8.030, de 12.04.1990, não se aplica o IPC de março de 1990, de 84,32% (oitenta e quatro vírgula trinta e dois por cento), para a correção dos salários, porque o direito ainda não se havia incorporado ao patrimônio jurídico dos trabalhadores, inexistindo ofensa ao inciso XXXVI do art. 5.º da CF/1988".

"54. Plano econômico (Collor). Execução. Correção monetária. Índice de 84,32%. Lei 7.738/1989. Aplicável. Aplica-se o índice de 84,32%, relativo ao IPC de março de 1990, para a correção monetária do débito trabalhista, por ocasião da execução, nos termos da Lei 7.738/1989."

"55. Plano Collor. Servidores celetistas do GDF. Legislação federal. Prevalência. Inexiste direito adquirido às diferenças salariais de 84,32% do IPC de março de 1990 aos servidores celetistas da Administração Direta, Fundações e Autarquias do Distrito Federal."

"58. Plano Bresser. IPC jun./1987. Inexistência de direito adquirido. Inexiste direito adquirido ao IPC de junho de 1987 (Plano Bresser), em face da edição do Decreto-lei 2.335/1987."

"59. Plano Verão. URP de fevereiro de 1989. Inexistência de direito adquirido. Inexiste direito adquirido à URP de fevereiro de 1989 (Plano Verão), em face da edição da Lei 7.730/1989."

A Lei 10.192, de 14 de fevereiro de 2001, que dispõe sobre medidas complementares ao "Plano Real", em seu art. 10, estabelece a seguinte disposição, refletindo a atual política salarial no Brasil:

> "Os salários e as demais condições referentes ao trabalho continuam a ser fixados e revistos, na respectiva data-base anual, por intermédio da livre negociação coletiva".

A negociação coletiva pode se realizar diretamente entre as partes, ou por meio de mediador (art. 11).

As disposições da Lei 10.192/2001 que merecem maior destaque, em tema de política salarial, estão presentes no art. 13, de acordo com o qual:

> "Art. 13. No acordo ou convenção e no dissídio, coletivos, é vedada a estipulação ou fixação de cláusula de reajuste ou correção salarial automática vinculada a índice de preços.
>
> § 1.º Nas revisões salariais na data-base anual, serão deduzidas as antecipações concedidas no período anterior à revisão.
>
> § 2.º Qualquer concessão de aumento salarial a título de produtividade deverá estar amparada em indicadores objetivos".

Confirmando o caráter cogente das normas de política salarial, em conformidade com a Súmula 375 do TST:

> "Reajustes salariais previstos em norma coletiva. Prevalência da legislação de política salarial. Os reajustes salariais previstos em norma coletiva de trabalho não prevalecem frente à legislação superveniente de política salarial".

Destaque-se, ainda, a Orientação Jurisprudencial 100 da SBDI-I do TST:

> "Salário. Reajuste. Entes públicos. (título alterado e inserido dispositivo) – *DJ* 20.04.2005. Os reajustes salariais previstos em legislação federal devem ser observados pelos Estados-membros, suas Autarquias e Fundações Públicas nas relações contratuais trabalhistas que mantiverem com seus empregados".

Da mesma forma, o art. 623 da CLT também considera "nula de pleno direito disposição de Convenção ou Acordo que, direta ou indiretamente, contrarie proibição ou norma disciplinadora da política econômico-financeira do Governo ou concernente à política salarial vigente, não produzindo quaisquer efeitos perante autoridades e repartições públicas, inclusive para fins de revisão de preços e tarifas de mercadorias e serviços".

De todo modo, nem sempre a negociação coletiva consegue solucionar o conflito coletivo envolvendo o aumento ou reajuste salarial.

Assim, frustrada a negociação coletiva (estabelecida diretamente entre as partes ou por mediador), estabelece o art. 11 do mesmo diploma legal ser possível o ajuizamento do dissídio coletivo. Sobre o tema, o art. 114, §§ 1.º, 2.º e 3.º, da Constituição Federal de 1988, sendo os dois últimos parágrafos com redação determinada pela Emenda Constitucional 45/2004, assim preveem:

> "§ 1.º Frustrada a negociação coletiva, as partes poderão eleger árbitros.
>
> § 2.º Recusando-se qualquer das partes à negociação coletiva ou à arbitragem, é facultado às mesmas, de comum acordo, ajuizar dissídio coletivo de natureza econômica, podendo a Justiça do Trabalho decidir o conflito, respeitadas as disposições mínimas legais de proteção ao trabalho, bem como as convencionadas anteriormente.
>
> § 3.º Em caso de greve em atividade essencial, com possibilidade de lesão do interesse público, o Ministério Público do Trabalho poderá ajuizar dissídio coletivo, competindo à Justiça do Trabalho decidir o conflito".

Cf. Capítulo 28, item 28.13.

O art. 12 da Lei 10.192/2001, em seu *caput*, já estabelecia que no ajuizamento do dissídio coletivo, "as partes deverão apresentar, fundamentadamente, suas propostas finais, que serão objeto de conciliação ou deliberação do Tribunal, na sentença normativa".

Estabelecendo critérios para a decisão do dissídio coletivo, o § 1.º do art. 12 assim estabelece:

> "A decisão que puser fim ao dissídio será fundamentada, sob pena de nulidade, deverá traduzir, em seu conjunto, a justa composição do conflito de interesse das partes, e guardar adequação com o interesse da coletividade".

Essa previsão reflete a mesma orientação que já era prevista no art. 766 da CLT, no sentido de que: "Nos dissídios sobre estipulação de salários, serão estabelecidas condições que, assegurando justos salários aos trabalhadores, permitam também justa retribuição às empresas interessadas".

Trata-se de disposição autorizando o uso da equidade na decisão do conflito coletivo salarial.

A respeito dos vencimentos (remuneração e subsídio) dos servidores públicos, o Supremo Tribunal Federal fixou a seguinte tese de repercussão geral: "O não encaminhamento de projeto de lei de revisão anual dos vencimentos dos servidores públicos, previsto no inciso X do art. 37 da CF/1988, não gera direito subjetivo a indenização. Deve o Poder Executivo, no entanto, se pronunciar, de forma fundamentada, acerca das razões pelas quais não propôs a revisão" (STF, Pleno, RE 565.089/SP, Red. p/ ac. Ministro Roberto Barroso, j. 25.09.2019).

Conforme a Súmula Vinculante 37 do STF: "Não cabe ao Poder Judiciário, que não tem função legislativa, aumentar vencimentos de servidores públicos sob o fundamento de isonomia".

Capítulo **11**

ALTERAÇÕES NO CONTRATO DE TRABALHO

11.1 INTRODUÇÃO

O contrato de trabalho, por representar uma relação jurídica de **trato sucessivo**, pode sofrer alterações nas condições avençadas durante a sua execução, desde que presentes certos requisitos de validade.

Como já estudado, um dos princípios inerentes ao Direito do Trabalho é o *princípio da condição mais benéfica*, inserido no âmbito mais amplo do princípio da proteção.

Em razão disso, em regra, há proibição de alteração das condições de trabalho de forma prejudicial ao empregado.

11.2 REQUISITOS

Para que a alteração da condição de trabalho seja **válida**, são necessários dois requisitos:

- que haja mútuo *consentimento*; e
- que *não acarrete prejuízo* ao empregado.

De acordo com a importante disposição do art. 468, *caput*, da CLT:

> "Nos contratos individuais de trabalho só é lícita a alteração das respectivas condições por mútuo consentimento, e ainda assim desde que não resultem, direta ou indiretamente, prejuízos ao empregado, sob pena de nulidade da cláusula infringente desta garantia".

Ambos os requisitos devem estar presentes; se um deles estiver ausente, a alteração contratual é considerada nula de pleno direito.

O prejuízo pode ser *direto*, como ocorre na diminuição do salário, ou *indireto*, quando, *v.g.*, impõe-se a redução do horário de trabalho do empregado que recebe por hora trabalhada.

Desse modo, especificamente quanto ao regulamento de empresa, como explicita a Súmula 51 do TST: "Norma regulamentar. Vantagens e opção pelo novo regulamento. Art. 468 da CLT. I – *As cláusulas regulamentares, que revoguem ou alterem vantagens deferidas anteriormente, só atingirão os trabalhadores admitidos após a revogação ou alteração do regulamento.* II – Havendo a coexistência de dois regulamentos da empresa, a opção do empregado por um deles tem efeito jurídico de renúncia às regras do sistema do outro" (destaquei).

O rebaixamento de função do empregado, salvo a hipótese de reversão ao cargo efetivo (art. 468, § 1.º, da CLT), por ser prejudicial ao empregado, é considerado nulo de pleno direito.

O rebaixamento não pode ser utilizado pelo empregador, ainda, como forma de punição do empregado. Aliás, parte da doutrina entende que o termo *rebaixamento* significa, especificamente, "o retorno, determinado com intuito punitivo, ao cargo efetivo anterior, mais baixo, após estar o obreiro ocupando cargo efetivo mais alto"[1].

Nesse entendimento, a *retrocessão* "é o retorno ao cargo efetivo anterior, sem se estar ocupando cargo de confiança (retorna-se de um cargo efetivo mais alto para cargo efetivo mais baixo)", porém não havendo o intuito punitivo do empregador[2].

Ambas as hipóteses, por retratarem alterações funcionais evidentemente lesivas e não autorizadas pela lei, são manifestamente inválidas em nosso sistema jurídico.

Havendo justificado motivo, defende-se que o empregado pode se recusar a ser promovido, por exemplo, quando pode sofrer prejuízo, mesmo que indireto, em razão da referida alteração funcional, por não ter os conhecimentos técnicos necessários para desempenhar a função mais elevada. Mesmo que a função a ser promovido o empregado encontre-se prevista no regulamento de empresa, desde a contratação, ou tenha sido estabelecida a sua possibilidade futura, quando da avença do contrato de trabalho, este aspecto apenas está indicando a presença de consentimento quanto à possibilidade futura de haver a promoção, não representando a aceitação do empregado quanto a esta, uma vez que é permitida a recusa no momento de ser promovido, por fundado motivo de prejuízo.

No entanto, se o empregado concordou com a promoção (ainda que tacitamente, mesmo na admissão, sabendo-se que as previsões contidas no regulamento de empresa passam a integrar o contrato de trabalho), e esta não oferece qualquer prejuízo (direto ou indireto), presentes os requisitos do art. 468 da CLT, a promoção deve ser considerada lícita. Nesse caso, a recusa à promoção pode fazer o empregado incidir na justa causa prevista no art. 482, *h*, da CLT.

11.3 *JUS VARIANDI*

O *jus variandi* decorre do poder de direção do empregador.

Assim, o titular do *jus variandi* é o empregador, que o exerce em face do empregado, unilateralmente, ao estabelecer certas modificações quanto à prestação do serviço[3]. Havendo o abuso no seu exercício, o empregado pode se opor, valendo-se do direito de resistência.

Parte da doutrina indica duas modalidades de *jus variandi*, classificando-o em:

- *jus variandi* ordinário;
- *jus variandi* extraordinário.

O *jus variandi* ordinário autoriza pequenas modificações circunstanciais quanto ao exercício da prestação do trabalho, sem representar efetivo prejuízo ao empregado, ainda

1. DELGADO, Mauricio Godinho. *Curso de direito do trabalho*. 4. ed. São Paulo: LTr, 2005. p. 1.017.
2. Cf. DELGADO, Mauricio Godinho. *Curso de direito do trabalho*. 4. ed. São Paulo: LTr, 2005. p. 1.016.
3. Cf. ENGEL, Ricardo José. *O "jus variandi" no contrato individual de trabalho*. São Paulo: LTr, 2003. p. 104-106.

que se possa vislumbrar eventual discordância deste ou pequena inconveniência para o trabalhador (exemplos: alteração no horário de entrada, por exemplo, das 9h00 para as 8h30; a mudança no horário de saída, passando das 18h00 para as 18h30, para melhor atendimento dos clientes; passar a se exigir que os empregados trabalhem com uniforme; mudança do maquinário da empresa, em razão dos aperfeiçoamentos tecnológicos).

Correndo o empregador o risco de sua atividade, concede-se o poder de organizar o empreendimento, o que reflete no direito de alterar certos aspectos envolvendo o trabalho prestado, sem alterar significativamente o contrato de trabalho.

O *jus variandi* extraordinário autoriza, excepcionalmente, determinadas modificações em certas condições de trabalho de maior relevância, o que também encontra fundamento no poder diretivo do empregador[4].

Por se tratar de exceção à regra que prevê a não modificação unilateral das condições de trabalho (art. 468, *caput*, da CLT), só pode ser exercida dentro de limites estabelecidos, em hipóteses assim autorizadas pelo sistema jurídico.

Nesse sentido, cabe destacar o próprio § 1.º do art. 468 da CLT, ao estabelecer que: "Não se considera alteração unilateral a determinação do empregador para que o respectivo empregado reverta ao cargo efetivo, anteriormente ocupado, deixando o exercício de função de confiança".

O *jus variandi* extraordinário, portanto, pode até acarretar prejuízo ao empregado; por isso, exige-se o seu exercício nos estritos limites legais, e somente em hipóteses bem específicas, autorizadas pelo sistema jurídico.

A alteração de que trata o § 1.º do art. 468 da CLT, ou seja, a *reversão* do empregado que exercia função de confiança ao cargo efetivo, *com ou sem justo motivo*, não assegura ao empregado o direito à manutenção do pagamento da gratificação correspondente, que não será incorporada, independentemente do tempo de exercício da respectiva função (art. 468, § 2.º, da CLT, acrescentado pela Lei 13.467/2017).

Por se tratar de parcela devida em razão de certa condição, o seu pagamento não é mais devido quando o fato gerador deixa de existir, o que em tese afasta a incidência, no caso específico, do princípio da irredutibilidade salarial.

Como se pode notar, ficou superada a Súmula 372, inciso I, do TST, com a seguinte redação:

> "Gratificação de função. Supressão ou redução. Limites. I – Percebida a gratificação de função por dez ou mais anos pelo empregado, se o empregador, sem justo motivo, revertê-lo a seu cargo efetivo, não poderá retirar-lhe a gratificação tendo em vista o princípio da estabilidade financeira. II – Mantido o empregado no exercício da função comissionada, não pode o empregador reduzir o valor da gratificação".

O inciso II da Súmula 372 do TST é aplicação da regra prevista no art. 468, *caput*, da CLT, ao vedar a alteração unilateral, prejudicial ao empregado. Por isso, obviamente, se o empregado permanece exercendo a função comissionada, não se pode reduzir o valor da gratificação respectiva, pois além de acarretar a redução salarial (art. 7.º, inciso VI, da CF/1988), a medida seria manifestamente prejudicial ao empregado.

Outra hipótese de exercício do *jus variandi* (extraordinário) encontra-se prevista na Súmula 265 do TST, sobre modificação do turno de trabalho:

4. Cf. GONÇALVES, Simone Cruxên. *Limites do "jus variandi" do empregador*. São Paulo: LTr, 1997. p. 61.

"Adicional noturno. Alteração de turno de trabalho. Possibilidade de supressão. A transferência para o período diurno de trabalho implica a perda do direito ao adicional noturno".

Justifica-se o referido entendimento, tendo em vista que o trabalho no horário noturno é até mesmo prejudicial à saúde do empregado, autorizando que o empregador, ao exercer o *jus variandi*, fundado no poder de organização do empreendimento, estabeleça a referida mudança. Mesmo assim, não se admite a mencionada alteração no turno de trabalho por motivo de perseguição contra o empregado, ou mesmo tratamento discriminatório.

Nas hipóteses de abuso no exercício do direito pelo empregador, o empregado pode exercer o direito de resistência, requerendo a invalidação do ato abusivo, ou mesmo eventual dispensa indireta, inclusive com possíveis reparações de ordem moral e material.

Ainda a respeito de alterações em matéria de jornada de trabalho, cabe destacar a Orientação Jurisprudencial 308 da SBDI-I do TST, que assim dispõe:

"Jornada de trabalho. Alteração. Retorno à jornada inicialmente contratada. Servidor público. O retorno do servidor público (administração direta, autárquica e fundacional) à jornada inicialmente contratada não se insere nas vedações do art. 468 da CLT, sendo a sua jornada definida em lei e no contrato de trabalho firmado entre as partes".

Modificações quanto ao local de prestação dos serviços também podem ser estabelecidas pelo empregador, como será estudado no tópico da transferência do empregado.

Frise-se ainda que, nos termos da Orientação Jurisprudencial 244 da SBDI-I do TST: "Professor. Redução da carga horária. Possibilidade. A redução da carga horária do professor, em virtude da diminuição do número de alunos, não constitui alteração contratual, uma vez que não implica redução do valor da hora-aula".

De acordo com a Orientação Jurisprudencial 159 da Subseção I de Dissídios Individuais do Tribunal Superior do Trabalho:

"Data de pagamento. Salários. Alteração. Diante da inexistência de previsão expressa em contrato ou em instrumento normativo, a alteração de data de pagamento pelo empregador não viola o art. 468, desde que observado o parágrafo único, do art. 459, ambos da CLT".

11.4 TRANSFERÊNCIA DO EMPREGADO

A modificação do local da prestação de serviços é regida pelo art. 469 da CLT.

De acordo com o *caput* do art. 469 da CLT, não se considera transferência "a que não acarretar necessariamente a mudança do seu domicílio".

A contrario sensu, a transferência do empregado ocorre quando este passa a prestar serviços em local diverso, acarretando mudança de seu domicílio.

Parte da doutrina entende que o termo domicílio, no referido dispositivo da CLT, encontra-se empregado com o sentido de residência. Como se sabe, o domicílio é o local do centro de atividades da pessoa, ou seja, o lugar onde a pessoa natural estabelece a sua residência "com ânimo definitivo" (art. 70 do Código Civil de 2002).

Na verdade, a disposição mencionada orienta-se mais pela circunstância de fato da questão, ou seja, referindo-se ao local de moradia do empregado. Havendo a necessária modificação do lugar em que o trabalhador habita, reside, verifica-se a transferência para fins trabalhistas.

Por isso, não há a necessidade de preenchimento de outros requisitos técnico-jurídicos, de ordem formal, previstos no Direito Civil, para se reconhecer a transferência para fins trabalhistas.

De acordo com o art. 469, *caput*, da CLT:

> "Ao empregador é vedado transferir o empregado, sem a sua anuência, para localidade diversa da que resultar do contrato, não se considerando transferência a que não acarretar necessariamente a mudança do seu domicílio".

Portanto, proíbe-se, em princípio, a alteração unilateral do local da prestação do serviço que acarreta a necessária mudança de domicílio do empregado. Exige-se, no caso, a anuência do empregado, ou seja, a sua efetiva concordância, em manifestação hígida (sem vícios) de vontade.

Essa regra geral, no entanto, sofre algumas exceções, previstas nos parágrafos do art. 469 da CLT.

Ocorrendo transferência ilícita, ou havendo ameaça de sua ocorrência, o empregado pode pleitear a medida liminar prevista no art. 659, inciso IX, da CLT, acrescentado pela Lei 6.203/1975, autorizando o juiz do trabalho a: "conceder medida liminar, até decisão final do processo em reclamações trabalhistas que visem tornar sem efeito transferência disciplinada pelos parágrafos do art. 469 desta Consolidação".

O § 1.º do art. 469 da CLT apresenta a primeira hipótese em que se autoriza a transferência do empregado:

> "Não estão compreendidos na proibição deste artigo: os empregados que exerçam cargos de confiança e aqueles cujos contratos tenham como condição, implícita ou explícita, a transferência, quando esta decorra de real necessidade de serviço".

O cargo de confiança, no caso, é o mesmo mencionado no § 1.º do art. 468 da CLT, significando uma fidúcia depositada a certo empregado, para o desempenho de atribuições especiais, como que representando o empregador.

Discute-se se a parte final do § 1.º do art. 469 da CLT, que exige decorrer a transferência de "real necessidade de serviço", aplica-se, ou não, também à referida hipótese inicial do mesmo dispositivo (cargo de confiança).

Embora exista o entendimento de que, na redação em vigor, determinada pela Lei 6.203/1975, a "real necessidade de serviço" só se aplica para a segunda hipótese prevista no § 1.º do art. 469 (contratos que tenham como condição, implícita ou explícita, a transferência), de acordo com a Súmula 43 do TST:

> "Presume-se abusiva a transferência de que trata o § 1.º do art. 469 da CLT, sem comprovação da necessidade do serviço" (RA 41/1973).

Seguindo-se a orientação da referida jurisprudência, exige-se a "necessidade de serviço" para todo o referido § 1.º, o que significa alcançar as duas situações, ou seja, não só a de previsão de transferência no contrato, como também a de cargo de confiança.

Se o contrato de trabalho prevê, de forma explícita ou implícita, a transferência do empregado, esta também é autorizada, desde que decorra de real necessidade de serviço. A condição é explícita quando a possibilidade de transferência é expressamente inserida como cláusula do contrato de trabalho; e implícita quando decorra da própria natureza das funções desempenhadas ou das circunstâncias naturais em que o serviço é prestado, como ocorre com vendedores, aeronautas e aeroviários.

O § 2.º do art. 469 da CLT apresenta outra hipótese em que se autoriza a transferência do empregado:

> "É lícita a transferência quando ocorrer extinção do estabelecimento em que trabalhar o empregado".

O estabelecimento deve ser entendido como "todo complexo de bens organizado, para exercício da empresa, por empresário, ou por sociedade empresária" (art. 1.142 do Código Civil de 2002). Trata-se de universalidade de fato, composta de bens materiais e bens imateriais.

No caso, se ocorrer a extinção da unidade empresarial, referente ao estabelecimento, em que o empregado está prestando serviço, a transferência passa a ser autorizada, tratando-se de hipótese que justifica excepcionar a regra do *caput* do art. 469 da CLT.

Por fim, de acordo com o § 3.º do art. 469 da CLT:

> "Em caso de necessidade de serviço o empregador poderá transferir o empregado para localidade diversa da que resultar do contrato, não obstante as restrições do artigo anterior, mas, nesse caso, ficará obrigado a um pagamento suplementar, nunca inferior a 25% (vinte e cinco por cento) dos salários que o empregado percebia naquela localidade, enquanto durar essa situação".

A referida disposição versa sobre a transferência provisória, tendo em vista a expressão final, "enquanto durar essa situação". Referida transferência também exige a "necessidade de serviço", para que o empregador, unilateralmente, a determine ao empregado. Além disso, nesse caso de transferência provisória, o empregador fica obrigado a pagar o adicional de 25%, no mínimo, sobre o salário que o empregado recebia na localidade anterior à transferência. Por ser uma transferência de natureza provisória, o respectivo adicional só é pago enquanto ela durar, não se incorporando ao salário do empregado.

De acordo com a Orientação Jurisprudencial 113 da SBDI-I do TST:

> "Adicional de transferência. Cargo de confiança ou previsão contratual de transferência. Devido. Desde que a transferência seja provisória. O fato de o empregado exercer cargo de confiança ou a existência de previsão de transferência no contrato de trabalho não exclui o direito ao adicional. O pressuposto legal apto a legitimar a percepção do mencionado adicional é a transferência provisória".

O adicional em questão somente é devido no caso de efetiva transferência, pois, como já mencionado, deve acarretar necessariamente "mudança de domicílio".

Além disso, se o próprio empregado solicitou a sua transferência, ou com ela concordou, por ser de seu interesse, não se trata de transferência unilateral, imposta pelo empregador (*caput* do art. 469 da CLT), tornando indevido o adicional em questão.

Prevalece na jurisprudência o entendimento de que, na análise da transitoriedade, deve-se verificar a duração e a quantidade de transferências sucessivas no curso do contrato de trabalho, considerando o período de duração deste. Cf. TST, SBDI-I, E-RR-536-14.2012.5.09.0002, Rel. Min. Cláudio Mascarenhas Brandão, *DEJT* 15.10.2021.

O art. 470 da CLT estabelece que: "As despesas resultantes da transferência correrão por conta do empregador".

Trata-se de modalidade específica de ajuda de custo, em razão de transferência do empregado (art. 469 da CLT), sem natureza salarial, mas sim indenizatória, conforme o art. 457, § 2.º, da CLT.

Se o empregado for transferido, novamente, ou para lugar diferente, ou mesmo para o local de origem, tendo em vista tratar-se de nova transferência, incidirá mais uma vez a regra do art. 470 da CLT, correndo as respectivas despesas por conta do empregador.

No entanto, discute-se como ficam tais despesas na hipótese em que o empregado, tendo sido transferido, tem o vínculo de emprego cessado no novo local, querendo ou necessitando retornar ao local de origem. O art. 470 da CLT não assegura o direito de ser o empregado reembolsado de tais despesas de regresso para local de origem após ruptura contratual, nem impõe ao empregador o seu pagamento. Evidentemente, havendo previsão específica, mais benéfica, deve ser aplicada. No entanto, em regra, as despesas de retorno, quando já cessado o vínculo laboral, não correm por conta do empregador.

De acordo com a Súmula 29 do TST, o empregado "transferido, por ato unilateral do empregador, para local mais distante de sua residência, tem direito a suplemento salarial correspondente ao acréscimo da despesa de transporte". Cabe destacar que, na realidade, essa hipótese não revela uma verdadeira transferência, justamente em razão da ausência de mudança de domicílio do empregado. A rigor, o acréscimo na referida despesa de transporte para o trabalho deve repercutir, mas no vale-transporte, a ser concedido pelo empregador, devendo o empregado efetuar a respectiva atualização de informação a respeito (art. 112, § 1.º, do Decreto 10.854/2021).

11.4.1 Transferência ao exterior

Anteriormente, a Lei 7.064, de 6 de dezembro de 1982, regulava a situação de "trabalhadores contratados no Brasil, ou transferidos por empresas prestadoras de serviços de engenharia, inclusive consultoria, projetos e obras, montagens, gerenciamento e congêneres, para prestar serviços no exterior" (art. 1.º). Na atualidade, a Lei 11.962, de 3 de julho de 2009 (*DOU* de 06.07.2009) alterou o art. 1.º da Lei 7.064/1982, passando a dispor que este diploma legal "regula a situação de trabalhadores contratados no Brasil ou transferidos por seus empregadores para prestar serviço no exterior".

Fica excluído do regime da referida lei o empregado designado para prestar serviços de natureza transitória, por período não superior a 90 (noventa) dias, desde que: a) tenha ciência expressa dessa transitoriedade; b) receba, além da passagem de ida e volta, diárias durante o período de trabalho no exterior, as quais, seja qual for o respectivo valor, não terão natureza salarial (parágrafo único do art. 1.º).

De acordo com o art. 2.º do mesmo diploma legal, considera-se transferido:

- o empregado removido para o exterior, cujo contrato estava sendo executado no território brasileiro;
- o empregado cedido a empresa sediada no estrangeiro, para trabalhar no exterior, desde que mantido o vínculo trabalhista com o empregador brasileiro;
- o empregado contratado por empresa sediada no Brasil para trabalhar a seu serviço no exterior.

No presente, a Lei 7.064/1982 passou a disciplinar, de forma geral, os casos em que o trabalhador é contratado no Brasil ou transferido por seu empregador, para laborar no exterior, não mais se restringindo às empresas de engenharia, consultoria, projetos e obras, montagens, gerenciamento e congêneres.

Quanto ao tema pertinente à lei a ser aplicada ao empregado que presta serviços no exterior, a Súmula 207 do TST, *atualmente cancelada*, com base no Código de Bustamante[5], ratificado pelo Brasil e promulgado pelo Decreto 18.871/1929, assim estabelecia:

> "Conflitos de leis trabalhistas no espaço. Princípio da *lex loci executionis*. A relação jurídica trabalhista é regida pelas leis vigentes no país da prestação de serviço e não por aquelas do local da contratação".

Na atualidade, com a mencionada Lei 11.962/2009, a Lei 7.064/1982 passou a regular a situação de trabalhadores contratados no Brasil ou transferidos por seus empregadores para prestar serviço no exterior.

A respeito do tema, pode-se destacar o seguinte julgado:

> "Recurso de revista – Empregado contratado no Brasil e transferido para prestar serviços no exterior. Aplicação da norma mais favorável. A Súmula 207 do TST, atenta ao princípio da territorialidade, dispõe que a relação jurídica trabalhista é regida pelas leis vigentes no país da prestação de serviço e não por aquelas do local da contratação. Exceção a essa regra se dá, contudo, conforme a atual, notória e iterativa jurisprudência desta Corte, no caso do empregado contratado no Brasil e posteriormente transferido para prestar serviços no exterior, caso em que se aplica, ao invés daquele, o princípio da norma mais favorável, nos termos do art. 3.º, II, da Lei 7.064, de 06 de dezembro de 1982. Precedentes. Recurso de Revista não conhecido" (TST, 8.ª T., RR 108600-78.2007.5.05.0011, Rel. Min. Márcio Eurico Vitral Amaro, *DEJT* 13.04.2012).

Essa alteração na Lei 7.064/1982, certamente, acabou acarretando o cancelamento da Súmula 207 do TST[6], conforme decisão do Tribunal Pleno de 16 de abril de 2012 (*Diário Eletrônico da Justiça do Trabalho* de 20.04.2012).

Portanto, na hipótese de transferência do empregado ao exterior, prevista na Lei 7.064/1982, o seu art. 3.º assim prevê:

> "Art. 3.º A empresa responsável pelo contrato de trabalho do empregado transferido assegurar-lhe-á, independentemente da observância da legislação do local da execução dos serviços:
>
> I – os direitos previstos nesta Lei;
>
> II – a aplicação da legislação brasileira de proteção ao trabalho, naquilo que não for incompatível com o disposto nesta Lei, quando mais favorável do que a legislação territorial, no conjunto de normas e em relação a cada matéria.
>
> Parágrafo único. Respeitadas as disposições especiais desta Lei, aplicar-se-á a legislação brasileira sobre Previdência Social, Fundo de Garantia do Tempo de Serviço – FGTS e Programa de Integração Social – PIS/PASEP".

5. "Art. 198. Também é territorial a legislação sobre acidentes do trabalho e proteção social do trabalhador".

6. Cf. DELGADO, Mauricio Godinho. *Curso de direito do trabalho*. 11. ed. São Paulo: LTr, 2012. p. 241, nota 25: "Note-se que a partir da vigência da nova redação do art. 1.º da Lei n. 7.064 (isto é, desde 06.07.2009, data da publicação da Lei 11.962), o critério normativo da Súmula 207 (territorialidade) perde relevância no Direito brasileiro – respeitado, é claro, o efeito meramente imediato (e não retroativo) da lei nova (art. 5.º, XXXV, CF/1988)".

Essa previsão assegura a aplicação da norma mais benéfica ao empregado, o que deve ser verificado em relação a cada matéria.

Da mesma forma, de acordo com a Orientação Jurisprudencial 232 da SBDI-I do TST:

> "O FGTS incide sobre todas as parcelas de natureza salarial pagas ao empregado em virtude de prestação de serviços no exterior".

Além disso, em transferências ao exterior, mas de natureza extremamente provisória (como aquelas mencionadas no parágrafo único do art. 1.º da Lei 7.064/1982), pode-se entender que o empregado permanece sendo regido pela lei do local nuclear do contrato de trabalho. Parte da doutrina admite que as partes convencionem a lei que irá reger a relação de emprego, durante a prestação do serviço no exterior, desde que seja mais benéfica ao empregado.

Mediante ajuste escrito, empregador e empregado devem fixar os valores do salário-base e do adicional de transferência (art. 4.º). O salário-base assim ajustado fica sujeito aos reajustes e aumentos compulsórios previstos na legislação brasileira. O valor do salário-base não pode ser inferior ao mínimo estabelecido para a categoria profissional do empregado. Os reajustes e aumentos compulsórios devem incidir exclusivamente sobre os valores ajustados em moeda nacional.

O salário-base do contrato deve ser obrigatoriamente estipulado em moeda nacional, mas a remuneração devida durante a transferência do empregado, computado o referido adicional de transferência, pode, no todo ou em parte, ser paga no exterior, em moeda estrangeira (art. 5.º). Por opção escrita do empregado, a parcela da remuneração a ser paga em moeda nacional pode ser depositada em conta bancária. Assegura-se ao empregado, enquanto estiver prestando serviços no exterior, a conversão e a remessa dos correspondentes valores para o local de trabalho.

Após dois anos de permanência no exterior, faculta-se ao empregado gozar anualmente férias no Brasil, correndo por conta da empresa empregadora, ou para a qual tenha sido cedido, o custeio da viagem (art. 6.º). O custeio em questão se estende ao cônjuge e aos demais dependentes do empregado com ele residentes. A referida previsão, entretanto, não se aplica ao caso de retorno definitivo do empregado antes da época do gozo das férias.

O retorno do empregado ao Brasil pode ser determinado pela empresa quando: I – não se tornar mais necessário ou conveniente o serviço do empregado no exterior; II – der o empregado justa causa para a rescisão do contrato (art. 7.º).

Fica assegurado ao empregado seu retorno ao Brasil, ao término do prazo da transferência ou, antes deste, na ocorrência das seguintes hipóteses: a) após três anos de trabalho contínuo; b) para atender à necessidade grave de natureza familiar, devidamente comprovada; c) por motivo de saúde, conforme recomendação constante de laudo médico; d) quando der o empregador justa causa para a rescisão do contrato; e) na hipótese prevista no art. 7.º, inciso I.

Cabe à empresa o custeio do retorno do empregado (art. 8.º). No entanto, quando o retorno se verificar por iniciativa do empregado ou quando der justa causa para rescisão do contrato, ficará ele obrigado ao reembolso das respectivas despesas, ressalvados os casos previstos no parágrafo único do artigo anterior (art. 8.º, parágrafo único).

O período de duração da transferência deve ser computado no tempo de serviço do empregado para todos os efeitos da legislação brasileira, ainda que a lei local de prestação do serviço considere essa prestação como resultante de um contrato autônomo e determine a liquidação dos direitos oriundos da respectiva cessação (art. 9.º).

Cabe esclarecer ainda que o adicional de transferência, as prestações *in natura*, bem como quaisquer outras vantagens a que fizer jus o empregado em função de sua permanência no exterior, não são mais devidas após seu retorno ao Brasil (art. 10).

Capítulo **12**

SUSPENSÃO E INTERRUPÇÃO DO CONTRATO DE TRABALHO

12.1 INTRODUÇÃO

No curso do contrato de trabalho, este pode sofrer certos eventos, que signifiquem a ausência de prestação de serviços, mas sem acarretar a cessação do vínculo de emprego. São as hipóteses de *suspensão* e *interrupção* do contrato de trabalho, conforme terminologia indicada no Capítulo IV, do Título IV, da Consolidação das Leis do Trabalho.

Na realidade, o que fica suspenso não é o contrato de emprego em si (que permanece em vigor), mas sim os seus **efeitos** principais, especialmente quanto à prestação do trabalho[1].

12.2 DISTINÇÃO E CONCEITO

A suspensão e a interrupção do contrato de trabalho apresentam como elemento comum o fato de se suspender a prestação dos serviços pelo empregado (**ausência de trabalho**). Em ambos os casos, a execução do contrato de trabalho fica paralisada, mas de forma temporária, ou seja, não definitiva, não ocorrendo o término da relação jurídica de emprego.

No entanto, em termos conceituais e teóricos, a suspensão distingue-se da interrupção:

- na *suspensão*: não são devidos salários, nem há o cômputo do período de paralisação no tempo de serviço do empregado (cessação temporária e total da execução e dos efeitos principais do contrato de trabalho);
- na *interrupção*: os salários são devidos, e o respectivo período é considerado como tempo de serviço (cessação temporária e parcial da execução e dos efeitos principais do contrato de trabalho).

12.3 HIPÓTESES

Ao se analisar os diversos casos em que cessa temporariamente o dever de prestar serviços, observam-se hipóteses de fácil subsunção em uma das modalidades acima estudadas, e outras que apresentam certos elementos de ambas, dificultando a classificação como suspensão ou interrupção do contrato de trabalho.

Vejamos, assim, os principais casos pertinentes à matéria em questão.

1. Cf. MARTINS, Sergio Pinto. *Direito do trabalho*. 28. ed. São Paulo: Atlas, 2012. p. 348-349.

12.3.1 Aborto

Ocorrendo "aborto não criminoso", comprovado por atestado médico, de acordo com o art. 395 da CLT, a mulher terá um repouso remunerado de duas semanas, ficando-lhe assegurado o direito de retornar à função que ocupava antes de seu afastamento.

De acordo com o art. 93, § 5.º, do Decreto 3.048/1999 (Regulamento da Previdência Social), com redação determinada pelo Decreto 3.668/2000: "Em caso de aborto não criminoso, comprovado mediante atestado médico, a segurada terá direito ao salário-maternidade correspondente a duas semanas".

Na mesma linha, o art. 131, inciso II, da CLT, na redação determinada pela Lei 8.921/1994, estabelece não se considerar falta ao serviço, para efeito de aquisição do direito a férias, a ausência durante o "licenciamento compulsório da empregada por motivo de maternidade ou aborto, observados os requisitos para percepção do salário-maternidade custeado pela Previdência Social". A interpretação lógico-sistemática desse dispositivo indica estar se tratando apenas do aborto não criminoso, hipótese em que o salário-maternidade é devido.

Por se tratar de período sem prestação de trabalho, mas devidamente remunerado (ainda que, atualmente, isso se verifique pelo recebimento do salário-maternidade, de natureza previdenciária), tem-se hipótese de interrupção do contrato de trabalho.

Já quanto ao aborto criminoso, ou seja, ilegal, interpretando-se as disposições destacadas *a contrario sensu*, conclui-se pela ausência do direito a salários referentes a eventual período de faltas no trabalho. Assim, eventual ausência de prestação de serviço, decorrente de aborto criminoso praticado, pode configurar mera suspensão do contrato de trabalho.

12.3.2 Acidente do trabalho

Acidente do trabalho, de acordo com a definição do art. 19 da Lei 8.213/1991, é o que ocorre pelo exercício do trabalho a serviço da empresa ou de empregador doméstico ou pelo exercício do trabalho dos segurados especiais, "provocando lesão corporal ou perturbação funcional que cause a morte ou a perda ou redução, permanente ou temporária, da capacidade para o trabalho".

Além disso, conforme o art. 20 do mesmo diploma legal, consideram-se acidente do trabalho as seguintes entidades mórbidas:

> I – **doença profissional**, assim entendida a produzida ou desencadeada pelo exercício do trabalho peculiar a determinada atividade e constante da respectiva relação elaborada pelo Ministério do Trabalho e da Previdência Social;
>
> II – **doença do trabalho**, assim entendida a adquirida ou desencadeada em função de condições especiais em que o trabalho é realizado e com ele se relacione diretamente, constante da relação mencionada no inciso I.

O § 1.º do art. 20 esclarece que não são consideradas como doença do trabalho:

> a) a doença degenerativa;
>
> b) a inerente a grupo etário;
>
> c) a que não produza incapacidade laborativa;
>
> d) a doença endêmica adquirida por segurado habitante de região em que ela se desenvolva, salvo comprovação de que é resultante de exposição ou contato direto determinado pela natureza do trabalho.

Em caso excepcional, constatando-se que a doença não incluída na relação prevista nos incisos I e II do art. 20 resultou das condições especiais em que o trabalho é executado e com ele se relaciona diretamente, a Previdência Social deve considerá-la acidente do trabalho (§ 2.º).

Equiparam-se também ao acidente do trabalho (art. 21 da Lei 8.213/1991):

> "I – o acidente ligado ao trabalho que, embora não tenha sido a causa única, haja contribuído diretamente para a morte do segurado, para redução ou perda da sua capacidade para o trabalho, ou produzido lesão que exija atenção médica para a sua recuperação;
>
> II – o acidente sofrido pelo segurado no local e no horário do trabalho, em consequência de:
>
> a) ato de agressão, sabotagem ou terrorismo praticado por terceiro ou companheiro de trabalho;
>
> b) ofensa física intencional, inclusive de terceiro, por motivo de disputa relacionada ao trabalho;
>
> c) ato de imprudência, de negligência ou de imperícia de terceiro ou de companheiro de trabalho;
>
> d) ato de pessoa privada do uso da razão;
>
> e) desabamento, inundação, incêndio e outros casos fortuitos ou decorrentes de força maior.
>
> III – a doença proveniente de contaminação acidental do empregado no exercício de sua atividade;
>
> IV – o acidente sofrido pelo segurado ainda que fora do local e horário de trabalho:
>
> a) na execução de ordem ou na realização de serviço sob a autoridade da empresa;
>
> b) na prestação espontânea de qualquer serviço à empresa para lhe evitar prejuízo ou proporcionar proveito;
>
> c) em viagem a serviço da empresa, inclusive para estudo quando financiada por esta dentro de seus planos para melhor capacitação da mão de obra, independentemente do meio de locomoção utilizado, inclusive veículo de propriedade do segurado;
>
> d) no percurso da residência para o local de trabalho ou deste para aquela, qualquer que seja o meio de locomoção, inclusive veículo de propriedade do segurado".

Nos períodos destinados a refeição ou descanso, ou por ocasião da satisfação de outras necessidades fisiológicas, no local do trabalho ou durante este, o empregado é considerado no exercício do trabalho (§ 1.º do art. 21 da Lei 8.213/1991).

Não é considerada agravação ou complicação de acidente do trabalho a lesão que, resultante de acidente de outra origem, se associe ou se superponha às consequências do anterior (§ 2.º do art. 21 da Lei 8.213/1991).

A Lei 11.430, de 26 de dezembro de 2006, instituindo o **Nexo Técnico Epidemiológico** (NTE), acrescentou à Lei 8.213/1991 a seguinte previsão, com a atual redação dada pela Lei Complementar 150/2015, de grande importância na caracterização da natureza ocupacional do agravo:

> "Art. 21-A. A perícia médica do Instituto Nacional do Seguro Social (INSS) considerará caracterizada a natureza acidentária da incapacidade quando constatar ocorrência de nexo técnico epidemiológico entre o trabalho e o agravo, decorrente da relação entre a atividade da empresa ou do empregado doméstico e a entidade mórbida motivadora da incapacidade

elencada na Classificação Internacional de Doenças (CID), em conformidade com o que dispuser o regulamento.

§ 1.º A perícia médica do INSS deixará de aplicar o disposto neste artigo quando demonstrada a inexistência do nexo de que trata o *caput* deste artigo.

§ 2.º A empresa ou o empregador doméstico poderão requerer a não aplicação do nexo técnico epidemiológico, de cuja decisão caberá recurso, com efeito suspensivo, da empresa, do empregador doméstico ou do segurado ao Conselho de Recursos da Previdência Social".

Com a referida Lei 11.430/2006, presente o nexo técnico epidemiológico (entre o trabalho e o agravo), passa a existir a presunção relativa (*juris tantum*) de que a doença tem natureza ocupacional, podendo a empresa fazer demonstração em sentido contrário (art. 21-A, § 2.º, da Lei 8.213/1991). Dessa forma, se o laudo da perícia médica demonstrar a inexistência de nexo entre o trabalho e o agravo, a mencionada presunção fica elidida, afastando a natureza ocupacional da doença (art. 21-A, § 1.º, da Lei 8.213/1991). Cf. TST, 3.ª T., ARR-10915-17.2016.5.18.0101, Rel. Min. Alexandre de Souza Agra Belmonte, *DEJT* 07.06.2021.

O nexo técnico epidemiológico deve ser "decorrente da relação entre a atividade da empresa ou do empregado doméstico e a entidade mórbida motivadora da incapacidade elencada na Classificação Internacional de Doenças (CID), em conformidade com o que dispuser o regulamento" (art. 21-A, *caput*, da Lei 8.213/1991). Como já estudado, a "entidade mórbida" de natureza ocupacional pode ser a "doença profissional" ou a "doença do trabalho" (art. 20, incisos I e II, da Lei 8.213/1991).

A análise da atividade da empresa, na realidade, deve remontar à "atividade econômica da empresa", devendo ser verificada pela Classificação Nacional de Atividade Econômica – CNAE (Instrução Normativa INSS 31, de 10 de setembro de 2008, art. 6.º, *caput*).

O Supremo Tribunal Federal decidiu ser "constitucional a previsão legal de presunção de vínculo entre a incapacidade do segurado e suas atividades profissionais quando constatada pela Previdência Social a presença do nexo técnico epidemiológico entre o trabalho e o agravo, podendo ser elidida pela perícia médica do Instituto Nacional do Seguro Social se demonstrada a inexistência" (STF, Pleno, ADI 3.931/DF, Rel. Min. Cármen Lúcia, *DJe* 12.05.2020).

Observados os referidos aspectos conceituais, no acidente do trabalho, ficando o empregado sem condições de exercer suas atividades, nos primeiros 15 dias de afastamento, cabe à empresa pagar a remuneração (art. 59 da Lei 8.213/1991); se persistir a incapacidade, a partir do 16.º dia do afastamento da atividade o empregado passa a gozar de auxílio-doença acidentário (art. 60).

Sendo os primeiros 15 dias de afastamento remunerados pela empresa, não resta dúvida tratar-se de interrupção do contrato de trabalho.

A partir do 16.º dia de afastamento, embora o empregado não receba salário, passa a receber o auxílio-doença acidentário, pago pela Previdência Social; no entanto, todo o período de afastamento por motivo de acidente do trabalho é considerado na contagem do tempo de serviço (art. 4.º, § 1.º, da CLT), sendo devidos os respectivos depósitos do FGTS (Lei 8.036/1990, art. 15, § 5.º, acrescentado pela Lei 9.711/1998). Além disso, não é considerada falta ao serviço, para efeito do direito de aquisição das férias, a ausência do empregado por motivo de acidente do trabalho (art. 131, inciso III, da CLT e Súmula 46 do TST)[2].

Diante disso, a partir do 16.º dia de afastamento observa-se dificuldade na subsunção do acidente do trabalho como hipótese de suspensão ou de interrupção do contrato de trabalho, tendo em vista a existência de elementos pertinentes a ambos os casos.

A tendência majoritária é considerar que, no acidente do trabalho, até o 15.º dia de afastamento, tem-se hipótese de interrupção do contrato de trabalho; a partir do 16.º dia, observa-se uma suspensão *sui generis* do pacto laboral.

Mesmo assim, procurando centrar-se no elemento predominantemente verificado, pode-se entender que o acidente de trabalho seria hipótese de interrupção do contrato de trabalho, embora com certas especificidades, pois o empregado recebe o salário até o 15.º dia (interrupção) e, eventualmente, benefício previdenciário em seguida (suspensão), mas o respectivo período de afastamento é computado no tempo de serviço.

Cabe registrar que a Lei 13.103/2015, no art. 2.º, inciso V, c, prevê o direito dos motoristas profissionais (de veículos automotores de transporte rodoviário de passageiros e de transporte rodoviário de cargas), se empregados, de ter benefício de *seguro de contratação obrigatória*, assegurado e custeado pelo empregador, destinado à cobertura de morte natural, morte por acidente, invalidez total ou parcial decorrente de acidente, traslado e auxílio para funeral, referentes às suas atividades, no valor mínimo correspondente a dez vezes o piso salarial de sua categoria ou valor superior fixado em convenção ou acordo coletivo de trabalho.

12.3.3 Auxílio-doença (auxílio por incapacidade temporária)

Se o empregado for acometido de doença, ficando incapacitado para o seu trabalho, durante os primeiros 15 dias de afastamento, a empresa deve pagar o salário respectivo (art. 60, § 3.º, da Lei 8.213/1991).

Após o 16.º dia de afastamento, o auxílio-doença (auxílio por incapacidade temporária) passa a ser devido pela Previdência Social, desde que cumprido o respectivo período de carência (art. 59 da Lei 8.213/1991).

Sendo assim, considera-se que o período inicial, de 15 dias, é hipótese de interrupção do contrato de trabalho, pois o salário é devido, ocorrendo o cômputo do tempo de serviço.

A partir do 16.º dia de afastamento, verifica-se a suspensão *sui generis* do contrato de trabalho, pois o empregado deixa de fazer jus ao salário, podendo receber o benefício previdenciário mencionado.

De acordo com o art. 131, inciso III, da CLT, não é considerada falta ao serviço, para efeito do direito de aquisição das férias, a ausência do empregado por motivo de

2. No entanto, de acordo com o art. 133, inciso IV, da CLT, não terá direito a férias o empregado que, no curso do período aquisitivo, tiver percebido da Previdência Social prestações de acidente do trabalho por mais de seis meses, ainda que descontínuos. Há entendimento (não majoritário) de que essa restrição não mais prevalece em razão da Convenção 132 da OIT (art. 5, n. 4), sobre férias anuais remuneradas, ratificada pelo Brasil (Decreto 3.197/1999). Entretanto, entende-se que o mencionado dispositivo da CLT mantém-se em vigor, pois além de regular hipótese específica e diferenciada, a previsão da Convenção 132 da OIT remete às "condições a serem determinadas pela autoridade competente ou pelo órgão apropriado de cada país".

enfermidade atestada pelo INSS[3], excetuada a hipótese do inciso IV do art. 133 da CLT (que prevê a perda do direito a férias quando o empregado tiver percebido da Previdência Social prestações de auxílio-doença por mais de seis meses, ainda que descontínuos).

Na realidade, mesmo depois do 15.º dia de afastamento, conforme a previsão do art. 131, inciso III, a suspensão não se apresenta de forma pura, pois o tempo de licença por motivo de doença, com a exceção da situação acima verificada (art. 133, inciso IV), é contado para fins de férias (o que seria elemento da interrupção).

Por isso, há entendimento, de parte da doutrina, no sentido de que: "sendo concedido o auxílio-doença, há a interrupção do contrato de trabalho, visto que ocorre a cessação provisória e parcial do pacto laboral, com a contagem do tempo de serviço para férias. Só se pode dizer que haverá suspensão do contrato de trabalho se o empregado receber auxílio-doença por mais de seis meses, embora descontínuos, quando não haverá a contagem do tempo de serviço nem para efeito de férias"[4].

Mesmo assim, o entendimento majoritário é de que há nítida preponderância do caráter de suspensão do contrato de trabalho, a partir do 16.º dia de afastamento por doença do empregado.

12.3.4 Aposentadoria por invalidez (aposentadoria por incapacidade permanente)

A aposentadoria por invalidez (aposentadoria por incapacidade permanente) é devida a partir do dia imediato ao da cessação do auxílio-doença, ressalvado o disposto a seguir (art. 43 da Lei 8.213/1991).

Concluindo a perícia médica *inicial* pela existência de incapacidade total e definitiva para o trabalho, a aposentadoria por invalidez é devida: a) ao segurado empregado, a contar do 16.º dia do afastamento da atividade ou a partir da entrada do requerimento, se entre o afastamento e a entrada do requerimento decorrerem mais de 30 dias; b) ao segurado empregado doméstico, trabalhador avulso, contribuinte individual, especial e facultativo, a contar da data do início da incapacidade ou da data da entrada do requerimento, se entre essas datas decorrerem mais de 30 dias (art. 43, § 1.º, da Lei 8.213/1991).

Durante os primeiros 15 dias de afastamento da atividade por motivo de invalidez, cabe à empresa pagar ao segurado empregado o salário (art. 43, § 2.º, da Lei 8.213/1991). Trata-se, no caso, de período inicial específico de interrupção do contrato de trabalho.

De acordo com o art. 475 da CLT, o empregado aposentado por invalidez tem suspenso o seu contrato de trabalho durante o prazo fixado pelas leis de previdência social para a efetivação do benefício.

Assim, na aposentadoria por invalidez (aposentadoria por incapacidade permanente), fica suspenso o contrato de trabalho, eis que, atualmente, esta não é considerada

3. Cf. o art. 60, § 4.º, da Lei 8.213/1991: "A empresa que dispuser de serviço médico, próprio ou em convênio, terá a seu cargo o exame médico e o abono das faltas correspondentes ao período referido no § 3.º, somente devendo encaminhar o segurado à perícia médica da Previdência Social quando a incapacidade ultrapassar 15 (quinze) dias". Cf. ainda Súmula 15 do TST: "Atestado médico. A justificação da ausência do empregado motivada por doença, para a percepção do salário-enfermidade e da remuneração do repouso semanal, deve observar a ordem preferencial dos atestados médicos estabelecida em lei" e Súmula 282 do TST: "Abono de faltas. Serviço médico da empresa. Ao serviço médico da empresa ou ao mantido por esta última mediante convênio compete abonar os primeiros 15 (quinze) dias de ausência ao trabalho".

4. MARTINS, Sergio Pinto. *Direito do trabalho*. 22. ed. São Paulo: Atlas, 2006. p. 321.

definitiva, como se verifica do art. 42, *caput*, *in fine*, da Lei 8.213/1991 e do art. 46 do Decreto 3.048/1999[5].

Nesse sentido, a Súmula 160 do TST assim estabelece:

> "Aposentadoria por invalidez. Cancelada a aposentadoria por invalidez, mesmo após cinco anos, o trabalhador terá direito de retornar ao emprego, facultado, porém, ao empregador, indenizá-lo na forma da lei".

Apenas como registro histórico, cabe fazer menção à Súmula 217 do STF, adotando entendimento diverso, que não mais prevalece: "Tem direito de retornar ao emprego, ou ser indenizado em caso de recusa do empregador, o aposentado que recupera a capacidade de trabalho dentro de 5 (cinco) anos, a contar da aposentadoria, que se torna definitiva após esse prazo".

Entretanto, o art. 101, § 1.º, da Lei 8.213/1991, com redação dada pela Lei 13.457/2017, prevê que o aposentado por invalidez e o pensionista inválido que não tenham retornado à atividade estão isentos do exame médico a cargo da Previdência Social: após completarem 55 anos ou mais de idade e quando decorridos 15 anos da data da concessão da aposentadoria por invalidez ou do auxílio-doença que a precedeu; ou após completarem 60 anos de idade.

Com isso, há possibilidade de entendimento de que, após as referidas idades, a situação passa a ter contornos mais definitivos, o que poderia permitir a cessação do contrato de trabalho pelo empregador. De todo modo, essa desnecessidade de exame médico não se aplica quando tem as seguintes finalidades: verificar a necessidade de assistência permanente de outra pessoa para a concessão do acréscimo de 25% sobre o valor do benefício previdenciário; verificar a recuperação da capacidade de trabalho, mediante solicitação do aposentado ou pensionista que se julgar apto; subsidiar autoridade judiciária na concessão de curatela (art. 101, § 2.º, da Lei 8.213/1991).

De acordo com o § 1.º do art. 475 da CLT, recuperando o empregado a capacidade de trabalho, e sendo a aposentadoria cancelada, ser-lhe-á assegurado o direito à função que ocupava ao tempo da aposentadoria, facultado, porém, ao empregador, o direito de indenizá-lo por rescisão do contrato de trabalho, nos termos dos arts. 477 e 478, salvo na hipótese de ser ele portador de estabilidade, quando a indenização deverá ser paga na forma do art. 497.

Os arts. 477 e 478 da CLT tratavam da indenização por tempo de serviço, substituída pelo sistema do FGTS, que passou a ser obrigatório (art. 7.º, inciso III, da CF/1988). O art. 497 da CLT previa o direito à indenização por tempo de serviço, em dobro, em favor do empregado estável decenal, que ficou restrita àqueles que adquiriram o direito antes da Constituição Federal de 1988. No sistema em vigor, a dispensa sem justa causa acarreta o direito do empregado de receber a indenização compensatória de 40% do FGTS, além de levantar os depósitos da conta vinculada.

O § 2.º do art. 475 da CLT estabelece, ainda, que se o empregador houver admitido substituto para o aposentado, poderá rescindir, com este, o respectivo contrato de

5. Cf. MARTINS, Sergio Pinto. *Comentários à CLT*. 10. ed. São Paulo: Atlas, 2006. p. 476: "Não há na lei previdenciária prazo de duração para a efetivação da aposentadoria por invalidez. A conclusão que se chega hoje é de que a aposentadoria por invalidez, de modo geral, é provisória. Ela só será definitiva quando o médico assim entender, pois o segurado não é mais susceptível de recuperação. Passados cinco anos da concessão da aposentadoria por invalidez, não importa que ela venha a ser definitiva, pois o trabalhador pode se recuperar".

trabalho sem indenização, desde que tenha havido ciência inequívoca da interinidade, ao ser celebrado o contrato.

Em conclusão, tem-se que a aposentadoria por invalidez (aposentadoria por incapacidade permanente), em princípio, é hipótese de suspensão do contrato de trabalho[6].

Ainda quanto ao tema, conforme estabelece a Súmula 440 do TST:

> "Auxílio-doença acidentário. Aposentadoria por invalidez. Suspensão do contrato de trabalho. Reconhecimento do direito à manutenção de plano de saúde ou de assistência médica. Assegura-se o direito à manutenção de plano de saúde, ou de assistência médica, oferecido pela empresa ao empregado, não obstante suspenso o contrato de trabalho em virtude de auxílio-doença acidentário ou de aposentadoria por invalidez".

Frise-se que a jurisprudência tem aplicado a Súmula 440 do TST, por analogia, à hipótese de concessão de benefício previdenciário de caráter não acidentário (auxílio-doença comum ou aposentadoria por invalidez comum). Cf. TST, 3.ª T., RRAg-1000743-68.2018.5.02.0264, Rel. Min. Mauricio Godinho Delgado, *DEJT* 30.06.2023. TST, 3.ª T., RR-1000037-58.2019.5.02.0003, Rel. Min. Mauricio Godinho Delgado, *DEJT* 28.05.2021.

12.3.5 Aviso prévio

De acordo com o art. 488 da CLT, o horário normal de trabalho do empregado, durante o prazo do aviso prévio, e se a rescisão tiver sido promovida pelo empregador, será reduzido de duas horas diárias, sem prejuízo do salário integral.

O referido prazo, em que o empregado não presta serviços, durante o curso do aviso prévio, é típica hipótese de interrupção do contrato de trabalho, pois mesmo não havendo trabalho, o salário é devido integralmente, computando-se o tempo de serviço.

Aliás, de acordo com o parágrafo único do art. 488 da CLT, é facultado ao empregado trabalhar sem a mencionada redução das duas horas diárias, caso em que poderá faltar ao serviço, sem prejuízo do salário integral, por sete dias corridos. Esse período de sete dias de ausência de labor, no curso do aviso prévio, também representa hipótese de interrupção do contrato de trabalho, pois o salário é devido em sua integralidade, com o respectivo cômputo no tempo de serviço.

12.3.6 Eleição para cargo de diretor da sociedade

De acordo com a Súmula 269 do TST:

> "O empregado eleito para ocupar cargo de diretor tem o respectivo contrato de trabalho suspenso, não se computando o tempo de serviço desse período, salvo se permanecer a subordinação jurídica inerente à relação de emprego".

Assim, o empregado que é eleito diretor da empresa, tem o seu contrato de trabalho suspenso, desde que não persista a subordinação jurídica. Mantida a subordinação quanto à forma de prestação do serviço, o contrato não sofre qualquer suspensão nem interrupção, devendo prosseguir normalmente na sua produção de efeitos.

---

6. "Aposentadoria por invalidez. Suspensão do contrato de trabalho. Recolhimento do FGTS indevido. Ausência de transcendência. A aposentadoria por invalidez não garante ao empregado o direito aos depósitos do FGTS. A Lei 8.036/90, em seu artigo 15, § 5.º, mantém a obrigação patronal somente nas situações em que o empregado se afasta para prestar serviço militar obrigatório e em razão de licença concedida em face de acidente do trabalho, situações estranhas aos autos. Há precedentes" (TST, 7.ª T., RR-1001449-13.2017.5.02.0482, Rel. Min. Alexandre de Souza Agra Belmonte, *DEJT* 19.05.2023).

12.3.7 Encargo público

O exercício de encargo público pelo empregado, em princípio, representa hipótese de suspensão do contrato de trabalho, como ocorre no exercício de mandato de cargo político.

Em conformidade com o art. 472 da CLT: "O afastamento do empregado em virtude das exigências do serviço militar, ou de outro encargo público, não constituirá motivo para alteração ou rescisão do contrato de trabalho por parte do empregador".

No entanto, para que o empregado tenha direito a voltar a exercer o cargo do qual se afastou em virtude de exigências do serviço militar ou de encargo público, é indispensável que notifique o empregador dessa intenção, por telegrama ou carta registrada, dentro do prazo máximo de 30 dias, contados da data em que se verificar a respectiva baixa ou a terminação do encargo a que estava obrigado (§ 1.º do art. 472 da CLT).

Ainda sobre o tema, o art. 483, § 1.º, da CLT estabelece que o empregado poderá "suspender a prestação dos serviços ou rescindir o contrato, quando tiver de desempenhar obrigações legais, incompatíveis com a continuação do serviço".

Cabe lembrar que, nos termos do art. 4.º, § 1.º, da CLT, computam-se na contagem de tempo de serviço, para efeito de indenização e de estabilidade, os períodos em que o empregado estiver afastado do trabalho prestando serviço militar (e por motivo de acidente do trabalho). Na atualidade, os depósitos do FGTS são obrigatórios nos casos de afastamento para prestação do serviço militar obrigatório (e licença por acidente do trabalho), conforme art. 15, § 5.º, da Lei 8.036/1990, o que indica tratar-se de suspensão de certa forma atípica do contrato de trabalho.

Quanto à convocação do empregado para participar como jurado, de tribunal do júri, o art. 441 do Código de Processo Penal (com redação determinada pela Lei 11.689/2008) prevê que "nenhum desconto será feito nos vencimentos ou salário do jurado sorteado que comparecer à sessão do júri", confirmando tratar-se de hipótese de interrupção do contrato de trabalho. Aliás, também seria possível aplicar ao caso a disposição do art. 473, inciso VIII, da CLT, no sentido de que o empregado pode deixar de comparecer ao serviço, sem prejuízo do salário, "pelo tempo que se fizer necessário, quando tiver que comparecer a juízo".

12.3.8 Faltas justificadas

As faltas do empregado ao serviço, que forem consideradas justificadas (pela lei, outra norma jurídica aplicável, como instrumento normativo, regulamento de empresa, contrato de trabalho, ou mesmo pelo empregador), representam hipóteses de interrupção do contrato de trabalho, tendo em vista a ausência de trabalho, mas com recebimento do salário.

O art. 473 da CLT arrola hipóteses em que a falta é considerada justificada, conferindo ao empregado o direito de receber o salário respectivo:

> ***a)*** *Até 2 (dois) dias consecutivos, em caso de falecimento do cônjuge, ascendente, descendente, irmão ou pessoa que, declarada em sua Carteira de Trabalho e Previdência Social, viva sob sua dependência econômica.*

Trata-se da ausência por motivo do "nojo", ou seja, "luto", cabendo reiterar que os dois dias de faltas são os seguintes ao falecimento e consecutivos[7].

---

7. Cf. MARTINS, Sergio Pinto. *Direito do trabalho*. 22. ed. São Paulo: Atlas, 2006. p. 325: "A palavra 'ascendente' envolve pai, mãe, avó, avô, bisavô ou bisavó da pessoa etc. Descendente diz respeito a filho ou filha,

O art. 16 da Lei 8.213/1991, em sua atual redação, esclarece que são beneficiários do Regime Geral de Previdência Social, na condição de "dependentes do segurado":

I – o cônjuge, a companheira, o companheiro[8] e o filho não emancipado, de qualquer condição, menor de 21 anos ou inválido ou que tenha deficiência intelectual ou mental ou deficiência grave;

II – os pais;

III – o irmão não emancipado, de qualquer condição, menor de 21 anos ou inválido ou que tenha deficiência intelectual ou mental ou deficiência grave.

O enteado e o menor tutelado equiparam-se a filho mediante declaração do segurado e desde que comprovada a dependência econômica (§ 2.º do art. 16 da Lei 8.213/1991).

A dependência econômica das pessoas indicadas no inciso I do art. 16 da Lei 8.213/1991 é presumida, e a das demais deve ser comprovada (§ 4.º do art. 16).

No caso do empregado que mantém contrato de trabalho como professor, existe a disposição específica do art. 320, § 3.º, da CLT, no sentido de que: "Não serão descontadas, no decurso de 9 (nove) dias, as faltas verificadas por motivo de gala ou de luto em consequência de falecimento do cônjuge, do pai ou mãe, ou de filho".

Os nove dias mencionados são seguidos, ou seja, consecutivos, pois a norma não estabelece que sejam dias úteis. No entanto, caso o falecimento seja de parentes não indicados no art. 320, § 3.º, da CLT, entende-se aplicável a regra geral do art. 473, inciso I, do mesmo diploma legal, fazendo jus a dois dias consecutivos.

b) *Até 3 (três) dias consecutivos, em virtude de casamento.*

Trata-se da chamada "gala", também conhecida como "bodas". Da mesma forma como na hipótese anterior, os três dias de ausência justificada são aqueles que seguem o casamento, devendo ser consecutivos.

Como já mencionado, no caso do professor, o art. 320, § 3.º, da CLT, assegura o direito de nove dias de faltas justificadas (remuneradas) por motivo de gala.

c) *Por 5 (cinco) dias consecutivos, em caso de nascimento de filho, de adoção ou de guarda compartilhada.*

Essa previsão, contida no art. 473, inciso III, obviamente, não se aplica à empregada, pois a mulher tem direito à licença-maternidade de 120 dias (art. 7.º, inciso XVIII, da CF/1988 e art. 392 da CLT). Mesmo a mãe adotante passou a ter direito à licença respectiva, conforme o art. 392-A da CLT.

Quanto ao empregado, o art. 7.º, inciso XIX, da Constituição da República assegura o direito à "licença-paternidade, nos termos fixados em lei".

Tendo em vista essa expressa exigência de lei para regulamentar o referido direito, de acordo com o art. 10, § 1.º, do Ato das Disposições Constitucionais Transitórias, até que a lei venha a disciplinar o disposto no art. 7.º, inciso XIX, da Constituição, "o prazo da licença-paternidade a que se refere o inciso é de cinco dias".

---

neto ou neta, bisneto ou bisneta, tataraneto ou tataraneta etc. No caso de filho natimorto, será devida a falta por dois dias consecutivos, pois o filho é descendente do pai".

8. Cf. o art. 16, § 3.º, da Lei 8.213/1991: "Considera-se companheira ou companheiro a pessoa que, sem ser casada, mantém união estável com o segurado ou com a segurada, de acordo com o § 3.º do art. 226 da Constituição Federal".

Na atualidade, o empregado pode deixar de comparecer ao serviço sem prejuízo do salário por cinco dias consecutivos, em caso de nascimento de filho, de adoção ou de guarda compartilhada (art. 473, inciso III, da CLT, com redação dada pela Lei 14.457/2022). O referido prazo deve ser contado a partir da data de nascimento do filho.

O art. 28 do Regulamento do FGTS, aprovado pelo Decreto 99.684/1990, regulamentando a Lei 8.036/1990, estabelece ser obrigatório o depósito na conta vinculada do FGTS "também nos casos de interrupção do contrato de trabalho prevista em lei", tais como a "licença-paternidade" (inciso V).

Cabe esclarecer que a *licença-paternidade* não tem natureza de benefício previdenciário (art. 201 da Constituição da República), mas apenas de interrupção do contrato de trabalho, tendo em vista a ausência de prestação de serviço pelo empregado, com o direito ao salário a ser pago pelo empregador.

A licença-paternidade começa no dia do nascimento do filho, sendo os cinco dias contados de forma subsequente.

A referida licença é devida também em casos de adoção ou de guarda compartilhada. Além disso, a licença em questão justifica-se para que o pai possa ter maior contato com o filho, auxiliando a mãe nos primeiros cuidados.

O Supremo Tribunal Federal fixou a seguinte tese de julgamento: "1. Existe omissão inconstitucional relativamente à edição da lei regulamentadora da licença-paternidade, prevista no art. 7.º, XIX, da Constituição. 2. Fica estabelecido o prazo de 18 meses para o Congresso Nacional sanar a omissão apontada, contados da publicação da ata de julgamento. 3. Não sobrevindo a lei regulamentadora no prazo acima estabelecido, caberá a este Tribunal fixar o período da licença-paternidade" (STF, Pleno, ADO 20/DF, Red. Min. Edson Fachin, j. 14.12.2023).

Cabe ressaltar que a Lei 12.873/2012 acrescentou o art. 392-C da CLT, passando a dispor que se aplica, no que couber, o disposto nos arts. 392-A (que, por sua vez, faz remissão ao art. 392) e 392-B *ao empregado* (homem, ou seja, pai) *que adotar ou obtiver guarda judicial para fins de adoção*[9]. Sendo assim, pode-se dizer possível a concessão de licença ao pai adotivo de 120 dias, quando a licença-maternidade não for concedida à mãe adotante.

A respeito da possibilidade de prorrogação da licença-paternidade (e da licença-maternidade), cf. item 12.3.17.

d) *Por um dia, em cada 12 (doze) meses de trabalho, em caso de doação voluntária de sangue devidamente comprovada.*

A previsão tem o objetivo de não prejudicar o empregado que se propõe a doar sangue, fomentando essa conduta de solidariedade.

---

9. "Art. 392-A. À empregada que adotar ou obtiver guarda judicial para fins de adoção de criança ou adolescente será concedida licença-maternidade nos termos do art. 392 desta Lei.

[...]

§ 5.º A adoção ou guarda judicial conjunta ensejará a concessão de licença-maternidade a apenas um dos adotantes ou guardiães empregado ou empregada.

[...]

Art. 392-B. Em caso de morte da genitora, é assegurado ao cônjuge ou companheiro empregado o gozo de licença por todo o período da licença-maternidade ou pelo tempo restante a que teria direito a mãe, exceto no caso de falecimento do filho ou de seu abandono".

e) *Até 2 (dois) dias consecutivos ou não, para o fim de se alistar eleitor, nos termos da lei respectiva.*

Na hipótese em questão, a ausência é para que o empregado possa se alistar eleitor. Para tanto, pode se ausentar "até" dois dias, o que significa que se um dia for suficiente, a falta justificada fica restrita a tal período. Além disso, no caso, os dois dias podem ser consecutivos ou não.

A "lei" que o art. 473, inciso V, da CLT faz remissão é o Código Eleitoral (Lei 4.737/1965), cujo art. 48 assim dispõe: "O empregado mediante comunicação com 48 (quarenta e oito) horas de antecedência, poderá deixar de comparecer ao serviço, sem prejuízo do salário e por tempo não excedente a 2 (dois) dias, para o fim de se alistar eleitor ou requerer transferência".

Merece destaque, ainda, o art. 98 da Lei 9.504/1997, assim dispondo: "Os eleitores nomeados para compor as Mesas Receptoras ou Juntas Eleitorais e os requisitados para auxiliar seus trabalhos serão dispensados do serviço, mediante declaração expedida pela Justiça Eleitoral, sem prejuízo do salário, vencimento ou qualquer outra vantagem, pelo dobro dos dias de convocação".

f) *No período de tempo em que tiver de cumprir as exigências do Serviço Militar referidas na letra c do art. 65 da Lei 4.375, de 17 de agosto de 1964 (Lei do Serviço Militar).*

De acordo com o mencionado art. 65, *c*, da Lei 4.375/1964, constituem deveres do Reservista: "apresentar-se, anualmente, no local e data que forem fixados, para fins de exercício de apresentação das reservas ou cerimônia cívica do Dia do Reservista".

Cabe mencionar, ainda, o art. 61 da mesma lei, com a seguinte previsão:

> "Art. 61. Os brasileiros, quando incorporados por motivo de convocação para manobras, exercícios, manutenção da ordem interna ou guerra, terão assegurado o retorno ao cargo, função ou emprego que exerciam ao serem convocados e garantido o direito à percepção de 2/3 (dois terços) da respectiva remuneração, durante o tempo em que permanecerem incorporados; vencerão pelo Exército, Marinha ou Aeronáutica apenas as gratificações regulamentares.
>
> § 1.º Aos convocados fica assegurado o direito de optar pelos vencimentos, salários ou remuneração que mais lhes convenham.
>
> § 2.º Perderá a garantia e o direito assegurado por este artigo o incorporado que obtiver engajamento.
>
> § 3.º Compete ao Comandante, Diretor ou Chefe da Organização Militar em que for incorporado o convocado comunicar, à entidade a que caiba reservar a função, cargo ou emprego, a sua pretensão, opção quanto aos vencimentos e, se for o caso o engajamento concedido; a comunicação relativa ao retorno à função deverá ser feita dentro dos 30 (trinta) dias que se seguirem a incorporação; as mais, tão logo venham a ocorrer".

g) *Nos dias em que estiver comprovadamente realizando provas de exame vestibular para ingresso em estabelecimento de ensino superior.*

Essa previsão está contida no inciso VII do art. 473 da CLT, acrescentado pela Lei 9.471/1997.

De acordo com esse dispositivo da CLT, as faltas são autorizadas nos dias necessários para a realização das provas mencionadas, devendo ser para o ingresso, especificamente, no ensino superior. Para que as respectivas ausências sejam justificadas, cabe ao empregado comprovar ao empregador essa finalidade.

h) *Pelo tempo que se fizer necessário, quando tiver que comparecer a juízo.*

Essa disposição do art. 473, inciso VIII, da CLT, acrescido pela Lei 9.853/1999, está em sintonia com o direito de acesso à justiça (art. 5.º, inciso XXXV, da CF/1988). Além disso, tendo em vista a redação ampla do dispositivo, abrange não só o comparecimento em juízo como autor, réu, parte ou interveniente no processo, mas também a presença como testemunha ou mesmo informante.

Aliás, a Súmula 155 do TST estabelece: "Ausência ao serviço. As horas em que o empregado falta ao serviço para comparecimento necessário, como parte, à Justiça do Trabalho não serão descontadas de seus salários".

O art. 822 da CLT também confirma que as testemunhas não poderão sofrer qualquer desconto pelas faltas ao serviço, ocasionadas pelo seu comparecimento para depor, quando devidamente arroladas ou convocadas.

Da mesma forma, os arts. 463 do CPC de 2015 e 419, parágrafo único, do CPC de 1973 preveem: "O depoimento prestado em juízo é considerado serviço público. A testemunha, quando sujeita ao regime da legislação trabalhista, não sofre, por comparecer à audiência, perda de salário nem desconto no tempo de serviço".

Cabe destacar que a ausência considera-se justificada pelo tempo necessário ao comparecimento em juízo, o que pode significar apenas algumas horas, e não necessariamente o dia todo.

Por fim, havendo a convocação do empregado para participar como jurado, de tribunal do júri, o art. 441 do Código de Processo Penal (com redação determinada pela Lei 11.689/2008) prevê que "nenhum desconto será feito nos vencimentos ou salário do jurado sorteado que comparecer à sessão do júri", confirmando tratar-se de hipótese de interrupção do contrato de trabalho. Aplica-se às testemunhas, enquanto a serviço do júri, a mesma previsão, conforme o art. 459 do CPP.

i) *Pelo tempo que se fizer necessário, quando, na qualidade de representante de entidade sindical, estiver participando de reunião oficial de organismo internacional do qual o Brasil seja membro.*

Essa previsão, contida no inciso IX do art. 473 da CLT, foi acrescentada pela Lei 11.304, de 11 de maio de 2006.

Pode-se entender que o representante de entidade sindical engloba todos os membros da administração do ente sindical, conforme o art. 522 da CLT. Cabe ressaltar que esse dispositivo da CLT, de acordo com a jurisprudência do TST (Súmula 369, inciso II)[10], e mesmo do STF, foi recepcionado pela Constituição Federal de 1988, estando em vigência, pois não se refere a qualquer intervenção estatal no ente sindical, mas sim disposição da Lei (e não do Poder Executivo), regulando o tema[11].

---

10. Súmula 369 do TST: "Dirigente sindical. Estabilidade provisória. II – O art. 522 da CLT foi recepcionado pela Constituição Federal de 1988. Fica limitada, assim, a estabilidade a que alude o art. 543, § 3.º, da CLT a sete dirigentes sindicais e igual número de suplentes".

11. Cf. a seguinte ementa (*Revista LTr*, São Paulo, LTr, ano 63, n. 09, p. 1.207, set. 2000): "Constitucional. Trabalho. Sindicato. Dirigentes. CLT, art. 522. Recepção pela CF/1988, art. 8.º, I. O art. 522, CLT, que estabelece

Como o inciso IX do art. 473 faz menção à entidade sindical, não se restringe, apenas, ao sindicato (art. 511 da CLT), mas também às entidades sindicais de grau superior, ou seja, as federações (art. 534 da CLT) e as confederações (art. 535 da CLT), pois integram o sistema sindical brasileiro, que é confederativo, conforme se observa do art. 8.º, inciso IV, da Constituição Federal de 1988.

A ausência, no caso, é justificada para a participação de "reunião oficial", de organismo internacional do qual o Brasil seja membro, podendo-se citar, como exemplo, a Organização Internacional do Trabalho (OIT) ou a Organização das Nações Unidas (ONU).

j) *Pelo tempo necessário para acompanhar sua esposa ou companheira em até seis consultas médicas, ou em exames complementares, durante o período de gravidez.*

A previsão em destaque está presente no art. 473, inciso X, da CLT, com redação dada pela Lei 14.457/2022.

Anteriormente, a possibilidade de ausência do empregado, sem prejuízo do salário, para *acompanhamento em consultas médicas e exames complementares durante o período de gravidez de sua esposa ou companheira*, dependia de autorização em convenção ou acordo coletivo de trabalho, regulamento de empresa ou mesmo em cláusula do contrato individual de trabalho.

Na atualidade, passou a existir expressa previsão legal, embora com o limite de até seis consultas médicas ou exames complementares durante o período de gravidez, apenas pelo tempo necessário para o empregado acompanhar sua esposa ou companheira.

Evidentemente, se houver norma mais favorável ao empregado, deve-se aplicá-la.

k) *Por um dia por ano para acompanhar filho de até seis anos em consulta médica.*

O art. 473, inciso XI, da CLT, acrescentado pela Lei 13.257/2016, aplica-se tanto ao empregado como à empregada, permitindo o não comparecimento ao serviço sem prejuízo do salário por um dia por ano para acompanhar filho de até seis anos em consulta médica.

O referido dispositivo passou a dispor expressamente sobre o tema, embora possa existir norma mais favorável a respeito, ampliando a quantidade de dias de ausência no trabalho (sem prejuízo do salário) na hipótese em questão e o limite de idade do filho.

l) *Até três dias, em cada 12 meses de trabalho, em caso de realização de exames preventivos de câncer devidamente comprovada.*

A referida disposição consta no art. 473, inciso XII, da CLT, incluído pela Lei 13.767/2018. Com isso, em cada período de 12 meses, o empregado pode deixar de comparecer ao serviço sem prejuízo do salário por até três dias para realizar exames preventivos de câncer, o que deve ser devidamente comprovado perante o empregador.

A Lei 14.238/2021 (Estatuto da Pessoa com Câncer) estabelece princípios e objetivos essenciais à proteção dos direitos da pessoa com câncer e à efetivação de políticas públicas de prevenção e combate ao câncer.

São princípios essenciais do Estatuto da Pessoa com Câncer, entre outros, o diagnóstico precoce e o estímulo à prevenção (art. 2.º, incisos III e IV, da Lei 14.238/2021).

número de dirigentes sindicais, foi recebido pela CF/1988, art. 8.º, I. RE Conhecido e provido" (STF RE 193.345-3 (SC), Ac. 2.ª T., j. 13.04.1999, Rel. Min. Carlos Velloso).

Como objetivos essenciais do Estatuto da Pessoa com Câncer, destacam-se os seguintes: promover mecanismos adequados para o diagnóstico precoce da doença; fomentar a comunicação, a publicidade e a conscientização sobre a doença, sua prevenção, seus tratamentos e os direitos da pessoa com câncer; reduzir a incidência da doença por meio de ações de prevenção (art. 3.º, incisos II, IV e XIV da Lei 14.238/2021). Nesse contexto, um dos direitos fundamentais da pessoa com câncer é a obtenção de diagnóstico precoce (art. 4.º, inciso I, da Lei 14.238/2021).

Na verdade, o mais adequado seria autorizar essa ausência justificada não apenas relativamente ao câncer, mas quanto a doenças em que a prevenção ou o diagnóstico sejam necessários ou relevantes, o que pode ser objeto de previsão mais benéfica em outras fontes normativas ou contratuais, como convenção ou acordo coletivo, regulamento de empresa ou cláusula do contrato individual de trabalho.

m) *Outras hipóteses.*

De acordo com o art. 3.º, § 6.º, da Lei 8.213/1991, pertinente ao Conselho Nacional de Previdência Social: "As ausências ao trabalho dos representantes dos trabalhadores em atividade, decorrentes das atividades do Conselho, serão abonadas, computando-se como jornada efetivamente trabalhada para todos os fins e efeitos legais".

Na mesma linha, o art. 3.º, § 7.º, da Lei 8.036/1990, regulando o Conselho Curador do FGTS, assim estabelece: "As ausências ao trabalho dos representantes dos trabalhadores no Conselho Curador, decorrentes das atividades desse órgão, serão abonadas, computando-se como jornada efetivamente trabalhada para todos os fins e efeitos legais".

Para enfrentamento da emergência de saúde pública de importância internacional decorrente do coronavírus, podem ser adotadas, entre outras, medidas como: isolamento (separação de pessoas doentes ou contaminadas de outros, de maneira a evitar a contaminação ou a propagação do coronavírus); quarentena (restrição de atividades ou separação de pessoas suspeitas de contaminação das pessoas que não estejam doentes, de maneira a evitar a possível contaminação ou a propagação do coronavírus); determinação de realização compulsória de exames médicos, testes laboratoriais, coleta de amostras clínicas, vacinação e outras medidas profiláticas, ou tratamentos médicos específicos; estudo ou investigação epidemiológica; restrição excepcional e temporária de entrada e saída do País e de locomoção interestadual e intermunicipal (art. 3.º da Lei 13.979/2020).

Será considerada *falta justificada* ao serviço público ou à atividade laboral privada o período de ausência decorrente das referidas medidas (art. 3.º, § 3.º, da Lei 13.979/2020). Trata-se, assim, de interrupção do contrato de trabalho, de modo que o salário é devido e o tempo de serviço deve ser computado.

n) *Falta justificada pela empresa.*

O art. 131, inciso IV, da CLT, regulando matéria pertinente às férias, estabelece não ser considerada falta ao serviço, para os efeitos da aquisição do direito de férias, a ausência do empregado "justificada pela empresa, entendendo-se como tal a que não tiver determinado o desconto do correspondente salário".

Pode-se aplicar a mesma orientação não só quanto ao tema específico das férias, mas para as outras questões envolvendo o contrato de trabalho, pois se o empregador, mesmo diante da falta do empregado, a considera justificada, não descontando a ausência do salário, tem-se verdadeira hipótese de interrupção do contrato de trabalho.

12.3.9 Férias

O período de férias usufruídas pelo empregado representa autêntica hipótese de interrupção do contrato de trabalho, pois não há prestação do serviço, mas o salário é devido.

A própria Constituição Federal de 1988, no art. 7.º, inciso XVII, assegura o direito de "gozo de férias anuais remuneradas com, pelo menos, um terço a mais do que o salário normal".

O art. 129 da CLT já assegurava que: "Todo empregado terá direito anualmente ao gozo de um período de férias, sem prejuízo da remuneração".

Além disso, conforme o art. 130, § 2.º, da CLT: "O período das férias será computado, para todos os efeitos, como tempo de serviço".

Obviamente que se as férias não forem gozadas, mas apenas pagas de forma indenizada, na rescisão contratual, o respectivo período não tem como ser computado no tempo de serviço, por se tratar apenas do pagamento da respectiva indenização das férias não usufruídas.

12.3.10 Greve

A Lei 7.783/1989, em seu art. 2.º, apresenta a definição legal de greve, no sentido de considerar-se legítimo exercício do direito de greve "a suspensão coletiva, temporária e pacífica, total ou parcial, de prestação pessoal de serviços a empregador".

A greve, por si só, não põe fim ao contrato de trabalho, até porque se trata de "cessação coletiva do trabalho" (art. 3.º da Lei 7.783/1989), mas de forma temporária.

Tanto é assim que o parágrafo único, do art. 7.º, da Lei de Greve, confirma ser, em regra, "vedada a rescisão do contrato de trabalho durante a greve, bem como a contratação de trabalhadores substitutos, exceto na ocorrência das hipóteses previstas nos arts. 9.º e 14" da referida Lei 7.783/1989 (para evitar-se prejuízos irreparáveis e quando houver abuso do direito de greve).

A greve envolve conflito coletivo, a ser solucionado por meio de negociação coletiva (dando origem a convenção ou acordo coletivo), arbitragem (art. 114, § 1.º, da CF/1988) ou mesmo dissídio coletivo (art. 114, § 3.º, da CF/1988, com redação determinada pela Emenda Constitucional 45/2004).

Nesse sentido confirma o art. 7.º, *caput*, da Lei 7.783/1989: "Observadas as condições previstas nesta Lei, a participação em greve suspende o contrato de trabalho, devendo as relações obrigacionais durante o período ser regidas pelo acordo, convenção, laudo arbitral ou decisão da Justiça do Trabalho".

Os referidos instrumentos de solução do conflito coletivo de greve podem regular a questão da remuneração dos dias de greve, ou seja, em que não ocorreu a prestação dos serviços.

Surgindo essa questão em dissídio coletivo de greve, há entendimento de que o Tribunal do Trabalho (TRT ou TST) não deve determinar a remuneração dos dias parados, mesmo não se tratando de greve abusiva, justamente porque a Lei de Greve a define como hipótese de suspensão do contrato de trabalho. Além disso, não seria lícito estabelecer um tratamento igual, mas para empregados em situação desigual, o que ocorreria se fosse remunerado tanto o trabalhador que prestou serviços como aquele que não o fez.

Há quem defenda que os dias parados devem ser remunerados se a greve não foi abusiva, não o sendo se ocorreu abuso no seu exercício.

Na realidade, se o instrumento normativo, ao regular o conflito coletivo de greve, estabelecer que os dias parados devam ser remunerados, estar-se-á em face, na realidade, de hipótese de interrupção do contrato de trabalho. Na hipótese inversa, ou seja, se o instrumento normativo fixar a ausência do direito aos salários quanto ao período de greve, para aqueles empregados que deixaram de trabalhar, tem-se a suspensão dos respectivos contratos de trabalho. Ainda quanto ao tema, cf. Capítulo 28, item 28.24.7.

12.3.11 Inquérito judicial para apuração de falta grave

O inquérito judicial para apuração de falta grave é uma ação específica, ajuizada pelo empregador na Justiça do Trabalho, tendo por objeto a alegação de falta grave cometida por empregado titular de estabilidade decenal (e outros casos a seguir explicitados), objetivando-se a rescisão do contrato de trabalho por esse fundamento.

Trata-se, portanto, de ação de natureza constitutiva negativa, pois o pedido feito em face do trabalhador estável é no sentido de que a relação jurídica de emprego seja cessada em razão de falta grave[12].

Além do empregado estável decenal, que tenha adquirido o direito previsto no art. 492 da CLT[13] até a promulgação da Constituição Federal de 1988[14], também há a necessidade do ajuizamento da referida ação para a rescisão contratual do empregado titular da estabilidade de dirigente sindical (art. 8.º, inciso VIII, da CF/1988, e art. 543, § 3.º, da CLT).

Nesse sentido prevê a Súmula 379 do TST: "Dirigente sindical. Despedida. Falta grave. Inquérito judicial. Necessidade. O dirigente sindical somente poderá ser dispensado por falta grave mediante a apuração em inquérito judicial, inteligência dos arts. 494 e 543, § 3.º, da CLT".

O mesmo entendimento já constava da Súmula 197 do STF.

Além disso, de acordo com a Lei 5.764, de 16 de dezembro de 1971, art. 55: "Os empregados de empresas que sejam eleitos diretores de sociedades cooperativas pelos mesmos criadas, gozarão das garantias asseguradas aos dirigentes sindicais pelo artigo 543 da Consolidação das Leis do Trabalho (Decreto-lei 5.452, de 1.º.05.1943)".

Assim, o referido dispositivo assegura a garantia de emprego aos empregados eleitos diretores de cooperativas (criadas pelos empregados da empresa), na forma da previsão do art. 543, § 3.º, da CLT[15]. Como este último dispositivo, em sua parte final, exige a apuração da falta grave por meio do inquérito judicial, entende-se que esta ação judicial também se faz necessária ao caso em questão.

---

12. Cf. o art. 493 da CLT: "Constitui falta grave a prática de qualquer dos fatos a que se refere o art. 482, quando por sua repetição ou natureza representem séria violação dos deveres e obrigações do empregado".

13. "Art. 492. O empregado que contar mais de 10 (dez) anos de serviço na mesma empresa não poderá ser despedido senão por motivo de falta grave ou circunstância de força maior, devidamente comprovadas. Parágrafo único. Considera-se como de serviço todo o tempo em que o empregado esteja à disposição do empregador".

14. Cf. o art. 14 da Lei 8.036/1990: "Fica ressalvado o direito adquirido dos trabalhadores que, à data da promulgação da Constituição Federal de 1988, já tinham o direito à estabilidade no emprego nos termos do Capítulo V do Título IV da CLT".

15. Cf. a Orientação Jurisprudencial 253 da SBDI-I do TST: "Estabilidade provisória. Cooperativa. Lei 5.764/1971. Conselho Fiscal. Suplente. Não assegurada. O art. 55 da Lei 5.764/1971 assegura a garantia de emprego apenas aos empregados eleitos diretores de Cooperativas, não abrangendo os membros suplentes".

Cabe destacar, ainda, ser vedada a "dispensa dos representantes dos empregados membros da Comissão de Conciliação Prévia, titulares e suplentes, até 1 (um) ano após o final do mandato, salvo se cometerem falta grave, nos termos da lei" (art. 625-B, § 1.º, da CLT, acrescentado pela Lei 9.958/2000).

Há quem entenda que no caso do representante dos empregados na Comissão de Conciliação Prévia, a lei não estabeleceu que a falta grave deve ser apurada nos termos da lei, mas apenas indicou que as hipóteses de falta grave são aquelas previstas na lei.

No entanto, defende-se que o art. 625-B, § 1.º, da CLT, tal como ocorre com o dirigente sindical, exige o inquérito para apuração de falta grave para a dispensa do empregado. Tanto é assim que o referido dispositivo, acrescentado pela Lei 9.958/2000, utiliza o termo específico "falta grave", e não simplesmente justa causa, tal como previsto no art. 494 da CLT, o qual faz a exigência do respectivo inquérito judicial para a dispensa do empregado titular da estabilidade. A necessidade do inquérito judicial para apuração de falta grave, no caso, é confirmada ao se verificar que o art. 625-B, § 1.º, da CLT, expressamente remete à falta grave "nos termos da lei", o que só pode significar a sua *apuração nos termos da lei* (arts. 853 a 855 da CLT), pois seria redundante, inútil e desnecessário dizer o óbvio, ou seja, que as hipóteses de falta grave estão previstas em lei.

Do mesmo modo, o art. 3.º, § 9.º, da Lei 8.036/1990, exige regular comprovação da falta grave, por meio de "processo sindical", quanto aos membros do Conselho Curador do FGTS representantes dos trabalhadores, a quem é assegurada a estabilidade no emprego, desde a nomeação até um ano após o término do mandato de representação.

Assim, na mesma linha do já exposto, entende-se que o referido processo "sindical" é justamente o inquérito judicial para apuração de falta grave, o qual é exigido para a dispensa do representante "sindical".

Por fim, o art. 3.º, § 7.º, da Lei 8.213/1991 assegura aos membros do Conselho Nacional de Previdência Social, enquanto representantes dos trabalhadores em atividade, titulares e suplentes, a estabilidade no emprego, da nomeação até um ano após o término do mandato de representação, "somente podendo ser demitidos por motivo de falta grave, regularmente comprovada através de processo judicial".

Assim, a referida lei expressamente exige o inquérito judicial para a apuração da falta grave também no caso em questão.

Em conformidade com o art. 494 da CLT: "o empregado acusado de falta grave poderá ser suspenso de suas funções, mas a sua despedida só se tornará efetiva após o inquérito e que se verifique a procedência da acusação. Parágrafo único. A suspensão, no caso deste artigo, perdurará até a decisão final do processo".

Essa suspensão aplica-se, inclusive, no caso de empregado dirigente sindical, conforme a Orientação Jurisprudencial 137 da SBDI-II do TST: "Mandado de segurança. Dirigente sindical. Art. 494 da CLT. Aplicável. Constitui direito líquido e certo do empregador a suspensão do empregado, ainda que detentor de estabilidade sindical, até a decisão final do inquérito em que se apure a falta grave a ele imputada, na forma do art. 494, *caput* e parágrafo único, da CLT".

Tendo em vista essa faculdade do empregador, de suspender o empregado, assim prevê o art. 853 da CLT: "Para a instauração do inquérito para apuração de falta grave contra empregado garantido com estabilidade, o empregador apresentará reclamação por escrito à Junta ou Juízo de Direito, dentro de 30 (trinta) dias, contados da data da suspensão do empregado".

O referido prazo de 30 dias possui natureza decadencial[16], por se tratar de direito a ser exercido por meio de ação constitutiva (negativa)[17].

Se for reconhecida a inexistência de falta grave praticada pelo empregado, fica o empregador obrigado a reintegrá-lo no serviço e a "pagar-lhe os salários a que teria direito no período da suspensão" (art. 495 da CLT). Assim, no caso da improcedência do pedido, formulado pelo empregador no inquérito judicial, tem-se hipótese de interrupção do contrato de trabalho, pois os salários do período de suspensão são devidos, contando-se no tempo de serviço.

Diversamente, se a falta grave for reconhecida, com a extinção do contrato de trabalho do empregado estável por esse fundamento, o que significa a procedência do pleito formulado pelo empregador no inquérito judicial, tem-se que o período de suspensão representa efetiva suspensão do contrato de trabalho, por não ser devido o salário respectivo, nem ser computado no tempo de serviço.

O art. 855 da CLT apresenta, ainda, a seguinte disposição, de difícil interpretação: "Se tiver havido prévio reconhecimento da estabilidade do empregado, o julgamento do inquérito pela Junta ou Juízo não prejudicará a execução para pagamento dos salários devidos ao empregado, até a data da instauração do mesmo inquérito".

Na verdade, deve-se interpretar o referido dispositivo de forma lógico-sistemática. Assim, os mencionados salários apenas são devidos, podendo ser objeto de execução em favor do empregado estável, na hipótese em que a falta grave não foi reconhecida, com a improcedência do pedido de rescisão contratual formulado pelo empregador no inquérito judicial, significando tratar-se de interrupção contratual.

Aliás, de acordo com o art. 496 da CLT: "Quando a reintegração do empregado estável for desaconselhável, dado o grau de incompatibilidade resultante do dissídio, especialmente quando for o empregador pessoa física, o tribunal do trabalho poderá converter aquela obrigação em indenização devida nos termos do artigo seguinte", ou seja, em indenização por tempo de serviço que deve ser paga em dobro[18].

A conversão da reintegração em indenização por tempo de serviço em dobro é uma faculdade do juiz, a ser tomada quando a reintegração não for aconselhável, tendo em vista a incompatibilidade entre o empregado e o empregador, especialmente quando este for pessoa física.

Sobre o tema, a Súmula 28 do TST, na redação determinada pela Resolução 121/2003, esclarece que: "No caso de se converter a reintegração em indenização dobrada, o direito aos salários é assegurado até a data da primeira decisão que determinou essa conversão".

12.3.12 Intervalo para descanso e refeição

O art. 71 da CLT regula o intervalo para descanso e refeição, assim dispondo em seu *caput*:

---

16. Cf. a Súmula 403 do STF: "Inquérito judicial. Decadência. É de decadência o prazo de trinta dias para a instauração do inquérito judicial, a contar da suspensão por falta grave de empregado estável".

17. Cf. a Súmula 62 do TST: "Abandono de emprego. O prazo de decadência do direito do empregador de ajuizar inquérito em face do empregado que incorre em abandono de emprego é contado a partir do momento em que o empregado pretendeu seu retorno ao serviço".

18. Cf. Lei 8.036/1990, art. 14, § 1.º: "O tempo do trabalhador não optante do FGTS, anterior a 5 de outubro de 1988, em caso de rescisão sem justa causa pelo empregador, reger-se-á pelos dispositivos constantes dos arts. 477, 478 e 497 da CLT".

> "Em qualquer trabalho contínuo, cuja duração exceda de 6 (seis) horas, é obrigatória a concessão de um intervalo para repouso ou alimentação, o qual será, no mínimo, de 1 (uma) hora e, salvo acordo escrito ou contrato coletivo em contrário, não poderá exceder de 2 (duas) horas".

Não excedendo de 6 (seis) horas o trabalho, será, entretanto, obrigatório um intervalo de 15 (quinze) minutos quando a duração ultrapassar 4 (quatro) horas (§ 1.º do art. 71).

Quanto à natureza do referido intervalo, deve-se destacar a disposição do § 2.º do art. 71, no sentido de que os intervalos de descanso "não serão computados na duração do trabalho".

Isso significa que o empregado, durante o referido tempo de descanso dentro da jornada de trabalho ("intervalo intrajornada"), não presta serviço, mas também não recebe a respectiva remuneração.

Trata-se, portanto, de **intervalo não remunerado**, o que significa referir-se a hipótese de suspensão do contrato de trabalho.

12.3.13 Intervalo dos serviços de mecanografia e digitação

O art. 72 da CLT assim prevê:

> "Nos serviços permanentes de mecanografia (datilografia, escrituração ou cálculo), a cada período de 90 (noventa) minutos de trabalho consecutivo corresponderá um repouso de 10 (dez) minutos não deduzidos da duração normal de trabalho".

De acordo com a Súmula 346 do TST: "Digitador. Intervalos intrajornada. Aplicação analógica do art. 72 da CLT. Os digitadores, por aplicação analógica do art. 72 da CLT, equiparam-se aos trabalhadores nos serviços de mecanografia (datilografia, escrituração ou cálculo), razão pela qual têm direito a intervalos de descanso de 10 (dez) minutos a cada 90 (noventa) de trabalho consecutivo".

Em relação a esse intervalo específico, devido aos empregados em serviço permanente de mecanografia e digitação, dentro da jornada de trabalho, por não ser deduzido da duração normal do trabalho, conclui-se tratar de **intervalo remunerado**. Por isso, o caso é de interrupção do contrato de trabalho, por se tratar de ausência de prestação de serviços, mas com a remuneração devida.

12.3.14 Intervalo do trabalho em minas de subsolo

Quanto ao trabalho em minas de subsolo, o art. 298 da CLT apresenta a seguinte disposição especial:

> "Em cada período de 3 (três) horas consecutivas de trabalho, será obrigatória uma pausa de 15 (quinze) minutos para repouso, a qual será computada na duração normal de trabalho efetivo".

Esse intervalo justifica-se pelo caráter nitidamente penoso do trabalho em questão. Além disso, trata-se de intervalo específico, que é computado na duração normal do trabalho e, portanto, **remunerado**. Assim, tem-se caso de interrupção do contrato de trabalho.

12.3.15 Intervalo em câmaras frias

Para os empregados que trabalham no interior das câmaras frigoríficas e para os que movimentam mercadorias do ambiente quente ou normal para o frio e vice-versa, depois de 1 (uma) hora e 40 (quarenta) minutos de trabalho contínuo, será assegurado um período de 20 (vinte) minutos de repouso, computado esse intervalo como de trabalho efetivo (art. 253 da CLT).

Frise-se que, nos termos da Súmula 438 do TST: "Intervalo para recuperação térmica do empregado. Ambiente artificialmente frio. Horas extras. Art. 253 da CLT. Aplicação analógica. O empregado submetido a trabalho contínuo em ambiente artificialmente frio, nos termos do parágrafo único do art. 253 da CLT, ainda que não labore em câmara frigorífica, tem direito ao intervalo intrajornada previsto no *caput* do art. 253 da CLT".

Por se tratar de intervalo dentro da jornada de trabalho, que é computado como trabalho efetivo, conclui-se ser o referido **período de descanso remunerado**. Com isso, tem-se hipótese de interrupção do contrato de trabalho.

12.3.16 Intervalo interjornada

Em conformidade com o art. 66 da CLT:

> "Entre 2 (duas) jornadas de trabalho haverá um período mínimo de 11 (onze) horas consecutivas para descanso".

Trata-se do intervalo interjornada, por ser devido entre duas jornadas de trabalho.

Não se confunde com o descanso semanal remunerado, por ter natureza distinta. Tanto é assim que, de acordo com a Súmula 110 do TST: "Jornada de trabalho. Intervalo. No regime de revezamento, as horas trabalhadas em seguida ao repouso semanal de 24 horas, com prejuízo do intervalo mínimo de 11 horas consecutivas para descanso entre jornadas, devem ser remuneradas como extraordinárias, inclusive com o respectivo adicional".

O mencionado intervalo interjornada não é computado como tempo de serviço, não se tratando de intervalo remunerado. Assim, é hipótese de suspensão do contrato de trabalho.

12.3.17 Licença-maternidade

A licença-gestante é prevista no art. 7.º, inciso XVIII, da Constituição Federal de 1988, "sem prejuízo do emprego e do salário, com duração de cento e vinte dias".

No período respectivo, assegura-se o salário-maternidade, regulamentado pelos arts. 71 a 73 da Lei 8.213/1991 e arts. 93 a 103 do Decreto 3.048/1999.

O referido benefício, com a Lei 10.421, de 15 de abril de 2002 (a qual acrescentou à CLT o art. 392-A e, à Lei 8.213/1991, o art. 71-A), também passou a ser devido à empregada (segurada da Previdência Social) que adotar ou obtiver guarda judicial para fins de adoção da criança.

A empregada gestante tem direito à licença-maternidade de 120 dias, sem prejuízo do emprego e do salário (art. 392 da CLT).

A empregada deve, mediante atestado médico, notificar o seu empregador da data do início do afastamento do emprego, que pode ocorrer entre o 28.º dia antes do parto e a ocorrência deste (art. 392, § 1.º, da CLT).

Os períodos de repouso, antes e depois do parto, podem ser aumentados de duas semanas cada um, mediante atestado médico (art. 392, § 2.º, da CLT).

Em caso de parto antecipado, a mulher tem direito aos referidos 120 dias (art. 392, § 3.º, da CLT).

É garantido à empregada, durante a gravidez, sem prejuízo do salário e demais direitos: I - transferência de função, quando as condições de saúde assim exigirem, assegurada a retomada da função anteriormente exercida, logo após o retorno ao trabalho; II - dispensa do horário de trabalho pelo tempo necessário para a realização de, no mínimo, seis consultas médicas e demais exames complementares (art. 392, § 4.º, da CLT).

O Supremo Tribunal Federal conheceu de ação direta de inconstitucionalidade como arguição de descumprimento de preceito fundamental e, ratificando a medida cautelar, julgou procedente o pedido formulado para conferir interpretação conforme à Constituição ao art. 392, § 1.º, da CLT, assim como ao art. 71 da Lei 8.213/1991 e, por arrastamento, ao art. 93 do seu Regulamento (Decreto 3.048/1999), de modo a se considerar como termo inicial da licença-maternidade e do respectivo salário-maternidade a alta hospitalar do recém-nascido e/ou de sua mãe, o que ocorrer por último, prorrogando-se em todo o período o benefício, quando o período de internação exceder as duas semanas previstas no art. 392, § 2.º, da CLT, e no art. 93, § 3.º, do Decreto 3.048/1999 (STF, Pleno, ADI 6.327/DF, Rel. Min. Edson Fachin, j. 24.10.2022).

No caso de mães de crianças nascidas até 31 de dezembro de 2019 acometidas por sequelas neurológicas decorrentes da síndrome congênita do *zika* vírus, será observado o seguinte: I – a licença-maternidade de que trata o art. 392 da CLT será de 180 dias; II – o salário-maternidade de que trata o art. 71 da Lei 8.213/1991 será devido por 180 dias (art. 5.º da Lei 13.985/2020).

Eis a atual previsão pertinente à licença-maternidade da mãe adotante:

> "Art. 392-A. À empregada que adotar ou obtiver guarda judicial para fins de adoção de criança ou adolescente será concedida licença-maternidade nos termos do art. 392 desta Lei. (redação dada pela Lei 13.509/2017)
>
> § 1.º (revogado pela Lei 12.010/2009).
>
> § 2.º (revogado pela Lei 12.010/2009).
>
> § 3.º (revogado pela Lei 12.010/2009).
>
> § 4.º A licença-maternidade só será concedida mediante apresentação do termo judicial de guarda à adotante ou guardiã. (incluído pela Lei 10.421/2002)
>
> § 5.º A adoção ou guarda judicial conjunta ensejará a concessão de licença-maternidade a apenas um dos adotantes ou guardiães empregado ou empregada" (incluído pela Lei 12.873/2013).

Frise-se que "a proteção à maternidade e à infância" (e não somente à gestante) é um dos direitos sociais, com assento constitucional (art. 6.º da Lei Maior). Com a adoção da criança pela empregada, esta se torna mãe, o que a faz merecer a proteção legal.

Quanto aos filhos havidos por adoção, merece destaque a norma contida no art. 227, § 6.º, da Constituição Federal, que estabelece: "Os *filhos*, *havidos* ou não da relação do casamento, ou *por adoção*, terão os mesmos direitos e qualificações, proibidas quaisquer designações discriminatórias relativas à filiação" (destaquei).

A Lei 12.010, de 29 de julho de 2009 (*DOU* de 04.08.2009), com entrada em vigor 90 dias após a sua publicação (art. 7.º), além de dispor sobre adoção, em seu art. 8.º, revogou os §§ 1.º a 3.º do art. 392-A da CLT, que estabeleciam diversidade de períodos de licença, conforme a idade da criança.

O art. 71-A da Lei 8.213/1991, com redação dada pela Lei 12.873/2013, passou a prever que *ao segurado ou segurada* da Previdência Social que adotar ou obtiver guarda judicial para fins de adoção de criança é devido salário-maternidade pelo *período de 120 dias*. Como se nota, além da uniformização do prazo de 120 dias, o segurado (homem) também passou a ter o direito em questão.

Conforme o art. 71-B da Lei 8.213/1991, acrescentado pela Lei 12.873/2013, no caso de falecimento da segurada ou segurado que fizer jus ao recebimento do salário-maternidade, o benefício deve ser pago, por todo o período ou pelo tempo restante a que teria direito, ao cônjuge ou companheiro sobrevivente que tenha a qualidade de segurado, exceto no caso do falecimento do filho ou de seu abandono, observadas as normas aplicáveis ao salário-maternidade. O pagamento desse benefício previdenciário deve ser requerido até o último dia do prazo previsto para o término do salário-maternidade originário (art. 71-B, § 1.º). O benefício em questão deve ser pago diretamente pela Previdência Social durante o período entre a data do óbito e o último dia do término do salário-maternidade originário e será calculado sobre: a remuneração integral, para o empregado e trabalhador avulso; o último salário de contribuição, para o empregado doméstico; 1/12 avos da soma dos 12 últimos salários de contribuição, apurados em um período não superior a 15 meses, para o contribuinte individual, facultativo e desempregado; e o valor do salário mínimo, para o segurado especial (art. 71-B, § 2.º).

Cabe frisar que o disposto no art. 71-B, da Lei 8.213, é aplicável ao segurado (do gênero masculino) que adotar ou obtiver guarda judicial para fins de adoção (art. 71-B, § 3.º).

Ademais, a percepção do salário-maternidade, inclusive o previsto no art. 71-B da Lei 8.213/1991, está condicionada ao afastamento do segurado do trabalho ou da atividade desempenhada, sob pena de suspensão do benefício (art. 71-C da Lei 8.213/1991, acrescentado pela Lei 12.873/2013).

O art. 392-A, *caput*, da CLT, com redação dada pela Lei 13.509/2017, prevê que à empregada que adotar ou obtiver guarda judicial para fins de adoção de *criança ou adolescente* será concedida licença-maternidade nos termos do art. 392 da CLT. Esse dispositivo, por sua vez, prevê o direito da empregada gestante à licença-maternidade de 120 dias, sem prejuízo do emprego e do salário.

Considera-se *criança* a pessoa até 12 anos de idade incompletos, e *adolescente* aquela entre 12 e 18 anos de idade (art. 2.º da Lei 8.069/1990).

Como transcrito acima, o § 5.º do art. 392-A, acrescentado pela Lei 12.873/2013, passou a estabelecer que a adoção ou a guarda judicial conjunta devem ensejar a concessão de licença-maternidade a apenas um dos adotantes ou guardiães empregado ou empregada.

Em caso de morte da genitora, é assegurado ao cônjuge ou companheiro empregado o gozo de licença por todo o período da licença-maternidade ou pelo tempo restante a que teria direito a mãe, exceto no caso de falecimento do filho ou de seu abandono (art. 392-B da CLT, acrescentado pela Lei 12.873/2013).

Afastando quaisquer dúvidas quanto à extensão do direito em estudo também ao empregado (homem), o art. 392-C da CLT, acrescentado pela Lei 12.873/2012, dispõe que se aplica, no que couber, o disposto nos arts. 392-A e 392-B *ao empregado* que adotar ou obtiver guarda judicial para fins de adoção.

A respeito do tema, a Convenção 103 da OIT, de 1952, sobre proteção à maternidade, além de assegurar período de licença de maternidade (art. 3), com direito a prestações em espécie e a assistência médica (art. 4), é expressa ao dispor que, "em hipótese alguma, deve o empregador ser tido como pessoalmente responsável pelo custo das prestações devidas às mulheres que ele emprega" (art. 4, item 8). Ou seja, o pagamento no período da licença-maternidade deve sempre ficar a cargo do sistema previdenciário estatal, justamente para se evitar discriminação no mercado de trabalho da mulher. Este, ademais, deve ser protegido "mediante incentivos específicos, nos termos da lei", como prevê o art. 7.º, inciso XX, da Constituição da República. Isso confirma a inadequação de se considerar parte da licença-maternidade da adotante como licença-remunerada, devida pelo empregador.

Sendo essa licença-maternidade concedida "nos termos do art. 392", o afastamento em questão é "sem prejuízo do emprego e do salário", configurando-se hipótese de interrupção do contrato de trabalho.

Como a empregada não presta serviço no período de licença-maternidade, mas recebe a respectiva remuneração, ainda que sob a forma do mencionado benefício previdenciário, entende-se tratar-se de hipótese de interrupção do contrato de trabalho.

Nessa linha, o art. 28 do Regulamento do FGTS, aprovado pelo Decreto 99.684/1990, regulamentando a Lei 8.036/1990, estabelece ser obrigatório o depósito na conta vinculada do FGTS "também nos casos de interrupção do contrato de trabalho prevista em lei", tais como a "licença à gestante" (inciso IV).

Ainda a respeito do tema, cabe destacar a Lei 11.770, de 9 de setembro de 2008 (publicada no *DOU* de 10.09.2008), a qual institui o "Programa Empresa Cidadã", destinado a prorrogar: I – por 60 dias a duração da licença-maternidade prevista no art. 7.º, inciso XVIII, da Constituição Federal de 1988; II – por 15 dias a duração da licença-paternidade, nos termos da Lei 11.770/2008, além dos cinco dias estabelecidos no art. 10, § 1.º, do Ato das Disposições Constitucionais Transitórias (art. 1.º da Lei 11.770/2008, com redação dada pela Lei 13.257/2016).

Conforme a atual previsão do art. 1.º, § 1.º, da Lei 11.770/2008, essa prorrogação:

- deve ser garantida à *empregada da pessoa jurídica que aderir ao Programa*, desde que a empregada a requeira até o final do primeiro mês após o parto, e será concedida imediatamente após a fruição da licença-maternidade de que trata o art. 7.º, inciso XVIII, da Constituição Federal de 1988;
- deve ser garantida ao *empregado da pessoa jurídica que aderir ao Programa*, desde que o empregado a requeira no prazo de dois dias úteis após o parto e comprove participação em programa ou atividade de orientação sobre paternidade responsável.

A prorrogação deve ser garantida, na mesma proporção, à empregada e ao empregado que adotar ou obtiver guarda judicial para fins de adoção de criança (art. 1.º, § 2.º, da Lei 11.770/2008). Frise-se que, na atualidade, à empregada que adotar ou obtiver guarda judicial para fins de adoção de *criança ou adolescente* será concedida licença-maternidade (art. 392-A da CLT, com redação dada pela Lei 13.509/2017).

As pessoas jurídicas podem aderir ao Programa Empresa Cidadã por meio de requerimento dirigido à Secretaria Especial da Receita Federal do Brasil do Ministério da Economia (art. 138 do Decreto 10.854/2021).

Foi instituído o Programa Emprega + Mulheres, destinado à inserção e à manutenção de mulheres no mercado de trabalho por meio da implementação, entre outras, da seguinte medida para apoio ao retorno ao trabalho das mulheres após o término da licença-maternidade: flexibilização do usufruto da prorrogação da licença-maternidade, conforme prevista na Lei 11.770/2008 (art. 1.º, inciso IV, alínea *b*, da Lei 14.457/2022).

Nesse contexto, a prorrogação por 60 dias da duração da licença-maternidade pode ser compartilhada entre a empregada e o empregado requerente, desde que ambos sejam empregados de pessoa jurídica aderente ao Programa Empresa Cidadã e que a decisão seja adotada conjuntamente, na forma estabelecida em regulamento (art. 1.º, § 3.º, da Lei 11.770/2008, incluído pela Lei 14.457/2022). Nessa hipótese, a prorrogação pode ser usufruída pelo empregado da pessoa jurídica que aderir ao Programa Empresa Cidadã somente após o término da licença-maternidade, desde que seja requerida com 30 dias de antecedência (art. 1.º, § 4.º, da Lei 11.770/2008, incluído pela Lei 14.457/2022).

Fica a empresa participante do Programa Empresa Cidadã autorizada a substituir o período de prorrogação da licença-maternidade de que trata o art. 1.º, inciso I, da Lei 11.770/2008 (60 dias) pela redução de jornada de trabalho em 50% pelo período de 120 dias (art. 1.º-A da Lei 11.770/2008, incluído pela Lei 14.457/2022). São requisitos para efetuar a referida substituição: pagamento integral do salário à empregada ou ao empregado pelo período de 120 dias; e acordo individual firmado entre o empregador e a empregada ou o empregado interessados em adotar a medida. A mencionada substituição pode ser concedida na forma prevista no art. 1.º, § 3.º, da Lei 11.770/2008 (compartilhada entre a empregada e o empregado).

O art. 5.º da Lei 11.770/2008, com redação dada pela Lei 13.257/2016, restringe à "pessoa jurídica tributada com base no lucro real" a possibilidade de deduzir do imposto devido, em cada período de apuração, o total da remuneração integral da empregada e do empregado pago nos dias de prorrogação de sua licença-maternidade e de sua licença-paternidade, sendo vedada a dedução como despesa operacional.

Assim sendo, a rigor, de acordo com a interpretação sistemática da Lei em questão, a referida possibilidade da dedução do imposto apenas pode ocorrer no caso de "pessoa jurídica tributada com base no lucro real".

Presentes os requisitos legais, a prorrogação da duração da licença-maternidade deve ser concedida, iniciando-se imediatamente após a fruição da licença-maternidade de que trata o art. 7.º, inciso XVIII, da Constituição Federal de 1988. Desse modo, concedida a prorrogação, a empregada fará jus aos 120 dias de licença-maternidade determinados pela Constituição, mais a prorrogação de 60 dias, previstos na lei, somando 180 dias no total.

Da mesma forma, presentes os requisitos legais, a prorrogação da licença-paternidade deve ser concedida por 15 dias, além dos cinco dias estabelecidos no art. 10, § 1.º, do Ato das Disposições Constitucionais Transitórias. Logo, concedida a prorrogação, o empregado fará jus a cinco dias de licença-paternidade, mais a prorrogação de 15 dias, somando 20 dias no total.

Como já estudado, a licença-maternidade passou a ser devida também à empregada (e mesmo ao empregado) que adotar ou obtiver guarda judicial para fins de adoção da criança (Lei 10.421, de 15 de abril de 2002, que acrescentou à CLT o art. 392-A e, à Lei 8.213/1991, o art. 71-A).

O art. 2.º da Lei 11.770/2008 autoriza que a Administração Pública (direta, indireta e fundacional) institua programa que garanta prorrogação da licença-maternidade para suas servidoras, nos termos do que prevê o art. 1.º da referida Lei. O Decreto 6.690, de 11 de dezembro de 2008, institui no âmbito da Administração Pública federal direta, autárquica e fundacional o Programa de Prorrogação da Licença à Gestante e à Adotante.

O Decreto 8.737/2016, por sua vez, instituiu o Programa de Prorrogação da Licença-Paternidade para os servidores regidos pela Lei 8.112/1990 (art. 1.º). Desse modo, a prorrogação da licença-paternidade deve ser concedida ao servidor público que requeira o benefício no prazo de dois dias úteis após o nascimento ou a adoção e terá duração de 15 dias, além dos cinco dias concedidos pelo art. 208 da Lei 8.112/1990. O disposto no Decreto 8.737/2016 é aplicável a quem adotar ou obtiver guarda judicial para fins de adoção de criança. Considera-se criança a pessoa de até doze anos de idade incompletos.

Durante o período de prorrogação da licença-maternidade e da licença-paternidade: a empregada tem direito à remuneração integral, nos mesmos moldes devidos no período de percepção do salário-maternidade pago pelo Regime Geral de Previdência Social (RGPS); o empregado tem direito à remuneração integral (art. 3.º da Lei 11.770/2008, com redação dada pela Lei 13.357/2016).

Assim sendo, pode-se concluir que o período de prorrogação da licença-maternidade e da licença-paternidade também tem natureza de *interrupção do contrato de trabalho*, pois embora ausente a prestação de serviços, a remuneração permanece devida.

No período de prorrogação da licença-maternidade e da licença-paternidade de que trata a Lei 11.770/2008, a empregada e o empregado não podem exercer nenhuma atividade remunerada, e a criança deve ser mantida sob seus cuidados (art. 4.º). Em caso de descumprimento dessa disposição, a empregada e o empregado perdem o direito à prorrogação.

Na realidade, a prorrogação da licença-maternidade e da licença-paternidade, prevista pela Lei 11.770/2008, com as modificações da Lei 13.257/2016, tem como objetivo permitir que a mãe e o pai possam permanecer em contato direto com a criança por mais tempo, facilitando, no caso da mãe, até mesmo o aleitamento materno.

Coerentemente, a consequência por eventual descumprimento dessa previsão é a perda do direito à prorrogação da licença, desde o momento em que ocorrer a inobservância dos referidos deveres.

De acordo com o art. 5.º da Lei 11.770/2008, com redação dada pela Lei 13.257/2016, a *pessoa jurídica tributada com base no lucro real* pode deduzir do imposto devido, em cada período de apuração, o total da remuneração integral da empregada e do empregado que for pago nos dias de prorrogação de sua licença-maternidade e de sua licença-paternidade, vedada a dedução como despesa operacional.

Desse modo, confere-se à pessoa jurídica tributada com base no lucro real a possibilidade de deduzir, do imposto devido, o total da remuneração integral da empregada e do empregado, conforme o caso, referente aos 60 dias de prorrogação de sua licença-maternidade e aos 15 dias de prorrogação de sua licença-paternidade.

A finalidade do disposto no art. 5.º da Lei 11.770/2008 é afastar eventual discriminação no mercado de trabalho, vedada pelo art. 7.º, inciso XXX, da Constituição Federal de 1988, o qual estabelece a proibição de diferença de salários, de exercício de funções e de *critério de admissão por motivo de sexo*, idade, cor ou estado civil. Dessa forma, possibilita-se que a remuneração devida na prorrogação da licença-maternidade e da licença-paternidade seja objeto de dedução do imposto devido pela pessoa jurídica tributada com base no lucro real. Se o empregador tivesse de arcar, definitivamente, com o valor dessa remuneração, sem poder deduzir o valor do imposto devido, poderia passar a evitar a contratação, por exemplo, da mulher, incorrendo em discriminação, o que não é admitido pelo Direito. Mesmo assim, há entendimento de que essa prorrogação da licença-maternidade (por período mais longo do que no caso da licença-paternidade) poderia causar consequências negativas para a admissão da mulher no mercado de trabalho, tendo em vista que o empregador passaria a ter de realizar a sua substituição durante o período em questão. Entretanto, a substituição provisória de empregados, de certo modo, faz parte da rotina das empresas (art. 450 da CLT e Súmula 159 do TST), e a sua possibilidade já existia mesmo no caso da licença-maternidade em si.

Ainda assim, como o direito de prorrogação da licença-maternidade e da licença-paternidade não foi previsto também para as empregadas e os empregados de "pessoa física ou natural", e mesmo a renúncia fiscal mencionada (art. 5.º) não foi estendida às pessoas jurídicas tributadas com base em lucro presumido[19] e às optantes pelo Regime Especial Unificado de Arrecadação de Tributos e Contribuições devidos pelas Microempresas e Empresas de Pequeno Porte (Simples Nacional – Lei Complementar 123/2006, art. 12), é possível surgirem questionamentos a respeito desse tratamento desigual.

Na realidade, nota-se que a prorrogação da licença-maternidade e da licença-paternidade, com aplicação da renúncia fiscal prevista no art. 5.º da Lei 11.770/2008 (com redação dada pela Lei 13.257/2016), acabou ficando limitada às empresas de maior porte, que são as pessoas jurídicas tributadas com base no lucro real, certamente como forma de limitar a queda nas receitas públicas. Se o empregador não for uma pessoa jurídica que preencha as exigências dos arts. 1.º, § 1.º, e 5.º, e mesmo assim queira conceder prorrogação da licença-maternidade e da licença-paternidade, não terá direito à mencionada renúncia fiscal, de modo que isso seria, em verdade, simples licença remunerada.

Em conformidade com o art. 7.º da Lei 11.770/2008: "O Poder Executivo, com vistas no cumprimento do disposto no inciso II do *caput* do art. 5.º e nos arts. 12 e 14 da Lei Complementar 101, de 4 de maio de 2000, estimará o montante da renúncia fiscal decorrente do disposto nesta Lei e o incluirá no demonstrativo a que se refere o § 6.º do art. 165 da Constituição Federal, que acompanhará o projeto de lei orçamentária cuja apresentação se der após decorridos 60 (sessenta) dias da publicação desta Lei".

Assim sendo, em cumprimento aos preceitos da Lei de Responsabilidade Fiscal, cabe ao Poder Executivo estimar o montante da renúncia fiscal decorrente do disposto na Lei 11.770/2008, mais especificamente de seu art. 5.º, acima analisado. Além disso, o Poder Executivo deve incluir esse montante estimado da renúncia fiscal no "demonstrativo regionalizado do efeito, sobre as receitas e despesas, decorrente de isenções, anistias, remissões, subsídios e benefícios de natureza financeira, tributária e creditícia" (art. 165, § 6.º, da Constituição Federal de 1988), que acompanhará o projeto de lei orçamentária cuja apresentação se der após decorridos 60 dias da publicação da Lei 11.770/2008 (a qual foi publicada no *DOU* de 10.09.2008).

Quanto ao orçamento anual, o Presidente da República deve enviar o respectivo projeto de lei ao Congresso Nacional (art. 84, inciso XXIII, da CF/1988) até quatro meses antes do encerramento do exercício financeiro (art. 35, § 2.º, inciso III, do ADCT, ou seja, até o mês de agosto de cada exercício[20]).

O art. 39 da Lei 13.257/2016 prevê ainda que o Poder Executivo, com vistas ao cumprimento do disposto no art. 5.º, *caput*, inciso II, e nos arts. 12 e 14 da Lei Complementar 101/2000, deve estimar o montante da renúncia fiscal decorrente do disposto no art. 38

---

19. Cf. MACHADO, Hugo de Brito. *Curso de direito tributário*. 12. ed. São Paulo: Malheiros, 1997. p. 224: "As firmas individuais e as pessoas jurídicas cuja receita bruta seja inferior a determinado montante e que atendam, ainda, a outras exigências da lei ficam dispensadas de fazer a escrituração contábil de suas transações e o imposto de renda, nestes casos, é calculado sobre o *lucro presumido*, que é determinado pela aplicação de coeficientes legalmente definidos, sobre a receita bruta anual, conforme a natureza da atividade". Cf. ainda Lei 9.718/1998, arts. 13 e 14.

20. Cf. OLIVEIRA, Regis Fernandes de; HORVATH, Estevão. *Manual de direito financeiro*. 2. ed. São Paulo: RT, 1997. p. 86. Cf. Lei 4.320/1964, arts. 22 e 34.

da Lei 13.257/2016 (que passou a prever a prorrogação também da licença-paternidade) e o incluirá no demonstrativo a que se refere o art. 165, § 6.º, da Constituição Federal, que acompanhará o projeto de lei orçamentária cuja apresentação se der depois de decorridos 60 dias da publicação da Lei 13.257/2016.

A Lei 11.770/2008, de acordo com o seu art. 8.º, entrou em vigor na data de sua publicação, "produzindo efeitos a partir do primeiro dia do exercício subsequente àquele em que for implementado o disposto no seu art. 7.º".

De modo semelhante, o art. 40 da Lei 13.257/2016 dispõe que os seus arts. 38 (que modifica a Lei 11.770/2008) e 39 produzem efeitos a partir do primeiro dia do exercício subsequente àquele em que for implementado o disposto no referido art. 39 do mesmo diploma legal.

12.3.18 *Lockout*

O *lockout* é definido como a paralisação das atividades, por iniciativa do empregador, com o objetivo de frustrar negociação ou dificultar o atendimento de reivindicações dos respectivos empregados.

Trata-se de prática expressamente vedada pela Lei 7.783/1989, art. 17. Na forma do parágrafo único do referido art. 17: a prática do *lockout* assegura aos trabalhadores "o direito à percepção dos salários durante o período de paralisação".

Assim, por se tratar de período em que não há a prestação dos serviços, mas os salários são devidos, tem-se hipótese de interrupção do contrato de trabalho.

12.3.19 Prisão e detenção do empregado

Se o empregado for preso ou detido, seja a prisão de natureza criminal (art. 5.º, inciso LXI) ou civil (art. 5.º, inciso LXVII, da CF/1988), tornando impossível a prestação do serviço, pode-se entender que ocorre a suspensão do contrato de trabalho, pois não se verifica previsão de direito ao salário nas hipóteses de ausência de labor em questão.

Além disso, cabe destacar que se o empregado for condenado criminalmente, com sentença transitada em julgado, sem suspensão da execução da pena, o empregador pode dispensá-lo por justa causa, conforme previsão do art. 482, *d*, da CLT. Entende-se que, nesse caso, a impossibilidade de prestar os serviços pelo empregado autoriza a sua dispensa por justa causa.

12.3.20 Prontidão e sobreaviso

Em conformidade com o art. 244 da CLT, as estradas de ferro poderão ter empregados *extranumerários*, de *sobreaviso* e de *prontidão*, para executarem serviços imprevistos ou para substituições de outros empregados que faltem à escala organizada.

Considera-se "extranumerário" o empregado não efetivo, candidato à efetivação, que se apresentar normalmente ao serviço, embora só trabalhe quando for necessário. O extranumerário só receberá os dias de trabalho efetivo (§ 1.º do art. 244 da CLT).

Considera-se de "sobreaviso" o empregado efetivo, que permanecer em sua própria casa, aguardando a qualquer momento o chamado para o serviço. Cada escala de "sobreaviso" será, no máximo, de 24 horas. As horas de "sobreaviso", para todos os efeitos, serão contadas à razão de 1/3 do salário normal (§ 2.º do art. 244 da CLT). Entende-se, com isso, que se trata de interrupção do contrato de trabalho, pois o período é remunerado, ainda que de forma diferenciada.

Conforme a Súmula 229 do TST: "Por aplicação analógica do art. 244, § 2.º, da CLT, as horas de sobreaviso dos eletricitários são remuneradas à base de 1/3 sobre a totalidade das parcelas de natureza salarial".

De acordo com Sergio Pinto Martins, no caso do "telefone celular", "o empregado pode locomover-se, não necessitando ficar aguardando o chamado do empregador em sua residência"[21].

A respeito do tema, conforme a atual redação da Súmula 428 do TST:

> "Sobreaviso. Aplicação analógica do art. 244, § 2.º, da CLT.
>
> I - O uso de instrumentos telemáticos ou informatizados fornecidos pela empresa ao empregado, por si só, não caracteriza regime de sobreaviso.
>
> II - Considera-se em sobreaviso o empregado que, à distância e submetido a controle patronal por instrumentos telemáticos ou informatizados, permanecer em regime de plantão ou equivalente, aguardando a qualquer momento o chamado para o serviço durante o período de descanso"[22].

Considera-se de "prontidão" o empregado que ficar nas dependências da estrada, aguardando ordens. A escala de prontidão será, no máximo, de 12 horas. As horas de prontidão serão, para todos os efeitos, contadas à razão de 2/3 do salário-hora normal (§ 3.º do art. 244 da CLT).

Na prontidão, em que o empregado fica aguardando ordens, nas dependências da estrada, tem-se, da mesma forma, interrupção contratual, por ser o período remunerado, ainda que de forma diferenciada (2/3 do salário).

12.3.21 Tempo de espera

O art. 235-C, § 1.º, da CLT, com redação determinada pela Lei 13.103/2015, ao tratar do serviço do motorista profissional empregado, prevê que será considerado como traba-

---

21. MARTINS, Sergio Pinto. *Direito do trabalho*. 22. ed. São Paulo: Atlas, 2006. p. 514.

22. Cf. ainda: "Agravo de instrumento em recurso de revista em face de decisão publicada antes da vigência da Lei nº 13.015/2014. Jornada de trabalho. Horas de sobreaviso. O regime de sobreaviso caracteriza-se como o tempo, previamente ajustado, em que o empregado permanece, fora do horário normal de serviço, à disposição do empregador, no aguardo de eventual chamada para o trabalho. Tal situação importa diminuição ou cerceamento da liberdade de dispor do seu próprio tempo, pois a constante expectativa de ser chamado ao serviço no momento de fruição do seu descanso, seja em casa ou em qualquer outro lugar que possa vir a ser acionado por meios de comunicação, impede que desempenhe as suas atividades regulares. A regra do artigo 244, § 2.º, da CLT deve ser compreendida à luz da realidade da época de sua edição, nos idos de 1943, quando os meios de comunicação eram rudimentares e, por isso, era exigida a permanência do empregado em sua casa, a fim de ser localizado de maneira mais rápida. Hoje, porém, é possível que o trabalhador tenha certa mobilidade e, ainda assim, seja prontamente contatado pela empresa, por meio de *pager*, celular ou outros recursos tecnológicos. Nesse sentido é a Súmula nº 428 do TST. Na hipótese, o quadro fático delineado no acórdão regional comprova, efetivamente, a ocorrência de restrição à liberdade do autor, já que, quando escalado em regime de plantão, deveria ficar com o telefone celular e *notebook* disponíveis a fim de prestar suporte técnico ao cliente que necessitava. Incidência do artigo 896, §§ 4.º e 5.º, da CLT. Agravo de instrumento a que se nega provimento" (TST, 7.ª T., AIRR - 2058-43.2012.5.02.0464, Rel. Min. Cláudio Mascarenhas Brandão, *DEJT* 27.10.2017).

lho efetivo o tempo em que o motorista empregado estiver à disposição do empregador, *excluídos os intervalos para refeição, repouso e descanso*.

O Supremo Tribunal Federal declarou inconstitucional a expressão "e o tempo de espera", disposta na parte final do § 1.º do art. 235-C da CLT, por arrastamento (STF, Pleno, ADI 5.322/DF, Rel. Min. Alexandre de Moraes, j. 05.07.2023).

Nesse contexto, o § 8.º do art. 235-C da CLT dispõe que são consideradas *tempo de espera* as horas em que o motorista profissional empregado ficar aguardando carga ou descarga do veículo nas dependências do embarcador ou do destinatário e o período gasto com a fiscalização da mercadoria transportada em barreiras fiscais ou alfandegárias.

O Supremo Tribunal Federal declarou inconstitucional a expressão "não sendo computados como jornada de trabalho e nem como horas extraordinárias", prevista na parte final do § 8.º do art. 235-C da CLT (STF, Pleno, ADI 5.322/DF, Rel. Min. Alexandre de Moraes, j. 05.07.2023).

De acordo com o art. 235-C, § 9.º, da CLT, as horas relativas ao tempo de espera "serão *indenizadas* na proporção de 30% (trinta por cento) do salário-hora normal". O Supremo Tribunal Federal declarou inconstitucional o § 9.º do art. 235-C da CLT, sem efeito repristinatório (STF, Pleno, ADI 5.322/DF, Rel. Min. Alexandre de Moraes, j. 05.07.2023).

De todo modo, em nenhuma hipótese, o tempo de espera do motorista empregado prejudicará o direito ao recebimento da remuneração correspondente ao salário-base diário (art. 235-C, § 10, da CLT).

Quando a "espera" mencionada no art. 235-C, § 8.º, da CLT for superior a duas horas ininterruptas e for exigida a permanência do motorista empregado junto ao veículo, caso o local ofereça condições adequadas, o tempo deve ser considerado como de repouso para os fins dos intervalos de que tratam os §§ 2.º e 3.º do art. 235-C (ou seja, intrajornada e interjornada), sem prejuízo do disposto no § 9.º do mesmo dispositivo legal, que trata da indenização das horas relativas ao tempo de espera (art. 235-C, § 11, da CLT).

Durante o tempo de espera, o motorista pode realizar movimentações necessárias do veículo (art. 235-C, § 12, da CLT).

O Supremo Tribunal Federal declarou inconstitucional a expressão "as quais não serão consideradas como parte da jornada de trabalho, ficando garantido, porém, o gozo do descanso de 8 (oito) horas ininterruptas aludido no § 3.º", prevista no § 12 do art. 235-C da CLT (STF, Pleno, ADI 5.322/DF, Rel. Min. Alexandre de Moraes, j. 05.07.2023).

Tendo em vista a referida decisão do STF, o tempo de espera deve ser computado na jornada de trabalho e considerado para fins de horas extraordinárias, e a remuneração correspondente deve ter natureza salarial.

Frise-se, ainda, que o motorista empregado, em viagem de longa distância, que ficar com o veículo parado após o cumprimento da jornada normal ou das horas extraordinárias fica dispensado do serviço, exceto se for expressamente autorizada a sua permanência junto ao veículo pelo empregador, hipótese em que o tempo deve ser considerado de *espera* (art. 235-D, § 3.º, da CLT).

12.3.22 Repouso semanal remunerado e feriados

O repouso semanal remunerado, de acordo com a Constituição da República, art. 7.º, inciso XV, deve ser "preferencialmente aos domingos".

O mencionado direito é objeto de regulamentação pela Lei 605, de 5 de janeiro de 1949, a qual também dispõe sobre os feriados legais remunerados.

No descanso semanal, bem como no feriado civil ou religioso, o empregado não presta serviços, mas faz jus à respectiva remuneração, a qual é devida desde que presentes os requisitos do art. 6.º da Lei 605/1949, quais sejam, assiduidade e pontualidade durante a semana anterior, em valor previsto no art. 7.º do mesmo diploma legal. Assim, tanto o descanso semanal remunerado como os feriados representam hipóteses de interrupção contratual.

12.3.23 Representação sindical

De acordo com o art. 543, § 2.º, da CLT:

> "Considera-se de licença não remunerada, salvo assentimento da empresa ou cláusula contratual, o tempo em que o empregado se ausentar do trabalho no desempenho das funções a que se refere este artigo".

Assim, em regra, o período de exercício da representação sindical, por ser considerado como "licença não remunerada", revela-se modalidade de suspensão do contrato de trabalho do empregado eleito dirigente sindical. No entanto, se a empresa ou eventual cláusula contratual (que pode ser prevista, também, no regulamento de empresa, ou mesmo em norma coletiva decorrente de negociação coletiva) estabelecer que no período em questão a remuneração seja devida pelo empregador, ter-se-á hipótese de interrupção contratual.

Obviamente, se o empregado, embora seja representante sindical, não deixa de prestar serviços ao empregador, não se trata nem de suspensão nem de interrupção do contrato de trabalho.

12.3.24 Segurança nacional

O art. 472 da CLT apresenta as seguintes disposições, relacionadas ao tema em estudo:

> "§ 3.º Ocorrendo motivo relevante de interesse para a segurança nacional, poderá a autoridade competente solicitar o afastamento do empregado do serviço ou do local de trabalho, sem que se configure a suspensão do contrato de trabalho.
>
> § 4.º O afastamento a que se refere o parágrafo anterior será solicitado pela autoridade competente diretamente ao empregador, em representação fundamentada com audiência da Procuradoria Regional do Trabalho, que providenciará desde logo a instauração do competente inquérito administrativo.
>
> § 5.º Durante os primeiros 90 (noventa) dias desse afastamento, o empregado continuará percebendo sua remuneração".

Essa previsão de afastamento do empregado do serviço, de acordo com o mencionado art. 472, § 3.º, não configura suspensão do contrato de trabalho, pois durante os primeiros 90 dias desse afastamento, o empregado continuará percebendo sua remuneração (§ 5.º). Trata-se, portanto, de verdadeira interrupção do contrato de trabalho. No entanto, após os referidos 90 dias iniciais, se o afastamento continuar, o salário deixa de ser devido, o que configura, em tese, suspensão do contrato de trabalho.

Mesmo assim, cabe destacar o entendimento, aqui defendido, de que as disposições em questão, inseridas pelo Decreto-lei 3/1966, não foram recepcionadas pela Constituição Federal de 1988. No atual regime de Estado Democrático de Direito não mais vigora a doutrina da segurança nacional, substituída pela preservação do interesse público e social, sem afrontar a dignidade da pessoa humana e os diferentes direitos de ordem fundamental. Cabe destacar que a atual "segurança pública", conforme previsão do art. 144 da Constituição de 1988, também não se confunde com a antiga sistemática da "segurança nacional", que se tornou incompatível com o atual regime político, fundado na democracia e no pluralismo (art. 1.º da CF/1988). Tanto é assim que a Lei 8.630/1993 (posteriormente revogada pela Lei 12.815/2013), em seu art. 76, revogou expressamente o mencionado Decreto-lei 3/1966, com o que podem ser considerados revogados os dispositivos em questão.

12.3.25 Suspensão disciplinar

Uma das penalidades que pode ser aplicada ao empregado, em razão de falta praticada, é a suspensão por motivo disciplinar.

A referida suspensão fica limitada a 30 dias consecutivos, conforme o art. 474 da CLT. Excedido esse período, tem-se o exercício abusivo do poder disciplinar pelo empregador, importando em motivo para a despedida indireta pelo empregado.

A suspensão disciplinar, se válida (ou seja, não anulada pelo Poder Judiciário), representa hipótese de suspensão do contrato de trabalho, pois o salário do período não será devido ao empregado.

No entanto, caso o empregado, questionando a aplicação da referida medida disciplinar, obtenha a sua invalidação em juízo, estar-se-á diante de hipótese em que não ocorreu a prestação dos serviços, mas os salários do período passam a ser devidos, com a respectiva condenação judicial. Assim, o caso passa a ser de interrupção contratual.

12.3.26 Suspensão por violência doméstica e familiar à mulher

A Lei 11.340/2006, em seu art. 9.º, prevê que a "assistência à mulher em situação de violência doméstica e familiar" deve ser prestada conforme "os princípios e as diretrizes previstos na Lei Orgânica da Assistência Social, no Sistema Único de Saúde, no Sistema Único de Segurança Pública", entre outras normas e políticas públicas de proteção (e emergencialmente, quando for o caso).

Como se nota, a mulher exposta à violência doméstica e familiar faz jus aos benefícios previstos nos setores da Assistência Social, da Saúde e da Segurança Pública. Desse modo, o juiz determinará, por prazo certo, a inclusão da mulher, na referida situação, no "cadastro de programas assistenciais do governo federal, estadual e municipal" (art. 9.º, § 1.º).

Além disso, de acordo com o § 2.º do art. 9.º da Lei 11.340/2006:

> "O juiz assegurará à mulher em situação de violência doméstica e familiar, para preservar sua integridade física e psicológica:
>
> I – acesso prioritário à remoção quando servidora pública, integrante da administração direta e indireta;
>
> II – manutenção do vínculo trabalhista, quando necessário o afastamento do local de trabalho, por até seis meses;

III – encaminhamento à assistência judiciária, quando for o caso, inclusive para eventual ajuizamento da ação de separação judicial, de divórcio, de anulação de casamento ou de dissolução de união estável perante o juízo competente".

Entende-se que o referido acesso prioritário à remoção (inciso I) também engloba a servidora pública regida pela legislação trabalhista, pois a norma em questão não apresenta qualquer restrição quanto ao regime jurídico.

A manutenção da relação de emprego pelo juiz (por até seis meses), quando necessário o afastamento do local de trabalho (inciso II), indica a ausência de prestação de serviços pela mulher exposta à violência doméstica ou familiar. Desse modo, embora a questão não seja pacífica, tem-se a hipótese de *suspensão do contrato de trabalho*, pois ausente o labor, não havendo norma que estabeleça o direito de recebimento de salário no período respectivo.

Tendo em vista o caráter bilateral do contrato de emprego, seria necessária determinação legal impondo ao empregador o dever de permanecer pagando o salário à mulher, mesmo sem ela estar trabalhando, como ocorre nas hipóteses de interrupção contratual. Além disso, cabe ao Estado assegurar e conceder os benefícios assistenciais e de saúde para a situação enfocada (de violência doméstica e familiar), até mesmo para que não ocorra discriminação contra a mulher no mercado de trabalho. Tanto é assim que o *caput* e o § 1.º do art. 9.º fazem menção ao sistema (estatal e governamental) de assistência social (bem como de saúde e de segurança pública). Nesse mesmo enfoque é a previsão do art. 226, § 8.º, da Constituição Federal de 1988, estabelecendo o dever do Estado de assegurar "a assistência à família na pessoa de cada um dos que a integram, criando mecanismos para coibir a violência no âmbito de suas relações".

Justamente em razão dessa suspensão do contrato de trabalho, tem-se a inviabilidade de dispensa sem justa causa da mulher em situação de violência doméstica e familiar. Nessa linha, a Lei 11.340/2006 estabeleceu a manutenção do vínculo trabalhista pelo juiz, por seis meses, quando ocorrer a referida suspensão do labor, ou seja, quando for necessário "o afastamento do local de trabalho". Não se trata de estabilidade definitiva, mas sim de inviabilidade de terminação da relação de emprego, por despedida sem justa causa, enquanto a prestação de serviços estiver suspensa (observado o limite de seis meses).

Ainda quanto ao tema, cabe fazer referência ao entendimento firmado pelo Superior Tribunal de Justiça, no sentido de que a natureza jurídica do afastamento previsto no art. 9.º, § 2.º, inciso II, da Lei 11.340/2006 é de "interrupção do contrato de trabalho, por meio de interpretação teleológica" do referido diploma legal, cabendo "ao empregador o pagamento dos quinze primeiros dias de afastamento da empregada vítima de violência doméstica e familiar e fica a cargo do INSS o pagamento do restante do período de afastamento estabelecido pelo juiz, com necessidade de apresentação de atestado que confirme estar a ofendida incapacitada para o trabalho e desde que haja aprovação do afastamento pela perícia do INSS, por incidência do auxílio-doença, aplicado ao caso por meio de interpretação analógica". Argumentou-se que conforme o art. 203 da Constituição Federal de 1988: "A Assistência Social será prestada a quem dela necessitar, independentemente de contribuição à Seguridade Social". No referido caso, decidiu-se que "ao invés do atestado de saúde, há necessidade de apresentação do documento de homologação ou determinação judicial de afastamento do trabalho em decorrência de violência doméstica e familiar para comprovar que a ofendida está incapacitada a comparecer ao local de trabalho" (STJ, 6.ª T., REsp 1.757.775/SP, 2018/0193975-8, Rel. Min. Rogerio Schietti Cruz, j. 20.08.2019)[23].

Apesar do entendimento que prevaleceu na mencionada decisão, deve-se ressaltar que o auxílio-doença, na verdade, é direito de natureza previdenciária (art. 201 da Constituição Federal de 1988 e art. 59 da Lei 8.213/1991), e não da Assistência Social (art. 203 da Constituição da República). Além disso, nenhum benefício ou serviço da Seguridade Social pode ser estendido, como ocorreu na hipótese, sem a correspondente fonte de custeio total (art. 195, § 5.º, da Constituição Federal de 1988).

12.4 SUSPENSÃO DO CONTRATO DE TRABALHO PARA QUALIFICAÇÃO PROFISSIONAL

A Medida Provisória 2.161-41, de 24 de agosto de 2001 (ainda em vigor na forma do art. 2.º da Emenda Constitucional 32, de 11 de setembro de 2001), acrescentou à CLT o art. 476-A, regulando a **suspensão do contrato de trabalho para participação do empregado em curso ou programa de qualificação profissional oferecido pelo empregador**.

O instituto em questão procura oferecer um meio de se qualificar profissionalmente os empregados, e disponibiliza uma forma de se enfrentar crises econômicas passageiras, sem ter de pôr fim aos contratos de trabalho.

De acordo com o referido art. 476-A da CLT:

> "Art. 476-A. O contrato de trabalho poderá ser suspenso, por um período de dois a cinco meses, para participação do empregado em curso ou programa de qualificação profissional oferecido pelo empregador, com duração equivalente à suspensão contratual, mediante previsão em convenção ou acordo coletivo de trabalho e aquiescência formal do empregado, observado o disposto no art. 471 desta Consolidação.

23. "Recurso especial. Violência doméstica e familiar. Medida protetiva. Afastamento do emprego. Manutenção do vínculo trabalhista. Competência. Vara especializada. Vara Criminal. Natureza jurídica do afastamento. Interrupção do contrato de trabalho. Pagamento. Interpretação teleológica. Interpretação extensiva. Previsão legal. Inexistência. Falta justificada. Pagamento de indenização. Auxílio doença. Instituto Nacional do Seguro Social. Recurso especial provido parcialmente. 1. Tem competência o juiz da vara especializada em violência doméstica e familiar ou, caso não haja na localidade, o juízo criminal, para apreciar pedido de imposição de medida protetiva de manutenção de vínculo trabalhista, por até seis meses, em razão de afastamento do trabalho de ofendida decorrente de violência doméstica e familiar, uma vez que o motivo do afastamento não advém de relação de trabalho, mas de situação emergencial que visa garantir a integridade física, psicológica e patrimonial da mulher. 2. Tem direito ao recebimento de salário a vítima de violência doméstica e familiar que teve como medida protetiva imposta ao empregador a manutenção de vínculo trabalhista em decorrência de afastamento do emprego por situação de violência doméstica e familiar, ante o fato de a natureza jurídica do afastamento ser a interrupção do contrato de trabalho, por meio de interpretação teleológica da Lei n. 11.340/2006. 3. Incide o auxílio-doença, diante da falta de previsão legal, referente ao período de afastamento do trabalho, quando reconhecida ser decorrente de violência doméstica e familiar, pois tal situação advém da ofensa à integridade física e psicológica da mulher e deve ser equiparada aos casos de doença da segurada, por meio de interpretação extensiva da Lei Maria da Penha. 4. Cabe ao empregador o pagamento dos quinze primeiros dias de afastamento da empregada vítima de violência doméstica e familiar e fica a cargo do INSS o pagamento do restante do período de afastamento estabelecido pelo juiz, com necessidade de apresentação de atestado que confirme estar a ofendida incapacitada para o trabalho e desde que haja aprovação do afastamento pela perícia do INSS, por incidência do auxílio-doença, aplicado ao caso por meio de interpretação analógica. 5. Recurso especial parcialmente provido, para a fim de declarar competente o Juízo da 2.ª Vara Criminal de Marília-SP, que fixou as medidas protetivas a favor da ora recorrente, para apreciação do pedido retroativo de reconhecimento do afastamento de trabalho decorrente de violência doméstica, nos termos do voto" (STJ, 6.ª T., REsp 1.757.775/SP, 2018/0193975-8, Rel. Min. Rogerio Schietti Cruz, *DJe* 02.09.2019).

§ 1.º Após a autorização concedida por intermédio de convenção ou acordo coletivo, o empregador deverá notificar o respectivo sindicato, com antecedência mínima de quinze dias da suspensão contratual".

Como se nota, a suspensão do contrato de trabalho em estudo depende de três requisitos essenciais:

- autorização mais genérica, presente em convenção ou acordo coletivo, ou seja, instrumentos normativos decorrentes de negociação coletiva;
- concordância formal do empregado, ou seja, específica e de modo escrito, sem vício na manifestação da vontade;
- notificação, pelo empregador, do sindicato da categoria profissional, com antecedência mínima de 15 dias da suspensão contratual.

O período de suspensão contratual, na modalidade em análise, é de dois a cinco meses (art. 476-A, *caput*, da CLT). No entanto, de acordo com o § 7.º do art. 476-A da CLT, esse prazo limite (fixado no *caput*) "poderá ser prorrogado mediante convenção ou acordo coletivo de trabalho e aquiescência formal do empregado, desde que o empregador arque com o ônus correspondente ao valor da bolsa de qualificação profissional, no respectivo período".

O art. 476-A, § 6.º, da CLT assim estabelece:

"§ 6.º Se durante a suspensão do contrato não for ministrado o curso ou programa de qualificação profissional, ou o empregado permanecer trabalhando para o empregador, ficará descaracterizada a suspensão, sujeitando o empregador ao pagamento imediato dos salários e dos encargos sociais referentes ao período, às penalidades cabíveis previstas na legislação em vigor, bem como às sanções previstas em convenção ou acordo coletivo".

Em conformidade com o § 2.º do art. 476-A da CLT:

"O contrato de trabalho não poderá ser suspenso em conformidade com o disposto no *caput* deste artigo mais de uma vez no período de dezesseis meses".

Esse limite, quanto a este número de suspensões autônomas do contrato de trabalho (§ 2.º do art. 476-A da CLT), não se confunde com a prorrogação do prazo de suspensão (§ 7.º do art. 476-A da CLT). Assim, não se verifica a possibilidade de "flexibilizar" o disposto no § 2.º do art. 476-A da CLT, nem mesmo por norma coletiva decorrente de negociação coletiva, por se tratar de aspecto de ordem pública. Quando a lei permite a previsão diversa em convenção ou acordo coletivo, ela o faz expressamente (§ 7.º do art. 476-A da CLT).

Em conformidade com o § 3.º do art. 476-A da CLT da CLT:

"O empregador poderá conceder ao empregado ajuda compensatória mensal, sem natureza salarial, durante o período de suspensão contratual nos termos do *caput* deste artigo, com valor a ser definido em convenção ou acordo coletivo".

Além disso, o § 4.º do mesmo art. 476-A estabelece que:

"Durante o período de suspensão contratual para participação em curso ou programa de qualificação profissional, o empregado fará jus aos benefícios voluntariamente concedidos pelo empregador".

O art. 7.º da mesma Medida Provisória 2.164-41/2001 também trouxe modificações e acréscimos à Lei 7.998/1990, a qual regula o seguro-desemprego.

Nesse sentido, alterou o art. 2.º, inciso II, do referido diploma legal, passando a estabelecer que o Programa do Seguro-Desemprego apresenta entre as suas finalidades: "auxiliar os trabalhadores na busca ou preservação do emprego, promovendo, para tanto, ações integradas de orientação, recolocação e qualificação profissional".

Em razão disso, a Medida Provisória mencionada acrescentou à Lei 7.998/1990 a seguinte disposição:

> "Art. 2.º-A. Para efeito do disposto no inciso II do art. 2.º, fica instituída a bolsa de qualificação profissional, a ser custeada pelo Fundo de Amparo ao Trabalhador – FAT, à qual fará jus o trabalhador que estiver com o contrato de trabalho suspenso em virtude de participação em curso ou programa de qualificação profissional oferecido pelo empregador, em conformidade com o disposto em convenção ou acordo coletivo celebrado para este fim".

Como se pode verificar, o Programa do Seguro-Desemprego, estabelecido pelo Fundo de Amparo ao Trabalhador (FAT), deixou de se restringir à situação do desemprego, em sentido estrito, já consumado, ampliando-se, de forma acertada, para o auxílio na busca e preservação do emprego, promovendo, também, a qualificação profissional.

Tanto é assim que, de acordo com o art. 3.º-A da Lei 7.998/1990, também acrescentado pela Medida Provisória 2.164-41/2001: "A periodicidade, os valores, o cálculo do número de parcelas e os demais procedimentos operacionais de pagamento da bolsa de qualificação profissional, nos termos do art. 2.º-A desta Lei, bem como os pré-requisitos para habilitação serão os mesmos adotados em relação ao benefício do Seguro-Desemprego, exceto quanto à dispensa sem justa causa".

Se ocorrer a rescisão do contrato de trabalho, o pagamento da bolsa de qualificação profissional será *suspenso* (art. 7.º-A da Lei 7.998/1990).

O benefício da bolsa de qualificação profissional será *cancelado* nas seguintes situações (art. 8.º-A da Lei 7.998/1990):

> "I – fim da suspensão contratual e retorno ao trabalho;
>
> II – por comprovação de falsidade na prestação das informações necessárias à habilitação;
>
> III – por comprovação de fraude visando à percepção indevida da bolsa de qualificação profissional;
>
> IV – por morte do beneficiário".

De acordo com o art. 476-A, § 5.º, da CLT:

> "§ 5.º Se ocorrer a dispensa do empregado no transcurso do período de suspensão contratual ou nos três meses subsequentes ao seu retorno ao trabalho, o empregador pagará ao empregado, além das parcelas indenizatórias previstas na legislação em vigor, multa a ser estabelecida em convenção ou acordo coletivo, sendo de, no mínimo, cem por cento sobre o valor da última remuneração mensal anterior à suspensão do contrato".

No caso, o pagamento das "indenizações previstas em lei" refere-se às verbas rescisórias, decorrentes de dispensa sem justa causa. Além desse montante, a disposição assegura o recebimento de multa, cujo valor deve ser previsto na norma coletiva negociada, ficando desde já fixado o mínimo de 100% sobre o valor da última remuneração mensal anterior à suspensão contratual. Pode-se entender que também na dispensa indireta, em que ocorre a justa causa patronal, deve-se aplicar a mesma orientação do art. 476-A, § 5.º, da CLT.

Por fim, de acordo com o art. 8.º-B da Lei 7.998/1990, acrescentado pela Medida Provisória 2.164-41/2001:

> "Na hipótese prevista no § 5.º do art. 476-A da Consolidação das Leis do Trabalho – CLT, as parcelas da bolsa de qualificação profissional que o empregado tiver recebido serão descontadas das parcelas do benefício do Seguro-Desemprego a que fizer jus, sendo-lhe garantido, no mínimo, o recebimento de uma parcela do Seguro-Desemprego".

12.5 SUSPENSÃO DO CONTRATO DE TRABALHO PARA QUALIFICAÇÃO PROFISSIONAL DE MULHERES

Foi instituído o Programa Emprega + Mulheres, destinado à inserção e à manutenção de mulheres no mercado de trabalho por meio da implementação, entre outras, das seguintes medidas para qualificação de mulheres, em áreas estratégicas para a ascensão profissional: suspensão do contrato de trabalho para fins de qualificação profissional; estímulo à ocupação das vagas em cursos de qualificação dos serviços nacionais de aprendizagem por mulheres e priorização de mulheres hipossuficientes vítimas de violência doméstica e familiar (art. 1.º, inciso III, da Lei 14.457/2022).

Sendo assim, mediante requisição formal da empregada interessada, para estimular a qualificação de mulheres e o desenvolvimento de habilidades e de competências em áreas estratégicas ou com menor participação feminina, o empregador pode suspender o contrato de trabalho para participação em curso ou em programa de qualificação profissional oferecido pelo empregador (art. 15 da Lei 14.457/2022).

Na referida hipótese, a suspensão do contrato de trabalho deve ser formalizada por meio de acordo individual, de acordo coletivo ou de convenção coletiva de trabalho, nos termos do art. 476-A da Consolidação das Leis do Trabalho (art. 15, § 1.º, Lei 14.457/2022).

O curso ou o programa de qualificação profissional oferecido pelo empregador deve priorizar áreas que promovam a ascensão profissional da empregada ou áreas com baixa participação feminina, tais como ciência, tecnologia, desenvolvimento e inovação.

Durante o período de suspensão do contrato de trabalho, a empregada faz jus à bolsa de qualificação profissional de que trata o art. 2.º-A da Lei 7.998/1990 (custeada pelo Fundo de Amparo ao Trabalhador – FAT).

Além da bolsa de qualificação profissional, durante o período de suspensão do contrato de trabalho, o empregador pode conceder à empregada ajuda compensatória mensal, sem natureza salarial.

Para fins de pagamento da bolsa de qualificação profissional, o empregador deve encaminhar ao Ministério do Trabalho e Previdência os dados referentes às empregadas que terão o contrato de trabalho suspenso.

Se ocorrer a dispensa da empregada no transcurso do período de suspensão ou nos seis meses subsequentes ao seu retorno ao trabalho, o empregador pagará à empregada, além das parcelas indenizatórias previstas na legislação, multa a ser estabelecida em convenção ou em acordo coletivo, que será de, no mínimo, 100% sobre o valor da última remuneração mensal anterior à suspensão do contrato de trabalho.

A opção por acordo individual para formalizar a medida prevista no art. 15, § 1.º, Lei 14.457/2022 somente pode ser realizada: I – nos casos de empresas ou de categorias de trabalhadores para as quais não haja acordo coletivo ou convenção coletiva de trabalho celebrados; ou II – se houver acordo coletivo ou convenção coletiva de trabalho celebrados, se o acordo individual a ser celebrado contiver medidas mais vantajosas à empregada ou ao empregado que o instrumento coletivo vigente (art. 21 da Lei 14.457/2022).

Na adoção da medida de suspensão do contrato de trabalho prevista no art. 15 da Lei 14.457/2022, deve sempre ser levada em conta a vontade expressa da empregada ou do empregado beneficiado pela medida de apoio ao exercício da parentalidade (art. 22 da Lei 14.457/2022).

Ainda no âmbito das medidas para qualificação de mulheres, as entidades dos serviços nacionais de aprendizagem, observadas suas leis de regência e regulamentos, mediante a celebração de ajustes e de parcerias com a União, podem implementar medidas que estimulem a matrícula de mulheres em cursos de qualificação, em todos os níveis e áreas de conhecimento (art. 16 da Lei 14.457/2022). Para fins do disposto nessa previsão, devem ser priorizadas as mulheres hipossuficientes vítimas de violência doméstica e familiar com registro de ocorrência policial.

Se ocorrer a celebração dos referidos termos de ajustes ou de parcerias, os serviços nacionais de aprendizagem desenvolverão ferramentas de monitoramento e estratégias para a inscrição e a conclusão dos cursos por mulheres, especialmente nas áreas de ciência, de tecnologia, de desenvolvimento e de inovação.

12.6 SUSPENSÃO DO CONTRATO DE TRABALHO DE PAIS EMPREGADOS

Foi instituído o Programa Emprega + Mulheres, destinado à inserção e à manutenção de mulheres no mercado de trabalho por meio da implementação, entre outras, da seguinte medida para apoio ao retorno ao trabalho das mulheres após o término da licença-maternidade: suspensão do contrato de trabalho de pais empregados para acompanhamento do desenvolvimento dos filhos (art. 1.º, inciso IV, alínea *a*, da Lei 14.457/2022).

Sendo assim, mediante requisição formal do empregado interessado, o empregador pode suspender o contrato de trabalho do empregado com filho cuja mãe tenha encerrado o período da licença-maternidade para: I – prestar cuidados e estabelecer vínculos com os filhos; II – acompanhar o desenvolvimento dos filhos; III – apoiar o retorno ao trabalho de sua esposa ou companheira (art. 17 da Lei 14.457/2022).

A suspensão do contrato de trabalho ocorrerá nos termos do art. 476-A da Consolidação das Leis do Trabalho, para participação em curso ou em programa de qualificação profissional oferecido pelo empregador, formalizada por meio de acordo individual, de acordo coletivo ou de convenção coletiva de trabalho (art. 17, § 1.º, Lei 14.457/2022).

A suspensão do contrato de trabalho deve ser efetuada após o término da licença-maternidade da esposa ou companheira do empregado.

O curso ou o programa de qualificação profissional deve ser oferecido pelo empregador, tem carga horária máxima de 20 horas semanais e deve ser realizado exclusivamente na modalidade não presencial, preferencialmente, de forma assíncrona.

A limitação prevista no art. 476-A, § 2.º, da Consolidação das Leis do Trabalho (suspensão do contrato de trabalho uma vez no período de 16 meses) não se aplica à suspensão do contrato de trabalho de que trata o art. 17 da Lei 14.457/2022.

O empregado faz jus à bolsa de qualificação profissional de que trata o art. 2.º-A da Lei 7.998/1990 (custeada pelo Fundo de Amparo ao Trabalhador – FAT).

Além da bolsa de qualificação profissional, durante o período de suspensão do contrato de trabalho, o empregador pode conceder ao empregado ajuda compensatória mensal, sem natureza salarial.

Se ocorrer a dispensa do empregado no transcurso do período de suspensão ou nos seis meses subsequentes ao seu retorno ao trabalho, o empregador pagará ao empregado, além das parcelas indenizatórias previstas na legislação em vigor, multa a ser estabelecida em convenção ou em acordo coletivo, que será de, no mínimo, 100% sobre o valor da última remuneração mensal anterior à suspensão do contrato.

São deveres do empregador: I – dar ampla divulgação aos seus empregados sobre a possibilidade de apoiar o retorno ao trabalho de suas esposas ou companheiras após o término do período da licença-maternidade; II – orientar sobre os procedimentos necessários para firmar acordo individual para suspensão do contrato de trabalho com qualificação; III – promover ações periódicas de conscientização sobre parentalidade responsiva e igualitária para impulsionar a adoção da medida pelos seus empregados (art. 18 da Lei 14.457/2022).

Para fins de pagamento da bolsa de qualificação profissional, o empregador deve encaminhar ao Ministério do Trabalho e Previdência os dados referentes aos empregados que terão o contrato de trabalho suspenso para apoiar o retorno ao trabalho de suas esposas ou companheiras (art. 19 da Lei 14.457/2022).

A opção por acordo individual para formalizar a medida prevista no art. 17, § 1.º, Lei 14.457/2022 somente pode ser realizada: I – nos casos de empresas ou de categorias de trabalhadores para as quais não haja acordo coletivo ou convenção coletiva de trabalho celebrados; ou II – se houver acordo coletivo ou convenção coletiva de trabalho celebrados, se o acordo individual a ser celebrado contiver medidas mais vantajosas à empregada ou ao empregado que o instrumento coletivo vigente (art. 21 da Lei 14.457/2022).

Na adoção da medida de suspensão do contrato de trabalho prevista no art. 17 da Lei 14.457/2022, deve sempre ser levada em conta a vontade expressa da empregada ou do empregado beneficiado pela medida de apoio ao exercício da parentalidade (art. 22 da Lei 14.457/2022).

12.7 SUSPENSÃO DO CONTRATO DE TRABALHO E DISPENSA DO EMPREGADO

Estando o contrato suspenso, ou mesmo interrompido, surge a questão a respeito da possibilidade ou não de sua extinção.

No caso específico, da suspensão para qualificação profissional, já foi estudada a regra específica sobre o tema (art. 476-A, § 5.º, da CLT).

Vejamos as outras modalidades de suspensão contratual.

A licença médica, por exemplo, refere-se à doença que acomete o empregado. Nos termos do art. 59, *caput*, da Lei 8.213/1991, o auxílio-doença é o benefício previdenciário "devido ao segurado que, havendo cumprido, quando for o caso, o período de carência exigido nesta Lei, ficar incapacitado para o seu trabalho ou para a sua atividade habitual por mais de 15 (quinze) dias consecutivos".

Suspenso o contrato de trabalho em razão do auxílio-doença, a lei considera o empregado licenciado (art. 63, *caput*, da Lei 8.213 e art. 476 da CLT). Diante disso, resta afastada a possibilidade de dispensa sem justa causa do obreiro, uma vez que o pacto não está produzindo efeitos para que se possa pôr fim por meio de ato unilateral do empregador.

O art. 471 da CLT representa o fundamento legal expresso para obstar a mencionada despedida imotivada. Como a lei assegura todas as vantagens que, na ausência do empregado, tenham sido atribuídas à categoria "por ocasião de sua volta", é porque esse retorno, após a alta médica, não pode ser obstado pelo empregador, vedando-se a prática de ato que impeça a aplicação desta norma de ordem pública trabalhista (art. 9.º da CLT).

Aliás, mencionando o art. 471 da CLT a condição de "afastado", pode-se até mesmo dizer que esta dispensa não é autorizada, seja quando da interrupção do contrato de trabalho[24], seja na sua suspensão.

Caso o empregador, desrespeitando as regras em questão, dispense sem justa causa o trabalhador afastado (no caso, em razão de doença), este ato é considerado nulo de pleno direito. Assim, uma vez reconhecida em juízo a ilegalidade da despedida, a consequência lógica deve ser a sua declaração de nulidade, o que produz efeitos *ex tunc*, ou seja, desde a sua prática. Com isso, o contrato de trabalho considerar-se-á em vigência normalmente, acarretando os direitos pecuniários decorrentes, em favor do empregado, como se não tivesse sido despedido.

Nesse sentido, cabe transcrever a seguinte ementa do TST:

> "Ação rescisória. Violação de lei. Impossibilidade de resilição durante a suspensão do contrato de trabalho. Nula é a dispensa do empregado durante o período de suspensão do contrato, considerando-se como dispensa a resilição unilateral, e não a resolução por motivo faltoso do empregado. Inexistente ofensa aos arts. 477, § 2.º, da CLT, 5.º, II e XXXVI, e 93, IX, da Constituição Federal por parte da decisão rescindenda que determinou a reintegração da empregada em razão da nulidade da resilição contratual, eis que efetuada durante período de licença médica. Recurso ordinário a que se nega provimento" (TST, SBDI-II, RO em AR 450.418/98.6, Rel. Juiz Convocado Aloysio Corrêa da Veiga, j. 20.08.2002, *DJ* 06.09.2002).

No caso acima estudado, não se trata de estabilidade ou de garantia provisória no emprego. O que ocorre é simplesmente a nulidade da dispensa sem justa causa, acarretando a manutenção do contrato de trabalho, uma vez inexistente ato jurídico válido e eficaz relativo ao seu término. Portanto, passado o motivo de suspensão contratual, em princípio, caso não exista hipótese de estabilidade ou garantia de emprego, não mais se verifica impedimento para a despedida válida. Diferentemente, caso se trate de doença profissional ou do trabalho (que se equiparam ao acidente de trabalho, conforme a Lei 8.213/1991, art. 20), pode incidir a estabilidade acidentária, prevista no art. 118 da Lei 8.213/1991.

Por fim, embora seja ilícita a dispensa sem justa causa quando do afastamento por licença médica, a prática de ato de justa causa pelo obreiro autoriza a despedida[25], pois aqui não mais se verifica ato patronal tendente a afastar a aplicação de norma protetora. Se até mesmo o empregado estável pode ser dispensado pela prática de ato faltoso (art. 492 da CLT), o empregado cujo pacto laboral está suspenso (ou interrompido) também o pode.

Da mesma forma, mesmo estando afastado, o empregado sempre tem o direito de pedir demissão. Diante do princípio constitucional da liberdade de trabalho (art. 5.º, inciso XIII, da Lei Maior), pode o trabalhador preferir não mais se ativar em face de seu empregador, desde que se observe a higidez desta manifestação de vontade.

---

24. Cf. MARTINS, Sergio Pinto. *Comentários à CLT*. 5. ed. São Paulo: Atlas, 2002. p. 453: "Durante os 15 primeiros dias de afastamento, a empresa deve remunerar o empregado (§ 3.º do art. 60 da Lei 8.213/1991). Trata-se de hipótese de interrupção do contrato de trabalho e mesmo assim o empregado não poderá ser dispensado nesse período".

25. Cf. MARTINS, Sergio Pinto. *Comentários à CLT*. 5. ed. São Paulo: Atlas, 2002. p. 453: "Se houver a prática de justa causa no período de auxílio-doença ou durante os 15 primeiros dias do afastamento, o empregado poderá ser dispensado por falta grave, com fundamento no art. 482 da CLT".

Capítulo **13**

CESSAÇÃO DO CONTRATO DE TRABALHO

13.1 TERMINOLOGIA

O fim do contrato de trabalho, em termos genéricos, pode ser indicado por expressões que procuram ser neutras, como: *terminação, cessação* ou mesmo *extinção* do contrato de trabalho[1].

13.2 CLASSIFICAÇÃO E CONCEITO

O término do vínculo de emprego, como gênero, engloba grande diversidade de espécies:

a) *Resilição* do contrato de trabalho: pode ser unilateral (denúncia) ou bilateral (distrato).

- resilição unilateral do contrato de trabalho (*denúncia*): manifestação de vontade de apenas uma das partes, pondo fim ao negócio jurídico em questão. Trata-se da dispensa sem justa causa ou do pedido de demissão. A expressão "resilição unilateral" é encontrada no art. 473 do Código Civil de 2002.
- resilição bilateral do contrato de trabalho (*distrato*): acordo de vontades entre as partes da relação jurídica de emprego, para pôr fim a este negócio jurídico. Pode-se imaginar a hipótese de um acordo judicial, ou mesmo extrajudicial, entre empregado e empregador, estabelecendo a cessação do vínculo de emprego. O termo "distrato" é previsto no art. 472 do Código Civil de 2002.

b) *Resolução* do contrato de trabalho: terminação em razão de falta praticada por uma das partes, ou mesmo por ambas. No caso do contrato de trabalho, tem-se a sua cessação com a dispensa por justa causa ou falta grave, dispensa indireta e culpa recíproca.

c) *Rescisão* do contrato de trabalho, no rigor terminológico adotado por parte da doutrina, fica reservada para os casos de extinção do contrato de trabalho decorrente de nulidade. Nesse sentido, a declaração de nulidade, ou mesmo a anulação do contrato, significaria a sua rescisão.

Cabe acrescentar que *revogação* é termo mais pertinente à cessação de contrato a título gratuito, mas podendo, excepcionalmente, se verificar em modalidade onerosa, como ocorre no mandato.

1. Cf. MARTINS, Sergio Pinto. *Direito do trabalho*. 28. ed. São Paulo: Atlas, 2012. p. 376-377.

De acordo com a classificação de Délio Maranhão, a *dissolução* do contrato de trabalho engloba as diversas formas de sua cessação que não seja a normal, tendo como subespécies a resilição, a resolução, a revogação, a rescisão e a força maior[2].

Reconhece-se que a referida diferenciação nem sempre é adotada de forma unânime pela doutrina, nem verificada na jurisprudência ou mesmo na legislação. Para ilustrar, cabe a menção de que o termo "rescisão" é frequentemente utilizado como mera cessação, em termos genéricos, do contrato de trabalho, como se verifica no Capítulo V, do Título IV, da CLT (arts. 477 e seguintes).

A cessação do contrato de trabalho pode ser conceituada como o término do referido negócio jurídico, ou seja, o fim da relação jurídica de emprego.

13.3 DIREITO INTERNACIONAL

A Organização Internacional do Trabalho adotou importante norma sobre o término da relação de trabalho por iniciativa do empregador. Trata-se da Convenção 158, assinada em Genebra, em 22 de junho de 1982.

A **Convenção 158 da OIT** foi aprovada, bem como promulgada no Brasil, pelo Decreto 1.855, de 10 de abril de 1996 (revogado pelo Decreto 10.088/2019).

No entanto, o Decreto 2.100, de 20 de dezembro de 1996, tornou público que deixou de vigorar para o Brasil, a partir de 20 de novembro de 1997, a Convenção 158 da OIT, "visto haver sido denunciada por Nota do Governo brasileiro à Organização Internacional do Trabalho, tendo sido a denúncia registrada, por esta última, a 20 de novembro de 1996".

O entendimento que prevaleceu, ainda sendo majoritário na atualidade, é no sentido de que o art. 7.º, inciso I, da Constituição Federal de 1988, exige "lei complementar" para regular a proteção da relação de emprego contra a despedida arbitrária ou sem justa causa. Seguindo essa corrente, a Convenção 158 da OIT, ao ser aprovada pelo Brasil, passou a integrar o ordenamento jurídico, mas com *status* de lei ordinária. Assim, por não se tratar de lei complementar, haveria inconstitucionalidade formal[3].

---

2. Cf. MARANHÃO, Délio. *Instituições de direito do trabalho*. 18. ed. São Paulo: LTr, 1999. v. 1, p. 564-565.

3. "Agravo de Instrumento. Recurso de Revista interposto na vigência da Lei nº 13.015/2014. Reclamante. Reintegração. Convenção nº 158 da OIT. 1 - Recurso de revista sob a regência da Lei nº 13.015/2014. 2 - O recurso de revista, quanto ao tema em epígrafe, atende aos requisitos do art. 896, § 1.º-A, I, II e III, da CLT, introduzidos pela Lei nº 13.015/2014. 3 - O Plenário do STF, em decisão liminar, proferida nos autos da ADIN 1.480-DF, condicionou a legitimidade constitucional das diretrizes constantes da Convenção 158 da OIT à interpretação compatível com os arts. 7.º, I, da Lei Maior e 10 do ADCT, respeitada a reserva de Lei complementar aí exigida, insuscetível de substituição por tratado internacional, uma vez que, incorporado ao direito interno, assume posição hierárquica de lei ordinária. 4 - No julgamento do mérito, a referida ADIN foi extinta, por perda de objeto, em face da denúncia dessa convenção pelo Estado Brasileiro, em 20/11/1996. Seguindo esse entendimento, esta Corte firmou jurisprudência no sentido de que o aludido tratado internacional, ratificado pelo Brasil em 5/1/1995 e denunciado em 20/11/1996, enquanto vigente, tinha natureza programática e eficácia limitada, na medida em que a matéria nele disciplinada dependia de regulamentação por lei complementar, na forma do art. 7.º, I, da Constituição. 5 - Desse modo, a recepção, no direito pátrio, da normativa internacional não foi suficiente para garantir a permanência no emprego e autorizar comando de reintegração ou indenização, em caso de despedida sem justa causa. Julgados desta Corte. 6 - Logo, estando o acórdão do Regional em consonância com a atual, iterativa e notória jurisprudência desta Corte, não há, portanto, violação de dispositivo de lei, conforme a Súmula nº 333 do TST e o artigo 896, § 7.º, da CLT. 7 - Agravo de instrumento a que se nega provimento" (TST, 6.ª T., AIRR - 181200-78.2013.5.17.0003, Rel. Min. Kátia Magalhães Arruda, *DEJT* 29.04.2016).

Além disso, a referida Convenção 158 da OIT exigiria regulamentação pela legislação ou outras fontes normativas internas, não se figurando autoaplicável em sua totalidade, como se observa pela disposição de seu art. 1.º[4].

Tanto é assim que o STF chegou a conceder (em parte) medida cautelar em ação direta de inconstitucionalidade, contra a referida aprovação da Convenção 158 da OIT:

> *"Ação direta de inconstitucionalidade - Convenção 158/OIT - Proteção do trabalhador contra a despedida arbitrária ou sem justa causa - Arguição de ilegitimidade constitucional dos atos que incorporaram essa convenção internacional ao direito positivo interno do Brasil (Decreto Legislativo 68/1992 e Decreto 1.855/1996) - Possibilidade de controle abstrato de constitucionalidade de tratados ou convenções internacionais em face da Constituição da República - Alegada transgressão ao art. 7.º, I, da Constituição da República e ao art. 10, I, do ADCT/1988 - Regulamentação normativa da proteção contra a despedida arbitrária ou sem justa causa, posta sob reserva constitucional de lei complementar - Consequente impossibilidade jurídica de tratado ou convenção internacional atuar como sucedâneo da lei complementar exigida pela Constituição (CF, art. 7.º, I) - Consagração constitucional da garantia de indenização compensatória como expressão da reação estatal à demissão arbitrária do trabalhador (CF, art. 7.º, I, c/c o art. 10, I do ADCT/1988) - Conteúdo programático da Convenção 158/OIT, cuja aplicabilidade depende da ação normativa do legislador interno de cada País - Possibilidade de adequação das diretrizes constantes da Convenção 158/OIT às exigências formais e materiais do Estatuto Constitucional Brasileiro - Pedido de medida cautelar deferido, em parte, mediante interpretação conforme à Constituição. [...]"* (STF, Pleno, ADI-MC 1.480/DF, Rel. Min. Celso de Mello, j. 04.09.1997, *DJ* 18.05.2001).

É certo que a referida ADI 1.480-3 acabou sendo arquivada, por se entender que houve perda de objeto com a posterior denúncia da Convenção 158 da OIT (j. 26.06.2001, Rel. Min. Celso de Mello, *DJ* 08.08.2001).

Entretanto, discute-se até mesmo a constitucionalidade da referida denúncia da Convenção 158 da OIT pelo Brasil. Existe, inclusive, outra ação direta de inconstitucionalidade no STF (ADI 1.625-3), questionando o referido ato de denúncia.

A principal alegação é no sentido de que o Presidente da República não poderia, sem a participação do Congresso Nacional, denunciar a convenção aprovada (também) por este. Além disso, alega-se que a denúncia da Convenção 158, pelo Brasil, teria ocorrido fora do prazo permitido.

No entanto, embora a questão seja objeto de decisão do STF, pode-se entender que a referida denúncia da Convenção 158 da OIT pelo Brasil encontra-se regular. Quanto à questão de ter sido a norma internacional denunciada somente por ato do Presidente da República, tal prática mostra-se admissível, pois a sustentação da vigência do tratado depende da vontade de ambos os poderes de Estado, o Legislativo, representado pelo Congresso Nacional, e o Executivo, representado pelo Presidente da República. Passando a inexistir uma dessas vontades, o tratado deixa de vigorar. Assim, tanto o Presidente da República como o Congresso Nacional, cada um deles de forma autônoma, pode retirar a concordância quanto à vigência da norma internacional no ordenamento jurídico nacional. Isso faz com que se admita a denúncia do tratado tanto por ato isolado do

---

4. "Dever-se-á dar efeito às disposições da presente Convenção através da legislação nacional, exceto na medida em que essas disposições sejam aplicadas por meio de contratos coletivos, laudos arbitrais ou sentenças judiciais, ou de qualquer outra forma de acordo com a prática nacional".

Presidente da República, sob a forma jurídica de decreto, como pelo Congresso Nacional, sob a forma de lei[5].

De todo modo, o Supremo Tribunal Federal julgou procedente o pedido formulado em ação declaratória de constitucionalidade, mantida a validade do Decreto 2.100, de 20 de dezembro de 1996, formulou apelo ao legislador para que elabore disciplina acerca da denúncia dos tratados internacionais, a qual preveja a chancela do Congresso Nacional como condição para a produção de efeitos na ordem jurídica interna, por se tratar de um imperativo democrático e de uma exigência do princípio da legalidade, e, por fim, fixou a seguinte tese de julgamento: "A denúncia pelo Presidente da República de tratados internacionais aprovados pelo Congresso Nacional, para que produza efeitos no ordenamento jurídico interno, não prescinde da sua aprovação pelo Congresso", entendimento que deverá ser aplicado a partir da publicação da ata do julgamento [23.06.2023], mantendo-se a eficácia das denúncias realizadas até esse marco temporal (STF, Pleno, ADC 39/DF, Rel. Min. Dias Toffoli, j. 19.06.2023, *DJe* 18.08.2023).

Por fim, em relação ao prazo em que a referida denúncia foi feita pelo Brasil, o entendimento que prevalece, inclusive no plano da OIT, é no sentido de que o mencionado decênio deve ser contado da data em que teve início a vigência internacional da convenção.

Assim, como reconhece Arnaldo Süssekind, "no caso da Convenção n. 158, porque essa vigência ocorreu a 23 de novembro de 1985, os países que a ela aderiram tiveram oportunidade de denunciá-la entre 23 de novembro de 1995 e 22 de novembro de 1996"[6].

No caso, a denúncia ocorreu dentro desse prazo, como se verifica pelo Decreto 2.100, de 20 de dezembro de 1996, o qual tornou público que deixou de vigorar para o Brasil, a partir de 20 de novembro de 1997, a Convenção 158 da OIT, "visto haver sido denunciada por Nota do Governo brasileiro à Organização Internacional do Trabalho, tendo sido a denúncia registrada, por esta última, a 20 de novembro de 1996"[7].

13.4 DISPENSA PLÚRIMA E DISPENSA COLETIVA

A Convenção 158 da OIT estabelece disposições complementares, sobre o término da relação de trabalho por motivos econômicos, tecnológicos, estruturais ou análogos.

Trata-se da chamada *dispensa coletiva*, pois relacionada aos fatores acima indicados. Justamente por isso, na prática, é comum acarretarem a terminação de vínculos de emprego de um conjunto ou grupo de empregados. Entretanto, o critério específico, para a correta qualificação da dispensa como coletiva, no âmbito da OIT, não é propriamente o número de empregados dispensados, mas sim a existência de motivo de ordem econômica, tecnológica ou estrutural, como se observa na Parte III da Convenção 158 da OIT[8].

---

5. Cf. REZEK, José Francisco. *Direito internacional público*: curso elementar. 5. ed. São Paulo: Saraiva, 1995. p. 115-117.

6. SÜSSEKIND, Arnaldo. *Direito internacional do trabalho*. 3. ed. São Paulo: LTr, 2000. p. 239.

7. Para uma análise mais detida das disposições da Convenção 158 da OIT, cf. GARCIA, Gustavo Filipe Barbosa. *Curso de direito do trabalho*. 11. ed. Rio de Janeiro: Forense, 2017. p. 681-699.

8. Cf. MANNRICH, Nelson. *Dispensa coletiva*: da liberdade contratual à responsabilidade social. São Paulo: LTr, 2000. p. 216: "A Convenção não conceitua dispensa coletiva, fazendo apenas referência a motivos econômicos, tecnológicos, estruturais e análogos. Além disso, não estabelece critério quantitativo determinado, nem fixa limite em relação ao número de trabalhadores para caracterizá-la. Ou seja, os procedimentos previstos nos arts. 13 e 14, relativos à dispensa coletiva, independem do número de dispensas ocorridas, podendo ser

A dispensa coletiva não se confunde com a dispensa plúrima.

Segundo Orlando Gomes: "*Dispensa coletiva* é a rescisão simultânea, por motivo único, de uma pluralidade de contratos numa empresa, sem substituição dos empregados dispensados"[9].

Na dispensa coletiva, ainda de acordo com Orlando Gomes: "A causa da *dispensa* é comum a todos, não se prendendo ao comportamento de nenhum deles, mas a uma necessidade da empresa"[10].

Diversamente, quanto à *dispensa plúrima*, conforme Orlando Gomes: "*Dispensa* dessa espécie sucede quando numa empresa se verifica uma série de *despedidas singulares* ou individuais, ao mesmo tempo, por motivo relativo à conduta de cada empregado dispensado"[11].

Na dispensa coletiva, por acarretar consequências sociais normalmente mais abrangentes e negativas, seria adequada a previsão de se tentar formas alternativas à sua ocorrência. Mesmo quando inevitável, seria relevante ser precedida de formalidades, consultas e negociações, com o fim de amenizar os seus desdobramentos prejudiciais aos trabalhadores e à sociedade.

Apesar do exposto, em consonância com o art. 477-A da CLT, acrescentado pela Lei 13.467/2017, as dispensas imotivadas individuais, plúrimas ou coletivas equiparam-se para todos os fins, não havendo necessidade de autorização prévia de entidade sindical ou de celebração de convenção coletiva ou acordo coletivo de trabalho para sua efetivação.

Desse modo, com a Lei 13.467/2017, as diversas modalidades de despedidas, inclusive plúrimas e coletivas, são tratadas da mesma forma que a dispensa individual não motivada, não se exigindo autorização prévia de entidade sindical nem a pactuação de instrumentos normativos decorrentes de negociação coletiva para que ocorram.

A dispensa coletiva passa a ser tratada, assim, do mesmo modo que a despedida individual, sem considerar os seus impactos diferenciados e os seus reflexos sociais mais amplos, em afronta ao princípio da igualdade, em sua vertente material (art. 5.º, *caput*, da Constituição da República), em desacordo com a Convenção 158 da OIT e sem paralelo com a legislação da maioria dos países de maior desenvolvimento.

A referida previsão, ademais, ao institucionalizar abertamente a dispensa *imotivada*, pode violar o mandamento constitucional de proteção da relação de emprego contra despedida arbitrária ou sem justa causa (art. 7.º, inciso I, da Constituição Federal de 1988), bem como os princípios fundamentais da dignidade da pessoa humana e do valor social do trabalho (art. 1.º, incisos III e IV, da Constituição da República).

Mesmo no aspecto formal, frise-se que a Lei 13.467/2017, que acrescentou o art. 477-A da CLT, tem natureza *ordinária*, enquanto o art. 7.º, inciso I, da Constituição da República exige *lei complementar* para disciplinar a proteção contra dispensa arbitrária ou sem justa causa.

---

aplicados até em caso de dispensa de apenas um trabalhador. Entretanto, o § 2.º, do art. 14 permite ao legislador nacional aplicar tais procedimentos a partir da dispensa de determinado número de empregados".

9. GOMES, Orlando. Dispensa coletiva na reestruturação da empresa (aspectos jurídicos do desemprego tecnológico). *Revista Legislação do Trabalho*, São Paulo, LTr, ano 38, p. 575, jan. 1974 (destaques do original).

10. GOMES, Orlando. Dispensa coletiva na reestruturação da empresa (aspectos jurídicos do desemprego tecnológico). *Revista Legislação do Trabalho*, São Paulo, LTr, ano 38, p. 575, jan. 1974 (destaques do original).

11. GOMES, Orlando. Dispensa coletiva na reestruturação da empresa (aspectos jurídicos do desemprego tecnológico). *Revista Legislação do Trabalho*, São Paulo, LTr, ano 38, p. 576, jan. 1974 (destaques do original).

O Supremo Tribunal Federal fixou a seguinte tese de repercussão geral: "A intervenção sindical prévia é exigência procedimental imprescindível para a dispensa em massa de trabalhadores, que não se confunde com autorização prévia por parte da entidade sindical ou celebração de convenção ou acordo coletivo" (STF, Pleno, RE 999.435/SP, Red. p/ ac. Min. Edson Fachin, j. 08.06.2022)[12].

O Supremo Tribunal Federal acolheu parcialmente embargos de declaração, para modular os efeitos da referida decisão, de modo a explicitar que a exigência de intervenção sindical prévia vincula apenas as demissões em massa ocorridas após a publicação da ata do julgamento de mérito, o que ocorreu em 14.06.2022 (STF, Pleno, ED-RE 999.435/SP, Red. p/ ac. Min. Roberto Barroso, j. 13.04.2023).

13.5 MODALIDADES DE DISPENSA

A *dispensa arbitrária* do empregado é aquela que não se funda em qualquer causa justificada, seja de natureza disciplinar, econômico-financeira ou técnica.

O art. 165, *caput*, da CLT, embora tratando da garantia de emprego do representante da CIPA, define a "despedida arbitrária" como aquela "que não se fundar em motivo disciplinar, técnico, econômico ou financeiro".

Já a *dispensa sem justa causa* seria aquela "feita pelo empregador sem motivo dado pelo empregado"[13].

Apesar disso, a rigor, seria possível entender a "dispensa arbitrária" como aquela que não se funda em motivos *objetivos*, relacionados à empresa, referentes a fatores econômicos, financeiros, técnicos ou estruturais. Por sua vez, a "dispensa sem justa causa" seria aquela que não se funda em motivos *subjetivos*, ou seja, disciplinares, referentes ao empregado.

A *dispensa obstativa*, por sua vez, seria aquela que tem o objetivo, fraudulento, de impedir que o empregado adquira determinado direito, como a estabilidade (art. 499, § 3.º, da CLT).

Diferentemente, a *dispensa retaliativa* significa aquela "efetuada por represália do empregador. É o que ocorre quando o empregado é dispensado por ter ajuizado reclamação na Justiça do Trabalho ou por ter servido como testemunha em processo proposto contra a empresa"[14].

Por fim, a *dispensa discriminatória* é aquela decorrente de características ou aspectos pessoais do empregado, como, por exemplo, idade, sexo, origem, raça, cor, estado civil, situação familiar, crença religiosa ou estado de gravidez, havendo previsão na Lei 9.029/1995.

Quanto ao tema, a Súmula 443 do TST assim prevê: "Dispensa discriminatória. Presunção. Empregado portador de doença grave. Estigma ou preconceito. Direito à reintegração. Presume-se discriminatória a despedida de empregado portador do vírus

---

12. "Constitucional. Direito dos trabalhadores. Dispensa em massa. Intervenção sindical prévia. Exigência. Art. 7.º, incisos I e XXVI, da Constituição da República. 1. Os direitos sociais fundamentais trabalhistas são corolários primários do modelo político alcunhado de Estado Democrático de Direito. 2. As relações contratuais, em geral, e as relações contratuais trabalhistas, em particular, devem considerar sujeitos e objetos concretos. 3. Diante da previsão constitucional expressa do artigo 7.°, I e XXVI, da CRFB, é inadmissível o rompimento em massa do vínculo de emprego sem a devida atenção à negociação coletiva. 4. Recurso extraordinário não provido, com fixação majoritária, vencidos os Ministros Edson Fachin e Ricardo Lewandowski e a Ministra Rosa Weber, da seguinte tese: [...]" (STF, Pleno, RE 999.435/SP, Red. p/ ac. Min. Edson Fachin, *DJe* 15.09.2022).

13. MARTINS, Sergio Pinto. *Direito do trabalho*. 22. ed. São Paulo: Atlas, 2006. p. 349.

14. MARTINS, Sergio Pinto. *Direito do trabalho*. 22. ed. São Paulo: Atlas, 2006. p. 349.

HIV ou de outra doença grave que suscite estigma ou preconceito. Inválido o ato, o empregado tem direito à reintegração no emprego".

O Supremo Tribunal Federal negou seguimento à arguição de descumprimento de preceito fundamental a respeito da Súmula 443 do TST, tendo em vista a ausência de controvérsia judicial relevante caracterizada por julgamentos conflitantes. Entendeu-se ainda que a alegada ofensa à Constituição, se configurada, seria apenas reflexa e indireta. Cf. STF, Pleno, ADPF 648/DF, Rel. Min. Cármen Lúcia, *DJe* 30.06.2021.

13.6 CLASSIFICAÇÃO DAS MODALIDADES DE CESSAÇÃO DO CONTRATO DE TRABALHO

A terminação do contrato de trabalho pode ser classificada da seguinte forma:

a) por **decisão do empregador**, referindo-se à dispensa sem justa causa, à dispensa com justa causa ou por falta grave e à culpa recíproca;
b) por **decisão do empregado**, referindo-se ao "pedido de demissão" (*rectius*: demissão) e à despedida indireta;
c) por **desaparecimento de uma das partes**, como a morte do empregado, a morte do empregador pessoa física ou a extinção da empresa;
d) por **consentimento das partes**;
e) pelo advento do **termo do contrato a prazo determinado**;
f) por **força maior**;
g) por ***factum principis***.

13.6.1 Dispensa sem justa causa

Na dispensa sem justa causa, o empregador decide pôr fim ao vínculo de emprego, por meio do exercício de direito considerado por parte da doutrina como potestativo, que lhe autoriza tal conduta, mesmo não tendo o empregado incorrido em qualquer falta disciplinar.

Cabe a observação de que o referido direito de titularidade do empregador, pode sofrer **restrições**, nos casos de empregados detentores de estabilidades ou garantias de emprego, obstando a dispensa sem justa causa.

A dispensa sem justa causa contrapõe-se à dispensa por justa causa, a qual decorre de falta disciplinar praticada pelo empregado.

Em termos doutrinários, conceituais ou teóricos, a dispensa sem justa causa poderia ser diferenciada da **dispensa arbitrária**, pois aquela é a cessação do vínculo de emprego, por decisão do empregador, mesmo não tendo o empregado incorrido em justa causa, ou seja, motivo disciplinar. Já na dispensa arbitrária, o contrato de trabalho cessa, também por decisão do empregador, mas não se fundando em qualquer motivo, seja ele de ordem disciplinar, econômica, financeira ou técnica.

Pode-se entender, assim, que a dispensa arbitrária apresenta um alcance mais amplo, sendo, além disso, mais indesejada pela sociedade, por não revelar qualquer motivação ou justificativa razoável para a ruptura do vínculo de emprego.

No entanto, o tratamento legislativo, ao menos no Brasil, quanto à dispensa sem justa causa e à dispensa arbitrária, é praticamente equivalente, como se observa do art. 7.º, inciso I, da Constituição Federal de 1988, bem como do art. 10, inciso II, do Ato das Disposições Constitucionais Transitórias.

Por isso, a "despedida arbitrária ou sem justa causa" gera ao empregado dispensado o direito de receber: aviso prévio; férias vencidas e proporcionais com 1/3; décimos terceiros salários vencidos e proporcionais; saldo salarial referente aos dias trabalhados; indenização de 40% do FGTS; levantamento dos depósitos do FGTS; guias do seguro-desemprego.

Questão que gera grande controvérsia refere-se à necessidade, ou não, de motivação da dispensa do servidor público, regido pela CLT.

Quanto aos empregados públicos das empresas públicas e sociedades de economia mista que explorem atividade econômica, o art. 173, § 1.º, inciso II, da Constituição Federal determina a aplicação do regime jurídico próprio das empresas privadas, inclusive quanto às obrigações trabalhistas. Como para as empresas privadas, no sistema em vigor, não se exige que o empregador justifique ou apresente os motivos da dispensa, há entendimento de que essa mesma conclusão deveria ser aplicada aos referidos empregados públicos dessas empresas estatais.

Nesse sentido, cabe destacar a Orientação Jurisprudencial 247 da SBDI-I do TST:

> "Servidor público. Celetista concursado. Despedida imotivada. Empresa pública ou sociedade de economia mista. Possibilidade. Inserida em 20.06.2001 (Alterada – Res. 143/2007 – *DJ* 13.11.2007). I – A despedida de empregados de empresa pública e de sociedade de economia mista, mesmo admitidos por concurso público, independe de ato motivado para sua validade. II – A validade do ato de despedida do empregado da Empresa Brasileira de Correios e Telégrafos (ECT) está condicionada à motivação, por gozar a empresa do mesmo tratamento destinado à Fazenda Pública em relação à imunidade tributária e à execução por precatório, além das prerrogativas de foro, prazos e custas processuais".

A ressalva quanto à Empresa Brasileira de Correios e Telégrafos, no sentido de que esta, embora seja empresa pública, deva motivar a despedida dos seus empregados, decorre do entendimento firmado pelo Supremo Tribunal Federal, assegurando à ECT as prerrogativas inerentes à Fazenda Pública (Decreto-lei 509/1969), especialmente o pagamento de débitos por meio de precatório (art. 100 da CF/1988), inclusive por prestar serviço público, ou seja, serviço postal (art. 21, inciso X, da CF/1988)[15].

Entretanto, na hipótese de *empresas públicas e sociedades de economia mista que prestam serviços públicos*, há entendimento no sentido de ser necessário que o empregador público apresente a justificativa da dispensa, pois o empregado foi admitido após aprovação em concurso público (art. 37, inciso II, da CF/1988), bem como por ser aplicável o princípio da motivação do ato administrativo, incidente quanto à relação de emprego público, inclusive com as referidas empresas estatais.

Nesse sentido, destaca-se a seguinte decisão do Supremo Tribunal Federal:

> "Empresa Brasileira de Correios e Telégrafos – ECT. Demissão imotivada de seus empregados. Impossibilidade. Necessidade de motivação da dispensa. RE parcialmente provido.
>
> I – Os empregados públicos não fazem jus à estabilidade prevista no art. 41 da CF, salvo aqueles admitidos em período anterior ao advento da EC 19/1998. Precedentes.
>
> II – Em atenção, no entanto, aos princípios da impessoalidade e isonomia, que regem a admissão por concurso público, a dispensa do empregado de empresas públicas e sociedades

15. "Constitucional. Processual civil. Empresa pública prestadora de serviço público: execução: precatório. I. Os bens da Empresa Brasileira de Correios e Telégrafos, uma empresa pública prestadora de serviço público, são impenhoráveis, porque ela integra o conceito de fazenda pública. Compatibilidade, com a Constituição vigente, do D. L. 509, de 1969. Exigência de precatório: CF, art. 100. II. Precedentes do Supremo Tribunal Federal: RREE 220.906/DF, 229.696/PE, 230.072-RS, 230.051/SP e 225.011/MG, Plenário, 16.11.2000. III. RE conhecido e provido" (STF, 2.ª T., RE 228.484-6, Rel. Min. Carlos Velloso, *DJ* 31.08.2001).

de economia mista que prestam serviços públicos deve ser motivada, assegurando-se, assim, que tais princípios, observados no momento daquela admissão, sejam também respeitados por ocasião da dispensa.

III – A motivação do ato de dispensa, assim, visa resguardar o empregado de uma possível quebra do postulado da impessoalidade por parte do agente estatal investido do poder de demitir.

IV – Recurso extraordinário parcialmente provido para afastar a aplicação, ao caso, do art. 41 da CF, exigindo-se, entretanto, a motivação para legitimar a rescisão unilateral do contrato de trabalho" (STF, Pleno, RE 589.998/PI, Rel. Min. Ricardo Lewandowski, *DJE* 12.09.2013).

O Supremo Tribunal Federal acolheu parcialmente embargos de declaração para fixar a seguinte tese: "A Empresa Brasileira de Correios e Telégrafos – ECT tem o dever jurídico de motivar, em ato formal, a demissão de seus empregados" (STF, Pleno, RE 589.998/PI, Rel. atual Min. Roberto Barroso, j. 10.10.2018).

De todo modo, o Supremo Tribunal Federal fixou a seguinte tese de repercussão geral (Tema 1.022): "As empresas públicas e as sociedades de economia mista, sejam elas prestadoras de serviço público ou exploradoras de atividade econômica, ainda que em regime concorrencial, têm o dever jurídico de motivar, em ato formal, a demissão de seus empregados concursados, não se exigindo processo administrativo. Tal motivação deve consistir em fundamento razoável, não se exigindo, porém, que se enquadre nas hipóteses de justa causa da legislação trabalhista" (STF, Pleno, RE 688.267/CE, Redator Min. Luís Roberto Barroso, j. 28.02.2024).

Já quanto aos servidores públicos, regidos pela CLT, que mantenham relação com os entes de direito público da administração direta autárquica e fundacional (União, Estados, Distrito Federal, Municípios, autarquias e fundações de direito público), o entendimento que prevalece é quanto à necessidade de motivação da dispensa, sob pena de nulidade, justamente em razão da mencionada natureza de direito público, fazendo incidir o princípio da motivação do ato administrativo (art. 50, *caput*, da Lei 9.784/1999), em sintonia com o princípio da moralidade administrativa (art. 37, *caput*, da CF/1988).

Nessa linha, a Lei 9.962, de 22 de fevereiro de 2000, que disciplina o regime de emprego público do pessoal da Administração federal direta, autárquica e fundacional, prevê que:

"Art. 3.º O contrato de trabalho por prazo indeterminado somente será rescindido por ato unilateral da Administração pública nas seguintes hipóteses:

I – prática de falta grave, dentre as enumeradas no art. 482 da Consolidação das Leis do Trabalho – CLT;

II – acumulação ilegal de cargos, empregos ou funções públicas;

III – necessidade de redução de quadro de pessoal, por excesso de despesa, nos termos da lei complementar a que se refere o art. 169 da Constituição Federal;

IV – insuficiência de desempenho, apurada em procedimento no qual se assegurem pelo menos um recurso hierárquico dotado de efeito suspensivo, que será apreciado em trinta dias, e o prévio conhecimento dos padrões mínimos exigidos para continuidade da relação de emprego, obrigatoriamente estabelecidos de acordo com as peculiaridades das atividades exercidas.

Parágrafo único. Excluem-se da obrigatoriedade dos procedimentos previstos no *caput* as contratações de pessoal decorrentes da autonomia de gestão de que trata o § 8.º do art. 37 da Constituição Federal".

Aliás, tratando-se de dispensa discriminatória, com abuso do direito de cessação do vínculo, no caso de empregados públicos das empresas estatais, ou mesmo de empregados cujos contratos de trabalho são com empregadores privados, tem-se a nulidade do referido ato de dispensa, gerando o direito à reintegração.

13.6.2 Dispensa com justa causa

A dispensa com justa causa ocorre quando o empregador decide pelo término do vínculo de emprego, por meio do exercício de seu **poder disciplinar**, tendo em vista falta disciplinar praticada pelo empregado.

Por isso, na dispensa com justa causa o empregado tem o direito de receber: férias vencidas com 1/3[16]; décimo terceiro salário vencido; saldo salarial referente aos dias trabalhados.

A justa causa, de acordo com o art. 491 da CLT, pode ser praticada no período do aviso prévio, hipótese em que o empregado "perde o direito ao restante do respectivo prazo".

Assim, como explicita a Súmula 73 do TST: "A ocorrência de justa causa, salvo a de abandono de emprego, no decurso do prazo do aviso prévio dado pelo empregador, retira do empregado qualquer direito às verbas rescisórias de natureza indenizatória".

Há corrente de entendimento no sentido de que as expressões "justa causa" e "falta grave" são sinônimas, pois ambas representam a falta disciplinar praticada pelo empregado, caracterizada pela gravidade, tornando indesejável ou inviável a continuação do vínculo de emprego.

No entanto, pode-se entender que há diferença entre as expressões mencionadas, não só no aspecto doutrinário, mas de acordo com a própria previsão legal. Conforme a disposição do art. 493 da CLT:

> "Constitui falta grave a prática de qualquer dos fatos a que se refere o art. 482, quando por sua repetição ou natureza representem séria violação dos deveres e obrigações do empregado".

Na realidade, a falta grave é a prática de justa causa (conforme previsão no art. 482 da CLT) que, por sua "repetição" ou "natureza", configure "*séria* violação dos deveres e obrigações do empregado".

A falta grave, com isso, é exigida para a dispensa do empregado estável, como se verifica no art. 492 da CLT (estável decenal), bem como nos seguintes dispositivos:

- art. 543, § 3.º, da CLT (dirigente ou representante sindical);
- art. 625-B, § 1.º, da CLT (representantes dos empregados membros da Comissão de Conciliação Prévia);
- art. 55 da Lei 5.764/1971 (empregados de empresas que sejam eleitos diretores de sociedades cooperativas por eles criadas);

16. Quanto às férias proporcionais com 1/3, a Súmula 171 do TST, parte inicial (com redação determinada pela Resolução 121/2003), exclui o seu cabimento na "hipótese de dispensa do empregado por justa causa". No entanto, em razão dos termos da Convenção 132 da OIT, ratificada pelo Brasil (Decreto 3.197/1999), há entendimento doutrinário, embora não majoritário, de que as férias proporcionais sempre seriam devidas, pois desvinculadas do motivo da cessação do contrato de trabalho.

- art. 3.º, § 9.º, da Lei 8.036/1990 (membros do Conselho Curador do FGTS representantes dos trabalhadores);
- art. 3.º, § 7.º, da Lei 8.213/1991 (membros do Conselho Nacional de Previdência Social, representantes dos trabalhadores em atividade).

Outro importante diferencial entre a falta grave e a justa causa é que, na primeira, destinada aos empregados titulares de estabilidades específicas (como a decenal e do dirigente sindical), a dispensa depende do ajuizamento de inquérito judicial para apuração de falta grave (arts. 494, 821 e 853 a 855 da CLT). Isso significa que a cessação do vínculo de emprego fica subordinada à decisão judicial, que reconheça a falta grave praticada pelo empregado estável.

Cabe lembrar que o mencionado inquérito judicial não é aplicável a todas as garantias de emprego, não sendo exigido, por exemplo, nas hipóteses da empregada gestante (art. 10, inciso II, *b*, do ADCT), do empregado acidentado (art. 118 da Lei 8.213/1991) e do membro da CIPA (art. 10, inciso II, *a*, do ADCT). Aliás, nesses casos, a lei faz menção à "justa causa", e não à falta grave propriamente, confirmando o acerto da referida distinção.

De todo modo, reconhece-se que, na prática, muitas vezes as duas expressões são utilizadas com o mesmo sentido.

Pode-se conceituar a justa causa como a prática de ato que configure séria violação dos deveres do empregado, rompendo a confiança inerente à relação de emprego, tornando indesejável ou inviável a manutenção do referido vínculo.

A dispensa por justa causa, por sua vez, pode ser conceituada como a cessação do contrato de trabalho em razão da prática de ato faltoso, dotado de gravidade, abalando a fidúcia entre as partes da relação de emprego.

A doutrina aponta a existência de três diferentes sistemas verificados nos diversos ordenamentos jurídicos, a respeito da justa causa.

- sistema taxativo: somente à lei cabe fixar as hipóteses de justa causa, em rol taxativo.
- sistema livre ou genérico: as hipóteses de justa causa são estabelecidas pelo Poder Judiciário, pois a lei apenas autoriza, genericamente, a dispensa por justa causa, mas sem especificar a respeito.
- sistema misto: a lei fixa os casos de justa causa, mas também se autoriza que o Poder Judiciário reconheça outras hipóteses, especialmente por ser o tipo previsto em lei bastante genérico. Trata-se, portanto, de uma combinação dos dois sistemas anteriores.

No Brasil, entende-se que o sistema adotado é o **taxativo**, pois cabe somente à lei estabelecer as hipóteses de justa causa, sendo o respectivo rol exaustivo, e não meramente exemplificativo.

Isso não impede que o juiz interprete as normas jurídicas, bem como os fatos em discussão, para decidir se o empregado praticou ou não a justa causa.

Além disso, o sistema taxativo não significa que todos os casos de justa causa estão arrolados somente no art. 482 da CLT. Nada impede que outros dispositivos legais também prevejam hipóteses distintas de justa causa. **O essencial é que essa previsão seja feita pela lei**.

Em nosso ordenamento jurídico, além do art. 482 da CLT, os seguintes dispositivos estabelecem casos de justa causa:

a) O art. 158, parágrafo único, da CLT, com a seguinte redação:

"Constitui ato faltoso do empregado a recusa injustificada:

a) à observância das instruções expedidas pelo empregador na forma do item II do artigo anterior[17];

b) ao uso dos equipamentos de proteção individual fornecidos pela empresa".

Na realidade, as condutas indicadas no art. 158, parágrafo único, da CLT, correspondem a modalidades de indisciplina (prevista no art. 482, *h*, da CLT), por representarem o descumprimento de ordens gerais quanto à prestação do serviço.

b) O art. 240, parágrafo único, da CLT, com a seguinte redação:

"Nos casos previstos neste artigo, a recusa, sem causa justificada, por parte de qualquer empregado, à execução de serviço extraordinário será considerada falta grave".

O dispositivo em questão refere-se ao serviço ferroviário.

O *caput* do art. 240 da CLT estabelece que nos casos de urgência ou de acidente, capazes de afetar a segurança ou regularidade do serviço, "poderá a duração do trabalho ser excepcionalmente elevada a qualquer número de horas". Nesse caso, incumbe à Estrada zelar pela incolumidade dos seus empregados e pela possibilidade de revezamento de turmas, assegurando ao pessoal um repouso correspondente e comunicando a ocorrência ao Ministério do Trabalho, dentro de 10 dias da sua verificação.

De todo modo, nessas situações – de urgência e acidente – a recusa do empregado, sem causa justificada, quanto à execução de serviço extraordinário, será considerada justa causa (frisando-se que o texto do parágrafo único, do art. 240 da CLT, utiliza indevidamente a expressão "falta grave", mesmo não se referindo à hipótese de empregado estável).

Tem-se aqui hipótese especial que, no entanto, pode ser subsumida ao conceito de insubordinação, que é justa causa prevista no art. 482, *h*, da CLT.

c) O art. 433, inciso II, da CLT, com a seguinte redação:

"O contrato de aprendizagem extinguir-se-á no seu termo ou quando o aprendiz completar 24 (vinte e quatro) anos, ressalvada a hipótese prevista no § 5.º do art. 428 desta Consolidação, ou ainda antecipadamente nas seguintes hipóteses:

[...]

II – falta disciplinar grave".

Tem-se aqui a previsão de falta disciplinar grave, especificamente ao empregado aprendiz. No entanto, as hipóteses de falta grave (*rectius*: justa causa) são justamente aquelas arroladas em lei, como no art. 482 da CLT.

Assim, o art. 433, inciso II, da CLT, apenas confirma a aplicação da justa causa no contrato de aprendizagem, autorizando o seu término antecipado em razão da falta grave praticada.

d) O art. 508 da CLT, que foi revogado pela Lei 12.347, de 10 de dezembro de 2010, tinha a seguinte redação:

"Considera-se justa causa, para efeito de rescisão de contrato de trabalho do empregado bancário, a falta contumaz de pagamento de dívidas legalmente exigíveis".

17. "Art. 157. Cabe às empresas:

[...]

II – instruir os empregados, através de ordens de serviço, quanto às precauções a tomar no sentido de evitar acidentes do trabalho ou doenças ocupacionais".

Essa previsão era específica para os empregados bancários. Falta contumaz significa ser ela reiterada, ou seja, que ocorra diversas vezes, e não de forma isolada.

Dívidas legalmente exigíveis significam débitos do empregado já vencidos, que podem ser exigidos, não se tratando, portanto, de dívida prescrita, ou dívida de jogo.

Na verdade, já não se mostrava razoável a previsão da referida figura de justa causa, incidente apenas ao empregado bancário. A possível explicação para a referida disposição seria no sentido de que esse empregado não estaria apto ao desempenho de suas tarefas, por normalmente trabalhar lidando e administrando o dinheiro dos clientes do banco. No entanto, pode-se dizer que tal justificativa, mesmo antes da Lei 12.347, publicada no *DOU* de 13.12.2010, não era mais condizente com os dias atuais, nem com os padrões exigidos para o desempenho da mencionada função.

De todo modo, como destacado, o preceito em estudo foi expressamente revogado, mesmo porque fazia menção a evento que nem sequer interferia, necessariamente, na regular continuidade do contrato de trabalho. Ademais, ao prever o mencionado fato como hipótese de justa causa *somente* quanto ao empregado bancário, poderia implicar em tratamento desigual, mais rigoroso e prejudicial, embora sem a correspondente razão proporcional que o autorizasse.

e) O art. 235-B da CLT, com redação dada pelas Leis 12.619/2012 e 13.103/2015, prevê que são deveres do *motorista profissional empregado* (de transporte rodoviário coletivo de passageiros e de cargas):

- estar atento às condições de segurança do veículo;
- conduzir o veículo com perícia, prudência, zelo e com observância aos princípios de direção defensiva;
- respeitar a legislação de trânsito e, em especial, as normas relativas ao tempo de direção e de descanso controlado e registrado na forma do previsto no art. 67-E da Lei 9.503/1997 (Código de Trânsito Brasileiro);
- zelar pela carga transportada e pelo veículo;
- colocar-se à disposição dos órgãos públicos de fiscalização na via pública;
- submeter-se a exames toxicológicos com janela de detecção mínima de 90 dias e a programa de controle de uso de droga e de bebida alcoólica, instituído pelo empregador, com sua ampla ciência, pelo menos uma vez a cada dois anos e seis meses, podendo ser utilizado para esse fim o exame obrigatório previsto na Lei 9.503/1997 (Código de Trânsito Brasileiro), desde que realizado nos últimos 60 dias.

A recusa do empregado em submeter-se ao teste ou ao programa de controle de uso de droga e de bebida alcoólica, previstos no art. 235-B, inciso VII, da CLT, será considerada *infração disciplinar*, passível de penalização nos termos da lei.

f) Em leis específicas, ou seja, não inseridas na CLT propriamente, cabe fazer, ainda, as seguintes observações.

A Lei 6.019/1974, pertinente ao trabalho temporário, no art. 13, estabelece que:

> "Constituem justa causa para rescisão do contrato do trabalhador temporário os atos e circunstâncias mencionados nos arts. 482 e 483, da Consolidação das Leis do Trabalho, ocorrentes entre o trabalhador e a empresa de trabalho temporário ou entre aquele e a empresa cliente onde estiver prestando serviço".

Interessante destacar que a justa causa pode se verificar: entre o trabalhador temporário e a empresa de trabalho temporário (empregador); ou entre o trabalhador temporário e a empresa cliente (tomadora).

No caso do empregado doméstico, considera-se *justa causa* (art. 27 da Lei Complementar 150/2015):

I - submissão a maus-tratos de idoso, de enfermo, de pessoa com deficiência ou de criança sob o cuidado direto ou indireto do empregado;

II - prática de ato de improbidade;

III - incontinência de conduta ou mau procedimento;

IV - condenação criminal do empregado transitada em julgado, caso não tenha havido suspensão da execução da pena;

V - desídia no desempenho das respectivas funções;

VI - embriaguez habitual ou em serviço;

VII - (*Vetado*);

VIII - ato de indisciplina ou de insubordinação;

IX - abandono de emprego, assim considerada a ausência injustificada ao serviço por, pelo menos, 30 dias corridos;

X - ato lesivo à honra ou à boa fama ou ofensas físicas praticadas em serviço contra qualquer pessoa, salvo em caso de legítima defesa, própria ou de outrem;

XI - ato lesivo à honra ou à boa fama ou ofensas físicas praticadas contra o empregador doméstico ou sua família, salvo em caso de legítima defesa, própria ou de outrem;

XII - prática constante de jogos de azar.

Trata-se de previsão legal coerente com a figura do empregador doméstico, o qual não é empresa propriamente.

Na atual lei de greve, ou seja, Lei 7.783/1989, no art. 15, existe a previsão de que a responsabilidade pelos atos praticados no curso da greve, se regidos pelo Direito do Trabalho, será apurada conforme a legislação trabalhista.

Assim, eventual falta grave praticada pelo empregado durante a greve autoriza a sua dispensa por justa causa. No entanto, como estabelece a Súmula 316 do STF: "A simples adesão à greve não constitui falta grave".

Por fim, o art. 112, § 3.º, do Decreto 10.854/2021, que regulamenta a Lei 7.418/1985, estabelece que a declaração falsa e o uso indevido do vale-transporte constituem falta grave.

No caso, a referida falsificação ou utilização irregular pode se subsumir às hipóteses do art. 482, *a* e *b*, da CLT (ato de improbidade e mau procedimento).

Entende-se que o empregador deve narrar, em juízo, os fatos que deram origem à justa causa aplicada na dispensa do empregado.

Quanto ao mero enquadramento dos fatos alegados à lei, ou seja, à hipótese legal de justa causa, ocorrendo eventual equívoco do empregador nessa subsunção, não se tem a invalidação, por si só, da justa causa aplicada, pois o juiz é quem deve conhecer o direito. Ou seja, cabe ao juiz realizar a correta associação dos fatos, alegados pelo empregador, à norma jurídica que prevê a justa causa.

Para que a justa causa se verifique, tornando possível e válida a respectiva dispensa do empregado, são necessários certos **requisitos** a seguir estudados, que podem ser classificados em subjetivos e objetivos.

a) **Elemento subjetivo**.

O elemento subjetivo da justa causa refere-se ao dolo ou culpa do empregado.

O dolo é intenção de praticar o ato faltoso. A culpa, por sua vez, refere-se à imprudência, negligência ou imperícia do empregado, fazendo com que o ato faltoso acabe ocorrendo.

O empregado não pode ser dispensado por justa causa se o ato faltoso não decorreu de sua vontade, nem se verificou por sua imprudência, negligência ou imperícia.

b) Os **elementos objetivos**, por sua vez, são a seguir analisados.

b.1) **Tipicidade**.

As hipóteses de justa causa estão estabelecidas em lei, como já destacado, não cabendo ao empregador criar novas modalidades a respeito.

Observa-se aqui, portanto, o princípio da reserva legal. Não pode haver dispensa por justa causa sem a prévia previsão legal da respectiva falta grave.

b.2) **Gravidade**.

A dispensa por justa causa é considerada a medida punitiva mais grave que o empregador pode aplicar ao empregado, no exercício do seu poder disciplinar, o qual se encontra inserido no poder de direção.

Sendo assim, a justa causa, para justificar a respectiva dispensa, deve se caracterizar pela efetiva gravidade do ato cometido, a ponto de tornar a continuidade do vínculo de emprego indesejada ou inviável para o empregador.

A gravidade é, portanto, o requisito essencial na justa causa.

b.3) **Nexo de causalidade**.

Para a validade da justa causa e da respectiva dispensa, o ato faltoso, dotado de gravidade, deve ser a causa (origem, razão, motivo) para a dispensa. Em outras palavras, a dispensa precisa ser decorrente, especificamente, da justa causa apontada pelo empregador e praticada pelo empregado.

O empregador não pode dispensar por justa causa o empregado quando, na realidade, a terminação do contrato de trabalho não decorre de ato faltoso, o qual está sendo utilizado como mera justificativa, falsa, para o ato de dispensa.

Tem-se aqui o requisito que parte da doutrina chama de "determinância", no sentido de que a dispensa por justa causa deve ter sido determinada, justamente, pela falta grave apontada pelo empregador.

b.4) **Proporcionalidade**.

Deve existir uma relação de proporcionalidade entre o ato faltoso, praticado pelo empregado, e a sua dispensa por justa causa.

Como essa medida disciplinar é considerada a de maior gravidade, só pode ser aplicada, de forma válida, se a falta praticada pelo empregado é suficientemente grave, de forma a justificar a sua dispensa por justa causa.

Atos faltosos de menor gravidade, como um pequeno atraso isolado, não podem ser considerados, por si só, graves o suficiente para desde já autorizarem a dispensa por justa causa, considerada a medida disciplinar extrema.

Nas referidas situações, de menor gravidade, a medida disciplinar que pode ser aplicada é a advertência ou mesmo a suspensão, conforme o caso.

No entanto, a reiteração de pequenos atos faltosos, punidos com medidas disciplinares de menor gravidade (como advertências e suspensões), pode fazer com que, quando de uma última falta praticada, tenha-se a gravidade suficiente para a dispensa por justa causa.

b.5) **Imediatidade**.

Entre a prática da justa causa e a aplicação da penalidade pelo empregador, não pode transcorrer espaço de tempo muito longo, pois isso significaria o perdão tácito.

Assim, a dispensa por justa causa deve ser logo em seguida à prática da falta grave. No entanto, o referido espaço de tempo só deve ser contado a partir do momento em que o empregador toma ciência da falta disciplinar praticada pelo empregado. Antes disso, não há como, razoavelmente, dizer que o empregador se manteve inerte quanto à punição do empregado faltoso.

Além disso, é aceito que a empresa, justamente para não incorrer em injustiça na dispensa por justa causa, estabeleça uma investigação interna dos atos faltosos, inclusive quanto à efetiva ocorrência, extensão, gravidade e autoria. Nesses casos, entende-se que o perdão tácito só ocorreria se a investigação interna permanecesse parada, ou se, mesmo depois de concluída, o empregador não tomasse qualquer atitude concreta de efetiva punição do empregado culpado, o que representaria verdadeiro perdão tácito.

b.6) ***Non bis in idem***.

O *non bis in idem* significa que a mesma falta disciplinar, praticada pelo empregado, não pode ser objeto de mais de uma punição pelo empregador.

Ainda que a falta autorizasse a dispensa por justa causa, se o empregador preferiu punir o empregado com uma mera advertência ou suspensão, não será válida a dispensa por justa causa pelo mesmo fato já punido, não sendo aceito que o empregador se arrependa da pena mais branda que decidiu aplicar.

O empregador não pode aplicar certa penalidade mais branda ao empregado e, em seguida, arrependendo-se, punir a mesma falta com a dispensa por justa causa, pois isso configuraria *bis in idem*, o qual é vedado.

A legislação brasileira não exige forma especial para o empregador comunicar o empregado de sua dispensa com justa causa.

No entanto, outras fontes formais do Direito do Trabalho, como normas coletivas e regulamento de empresa, podem estabelecer formas especiais, como a escrita, para a eficácia da referida comunicação.

Mesmo não se verificando a referida exigência, sugere-se que a dispensa por justa causa seja comunicada sob a forma escrita, para facilitar a prova. Esse documento, no entanto, é apto somente para demonstrar que o empregado ficou ciente da despedida, mas não prova a justa causa em si, ou seja, o fato, no caso, a falta grave que o empregador alegar ter o empregado praticado.

No âmbito processual, de acordo com os arts. 408, parágrafo único, do CPC de 2015, e 368, parágrafo único, do CPC de 1973 (c/c o art. 769 da CLT), quando o documento particular contiver declaração de ciência, relativa a determinado fato, ele prova a ciência, "mas não o fato em si", incumbindo o ônus de prová-lo ao interessado em sua veracidade.

De todo modo, cabe destacar que a justa causa, ou o motivo da terminação do contrato de trabalho, não deve ser objeto de anotação na Carteira de Trabalho e Previdência Social. Trata-se de informação restrita à relação entre empregado e empregador, que não deve ser inserida no referido documento do empregado.

Aliás, a anotação da justa causa em CTPS, pelo empregador, pode acarretar, em tese, danos morais e materiais ao empregado, passando a ser devida a respectiva indenização, tendo em vista a violação de direitos de personalidade, bem como por acarretar maior dificuldade de obtenção de novo emprego (arts. 29, §§ 4.º e 5.º, da CLT e 5.º, inciso X, da CF/1988).

Ainda no âmbito processual, cabe ao empregador o ônus de provar eventual justa causa que alegue contra o empregado. Como estabelece a Súmula 212 do TST: "O ônus de provar o término do contrato de trabalho, quando negados a prestação de serviço e o despedimento, é do empregador, pois o princípio da continuidade da relação de emprego constitui presunção favorável ao empregado".

Vejamos aqui cada uma das hipóteses de justa causa, previstas no art. 482 da CLT.

1) **Ato de improbidade** (art. 482, *a*)

Ato de improbidade significa **conduta desonesta do empregado**, causando **prejuízos ao patrimônio do empregador**.

Há os que entendem que a improbidade refere-se apenas ao prejuízo patrimonial acarretado ao empregador, por ato do empregado, como ocorre no furto, roubo ou apropriação indébita.

Há segunda vertente que entende de forma mais ampla, no sentido de que a improbidade não se restringe à lesão ao patrimônio da empresa, podendo ser também um ato desonesto dotado de gravidade. Como exemplo, tem-se a falsificação de atestado médico pelo trabalhador.

Na verdade, os que seguem a corrente mais restritiva, quanto à abrangência do ato de improbidade, certamente incluem os demais atos graves, de desonestidade, como "mau procedimento" (art. 482, *b*, da CLT).

2) **Incontinência de conduta** (art. 482, *b*)

A incontinência de conduta refere-se a **ato imoral** praticado pelo empregado, mas específico quanto à **moral sexual**.

Tem-se, assim, o caso de ato de pornografia ou libidinoso, impróprio ao ambiente de trabalho, praticado pelo empregado, extrapolando o limite de razoabilidade aceito pela sociedade.

Mesmo o assédio sexual praticado pelo empregado, contra outro trabalhador, caracteriza, em tese, a incontinência de conduta, autorizando a dispensa por justa causa daquele que assedia.

3) **Mau procedimento** (art. 482, *b*)

O mau procedimento pode ser entendido como uma **conduta irregular, faltosa e grave do empregado**, mas que não se enquadra em nenhuma das outras hipóteses mais específicas da lei.

Por isso, o mau procedimento acaba sendo utilizado de forma subsidiária, ou seja, na ausência de figura mais específica para o ato faltoso e grave praticado pelo empregado, autorizando a dispensa com justa causa.

4) **Negociação habitual** (art. 482, *c*)

Em conformidade com o art. 482, *c*, da CLT, constitui justa causa para a dispensa do empregado:

> "negociação habitual por conta própria ou alheia sem permissão do empregador, e quando constituir ato de concorrência à empresa para a qual trabalha o empregado, ou for prejudicial ao serviço".

Para a correta interpretação desse dispositivo, deve-se notar que ele estabelece duas situações diferenciadas envolvendo a negociação habitual:

a) negociação habitual, por conta própria ou alheia, sem permissão do empregador, quando constituir ato de concorrência à empresa para a qual trabalha o empregado;
b) negociação habitual, por conta própria ou alheia, sem permissão do empregador, quando for prejudicial ao serviço.

5) **Condenação criminal do empregado transitada em julgado** (art. 482, *d*)

Se o empregado for condenado, criminalmente, por sentença transitada em julgado, caso não haja a suspensão condicional da pena, o empregador pode dispensá-lo por justa causa.

O entendimento correto é no sentido de que a referida condenação criminal refere-se a fato não relacionado ao contrato de trabalho.

Tanto é assim que se o empregado praticasse certa falta que constitui também crime, e o empregador fosse esperar o trânsito em julgado de sentença penal condenatória, não haveria como se observar o requisito da "imediatidade" para a justa causa poder ser aplicada. A referida espera certamente acarretaria o perdão tácito em relação ao empregado.

Na realidade, a previsão do art. 482, *d*, da CLT, em sua interpretação teleológica, refere-se à inviabilidade de o empregado continuar prestando serviços quando preso ou detido criminalmente, cumprindo pena restritiva de liberdade. Tanto é assim que, de acordo com o referido dispositivo legal, a justa causa só se verifica se não tiver sido concedida a suspensão da execução da pena, ou seja, desde que não exista *sursis*.

6) **Desídia** (art. 482, *e*)

A desídia refere-se à **falta de atenção, negligência, desinteresse, desleixo** do empregado, quanto à prestação dos serviços.

É frequente, nessa hipótese de justa causa, a reiteração de pequenas faltas, as quais, no conjunto, revelam comportamento desidioso e grave do empregado, autorizando a sua dispensa com justa causa.

Nesses casos de reiteração, o entendimento que prevalece é no sentido de que as pequenas faltas anteriores devem ter sido objeto de punições aplicadas pelo empregador, pois, do contrário, teriam sido perdoadas, ainda que tacitamente. Ocorrendo, por fim, uma nova falta disciplinar, é que o empregador pode aplicar a justa causa.

No entanto, nada impede que uma única falta praticada pelo empregado já caracterize a desídia, no caso de se tratar de ato suficientemente grave, rompendo o elemento confiança inerente e necessário ao contrato de trabalho.

7) **Embriaguez habitual ou em serviço** (art. 482, *f*)

O art. 482, *f*, da CLT, prevê como justa causa a "embriaguez habitual ou em serviço".

Embriaguez é o estado em que a pessoa (no caso, o empregado) fica sem a plenitude dos seus sentidos, em razão de ter ingerido ou consumido substâncias químicas (como bebidas alcoólicas ou drogas), que afetam o sistema nervoso, retirando, total ou parcialmente, a sua capacidade de controle sobre si.

Como se nota, a embriaguez não se confunde com o mero ato de ingerir bebida alcoólica, o qual pode não acarretar a embriaguez.

Além disso, pelo que se observa do referido dispositivo, tem-se, na realidade, duas situações diferenciadas:

- **embriaguez em serviço**, ou seja, aquela verificada durante a prestação do trabalho;
- **embriaguez habitual**, em que o empregado fica nesse estado com frequência, repetição, ainda que não seja quando da prestação do serviço.

A justificativa para a referida justa causa seria no sentido de que o empregador não teria como confiar no ébrio, pois este não tem como desempenhar suas atribuições com o cuidado, diligência e rendimento necessários, podendo inclusive causar prejuízos ou situações constrangedoras ao empregador.

No entanto, especialmente quanto à embriaguez habitual, há corrente de entendimento, que vem se fortalecendo, no sentido de não ser considerada como justa causa a embriaguez, quando se caracterizar como uma doença. Tanto é assim que a embriaguez é reconhecida no Código Internacional de Doenças (CID – 10).

Por isso, o empregado com o referido problema de saúde, na realidade, deve receber o devido tratamento médico, ainda que com eventual afastamento com este objetivo, e não ser punido com a justa causa.

Frise-se, ainda, que a embriaguez em serviço não se confunde com a mera ingestão de bebida alcoólica, por exemplo, no intervalo, ou durante a refeição. Na embriaguez em serviço não se exige repetição da conduta, bastando uma única vez para se considerar grave o suficiente para a dispensa.

Para a prova da embriaguez, são admitidos todos os meios lícitos e legítimos, inclusive as presunções, no sentido de se demonstrar diversos fatos e condutas praticadas pelo empregado, típicos de alguém que se embriagou.

8) **Violação de segredo da empresa** (art. 482, *g*)

A justa causa referente à violação de segredo da empresa indica **devassa abusiva** praticada pelo empregado sobre os dados e fórmulas sigilosas da empresa, sua atividade ou seus negócios.

Para a caracterização da hipótese em questão, faz-se necessária a gravidade da conduta, apta a acarretar prejuízo ao empregador. Assim, mesmo que o empregado não chegue a divulgar o segredo da empresa, se a devassa, em si, já é potencialmente danosa ao empregador, configura-se a justa causa.

Por se tratar de "violação" de segredo da empresa, já se subentende que o empregador não consentiu quanto a tal devassa, praticada pelo trabalhador.

9) **Ato de indisciplina** (art. 482, *h*)

A indisciplina se verifica quando o empregado não respeita, não acata, não cumpre **ordens gerais** estabelecidas e dirigidas aos empregados da empresa como um todo.

Obviamente, para que se configure a indisciplina, a ordem deve ser lícita e razoável, sem configurar abuso de exercício do poder de direção.

A utilização do computador pode ser proibida pelo empregador, assim como o uso de outros equipamentos de trabalho, como telefone, *e-mail* e internet. Havendo essa vedação, se o empregado descumpre tal determinação genérica, incide na justa causa de indisciplina.

10) **Ato de insubordinação** (art. 482, *h*)

A insubordinação também é um descumprimento de ordem pelo empregado, mas refere-se a **ordens de natureza pessoal** (e não geral), dirigidas especificamente a certo empregado, quanto à prestação dos serviços.

No caso, a ordem dirigida pessoalmente ao empregado também não pode ser abusiva, ilegal ou imoral, hipótese em que deixará de ser exigível, como seria o caso de se ordenar que o empregado transporte substância tóxica ou ilícita. O descumprimento, nesse caso específico, não pode configurar, de forma válida, a justa causa para a dispensa, pois o empregado tem o direito de se opor aos abusos e ilicitudes ordenadas pelo empregador.

11) **Abandono de emprego** (art. 482, *i*)

Para a melhor compreensão, pode-se dizer que o abandono de emprego é composto de dois elementos: o **objetivo** e o **subjetivo**.

O elemento objetivo refere-se à **ausência continuada e prolongada ao serviço**, mesmo estando em vigência o dever de trabalhar.

O elemento subjetivo, por sua vez, refere-se à **intenção do empregado de não mais retornar ao trabalho** até então exercido. Trata-se do ânimo de abandonar o emprego. Como se pode imaginar, quanto a essa intenção do empregado, por se referir a um aspecto interno, no plano da vontade e dos pensamentos, existe extrema dificuldade do empregador (ou de qualquer terceiro) de se provar.

Assim, por meio de certas presunções, desde que provados certos indícios, pode-se concluir a respeito do fato principal, no caso, a intenção de abandonar o emprego, de não mais retornar. Por exemplo, de acordo com a jurisprudência, a prova de que o empregado vem se ausentando do trabalho por 30 dias ou mais injustificadamente (prova do elemento objetivo) gera a presunção de que o empregado não tem mais a intenção de retornar ao trabalho[18].

Trata-se, no entanto, de presunção relativa, a qual pode ser elidida pelo empregado, demonstrando, por exemplo, que não tinha o ânimo de abandonar o emprego, só não tendo retornado, nem avisado o empregador, porque estava internado, em estado de coma, ou mesmo sequestrado.

Discute-se, ainda, sobre a necessidade de notificação do empregado, convocando-o a retornar ao serviço. Na realidade, tal notificação não é exigida por lei, não sendo essencial para a configuração do abandono do emprego. A referida convocação apenas tem o objetivo de tentar demonstrar que o empregado, efetivamente, não pretende mais retornar ao emprego (elemento subjetivo), pois mesmo chamado formalmente, não voltou ao serviço.

---

18. Súmula 32 do TST: "Abandono de emprego. Presume-se o abandono de emprego se o trabalhador não retornar ao serviço no prazo de 30 (trinta) dias após a cessação do benefício previdenciário nem justificar o motivo de não o fazer".

Além disso, não se revela de grande eficácia que a notificação seja publicada em jornal, pois o empregado não tem a obrigação de sua aquisição e leitura. Aliás, pode-se mesmo defender que essa divulgação do abandono de emprego, em jornal de ampla circulação, expõe o empregado, desnecessariamente, a uma situação constrangedora, podendo gerar lesão a direito de personalidade, passando a ser devida a respectiva indenização.

Por isso, eventual notificação para o retorno ao emprego, sob pena de caracterização de abandono, deve ser encaminhada ao próprio endereço do empregado, formalizada por meio de notificação extrajudicial, feita pelo cartório de títulos e documentos, ou mesmo por meio de carta registrada, com comprovante de recebimento. Pode-se admitir até mesmo procedimento de notificação e interpelação (arts. 726 a 729 do CPC de 2015 e arts. 867 a 873 do CPC de 1973) com o referido objetivo.

A notificação por edital só se justificaria no caso de o empregado encontrar-se, efetivamente, em local incerto e não sabido.

Ainda sobre o abandono de emprego, de acordo com a Súmula 62 do TST: "O prazo de decadência do direito do empregador de ajuizar inquérito em face do empregado que incorre em abandono de emprego é contado a partir do momento em que o empregado pretendeu seu retorno ao serviço".

Por fim, como explicita a Súmula 73 do TST: "A ocorrência de justa causa, salvo a de abandono de emprego, no decurso do prazo do aviso prévio dado pelo empregador, retira do empregado qualquer direito às verbas rescisórias de natureza indenizatória".

A ressalva quanto ao abandono de emprego, feita pela Súmula 73, justifica-se porque durante o aviso prévio o empregado, certamente, estará à procura de um novo emprego. Sendo o novo trabalho encontrado, o objetivo do aviso prévio foi alcançado, não se podendo penalizar o empregado por deixar de cumprir o restante do período de aviso, justamente por ter de assumir, imediatamente, o novo serviço. Nesse caso, o empregado apenas deixa de fazer jus ao saldo de salário referente aos dias não trabalhados.

12) **Ato lesivo da honra ou boa fama em serviço** (art. 482, *j*)

De acordo com o art. 482, *j*, da CLT, constitui-se justa causa: "o ato lesivo da honra ou da boa fama praticado no serviço contra qualquer pessoa [...], salvo em caso de legítima defesa, própria ou de outrem".

A lesão à honra ou da boa fama refere-se à conduta do empregado em serviço, que viola direitos de personalidade, no caso, relacionados à **imagem** e à **moral** de qualquer pessoa.

A ofensa à **honra** pode ser **objetiva** (reputação), correspondendo à calúnia e à difamação, ou **subjetiva** (dignidade, decoro), correspondendo à injúria.

A **boa fama**, por sua vez, refere-se ao conceito que a pessoa apresenta perante a sociedade e a comunidade em que vive.

No entanto, se a referida lesão à honra ou boa fama ocorre em **legítima defesa**, o ato deixa de ser ilícito, afastando, com isso, a justa causa. De todo modo, a legítima defesa deve ser exercida dentro dos devidos limites, ou seja, sem excessos. Por fim, a legítima defesa pode ser própria, quer dizer, em benefício próprio, ou de terceiro (Código Penal, art. 25).

13) **Ofensas físicas em serviço** (art. 482, *j*)

O mesmo art. 482, *j*, da CLT, também estabelece, como justa causa, a prática de ofensas físicas nas mesmas condições vistas acima, ou seja, "no serviço contra qualquer pessoa", salvo em caso de legítima defesa, própria ou de outrem.

A ofensa física é a **agressão corporal** perpetrada pelo empregado, no caso, contra qualquer pessoa (cliente, fornecedor, terceiros desconhecidos, colegas de trabalho, superiores hierárquicos etc.), quando isso ocorrer durante o serviço.

Também aqui, a **legítima defesa**, em proveito próprio ou em benefício de terceiro, afasta a ilicitude da conduta e, por consequência, a justa causa. Para que isso ocorra, a legítima defesa não pode extrapolar o necessário para se impedir a agressão (Código Penal, art. 25).

14) **Ato lesivo da honra ou boa fama contra o empregador** (art. 482, *k*)

No art. 482, *k*, da CLT, há previsão de justa causa quando o empregado praticar: "ato lesivo da honra ou da boa fama [...] contra o empregador e superiores hierárquicos, salvo em caso de legítima defesa, própria ou de outrem".

No caso em questão, a lesão à honra ou à boa fama é especificamente contra o empregador ou superiores hierárquicos, podendo ocorrer não só em serviço, mas em qualquer lugar, justamente em razão da condição da pessoa ofendida.

Ressalte-se que a jurisprudência já se pacificou quanto à possibilidade de a pessoa jurídica sofrer dano moral[19]. Nessa linha, dispõe o art. 52 do Código Civil de 2002 que é aplicável "às pessoas jurídicas, no que couber, a proteção dos direitos da personalidade".

A legítima defesa, nos moldes explicitados, afasta a justa causa.

15) **Ofensas físicas contra o empregador** (art. 482, *k*)

O art. 482, *k*, da CLT, prevê, ainda, a seguinte hipótese de justa causa: "ofensas físicas praticadas contra o empregador e superiores hierárquicos, salvo em caso de legítima defesa, própria ou de outrem".

Na situação específica, a **violência física** é praticada pelo empregado contra o empregador ou superiores hierárquicos, podendo ocorrer não só no serviço, mas em qualquer localidade, novamente em razão da condição das pessoas lesadas.

A justa causa, novamente, fica afastada pela legítima defesa.

16) **Prática constante de jogos de azar** (art. 482, *l*)

Em conformidade com o art. 482, *l*, da CLT, a prática constante de jogos de azar é considerada justa causa.

O **jogo de azar** é aquele em que o resultado depende exclusiva ou principalmente do fator "sorte".

Conforme o art. 50, § 3.º, da Lei das Contravenções Penais, consideram-se jogos de azar: "a) o jogo em que o ganho e a perda dependam exclusiva ou principalmente da sorte; b) as apostas sobre corrida de cavalos fora de hipódromo ou de local onde sejam autorizadas; c) as apostas sobre qualquer outra competição esportiva".

São exemplos de jogos exclusivamente dependentes da sorte: roleta e dados, pois a vitória ou a derrota, nesses casos, não é influenciada por qualquer outro fator (como a habilidade), que não a sorte de uns e o azar de outros jogadores.

19. Súmula 227 do STJ: "A pessoa jurídica pode sofrer dano moral".

Jogos que dependem principalmente da sorte são os jogos de cartas, pois embora o fator sorte ou azar seja o preponderante para se chegar ao resultado, alguma habilidade pode influenciar na vitória.

Nos jogos de bingo, o resultado depende exclusivamente da sorte, ou ao menos esta é a principal determinante do resultado.

Já os jogos de habilidade não são considerados jogos de azar, mas sim lícitos, como ocorre com as competições esportivas, bem como os jogos de dama e xadrez, que dependem da inteligência, da perspicácia e do raciocínio. Entretanto, a aposta em si (*v.g.*, feita por terceiros), sobre o futuro resultado em tais jogos lícitos, é considerada jogo de azar.

Exige-se que os jogos de azar sejam algo frequente na vida do empregado (habitualidade). O seu exercício esporádico não configura, portanto, a justa causa.

Há entendimento, minoritário, de que pouco importa "se o jogo é ou não a dinheiro"[20]. No entanto, a corrente majoritária exige, para que se trate de justa causa, que o jogo seja praticado com o fim de lucro. Efetivamente, quanto à necessária "finalidade de lucro"[21], segundo leciona Wagner Giglio: "Sem o escopo de obter um benefício material, de valor econômico, não há falar em jogo ilegal, quer do ponto de vista da contravenção, quer do Direito do Trabalho"[22].

17) **perda da habilitação ou dos requisitos para o exercício da profissão** (art. 482, *m*)

O art. 482, alínea *m*, da CLT, incluída pela Lei 13.467/2017, prevê que constitui justa causa para rescisão do contrato de trabalho pelo empregador a perda da habilitação ou dos requisitos estabelecidos em lei para o exercício da profissão, em decorrência de conduta dolosa do empregado.

Exemplificando, no caso de empregado que seja motorista, a perda da habilitação, em razão de conduta dolosa, ou seja, intencional, autoriza a despedida com justa causa.

Como se pode notar, foi acrescentado ao rol das hipóteses de justa causa do empregado evento que não necessariamente tem relação com a sua conduta disciplinar no trabalho propriamente, embora tenha repercussões no exercício de suas atividades e funções na empresa.

18) **Atos atentatórios à segurança nacional** (art. 482, parágrafo único)

O parágrafo único do art. 482 da CLT, prevê, ainda, que:

> "Constitui igualmente justa causa para dispensa de empregado a prática, devidamente comprovada em inquérito administrativo, de atos atentatórios contra a segurança nacional".

Trata-se de disposição incluída pelo Decreto-lei 3, de 27.01.1966.

Na realidade, a previsão em destaque é fruto da concepção política e de Estado da década de 60, bem diferente do atual regime de Estado Democrático de Direito, pautado por valores superiores à antiga doutrina da segurança nacional, conforme mandamentos da Constituição Federal de 1988.

---

20. MARTINS, Sergio Pinto. *Direito do trabalho*. 22. ed. São Paulo: Atlas, 2006. p. 365.
21. ZAINAGHI, Domingos Sávio. *A justa causa no direito do trabalho*. São Paulo: Malheiros, 1995. p. 138.
22. GIGLIO, Wagner D. *Justa causa*. 7. ed. São Paulo: Saraiva, 2000. p. 333.

Por isso, entende-se que não mais deve prevalecer a previsão em análise, sepultada que foi a concepção de regime ditatorial no comando do governo e do Estado. Tanto é assim que a Lei 8.630/1993 (posteriormente revogada pela Lei 12.815/2013), em seu art. 76, revogou o mencionado Decreto-lei 3/1966, com o que se pode considerar revogado o dispositivo em questão.

A Lei 7.170, de 14 de dezembro de 1983 (Lei de Segurança Nacional), foi revogada pela Lei 14.197, de 1.º de setembro de 2021, que acrescentou o Título XII na Parte Especial do Código Penal, relativo aos crimes contra o Estado Democrático de Direito.

Nessa linha de entendimento, eventuais atos faltosos do empregado, apresentando teor ilícito ou criminoso, podem autorizar a dispensa com justa causa, conforme as hipóteses do art. 482 da CLT, em especial nas alíneas *a*, *b* e *d*.

13.6.3 Culpa recíproca

A culpa recíproca ocorre quando se verificam **condutas faltosas tanto do empregado como do empregador**. As faltas do empregado estão previstas, em sua grande maioria, no art. 482 da CLT, sendo as do empregador arroladas no art. 483 da CLT.

Mesmo assim, para que se verifique, realmente, a culpa recíproca, as **faltas** devem ser **simultâneas** (no mesmo contexto de tempo, na mesma circunstância de fato), **graves** e **conexas**.

Pode-se indicar como exemplo de culpa recíproca a hipótese em que o empregado profere contra o empregador palavra de baixo calão, ofendendo a sua honra ou imagem, e este responde no mesmo tom, ofendendo, por sua vez, a honra ou a imagem do trabalhador.

Atualmente, a Lei 8.036/1990, no art. 18, § 2.º, estabelece que na "despedida por culpa recíproca", a indenização compensatória calculada sobre os depósitos do FGTS "será de 20% (vinte por cento)".

Em conformidade com a Súmula 14 do TST, na redação determinada pela Resolução 121/2003: "Reconhecida a culpa recíproca na rescisão do contrato de trabalho (art. 484 da CLT), o empregado tem direito a 50% (cinquenta por cento) do valor do aviso prévio, do décimo terceiro salário e das férias proporcionais".

Obviamente, na culpa recíproca também são devidas, de forma integral, férias vencidas com 1/3, décimo terceiro salário vencido e saldo salarial, por se tratar de direitos já adquiridos.

13.6.4 Demissão

A demissão ocorre quando o empregado decide pelo término do vínculo de emprego, avisando o empregador quanto a tal deliberação, não tendo de justificar a medida.

Por isso, na demissão o empregado tem o direito de receber: férias vencidas com 1/3; férias proporcionais com 1/3 (Súmula 261 do TST); décimo terceiro salário vencido; décimo terceiro salário proporcional (Súmula 157 do TST); saldo salarial referente aos dias trabalhados.

Na realidade, não seria apropriado falar em "pedido" de demissão, pois o que ocorre é o empregado simplesmente demitir-se, não tendo que depender da aceitação do empregador para se desligar do emprego, em razão do princípio constitucional da liberdade, vedando-se o trabalho forçado (art. 5.º, *caput* e incisos XIII e XLVII, *c*, da CF/1988).

Trata-se, portanto, de ato unilateral do empregado.

O que existe é o dever de o empregado comunicar ao empregador a referida decisão de cessar a prestação dos serviços, por meio do aviso prévio. Efetivamente, de acordo com o art. 487, § 2.º, da CLT: "A falta de aviso prévio por parte do empregado dá ao empregador o direito de descontar os salários correspondentes ao prazo respectivo".

Pode-se conceituar a demissão como a terminação do contrato de trabalho por ato de vontade, unilateral, do empregado, que deve avisar o empregador dessa deliberação.

13.6.5 Despedida indireta

A dispensa indireta se configura por deliberação do empregado, mas ela ocorre em razão de **justa causa praticada pelo empregador**, tornando inviável ou indesejada a continuidade do vínculo de emprego.

Assim, trata-se da hipótese inversa à dispensa com justa causa: enquanto nesta modalidade de terminação do contrato de trabalho a falta grave é praticada pelo empregado, na dispensa indireta a falta grave é praticada pelo empregador. Enquanto na dispensa com justa causa quem decide pôr fim ao contrato de trabalho é o empregador, na rescisão indireta tal deliberação é tomada pelo empregado.

No entanto, a dispensa indireta não se confunde com a demissão, pois naquela a cessação do vínculo decorre, especificamente, de falta praticada pelo empregador.

Na rescisão indireta, o empregado tem direito às verbas rescisórias equivalentes às da dispensa sem justa causa, ou seja: aviso prévio (art. 487, § 4.º, da CLT); férias vencidas e proporcionais com 1/3; décimos terceiros salários vencidos e proporcionais; saldo salarial referente aos dias trabalhados; indenização de 40% do FGTS; levantamento dos depósitos do FGTS; guias do seguro-desemprego.

A presente hipótese de cessação do contrato de trabalho é denominada não só como dispensa indireta, mas também como despedida indireta ou rescisão indireta.

Na realidade, não se verifica a dispensa do empregado propriamente, pois este é quem decide, no caso, pôr fim ao contrato de trabalho, ainda que em razão de falta grave praticada pelo empregador. Mas não é o empregador quem estará dispensando o empregado.

Na despedida indireta, o empregado deve comunicar a sua deliberação de pôr fim ao pacto laboral, para evitar que o empregador interprete a ausência ao trabalho como um abandono do emprego. Mesmo assim, o empregador dificilmente vai aceitar ou reconhecer a alegação do empregado, no sentido de que o contrato está sendo rompido em razão de falta grave patronal. Por isso, a dispensa indireta, normalmente, é reconhecida em juízo, ou seja, por meio de decisão proferida em ação judicial.

A dispensa indireta pode ser conceituada como a modalidade de terminação do contrato de trabalho, por deliberação do empregado, mas decorrente de justa causa praticada pelo empregador.

Mesmo na falta grave patronal, devem se fazer presentes certos requisitos da justa causa, desde que compatíveis com a situação delineada, ainda que sem os mesmos rigores na sua caracterização.

Assim, como na justa causa praticada pelo empregado, naquela pertinente ao empregador devem-se fazer presentes os elementos de:

1) *Tipicidade*, pois as hipóteses de justa causa do empregador também se encontram previstas em lei.

2) *Gravidade*, uma vez que a rescisão indireta, dando origem à cessação do vínculo de emprego, só deve ser reconhecida quando a falta patronal for grave. No entanto, deve ser levada em conta, obviamente, a posição do empregado, tornando a permanência do vínculo de emprego inviável para este.
3) *Nexo de causalidade*, no sentido de que a dispensa indireta deve ser, efetivamente, uma decorrência da justa causa do empregador, e não uma forma encontrada pelo trabalhador de conseguir o objetivo de se demitir, voluntariamente, do emprego, mas com o recebimento das verbas rescisórias equivalentes à dispensa.
4) *Proporcionalidade*, pois se faz necessária a existência de relação de proporcionalidade e razoabilidade entre o ato faltoso do empregador e a despedida indireta.

Como a despedida indireta acarreta o fim da relação de emprego, só deve ser reconhecida se a falta praticada pelo empregador justifica a drástica medida, sempre se levando em conta as peculiaridades do caso e as condições do empregado, pois a regra deve ser no sentido da preservação do emprego.

No entanto, a reiteração de pequenos atos faltosos pode tornar a irregularidade grave o suficiente para fundamentar a despedida indireta.

5) *Imediatidade*.

Entre a prática da justa causa patronal e a deliberação do empregado de requerer a dispensa indireta, não deve transcorrer espaço de tempo extremamente longo, pois isso significaria que a falta não é tão grave assim, pois se o fosse o vínculo não teria persistido.

No entanto, essa exigência deve ser analisada com coerência e parcimônia, não se podendo exigir o mesmo rigor necessário para a hipótese de justa causa do empregado. Isso porque, muitas vezes, o empregado acaba tolerando certas faltas patronais, tendo em vista a necessidade de se manter no emprego, para poder receber o salário e, com isso, sustentar a si e a sua família.

Além disso, se a falta patronal vem se repetindo no tempo, como o atraso mensal do salário, a imediatidade deve ser analisada da última lesão ocorrida, ou seja, daquela mais recente.

Diversamente, uma pequena falta antiga, já esquecida no passado e há tempos regularizada, não se mostra grave e atual para justificar a despedida indireta.

Quanto ao *non bis in idem*, não se verifica compatibilidade de aplicação na rescisão indireta, pois o empregado, prestando serviços de forma subordinada e por conta alheia, não é titular de poder disciplinar, não podendo, evidentemente, aplicar punições ao empregador, o que não se confunde com o seu direito de resistência.

Diante de falta patronal, o que o empregado pode fazer é se opor, postulando a sua regularização, ainda que em juízo, ou requerer a dispensa indireta.

Mas o empregado não pode pedir demissão e, posteriormente, se arrepender, passando a entender que deveria ter postulado a rescisão indireta. Consumada a demissão, o contrato de trabalho já cessou por esse motivo, a não ser que o empregado demonstre vício na respectiva manifestação de vontade.

Os casos de justa causa patronal estão previstos no art. 483 da CLT, a seguir analisados.

1) **Exigência de serviços superiores às forças do empregado** (art. 483, *a*)

A hipótese ocorre quando o empregador exige, ou seja, impõe que o empregado execute serviços que estão acima de suas forças, entendido o termo tanto no sentido físico como no intelectual.

Sobre o limite de força física, cabe destacar a disposição de segurança e medicina do trabalho, pertinente ao art. 198 da CLT, com a seguinte previsão:

> "Art. 198. É de 60 kg (sessenta quilogramas) o peso máximo que um empregado pode remover individualmente, ressalvadas as disposições especiais relativas ao trabalho do menor e da mulher.
>
> Parágrafo único. Não está compreendida na proibição deste artigo a remoção de material feita por impulsão ou tração de vagonetes sobre trilhos, carros de mão ou quaisquer outros aparelhos mecânicos, podendo o Ministério do Trabalho, em tais casos, fixar limites diversos, que evitem sejam exigidos do empregado serviços superiores às suas forças".

Além disso, o art. 390 da CLT, que também se aplica aos empregados menores (art. 405, § 5.º, da CLT), estabelece a seguinte regra especial:

> "Art. 390. Ao empregador é vedado empregar a mulher em serviço que demande o emprego de força muscular superior a 20 (vinte) quilos para o trabalho contínuo, ou 25 (vinte e cinco) quilos para o trabalho ocasional.
>
> Parágrafo único. Não está compreendida na determinação deste artigo a remoção de material feita por impulsão ou tração de vagonetes sobre trilhos, de carros de mão ou quaisquer aparelhos mecânicos".

Como mencionado, também constitui falta grave patronal exigir que o empregado execute tarefas superiores às forças intelectuais e psíquicas, em prejuízo de sua saúde e bem-estar.

2) **Exigência de serviços defesos por lei** (art. 483, *a*)

Essa hipótese refere-se ao empregador que impõe ao empregado que execute serviços vedados, ou seja, proibidos por lei.

Pode-se entender que constitui falta grave a exigência de serviços que a lei proíbe, com o intuito de tutelar o empregado, como as hipóteses de trabalho insalubre, perigoso ou noturno do menor, o qual é proibido pelo art. 7.º, inciso XXXIII, da Constituição Federal de 1988.

Além disso, também deve ser considerado como justa causa do empregador se este exige que o empregado desempenhe atividades consideradas ilícitas, pois, também nesse caso, tem-se "serviços defesos por lei". Por exemplo, podem ser indicados os casos do empregador que ordena a seu empregado que transporte substância proibida, ou exige que o trabalhador execute conduta lesiva ao patrimônio ou à moral de alguém.

3) **Exigência de serviços contrários aos bons costumes** (art. 483, *a*)

A referida falta patronal refere-se a exigir que o empregado desempenhe serviços que contrariam as regras morais que norteiam a sociedade, levando em conta o momento e a localidade.

Pode existir certa dificuldade em se precisar, exatamente, quais são todos os limites e as regras de bons costumes. Mesmo assim, deve-se adotar o padrão médio de comportamento, respeitado pela sociedade e visto como aceito pela comunidade, ainda que em sua maioria.

4) **Exigência de serviços alheios ao contrato** (art. 483, *a*)

A última hipótese da alínea *a* do art. 483, da CLT, refere-se à conduta do empregador que exige do empregado serviços alheios ao contrato de trabalho que foi firmado.

Trata-se do caso em que o empregado recebe ordens de desempenhar atividades para as quais não foi contratado, ou seja, divorciadas das funções a serem desempenhadas (o que deve ser interpretado com razoabilidade), como exigir-se da secretária que realize serviço de limpeza, ou ordenar ao professor que exerça função de porteiro.

Se a exigência de serviço alheio envolver lesão a direito de personalidade do empregado, como em trabalho degradante, a respectiva indenização por danos morais também pode ser devida.

5) **Rigor excessivo** (art. 483, *b*)

O rigor excessivo significa uma verdadeira **perseguição** do empregador contra o empregado, tratando-o de forma diferenciada em comparação aos demais empregados ou aplicando punições desproporcionais.

Conforme a gravidade da conduta patronal e a sua reiteração, em prejuízo da dignidade do empregado, há possibilidade de se configurar até mesmo o *assédio moral*. Este pode ter como objetivos escusos o de fazer com que o empregado, por ser repetidamente lesado em termos psicológicos e morais, com atitudes nefastas do empregador, não mais suportando o sofrimento, peça demissão.

Frise-se que o rigor excessivo pode ser praticado, ainda, por superior hierárquico, configurando prática de assédio moral, autorizando da mesma forma a despedida indireta, pois o empregador é responsável por manter o ambiente de trabalho saudável e harmonioso.

6) **Perigo manifesto de mal considerável** (art. 483, *c*)

A hipótese em questão indica o empregado que é exposto a situações de perigo manifesto (ou seja, evidente) de sofrer um mal considerável (quer dizer, relevante), quando não inerentes à atividade contratada.

O referido "mal considerável" pode ser tanto à saúde física como à psíquica e psicológica do empregado.

Podem ser citados como exemplos: o empregador que determina a execução de trabalho insalubre, mas não entrega os necessários equipamentos de proteção individual; o serviço a ser executado envolve perigo à integridade do trabalhador, e mesmo à vida, por ser o trabalho em alturas ou obras em construção, mas não se disponibiliza ao empregado os instrumentos de proteção adequados (como o cinto de segurança ou o capacete).

7) **Não cumprimento das obrigações do contrato** (art. 483, *d*)

Quando o empregador descumpre as obrigações do contrato de trabalho, o empregado não é obrigado a tolerar a conduta irregular, podendo considerar rescindido o referido pacto, por justa causa patronal.

Deve-se interpretar a expressão "obrigações do contrato" como alcançando os diversos deveres inerentes à relação contratual de emprego. As respectivas obrigações podem ter origem nas diversas fontes formais do Direito do Trabalho, inclusive legal (e constitucional), bem como podem decorrer do costume, de normas coletivas decorrentes de negociação coletiva, ou mesmo de decisão arbitral ou judicial referente a conflito coletivo de trabalho. Aliás, a maioria das obrigações, pertinentes ao contrato de trabalho, decorrem de previsão da legislação trabalhista, com o que a sua inobservância faz incidir a justa causa patronal em estudo.

No entanto, o que cabe destacar é o entendimento segundo o qual, havendo *fundada* controvérsia quanto à efetiva existência de relação de emprego, não poderia o empregado, antes de ver reconhecido o contrato de trabalho em juízo, alegar a dispensa indireta, sustentando que as obrigações decorrentes do vínculo (que não se sabe se existe ou não) foram ou estão sendo descumpridas pelo suposto empregador.

De acordo com a Súmula 13 do TST: "O só pagamento dos salários atrasados em audiência não ilide a mora capaz de determinar a rescisão do contrato de trabalho".

8) **Ato lesivo da honra e boa fama** (art. 483, *e*)

Da mesma forma como já analisada nas hipóteses do art. 482, alíneas *j* e *k*, na presente situação, tem-se como justa causa, agora patronal, a hipótese em que "praticar o empregador ou seus prepostos, contra ele [o empregado] ou pessoas de sua família, ato lesivo da honra e boa fama". No caso, a disposição específica não autoriza a legítima defesa exercida pelo empregador, diferentemente do que ocorre no caso do art. 482, *k*.

Como já mencionado, a lesão à honra ou da boa fama refere-se à conduta que afronta direitos de personalidade, no caso, relacionados à imagem e à moral.

A honra engloba a modalidade objetiva (reputação) e subjetiva (dignidade, decoro).

A boa fama refere-se ao conceito da pessoa diante da sociedade e da comunidade em que vive.

Cabe destacar que o ato lesivo (da honra e boa fama) pode ser não só contra o empregado, mas também contra pessoas de sua família. Esta última expressão possui amplitude um pouco indeterminada. De todo modo, certamente que fazem parte da família do empregado o cônjuge, os pais, os filhos e eventuais irmãos; outros familiares, mais distantes, podem ser objeto de incidência da disposição legal, conforme o caso e as suas circunstâncias, demonstrando-se que a lesão é apta a atingir, de modo reflexo, o próprio empregado, tendo em vista a proximidade e intimidade com o referido familiar.

9) **Ofensa física** (art. 483, *f*)

Também de forma semelhante à hipótese de dispensa com justa causa estudada, o art. 483, na alínea *f*, prevê a falta grave patronal quando "o empregador ou seus prepostos ofenderem-no [o empregado] fisicamente, salvo em caso de legítima defesa, própria ou de outrem".

O caso, portanto, é de lesão à integridade física do empregado, por violência cometida pelo empregador ou seus prepostos.

Se a referida lesão ocorre em legítima defesa, o ato deixa de ser ilícito, afastando, com isso, a rescisão indireta. No entanto, cabe observar que a legítima defesa deve ser exercida sem abuso, ou seja, sem que sejam excedidos os seus limites.

Além disso, a legítima defesa pode ser em benefício da própria pessoa lesada, ou mesmo em favor de um terceiro que poderia ser lesado pelo ofensor (Código Penal, art. 25).

10) **Redução do trabalho por peça ou tarefa, afetando o salário** (art. 483, *g*)

Em conformidade com o art. 483, *g*, da CLT, o empregado poderá considerar rescindido o contrato quando: "o empregador reduzir o seu trabalho, sendo este por peça ou tarefa, de forma a afetar sensivelmente a importância dos salários".

O trabalho por peça é aquele em que o salário é pago por unidade de obra, recebendo o empregado de acordo com a quantidade produzida.

O trabalho por tarefa refere-se àquele em que o salário é estabelecido de forma mista, ou seja, o empregado recebe conforme o serviço estipulado, a ser realizado em certo período de tempo.

De todo modo, são situações em que, havendo a redução do trabalho oferecido, proposto ou determinado ao empregado, pelo empregador, o salário pode sofrer sensível redução, pois nos referidos casos o valor recebido varia conforme o que é produzido.

Poder-se-ia questionar se a redução do salário pelo empregador, de forma ilícita, mas de empregado que tem seu salário calculado de forma distinta, configura justa causa patronal (como no salário por tempo de serviço).

Mesmo que essa última hipótese, por ser diferente das situações da alínea *g* do art. 483, não esteja incluída no referido dispositivo específico, a redução salarial em afronta à Constituição Federal (art. 7.º, inciso VI) é, evidentemente, uma inobservância das obrigações do contrato de trabalho; no caso, uma violação direta do dever de não reduzir os salários, constitui evidente falta grave patronal, incidindo a previsão do art. 483, *d*, da CLT, já analisada acima.

11) **Rescisão indireta do contrato de trabalho do empregado adolescente**

O art. 407, *caput*, da CLT, estabelece correta previsão, no sentido seguinte sentido: se for "verificado pela autoridade competente que o trabalho executado pelo menor é prejudicial à sua saúde, ao seu desenvolvimento físico ou à sua moralidade, poderá ela obrigá-lo a abandonar o serviço, devendo a respectiva empresa, quando for o caso, proporcionar ao menor todas as facilidades para mudar de funções".

Como o referido dispositivo não apresenta distinção, é possível entender que a "autoridade", ali indicada, pode ser não só o juiz da infância e da juventude, o juiz do trabalho, como o auditor-fiscal do trabalho, conforme a hipótese em concreto.

No entanto, quando a empresa não tomar as medidas possíveis e recomendadas pela autoridade competente para que o menor mude de função, de acordo com o parágrafo único do art. 407 da CLT: "configurar-se-á a rescisão do contrato de trabalho, na forma do art. 483".

Tem-se, no caso, hipótese específica de despedida indireta pertinente ao trabalho prejudicial ao empregado menor.

13.6.5.1 Dispensa indireta e possibilidade de permanência no serviço

A rescisão indireta, normalmente, deve ser objeto de reconhecimento em juízo, por meio da respectiva ação ajuizada pelo empregado.

O entendimento majoritário é no sentido de que a regra deve ser a extinção imediata do contrato de trabalho, ou seja, a cessação da prestação de serviços, não se podendo aguardar a decisão judicial a respeito, justamente por se tratar de justa causa patronal. Esta, como se sabe, deve ser grave, inviabilizando a continuidade do vínculo de emprego. Haveria uma nítida contradição se o empregado pudesse permanecer no labor e, ao mesmo tempo, requerer a rescisão indireta do contrato de trabalho.

Assim, apenas excepcionalmente, mediante específica autorização legal, é que a referida permanência no emprego pode ser admitida. Nesse sentido, assim dispõe o art. 483, § 3.º, da CLT:

> "Nas hipóteses das letras *d* e *g*, poderá o empregado pleitear a rescisão de seu contrato de trabalho e o pagamento das respectivas indenizações, permanecendo ou não no serviço até final decisão do processo".

Em razão da referida previsão, apenas nas hipóteses de descumprimento das obrigações contratuais (art. 483, *d*, da CLT) e redução do trabalho por peça ou tarefa, afetando o salário (art. 483, *g*, da CLT), faculta-se ao empregado permanecer no emprego até a final decisão do processo em que pleiteia a rescisão indireta do contrato de trabalho.

A expressão "final decisão do processo" pode gerar dúvida, no sentido de se tratar da sentença, ou somente da decisão que transitar em julgado[23]. Entende-se que essa última interpretação, quanto ao trânsito em julgado, mostra-se mais coerente, pois, do contrário, se a sentença que eventualmente reconhecesse a rescisão indireta fosse reformada em recurso (ordinário), pelo tribunal (TRT), ter-se-ia a neutralização da eficácia e da utilidade da previsão legal.

Interpretando-se *a contrario sensu* o § 3.º do art. 483 da CLT, nas demais modalidades de dispensa indireta, a referida faculdade de permanência no emprego não se verifica, conforme correto entendimento, majoritário, da doutrina e da jurisprudência. Com isso, fora das alíneas *d* e *g* do art. 483 da CLT, cabe ao empregado, ao requerer o reconhecimento da justa causa patronal, dar por findo o contrato de trabalho, cessando a prestação dos serviços, coerentemente com a sua alegação de despedida indireta.

No entanto, cabe verificar a hipótese em que o empregado cessou a prestação dos serviços, ajuizou em seguida ação com o objetivo de obter o reconhecimento de rescisão indireta do contrato de trabalho, mas esse pedido foi julgado improcedente, indeferindo-se a despedida indireta e as verbas decorrentes.

Nesse caso, como o empregado já deu por terminado o contrato de trabalho, discute-se qual seria a modalidade de cessação do referido vínculo. Embora exista quem defenda a possibilidade de se caracterizar o abandono de emprego (art. 482, *i*, da CLT), defende-se que não há, na hipótese narrada, o elemento subjetivo, necessário para caracterizar a referida falta grave do empregado.

Efetivamente, o empregado não teve a intenção de abandonar o emprego, mas sim exerceu a faculdade de pôr fim à prestação dos serviços, por entender existir falta grave patronal. Embora essa falta do empregador não tenha sido reconhecida em juízo, não se pode penalizar o empregado impondo-lhe a prática de justa causa, pois ausente a intenção de abandonar o emprego, bem como dolo ou culpa. Por isso, o mais razoável é entender, no caso mencionado, pela equiparação ao próprio pedido de demissão pelo empregado, fazendo jus às respectivas verbas rescisórias[24].

Como se nota, também não é o caso de se reintegrar ou readmitir o empregado que se afastou do serviço, mas não teve a rescisão indireta do contrato de trabalho

23. Cf. DELGADO, Mauricio Godinho. *Curso de direito do trabalho*. 4. ed. São Paulo: LTr, 2005. p. 1.224.
24. Cf. DELGADO, Mauricio Godinho. *Curso de direito do trabalho*. 4. ed. São Paulo: LTr, 2005. p. 1.225.

reconhecida judicialmente. Na realidade, a readmissão (ou seja, o retorno ao trabalho, sendo o tempo de afastamento considerado como suspensão do contrato de trabalho) é solução a ser aplicada apenas se o empregado (que se afastou, mas não teve a despedida indireta reconhecida) for titular de estabilidade definitiva ou mesmo de garantia de permanência no emprego (estabilidade temporária) ainda não vencida[25].

O requisito da "imediatidade", entre a falta patronal e o requerimento de rescisão indireta, em tese, também deve ser observado pelo empregado, ainda que sem o rigor da dispensa com justa causa.

Assim, a inércia do empregado, ajuizando a ação com pedido de rescisão indireta somente tempos depois da extinção contratual, demonstra a ausência do mencionado requisito da atualidade, necessário para a caracterização da dispensa indireta.

13.6.6 Cessação do contrato por falecimento do empregado

O contrato de trabalho caracteriza-se por ser *intuitu personae*.

Por isso, como é evidente e natural, o falecimento do empregado acarreta a cessação do contrato de trabalho. Nesse caso, as verbas rescisórias devidas passam a ser devidas aos dependentes ou sucessores do empregado.

Nesse sentido, a Lei 6.858, de 24 de novembro de 1980, em seu art. 1.º, prevê que os valores devidos pelos empregadores aos empregados, bem como os montantes das contas individuais do Fundo de Garantia do Tempo de Serviço e do Fundo de Participação PIS-PASEP, não recebidos em vida pelos respectivos titulares, "serão pagos, em quotas iguais, aos dependentes habilitados perante a Previdência Social ou na forma da legislação específica dos servidores civis e militares, e, na sua falta, aos sucessores previstos na lei civil, indicados em alvará judicial, independentemente de inventário ou arrolamento"[26].

Na hipótese comentada, as verbas rescisórias devidas são: saldo salarial; férias vencidas e proporcionais com 1/3; décimos terceiros salários vencidos e proporcionais; saque do FGTS pelos dependentes ou sucessores do empregado falecido.

Apesar disso, se a morte do empregado, na realidade, for decorrente de *conduta culposa do empregador*, como em casos de acidente do trabalho ou doença ocupacional, o entendimento mais adequado é de que são devidas as verbas rescisórias da hipótese de despedida indireta, tal como prevê o art. 483, *c*, da CLT ("perigo manifesto de mal considerável")[27].

13.6.7 Cessação do contrato por falecimento do empregador pessoa física

No caso de morte do empregador constituído em empresa individual, "é facultado ao empregado rescindir o contrato de trabalho" (§ 2.º do art. 483 da CLT).

---

25. Cf. DELGADO, Mauricio Godinho. *Curso de direito do trabalho*. 4. ed. São Paulo: LTr, 2005. p. 1.224-1.225.

26. Cf. ainda os §§ 1.º e 2.º do art. 1.º da Lei 6.858/1980: "§ 1.º As quotas atribuídas a menores ficarão depositadas em caderneta de poupança, rendendo juros e correção monetária, e só serão disponíveis após o menor completar 18 (dezoito) anos, salvo autorização do juiz para aquisição de imóvel destinado à residência do menor e de sua família ou para dispêndio necessário à subsistência e educação do menor. § 2.º Inexistindo dependentes ou sucessores, os valores de que trata este artigo reverterão em favor, respectivamente, do Fundo de Previdência e Assistência Social, do Fundo de Garantia do Tempo de Serviço ou do Fundo de Participação PIS-PASEP, conforme se tratar de quantias devidas pelo empregador ou de contas de FGTS e do Fundo PIS-PASEP".

27. Cf. DELGADO, Mauricio Godinho. *Curso de direito do trabalho*. 9. ed. São Paulo: LTr, 2010. p. 1.059.

Assim, sendo o empregador pessoa física, caso ele faleça, mas não haja o encerramento das atividades da empresa, há autorização para o empregado pedir demissão, sem ter de conceder aviso prévio, justamente em razão do motivo estabelecido na lei.

No referido caso, as verbas rescisórias devidas são, portanto: saldo salarial; férias vencidas e proporcionais com 1/3; décimos terceiros salários vencidos e proporcionais.

Quanto ao saldo em conta vinculada do FGTS, o saque é autorizado quando o falecimento do empregador individual *implicar* rescisão do contrato de trabalho, comprovada por declaração escrita da empresa, suprida, quando for o caso, por decisão judicial transitada em julgado (Lei 8.036/1990, art. 20, inciso II). Assim, se o empregador individual faleceu, mas a atividade empresarial não se encerrou, tendo a extinção do contrato de trabalho, na realidade, decorrido de solicitação do empregado (como faculta o art. 483, § 2.º, da CLT), não se verifica a hipótese legal de saque do FGTS[28].

A hipótese aqui comentada, no entanto, não se confunde com aquela prevista no art. 485 da CLT, a seguir analisada.

13.6.8 Extinção da empresa pelo falecimento do empregador

A cessação da atividade da empresa pode decorrer de "morte do empregador", conforme o art. 485 da CLT.

O presente caso também se refere ao empregador pessoa física, pois apenas este pode falecer.

Entretanto, diversamente do art. 483, § 2.º, da CLT, havendo a cessação da atividade empresarial, o que se verifica é a dispensa do empregado, pois este não corre o risco do empreendimento. Sendo assim, são devidas as verbas rescisórias, tal como na dispensa sem justa causa.

Aliás, conforme a Súmula 44 do TST: "A cessação da atividade da empresa, com o pagamento da indenização, simples ou em dobro, não exclui, por si só, o direito do empregado ao aviso prévio".

Importante lembrar que, segundo o art. 117 da Lei 11.101/2005, a falência não necessariamente extingue o contrato de trabalho.

Ocorrendo a falência, caso haja a cessação das atividades da empresa, com o fim da relação de emprego, também há o direito às verbas rescisórias, como na dispensa sem justa causa, pois os riscos do negócio são do empregador.

13.6.9 Cessação do contrato de trabalho por acordo entre empregado e empregador

A resilição bilateral do contrato de trabalho, ou *distrato*, é o acordo de vontades entre as partes da relação jurídica de emprego, para pôr fim a esse negócio jurídico. O distrato do contrato de trabalho pode ser judicial, quando realizado em juízo, ou extrajudicial.

O art. 484-A da CLT, acrescentado pela Lei 13.467/2017, prevê que o contrato de trabalho pode ser extinto por *acordo* entre empregado e empregador, caso em que são devidas as seguintes verbas trabalhistas:

---

28. Em sentido divergente, entendendo ser devido o saque do FGTS, embora sem a indenização de 40%, cf. DELGADO, Mauricio Godinho. *Curso de direito do trabalho*. 9. ed. São Paulo: LTr, 2010. p. 1.060.

I – por metade: a) o aviso prévio, se indenizado; e b) a indenização sobre o saldo do Fundo de Garantia do Tempo de Serviço, prevista no § 1.º do art. 18 da Lei 8.036/1990;

II – na integralidade, as demais verbas trabalhistas.

A extinção do contrato prevista no art. 484-A, *caput*, da CLT, permite a movimentação da conta vinculada do trabalhador no Fundo de Garantia do Tempo de Serviço na forma do inciso I-A do art. 20 da Lei 8.036/1990, limitada até 80% do valor dos depósitos.

A extinção do contrato por acordo prevista no art. 484-A, *caput*, da CLT não autoriza o ingresso no Programa de Seguro-Desemprego.

Em harmonia com o exposto, o art. 20, inciso I-A, da Lei 8.036/1990, acrescentado pela Lei 13.467/2017, passou a prever que a conta vinculada do trabalhador no FGTS pode ser movimentada na extinção do contrato de trabalho prevista no art. 484-A da CLT.

Trata-se, no caso, de extinção do contrato de trabalho por acordo entre o empregado e o empregador, fazendo cessar o contrato de trabalho em razão do consenso das partes nesse sentido.

Frise-se ainda que os arts. 855-B a 855-E da CLT, incluídos pela Lei 13.467/2017, dispõem sobre o *processo de jurisdição voluntária para homologação de acordo extrajudicial*, o qual não se confunde com a hipótese do art. 484-A da CLT, a respeito da extinção do contrato de trabalho por acordo entre empregado e empregador (*distrato*, em que não há previsão de homologação judicial).

13.6.10 Planos de demissão voluntária ou incentivada

Cabe fazer menção aos *planos de demissão voluntária ou incentivada*, pois deles pode decorrer a extinção de contratos de trabalho.

Em princípio, os planos de demissão voluntária ou incentivada não são aptos a extinguir todos os direitos decorrentes do contrato de trabalho, ainda que pactuados com esse objetivo, independentemente dos dizeres formalmente consignados em seu instrumento, mesmo que o ato jurídico seja formalmente hígido e sem vícios na manifestação de vontade. No máximo, a eficácia será a de quitação, restrita aos direitos especificamente adimplidos (art. 477, § 2.º, da CLT e art. 320 do Código Civil).

Confirmando as ponderações acima, nos termos da Orientação Jurisprudencial 270 da SBDI-I do TST:

> "Programa de incentivo à demissão voluntária. Transação extrajudicial. Parcelas oriundas do extinto contrato de trabalho. Efeitos. A transação extrajudicial que importa rescisão do contrato de trabalho ante a adesão do empregado a plano de demissão voluntária implica quitação exclusivamente das parcelas e valores constantes do recibo".

Além disso, entende-se que a natureza jurídica do valor pago a título de incentivo à demissão voluntária é *indenizatória*, como forma de indenizar/compensar a perda do emprego (mas não servindo o referido valor para compensar ou deduzir outras verbas trabalhistas devidas, decorrentes do vínculo de emprego), o que se observa na Orientação Jurisprudencial 207 da SBDI-I do TST:

> "Programa de incentivo à demissão voluntária. Indenização. Imposto de renda. Não incidência. A indenização paga em virtude de adesão a programa de incentivo à demissão voluntária não está sujeita à incidência do imposto de renda".

Por sua vez, confirmando a impossibilidade de compensação da indenização paga em razão da adesão a PDV com créditos trabalhistas reconhecidos em juízo (inclusive por não ser hipótese de crédito do ex-empregado em face do trabalhador, nem serem verbas de idêntica natureza), cabe destacar a Orientação Jurisprudencial 356 da SBDI-I do TST:

> "Programa de incentivo à demissão voluntária (PDV). Créditos trabalhistas reconhecidos em juízo. Compensação. Impossibilidade. Os créditos tipicamente trabalhistas reconhecidos em juízo não são suscetíveis de compensação com a indenização paga em decorrência de adesão do trabalhador a Programa de Incentivo à Demissão Voluntária (PDV)" (*DJ* 14.03.2008).

Entretanto, é importante registrar que o Plenário do Supremo Tribunal Federal, em 30 de abril de 2015, no Recurso Extraordinário 590.415, com repercussão geral reconhecida, fixou a seguinte tese:

> "*A transação extrajudicial que importa rescisão do contrato de trabalho, em razão de adesão voluntária do empregado a plano de dispensa incentivada*, enseja *quitação ampla e irrestrita de todas as parcelas objeto do contrato de emprego*, caso essa condição tenha constado expressamente do *acordo coletivo* que aprovou o plano, bem como dos *demais instrumentos celebrados com o empregado*".

De acordo com a argumentação constante do voto do Rel. Min. Luís Roberto Barroso, a assimetria presente nas relações individuais de trabalho não se observa, ao menos com a mesma intensidade, no âmbito das relações coletivas de trabalho.

Reconheceu-se, assim, que o Direito Coletivo do Trabalho possui peculiaridades e fundamentos próprios, com destaque aos princípios da *equivalência dos contratantes coletivos*, da *lealdade na negociação coletiva* e da *adequação setorial negociada*.

A Constituição da República, com isso, prestigia a legitimidade da solução dos conflitos trabalhistas *de forma negociada*, dando origem a instrumentos normativos produzidos pela *autonomia privada coletiva*, com destaque às *convenções* e aos *acordos coletivos do trabalho*.

Nesse sentido, em consonância com o art. 7.º, incisos VI, XIII, XIV e XXVI, da Constituição Federal de 1988, são direitos dos trabalhadores urbanos e rurais, além de outros que visem à melhoria de sua condição social, a "irredutibilidade do salário, *salvo o disposto em convenção ou acordo coletivo*", a "compensação de horários e a redução da jornada, *mediante acordo ou convenção coletiva de trabalho*", a "jornada de seis horas para o trabalho realizado em turnos ininterruptos de revezamento, *salvo negociação coletiva*" e o "*reconhecimento das convenções e acordos coletivos de trabalho*".

Além disso, o art. 8.º, incisos III e VI, do texto constitucional acentua ser livre a associação profissional ou sindical, sendo atribuição dos sindicatos "a defesa dos direitos e interesses *coletivos ou individuais* da categoria", com a obrigatoriedade de sua participação "nas *negociações coletivas de trabalho*".

Essa ênfase na *autocomposição dos conflitos trabalhistas* também é reconhecida no âmbito da Organização Internacional do Trabalho, conforme a Convenção 98, de 1949, aprovada no Brasil pelo Decreto Legislativo 49/1952 e promulgada pelo Decreto 33.196/1953 (atualmente Decreto 10.088/2019), que dispõe sobre o *direito de organização sindical e de negociação coletiva*, e a Convenção 154, aprovada internamente pelo Decreto Legislativo 22/1992 e promulgada pelo Decreto 1.256/1994 (atualmente Decreto 10.088/2019), versando sobre o *fomento à negociação coletiva*.

A negociação coletiva de trabalho, portanto, concretiza o *diálogo* e a *democracia* na sociedade, permitindo que os próprios interessados estabeleçam as normas mais adequadas para a superação dos conflitos em favor da *paz social*.

Com isso, concluiu-se que "não há qualquer argumento que justifique o não reconhecimento da quitação plena outorgada pela reclamante ou que enseje a invalidade do acordo coletivo que a autorizou. Ao fazê-lo, a decisão recorrida incorreu em violação ao art. 7.º, XXVI, da Constituição, uma vez que negou reconhecimento ao acordo coletivo com base em fundamentos ilegítimos, sendo de se destacar que *o respeito a tais acordos preserva o interesse da classe trabalhadora de dispor desse instrumento essencial à adequação das normas trabalhistas aos momentos de crise e à minimização dos danos ensejados por dispensas em massa*" (STF, Pleno, RE 590.415/SC, Rel. Min. Luís Roberto Barroso, j. 30.04.2015).

Para a melhor compreensão da matéria, transcreve-se a ementa do referido julgado:

> "Direito do trabalho. Acordo coletivo. Plano de dispensa incentivada. Validade e efeitos. 1. Plano de dispensa incentivada aprovado em acordo coletivo que contou com ampla participação dos empregados. Previsão de vantagens aos trabalhadores, bem como quitação de toda e qualquer parcela decorrente de relação de emprego. Faculdade do empregado de optar ou não pelo plano. 2. Validade da quitação ampla. Não incidência, na hipótese, do art. 477, § 2.º da Consolidação das Leis do Trabalho, que restringe a eficácia liberatória da quitação aos valores e às parcelas discriminadas no termo de rescisão exclusivamente. 3. No âmbito do direito coletivo do trabalho não se verifica a mesma situação de assimetria de poder presente nas relações individuais de trabalho. Como consequência, a autonomia coletiva da vontade não se encontra sujeita aos mesmos limites que a autonomia individual. 4. A Constituição de 1988, em seu art. 7.º, XXVI, prestigiou a autonomia coletiva da vontade e a autocomposição dos conflitos trabalhistas, acompanhando a tendência mundial ao crescente reconhecimento dos mecanismos de negociação coletiva, retratada na Convenção 98/1949 e na Convenção 154/1981 da Organização Internacional do Trabalho. O reconhecimento dos acordos e convenções coletivas permite que os trabalhadores contribuam para a formulação das normas que regerão a sua própria vida. 5. Os planos de dispensa incentivada permitem reduzir as repercussões sociais das dispensas, assegurando àqueles que optam por seu desligamento da empresa condições econômicas mais vantajosas do que aquelas que decorreriam do mero desligamento por decisão do empregador. É importante, por isso, assegurar a credibilidade de tais planos, a fim de preservar a sua função protetiva e de não desestimular o seu uso. 7. Provimento do recurso extraordinário. [...]" (STF, Pleno, RE 590.415/SC, Rel. Min. Luís Roberto Barroso, j. 30.04.2015).

Tendo em vista essa importante decisão, torna-se imperioso *distinguir* os planos de incentivo à demissão que são estabelecidos de forma unilateral, ou seja, apenas pelo empregador, daqueles pactuados por meio de negociação coletiva, com a participação dos sindicatos das categorias profissionais, constando de acordos coletivos de trabalho.

Na última hipótese, havendo cláusula que prevê a *quitação ampla, geral e irrestrita* de todos os direitos decorrentes do contrato de trabalho, que se extinguiu justamente em razão da adesão voluntária do empregado ao plano de incentivo à demissão, conferindo *eficácia liberatória geral*, prevaleceu o entendimento quanto à sua *plena validade*, justamente por ser prevista em instrumento normativo pactuado com o sindicato que representa a categoria profissional, no exercício da *autonomia da vontade coletiva*.

Em harmonia com os aspectos indicados, o art. 477-B da CLT, acrescentado pela Lei 13.467/2017, prevê que o *Plano de Demissão Voluntária ou Incentivada*, para dispensa individual, plúrima ou coletiva, *previsto em convenção coletiva ou acordo coletivo de traba-*

lho, enseja quitação plena e irrevogável dos direitos decorrentes da relação empregatícia, salvo disposição em contrário estipulada entre as partes.

Observa-se, assim, que foi adotada a posição firmada pelo STF a respeito do tema.

13.6.11 Cessação do contrato de trabalho por força maior

O contrato de trabalho também pode ter o seu fim decorrente da força maior.

Prevalece o entendimento de que a força maior, sendo o evento inevitável, é aquele que decorre da natureza (*act of God*), como desastres naturais; o caso fortuito, caracterizado por ser imprevisível, é gerado por fato humano, como falhas mecânicas.

No âmbito do Direito do Trabalho, o art. 501 da CLT assim dispõe:

> "Entende-se como força maior todo acontecimento inevitável, em relação à vontade do empregador, e para a realização do qual este não concorreu, direta ou indiretamente".

Assim, adota-se a teoria da *inevitabilidade do acontecimento*, para a sua caracterização como força maior.

No caso, o fato inevitável significa aquele cuja ocorrência não está ao alcance do empregador (ou seja, de sua vontade), o qual não tem participação, direta ou indireta, na sua verificação no plano dos fatos.

No entanto, no plano trabalhista, há grande rigor para se reconhecer o fato como efetiva força maior. Nesse sentido, de acordo com o § 1.º do art. 501 da CLT: "A imprevidência do empregador exclui a razão de força maior".

Por isso, se cabia ao empregador tomar as devidas precauções para evitar o fato, a força maior não pode ser reconhecida, uma vez que os riscos do empreendimento ou da atividade empresarial são daquele (art. 2.º, *caput*, da CLT).

Além disso, em conformidade com o § 2.º do art. 501 da CLT:

> "À ocorrência do motivo de força maior que não afetar substancialmente, nem for suscetível de afetar, em tais condições, a situação econômica e financeira da empresa, não se aplicam as restrições desta Lei referentes ao disposto neste Capítulo".

Os diversos eventos que se alega serem imprevisíveis e inevitáveis, no campo das relações de Direito do Trabalho, recebem interpretação restritiva, não sendo a força maior de simples e frequente reconhecimento no campo trabalhista. Por isso, casos como problemas financeiros, decorrentes de políticas econômicas ou dificuldades diversas verificadas no mercado, não são reconhecidos como força maior, para fins trabalhistas. Tais obstáculos são não apenas previsíveis, mas inerentes à atividade econômica desenvolvida, cabendo ao empregador assumir os respectivos riscos, inclusive por ser o beneficiário de eventuais lucros. Do mesmo modo, a falência da empresa também não se amolda ao efetivo conceito de força maior.

Como exemplo de força maior, podem-se indicar, em tese, desastres naturais e catástrofes, como terremotos e tempestades, causando destruição e prejuízos que não se tinha como evitar.

No Direito do Trabalho, em razão das peculiaridades da relação jurídica regulada, a força maior não elimina, por completo, o dever de quitação dos direitos decorrentes da cessação contratual. Ocorre apenas uma redução do montante devido ao empregado.

No atual sistema, que é obrigatoriamente aquele do Fundo de Garantia do Tempo de Serviço (art. 7.º, inciso III, da CF/1988), a Lei 8.036/1990 continua seguindo a mesma diretriz do art. 502 da CLT, estabelecendo ser devida a indenização compensatória de 20%, calculada sobre os depósitos na conta vinculada do FGTS, na hipótese de cessação do contrato de trabalho por força maior.

Nesse sentido estabelece, de forma específica, o art. 18, § 2.º, da Lei 8.036/1990:

> "Art. 18. Ocorrendo rescisão do contrato de trabalho, por parte do empregador, ficará este obrigado a depositar na conta vinculada do trabalhador no FGTS os valores relativos aos depósitos referentes ao mês da rescisão e ao imediatamente anterior, que ainda não houver sido recolhido, sem prejuízo das cominações legais.
>
> § 1.º Na hipótese de despedida pelo empregador sem justa causa, depositará este, na conta vinculada do trabalhador no FGTS, importância igual a quarenta por cento do montante de todos os depósitos realizados na conta vinculada durante a vigência do contrato de trabalho, atualizados monetariamente e acrescidos dos respectivos juros.
>
> § 2.º Quando ocorrer despedida por culpa recíproca ou força maior, reconhecida pela Justiça do Trabalho, o percentual de que trata o § 1.º será de 20 (vinte) por cento".

No entanto, em conformidade com o art. 504 da CLT: "Comprovada a falsa alegação do motivo de força maior, é garantida a reintegração aos empregados estáveis, e aos não estáveis o complemento da indenização já percebida, assegurado a ambos o pagamento da remuneração atrasada".

Adaptando-se essa previsão à atualidade, tem-se que a comprovação da falsidade da alegação de força maior assegura ao empregado o complemento da indenização compensatória do FGTS, no sentido de se alcançar o montante de 40%. Sendo o empregado titular de eventual estabilidade, ainda que provisória, ou garantia de permanência no emprego, a reintegração também será devida.

Na extinção do contrato de trabalho por força maior são devidas, assim, as seguintes verbas rescisórias: saldo salarial; férias vencidas e proporcionais com 1/3 (Súmula 171 do TST, na redação da Resolução 121/2003); décimos terceiros salários vencidos e proporcionais; indenização compensatória de 20% do FGTS; guias do seguro-desemprego; levantamento dos depósitos do FGTS.

Por fim, cabe destacar, mais uma vez, que a redução salarial somente é válida se prevista em acordo coletivo ou em convenção coletiva, instrumentos normativos decorrentes de negociação coletiva, e reconhecidos no texto constitucional (art. 7.º, inciso XXVI).

Assim, a previsão do art. 503 da CLT[29] não mais se encontra em vigor, por não ter sido recepcionada pela nova ordem constitucional, quando facultava ao empregador reduzir, independentemente de negociação coletiva, os salários de seus empregados.

---

29. "Art. 503. É lícita, em caso de força maior ou prejuízos devidamente comprovados, a redução geral dos salários dos empregados da empresa, proporcionalmente aos salários de cada um, não podendo, entretanto, ser superior a 25% (vinte e cinco por cento), respeitado, em qualquer caso, o salário mínimo da região. Parágrafo único. Cessados os efeitos decorrentes do motivo de força maior, é garantido o restabelecimento dos salários reduzidos".

13.6.12 Cessação do contrato de trabalho por *factum principis*

O *factum principis* é instituto delineado de forma específica e precisa no Direito Administrativo.

Segundo Hely Lopes Meirelles:

> "*Fato do príncipe* é toda determinação estatal, positiva ou negativa, geral, imprevista e imprevisível, que onera substancialmente a execução do contrato administrativo. Essa oneração, constituindo uma *álea administrativa extraordinária e extracontratual*, desde que *intolerável* e *impeditiva da execução do ajuste*, obriga o Poder Público contratante a compensar integralmente os prejuízos suportados pela outra parte, a fim de possibilitar o prosseguimento da execução, e, se esta for impossível, rende ensejo à rescisão do contrato, com as indenizações cabíveis"[30].

De acordo com o art. 486 da Consolidação das Leis do Trabalho:

> "No caso de paralisação temporária ou definitiva do trabalho, motivada por ato de autoridade municipal, estadual ou federal, ou pela promulgação de lei ou resolução que impossibilite a continuação da atividade, prevalecerá o pagamento da indenização, que ficará a cargo do governo responsável".

O *factum principis* é "espécie do gênero *força maior*"[31]. Assim, para sua configuração, é necessário que o evento seja inevitável e imprevisível, e o empregador não tenha concorrido para que se realize (art. 501 da CLT). Sua caracterização exige a completa impossibilidade de continuação da atividade empresarial, em seu todo ou de forma parcial (mas desde que no estabelecimento em que labora o empregado), em razão de lei ou ato administrativo.

Havendo a cessação de contrato de trabalho em razão de fato do príncipe, a "indenização" trabalhista permanece sendo devida, mas fica a cargo do ente público responsável pelo ocorrido. Ou seja, todas as verbas rescisórias, devidas na dispensa sem justa causa, permanecem como direito do empregado.

Segundo a redação do art. 486 da CLT, a Administração Pública "só responderá pela indenização que for devida ao empregado e não pelas demais verbas rescisórias"[32], nem outras parcelas decorrentes do extinto contrato de trabalho.

Essa indenização refere-se àquela prevista nos arts. 477, *caput*, 478, e 496 a 498 da CLT (por tempo de serviço), embora já substituída pelo sistema do FGTS, que se tornou obrigatório com a promulgação da Constituição Federal de 1988 (art. 7.º, inciso III). Mesmo assim, a Lei 8.036/1990, no art. 14, § 1.º, assegura o recebimento da indenização por tempo de serviço quanto ao tempo do trabalhador não optante do FGTS, anterior a 05.10.1988, na hipótese de rescisão sem justa causa. Com isso, atualmente, a interpretação evolutiva do art. 486 da CLT indica que esse dispositivo alcança a indenização compensatória de 40% sobre os depósitos do FGTS. Pode-se dizer, ainda, que

---

30. MEIRELLES, Hely Lopes. *Direito administrativo brasileiro*. 26. ed. atual. por Eurico de Andrade Azevedo, Délcio Balestero Aleixo e José Emmanuel Burle Filho. São Paulo: Malheiros, 2001. p. 229 (destaques do original).

31. MARANHÃO, Délio. *Instituições de direito do trabalho*. 18. ed. São Paulo: LTr, 1999. v. 1, p. 628 (destaques do original).

32. MARTINS, Sergio Pinto. *Comentários à CLT*. 5. ed. São Paulo: Atlas, 2002. p. 503.

a indenização do art. 479 da CLT (c/c o art. 14 do Regulamento do FGTS, aprovado pelo Decreto 99.684/1990) também é abrangida pelo *factum principis*.

Fica afastado o *factum principis* quando, na realidade, o fechamento da empresa ocorre em razão de ato irregular ou ilícito praticado pelo empregador.

Assim, por exemplo, se a exploração de jogos de bingo ocorrer quando já existente proibição quanto a essa atividade, o empregador é quem estará agindo ilicitamente. Nesse caso, a impossibilidade de continuidade da atividade, ainda que decorra de ato estatal, não acarreta a responsabilidade da Administração Pública por indenizações trabalhistas.

Além disso, a previsibilidade do acontecimento afasta a caracterização da força maior e, portanto, também do fato do príncipe. Seguindo no exemplo dos jogos de bingo, não se pode dizer que eventual mudança de orientação normativa, com a proibição da exploração de jogos de bingo, seja algo imprevisível, até porque, em essência, tem-se verdadeiro jogo de azar. Qualquer exceção legal, que venha a autorizar o bingo, justamente por ser medida excepcional, sempre pode deixar de existir, com o retorno à vedação originária.

Por isso, embora a questão seja controvertida, no referido exemplo dos jogos de bingo, não se verificam os requisitos necessários à configuração do *factum principis*, impossibilitando a aplicação do art. 486 da CLT e afastando a responsabilidade do ente público pelo pagamento de indenização trabalhista.

Não se aplica o disposto no art. 486 da CLT na hipótese de paralisação ou suspensão de atividades empresariais determinada por ato de autoridade municipal, estadual ou federal para o enfrentamento do estado de calamidade pública reconhecido pelo Decreto Legislativo 6/2020 e da emergência de saúde pública de importância internacional decorrente do coronavírus, de que trata a Lei 13.979/2020 (art. 29 da Lei 14.020/2020).

13.6.13 Cessação do contrato de trabalho por tempo determinado

De acordo com o art. 481 da CLT, caso seja firmado contrato a prazo certo, inclusive contrato de experiência (Súmula 163 do TST), mas inserido o direito recíproco das partes de fazer cessá-lo antes do termo fixado, se este direito for exercido, aplicam-se as normas pertinentes à cessação do contrato a prazo indeterminado, com o direito ao aviso prévio, à indenização de 40% do FGTS, ao saque dos depósitos do FGTS, às férias vencidas e proporcionais com 1/3, aos décimos terceiros salários vencidos e proporcionais, ao saldo salarial e às guias do seguro-desemprego.

Não havendo a referida cláusula, no caso da cessação do contrato, antes do termo ajustado, por iniciativa do empregador, em conformidade com o art. 479 da CLT, é devida uma indenização, no valor correspondente à metade da remuneração que ainda seria devida até o fim do contrato. Além disso, o empregado também tem direito à indenização compensatória de 40% do FGTS (ou 20%, tratando-se de culpa recíproca), "sem prejuízo do disposto no referido art. 479 da CLT", conforme expressamente prevê o art. 14 do Regulamento do FGTS, aprovado pelo Decreto 99.684/1990, que regulamenta a Lei 8.036/1990.

Na referida situação, também são devidas as seguintes verbas rescisórias: saldo salarial, saque dos depósitos do FGTS, férias vencidas e proporcionais com 1/3, décimos terceiros salários vencidos e proporcionais e guias do seguro-desemprego.

Se o empregado é quem se desliga, sem justa causa, do contrato, antes do termo estipulado, obriga-se a indenizar o empregador dos prejuízos que resultar desse fato (art. 480 da CLT), indenização essa que "não poderá exceder àquela a que teria direito o empregado em idênticas condições" (§ 1.º do art. 480 da CLT).

Nessa hipótese, são devidas as seguintes verbas rescisórias: saldo salarial, férias vencidas e proporcionais com 1/3 (Súmulas 171 e 261 do TST, na redação da Resolução 121/2003) e décimos terceiros salários vencidos e proporcionais (na mesma forma do que prevê a Súmula 157 do TST). Entende-se que não é devido o saque do FGTS, pois foi o próprio empregado quem decidiu pôr fim ao contrato de trabalho, de modo semelhante ao pedido de demissão.

Se o contrato de trabalho por prazo determinado chega a seu fim em razão do advento de seu termo, tem-se, na realidade, a terminação normal do referido pacto, em conformidade com a sua previsão.

Assim, na hipótese mencionada, são devidas as seguintes verbas rescisórias: saldo salarial, saque dos depósitos do FGTS em conta vinculada, férias vencidas e proporcionais com 1/3 (Súmula 171 do TST), décimos terceiros salários vencidos e proporcionais (Lei 4.090/1962, art. 1.º, § 3.º, inciso I, acrescentado pela Lei 9.011/1995).

Entende-se não se verificar direito à indenização de 40% do FGTS, aviso prévio e seguro-desemprego[33], pois as partes já sabiam, desde a contratação, a respeito do término do vínculo de emprego.

13.7 PAGAMENTO DAS VERBAS RESCISÓRIAS NA EXTINÇÃO DO CONTRATO DE TRABALHO

Na extinção do contrato de trabalho, o empregador deve proceder à anotação na Carteira de Trabalho e Previdência Social, comunicar a dispensa aos órgãos competentes e realizar o pagamento das verbas rescisórias no prazo e na forma estabelecidos no art. 477 da CLT, com redação dada pela Lei 13.467/2017.

São três, portanto, os deveres do empregador na extinção do contrato de trabalho, quais sejam: dar baixa na CTPS, comunicar a dispensa aos órgãos competentes e pagar as verbas rescisórias.

Frise-se que, em consonância com a Orientação Jurisprudencial 82 da SBDI-I do TST: "Aviso prévio. Baixa na CTPS. A data de saída a ser anotada na CTPS deve corresponder à do término do prazo do aviso prévio, ainda que indenizado".

O § 1.º do art. 477 da CLT foi revogado pela Lei 13.467/2017. O mencionado dispositivo estabelecia que o pedido de demissão ou o recibo de quitação de rescisão, do contrato de trabalho, firmado por empregado com mais de um ano de serviço, só seria válido quando feito com a assistência do respectivo Sindicato ou perante a autoridade do Ministério do Trabalho.

O § 3.º do art. 477 da CLT também foi revogado pela Lei 13.467/2017. Esse dispositivo previa que quando não existisse na localidade nenhum dos órgãos previstos no art. 477 da CLT, a assistência seria prestada pelo Represente do Ministério Público ou, onde houver, pelo Defensor Público e, na falta ou impedimento deste, pelo Juiz de Paz.

---

33. A Lei 7.998/1990, que regula o Programa do Seguro-Desemprego, no art. 2.º, inciso I (com redação determinada pela Lei 10.608/2002), estabelece que este tem por finalidade: "prover assistência financeira temporária ao trabalhador desempregado em virtude de dispensa sem justa causa, inclusive a indireta, e ao trabalhador comprovadamente resgatado de regime de trabalho forçado ou da condição análoga à de escravo".

A assistência no pagamento das verbas rescisórias de empregado com mais de um ano de serviço, desse modo, deixou de ser prevista em lei, não sendo mais exigida. Ainda assim, a mencionada assistência sindical pode ser prevista em norma decorrente de negociação coletiva de trabalho (art. 7.º, inciso XXVI, da Constituição da República). Cf. TST, SDC, RO-585-78.2018.5.08.0000, Rel. Min. Guilherme Augusto Caputo Bastos, *DEJT* 16.08.2019.

Entretanto, o art. 500 da CLT continua prevendo que o pedido de demissão do empregado estável só é válido quando feito com a assistência do respectivo sindicato e, se não o houver, perante autoridade local competente do Ministério do Trabalho, ou da Justiça do Trabalho. Trata-se, nesse último caso, de atuação atípica da Justiça do Trabalho, com natureza preponderantemente administrativa, semelhante às hipóteses de jurisdição voluntária (art. 719 do CPC).

O instrumento de rescisão ou recibo de quitação, qualquer que seja a causa ou forma de dissolução do contrato, deve ter especificada a natureza de cada parcela paga ao empregado e discriminado o seu valor, sendo válida a quitação, apenas, relativamente às mesmas parcelas (art. 477, § 2.º, da CLT).

Conforme o art. 477, § 4.º, da CLT, com redação dada pela Lei 13.467/2017, o pagamento a que fizer jus o empregado deve ser efetuado:

> I – em dinheiro, depósito bancário ou cheque visado, conforme acordem as partes; ou
>
> II – em dinheiro ou depósito bancário quando o empregado for analfabeto.

Qualquer compensação no pagamento de que trata o parágrafo anterior não pode exceder o equivalente a um mês de remuneração do empregado (art. 477, § 5.º, da CLT).

A entrega ao empregado de documentos que comprovem a comunicação da extinção contratual aos órgãos competentes bem como o pagamento dos valores constantes do instrumento de rescisão ou recibo de quitação devem ser efetuados até 10 dias contados a partir do término do contrato (art. 477, § 6.º, da CLT, com redação dada pela Lei 13.467/2017).

Os documentos que comprovem a comunicação da extinção contratual aos órgãos competentes, os quais devem ser entregues pelo empregador ao empregado, podem ser entendidos como as guias de comunicação de dispensa e de seguro-desemprego.

Especificamente quanto ao Cadastro Permanente das Admissões e Dispensas de Empregados (CAGED), segundo o art. 1.º, § 1.º, da Lei 4.923/1965, as empresas que dispensarem ou admitirem empregados ficam obrigadas a fazer a respectiva comunicação ao Ministério do Trabalho, mensalmente, até o dia sete do mês subsequente ou como estabelecido em regulamento, em relação nominal por estabelecimento, da qual constará também a indicação da Carteira de Trabalho e Previdência Social ou, para os que ainda não a possuírem, nos termos da lei, os dados indispensáveis à sua identificação pessoal.

Esclareça-se que a obrigação da comunicação de admissões e dispensas instituída pela Lei 4.923/1965 (CAGED) passa a ser cumprida por meio do Sistema Simplificado de Escrituração Digital das Obrigações Previdenciárias, Trabalhistas e Fiscais (eSocial), a partir da competência de janeiro 2020, para as empresas ou pessoas físicas equiparadas a empresas, mediante o envio, entre outras informações, da data da extinção do vínculo empregatício e motivo da rescisão do contrato de trabalho, que devem ser prestadas até o décimo dia seguinte ao da sua ocorrência (art. 144, inciso III, da Portaria 671/2021 do Ministério do Trabalho e Previdência). A contagem do mencionado prazo exclui o dia do desligamento e inclui o do vencimento (art. 14, § 6.º, da Portaria 671/2021).

A substituição da referida obrigação para as pessoas jurídicas de direito público da administração direta, autárquica e fundacional que adotem o regime jurídico previsto na CLT, bem como para as organizações internacionais, as fundações públicas de direito privado, os consórcios públicos, os fundos públicos e as comissões polinacionais, ocorrerá na data de início da obrigatoriedade de envio dos eventos periódicos ao eSocial. As mencionadas pessoas e entidades, até que estejam obrigadas a prestar as informações previstas no art. 144 da Portaria 671/2021 ao eSocial, devem prestar as informações por meio do sistema CAGED, conforme Manual de Orientação do CAGED publicado no portal gov.br.

A entrega da referida documentação que comprove a comunicação da extinção contratual aos órgãos competentes e o pagamento das verbas rescisórias ao empregado devem ocorrer no prazo máximo de 10 dias contados da extinção contratual (art. 477, § 6.º, da CLT).

Trata-se de prazo de Direito material, e não processual. Desse modo, segundo a Orientação Jurisprudencial 162 da SBDI-I do TST:

> "Multa. Art. 477 da CLT. Contagem do prazo. Aplicável o art. 132 do Código Civil de 2002. A contagem do prazo para quitação das verbas decorrentes da rescisão contratual prevista no artigo 477 da CLT exclui necessariamente o dia da notificação da demissão e inclui o dia do vencimento, em obediência ao disposto no artigo 132 do Código Civil de 2002 (artigo 125 do Código Civil de 1916)".

Em caso de aviso prévio indenizado (art. 487, § 1.º, da CLT), embora a questão possa gerar controvérsia, defende-se o entendimento de que o mencionado prazo de 10 dias, segundo a previsão do art. 477, § 6.º, da CLT, deve ser contato do *término* do contrato de trabalho em si, isto é, sem considerar a projeção do aviso prévio indenizado, a qual não posterga o término do pacto laboral em si.

O § 7.º do art. 477 da CLT foi revogado pela Lei 13.467/2017, pois previa que o ato de assistência na rescisão contratual seria sem ônus para o trabalhador e o empregador.

A inobservância do disposto no § 6.º do art. 477 da CLT sujeita o infrator à multa (com natureza administrativa) prevista no § 8.º do mesmo dispositivo legal, por trabalhador, bem assim ao pagamento da multa a favor do empregado, em valor equivalente ao seu salário, devidamente corrigido, salvo quando, comprovadamente, o trabalhador der causa à mora.

No caso de ação de consignação em pagamento proposta pelo empregador tendo como objeto verbas rescisórias, prevalece o entendimento de que não só o seu ajuizamento, mas também o correspondente depósito judicial deve ser feito no prazo previsto no art. 477, § 6.º, da CLT (10 dias contados da extinção contratual), para afastar a incidência da multa do art. 477, § 8.º, da CLT. Cf. TST, Pleno, E-RR-376-14.2015.5.07.0010, Redator Min. José Roberto Freire Pimenta, *DEJT* 30.11.2023.

Registre-se o entendimento de que, em caso de extinção do contrato de trabalho por falecimento do empregado, não se aplica a multa do art. 477, § 8.º, da CLT, pois o art. 477, § 6.º, da CLT não abrange a referida hipótese, sabendo-se que a interpretação da norma que prevê penalidade deve ser estrita. O art. 1.º da Lei 6.858/1980 dispõe que os valores devidos pelos empregadores aos empregados não recebidos em vida pelos respectivos titulares devem ser pagos, em cotas iguais, aos dependentes habilitados perante a Previdência Social, mas sem estabelecer prazo para o referido pagamento. Além disso, nesse caso, não se pode exigir do empregador o ajuizamento de ação de consignação em pagamento para excluir a incidência da multa do art. 477, § 8.º, da CLT, pois a mencionada situação não é indicada no art. 335 do Código Civil. Cf. TST, 7.ª T., RR-10923-30.2017.5.15.0137, Rel. Min. Renato de Lacerda Paiva, *DEJT* 12.02.2021.

A Portaria 667/2021 do Ministério do Trabalho e Previdência, quanto ao art. 477, § 8.º, da CLT, estabelece a multa administrativa no valor de R$ 170,26 por empregado prejudicado.

A anotação da extinção do contrato na Carteira de Trabalho e Previdência Social é documento hábil para requerer o benefício do seguro-desemprego e a movimentação da conta vinculada no Fundo de Garantia do Tempo de Serviço, nas hipóteses legais, desde que a comunicação prevista no art. 477, *caput*, da CLT tenha sido realizada (art. 477, § 10, da CLT, acrescentado pela Lei 13.467/2017).

Em conformidade com a Orientação Jurisprudencial 162 da SBDI-I do TST:

> "Multa. Art. 477 da CLT. Contagem do prazo. Aplicável o art. 132 do Código Civil de 2002. A contagem do prazo para quitação das verbas decorrentes da rescisão contratual prevista no artigo 477 da CLT exclui necessariamente o dia da notificação da demissão e inclui o dia do vencimento, em obediência ao disposto no artigo 132 do Código Civil de 2002 (artigo 125 do Código Civil de 1916)".

Como prevê o § 8.º do art. 477 da CLT, a inobservância do disposto no § 6.º desse mesmo dispositivo sujeita o infrator ao pagamento de duas penalidades:

- multa por trabalhador, de natureza administrativa, aplicada pelos órgãos de fiscalização do trabalho;
- multa a favor do empregado, em valor equivalente ao seu salário, devidamente corrigido.

As multas indicadas deixam de ser devidas se, comprovadamente, o trabalhador der causa à mora.

Se o prazo para pagamento das verbas rescisórias não for observado pelo ente público (art. 477, § 6.º, da CLT), as multas decorrentes desse atraso são devidas (art. 477, § 8.º, da CLT). A respeito do tema, segundo a Orientação Jurisprudencial 238 da SBDI-I do TST:

> "Multa. Art. 477 da CLT. Pessoa jurídica de direito público. Aplicável. Submete-se à multa do artigo 477 da CLT a pessoa jurídica de direito público que não observa o prazo para pagamento das verbas rescisórias, pois nivela-se a qualquer particular, em direitos e obrigações, despojando-se do 'jus imperii' ao celebrar um contrato de emprego".

Essa multa do art. 477, § 8.º, da CLT, devida ao empregado, é no valor do salário mensal do empregado.

Justamente por se tratar de penalidade, sem se confundir com as "astreintes" do Direito processual, prevalece o entendimento de ser devida a multa em questão no valor do salário mensal do empregado, entendido o termo salário em seu sentido estrito, tal como delimitado pelos arts. 457 e 458 da CLT.

Por isso, as gorjetas não integram o valor da referida multa. Da mesma forma, esta é calculada sem a integração de horas extras e outros adicionais salariais, pois a interpretação da penalidade deve ser restritiva.

De acordo com a Súmula 388 do TST: "Massa falida. Arts. 467 e 477 da CLT. Inaplicabilidade. A Massa Falida não se sujeita à penalidade do art. 467 e nem à multa do § 8.º do art. 477, ambos da CLT".

No caso, essa inaplicabilidade das multas do art. 477 da CLT apenas se verifica quando a falência já foi decretada quando da rescisão contratual, hipótese em que se justifica não se poder exigir da massa falida o pagamento nos prazos mencionados.

Além disso, as multas do art. 477, § 8.º, da CLT não se aplicam ao empregado doméstico, por não ser prevista na Lei Complementar 150/2015 e na forma do art. 7.º, *a*, da CLT, sabendo-se que a penalidade não pode ser interpretada de forma extensiva ou analógica.

Não se pode confundir pagamento, mesmo realizado na forma do art. 477 da CLT, com transação. O pagamento é a "execução voluntária da obrigação"[34], sendo o "modo normal de extinção de um crédito"[35], e não um concerto entre as partes para pôr fim a conflito, por meio de concessões recíprocas, não podendo se referir, ainda, a litígio iminente. A quitação, por sua vez, é a prova do pagamento (art. 319 do Código Civil)[36].

Um dos requisitos da transação é a existência de *res dubia*, ou seja, de relação jurídica duvidosa ou controvertida[37]. No pagamento, diversamente, a obrigação é certa, tanto que o devedor voluntariamente a cumpre.

Ademais, conforme a Súmula 462 do TST:

> "Multa do art. 477, § 8.º, da CLT. Incidência. Reconhecimento judicial da relação de emprego. A circunstância de a relação de emprego ter sido reconhecida apenas em juízo não tem o condão de afastar a incidência da multa prevista no art. 477, § 8.º, da CLT. A referida multa não será devida apenas quando, comprovadamente, o empregado der causa à mora no pagamento das verbas rescisórias".

Por fim, cabe destacar a Súmula 445 do TST, que assim dispõe:

> "Inadimplemento de verbas trabalhistas. Frutos. Posse de má-fé. Art. 1.216 do Código Civil. Inaplicabilidade ao Direito do Trabalho. A indenização por frutos percebidos pela posse de má-fé, prevista no art. 1.216 do Código Civil, por tratar-se de regra afeta a direitos reais, mostra-se incompatível com o Direito do Trabalho, não sendo devida no caso de inadimplemento de verbas trabalhistas".

13.8 COMISSÃO DE CONCILIAÇÃO PRÉVIA

A Comissão de Conciliação Prévia foi instituída pela Lei 9.958/2000, que acrescentou à Consolidação das Leis do Trabalho os arts. 625-A até 625-H.

A atividade da Comissão de Conciliação Prévia não se confunde com o pagamento das verbas rescisórias, previsto no art. 477 da CLT, pois aquela tem a "atribuição de tentar conciliar os conflitos individuais do trabalho" (art. 625-A, *caput*, da CLT).

---

34. MONTEIRO, Washington de Barros. *Curso de direito civil*: direito das obrigações – 1.ª parte. 25. ed. São Paulo: Saraiva, 1991. v. 4, p. 247.

35. GOMES, Orlando. *Obrigações*. 12. ed. rev. e atual. por Humberto Theodoro Júnior. Rio de Janeiro: Forense, 1999. p. 122.

36. Cf. RODRIGUES, Silvio. *Direito civil*: parte geral das obrigações. 26. ed. São Paulo: Saraiva, 1998. v. 2, p. 142; MONTEIRO, Washington de Barros. *Curso de direito civil*: direito das obrigações – 1.ª parte. 25. ed. São Paulo: Saraiva, 1991. v. 4, p. 254; GOMES, Orlando. *Obrigações*. 12. ed. rev. e atual. por Humberto Theodoro Júnior. Rio de Janeiro: Forense, 1999. p. 107: "A rigor, porém, o *recibo* é o *instrumento da quitação*" (destaques do original).

37. Cf. SÜSSEKIND, Arnaldo. *Instituições de direito do trabalho*. 18. ed. São Paulo: LTr, 1999. v. 1, p. 226: "A *res dubia* – elemento essencial à transação – deve ser entendida num sentido subjetivo, isto é, incerteza razoável sobre a situação jurídica objeto do precitado acordo. E a incerteza subjetiva deve concernir às duas partes que realizam a transação".

Desse modo, não é lícita nem legítima a utilização da Comissão de Conciliação Prévia quando não se verifica verdadeiro conflito de interesses, caracterizado pela *res dubia*. Desse modo, o instituto não deve ser aplicado com o intuito de apenas quitar verbas rescisórias incontroversas, decorrentes da extinção do contrato de trabalho. Por isso, a atividade da CCP tem natureza de transação, no caso, extrajudicial, autorizada expressamente pela lei, quando presentes os seus requisitos.

Trata-se de forma alternativa à jurisdição, buscando exatamente a pacificação social, sem obstar o acesso ao Poder Judiciário. Tanto é assim que se o trabalhador não quiser, não é obrigado a se conciliar na mencionada Comissão, podendo perfeitamente recusar o acordo e, com isso, querendo, ajuizar ação perante a Justiça do Trabalho.

A própria Constituição Federal prevê a conciliação extrajudicial, tratando-se de dissídio coletivo (art. 114, §§ 1.º e 2.º), nada impedindo que a lei faça o mesmo quanto aos dissídios individuais trabalhistas. Além de ser a passagem pela Comissão de Conciliação Prévia de curta duração (art. 625-F da CLT), a parte pode declarar, na petição inicial, eventual "motivo relevante" que impossibilite a observância deste procedimento extrajudicial (art. 625-D, § 3.º, da CLT), revelando a ausência de afronta ao acesso à jurisdição.

No que se refere ao alcance da quitação decorrente do termo de conciliação firmado perante a CCP, o art. 625-E assim prevê:

> "Art. 625-E. Aceita a conciliação, será lavrado termo assinado pelo empregado, pelo empregador ou seu preposto e pelos membros da Comissão, fornecendo-se cópia às partes.
>
> Parágrafo único. O termo de conciliação é título executivo extrajudicial e terá eficácia liberatória geral, exceto quanto às parcelas expressamente ressalvadas".

Como se nota, a previsão legal é no sentido de que a mencionada quitação tem "eficácia liberatória geral, exceto quanto às parcelas expressamente ressalvadas", além de constituir título executivo extrajudicial (art. 876, *caput*, da CLT).

Entende-se que a conciliação obtida perante a Comissão de Conciliação Prévia, em tese, alcança a matéria que foi objeto dessa transação extrajudicial (autorizada por lei), salvo expressa previsão em contrário no termo de conciliação, desde que manifestada de forma lícita, hígida e sem o intuito de fraude (art. 9.º da CLT).

A respeito do tema, cabe destacar o seguinte julgado:

> "Comissão de Conciliação Prévia. Eficácia liberatória do termo de acordo. Quitação ampla do contrato de trabalho. A decisão recorrida revela sintonia com a jurisprudência desta Corte, segundo a qual o acordo firmado na Comissão de Conciliação Prévia (CCP) possui eficácia liberatória geral quando não há ressalva de parcelas, nos termos do art. 625-E da CLT. O quadro fático delineado pelo TRT demonstra que não foi comprovado vício de vontade do reclamante ou indução a erro capaz de anular o ajuste. Ademais, não houve registro por parte do Regional da existência de nenhuma ressalva no termo de acordo firmado pelo reclamante na CCP. Nesse contexto, não há como afastar a validade do acordo, o qual possui eficácia liberatória geral e inviabiliza a pretensão veiculada pelo reclamante. Agravo de instrumento conhecido e não provido" (TST, 8.ª T., AIRR 10354-83.2013.5.18.0008, Rel. Min. Dora Maria da Costa, *DEJT* 22.03.2016).

A mencionada eficácia liberatória geral do termo refere-se ao objeto da conciliação[38]. Nesse sentido, segundo entendimento firmado pelo Supremo Tribunal Federal: "a 'eficácia

38. "Acordo firmado perante a Comissão de Conciliação Prévia. Eficácia liberatória. Alcance. 1. A Eg. 5.ª Turma deu provimento ao recurso de revista da reclamada, para, 'reconhecendo a eficácia liberatória geral do acordo homologado perante a Comissão de Conciliação Prévia, extinguir o processo'. 2. O art. 625-E, parágrafo

liberatória geral', prevista na regra do parágrafo único do art. 625-E da CLT, diz respeito aos valores discutidos em eventual procedimento conciliatório, não se transmudando em quitação geral e indiscriminada de verbas trabalhistas" (STF, Pleno, ADI 2.237/DF, Rel. Min. Cármen Lúcia, *DJe* 20.02.2019)[39].

Outra questão controvertida refere-se à obrigatoriedade, ou não, de submeter o conflito trabalhista à Comissão de Conciliação Prévia, antes do ajuizamento da ação. Sobre esse tema, o dispositivo que envolve maior discussão refere-se ao art. 625-D da CLT, que assim dispõe em seu *caput*: "Qualquer demanda de natureza trabalhista será submetida à Comissão de Conciliação Prévia se, na localidade da prestação de serviços, houver sido instituída a Comissão no âmbito da empresa ou do sindicato da categoria".

No âmbito do Tribunal Superior do Trabalho, havia diversos julgados defendendo a tese de que esta disposição traduz comando obrigatório, quanto à submissão de qualquer conflito individual trabalhista às Comissões de Conciliação Prévia, quando existentes na localidade, antes do ajuizamento da ação.

A favor da tese da obrigatoriedade de submissão à Comissão de Conciliação Prévia, tem-se a própria redação do art. 625-D, *caput*, apresentando o verbo no imperativo – *será* submetida, em vez de poderá ser submetida –, com o que a interpretação literal revela tratar-se de disposição cogente. Da mesma forma, o art. 625-D, § 2.º, estabelece que: "Não prosperando a conciliação, será fornecida ao empregado e ao empregador declaração da tentativa conciliatória frustrada com a descrição de seu objeto, firmada pelos membros da Comissão, que *deverá* ser juntada à eventual reclamação trabalhista" (destaquei).

De qualquer modo, também é possível o entendimento de que a passagem pela Comissão de Conciliação Prévia integra mais propriamente as condições da ação, e não os pressupostos processuais. Dentro deste enfoque, pode-se entender que se trata de condição da ação específica, ou de aspecto já incluído nas tradicionais condições da ação.

Ainda que se entenda tratar-se de condição da ação trabalhista, pode-se dizer que a passagem pela Comissão de Conciliação Prévia não é uma modalidade diversa

---

único, da CLT dispõe que 'o termo de conciliação é título executivo extrajudicial e terá eficácia liberatória geral, exceto quanto às parcelas expressamente ressalvadas'. Quanto a esse dispositivo de lei, o Plenário do Supremo Tribunal Federal, no julgamento da ADI 2.237/DF, concluiu que 'a eficácia liberatória geral do termo neles contido está relacionada ao que foi objeto da conciliação. Diz respeito aos valores discutidos e não se transmuta em quitação geral e indiscriminada de verbas trabalhistas' (*DJE* 20.2.2019). Da leitura do acórdão do STF, conclui-se que a norma foi considerada válida pelo Colegiado e que a palavra 'geral' se refere ao que foi objeto de conciliação. 3. Assim, no caso dos autos, em que as partes acordaram que, 'com o recebimento do valor deste acordo o empregado demandante dá plena quitação dos valores e parcelas expressamente consignadas no presente termo', que equivale a ressalva, não há como se falar em quitação geral do contrato de trabalho, limitando-se a eficácia liberatória do acordo celebrado perante a CCP às parcelas consignadas no termo de quitação. Precedentes desta Subseção. Recurso de embargos conhecido e provido" (TST, SBDI-I, E-ED-RR-307-50.2012.5.04.0404, Rel. Min. Alberto Luiz Bresciani de Fontan Pereira, *DEJT* 19.02.2021).

39. "Título executivo extrajudicial com eficácia liberatória geral. Efeitos incidentes tão somente sobre as verbas discutidas em sede conciliatória. Validade da convolação do termo em quitação apenas de verbas trabalhistas sobre as quais ajustadas as partes. [...] 4. A interpretação sistemática das normas controvertidas nesta sede de controle abstrato conduz à compreensão de que a 'eficácia liberatória geral', prevista na regra do parágrafo único do art. 625-E da CLT, diz respeito aos valores discutidos em eventual procedimento conciliatório, não se transmudando em quitação geral e indiscriminada de verbas trabalhistas 5. A voluntariedade e a consensualidade inerentes à adesão das partes ao subsistema implantado pelo Título VI-A da Consolidação das Leis do Trabalho, no qual se reconheceu a possibilidade de instituição de Comissão de Conciliação Prévia, torna válida a lavratura do termo de conciliação sob a forma de título executivo extrajudicial com eficácia liberatória geral pertinente às verbas acordadas. Validade da norma com essa interpretação do objeto cuidado" (STF, Pleno, ADI 2.237/DF, Rel. Min. Cármen Lúcia, *DJe* 20.02.2019).

daquelas condições já previstas na legislação processual, mas, na verdade, integra o próprio interesse processual. O interesse de agir se desdobra na necessidade, adequação e utilidade da tutela jurisdicional. A *necessidade* desta apenas se verifica quando não é possível obter a satisfação da pretensão sem o ajuizamento da ação. Portanto, se a parte ainda não necessita da tutela jurisdicional para obter o bem jurídico, não estaria presente o interesse processual, no aspecto da necessidade do provimento jurisdicional.

Mesmo entendendo-se que a submissão do conflito individual do trabalho à Comissão de Conciliação Prévia configura ou integra uma condição da ação, havia o posicionamento de que a sua ausência também acarreta, tal como a tese do pressuposto processual, a extinção do processo sem resolução de mérito, conforme os arts. 485, inciso VI, do CPC de 2015 e 267, inciso VI, do CPC de 1973.

Cabe destacar, no entanto, a existência de corrente oposta àquela mencionada acima, no que tange à necessidade de submissão do conflito trabalhista à Comissão de Conciliação Prévia. Na jurisprudência, o Tribunal Regional do Trabalho da 2.ª Região aprovou a Súmula 2, com a seguinte redação:

> "Comissão de Conciliação Prévia. Extinção de Processo. (Resolução Administrativa 08/2002 - *DJE* 12.11.2002, 19.11.2002, 10.12.2002 e 13.12.2002). O comparecimento perante a Comissão de Conciliação Prévia é uma faculdade assegurada ao Obreiro, objetivando a obtenção de um título executivo extrajudicial, conforme previsto pelo art. 625-E, parágrafo único, da CLT, mas não constitui condição da ação, nem tampouco pressuposto processual na reclamatória trabalhista, diante do comando emergente do art. 5.º, XXXV, da Constituição Federal".

Na realidade, seguindo abalizada lição da doutrina, caso determinada condição da ação não se faça presente quando do ajuizamento da ação, mas passe a existir no momento do julgamento, não cabe ao juiz extinguir o processo sem julgamento do mérito, pois, nesse caso, a referida condição se fez presente **supervenientemente**, ou seja, no curso do processo.

Efetivamente, a extinção processual sem exame de mérito, quando este passa a se apresentar em condições de ser decidido, além de contrariar a economia processual, não estaria de acordo com os princípios da instrumentalidade e da efetividade da tutela jurisdicional, pois apenas com a análise da pretensão é que o conflito social pode ser realmente solucionado.

Aplicando-se estas assertivas ao caso em questão, pode-se dizer que a passagem pela Comissão de Conciliação Prévia, mesmo integrando condição da ação individual trabalhista, pode passar a existir após o ajuizamento da demanda. Quando as partes recusam as propostas de conciliação em audiência, revelando, em juízo, a impossibilidade de realização de acordo, o *interesse processual* surge de forma superveniente, passando a tutela jurisdicional a ser o único meio de satisfação da pretensão.

Assim, a resistência à pretensão, pelo réu, tornando inviável a autocomposição, acaba por evidenciar a satisfação superveniente, pelo autor, da exigência do art. 625-D, da CLT, já que infrutífera a conciliação em juízo. Se as partes demonstram, no decorrer do processo, a impossibilidade de acordo, não seria razoável extinguir o processo sem julgamento do mérito para que tentem, justamente, a conciliação já rejeitada.

Na mesma linha, transcreve-se a seguinte decisão:

> "Recurso de revista. Submissão da demanda à comissão de conciliação prévia. Exigibilidade. A previsão constante do art. 652-D da CLT tem por escopo facilitar a conciliação extrajudicial dos conflitos, com vistas a aliviar a sobrecarga do Judiciário Trabalhista fator

objetivo [que] em muito tem contribuído para impactar negativamente a celeridade na entrega da prestação jurisdicional. Todavia, em contexto do qual emerge, incontroversa, a manifestação de recusa patronal à proposta conciliatória formulada em primeiro grau, milita contra os princípios informadores do processo do trabalho, notadamente os da economia e celeridade processuais, a decretação de extinção do processo já em sede extraordinária. Extinguir-se o feito em condições tais implicaria em desconsiderar absolutamente referidos princípios, bem como olvidar os enormes prejuízos advindos de tal retrocesso, tanto para a parte autora como para a Administração Pública, ante o desperdício de recursos materiais e humanos já despendidos na tramitação da causa. Recurso de revista conhecido e desprovido" (TST-RR-924/2005-491-01-00.8, Rel. Min. Vieira de Mello Filho, 1.ª T., *DJ* 15.06.2007).

Registre-se que o Pleno do Supremo Tribunal Federal, em 13 de maio de 2009, nas Ações Diretas de Inconstitucionalidade 2.139 e 2.160, por maioria, deferiu parcialmente cautelar quanto ao art. 625-D da CLT, para dar interpretação conforme a Constituição Federal, decidindo que as demandas trabalhistas podem ser submetidas ao Poder Judiciário antes de serem analisadas por Comissão de Conciliação Prévia.

Em sintonia com o entendimento do STF, destaca-se a seguinte decisão do TST:

"Recurso de embargos regido pela Lei 11.496/2007. Submissão da demanda à Comissão de Conciliação Prévia. Faculdade. A regra inserta no art. 625-D da CLT, que prevê a submissão de qualquer demanda trabalhista às comissões de conciliação prévia, não encerra condição de procedibilidade insuperável à apresentação da ação na Justiça do Trabalho, pois mais eloquente é o princípio da inafastabilidade do controle judicial, presente no inciso XXXV do art. 5.º da Constituição Federal. Ademais, a extinção do processo sem resolução de mérito, já nesta fase extraordinária, a fim de que os litigantes retornem à comissão de conciliação prévia com o propósito de tentar um provável acordo, tendo em vista que restou infrutífera a tentativa de conciliação no juízo de origem, acarretaria o desvirtuamento dos princípios da razoabilidade, da utilidade do processo, da economia processual e do aproveitamento da parte válida dos atos. Tem-se, finalmente, que o Supremo Tribunal Federal, na decisão liminar dos Processos de Ação Direta de Inconstitucionalidade ADIn 2.139-DF e ADIn 2.160-DF, entendeu ser facultativa a submissão da demanda à comissão de conciliação prévia para efeito de ajuizamento de reclamação trabalhista. Precedentes da SBDI-1. Recurso de embargos conhecido e provido" (TST, SBDI-I, E-ED-RR-130600-91.2003.5.02.0465, Rel. Min. Augusto César Leite de Carvalho, *DEJT* 19.03.2010).

O Supremo Tribunal Federal deu interpretação conforme a Constituição ao art. 625-D, § 1.º a § 4.º, da Consolidação das Leis do Trabalho, assentando que a Comissão de Conciliação Prévia constitui *meio legítimo, mas não obrigatório*, de solução de conflitos, permanecendo o acesso à Justiça resguardado para todos os que venham a ajuizar demanda diretamente ao órgão judiciário competente (STF, Pleno, ADI 2.139/DF, ADI 2.160/DF e ADI 2.237/DF, Rel. Min. Cármen Lúcia, j. 01.08.2018).

Capítulo **14**

AVISO PRÉVIO

14.1 INTRODUÇÃO

O aviso prévio, no âmbito do contrato de trabalho, tem por objetivo **comunicar** a outra parte sobre a decisão, de quem faz a declaração, de pôr fim à relação de emprego.

Esclareça-se que o aviso prévio não é um instituto exclusivo do Direito do Trabalho.

Mesmo no contrato de prestação de serviços, não havendo prazo estipulado, nem se podendo inferir da natureza do contrato, ou do costume do lugar, o art. 599 do Código Civil de 2002 estabelece que qualquer das partes pode resolvê-lo mediante aviso prévio, com a antecedência especificada nos incisos I a III do parágrafo único.

Do mesmo modo, no contrato de representação comercial, o art. 34 da Lei 4.886/1965, versando sobre a sua denúncia sem causa justificada, também prevê o dever de pré-aviso.

14.2 CONCEITO

O aviso prévio pode ser conceituado como a *comunicação que uma parte faz à outra, no sentido de que pretende findar o contrato de trabalho.*

O aviso prévio pode ser concedido tanto pelo empregador como pelo empregado, dependendo de quem está tomando a decisão de fazer cessar o vínculo de emprego.

14.3 FUNDAMENTO

O art. 7.º, inciso XXI, da Constituição Federal de 1988 prevê o direito dos empregados urbanos e rurais ao: "aviso prévio proporcional ao tempo de serviço, sendo no mínimo de trinta dias, nos termos da lei".

No entanto, cabe destacar que o empregado que pede demissão também deve pré-avisar o empregador, conforme previsão infraconstitucional.

No plano infraconstitucional, os arts. 487 a 491 da CLT versam sobre o tema, o que, no âmbito da relação de trabalho rural, é feito pela Lei 5.889/1973, art. 15.

14.4 NATUREZA JURÍDICA

O aviso prévio pode ser entendido sob diversos prismas.

Por um lado, trata-se de um **direito** daquele que recebe a comunicação da deliberação de pôr fim ao contrato de emprego.

Por outro, trata-se de um **dever** daquele que decide fazer cessar a relação de trabalho.

Assim, tem-se o direito de receber o aviso prévio, ou seja, de ser avisado previamente sobre a cessação do vínculo de emprego, ao qual corresponde o dever de conceder o referido aviso prévio à outra parte.

Como se nota, o aviso prévio pode ser entendido com natureza de direito trabalhista, ou dever pertinente à relação de emprego.

Além disso, o aviso prévio pode ser visto como a própria **comunicação** que uma parte faz à outra, quer dizer, declaração de que deliberou pela cessação do contrato de trabalho. Nesse enfoque, o aviso prévio apresenta a natureza de declaração unilateral, a ser recebida pela outra parte.

Em suma, o aviso prévio corresponde a uma declaração unilateral de vontade, pois não depende de aceitação da parte contrária.

Por fim, o aviso prévio pode ser entendido como o próprio **prazo ou período** que deve anteceder à comunicação de efetivo término do vínculo de emprego. Como mencionado, de acordo com a Constituição Federal, o referido prazo é de no mínimo 30 dias (art. 7.º, inciso XXI), o que também é previsto no art. 487, inciso II, da CLT.

Nota-se, portanto, uma natureza tríplice do aviso prévio:

- direito, o qual corresponde a um dever;
- declaração unilateral (comunicação de término da relação de emprego);
- período que deve anteceder a efetiva terminação do contrato de trabalho.

14.5 PRAZO E FORMA

A previsão constitucional, especificamente quando estabelece ser proporcional o aviso prévio conforme o tempo de serviço (art. 7.º, inciso XXI), de acordo com o entendimento que prevalece, não era autoaplicável, tratando-se de norma constitucional de eficácia limitada.

Nesse sentido, a Orientação Jurisprudencial 84 da SBDI-I do TST, embora atualmente cancelada, assim previa: "A proporcionalidade do aviso prévio, com base no tempo de serviço, depende da legislação regulamentadora, visto que o art. 7.º, inciso XXI, da CF/1988 não é autoaplicável".

No entanto, o prazo mínimo, de 30 dias quanto ao aviso prévio, apresenta-se plenamente eficaz e autoaplicável, o que de todo modo também é previsto no art. 487, inciso II, da CLT.

Por se tratar de termo, ou seja, prazo regido pelo direito material, na forma do art. 8.º, § 1.º, da CLT, "aplica-se a regra prevista no *caput* do art. 132 do Código Civil de 2002 à contagem do prazo do aviso prévio, excluindo-se o dia do começo e incluindo o do vencimento" (Súmula 380 do TST).

Entende-se que o inciso I do art. 487 da CLT, ao estabelecer o prazo de 8 (oito) dias de aviso prévio, se o pagamento for efetuado por semana ou tempo inferior, foi revogado pelo art. 7.º, inciso XXI, da Constituição Federal de 1988, pois esta norma posterior, constitucional, fixou o prazo mínimo de 30 dias.

A lei não exige forma específica para a concessão do aviso prévio, fazendo incidir o princípio da liberdade das formas. No entanto, para efeitos práticos, o melhor é que o aviso prévio seja formulado na forma escrita, para facilitar eventual necessidade de sua prova.

14.5.1 Aviso prévio proporcional ao tempo de serviço

A Lei 12.506, de 11 de outubro de 2011, publicada no *DOU* de 13.10.2011, dispondo sobre o aviso prévio, passou a disciplinar a questão da sua proporcionalidade conforme o tempo de serviço.

Ainda assim, cabe ressaltar que, em razão do *princípio da norma mais benéfica*, o contrato individual de trabalho, o regulamento de empresa, a convenção coletiva e o acordo coletivo de trabalho podem estabelecer o direito ao prazo do aviso prévio de forma mais favorável ao empregado, superior ao mínimo legal, como forma de melhoria de sua condição social (art. 7.º, *caput*, da Constituição da República). Em razão disso, a Orientação Jurisprudencial 367 da SBDI-I do TST apresenta a seguinte previsão:

> "Aviso prévio de 60 dias. Elastecimento por norma coletiva. Projeção. Reflexos nas parcelas trabalhistas. (*DEJT* divulgado em 03, 04 e 05.12.2008). O prazo de aviso prévio de 60 dias, concedido por meio de norma coletiva que silencia sobre alcance de seus efeitos jurídicos, computa-se integralmente como tempo de serviço, nos termos do § 1.º do art. 487 da CLT, repercutindo nas verbas rescisórias".

No que se refere ao dissídio coletivo, em que se verifica o possível exercício do poder normativo pela Justiça do Trabalho (art. 114, § 2.º, da Constituição da República), conforme entendimento do Supremo Tribunal Federal, a sua incidência é permitida apenas nas hipóteses de "vazio legislativo", não podendo disciplinar matérias que são objeto de "reserva legal específica" (RE 197.911-9/PE, Rel. Min. Octavio Gallotti, *DJ* 07.11.1997). No caso do aviso prévio proporcional, como a Constituição da República, no art. 7.º, inciso XXI, faz expressa menção à sua regulamentação por meio de lei, a rigor, não se admite a ampliação do referido prazo por meio de sentença normativa proferida em dissídio coletivo.

A referida Lei 12.506/2011 passou a estabelecer que o aviso prévio, de que trata o Capítulo VI do Título IV da Consolidação das Leis do Trabalho, deve ser "concedido na proporção de 30 (trinta) dias aos empregados que contem até 1 (um) ano de serviço na mesma empresa" (art. 1.º, *caput*). Ao aviso prévio assim previsto devem ser "acrescidos 3 (três) dias por ano de serviço prestado na mesma empresa, até o máximo de 60 (sessenta) dias, perfazendo um total de até 90 (noventa) dias" (parágrafo único).

Embora a Lei 12.506 faça remissão apenas à CLT (e não à Lei 5.889/1973), em conformidade com o art. 7.º, *caput*, da Constituição da República, os empregados rurais também têm direito ao aviso proporcional ao tempo de serviço (inciso XXI), devendo-se aplicar, ainda que de forma extensiva, a disciplina legal em questão.

Manteve-se o prazo mínimo de 30 dias de aviso prévio, devido aos empregados com até um ano de serviço ao empregador (nas hipóteses de dispensa sem justa causa e despedida indireta).

Após esse primeiro ano, o empregado passa a ter o direito ao *acréscimo de três dias de aviso prévio, por ano de serviço prestado ao mesmo empregador*.

A interpretação lógica e teleológica do preceito deve ser no sentido de que esse acréscimo decorre da maior duração do *mesmo contrato individual de trabalho*, firmado entre empregado e empregador, levando em conta, quanto a este, as hipóteses de sucessão trabalhista (arts. 10 e 448 da CLT).

O limite máximo de *acréscimo* é de 60 dias, os quais, somados aos 30 dias iniciais, resultam no aviso prévio total de 90 dias.

Não há uma tabela expressa na Lei, com o escalonamento dos prazos de aviso prévio devidos. Embora a redação dos dispositivos não seja totalmente clara, é certo que os empregados com "*até* 1 (um) ano de serviço na mesma empresa" têm direito ao aviso prévio de 30 dias (art. 1.º, *caput*, destaquei).

Logo, os empregados com mais de 12 meses de serviço prestado na mesma empresa passam a ter direito ao acréscimo no aviso prévio, na proporção de "3 (três) dias por ano de serviço prestado na mesma empresa" (parágrafo único).

Exemplificando, o empregado com um ano e quatro meses de serviço, justamente por ter *mais de um ano de serviço na empresa* (art. 1.º, *caput*, *a contrario sensu*), e por ter *completado um ano de serviço* (parágrafo único), ao ser dispensado sem justa causa, passa a ter direito a 33 dias de aviso prévio.

Tanto é assim que o parágrafo único do art. 1.º da Lei 12.506/2011 não dispõe que o acréscimo de três dias decorre de cada novo ano de serviço prestado depois de se completar o primeiro, mas sim que ao aviso prévio (de 30 dias) "serão acrescidos 3 (três) dias por ano de serviço prestado na mesma empresa".

Ou seja, o empregado com 11 meses de serviço tem direito ao aviso prévio de 30 dias, por estar inserido na hipótese de "até 1 ano de serviço" (art. 1.º, *caput*). A partir de (após) 12 meses de serviço, *até dois anos*, o aviso prévio devido (em caso de dispensa sem justa causa ou despedida indireta) é de 33 dias (parágrafo único). Após dois anos de serviço, mas *até três anos*, o aviso prévio total é de 36 dias, e assim sucessivamente. A partir de 19 anos de tempo de serviço prestado ao mesmo empregador, mas até 20 anos, o aviso prévio devido, na dispensa sem justa causa (ou despedida indireta), será de 87 dias. Por fim, após 20 anos de tempo de serviço, tem-se o direito ao aviso prévio total de 90 dias, o qual é o limite máximo.

Ainda assim, deve-se acompanhar o entendimento da jurisprudência a respeito, uma vez que também poderá surgir interpretação divergente no sentido de que, para o acréscimo de três dias de aviso prévio, o empregado deverá *completar o segundo ano de serviço* prestado ao mesmo empregador, e assim sucessivamente. Essa possível corrente, aqui apresentada como divergente, entenderia que a partir de 12 meses de serviço o empregado apenas ingressaria no período para a futura aquisição do acréscimo de três dias, o que ocorreria somente ao se completar o ano adicional de serviço prestado. Essa posição, entretanto, não é aqui defendida, pois contraria a previsão expressa do art. 1.º, *caput*, no sentido de que o período de 30 dias é daquele empregado com "até" um ano de serviço. Ademais, exemplificando, o empregado com um ano e três meses de serviço, por já ter (mais de) um ano de serviço prestado ao empregador, tem direito ao acréscimo de três dias, na forma do parágrafo único do art. 1.º da Lei 12.506/2011 ("acrescidos 3 (três) dias *por ano de serviço prestado* na mesma empresa", destaquei). Caso contrário, apenas ao se completar o 21.º ano de serviço, prestado ao mesmo empregador, é que o empregado passaria a ter direito ao aviso prévio de 90 dias (30 dias iniciais, mais 60 dias em razão do tempo de serviço), nas hipóteses de despedida sem justa causa e dispensa indireta. Entretanto, a interpretação lógico-sistemática deve ser no sentido de que o aviso prévio de 90 dias passa a ser devido a partir de 20 anos de serviço prestado ao mesmo empregador.

Para se contar o tempo de serviço, também devem ser considerados os *períodos de interrupção do contrato de trabalho*, como férias e descanso semanal remunerado, pois neles, embora não haja efetiva prestação de trabalho, o salário é devido, bem como o tempo de serviço deve ser contado.

Cabe ressaltar que a Lei 12.506/2011, ao tratar do aviso prévio, de forma nítida, estabelece a proporcionalidade devida, mas apenas em *favor do empregado*, e não do empregador.

Embora o empregador também tenha direito ao aviso prévio, na hipótese de ("pedido de") demissão do trabalhador, o novo diploma legal é expresso a respeito do dever de se conceder, aos empregados, o aviso prévio, conforme o tempo de serviço prestado.

Reconhece-se que o art. 1.º, *caput*, do referido diploma legal faz menção ao aviso prévio "de que trata o Capítulo VI do Título IV da Consolidação das Leis do Trabalho – CLT, aprovada pelo Decreto-lei 5.452, de 1.º de maio de 1943", no qual está inserido o art. 487, § 2.º, da CLT, ao dispor que a "falta de aviso prévio por parte do empregado dá ao empregador o direito de descontar os salários correspondentes ao prazo respectivo". Entretanto, a Lei 12.506 apenas tratou do direito do empregado, tal como previsto na Constituição da República, no art. 7.º, *caput* ("são direitos dos trabalhadores urbanos e rurais"), e inciso XXI ("aviso prévio proporcional ao tempo de serviço, sendo no mínimo de trinta dias, nos termos da lei").

Poder-se-ia argumentar, em sentido divergente, com fundamento no princípio da igualdade (art. 5.º, *caput*, da Constituição), que o empregador também deveria ter o direito de receber o aviso prévio proporcional ao tempo de serviço, na hipótese de demissão do empregado, mesmo porque o contrato de trabalho tem natureza bilateral, com direitos e deveres recíprocos em seu conjunto.

Apesar disso, cabe ressaltar que o princípio da igualdade deve ser interpretado e aplicado em seu enfoque *substancial*, e não meramente formal. Tendo em vista a desigualdade em que os sujeitos do vínculo de emprego se encontram, a norma jurídica pode (deve) estabelecer tratamento diferenciado, na medida dessa desigualdade, como forma de se alcançar a situação mais justa e equânime. Nesse sentido é que são previstos os diversos direitos trabalhistas, impondo-se os correspondentes deveres ao empregador.

Prevalece o entendimento de que o aviso prévio proporcional ao tempo de serviço é direito exclusivo do empregado, não podendo o empregador exigir do trabalhador o cumprimento do aviso prévio por prazo superior a 30 dias, mesmo na hipótese de dispensa sem justa causa, sob pena de pagamento dos dias excedentes trabalhados. A respeito do tema, cabe fazer referência ao seguinte julgado:

> "Recurso de embargos em recurso de revista. Interposição sob a égide da Lei 13.015/2014. Aviso prévio proporcional. Alteração da Lei 12.506/2011. Obrigação limitada ao empregador. Ausência de reciprocidade. A proporcionalidade do aviso prévio a que se refere a Lei 12.506/2001 apenas pode ser exigida da empresa, uma vez que entendimento em contrário, qual seja, exigir que também o trabalhador cumpra aviso prévio superior aos originários 30 dias, constituiria alteração legislativa prejudicial ao empregado, o que, pelos princípios que norteiam o ordenamento jurídico trabalhista, não se pode admitir. Dessarte, conclui-se que a norma relativa ao aviso prévio proporcional não guarda a mesma bilateralidade característica da exigência de 30 dias, essa sim obrigatória a qualquer das partes que intentarem resilir o contrato de emprego. Recurso de embargos conhecido e provido" (TST, SBDI-I, E-RR – 1964-73.2013.5.09.0009, Rel. Min. Hugo Carlos Scheuermann, *DEJT* 29.09.2017).

Quanto à eficácia no tempo, a referida Lei 12.506, no art. 2.º, estabeleceu o início de sua vigência para a data da publicação, qual seja, 13 de outubro de 2011. Tendo em vista a eficácia imediata da nova disciplina legal, esta alcança não só os contratos de trabalho firmados a partir da referida data, mas também aqueles em curso. Sendo assim, é possível sustentar que o contrato extinto a partir da publicação da Lei 12.506/2011 deve ser regido levando em conta as suas disposições, inclusive para efeito de cálculo do prazo do aviso prévio proporcional ao tempo de serviço.

Não obstante, o tema, também aqui, pode gerar controvérsia, pois a Lei não especificou, de forma expressa, como deve ser contado o tempo de serviço prestado anteriormente à sua entrada em vigor, no caso do vínculo de emprego que se iniciou antes de 13 de outubro de 2011. Com isso, é possível o entendimento, divergente, no sentido de que, como a norma legal não pode ser aplicada de forma retroativa, o tempo de serviço, para fins de acréscimo no aviso prévio, ao menos com fundamento específico na Lei 12.506/2011, apenas poderia ser contado a partir da sua entrada em vigor. Portanto, cabe acompanhar a evolução da jurisprudência também a respeito dessa eficácia no tempo da Lei em questão, no que se refere ao período de serviço prestado antes de 13 de outubro de 2011, para os contratos de trabalho cessados posteriormente a essa data.

De todo modo, consoante a Súmula 441 do TST: "Aviso prévio. Proporcionalidade. O direito ao aviso prévio proporcional ao tempo de serviço somente é assegurado nas rescisões de contrato de trabalho ocorridas a partir da publicação da Lei 12.506, em 13 de outubro de 2011".

Quanto aos vínculos de emprego extintos antes do início da vigência da Lei 12.506/2011, como essa disposição tem aplicação imediata, mas não retroativa (art. 5.º, inciso XXXVI, da Constituição Federal de 1988), não cabe a sua incidência quanto a fatos anteriores à sua publicação.

Ainda assim, no âmbito do julgamento de mandados de injunção, envolvendo vínculos de emprego já extintos, e que questionam a ausência de regulamentação legal quanto ao aviso prévio proporcional, pode ser possível, ao menos em tese, a aplicação (analógica) do mesmo critério (com fundamento no art. 8.º da CLT), qual seja, de se acrescer três dias por ano de serviço prestado na mesma empresa, até o máximo de 60 dias, perfazendo um total de até 90 dias de aviso prévio. Nesse sentido, segundo o art. 5.º, § 1.º, da Constituição Federal de 1988, as "normas definidoras dos direitos e garantias fundamentais têm aplicação imediata". Os direitos trabalhistas, assegurados no art. 7.º da Constituição da República, como direitos sociais (Capítulo II), estão inseridos no catálogo de direitos fundamentais, conforme o Título II da Lei Maior ("Dos Direitos e Garantias Fundamentais").

Cabe ressaltar que a Secretaria de Relações do Trabalho, do Ministério do Trabalho, aprovou a Nota Técnica 184/2012/CGRT/SRT/MTE, esclarecendo os seguintes aspectos: a) a lei não poderá retroagir para alcançar a situação de aviso prévio já iniciado; b) a proporcionalidade de que trata o parágrafo único do art. 1.º da Lei 12.506/2011 aplica-se, exclusivamente, em benefício do empregado; c) o acréscimo de três dias por ano de serviço prestado ao mesmo empregador será computado a partir do momento em que a relação contratual superar um ano na mesma empresa; d) a jornada reduzida ou a faculdade, previstas no art. 448 da CLT, não foram alteradas pela Lei 12.506/2011; e) a projeção do aviso prévio integra o tempo de serviço para todos os fins legais; f) recaindo o término do aviso prévio proporcional nos 30 dias que antecedem a data-base, faz jus o empregado despedido à indenização prevista na Lei 7.238/1984; g) as cláusulas pactuadas em acordo ou convenção coletiva que tratam do aviso prévio proporcional deverão ser observadas, desde que respeitada a proporcionalidade mínima prevista na Lei 12.506/2011.

Da mesma forma, no trabalho rural, o aviso prévio, nos termos do disposto no Capítulo VI do Título IV da Consolidação das Leis do Trabalho, deve ser concedido na proporção de 30 dias aos empregados que contem com até um ano de serviço ao mesmo empregador (art. 98 do Decreto 10.854/2021). Ao referido aviso prévio devem ser acrescidos três dias por ano de serviço prestado na mesma empresa, até o máximo de 60 dias, com o total de até 90 dias.

14.6 FINALIDADE

O aviso prévio, conforme a hipótese, ou seja, se concedido pelo empregador ou pelo empregado, apresenta objetivos distintos.

Sendo o empregador quem o concede, o objetivo do aviso prévio é possibilitar que o empregado possa **procurar novo trabalho** durante tal período, ou seja, no tempo que antecede a cessação do vínculo de emprego. Por isso é que se considera "inválida a concessão do aviso prévio na fluência da garantia de emprego, ante a incompatibilidade dos dois institutos" (Súmula 348 do TST).

Na mesma linha, a Orientação Jurisprudencial 268 da SBDI-I do TST assim prevê: "Indenização adicional. Leis 6.708/1979 e 7.238/1984. Aviso prévio. Projeção. Estabilidade provisória. Somente após o término do período estabilitário é que se inicia a contagem do prazo do aviso prévio para efeito das indenizações previstas nos arts. 9.º da Lei 6.708/1979 e 9.º da Lei 7.238/1984".

Se o aviso prévio é concedido pelo empregado, a finalidade é fazer com que o **empregador busque outro empregado** para ficar no lugar daquele que pré-avisou quanto à sua demissão.

14.7 CABIMENTO

O aviso prévio só é cabível na hipótese de contrato de trabalho que seja por prazo indeterminado (art. 487, *caput*, parte inicial, da CLT).

Havendo prazo estipulado para a terminação do vínculo de emprego, não há que se cogitar de aviso prévio para a sua cessação, exceto na hipótese do art. 481 da CLT (e Súmula 163 do TST).

Pelo mesmo motivo, também não se aplica o aviso prévio no trabalho temporário, regido pela Lei 6.019/1974.

O aviso prévio, como dever do empregador, aplica-se na dispensa sem justa causa e na despedida indireta, conforme o art. 487, *caput* e § 4.º, da CLT (acrescentado pela Lei 7.108/1983, que alterou o entendimento do antigo Enunciado 31 do TST, já cancelado pela Resolução 31/1994). Além disso, o aviso prévio também é devido ao empregado na cessação da atividade da empresa, conforme a Súmula 44 do TST.

Frise-se que, nos termos da atual redação da Súmula 10 do TST: "Professor. Dispensa sem justa causa. Término do ano letivo ou no curso de férias escolares. Aviso prévio. O direito aos salários do período de férias escolares assegurado aos professores (artigo 322, *caput* e § 3.º, da CLT) não exclui o direito ao aviso prévio, na hipótese de dispensa sem justa causa ao término do ano letivo ou no curso das férias escolares".

Como dever do empregado, o aviso prévio é devido pelo trabalhador no pedido de demissão (art. 487, *caput*, da CLT).

14.8 CONSEQUÊNCIAS DA AUSÊNCIA DE CONCESSÃO DO AVISO PRÉVIO

As consequências que decorrem da **inobservância do dever de pré-avisar** a outra parte, quanto ao intuito de pôr fim ao contrato de trabalho, dependem de se saber se este dever era do empregador ou do empregado.

1) A falta de aviso prévio por parte do empregado dá ao empregador o direito de descontar os salários correspondentes ao prazo respectivo (§ 2.º do art. 487 da CLT).

Referido desconto, aliás, pode ser feito quando da quitação das verbas rescisórias, conforme o art. 477, § 5.º, da CLT.

Ajuizada eventual ação pelo empregado, cobrando créditos decorrentes da relação de emprego, o mesmo direito também pode ser arguido pelo empregador, na contestação, por meio da compensação (art. 767 da CLT e Súmulas 18 e 48 do TST).

2) A falta do aviso prévio por parte do empregador dá ao empregado o direito aos salários correspondentes ao prazo do aviso, garantida sempre a integração desse período no seu tempo de serviço (§ 1.º do art. 487 da CLT).

Trata-se do *aviso prévio indenizado*.

Sobre o "aviso prévio cumprido em casa", em que o empregador determina que o empregado não precisa ou não deve comparecer ao trabalho durante o período do aviso, não se verifica a nulidade propriamente, pois o empregado terá, inclusive, o tempo todo para procurar novo trabalho, o que se revela mais benéfico.

Na verdade, de acordo com a lei, ou o aviso prévio é trabalhado, ou indenizado (art. 487 da CLT). No caso da permanência do empregado em casa, não se verificando a prestação dos serviços, tem-se o aviso prévio indenizado, ainda que por exclusão.

Além disso, garante-se a integração, para fins trabalhistas, do período de aviso prévio indenizado no tempo de serviço do empregado, inclusive para fins de cálculo de verbas rescisórias, como décimo terceiro salário e férias com 1/3. Tanto é assim que o reajustamento salarial coletivo, determinado no curso do aviso prévio, beneficia o empregado pré-avisado da despedida, mesmo que tenha recebido antecipadamente os salários correspondentes ao período do aviso, que integra seu tempo de serviço para todos os efeitos legais (§ 6.º do art. 487 da CLT, acrescentado pela Lei 10.218/2001).

Destaque-se, ainda, a Orientação Jurisprudencial 367 da SBDI-I do TST, assim prevendo:

> "Aviso prévio de 60 dias. Elastecimento por norma coletiva. Projeção. Reflexos nas parcelas trabalhistas. O prazo de aviso prévio de 60 dias, concedido por meio de norma coletiva que silencia sobre alcance de seus efeitos jurídicos, computa-se integralmente como tempo de serviço, nos termos do § 1.º do art. 487 da CLT, repercutindo nas verbas rescisórias".

Do mesmo modo, em razão da referida integração ao tempo de serviço, de acordo com a Súmula 305 do TST:

> "Fundo de Garantia do Tempo de Serviço. Incidência sobre o aviso prévio. O pagamento relativo ao período de aviso prévio, trabalhado ou não, está sujeito a contribuição para o FGTS".

Pelo mesmo motivo, a Súmula 182 do TST assim prevê: "Aviso prévio. Indenização compensatória. Lei 6.708, de 30.10.1979. O tempo do aviso prévio, mesmo indenizado, conta-se para efeito da indenização adicional prevista no art. 9.º da Lei 6.708, de 30.10.1979"[1].

---

1. A indenização adicional, de acordo com o art. 9.º da Lei 6.708/1979 e o art. 9.º da Lei 7.238/1984, é devida na hipótese de dispensa injusta do empregado, ocorrida no trintídio que antecede a data-base. Conforme

A referida integração ao tempo de serviço também justifica os seguintes entendimentos consolidados na jurisprudência do TST:

> Orientação Jurisprudencial 82 da SBDI-I do TST: "Aviso prévio. Baixa na CTPS. A data de saída a ser anotada na CTPS deve corresponder à do término do prazo do aviso prévio, ainda que indenizado".
>
> Orientação Jurisprudencial 83 da SBDI-I do TST: "Aviso prévio. Indenizado. Prescrição. A prescrição começa a fluir no final da data do término do aviso prévio. Art. 487, § 1.º, CLT".

Confirmando o exposto, quanto à data a ser anotada como o dia de saída na Carteira de Trabalho e Previdência Social ("baixa"), nos termos do art. 15, inciso V, da Portaria 671/2021 do Ministério do Trabalho e Previdência, o empregador deve anotar na CTPS do empregado, até o décimo dia seguinte ao da ocorrência, os dados de desligamento, quando acarretar extinção do vínculo empregatício, com a indicação da respectiva data, e se houver aviso prévio indenizado, da data projetada para término do contrato de trabalho.

Entretanto, de acordo com a Orientação Jurisprudencial 42, inciso II, da SBDI-I do TST: "O cálculo da multa de 40% do FGTS deverá ser feito com base no saldo da conta vinculada na data do efetivo pagamento das verbas rescisórias, desconsiderada a projeção do aviso prévio indenizado, por ausência de previsão legal".

Tratando-se de salário pago na base de tarefa, o cálculo, para os efeitos dos §§ 1.º e 2.º do art. 487 da CLT, será feito de acordo com a média dos últimos 12 meses de serviço (§ 3.º do art. 487 da CLT).

O valor das horas extraordinárias habituais integra o aviso prévio indenizado (§ 5.º do art. 487 da CLT, acrescentado pela Lei 10.218/2001).

14.9 AVISO PRÉVIO E TRABALHO NO PERÍODO

Se o empregado pede demissão, e concede o aviso prévio ao empregador, o contrato de trabalho continua normalmente, até o fim do prazo de aviso, quando cessa o vínculo de emprego.

No aviso prévio concedido pelo empregador, no entanto, a prestação de serviços recebe tratamento diferenciado, conforme previsão do art. 488 da CLT, tendo em vista a finalidade do instituto, na hipótese em questão.

O mencionado dispositivo, em seu *caput*, assegura que o horário normal de trabalho do empregado, durante o prazo do aviso (quando a rescisão tiver sido promovida pelo empregador), "será reduzido de 2 (duas) horas diárias, sem prejuízo do salário integral".

Trata-se de justa previsão, pois, como já mencionado, durante o período do aviso prévio, o empregado certamente terá de buscar um novo trabalho a ser exercido.

Além disso, o parágrafo único do mesmo art. 488 da CLT, acrescentado pela Lei 7.093/1983, assim prevê: "É facultado ao empregado trabalhar sem a redução das 2 (duas) horas diárias previstas neste artigo, caso em que poderá faltar ao serviço, sem prejuízo do salário integral, por 1 (um) dia, na hipótese do inciso I, e por 7 (sete) dias corridos, na hipótese do inciso II do art. 487 desta Consolidação".

Súmula 242 do TST: "Indenização adicional. Valor. A indenização adicional, prevista no art. 9.º da Lei 6.708, de 30.10.1979 e no art. 9.º da Lei 7.238 de 28.10.1984, corresponde ao salário mensal, no valor devido na data da

Tem-se, portanto, uma faculdade do empregado, podendo optar pela redução de duas horas diárias, ou pela ausência durante sete dias corridos, sendo ambas as hipóteses sem prejuízo do salário integral.

No âmbito da relação de trabalho rural, a Lei 5.889/1973, no art. 15, apresenta a seguinte disposição especial: "Durante o prazo do aviso prévio, se a rescisão tiver sido promovida pelo empregador, o empregado rural terá direito a 1 (um) dia por semana, sem prejuízo do salário integral, para procurar outro trabalho". Essa previsão é confirmada pelo art. 99 do Decreto 10.854/2021.

Ainda sobre essa redução da jornada de trabalho durante o período do aviso prévio, como esclarece a Súmula 230 do TST:

> "Aviso prévio. Substituição pelo pagamento das horas reduzidas da jornada de trabalho. É ilegal substituir o período que se reduz da jornada de trabalho, no aviso prévio, pelo pagamento das horas correspondentes".

Sendo assim, caso não seja observada a redução do art. 488 da CLT (ou do art. 15 da Lei 5.889/1973), por não se ter alcançado a finalidade do instituto, o aviso prévio é devido novamente, ainda que sob a forma indenizada.

Sobre a questão da renúncia do aviso prévio pelo empregado, assim prevê a Súmula 276 do TST: "O direito ao aviso prévio é irrenunciável pelo empregado. O pedido de dispensa de cumprimento não exime o empregador de pagar o respectivo valor, salvo comprovação de haver o prestador dos serviços obtido novo emprego".

Durante o período do aviso prévio, mesmo que concedido pelo empregador, se o trabalhador falta ao serviço, sem apresentar justificativa, também deixa de fazer jus ao respectivo salário.

Cabe destacar que, de acordo com o entendimento mais tradicional, não se reconhece direito a estabilidade no curso do aviso prévio, seja este trabalhado ou indenizado. Nesse sentido, a Súmula 369 do TST, no inciso V, assim prevê: "O registro da candidatura do empregado a cargo de dirigente sindical durante o período de aviso prévio, ainda que indenizado, não lhe assegura a estabilidade, visto que inaplicável a regra do § 3.º do art. 543 da Consolidação das Leis do Trabalho".

A mesma orientação pode ser aplicada a outras modalidades de estabilidade provisória e garantia de permanência no emprego.

A Súmula 371, tratando do aviso prévio indenizado e de seus efeitos na superveniência de auxílio-doença no curso deste, confirma que:

> "A projeção do contrato de trabalho para o futuro, pela concessão do aviso prévio indenizado, tem efeitos limitados às vantagens econômicas obtidas no período de pré-aviso, ou seja, salários, reflexos e verbas rescisórias. No caso de concessão de auxílio-doença no curso do aviso prévio, todavia, só se concretizam os efeitos da dispensa depois de expirado o benefício previdenciário".

A primeira parte do referido verbete, ao limitar os efeitos do aviso prévio indenizado às vantagens econômicas obtidas no período, *a contrario sensu*, excluiria o direito

---

comunicação do despedimento, integrado pelos adicionais legais ou convencionados, ligados à unidade de tempo mês, não sendo computável a gratificação natalina".

de reintegração, ou seja, de estabilidade provisória, tal como já previa a Orientação Jurisprudencial 40 da SBDI-I do TST[2], incorporada à referida Súmula 371.

A parte final da Súmula 371 apenas reflete a incorporação da Orientação Jurisprudencial 135 da SBDI-I do TST[3], justificando-se tal orientação porque durante o auxílio-doença o contrato de trabalho se mantém suspenso.

No entanto, quando cessa o referido benefício previdenciário, os efeitos da dispensa se concretizam e não se verifica direito do empregado de permanecer no emprego.

Não obstante, cabe registrar o entendimento de que o período do aviso prévio indenizado integra o contrato de trabalho (Orientação Jurisprudencial 82 da SBDI-I do TST) e a superveniência de auxílio-doença faz que os efeitos da dispensa apenas se concretizem após o término do benefício. Ademais, nos termos da Súmula 378 do TST, inciso II, "são pressupostos para a concessão da estabilidade o afastamento superior a 15 dias e a consequente percepção do auxílio-doença acidentário, salvo se constatada, após a despedida, doença profissional que guarde relação de causalidade com a execução do contrato de emprego". Sendo assim, para essa corrente de entendimento, se o empregado, no curso do aviso prévio indenizado, entrar em gozo de auxílio-doença acidentário, deve ser reconhecido o direito à estabilidade acidentária de 12 meses, conforme art. 118 da Lei 8.213/1991, a partir da cessação do referido benefício previdenciário, considerando suspenso o contrato de trabalho até essa data. Nesse sentido, destaca-se o seguinte julgado do Tribunal Superior do Trabalho: 3.ª T., RR 7-96.2010.5.05.0221, Rel. Min. Mauricio Godinho Delgado, *DEJT* 24.06.2014.

Frise-se ainda que, conforme o art. 391-A da CLT, acrescentado pela Lei 12.812/2013, a confirmação do estado de gravidez advindo no curso do contrato de trabalho, *ainda que durante o prazo do aviso prévio trabalhado ou indenizado*, garante à empregada gestante a estabilidade provisória prevista na alínea *b* do inciso II do art. 10 do Ato das Disposições Constitucionais Transitórias.

O disposto no art. 391-A da CLT aplica-se ao *empregado adotante ao qual tenha sido concedida guarda provisória para fins de adoção* (art. 391-A, parágrafo único, da CLT, incluído pela Lei 13.509/2017).

Desse modo, a estabilidade provisória prevista no art. 10, inciso II, alínea *b*, do Ato das Disposições Constitucionais Transitórias também se aplica ao empregado adotante a quem tiver sido concedida guarda provisória para fins de adoção, ainda que durante o prazo do aviso prévio trabalhado ou indenizado.

Embora o art. 391-A, parágrafo único, da CLT faça menção ao "empregado", a referida garantia de emprego também se aplica, evidentemente e com fundamento no princípio da igualdade (art. 5.º, *caput* e inciso I, da Constituição da República), à *empregada* adotante a quem tiver sido concedida guarda provisória para fins de adoção, ainda que durante o prazo do aviso prévio trabalhado ou indenizado.

---

2. "Estabilidade. Aquisição no período do aviso prévio. Não reconhecida. Inserida em 28.11.1995 (Convertida na Súmula 371, *DJ* 20.04.2005). A projeção do contrato de trabalho para o futuro, pela concessão do aviso prévio indenizado, tem efeitos limitados às vantagens econômicas obtidas no período de pré-aviso, ou seja, salários, reflexos e verbas rescisórias".

3. "Aviso prévio indenizado. Superveniência de auxílio-doença no curso deste. Inserida em 27.11.1998 (Convertida na Súmula 371, *DJ* 20.04.2005). Os efeitos da dispensa só se concretizam depois de expirado o benefício previdenciário, sendo irrelevante que tenha sido concedido no período do aviso prévio já que ainda vigorava o contrato de trabalho".

Entende-se, assim, que se a guarda provisória para fins de adoção for concedida durante o prazo do aviso prévio trabalhado ou indenizado, o empregado e (ou) a empregada adotante terão direito à estabilidade provisória *até cinco meses após a adoção*. Cf. ainda Capítulo 15, item 15.6.3.

O art. 391-A, parágrafo único, da CLT não é explícito quanto à hipótese de adoção ou guarda judicial para fins de adoção *conjunta*. Tendo em vista que a lei não faz restrição a respeito do direito à estabilidade provisória, pode-se dizer que *ambos* os adotantes ou guardiães para fins de adoção, caso sejam empregado ou empregada, têm direito à referida garantia de emprego.

Diversamente, em se tratando especificamente da licença-maternidade (que não se confunde com a mencionada estabilidade provisória), o art. 392-A, § 5.º, da CLT é expresso ao estabelecer, de forma restritiva, que a adoção ou guarda judicial conjunta enseja a concessão de *licença-maternidade* a apenas um dos adotantes ou guardiães empregado ou empregada.

14.10 JUSTA CAUSA DURANTE O AVISO PRÉVIO

Durante o aviso prévio trabalhado, por se tratar de tempo de serviço, é possível que o empregado, ou mesmo o empregador, pratique alguma justa causa.

A hipótese de justa causa praticada pelo trabalhador é prevista expressamente no art. 491 da CLT, com a seguinte redação: "O empregado que, durante o prazo do aviso prévio, cometer qualquer das faltas consideradas pela lei como justas para a rescisão, perde o direito ao restante do respectivo prazo".

No entanto, cabe lembrar a Súmula 73 do TST, ao estabelecer que: "A ocorrência de justa causa, salvo a de abandono de emprego, no decurso do prazo do aviso prévio dado pelo empregador, retira do empregado qualquer direito às verbas rescisórias de natureza indenizatória".

Portanto, ocorrendo falta grave do empregado, este perde os direitos decorrentes da dispensa sem justa causa ou do pedido de demissão, conforme a hipótese em análise, passando a receber apenas as verbas decorrentes da dispensa com justa causa. A ressalva quanto ao abandono de emprego, no curso do período do aviso prévio concedido pelo empregador, justifica-se porque o empregado, no período em questão, pode ter de assumir o novo emprego, não tendo, assim, como continuar prestando serviços durante o aviso prévio.

Isso não se confunde com o caso, bem mais peculiar, em que a empresa, tendo pré-avisado o empregado quanto à sua dispensa sem justa causa, vem a descobrir, no curso do aviso, que o empregado cometeu justa causa, anteriormente à concessão do aviso prévio. Nessa hipótese, não se pode dizer que a empresa havia perdoado a falta, pois nem sequer sabia da sua existência ou autoria. Assim, embora o tema seja complexo, entende-se que o empregador pode converter a dispensa sem justa causa em dispensa com justa causa.

No entanto, se a empresa conhecia a falta disciplinar praticada pelo empregado, mas, mesmo assim, deliberou dispensá-lo sem justa causa, entende-se que ocorreu o perdão tácito, pois o empregador tomou atitude incompatível com a aplicação de pena disciplinar, como é o caso da despedida por justa causa.

No caso de falta grave patronal, no curso do aviso prévio, o art. 490 da CLT assim dispõe: "O empregador que, durante o prazo do aviso prévio dado ao empregado, praticar ato que justifique a rescisão imediata do contrato, sujeita-se ao pagamento da remuneração correspondente ao prazo do referido aviso, sem prejuízo da indenização que for devida".

Conclui-se que a justa causa patronal, durante o aviso prévio, gera ao empregado o direito de rescindir imediatamente o contrato de trabalho, recebendo a remuneração do período correspondente ao aviso, bem como as verbas rescisórias decorrentes da despedida indireta.

14.11 RECONSIDERAÇÃO DO AVISO PRÉVIO CONCEDIDO

É possível que depois de concedido o aviso prévio por uma das partes, ele seja reconsiderado. Mesmo havendo a reconsideração quanto à concessão do aviso prévio, o que deve ocorrer antes do término de seu prazo, a outra parte tem a faculdade de aceitar, ou não, a mencionada reconsideração. Nesse sentido prevê o art. 489 da CLT:

> "Art. 489. Dado o aviso prévio, a rescisão torna-se efetiva depois de expirado o respectivo prazo, mas, se a parte notificante reconsiderar o ato, antes de seu termo, à outra parte é facultado aceitar ou não a reconsideração".

Assim, caso seja aceita a reconsideração (aceitação esta que pode ser tácita, como quando continua a prestação de serviços depois de expirado o prazo), o contrato continuará a vigorar, como se o aviso prévio não tivesse sido dado (parágrafo único do art. 489 da CLT). Entende-se, por isso, que a referida previsão apenas tem aplicabilidade no aviso prévio trabalhado, mas não na forma indenizada, pois nesta o contrato cessa de imediato.

Capítulo **15**

ESTABILIDADE

15.1 INTRODUÇÃO

A estabilidade é uma importante medida na concretização do princípio da continuidade da relação de emprego. O direito do empregador de dispensar o trabalhador passa a sofrer efetiva restrição com a estabilidade, representando o direito de permanecer no emprego.

No plano histórico, cabe destacar o Decreto 4.682, de 24 de janeiro de 1923, a chamada Lei Eloy Chaves, por ter sido a primeira norma a tratar efetivamente da estabilidade, no entanto, de forma específica aos ferroviários[1].

15.2 DENOMINAÇÃO

O nome do instituto, já consagrado na doutrina e na jurisprudência, é *estabilidade*, oferecendo a ideia de permanência, no caso, do trabalhador em seu emprego.

No entanto, também existem as *estabilidades provisórias*, que se referem ao direito de permanência no emprego, salvo hipóteses como falta grave praticada pelo empregado ou extinção da empresa, mas apenas durante certo período de tempo.

As estabilidades provisórias são também chamadas de *garantias de emprego*. No entanto, quanto a esta última expressão, tecnicamente, seria mais correto dizer *garantia no emprego*, no sentido de permanecer no emprego durante certo período, salvo prática de justa causa ou extinção da empresa.

A estabilidade definitiva também é chamada *estabilidade absoluta*; a estabilidade provisória, por sua vez, pode ser indicada como *estabilidade relativa*[2].

Há quem faça, no entanto, a seguinte diferenciação: a estabilidade é aplicável quando a dispensa do empregado depende do prévio reconhecimento, em juízo, da prática de falta grave; na garantia de emprego, o empregador poder dispensar o empregado por justa causa independentemente do seu prévio reconhecimento judicial e somente se o trabalhador, não concordando com a dispensa, ajuizar ação, é que o empregador, posteriormente, terá o ônus de provar a justa causa.

Nesse conceito, a *estabilidade relativa* seria aquela que permite a sua conversão em pecúnia ou indenização, como ocorre no caso do dirigente sindical. Na *estabilidade absoluta*, o direito é, efetivamente, à manutenção do emprego.

---

1. Cf. MARTINS, Sergio Pinto. *Direito do trabalho*. 28. ed. São Paulo: Atlas, 2012. p. 427.
2. Cf. MARTINS, Sergio Pinto. *Direito do trabalho*. 28. ed. São Paulo: Atlas, 2012. p. 431-432.

A expressão garantia de emprego poderia ser entendida, ainda, como um conjunto de políticas de defesa do emprego, não se restringindo à manutenção das relações de trabalho, mas estendendo-se, por exemplo, às medidas de sua proteção e incentivo, como no sentido de se obter o primeiro emprego.

15.3 CONCEITO

Pode-se conceituar a genuína estabilidade como o direito do empregado de permanecer no emprego, restringindo o direito do empregador de dispensá-lo sem justa causa ou de forma arbitrária, só se autorizando a cessação contratual em caso de falta grave, força maior, força maior que determine a extinção da empresa, ou cessação das atividades da empresa.

Em termos mais genéricos, a estabilidade pode ser definida como o direito do empregado de continuar no emprego, ainda que contra a vontade do empregador. Trata-se de um direito ao emprego, de não ser dispensado, salvo nos casos excepcionalmente previstos em lei.

Parte da doutrina diferencia estabilidade, mesmo provisória, de garantia de emprego.

Na estabilidade (definitiva ou provisória), o vínculo de emprego só pode cessar por falta grave do empregado ou extinção da atividade da empresa, ficando vedada a dispensa sem justa causa ou arbitrária.

Já na garantia de emprego, o contrato de trabalho pode terminar por dispensa justificada (ou seja, dispensa não arbitrária), o que pode ocorrer por motivo econômico, financeiro, técnico ou disciplinar[3].

15.4 FONTES FORMAIS DO DIREITO DE ESTABILIDADE

A estabilidade, entendido o termo de modo genérico, pode ser objeto de previsão na Constituição Federal, na lei, em normas coletivas (como acordo coletivo e convenção coletiva), em regulamento de empresa e mesmo no contrato individual de trabalho.

Há discussão se a sentença normativa, decorrente do poder normativo da Justiça do Trabalho, também pode estabelecer hipóteses de estabilidade. Defende-se o entendimento de que isso é possível, desde que se trate de tema não regulado por lei, ou seja, quando se verifica o "vazio" legislativo, como ocorre na estabilidade provisória que antecede a aposentadoria.

Nesse sentido, o Precedente Normativo 85 do TST assim dispõe: "Garantia de emprego. Aposentadoria voluntária (positivo). Defere-se a garantia de emprego, durante os 12 meses que antecedem a data em que o empregado adquire direito à aposentadoria voluntária, desde que trabalhe na empresa há pelo menos 5 anos. Adquirido o direito, extingue-se a garantia".

15.5 ESTABILIDADE POR TEMPO DE SERVIÇO

A estabilidade por tempo de serviço era prevista no art. 492 da CLT, no sentido de que:

> "Art. 492. O empregado que contar mais de 10 (dez) anos de serviço na mesma empresa não poderá ser despedido senão por motivo de falta grave ou circunstância de força maior, devidamente comprovadas.
>
> Parágrafo único. Considera-se como de serviço todo o tempo em que o empregado esteja à disposição do empregador".

---

3. Cf. MARTINS, Sergio Pinto. *Direito do trabalho*. 28. ed. São Paulo: Atlas, 2012. p. 429-430.

Computam-se na contagem de tempo de serviço, para efeito de indenização e de estabilidade, os períodos em que o empregado estiver afastado do trabalho prestando serviço militar e por motivo de acidente do trabalho (art. 4.º, § 1.º, da CLT).

A referida estabilidade, também conhecida como decenal, não tem como ser adquirida depois da entrada em vigor da Constituição Federal de 1988. A partir da nova ordem constitucional, a indenização por tempo de serviço foi substituída, de forma completa, pelo sistema do Fundo de Garantia do Tempo de Serviço.

Antes de 5 de outubro de 1988, os trabalhadores rurais e, no âmbito urbano, apenas os empregados que não tivessem optado pelo sistema do FGTS (então regulado pela Lei 5.107/1966) eram regidos pela indenização por tempo de serviço, regulada nos arts. 477 e 478 da CLT, podendo adquirir a respectiva estabilidade após 10 anos de serviço, na forma do art. 492 da CLT.

Com a Constituição da República de 1988, apenas os empregados (rurais e urbanos) que tenham adquirido a estabilidade por tempo de serviço até a sua promulgação (05.10.1988), é que possuem o referido direito adquirido.

Nesse sentido, a Lei 8.036/1990, art. 14, *caput*, assegura que: "Fica ressalvado o direito adquirido dos trabalhadores que, à data da promulgação da Constituição Federal de 1988, já tinham o direito à estabilidade no emprego nos termos do Capítulo V do Título IV da CLT"[4].

Cabe destacar, ainda, a Súmula 98, inciso II, do TST, estabelecendo que: "A estabilidade contratual ou a derivada de regulamento de empresa são compatíveis com o regime do FGTS. Diversamente ocorre com a estabilidade legal (decenal, art. 492 da CLT), que é renunciada com a opção pelo FGTS".

O empregado estável decenal acusado de falta grave poderá ser suspenso de suas funções, mas a sua despedida só se tornará efetiva após o inquérito judicial em que se verifique a procedência da acusação (art. 494 da CLT). A referida suspensão perdurará até a decisão final do processo.

Reconhecida a inexistência de falta grave praticada pelo estável decenal, fica o empregador obrigado a reintegrá-lo no serviço e a pagar-lhe os salários a que teria direito no período da suspensão (art. 495 da CLT).

No entanto, de acordo com o art. 496 da CLT: "Quando a reintegração do empregado estável for desaconselhável, dado o grau de incompatibilidade resultante do dissídio, especialmente quando for o empregador pessoa física, o tribunal do trabalho poderá converter aquela obrigação em indenização devida nos termos do artigo seguinte".

Extinguindo-se a empresa, sem a ocorrência de motivo de força maior, o art. 497 da CLT garante ao referido empregado estável despedido a indenização por rescisão do contrato por prazo indeterminado, paga em dobro.

Do mesmo modo, em caso de fechamento do estabelecimento, filial ou agência, ou supressão necessária de atividade, sem ocorrência de motivo de força maior, é asse-

4. Cf. ainda a Orientação Jurisprudencial Transitória 42 da SBDI-I do TST: "Petrobras. Pensão por morte do empregado assegurada no manual de pessoal. Estabilidade decenal. Opção pelo regime do FGTS. I – Tendo o empregado adquirido a estabilidade decenal, antes de optar pelo regime do FGTS, não há como negar-se o direito à pensão, eis que preenchido o requisito exigido pelo Manual de Pessoal. II – O benefício previsto no manual de pessoal da Petrobras, referente ao pagamento de pensão e auxílio-funeral aos dependentes do empregado que vier a falecer no curso do contrato de trabalho, não se estende à hipótese em que sobrevém o óbito do trabalhador quando já extinto o contrato de trabalho".

gurado aos empregados estáveis, que ali exerçam suas funções, direito à indenização, na forma do art. 497, ou seja, indenização por tempo de serviço em dobro (art. 498 da CLT).

O art. 499 da CLT fazia a seguinte restrição quanto aos empregados que exerciam funções de confiança:

> "Art. 499. Não haverá estabilidade no exercício dos cargos de diretoria, gerência ou outros de confiança imediata do empregador, ressalvado o cômputo do tempo de serviço para todos os efeitos legais.
>
> § 1.º Ao empregado garantido pela estabilidade que deixar de exercer cargo de confiança, é assegurada, salvo no caso de falta grave, a reversão ao cargo efetivo que haja anteriormente ocupado.
>
> § 2.º Ao empregado despedido sem justa causa, que só tenha exercido cargo de confiança e que contar mais de 10 (dez) anos de serviço na mesma empresa, é garantida a indenização proporcional ao tempo de serviço nos termos dos arts. 477 e 478".

O empregado que exercia função de confiança não adquiria a estabilidade por tempo de serviço, pois o legislador entendia não ser compatível o direito do empregado de permanecer no emprego com a função de confiança especial, exercida na empresa. A dispensa sem justa causa do referido empregado que só exerceu cargo de confiança, mesmo que com mais de 10 anos de serviço, era autorizada, assegurando apenas o direito de indenização de forma simples. No entanto, se o empregado iniciou a sua carreira em cargo normal e depois passou a exercer cargo de confiança, teria direito à referida estabilidade decenal, sendo assegurado o retorno ao cargo efetivo anteriormente ocupado (art. 499, § 1.º), uma vez que o art. 499, *caput*, *in fine*, da CLT, determina o cômputo de todo o período.

O empregado doméstico também não tinha e não tem direito à indenização nem à estabilidade por tempo de serviço.

Os empregados em consultórios ou escritórios de profissionais liberais não tinham direito à estabilidade por tempo de serviço, nos termos do art. 507 da CLT. A justificativa seria no sentido de que tais relações de emprego caracterizam-se por um vínculo dotado de maior intimidade perante o empregador, inviabilizando a possibilidade de efetiva estabilidade, ou seja, de manutenção do contrato de trabalho mesmo contra a vontade do empregador.

O § 3.º do art. 499 da CLT previa a dispensa com o objetivo de obstar a aquisição do direito de estabilidade, com a seguinte redação: "A despedida que se verificar com o fim de obstar ao empregado a aquisição de estabilidade sujeitará o empregador a pagamento em dobro da indenização prescrita nos arts. 477 e 478".

Nesse tema, o antigo Enunciado 26 do TST pontificava que: "Presume-se obstativa à estabilidade a despedida, sem justo motivo, do empregado que alcançar nove anos de serviço na empresa". Como a mencionada estabilidade por tempo de serviço (decenal) não vigora mais, o referido verbete foi cancelado pela Resolução 121/2003.

Além disso, como a estabilidade decenal era adquirida somente após 10 anos de tempo de serviço, a Súmula 20 do TST (atualmente cancelada pela Resolução 106/2001, por não mais vigorar esse antigo sistema de indenização e estabilidade por tempo de serviço) apresentava a seguinte presunção: "Resilição contratual (cancelamento mantido – Res. 121/2003). Não obstante o pagamento da indenização de antiguidade, presume-se em fraude à lei a resilição contratual, se o empregado permaneceu prestando serviço ou tiver sido, em curto prazo, readmitido".

Por fim, de acordo com o art. 500 da CLT: "O pedido de demissão do empregado estável só será válido quando feito com a assistência do respectivo Sindicato e, se não o houver, perante autoridade local competente do Ministério do Trabalho e Previdência Social ou da Justiça do Trabalho".

Embora essa previsão, referente apenas ao pedido de demissão, seja direcionada aos empregados titulares da estabilidade decenal, objetivando evitar vício na manifestação de vontade do trabalhador, é razoável e correto entender-se que também deve incidir, ainda que por interpretação evolutiva e extensiva, às demais modalidades de estabilidade e garantia de emprego presentes na atualidade.

15.6 GARANTIAS DE EMPREGO

A verdadeira estabilidade era a decenal, por tempo de serviço, assegurando efetivamente a manutenção do emprego.

Na atualidade, o que se verifica são estabilidades provisórias. No entanto, parte da doutrina assevera que a expressão mais correta seria *garantia de emprego* (ou garantia no emprego), pois, tratando-se de estabilidade, a rigor, esta teria de ser definitiva. Mesmo assim, é corrente utilizar tanto as expressões estabilidade provisória como garantia de emprego.

Tratando-se de estabilidade *provisória*, se já estiver exaurido o período respectivo, a reintegração não é assegurada, sendo devidos os salários e as demais vantagens relativas ao período correspondente à data da despedida até o final do período de estabilidade[5]. Ademais, conforme a Orientação Jurisprudencial 399 da SBDI-I do TST: "Estabilidade provisória. Ação trabalhista ajuizada após o término do período de garantia no emprego. Abuso do exercício do direito de ação. Não configuração. Indenização devida. O ajuizamento de ação trabalhista após decorrido o período de garantia de emprego não configura abuso do exercício do direito de ação, pois este está submetido apenas ao prazo prescricional inscrito no art. 7.º, XXIX, da CF/1988, sendo devida a indenização desde a dispensa até a data do término do período estabilitário".

Mesmo havendo pedido específico de reintegração, a concessão destas parcelas pecuniárias não é considerada decisão *extra petita*[6], pois o juiz conhece o direito, devendo, no caso em específico, tornar o *petitum* compatível com a norma jurídica.

15.6.1 Dirigente sindical

De acordo com o art. 8.º, inciso VIII, da Constituição Federal de 1988:

> "é vedada a dispensa do empregado sindicalizado a partir do registro da candidatura a cargo de direção ou representação sindical e, se eleito, ainda que suplente, até um ano após o final do mandato, salvo se cometer falta grave nos termos da lei".

---

5. Súmula 396 do TST (ex-Orientação Jurisprudencial 116 da SBDI-I) e Orientação Jurisprudencial 24 da SBDI-II do TST. Embora a Súmula 396, no inciso I, mencione apenas os "salários", a interpretação, aqui, deve ser extensiva, de forma a abranger não só a remuneração, mas também os demais consectários devidos no período de estabilidade, sob pena de não se neutralizar totalmente os efeitos da dispensa ilegal, nem os prejuízos, sofridos pelo empregado, decorrentes deste ato patronal. Tanto é assim que essa Orientação Jurisprudencial 24 da SBDI-II expressamente estabelece a "condenação quanto aos salários *e consectários* até o termo final da estabilidade" (destaquei). No mesmo sentido, cf. a Súmula 244, inciso II, do TST.

6. Súmula 396, inciso II, do TST.

A referida estabilidade provisória, de titularidade do empregado dirigente ou representante sindical, já era prevista no art. 543, § 3.º, da CLT, com a seguinte redação:

> "Fica vedada a dispensa do empregado sindicalizado ou associado, a partir do momento do registro de sua candidatura a cargo de direção ou representação de entidade sindical ou de associação profissional, até 1 (um) ano após o final do seu mandato, caso seja eleito, inclusive como suplente, salvo se cometer falta grave devidamente apurada nos termos desta Consolidação".

Como prevê a Súmula 379 do TST: "Dirigente sindical. Despedida. Falta grave. Inquérito judicial. Necessidade. O dirigente sindical somente poderá ser dispensado por falta grave mediante a apuração em inquérito judicial, inteligência dos arts. 494 e 543, § 3.º, da CLT". A mesma conclusão já constava da Súmula 197 do STF.

O entendimento que se consolidou na jurisprudência, bem como na doutrina majoritária, é no sentido de que a estabilidade do empregado associado, que for eleito a cargo de direção ou representação de associação profissional, não foi recepcionada pela Constituição Federal de 1988. Tanto é assim que o antigo Enunciado 222 do TST, prevendo a referida estabilidade provisória[7], foi cancelado pela Resolução 84/1998.

A estabilidade do dirigente sindical tem início com a candidatura ao cargo de direção e representação sindical, findando-se até um ano após o final do seu mandato, caso seja eleito inclusive como suplente. Por isso, é considerada uma estabilidade provisória.

De acordo com o art. 515, *b*, da CLT, o mandato da diretoria tem duração de três anos. Da mesma forma, o art. 538, §§ 1.º e 4.º, da CLT estabelece que os membros da administração das federações e confederações são eleitos para mandato de três anos.

Os empregados titulares da referida estabilidade são os membros da administração do ente sindical, conforme o art. 522 da CLT.

Consoante o entendimento do TST (Súmula 369, inciso II)[8] e também do STF, esse dispositivo da CLT foi recepcionado pela Constituição Federal de 1988, estando em vigência, pois não se refere a qualquer intervenção estatal no ente sindical, mas sim à disposição da Lei (e não do Poder Executivo), regulando o tema[9].

O entendimento majoritário na jurisprudência, em especial do TST, é no sentido de que **o membro do Conselho Fiscal não faz jus à mencionada estabilidade**, por não exercer funções de representação do ente sindical, mas apenas de fiscalização financeira do sindicato (art. 522, § 2.º, da CLT).

No entanto, embora o entendimento não seja o que tem prevalecido, seria possível defender que o membro do Conselho Fiscal, em tese, também se encontra incluído no direito à estabilidade sindical e, no caso, na previsão aqui comentada. Os arts. 8.º, inciso VIII, da Constituição Federal de 1988 e 543, § 3.º, da CLT fazem menção à estabilidade

---

7. "Dirigentes de associações profissionais. Estabilidade provisória (cancelamento mantido – Res. 121/2003). Os dirigentes de associações profissionais, legalmente registradas, gozam de estabilidade provisória no emprego".

8. "O art. 522 da CLT foi recepcionado pela Constituição Federal de 1988. Fica limitada, assim, a estabilidade a que alude o art. 543, § 3.º, da CLT a sete dirigentes sindicais e igual número de suplentes" (redação decorrente da Resolução 174/2011).

9. Cf. a seguinte ementa (*Revista LTr*, São Paulo, LTr, ano 63, n. 09, p. 1.207, set. 2000): "Constitucional. Trabalho. Sindicato. Dirigentes. CLT, art. 522. Recepção pela CF/1988, art. 8.º, I. O art. 522, CLT, que estabelece número de dirigentes sindicais, foi recebido pela CF/1988, art. 8.º, I. RE conhecido e provido" (STF, RE 193.345-3 (SC), Ac. 2.ª T., j. 13.04.1999, Rel. Min. Carlos Velloso).

conferida ao empregado eleito para ocupar "cargo de direção ou representação de entidade sindical". Segundo expressamente estabelece o § 4.º do art. 543 da CLT, "considera-se cargo de direção ou de representação sindical aquele cujo exercício ou indicação decorre de eleição prevista em lei". O membro do Conselho Fiscal é eleito, conforme eleição prevista em lei, ou seja, nos termos dos arts. 522, *caput*, e 531, *caput*, da CLT.

Entretanto, de acordo com a Orientação Jurisprudencial 365 da SBDI-I do TST:

> "Estabilidade provisória. Membro de conselho fiscal de sindicato. Inexistência. Membro de conselho fiscal de sindicato não tem direito à estabilidade prevista nos arts. 543, § 3.º, da CLT e 8.º, VIII, da CF/1988, porquanto não representa ou atua na defesa de direitos da categoria respectiva, tendo sua competência limitada à fiscalização da gestão financeira do sindicato (art. 522, § 2.º, da CLT)" (*DJ* 20.05.2008).

Além disso, a estabilidade provisória em questão engloba os representantes e dirigentes dos entes sindicais, não se restringindo, apenas, ao sindicato em sentido estrito (art. 511 da CLT), mas alcançando, também, as entidades sindicais de grau superior, ou seja, as federações (art. 534 da CLT) e as confederações (art. 535 da CLT), as quais compõem o sistema sindical brasileiro, que é confederativo, conforme se observa do art. 8.º, inciso IV, da Constituição Federal de 1988.

Já as **centrais sindicais**, no sistema jurídico em vigor no Brasil, embora sejam órgãos de cúpula, intercategoriais, de âmbito nacional, com funções de coordenação, ainda não integram o sistema sindical, de natureza confederativa. Ainda que a legislação contenha previsão da sua existência (Lei 8.036/1990, art. 3.º, § 3.º; Lei 7.998/1990, art. 18, § 3.º), no direito positivo brasileiro, atualmente em vigor, as centrais (ainda) não apresentam natureza sindical, tratando-se de associações civis.

A Lei 11.648, de 31 de março de 2008 (publicada no *DOU* de 31.03.2008, edição extra, com entrada em vigor na data de sua publicação, conforme o art. 8.º), passou a dispor sobre o reconhecimento formal das centrais sindicais para os fins que especifica. A mencionada Lei não determinou, ao menos expressamente, ser a central sindical, em termos rigorosamente jurídicos, também um ente dotado de personalidade jurídica sindical; ou seja, não há indicação de que a central sindical passou a ser integrante do sistema sindical brasileiro. O fato de ser composta por organizações sindicais (de trabalhadores) não é sinônimo de ser a central, em si, também um ente sindical. Tanto é assim que a Constituição Federal de 1988 continua prevendo que o sistema sindical brasileiro é confederativo (art. 8.º, inciso IV, da CF/1988), ou seja, composto de sindicatos, federações e confederações, além de ser fundado na representação de categorias (art. 8.º, incisos II e III, da CF/1988). Já as centrais sindicais, além de não se inserirem no sistema confederativo, são intercategoriais (ou seja, supracategoriais).

Por isso, entende-se que os representantes de centrais sindicais ainda não estão incluídos na estabilidade provisória em estudo, salvo se houver norma mais benéfica, originada de fonte formal distinta, aplicável ao caso.

Outra discussão refere-se à questão de se saber se o empregado eleito dirigente sindical, mas de ente sindical da *categoria econômica*, também é abrangido pela estabilidade provisória em questão. O entendimento majoritário na doutrina é no sentido de se negar o referido direito, tendo em vista a interpretação teleológica das disposições sobre a matéria, ou seja, de se garantir a livre atuação do dirigente sindical, em defesa dos interesses da categoria profissional, impedindo perseguições e represálias por parte do empregador, que pudessem configurar atos antissindicais.

No entanto, o Supremo Tribunal Federal possui precedente no qual a referida questão foi discutida, tendo-se entendido que como a norma jurídica não faz restrição, o empregado eleito dirigente sindical, mesmo tratando-se de ente sindical patronal, faz jus à estabilidade provisória prevista no art. 8.º, inciso VIII, da Constituição Federal de 1988 (STF, RE 217.355-5/MG, Ac. 2.ª T., j. 29.08.2000, Rel. Min. Maurício Correia).

A estabilidade em estudo não alcança os delegados sindicais (art. 523 da CLT), pois não se inserem na administração do ente sindical. Nesse sentido, de acordo com a Orientação Jurisprudencial 369 da SBDI-I do TST:

> "Estabilidade provisória. Delegado sindical. Inaplicável. O delegado sindical não é beneficiário da estabilidade provisória prevista no art. 8.º, VIII, da CF/1988, a qual é dirigida, exclusivamente, àqueles que exerçam ou ocupem cargos de direção nos sindicatos, submetidos a processo eletivo".

Também não fazem jus à referida estabilidade os dirigentes de entidades fiscalizadoras do exercício de profissão liberal, pois não se confundem com os entes sindicais.

Além disso, o empregado, para ter direito à estabilidade em destaque, deve ser eleito dirigente ou representante sindical especificamente do ente sindical que represente a sua categoria profissional, com contrato de trabalho no respectivo local de representação abrangido pelo sindicato.

Ainda sobre a estabilidade aqui comentada, cabe destacar a Súmula 369 do TST:

> "Dirigente sindical. Estabilidade provisória. I – É assegurada a estabilidade provisória ao empregado dirigente sindical, ainda que a comunicação do registro da candidatura ou da eleição e da posse seja realizada fora do prazo previsto no art. 543, § 5.º, da CLT, desde que a ciência ao empregador, por qualquer meio, ocorra na vigência do contrato de trabalho. II – O art. 522 da CLT foi recepcionado pela Constituição Federal de 1988. Fica limitada, assim, a estabilidade a que alude o art. 543, § 3.º, da CLT a sete dirigentes sindicais e igual número de suplentes. III – O empregado de categoria diferenciada eleito dirigente sindical só goza de estabilidade se exercer na empresa atividade pertinente à categoria profissional do sindicato para o qual foi eleito dirigente. (ex-OJ n.º 145 da SBDI-1 – inserida em 27.11.1998) IV – Havendo extinção da atividade empresarial no âmbito da base territorial do sindicato, não há razão para subsistir a estabilidade. (ex-OJ n.º 86 da SBDI-1 – inserida em 28.04.1997) V – O registro da candidatura do empregado a cargo de dirigente sindical durante o período de aviso prévio, ainda que indenizado, não lhe assegura a estabilidade, visto que inaplicável a regra do § 3.º do art. 543 da Consolidação das Leis do Trabalho. (ex-OJ n.º 35 da SBDI-1 – inserida em 14.03.1994)".

A estabilidade provisória, como essa do dirigente sindical, não prevalece na cessação do contrato por tempo certo, pois ausente dispensa arbitrária ou sem justa causa, havendo mera extinção contratual em razão do advento do termo.

Cabe destacar, ainda, o entendimento majoritário da jurisprudência de que existe o direito à estabilidade do dirigente sindical de ente ainda não registrado como tal no Ministério do Trabalho, pelo menos desde o pedido de registro naquele órgão, ou mesmo (de acordo com alguns julgados) a partir do início do processo de constituição do sindicato. Reconhece-se que a mencionada estabilidade do dirigente sindical tem como principal objetivo proteger os interesses da categoria representada, resguardando-a de eventuais interferências do empregador, o que já se impõe no processo de criação da entidade, justamente porque, nessa fase inicial, os trabalhadores em processo de organização encontram-se ainda mais vulneráveis perante o empregador. Nesse sentido podem ser destacadas as seguintes decisões:

"Estabilidade sindical provisória (CF, art. 8.º, VII); reconhecimento da garantia aos diretores eleitos, na assembleia constitutiva da entidade sindical, desde, pelo menos, a data do pedido de registro no Ministério do Trabalho, o que não contraria a exigência deste, constante do art. 8.º, I, da Constituição. 1. A constituição de um sindicato 'posto culmine no registro no Ministério do Trabalho (STF, MI 144, 03.08.1992, Pertence, *RTJ* 147/868)' a ele não se resume: não é um ato, mas um processo. 2. Da exigência do registro para o aperfeiçoamento da constituição do sindicato, não cabe inferir que só a partir dele estejam os seus dirigentes ao abrigo da estabilidade sindical: é 'interpretação pedestre', que esvazia de eficácia aquela garantia constitucional, no momento talvez em que ela se apresenta mais necessária, o da fundação da entidade de classe" (STF, Pleno, RE 205.107-1, Rel. Min. Sepúlveda Pertence, *DJ* 25.09.1998).

"Recurso de revista. Registro. Inexistente. Ministério do Trabalho. Entidade sindical. Estabilidade provisória. Dirigente. Consoante entendimento do STF e do TST é cabível a estabilidade sindical de reclamante que se elegeu dirigente em entidade sindical, ainda que esta não tenha efetivado o registro no Cadastro Nacional de Entidades Sindicais no Ministério do Trabalho, quando se verifica nos autos que o Sindicato efetivou o seu registro no Cartório de Registros Especiais. É o quanto basta para a entidade sindical demonstrar a aquisição de personalidade jurídica plena e de constituição válida, para os fins de assegurar aos seus dirigentes as prerrogativas insculpidas na Carta Magna e na CLT, no que concerne à estabilidade provisória decorrente da eleição para dirigente sindical. Recurso de revista conhecido e não provido" (TST, 8.ª T., RR 779781/2001.7, Rel.ª Min. Dora Maria da Costa, *DJ* 29.02.2008).

15.6.2 Representante da CIPA

A Comissão Interna de Prevenção de Acidentes e de Assédio (CIPA) integra os órgãos de Segurança e Medicina do Trabalho nas empresas.

É obrigatória a constituição de Comissão Interna de Prevenção de Acidentes e de Assédio (CIPA), em conformidade com instruções expedidas pelo Ministério do Trabalho e Previdência, nos estabelecimentos ou nos locais de obra nelas especificadas (art. 163 da CLT, com redação dada pela Lei 14.457/2022). O tema é regulado pela Norma Regulamentadora 5, do Ministério do Trabalho.

Cada CIPA deve ser composta de representantes da empresa e dos empregados, de acordo com os critérios que vierem a ser adotados na regulamentação de que trata o parágrafo único do art. 163 (art. 164, *caput*, da CLT).

Os representantes dos empregadores, titulares e suplentes, devem ser por eles designados (§ 1.º do art. 164).

Já os representantes dos empregados, titulares e suplentes, devem ser eleitos em escrutínio secreto, do qual participem, independentemente de filiação sindical, exclusivamente os empregados interessados (§ 2.º do art. 164).

O mandato dos membros eleitos da CIPA terá a duração de um ano, permitida uma reeleição (§ 3.º). Essa limitação a apenas uma reeleição "não se aplicará ao membro suplente que, durante o seu mandato, tenha participado de menos da metade do número de reuniões da CIPA" (§ 4.º).

O empregador designará, anualmente, entre os seus representantes, o Presidente da CIPA, e os empregados elegerão, entre eles, o Vice-Presidente (§ 5.º do art. 164).

A garantia de emprego do membro da CIPA era prevista, anteriormente, no art. 165 da CLT, com a seguinte redação:

> "Art. 165. Os titulares da representação dos empregados nas CIPAs não poderão sofrer despedida arbitrária, entendendo-se como tal a que não se fundar em motivo disciplinar, técnico, econômico ou financeiro.
>
> Parágrafo único. Ocorrendo a despedida, caberá ao empregador, em caso de reclamação à Justiça do Trabalho, comprovar a existência de qualquer dos motivos mencionados neste artigo, sob pena de ser condenado a reintegrar o empregado".

O parágrafo único do art. 165 da CLT confirma a desnecessidade do ajuizamento de inquérito para apuração de falta grave no caso da garantia de emprego em estudo; havendo a discordância do empregado quanto à dispensa, caberá a este ajuizar a respectiva ação, pleiteando reintegração ou indenização referente ao período de estabilidade provisória, hipótese em que caberá ao empregador o ônus de provar a existência dos motivos para a dispensa.

Reitere-se, ainda, que a dispensa do membro da CIPA é autorizada não apenas na hipótese de prática de justa causa, mas também por motivo técnico, econômico ou financeiro.

Importante modificação sobre o tema foi inserida pelo art. 10, inciso II, *a*, do Ato das Disposições Constitucionais Transitórias, com a seguinte redação:

> "Art. 10. Até que seja promulgada a lei complementar a que se refere o art. 7.º, I, da Constituição:
>
> [...]
>
> II – fica vedada a dispensa arbitrária ou sem justa causa:
>
> a) do empregado eleito para cargo de direção de comissões internas de prevenção de acidentes, desde o registro de sua candidatura até um ano após o final de seu mandato".

Como o dispositivo acima não distingue entre membro titular e suplente, o entendimento já pacificado pela jurisprudência, tanto do TST (Súmula 339, inciso I) como do STF (Súmula 676), é no sentido de que: "A garantia da estabilidade provisória prevista no art. 10, II, *a*, do ADCT, também se aplica ao suplente do cargo de direção de comissões internas de prevenção de acidentes (CIPA)"[10].

Trata-se, portanto, de inovação, pois, conforme a Súmula 339, inciso I, do TST, na redação determinada pela Resolução 129/2005 do TST:

> "CIPA. Suplente. Garantia de emprego. CF/1988. (incorporadas as Orientações Jurisprudenciais 25 e 329 da SBDI-1) – Res. 129/2005 – *DJ* 20.04.2005. I – O suplente da CIPA goza da garantia de emprego prevista no art. 10, II, *a*, do ADCT, a partir da promulgação da Constituição Federal de 1988. (ex-Súmula 339 – Res. 39/1994, *DJ* 20.12.1994 e ex-OJ 25 – Inserida em 29.03.1996)".

Além disso, a referida estabilidade provisória apenas abrange os empregados *eleitos* para os cargos de direção na CIPA, o que alcança os membros representantes

10. Cf. ainda a Orientação Jurisprudencial 6 da SBDI-II do TST: "Ação rescisória. Cipeiro suplente. Estabilidade. ADCT da CF/1988, art. 10, II, *a*. Súmula 83 do TST. Rescinde-se o julgado que nega estabilidade a membro suplente de CIPA, representante de empregado, por ofensa ao art. 10, II, *a*, do ADCT da CF/1988, ainda que se cuide de decisão anterior à Súmula 339 do TST. Incidência da Súmula 83 do TST".

dos empregados (art. 164, § 2.º, da CLT), e não os representantes dos empregadores, titulares e suplentes, pois estes são por eles "designados" (art. 164, § 1.º, da CLT). Cf. ainda Capítulo 25, item 25.7.

De acordo com o inciso II da Súmula 339 do TST:

> "II – A estabilidade provisória do cipeiro não constitui vantagem pessoal, mas garantia para as atividades dos membros da CIPA, que somente tem razão de ser quando em atividade a empresa.
>
> Extinto o estabelecimento, não se verifica a despedida arbitrária, sendo impossível a reintegração e indevida a indenização do período estabilitário" (ex-OJ 329 – *DJ* 09.12.2003).

15.6.3 Empregada gestante e adotante

A empregada gestante, além do direito à respectiva licença de 120 dias (art. 7.º, inciso XVIII, da CF/1988), também faz jus à garantia de emprego prevista no art. 10, inciso II, *b*, do Ato das Disposições Constitucionais Transitórias:

> "Art. 10. Até que seja promulgada a lei complementar a que se refere o art. 7.º, I, da Constituição:
>
> [...]
>
> II – fica vedada a dispensa arbitrária ou sem justa causa:
>
> [...]
>
> b) da empregada gestante, desde a confirmação da gravidez até cinco meses após o parto".

A referida estabilidade é, portanto, provisória, de modo que, como esclarece a Súmula 244, inciso II, do TST: "A garantia de emprego à gestante só autoriza a reintegração se esta se der durante o período de estabilidade. Do contrário, a garantia restringe-se aos salários e demais direitos correspondentes ao período de estabilidade".

Conforme a jurisprudência do Tribunal Superior do Trabalho, como a referida proteção se destina não apenas à empregada gestante, mas também à criança, a recusa à proposta de reintegração ao emprego não constitui abuso de direito pela empregada gestante, e não retira o direito de receber a indenização substitutiva do período de estabilidade. Cf. TST, SBDI-I, E-ARR-10538-05.2017.5.03.0012, Rel. Min. Alexandre Luiz Ramos, *DEJT* 10.02.2023.

Conforme a Orientação Jurisprudencial 30 da SDC do TST: "Estabilidade da gestante. Renúncia ou transação de direitos constitucionais. Impossibilidade. Nos termos do art. 10, II, 'b', do ADCT, a proteção à maternidade foi erigida à hierarquia constitucional, pois retirou do âmbito do direito potestativo do empregador a possibilidade de despedir arbitrariamente a empregada em estado gravídico. Portanto, a teor do artigo 9.º, da CLT, torna-se nula de pleno direito a cláusula que estabelece a possibilidade de renúncia ou transação, pela gestante, das garantias referentes à manutenção do emprego e salário".

O art. 25, parágrafo único, da Lei Complementar 150/2015, que dispõe sobre o *contrato de trabalho doméstico*, prevê que a confirmação do estado de gravidez durante o curso do contrato de trabalho, ainda que durante o prazo do aviso prévio trabalhado ou indenizado, garante à empregada gestante a estabilidade provisória prevista no art. 10, inciso II, *b*, do Ato das Disposições Constitucionais Transitórias.

Com isso, nos termos do art. 7.º, parágrafo único, com redação dada pela Emenda Constitucional 72/2013, a empregada doméstica também tem direito à garantia de emprego prevista no art. 10, inciso II, *b*, do Ato das Disposições Constitucionais Transitórias, válido até a promulgação da lei complementar a que se refere o art. 7.º, inciso I, da Constituição Federal de 1988.

A Lei Complementar 146/2014 dispõe que o direito previsto no art. 10, inciso II, *b*, do Ato das Disposições Constitucionais Transitórias deve ser assegurado, nos casos em que ocorrer o falecimento da genitora, a quem detiver a guarda do seu filho.

Outro aspecto que chegou a gerar polêmica é a expressão "confirmação da gravidez", prevista no art. 10, inciso II, do ADCT. Na atualidade, é pacífico o entendimento quanto a *não ser válida* a ressalva prevista em norma coletiva, estabelecendo que a ausência do cumprimento da obrigação de comunicar à empregadora o estado gravídico, em determinado prazo após a rescisão, afastaria o direito à indenização decorrente da estabilidade. Nesse sentido, cabe transcrever a seguinte decisão do STF:

> "Estabilidade provisória de empregada gestante (ADCT, art. 10, II, *b*): inconstitucionalidade de cláusula de convenção coletiva do trabalho que impõe como requisito para o gozo do benefício a comunicação da gravidez ao empregador. 1. O art. 10 do ADCT foi editado para suprir a ausência temporária de regulamentação da matéria por lei. Se carecesse ele mesmo de complementação, só a lei a poderia dar: não a convenção coletiva, à falta de disposição constitucional que o admitisse. 2. Aos acordos e convenções coletivos de trabalho, assim como às sentenças normativas, não é lícito estabelecer limitações a direito constitucional dos trabalhadores, que nem à lei se permite" (STF, 1.ª T., RE 234.186-3, Rel. Min. Sepúlveda Pertence, j. 05.06.2001, *DJU* 31.08.2001).

Nessa linha, atualmente, a Súmula 244, inciso I, do TST, estabelece que:

> "O desconhecimento do estado gravídico pelo empregador não afasta o direito ao pagamento da indenização decorrente da estabilidade (art. 10, II, *b*, do ADCT)".

Portanto, a responsabilidade do empregador no caso, quanto a essa ciência do estado de gravidez, é objetiva.

Quanto à ausência de ciência pela própria empregada, quanto a seu estado gestacional, no momento da dispensa sem justa causa, a disposição constitucional menciona que o direito surge a partir da "confirmação" da gravidez, devendo ser interpretado de forma ampla e benéfica à gestante, por se tratar de norma de proteção, inclusive em conformidade com o princípio do *in dubio pro operario*. Desse modo, entende-se que a referida confirmação significa a existência da gravidez, ou seja, em termos médicos e científicos, o momento inicial da gestação.

Ainda a respeito do tema, o Supremo Tribunal Federal fixou a seguinte tese de repercussão geral: "A incidência da estabilidade prevista no art. 10, inc. II, do ADCT, somente exige a anterioridade da gravidez à dispensa sem justa causa" (STF, Pleno, RE 629.053/SP, Red. p/ ac. Min. Alexandre de Moraes, j. 10.10.2018).

De todo modo, se a empregada encontra-se gestante quando da dispensa sem justa causa, mas só vem a tomar ciência desse seu estado no curso do aviso prévio, trabalhado ou mesmo indenizado (pois este é tempo de serviço), a garantia de emprego deve ser reconhecida.

A situação acima não se confunde com a hipótese, bem diferente, relativa a estado gestacional que se iniciou no curso do próprio aviso prévio (indenizado ou trabalhado), caso em que, embora possa existir controvérsia, por já se ter ciência da data de terminação do contrato, anteriormente, entendia-se ausente a referida garantia de emprego, da mesma forma como prevê a Súmula 369, inciso V, quanto ao dirigente sindical. Na atualidade, o Tribunal Superior do Trabalho, por meio da SBDI-I, entendeu que mesmo no caso da concepção ocorrida no período do aviso prévio indenizado, há direito à estabilidade provisória da gestante:

> "Embargos em recurso de revista. Acórdão embargado publicado na vigência da Lei 11.496/2007. Gestante. Estabilidade provisória. Concepção no período correspondente ao aviso prévio indenizado. A Turma, superando o fundamento do e. Tribunal Regional, adotou o entendimento de que verificada a concepção no período do aviso prévio indenizado, tal fato impedia o deferimento do pleito de estabilidade por óbice da Súmula 371/TST. A respeito do aviso prévio, José Augusto Rodrigues Pinto, valendo-se dos ensinamentos de Orlando Gomes e Élson Gottschalk, entende que – (...) o aviso prévio é uma declaração receptícia de vontade (pois o destinatário não pode opor-se à aceitação de seus efeitos), de efeito *ex nunc*, correspondendo à ideia de que o pré-avisante pretende denunciar o contrato sem justa causa, como entende, com muita lucidez, Messias Donato – (*Tratado de Direito Material do Trabalho*, LTr, fl. 589). Para o mestre baiano, – Há uma tendência impulsiva e inadvertida para se considerar o aviso prévio um efeito da extinção do contrato individual de emprego. A ideia é, evidentemente, enganosa. O aviso prévio, consoante sua própria adjetivação, precede a extinção contratual (...). (*idem*, p. 581). Tendo o TRT admitido que a reclamante ficou grávida ainda na vigência do pacto laboral, inevitável o reconhecimento da estabilidade prevista no art. 10, II, *b*, ADCT. O entendimento aqui esposado não fere a diretriz da Súmula – TST-371 gerada por precedentes que não incluíam a situação da empregada gestante. Daí a lição da eminente Ministra Rosa Maria Weber, em acórdão da eg. 3.ª Turma: – Diante da estatura constitucional da garantia, a estabilidade da gestante guarda maior afinidade com o norte presente na segunda parte da Súmula 371/TST, que incorporou a diretriz da OJ 135 de seguinte teor: – Os efeitos da dispensa só se concretizam depois de expirado o benefício previdenciário, sendo irrelevante que tenha sido concedido no período do aviso prévio já que ainda vigorava o contrato de trabalho –. (...) Tem-se por incabível exegese restritiva de norma constitucional que garante, de forma ampla, às empregadas gestantes a manutenção do emprego e a respectiva licença, quando o bem tutelado, em última análise, é a própria vida do nascituro. Apesar de a gravidez não ser patologia, trabalhadora grávida ostenta a mesma fragilidade laboral que se evidencia nos empregados acometidos por doença, sendo mínimas as chances de obter novo emprego enquanto perdurar o estado gravídico e o período de amamentação inicial – que, não por acaso, coincide com o tempo da garantia de emprego. (...) Considerando a subsistência do contrato de trabalho no prazo do aviso prévio, a dignidade da pessoa humana, a função social da empresa, a proteção à maternidade e a regra insculpida no art. 10, II, *b*, do ADCT, razoável a interpretação regional no sentido do alcance da garantia de emprego à empregada que engravida no período do aviso prévio indenizado. (RR-221100-26.2007.5.04.0202. Data de publicação: 27.11.2009). Recurso de embargos conhecido e provido" (TST, SBDI-I, E-ED-RR 249100-26.2007.5.12.0004, Rel. Min. Horácio Raymundo de Senna Pires, *DEJT* 09.04.2010).

Confirmando essa tendência, a Lei 12.812, de 16 de maio de 2013, acrescentou à Consolidação das Leis do Trabalho o art. 391-A, o qual passa a prever que a "confirmação do estado de gravidez advindo no curso do contrato de trabalho, ainda que durante o prazo do aviso prévio trabalhado ou indenizado, garante à empregada gestante a estabilidade provisória prevista na alínea *b* do inciso II do art. 10 do Ato das Disposições Constitucionais Provisórias".

O disposto no art. 391-A da CLT aplica-se ao "empregado adotante ao qual tenha sido concedida guarda provisória para fins de adoção" (art. 391-A, parágrafo único, da CLT, incluído pela Lei 13.509/2017).

De acordo com a atual redação da Súmula 244, inciso III, do TST: "A empregada gestante tem direito à estabilidade provisória prevista no art. 10, inciso II, *b*, do Ato das Disposições Constitucionais Transitórias, mesmo na hipótese de admissão mediante contrato por tempo determinado"[11].

O STF também tem decidido no sentido de que se aplica a referida estabilidade provisória a todas as trabalhadoras, independentemente do regime e da forma de contratação. Nesse sentido, cabe fazer menção ao seguinte julgado:

> "Servidora pública gestante ocupante de cargo em comissão – Estabilidade provisória (ADCT/1988, art. 10, II, *b*) Convenção OIT 103/1952 – Incorporação formal ao ordenamento positivo brasileiro (Decreto 58.821/1966) – Proteção à maternidade e ao nascituro – Desnecessidade de prévia comunicação do estado de gravidez ao órgão público competente – Recurso de agravo improvido.
>
> – O acesso da servidora pública e da trabalhadora gestantes à estabilidade provisória, que se qualifica como inderrogável garantia social de índole constitucional, supõe a mera confirmação objetiva do estado fisiológico de gravidez, independentemente, quanto a este, de sua prévia comunicação ao órgão estatal competente ou, quando for o caso, ao empregador. Doutrina. Precedentes.
>
> – As gestantes – quer se trate de servidoras públicas, quer se cuide de trabalhadoras, qualquer que seja o regime jurídico a elas aplicável, não importando se de caráter administrativo ou de natureza contratual (CLT), mesmo aquelas ocupantes de cargo em comissão ou exercentes de função de confiança ou, ainda, as contratadas por prazo determinado, inclusive na hipótese prevista no inciso IX do art. 37 da Constituição, ou admitidas a título precário – têm direito público subjetivo à estabilidade provisória, desde a confirmação do estado fisiológico de gravidez até cinco (5) meses após o parto (ADCT, art. 10, II, *b*), e, também, à licença-maternidade de 120 dias (CF, art. 7.º, XVIII, c/c o art. 39, § 3.º), sendo-lhes preservada, em consequência, nesse período, a integridade do vínculo jurídico que as une à Administração Pública ou ao empregador, sem prejuízo da integral percepção do estipêndio funcional ou da remuneração laboral. Doutrina. Precedentes. Convenção OIT n.º 103/1952.
>
> – Se sobrevier, no entanto, em referido período, dispensa arbitrária ou sem justa causa de que resulte a extinção do vínculo jurídico-administrativo ou da relação contratual da gestante (servidora pública ou trabalhadora), assistir-lhe-á o direito a uma indenização correspondente aos valores que receberia até cinco (5) meses após o parto, caso inocorresse tal dispensa. Precedentes" (STF, 2.ª T., Ag.Reg.-RE 634.093/DF, Rel. Min. Celso de Mello, j. 22.11.2011).

O Supremo Tribunal Federal fixou a seguinte tese de repercussão geral (Tema 542): "A trabalhadora gestante tem direito ao gozo de licença-maternidade e à estabilidade provisória, independentemente do regime jurídico aplicável, se contratual ou administrativo, ainda que ocupe cargo em comissão ou seja contratada por tempo determinado" (STF, Pleno, RE 842.844/SC, Rel. Min. Luiz Fux, j. 05.10.2023).

---

11. Cabe destacar, ainda, a seguinte decisão do STF: "Agravo regimental no recurso extraordinário. Servidoras públicas e empregadas gestantes. Licença-maternidade. Estabilidade provisória. Art. 7.º, XVIII, da Constituição. Art. 10, II, 'b', do ADCT. O Supremo Tribunal Federal fixou entendimento no sentido de que as servidoras públicas e empregadas gestantes, inclusive as contratadas a título precário, independentemente do regime jurídico de trabalho, têm direito à licença-maternidade de cento e vinte dias e à estabilidade provisória desde a confirmação da gravidez até cinco meses após o parto, nos termos do art. 7.º, XVIII, da Constituição do Brasil e do art. 10, II, 'b', do Ato das Disposições Constitucionais Transitórias. Precedentes. Agravo regimental a que se nega provimento" (STF, 2.ª T., RE 600.057/SC-AgR, Rel. Min. Eros Grau, *DJe* de 23.10.2009).

É relevante saber se a empregada (ou o empregado) que adotar ou obtiver guarda judicial para fins de adoção é titular da estabilidade provisória em questão.

O art. 10, inciso II, *b*, do Ato das Disposições Constitucionais Transitórias é claro e expresso ao mencionar que a "empregada *gestante*" é quem faz jus à garantia de emprego, tendo início "desde a confirmação da *gravidez* até cinco meses após o *parto*" (destaquei). A empregada adotante (art. 392-A da CLT), como é óbvio, não é gestante, não ocorrendo gravidez nem parto. Portanto, *anteriormente*, seria possível concluir que não estava abrangida pela estabilidade em questão. Destaque-se que a Lei 10.421/2002 apenas estendeu a licença-maternidade e o salário-maternidade à mãe adotante, institutos distintos e autônomos da garantia de emprego. Entretanto, na jurisprudência, já existia entendimento no sentido de reconhecer o direito à referida estabilidade provisória em caso de adoção, como se observa no seguinte julgado:

> "I - Agravo de instrumento. Recurso de revista. Termo inicial da estabilidade provisória da mãe adotante. Direito social à fruição da licença-adotante indevidamente obstado. Provável violação do artigo 392-A, § 1.º, da CLT. Agravo de instrumento conhecido e provido. II - Recurso de revista. Termo inicial da estabilidade provisória da mãe adotante. Direito social à fruição da licença-adotante indevidamente obstado. 1. O art. 7.º, XVIII, do texto constitucional concede licença de cento e vinte dias à gestante, sem prejuízo do emprego e do salário. Para possibilitar o exercício do direito e proteger, antes e depois, a maternidade, o art. 10, II, 'b', do ADCT da Constituição Federal de 1988 veda a despedida arbitrária ou sem justa causa da empregada gestante, desde a confirmação da gravidez até cinco meses após o parto. 2. A Constituição utiliza o termo 'gestante', mas a licença de cento e vinte dias abrange, nos termos da parte final do art. 7.º, *caput*, da Constituição, o direito social destinado à melhoria das condições de trabalho das mães adotantes, previsto no art. 392-A da CLT, daí que a utilização da expressão licença-maternidade abrange a licença-gestante e a licença-adotante. 3. A licença-adotante é um direito social, porque tem por fim assegurar a proteção à maternidade (art. 6.º, da CF), visando a utilização de um tempo à estruturação familiar que permita a dedicação exclusiva aos interesses necessários ao desenvolvimento saudável da criança. Para a mãe adotante poder alcançar a licença-maternidade sem o risco de ser despedida, é preciso que ela também seja beneficiada pela estabilidade provisória prevista no art. 10, II, 'b', do ADCT da Constituição Federal de 1988. 4. A trabalhadora, mãe adotante, ajuizou o processo de adoção em 5.6.2008, mesma data em que recebeu a criança (nascida em 28.05.2008) sob seus cuidados, por autorização da mãe biológica e da Vara da Infância e Juventude. 5. Não tendo ocorrido disputa sobre a guarda, a carecer de decisão judicial que a definisse, tem-se que a estabilidade da trabalhadora, mãe adotante, restou assegurada a partir do momento em que expressou judicialmente o interesse em adotar a criança oferecida, daí computando-se o período de estabilidade, em que compreendida a licença-adotante. Ou seja, tem direito ao gozo de licença-adotante, com a estabilidade necessária ao exercício do direito até cinco meses após o recebimento da criança a ser adotada. O entendimento de que a autora só se tornaria estável após a conclusão do processo de adoção simplesmente inviabilizaria, como inviabilizou, o exercício do direito à fruição da licença-adotante no curso do contrato, contrariando os objetivos do art. 392-A, *caput* e § 4.º, da CLT. 6. Assim como as estabilidades do dirigente sindical e do cipeiro têm início a partir do registro da candidatura e não da eleição, a da mãe adotante tem início a partir do requerimento de adoção, e não da sentença transitada em julgado, ainda mais quando há registro de autorização da mãe biológica e da Vara da Infância e Juventude para o recebimento da criança, pela adotante, no mesmo dia em que ajuizada a ação (5.6.2008), e não depois da concretização da guarda provisória (12.6.2008). 7. A estabilidade da mãe adotante tem, evidentemente, marcos inicial e final distintos da mãe gestante. Enquanto a desta tem início a partir da confirmação da gravidez e se estende até cinco meses após o parto,

a daquela se situa no período de cinco meses após a concretização do interesse na adoção, em que inserido o período de licença-adotante, de cento e vinte dias. 8. Dessa forma, não merece prosperar a [...] dispensa da empregada sem justa causa ocorrida em 11.6.2008, mais precisamente durante o período que corresponderia aos direitos à estabilidade e à fruição da licença-adotante, ou seja, exatamente um dia antes da assinatura, em juízo, do termo de guarda e responsabilidade provisória do menor (que já se encontrava com a adotante desde 05.06.2008, por autorização judicial), ao fundamento de que não tinha conhecimento do processo de adoção ou da guarda provisória. Aplica-se aqui, em última análise, a mesma solução dada à gestante, pela jurisprudência trabalhista. Assim como a confirmação da gravidez é fato objetivo, a confirmação do interesse em adotar, quer por meio da conclusão do processo de adoção, quer por meio da guarda provisória em meio ao processo de adoção, quer por meio de requerimento judicial, condicionado à concretização da guarda provisória, é também fato objetivo, a ensejar a estabilidade durante o prazo de cinco meses após a guarda provisória e a fruição da licença correspondente, de cento e vinte dias. 9. Verifica-se, portanto, que a empresa obstou o gozo da licença-adotante, assegurado à empregada a partir do momento em que expressou interesse em adotar a criança oferecida, ou seja, do ajuizamento do processo de adoção. Recurso de revista conhecido, por violação do artigo 392-A da CLT, e provido" (TST, 3.ª T., RR 200600-19.2008.5.02.0085, Rel. Min. Alexandre de Souza Agra Belmonte, *DEJT* 07.08.2015).

Como é evidente, nada impede que essa garantia de emprego seja prevista em instrumento normativo decorrente de negociação coletiva (CF/1988, art. 7.º, inciso XXVI).

Na atualidade, conforme o art. 391-A, parágrafo único, da CLT, incluído pela Lei 13.509/2017, a estabilidade provisória prevista no art. 10, inciso II, alínea *b*, do Ato das Disposições Constitucionais Transitórias aplica-se ao *empregado adotante* ao qual tenha sido concedida guarda provisória para fins de adoção, ainda que durante o prazo do aviso prévio trabalhado ou indenizado.

Logo, se a guarda provisória para fins de adoção for concedida durante o prazo do aviso prévio trabalhado ou indenizado, o empregado e (ou) a empregada adotante terão direito à estabilidade provisória, no caso, até cinco meses após a adoção. A respeito do tema, cf. ainda Capítulo 14, item 14.9, parte final.

Cabe salientar, ainda, que a Lei Complementar 146, de 25 de junho de 2014, publicada no *DOU* de 26.06.2014, data em que entrou em vigor (art. 2.º), passou a estabelecer que o direito previsto no art. 10, inciso II, *b*, do Ato das Disposições Constitucionais Transitórias deve ser assegurado, nos casos em que ocorrer o falecimento da genitora, a quem detiver a guarda do seu filho.

Com isso, a garantia de permanência no emprego, prevista originalmente no referido art. 10, inciso II, *b*, foi ampliada, por meio de lei complementar (para atender à exigência prevista no art. 7.º, inciso I, da CF/1988), em favor de quem tiver a guarda do recém-nascido, na hipótese em que a genitora tiver falecido.

Trata-se de importante medida que busca concretizar a justiça social. Ocorrendo o falecimento da genitora, nada mais adequado do que aplicar a estabilidade provisória da gestante a quem passa a ter a guarda, em benefício não apenas de quem é seu titular, mas da criança, que necessita de cuidados especiais, e mesmo da sociedade como um todo, tendo em vista a relevância social da questão.

A guarda é de titularidade dos pais (art. 22 da Lei 8.069/1990). Por isso, ocorrendo o falecimento da mãe, automaticamente, a guarda passa a ser exercida, em regra, apenas pelo pai, situação que só pode ser modificada por meio de decisão judicial, nos casos que justifiquem a colocação em família substituta (art. 28 da Lei 8.069/1990). Conforme o Estatuto da Criança e do Adolescente, a guarda obriga a prestação de assistência material, moral e educacional à criança (art. 33 da Lei 8.069/1990).

É importante registrar que esse direito de permanecer no emprego pode ser de algum parente (como, por exemplo, a avó), e, na situação mais comum, até mesmo do pai, caso seja ele o titular da guarda do recém-nascido, em razão de falecimento da mãe.

Embora a questão possa gerar controvérsia, é possível defender a interpretação evolutiva do art. 1.º da Lei Complementar 146/2014, no sentido de que o direito previsto no art. 10, inciso II, *b*, do Ato das Disposições Constitucionais Transitórias, nos casos em que ocorrer o falecimento da genitora *ou de adotante*, deve ser assegurado a quem detiver a guarda do seu filho.

15.6.4 Empregado acidentado

A estabilidade em questão é prevista no art. 118 da Lei 8.213/1991, que tem a seguinte redação:

> "O segurado que sofreu acidente do trabalho tem garantida, pelo prazo mínimo de doze meses, a manutenção do seu contrato de trabalho na empresa, após a cessação do auxílio--doença acidentário, independentemente de percepção de auxílio-acidente".

O entendimento já pacificado é de que o art. 118 da Lei 8.213/1991 é constitucional, não havendo que se falar em violação da Constituição Federal de 1988, em particular de seu art. 7.º, inciso I (Súmula 378, inciso I, do TST). Tratando-se de hipótese específica de garantia de emprego, pode ser assegurada por meio de lei ordinária, com fundamento inclusive no princípio da norma mais benéfica (art. 7.º, *caput*, da CF/1988), pois não se está regulamentando, genericamente, a proteção contra despedida arbitrária ou sem justa causa.

De acordo com a própria redação do art. 118 da Lei 8.213/1991, em regra, a percepção de auxílio-doença acidentário pelo empregado constitui pressuposto para o direito à estabilidade provisória em debate. Referido benefício previdenciário torna-se devido após 15 dias de afastamento da atividade, em razão de incapacidade para o trabalho (art. 59, *caput*, da mesma lei).

A doença profissional e a doença do trabalho são consideradas acidente do trabalho (Lei 8.213/1991, art. 20), inclusive para os efeitos da estabilidade aqui debatida.

O Tribunal Superior do Trabalho, ao revisar a Orientação Jurisprudencial 230, convertendo-a na Súmula 378 (Resolução 129/2005), passou a prever, em seu inciso II, que:

> "São pressupostos para a concessão da estabilidade o afastamento superior a 15 dias e a consequente percepção do auxílio-doença acidentário, *salvo se constada, após a despedida, doença profissional que guarde relação de causalidade com a execução do contrato de emprego*" (destaquei).

Não se faz necessária a existência de sequelas, posteriores ao acidente, para a aquisição dessa estabilidade, eis que ela é assegurada "independentemente de percepção de auxílio-acidente". Este último benefício é específico para o surgimento de redução da capacidade laborativa (art. 86 da Lei 8.213/1991), e o seu gozo restou expressamente excluído como pressuposto para o direito à garantia de emprego.

O prazo de garantia da manutenção do emprego é de 12 meses, após a cessação do auxílio-doença acidentário, com as observações e ressalvas já feitas acima.

Ocorridas as circunstâncias previstas no art. 118 da Lei 8.213 durante o período de aviso prévio, embora o tema seja controvertido, o entendimento mais tradicional é no sentido de que não se reconhece o direito à estabilidade em questão[12], em face da preexistente demarcação do prazo de término do pacto laboral.

Cabe realçar que o cômputo do período de aviso prévio, seja trabalhado ou indenizado (art. 487, § 1.º, da CLT)[13], não afasta a existência desta fixação do dia de cessação do pacto, tornando incompatível sua prolongação em razão de garantia de emprego[14].

Se ocorrer acidente do trabalho durante o período de aviso prévio, ficando o empregado sem condições de exercer suas atividades, o pacto laboral é interrompido, sendo que nos primeiros 15 dias de afastamento cabe à empresa pagar a remuneração; se persistir a incapacidade, há suspensão do contrato de trabalho (ou interrupção, conforme parte da doutrina), eis que ele passa a gozar de auxílio-doença acidentário[15]. Entretanto, restabelecida a capacidade de trabalho, não terá direito à estabilidade acidentária, pois já se encontrava pré-avisado.

Como esclarece Arnaldo Süssekind: "o fato determinante de estabilidade, ocorrido no curso do aviso prévio comunicado pelo empregador, não gera esse direito, pois a denúncia do contrato, em obediência à legislação aplicável, corresponde a direito potestativo cujo exercício obriga o outro contratante"[16].

Se o infortúnio acontecer no período correspondente ao aviso prévio indenizado, em face do disposto no art. 487, § 1.º, da CLT, as conclusões são as mesmas: "os efeitos da dispensa só se concretizam depois de expirado o benefício previdenciário, sendo irrelevante que tenha sido concedido no período de aviso prévio, já que ainda vigorava o contrato de trabalho" (Ex-OJ 135, convertida na Súmula 371). Como se nota, não há reconhecimento da estabilidade provisória propriamente.

Entretanto, cabe registrar o entendimento de que o período do aviso prévio, mesmo que indenizado, integra o contrato de trabalho (Orientação Jurisprudencial 82 da SBDI-I do TST) e a superveniência de auxílio-doença faz que os efeitos da dispensa apenas se

---

12. "A superveniência durante o transcurso do prazo do aviso prévio de qualquer norma ou fato impeditivo de resolução contratual, desconhecidos à época da despedida, não impossibilita a rescisão do contrato de trabalho já sujeito a termo. É óbvio devem-se excluir dessa conclusão as hipóteses de fraude, quando o empregador despede o empregado de má-fé apenas para que este não adquira a estabilidade, quando já sabia que tal iria acontecer nos 30 dias subsequentes" (TST, SBDI-I, E-RR 130.659/1994, Rel. Min. Vantuil Abdala, *DJ* 09.05.1997). A Súmula 369, inciso V, do TST, também afasta o direito à estabilidade provisória específica do dirigente sindical que registra sua candidatura "durante o período de aviso prévio".

13. Cf. Súmula 371 do TST, primeira parte: "A projeção do contrato de trabalho para o futuro, pela concessão do aviso prévio indenizado, tem efeitos limitados às vantagens econômicas obtidas no período de pré-aviso, ou seja, salários, reflexos e verbas rescisórias".

14. Como estabelece a segunda parte da Súmula 371 do TST (ex-Orientação Jurisprudencial 135 do TST): "No caso de concessão de auxílio-doença no curso do aviso prévio, todavia, só se concretizam os efeitos da dispensa depois de expirado o benefício previdenciário". Como se nota, não há reconhecimento de garantia de emprego propriamente, mas mera suspensão do contrato, afetando o prazo do aviso prévio.

15. Cf. MARTINS, Sergio Pinto. *Comentários à CLT*. 10. ed. São Paulo: Atlas, 2006. p. 548: "A maior dúvida ocorre quando já foi dado o aviso prévio e o empregado vem a se acidentar ou a ficar doente. A melhor orientação seria a de que, havendo acidente do trabalho ou ficando o empregado doente, suspende-se o curso do aviso prévio, pois o obreiro não o pode cumprir, muito menos lhe possibilita a procura de novo emprego ou ir trabalhar no novo serviço, o que descaracteriza a finalidade do instituto. Quando o empregado voltar a trabalhar é que irá recomeçar a contagem do aviso prévio, computando-se o tempo do aviso prévio já transcorrido no período anterior ao da suspensão".

16. SÜSSEKIND, Arnaldo. *Instituições de direito do trabalho*. 18. ed. São Paulo: LTr, 1999. v. 1, p. 711.

concretizem após o término do benefício. Ademais, nos termos da Súmula 378 do TST, inciso II, "são pressupostos para a concessão da estabilidade o afastamento superior a 15 dias e a consequente percepção do auxílio-doença acidentário, salvo se constatada, após a despedida, doença profissional que guarde relação de causalidade com a execução do contrato de emprego". Sendo assim, para essa corrente de entendimento, se o empregado, no curso do aviso prévio indenizado, entrar em gozo de auxílio-doença acidentário, deve ser reconhecido o direito à estabilidade acidentária de 12 meses, nos termos do art. 118 da Lei 8.213/1991, a partir da cessação do referido benefício previdenciário, considerando suspenso o contrato de trabalho até essa data.

Nesse sentido, destaca-se o seguinte julgado do Tribunal Superior do Trabalho:

> "Agravo de instrumento. Recurso de revista. Dispensa de empregada. Concessão de auxílio-doença acidentário no curso do aviso prévio indenizado. Estabilidade acidentária. Tendo o agravo de instrumento logrado demonstrar que o recurso de revista preenchia os requisitos do art. 896 da CLT, quanto ao tema em epígrafe, dá-se provimento ao agravo de instrumento, para melhor análise da arguição de contrariedade à Súmula 371/TST suscitada no recurso de revista. Agravo de instrumento provido.
>
> Recurso de revista. 1. Preliminar de nulidade por negativa de prestação jurisdicional. Deixa-se de apreciar a preliminar em face do disposto no art. 249, § 2.º, do CPC [1973]. Recurso de revista não conhecido, no aspecto. 2. Dispensa de empregado. Concessão de auxílio-doença acidentário no curso do aviso prévio indenizado. Estabilidade acidentária. Nos termos da Súmula 378, I/TST, 'é constitucional o artigo 118 da Lei 8.213/1991 que assegura o direito à estabilidade provisória por período de 12 meses após a cessação do auxílio-doença ao empregado acidentado'. Já o item II da Súmula 378/TST regula que 'são pressupostos para a concessão da estabilidade o afastamento superior a 15 dias e a consequente percepção do auxílio-doença acidentário, salvo se constatada, após a despedida, doença profissional que guarde relação de causalidade com a execução do contrato de emprego'. Tem-se, portanto, que a concessão da referida estabilidade pressupõe o preenchimento de critério objetivo, qual seja, gozo de auxílio-doença acidentário ou constatação de nexo de causalidade entre a doença e as atividades desenvolvidas durante o contrato de emprego. No caso concreto, conclui-se, da leitura do acórdão proferido pelo TRT, que o Reclamante, no curso do aviso prévio indenizado, entrou em gozo de auxílio-doença acidentário. Registre-se que o período do aviso prévio indenizado integra o contrato de trabalho (OJ 82/SDI-1/TST) e a superveniência de auxílio-doença faz que os efeitos da dispensa apenas se concretizem após o término do benefício (Súmula 371/TST). Nessa situação, deve ser reconhecido o direito à estabilidade acidentária de 12 meses prevista no art. 118 da Lei 8.213/1991, a partir da cessação do benefício previdenciário, considerando-se suspenso o contrato de trabalho até essa data. Contudo, uma vez que o período de estabilidade já se encontra exaurido, são devidos ao empregado apenas os salários do período compreendido entre a data da despedida e o final do período de estabilidade, não lhe sendo assegurada a reintegração ao emprego, segundo inteligência da Súmula 396, I, do TST. Recurso de revista conhecido e provido no aspecto" (TST, 3.ª T., RR 7-96.2010.5.05.0221, Rel. Min. Mauricio Godinho Delgado, *DEJT* 24.06.2014).

Anteriormente, de acordo com a Orientação Jurisprudencial 154 da SBDI-I do TST (redação determinada pela Resolução 129/2005, mas cancelada pelo Pleno do TST em 13.10.2009), sendo exigido pelo instrumento normativo (decisão normativa ou norma coletiva negociada) que a doença profissional seja atestada por médico do sistema de saúde estatal (INSS), entendia-se que a sua ausência obstava o reconhecimento do direito à estabilidade, por se tratar de formalidade eleita como da substância do ato (art. 7.º, inciso XXVI, da CF/1988). Entretanto, na atualidade, passou-se a admitir a comprovação da doença ocupacional por outros meios de prova, em especial pela perícia judicial, mesmo havendo a mencionada previsão em norma coletiva, inclusive em razão da aplicação dos arts. 369 do CPC de 2015 e 332 do CPC de 1973, no sentido de que as "partes têm o direito de empregar todos os meios legais, bem como os moralmente legítimos, ainda que não especificados neste Código, para provar a verdade dos fatos em que se funda o pedido ou a defesa e influir eficazmente na convicção do juiz"[17].

Diante da expressa previsão legal de estabilidade (provisória) decorrente de acidente do trabalho, por meio de norma de ordem pública, não é válida cláusula de norma coletiva que estabeleça, a respeito deste tema, forma menos benéfica ao trabalhador do que a lei (Orientação Jurisprudencial 31 da SDC do TST).

Por fim, ressalte-se que o TST tem reconhecido a estabilidade provisória decorrente de acidente de trabalho mesmo no caso de contrato por prazo determinado[18].

Nesse sentido, conforme a Súmula 378, inciso III, do TST: "O empregado submetido a contrato de trabalho por tempo determinado goza da garantia provisória de emprego, decorrente de acidente de trabalho, prevista no art. 118 da Lei 8.213/1991".

15.6.5 Empregado eleito diretor de cooperativa

A Lei 5.764, de 16 de dezembro de 1971, no art. 55, estabelece que:

> "Os empregados de empresas que sejam eleitos diretores de sociedades cooperativas pelos mesmos criadas gozarão das garantias asseguradas aos dirigentes sindicais pelo art. 543 da Consolidação das Leis do Trabalho (Decreto-lei 5.452, de 1.º.05.1943)".

Assim, os empregados eleitos diretores de cooperativas (criadas pelos empregados da empresa) possuem estabilidade provisória, na forma da previsão do art. 543, § 3.º, da CLT, ou seja, da estabilidade provisória do dirigente sindical. Tendo este último dispositivo, em sua parte final, exigido a apuração da falta grave por meio do inquérito judicial, entende-se que esta ação judicial também se faz necessária ao caso em questão.

Assim, o referido empregado eleito diretor de sociedade cooperativa criada pelos empregados não poderá ser dispensado desde o registro de sua candidatura até um ano após o final de seu mandato.

O mandato do dirigente da cooperativa deve ser fixado no respectivo estatuto, não devendo exceder quatro anos (Lei 5.764/1971, arts. 21, inciso V, e 47).

---

17. Ainda quanto à norma coletiva, a Orientação Jurisprudencial 41 da SBDI-I do TST reconhece que: "Preenchidos todos os pressupostos para a aquisição de estabilidade decorrente de acidente ou doença profissional, ainda durante a vigência do instrumento normativo, goza o empregado de estabilidade mesmo após o término da vigência deste".

18. "Embargos em embargos declaratórios em recurso de revista. Estabilidade provisória. Acidente do trabalho. Contrato de experiência. O artigo 118 da Lei 8.213/91 não faz distinção entre contrato por prazo determinado e indeterminado, pelo que inviável a pretensão recursal de restringir o direito à estabilidade provisória decorrente do acidente de trabalho apenas aos trabalhadores contratados por tempo indeterminado. Nesse contexto, reconhecido o acidente de trabalho, com percepção do benefício previdenciário, faz jus o empregado à estabilidade provisória. Precedente da excelsa Suprema Corte no sentido de extensão dos direitos sociais previstos no artigo 7.º da Constituição Federal aos servidores contratados temporariamente. Recurso de embargos conhecido e não provido" (TST, SBDI-I, E-RR 73740-05.2005.5.02.0464, Rel. Min. Horácio Raymundo de Senna Pires, *DEJT* 28.10.2011).

Como o dispositivo transcrito acima, específico ao caso em questão, não assegura a garantia de emprego aos suplentes, a Orientação Jurisprudencial 253 da SBDI-I do TST pacificou o entendimento de que:

> "Estabilidade provisória. Cooperativa. Lei 5.764/1971. Conselho Fiscal. Suplente. Não assegurada. O art. 55 da Lei 5.764/1971 assegura a garantia de emprego apenas aos empregados eleitos diretores de Cooperativas, não abrangendo os membros suplentes".

Considerando a finalidade da previsão legal em questão, cabe registrar o seguinte entendimento: "A estabilidade prevista no art. 55 da Lei 5.764/1971 direciona-se ao dirigente de cooperativa constituída por empregados de empresa, a fim de protegê-los de eventual pressão ou perseguição por parte do empregador ou de seus prepostos. Fora dessa singular situação, a garantia provisória de emprego não deve ser reconhecida, sob pena de deturpação da regra legal". Sendo assim, "a circunstância de o reclamante ocupar cargo em diretoria de sociedade cooperativa de consumo de café e produtos alimentícios, cujo objeto não tem pertinência e em nada antagoniza com a atividade empresarial desenvolvida pelo banco empregador, não é suficiente para atrair a garantia provisória de emprego prevista no art. 55 da Lei 5.764/1971, motivo pelo qual não se constata presente a plausibilidade do alegado direito à reintegração" (TST, SBDI-II, ROT-104570-87.2020.5.01.0000, Rel. Min. Douglas Alencar Rodrigues, *DEJT* 19.08.2022).

Ainda nessa linha, destaca-se o seguinte julgado: "1. A causa versa sobre o alcance da estabilidade conferida aos diretores de cooperativa de empregados (art. 55 da Lei 5.764/1971). 2. Trata-se de garantia que tem por finalidade proteger o empregado que representa a sua categoria econômica e que, em face das prerrogativas que são inerentes a essa representatividade, pode acarretar algum confronto com os interesses e atividades do empregador. Significa dizer que, se não há conflito entre o objeto da cooperativa com os interesses e/ou atividade principal dos empregadores, não subsiste razão para o deferimento da estabilidade provisória, sob pena de não se atender à *mens legis* que rege o instituto" (TST, 8.ª T., RRAg-1616-48.2017.5.05.0196, Rel. Min. Alexandre de Souza Agra Belmonte, *DEJT* 01.07.2022).

Como o art. 55 da Lei 5.764/1971 não fixa o número de dirigentes, nem faz remissão ao art. 522 da CLT, cabe ao estatuto fixar quantos diretores terá a cooperativa. Há entendimento de que o "número de dirigentes que gozarão da garantia de emprego ficará, porém, adstrita ao critério da razoabilidade, sob pena de ser eleita a categoria de trabalhadores para fazer jus ao citado benefício"[19]. No entanto, pode-se defender que, embora caiba ao estatuto estabelecer o número de diretores da cooperativa, quanto à estabilidade provisória propriamente, deve-se aplicar o limite previsto no art. 522 da CLT, pois este incide quanto ao art. 543 do mesmo diploma legal, o qual é indicado como o que rege a garantia de emprego em estudo.

15.6.6 Empregado membro da Comissão de Conciliação Prévia

A Lei 9.958/2000, ao instituir as Comissões de Conciliação Prévia, acrescentou à CLT o art. 625-B, § 1.º, assim prevendo:

19. MARTINS, Sergio Pinto. *Direito do trabalho*. 22. ed. São Paulo: Atlas, 2006. p. 414.

"É vedada a dispensa dos representantes dos empregados membros da Comissão de Conciliação Prévia, titulares e suplentes, até 1 (um) ano após o final do mandato, salvo se cometerem falta grave, nos termos da lei".

Observa-se que apenas os representantes dos empregados é que possuem a referida estabilidade provisória, e não aqueles indicados do empregador.

Há entendimento de que, no caso em questão, a lei não estabelece que a falta grave deva ser apurada nos termos da lei, mas apenas indica que as hipóteses de falta grave são aquelas previstas na lei.

No entanto, entende-se que o art. 625-B, § 1.º, da CLT, tal como ocorre com o dirigente sindical, exige o inquérito para apuração de falta grave para a dispensa do empregado. Tanto é assim que o referido dispositivo, acrescentado pela Lei 9.958/2000, utiliza o termo específico "falta grave", e não simplesmente justa causa, tal como previsto no art. 494 da CLT, o qual faz a exigência do respectivo inquérito judicial para a dispensa do empregado titular da estabilidade.

O art. 625-B, § 1.º, da CLT expressamente remete à falta grave "nos termos da lei", o que só pode significar a sua *apuração nos termos da lei* (arts. 853 a 855 da CLT), pois seria redundante, inútil e desnecessário dizer o óbvio, ou seja, que as hipóteses de falta grave estão previstas em lei.

Além disso, como o art. 625-B, § 1.º, da CLT, diferentemente do art. 8.º, inciso VIII, da Constituição Federal de 1988, não faz menção à garantia de emprego a partir do registro da candidatura, há o entendimento de que, quanto àquele dispositivo, a "garantia de emprego não se inicia com a candidatura, mas desde a eleição"[20].

No entanto, entende-se que, no caso, deve prevalecer a interpretação não literal, mas teleológica, aplicando-se, quanto ao início da estabilidade provisória, o mesmo critério previsto no art. 543, § 3.º, da CLT, ou seja, da candidatura, sob pena de se desestimular o trabalhador a concorrer na referida eleição a membro representante dos empregados na Comissão de Conciliação Prévia, uma vez que ficaria vulnerável a represálias do empregador por ter tomado a referida decisão.

15.6.7 Membro do Conselho Curador do FGTS

O art. 3.º, § 9.º, da Lei 8.036/1990 prevê que:

"Aos membros do Conselho Curador, enquanto representantes dos trabalhadores, efetivos e suplentes, é assegurada a estabilidade no emprego, da nomeação até um ano após o término do mandato de representação, somente podendo ser demitidos por motivo de falta grave, regularmente comprovada através de processo sindical".

Entende-se que o referido processo "sindical" é justamente o inquérito judicial para apuração de falta grave, o qual é exigido para a dispensa do representante "sindical".

15.6.8 Membro do Conselho Nacional de Previdência Social

O art. 3.º, § 7.º, da Lei 8.213/1991 assegura aos membros do Conselho Nacional de Previdência Social, enquanto representantes dos trabalhadores em atividade, titulares

20. MARTINS, Sergio Pinto. *Direito do trabalho*. 22. ed. São Paulo: Atlas, 2006. p. 416.

e suplentes, a estabilidade no emprego, da nomeação até um ano após o término do mandato de representação, "somente podendo ser demitidos por motivo de falta grave, regularmente comprovada através de processo judicial".

Assim, a referida lei expressamente exige o inquérito judicial para a apuração da falta grave também no caso em questão.

15.6.9 Empregado reabilitado e empregado com deficiência

A reabilitação, e mesmo a habilitação, profissional e social, deverão proporcionar ao beneficiário incapacitado parcial ou totalmente para o trabalho, e às pessoas portadoras de deficiência, os meios para a (re)educação e de (re)adaptação profissional e social indicados para participar do mercado de trabalho e do contexto em que vive (art. 89 da Lei 8.213/1991).

A referida prestação é devida em caráter obrigatório aos segurados, inclusive aposentados (art. 90 da Lei 8.213/1991). Além disso, deve-se conceder, no caso de habilitação e reabilitação profissional, auxílio para tratamento ou exame fora do domicílio do beneficiário (art. 91 da Lei 8.213/1991).

Concluído o processo de habilitação ou reabilitação social e profissional, a Previdência Social emitirá certificado individual, indicando as atividades que poderão ser exercidas pelo beneficiário, nada impedindo que este exerça outra atividade para a qual se capacitar (art. 92).

Cabe destacar que a mesma Lei 8.213/1991 apresenta a seguinte previsão, de grande importância social:

> "Art. 93. A empresa com 100 (cem) ou mais empregados está obrigada a preencher de 2% (dois por cento) a 5% (cinco por cento) dos seus cargos com beneficiários reabilitados ou pessoas portadoras de deficiência, habilitadas, na seguinte proporção:
>
> I - até 200 empregados 2%;
>
> II - de 201 a 500 .... 3%;
>
> III - de 501 a 1.000 .... 4%;
>
> IV - de 1.001 em diante .... 5%".

O Supremo Tribunal Federal decidiu que a exclusão de trabalhadores marítimos embarcados do cálculo destinado a apurar o número de vagas reservadas às pessoas com deficiência (art. 93 da Lei 8.213/1991), por ser discriminatória, é inconstitucional[21].

---

21. "Ação direta de inconstitucionalidade. Art. 16-A da Lei 7.573/1986, inserido pelo art. 1.º da Lei 13.194/2015. Convenção de Nova York. Exclusão dos trabalhadores marítimos embarcados do cálculo para apuração das vagas reservadas a pessoas com deficiência (art. 93 da Lei 8.213/1991) em empresas de navegação. Inexistência de vedação legal ou convencional ao trabalho de pessoas portadoras de deficiência em embarcações. Proteção e integração social das pessoas portadoras de deficiência. Isonomia. Ação direta julgada procedente. 1. A Convenção de Nova York, a qual tratou dos direitos das pessoas com deficiência, foi incorporada ao ordenamento jurídico brasileiro como norma constitucional (Decreto 6.946/2009), nos termos do § 3.º do art. 5.º da Constituição Federal. 2. A deficiência física, por si só, não incapacita generalizadamente o trabalhador para o desempenho de atividades laborais em embarcações, não existindo exigência legal ou convencional de plena capacidade física para toda e qualquer atividade marítima. A eventual incompatibilidade entre determinadas atividades e certas limitações físicas não justifica a exclusão do trabalho marítimo do alcance da política pública de inclusão social das pessoas com deficiência. 3. A exclusão de postos de trabalho marítimo embarcado do cálculo destinado a apurar o número de vagas destinadas aos deficientes (art. 93 da Lei 8.213/1991) é desprovido

Conforme o Decreto 9.508/2018, que dispõe sobre a reserva às pessoas com deficiência percentual de cargos e de empregos públicos ofertados em concursos públicos e em processos seletivos no âmbito da administração pública federal direta e indireta, ficam reservadas às pessoas com deficiência os percentuais de cargos de que trata o art. 93 da Lei 8.213/1991 às empresas públicas e às sociedades de economia mista (art. 1.º, § 2.º).

Na hipótese em que a empresa comprova ter empreendido todos os esforços possíveis para o preenchimento do referido percentual de vagas de pessoas reabilitadas ou com deficiência, mas sem obter êxito, cabe destacar o seguinte julgado:

> "Ação civil pública. Vagas destinadas a pessoas portadoras de deficiência. Preenchimento. Art. 93 da Lei 8.213/91. Multa. Indenização por dano moral coletivo. Absolvição. Persistência da obrigação legal. 1. Conquanto seja ônus da empregadora cumprir a exigência prevista no art. 93 da Lei 8.213/91, ela não pode ser responsabilizada pelo insucesso, quando ficou comprovado que desenvolveu esforços para preencher a cota mínima, sendo indevida a multa bem como não havendo falar em dano moral coletivo. 2. A improcedência do pedido de condenação da ré ao pagamento de multa e de indenização por dano moral coletivo fundada no fato de a empresa haver empreendido esforços a fim de preencher o percentual legal de vagas previsto no art. 93 da Lei 8.213/91, não a exonera da obrigação de promover a admissão de pessoas portadoras de deficiência ou reabilitados, nos termos da lei. Recurso de embargos de que se conhece e a que se dá parcial provimento" (TST, SBDI-I, E-ED-RR 658200-89.2009.5.09.0670, Rel. Min. João Batista Brito Pereira, *DEJT* 20.05.2016).

A dispensa de pessoa com deficiência ou de beneficiário reabilitado da Previdência Social ao final de contrato por prazo determinado de mais de 90 dias e a dispensa imotivada em contrato por prazo indeterminado somente podem ocorrer após a contratação de outro trabalhador com deficiência ou beneficiário reabilitado da Previdência Social (art. 93, § 1.º, da Lei 8.213/1991).

O § 1.º do art. 93 da Lei 8.213/1991, na realidade, estabelece verdadeira hipótese de garantia de emprego, ainda que com certas peculiaridades. Assim, defende-se a tese, majoritária, de que a inobservância do mencionado dispositivo não gera mera imposição de penalidade administrativa, mas a reintegração do empregado dispensado indevidamente.

Interpretando-se *a contrario sensu* o § 1.º do art. 93 da Lei 8.213/1991, para os contratos de trabalho por prazo determinado, com duração de até 90 dias, não incide a referida garantia de emprego.

Prevalece no TST o entendimento de que a dispensa sem justa causa de empregado com deficiência ou que seja beneficiário reabilitado, sem a correspondente contratação de outro empregado nas mesmas condições, é possível desde que a empresa mantenha o percentual de cargos preenchidos por esses trabalhadores nos limites estabelecidos pelo art. 93 da Lei 8.213/1991[22].

---

de razoabilidade e desproporcionalidade, caracterizando-se como diferenciação normativa discriminatória. 4. A previsão dificulta arbitrariamente o acesso de pessoas com deficiência ao trabalho nas empresas de navegação, pois diminui a disponibilidade de vagas de trabalho para pessoas com deficiência. 5. Ação Direta julgada procedente" (STF, Pleno, ADI 5.760/DF, Rel. Min. Alexandre de Moraes, *DJe* 26.09.2019).

22. "Recurso de embargos regido pela Lei nº 11.496/2007. Reintegração. Dispensa sem justa causa. Trabalhador portador de deficiência. Manutenção pela empresa em seu quadro de pessoal do percentual exigido pela Lei nº 8.213/91. O escopo da Lei nº 8.213/91, em estrita observância ao princípio constitucional de proteção ao empregador portador de deficiência (art. 7.º, XXXI), é assegurar aos beneficiários reabilitados ou pessoas portadoras de deficiência habilitadas a inserção no mercado de trabalho. Daí a disposição expressa no art.

Cabe esclarecer que para a mencionada reserva de cargos deve ser considerada somente a contratação *direta* de pessoa com deficiência, excluído o aprendiz com deficiência de que trata o art. 428, §§ 5.º, 6.º e 8.º, da CLT (art. 93, § 3.º, da Lei 8.213/1991).

Ao Ministério do Trabalho incumbe estabelecer a sistemática de fiscalização, bem como gerar os dados e as estatísticas sobre o total de empregados e as vagas preenchidas por pessoas com deficiência e por beneficiários reabilitados da Previdência Social, fornecendo-os, quando solicitados, aos sindicatos, às entidades representativas dos empregados ou aos cidadãos interessados (art. 93, § 2.º, da Lei 8.213/1991).

Quanto à definição da deficiência, cabe destacar o art. 4.º do Decreto 3.298/1999 (com as alterações do Decreto 5.296/2004), que regulamenta a Lei 7.853/1989, sobre as pessoas portadoras de deficiência e sua integração social.

Considera-se pessoa com deficiência aquela que tem *impedimento de longo prazo de natureza física, mental, intelectual ou sensorial*, o qual, em interação com uma ou mais barreiras, pode obstruir sua participação plena e efetiva na sociedade em igualdade de condições com as demais pessoas (art. 2.º da Lei Brasileira de Inclusão da Pessoa com Deficiência).

A avaliação da deficiência, quando necessária, deve ser biopsicossocial, realizada por equipe multiprofissional e interdisciplinar e considerará: os impedimentos nas funções e nas estruturas do corpo; os fatores socioambientais, psicológicos e pessoais; a limitação no desempenho de atividades; e a restrição de participação (art. 2.º, § 1.º, da Lei 13.146/2015). O Poder Executivo deve criar instrumentos para avaliação da deficiência (art. 2.º, § 2.º, da Lei 13.146/2015).

Fica a visão monocular classificada como deficiência sensorial, do tipo visual, para todos os efeitos legais (art. 1.º da Lei 14.126/2021). O previsto no art. 2.º, § 2.º, da Lei 13.146/2015 (Estatuto da Pessoa com Deficiência) aplica-se à visão monocular.

Ainda sobre o tema, na esfera internacional, deve-se destacar a Convenção 159 da OIT, de 1983, aprovada pelo Brasil e promulgada pelo Decreto 129, de 22 de maio de 1991

93, *caput* e incisos, no sentido de assegurar, no âmbito da empresa, a manutenção desses trabalhadores no percentual mínimo proporcionalmente fixado. Em relação ao § 1.º do art. 93, note-se que o seu objetivo é garantir que a empresa efetivamente cumpra o sistema de cotas que lhe foi imposto, assegurando a vigência do contrato de trabalho dos beneficiários reabilitados ou das pessoas portadoras de deficiência habilitada até que haja a substituição desses por outros empregados nas mesmas condições. Assim, o sistema jurídico, por meio do art. 93, *caput*, combinado com o § 1.º, visando à proteção de um grupo de trabalhadores, estabelece a obrigatoriedade de a empresa preencher determinado percentual de cargos com essas pessoas, conforme o número total de empregados. No caso concreto, infere-se do acórdão regional que a empregadora, por ocasião da dispensa do empregado, na condição de deficiente físico, não comprovou a contratação de substituto em situação análoga. Tal circunstância, contudo, não autoriza a conclusão pela ilegalidade da dispensa havida, e, consequentemente, pela determinação de reintegração, uma vez que não restou descumprida a exigência legal de se manter um percentual mínimo de pessoas portadoras de deficiência ou beneficiários reabilitados nos quadros da empresa. Ou seja, não obstante a dispensa do empregado, a empresa manteve em seu quadro de pessoal o percentual exigido pelo art. 93 da Lei nº 8.213/91. Da interpretação da referida norma legal, a resilição sem justa causa do contrato de trabalho do beneficiário reabilitado ou portador de deficiência, sem a contratação de outro empregado nas mesmas condições, só é possível quando mantido o percentual de participação desses trabalhadores do total de empregados da empresa, como ocorreu na hipótese. Considerando que, mesmo após a dispensa do reclamante, a reclamada manteve, em seu quadro de pessoal, o percentual de reabilitados e portadores de deficiência nos limites fixados pela Lei nº 8.213/91, não há óbice à dispensa sem justa causa e, portanto, não se justifica a reintegração determinada. Precedentes de Turmas do TST. Recurso de embargos conhecido e provido" (TST, SBDI-I, E-ED-ED-RR - 10740-12.2005.5.17.0012, Rel. Min. Renato de Lacerda Paiva, *DEJT* 12.05.2017).

(atualmente Decreto 10.088/2019), que versa sobre reabilitação profissional e emprego de pessoas portadoras de deficiência.

15.6.10 Período eleitoral

A Lei 9.504, de 30 de setembro de 1997, versando sobre as condutas vedadas aos agentes públicos em campanhas eleitorais, prevê regra no sentido de que:

> "Art. 73. São proibidas aos agentes públicos, servidores ou não, as seguintes condutas tendentes a afetar a igualdade de oportunidades entre candidatos nos pleitos eleitorais:
>
> [...]
>
> V – nomear, contratar ou de qualquer forma admitir, demitir sem justa causa, suprimir ou readaptar vantagens ou por outros meios dificultar ou impedir o exercício funcional e, ainda, *ex officio*, remover, transferir ou exonerar servidor público, na circunscrição do pleito, nos três meses que o antecedem e até a posse dos eleitos, sob pena de nulidade de pleno direito, ressalvados:
>
> a) a nomeação ou exoneração de cargos em comissão e designação ou dispensa de funções de confiança;
>
> b) a nomeação para cargos do Poder Judiciário, do Ministério Público, dos Tribunais ou Conselhos de Contas e dos órgãos da Presidência da República;
>
> c) a nomeação dos aprovados em concursos públicos homologados até o início daquele prazo;
>
> d) a nomeação ou contratação necessária à instalação ou ao funcionamento inadiável de serviços públicos essenciais, com prévia e expressa autorização do Chefe do Poder Executivo;
>
> e) a transferência ou remoção *ex officio* de militares, policiais civis e de agentes penitenciários".

Assim, quanto ao tema específico, aqui estudado, é vedada a dispensa sem justa causa do empregado público (servidor público regido pela CLT), nos três meses que antecedem o pleito eleitoral até a posse dos eleitos, sob pena de nulidade de pleno direito, o que representa modalidade específica de garantia de emprego.

Frise-se que a referida estabilidade provisória apenas alcança a "circunscrição do pleito". A respeito do alcance dessa expressão, cabe transcrever o seguinte julgado do TST:

> "[...] Estabilidade pré-eleitoral. Abrangência. Cinge-se a controvérsia à definição da abrangência do art. 73, V, da Lei 9.504/1997, para saber se, no caso de eleições municipais, as restrições nele insertas aplicam-se também à administração estadual. A leitura da referida norma revela uma limitação ao poder diretivo do empregador público, por meio da proibição da demissão sem justa causa dos servidores, no período compreendido entre os três meses que antecedem a eleição e a posse dos eleitos. Não se verifica, todavia, restrição explícita ao âmbito da autoridade administrativa sujeita a essa regra. Assim, *no caso das eleições municipais, a vedação dirige-se a qualquer agente público, que tenha empregados no município onde será realizado o pleito* – esse é o sentido do termo – *circunscrição do pleito* –. A exceção ficaria por conta de localidades sem governo municipal, como é o caso de Brasília. É notório que *órgãos e entidades de âmbito estadual, e até federal, também se envolvem, mesmo que indiretamente, nas eleições municipais, tendo em vista interesses partidários*. Nesse contexto, *a estabilidade em exame deve ter a maior abrangência possível, a fim de evitar possíveis pressões políticas sobre o empregado*. Recurso de revista de que se conhece parcialmente e a que se

nega provimento" (TST, 7.ª T., RR 124140-83.2004.5.04.0017, Rel. Min. Pedro Paulo Manus, *DEJT* 18.06.2010, destaquei).

Além disso, de acordo com a Orientação Jurisprudencial 51 da SBDI-I do TST:

"Legislação eleitoral. Empresas públicas e sociedades de economia mista. Aos empregados das empresas públicas e das sociedades de economia mista regidos pela CLT aplicam-se as vedações dispostas no art. 15 da Lei n.º 7.773, de 08.06.1989".

Esclareça-se que a referida Lei 7.773/1989, no art. 15, corresponde, de certo modo, ao atual art. 73 da Lei 9.504/1997. Na realidade, a Lei 7.773/1989 apresenta vedação de dispensa apenas quanto aos atos praticados na iminência de eleições presidenciais, enquanto a Lei 9.504/1997, mais genérica, trata dos atos praticados antes dos pleitos eleitorais (havendo certas diferenças nas exceções trazidas em cada um desses diplomas legais).

15.6.11 Estabilidade de servidores públicos regidos pela CLT

A Constituição Federal de 1988, no art. 41, prevê a estabilidade do servidor público:

"Art. 41. São estáveis após três anos de efetivo exercício os servidores nomeados para cargo de provimento efetivo em virtude de concurso público.

§ 1.º O servidor público estável só perderá o cargo:

I - em virtude de sentença judicial transitada em julgado;

II - mediante processo administrativo em que lhe seja assegurada ampla defesa;

III - mediante procedimento de avaliação periódica de desempenho, na forma de lei complementar, assegurada ampla defesa.

§ 2.º Invalidada por sentença judicial a demissão do servidor estável, será ele reintegrado, e o eventual ocupante da vaga, se estável, reconduzido ao cargo de origem, sem direito a indenização, aproveitado em outro cargo ou posto em disponibilidade com remuneração proporcional ao tempo de serviço.

§ 3.º Extinto o cargo ou declarada a sua desnecessidade, o servidor estável ficará em disponibilidade, com remuneração proporcional ao tempo de serviço, até seu adequado aproveitamento em outro cargo.

§ 4.º Como condição para a aquisição da estabilidade, é obrigatória a avaliação especial de desempenho por comissão instituída para essa finalidade".

Na redação acima, decorrente da Emenda Constitucional 19/1998, de acordo com a interpretação mais literal, pode-se concluir que a referida estabilidade só se aplica aos servidores públicos nomeados para *cargo de provimento efetivo*, em virtude de aprovação em concurso público. Entendendo-se dessa forma, apenas os servidores públicos estatutários poderiam adquirir o direito à referida estabilidade (pois titulares de cargos públicos), mas não os empregados públicos (regidos pela CLT)[23].

No entanto, em conformidade com a atual Súmula 390 do TST (Resolução 129/2005, *DJ* 20.04.2005), no inciso I:

23. Cf. MEIRELLES, Hely Lopes. *Direito administrativo brasileiro*. 26. ed. atual. por Eurico de Andrade Azevedo, Délcio Balestero Aleixo e José Emmanuel Burle Filho. São Paulo: Malheiros, 2001. p. 412-413: "Esta condição - cargo efetivo - afasta a aquisição da estabilidade por parte do servidor empregado público regido pela CLT".

"Estabilidade. Art. 41 da CF/1988. Celetista. Administração direta, autárquica ou fundacional. Aplicabilidade. [...]

I – O servidor público celetista da administração direta, autárquica ou fundacional é beneficiário da estabilidade prevista no art. 41 da CF/1988" (ex-OJ 265 da SBDI-1 – Inserida em 27.09.2002 e ex-OJ 22 da SBDI-2 – Inserida em 20.09.2000).

Obviamente, por *não* serem nomeados para cargo de provimento efetivo, os servidores públicos nomeados em comissão (art. 37, inciso II, parte final, da CF/1988) e os contratados por tempo determinado para atender a necessidade temporária de excepcional interesse público (art. 37, inciso IX, da CF/1988) não adquirem a estabilidade em estudo.

Além disso, especificamente quanto aos empregados de empresas públicas, de sociedades de economia mista e de suas subsidiárias que explorem atividade econômica de produção ou comercialização de bens ou de prestação de serviços, há sujeição ao regime jurídico próprio das empresas privadas, inclusive quanto aos direitos e obrigações trabalhistas (art. 173, § 1.º, inciso II, da CF/1988, também com redação determinada pela Emenda Constitucional 19/1998). Com isso, de forma clara, não se lhes aplica a estabilidade do art. 41 da Constituição Federal de 1988, pois esta não é prevista para os empregados das empresas privadas (art. 7.º, inciso I, da CF/1988, c/c art. 10, inciso I, do ADCT)[24].

Sobre essa questão, o inciso II da mesma Súmula 390 do TST confirma que:

"Estabilidade. Art. 41 da CF/1988. [...] Empregado de empresa pública e sociedade de economia mista. Inaplicável.

[...] II – Ao empregado de empresa pública ou de sociedade de economia mista, ainda que admitido mediante aprovação em concurso público, não é garantida a estabilidade prevista no art. 41 da CF/1988" (ex-OJ 229 – Inserida em 20.06.2001).

15.6.12 Estabilidade do art. 19 do ADCT

O Ato das Disposições Constitucionais Transitórias, no art. 19, estabeleceu a seguinte previsão:

"Art. 19. Os servidores públicos civis da União, dos Estados, do Distrito Federal e dos Municípios, da administração direta, autárquica e das fundações públicas, em exercício na data da promulgação da Constituição, há pelo menos cinco anos continuados, e que não tenham sido admitidos na forma regulada no art. 37, da Constituição, são considerados estáveis no serviço público.

§ 1.º O tempo de serviço dos servidores referidos neste artigo será contado como título quando se submeterem a concurso para fins de efetivação, na forma da lei.

---

24. Cf. ainda a Orientação Jurisprudencial 247 da SBDI-I do TST: "Servidor público. Celetista concursado. Despedida imotivada. Empresa pública ou sociedade de economia mista. Possibilidade (alterada – Res. n.º 143/2007) – *DJ* 13.11.2007.

I – A despedida de empregados de empresa pública e de sociedade de economia mista, mesmo admitidos por concurso público, independe de ato motivado para sua validade;

II – A validade do ato de despedida do empregado da Empresa Brasileira de Correios e Telégrafos (ECT) está condicionada à motivação, por gozar a empresa do mesmo tratamento destinado à Fazenda Pública em relação à imunidade tributária e à execução por precatório, além das prerrogativas de foro, prazos e custas processuais".

> § 2.º O disposto neste artigo não se aplica aos ocupantes de cargos, funções e empregos de confiança ou em comissão, nem aos que a lei declare de livre exoneração, cujo tempo de serviço não será computado para os fins do *caput* deste artigo, exceto se se tratar de servidor.
>
> § 3.º O disposto neste artigo não se aplica aos professores de nível superior, nos termos da lei".

A referida norma jurídica é aplicável justamente aos servidores sem concurso público, ou seja, sem a admissão de acordo com o art. 37, inciso II, da Constituição Federal de 1988, tratando-se de norma especial, que afasta a incidência da regra geral do art. 18 do ADCT. O art. 19 do ADCT em questão aplica-se de forma genérica aos servidores públicos, o que inclui os empregados públicos. Aliás, a referida estabilidade tem aplicação específica para os servidores regidos pela CLT.

De acordo com a Orientação Jurisprudencial 364 da SBDI-I do TST:

> "Estabilidade. Art. 19 do ADCT. Servidor público de fundação regido pela CLT. Fundação instituída por lei e que recebe dotação ou subvenção do Poder Público para realizar atividades de interesse do Estado, ainda que tenha personalidade jurídica de direito privado, ostenta natureza de fundação pública. Assim, seus servidores regidos pela CLT são beneficiários da estabilidade excepcional prevista no art. 19 do ADCT" (*DJ* 20.05.2008).

Entretanto, a respeito do tema, o Supremo Tribunal Federal fixou a seguinte tese de repercussão geral: "1. A qualificação de uma fundação instituída pelo Estado como sujeita ao regime público ou privado depende (i) do estatuto de sua criação ou autorização e (ii) das atividades por ela prestadas. As atividades de conteúdo econômico e as passíveis de delegação, quando definidas como objetos de dada fundação, ainda que essa seja instituída ou mantida pelo Poder público, podem-se submeter ao regime jurídico de direito privado. 2. A estabilidade especial do art. 19 do ADCT não se estende aos empregados das fundações públicas de direito privado, aplicando-se tão somente aos servidores das pessoas jurídicas de direito público" (STF, Pleno, RE 716.378/SP, Rel. Min. Dias Toffoli, j. 07.08.2019).

O direito aos depósitos do FGTS não afasta o direito à estabilidade em questão, pois o art. 19 do ADCT trata justamente do servidor regido pela legislação trabalhista, a qual assegura o direito ao FGTS (art. 7.º, inciso III, da CF/1988 e Lei 8.036/1990), existindo o direito à estabilidade específica em razão de norma diversa (art. 19 do ADCT). O regime do FGTS apenas poderia afastar a estabilidade decenal, regida pela CLT, que se aplicava somente àqueles empregados não optantes (antes da CF/1988); no entanto, o regime do FGTS não tem relação com a estabilidade especial do art. 19 do ADCT. Nessa linha de entendimento, cabe destacar o inciso II da Súmula 98 do TST:

> "FGTS. Indenização. Equivalência. Compatibilidade. (incorporada a Orientação Jurisprudencial 299 da SBDI-1) – Resolução 129/2005 – *DJ* 20.04.2005. I – A equivalência entre os regimes do Fundo de Garantia do Tempo de Serviço e da estabilidade prevista na CLT é meramente jurídica e não econômica, sendo indevidos valores a título de reposição de diferenças. (ex-Súmula 98 – RA 57/1980, *DJ* 06.06.1980). II – A estabilidade contratual ou a derivada de regulamento de empresa são compatíveis com o regime do FGTS. Diversamente ocorre com a estabilidade legal (decenal, art. 492 da CLT), que é renunciada com a opção pelo FGTS" (ex-OJ 299 – *DJ* 11.08.2003).

O Supremo Tribunal Federal fixou a seguinte tese de repercussão geral: "É vedado o reenquadramento, em novo Plano de Cargos, Carreiras e Remuneração, de servidor admitido sem concurso público antes da promulgação da Constituição Federal de 1988, mesmo que beneficiado pela estabilidade excepcional do artigo 19 do ADCT, haja vista que esta regra transitória não prevê o direito à efetividade, nos termos do artigo 37, II, da Constituição Federal e decisão proferida na ADI 3.609 (Rel. Min. Dias Toffoli, Tribunal Pleno, *DJe* 30.10.2014)" (STF, Pleno, ARE 1.306.505/AC, Rel. Min. Alexandre de Moraes, j. 28.03.2022).

O Supremo Tribunal Federal fixou ainda a seguinte tese de julgamento: "1. É incompatível com a regra do concurso público (art. 37, II, CF) a transformação de servidores celetistas não concursados em estatutários, com exceção daqueles detentores da estabilidade excepcional (art. 19 do ADCT); 2. São admitidos no Regime Próprio de Previdência Social exclusivamente os servidores públicos civis detentores de cargo efetivo (art. 40, CF, na redação dada pela EC nº 20/98), o que exclui os estáveis na forma do art. 19 do ADCT e demais servidores admitidos sem concurso público" (STF, Pleno, ADPF 573/PI, Rel. Min. Roberto Barroso, j. 06.03.2023).

15.6.13 Comissão para acompanhamento e fiscalização de gorjeta

Para empresas com mais de 60 empregados deve ser constituída *comissão de empregados*, mediante previsão em convenção coletiva ou acordo coletivo de trabalho, para acompanhamento e fiscalização da regularidade da cobrança e distribuição da gorjeta de que trata o § 3.º do art. 457 da CLT, cujos representantes devem ser eleitos em assembleia geral convocada para esse fim pelo sindicato laboral e gozarão de *garantia de emprego* vinculada ao desempenho das funções para que foram eleitos. Para as demais empresas deve ser constituída comissão intersindical para o referido fim (art. 457, § 10, da CLT, acrescentado pela Lei 13.419/2017).

Cabe lembrar que se considera *gorjeta* não só a importância espontaneamente dada pelo cliente ao empregado, como também o valor cobrado pela empresa, como serviço ou adicional, a qualquer título, e destinado à distribuição aos empregados (art. 457, § 3.º, da CLT).

Logo, no caso de empresas com mais de 60 empregados, cabe à convenção coletiva ou acordo coletivo estabelecer a disciplina mais detalhada (inclusive o prazo de duração) da mencionada estabilidade provisória dos trabalhadores que integram a referida comissão voltada ao acompanhamento e à fiscalização da regularidade da cobrança e distribuição das gorjetas.

Nota-se que Lei 13.467/2017, ao dar nova redação ao art. 457, §§ 1.º, 2.º e 4.º, da CLT, não considerou a existência dos §§ 5.º a 11 do art. 457 do mesmo diploma legal, que haviam sido incluídos pela Lei 13.419/2017, ao indicar que o art. 457 da CLT terminaria no § 4.º ("NR"), gerando o entendimento de que ocorreu a revogação tácita. Entretanto, como não houve revogação expressa (art. 5.º da Lei 13.467/2017), seria possível dizer que eles foram mantidos, o que abrange o mencionado art. 457, § 10, da CLT.

15.6.14 Comissão de representantes dos empregados

Conforme o art. 510-A da CLT, acrescentado pela Lei 13.467/2017, nas empresas com mais de 200 empregados, é assegurada a *eleição de uma comissão para representá-los*, com a finalidade de promover-lhes o entendimento direto com os empregadores.

Trata-se de previsão que tem como fundamento o art. 11 da Constituição da República, que trata da representação dos trabalhadores nas empresas.

Essa eleição deve ser convocada, com antecedência mínima de 30 dias, contados do término do mandato anterior, por meio de edital que deve ser fixado na empresa, com ampla publicidade, para inscrição de candidatura (art. 510-C da CLT, acrescentado pela Lei 13.467/2017).

Serão eleitos membros da comissão de representantes dos empregados os candidatos mais votados, em votação secreta, vedado o voto por representação (art. 510-C, § 3.º, da CLT).

O mandato dos membros da comissão de representantes dos empregados é de um ano (art. 510-D da CLT, incluído pela Lei 13.467/2017).

O membro que houver exercido a função de representante dos empregados na comissão não pode ser candidato nos dois períodos subsequentes (art. 510-D, § 1.º, da CLT). O mandato de membro de comissão de representantes dos empregados não implica suspensão ou interrupção do contrato de trabalho, devendo o empregado permanecer no exercício de suas funções (art. 510-D, § 2.º, da CLT).

Desde o registro da candidatura até um ano após o fim do mandato, *o membro da comissão de representantes dos empregados não pode sofrer despedida arbitrária*, entendendo-se como tal a que não se fundar em motivo disciplinar, técnico, econômico ou financeiro (art. 510-D, § 3.º, da CLT).

A dispensa justificada, nesse caso, não se exige o ajuizamento de inquérito para apuração de falta grave. Trata-se de previsão similar ao art. 165 da CLT, no sentido de que os representantes dos empregados nas Comissões Internas de Prevenção de Acidentes e de Assédio não podem sofrer *despedida arbitrária*, entendendo-se como tal a que não se fundar em motivo disciplinar, técnico, econômico ou financeiro.

Por ser hipótese específica e provisória de garantia de permanência no emprego, entende-se que a sua instituição não exige lei complementar, por não envolver a disciplina genérica da proteção da relação de emprego contra despedida arbitrária ou sem justa causa (art. 7.º, inciso I, da Constituição da República).

De todo modo, cabe lembrar que a Convenção 135 da Organização Internacional do Trabalho, de 1971, dispõe sobre a proteção aos representantes dos trabalhadores, tendo sido aprovada pelo Congresso Nacional por meio do Decreto Legislativo 86/1989 e promulgada pelo Decreto 131/1991 (atualmente Decreto 10.088/2019).

O art. 1.º da Convenção 135 da OIT prevê que os representantes dos trabalhadores na empresa devem ser beneficiados com uma proteção eficiente contra quaisquer medidas que possam vir a prejudicá-los, inclusive o despedimento, e que sejam motivadas por sua qualidade ou suas atividades como *representantes dos trabalhadores*, sua filiação sindical, ou participação em atividades sindicais, conquanto ajam de acordo com as leis, convenções coletivas ou outros arranjos convencionais que estejam em vigor.

Mesmo no âmbito dos dissídios coletivos de trabalho, já se admitia a previsão, em sentença normativa, de garantia de emprego (estabilidade provisória) ao representante dos trabalhadores, no exercício do poder normativo da Justiça do Trabalho, em consonância com o art. 114, § 2.º, da Constituição da República. Nesse sentido, o Precedente Normativo 86 da SDC do TST assim prevê: "Representantes dos trabalhadores. Estabilidade no emprego (positivo). Nas empresas com mais de 200 empregados é assegurada a eleição direta de um representante, com as garantias do art. 543, e seus parágrafos, da CLT".

Capítulo **16**

INDENIZAÇÃO

16.1 INTRODUÇÃO

Em linhas genéricas, pode-se dizer que existem dois sistemas pertinentes à despedida como forma de cessação da relação de emprego: o impeditivo da despedida e o da reparação econômica[1].

O primeiro pode ser entendido como impeditivo da dispensa, assegurando estabilidade ao empregado, o que começou a ser previsto pela Lei Eloy Chaves, de 1923, persistindo até a Lei 5.107/1966, que instituiu o regime facultativo do FGTS. O direito ao FGTS, com a Constituição Federal de 1988, tornou-se o regime obrigatório (art. 7.º, inciso III).

O segundo sistema de despedida é aquele que estabelece uma reparação econômica, ou seja, uma indenização, pela dispensa sem justa causa. Tem-se aqui o dever do empregador de pagar a indenização em favor do empregado, como forma de desestimular o término do vínculo de emprego.

16.2 CONCEITO

A **indenização**, especificamente no Direito do Trabalho, quanto ao término da relação de emprego, pode ser conceituada como o valor devido pelo empregador, por dispensar o empregado sem justa causa.

Na verdade, a referida indenização trabalhista apresenta contornos próprios quando comparada com a tradicional indenização, presente no Direito Civil.

Na responsabilidade civil, a indenização é a *reparação* devida pelos prejuízos decorrentes da lesão ao direito, podendo, também, assumir a feição de *compensação* dos prejuízos sofridos, ou mesmo a natureza de *sancionar* (penalizar) a conduta, visando desestimular a sua ocorrência.

No caso em estudo, o que se tem é a ruptura arbitrária ou sem justa causa do contrato de trabalho, fato que gera o direito à indenização em favor do empregado, em razão da perda do emprego, mesmo não sendo um ato ilícito ou abusivo propriamente, como forma de desestimular a cessação do vínculo de emprego.

Obviamente, a indenização por responsabilidade civil também pode ser devida nas relações de trabalho, inclusive em face de dispensa discriminatória do empregado, caracterizando o abuso no exercício do respectivo direito, gerando lesões a direitos materiais e de personalidade do empregado.

---

1. MARTINS, Sergio Pinto. *Direito do trabalho*. 22. ed. São Paulo: Atlas, 2006. p. 418.

16.3 NATUREZA JURÍDICA

Várias são as teorias que procuram explicar a natureza jurídica da indenização trabalhista[2]:

- *teoria do abuso de direito*: a dispensa arbitrária seria um exercício irregular, ou seja, abusivo, do direito de fazer cessar o contrato de trabalho.
- *teoria do crédito*: o empregado deve ser compensado financeiramente pela perda do emprego para a qual não deu motivo.
- *teoria do risco*: o risco da atividade econômica é do empregador, o qual, assim, deve pagar uma indenização quando põe fim a contrato de trabalho sem justificativa razoável.
- *teoria do salário diferido*: o empregado vai acumulando, no decorrer da prestação dos serviços, certos valores, a serem recebidos quando da cessação do contrato de trabalho.
- *teoria do prêmio*: o empregado, por ter colaborado com o empregador, na prestação dos serviços, faz jus a uma recompensa ou premiação quando da ruptura contratual.
- *teoria da pena*: a dispensa arbitrária deve ser sancionada, por não ser desejada pela sociedade.
- *teoria do dano*: estabelece uma relação entre a indenização devida e o prejuízo sofrido pelo empregado dispensado.
- *teoria da assistência social*: enfoca a indenização como uma modalidade de cobertura de natureza social, para que o empregado possa se manter após a dispensa.

Na realidade, a indenização pela dispensa do empregado tem natureza própria, de direito trabalhista, sem se confundir com a indenização devida na responsabilidade civil tradicional, nem com as prestações da seguridade social. Por outro lado, também se distancia da natureza salarial, justamente por não decorrer da prestação de serviços, mas sim da terminação do vínculo de emprego sob certas modalidades.

A indenização em questão, de todo modo, também pode ser vista como uma compensação devida ao empregado, com valor previsto em lei, pela perda do emprego decorrente da sua dispensa sem justa causa.

16.4 EVOLUÇÃO DO SISTEMA DE DESPEDIDA NO BRASIL

Na Consolidação das Leis do Trabalho (Decreto-lei 5.452, de 1.º de maio de 1943), o regime originariamente previsto era o da **indenização por tempo de serviço**, conforme os arts. 477 e 478, com aquisição da estabilidade após 10 anos de serviço, conforme os arts. 492 e seguintes.

A Lei 5.107, de 13 de setembro de 1966, passou a prever o sistema facultativo do **FGTS**, em que os empregados urbanos podiam optar pelo referido regime, em substituição àquele previsto na CLT.

Nesse aspecto, é importante destacar que, como esclarece a Súmula 98, inciso I, do TST:

> "FGTS. Indenização. Equivalência. [...] I – A equivalência entre os regimes do Fundo de Garantia do Tempo de Serviço e da estabilidade prevista na CLT é meramente jurídica e não econômica, sendo indevidos valores a título de reposição de diferenças".

2. MARTINS, Sergio Pinto. *Direito do trabalho*. 22. ed. São Paulo: Atlas, 2006. p. 420-421.

Na Constituição Federal de 1988, o art. 7.º, inciso I, apresenta a seguinte previsão:

> "Art. 7.º São direitos dos trabalhadores urbanos e rurais, além de outros que visem à melhoria de sua condição social:
>
> I – relação de emprego protegida contra despedida arbitrária ou sem justa causa, nos termos de lei complementar, que preverá indenização compensatória, dentre outros direitos;
>
> [...]
>
> III – fundo de garantia do tempo de serviço".

Cabe ainda destacar a seguinte previsão do Ato das Disposições Constitucionais Transitórias:

> "Art. 10. Até que seja promulgada a lei complementar a que se refere o art. 7.º, I, da Constituição:
>
> I – fica limitada a proteção nele referida ao aumento, para quatro vezes, da porcentagem prevista no art. 6.º, *caput* e § 1.º, da Lei 5.107, de 13 de setembro de 1966".

De acordo com o entendimento majoritário, o referido inciso I revela-se norma de eficácia limitada, por depender da regulamentação de lei complementar ali prevista. Não se trata, assim, de norma autoaplicável, segundo a classificação mais tradicional da eficácia das normas constitucionais. Tanto é assim que o ADCT estabeleceu a regra do art. 10, regulando provisoriamente a questão, até a promulgação da mencionada lei complementar.

Na sistemática adotada pela Constituição Federal de 1988, a regra não parece ser o direito à estabilidade própria ou definitiva, a qual nem sequer é mencionada no inciso I do art. 7.º, nem no art. 10 do ADCT.

Aliás, o referido inciso I do art. 7.º, ao tratar da proteção da relação de emprego contra a despedida arbitrária, prevê, expressamente, o direito à "indenização compensatória, dentre outros direitos".

É certo que a mencionada lei complementar deverá prever não só a indenização, mas "outros direitos", abrindo margem para medidas diversas, de proteção da relação de emprego contra despedida arbitrária ou sem justa causa. Isso, no entanto, fica na dependência da referida lei complementar, podendo-se imaginar a previsão de direitos como estabilidades para situações especiais e certas garantias de emprego.

Confirmando o enfoque acima, como já estudado anteriormente, ainda de acordo com o ADCT:

> "Art. 10. Até que seja promulgada a lei complementar a que se refere o art. 7.º, I, da Constituição:
>
> [...]
>
> II – fica vedada a dispensa arbitrária ou sem justa causa:
>
> *a*) do empregado eleito para cargo de direção de comissões internas de prevenção de acidentes, desde o registro de sua candidatura até um ano após o final de seu mandato;
>
> *b*) da empregada gestante, desde a confirmação da gravidez até cinco meses após o parto".

Relevante observar que o art. 7.º, inciso I, da Constituição Federal de 1988 faz previsão da indenização compensatória, "*dentre* outros direitos", ou seja, inseridos no contexto da mencionada regra de indenização como consequência pela dispensa arbitrária ou sem justa causa.

No entanto, a lei ordinária e outras fontes formais do Direito do Trabalho podem prever hipóteses específicas de **estabilidade provisória**, sem regular – de forma genérica – a proteção da relação de emprego contra a despedida arbitrária ou sem justa causa (matéria que exige lei complementar). Isso ocorre, por exemplo, nas garantias de emprego previstas no art. 118 da Lei 8.213/1991 e outras previstas em certos instrumentos normativos, como de manutenção do emprego no período que antecede a aposentadoria. A Lei Complementar 146/2014, como já mencionado, dispõe que o direito previsto no art. 10, inciso II, *b*, do Ato das Disposições Constitucionais Transitórias deve ser assegurado, nos casos em que ocorrer o falecimento da genitora, a quem detiver a guarda do seu filho.

16.5 INDENIZAÇÃO POR TEMPO DE SERVIÇO

O regime de indenização por tempo de serviço, previsto nos arts. 478, e 496 a 498 da CLT, como examinado, não é mais aplicável (quanto ao tempo de serviço) a partir da entrada em vigor da Constituição Federal de 1988, pois esta adotou o sistema obrigatório do FGTS.

Mesmo assim, quanto aos empregados admitidos antes de 5 de outubro de 1988, e que não tenham optado pelo FGTS, o tempo de serviço até a referida data deve ser regulado pelos arts. 478, e 496 a 498 da CLT, na hipótese de serem despedidos de forma arbitrária ou sem justa causa, o que é confirmado pela previsão da Lei 8.036/1990, que regula o Fundo de Garantia do Tempo de Serviço, especialmente no art. 14, § 1.º.

De acordo com o art. 477 da CLT, em sua redação anterior, dada pela Lei 5.584/1970: "É assegurado a todo empregado, não existindo prazo estipulado para a terminação do respectivo contrato, e quando não haja ele dado motivo para cessação das relações de trabalho, o direito de haver do empregador uma indenização, paga na base da maior remuneração que tenha percebido na mesma empresa".

Explicitando a referida disposição, o art. 478 da CLT estabelece os seguintes parâmetros (atualizados os §§ 2.º e 3.º conforme previsões jurídicas posteriores):

> "Art. 478. A indenização devida pela rescisão de contrato por prazo indeterminado será de 1 (um) mês de remuneração por ano de serviço efetivo, ou por ano e fração igual ou superior a 6 (seis) meses.
>
> § 1.º O primeiro ano de duração do contrato por prazo indeterminado é considerado como período de experiência, e, antes que se complete, nenhuma indenização será devida.
>
> § 2.º Se o salário for pago por dia, o cálculo da indenização terá por base 30 (trinta) dias. (corrigido/atualizado em razão da Lei 605/1949)
>
> § 3.º Se pago por hora, a indenização apurar-se-á na base de 240 (duzentas e quarenta) horas por mês. (corrigido/atualizado em razão da Lei 605/1949; com a CF/1988, art. 7.º, inciso XIII, a base passou a ser de 220 horas por mês)
>
> § 4.º Para os empregados que trabalhem à comissão ou que tenham direito a percentagens, a indenização será calculada pela média das comissões ou percentagens percebidas nos últimos 12 (doze) meses de serviço.
>
> § 5.º Para os empregados que trabalhem por tarefa ou serviço feito, a indenização será calculada na base média do tempo costumeiramente gasto pelo interessado para realização de seu serviço, calculando-se o valor do que seria feito durante 30 (trinta) dias".

O primeiro ano do contrato a prazo indeterminado era chamado de *período de experiência*, pois antes que se completasse, nenhuma indenização era devida (§ 1.º). Esse período de experiência, no entanto, não se confunde com o contrato de experiência, o qual, como já estudado, é modalidade de contrato a prazo determinado. Já no período de experiência, pode-se entender presente uma natureza de **condição resolutiva**, no sentido de que o contrato já produz efeitos desde o início, mas ocorrendo o evento incerto (desaprovação do trabalho pelo empregador), o contrato de trabalho se extingue, sem ser devida qualquer indenização. Não havendo a referida cessação, o vínculo prossegue, e a dispensa sem justa causa, posteriormente, torna devida a indenização pelo tempo de serviço existente.

Cabe esclarecer que em razão de o art. 7.º, inciso XIII, da Constituição Federal de 1988 estabelecer a duração normal do trabalho não superior a oito horas diárias e 44 horas semanais, o § 3.º do art. 478 da CLT deve ser assim adaptado, dando origem ao divisor de 220 horas por mês. Entretanto, a indenização por tempo de serviço da CLT só tem como ser devida quanto ao período anterior à Constituição Federal de 1988 aos empregados que não eram optantes pelo FGTS. No salário pago por dia, deve-se utilizar o referencial de 30 dias por mês, como confirma a Lei 8.542/1992, art. 6.º, § 1.º.

Como já mencionado, computam-se na contagem de tempo de serviço, para efeito de indenização e de estabilidade, os períodos em que o empregado estiver afastado do trabalho prestando serviço militar e por motivo de acidente do trabalho (art. 4.º, § 1.º, da CLT).

Vejamos, ainda, algumas Súmulas do TST, também pertinentes ao cálculo da indenização aqui estudada:

> Súmula 24: "Serviço extraordinário. Insere-se no cálculo da indenização por antiguidade o salário relativo a serviço extraordinário, desde que habitualmente prestado".
>
> Súmula 60: "Adicional noturno. Integração no salário e prorrogação em horário diurno. I – O adicional noturno, pago com habitualidade, integra o salário do empregado para todos os efeitos. [...]".
>
> Súmula 132: "Adicional de periculosidade. Integração. I – O adicional de periculosidade, pago em caráter permanente, integra o cálculo de indenização e de horas extras. [...]".
>
> Súmula 139: "Adicional de insalubridade. Enquanto percebido, o adicional de insalubridade integra a remuneração para todos os efeitos legais".
>
> Súmula 148: "Gratificação natalina. É computável a gratificação de Natal para efeito de cálculo de indenização".
>
> Súmula 253: "Gratificação semestral. Repercussões. A gratificação semestral não repercute no cálculo das horas extras, das férias e do aviso prévio, ainda que indenizados. Repercute, contudo, pelo seu duodécimo na indenização por antiguidade e na gratificação natalina".

Na realidade, como prevê a Súmula 207 do STF, as gratificações habituais, inclusive a de Natal, "consideram-se tacitamente convencionadas, integrando o salário", com o que devem ser levadas em conta no cálculo da indenização.

Cabe transcrever sobre o tema, ainda, a Orientação Jurisprudencial Transitória 44 da SBDI-I do TST: "Anistia. Lei 6.683/1979. Tempo de afastamento. Não computável para efeito de indenização e adicional por tempo de serviço, licença-prêmio e promoção. O tempo de afastamento do anistiado pela Lei 6.683/1979 não é computável para efeito do pagamento de indenização por tempo de serviço, licença-prêmio e promoção".

De acordo com o também já mencionado art. 496 da CLT, quando a reintegração do empregado estável for desaconselhável, dado o grau de incompatibilidade resultante do dissídio, especialmente quando for o empregador pessoa física, o tribunal do trabalho poderá converter aquela obrigação em indenização por tempo de serviço a ser paga em dobro (ou seja, no mesmo montante previsto no art. 497 da CLT, que trata da extinção da empresa sem força maior).

Assim, a referida indenização por tempo de serviço em dobro é uma faculdade do juiz, a ser tomada quando a reintegração não for aconselhável, tendo em vista a incompatibilidade entre o empregado e o empregador, especialmente quando este for pessoa física. Sobre o tema, a Súmula 28 do TST, na redação determinada pela Resolução 121/2003, esclarece que: "No caso de se converter a reintegração em indenização dobrada, o direito aos salários é assegurado até a data da primeira decisão que determinou essa conversão".

No entanto, há autorização legal no sentido de que o tempo de serviço anterior à atual Constituição pode ser transacionado entre empregador e empregado, respeitado o limite mínimo de 60% da indenização prevista (art. 14, § 2.º, da Lei 8.036/1990).

Assim, em consonância com o art. 17, § 3.º, da Lei 5.107/1966 (na redação determinada pelo Decreto-lei 20, de 14 de setembro de 1966), revogada pela Lei 7.839/1989, e o art. 14, § 2.º, da atual Lei 8.036/1990, a Súmula 54 do TST assegura que:

> "Optante. Rescindindo por acordo seu contrato de trabalho, o empregado estável optante tem direito ao mínimo de 60% (sessenta por cento) do total da indenização em dobro, calculada sobre o maior salário percebido no emprego. Se houver recebido menos do que esse total, qualquer que tenha sido a forma de transação, assegura-se-lhe a complementação até aquele limite".

Quanto à contagem do tempo de serviço, para fins de cálculo da respectiva indenização, bem como de eventual estabilidade decenal, mostra-se de grande relevância o art. 453 da CLT, com a seguinte redação determinada pela Lei 6.204, de 29 de abril de 1975:

> "Art. 453. No tempo de serviço do empregado, quando readmitido, serão computados os períodos, ainda que não contínuos, em que tiver trabalhado anteriormente na empresa, salvo se houver sido despedido por falta grave, recebido indenização legal ou se aposentado espontaneamente".

A norma acima regula o caso específico de **readmissão**, ou seja, após o término de contrato de trabalho, a formação de um novo pacto laboral, seja logo em seguida, seja depois de certo tempo.

Não se confunde a mencionada readmissão com a reintegração, pois nesta última não há a formação de um novo contrato de trabalho, mas sim a continuidade daquele originalmente existente, em que o empregado permanece prestando serviços para o empregador.

A reintegração do empregado é frequentemente determinada por decisão judicial, como decorrência de estabilidade reconhecida em favor do empregado, ou mesmo como consequência da nulidade da sua dispensa (*v.g.*, na dispensa discriminatória de empregado portador do vírus HIV).

Conforme estabelece a Súmula 443 do TST: "Dispensa discriminatória. Presunção. Empregado portador de doença grave. Estigma ou preconceito. Direito à reintegração. Presume-se discriminatória a despedida de empregado portador do vírus HIV ou de outra doença grave que suscite estigma ou preconceito. Inválido o ato, o empregado tem direito à reintegração no emprego".

Cabe notar, assim, que o art. 495 da CLT utiliza incorretamente o termo readmissão, pois com o evidente sentido de reintegração (como corretamente prevê o art. 496), ao assegurar o direito aos salários do período de suspensão do empregado, quando não reconhecida a falta grave alegada pelo empregador.

O art. 453 da CLT, portanto, não versa sobre a unicidade contratual, tema objeto da já cancelada Súmula 20 do TST, em que se verifica o reconhecimento, na realidade, de um único contrato de trabalho, mesmo tendo existido vários contratos autônomos, apenas formalmente e em fraude à legislação trabalhista (art. 9.º da CLT: no caso, rupturas contratuais formais para se tentar evitar que o empregado adquirisse o direito de indenização ou de estabilidade por tempo de serviço). A respeito da recontratação de empregado no atual sistema do FGTS, cf. Capítulo 17, item 17.13.

Quanto à interpretação do mencionado art. 453 da CLT, se o empregado for readmitido, são contados em seu tempo de serviço os períodos (ainda que não contínuos) em que tiver trabalhado anteriormente na empresa, "salvo se houver sido despedido por falta grave, recebido indenização legal ou se aposentado espontaneamente".

Em razão disso, quanto ao pedido de demissão, como prevê a Súmula 138 do TST: "Em caso de readmissão, conta-se a favor do empregado o período de serviço anterior, encerrado com a saída espontânea".

Quanto ao prazo prescricional para que o empregado exerça a sua pretensão de soma dos períodos (mesmo descontínuos) de trabalho, na mesma empresa, por ter sido readmitido, esclarece a Súmula 156 do TST que: "Prescrição. Prazo. Da extinção do último contrato começa a fluir o prazo prescricional do direito de ação em que se objetiva a soma de períodos descontínuos de trabalho".

O referido verbete não está regulando o prazo prescricional para exigir os créditos trabalhistas decorrentes dos contratos de trabalho, mas apenas a prescrição da pretensão de se somar os "períodos descontínuos de trabalho", conforme autorização do art. 453 da CLT.

Além disso, a Súmula 156 do TST não se refere à pretensão de reconhecimento de unicidade contratual, pois aquele verbete trata de "soma de períodos *descontínuos* de trabalho", enquanto o referido reconhecimento de contrato único apresenta até mesmo natureza declaratória, a qual, em tese, não se sujeita ao prazo prescricional.

Em relação às hipóteses que afastam a contagem do tempo de serviço (art. 453 da CLT, parte final), quanto à dispensa por falta grave, já foi estudada em capítulo anterior, consistindo na cessação do vínculo em razão de justa causa praticada pelo empregado.

O recebimento da indenização legal refere-se ao caso em que o contrato anterior foi terminado, mas o empregado percebeu a indenização por tempo de serviço.

Por fim, a aposentadoria também passou a ser prevista, na redação determinada pela Lei 6.204/1975, como hipótese em que o tempo de serviço anterior não deve ser computado quando o empregado for readmitido. Por essa razão, a Súmula 21 do TST[3], já superada pela redação que foi estabelecida ao art. 453 da CLT, acabou sendo formalmente cancelada (Resolução 30/1994 do TST).

3. "Aposentadoria (cancelamento mantido – Res. 121/2003). O empregado aposentado tem direito ao cômputo do tempo anterior à aposentadoria, se permanecer a serviço da empresa ou a ela retornar" (RA 57/1970, DO-GB 27.11.1970).

Desse modo, conforme a redação do art. 453 da CLT, determinada pela Lei 6.204/1975, o empregado que se aposenta espontaneamente, se for readmitido, não tem direito a ter computado o tempo de serviço prestado à empresa, anteriormente à aposentadoria, no novo contrato de trabalho, para fins de indenização quando da dispensa sem justa causa neste último pacto.

Em sintonia com a referida previsão, assim estabelecia a Súmula 295 do TST: "Aposentadoria espontânea. Depósito do FGTS. Período anterior à opção. (Nova redação determinada pela Resolução 121/2003, *DJ* 21.11.2003). A cessação do contrato de trabalho em razão de aposentadoria espontânea do empregado exclui o direito ao recebimento de indenização relativa ao período anterior à opção. A realização de depósito na conta do Fundo de Garantia do Tempo de Serviço, de que trata o § 3.º do art. 14 da Lei 8.036, de 11.05.1990, é faculdade atribuída ao empregador". Frise-se que a mencionada Súmula 295 foi cancelada pelo Pleno do TST, em 17.11.2008, certamente em razão do atual entendimento de que a aposentadoria, por si, não acarreta a extinção do contrato de trabalho (Orientação Jurisprudencial 361 da SBDI-I do TST).

Cabe alertar que toda essa previsão se dirigia para fins de aplicação da "antiga" indenização por tempo de serviço, atualmente devida somente nas raras hipóteses de empregado admitido antes da promulgação da Constituição Federal de 1988 e que não optou pelo sistema do FGTS.

Mesmo assim, interpretando-se o art. 453 da CLT de forma evolutiva e construtiva, pode-se entender que no presente, mesmo no sistema do FGTS, se o empregado se aposentar e tiver o contrato terminado (o que, de acordo com o entendimento do STF, não é uma decorrência natural da aposentadoria), em eventual readmissão, o tempo de serviço do contrato de trabalho anterior não deve ser computado para fins de cálculo da indenização compensatória, devida na dispensa sem justa causa ocorrida no segundo contrato de trabalho.

16.5.1 Aposentadoria e contrato de trabalho

Quanto à **aposentadoria por invalidez** (aposentadoria por incapacidade permanente), por ser normalmente provisória, acarreta a suspensão do contrato de trabalho (Cf. Capítulo 12, item 12.3.4).

Por outro lado, a Lei 8.213/1991, no art. 51, prevê a aposentadoria compulsória do empregado, ao estabelecer que:

> "Art. 51. A aposentadoria por idade pode ser requerida pela empresa, desde que o segurado empregado tenha cumprido o período de carência e completado 70 (setenta) anos de idade, se do sexo masculino, ou 65 (sessenta e cinco) anos, se do sexo feminino, sendo compulsória, caso em que será garantida ao empregado a indenização prevista na legislação trabalhista, considerada como data da rescisão do contrato de trabalho a imediatamente anterior à do início da aposentadoria".

Logo, no caso especificado acima, em que a própria empresa tem a faculdade de requerer a aposentadoria do empregado, sendo compulsória, ocorre necessariamente a extinção do respectivo contrato de trabalho.

O art. 201, § 16, da Constituição Federal de 1988, incluído pela Emenda Constitucional 103/2019, dispõe que os empregados dos consórcios públicos, das empresas públicas, das sociedades de economia mista e das suas subsidiárias serão aposentados *compulsoriamente*, observado o cumprimento do tempo mínimo de contribuição, ao atingir a idade máxima de que trata o inciso II do § 1.º do art. 40 da Constituição Federal de 1988, na forma estabelecida em lei.

Essa previsão depende de disciplina em lei para ser aplicada. Cabe esclarecer que a Lei Complementar 152/2015 não trata de aposentadoria compulsória dos empregados indicados no art. 201, § 16, da Constituição Federal de 1988, incluído pela Emenda Constitucional 103/2019.

A controvérsia doutrinária e jurisprudencial, na realidade, situa-se especificamente quanto à **aposentadoria definitiva e espontânea**, ou seja, requerida pelo próprio empregado.

A primeira corrente de entendimento defendia que a referida aposentadoria (definitiva e voluntária) acarreta, necessariamente, a cessação do contrato de emprego. A aposentadoria seria uma causa natural de término do vínculo de trabalho, como se verifica com os servidores públicos estatutários.

Sendo a aposentadoria prevista justamente para se garantir ao empregado o direito de descansar após certa idade, ou determinado tempo de serviço ou contribuição, não faria sentido pensar em aposentadoria sem a terminação do contrato de trabalho. O art. 453, *caput*, da CLT, ainda que implicitamente, também confirmaria essa conclusão, ao estabelecer que se o empregado for readmitido, não são computados no tempo de serviço do empregado os períodos em que tiver trabalhado anteriormente na empresa, quando houver se "aposentado espontaneamente".

Ao requerer e ter deferido o benefício previdenciário em destaque, o empregado estaria, automaticamente, se desvinculando juridicamente do empregador, até mesmo para poder usufruir a sua aposentadoria, cujo valor substituiria o salário.

No entanto, a realidade mostrou que o empregado, mesmo se aposentando de forma definitiva e voluntária, muitas vezes por necessidade econômica, continua prestando serviços, frequentemente, ao mesmo empregador.

Mesmo assim, a corrente aqui exposta entendia que, no caso, a continuidade da prestação de serviços representa a formação, ainda que tácita, de um novo contrato de trabalho, dependendo da concordância do empregador (que também pode ser tácita). A aposentadoria teria, assim, efeito similar a um pedido de demissão, embora naquela hipótese seja autorizado o levantamento dos depósitos do FGTS.

Esse entendimento era, inclusive, majoritário e adotado pelo Tribunal Superior do Trabalho, na Orientação Jurisprudencial 177 da SBDI-I do TST (mas cancelada – *DJ* 30.10.2006), com a seguinte redação: "Aposentadoria espontânea. Efeitos. A aposentadoria espontânea extingue o contrato de trabalho, mesmo quando o empregado continua a trabalhar na empresa após a concessão do benefício previdenciário. Assim sendo, indevida a multa de 40% do FGTS em relação ao período anterior à aposentadoria".

A corrente oposta sustenta que a aposentadoria, de acordo com o sistema jurídico em vigor, não é por si só causa de extinção do contrato de trabalho.

Nesse sentido, cabe destacar que os arts. 49 (aposentadoria por idade), 54 (aposentadoria por tempo de contribuição, não mais prevista, em regra, com a Emenda Constitucional 103/2019, salvo nos casos de direito adquirido, da regra de transição do art. 17 da Emenda Constitucional 103/2019 e de aposentadoria da pessoa com deficiência, concedida na forma da Lei Complementar 142/2013, conforme art. 22 da Emenda Constitucional 103/2019) e 57, § 2.º (aposentadoria especial), da Lei 8.213/1991, autorizam o empregado a requerer e ter deferida a aposentadoria sem ter de se desligar do emprego. Com isso, se o empregado tem a faculdade de permanecer trabalhando normalmente no seu mesmo emprego, a aposentadoria não mais pode ser vista como causa de cessação do contrato de trabalho.

Apenas se o empregado quiser pedir demissão ao se aposentar, ou o empregador decidir dispensá-lo (normalmente sem justa causa), é que a relação de emprego pode terminar, mas não em razão da aposentadoria propriamente.

Nessa linha, **a aposentadoria, em regra, não acarreta o término do vínculo de emprego**, inclusive porque, do contrário, este ficaria sem a devida proteção contra a despedida arbitrária ou sem justa causa (art. 7.º, inciso I, da CF/1988).

Esse entendimento, inicialmente minoritário, é o que passou a prevalecer, segundo a jurisprudência do Supremo Tribunal Federal, como se verifica na seguinte decisão:

> "Previdência social: aposentadoria espontânea não implica, por si só, extinção do contrato de trabalho. 1. Despedida arbitrária ou sem justa causa (CF, art. 7.º, I): viola a garantia constitucional o acórdão que, partindo de premissa derivada de interpretação conferida ao art. 453, *caput*, da CLT (redação alterada pela L. 6.204/1975), decide que a aposentadoria espontânea extingue o contrato de trabalho, mesmo quando o empregado continua a trabalhar na empresa após a concessão do benefício previdenciário. 2. A aposentadoria espontânea pode ou não ser acompanhada do afastamento do empregado de seu trabalho: só há readmissão quando o trabalhador aposentado tiver encerrado a relação de trabalho e posteriormente iniciado outra; caso haja continuidade do trabalho, mesmo após a aposentadoria espontânea, não se pode falar em extinção do contrato de trabalho e, portanto, em readmissão. 3. Precedentes (ADIn 1.721-MC, Ilmar Galvão, *RTJ* 186/3; ADIn 1.770, Moreira Alves, *RTJ* 168/128)" (STF, 1.ª T., RE 449.420-5/PR, Rel. Min. Sepúlveda Pertence, j. 16.08.2005, *DJU* 14.10.2005).

A relação jurídica previdenciária, de natureza pública, entre o segurado e a Previdência Social, referente à aposentadoria, não interfere na relação jurídica de emprego, de natureza privada, estabelecida entre empregado e empregador.

Em harmonia com o exposto, entende-se que a aposentadoria espontânea do trabalhador portuário avulso não acarreta a extinção da inscrição do cadastro e do registro perante o OGMO (TST, Pleno, ArgInc - 395400-83.2009.5.09.0322, Rel. Min. Pedro Paulo Manus, *DEJT* 30.11.2012).

Não obstante, quanto à *aposentadoria especial*, por ser proibida a continuidade do exercício de atividade pelo segurado com efetiva exposição a agentes químicos, físicos e biológicos prejudiciais à saúde, ou associação desses agentes (art. 201, § 1.º, inciso II, da Constituição Federal de 1988), sob pena de automático cancelamento desse benefício (art. 57, § 8.º, da Lei 8.213/1991), prevalece no TST o entendimento de que a referida modalidade de aposentadoria gera a extinção do contrato de trabalho por iniciativa do empregado (TST, SBDI-I, E-ARR – 607-93.2010.5.09.0678, Rel. Min. Hugo Carlos Scheuermann, *DEJT* 22.09.2017).

No julgamento das Ações Diretas de Inconstitucionalidade 1.770 e 1.721, o Supremo Tribunal Federal considerou inconstitucionais os §§ 1.º e 2.º do art. 453 da CLT, acrescentados pela Lei 9.528/1997, entendendo que "o Ordenamento Constitucional não autoriza o legislador ordinário a criar modalidade de rompimento automático do vínculo de emprego, em desfavor do trabalhador, na situação em que este apenas exercita o seu direito de aposentadoria espontânea, sem cometer deslize algum" (STF, Pleno, ADI 1.721/DF, Rel. Min. Carlos Britto, *DJe* 29.06.2007).

Em razão de reiteradas decisões do STF no sentido acima (especialmente nas referidas ações diretas de inconstitucionalidade, pois suas decisões detêm eficácia vinculante e transcendente, conforme o art. 102, § 2.º, da CF/1988), o Pleno do TST, em 25.10.2006, decidiu pelo cancelamento da Orientação Jurisprudencial 177 da SBDI-I (*DJ* 30.10.2006).

Assim, atualmente, tornou-se majoritário o entendimento de que a aposentadoria definitiva e voluntária, em regra, não acarreta a extinção do contrato de trabalho.

Nessa linha, a aposentadoria por idade concedida ao empregado rural, na forma prevista na legislação, não acarreta rescisão de contrato de trabalho, nem constituirá justa causa para a sua dispensa (art. 100 do Decreto 10.854/2021).

Cabe ressaltar que, segundo o art. 37, § 10, da Constituição da República: "É vedada a percepção simultânea de proventos de aposentadoria decorrentes do art. 40 ou dos arts. 42 e 142 com a remuneração de cargo, emprego ou função pública, ressalvados os cargos acumuláveis na forma desta Constituição, os cargos eletivos e os cargos em comissão declarados em lei de livre nomeação e exoneração".

Há entendimento no sentido de que, ressalvadas as hipóteses previstas na Constituição Federal de 1988[4], o servidor público aposentado não pode continuar prestando serviço para a Administração Pública, por ser proibida a acumulação dos proventos de aposentadoria com os vencimentos.

Não obstante, quanto ao tema, de acordo com importante julgado do Supremo Tribunal Federal:

> "Reclamação. Acórdão do Tribunal Superior do Trabalho. Descumprimento da decisão proferida no julgamento das Ações Diretas de Inconstitucionalidade 1.721/DF e 1.770/DF. Não ocorrência. Agravo improvido.
>
> I – O Supremo Tribunal Federal, por ocasião do julgamento da ADI 1.770/DF, Rel. Min. Joaquim Barbosa, e da ADI 1.721/DF, Rel. Min. Ayres Britto, declarou inconstitucionais o § 1.º e o § 2.º do art. 453 da CLT, sob o fundamento de que a mera concessão da aposentadoria voluntária ao trabalhador não tem por efeito extinguir, instantânea e automaticamente, o seu vínculo de emprego. II – *A contrario sensu*, pode-se afirmar, então, que é permitido ao empregado público requerer a aposentadoria voluntária no Regime Geral de Previdenciária Social e continuar trabalhando e, consequentemente, recebendo a respectiva remuneração. Isso porque em tais situações não há acumulação vedada pela Constituição Federal.
>
> III – Agravo regimental a que se nega provimento" (STF, Pleno, Rel. Min. Ricardo Lewandowski, Rcl 9.762/SC, *DJE* 31.05.2013).

Sendo assim, como a aposentadoria recebida pelo Regime Geral de Previdência tem como fundamento o art. 201, § 7.º, da Constituição Federal de 1988, e não os seus arts. 40, 42 e 142, prevaleceu no Supremo Tribunal Federal o entendimento no sentido da não incidência da proibição de sua acumulação com a remuneração decorrente de emprego público[5].

---

4. Cf. art. 37, inciso XVI, da CF/1988: "é vedada a acumulação remunerada de cargos públicos, exceto quando houver compatibilidade de horários, observado em qualquer caso o disposto no inciso XI: a) a de dois cargos de professor; b) a de um cargo de professor com outro técnico ou científico; c) a de dois cargos ou empregos privativos de profissionais de saúde, com profissões regulamentadas".

5. "Competência. Ato de autoridade federal. Emenda Constitucional nº 45/2004. Sentença anterior. Justiça Federal. Vínculo empregatício. Aposentadoria. Proventos e salário. Acumulação. Empregado. Dispensa. Motivo insubsistente. Reintegração. A Justiça Federal é competente para apreciar mandado de segurança, em jogo direito a resultar de relação de emprego, quando reconhecido, na decisão atacada, envolvimento de ato de autoridade federal e formalizada a sentença de mérito antes do advento da Emenda Constitucional nº 45/2004. O direito à reintegração alcança empregados dispensados em razão de aposentadoria espontânea

O art. 37, § 14, da Constituição Federal de 1988, incluído pela Emenda Constitucional 103/2019, estabelece que a aposentadoria concedida com a utilização de tempo de contribuição decorrente de cargo, emprego ou função pública, inclusive do Regime Geral de Previdência Social, acarretará o rompimento do vínculo que gerou o referido tempo de contribuição.

Logo, com a Emenda Constitucional 103/2019, se o servidor de cargo, emprego ou função pública se aposentar utilizando tempo de contribuição de Regime Próprio de Previdência Social ou do Regime Geral de Previdência Social, haverá o término automático e necessário do vínculo jurídico que gerou esse tempo de contribuição, o que também se aplica ao empregado público.

Em harmonia com o princípio da irretroatividade das normas jurídicas e com o ato jurídico perfeito (art. 5.º, inciso XXXVI, da Constituição da República), o art. 6.º da Emenda Constitucional 103/2019 esclarece que o disposto no § 14 do art. 37 da Constituição Federal de 1988 não se aplica a aposentadorias concedidas pelo Regime Geral de Previdência Social até a data de entrada em vigor da Emenda Constitucional 103/2019, publicada no Diário Oficial da União de 13.11.2019.

Desse modo, a concessão de aposentadoria requerida a partir de 14 de novembro de 2019 com utilização de tempo de contribuição decorrente de cargo, emprego ou função pública acarretará o rompimento do vínculo que gerou o referido tempo de contribuição (art. 153-A do Regulamento da Previdência Social, incluído pelo Decreto 10.410/2020). Para fins dessa previsão, após a consolidação da aposentadoria, o INSS deve notificar a empresa responsável sobre a aposentadoria do segurado e constarão da notificação as datas de concessão e de início do benefício.

A respeito do tema, o Supremo Tribunal Federal fixou a seguinte tese de repercussão geral: "A natureza do ato de demissão de empregado público é constitucional-administrativa e não trabalhista, o que atrai a competência da Justiça comum para julgar a questão. A concessão de aposentadoria aos empregados públicos inviabiliza a permanência no emprego, nos termos do art. 37, § 14, da CRFB, salvo para as aposentadorias concedidas pelo Regime Geral de Previdência Social até a data de entrada em vigor da Emenda Constitucional nº 103/19, nos termos do que dispõe seu art. 6.º" (STF, Pleno, RE 655.283/DF, Red. p/ ac. Min. Dias Toffoli, j. 16.06.2021).

Nos casos de servidores públicos que tenham exercido cargos públicos, ou seja, de regime estatutário, se houver previsão de vacância do cargo em lei local, entende-se que os servidores públicos aposentados pelo Regime Geral de Previdência Social não têm direito de serem reintegrados no mesmo cargo. Vale dizer, se a legislação do ente federativo estabelecer que a aposentadoria é causa de vacância, o servidor não pode, sem prestar novo concurso público, manter-se no mesmo cargo ou ser reintegrado depois de se aposentar, ainda que a aposentadoria ocorra no âmbito do Regime Geral de Previdência Social. Nesse sentido, o Supremo Tribunal Federal fixou a seguinte tese de repercussão geral: "O servidor público aposentado pelo Regime Geral de Previdência Social, com previsão de vacância do cargo em lei local, não tem direito a ser reintegrado ao mesmo cargo no qual se aposentou ou nele manter-se, por violação à regra do concurso público e à impossibilidade de acumulação de proventos e remuneração não acumuláveis em atividade" (STF, Pleno, RE 1.302.501/PR, Rel. Min. Luiz Fux, j. 18.06.2021).

---

considerado insubsistente o motivo do desligamento. Inexiste óbice à cumulação de proventos e salário, presente o Regime Geral de Previdência" (STF, Pleno, RE 655.283/DF, Rel. Min. Marco Aurélio, *DJe* 27.04.2021).

Reitere-se que no caso de empregado da esfera privada, entende-se que a aposentadoria espontânea (voluntária), no âmbito do Regime Geral de Previdência Social, não é causa de extinção do contrato de trabalho, ou seja, não tem por efeito extinguir automaticamente o vínculo de emprego[6].

Ainda prossegue a discussão quanto à seguinte questão: continuando o empregado a prestar serviços ao mesmo empregador, mesmo depois da aposentadoria, vindo a ser dispensado sem justa causa posteriormente, a indenização compensatória de 40% do FGTS deve ser calculada desde a admissão original, ou apenas quanto ao período posterior à aposentadoria?

Essa controvérsia permanece em razão da previsão do *caput* do art. 453 da CLT, com redação determinada pela Lei 6.204/1975, que não se confunde com os referidos §§ 1.º e 2.º, acrescentados pela Lei 9.528/1997.

Embora o tema possa apresentar posições divergentes, pode-se entender que na hipótese acima questionada, envolvendo a aposentadoria com continuação da prestação dos serviços e do mesmo vínculo de emprego, a mencionada indenização compensatória, devida na dispensa arbitrária ou sem justa causa (art. 10, inciso I, do ADCT, e art. 18, § 1.º, da Lei 8.036/1990), deve ser calculada sobre a totalidade dos depósitos do FGTS, pertinentes a todo o período de trabalho, desde a origem do início do contrato de trabalho, ou seja, a partir da admissão do empregado, mesmo que este tenha levantado parte dos referidos depósitos quando da aposentadoria (art. 20, inciso III, da Lei 8.036/1990), ou por outra hipótese prevista em lei, como prevê o art. 9.º, § 1.º, do Regulamento do FGTS, aprovado pelo Decreto 99.684/1990, parte final[7].

---

6. "Ação direta de inconstitucionalidade. Artigo 3.º da Medida Provisória nº 1.596-14/97, convertida na Lei nº 9.528/97, que adicionou ao artigo 453 da Consolidação das Leis do Trabalho um segundo parágrafo para extinguir o vínculo empregatício quando da concessão da aposentadoria espontânea. Procedência da ação. 1. A conversão da medida provisória em lei prejudica o debate jurisdicional acerca da 'relevância e urgência' dessa espécie de ato normativo. 2. Os valores sociais do trabalho constituem: a) fundamento da República Federativa do Brasil (inciso IV do artigo 1.º da CF); b) alicerce da Ordem Econômica, que tem por finalidade assegurar a todos existência digna, conforme os ditames da justiça social, e, por um dos seus princípios, a busca do pleno emprego (artigo 170, *caput* e inciso VIII); c) base de toda a Ordem Social (artigo 193). Esse arcabouço principiológico, densificado em regras como a do inciso I do artigo 7.º da Magna Carta e as do artigo 10 do ADCT/88, desvela um mandamento constitucional que perpassa toda relação de emprego, no sentido de sua desejada continuidade. 3. A Constituição Federal versa a aposentadoria como um benefício que se dá mediante o exercício regular de um direito. E o certo é que o regular exercício de um direito não é de colocar o seu titular numa situação jurídico-passiva de efeitos ainda mais drásticos do que aqueles que resultariam do cometimento de uma falta grave (sabido que, nesse caso, a ruptura do vínculo empregatício não opera automaticamente). 4. O direito à aposentadoria previdenciária, uma vez objetivamente constituído, se dá no âmago de uma relação jurídica entre o segurado do Sistema Geral de Previdência e o Instituto Nacional de Seguro Social. Às expensas, portanto, de um sistema atuarial-financeiro que é gerido por esse Instituto mesmo, e não às custas desse ou daquele empregador. 5. O Ordenamento Constitucional não autoriza o legislador ordinário a criar modalidade de rompimento automático do vínculo de emprego, em desfavor do trabalhador, na situação em que este apenas exercita o seu direito de aposentadoria espontânea, sem cometer deslize algum. 6. A mera concessão da aposentadoria voluntária ao trabalhador não tem por efeito extinguir, instantânea e automaticamente, o seu vínculo de emprego. 7. Inconstitucionalidade do § 2.º do artigo 453 da Consolidação das Leis do Trabalho, introduzido pela Lei nº 9.528/97" (STF, Pleno, ADI 1.721/DF, Rel. Min. Carlos Britto, j. 11.10.2006, *DJe* 29.06.2007).

7. "§ 1.º No caso de despedida sem justa causa, ainda que indireta, o empregador depositará na conta vinculada do trabalhador no FGTS, importância igual a quarenta por cento do montante de todos os depósitos realizados na conta vinculada durante a vigência do contrato de trabalho atualizados monetariamente e acrescidos dos respectivos juros, não sendo permitida, para este fim a dedução dos saques ocorridos" (redação dada pelo Decreto 2.430/1997).

A posição acima defendida procura ser coerente com a decisão do STF, no sentido de que a aposentadoria não gera (necessariamente) a extinção do contrato de trabalho. Sendo essa a premissa, na atualidade, quanto ao tema em destaque, deve-se interpretar o *caput* do art. 453 da CLT em conformidade com a referida orientação, estabelecida pela Corte Superior, fundamentada na Constituição da República.

Confirmando o exposto acima, de acordo com a Orientação Jurisprudencial 361 da SBDI-I do TST: "Aposentadoria espontânea. Unicidade do contrato de trabalho. Multa de 40% do FGTS sobre todo o período. A aposentadoria espontânea não é causa de extinção do contrato de trabalho se o empregado permanece prestando serviços ao empregador após a jubilação. Assim, por ocasião da sua dispensa imotivada, o empregado tem direito à multa de 40% do FGTS sobre a totalidade dos depósitos efetuados no curso do pacto laboral" (*DJ* 20.05.2008).

A interpretação do art. 453, *caput*, da CLT, assim, deve ser no seguinte sentido: a aposentadoria, eventualmente, pode vir a ser acompanhada da extinção de contrato de trabalho, porque o empregado pediu demissão ou foi dispensado pelo empregador (normalmente sem justa causa). Isso, no entanto, não é algo que tenha, necessariamente, que ocorrer; não se verificando, o mesmo vínculo de emprego prossegue normalmente.

De todo modo, se, porventura, o contrato de trabalho terminar na mesma época da aposentadoria (em razão de pedido de demissão ou dispensa do empregado, desde que válidos), e o trabalhador vier a ser readmitido pelo mesmo empregador (posteriormente ou logo em seguida), somente nesse caso é que incide a previsão do art. 453, *caput*, da CLT, no sentido de que o tempo de serviço anterior não será computado, para efeito de cálculo da atual indenização compensatória (de 40% do FGTS), quando de eventual dispensa sem justa causa que ponha fim ao último contrato de trabalho.

Inversamente, se a aposentadoria definitiva e espontânea não vier acompanhada de cessação da relação de emprego (não pedindo o empregado a demissão, nem sendo dispensado pelo empregador), esta prossegue normalmente, com que resta afastada, de plano, a hipótese de incidência do art. 453, *caput*, da CLT, que é sobre a readmissão do empregado.

Reitere-se: se a aposentadoria não faz cessar o contrato de trabalho e este prossegue normalmente, não há como se cogitar de "readmissão", afastando por completo a incidência do disposto no art. 453, *caput*, da CLT. Esse dispositivo, na realidade, só pode ter aplicabilidade bem restrita atualmente, ou seja, nas cada vez mais raras hipóteses em que a aposentadoria é acompanhada de pedido de demissão ou dispensa (normalmente sem justa causa) pelo empregador, e o empregado, em seguida ou posteriormente, é readmitido, ou seja, contratado novamente.

16.6 INDENIZAÇÃO NOS CONTRATOS A PRAZO DETERMINADO

De acordo com o art. 481 da CLT, se as partes firmaram contrato a prazo certo, inclusive de experiência (Súmula 163 do TST), mas inseriram o direito recíproco de fazer cessá-lo antes do termo fixado, caso este direito seja exercido, aplicam-se as normas pertinentes à cessação do contrato a prazo indeterminado, com o direito, *v.g.*, ao aviso prévio e à indenização de 40%.

Não havendo a referida cláusula assecuratória do direito recíproco de rescisão, é necessário verificar se a cessação do contrato, antes do termo ajustado, foi de iniciativa do empregador ou do empregado.

No primeiro caso, em conformidade com o art. 479 da CLT: "Nos contratos que tenham termo estipulado, o empregador que, sem justa causa, despedir o empregado será obrigado a pagar-lhe, a título de indenização, e por metade, a remuneração a que teria direito até o termo do contrato".

Além disso, o empregado também tem direito à indenização compensatória de 40% do FGTS (ou 20%, tratando-se de culpa recíproca), pois esta é devida "sem prejuízo do disposto no art. 479 da CLT", conforme prevê o art. 14 do Regulamento do FGTS, aprovado pelo Decreto 99.684/1990, que regulamenta a Lei 8.036/1990.

Por fim, se o empregado é quem se desliga, sem justa causa, do contrato, antes do termo estipulado, obriga-se a indenizar o empregador dos prejuízos que desse fato lhe resultarem (art. 480 da CLT). Essa indenização "não poderá exceder àquela a que teria direito o empregado em idênticas condições" (§ 1.º do art. 480 da CLT).

A Lei 5.889/1973, pertinente ao trabalho rural, no art. 14, prevê o contrato de safra, considerado como "o que tenha sua duração dependente de variações estacionais da atividade agrária" (parágrafo único do art. 14). O *caput* do art. 14 prevê a regra de que expirado normalmente o contrato, a empresa pagará ao safrista, a título de indenização do tempo de serviço, importância correspondente a 1/12 do salário mensal, por mês de serviço ou fração superior a 14 dias.

Seria possível entender que essa indenização por tempo de serviço da Lei 5.889/1973 foi revogada pelo sistema do FGTS, que passou a ser aplicado também aos empregados rurais, conforme o art. 7.º, inciso III, da Constituição Federal de 1988. Ainda assim, prevalece o entendimento de que o art. 14 da Lei 5.889/1973 foi recepcionado pela Constituição Federal de 1988, permanecendo aplicável a referida indenização (TST, 8.ª T., AIRR 98-87.2014.5.15.0151, Rel. Min. Dora Maria da Costa, *DEJT* 27.11.2015). Nessa linha dispõe o art. 97 do Decreto 10.854/2021.

A Lei 2.959, de 17 de novembro de 1956, dispõe sobre os contratos por obra certa. O seu art. 2.º prevê indenização por tempo de serviço (na forma do art. 478 da CLT, com redução de 30%), na rescisão do contrato de trabalho por término da obra ou serviço, tendo o empregado mais de 12 meses de serviço. No entanto, é possível entender que essa previsão também não foi recepcionada pela Constituição Federal de 1988, pois, de acordo com o seu art. 7.º, inciso III, o Fundo de Garantia do Tempo de Serviço passou a ser o sistema legal obrigatório a todos os empregados.

A Lei 9.601, de 21 de janeiro de 1998, dispõe sobre um contrato por prazo determinado especial. Quanto à rescisão antecipada, não se aplicam os arts. 479 e 480 da CLT, devendo as partes estabelecer, na convenção ou acordo coletivo, a indenização devida na hipótese, nos casos de iniciativa do empregador ou do empregado (art. 1.º, § 1.º, inciso I).

16.7 INDENIZAÇÃO COMPENSATÓRIA DE 40% DO FGTS

A indenização por tempo de serviço, regulada na CLT, foi substituída, definitivamente, pelo sistema do FGTS, que passou a ser obrigatório, nos termos do art. 7.º, inciso III, da Constituição Federal de 1988.

No entanto, antes mesmo do atual regime, a Lei 5.107, de 13 de setembro de 1966 (revogada pela Lei 7.839/1989), que instituiu o sistema opcional do FGTS ao empregado regido pela CLT, passou a estabelecer a seguinte previsão:

> "Art. 6.º Ocorrendo rescisão do contrato de trabalho, por parte da empresa, sem justa causa, ficará esta obrigada a depositar, na data da dispensa, a favor do empregado, impor-

tância igual a 10% (dez por cento) dos valores do depósito, da correção monetária e dos juros capitalizados na sua cota vinculada, correspondentes ao período em que o empregado trabalhou na empresa".

Desse modo, o empregado que optasse pelo regime do FGTS e fosse dispensado sem justa causa, além de poder sacar os respectivos depósitos feitos na conta vinculada pelo empregador (art. 8.º, inciso I, da Lei 5.107/1966), tinha direito à indenização compensatória de 10% dos valores depositados.

Na Constituição Federal de 1988, cabe reiterar que o art. 10, inciso I, do Ato das Disposições Constitucionais Transitórias, alterou o referido percentual, passando a dispor:

> "Art. 10. Até que seja promulgada a lei complementar a que se refere o art. 7.º, I, da Constituição:
>
> I – fica limitada a proteção nele referida ao aumento, para quatro vezes, da porcentagem prevista no art. 6.º, *caput* e § 1.º, da Lei 5.107, de 13 de setembro de 1966".

Assim, no presente, o empregado dispensado sem justa causa (e na despedida indireta) tem direito à indenização compensatória de 40%, calculada sobre o "montante de todos os depósitos realizados na conta vinculada durante a vigência do contrato de trabalho, atualizados monetariamente e acrescidos dos respectivos juros" (art. 18, § 1.º, da Lei 8.036/1990).

Com o objetivo de evitar fraudes ao sistema do FGTS, na redação do mencionado dispositivo da Lei 8.036/1990, determinada pela Lei 9.491/1997, a indenização compensatória de 40% é depositada na conta vinculada do trabalhador, para posterior saque, juntamente com os depósitos.

Quando ocorrer despedida por "culpa recíproca ou força maior, reconhecida pela Justiça do Trabalho", o mencionado percentual, de que trata o § 1.º do art. 18 da Lei 8.036/1990, é de 20% (art. 18, § 2.º), quanto à indenização compensatória em questão.

A Lei Complementar 110, de 29 de junho de 2001, no art. 1.º, instituiu contribuição social devida pelos empregadores em caso de despedida de empregado sem justa causa, à alíquota de 10% sobre o montante de todos os depósitos devidos, referentes ao Fundo de Garantia do Tempo de Serviço – FGTS, durante a vigência do contrato de trabalho, acrescido das remunerações aplicáveis às contas vinculadas. No entanto, cabe destacar que se trata de contribuição social, e não de indenização trabalhista devida ao empregado.

A partir de 1.º de janeiro de 2020, fica extinta a contribuição social instituída por meio do art. 1.º da Lei Complementar 110/2001 (art. 12 da Lei 13.932/2019).

16.8 INDENIZAÇÃO ADICIONAL

A *indenização adicional* foi criada por leis de política salarial, no final dos anos 70 e início dos anos 80, como forma de evitar a dispensa sem justa causa do empregado no período que antecede a data-base da categoria, ou seja, quando se estabelece o reajuste para a categoria profissional.

Observou-se que certas empresas dispensavam os empregados justamente nos dias que antecediam o referido reajuste, de modo a não precisar pagar a majoração salarial decorrente, contratando-se novos empregados com salários mais baixos do que os recebidos pelos empregados despedidos.

Procurando evitar esse cenário, ou ao menos desestimular essa prática, a Lei 6.708, de 30 de outubro de 1979, no art. 9.º, passou a prever ser devida a indenização adicional ao empregado dispensado sem justa causa, no período de 30 dias que antecede a data-base de sua correção salarial, no valor de um salário mensal do empregado.

A Lei 7.238, de 29 de outubro de 1984, no art. 9.º, manteve a previsão no sentido de que:

> "O empregado dispensado, sem justa causa, no período de 30 (trinta) dias que antecede a data de sua correção salarial, terá direito à indenização adicional equivalente a um salário mensal, seja ele optante ou não pelo Fundo de Garantia do Tempo de Serviço – FGTS".

O entendimento já pacificado é no sentido de que a referida disposição encontra-se em vigor, pois não foi revogada de forma expressa ou tácita pela legislação posterior de política salarial. Logo, a sua aplicação é autorizada, pois os objetivos do mencionado dispositivo ainda persistem.

Além disso, não se verifica *bis in idem*, pois o fato gerador da indenização adicional não se confunde com o das outras modalidades de indenização e verbas trabalhistas. Como já destacado, a indenização em estudo é específica, pois decorre da dispensa sem justa causa ocorrida no trintídio que antecede a data-base da categoria. Assim, a indenização adicional não é devida no pedido de demissão, na dispensa por justa causa, na culpa recíproca, na morte do empregado, bem como no término do contrato a prazo certo em decorrência do advento do termo.

Quanto ao valor da indenização adicional, a Súmula 242 explicita que:

> "Indenização adicional. Valor. A indenização adicional, prevista no art. 9.º da Lei 6.708, de 30.10.1979 e no art. 9.º da Lei 7.238, de 28.10.1984, corresponde ao salário mensal, no valor devido na data da comunicação do despedimento, integrado pelos adicionais legais ou convencionados, ligados à unidade de tempo mês, não sendo computável a gratificação natalina".

Como já estudado, o aviso prévio, ainda que indenizado, integra o tempo de serviço do empregado (art. 487, § 1.º, da CLT).

Assim, nos termos da Súmula 182 do TST: "Aviso prévio. Indenização compensatória. Lei 6.708, de 30.10.1979. O tempo do aviso prévio, mesmo indenizado, conta-se para efeito da indenização adicional prevista no art. 9.º da Lei 6.708, de 30.10.1979".

Por isso, deve-se fazer a projeção do aviso prévio indenizado, para se verificar se recai no período de 30 dias que antecede a data-base.

Por outro lado, cabe esclarecer que, de acordo com a Súmula 314 do TST:

> "Indenização adicional. Verbas rescisórias. Salário corrigido. Se ocorrer a rescisão contratual no período de 30 (trinta) dias que antecede à data-base, observado o Enunciado 182 do TST, o pagamento das verbas rescisórias com o salário já corrigido não afasta o direito à indenização adicional prevista nas Leis 6.708, de 30.10.1979 e 7.238, de 28.10.1984".

Essa previsão se justifica, pois certos empregadores começaram a pagar as verbas rescisórias já atualizadas com o valor do reajuste obtido na data-base, objetivando, com isso, não ter de pagar a indenização adicional, decorrente da dispensa sem justa causa no referido período.

Dúvidas surgem, no entanto, quando a dispensa do empregado ocorre dentro do período de 30 dias que antecede a data-base, mas o aviso prévio é indenizado, de modo que a sua projeção recai fora do trintídio em questão.

Exemplificando, cabe imaginar, a data-base sendo no dia 1.º de maio, o empregado é dispensado sem justa causa no dia 20 de abril, mas com aviso prévio indenizado, o qual integra o tempo de serviço (art. 487, § 1.º, da CLT).

No referido caso, embora o tema seja controvertido, o empregado não tem direito à indenização adicional, pois a projeção do aviso prévio indenizado, por decorrer de previsão legal (art. 487, § 1.º, parte final), sempre deve ser observada. Não se pode aceitar interpretação da mesma norma, de forma distinta, apenas para favorecer um dos polos da relação de emprego. No caso, a projeção do aviso prévio, para efeito desta indenização adicional, é expressamente prevista na Súmula 182 do TST.

Nesse sentido, cabe transcrever a seguinte ementa de julgado do TST:

> "Indenização adicional. Enunciados 182 e 314/TST. Havendo a rescisão contratual ocorrido posteriormente à data-base da categoria, considerando a projeção do aviso prévio, a indenização adicional prevista nas Leis 6.708/1979 e 7.238/1984 é indevida, nos termos dos Enunciados 182 e 314/TST. Embargos providos" (TST-E-RR-385.743/97.6, Rel. Min. Rider de Brito, *DJU* 26.10.2001, p. 565).

Seguindo o mesmo entendimento, cabe destacar a Ementa 19, de 25.05.2006, da Secretaria das Relações de Trabalho, do Ministério do Trabalho, especialmente em seus incisos I e II:

> "Homologação. Art. 9.º da Lei 7.238, de 1984. Indenização adicional. Contagem do prazo do aviso prévio. É devida ao empregado, dispensado sem justa causa no período de 30 dias que antecede a data base de sua categoria, indenização equivalente ao seu salário mensal.
>
> I – Será devida a indenização em referência se o término do aviso prévio trabalhado ou a projeção do aviso prévio indenizado se verificar em um dos dias do trintídio;
>
> II – O empregado não terá direito à indenização se o término do aviso prévio ocorrer após ou durante a data base e fora do trintídio; no entanto, fará jus aos complementos rescisórios decorrentes da norma coletiva celebrada. Ref.: art. 9.º, da Lei 7.238, de 1984, e art. 487, § 1.º, da CLT".

Por fim, versando sobre uma indenização específica e peculiar, que foi prevista para certo momento de nossa política salarial (Lei 8.880/1994, art. 31[8]), a Orientação Jurisprudencial 148 da SBDI-I do TST assim prevê: "Lei 8.880/1994, art. 31. Constitucionalidade. É constitucional o art. 31 da Lei 8.880/1994, que prevê a indenização por demissão sem justa causa".

8. "Art. 31. Na hipótese de ocorrência de demissões sem justa causa, durante a vigência da URV prevista nesta Lei, as verbas rescisórias serão acrescidas de uma indenização adicional equivalente a cinquenta por cento da última remuneração recebida".

Capítulo **17**

FUNDO DE GARANTIA DO TEMPO DE SERVIÇO

17.1 INTRODUÇÃO

O **Fundo de Garantia do Tempo de Serviço** foi criado como um sistema opcional, pela Lei 5.107, de 13 de setembro de 1966 (revogada pela Lei 7.839/1989).

O empregado regido pela CLT podia optar pelo regime do FGTS, em substituição à indenização por tempo de serviço, prevista nos arts. 477, 478, e 496 a 498 daquele diploma legal. A referida opção, assim, só se aplicava aos empregados urbanos, e não aos trabalhadores rurais.

Havendo a opção ao regime do FGTS, o empregado, por passar a fazer jus aos respectivos depósitos, como garantia do tempo de serviço, não mais adquiria os direitos à indenização e à estabilidade por tempo de serviço (art. 492 da CLT).

O art. 158 da Constituição de 1967, assegurando aos trabalhadores os direitos ali arrolados (além de outros que, nos termos da lei, visassem à melhoria, de sua condição social), passou a prever, em seu inciso XIII: "estabilidade, com indenização ao trabalhador despedido, ou fundo de garantia equivalente". A Emenda Constitucional 1/1969 manteve a mesma previsão no art. 165, inciso XIII.

Quanto à equivalência entre o sistema do FGTS e o regime de estabilidade, com indenização por tempo de serviço, o entendimento que se pacificou foi no sentido de que: "A equivalência entre os regimes do Fundo de Garantia do Tempo de Serviço e da estabilidade prevista na CLT é meramente jurídica e não econômica, sendo indevidos valores a título de reposição de diferenças" (Súmula 98, inciso I, do TST).

De acordo com a Súmula 54 do TST (Resolução 105/1974): "Optante. Rescindindo por acordo seu contrato de trabalho, o empregado estável optante tem direito ao mínimo de 60% (sessenta por cento) do total da indenização em dobro, calculada sobre o maior salário percebido no emprego. Se houver recebido menos do que esse total, qualquer que tenha sido a forma de transação, assegura-se-lhe a complementação até aquele limite".

Além disso, em conformidade com a Súmula 98 do TST, inciso II, parte final: "A estabilidade contratual ou a derivada de regulamento de empresa são compatíveis com o regime do FGTS. *Diversamente ocorre com a estabilidade legal (decenal, art. 492 da CLT), que é renunciada com a opção pelo FGTS*" (destaquei).

Com a Constituição Federal de 1988, o Fundo de Garantia do Tempo de Serviço passou a ser previsto como direito dos trabalhadores urbanos e rurais, conforme o art. 7.º, inciso III.

Desse modo, o FGTS só passou a ser um direito do empregado rural com a Constituição Federal atualmente em vigor, o que impossibilita a sua opção anterior ao mencionado regime.

A respeito do tema, conforme a Súmula 578 do STJ, os "empregados que laboram no cultivo da cana-de-açúcar para empresa agroindustrial ligada ao setor sucroalcooleiro detêm a qualidade de rurícola, ensejando a isenção do FGTS desde a edição da Lei Complementar 11/1971 até a promulgação da Constituição Federal de 1988".

Servindo como regras de transição, devem ser destacadas as seguintes disposições da Lei 8.036/1990:

> "Art. 14. Fica ressalvado o direito adquirido dos trabalhadores que, à data da promulgação da Constituição Federal de 1988, já tinham o direito à estabilidade no emprego nos termos do Capítulo V do Título IV da CLT.
>
> § 1.º O tempo do trabalhador não optante do FGTS, anterior a 5 de outubro de 1988, em caso de rescisão sem justa causa pelo empregador, reger-se-á pelos dispositivos constantes dos arts. 477, 478 e 497 da CLT.
>
> § 2.º O tempo de serviço anterior à atual Constituição poderá ser transacionado entre empregador e empregado, respeitado o limite mínimo de 60 (sessenta) por cento da indenização prevista.
>
> § 3.º É facultado ao empregador desobrigar-se da responsabilidade da indenização relativa ao tempo de serviço anterior à opção, depositando na conta vinculada do trabalhador, até o último dia útil do mês previsto em lei para o pagamento de salário, o valor correspondente à indenização, aplicando-se ao depósito, no que couber, todas as disposições desta lei.
>
> § 4.º Os trabalhadores poderão a qualquer momento optar pelo FGTS com efeito retroativo a 1.º de janeiro de 1967 ou à data de sua admissão, quando posterior àquela".

De acordo com a Orientação Jurisprudencial Transitória 39 da SBDI-I do TST: "FGTS. Opção retroativa. Concordância do empregador. Necessidade. A concordância do empregador é indispensável para que o empregado possa optar retroativamente pelo sistema do Fundo de Garantia por Tempo de Serviço".

Essa necessidade de concordância do empregador para a opção retroativa decorre do fato de ser ele efetivo titular dos valores depositados em conta vinculada no período de não opção do sistema do FGTS (art. 2.º da Lei 5.107/1966 vigente à época, posteriormente revogado pela Lei 7.839/1989), o que corresponde a direito adquirido do empregador quanto a tais valores.

O Decreto 99.684, de 8 de novembro de 1990, regulamenta a referida Lei 8.036/1990.

17.2 CONCEITO

Pode-se conceituar o Fundo de Garantia do Tempo de Serviço como **direito trabalhista**, de empregados urbanos e rurais, com a finalidade de estabelecer um **fundo de depósitos em pecúnia**, com valores destinados a garantir a indenização do tempo de serviço prestado ao empregador.

Na Lei 8.036/1990, o art. 2.º, *caput*, apresenta a seguinte definição: "O FGTS é constituído pelos saldos das contas vinculadas a que se refere esta Lei e outros recursos a ele incorporados, devendo ser aplicados com atualização monetária e juros, de modo a assegurar a cobertura de suas obrigações".

17.3 NATUREZA JURÍDICA

Sobre a natureza jurídica do Fundo de Garantia do Tempo de Serviço, podem ser destacadas diversas teorias[1]:

- *teoria do salário diferido*: o FGTS representa um valor a ser recebido pelo empregado posteriormente, mas como decorrência do serviço prestado ao empregador ao longo do tempo.
- *teoria do salário social*: o FGTS é visto como um fundo social, devido pela sociedade, em favor do empregado.
- *teoria do salário atual*: parte do salário é paga diretamente ao empregado, pelos serviços prestados, e outra parte é destinada ao FGTS, para ser levantada quando da dispensa ou em outras hipóteses previstas em lei.
- *teoria do direito semipúblico*: o FGTS seria uma indenização decorrente da responsabilidade objetiva, na modalidade do risco social, mas, ao mesmo tempo, apresentando natureza tributária.
- *teoria do crédito-compensação*: o FGTS é entendido como um crédito em favor do empregado, compensando o tempo de serviço prestado ao empregador.
- *teoria do fundo contábil*: destaca ser o FGTS uma forma de estabelecer provisão legal, um fundo de reserva, para ser utilizado em certas contingências pelo empregado.

Na realidade, sob o enfoque do empregado, o FGTS apresenta natureza jurídica de direito trabalhista, um direito do trabalhador, com previsão mesmo na Constituição Federal de 1988 (art. 7.º, inciso III) e regulado pela legislação do trabalho infraconstitucional.

Já sob o enfoque do empregador, ou seja, das contribuições do FGTS, também podem ser indicadas as principais teorias quanto à sua natureza jurídica.

- *teoria parafiscal*: defende ser a contribuição do FGTS, embora compulsória, dotada de um fim social, arrecadada por ente especial, e alocada nas finanças paralelas do Estado.
- *teoria previdenciária*: entende ser a contribuição do FGTS de natureza previdenciária, entendimento corrente à época em que o respectivo recolhimento era verificado e cobrado, administrativa ou judicialmente, pela Previdência Social, "pela mesma forma e com os mesmos privilégios das contribuições devidas à Previdência Social" (Lei 5.107/1966, art. 20, posteriormente revogado pela Lei 7.839/1989).

Aliás, também há o entendimento segundo o qual o próprio depósito do FGTS seria similar a um benefício previdenciário.

Há quem defenda que o FGTS é uma *contribuição de natureza tributária*, como modalidade de contribuição social, subsumindo-se ao disposto no art. 149, *caput*, da Constituição Federal de 1988, inserido no Sistema Tributário Nacional. Na mesma linha, o art. 217 do Código Tributário Nacional ressalva a incidência da "contribuição destinada ao Fundo de Garantia do Tempo de Serviço, criada pelo art. 2.º da Lei 5.107, de 13 de setembro de 1966" (inciso IV). Mais especificamente, o FGTS seria, dentro do gênero das contribuições sociais (que apresentam natureza tributária), uma contribuição "de intervenção no domínio econômico", "em que o Estado, com seu poder fiscal, interfere

1. MARTINS, Sergio Pinto. *Manual do FGTS*. São Paulo: Malheiros, 1997. p. 46.

na relação dos particulares, estabelecendo uma contribuição em benefício do empregado, mas que também ajuda a financiar o Sistema Financeiro de Habitação"[2].

No entanto, o entendimento que prevalece, inclusive na jurisprudência, é no sentido de que a contribuição do FGTS, a ser depositada pelo empregador, não possui natureza tributária[3], mas de contribuição social, especial, com natureza trabalhista. Tanto é assim que, de acordo com entendimento sumulado pelo Tribunal Superior do Trabalho (Súmula 362) e Superior Tribunal de Justiça (Súmula 210), assim como o decidido pelo STF (ARE 709.212/DF), quanto ao FGTS, não foi adotado o prazo prescricional previsto no Código Tributário Nacional (art. 146, inciso III, *b*, da CF/1988).

Frise-se ainda que, conforme decidido pelo Superior Tribunal de Justiça: "O FGTS é fundo de natureza financeira e que ostenta característica de multiplicidade, pois, além de servir de indenização aos trabalhadores, possui a finalidade de fomentar políticas públicas, conforme dispõe o art. 6.º da Lei 8.036/1990" (STJ, 1.ª Seção, REsp 1.614.874/SC (2016/0189302-7), Rel. Min. Benedito Gonçalves, *DJe* 15.05.2018).

17.4 ADMINISTRAÇÃO

O Fundo de Garantia do Tempo de Serviço é regido por normas e diretrizes estabelecidas por um **Conselho Curador**, composto por representação de trabalhadores, empregadores e órgãos e entidades governamentais, na forma estabelecida pelo Poder Executivo (art. 3.º da Lei 8.036/1990, com redação determinada pela Medida Provisória 2.216-37/2001).

A Presidência do Conselho Curador será exercida pelo Ministro de Estado do Trabalho e Previdência ou representante por ele indicado (§ 1.º do art. 3.º da Lei 8.036/1990, com redação dada pela Lei 14.261/2021).

O Poder Executivo designará, entre os órgãos governamentais com representação no Conselho Curador do FGTS, aquele que lhe proporcionará estrutura administrativa de suporte para o exercício de sua competência e que atuará na função de Secretaria Executiva do colegiado, não permitido ao Presidente do Conselho Curador acumular a titularidade dessa Secretaria Executiva (§ 8.º do art. 3.º da Lei 8.036/1990, com redação dada pela Lei 13.932/2019).

O gestor da aplicação dos recursos do FGTS será o órgão do Poder Executivo responsável pela política de habitação, e caberá à Caixa Econômica Federal (CEF) o papel de agente operador (art. 4.º da Lei 8.036/1990, com redação dada pela Lei 13.832/2019).

Cabe ao Ministério da Saúde regulamentar, acompanhar a execução, subsidiar o Conselho Curador com estudos técnicos necessários ao seu aprimoramento operacional e definir as metas a serem alcançadas nas operações de crédito destinadas às entidades hospitalares filantrópicas, bem como a instituições que atuem no campo para pessoas com deficiência, sem fins lucrativos, que participem de forma complementar do Sistema Único de Saúde (art. 6.º-A da Lei 8.036/1990, incluído pela Lei 13.832/2019).

O gestor da aplicação, o agente operador e o Conselho Curador do FGTS são responsáveis pelo fiel cumprimento e observância dos critérios estabelecidos na Lei 8.036/1990 (art. 8.º da Lei 8.036/1990, com redação dada pela Lei 13.932/2019).

---

2. MARTINS, Sergio Pinto. *Manual do FGTS*. São Paulo: Malheiros, 1997. p. 46.
3. Cf. Súmula 353 do STJ: "As disposições do Código Tributário Nacional não se aplicam às contribuições para o FGTS".

Os recursos do FGTS devem ser aplicados em habitação, saneamento básico, infraestrutura urbana, operações de microcrédito e operações de crédito destinadas às entidades hospitalares filantrópicas, às instituições que atuem com pessoas com deficiência e às entidades sem fins lucrativos que participem do SUS de forma complementar, desde que as disponibilidades financeiras sejam mantidas em volume que satisfaça as condições de liquidez e de remuneração mínima necessárias à preservação do poder aquisitivo da moeda (art. 9.º, § 2.º, da Lei 8.036/1990, com redação dada pela Lei 14.438/2022).

Os recolhimentos efetuados na rede arrecadadora relativos ao FGTS devem ser transferidos à Caixa Econômica Federal até o primeiro dia útil subsequente à data do recolhimento, observada a regra do meio de pagamento utilizado, data em que os respectivos valores devem ser incorporados ao FGTS (art. 11 da Lei 8.036/1990, com redação dada pela Lei 14.438/2022).

A partir de 11 de maio de 1991, a Caixa Econômica Federal assumiu o controle de todas as contas vinculadas, passando os demais estabelecimentos bancários, findo esse prazo, à condição de agentes recebedores e pagadores do FGTS, mediante recebimento de tarifa, a ser fixada pelo Conselho Curador (art. 12 da Lei 8.036/1990)[4].

Os depósitos efetuados nas contas vinculadas devem ser corrigidos monetariamente com base nos parâmetros fixados para atualização dos saldos dos depósitos de poupança e capitalizarão juros de 3% ao ano (art. 13 da Lei 8.036/1990).

O saldo das contas vinculadas é garantido pelo Governo Federal, podendo ser instituído seguro especial para esse fim (art. 13, § 4.º, da Lei 8.036/1990).

17.5 SUJEITOS DA OBRIGAÇÃO DE DEPOSITAR O FGTS

Todos os empregadores ficam obrigados a depositar, em conta vinculada, a importância correspondente a 8% da remuneração paga ou devida, no mês anterior, a cada trabalhador, incluídas na remuneração as parcelas de que tratam os arts. 457 e 458 da CLT e a gratificação de Natal de que trata a Lei 4.090/1962 (art. 15 da Lei 8.036/1990, com redação dada pela Lei 14.438/2022).

Nos termos do art. 9.º da Lei 13.189/2015, a compensação pecuniária (paga em razão de adesão ao Programa Seguro-Emprego) integra as parcelas remuneratórias para efeito do disposto no art. 22, inciso I, e art. 28 da Lei 8.212/1991, sobre contribuição previdenciária, e do disposto no art. 15 da Lei 8.036/1990, sobre o FGTS.

Entende-se por *empregador* a pessoa física ou a pessoa jurídica de direito privado ou de direito público, da administração pública direta, indireta ou fundacional de qualquer dos Poderes, da União, dos Estados, do Distrito Federal e dos Municípios, que admitir trabalhadores a seu serviço, bem assim aquele que, regido por legislação especial, encontrar-se nessa condição ou figurar como fornecedor ou tomador de mão de obra, independente da responsabilidade solidária e/ou subsidiária a que eventualmente venha obrigar-se (§ 1.º do art. 15 da Lei 8.036/1990).

Considera-se *trabalhador* toda pessoa física que prestar serviços a empregador, a locador ou tomador de mão de obra, excluídos os eventuais, os autônomos e os servidores públicos civis e militares sujeitos a regime jurídico próprio (§ 2.º do art. 15).

4. Cf. Súmula 514 do STJ: "A CEF é responsável pelo fornecimento dos extratos das contas individualizadas vinculadas ao FGTS dos Trabalhadores participantes do Fundo de Garantia do Tempo de Serviço, inclusive para fins de exibição em juízo, independentemente do período em discussão".

O art. 19-A da Lei 8.036/1990, acrescentado pela Medida Provisória 2.164-41/2001, prevê ser devido "o depósito do FGTS na conta vinculada do trabalhador cujo contrato de trabalho seja declarado nulo nas hipóteses previstas no art. 37, § 2.º, da Constituição Federal, quando mantido o direito ao salário".

Essa previsão foi aceita e adotada pela Súmula 363 do TST, na redação dada pela Resolução 121/2003.

O empregador ou o responsável fica obrigado a elaborar folha de pagamento e a declarar os dados relacionados aos valores do FGTS e outras informações de interesse do poder público por meio de sistema de escrituração digital, na forma, no prazo e nas condições estabelecidos em ato do Ministro de Estado do Trabalho e Previdência (art. 17-A da Lei 8.036/1990, com redação dada pela Lei 14.438/2022).

As informações prestadas na forma do art. 17-A da Lei 8.036/1990 constituem declaração e reconhecimento dos créditos delas decorrentes, caracterizam confissão de débito e constituem instrumento hábil e suficiente para a cobrança do crédito de FGTS.

O lançamento da obrigação principal e das obrigações acessórias relativas ao FGTS será efetuado de ofício pela autoridade competente, no caso de o empregador não apresentar a declaração na forma do art. 17-A da Lei 8.036/1990, e será revisto de ofício, nas hipóteses de omissão, erro, fraude ou sonegação.

Além disso, para os efeitos da Lei 8.036/1990, as empresas que estão sujeitas ao regime da legislação trabalhista poderão equiparar seus diretores não empregados aos demais trabalhadores sujeitos ao regime do FGTS. Considera-se diretor aquele que exerça cargo de administração previsto em lei, estatuto ou contrato social, independente da denominação do cargo (art. 16 da Lei 8.036/1990).

São consideradas como remuneração as retiradas de diretores não empregados, quando haja deliberação da empresa, garantindo-lhes os direitos decorrentes do contrato de trabalho de que trata o art. 16 (§ 4.º do art. 15 da Lei 8.036/1990, incluído pela Lei 9.711/1998).

O art. 15, § 3.º, da Lei 8.036/1990 já previa que: "Os trabalhadores domésticos poderão ter acesso ao regime do FGTS, na forma que vier a ser prevista em lei".

A Emenda Constitucional 72/2013, ao alterar o art. 7.º, parágrafo único, da Constituição da República, *passou a assegurar a todos os empregados domésticos, necessariamente, o direito ao Fundo de Garantia do Tempo de Serviço*, previsto no art. 7.º, inciso III, conforme já examinado anteriormente.

Nesse sentido, o art. 21 da Lei Complementar 150/2015 prevê que é devida a inclusão do empregado doméstico no *Fundo de Garantia do Tempo de Serviço* (FGTS), na forma do regulamento a ser editado pelo Conselho Curador e pelo agente operador do FGTS, no âmbito de suas competências, conforme disposto nos arts. 5.º e 7.º da Lei 8.036/1990, inclusive no que tange aos aspectos técnicos de depósitos, saques, devolução de valores e emissão de extratos, entre outros determinados na forma da lei.

O empregador doméstico somente passa a ter obrigação de promover a inscrição e de efetuar os recolhimentos referentes a seu empregado após a entrada em vigor do regulamento referido.

O empregador doméstico deve depositar a importância de *3,2%* sobre a remuneração devida, no mês anterior, a cada empregado, destinada ao pagamento da indenização compensatória da perda do emprego, sem justa causa ou por culpa do empregador, não se aplicando ao empregado doméstico o disposto nos §§ 1.º a 3.º do art. 18 da Lei 8.036/1990 (art. 22 da Lei Complementar 150/2015).

Nas hipóteses de dispensa por justa causa ou a pedido, de término do contrato de trabalho por prazo determinado, de aposentadoria e de falecimento do empregado doméstico, os valores previstos no art. 22, *caput*, da Lei Complementar 150/2015 devem ser movimentados pelo empregador (art. 22, § 1.º, da Lei Complementar 150/2015).

Na hipótese de culpa recíproca, metade dos valores previstos no art. 22, *caput*, deve ser movimentada pelo empregado, enquanto a outra metade será movimentada pelo empregador (art. 22, § 2.º, da Lei Complementar 150/2015).

Os valores previstos no art. 22, *caput*, devem ser depositados na conta vinculada do empregado, em variação distinta daquela em que se encontrarem os valores oriundos dos depósitos de que trata o art. 34, inciso IV, da Lei Complementar 150/2015 (ou seja, 8% de recolhimento para o FGTS), e somente podem ser movimentados por ocasião da rescisão contratual (art. 22, § 3.º, da Lei Complementar 150/2015).

À importância monetária de que trata o art. 22, *caput*, aplicam-se as disposições da Lei 8.036/1990 (sobre o Fundo de Garantia do Tempo de Serviço), e da Lei 8.844/1994 (sobre a fiscalização, apuração e cobrança judicial as contribuições e multas devidas ao FGTS), inclusive quanto a sujeição passiva e equiparações, prazo de recolhimento, administração, fiscalização, lançamento, consulta, cobrança, garantias, processo administrativo de determinação e exigência de créditos tributários federais (art. 22, § 4.º, da Lei Complementar 150/2015).

17.6 DEPÓSITOS DO FGTS

O depósito em conta vinculada do FGTS deve ser efetuado até o vigésimo dia de cada mês, na importância correspondente a 8% da remuneração paga ou devida, no mês anterior, a cada trabalhador.

Os contratos de aprendizagem terão a alíquota dos depósitos do FGTS reduzida para 2% (art. 15, § 7.º, da Lei 8.036/1990, acrescentado pela Lei 10.097/2000).

A Lei Complementar 110, de 29 de junho de 2001, no art. 2.º, instituiu contribuição social devida pelos empregadores, à alíquota de 0,5% sobre a remuneração devida, no mês anterior, a cada trabalhador, incluídas as parcelas de que trata o art. 15 da Lei 8.036/1990.

Essa contribuição social, no entanto, não é de titularidade do empregado, sendo devida pelo prazo de 60 meses, a contar de sua exigibilidade (art. 2.º, § 2.º, da Lei Complementar 110/2001).

De acordo com a explicitação do art. 15, *caput*, da Lei 8.036/1990, o FGTS incide sobre a *remuneração*, nesta incluídas as parcelas de que tratam os arts. 457 e 458 da CLT e a gratificação de Natal a que se refere a Lei 4.090/1962, com as modificações da Lei 4.749/1965.

Cabe relembrar a Orientação Jurisprudencial 232 da SBDI-I do TST, com a seguinte previsão: "O FGTS incide sobre todas as parcelas de natureza salarial pagas ao empregado em virtude de prestação de serviços no exterior".

Conforme o § 6.º do art. 15 da Lei 8.036/1990, não se incluem na remuneração, para os fins do FGTS, as parcelas indicadas no § 9.º do art. 28 da Lei 8.212/1991.

A respeito do tema, segundo a Súmula 646 do STJ: "É irrelevante a natureza da verba trabalhista para fins de incidência da contribuição ao FGTS, visto que apenas as verbas elencadas em lei (art. 28, § 9.º, da Lei n. 8.212/1991), em rol taxativo, estão excluídas da sua base de cálculo, por força do disposto no art. 15, § 6.º, da Lei n. 8.036/1990".

Como esclarece a Orientação Jurisprudencial 195 da SBDI-I do TST: "Férias indenizadas. FGTS. Não incidência. Não incide a contribuição para o FGTS sobre as férias indenizadas".

O depósito do FGTS é obrigatório nos casos de afastamento para prestação do serviço militar obrigatório e licença por acidente do trabalho (Lei 8.036/1990, art. 15, § 5.º, acrescentado pela Lei 9.711/1998).

Como explicita o art. 28 do Regulamento do FGTS, aprovado pelo Decreto 99.684/1990, o depósito na conta vinculada do FGTS é obrigatório também nos casos de interrupção do contrato de trabalho prevista em lei, tais como:

- prestação de serviço militar;
- licença para tratamento de saúde de até 15 dias;
- licença por acidente de trabalho;
- licença à gestante;
- licença-paternidade.

Nas hipóteses acima, a base de cálculo será revista sempre que ocorrer aumento geral na empresa ou na categoria profissional a que pertencer o trabalhador.

Entretanto, segundo a jurisprudência do Tribunal Superior do Trabalho, os depósitos do FGTS não são devidos em caso de concessão de aposentadoria por invalidez, mesmo que decorrente de acidente de trabalho. Cf. TST, SBDI-I, Ag-E-Ag-RR-120400-85.2009.5.03.0077, Rel. Min. José Roberto Freire Pimenta, *DEJT* 17.05.2019[5].

Os depósitos efetuados nas contas vinculadas devem ser corrigidos monetariamente com base nos parâmetros fixados para atualização dos saldos dos depósitos de poupança e capitalização juros de 3% ao ano (art. 13 da Lei 8.036/1990).

A atualização monetária e a capitalização de juros nas contas vinculadas correm à conta do FGTS, e a Caixa Econômica Federal deve efetuar o crédito respectivo no vigésimo primeiro dia de cada mês, com base no saldo existente no vigésimo primeiro dia do mês anterior, deduzidos os débitos ocorridos no período (art. 13, § 1.º, da Lei 8.036/1990, com redação dada pela Lei 14.438/2022).

Conforme a Súmula 459 do STJ: "A Taxa Referencial (TR) é o índice aplicável, a título de correção monetária, aos débitos com o FGTS recolhidos pelo empregador mas não repassados ao fundo".

Ainda de acordo com a tese firmada pelo Superior Tribunal de Justiça: "A remuneração das contas vinculadas ao FGTS tem disciplina própria, ditada por lei, que estabelece a TR como forma de atualização monetária, sendo vedado, portanto, ao Poder Judiciário

5. "Recurso de revista da reclamada. Interposto antes da Lei 13.015/2014. Aposentadoria por invalidez. Doença ocupacional equiparada a acidente de trabalho. Contrato de trabalho suspenso. Depósitos do FGTS do período de afastamento. Indevidos. A discussão gira em torno da suspensão do contrato de trabalho, ante a concessão de aposentadoria por invalidez decorrente de acidente de trabalho, e o devido depósito do Fundo de Garantia do Tempo de Serviço no período de afastamento. A jurisprudência desta Corte formou-se no sentido de que a norma de regência do FGTS não obriga o empregador a recolher os depósitos durante a suspensão do contrato de emprego em razão do gozo da aposentadoria por invalidez. Trata-se de norma classificada como *numerus clausus* e não exemplificativa, não deixando margem para interpretação ampliativa. Há precedentes da SBDI-1. Recurso de revista conhecido e provido" (TST, 6.ª T., ARR-947-88.2011.5.05.0039, Rel. Min. Augusto César Leite de Carvalho, *DEJT* 07.06.2019).

substituir o mencionado índice" (STJ, 1.ª Seção, REsp 1.614.874/SC (2016/0189302-7), Rel. Min. Benedito Gonçalves, *DJe* 15.05.2018).

Para as contas vinculadas dos trabalhadores optantes existentes à data de 22 de setembro de 1971, a capitalização dos juros dos depósitos continuará a ser feita na seguinte progressão, salvo no caso de mudança de empresa, quando a capitalização dos juros passará a ser feita à taxa de 3% ao ano: I – 3%, durante os dois primeiros anos de permanência na mesma empresa; II – 4%, do terceiro ao quinto ano de permanência na mesma empresa; III – 5%, do sexto ao décimo ano de permanência na mesma empresa; IV – 6%, a partir do décimo primeiro ano de permanência na mesma empresa (art. 13, § 3.º, da Lei 8.036/1990).

A respeito do tema, de acordo com a Súmula 571 do STJ: "A taxa progressiva de juros não se aplica às contas vinculadas ao FGTS de trabalhadores qualificados como avulsos".

O saldo das contas vinculadas é garantido pelo Governo Federal, podendo ser instituído seguro especial para esse fim (art. 13, § 4.º, da Lei 8.036/1990).

O Conselho Curador autorizará a distribuição de parte do resultado positivo auferido pelo FGTS, mediante crédito nas contas vinculadas de titularidade dos trabalhadores, observadas as condições indicadas no art. 13, § 5.º, da Lei 8.036/1990, acrescentado pela Lei 13.446/2017.

O valor de distribuição do resultado auferido deve ser calculado posteriormente ao valor desembolsado com o desconto realizado no âmbito do Programa Minha Casa, Minha Vida (PMCMV), de que trata a Lei 11.977/2009.

O valor creditado nas contas vinculadas a título de distribuição de resultado, acrescido de juros e atualização monetária, não integra a base de cálculo do depósito da indenização rescisória de que tratam os §§ 1.º e 2.º do art. 18 da Lei 8.036/1990.

17.7 PRAZO PARA DEPÓSITO DO FGTS

O prazo para o depósito do FGTS é até o vigésimo dia de cada mês, conforme art. 15, *caput*, da Lei 8.036/1990, com redação dada pela Lei 14.438/2022. Quanto ao prazo, como a redação anterior previa até o dia 7 de cada mês, essa alteração produz efeitos a partir da data de início da arrecadação por meio da prestação dos serviços digitais de geração de guias do FGTS, para fatos geradores ocorridos a partir dessa data (art. 19, inciso I, alínea *b*, da Lei 14.438/2022).

O empregador que não realizar os depósitos nos termos dos arts. 15 e 18 da Lei 8.036/1990 responde pela incidência da Taxa Referencial (TR) sobre a importância correspondente (art. 22 da Lei 8.036/1990, com redação dada pela Lei 14.438/2022).

Sobre o valor dos depósitos, acrescido da TR, incidem, ainda, juros de mora de 0,5% a.m. ou fração e multa, sujeitando-se, também, às obrigações e sanções previstas no Decreto-lei 368, de 19 de dezembro de 1968 (art. 22, § 1.º, da Lei 8.036/1990).

O entendimento que prevalece é no sentido de que a multa prevista no art. 22 da Lei 8.036/1990 não é devida ao empregado, mas sim ao sistema (público) do FGTS.

Para efeito de levantamento de débito para com o FGTS, o percentual de 8% incidirá sobre o valor acrescido da TR até a data da respectiva operação (art. 22, § 3.º, da Lei 8.036/1990).

Na cobrança judicial dos créditos do FGTS, incidirá encargo de 10%, que reverterá para o Fundo, para ressarcimento dos custos por ele incorridos, o qual será reduzido para 5%, se o pagamento se der antes do ajuizamento da cobrança (art. 2.º, § 4.º, da Lei 8.844/1994, com redação determinada pela Lei 9.964/2000).

Para fins de apuração e lançamento, considera-se não quitado o valor relativo ao FGTS pago diretamente ao trabalhador, sendo vedada a sua conversão em indenização compensatória (art. 26-A da Lei 8.036/1990, incluído pela Lei 13.932/2019). Os débitos reconhecidos e declarados por meio de sistema de escrituração digital devem ser recolhidos integralmente, acrescidos dos encargos devidos. Para a geração das guias de depósito, os valores devidos a título de FGTS e o período laboral a que se referem devem ser expressamente identificados.

17.8 FISCALIZAÇÃO DO FGTS

Compete ao Ministério do Trabalho e Previdência a verificação do cumprimento do disposto na Lei 8.036/1990, especialmente quanto à apuração dos débitos e das infrações praticadas pelos empregadores ou tomadores de serviço, que serão notificados para efetuar e comprovar os depósitos correspondentes e cumprir as demais determinações legais (art. 23 da Lei 8.036/1990, com redação dada pela Lei 14.438/2022).

Por isso, a rede arrecadadora e a Caixa Econômica Federal devem prestar ao Ministério do Trabalho as informações necessárias à fiscalização (§ 7.º do art. 23 da Lei 8.036/1990).

O processo de fiscalização, de autuação e de imposição de multas reger-se-á pelo disposto no Título VII da CLT (arts. 626 e seguintes), conforme § 5.º do art. 23 da Lei 8.036/1990.

Com o intuito de estimular o regular cumprimento da legislação do FGTS, há obrigação de apresentar o Certificado de Regularidade do FGTS, fornecido na forma do regulamento, nas situações previstas no art. 27 da Lei 8.036/1990.

17.9 COBRANÇA DO FGTS

Tendo em vista a natureza de ordem pública dos depósitos do FGTS, de relevância social, a fiscalização e a sua cobrança também são feitas pelo Poder Público.

Nesse sentido, a Lei 8.844, de 20 de janeiro de 1994, dispõe sobre a fiscalização, apuração e cobrança judicial das contribuições e multas devidas ao FGTS.

O referido diploma legal, em seu art. 1.º, reitera competir ao Ministério do Trabalho a fiscalização e a apuração das contribuições ao Fundo de Garantia do Tempo de Serviço (FGTS) e, bem assim, a aplicação das multas e demais encargos devidos. A Caixa Econômica Federal (CEF) e a rede arrecadadora devem prestar ao Ministério do Trabalho as informações necessárias ao desempenho dessas atribuições.

Em conformidade com o art. 2.º da Lei 8.844/1994, com redação determinada pela Lei 9.467/1997:

> "Compete à Procuradoria-Geral da Fazenda Nacional a inscrição em Dívida Ativa dos débitos para com o Fundo de Garantia do Tempo de Serviço – FGTS, bem como, diretamente ou por intermédio da Caixa Econômica Federal, mediante convênio, a representação Judicial e extrajudicial do FGTS, para a correspondente cobrança, relativamente à contribuição e às multas e demais encargos previstos na legislação respectiva".

A Portaria Conjunta MTP/PGFN 5/2021 disciplina a remessa de créditos decorrentes de autos de infração trabalhista e de notificações de débito de Fundo de Garantia do Tempo de Serviço (FGTS) e da contribuição social da Lei Complementar 110/2001, lavrados por Auditores-Fiscais do Trabalho, para a inscrição em dívida ativa pela Procuradoria-Geral da Fazenda Nacional.

Os depósitos do FGTS, mesmo tendo caráter social, com previsão em normas de ordem pública, também configuram importante direito do empregado, com previsão constitucional (art. 7.º, inciso III, da Constituição da República).

Assim, como confirma o art. 25 da Lei 8.036/1990, pode o próprio trabalhador, seus dependentes e sucessores, ou ainda o Sindicato a que estiver vinculado, acionar diretamente a empresa por intermédio da Justiça do Trabalho, para compeli-la a efetuar o depósito das importâncias devidas.

O parágrafo único do art. 25 da Lei 8.036/1990 prevê que a Caixa Econômica Federal e o Ministério do Trabalho devem ser notificados da propositura da reclamação. No entanto, não se mostra razoável o dever de notificação das referidas instituições em todas as ações trabalhistas, individuais, mas sim naquelas em que isso se faz necessário para algum esclarecimento ou interesse especial.

Explicitando a competência da Justiça do Trabalho, prevista no art. 114 da Constituição Federal de 1988, com redação determinada pela Emenda Constitucional 45/2004, o art. 26 prevê ser sua a competência para julgar os dissídios entre os trabalhadores e os empregadores decorrentes da aplicação da Lei 8.036/1990, mesmo quando a Caixa Econômica Federal e o Ministério do Trabalho figurarem como litisconsortes.

Referida competência da Justiça do Trabalho configura-se por decorrer a controvérsia da relação de trabalho em destaque. Tanto é assim que a Súmula 176 do TST, que entendia só ter a Justiça do Trabalho competência para autorizar o levantamento do depósito do Fundo de Garantia do Tempo de Serviço "na ocorrência de dissídio entre empregado e empregador", foi cancelada pela Resolução 130/2005 (*DJ* 13.05.2005).

Nas ações trabalhistas que objetivam o ressarcimento de parcelas relativas ao FGTS, ou que, direta ou indiretamente, impliquem essa obrigação de fazer, o juiz determinará que a empresa sucumbente proceda ao recolhimento imediato das importâncias devidas a tal título (parágrafo único do art. 26 da Lei 8.036/1990).

De acordo com o art. 29-A da Lei 8.036/1990, acrescentado pela Medida Provisória 2.197-43/2001: "Quaisquer créditos relativos à correção dos saldos das contas vinculadas do FGTS serão liquidados mediante lançamento pelo agente operador na respectiva conta do trabalhador".

17.10 SAQUE DO FGTS

Os depósitos do FGTS, mesmo sendo um direito do empregado, ficam em conta vinculada de sua titularidade, e podem ser sacados apenas em certos casos previstos em lei.

As hipóteses em que se autoriza o saque dos depósitos do FGTS estão arroladas no art. 20 da Lei 8.036/1990, a seguir descritas:

> I – despedida sem justa causa, inclusive a indireta, de culpa recíproca e de força maior (redação determinada pela Medida Provisória 2.197-43/2001);
>
> I-A – extinção do contrato de trabalho prevista no art. 484-A da Consolidação das Leis do Trabalho (incluído pela Lei 13.467/2017);
>
> II – extinção total da empresa, fechamento de quaisquer de seus estabelecimentos, filiais ou agências, supressão de parte de suas atividades, declaração de nulidade do contrato de

trabalho nas condições do art. 19-A[6], ou ainda falecimento do empregador individual sempre que qualquer dessas ocorrências implique rescisão de contrato de trabalho, comprovada por declaração escrita da empresa, suprida, quando for o caso, por decisão judicial transitada em julgado (redação determinada pela Medida Provisória 2.164-41/2001);

III – aposentadoria concedida pela Previdência Social;

IV – falecimento do trabalhador, sendo o saldo pago a seus dependentes, para esse fim habilitados perante a Previdência Social, segundo o critério adotado para a concessão de pensões por morte. Na falta de dependentes, farão jus ao recebimento do saldo da conta vinculada os seus sucessores previstos na lei civil, indicados em alvará judicial, expedido a requerimento do interessado, independente de inventário ou arrolamento;

V – pagamento de parte das prestações decorrentes de financiamento habitacional concedido no âmbito do Sistema Financeiro da Habitação (SFH), desde que: a) o mutuário conte com o mínimo de 3 (três) anos de trabalho sob o regime do FGTS, na mesma empresa ou em empresas diferentes; b) o valor bloqueado seja utilizado, no mínimo, durante o prazo de 12 (doze) meses; c) o valor do abatimento atinja, no máximo, 80 (oitenta) por cento do montante da prestação;

VI – liquidação ou amortização extraordinária do saldo devedor de financiamento imobiliário, observadas as condições estabelecidas pelo Conselho Curador, dentre elas a de que o financiamento seja concedido no âmbito do SFH e haja interstício mínimo de 2 (dois) anos para cada movimentação;

VII – pagamento total ou parcial do preço de aquisição de moradia própria, ou lote urbanizado de interesse social não construído, observadas as seguintes condições: a) o mutuário deverá contar com o mínimo de 3 (três) anos de trabalho sob o regime do FGTS, na mesma empresa ou empresas diferentes; b) seja a operação financiável nas condições vigentes para o SFH (redação dada pela Lei 11.977/2009);

VIII – quando o trabalhador permanecer três anos ininterruptos fora do regime do FGTS;

IX – extinção normal do contrato a termo, inclusive o dos trabalhadores temporários regidos pela Lei 6.019, de 3 de janeiro de 1974;

X – suspensão total do trabalho avulso por período igual ou superior a 90 (noventa) dias, comprovada por declaração do sindicato representativo da categoria profissional;

XI – quando o trabalhador ou qualquer de seus dependentes for acometido de neoplasia maligna;

XII – aplicação em quotas de Fundos Mútuos de Privatização, regidos pela Lei 6.385, de 7 de dezembro de 1976, permitida a utilização máxima de 50% (cinquenta por cento) do saldo existente e disponível em sua conta vinculada do Fundo de Garantia do Tempo de Serviço, na data em que exercer a opção;

XIII – quando o trabalhador ou qualquer de seus dependentes for portador do vírus HIV (acrescentado pela Medida Provisória 2.164-41/2001);

---

6. "Art. 19-A. É devido o depósito do FGTS na conta vinculada do trabalhador cujo contrato de trabalho seja declarado nulo nas hipóteses previstas no art. 37, § 2.º, da Constituição Federal, quando mantido o direito ao salário (acrescentado à Lei 8.036/1990 pela Medida Provisória 2.164-41/2001). Parágrafo único. O saldo existente em conta vinculada, oriundo de contrato declarado nulo até 28 de julho de 2001, nas condições do *caput*, que não tenha sido levantado até essa data, será liberado ao trabalhador a partir do mês de agosto de 2002" (acrescentado à Lei 8.036/1990 pela Medida Provisória 2.164-41/2001). Cf. Súmula 466 do STJ: "O titular da conta vinculada ao FGTS tem o direito de sacar o saldo respectivo quando declarado nulo seu contrato de trabalho por ausência de prévia aprovação em concurso público".

XIV – quando o trabalhador ou qualquer de seus dependentes estiver em estágio terminal, em razão de doença grave, nos termos do regulamento (acrescentado pela Medida Provisória 2.164-41/2001);

XV – quando o trabalhador tiver idade igual ou superior a setenta anos (acrescentado pela Medida Provisória 2.164-41/2001);

XVI – necessidade pessoal, cuja urgência e gravidade decorram de desastre natural, conforme disposto em regulamento, observadas as seguintes condições: a) o trabalhador deverá ser residente em áreas comprovadamente atingidas de Município ou do Distrito Federal em situação de emergência ou em estado de calamidade pública, formalmente reconhecidos pelo Governo Federal; b) a solicitação de movimentação da conta vinculada será admitida até 90 (noventa) dias após a publicação do ato de reconhecimento, pelo Governo Federal, da situação de emergência ou de estado de calamidade pública; e c) o valor máximo do saque da conta vinculada será definido na forma do regulamento (acrescentado pela Lei 10.878/2004);

XVII – integralização de cotas do FI-FGTS, respeitado o disposto na alínea *i* do inciso XIII do art. 5.º da Lei 8.036/1990, permitida a utilização máxima de 30% (trinta por cento) do saldo existente e disponível na data em que exercer a opção (redação dada pela Lei 12.087/2009);

XVIII – quando o trabalhador com deficiência, por prescrição, necessite adquirir órtese ou prótese para promoção de acessibilidade e de inclusão social (acrescentado pela Lei 13.146/2015);

XIX – pagamento total ou parcial do preço de aquisição de imóveis da União inscritos em regime de ocupação ou aforamento, a que se referem o art. 4.º da Lei 13.240/2015, e o art. 16-A da Lei 9.636/1998, respectivamente, observadas as condições legais;

XX – anualmente, no mês de aniversário do trabalhador, por meio da aplicação dos valores constantes do Anexo da Lei 8.036/1990, observado o disposto no art. 20-D da Lei 8.036/1990;

XXI – a qualquer tempo, quando seu saldo for inferior a R$ 80,00 e não tiverem ocorrido depósitos ou saques por, no mínimo, um ano, exceto na hipótese prevista no inciso I do § 5.º do art. 13 da Lei 8.036/1990;

XXII – quando o trabalhador ou qualquer de seus dependentes for, nos termos do regulamento, pessoa com doença rara, consideradas doenças raras aquelas assim reconhecidas pelo Ministério da Saúde, que apresentará, em seu sítio na internet, a relação atualizada dessas doenças.

Na movimentação das contas vinculadas a contrato de trabalho extinto até 31 de dezembro de 2015, ficam isentas as exigências indicadas no inciso VIII do art. 20 da Lei 8.036/1990, podendo o saque, nessa hipótese, ser efetuado segundo cronograma de atendimento estabelecido pelo agente operador do FGTS (art. 20, § 22, da Lei 8.036/1990).

A critério do titular da conta vinculada do FGTS, em ato formalizado no momento da contratação do financiamento habitacional, os direitos aos saques de que trata o art. 20 da Lei 8.036/1990 podem ser objeto de alienação ou cessão fiduciária para liquidação, amortização ou pagamento de parte das prestações decorrentes de financiamento habitacional concedido no âmbito do SFH, dispensados o prazo mencionado na alínea *b* do inciso V (12 meses) e o interstício mínimo de dois anos do inciso VI, ambos do art. 20 da Lei 8.036/1990, observadas as condições estabelecidas pelo Conselho Curador, mediante caucionamento dos depósitos a serem realizados na conta vinculada do trabalhador, exceto os previstos nos §§ 1.º e 2.º do art. 18 da Lei 8.036/1990 (art. 20, § 27, da Lei 8.036/1990, com redação dada pela Lei 14.620/2023).

A vedação prevista no art. 2.º, § 2.º, da Lei 8.036/1990 (as contas vinculadas em nome dos trabalhadores são absolutamente impenhoráveis) não se aplica ao que dispõe o art. 20, § 27, da Lei 8.036/1990 (art. 20, § 28, da Lei 8.036/1990, incluído pela Lei 14.620/2023).

Sem prejuízo das situações de movimentação previstas no art. 20 da Lei 8.036/1990, fica disponível aos titulares de conta vinculada do FGTS, até 31 de março de 2020, o saque de recursos até o limite de R$ 500,00 por conta (art. 6.º da Lei 13.932/2019). Na hipótese de o saldo da conta vinculada, na data de publicação da Medida Provisória 889/2019, ser igual ou inferior ao valor do salário mínimo vigente à época, o mencionado saque de recursos pode alcançar a totalidade do saldo da conta.

Quanto à extinção do contrato de trabalho por acordo entre empregado e empregador, cf. Capítulo 13, item 13.6.9.

O titular de contas vinculadas do FGTS estará sujeito a somente uma das seguintes sistemáticas de saque: I – saque-rescisão; ou II – saque-aniversário (art. 20-A da Lei 8.036/1990, incluído pela Lei 13.932/2019). Todas as contas do mesmo titular estarão sujeitas à mesma sistemática de saque (art. 20-A, § 1.º, da Lei 8.036/1990).

São aplicáveis às sistemáticas de saque de que trata o art. 20-A da Lei 8.036/1990 as seguintes hipóteses de movimentação de conta:

> I – para a sistemática de *saque-rescisão*, as previstas no art. 20 da Lei 8.036/1990, à exceção da estabelecida no inciso XX do referido artigo;
>
> II – para a sistemática de *saque-aniversário*, as previstas no art. 20 da Lei 8.036/1990, à exceção das estabelecidas nos incisos I, I-A, II, IX e X do referido artigo (art. 20-A, § 2.º, da Lei 8.036/1990).

O titular de contas vinculadas do FGTS está sujeito originalmente à sistemática de saque-rescisão e pode optar por alterá-la, observado o disposto no art. 20-C da Lei 8.036/1990 (art. 20-B da Lei 8.036/1990, incluído pela Lei 13.932/2019).

A primeira opção pela sistemática de saque-aniversário pode ser feita a qualquer tempo e terá efeitos imediatos (art. 20-C da Lei 8.036/1990, incluído pela Lei 13.932/2019).

Caso o titular solicite novas alterações de sistemática, deve ser observado o seguinte: I – a alteração será efetivada no primeiro dia do 25.º mês subsequente ao da solicitação, desde que não haja cessão ou alienação de direitos futuros aos saques anuais de que trata o § 3.º do art. 20-D da Lei 8.036/1990; II – a solicitação pode ser cancelada pelo titular antes da sua efetivação; III – na hipótese de cancelamento, a nova solicitação estará sujeita ao disposto no inciso I.

Para fins do disposto no § 2.º do art. 20-A da Lei 8.036/1990, as situações de movimentação devem obedecer à sistemática a que o titular estiver sujeito no momento dos eventos que as ensejarem.

Na situação de movimentação de que trata o inciso XX do art. 20 da Lei 8.036/1990 (anualmente, no mês de aniversário do trabalhador), o valor do saque será determinado: I – pela aplicação da alíquota correspondente, estabelecida no Anexo da Lei 8.036/1990, à soma de todos os saldos das contas vinculadas do titular, apurados na data do débito; e II – pelo acréscimo da parcela adicional correspondente, estabelecida no Anexo da Lei 8.036/1990, ao valor apurado de acordo com o disposto no inciso I (art. 20-D da Lei 8.036/1990, incluído pela Lei 13.932/2019).

Na hipótese de o titular possuir mais de uma conta vinculada, o saque de que trata o art. 20-D da Lei 8.036/1990 será feito na seguinte ordem: I – contas vinculadas relativas a contratos de trabalho extintos, com início pela conta que tiver o menor saldo; e II – demais contas vinculadas, com início pela conta que tiver o menor saldo.

A critério do titular da conta vinculada do FGTS, os direitos aos saques anuais de que trata o art. 20-D da Lei 8.036/1990 podem ser objeto de alienação ou cessão fiduciária, nos termos do art. 66-B da Lei 4.728/1965, em favor de qualquer instituição financeira do Sistema Financeiro Nacional, sujeitas as taxas de juros praticadas nessas operações aos limites estipulados pelo Conselho Curador, os quais serão inferiores aos limites de taxas de juros estipulados para os empréstimos consignados dos servidores públicos federais do Poder Executivo (art. 20-D, § 3.º, da Lei 8.036/1990).

Na hipótese de despedida sem justa causa, o trabalhador que optar pela sistemática saque-aniversário também fará jus à movimentação da indenização rescisória de que tratam os §§ 1.º e 2.º do art. 18 da Lei 8.036/1990.

17.11 PRESCRIÇÃO DO FGTS

Sobre o tema do prazo prescricional a ser aplicado aos depósitos do FGTS, o entendimento que prevalecia era previsto na antiga redação da Súmula 362 do TST (determinada pela Resolução 121/2003):

> "FGTS. Prescrição. É trintenária a prescrição do direito de reclamar contra o não recolhimento da contribuição para o FGTS, observado o prazo de 2 (dois) anos após o término do contrato de trabalho".

O prazo prescricional de 30 anos para cobrar os depósitos do FGTS também era previsto na Súmula 210 do STJ: "A ação de cobrança das contribuições para o FGTS prescreve em 30 (trinta) anos".

Esse prazo de 30 anos, na realidade, tinha como fundamento o art. 23, § 5.º, parte final, da Lei 8.036/1990, ao assegurar que deve ser "respeitado o privilégio do FGTS à prescrição trintenária". Ocorreu, no caso, certa influência da legislação anterior, pertinente ao FGTS.

Podia-se entender que o art. 23, § 5.º, parte final, da Lei 8.036/1990, ao prever prazo prescricional superior àquele fixado na Constituição Federal de 1988, não se revela inconstitucional, por se tratar de regra mais benéfica ao empregado.

Mesmo assim, como após dois anos contados da extinção do contrato de trabalho opera a prescrição total, conforme mandamento constitucional (art. 7.º, inciso XXIX), a Súmula 362 do TST determina a observância do referido prazo prescricional.

Entretanto, o Supremo Tribunal Federal, em 13 de novembro de 2014, no Recurso Extraordinário com Agravo 709.212/DF, decidiu que o prazo prescricional aplicável às cobranças dos depósitos do Fundo de Garantia do Tempo de Serviço é o previsto no art. 7.º, inciso XXIX, da Constituição da República, por se tratar de direito dos trabalhadores urbanos e rurais, expressamente arrolado no inciso III do referido dispositivo constitucional.

Portanto, na atualidade, prevalece o entendimento de ser aplicável ao FGTS o prazo de prescrição de cinco anos, a partir da lesão do direito (e não apenas o prazo prescricional bienal, a contar da extinção do contrato de trabalho), tendo em vista, inclusive, a necessidade de certeza e estabilidade nas relações jurídicas. Uma vez respeitado o prazo prescricional de dois anos, que se inicia com o término da relação de emprego, somente são exigíveis os valores devidos nos últimos cinco anos que antecedem o ajuizamento da ação.

Com isso, decidiu-se que o prazo prescricional de 30 anos, previsto no art. 23, § 5.º, da Lei 8.036/1990 (e no art. 55 do Regulamento do FGTS, aprovado pelo Decreto 99.684/1990), é inconstitucional, por violar o já mencionado art. 7.º, inciso XXIX, da Constituição Federal de 1988.

Ademais, prevaleceu no STF o entendimento de que não se aplica ao caso o princípio da proteção, por não se tratar de direito mínimo, que possa ser ampliado por meio de lei ordinária. Quanto ao tema, a Constituição da República determinou, de forma expressa e precisa, o prazo prescricional para se exigir a cobrança dos créditos resultantes das relações de trabalho, como ocorre justamente quanto ao FGTS, que tem natureza jurídica de direito social e trabalhista.

Ficou decidido, ainda, ser necessária a mitigação do princípio da nulidade da lei inconstitucional, com a consequente modulação dos efeitos da referida decisão, atribuindo-lhe efeitos *ex nunc*, ou seja, prospectivos, tendo em vista a necessidade de segurança jurídica, por se tratar de modificação e revisão da jurisprudência adotada por vários anos no STF (bem como no TST), com fundamento no art. 27 da Lei 9.868/1999, aplicável também ao controle difuso de constitucionalidade.

Desse modo, "para aqueles [casos] cujo termo inicial da prescrição ocorra após a data do presente julgamento, aplica-se, desde logo, o prazo de cinco anos. Por outro lado, para os casos em que o prazo prescricional já esteja em curso, aplica-se o que ocorrer primeiro: 30 anos, contados do termo inicial, ou 5 anos, a partir desta decisão. Assim se, na presente data, já tenham transcorrido 27 anos do prazo prescricional, bastarão mais 3 anos para que se opere a prescrição, com base na jurisprudência desta Corte até então vigente. Por outro lado, se na data desta decisão tiverem decorrido 23 anos do prazo prescricional, ao caso se aplicará o novo prazo de 5 anos, a contar da data do presente julgamento" (STF, Pleno, ARE 709.212/DF, voto, Rel. Min. Gilmar Mendes, j. 13.11.2014).

Em face da relevância do julgado em questão, transcreve-se a respectiva ementa:

> "Recurso extraordinário. Direito do Trabalho. Fundo de Garantia do Tempo de Serviço (FGTS). Cobrança de valores não pagos. Prazo prescricional. Prescrição quinquenal. Art. 7.º, XXIX, da Constituição. Superação de entendimento anterior sobre prescrição trintenária. Inconstitucionalidade dos arts. 23, § 5.º, da Lei 8.036/1990 e 55 do Regulamento do FGTS aprovado pelo Decreto 99.684/1990. Segurança jurídica. Necessidade de modulação dos efeitos da decisão. Art. 27 da Lei 9.868/1999. Declaração de inconstitucionalidade com efeitos *ex nunc*. Recurso extraordinário a que se nega provimento" (STF, Pleno, ARE 709.212/DF, Rel. Min. Gilmar Mendes, j. 13.11.2014, *DJe* 19.02.2015).

Logo, deixou de prevalecer o prazo prescricional de 30 anos, que era reconhecido nas Súmulas 362 do TST e 210 do STJ, passando-se a adotar o prazo de cinco anos também quanto ao FGTS. Cf. ainda STF, Pleno, RE 522.897/RN, Rel. Min. Gilmar Mendes, *DJe* 26.09.2017.

A aplicação desse entendimento incide em demandas que objetivem a cobrança do FGTS, independentemente da natureza jurídica da parte demandada. Cf. STJ, 1.ª T., REsp 1.841.538/AM, 2019/0297438-7, Rel. p/ ac. Min. Regina Helena Costa, *DJe* 24.08.2020.

Tendo em vista o exposto, a atual redação da Súmula 362 do TST assim prevê:

> "FGTS. Prescrição.
>
> I – Para os casos em que a ciência da lesão ocorreu a partir de 13.11.2014, é quinquenal a prescrição do direito de reclamar contra o não recolhimento de contribuição para o FGTS, observado o prazo de dois anos após o término do contrato;
>
> II – Para os casos em que o prazo prescricional já estava em curso em 13.11.2014, aplica-se o prazo prescricional que se consumar primeiro: trinta anos, contados do termo inicial, ou cinco anos, a partir de 13.11.2014 (STF-ARE-709.212/DF)".

Observados esses aspectos, cabe esclarecer, ainda, que se a pretensão referente a certa parcela remuneratória já não mais é exigível, por se encontrar prescrita, a respectiva incidência do FGTS também não pode ser mais exigida, considerando-se igualmente atingida pela prescrição.

Nesse sentido estabelece a Súmula 206 do TST, na redação determinada pela Resolução 121/2003:

> "FGTS. Incidência sobre parcelas prescritas. A prescrição da pretensão relativa às parcelas remuneratórias alcança o respectivo recolhimento da contribuição para o FGTS".

Como se nota, segue-se entendimento similar ao de que o acessório (incidência ou reflexo do FGTS) segue o principal (parcela remuneratória), de modo que se este se encontra prescrito, aquele também deve ser assim considerado.

Por isso, a Súmula 362, inciso II, do TST, ao prever o prazo prescricional de 30 anos, tem aplicação quando o FGTS é postulado de forma principal, ou seja, sobre verbas remuneratórias já pagas ao longo do contrato de trabalho. Desse modo, devem ser aplicadas, harmonicamente, as Súmulas 206 e 362 do TST.

A notificação do empregador relativa aos débitos com o FGTS, o início de procedimento administrativo ou a medida de fiscalização interrompem o prazo prescricional (art. 23-A da Lei 8.036/1990, incluído pela Lei 13.932/2019).

O contencioso administrativo é causa de suspensão do prazo prescricional.

A data de publicação da liquidação do crédito será considerada como a data de sua constituição definitiva, a partir da qual será retomada a contagem do prazo prescricional.

Todos os documentos relativos às obrigações perante o FGTS, referentes a todo o contrato de trabalho de cada trabalhador, devem ser mantidos à disposição da fiscalização por até cinco anos após o fim de cada contrato.

17.12 DIFERENÇA DE INDENIZAÇÃO COMPENSATÓRIA DE 40% DO FGTS DECORRENTE DE EXPURGOS INFLACIONÁRIOS

No presente item, cabe tratar de questões pertinentes ao direito à diferença da indenização de 40% do FGTS, decorrente da correção monetária suplementar de depósitos fundiários, creditada em momento posterior àquele em que efetivamente deveria ter ocorrido, em razão de expurgos inflacionários de planos econômicos.

Há várias ações trabalhistas em que o ex-empregado postula, perante seu ex-empregador, o suplemento dessa indenização compensatória, relativa à atualização monetária do FGTS que se reconhece como devida em razão de planos econômicos.

Essa última questão, específica quanto ao direito ao complemento de atualização monetária na conta vinculada em si, relativamente ao período de junho de 1987 a fevereiro de 1991[7], vem sendo apreciada no âmbito da Justiça Federal[8], em ações em face da

7. Cf. Súmula 252 do STJ: "Os saldos das contas do FGTS, pela legislação infraconstitucional, são corrigidos em 42,72% (IPC) quanto às perdas de janeiro de 1989 e 44,80% (IPC) quanto às de abril de 1990, acolhidos pelo STJ os índices de 18,02% (LBC) quanto às perdas de junho de 1987, de 5,38% (BTN) para maio de 1990 e 7,00% (TR) para fevereiro de 1991, de acordo com o entendimento do STF (RE 226.855-7-RS)".

8. Cf. "Cabe à Justiça Federal processar e julgar ação movida por optante do FGTS, visando obter complementação de depósitos" (STJ, 1.ª Seção, CC 4.185-4-RJ, Rel. Min. Antônio de Pádua Ribeiro, j. 28.09.1993, *DJU* 02.11.1993, p. 24.865).

Caixa Econômica Federal[9], tendo sido regulada também pela Lei Complementar 110, de 29.06.2001, após decisão do Supremo Tribunal Federal relativa ao tema.

A Lei Complementar (110/2001, art. 4.º) assegurou "o complemento de atualização monetária resultante da aplicação, cumulativa, dos percentuais de dezesseis inteiros e sessenta e quatro centésimos por cento e de quarenta e quatro inteiros e oito décimos por cento, sobre os saldos das contas mantidas, respectivamente, no período de 1.º de dezembro de 1988 a 28 de fevereiro de 1989 e durante o mês de abril de 1990", devendo observar-se as hipóteses dos incisos I a III do seu art. 4.º.

A indenização de 40% do montante dos depósitos realizados na conta vinculada durante a vigência do contrato de trabalho é dever jurídico do empregador, quando verificados os pressupostos de fato previstos na norma jurídica.

Desse modo, de acordo com a Orientação Jurisprudencial 341 da SBDI-I do TST:

> "FGTS. Multa de 40%. Diferenças decorrentes dos expurgos inflacionários. Responsabilidade pelo pagamento. É de responsabilidade do empregador o pagamento da diferença da multa de 40% sobre os depósitos do FGTS, decorrente da atualização monetária em face dos expurgos inflacionários".

No caso, a respeito do termo inicial da prescrição, de acordo com o entendimento previsto na Orientação Jurisprudencial 344 da SBDI-I do TST:

> "FGTS. Multa de 40%. Diferenças decorrentes dos expurgos inflacionários. Prescrição. Termo inicial. O termo inicial do prazo prescricional para o empregado pleitear em juízo diferenças da multa do FGTS, decorrentes dos expurgos inflacionários, deu-se com a vigência da Lei Complementar 110, em 30.06.2001, salvo comprovado trânsito em julgado de decisão proferida em ação proposta anteriormente na Justiça Federal, que reconheça o direito à atualização do saldo da conta vinculada".

A Orientação Jurisprudencial 370 da SBDI-I do TST apresenta, ainda, o seguinte esclarecimento sobre a interrupção da prescrição quanto ao tema:

> "FGTS. Multa de 40%. Diferenças dos expurgos inflacionários. Prescrição. Interrupção decorrente de protestos judiciais. O ajuizamento de protesto judicial dentro do biênio posterior à Lei Complementar n.º 110, de 29.06.2001, interrompe a prescrição, sendo irrelevante o transcurso de mais de dois anos da propositura de outra medida acautelatória, com o mesmo objetivo, ocorrida antes da vigência da referida lei, pois ainda não iniciado o prazo prescricional, conforme disposto na Orientação Jurisprudencial n.º 344 da SBDI-1".

Além disso, se o contrato de trabalho terminou depois da entrada em vigor da Lei Complementar 110/2001, entende-se que o prazo prescricional, quanto à mencionada diferença de indenização de 40%, tem início normalmente, já com a cessação da relação de emprego.

17.13 RECONTRATAÇÃO DE EMPREGADO

Cabe analisar a possibilidade de recontratação de empregado que teve o contrato de trabalho recentemente extinto.

Em se tratando de contrato de trabalho por prazo determinado, considera-se por prazo indeterminado todo contrato que suceder, dentro de seis meses, a outro contrato por prazo

9. Cf. Súmula 249 do STJ: "A Caixa Econômica Federal tem legitimidade passiva para integrar processo em que se discute correção monetária do FGTS".

determinado, salvo se a expiração deste dependeu da execução de serviços especializados ou da realização de certos acontecimentos (art. 452 da CLT). Cf. Capítulo 4, item 4.16.

Na hipótese de contrato de trabalho por prazo indeterminado, a lei não proíbe a recontratação do empregado, nem estabelece um prazo a ser observado entre o vínculo de emprego anterior e a nova contratação. Eventuais fraudes, assim, devem ser analisadas conforme as circunstâncias do caso concreto (art. 9.º da CLT).

O art. 453 da CLT versa sobre a contagem do tempo de serviço do empregado readmitido. Cf. Capítulo 16, item 16.5.

No plano administrativo, os arts. 311 a 313 da Portaria 671/2021 do Ministério do Trabalho e Previdência versam sobre simulação de rescisão contratual e de levantamento do FGTS em fraude à lei.

A inspeção do trabalho deve dar tratamento prioritário, entre os atributos de rotina, à constatação de casos simulados de rescisão do contrato de trabalho sem justa causa, seguida de recontratação do mesmo trabalhador ou de sua permanência na empresa sem a formalização do vínculo, presumida, em tais casos, como conduta fraudulenta do empregador para fins de aplicação dos §§ 2.º e 3.º do art. 23 da Lei 8.036/1990 (art. 311 da Portaria 671/2021 do Ministério do Trabalho e Previdência).

Considera-se fraudulenta a rescisão seguida de recontratação ou de permanência do trabalhador em serviço quando ocorrida dentro dos 90 dias subsequentes à data em que formalmente a rescisão se operou (art. 312 da Portaria 671/2021 do Ministério do Trabalho e Previdência). Em caso de aviso prévio indenizado (art. 487, § 1.º, da CLT), embora a questão possa gerar controvérsia, defende-se que o prazo de 90 dias deve ser contado do término do contrato de trabalho em si, isto é, sem considerar a projeção do aviso prévio indenizado, a qual não posterga a cessação do pacto laboral.

Trata-se de previsão passível de questionamento, notadamente em face do princípio da legalidade (art. 5.º, inciso II, da Constituição da República), por não se tratar de norma com natureza de lei (art. 37 da Constituição Federal de 1988), além do que a fraude não se presume, devendo ser demonstrada. A matéria deveria ser objeto de lei (art. 22, inciso I, da Constituição da República), e não de Portaria. De todo modo, a hipótese seria de presunção relativa, e não absoluta.

Constatada a prática da rescisão fraudulenta, o Auditor-Fiscal do Trabalho deve levantar todos os casos de rescisão ocorridos nos últimos 24 meses para verificar se a hipótese pode ser apenada em conformidade com o art. 312 da Portaria 671/2021 (art. 313 da Portaria 671/2021 do Ministério do Trabalho e Previdência). Esse levantamento deve envolver também a possibilidade de ocorrência de fraude ao seguro-desemprego, hipótese em que será concomitantemente aplicada a sanção prevista no art. 25 da Lei 7.998/1990, ou seja, multa administrativa.

Na jurisprudência, prevalece o entendimento de que a fraude à continuidade do vínculo de emprego, decorrente da extinção do contrato de trabalho e recontratação do empregado, em regra, deve ser demonstrada no caso concreto[10], por exemplo, com o intuito de burlar, de forma injustificada, o princípio da irredutibilidade salarial (art. 7.º, inciso VI, da Constituição Federal de 1988).

10. "A jurisprudência desta Corte, após o cancelamento da Súmula nº 20, não admite presunção de fraude em caso de extinção do contrato com readmissão imediata ou em curto prazo, atribuindo ao empregado o ônus de provar efetivamente a existência de irregularidades" (TST, 8.ª T., AIRR-1002338-61.2016.5.02.0462, Rel. Min. Maria Cristina Irigoyen Peduzzi, *DEJT* 13.09.2019).

Capítulo **18**

JORNADA DE TRABALHO

18.1 INTRODUÇÃO

A **limitação da jornada de trabalho**, por meio de normas jurídicas estabelecidas pelo Estado, atende a uma necessidade de integridade e harmonia física, psíquica e psicológica do trabalhador, sendo essencial na concretização do mandamento fundamental de dignidade da pessoa humana.

No início da Revolução Industrial, os trabalhadores eram expostos a jornadas de trabalho extenuantes, com precárias condições no meio ambiente de trabalho, prejudicando a saúde, a segurança e a própria vida dos trabalhadores.

Em protesto às péssimas condições de trabalho, observam-se diversas reivindicações dos trabalhadores, dando início à união de esforços para se alcançar objetivos comuns, inclusive no sentido de diminuição da jornada de trabalho e melhoria do valor dos salários.

A referida pressão exercida pelos trabalhadores, formando grupos profissionais que deram origem ao movimento sindical, refletiu em leis estabelecidas pelo Estado, como forma de atender às manifestações, mas também com o fim de manter sob certo controle a massa trabalhadora, de modo a não se instaurar um quadro revolucionário.

A Igreja Católica também apresentou preocupação quanto ao tema, tanto que a Encíclica *Rerum Novarum*, de 1891, estabelecia o mandamento de que as horas de trabalho no dia não deveriam exceder as forças do trabalhador, devendo-se fixar, igualmente, o devido repouso.

Isso também influenciou diversos países da Europa, alguns dos quais passaram a limitar a jornada de trabalho em oito horas por dia, o que, em 1915, foi generalizado para a maioria deles, após diversos movimentos dos trabalhadores, inclusive greves[1].

No Brasil, a Constituição Federal de 1988, em seu art. 7.º, inciso XIII, apresenta a seguinte previsão: "duração do trabalho normal não superior a oito horas diárias e quarenta e quatro semanais, facultada a compensação de horários e a redução da jornada, mediante acordo ou convenção coletiva de trabalho".

O inciso XIV, desse mesmo art. 7.º da Constituição de 1988, também versa sobre jornada de trabalho, assim dispondo: "jornada de seis horas para o trabalho realizado em turnos ininterruptos de revezamento, salvo negociação coletiva".

Na Consolidação das Leis do Trabalho, a jornada de trabalho é regulada nos arts. 57 e seguintes.

---

1. Cf. MARTINS, Sergio Pinto. *Direito do trabalho*. 28. ed. São Paulo: Atlas, 2012. p. 518.

No plano internacional, há diversas Convenções da OIT sobre o tema. A Declaração Universal dos Direitos Humanos, no art. XXIV, assim prevê: "Todo ser humano tem direito a repouso e lazer, inclusive a limitação razoável das horas de trabalho e a férias remuneradas periódicas".

18.2 DENOMINAÇÃO E CONCEITO

A rigor, quando se fala em *jornada de trabalho*, entende-se o *número de horas diárias de trabalho*, ou seja, o montante de horas de trabalho em um dia. Exemplo: jornada de trabalho de oito horas.

Por isso, também se verifica a denominação *duração do trabalho*. Quando se fala no número de horas de trabalho semanal, mensal ou mesmo anual, o correto é utilizar-se a referida denominação, pois não é restrita ao trabalho diário. Exemplo: duração do trabalho de 44 horas semanais.

O *horário de trabalho*, por sua vez, refere-se à hora de início e término do labor, indicando-se o horário de intervalo inserido no interior da jornada. Exemplo: horário de trabalho das 9 às 13 horas e das 14 às 18 horas.

Pode-se conceituar a jornada de trabalho como o montante de horas de um dia de labor.

Na realidade, são computados na jornada de trabalho não só o tempo efetivamente trabalhado, mas também o tempo à disposição do empregador.

Em termos teóricos, há três correntes sobre a abrangência da jornada de trabalho[2]:

- teoria do tempo efetivamente trabalhado: não computa na jornada de trabalho as paralisações do empregado, como os intervalos.
- teoria do tempo à disposição do empregador: é mais abrangente, pois considera como jornada de trabalho não só o tempo de efetivo serviço, como, também, o tempo à disposição do empregador.

Nesse aspecto, de acordo com a Súmula 118 do TST: "Jornada de trabalho. Horas extras. Os intervalos concedidos pelo empregador na jornada de trabalho, não previstos em lei, representam tempo à disposição da empresa, remunerados como serviço extraordinário, se acrescidos ao final da jornada".

- teoria do tempo *in itinere*: considera como jornada de trabalho todo o período, desde o momento em que o empregado se dirige ao trabalho, até quando ele retorna para sua casa.

No Direito do Trabalho em vigor, não se pode dizer que somente uma dessas teorias seja aquela adotada, mas verifica-se, na realidade, um sistema híbrido, considerando-se jornada de trabalho não só o tempo de serviço efetivo, mas adotando aspectos da teoria do tempo à disposição do empregador.

Em consonância com o art. 4.º da CLT, considera-se como de serviço efetivo o período em que o empregado esteja à disposição do empregador, aguardando ou executando ordens, salvo disposição especial expressamente consignada.

2. Cf. MARTINS, Sergio Pinto. *Direito do trabalho*. 28. ed. São Paulo: Atlas, 2012. p. 520-521.

18.3 NATUREZA JURÍDICA

A jornada de trabalho, a qual é regulada pelo Direito, tem natureza de *norma de ordem pública*, pois há interesse social na sua limitação, em proteção da saúde, da segurança e da vida do trabalhador, preservando e concretizando a sua dignidade como pessoa.

Sob outro enfoque, a jornada de trabalho é uma das *condições de trabalho de grande importância na relação jurídica de emprego*, a qual, como estudado anteriormente, apresenta natureza contratual, por se reportar ao gênero dos negócios jurídicos. Assim, há certa natureza jurídica privada também quanto à jornada de trabalho, sendo possível convencionar a respeito no âmbito das condições do contrato de trabalho, desde que observadas as garantias e normas de proteção trabalhista (art. 444 da CLT).

18.4 CLASSIFICAÇÃO

A jornada de trabalho, como ensina Sergio Pinto Martins, pode ser classificada quanto à duração, ao período, à profissão e à flexibilidade[3].

Quanto à *duração*, a jornada de trabalho pode ser:

a) normal, ou seja, comum, de oito horas diárias (respeitado o limite semanal de 44 horas), o que, por ser o ordinário, é o presumido. Pode, no entanto, haver previsão legal ou convencional mais benéfica ao empregado ou a certas categorias ou formas de trabalho, fixando jornada de trabalho normal inferior ao referido módulo, como ocorre no trabalho em regime de revezamento (art. 7.º, inciso XIV, da CF/1988).
b) extraordinária ou suplementar, que são as horas de trabalho acima do horário normal.

Quanto ao *período*, a jornada de trabalho pode ser:

a) diurna, quando o trabalho ocorre, no meio urbano, no horário das 5 até as 22 horas.
b) noturna, quando o labor ocorre, no meio urbano, das 22 às 5 horas (art. 73, § 2.º, da CLT). No trabalho rural, a Lei 5.889/1973 estabelece o horário noturno das 21 às 5 horas na agricultura e das 20 às 4 horas na pecuária (art. 7.º).

Em relação à *profissão*, cabe destacar que certas profissões e categorias, como os bancários (art. 224 da CLT) e os telefonistas (art. 227 da CLT), têm jornadas de trabalho especiais, inferiores ao limite constitucional.

No entanto, cabe esclarecer que, de acordo com a Súmula 370 do TST, médicos e engenheiros não possuem jornada de trabalho reduzida propriamente, apenas havendo fixação de salário mínimo profissional, o qual é devido para uma jornada de trabalho fixada na respectiva lei:

> "Médico e engenheiro. Jornada de trabalho. Leis 3.999/1961 e 4.950-A/1966. *Tendo em vista que as Leis 3.999/1961 e 4.950-A/1966 não estipulam a jornada reduzida, mas apenas estabelecem o salário mínimo da categoria para uma jornada de 4 horas para os médicos e de 6 horas para os engenheiros*, não há que se falar em horas extras, salvo as excedentes à oitava, desde que seja respeitado o salário mínimo/horário das categorias (ex-OJs 39 e 53 – Inseridas respectivamente em 07.11.1994 e 29.04.1994)".

3. Cf. MARTINS, Sergio Pinto. *Direito do trabalho*. 22. ed. São Paulo: Atlas, 2006. p. 489.

O critério da *flexibilidade* é mais verificado no direito estrangeiro, em alguns países cuja legislação admite as jornadas de trabalho flexíveis (*flex time*), devendo o empregado cumprir determinada carga horária semanal, mensal ou anual, mas tendo liberdade na organização de seu horário diário.

18.5 FUNDAMENTOS PARA A LIMITAÇÃO DA JORNADA DE TRABALHO

A doutrina indica diversos fundamentos para a limitação da jornada de trabalho pelas normas jurídicas, com natureza cogente[4].

Podem ser arrolados, assim, os seguintes *fundamentos*, de natureza:

- *psíquica e psicológica*: o trabalho intenso, com jornadas extenuantes, pode causar o esgotamento psíquico-psicológico do trabalhador, afetando a sua saúde mental e a capacidade de concentração, o que pode até mesmo gerar doenças ocupacionais de ordem psíquica, como a síndrome do esgotamento profissional (*burnout*).
- *física*: o labor em jornadas de elevada duração também pode acarretar a fadiga somática do empregado, resultando em cansaço excessivo, bem como aumentando o risco de acidentes de trabalho e doenças ocupacionais, colocando a saúde, a segurança e a vida do trabalhador em risco.
- *social*: é necessário também para a sociedade que a pessoa, além de trabalhar, exerça outras relevantes atividades na comunidade em que vive, inclusive no seio familiar, por ser a própria base da sociedade.
- *econômica*: jornadas de trabalho de elevada duração podem fazer com que a empresa deixe de contratar outros empregados, passando a exigir trabalho somente daqueles poucos que ali prestam serviços, aumentando o desemprego e, por consequência, gerando crises na economia.
- *humana*: o trabalhador, para ter sua dignidade preservada, não pode ser exposto a jornadas de trabalho extenuantes, o que afetaria a sua saúde e colocaria em risco a sua própria vida, inclusive em razão de riscos quanto a acidentes de trabalho.

18.6 DURAÇÃO NORMAL DA JORNADA DE TRABALHO

A Constituição Federal de 1988, em seu art. 7.º, inciso XIII, prevê a duração do trabalho normal não superior a oito horas diárias e quarenta e quatro semanais, facultada a compensação de horários e a redução da jornada, mediante acordo ou convenção coletiva de trabalho.

Trata-se de certa inovação, especialmente quanto ao referido *limite semanal*.

Na Consolidação das Leis do Trabalho, o art. 58 prevê: "A duração normal do trabalho, para os empregados em qualquer atividade privada, não excederá de 8 (oito) horas diárias, desde que não seja fixado expressamente outro limite".

Como já destacado, além do referido limite diário, a partir da vigência da Constituição de 1988, também deve ser observado o limite semanal de 44 horas. Havendo trabalho acima de algum dos referidos limites (diário ou semanal), já se verifica o labor em horas extras.

4. Cf. MARTINS, Sergio Pinto. *Direito do trabalho*. 28. ed. São Paulo: Atlas, 2012. p. 523.

De acordo com o art. 4.º, *caput*, da CLT: "Considera-se como de serviço efetivo o período em que o empregado esteja à disposição do empregador, aguardando ou executando ordens, salvo disposição especial expressamente consignada".

Considerava-se à disposição do empregador, na forma do art. 4.º da CLT, o tempo necessário ao deslocamento do trabalhador entre a portaria da empresa e o local de trabalho, desde que superasse o limite de 10 minutos diários (Súmula 429 do TST). Entretanto, o art. 58, § 2.º, da CLT, com redação dada pela Lei 13.467/2017, prevê que o tempo despendido pelo empregado desde a sua residência *até a efetiva ocupação do posto de trabalho* e para o seu retorno, caminhando ou por qualquer meio de transporte, inclusive o fornecido pelo empregador, não será computado na jornada de trabalho, por não ser tempo à disposição do empregador. Logo, entende-se que a Súmula 429 do TST fica superada.

O § 2.º do art. 4.º da CLT, com redação dada pela Lei 13.467/2017, dispõe que por não se considerar tempo à disposição do empregador, não é computado como período extraordinário o que exceder a jornada normal, ainda que ultrapasse o limite de cinco minutos previsto no § 1.º do art. 58 da CLT, quando o empregado, por escolha própria, buscar proteção pessoal, em caso de insegurança nas vias públicas ou más condições climáticas, bem como adentrar ou permanecer nas dependências da empresa para exercer atividades particulares, entre outras: I – práticas religiosas; II – descanso; III – lazer; IV – estudo; V – alimentação; VI – atividades de relacionamento social; VII – higiene pessoal; VIII – troca de roupa ou uniforme, quando não houver obrigatoriedade de realizar a troca na empresa.

Trata-se, assim, de disposição prejudicial ao empregado, que flexibiliza a favor do empregador o limite relativo às variações de horário no registro de ponto estabelecido no art. 58, § 1.º, da CLT.

O art. 235-C da CLT, com redação dada pela Lei 13.103/2015, prevê que a jornada ("diária") de trabalho do motorista profissional é de 8 horas. Entretanto, admite-se a sua prorrogação por até 2 horas extraordinárias ou, mediante previsão em convenção ou acordo coletivo, por até 4 horas extraordinárias.

É considerado como trabalho efetivo o tempo em que o motorista empregado estiver à disposição do empregador, excluídos os intervalos para refeição, repouso e descanso (art. 235-C, § 1.º, da CLT).

O Supremo Tribunal Federal declarou inconstitucional a expressão "e o tempo de espera", disposta na parte final do § 1.º do art. 235-C da CLT, por arrastamento (STF, Pleno, ADI 5.322/DF, Rel. Min. Alexandre de Moraes, j. 05.07.2023).

Aplicam-se as disposições do art. 235-C da CLT ao ajudante empregado nas operações em que acompanhe o motorista (art. 235-C, § 16, da CLT). O disposto no art. 235-C da CLT aplica-se também aos operadores de automotores destinados a puxar ou a arrastar maquinaria de qualquer natureza ou a executar trabalhos de construção ou pavimentação e aos operadores de tratores, colheitadeiras, autopropelidos e demais aparelhos automotores destinados a puxar ou a arrastar maquinaria agrícola ou a executar trabalhos agrícolas (art. 235-C, § 17, da CLT, acrescentado pela Lei 13.154/2015).

Em situações excepcionais de inobservância justificada do limite de jornada de que trata o art. 235-C da CLT, anteriormente indicado, devidamente registradas, e desde que não se comprometa a segurança rodoviária, a duração da jornada de trabalho do motorista profissional empregado pode ser elevada pelo tempo necessário até o veículo chegar a um local seguro ou ao seu destino (art. 235-D, § 6.º, da CLT).

O art. 235-D, § 8.º, da CLT explicita ainda que, para o transporte de cargas vivas, perecíveis e especiais em longa distância ou em território estrangeiro, podem ser aplicadas regras conforme a especificidade da operação de transporte realizada, cujas condições de trabalho devem ser fixadas em convenção ou acordo coletivo de modo a assegurar as adequadas condições de viagem e entrega ao destino final.

18.6.1 Jornada de trabalho do professor

Anteriormente, conforme a redação original do art. 318 da CLT, o professor não podia dar no mesmo estabelecimento de ensino, por dia, mais de quatro aulas consecutivas, nem seis aulas intercaladas[5]. O referido limite levava em conta o critério especial da hora-aula e, quando superado, as horas-aula excedentes deveriam ser remuneradas com o adicional de 50%[6]. Mesmo assim, tornava-se possível que o professor trabalhasse acima da mencionada limitação em mais de um estabelecimento.

Na atualidade, o art. 318 da CLT, com redação dada pela Lei 13.415/2017, prevê que o professor pode lecionar em um mesmo estabelecimento por mais de um turno, desde que não ultrapasse a jornada de trabalho semanal estabelecida legalmente, assegurado e não computado o intervalo para refeição.

Consequentemente, salvo previsão mais favorável (art. 7.º, *caput*, da Constituição da República), passou a ser aplicável também ao professor o disposto no art. 7.º, inciso XIII, da Constituição Federal de 1988, ao estabelecer a duração do trabalho normal não superior a oito horas diárias e 44 semanais.

Argumenta-se que a redação anterior do art. 318 da CLT, embora tivesse como objetivo proteger o trabalho do professor, em termos práticos, poderia gerar efeitos contrários, ao impedir que o docente empregado concentrasse certa quantidade mais elevada de aulas em um ou alguns dias da semana no mesmo estabelecimento.

Se as aulas forem ministradas no período noturno, previsto no art. 73 da CLT, o respectivo adicional é devido (art. 7.º, inciso IX, da Constituição Federal de 1988), sendo de no mínimo 20%.

Considerando-se que, em regra, a hora-aula tem duração de 50 minutos, a previsão original do art. 318 da CLT estabelecia jornada de trabalho especial, ou seja, reduzida aos professores, aspecto este que foi modificado pela Lei 13.415/2017.

Aplica-se ainda o art. 71 da CLT, ao prever que em qualquer trabalho contínuo, cuja duração exceda de seis horas, é obrigatória a concessão de um intervalo para repouso ou alimentação, o qual deve ser, no mínimo, de uma hora e, salvo acordo escrito ou contrato coletivo em contrário, não pode exceder de duas horas. Não excedendo de seis horas o trabalho, será obrigatório um intervalo de 15 minutos quando a duração ultrapassar quatro horas.

Os intervalos de descanso não são computados na duração do trabalho, conforme também dispõe o art. 71, § 2.º, da CLT.

5. Cf. Orientação Jurisprudencial 393 da SBDI-I do TST: "Professor. Jornada de trabalho especial. Art. 318 da CLT. Salário mínimo. Proporcionalidade. A contraprestação mensal devida ao professor, que trabalha no limite máximo da jornada prevista no art. 318 da CLT, é de um salário mínimo integral, não se cogitando do pagamento proporcional em relação à jornada prevista no art. 7.º, XIII, da Constituição Federal".

6. Cf. Orientação Jurisprudencial 206 da SBDI-I do TST: "Professor. Horas extras. Adicional de 50%. Inserida em 08.11.00. Excedida a jornada máxima (art. 318 da CLT), as horas excedentes devem ser remuneradas com o adicional de, no mínimo, 50% (art. 7.º, XVI, CF/1988)".

Como se pode notar, a atual previsão do art. 318 da CLT, com redação dada pela Lei 13.415/2017, eliminou a jornada de trabalho especial (reduzida) do professor, passando a determinar a aplicação da duração normal do trabalho de 44 horas semanais também a essa modalidade de empregado.

18.6.2 Horários de entrada e saída flexíveis

No âmbito dos poderes diretivo e gerencial dos empregadores, e considerada a vontade expressa dos empregados e das empregadas, haverá priorização na concessão de horários de entrada e de saída flexíveis, como medida de flexibilização da jornada de trabalho, aos empregados e às empregadas que tenham filho, enteado ou pessoa sob sua guarda com até seis anos de idade ou com deficiência, com vistas a promover a conciliação entre o trabalho e a parentalidade (art. 8.º, inciso V, da Lei 14.457/2022).

A referida medida deve ser formalizada por meio de acordo individual, de acordo coletivo ou de convenção coletiva de trabalho (art. 8.º, § 2.º, da Lei 14.457/2022).

Sendo assim, nos termos do art. 14 da Lei 14.457/2022, quando a atividade permitir, os horários fixos da jornada de trabalho podem ser flexibilizados ao empregado ou à empregada que se enquadre nos critérios estabelecidos no art. 8.º da Lei 14.457/2022 (ou seja, que tenha filho, enteado ou pessoa sob sua guarda com até seis anos de idade ou com deficiência). A referida flexibilização ocorrerá em intervalo de horário previamente estabelecido, considerados os limites inicial e final de horário de trabalho diário.

Na adoção da referida medida de flexibilização (horários de entrada e de saída flexíveis), deve sempre ser levada em conta a vontade expressa da empregada ou do empregado beneficiado pela medida de apoio ao exercício da parentalidade (art. 22 da Lei 14.457/2022).

18.7 HORAS *IN ITINERE*

O art. 58, § 2.º, da CLT, em sua atual redação, decorrente da Lei 13.467/2017, prevê que o tempo despendido pelo empregado desde a sua residência até a efetiva ocupação do posto de trabalho e para o seu retorno, caminhando ou por qualquer meio de transporte, *inclusive o fornecido pelo empregador*, não será computado na jornada de trabalho, por não ser tempo à disposição do empregador.

Deixam de ser devidas, assim, as horas *in itinere* ou de trajeto.

Anteriormente, o art. 58, § 2.º, da CLT, com redação decorrente da Lei 10.243/2001, previa que o tempo despendido pelo empregado até o local de trabalho e para o seu retorno, por qualquer meio de transporte, não será computado na jornada de trabalho, salvo quando, tratando-se de local de difícil acesso ou não servido por transporte público, o empregador fornecer a condução.

Portanto, o tempo despendido pelo empregado, em condução fornecida pelo empregador, até o local de trabalho de difícil acesso, ou não servido por transporte público regular, e para o seu retorno era computável na jornada de trabalho (Súmula 90, inciso I, do TST), o que passa a não mais ocorrer.

Para que as horas de trajeto integrassem a jornada de trabalho eram exigidos dois requisitos, quais sejam: local de trabalho de difícil acesso ou não servido por transporte público regular; *e* condução fornecida pelo empregador.

Cabe esclarecer que a incompatibilidade entre os horários de início e término da jornada do empregado e os do transporte público regular era circunstância que também gerava o direito às horas *in itinere* (Súmula 90, inciso II, do TST).

Entretanto, a mera *insuficiência* de transporte público não ensejava o pagamento de horas *in itinere* (Súmula 90, inciso III, do TST).

Se houvesse transporte público regular em parte do trajeto percorrido em condução da empresa, as horas *in itinere* remuneradas limitavam-se ao trecho não alcançado pelo transporte público (Súmula 90, inciso IV, do TST).

Ademais, segundo a Súmula 320 do TST, a qual também fica superada:

> "Horas 'in itinere'. Obrigatoriedade de cômputo na jornada de trabalho. O fato de o empregador cobrar, parcialmente ou não, importância pelo transporte fornecido, para local de difícil acesso ou não servido por transporte regular, não afasta o direito à percepção das horas 'in itinere'".

Como as horas *in itinere*, quando presentes os mencionados requisitos legais, eram computadas na jornada de trabalho, a rigor, deveriam ser remuneradas integralmente, sob pena de se admitir algo próximo ao labor sem a correspondente remuneração.

Reitere-se que se considera como de *serviço efetivo* o período em que o empregado esteja à disposição do empregador, aguardando ou executando ordens, salvo disposição especial expressamente consignada (art. 4.º da CLT).

Nesse sentido, sabendo-se que as horas *in itinere* eram computáveis na jornada de trabalho, o tempo que extrapolava a jornada legal era considerado como extraordinário e sobre ele deve incidir o adicional respectivo (Súmula 90, inciso V, do TST).

O art. 58, § 3.º, da CLT previa que poderiam ser fixados, para as microempresas e empresas de pequeno porte, *por meio de acordo ou convenção coletiva*, em caso de transporte fornecido pelo empregador, em local de difícil acesso ou não servido por transporte público, o *tempo médio* despendido pelo empregado, bem como a forma e a natureza da remuneração. Essa previsão foi *revogada* pela Lei 13.467/2017.

Anteriormente, mesmo não se tratando de microempresas e empresas de pequeno porte, a jurisprudência admitia a fixação da quantidade de horas *in itinere* a serem remuneradas por meio de negociação coletiva de trabalho.

Embora a tendência do Tribunal Superior do Trabalho fosse de decidir pela validade da fixação ou limitação, em termos razoáveis, da jornada *in itinere*, em norma coletiva negociada (desde que observado o princípio da proporcionalidade entre o tempo fixado e aquele efetivamente gasto)[7], a jurisprudência da referida Corte considerava inválida a simples supressão (de forma integral) do referido direito, ainda que por meio de negociação coletiva de trabalho[8].

---

7. "Recurso de revista. Horas *in itinere*. Norma coletiva. O entendimento externado pelo Órgão uniformizador de jurisprudência *interna corporis* desta Corte Superior, a SBDI-1, segue no sentido de que deve ser considerada válida a negociação coletiva estabelecendo o pagamento de horas *in itinere* em determinado número de horas, independentemente do efetivo tempo gasto pelo empregado no transporte fornecido pelo empregador, sob pena de violação do art. 7.º, XXVI, da CF. Recurso de revista parcialmente conhecido e provido" (TST, 8.ª T., RR 243500-51.2005.5.09.0562, Rel. Min. Dora Maria da Costa, *DEJT* 07.05.2010).

8. "Agravo de instrumento em recurso de revista. Horas *in itinere*. Ao rejeitar a validade da norma coletiva que excluiu o direito dos trabalhadores às horas *in itinere*, o Tribunal Regional decidiu em conformidade com a iterativa e notória jurisprudência desta Corte Superior, que, apesar de admitir a limitação do referido direito,

Sendo assim, o Tribunal Superior do Trabalho considerava razoável a fixação de horas *in itinere*, por meio de negociação coletiva, que corresponda pelo menos a 50% do tempo de deslocamento, mas considerava inválida a cláusula de norma coletiva que estabelecia patamar inferior a isso, por não atender aos princípios da razoabilidade e da proporcionalidade[9].

Entretanto, em sentido divergente, cabe fazer referência ao seguinte julgado do STF, sobre a validade da supressão da remuneração de horas *in itinere* por meio de acordo coletivo de trabalho:

> "Trabalhista. Agravos Regimentais no Recurso Extraordinário. Acordo coletivo de trabalho. Transação do cômputo das horas *in itinere* na jornada diária de trabalho. Concessão de vantagens de natureza pecuniária e de outras utilidades. Validade. 1. Conforme assentado pelo Plenário do Supremo Tribunal Federal no julgamento do RE 590.415 (Rel. Min. Roberto Barroso, *DJe* de 29/5/2015, Tema 152), a Constituição Federal 'reconheceu as convenções e os acordos coletivos como instrumentos legítimos de prevenção e de autocomposição de conflitos trabalhistas', tornando explícita inclusive 'a possibilidade desses instrumentos para a redução de direitos trabalhistas'. Ainda segundo esse precedente, as normas coletivas de trabalho podem prevalecer sobre 'o padrão geral heterônomo, mesmo que sejam restritivas dos direitos dos trabalhadores, desde que não transacionem setorialmente parcelas justrabalhistas de indisponibilidade absoluta'. 2. É válida norma coletiva por meio da qual categoria de trabalhadores transaciona o direito ao cômputo das horas *in itinere* na jornada diária de trabalho em troca da concessão de vantagens de natureza pecuniária e de outras utilidades. 3. Agravos regimentais desprovidos. Inaplicável o art. 85, § 11, do CPC/2015, pois não houve prévia fixação de honorários advocatícios na causa" (STF, 2.ª T., AgR-segundo-RE 895.759/PE, Rel. Min. Teori Zavascki, *DJe* 23.05.2017).

---

pela via da negociação coletiva, não reconhece a validade da norma que o suprime. Precedentes. Assim, não se verifica ofensa ao artigo 7.º, XXVI, da Constituição Federal. A tese recursal, no sentido de que as horas *in itinere* não devem ser remuneradas como labor extraordinário, encontra-se superada pelo item V da Súmula nº 90 do TST. Inviável, portanto, o processamento do recurso de revista, por dissenso pretoriano, ante o teor da Súmula nº 333 desta Corte. Agravo de instrumento a que se nega provimento" (TST, 7.ª T., AIRR 60440-33.2005.5.03.0048, Rel. Min. Pedro Paulo Manus, *DEJT* 14.05.2010).

9. "Recurso de embargos em recurso de revista. Interposição sob a égide da Lei 11.496/2007. Horas *in itinere*. Negociação coletiva. Limitação quantitativa. Lapso temporal fixado coletivamente que não corresponde a cinquenta por cento do tempo despendido no deslocamento. Invalidade. 1. No tema, o Colegiado Turmário não conheceu do recurso de revista da reclamada, ao registro de que 'o trabalhador gastava uma hora e meia no percurso de sua casa ao local de trabalho e vice-versa, totalizando assim três horas em deslocamento diário, tendo sido fixado, em acordo coletivo, o limite de pagamento de apenas uma hora de percurso por dia, de modo que o empregado arcava com o prejuízo de duas horas *in itinere* por dia, não se podendo considerar razoável a limitação havida'. 2. Esta Corte tem admitido a limitação do número de horas *in itinere* por norma coletiva, desde que observados os princípios da razoabilidade e proporcionalidade entre o tempo fixado e aquele efetivamente gasto. Nesse sentido, por maioria, decidiu a SDI-I em sua composição completa, ao julgar o E-RR-470-29.2010.5.09.0091. 3. E, nessa trilha, este Tribunal tem considerado razoável o lapso fixado coletivamente que corresponda a, pelo menos, 50% (cinquenta por cento) do tempo despendido no deslocamento. 4. No caso dos autos, o acórdão embargado revela que a norma coletiva fixou em uma hora diária o pagamento a título de horas *in itinere*, enquanto o tempo de percurso despendido pelo reclamante era de três horas. Tem-se, assim, à luz da jurisprudência desta Corte, que a referida cláusula coletiva não atendeu aos princípios da razoabilidade e da proporcionalidade – pois o lapso negociado coletivamente corresponde a menos de 50% (cinquenta por cento) do tempo gasto no deslocamento –, razão pela qual é efetivamente inviável concluir pela sua validade. 5. Estando o acórdão recorrido em conformidade com decisão proferida por esta Subseção em sua composição completa, inviável o recurso de embargos, não se cogitando de divergência jurisprudencial" (TST, E-RR 109700-68.2008.5.09.0093, Rel. Min. Hugo Carlos Scheuermann, *DEJT* 29.01.2016).

De todo modo, o art. 58, § 2.º, da CLT, em sua atual redação, exclui por completo o direito à remuneração das horas *in itinere*.

A medida, entretanto, é contrária ao mandamento constitucional de melhoria das condições de trabalho, ao princípio de progressividade na efetivação dos direitos sociais (art. 5.º, §§ 1.º e 2.º, e art. 7.º, *caput*, da Constituição da República) e ao valor social do trabalho, previsto como fundamento do Estado Democrático de Direito (art. 1.º, inciso IV, da Constituição Federal de 1988).

A matéria em questão, ainda assim, pode ser versada em convenções e acordos coletivos de trabalho, decorrentes de *negociação coletiva*, com fundamento no art. 7.º, inciso XXVI, da Constituição da República e no art. 611-A, inciso I, da CLT, acrescentado pela Lei 13.467/2017. Aliás, nada impede a sua previsão, também *de forma mais benéfica ao empregado* (art. 7.º, *caput*, da Constituição Federal de 1988), em cláusula do contrato individual de trabalho ou em regulamento de empresa.

Especificamente quanto ao *trabalho em minas de subsolo*, segundo a previsão especial do art. 294 da CLT, o tempo despendido pelo empregado da boca da mina ao local do trabalho e vice-versa deve ser computado para o efeito de pagamento do salário.

No que se refere aos *aeronautas* (tripulantes de aeronave), o art. 25 da Lei 13.475/2017 prevê que deve ser fornecido pelo empregador *transporte gratuito* aos tripulantes de voo (pilotos de aeronave e mecânicos de voo) e aos tripulantes de cabine (comissários de voo) sempre que se iniciar ou finalizar uma programação de voo em aeroporto situado a mais de 50 quilômetros de distância do aeroporto definido como base contratual.

O *tempo de deslocamento* entre o aeroporto definido como base contratual e o aeroporto designado para o início do voo deve ser computado na jornada de trabalho e não será remunerado (art. 25, § 1.º, da Lei 13.475/2017).

Essa regra específica dos aeronautas, ao mesmo tempo em que prevê a integração do referido tempo de deslocamento entre aeroportos na jornada de trabalho, de modo atípico, exclui o direito à correspondente remuneração (não gerando, assim, direito ao recebimento de horas extras).

18.8 REGISTRO DE PONTO E VARIAÇÃO DE HORÁRIO

De acordo com o § 1.º do art. 58 da CLT, acrescentado pela Lei 10.243/2001:

> "Não serão descontadas nem computadas como jornada extraordinária as variações de horário no registro de ponto não excedentes de cinco minutos, observado o limite máximo de dez minutos diários".

Na realidade, o art. 58 da CLT trata da duração do trabalho, sendo que o seu § 1.º, acima transcrito, é norma aplicável para situações em que o horário de labor é registrado em controle de ponto.

O horário de trabalho deve ser anotado em registro de empregados (art. 74 da CLT, com redação dada pela Lei 13.874/2019). O § 1.º do art. 74 da CLT foi revogado. Não há mais referência a quadro de horário de trabalho, que era "afixado em lugar bem visível" (art. 74 da CLT, em sua redação original).

O art. 74, § 2.º, da CLT, com redação dada pela Lei 13.874/2019, dispõe que para os estabelecimentos com *mais de 20 trabalhadores* é obrigatória a anotação da hora de entrada e de saída, em registro manual, mecânico ou eletrônico, conforme instruções expedidas pela Secretaria Especial de Previdência e Trabalho do Ministério da Economia (Ministério do Trabalho), permitida a pré-assinalação do período de repouso[10].

Se o trabalho for executado fora do estabelecimento, o horário dos empregados deve constar do registro manual, mecânico ou eletrônico em seu poder, sem prejuízo do que dispõe o *caput* do art. 74 da CLT, no sentido de que o horário de trabalho deve ser anotado em registro de empregados (art. 74, § 3.º, da CLT, com redação dada pela Lei 13.874/2019).

Fica permitida a utilização de *registro de ponto por exceção à jornada regular de trabalho*, mediante acordo individual escrito, convenção coletiva ou acordo coletivo de trabalho (art. 74, § 4.º, da CLT, incluído pela Lei 13.874/2019).

Com isso, permite-se o registro de ponto por exceção à jornada normal de trabalho, em que os horários de entrada e de saída do empregado são registrados apenas quando diferentes do pactuado ou estabelecido, isto é, se houver situações como horas extras, atrasos, saídas antecipadas e ausências.

A autorização para a utilização dessa modalidade de registro de ponto pode ser feita por meio de *acordo individual escrito*, convenção coletiva ou acordo coletivo de trabalho. Logo, além da possibilidade de previsão em instrumento normativo decorrente de negociação coletiva de trabalho, de forma alternativa, a autorização do ponto por exceção pode decorrer de acordo individual escrito, ou seja, entre empregado e empregador.

Nos termos da Súmula 338, inciso II, do TST: "A presunção de veracidade da jornada de trabalho, ainda que prevista em instrumento normativo, pode ser elidida por prova em contrário".

Pode-se dizer que no registro de ponto por exceção à jornada regular de trabalho (art. 74, § 4.º, da CLT) o entendimento constante no inciso III da Súmula 338 do TST (sobre cartões de ponto com horários de entrada e saída uniformes serem inválidos como meio de prova) não seria aplicável, pois nesse sistema os horários de entrada e de saída do empregado são registrados apenas quando diferentes do normal.

O registro eletrônico de controle de jornada, nos termos do disposto no art. 74 da CLT, deve ser realizado por meio de sistemas e de equipamentos que atendam aos requisitos técnicos, na forma estabelecida em ato do Ministro de Estado do Trabalho e Previdência, de modo a coibir fraudes, a permitir o desenvolvimento de soluções inovadoras e a garantir a concorrência entre os ofertantes desses sistemas (art. 31 do Decreto 10.854/2021).

Os procedimentos de análise de conformidade dos mencionados equipamentos e sistemas devem considerar os princípios da temporalidade, da integridade, da autenticidade, da irrefutabilidade, da pessoalidade e da auditabilidade, na forma estabelecida em ato do Ministro de Estado do Trabalho e Previdência.

---

10. Cf. Súmula 338 do TST: "Jornada de trabalho. Registro. Ônus da prova. I – É ônus do empregador que conta com mais de 10 (dez) empregados [20, cf. Lei 13.874/2019] o registro da jornada de trabalho na forma do art. 74, § 2.º, da CLT. A não apresentação injustificada dos controles de frequência gera presunção relativa de veracidade da jornada de trabalho, a qual pode ser elidida por prova em contrário. II – A presunção de veracidade da jornada de trabalho, ainda que prevista em instrumento normativo, pode ser elidida por prova em contrário. III – Os cartões de ponto que demonstram horários de entrada e saída uniformes são inválidos como meio de prova, invertendo-se o ônus da prova, relativo às horas extras, que passa a ser do empregador, prevalecendo a jornada da inicial se dele não se desincumbir".

Os equipamentos e os sistemas de registro eletrônico de jornada, sem prejuízo do disposto no art. 31 do Decreto 10.854/2021, devem registrar fielmente as marcações efetuadas e atender aos seguintes critérios:

> I – não permitir: a) alteração ou eliminação dos dados registrados pelo empregado; b) restrições de horário às marcações de ponto; c) marcações automáticas de ponto, tais como horário predeterminado ou horário contratual;
>
> II – não exigir autorização prévia para marcação de sobrejornada;
>
> III – permitir: a) pré-assinalação do período de repouso; b) assinalação de ponto por exceção à jornada regular de trabalho.

Para fins de fiscalização, os sistemas de registro eletrônico de jornada devem: permitir a identificação de empregador e empregado; possibilitar a extração do registro fiel das marcações realizadas pelo empregado (art. 32 do Decreto 10.854/2021).

Sistema de registro eletrônico de ponto é o conjunto de equipamentos e programas informatizados destinados à anotação da hora de entrada e de saída dos trabalhadores em registro eletrônico, de que trata o § 2.º do art. 74 da CLT (art. 73 da Portaria 671/2021 do Ministério do Trabalho e Previdência).

O sistema de registro eletrônico de ponto deve registrar fielmente as marcações efetuadas, não sendo permitida qualquer ação que desvirtue os fins legais a que se destina, tais como: restrições de horário à marcação do ponto; marcação automática do ponto, utilizando-se horários predeterminados ou o horário contratual, não se confundindo com o registro por exceção previsto no art. 74, § 4.º, da CLT; exigência, por parte do sistema, de autorização prévia para marcação de sobrejornada; existência de qualquer dispositivo que permita a alteração dos dados registrados pelo empregado (art. 74 da Portaria 671/2021 do Ministério do Trabalho e Previdência).

O comprovante de registro de ponto do trabalhador pode ter o formato impresso ou de arquivo eletrônico (art. 80 da Portaria 671/2021 do Ministério do Trabalho e Previdência).

Frise-se que o registro de ponto pode ser manual, mecânico ou eletrônico. O registro manual deve espelhar a real jornada praticada pelo trabalhador, vedada a mera assinalação do horário contratual, salvo a possibilidade de pré-assinalação do período de repouso, autorizada pelo art. 74, § 2.º, da CLT (art. 93 da Portaria 671/2021 do Ministério do Trabalho e Previdência).

É "permitida" a pré-assinalação do período de repouso, conforme art. 74, § 2.º, parte final, da CLT. Por se tratar de permissão (faculdade), nada impede que o empregador, utilizando-se de seu poder de direção, institua o registro específico também do horário de repouso.

Na hipótese de contrato de trabalho doméstico, é obrigatório o registro do horário de trabalho do empregado doméstico por qualquer meio manual, mecânico ou eletrônico, desde que idôneo (art. 12 da Lei Complementar 150/2015).

Não serão descontadas nem computadas como jornada extraordinária as variações de horário do registro de ponto não excedentes de cinco minutos, observado o limite máximo de dez minutos diários. Se ultrapassado esse limite, será considerada como extra a totalidade do tempo que exceder a jornada normal, pois configurado tempo à disposição do empregador (Súmula 366 do TST).

Observe-se que embora o limite máximo seja de dez minutos diários, não se admite a variação superior a cinco minutos em cada registro de horário.

Por fim, de acordo com a Súmula 449 do TST:

> "Minutos que antecedem e sucedem a jornada de trabalho. Lei 10.243, de 19.06.2001. Norma coletiva. Flexibilização. Impossibilidade (conversão da Orientação Jurisprudencial 372 da SBDI-1). A partir da vigência da Lei 10.243, de 19.06.2001, que acrescentou o § 1.º ao art. 58 da CLT, não mais prevalece cláusula prevista em convenção ou acordo coletivo que elastece o limite de 5 minutos que antecedem e sucedem a jornada de trabalho para fins de apuração das horas extras".

18.9 TRABALHO EM REGIME DE TEMPO PARCIAL

O trabalho em regime de tempo parcial, na realidade, sempre foi possível de ser objeto de avença na contratação do empregado, estabelecendo-se jornada de trabalho reduzida, com o pagamento do salário na proporção correspondente.

Tanto é assim que o próprio salário mínimo apresenta um valor por hora, o mesmo podendo ser calculado quanto aos demais pisos salariais.

Nesse sentido, autorizando o pagamento de piso salarial ou salário mínimo proporcional ao tempo trabalhado na esfera privada, cabe destacar a Orientação Jurisprudencial 358, inciso I, da SBDI-I do TST, que assim prevê:

> "Salário mínimo e piso salarial proporcional à jornada reduzida. Possibilidade. Empregado. Servidor público. I – Havendo contratação para cumprimento de jornada reduzida, inferior à previsão constitucional de oito horas diárias ou quarenta e quatro semanais, é lícito o pagamento do piso salarial ou do salário mínimo proporcional ao tempo trabalhado. II – Na Administração Pública direta, autárquica e fundacional não é válida remuneração de empregado público inferior ao salário mínimo, ainda que cumpra jornada de trabalho reduzida. Precedentes do Supremo Tribunal Federal" (*DJ* 14.03.2008).

Como forma de fomentar a contratação no mencionado regime de tempo parcial, objetivando-se combater o desemprego, o art. 58-A da CLT regula expressamente a matéria. É possível entender que a contratação de empregados a tempo parcial pode fazer com que mais pessoas trabalhem, embora em jornada reduzida, diminuindo o desemprego e possibilitando alguma renda para maior número de pessoas.

Assim, de acordo com a atual redação do art. 58-A da CLT, decorrente da Lei 13.467/2017, considera-se trabalho em regime de tempo parcial aquele cuja duração não exceda a 30 horas semanais, sem a possibilidade de horas suplementares semanais, ou, ainda, aquele cuja duração não exceda a 26 horas semanais, com a possibilidade de acréscimo de até seis horas suplementares semanais.

O salário a ser pago aos empregados sob o regime de tempo parcial será proporcional à sua jornada, em relação aos empregados que cumprem, nas mesmas funções, tempo integral (§ 1.º do art. 58-A da CLT).

Mesmo já tendo sido contratado para trabalhar em tempo integral, é possível a alteração para o labor em regime parcial.

Nesse sentido, o § 2.º do art. 58-A da CLT assim prevê: "Para os atuais empregados, a adoção do regime de tempo parcial será feita mediante opção manifestada perante a empresa, na forma prevista em instrumento decorrente de negociação coletiva".

Na realidade, essa exigência legal, quanto ao acordo coletivo ou à convenção coletiva, decorre de verdadeiro mandamento constitucional, que veda a redução de salário, mesmo que acompanhada de redução da jornada de trabalho, exceto por meio de negociação coletiva. Nesse sentido as disposições do art. 7.º, incisos VI e XIII, da Constituição da República, ambos em sua parte final.

As horas suplementares à duração do trabalho semanal normal devem ser pagas com o acréscimo de 50% sobre o salário-hora normal (art. 58-A, § 3.º, da CLT). Passa-se a admitir a prorrogação da duração do trabalho mesmo em caso de trabalho em regime de tempo parcial, o que anteriormente não era permitido.

Na hipótese de o contrato de trabalho em regime de tempo parcial ser estabelecido em número inferior a 26 horas semanais, as horas suplementares a este quantitativo devem ser consideradas horas extras para fins do pagamento estipulado no § 3.º do art. 58-A da CLT, estando também limitadas a seis horas suplementares semanais (art. 58-A, § 4.º, da CLT).

As horas suplementares da jornada de trabalho normal podem ser compensadas *diretamente* até a semana imediatamente posterior à da sua execução, devendo ser feita a sua quitação na folha de pagamento do mês subsequente, caso não sejam compensadas (art. 58-A, § 5.º, da CLT).

Nessa hipótese de compensação simplificada das horas suplementares, ou seja, até a semana imediatamente seguinte à sua realização, é possível entender que não há necessidade de acordo formal de compensação, justamente em razão da expressa determinação legal.

Além disso, foi revogado o art. 130-A da CLT, que estabelecia duração diferenciada das férias do regime de tempo parcial, passando-se a aplicar o disposto no art. 130 da CLT (art. 58-A, § 7.º, da CLT).

É facultado ao empregado contratado sob o regime de tempo parcial converter 1/3 do período de férias a que tiver direito em *abono pecuniário* (art. 58-A, § 6.º, da CLT). Isso é confirmado pela revogação do art. 143, § 3.º, da CLT.

No âmbito dos poderes diretivo e gerencial dos empregadores, e considerada a vontade expressa dos empregados e das empregadas, haverá priorização na concessão de regime de tempo parcial, nos termos do art. 58-A da CLT, como medida de flexibilização da jornada de trabalho, aos empregados e às empregadas que tenham filho, enteado ou pessoa sob sua guarda com até seis anos de idade ou com deficiência, com vistas a promover a conciliação entre o trabalho e a parentalidade (art. 8.º, inciso I, da Lei 14.457/2022).

A referida medida somente pode ser adotada até o segundo ano: do nascimento do filho ou enteado; da adoção; ou da guarda judicial (art. 8.º, § 1.º, da Lei 14.457/2022). Esse prazo aplica-se inclusive para o empregado ou a empregada que tiver filho, enteado ou pessoa sob guarda judicial com deficiência.

A medida em questão deve ser formalizada por meio de acordo individual, de acordo coletivo ou de convenção coletiva de trabalho (art. 8.º, § 2.º, da Lei 14.457/2022).

Na adoção da referida medida de flexibilização (regime de tempo parcial), deve sempre ser levada em conta a vontade expressa da empregada ou do empregado beneficiado pela medida de apoio ao exercício da parentalidade (art. 22 da Lei 14.457/2022).

18.10 TRABALHO EM REGIME DE ESCALA DE REVEZAMENTO

O empregado que trabalha em regime de revezamento tem direito a jornada especial, reduzida, em razão do maior desgaste físico-psicológico dele decorrente, com possíveis prejuízos à saúde e ao convívio familiar e na sociedade.

Desse modo, a Constituição Federal de 1988, no art. 7.º, inciso XIV, assegura o seguinte direito: "jornada de seis horas para o trabalho realizado em turnos ininterruptos de revezamento, salvo negociação coletiva".

É certo que o referido regime de trabalho é mais comum em indústrias e siderúrgicas. No entanto, independentemente do ramo de atividade do empregador, se o empregado tem de prestar serviços em turnos de revezamento, ou seja, nos períodos da manhã, tarde e noite (ou mesmo de dia e de noite), os quais são alterados após certo período (como semanalmente, quinzenalmente, mensalmente)[11], passando ao turno seguinte, de forma alternada, tem-se a incidência da regra em questão.

Desse modo, conforme a Orientação Jurisprudencial 274 da SBDI-I do TST: "Turno ininterrupto de revezamento. Ferroviário. Horas extras. Devidas. O ferroviário submetido a escalas variadas, com alternância de turnos, faz jus à jornada especial prevista no art. 7.º, XIV, da CF/1988".

A respeito da caracterização do turno ininterrupto de revezamento, é relevante destacar a Orientação Jurisprudencial 360 da SBDI-I do TST, com a seguinte previsão:

> "Turno ininterrupto de revezamento. Dois turnos. Horário diurno e noturno. Caracterização. Faz jus à jornada especial prevista no art. 7.º, XIV, da CF/1988 o trabalhador que exerce suas atividades em sistema de alternância de turnos, ainda que em dois turnos de trabalho, que compreendam, no todo ou em parte, o horário diurno e o noturno, pois submetido à alternância de horário prejudicial à saúde, sendo irrelevante que a atividade da empresa se desenvolva de forma ininterrupta" (*DJ* 14.03.2008).

Como esclarece a Súmula 360 do TST: "Turnos ininterruptos de revezamento. Intervalos intrajornada e semanal. A interrupção do trabalho destinada a repouso e alimentação, dentro de cada turno, ou o intervalo para repouso semanal, não descaracteriza o turno de revezamento com jornada de 6 (seis) horas previsto no art. 7.º, XIV, da CF/1988".

No mesmo sentido prevê a Súmula 675 do STF: "Os intervalos fixados para descanso e alimentação durante a jornada de seis horas não descaracterizam o sistema de turnos ininterruptos de revezamento para o efeito do art. 7.º, XIV, da Constituição".

Como se nota na parte final do inciso XIV do art. 7.º, a jornada de seis horas pode ser excepcionada por negociação coletiva. Assim, o entendimento praticamente unânime é de que a convenção ou o acordo coletivo podem fixar, excepcionalmente, jornada superior a seis horas, mesmo tratando-se de turno ininterrupto de revezamento, desde que limitada a oito horas, conforme o inciso XIII do art. 7.º.

O Tribunal Superior do Trabalho aprovou a Súmula 423 adotando o seguinte entendimento:

> "Turno ininterrupto de revezamento. Fixação de jornada de trabalho mediante negociação coletiva. Validade. (conversão da Orientação Jurisprudencial 169 da SBDI-I – Resolução 139/2006 – *DJ* 10.10.2006).
>
> Estabelecida jornada superior a seis horas e limitada a oito horas por meio de regular negociação coletiva, os empregados submetidos a turnos ininterruptos de revezamento não têm direito ao pagamento das 7.ª e 8.ª horas como extras".

---

11. Cf. ainda: "Recurso de revista interposto sob a égide da Lei nº 13.015/2014. Turnos ininterruptos de revezamento. Alternância de turnos quadrimestral. Configuração. A mudança de turnos de trabalho, ainda que operada a cada quatro meses, acarreta prejuízos à saúde física e mental do trabalhador, desajustando o seu relógio biológico, em decorrência das alterações em seus horários de repouso, alimentação e lazer. Assim, o fato da alternância dos turnos ser quadrimestral, não descaracteriza o regime de turnos de revezamento. Julgados. Recurso de revista conhecido e provido" (TST, 8.ª T., RR - 1001166-51.2016.5.02.0085, Rel. Min. Márcio Eurico Vitral Amaro, *DEJT* 18.05.2018).

Se inexistir a referida norma coletiva decorrente de negociação coletiva, alterando a regra da jornada especial de seis horas no turno ininterrupto de revezamento, as horas excedentes à 6.ª diária são consideradas extras, devendo ser remuneradas tais horas acrescidas do respectivo adicional de 50%, aplicando-se o divisor 180.

Essa forma de cálculo se aplica inclusive para o empregado que recebe salário por hora, pois a Constituição de 1988 estabeleceu um aumento real no valor do salário-hora dos empregados submetidos ao mencionado regime. Nesse sentido, o TST pacificou o entendimento de que: "Turno ininterrupto de revezamento. Horista. Horas extras e adicional. Devidos. Inexistindo instrumento coletivo fixando jornada diversa, o empregado horista submetido a turno ininterrupto de revezamento faz jus ao pagamento das horas extraordinárias laboradas além da 6.ª, bem como ao respectivo adicional" (Orientação Jurisprudencial 275 da SBDI-I).

Ainda a respeito desse tema, conforme a Orientação Jurisprudencial 396 da SBDI-I do TST: "Turnos ininterruptos de revezamento. Alteração da jornada de 8 para 6 horas diárias. Empregado horista. Aplicação do divisor 180. Para o cálculo do salário-hora do empregado horista, submetido a turnos ininterruptos de revezamento, considerando a alteração da jornada de 8 para 6 horas diárias, aplica-se o divisor 180, em observância ao disposto no art. 7.º, VI, da Constituição Federal, que assegura a irredutibilidade salarial".

A Lei 12.790/2013, ao dispor sobre a regulamentação do exercício da profissão de comerciário, no art. 3.º, § 2.º, determina que será admitida jornada de seis horas para o trabalho realizado em turnos de revezamento, sendo vedada a utilização do mesmo empregado em mais de um turno de trabalho, salvo negociação coletiva de trabalho.

Por fim, sobre o trabalho dos petroleiros em específico, a Súmula 391 do TST assim estabelece:

> "Petroleiros. Lei 5.811/1972. Turno ininterrupto de revezamento. Horas extras e alteração da jornada para horário fixo. (conversão das Orientações Jurisprudenciais 240 e 333 da SBDI-1) – Resolução 129/2005 – *DJ* 20.04.2005. I – A Lei 5.811/1972 foi recepcionada pela CF/1988 no que se refere à duração da jornada de trabalho em regime de revezamento dos petroleiros (ex-OJ 240 – Inserida em 20.06.2001). II – A previsão contida no art. 10 da Lei 5.811/1972, possibilitando a mudança do regime de revezamento para horário fixo, constitui alteração lícita, não violando os arts. 468 da CLT e 7.º, VI, da CF/1988 (ex-OJ 333 – Inserida em 09.12.2003)".

Entende-se que o labor em turno ininterrupto de revezamento é prejudicial à higidez física e psíquica do empregado, sendo lícita a mudança ou o retorno ao turno fixo, pois este é mais benéfico ao trabalhador (especialmente em termos de segurança e medicina do trabalho), e mesmo em razão do *jus variandi* do empregador, que autoriza modificações unilaterais, fundadas no seu poder diretivo, quanto a aspectos circunstanciais referentes ao exercício do trabalho e à organização da empresa, como aquelas referentes ao horário de trabalho. Nesse sentido, cabe destacar a seguinte decisão:

> "Recurso de revista. Alteração contratual. Turnos ininterruptos de revezamento. Trabalho em horário fixo. Supressão das horas extraordinárias trabalhadas durante o revezamento. Licitude. É lícita a alteração do trabalho em turnos de revezamento para trabalho em turno fixo quer porque mais benéfico à saúde do trabalhador diante do incontestável desgaste físico oriundo da mudança de horários e da ininterruptividade obrigatória do turno de revezamento, quer porque a alteração contratual em questão é proveniente do poder de direção de que é detentor o empregador no exercício da atividade empresarial. Recurso de

revista conhecido e provido" (TST, 6.ª T., RR 1136/2002-101-04-00.0, Rel. Min. Aloysio Corrêa da Veiga, *DJ* 31.08.2007).

Não se deve confundir a alteração das condições do contrato de trabalho, matéria regulada pelo art. 468, *caput*, da CLT, com o *jus variandi*, o qual permite modificações a respeito de questões circunstanciais referentes à atividade laboral (*jus variandi* ordinário, sabendo-se que o *jus variandi* extraordinário refere-se a modificações quanto a aspectos e condições de trabalho de maior relevância, em razão de situações realmente emergenciais e justificadas, ou previsão excepcional presente no sistema jurídico).

Cabe salientar, ainda, que, nos termos da Orientação Jurisprudencial 420 da SBDI-I do TST: "Turnos ininterruptos de revezamento. Elastecimento da jornada de trabalho. Norma coletiva com eficácia retroativa. Invalidade. (*DEJT* divulgado em 28 e 29.06.2012 e 02.07.2012). É inválido o instrumento normativo que, regularizando situações pretéritas, estabelece jornada de oito horas para o trabalho em turnos ininterruptos de revezamento".

18.11 EMPREGADOS EXCLUÍDOS DO REGIME DE DURAÇÃO DO TRABALHO

A Consolidação das Leis do Trabalho, no art. 62, exclui certos empregados do regime de duração de trabalho, regulado pelo Capítulo II do Título II do referido diploma legal.

Como consequência, os referidos empregados, indicados nos incisos do art. 62 da CLT, não têm direito à limitação de jornada de trabalho, ao recebimento de horas extras, nem de adicional por trabalho noturno.

Por isso, é possível questionar a constitucionalidade da referida exclusão, uma vez que a Constituição Federal de 1988 assegura não só o direito à duração do trabalho limitada a oito horas diárias e quarenta e quatro semanais (art. 7.º, inciso XIII), mas também à remuneração do trabalho noturno superior à do diurno (art. 7.º, inciso IX) e à remuneração do serviço extraordinário superior, no mínimo, em 50% à do normal (art. 7.º, inciso XVI), sem estabelecer quaisquer exceções.

No entanto, o entendimento que prevalece, inclusive na jurisprudência, é de que a mencionada exclusão é válida, não afrontando as normas constitucionais, por se tratar de hipóteses verdadeiramente excepcionais, muito especiais, não versadas na regra geral prevista na Constituição da República. A exclusão, por lei, do direito à limitação da jornada de trabalho, bem como do direito à remuneração pelo labor extraordinário e noturno, seria uma decorrência das próprias condições especiais em que o trabalho é desempenhado, nos casos excepcionais, previstos no art. 62 da CLT, tornando as disposições pertinentes à duração do trabalho incompatíveis com o regime diferenciado dos referidos trabalhadores[12].

Assim, de acordo com o referido dispositivo da CLT:

> "Art. 62. Não são abrangidos pelo regime previsto neste capítulo:
>
> I – os empregados que exercem atividade externa incompatível com a fixação de horário de trabalho, devendo tal condição ser anotada na Carteira de Trabalho e Previdência Social e no registro de empregados;

12. "Recurso Extraordinário. Inadmissibilidade. Cargo de gestão. Ausência de controle da jornada de trabalho. Possibilidade. Art. 62, II, da CLT. Decisão mantida. Agravo regimental improvido. Não afronta o art. 7.º, XIII, da Constituição da República, a decisão que excepciona os ocupantes de cargos de gestão do controle de jornada de trabalho" (STF, 2.ª T., AgR-RE 563.851/RS, Rel. Min. Cezar Peluso, *DJe* 28.03.2008).

II – os gerentes, assim considerados os exercentes de cargos de gestão, aos quais se equiparam, para efeito do disposto neste artigo, os diretores e chefes de departamento ou filial;

III – os empregados em regime de teletrabalho que prestam serviço por produção ou tarefa. (Redação dada pela Lei 14.442/2022)

Parágrafo único. O regime previsto neste capítulo será aplicável aos empregados mencionados no inciso II deste artigo, quando o salário do cargo de confiança, compreendendo a gratificação de função, se houver, for inferior ao valor do respectivo salário efetivo acrescido de 40% (quarenta por cento)".

Primeiro, cabe destacar que a exclusão é quanto a todo o Capítulo II, do Título II, da CLT, que regula toda a duração do trabalho, abrangendo, assim, não só as horas extras, como também o adicional noturno, a hora noturna reduzida e os intervalos intrajornada e interjornada.

Entende-se, no entanto, que mesmo os referidos empregados fazem jus ao descanso semanal remunerado, por ser direito distinto, previsto no art. 7.º, inciso XV, da Constituição Federal de 1988, e regulado pela Lei 605/1949.

A primeira hipótese refere-se aos "empregados que exercem atividade externa incompatível com a fixação de horário de trabalho, devendo tal condição ser anotada na Carteira de Trabalho e Previdência Social e no registro de empregados".

Não basta que a atividade exercida seja simplesmente externa. Faz-se necessário que essa atividade seja incompatível com a fixação de horário, como ocorre com o vendedor viajante, que não tem qualquer horário fixo, trabalhando exclusivamente de forma externa, em viagens a diversos locais, com absoluta liberdade de horários, tornando impossível qualquer tentativa de controle de sua jornada de trabalho pelo empregador.

O art. 62, inciso I, da CLT, em sua parte final, estabelece o dever – do empregador – de anotar a referida condição de trabalho (externo e incompatível com a fixação de horário de trabalho) na CTPS e no registro de empregados.

Embora a questão possa não ser unânime, o melhor entendimento é de que a referida anotação e registro configuram apenas elementos probatórios, sem constituir elementos da substância do ato, podendo ser supridos por outras provas admitidas em direito (princípio da primazia da realidade). Além disso, o referido entendimento está em consonância com o art. 456 da CLT, pois, se o próprio contrato de trabalho pode ser provado "por todos os meios permitidos em direito", com muito mais razão uma de suas condições também o pode.

Sobre o tema, merece destaque, ainda, a Orientação Jurisprudencial 332 da SBDI-I do TST:

> "Motorista. Horas extras. Atividade externa. Controle de jornada por tacógrafo. Resolução 816/1986 do CONTRAN. O tacógrafo, por si só, sem a existência de outros elementos, não serve para controlar a jornada de trabalho de empregado que exerce atividade externa".

No entanto, interpretando-se o verbete de jurisprudência *a contrario sensu*, se houver outros elementos que sirvam para controlar a jornada de trabalho, mesmo sendo empregado que tem atividade externa, não se pode aplicar a regra excepcional, de exclusão, do art. 62, inciso I, da CLT.

Nesse sentido, fazem jus à aplicação das regras de duração do trabalho, por configurar o controle de jornada, os empregados que, por exemplo: têm o dever de comparecer à empresa no início e no término do expediente, prestando conta das vendas do dia;

cumprem roteiro predeterminado pelo empregador, com fixação de horários a serem obedecidos pelo empregado, nas visitas aos clientes; têm o dever de informar, durante a jornada de trabalho, o local e a venda, em andamento ou concluída, bem como o horário de início e término do labor.

O art. 235-C, § 13, da CLT dispõe que, salvo previsão contratual, a jornada de trabalho do motorista empregado não tem horário fixo de início, de final ou de intervalos.

Entretanto, ainda quanto ao tema, o art. 2.º, inciso V, *b*, da Lei 13.103/2015, ao arrolar os direitos dos motoristas profissionais (de veículos automotores de transporte rodoviário de passageiros e de transporte rodoviário de cargas), prevê, tratando-se de empregados, o direito de ter jornada de trabalho controlada e registrada de maneira fidedigna mediante anotação em diário de bordo, papeleta ou ficha de trabalho externo, ou sistema e meios eletrônicos instalados nos veículos, a critério do empregador.

Em razão dessa expressa previsão legal, pode-se dizer que a exceção prevista no art. 62, inciso I, da CLT não mais tem como incidir no caso de motorista profissional, consoante as previsões da Lei 13.103/2015 (e da anterior Lei 12.619/2012), em face da necessária existência de controle da jornada de trabalho.

Cabe ressaltar que o empregado é responsável pela guarda, preservação e exatidão das informações contidas nas anotações em diário de bordo, papeleta ou ficha de trabalho externo, ou no registrador instantâneo inalterável de velocidade e tempo, ou nos rastreadores ou sistemas e meios eletrônicos, instalados nos veículos, normatizados pelo Contran, até que o veículo seja entregue à empresa (art. 235-C, § 14, da CLT). Os referidos dados podem ser enviados a distância, a critério do empregador, facultando-se a anexação do documento original posteriormente (art. 235-C, § 15, da CLT).

A segunda hipótese em que se exclui a aplicação das normas de duração do trabalho refere-se aos "gerentes, assim considerados os exercentes de cargos de gestão, aos quais se equiparam, para efeito do disposto neste artigo, os diretores e chefes de departamento ou filial" (art. 62, inciso II, da CLT).

Assim, tem-se, no caso, empregados que realizam suas atividades possuindo um vínculo fidúcia especial com o empregador. Isso fica evidente quando se verifica tratar-se de empregados que exercem cargos de gestão na empresa, ou seja, atuam na sua administração, representando e agindo como se fossem o próprio empregador. Por isso, obviamente, a própria subordinação na forma de prestar os serviços tende a ficar menos intensa.

A função exercida, por sua vez, apresenta grau de responsabilidade elevado, podendo inclusive colocar a empresa em risco. De todo modo, para que se possa falar no efetivo empregado gerente, tal como previsto na mencionada regra de exceção, este deve ter maior autonomia em seu trabalho, o que justificaria a ausência de controle de jornada e, por consequência, a inaplicabilidade das disposições sobre a duração do trabalho.

Portanto, para ser gerente, o empregado deve ter poderes para representar o empregador, na tomada de decisões de grande relevância para a empresa, como admitir e dispensar empregados, aplicar penalidades disciplinares, efetuar compras e transações em nome da empresa. Evidentemente, para que se possa considerar o empregado como gerente, este também deve ter subordinados, a quem são passadas determinações e diretrizes a serem cumpridas.

Além disso, não há como aplicar a excepcional regra em questão quando o empregado, ainda que se alegue ser "gerente", tenha a sua jornada de trabalho controlada pelo empregador.

Frise-se que para a incidência do art. 62, inciso II, da CLT, não se pode exigir total autonomia na prestação dos serviços, até porque um dos requisitos da relação de emprego é a subordinação (art. 3.º da CLT), sendo possível e normal que exista algum superior no âmbito da estrutura empresarial como um todo.

Merece destaque, ainda, que o dispositivo em questão não abrange somente o gerente geral de toda a empresa, pois prevê, expressamente, "os diretores e chefes de departamento ou filial".

O parágrafo único do art. 62 da CLT prossegue prevendo matéria pertinente ao empregado que exerce cargo de gestão, versando de forma específica quanto à sua remuneração. Entende-se que os empregados indicados no inciso II do art. 62 da CLT (gerentes) somente são excluídos do regime de duração de trabalho quando a totalidade do salário do cargo de confiança, compreendendo a gratificação de função, *se houver*, for superior ao valor do respectivo salário efetivo acrescido de 40%.

Como se nota, não existe obrigatoriedade de receber o empregado (gerente) a gratificação de função, para se incluir na disposição do art. 62, inciso II, da CLT. Mesmo assim, não havendo a referida gratificação, deve o empregado, para ser considerado verdadeiro gerente (sem direito a horas extras e demais direitos decorrentes da duração do trabalho), receber salário em valor diferenciado, em quantia consideravelmente superior ao que recebem os demais empregados. Nesse caso, não há um critério objetivo e fixo para se estabelecer o valor da remuneração global, incidindo, no entanto, os princípios da proporcionalidade e da razoabilidade, na análise de cada caso concreto.

Por outro lado, se o empregado for gerente e receber gratificação de função, o critério de determinação do seu valor, para fins de incidência do art. 62, inciso II, da CLT, é mais objetivo, pois a gratificação deve ser no valor de 40% ou mais do salário efetivo do cargo de confiança.

Por fim, cabe destacar a Súmula 287 do TST, com redação determinada pela Resolução 121/2003, especialmente em sua parte final:

> "Jornada de trabalho. Gerente bancário. A jornada de trabalho do empregado de banco gerente de agência é regida pelo art. 224, § 2.º, da CLT. Quanto ao gerente-geral de agência bancária, presume-se o exercício de encargo de gestão, aplicando-se-lhe o art. 62 da CLT".

O art. 62, inciso III, da CLT, com redação dada pela Lei 14.442/2022, dispõe que não são abrangidos pelo regime de duração do trabalho os *empregados em regime de teletrabalho que prestam serviço por produção ou tarefa*.

Anteriormente, o art. 62, inciso III, da CLT, incluído pela Lei 13.467/2017, previa os empregados em regime de teletrabalho, sem fazer essa delimitação quanto à prestação do serviço por produção ou tarefa. Sendo assim, com a Lei 14.442/2022, passam a ser abrangidos pelos preceitos sobre duração do trabalho os empregados em regime de teletrabalho que prestam serviço por jornada (art. 75-B, § 2.º, da CLT).

Conforme o art. 75-B da CLT, com redação dada pela Lei 14.442/2022, considera-se teletrabalho ou trabalho remoto a prestação de serviços fora das dependências do empregador, de maneira preponderante ou não, com a utilização de tecnologias de informação e de comunicação, que, por sua natureza, não configure trabalho externo. Cf. Capítulo 5, item 5.2.2.

O art. 62, inciso III, da CLT, desse modo, deve ser interpretado conforme a Constituição. Logo, o empregado não terá direito às previsões relativas à duração do trabalho somente em hipóteses excepcionais.

Para que o mencionado dispositivo não afronte as normas constitucionais que asseguram os direitos relativos à duração do trabalho, embora o teletrabalho não se confunda com o trabalho externo, defende-se o entendimento de que a exclusão das disposições sobre duração do trabalho (art. 62, inciso III, da CLT) somente ocorre quando as atividades exercidas pelo teletrabalhador que presta serviço por produção ou tarefa forem incompatíveis com a fixação de horário de trabalho.

Nesse enfoque, o trabalho a distância, como ocorre no labor em domicílio e no teletrabalho (mesmo que o serviço seja prestado por produção ou tarefa), por si, não é suficiente para excluir os direitos relativos à jornada de trabalho.

Desse modo, aplicando-se de forma extensiva e analógica as exigências do art. 62, inciso I, da CLT, apenas se o empregado exercer atividade que seja *incompatível com a fixação de horário de trabalho*, devendo essa condição ser anotada na Carteira de Trabalho e Previdência Social e no registro de empregados, é que não haverá direito ao regime de jornada de trabalho e, portanto, à remuneração de horas extras e de trabalho em horário noturno, à hora noturna reduzida e aos intervalos.

Portanto, se houver controle da jornada de trabalho, ainda que por meio remoto, com a utilização de recursos tecnológicos e de informática (art. 6.º, parágrafo único, da CLT), defende-se o entendimento de que haverá direito à remuneração de labor em prorrogação de jornada, em horário noturno (inclusive hora noturna reduzida) e de intervalos não usufruídos.

Nesse sentido, sabendo-se que o art. 8.º da CLT autoriza a aplicação *subsidiária* do Direito Comparado, o Código do Trabalho de Portugal, de 2009, no art. 169.º, n. 1, dispõe que:

> "O trabalhador em regime de teletrabalho tem os mesmos direitos e deveres dos demais trabalhadores, nomeadamente no que se refere a formação e promoção ou carreira profissionais, *limites do período normal de trabalho* e outras condições de trabalho, segurança e saúde no trabalho e reparação de danos emergentes de acidente de trabalho ou doença profissional" (destaquei).

Vale dizer, se o empregado estiver em conexão permanente com a empresa, com a existência de controle do tempo de labor e da atividade desempenhada, as regras sobre a duração do trabalho devem incidir normalmente, o que não pode ser validamente excluído nem mesmo por meio de negociação coletiva.

Cabe ressaltar que, nos termos do art. 4.º, *caput*, da CLT, considera-se "como de serviço efetivo o período em que o empregado esteja à disposição do empregador, aguardando ou executando ordens, salvo disposição especial expressamente consignada". Não se distingue entre o trabalho realizado no estabelecimento do empregador, o executado no domicílio do empregado e o realizado a distância, desde que estejam caracterizados os pressupostos da relação de emprego (art. 6.º da CLT). Ademais, em consonância com o art. 6.º, parágrafo único, da CLT, os "meios telemáticos e informatizados de comando, controle e supervisão se equiparam, para fins de subordinação jurídica, aos meios pessoais e diretos de comando, controle e supervisão do trabalho alheio".

Em razão disso, pode-se dizer que o período em que o empregado está sujeito ao comando, controle e supervisão, por meios telemáticos ou informatizados, portando dispositivos móveis da empresa, instrumentos telemáticos ou informatizados (como telefone celular), deve ser remunerado como horas de sobreaviso (se o trabalhador ficar de plantão, aguardando ser chamado), ou como horas extras (se o trabalhador estiver laborando a distância, com a utilização dos recursos tecnológicos mencionados).

No âmbito da Organização Internacional do Trabalho, a Convenção 177, de 1996, dispõe sobre o trabalho em domicílio, embora ainda não tenha sido aprovada internamente e ratificada pelo Brasil.

Nos termos do art. 1.º, *a*, dessa norma internacional, *trabalho em domicílio* significa o trabalho que uma pessoa, designada como trabalhador em domicílio, realiza: em seu domicílio ou em outros locais que escolher, mas distintos dos locais de trabalho do empregador; em troca de remuneração; com o fim de elaborar um produto ou prestar um serviço, conforme as especificações do empregador (independentemente de quem proporcione os equipamentos, materiais ou outros elementos utilizados). Excepciona-se dessa condição aquele que tiver nível de autonomia e de independência econômica suficiente para ser considerado trabalhador independente, em virtude da legislação nacional ou de decisões judiciais.

Ademais, uma pessoa que tenha a condição de assalariado não deve ser considerada trabalhador em domicílio, para os fins da Convenção 177 da OIT, pelo mero fato de realizar ocasionalmente o seu trabalho (como assalariado) em seu domicílio, em vez de realizá-lo em seu local de trabalho habitual (art. 1.º, *b*). O empregador, por sua vez, é entendido como uma pessoa física ou jurídica que, de modo direto ou por um intermediário (esteja ou não prevista essa figura na legislação nacional), oferece trabalho em domicílio por conta de sua empresa (art. 1.º, c).

Tendo em vista a semelhança entre o *teletrabalho* e o trabalho em domicílio, cabe ressaltar que, nos termos do art. 4.º da referida Convenção da OIT, na medida do possível, a política nacional em matéria de trabalho em domicílio deve promover a *igualdade de tratamento entre os trabalhadores em domicilio e os outros trabalhadores assalariados*, levando em conta as características particulares do trabalho em domicílio e, se for o caso, as condições aplicáveis a um trabalho idêntico ou similar realizado na empresa.

Portanto, quando presentes os requisitos do vínculo de emprego, deve ser observada a igualdade de tratamento entre os trabalhadores a distância e os demais empregados, com fundamento nos arts. 5.º, *caput*, e 7.º, inciso XXXII, da Constituição da República e arts. 6.º e 83 da Consolidação das Leis do Trabalho.

18.12 JORNADA DE TRABALHO ESPECIAL DO EMPREGADO BANCÁRIO

Não se pode confundir a hipótese do empregado bancário que exerce mero cargo de confiança, de acordo com o art. 224, § 2.º, da CLT, com o empregado que exerce verdadeiro cargo de gestão, inserido na previsão do art. 62, inciso II, da CLT.

Sobre este tema, cabe destacar que a duração normal do trabalho dos empregados em bancos, casas bancárias e Caixa Econômica Federal deve ser de seis horas contínuas nos dias úteis, com exceção dos sábados, perfazendo um total de 30 horas de trabalho por semana (art. 224, *caput*, da CLT)[13].

O art. 1.º da Lei 4.178/1962 prevê que os estabelecimentos de crédito não devem funcionar aos sábados, em expediente externo ou interno.

O regime especial de seis horas de trabalho também se aplica aos empregados de portaria e de limpeza, tais como porteiros, telefonistas de mesa, contínuos e serventes, empregados em bancos e casas bancárias (art. 226 da CLT)[14].

---

13. Cf. Súmula 55 do TST: "Financeiras. As empresas de crédito, financiamento ou investimento, também denominadas *financeiras*, equiparam-se aos estabelecimentos bancários para os efeitos do art. 224 da CLT".

14. A jurisprudência pacificou o entendimento de que a jornada especial dos bancários não se aplica aos empregados abrangidos por categoria profissional diferenciada e vigilantes. Cf. Súmula 117 do TST: "Bancário. Categoria diferenciada. Não se beneficiam do regime legal relativo aos bancários os empregados de estabelecimento de crédito pertencentes a categorias profissionais diferenciadas"; Súmula 257 do TST: "Vigilante. O vigilante, contratado diretamente por banco ou por intermédio de empresas especializadas, não é bancário". O

A jurisprudência majoritária tem entendido que a jornada de trabalho especial do bancário, salvo tratando-se de categoria profissional diferenciada, é aplicada independentemente de estar a função do empregado do banco inserida na atividade-fim ou em atividade-meio[15]. Nesse sentido, cabe transcrever a seguinte decisão do Tribunal Superior do Trabalho:

> "Jornada especial dos bancários. Trabalhador de atividade-meio do banco. Identidade de categoria profissional. 1. Em regra, o enquadramento na categoria profissional é determinado pela atividade preponderante do empregador. Nesse sentido, o art. 511, § 2.º, da CLT dispõe: A similitude de condições de vida oriunda da profissão ou trabalho em comum, em situação de emprego na mesma atividade econômica ou em atividades econômicas similares ou conexas, compõe a expressão social elementar compreendida como categoria profissional. 2. Decerto, muito embora seja possível distinguir entre atividade-fim e atividade-meio, forçoso é concluir que o desempenho desta é também dirigido à finalidade da empresa. Com efeito, a atividade-meio é alocada pelo empregador em função da atividade-fim. Essa circunstância produz a similitude de condições de vida suficiente para enquadrar os respectivos trabalhadores na mesma categoria profissional, a teor do referido art. 511, § 2.º, da CLT. 3. Por conseguinte, todos os empregados de Banco são bancários, independentemente da atividade desenvolvida. Excepcionam-se apenas os integrantes de categoria profissional diferenciada, como consagrado pela jurisprudência desta Corte na Súmula 117. 4. A jurisprudência deste Tribunal, desde há muito, admite a possibilidade de trabalhadores que não prestam serviços diretamente ligados à atividade-fim do Banco serem considerados bancários. A Súmula 239 do TST, nesse diapasão, preceitua: é bancário o empregado de empresa de processamento de dados que presta serviço a banco integrante do mesmo grupo econômico, exceto quando a empresa de processamento de dados presta serviços a banco e a empresas não bancárias do mesmo grupo econômico ou a terceiros. 5. Na hipótese dos autos, a instância ordinária registrou que o Autor fora contratado pelo Banco como auxiliar de almoxarifado, laboran-

---

mesmo entendimento relativo à categoria profissional diferenciada tem sido adotado quanto aos empregados que exercem funções típicas de profissionais liberais, como engenheiros e arquitetos: "Recurso de embargos interposto na vigência da Lei 11.496/2007. Arquiteto. Profissional liberal. Enquadramento como bancário. Impossibilidade. 1. Cinge-se a controvérsia em se saber se o arquiteto, empregado de instituição bancária e que desempenha as atribuições inerentes de sua profissão, deve ser enquadrado como bancário. 2. A primeira questão que deve ser considerada diz respeito ao tratamento sindical que deve ser conferido aos empregados da categoria de profissionais liberais. 3. O quadro anexo do art. 577 da CLT não insere a profissão de arquiteto como categoria profissional diferenciada, mas, sim, como profissional liberal. Apesar disto, verifica-se que inexiste qualquer incompatibilidade para a aplicação para esta categoria de empregados das regras concernentes à categoria profissional diferenciada. Primeiro porque tanto os profissionais liberais como os empregados de categoria diferenciada exercem suas profissões ou funções diferenciadas por força de estatuto profissional especial. No caso, a profissão dos arquitetos encontra-se regulada pela Lei nº 4.950-A/1966. Segundo, porque o art. 1.º da Lei n.º 7.361/1985, confere à Confederação das Profissões Liberais o mesmo poder de representação atribuído aos sindicatos representativos das categorias profissionais diferenciadas. 4. De outro lado, esta Corte já sedimentou o entendimento de que as instituições bancárias podem legalmente contratar empregados de categorias diferenciadas em regime de trabalho diverso do aplicado aos bancários, conforme o que se infere da Súmula n.º 117. Recurso de Embargos conhecido e desprovido" (TST, SBDI-I, E-RR-104/2006-006-05-00.9, Redatora Min. Maria de Assis Calsing, *DJ* 26.06.2009).

15. Seguindo entendimento diverso e mais restritivo, cf. MARTINS, Sergio Pinto. *Comentários à CLT*. 10. ed. São Paulo: Atlas, 2006. p. 231: "O regime especial de seis horas só se aplica a empregados de portaria e de limpeza, tais como porteiros, telefonistas de mesa, contínuos e serventes, não se aplicando a outras pessoas que não de portaria ou de limpeza. O preceito legal é explícito quanto à sua observância apenas em relação a empregados de portaria e de limpeza e não a outros. O emprego da expressão *tais como* é exemplificativa e não taxativa, porém refere-se somente a empregados de limpeza e portaria e não a outros que desempenhem outras funções. O pedreiro, o encanador, o eletricista de banco têm direito às vantagens da norma coletiva da categoria dos bancários, porém não se beneficiam da jornada de trabalho dos bancários, pois não se enquadram como empregados de portaria e de limpeza".

do junto ao Departamento de Telecomunicação e Assistência Técnica. 6. Tratando-se de empregado de instituição bancária, tem jus ao regime legal próprio dos bancários – porque pertencente a esta categoria profissional – e, assim, à jornada de seis horas, prevista no art. 224 da CLT. [...] Embargos parcialmente conhecidos e desprovidos" (TST, SBDI-I, E-RR 625.578/2000.0, Rel. Min. Maria Cristina Irigoyen Peduzzi, *DJ* 23.03.2007).

Quanto aos empregados de cooperativas de crédito, a Orientação Jurisprudencial 379 da SBDI-I do TST afasta a possibilidade de sua equiparação a bancários: "Empregado de cooperativa de crédito. Bancário. Equiparação. Impossibilidade. Os empregados de cooperativas de crédito não se equiparam a bancário, para efeito de aplicação do art. 224 da CLT, em razão da inexistência de expressa previsão legal, considerando, ainda, as diferenças estruturais e operacionais entre as instituições financeiras e as cooperativas de crédito. Inteligência das Leis 4.595, de 31.12.1964, e 5.764, de 16.12.1971" (*DEJT* 19.04.2010).

A duração normal do trabalho dos bancários deve ficar compreendida entre 7 e 22 horas, assegurando-se ao empregado, no horário diário, um intervalo de 15 minutos para alimentação (art. 224, § 1.º, da CLT)[16].

A duração normal de trabalho dos bancários poderá ser *excepcionalmente* prorrogada até oito horas diárias, não excedendo de 40 horas semanais, observados os preceitos gerais sobre a duração do trabalho (art. 225 da CLT)[17].

Desse modo, nos termos da Súmula 199 do TST:

> "Bancário. Pré-contratação de horas extras.
>
> I – A contratação do serviço suplementar, quando da admissão do trabalhador bancário, é nula. Os valores assim ajustados apenas remuneram a jornada normal, sendo devidas as horas extras com o adicional de, no mínimo, 50% (cinquenta por cento), as quais não configuram pré-contratação, se pactuadas após a admissão do bancário.
>
> II – Em se tratando de horas extras pré-contratadas, opera-se a prescrição total se a ação não for ajuizada no prazo de cinco anos, a partir da data em que foram suprimidas".

A referida jornada de trabalho especial e reduzida dos empregados bancários, de seis horas por dia, não se aplica aos que exercem *funções de direção, gerência, fiscalização, chefia e equivalentes, ou que desempenhem outros cargos de confiança*, desde que o valor da gratificação não seja inferior a 1/3 (um terço) do salário do cargo efetivo (art. 224, § 2.º, da CLT)[18].

No entanto, o bancário não enquadrado no § 2.º do art. 224 da CLT, que receba gratificação de função, não pode ter o salário relativo a horas extraordinárias compensado com o valor daquela vantagem (Súmula 109 do TST).

Ainda sobre essa questão, merece destaque a Súmula 102 do TST:

> "Bancário. Cargo de confiança. I – A configuração, ou não, do exercício da função de confiança a que se refere o art. 224, § 2.º, da CLT, dependente da prova das reais atribuições

16. Cf. Orientação Jurisprudencial 178 da SBDI-I do TST: "Bancário. Intervalo de 15 minutos. Não computável na jornada de trabalho. Não se computa, na jornada do bancário sujeito a seis horas diárias de trabalho, o intervalo de quinze minutos para lanche ou descanso".

17. Cf. Orientação Jurisprudencial 123 da SBDI-I do TST: "Bancários. Ajuda alimentação. A ajuda alimentação prevista em norma coletiva em decorrência de prestação de horas extras tem natureza indenizatória e, por isso, não integra o salário do empregado bancário".

18. Cf. Súmula 240 do TST: "Bancário. Gratificação de função e adicional por tempo de serviço. O adicional por tempo de serviço integra o cálculo da gratificação prevista no art. 224, § 2.º, da CLT".

do empregado, é insuscetível de exame mediante recurso de revista ou de embargos. II - O bancário que exerce a função a que se refere o § 2.º do art. 224 da CLT e recebe gratificação não inferior a um terço de seu salário já tem remuneradas as duas horas extraordinárias excedentes de seis. III - Ao bancário exercente de cargo de confiança previsto no artigo 224, § 2.º, da CLT são devidas as 7.ª e 8.ª horas, como extras, no período em que se verificar o pagamento a menor da gratificação de 1/3. IV - O bancário sujeito à regra do art. 224, § 2.º, da CLT cumpre jornada de trabalho de 8 (oito) horas, sendo extraordinárias as trabalhadas além da oitava. V - O advogado empregado de banco, pelo simples exercício da advocacia, não exerce cargo de confiança, não se enquadrando, portanto, na hipótese do § 2.º do art. 224 da CLT. VI - O caixa bancário, ainda que caixa executivo, não exerce cargo de confiança. Se perceber gratificação igual ou superior a um terço do salário do posto efetivo, essa remunera apenas a maior responsabilidade do cargo e não as duas horas extraordinárias além da sexta. VII - O bancário exercente de função de confiança, que percebe a gratificação não inferior ao terço legal, ainda que norma coletiva contemple percentual superior, não tem direito às sétima e oitava horas como extras, mas tão somente às diferenças de gratificação de função, se postuladas".

18.13 JORNADA DE TRABALHO ESPECIAL DO ADVOGADO EMPREGADO

De acordo com a redação original do art. 20 da Lei 8.906, de 4 de junho de 1994: "A jornada de trabalho do advogado empregado, no exercício da profissão, não poderá exceder a duração diária de quatro horas contínuas e a de vinte horas semanais, salvo acordo ou convenção coletiva ou em caso de dedicação exclusiva".

A referida jornada de trabalho especial apenas incide se o advogado for empregado e estiver exercendo essa profissão[19]. Se alguém, embora possuindo o título de advogado, é admitido para exercer função diversa, não terá direito às regras especiais que regulam a relação de emprego com o advogado.

A mencionada previsão legal afastava a aplicação da jornada de trabalho especial nos casos de "acordo ou convenção coletiva ou em caso de dedicação exclusiva". O art. 12 do Regulamento Geral do Estatuto da Advocacia e da OAB considera dedicação exclusiva "o regime de trabalho que for *expressamente* previsto em contrato individual de trabalho". Nesse caso, são remuneradas como extraordinárias as horas trabalhadas que excederem a jornada normal de oito horas diárias.

Por isso, entende-se que o contrato de trabalho com advogado, se celebrado antes da vigência da Lei 8.906/1994, com jornada de trabalho de oito horas diárias e 40 horas semanais, insere-se na excludente pertinente à dedicação exclusiva, afastando o direito à jornada reduzida de quatro horas diárias[20].

19. Cf. ainda: "Recurso de revista. Advogado. Enquadramento como bancário. Regime de dedicação exclusiva. Sétima e oitava horas como extras. Indevidas. 1. Este Tribunal firmou jurisprudência no sentido de que os advogados empregados de banco não se enquadram na regra do art. 224 da CLT, notadamente, por se tratarem de profissionais liberais, que se equiparam aos membros de categoria diferenciada, cujas atividades são regulamentadas por estatuto próprio (Lei 8.906/94), o qual estabelece jornada normal de oito horas diárias para esses profissionais em regime de dedicação exclusiva, hipótese dos autos. 2. Incidência do art. 896, § 4.º (atual § 7.º), da CLT e da Súmula 333/TST, restando ilesos os arts. 7.º, *caput*, da Constituição Federal, 511 e 577, § 3.º, da CLT e prejudicada a divergência jurisprudencial. Recurso de revista não conhecido" (TST, 1.ª T., RR - 63500-58.2008.5.15.0053, Rel. Min. Hugo Carlos Scheuermann, *DEJT* 04.08.2017).

20. Cf. Orientação Jurisprudencial 403 da SBDI-I do TST: "Advogado empregado. Contratação anterior a Lei n.º 8.906, de 04.07.1994. Jornada de trabalho mantida com o advento da lei. Dedicação exclusiva. Caracterização. (*DEJT* divulgado em 16, 17 e 20.09.2010). O advogado empregado contratado para jornada de 40

Além disso, o "acordo ou convenção coletiva" também podem excluir a aplicação da referida jornada reduzida de quatro horas diárias. Tal como ocorre no acordo de compensação de horas (Súmula 85, inciso II, do TST), pode-se entender que o "acordo" em questão pode ser tanto o individual como o coletivo, até porque a própria dedicação exclusiva pode ser pactuada no âmbito individual, levando à mesma consequência no que tange à jornada de trabalho a ser aplicada.

Na atualidade, art. 20 da Lei 8.906/1994, com redação dada pela Lei 14.365/2022, prevê que a jornada de trabalho do advogado empregado, quando prestar serviço para empresas, não pode exceder a duração diária de oito horas contínuas e a de 40 horas semanais. Entende-se que empresa, no caso, refere-se a empregador (art. 2.º da CLT).

Considera-se como período de trabalho o tempo em que o advogado estiver à disposição do empregador, aguardando ou executando ordens, no seu escritório ou em atividades externas, sendo-lhe reembolsadas as despesas feitas com transporte, hospedagem e alimentação (§ 1.º do art. 20 da Lei 8.906/1994).

As horas trabalhadas que excederem a jornada normal serão remuneradas por um adicional não inferior a 100% sobre o valor da hora normal, mesmo havendo contrato escrito (§ 2.º do art. 20 da Lei 8.906/1994).

As horas trabalhadas no período de 20 horas de um dia até as cinco horas do dia seguinte são remuneradas como noturnas, acrescidas do adicional de 25% (§ 3.º do art. 20 da Lei 8.906/1994). Seguiu-se a mesma tendência da Lei 5.889/1973 (art. 7.º, parágrafo único), assegurando o adicional de 25%, sem a previsão de jornada noturna reduzida.

18.14 PRORROGAÇÃO DA JORNADA DE TRABALHO

A rigor, como se pode inferir pela dicção do art. 7.º, inciso XVI, da Constituição Federal de 1988, a prorrogação da jornada de trabalho somente deveria ser autorizada em caso "extraordinário", tornando devida a remuneração "superior, no mínimo, em cinquenta por cento à do normal".

Vejamos, assim, as diversas formas de prorrogação da jornada de trabalho.

18.14.1 Acordo de prorrogação da jornada de trabalho

O art. 59 da CLT, com redação dada pela Lei 13.467/2017, dispõe que a duração diária do trabalho pode ser acrescida de horas extras, em número não excedente de duas, por acordo individual, convenção coletiva ou acordo coletivo de trabalho.

O art. 59 da CLT, na redação anterior, previa que a duração normal do trabalho podia ser acrescida de horas suplementares, em número não excedente de duas, mediante *acordo escrito* entre empregador e empregado, ou mediante contrato coletivo de trabalho.

Com a Lei 13.467/2017, a prorrogação da jornada de trabalho pode ser feito por meio de *acordo individual*, o qual, em tese, pode ser verbal ou escrito, embora essa última forma seja mais adequada, inclusive para fins de prova. Além disso, o acréscimo de horas extras também pode ser pactuado em convenção coletiva ou acordo coletivo de trabalho.

A remuneração da hora extra deve ser, pelo menos, 50% superior à da hora normal (art. 59, § 1.º, da CLT). Trata-se de percentual mínimo estabelecido também no art. 7.º, inciso XVI, da Constituição Federal de 1988.

---

horas semanais, antes da edição da Lei n.º 8.906, de 04.07.1994, está sujeito ao regime de dedicação exclusiva disposto no art. 20 da referida lei, pelo que não tem direito à jornada de 20 horas semanais ou 4 diárias".

O limite de horas extras a serem prestadas é de até duas por dia.

No entanto, a norma em questão, que procura evitar o excesso de labor em sobrejornada, não pode ser interpretada em prejuízo ao próprio empregado. Assim, se forem prestadas horas extras acima do referido limite, ou mesmo sem a existência de acordo de prorrogação, o empregado faz jus ao seu regular recebimento, ficando o empregador sujeito à aplicação da penalidade administrativa.

Isso é confirmado pela Súmula 376 do TST:

> "Horas extras. Limitação. Art. 59 da CLT. Reflexos. I – A limitação legal da jornada suplementar a duas horas diárias não exime o empregador de pagar todas as horas trabalhadas. II – O valor das horas extras habitualmente prestadas integra o cálculo dos haveres trabalhistas, independentemente da limitação prevista no *caput* do art. 59 da CLT".

Assim, mesmo sendo desrespeitados os referidos limites legais, todas as horas extras devem ser corretamente pagas (com o adicional devido) ao empregado (Súmula 376 do TST), que não pode ser prejudicado pelo empregador, o qual também responde pela respectiva penalidade administrativa, a ser aplicada pela fiscalização do trabalho.

Como se pode notar, para a prorrogação da jornada de trabalho, exige-se acordo individual, acordo coletivo ou convenção coletiva de trabalho.

Conforme mencionado, a atual redação do art. 59, *caput*, da CLT deixa de exigir que o acordo individual de prorrogação da jornada de trabalho seja escrito, significando que também pode ser verbal e tácito. Entretanto, para fins probatórios, a forma escrita é mais indicada.

A Lei 12.790/2013, ao dispor sobre a regulamentação do exercício da profissão de comerciário, no art. 3.º, *caput*, estabelece que a jornada normal de trabalho dos empregados no comércio é de oito horas diárias e 44 semanais. O § 1.º desse mesmo dispositivo, por seu turno, determina que "somente mediante convenção coletiva ou acordo coletivo de trabalho poderá ser alterada a jornada normal de trabalho estabelecida no *caput* deste artigo".

Logo, a *jornada normal de trabalho* do comerciário é que só pode ser alterada por meio de instrumento normativo decorrente de negociação coletiva de trabalho. O dispositivo em questão não trata, de forma específica, da prorrogação nem da compensação da jornada de trabalho, o que acarreta a aplicação da regra geral, prevista no art. 59 da CLT, já estudada.

A jornada de trabalho do motorista profissional é de 8 horas, admitindo-se a sua prorrogação por até 2 horas extraordinárias ou, mediante previsão em convenção ou acordo coletivo, por até 4 horas extraordinárias, conforme previsão expressa do art. 235-C da CLT, com redação dada pela Lei 13.103/2015.

Como se pode notar, no caso específico de motorista profissional empregado, admite-se que o instrumento normativo decorrente de negociação coletiva estabeleça a prorrogação da jornada de trabalho por até 4 horas extraordinárias, aspecto que certamente pode dar margem a críticas e controvérsias, inclusive quanto à constitucionalidade, por envolver excesso de labor justamente em atividade que exige cuidados especiais quanto à segurança.

18.14.2 Prorrogação de jornada decorrente de necessidade imperiosa

A prorrogação da jornada de trabalho pode, ainda, decorrer de outros fatores, conforme previsão no art. 61 da CLT.

O art. 61, *caput* e §§ 1.º e 2.º, regulam as horas extras decorrentes de necessidade imperiosa, com a seguinte previsão:

> "Art. 61. Ocorrendo necessidade imperiosa, poderá a duração do trabalho exceder do limite legal ou convencionado, seja para fazer face a motivo de força maior, seja para atender à realização ou conclusão de serviços inadiáveis ou cuja inexecução possa acarretar prejuízo manifesto.
>
> § 1.º O excesso, nos casos deste artigo, pode ser exigido independentemente de convenção coletiva ou acordo coletivo de trabalho. (redação dada pela Lei 13.467/2017)
>
> § 2.º Nos casos de excesso de horário por motivo de força maior, a remuneração da hora excedente não será inferior à da hora normal. Nos demais casos de excesso previstos neste artigo, a remuneração será, pelo menos, 25% (vinte e cinco por cento) superior à da hora normal, e o trabalho não poderá exceder de 12 (doze) horas, desde que a lei não fixe expressamente outro limite".

Pode-se entender a **necessidade imperiosa** como um gênero, do qual são espécies:

- motivo de **força maior**, como exemplo, uma tempestade que atinge parte da obra em construção, necessitando que os empregados prorroguem a jornada de trabalho para realizar os reparos mais urgentes;
- realização ou conclusão de **serviços inadiáveis ou cuja inexecução possa acarretar prejuízo manifesto**, como a empresa do gênero de alimentos, ao receber mercadorias que devem ser mantidas congeladas, exigindo-se que os empregados, mesmo prorrogando a jornada, concluam essa tarefa antes de cessar a prestação do serviço.

Nesses dois casos, como não se podia prever a necessidade das horas extras, a prorrogação da jornada de trabalho pode ser exigida, ainda que sem convenção coletiva ou acordo coletivo de trabalho.

Pelo que se interpreta da parte final do § 2.º do art. 61 da CLT, na hipótese de serviços inadiáveis ou cuja inexecução possa acarretar prejuízo manifesto, o trabalho não pode exceder de 12 horas, o que significa, em jornada normal de oito horas, o trabalho extraordinário de até mais quatro horas.

Entretanto, a referida norma não fixa o limite de horas extras para o caso de força maior. Embora haja entendimento de que para a referida situação não há limitação, pode-se aplicar o limite de prorrogação da jornada de trabalho previsto para o caso semelhante, ou seja, o serviço inadiável. Desse modo, conclui-se, por interpretação analógica, que, na força maior, somente mais quatro horas extras podem ser prestadas.

Obviamente, caso o limite estabelecido seja ultrapassado, o empregado deve receber todas as horas extras prestadas, sem prejuízo da aplicação de pena administrativa contra o empregador.

O entendimento mais adequado e majoritário é no sentido de que, com a Constituição Federal de 1988 (art. 7.º, inciso XVI), as horas extras devem ser sempre remuneradas com o adicional de no mínimo 50%, sem qualquer distinção quanto a se tratar de motivo de força maior, serviço inadiável ou necessidade imperiosa. Por isso, o § 2.º do art. 61 da CLT, ao deixar de garantir o pagamento do adicional de horas extras para a hipótese de força maior, bem como ao fixar o percentual (inferior) de 25% para a hipótese de realização ou conclusão de serviços inadiáveis ou cuja inexecução possa acarretar prejuízo manifesto, não foi recepcionado pela Constituição Federal de 1988.

18.14.3 Prorrogação para recuperação de tempo de não realização do trabalho

O § 3.º do art. 61 da CLT, por sua vez, versa sobre a prorrogação de jornada para recuperação do trabalho, em hipótese bem específica:

> "§ 3.º Sempre que ocorrer interrupção do trabalho, resultante de causas acidentais, ou de força maior, que determinem a impossibilidade de sua realização, a duração do trabalho poderá ser prorrogada pelo tempo necessário até o máximo de 2 (duas) horas, durante o número de dias indispensáveis à recuperação do tempo perdido, desde que não exceda de 10 (dez) horas diárias, em período não superior a 45 (quarenta e cinco) dias por ano, sujeita essa recuperação à prévia autorização da autoridade competente".

A sua aplicação é restrita aos casos de paralisação da atividade da empresa e impossibilidade de realização do trabalho, por causas acidentais ou de força maior, em que se admite a prorrogação da jornada para recuperar o tempo perdido.

Pode-se imaginar como exemplo a situação da empresa que fica com suas atividades paradas, em razão de tempestade que danifica o estabelecimento. Nesse caso, o empregador, mesmo sem a existência de acordo de prorrogação de jornada, pode prorrogá-la, com o intuito de recuperar o tempo perdido, em que o trabalho não pôde ser realizado.

Essa modalidade de horas extras, no entanto, além de ser autorizada, apenas, durante o número de dias indispensáveis à recuperação do tempo perdido, sofre duas limitações, que devem ser observadas simultaneamente:

- até duas horas extras por dia, não devendo exceder a dez horas de trabalho;
- até 45 dias por ano.

Além disso, essa forma de prorrogação deve ser objeto de prévia autorização da autoridade competente, no caso, o órgão de fiscalização do trabalho.

Ainda aqui, o entendimento que se mostra mais adequado é no sentido de que, com a Constituição Federal de 1988 (art. 7.º, inciso XVI), as horas extras devem ser *sempre* remuneradas com o adicional de no mínimo 50%, sem qualquer distinção, ou seja, mesmo quando se tratar de recuperação do tempo de interrupção do trabalho, resultante de causas acidentais, ou de força maior, que tenham impossibilitado a sua realização, inclusive porque o risco do empreendimento é do empregador, não podendo ser transferido em prejuízo do empregado.

18.14.4 Cálculo das horas extras

O adicional de horas extras já foi estudado no Capítulo pertinente ao salário e à remuneração. Assim, cabe apenas relembrar que o inciso XVI do art. 7.º da Constituição Federal de 1988 estabelece o adicional *mínimo* de 50% sobre a hora normal, afastando a possibilidade de ser fixado em nível inferior, ainda que por meio de negociação coletiva.

A Súmula 264 do TST, em conformidade com os arts. 64 e 457 da CLT, estabelece que as horas extras devem ser calculadas sobre a globalidade salarial recebida pelo empregado:

> "Hora suplementar. Cálculo. A remuneração do serviço suplementar é composta do valor da hora normal, integrado por parcelas de natureza salarial e acrescido do adicional previsto em lei, contrato, acordo, convenção coletiva ou sentença normativa".

Por isso, em conformidade com a atual Súmula 132 do TST, inciso I: "O adicional de periculosidade, pago em caráter permanente, integra o cálculo de indenização e de horas extras".

Nessa linha, a Orientação Jurisprudencial 97 da SBDI-I do TST confirma que o adicional noturno integra a base de cálculo das horas extras prestadas no período noturno.

Seguindo a mesma orientação, dispõe a Súmula 226 do TST: "Bancário. Gratificação por tempo de serviço. Integração no cálculo das horas extras. A gratificação por tempo de serviço integra o cálculo das horas extras".

Quanto aos trabalhadores portuários, tendo em vista a previsão específica, contida na Lei 4.860/1965, arts. 4.º e 7.º, § 5.º, para o cálculo das horas extras prestadas observar-se-á somente o salário básico percebido, excluídos os adicionais de risco e produtividade (Orientação Jurisprudencial 60, inciso II, da SBDI-I do TST).

Já o empregado, sujeito ao controle de horário, remunerado à base de comissões, tem direito ao adicional de, no mínimo, 50% pelo trabalho em horas extras, calculado sobre o valor-hora das comissões recebidas no mês, considerando-se como divisor o número de horas efetivamente trabalhadas (Súmula 340 do TST, na redação determinada pela Resolução 121/2003). O "comissionista misto", no sentido do empregado que recebe "remuneração mista", ou seja, uma parte fixa e outra variável, conforme a Orientação Jurisprudencial 397 da SBDI-I do TST, "tem direito a horas extras pelo trabalho em sobrejornada. Em relação à parte fixa, são devidas as horas simples acrescidas do adicional de horas extras. Em relação à parte variável, é devido somente o adicional de horas extras, aplicando-se à hipótese o disposto na Súmula n.º 340 do TST".

No que se refere aos empregados que recebem salário por produção, a Orientação Jurisprudencial 235 da SBDI-I do TST assim explicita: "Horas extras. Salário por produção (redação alterada na sessão do Tribunal Pleno realizada em 16.04.2012) – Res. 182/2012, *DEJT* divulgado em 19, 20 e 23.04.2012. O empregado que recebe salário por produção e trabalha em sobrejornada tem direito à percepção apenas do adicional de horas extras, exceto no caso do empregado cortador de cana, a quem é devido o pagamento das horas extras e do adicional respectivo".

De forma semelhante, no caso do empregado que tem a remuneração calculada e recebida por hora trabalhada ("empregado horista"), havendo labor em sobrejornada, mas já tendo sido pagas todas as horas trabalhadas (inclusive as excedentes à jornada normal) de forma simples, apenas o adicional é ainda devido quanto às horas extras, *desde que não se trate de empregado submetido a turno ininterrupto de revezamento*.

Ou seja, na hipótese de trabalhador que recebe salário-hora, mas as horas trabalhadas após a oitava diária já foram pagas como normais, *caso não se trate de turno ininterrupto de revezamento*, entende-se que somente o adicional de horas extras, em relação às horas excedentes à jornada normal de trabalho, ainda permanece devido, até mesmo para que não ocorra o pagamento duplicado das horas em si[21].

Por outro lado, as horas extras habituais devem ser integradas ao cálculo da indenização por antiguidade (Súmula 24 do TST).

---

21. Tratando-se de turno ininterrupto de revezamento, nos termos da Orientação Jurisprudencial 275 da SBDI-I do TST: "Turno ininterrupto de revezamento. Horista. Horas extras e adicional. Devidos. Inexistindo instrumento coletivo fixando jornada diversa, o empregado horista submetido a turno ininterrupto de revezamento faz jus ao pagamento das horas extraordinárias laboradas além da 6.ª, bem como ao respectivo adicional".

Da mesma forma, computam-se no cálculo do repouso remunerado as horas extras habitualmente prestadas (Súmula 172 do TST), em conformidade com a Lei 605/1949, art. 7.º, *a* e *b*.

Como prevê a Súmula 113 do TST, o sábado do bancário é dia útil não trabalhado, não dia de repouso remunerado. Desse modo, se inexistir norma mais benéfica, não cabe a repercussão do pagamento de horas extras habituais em sua remuneração.

As férias também devem ser remuneradas levando-se em conta as horas extras recebidas (art. 142, § 5.º, da CLT).

Cabe esclarecer que em razão do art. 7.º, inciso XIII, da Constituição Federal de 1988, estabelecendo a duração normal do trabalho não superior a oito horas diárias e 44 horas semanais, para o cálculo de horas extras, tem-se o divisor de 220 horas por mês, conforme o art. 64 da CLT (44h : 6 dias x 30 = 220).

Entretanto, se o empregado está sujeito à jornada de trabalho reduzida, de 40 horas semanais, aplica-se a Súmula 431 do TST, com a seguinte previsão:

> "Salário-hora. Empregado sujeito ao regime geral de trabalho (art. 58, *caput*, da CLT). 40 horas semanais. Cálculo. Aplicação do divisor 200.
>
> Para os empregados a que alude o art. 58, *caput*, da CLT, quando sujeitos a 40 horas semanais de trabalho, aplica-se o divisor 200 para o cálculo do valor do salário-hora".

Tendo em vista a jornada de trabalho especial do bancário (art. 224, *caput*, da CLT), para o cálculo do valor do salário-hora do bancário mensalista, o divisor a ser adotado normalmente é 180, pois o sábado é considerado dia útil não trabalhado, como já foi visto acima.

De acordo com a Súmula 124 do TST:

> "Bancário. Salário-hora. Divisor (alteração em razão do julgamento do processo TST-IRR-849-83.2013.5.03.0138).
>
> I – o divisor aplicável para o cálculo das horas extras do bancário será:
>
> a) 180, para os empregados submetidos à jornada de seis horas prevista no *caput* do art. 224 da CLT;
>
> b) 220, para os empregados submetidos à jornada de oito horas, nos termos do § 2.º do art. 224 da CLT.
>
> II – Ressalvam-se da aplicação do item anterior as decisões de mérito sobre o tema, qualquer que seja o seu teor, emanadas de Turma do TST ou da SBDI-I, no período de 27/09/2012 até 21/11/2016, conforme a modulação aprovada no precedente obrigatório firmado no Incidente de Recursos de Revista Repetitivos nº TST-IRR-849-83.2013.5.03.0138, DEJT 19.12.2016".

Desse modo, na atualidade, aplicam-se as seguintes teses jurídicas fixadas pelo TST em julgamento de Incidente de Recurso de Revista Repetitivo (SBDI-I, IRR – 849-83.2013.5.03.0138, Rel. Min. Cláudio Mascarenhas Brandão, j. 21.11.2016):

> "1. O número de dias de repouso semanal remunerado pode ser ampliado por convenção ou acordo coletivo de trabalho, como decorrência do exercício da autonomia sindical.
>
> 2. O divisor corresponde ao número de horas remuneradas pelo salário mensal, independentemente de serem trabalhadas ou não.
>
> 3. O divisor aplicável para cálculo das horas extras do bancário, inclusive para os submetidos à jornada de oito horas, é definido com base na regra geral prevista no artigo 64

da CLT (resultado da multiplicação por 30 da jornada normal de trabalho), sendo 180 e 220, para a jornada normal de seis e oito horas, respectivamente.

4. A inclusão do sábado como dia de repouso semanal remunerado, no caso do bancário, não altera o divisor, em virtude de não haver redução do número de horas semanais, trabalhadas e de repouso.

5. O número de semanas do mês é 4,2857, resultante da divisão de 30 (dias do mês) por 7 (dias da semana), não sendo válida, para efeito de definição do divisor, a multiplicação da duração semanal por 5.

6. Em caso de redução da duração semanal do trabalho, o divisor é obtido na forma prevista na Súmula 431 (multiplicação por 30 do resultado da divisão do número de horas trabalhadas por semana pelos dias úteis)".

O cálculo do valor das horas extras habituais, para efeito de reflexos em verbas trabalhistas, observará a média física, ou seja, o número de horas efetivamente prestadas, a ele aplicando-se o valor do salário-hora da época do pagamento daquelas verbas, conforme Súmula 347 do TST:

"Horas extras habituais. Apuração. Média física. O cálculo do valor das horas extras habituais, para efeito de reflexos em verbas trabalhistas, observará o número de horas efetivamente prestadas e a ele aplica-se o valor do salário-hora da época do pagamento daquelas verbas".

Importante relembrar, ainda, os esclarecimentos feitos pela Súmula 376 do TST:

"Horas extras. Limitação. Art. 59 da CLT. Reflexos. I – A limitação legal da jornada suplementar a duas horas diárias não exime o empregador de pagar todas as horas trabalhadas. II – O valor das horas extras habitualmente prestadas integra o cálculo dos haveres trabalhistas, independentemente da limitação prevista no *caput* do art. 59 da CLT".

Quanto à possibilidade de supressão das horas extras habitualmente prestadas, a Súmula 291 do TST, atualmente, estabelece que:

"Horas extras. Habitualidade. Supressão. Indenização (nova redação em decorrência do julgamento do processo TST-IUJERR 10700- -45.2007.5.22.0101). A supressão total ou parcial, pelo empregador, de serviço suplementar prestado com habitualidade, durante pelo menos 1 (um) ano, assegura ao empregado o direito à indenização correspondente ao valor de 1 (um) mês das horas suprimidas, total ou parcialmente, para cada ano ou fração igual ou superior a seis meses de prestação de serviço acima da jornada normal. O cálculo observará a média das horas suplementares nos últimos 12 (doze) meses anteriores à mudança, multiplicada pelo valor da hora extra do dia da supressão" (*DEJT* 27.05.2011).

A referida orientação aplica, por analogia, a previsão do art. 9.º da Lei 5.811, de 11 de outubro de 1972, que dispõe sobre o regime de trabalho das atividades de exploração, perfuração, produção e refinamento de petróleo, industrialização do xisto, indústria petroquímica e transporte de petróleo e seus derivados por meio de dutos.

A mencionada Súmula 291 reviu e substituiu a orientação do antigo Enunciado 76 do TST, já cancelado pela Resolução 121/2003, o qual estabelecia que: "O valor das horas suplementares prestadas habitualmente, por mais de 2 (dois) anos, ou durante todo o contrato, se suprimidas, integra-se ao salário para todos os efeitos legais".

No entendimento atual, portanto, não se verifica a referida integração, pois, uma vez cessado o fato gerador (labor extraordinário), não há como se falar em direito adquirido de permanecer recebendo horas extras, mesmo sem o correspondente trabalho em sobrejornada.

18.15 COMPENSAÇÃO DA JORNADA DE TRABALHO

A compensação da jornada de trabalho é uma forma de sua prorrogação, mas sem o pagamento de horas extras, por serem objeto de dedução ou abatimento (labor reduzido) em dia diverso.

A Constituição Federal de 1988, no art. 7.º, inciso XIII, faculta "a *compensação de horários* e a redução da jornada, mediante acordo ou convenção coletiva de trabalho".

Há certa discussão na interpretação da parte final do referido dispositivo, quanto ao termo "acordo", no sentido de saber se este deve ser coletivo, ou pode ser individual.

O art. 59, § 2.º, da CLT, com redação determinada pela Medida Provisória 2.164-41/2001, assim regula o tema:

> "Poderá ser dispensado o acréscimo de salário se, por força de acordo ou convenção coletiva de trabalho, o excesso de horas em um dia for compensado pela correspondente diminuição em outro dia, de maneira que não exceda, no período máximo de um ano, à soma das jornadas semanais de trabalho previstas, nem seja ultrapassado o limite máximo de dez horas diárias".

Como já destacado, na compensação de jornada, desde que regular, não são devidas horas extras, justamente porque o excesso de horas em um dia é compensado pela diminuição do trabalho em outro dia.

O acordo de compensação deve observar, ainda, o *limite de dez horas de trabalho por dia*, o que significa o *máximo de duas horas prorrogadas* (considerando a jornada normal de oito horas). O entendimento majoritário é no sentido de que, mesmo se a jornada de trabalho normal for inferior a oito horas, deve-se observar o limite máximo de duas horas prorrogadas por dia, para não expor o empregado a longas prorrogações de jornada, em prejuízo à sua saúde e segurança no trabalho.

O art. 59, § 2.º, da CLT, com a redação decorrente da Medida Provisória 2.164-41/2001, autoriza a compensação de horas prorrogadas em módulo anual, ou seja, fixando-se o período de um ano para que o empregado prorrogue a jornada e as compense.

De todo modo, cabe ao acordo de compensação fixar o seu prazo de duração, observando o referido limite máximo estabelecido pela lei, prazo este que tem início, em princípio, justamente quando se iniciam as prorrogações a serem objeto da compensação pactuada.

Mesmo sendo o acordo de compensação anual, ou por prazo inferior, deve ser respeitado o número total de horas decorrente da soma das jornadas semanais de trabalho que forem previstas.

De acordo com a Orientação Jurisprudencial 323 da SBDI-I do TST:

> "É válido o sistema de compensação de horário quando a jornada adotada é a denominada 'semana espanhola', que alterna a prestação de 48 horas em uma semana e 40 horas em outra, não violando os arts. 59, § 2.º, da CLT e 7.º, XIII, da CF/1988 o seu ajuste mediante acordo ou convenção coletiva de trabalho"[22].

22. Cf. ainda: "Agravo de instrumento. Recurso de revista. Compensação de jornada. -Semana espanhola-. Acordo individual. Invalidade. Decisão denegatória. Manutenção. Em se tratando da situação específica da

Na hipótese de rescisão do contrato de trabalho sem que tenha havido a compensação integral da jornada extraordinária, na forma dos §§ 2.º e 5.º do art. 59, o trabalhador tem direito ao pagamento das horas extras não compensadas, calculadas sobre o valor da remuneração na data da rescisão (art. 59, § 3.º, da CLT, com redação dada pela Lei 13.467/2017).

Caso ocorra a hipótese inversa, ou seja, a extinção do contrato de trabalho com crédito de horas a favor do empregador, dois são os possíveis entendimentos. O primeiro defendendo que, nesse caso, o referido crédito de horas a favor do empregador pode ser compensado com outro crédito do empregado na rescisão, pois do contrário haveria enriquecimento sem causa do empregado, devendo-se observar o limite de um mês de remuneração, na forma do art. 477, § 5.º, da CLT[23]. Entretanto, é possível entender que, na mencionada situação, o risco do empreendimento é do empregador, não havendo autorização para a referida compensação com as verbas rescisórias, a qual, portanto, não é autorizada. Não se pode aplicar o instituto civilista do enriquecimento sem causa sem atentar para as particularidades da relação de emprego. Além disso, o saldo negativo de horas, decorrente do sistema de compensação de jornada, não é propriamente um débito do empregado em face do empregador, nem se identifica com valor já pago ao trabalhador que possa ser objeto de compensação ou dedução.

O banco de horas de que trata o § 2.º do art. 59 da CLT pode ser pactuado por *acordo individual escrito*, desde que a compensação ocorra no período máximo de 6 meses (art. 59, § 5.º, da CLT, acrescentado pela Lei 13.467/2017).

É lícito o regime de compensação de jornada estabelecido por acordo individual, *tácito ou escrito*, para a compensação no mesmo mês (art. 59, § 6.º, da CLT, acrescentado pela Lei 13.467/2017).

O acordo de compensação de horas ajustado de forma tácita, entretanto, é passível de críticas, por gerar incertezas a respeito de sua existência e de suas consequências, notadamente para o empregado, acarretando insegurança jurídica.

O banco de horas pactuado por meio de acordo *individual* escrito, para compensações de até seis meses, também se revela inadequado, por não se tratar de acordo de compensação favorável ao empregado, inclusive porque a sua duração é superior a um mês.

Efetivamente, esse tipo de compensação de horas pode gerar a prorrogação da jornada de trabalho por vários meses pelo empregado, mas sem o recebimento da correspondente remuneração das horas extras com o adicional de no mínimo 50% (art. 7.º, inciso XVI, da Constituição Federal de 1988), tendo em vista o objetivo de futura compensação, o que pode acarretar maior desgaste físico e psíquico ao trabalhador.

A rigor, conforme o art. 7.º, inciso XIII, da Constituição da República, o banco de horas nesses moldes só poderia ser pactuado por meio de acordo coletivo ou de convenção coletiva de trabalho, ou seja, como decorrência de negociação coletiva (art. 7.º, inciso XXVI, da Constituição Federal de 1988), com a presença do sindicato da categoria profissional (art. 8.º, inciso VI, da Constituição da República).

---

chamada -semana espanhola-, é condição indispensável a existência de negociação coletiva prévia (acordo coletivo de trabalho ou convenção coletiva) contemplando expressamente a compensação da jornada, consoante entendimento desta Corte (OJ 323/SBDI1/TST). Desse modo, não há como assegurar o processamento do recurso de revista quando o agravo de instrumento interposto não desconstitui os termos da decisão denegatória, que subsiste por seus próprios fundamentos. Agravo de instrumento desprovido" (TST, 3.ª T., AIRR - 1945-15.2012.5.03.0027, Rel. Min. Mauricio Godinho Delgado, *DEJT* 17.10.2014).

23. Cf. MARTINS, Sergio Pinto. *Direito do trabalho*. 22. ed. São Paulo: Atlas, 2006. p. 503.

De todo modo, conclui-se que o banco de horas *anual* exige acordo coletivo ou convenção coletiva de trabalho para ser instituído.

Com a Lei 13.467/2017, observam-se as seguintes modalidades de acordo de compensação:

- *banco de horas mensal* (compensação no mesmo mês), o qual pode ser pactuado por meio de acordo individual, tácito ou escrito (bem como, naturalmente, por meio de acordo coletivo e de convenção coletiva de trabalho);
- *banco de horas semestral* (compensação no período máximo de seis meses), o qual pode ser pactuado por meio de acordo individual escrito (bem como, evidentemente, por meio de acordo coletivo e de convenção coletiva de trabalho);
- *banco de horas anual* (compensação no período máximo de um ano), o qual exige acordo coletivo ou convenção coletiva de trabalho.

Naturalmente, também se admite o *acordo de compensação semanal*, em que as horas prorrogadas são compensadas na mesma semana, o que pode ser pactuado por meio de acordo individual, tácito ou escrito (bem como por meio de acordo coletivo e de convenção coletiva de trabalho).

O art. 235-C, § 5.º, da CLT, com redação decorrente da Lei 13.103/2015, ao tratar do serviço do motorista profissional empregado, prevê que as horas consideradas extraordinárias devem ser pagas com o acréscimo estabelecido na Constituição Federal ou compensadas na forma do § 2.º do art. 59 da Consolidação das Leis do Trabalho. Logo, também nessa hipótese, aplicam-se as conclusões indicadas anteriormente para a compensação de horas.

18.15.1 Regime especial de compensação de jornada de trabalho por meio de banco de horas

No âmbito dos poderes diretivo e gerencial dos empregadores, e considerada a vontade expressa dos empregados e das empregadas, haverá priorização na concessão de regime especial de compensação de jornada de trabalho por meio de banco de horas, nos termos do art. 59 da CLT, como medida de flexibilização da jornada de trabalho, aos empregados e às empregadas que tenham filho, enteado ou pessoa sob sua guarda com até seis anos de idade ou com deficiência, com vistas a promover a conciliação entre o trabalho e a parentalidade (art. 8.º, inciso II, da Lei 14.457/2022).

A referida medida somente pode ser adotada até o segundo ano: do nascimento do filho ou enteado; da adoção; ou da guarda judicial (art. 8.º, § 1.º, da Lei 14.457/2022). Esse prazo aplica-se inclusive para o empregado ou a empregada que tiver filho, enteado ou pessoa sob guarda judicial com deficiência.

A medida em questão deve ser formalizada por meio de acordo individual, de acordo coletivo ou de convenção coletiva de trabalho (art. 8.º, § 2.º, da Lei 14.457/2022).

Na hipótese de rescisão do contrato de trabalho de empregado ou empregada em regime de compensação de jornada por meio de banco de horas, as horas acumuladas ainda não compensadas serão: I – descontadas das verbas rescisórias devidas ao empregado ou à empregada, na hipótese de banco de horas em favor do empregador, quando a demissão for a pedido e o empregado ou empregada não tiver interesse ou não puder compensar a jornada devida durante o prazo do aviso prévio; ou II – pagas juntamente com as verbas rescisórias, na hipótese de banco de horas em favor do empregado ou da empregada (art. 9.º da Lei 14.457/2022).

Na adoção da referida medida de flexibilização (regime especial de compensação de jornada de trabalho por meio de banco de horas), deve sempre ser levada em conta a vontade expressa da empregada ou do empregado beneficiado pela medida de apoio ao exercício da parentalidade (art. 22 da Lei 14.457/2022).

18.15.2 Jornada 12 x 36

Em exceção ao disposto no art. 59 da CLT, é facultado às partes, mediante acordo individual escrito, convenção coletiva ou acordo coletivo de trabalho, estabelecer horário de trabalho de 12 horas seguidas por 36 horas ininterruptas de descanso, observados ou indenizados os intervalos para repouso e alimentação (art. 59-A da CLT, acrescentado pela Lei 13.467/2017).

A remuneração mensal pactuada pelo horário previsto no art. 59-A, *caput*, da CLT, abrange os pagamentos devidos pelo descanso semanal remunerado e pelo descanso em feriados, e serão considerados compensados os feriados e as prorrogações de trabalho noturno, quando houver, de que tratam o art. 70 e o § 5.º do art. 73 da CLT (art. 59-A, parágrafo único, da CLT, acrescentado pela Lei 13.467/2017).

Anteriormente, admitia-se o regime de trabalho na escala de 12 por 36 horas, desde que assim previsto em lei ou instrumento normativo decorrente de negociação coletiva.

Com a Lei 13.467/2017, passou a ser permitido que as partes estabelecessem o horário de trabalho de 12 horas seguidas por 36 horas ininterruptas de descanso por meio de *acordo individual escrito*, convenção coletiva ou acordo coletivo de trabalho (art. 59-A da CLT). Na referida hipótese, os intervalos intrajornada, ou seja, para repouso e alimentação podem ser observados (usufruídos) ou indenizados.

Com isso, ficou em parte superada a Súmula 444 do TST, ao assim prever:

> "Jornada de trabalho. Norma coletiva. Lei. Escala de 12 por 36. Validade. É valida, em caráter excepcional, a jornada de doze horas de trabalho por trinta e seis de descanso, prevista em lei ou ajustada exclusivamente mediante acordo coletivo de trabalho ou convenção coletiva de trabalho, assegurada a remuneração em dobro dos feriados trabalhados. O empregado não tem direito ao pagamento de adicional referente ao labor prestado na décima primeira e décima segunda horas".

Essa possibilidade de se pactuar horário de trabalho de 12 horas seguidas por 36 horas de descanso, em quaisquer atividades, por meio de acordo individual escrito, é passível de crítica e de questionamento quanto à constitucionalidade.

Efetivamente, o labor por 12 horas pode gerar nítido esgotamento físico e mental ao empregado, tornando mais frequentes os adoecimentos ocupacionais e os acidentes do trabalho.

Além disso, segundo o art. 7.º, inciso XIII, da Constituição da República, um dos direitos dos trabalhadores urbanos e rurais é a duração do trabalho normal não superior a oito horas diárias e 44 semanais, "facultada a compensação de horários e a redução da jornada, mediante acordo ou convenção coletiva de trabalho".

A mencionada escala 12 por 36, como é evidente, não observa o referido limite de oito horas diárias de trabalho e, portanto, apenas poderia ser admitida, como modalidade excepcional de compensação de horários, em casos justificados, por meio de negociação coletiva (dando origem a acordo coletivo ou a convenção coletiva de trabalho) ou de previsão legal específica de determinada *profissão* com particularidades que justifiquem a medida.

Considera-se que a remuneração mensal pactuada pelo referido horário diferenciado de trabalho (12 x 36) já abrange os pagamentos do descanso semanal remunerado e do descanso em feriados. Além disso, consideram-se compensados os feriados (art. 70 da CLT) e as prorrogações de trabalho noturno (art. 73, § 5.º, da CLT), quando houver (art. 59-A, parágrafo único, da CLT).

O Supremo Tribunal Federal julgou válida a previsão do art. 59-A da CLT, de modo que considerou constitucional a possibilidade de estabelecer horário de trabalho de 12 horas seguidas por 36 horas ininterruptas de descanso mesmo que por meio de acordo individual escrito (STF, Pleno, ADI 5.994/DF, Red. p/ ac. Min. Gilmar Mendes, j. 03.07.2023).

No âmbito dos poderes diretivo e gerencial dos empregadores, e considerada a vontade expressa dos empregados e das empregadas, haverá priorização na concessão de jornada de 12 horas trabalhadas por 36 horas ininterruptas de descanso, nos termos do art. 59-A da CLT, como medida de flexibilização da jornada de trabalho, aos empregados e às empregadas que tenham filho, enteado ou pessoa sob sua guarda com até seis anos de idade ou com deficiência, com vistas a promover a conciliação entre o trabalho e a parentalidade (art. 8.º, inciso III, da Lei 14.457/2022).

A referida medida somente pode ser adotada até o segundo ano: do nascimento do filho ou enteado; da adoção; ou da guarda judicial (art. 8.º, § 1.º, da Lei 14.457/2022). Esse prazo aplica-se inclusive para o empregado ou a empregada que tiver filho, enteado ou pessoa sob guarda judicial com deficiência.

A medida em questão deve ser formalizada por meio de acordo individual, de acordo coletivo ou de convenção coletiva de trabalho (art. 8.º, § 2.º, da Lei 14.457/2022).

Na adoção da referida medida de flexibilização (jornada de 12 horas trabalhadas por 36 horas ininterruptas de descanso), deve sempre ser levada em conta a vontade expressa da empregada ou do empregado beneficiado pela medida de apoio ao exercício da parentalidade (art. 22 da Lei 14.457/2022).

No *contrato de trabalho doméstico* é facultado às partes, mediante *acordo escrito* entre essas, estabelecer horário de trabalho de 12 horas seguidas por 36 horas ininterruptas de descanso, observados ou indenizados os intervalos para repouso e alimentação (art. 10 da Lei Complementar 150/2015).

Nesse caso, a remuneração mensal pactuada pelo horário previsto abrange os pagamentos devidos pelo descanso semanal remunerado e pelo descanso em feriados, e serão considerados compensados os feriados e as prorrogações de trabalho noturno, quando houver, de que tratam o art. 70 e o § 5.º do art. 73 da CLT e o art. 9.º da Lei 605/1949 (art. 10, § 1.º, da Lei Complementar 150/2015).

Sendo assim, o horário de trabalho de 12 horas por 36 de descanso, nesse caso específico, não exige previsão em convenção coletiva de trabalho, nem em acordo coletivo de trabalho, mas sim em acordo escrito entre empregado doméstico e empregador doméstico. Além disso, nessa hipótese, há autorização legal para que os intervalos para repouso e alimentação possam ser usufruídos ou indenizados.

A Lei 11.901/2009, no art. 5.º, prevê que a jornada do *bombeiro civil* é de 12 horas de trabalho por 36 horas de descanso, em um total de 36 horas semanais. Frise-se que o Supremo Tribunal Federal julgou ser constitucional esse dispositivo (STF, Pleno, ADI 4.842/DF, Rel. Min. Edson Fachin, j. 14.09.2016).

Ainda quanto ao tema, o art. 235-F da CLT, com redação dada pela Lei 13.103/2015, ao dispor sobre o serviço do *motorista profissional* empregado, estabelece que a convenção e o acordo coletivo podem prever jornada especial de 12 horas de trabalho por

36 horas de descanso para o trabalho do motorista profissional empregado em regime de compensação.

18.15.3 Acordo de compensação irregular

O não atendimento das exigências legais para compensação de jornada, *inclusive quando estabelecida mediante acordo tácito*, não implica a repetição do pagamento das horas excedentes à jornada normal diária se não ultrapassada a duração máxima semanal, sendo devido apenas o respectivo adicional (art. 59-B da CLT, acrescentado pela Lei 13.467/2017).

No mesmo sentido prevê a Súmula 85, inciso III, do TST.

Além disso, a prestação de horas extras habituais *não descaracteriza* o acordo de compensação de jornada e o banco de horas (art. 59-B, parágrafo único, da CLT, acrescentado pela Lei 13.467/2017).

Frise-se que, como mencionado anteriormente, observam-se as seguintes modalidades de acordo de compensação de horas: acordo de compensação semanal; banco de horas mensal; banco de horas semestral; banco de horas anual.

18.15.4 Prorrogação em atividade insalubre

Nas atividades insalubres, assim consideradas as constantes em normas de segurança e medicina do trabalho, quaisquer prorrogações só podem ser acordadas mediante *licença prévia* das autoridades competentes em matéria de higiene do trabalho, as quais, para esse efeito, devem proceder aos necessários exames locais e à verificação dos métodos e processos de trabalho, quer diretamente, quer por intermédio de autoridades sanitárias federais, estaduais e municipais, com quem entrarão em entendimento para tal fim (art. 60 da CLT).

Desse modo, quaisquer prorrogações de jornada, o que inclui a compensação de horários, só podem ser acordadas mediante licença prévia das autoridades competentes em matéria de segurança e medicina do trabalho.

Para a concessão dessa licença prévia, cabe à autoridade competente, no âmbito do Ministério do Trabalho, proceder aos necessários exames locais e à verificação dos métodos e processos de trabalho, diretamente ou por intermédio de autoridades sanitárias federais, estaduais e municipais.

A análise do pedido de autorização para a prorrogação de jornada em atividade insalubre deve considerar o possível impacto da prorrogação na saúde dos trabalhadores alcançados (art. 66 da Portaria 671/2021 do Ministério do Trabalho e Previdência).

Entretanto, *excetuam-se* da exigência de licença prévia as jornadas de 12 horas de trabalho por 36 horas ininterruptas de descanso (art. 60, parágrafo único, da CLT, acrescentado pela Lei 13.467/2017).

Essa previsão, em verdade, merece fundadas críticas, ao permitir a referida escala de 12 por 36 horas, em si já desgastante ao empregado, por envolver a prorrogação excessiva e habitual de jornada de trabalho, sem a necessidade de licença prévia do Ministério do Trabalho.

O dispositivo, assim, desrespeita o direito fundamental dos trabalhadores de redução dos riscos inerentes ao trabalho, por meio de normas de saúde, higiene e segurança (art. 7.º, inciso XXII, da Constituição da República).

O art. 611-A, inciso XIII, da CLT, acrescentado pela Lei 13.467/2017, prevê que a convenção coletiva e o acordo coletivo de trabalho têm prevalência sobre a lei quando dispuserem sobre *prorrogação de jornada em ambientes insalubres, sem licença prévia das autoridades competentes do Ministério do Trabalho*.

De acordo com o art. 64 da Portaria 671/2021 do Ministério do Trabalho e Previdência, nas atividades insalubres, quaisquer prorrogações de jornada só podem ser praticadas mediante autorização da chefia da unidade de segurança e saúde no trabalho da unidade descentralizada da inspeção do trabalho correspondente, salvo nas hipóteses de: I – jornada de 12 horas de trabalho por 36 horas ininterruptas de descanso; ou II – haver acordo ou convenção coletiva de trabalho autorizando expressamente a prorrogação.

18.16 TRABALHO NOTURNO

Para os **empregados urbanos**, regidos pela CLT, o seu art. 73, § 2.º, considera noturno "o trabalho executado entre as 22 (vinte e duas) horas de um dia e as 5 (cinco) horas do dia seguinte".

Para os **trabalhadores rurais**, deve-se observar a disposição específica, presente na Lei 5.889/1973, art. 7.º, de modo a considerar-se trabalho noturno:

a) na lavoura, aquele realizado entre as 21 (vinte e uma) horas de um dia e as 5 (cinco) horas do dia seguinte;

b) na pecuária, aquele realizado entre as 20 (vinte) horas de um dia e as 4 (quatro) horas do dia seguinte.

Se o empregado trabalhar nas duas atividades rurais acima, deve-se aplicar a previsão específica para o trabalho realizado no dia em questão. Se no mesmo dia forem exercidas ambas as atividades (lavoura e pecuária), de forma simultânea, impossibilitando a aplicação de uma única previsão específica, pode-se adotar o critério da preponderância da atividade desempenhada pelo trabalhador.

O trabalho noturno gera o direito ao respectivo adicional, como já mencionado no Capítulo referente à remuneração. Assim, cabe somente recordar que o direito ao adicional pelo trabalho noturno é assegurado na própria Constituição Federal de 1988 (art. 7.º, inciso IX).

Para o empregado urbano, o adicional pelo trabalho noturno é de 20% sobre a hora diurna, conforme o art. 73, *caput*, da CLT.

O adicional noturno, pago com habitualidade, integra o salário do empregado para todos os efeitos (Súmula 60, inciso I, do TST).

O trabalho noturno, no caso do empregado urbano, também assegura a **redução da hora noturna**, prevista no art. 73, § 1.º, da CLT, com a seguinte redação: "A hora do trabalho noturno será computada como de 52 (cinquenta e dois) minutos e 30 (trinta) segundos".

Ainda que o texto constitucional só faça menção ao adicional noturno, o rol do seu art. 7.º apenas arrola direitos mínimos, podendo outras fontes formais do direito, como a lei ordinária, prever de forma mais benéfica ao trabalhador, como é o caso em questão.

Assim, a hora noturna reduzida encontra-se em vigor, mesmo depois da Constituição Federal de 1988, conforme Orientação Jurisprudencial 127 da SBDI-I do TST.

Por ficção legal, cada período de 52 minutos e 30 segundos é considerado uma hora, quando do trabalho no período noturno. Com isso, trabalhando-se sete horas no período noturno (22 às 5), por ter de ser observada a referida redução, alcança-se o total de oito horas trabalhadas.

Aplica-se a hora noturna reduzida mesmo no caso de turno ininterrupto de revezamento, conforme a Orientação Jurisprudencial 395 da SBDI-I do TST: "Turno ininterrupto de revezamento. Hora noturna reduzida. Incidência. O trabalho em regime de turnos ininterruptos de revezamento não retira o direito à hora noturna reduzida, não havendo incompatibilidade entre as disposições contidas nos arts. 73, § 1.º, da CLT e 7.º, XIV, da Constituição Federal".

No âmbito rural, a Lei 5.889/1973 prevê o adicional pelo trabalho noturno de 25% sobre a remuneração normal (art. 7.º, parágrafo único), não havendo previsão da hora noturna reduzida no trabalho rural. Por isso, de acordo com o entendimento praticamente pacífico, a hora noturna reduzida só se aplica ao empregado urbano, até porque o trabalhador rural já recebe o adicional noturno em percentual superior.

O art. 73, § 5.º, da CLT apresenta disposição que gera diversas controvérsias em sua interpretação:

> "§ 5.º Às prorrogações do trabalho noturno aplica-se o disposto neste Capítulo".

Na realidade, a mencionada disposição deve ser interpretada de forma teleológica. O que se imagina é a hipótese do empregado que trabalha durante a noite, prorrogando a jornada após as cinco horas. Mesmo ultrapassando o horário noturno previsto no § 2.º do art. 73, o referido labor, pela manhã, é até mais penoso do que aquele realizado até as cinco horas, quando o empregado já se encontra, certamente, até mais cansado.

Por isso, nada mais justo e razoável do que aplicar as disposições do trabalho noturno, especialmente o adicional e a hora reduzida, também para as prorrogações do trabalho que se realizou no período noturno. É o exemplo do empregado que começa a trabalhar às 22 horas, só parando às 6 horas. Nesse caso, o labor das cinco às seis horas da manhã é prorrogação do trabalho noturno, gerando o direito à hora noturna reduzida e ao adicional noturno também neste período.

Nesse sentido, a Súmula 60 do TST (que incorporou a Orientação Jurisprudencial 6 da SBDI-I do TST), em seu inciso II, assim estabelece: "Cumprida integralmente a jornada no período noturno e prorrogada esta, devido é também o adicional quanto às horas prorrogadas. Exegese do art. 73, § 5.º, da CLT".

Não se pode confundir a prorrogação do trabalho noturno com o **horário misto**, sendo este último previsto no § 4.º do art. 73:

> "§ 4.º Nos horários mistos, assim entendidos os que abrangem períodos diurnos e noturnos, aplica-se às horas de trabalho noturno o disposto neste artigo e seus parágrafos".

Exemplo de horário misto é aquele cujo trabalho inicia-se às 21 horas, terminando às 4 horas. Nesse caso, apenas das 22 às 4 horas é que se verifica o trabalho noturno, com o direito ao respectivo adicional e hora reduzida. O trabalho das 21 às 22 horas é diurno, não gerando os referidos direitos.

No caso do motorista profissional empregado, conforme art. 235-C, § 6.º, da CLT, à hora de trabalho noturno aplica-se o disposto no art. 73 da Consolidação das Leis do Trabalho, aqui estudado.

Quanto à mudança do turno noturno para o diurno, o entendimento que prevalece é no sentido de sua possibilidade (obviamente, desde que não se trate de ato de perseguição ou discriminatório), até porque o trabalho no período da noite pode ser prejudicial à saúde do empregado. Além disso, a referida alteração tem como fundamento o *jus variandi*, assegurando ao empregador o poder de ordenar o trabalho e administrar a empresa.

Nesse sentido, a Súmula 265 do TST assim estabelece: "Adicional noturno. Alteração de turno de trabalho. Possibilidade de supressão. A transferência para o período diurno de trabalho implica a perda do direito ao adicional noturno".

Para os trabalhadores portuários, a previsão específica da Lei 4.860/1965, arts. 4.º e 7.º, § 5.º, prevê que a hora noturna no regime de trabalho no porto, compreendida entre 19 horas e 7 horas do dia seguinte, é de 60 minutos (Orientação Jurisprudencial 60, inciso I, da SBDI-I do TST).

Quanto ao trabalho noturno dos empregados nas atividades de exploração, perfuração, produção e refinação do petróleo, industrialização do xisto, indústria petroquímica e transporte de petróleo e seus derivados, por meio de dutos, por existir regulamentação específica da Lei 5.811, de 11 de outubro de 1972, não é aplicada a hora reduzida de 52 minutos e 30 segundos prevista no art. 73, § 2.º, da CLT (Súmula 112 do TST).

Capítulo **19**

INTERVALOS PARA DESCANSO

19.1 INTRODUÇÃO

O Direito do Trabalho regula os períodos de descanso, os quais têm como objetivo fazer com que o empregado possa se recompor, evitando o cansaço excessivo, que pode causar possíveis prejuízos à sua saúde, bem-estar e segurança.

Há diversas modalidades de intervalos, alguns aplicáveis aos empregados de modo genérico, outros intervalos específicos de certas categorias, profissões ou formas de execução do serviço.

19.2 DENOMINAÇÃO

O tema em estudo pode ser denominado não só pela expressão "intervalos para descanso", como, também, "períodos de descanso", conforme se verifica na Seção III, do Capítulo II, do Título II, da CLT.

Embora menos utilizado, o termo "pausa" também pode ser empregado quanto ao referido instituto.

É certo que a expressão "períodos de descanso" é mais genérica, podendo confundir com as férias, por ser um período com a finalidade de poder o empregado descansar, ou mesmo com o descanso semanal remunerado e feriados. Por isso, em termos doutrinários, seria possível entender aquela expressão como gênero, das quais seriam espécies os intervalos, as férias, o descanso semanal remunerado e os feriados. Assim, entende-se que a expressão mais adequada, quanto ao tema em estudo, seria "intervalos para descanso"[1].

19.3 CONCEITO E NATUREZA JURÍDICA

O **intervalo para descanso** pode ser conceituado como o período de ausência de trabalho, destinado ao repouso e à alimentação do empregado, podendo ocorrer no curso da jornada de trabalho ou entre uma jornada de trabalho e outra.

Referindo-se a espaços de tempo sem trabalho, podem existir casos de interrupção ou suspensão contratual, conforme seja devido, ou não, o salário no período, computando-se, ou não, no tempo de serviço.

1. Cf. MARTINS, Sergio Pinto. *Direito do trabalho.* 28. ed. São Paulo: Atlas, 2012. p. 565.

Além disso, há intervalos que ocorrem na jornada de trabalho (intrajornada) e outros entre um dia e outro de labor (interjornada). Não se pode confundir, no entanto, esta última hipótese com o descanso semanal remunerado, por ter regulamentação própria e específica.

A finalidade dos intervalos é possibilitar que o empregado recomponha as suas forças, podendo descansar e se alimentar, possibilitando, conforme o caso, que prossiga com o seu labor durante a jornada de trabalho ou em dia seguinte.

Ao mesmo tempo, os intervalos constituem relevante direito do empregado, com previsão em normas de ordem pública, por conterem medidas de proteção à saúde, higiene e segurança do trabalhador.

Trata-se de direito trabalhista, de ordem fundamental, bem como de instituto essencial na segurança e medicina do trabalho.

No aspecto do período em si, o intervalo para descanso apresenta a natureza de suspensão ou interrupção do contrato de trabalho.

19.4 INTERVALO INTRAJORNADA

Vejamos os principais casos de intervalos ocorridos no curso da jornada de trabalho, com as respectivas regras e peculiaridades.

Cabe registrar que a Lei 13.645/2018 instituiu o "Dia Nacional do Desafio", a ser comemorado na última quarta-feira do mês de maio de cada ano. A referida comemoração compõe-se de atividades físicas e esportivas orientadas, a serem realizadas por, no mínimo, 15 minutos, em *empresas privadas*, em *órgãos da administração pública, direta e indireta*, em *estabelecimentos escolares*, nos lares, nos espaços públicos e em quaisquer outros lugares que permitam o convívio saudável entre as pessoas (art. 1.º, parágrafo único, da Lei 13.645/2018).

Embora não haja previsão clara e expressa, defende-se o entendimento de que a pausa na jornada de trabalho para a realização das atividades indicadas, decorrente do cumprimento da mencionada previsão legal, deva ser remunerada pelo empregador, por assumir os riscos da sua atividade (art. 2.º da CLT).

19.4.1 Intervalo para descanso e refeição

O intervalo para descanso e refeição é regulado pelo art. 71 da CLT, com a seguinte previsão:

> "Art. 71. Em qualquer trabalho contínuo, cuja duração exceda de 6 (seis) horas, é obrigatória a concessão de um intervalo para repouso ou alimentação, o qual será, no mínimo, de 1 (uma) hora e, salvo acordo escrito ou contrato coletivo em contrário, não poderá exceder de 2 (duas) horas.
>
> § 1.º Não excedendo de 6 (seis) horas o trabalho, será, entretanto, obrigatório um intervalo de 15 (quinze) minutos quando a duração ultrapassar 4 (quatro) horas.
>
> § 2.º Os intervalos de descanso não serão computados na duração do trabalho".

Primeiramente, cabe destacar que se a duração do trabalho excede seis horas, é obrigatório o intervalo intrajornada de, no mínimo, uma hora e, no máximo, duas horas. Este limite máximo pode ser ultrapassado, excepcionalmente, mediante acordo escrito, acordo coletivo ou convenção coletiva.

Se a jornada de trabalho não excede seis horas, é obrigatório um intervalo de 15 minutos, desde que a duração ultrapasse quatro horas. Portanto, se o trabalho for de até quatro horas, ou menos, o empregado não tem direito a nenhum intervalo intrajornada.

No âmbito rural, a Lei 5.889/1973, no art. 5.º, também prevê que em qualquer trabalho contínuo de duração superior a seis horas é obrigatória a concessão de um intervalo para repouso ou alimentação, observados os usos e costumes da região. Ao regulamentar esse dispositivo, o art. 87, § 1.º, do Decreto 10.854/2021 estabelece ser obrigatória, em qualquer trabalho contínuo de duração superior a seis horas, a concessão de intervalo mínimo de uma hora para repouso ou alimentação, observados os usos e os costumes da região. Mesmo assim, cabe mencionar o entendimento, não majoritário e não adotado pela jurisprudência do TST, de que a referida delimitação do intervalo intrajornada do empregado rural por Decreto seria inválida, por ter avançado em matéria reservada à lei.

Na atualidade, assim prevê a Súmula 437, inciso I, do TST: "Após a edição da Lei 8.923/1994, a não concessão ou a concessão parcial do intervalo intrajornada mínimo, para repouso e alimentação, *a empregados urbanos e rurais*, implica o pagamento total do período correspondente, e não apenas daquele suprimido, com acréscimo de, no mínimo, 50% sobre o valor da remuneração da hora normal de trabalho (art. 71 da CLT), sem prejuízo do cômputo da efetiva jornada de labor para efeito de remuneração" (destaquei).

Prevalece o entendimento de que é válida a concessão de forma fracionada do referido intervalo intrajornada do trabalhador rural (como no caso de dois intervalos, sendo o primeiro para o almoço e o segundo, de 30 minutos, para o café), pois o art. 5.º da Lei 5.889/1973 remete aos usos e costumes da região[2].

Nos serviços rurais caracteristicamente intermitentes, não são computados como de efetivo exercício os intervalos entre uma e outra parte da execução da tarefa diária, desde que isso seja expressamente ressalvado na Carteira de Trabalho e Previdência Social (art. 6.º da Lei 5.889/1973). Considera-se serviço intermitente aquele que, por sua natureza, seja normalmente executado em duas ou mais etapas diárias distintas, desde

2. "Recurso de embargos regido pela Lei nº 13.015/2014. Trabalhador rural. Horas extras. Intervalo fracionado. Intervalo para o café. No caso, restou incontroverso que o embargado usufruía de dois intervalos intrajornadas, a saber: o primeiro, para o almoço, e o segundo, de 30 minutos, para o café. O artigo 5.º da Lei nº 5.889/73, que estatui normas reguladoras do trabalho rural, dispõe expressamente que: 'Em qualquer trabalho contínuo de duração superior a seis horas, será obrigatória a concessão de um intervalo para repouso ou alimentação observados os usos e costumes da região, não se computando este intervalo na duração do trabalho'. Da análise do dispositivo legal acima, extrai-se que não houve vedação para a concessão de intervalo intrajornada de forma fracionada, como na presente hipótese, onde havia a concessão de dois intervalos, o primeiro para o almoço e o segundo, de 30 minutos, para o café. Pelo contrário, o referido preceito legal estabelece a possibilidade de concessão do período destinado ao repouso e alimentação do trabalhador rural, tomando-se o cuidado de observar os usos e costumes da região. É notório que no meio rural o costume é a concessão de mais de um intervalo para alimentação, sendo que o segundo intervalo é condição mais benéfica ao trabalhador, por se tratar de trabalho braçal que causa enorme desgaste físico ao mesmo. Na realidade, o que o legislador ordinário visava garantir é que o período destinado a repouso e alimentação do trabalhador rural não pode ser inferior a uma hora e não vedar a possibilidade de fracionar esse intervalo em duas vezes ou mais. Assim, não há que se falar que o artigo 5.º da Lei nº 5.889/1973 não autoriza a dedução de mais de um intervalo intrajornada, pelo que, no presente caso, válido o segundo intervalo concedido para café, de 30 minutos, não devendo este ser computado na jornada de trabalho do empregado. De outra parte, a diretriz inscrita na Súmula/TST n.º 118 não guarda pertinência com a hipótese, pois o intervalo referido nos autos é remunerado e está previsto em norma legal. Precedentes do TST. Recurso de embargos conhecido e provido" (TST, SBDI-I, E-RR - 932-60.2010.5.09.0325, Rel. Min. Renato de Lacerda Paiva, *DEJT* 12.05.2017).

que haja interrupção da jornada de trabalho de, no mínimo, cinco horas, entre uma e outra parte da execução da tarefa (art. 91, parágrafo único, do Decreto 10.854/2021).

Ainda no âmbito rural, como medida de ergonomia, a Norma Regulamentadora 31, no item 31.8.6, assim prevê: "Para as atividades que forem realizadas necessariamente em pé, devem ser garantidas pausas para descanso". A NR 31, no item 31.8.7, estabelece ainda da seguinte forma: "Nas atividades que exijam sobrecarga muscular estática ou dinâmica, devem ser incluídas pausas para descanso e outras medidas organizacionais e administrativas". O item 31.8.8 da Norma Regulamentadora 31, com redação dada pela Portaria 22.677/2020, dispõe que as pausas previstas nos itens 31.8.6 e 31.8.7 devem ser definidas no Programa de Gerenciamento de Riscos no Trabalho Rural (PGRTR).

Conforme dispõe a Súmula 118 do TST:

> "Jornada de trabalho. Horas extras. Os intervalos concedidos pelo empregador na jornada de trabalho, não previstos em lei, representam tempo à disposição da empresa, remunerados como serviço extraordinário, se acrescidos ao final da jornada".

Interessante mencionar controvertida questão, quanto aos empregados cuja jornada de trabalho prevista em lei é reduzida, como o bancário (art. 224, *caput*, da CLT), mas que, laborando em horas extras, acabam trabalhando, em efetivo, mais de seis horas por dia.

Embora haja posição diversa, o entendimento mais adequado é de que se o empregado trabalha em jornada superior a seis horas por dia, torna-se obrigatória a concessão de intervalo para refeição e descanso de no mínimo uma hora (art. 71, *caput*, da CLT), independentemente de a jornada normal, prevista em lei, ser reduzida, pois se deve atentar à primazia da realidade. Assim, torna-se aplicável, inclusive, o disposto no § 4.º, do mesmo art. 71 da CLT, conforme tese adotada no Precedente Administrativo 29 da Secretaria da Inspeção do Trabalho (Ato Declaratório SIT/DFT 4, de 21.02.2002). Nessa linha é a previsão também da Súmula 437, inciso IV, do TST.

Frise-se que os referidos intervalos intrajornada "não serão computados na duração do trabalho". Isso significa que o empregado, durante o referido tempo de descanso no curso da jornada de trabalho, não presta serviço, mas também não recebe a respectiva remuneração. Trata-se, portanto, de intervalo não remunerado, ou seja, hipótese de suspensão do contrato de trabalho.

Quanto à possibilidade de redução do intervalo para descanso e refeição, de acordo com o § 3.º do art. 71 da CLT:

> "§ 3.º O limite mínimo de uma hora para repouso ou refeição poderá ser reduzido por ato do Ministro do Trabalho, Indústria e Comércio, quando ouvido o Serviço de Alimentação de Previdência Social, se verificar que o estabelecimento atende integralmente às exigências concernentes à organização dos refeitórios, e quando os respectivos empregados não estiverem sob regime de trabalho prorrogado a horas suplementares".

Desse modo, existe a possibilidade da referida redução, o que depende de autorização do Ministério do Trabalho, após verificar se o estabelecimento preenche os requisitos da parte final da norma acima transcrita.

Segundo o art. 611-A, inciso III, da CLT, acrescentado pela Lei 13.467/2017, a convenção coletiva e o acordo coletivo de trabalho têm prevalência sobre a lei quando, entre outros, dispuserem sobre intervalo intrajornada, respeitado o limite mínimo de 30 minutos para jornadas superiores a seis horas.

O art. 611-B, parágrafo único, da CLT, acrescentado pela Lei 13.467/2017, estabelece que as regras sobre duração do trabalho e intervalos *não são consideradas como normas de saúde, higiene e segurança do trabalho* para os fins do disposto no art. 611-B da CLT (que versa sobre objeto ilícito de convenção coletiva ou de acordo coletivo de trabalho). Com isso, entende-se que ficou superada a Súmula 437, inciso II, do TST.

Cabe verificar as consequências da ausência de fruição ou concessão do intervalo para descanso e refeição.

O art. 71, § 4.º, da CLT, acrescentado pela Lei 13.467/2017, prevê que a não concessão ou a concessão parcial do intervalo intrajornada mínimo, para repouso e alimentação, a empregados urbanos e rurais, implica o pagamento, de *natureza indenizatória, apenas do período suprimido*, com acréscimo de 50% sobre o valor da remuneração da hora normal de trabalho.

Tendo em vista a natureza indenizatória do pagamento do intervalo não concedido ou concedido parcialmente, deixa de haver incidências e reflexos em outras verbas trabalhistas.

Com a Lei 13.467/2017, apenas o período de intervalo para descanso e refeição não concedido é que deve ser pago com o adicional de 50%, inclusive em face da isonomia no sentido substancial. Quanto ao período de intervalo usufruído, portanto, não há mais direito ao referido pagamento.

O empregado que não teve o intervalo concedido e o empregado que teve o intervalo concedido parcialmente estão em situações desiguais, não podendo ser tratados de forma idêntica.

O instituto das horas extras, decorrentes de prorrogação da jornada, não se confunde com a regra específica, aqui estudada, de pagamento do período de intervalo intrajornada não concedido (art. 71, § 4.º, da CLT).

O período de intervalo não concedido deve ser pago *com* o acréscimo de 50%, e não somente o adicional de 50%.

Ainda que não ocorra a prorrogação da jornada de trabalho propriamente, se o intervalo intrajornada mínimo para repouso e alimentação não é concedido, torna-se devido pagamento, de natureza indenizatória, apenas do período suprimido, com acréscimo de 50% sobre o valor da remuneração da hora normal de trabalho.

Evidentemente, a inobservância do intervalo para descanso e refeição *também* pode sujeitar o empregador à penalidade administrativa pelo descumprimento da referida norma de ordem pública. Ou seja, o pagamento do período de intervalo mínimo intrajornada não concedido, com o adicional de 50% não significa a autorização da referida conduta patronal, podendo ser penalizado administrativamente pelo descumprimento do intervalo necessário à preservação da saúde e da segurança do empregado.

Esclareça-se que se for ultrapassada habitualmente a jornada de seis horas de trabalho, torna-se devido o gozo do intervalo intrajornada mínimo de uma hora, obrigando o empregador a pagar o período para descanso e alimentação não usufruído, *com o acréscimo* do adicional de 50% sobre o valor da remuneração da hora normal de trabalho, na forma prevista no art. 71, *caput* e § 4.º da CLT (Súmula 437, inciso IV, do TST).

Ainda quanto ao tema, o Tribunal Superior do Trabalho fixou a seguinte tese jurídica em julgamento de incidente de recurso repetitivo: "A redução eventual e ínfima do intervalo intrajornada, assim considerada aquela de até 5 (cinco) minutos no total, somados os do início e término do intervalo, decorrentes de pequenas variações de sua marcação nos controles de ponto, não atrai a incidência do artigo 71, § 4.º, da CLT. A extrapolação desse limite acarreta as consequências jurídicas previstas na lei e na jurisprudência" (TST, Pleno, IRR-1384-61.2012.5.04.0512, Rel. Min. Kátia Magalhães Arruda, j. 25.03.2019, *DEJT* 10.05.2019).

Frise-se ainda que, nos termos da Súmula 446 do TST:

> "Maquinista ferroviário. Intervalo intrajornada. Supressão parcial ou total. Horas extras devidas. Compatibilidade entre os arts. 71, § 4.º, e 238, § 5.º, da CLT. A garantia ao intervalo intrajornada, prevista no art. 71 da CLT, por constituir-se em medida de higiene, saúde e segurança do empregado, é aplicável também ao ferroviário maquinista integrante da categoria 'c' (equipagem de trem em geral), não havendo incompatibilidade entre as regras inscritas nos arts. 71, § 4.º, e 238, § 5.º, da CLT".

Ademais, cabe salientar que o art. 71, § 5.º, da CLT, acrescentado pela Lei 13.103/2015, assim prevê:

> "O intervalo expresso no *caput* poderá ser reduzido e/ou fracionado, e aquele estabelecido no § 1.º poderá ser fracionado, quando compreendidos entre o término da primeira hora trabalhada e o início da última hora trabalhada, desde que previsto em convenção ou acordo coletivo de trabalho, ante a natureza do serviço e em virtude das condições especiais de trabalho a que são submetidos estritamente os motoristas, cobradores, fiscalização de campo e afins nos serviços de operação de veículos rodoviários, empregados no setor de transporte coletivo de passageiros, mantida a remuneração e concedidos intervalos para descanso menores ao final de cada viagem".

Como se pode notar, essa disposição admite, quanto ao intervalo para repouso ou alimentação de no mínimo uma hora, devido no caso de trabalho contínuo, cuja duração exceda de seis horas (art. 71, *caput*, da CLT), *a redução e/ou o fracionamento do intervalo intrajornada*.

Diversamente, relativamente ao intervalo de 15 minutos, devido quando o trabalho ultrapassa quatro horas e não excede de seis horas (art. 71, § 1.º, da CLT), admite-se apenas o *fracionamento do intervalo intrajornada*, mas não a sua redução, justamente porque o seu tempo já é curto.

As mencionadas hipóteses de redução e fracionamento exigem que o intervalo intrajornada esteja compreendido entre o término da primeira hora trabalhada e o início da última hora trabalhada, bem como a previsão em instrumento normativo decorrente de negociação coletiva de trabalho, sendo admitidas em razão da natureza do serviço e em virtude das condições especiais de trabalho a que são submetidos, estritamente, os motoristas, cobradores, fiscalização de campo e afins nos serviços de operação de veículos rodoviários, empregados no setor de transporte coletivo de passageiros.

Mesmo havendo a redução e/ou o fracionamento do intervalo intrajornada, deve ser mantida a remuneração, bem como devem ser concedidos intervalos para descanso menores e fracionados ao final de cada viagem.

O art. 235-C, § 2.º, da CLT, com redação dada pela Lei 13.103/2015, prevê que deve ser assegurado ao motorista profissional empregado intervalo mínimo de uma hora para refeição, podendo esse período coincidir com o tempo de parada obrigatória na condução do veículo estabelecido pela Lei 9.503/1997 (Código de Trânsito Brasileiro)[3],

[3]. Cf. Lei 9.503, de 23 de setembro de 1997 (Código de Trânsito Brasileiro): "Art. 67-C. É vedado ao motorista profissional dirigir por mais de 5 (cinco) horas e meia ininterruptas veículos de transporte rodoviário

exceto quando se tratar do motorista profissional enquadrado no § 5.º do art. 71 da Consolidação das Leis do Trabalho, anteriormente estudado.

Ainda quanto ao motorista profissional empregado, frise-se que, especificamente para o *transporte de passageiros*, devem ser observados os seguintes dispositivos:

I - é facultado o fracionamento do intervalo de condução do veículo previsto na Lei 9.503/1997 (Código de Trânsito Brasileiro), em períodos de no mínimo cinco minutos;

II - deve ser assegurado ao motorista intervalo mínimo de uma hora para refeição, podendo ser *fracionado* em dois períodos e coincidir com o tempo de parada obrigatória na condução do veículo estabelecido pela Lei 9.503/1997 (Código de Trânsito Brasileiro), exceto quando se tratar do motorista profissional enquadrado no § 5.º do art. 71 da CLT (art. 235-E da CLT).

De acordo com o art. 235-E, inciso III, da CLT, nos casos em que o empregador adotar dois motoristas no curso da mesma viagem, o descanso pode ser feito com o veículo em movimento, respeitando-se os horários de jornada de trabalho, assegurado, após 72 horas, o repouso em alojamento externo ou, se em poltrona correspondente ao serviço de leito, com o veículo estacionado. No entanto, o Supremo Tribunal Federal declarou inconstitucional o inciso III do art. 235-E da CLT (STF, Pleno, ADI 5.322/DF, Rel. Min. Alexandre de Moraes, j. 05.07.2023). Portanto, não se admite que o descanso seja usufruído com o veículo em movimento.

19.4.2 Serviço de mecanografia e digitação

Certos empregados, que exercem certas funções e atividades específicas, normalmente mais penosas, cansativas ou potencialmente prejudiciais ao regular funcionamento do organismo, têm direito a intervalos diferenciados no curso da jornada de trabalho, conforme previsão em dispositivos próprios.

Nesse sentido, observa-se a hipótese do art. 72 da CLT, com a seguinte previsão:

---

coletivo de passageiros ou de transporte rodoviário de cargas. § 1.º Serão observados 30 (trinta) minutos para descanso dentro de cada 6 (seis) horas na condução de veículo de transporte de carga, sendo facultado o seu fracionamento e o do tempo de direção desde que não ultrapassadas 5 (cinco) horas e meia contínuas no exercício da condução. § 1.º-A. Serão observados 30 (trinta) minutos para descanso a cada 4 (quatro) horas na condução de veículo rodoviário de passageiros, sendo facultado o seu fracionamento e o do tempo de direção. § 2.º Em situações excepcionais de inobservância justificada do tempo de direção, devidamente registradas, o tempo de direção poderá ser elevado pelo período necessário para que o condutor, o veículo e a carga cheguem a um lugar que ofereça a segurança e o atendimento demandados, desde que não haja comprometimento da segurança rodoviária. § 3.º O condutor é obrigado, dentro do período de 24 (vinte e quatro) horas, a observar o mínimo de 11 (onze) horas de descanso. § 4.º Entende-se como tempo de direção ou de condução apenas o período em que o condutor estiver efetivamente ao volante, em curso entre a origem e o destino. § 5.º Entende-se como início de viagem a partida do veículo na ida ou no retorno, com ou sem carga, considerando-se como sua continuação as partidas nos dias subsequentes até o destino. § 6.º O condutor somente iniciará uma viagem após o cumprimento integral do intervalo de descanso previsto no § 3.º deste artigo. § 7.º Nenhum transportador de cargas ou coletivo de passageiros, embarcador, consignatário de cargas, operador de terminais de carga, operador de transporte multimodal de cargas ou agente de cargas ordenará a qualquer motorista a seu serviço, ainda que subcontratado, que conduza veículo referido no *caput* sem a observância do disposto no § 6.º". O Supremo Tribunal Federal declarou inconstitucional a expressão "que podem ser fracionadas, usufruídas no veículo e coincidir com os intervalos mencionados no § 1.º, observadas no primeiro período 8 (oito) horas ininterruptas de descanso", prevista no § 3.º do art. 67-C do CTB, com redação dada pelo art. 7.º da Lei 13.103/2015 (STF, Pleno, ADI 5.322/DF, Rel. Min. Alexandre de Moraes, j. 05.07.2023).

"Nos serviços permanentes de mecanografia (datilografia, escrituração ou cálculo), a cada período de 90 (noventa) minutos de trabalho consecutivo corresponderá um repouso de 10 (dez) minutos não deduzidos da duração normal de trabalho".

De acordo com a Súmula 346 do TST:

"Digitador. Intervalos intrajornada. Aplicação analógica do art. 72 da CLT. Os digitadores, por aplicação analógica do art. 72 da CLT, equiparam-se aos trabalhadores nos serviços de mecanografia (datilografia, escrituração ou cálculo), razão pela qual têm direito a intervalos de descanso de 10 (dez) minutos a cada 90 (noventa) de trabalho consecutivo".

Esse intervalo intrajornada especial, que é devido aos empregados em serviço permanente de mecanografia, por não ser deduzido da duração normal do trabalho, é um intervalo remunerado. Ou seja, o empregado permanece em repouso, mas recebe a remuneração durante o período em questão, tratando-se de hipótese de interrupção do contrato de trabalho.

Sendo assim, se o empregado, mesmo preenchendo os requisitos do art. 72 da CLT, não usufrui o intervalo remunerado em destaque, este deve ser remunerado como hora extra, ou seja, com o adicional de (no mínimo) 50%, pois a referida pausa integra a jornada de trabalho, configurando verdadeiro e efetivo trabalho em sobrejornada.

A Norma Regulamentadora 17, sobre ergonomia, instituída pela Portaria 3.214/1978, em sua redação anterior, no item 17.6.4, previa que nas atividades de processamento eletrônico de dados, salvo o disposto em convenções e acordos coletivos, *o tempo efetivo de trabalho de entrada de dados não deve exceder o limite máximo de cinco horas*, sendo que, no período de tempo restante da jornada, o trabalhador poderá exercer outras atividades, observado o art. 468 da CLT, desde que não exijam movimentos repetitivos (alínea *c*). Além disso, *nas atividades de entrada de dados deve haver, no mínimo, uma pausa de 10 minutos para cada 50 minutos trabalhados, não deduzidos da jornada normal de trabalho* (alínea *d*).

A primeira corrente entende que as disposições destacadas apenas constituem preceitos administrativos, voltados à ergonomia, mas que não geram direito subjetivo do empregado à jornada de trabalho reduzida, ou ao mencionado intervalo intrajornada. Como referidas matérias são tipicamente de Direito do Trabalho, a norma administrativa, que não se confunde com a lei federal, não pode legislar a seu respeito, conforme o art. 22, inciso I, da Constituição Federal de 1988 (bem como o art. 84, inciso IV, da CF/1988 e o art. 25, inciso I, do ADCT). Para essa vertente, não há direito a horas extras decorrentes do labor em desacordo com o item 17.6.4 da NR 17.

A segunda corrente defende que essas disposições da NR 17, estabelecendo normas de ergonomia, mesmo ao determinar a jornada de trabalho reduzida e intervalo especial, estão versando sobre matéria referente à *segurança e medicina do trabalho*. Nesse enfoque, o art. 7.º, inciso XXII, da Constituição da República estabelece o direito à "redução dos riscos inerentes ao trabalho, por meio de normas de saúde, higiene e segurança". Como se pode notar, o dispositivo constitucional prevê a disciplina da matéria por meio de "normas" jurídicas, de forma ampla, e não apenas de leis. Desse modo, não há violação ao art. 22, inciso I, da Constituição Federal, tratando-se de normas válidas e de plena eficácia, voltadas à proteção do meio ambiente do trabalho, visando à preservação da saúde, segurança, vida e higidez física e mental do trabalhador (arts. 196, 197, 200, inciso II, da CF/1988), ao "*reduzir o tempo de exposição do trabalhador a certos ambientes ou atividades*"[4]. Nessa linha, caso não sejam observados a jornada de trabalho especial e o intervalo intrajornada mencionado, há o direito de receber as horas extras decorrentes, com o acréscimo de, no mínimo, 50%.

Na atualidade, a Norma Regulamentadora 17, sobre ergonomia, com redação dada pela Portaria 423/2021, estabelece que devem ser implementadas medidas de prevenção, as quais devem incluir duas ou mais das seguintes alternativas: a) pausas para propiciar a recuperação psicofisiológica dos trabalhadores, que devem ser computadas como *tempo de trabalho efetivo*; b) alternância de atividades com outras tarefas que permitam variar as posturas, os grupos musculares utilizados ou o ritmo de trabalho; c) alteração da forma de execução ou organização da tarefa; d) outras medidas técnicas aplicáveis, recomendadas na avaliação ergonômica preliminar ou na análise ergonômica do trabalho (item 17.4.3.1).

Quando não for possível adotar as alternativas previstas nas alíneas "c" e "d", devem ser obrigatoriamente adotadas pausas e alternância de atividades, previstas nas alíneas "a" e "b".

Para que as pausas possam propiciar descanso e recuperação psicofisiológica dos trabalhadores, devem ser observados os requisitos mínimos: a) a introdução das pausas não pode ser acompanhada de aumento da cadência individual; b) as pausas devem ser usufruídas fora dos postos de trabalho.

Deve ser assegurada a saída dos postos de trabalho para satisfação das necessidades fisiológicas dos trabalhadores, nos termos da Norma Regulamentadora 24, sobre condições sanitárias e de conforto nos locais de trabalho, independentemente da fruição das pausas.

A mesma discussão, de certa forma, passou a existir quanto à jornada de trabalho do empregado que exerce atividade de telemarketing.

Anteriormente, a Orientação Jurisprudencial 273 da SBDI-I do TST, atualmente *cancelada* (Resolução 175/2011), assim dispunha:

> "*Telemarketing*. Operadores. Art. 227 da CLT. Inaplicável. (Inserida em 27.09.2002). A jornada reduzida de que trata o art. 227 da CLT não é aplicável, por analogia, ao operador de televendas, que não exerce suas atividades exclusivamente como telefonista, pois, naquela função, não opera mesa de transmissão, fazendo uso apenas dos telefones comuns para atender e fazer as ligações exigidas no exercício da função".

A Norma Regulamentadora 17, com redação dada pela Portaria 423/2021, no Anexo II, versa sobre trabalho em teleatendimento/telemarketing.

O Anexo II da NR 17 tem como objetivo estabelecer os requisitos para o trabalho em atividades de teleatendimento/telemarketing, nas diversas modalidades desse serviço, de modo a proporcionar o máximo de conforto, segurança, saúde e desempenho eficiente.

As disposições constantes do Anexo II da NR 17 aplicam-se a todas as organizações que mantêm serviço de teleatendimento/telemarketing, nas modalidades ativo ou receptivo, em centrais de atendimento telefônico e/ou centrais de relacionamento com clientes (call centers), para prestação de serviços, informações e comercialização de produtos. Entende-se como call center o ambiente de trabalho no qual a principal atividade é conduzida via telefone/rádio, com utilização simultânea de terminais de computador.

4. Cf. DELGADO, Mauricio Godinho. *Curso de direito do trabalho*. 5. ed. São Paulo: LTr, 2005. p. 887-888.

O contido no Anexo II da NR 17 aplica-se, inclusive, a setores de organizações e postos de trabalho dedicados a essa atividade, além daquelas organizações especificamente voltadas para essa atividade-fim.

Entende-se como trabalho de teleatendimento/telemarketing aquele cuja comunicação com interlocutores clientes e usuários é realizada a distância, por intermédio da voz/mensagens eletrônicas, com a utilização simultânea de equipamentos de audição/escuta e fala telefônica e sistemas informatizados ou manuais de processamento de dados.

A organização do trabalho deve ser feita de forma a não haver atividades aos domingos e feriados, seja total ou parcial, com exceção das organizações autorizadas previamente pela autoridade competente em matéria de trabalho, conforme o previsto no art. 68 da CLT, e das atividades previstas em lei (item 6.1).

Aos trabalhadores é assegurado, nos casos previamente autorizados, pelo menos um dia de repouso semanal remunerado coincidente com o domingo, a cada mês, independentemente de metas, faltas e/ou produtividade.

As escalas de fins de semana e de feriados devem ser especificadas e informadas aos trabalhadores com a antecedência necessária, de conformidade com o parágrafo único do art. 67 e o art. 386 da CLT, ou por intermédio de acordos ou convenções coletivas.

A organização deve levar em consideração as necessidades dos operadores na elaboração das escalas laborais que acomodem necessidades especiais da vida familiar dos trabalhadores com dependentes sob seus cuidados, especialmente nutrizes, incluindo flexibilidade especial para trocas de horários e utilização das pausas.

A duração das jornadas de trabalho somente pode se prolongar além do limite previsto nos termos da lei em casos excepcionais, por motivo de força maior, necessidade imperiosa ou para a realização ou conclusão de serviços inadiáveis ou cuja inexecução possa acarretar prejuízo manifesto, conforme dispõe o art. 61 da CLT.

O contingente de operadores deve ser dimensionado às demandas da produção, no sentido de não gerar sobrecarga habitual ao trabalhador (item 6.2). O contingente de operadores em cada estabelecimento deve ser suficiente para garantir que todos possam usufruir as pausas e intervalos previstos no Anexo II da NR 17.

O tempo de trabalho em efetiva atividade de teleatendimento/telemarketing é de, no máximo, seis horas diárias, nele incluídas as pausas, sem prejuízo da remuneração (item 6.3). A prorrogação do tempo previsto no mencionado item só é admissível nos termos da legislação, sem prejuízo das pausas previstas no Anexo II da NR 17, respeitado o limite de 36 horas semanais de tempo efetivo em atividade de teleatendimento/telemarketing.

Para o cálculo do tempo efetivo em atividade de teleatendimento/telemarketing, devem ser computados os períodos em que o operador se encontra no posto de trabalho, os intervalos entre os ciclos laborais e os deslocamentos para solução de questões relacionadas ao trabalho.

Para prevenir sobrecarga psíquica e muscular estática de pescoço, ombros, dorso e membros superiores, a organização deve permitir a fruição de pausas de descanso e intervalos para repouso e alimentação aos trabalhadores (item 6.4).

As pausas devem ser concedidas: a) fora do posto de trabalho; b) em dois períodos de 10 minutos contínuos; c) após os primeiros e antes dos últimos 60 minutos de trabalho em atividade de teleatendimento/telemarketing.

A instituição de pausas não prejudica o direito ao intervalo obrigatório para repouso e alimentação previsto no § 1.º do art. 71 da CLT. O intervalo para repouso e alimentação para a atividade de teleatendimento/telemarketing deve ser de 20 minutos.

Para tempos de trabalho efetivo de teleatendimento/telemarketing de até quatro horas diárias, deve ser observada a concessão de uma pausa de descanso contínua de 10 minutos.

As pausas para descanso devem ser consignadas em registro impresso ou eletrônico. O registro eletrônico de pausas deve ser disponibilizado impresso para a fiscalização do trabalho no curso da inspeção, sempre que exigido. Os trabalhadores devem ter acesso aos seus registros de pausas.

Devem ser garantidas pausas no trabalho imediatamente após operação em que tenham ocorrido ameaças, abuso verbal ou agressões, ou que tenha sido especialmente desgastante, que permitam ao operador recuperar-se e socializar conflitos e dificuldades com colegas, supervisores ou profissionais de saúde ocupacional especialmente capacitados para tal acolhimento.

O tempo necessário para a atualização do conhecimento do operador e para o ajuste do posto de trabalho é considerado como parte da jornada normal (item 6.5).

A participação em quaisquer modalidades de atividade física, quando adotadas pela organização, não é obrigatória, e a recusa do trabalhador em praticá-la não pode ser utilizada para efeito de qualquer punição (item 6.6).

Com o fim de permitir a satisfação das necessidades fisiológicas, a organização deve permitir que os operadores saiam de seus postos de trabalho a qualquer momento da jornada, sem repercussões sobre suas avaliações e remunerações (item 6.7).

Como destacado, entendendo-se que as referidas disposições versam sobre matéria de Direito do Trabalho, afrontariam o art. 22, inciso I, da Constituição Federal de 1988, carecendo, assim, de validade. No entanto, interpretando-se essa regulamentação como normas de segurança e medicina do trabalho, voltadas à preservação da saúde do trabalhador (art. 7.º, inciso XXII, da CF/1988), tem-se a sua validade e plena eficácia.

Ademais, em razão do mencionado cancelamento da Orientação Jurisprudencial 273 da SBDI-I do TST, por meio da Resolução 175/2011, ganhou força a corrente que defende a aplicabilidade da jornada de trabalho reduzida do telefonista ao operador de "telemarketing", conforme o art. 227 da CLT, tendo em vista a nítida semelhança entre as funções exercidas. Cf. TST, 3.ª T., ARR-244-60.2010.5.04.0221, Rel. Min. Alexandre de Souza Agra Belmonte, *DEJT* 25.10.2019.

Prevalece o entendimento de que a jornada reduzida prevista no art. 227 da CLT não se aplica aos empregados que acumulam funções de telefonista com outras atribuições (como nos casos em que durante a jornada de trabalho há interrupções das atividades de digitação e do uso do telefone em razão de outras tarefas próprias de suporte à equipe de técnicos), uma vez que a finalidade da lei é minimizar o desgaste físico e mental de quem desenvolve de forma exclusiva ou absolutamente preponderante as atividades de telefonista (TST, SBDI-I, E-RR – 393-08.2012.5.24.0002, Rel. Min. Renato de Lacerda Paiva, j. 04.05.2017).

Nessa linha, mesmo quanto ao operador de telemarketing, para a aplicação da jornada de trabalho reduzida prevista no art. 227 da CLT, entende-se que devem ser exercidas pelo empregado atividades análogas às de telefonista, de modo exclusivo ou preponderante (TST, 5.ª T., Ag-AIRR-11151-22.2019.5.18.0017, Rel. Min. Douglas Alencar Rodrigues, *DEJT* 19.08.2022).

19.4.3 Serviços em frigorífico e câmara fria

Regulando os "serviços frigoríficos", o art. 253 da CLT estabelece o dever de concessão de intervalo especial, em razão das possíveis consequências do trabalho em baixas temperaturas, ou com grande variação térmica, para a saúde do empregado.

Vejamos a redação do mencionado dispositivo:

> "Art. 253. Para os empregados que trabalham no interior das câmaras frigoríficas e para os que movimentam mercadorias do ambiente quente ou normal para o frio e vice-versa, depois de 1 (uma) hora e 40 (quarenta) minutos de trabalho contínuo, será assegurado um período de 20 (vinte) minutos de repouso, computado esse intervalo como de trabalho efetivo.
>
> Parágrafo único. Considera-se artificialmente frio, para os fins do presente artigo, o que for inferior, nas primeira, segunda e terceira zonas climáticas do mapa oficial do Ministério do Trabalho, Indústria e Comércio, a 15º (quinze graus), na quarta zona a 12º (doze graus), e nas quinta, sexta e sétima zonas a 10º (dez graus)".

Conforme explicita a Súmula 438 do TST: "Intervalo para recuperação térmica do empregado. Ambiente artificialmente frio. Horas extras. Art. 253 da CLT. Aplicação analógica. O empregado submetido a trabalho contínuo em ambiente artificialmente frio, nos termos do parágrafo único do art. 253 da CLT, ainda que não labore em câmara frigorífica, tem direito ao intervalo intrajornada previsto no *caput* do art. 253 da CLT".

Por se tratar de intervalo dentro da jornada de trabalho, que é computado como trabalho efetivo, conclui-se ser *remunerado* o referido período de descanso, significando tratar-se de interrupção do contrato de trabalho.

Desse modo, se o empregado presta serviços nas condições do art. 253 da CLT, mas não usufrui do intervalo específico ali estabelecido, que integra a jornada de trabalho, tem direito a receber efetivas horas extras, remuneradas com o adicional de, no mínimo, 50%. O empregador fica sujeito, ainda, à penalidade administrativa pela infração da referida norma pertinente ao meio ambiente de trabalho.

19.4.4 Serviços em minas de subsolo

Quanto ao trabalho em minas de subsolo, também caracterizado pelas condições desfavoráveis no meio ambiente laboral, o art. 298 da CLT assegura um intervalo intrajornada diferenciado:

> "Art. 298. Em cada período de 3 (três) horas consecutivas de trabalho, será obrigatória uma pausa de 15 (quinze) minutos para repouso, a qual será computada na duração normal de trabalho efetivo".

Trata-se de intervalo específico, que também é computado na duração normal do trabalho e, portanto, remunerado, configurando caso de interrupção do contrato de trabalho.

Por isso, se o empregado realiza trabalho efetivo em minas de subsolo (art. 293 da CLT), mas não usufrui o referido intervalo, passa a ter direito a receber esse período como hora extra, remunerada com o adicional mínimo de 50%. Além disso, o empregador, por violar norma cogente, direcionada à segurança e medicina do trabalho, também fica sujeito à aplicação da penalidade administrativa. Cf. ainda Capítulo 25, item 25.20.

Como há previsão específica de intervalo intrajornada no trabalho em minas de subsolo, segundo entendimento firmado pelo Tribunal Superior do Trabalho: "o tempo gasto no percurso entre a boca da mina e a frente da lavra não pode ser computado na jornada de trabalho dos mineiros para efeito de concessão de intervalo intrajornada, como previsto no art. 71, *caput*, da CLT, pois os arts. 293 e 294 da CLT são absolutamente claros ao dispor que a jornada não ultrapassa as 6 (seis) horas diárias e que o tempo de percurso será computado apenas para efeito de pagamento de salário, com regra própria e específica quanto ao intervalo intrajornada (CLT, art. 298)" (TST, Pleno, E-ED-RR - 909-46.2011.5.20.0011, Red. Min. Ives Gandra Martins Filho, *DEJT* 12.12.2019).

19.4.5 Intervalo para amamentação

O intervalo para a mulher poder amamentar o seu filho é previsto na norma do art. 396 da CLT, com a seguinte redação na atualidade:

> "Art. 396. Para amamentar seu filho, inclusive se advindo de adoção, até que este complete 6 (seis) meses de idade, a mulher terá direito, durante a jornada de trabalho, a 2 (dois) descansos especiais de meia hora cada um.
>
> § 1.º Quando o exigir a saúde do filho, o período de 6 (seis) meses poderá ser dilatado, a critério da autoridade competente.
>
> § 2.º Os horários dos descansos previstos no *caput* deste artigo deverão ser definidos em acordo individual entre a mulher e o empregador".

Nem sempre a empregada consegue deixar seu filho no local de trabalho ou nas proximidades, dificultando, principalmente em grandes centros urbanos, a observância efetiva da norma em destaque. Na prática, é comum conceder os mencionados descansos especiais ao final da jornada de trabalho, retornando para casa a empregada uma hora antes de seu término normal.

De todo modo, os horários dos descansos para amamentação do art. 396, *caput*, da CLT devem ser definidos em *acordo individual* entre a mulher e o empregador (art. 396, § 2.º, da CLT, acrescentado pela Lei 13.467/2017).

Discute-se, ainda, quanto à consequência da não concessão do intervalo para amamentação.

Há entendimento de que o intervalo em estudo não é computado na jornada de trabalho, pois assim não estabelece a lei, tornando-se período não remunerado. Nessa linha, a sua inobservância apenas gera infração administrativa.

A corrente diversa tende a ser majoritária e se revela mais adequada, por imprimir à norma maior eficácia, atingindo o seu verdadeiro objetivo. Nessa linha, considera-se que o tempo durante o qual a empregada tem direito ao descanso, para amamentar o seu filho, deve ser computado na jornada de trabalho, sendo remunerado, sob pena de prejudicar quem trabalha e a própria criança. Defende-se que o caso revela hipótese de interrupção do contrato de trabalho. Tanto é assim que o art. 396, *caput*, da CLT faz referência aos mencionados descansos especiais "durante a jornada de trabalho". Por isso, deve-se considerar a ausência de concessão do mencionado intervalo como hora extra, a ser remunerada com o adicional de, no mínimo, 50%.

19.5 INTERVALO INTERJORNADA

O intervalo interjornada é aquele que ocorre entre uma jornada e outra de trabalho. Em conformidade com o art. 66 da CLT:

> "Entre 2 (duas) jornadas de trabalho haverá um período mínimo de 11 (onze) horas consecutivas para descanso".

Referido intervalo tem natureza distinta do descanso semanal remunerado e dos feriados. Tanto é assim que, de acordo com a Súmula 110 do TST:

> "Jornada de trabalho. Intervalo. No regime de revezamento, as horas trabalhadas em seguida ao repouso semanal de 24 horas, com prejuízo do intervalo mínimo de 11 horas consecutivas para descanso entre jornadas, devem ser remuneradas como extraordinárias, inclusive com o respectivo adicional".

O intervalo interjornada não é computado como tempo de serviço; o respectivo período não é remunerado, sendo hipótese de suspensão do contrato de trabalho.

Mesmo assim, de acordo com a Orientação Jurisprudencial 355 da SBDI-I do TST, com a seguinte redação:

> "Intervalo interjornadas. Inobservância. Horas extras. Período pago como sobrejornada. Art. 66 da CLT. Aplicação analógica do § 4.º do art. 71 da CLT. O desrespeito ao intervalo mínimo interjornadas previsto no art. 66 da CLT acarreta, por analogia, os mesmos efeitos previstos no § 4.º do art. 71 da CLT e na Súmula 110 do TST, devendo-se pagar a integralidade das horas que foram subtraídas do intervalo, acrescidas do respectivo adicional" (*DJ* 14.03.2008).

Da mesma forma, no âmbito rural, entre duas jornadas de trabalho deve haver um período mínimo de 11 horas consecutivas para descanso (art. 5.º, parte final, da Lei 5.889/1973 e art. 88 do Decreto 10.854/2021).

O art. 235-C, § 3.º, da CLT, com redação dada pela Lei 13.103/2015, ao tratar do serviço do motorista profissional empregado, prevê que, dentro do período de 24 horas, são asseguradas 11 horas de descanso.

O Supremo Tribunal Federal declarou inconstitucional a expressão "sendo facultados o seu fracionamento e a coincidência com os períodos de parada obrigatória na condução do veículo estabelecida pela Lei nº 9.503, de 23 de setembro de 1997 - Código de Trânsito Brasileiro, garantidos o mínimo de 8 (oito) horas ininterruptas no primeiro período e o gozo do remanescente dentro das 16 (dezesseis) horas seguintes ao fim do primeiro período", prevista na parte final do § 3.º do art. 235-C da CLT (STF, Pleno, ADI 5.322/DF, Rel. Min. Alexandre de Moraes, j. 05.07.2023). Portanto, não se admite o fracionamento do intervalo interjornada de 11 horas de descanso e a sua coincidência com os períodos de parada obrigatória na condução do veículo estabelecida pelo Código de Trânsito Brasileiro.

Nas viagens de longa distância, assim consideradas aquelas em que o motorista profissional empregado permanece fora da base da empresa, matriz ou filial e de sua residência por mais de 24 horas, o repouso diário pode ser feito no veículo ou em alojamento do empregador, do contratante do transporte, do embarcador ou do destinatário ou em outro local que ofereça condições adequadas (art. 235-C, § 4.º, da CLT).

Nos casos em que o motorista tenha que acompanhar o veículo transportado por qualquer meio no qual ele siga embarcado e em que o veículo disponha de cabine leito ou a embarcação disponha de alojamento para gozo do intervalo de repouso diário previsto no § 3.º do art. 235-C da CLT (ou seja, de 11 horas), esse período deve ser considerado como tempo de descanso (art. 235-D, § 7.º, da CLT).

O art. 235-D, § 4.º, da CLT explicita que não será considerado como jornada de trabalho, nem ensejará o pagamento de qualquer remuneração, o período em que o motorista empregado ou o ajudante ficarem espontaneamente no veículo usufruindo dos intervalos de repouso.

De acordo com o art. 235-D, § 5.º, da CLT, nos casos em que o empregador adotar dois motoristas trabalhando no mesmo veículo, o tempo de repouso pode ser feito com o veículo em movimento, assegurado o repouso mínimo de seis horas consecutivas fora do veículo em alojamento externo ou, se na cabine leito, com o veículo estacionado, a cada 72 horas. No entanto, o Supremo Tribunal Federal declarou inconstitucional o § 5.º do art. 235-D da CLT (STF, Pleno, ADI 5.322/DF, Rel. Min. Alexandre de Moraes, j. 05.07.2023). Logo, não se admite que o tempo de repouso seja usufruído com o veículo em movimento[5].

---

5. "Constitucional e trabalhista. CLT – Lei 13.103/2015. Possibilidade de regulamentação do exercício da profissão de motorista. Necessidade de absoluto respeito aos direitos sociais e às normas de proteção ao trabalhador previstas no artigo 7.º da Constituição Federal. Razoabilidade na previsão de normas de segurança viária. Parcial procedência da ação. 1. Compete ao Congresso Nacional regulamentar, especificamente, a profissão de motorista profissional de cargas e de passageiros, respeitando os direitos sociais e as normas de proteção ao trabalhador previstos na Constituição Federal. 2. São legítimas e razoáveis as restrições ao exercício da profissão de motorista em previsões de normas visando à segurança viária em defesa da vida e da sociedade, não violando o texto constitucional a previsão em lei da exigência de exame toxicológico. 3. Reconhecimento da autonomia das negociações coletivas (art. 7.º, XXVI, da CF). Constitucionalidade da redução e/ou fracionamento do intervalo intrajornada dos motoristas profissionais, desde que ajustado em acordo ou convenção coletiva de trabalho. 4. A Constituição Federal não determinou um limite máximo de prestação em serviço extraordinário, de modo que compete à negociação coletiva de trabalho examinar a possibilidade de prorrogação da jornada da categoria por até quatro horas, em sintonia com a previsão constitucional disciplinada no art. 7.º, XXVI, da CF. 5. Constitucionalidade da norma que prevê a possibilidade, excepcional e justificada, de o motorista profissional prorrogar a jornada de trabalho pelo tempo necessário até o veículo chegar a um local seguro ou ao destino. 6. O Supremo Tribunal Federal fixou orientação no sentido da constitucionalidade da adoção da jornada especial de 12 x 36, em regime de compensação de horários (art. 7.º, XIII, da CF). 7. Não há inconstitucionalidade da norma que prevê o pagamento do motorista profissional por meio de remuneração variável, que, inclusive, possui assento constitucional, conforme disposto no inciso VII do art. 7.º da Constituição Federal. 8. Compete ao Ministério do Trabalho e Emprego a regulamentação das condições de segurança, sanitárias e de conforto nos locais de espera, repouso e descanso dos motoristas profissionais de cargas e passageiros. 9. É inconstitucional o dispositivo legal que permite a redução e/ou o fracionamento dos intervalos interjornadas e do descanso semanal remunerado. Normas constitucionais de proteção da saúde do trabalhador (art. 7.º, XXII, da CF). 10. Inconstitucionalidade na exclusão do tempo de trabalho efetivo do motorista profissional, quando está à disposição do empregador durante o carregamento/descarregamento de mercadorias, ou ainda durante fiscalização em barreiras fiscais ou alfandegárias, conhecido como 'tempo de espera'. Impossibilidade de decote da jornada normal de trabalho e nem da jornada extraordinária, sob pena de desvirtuar a própria relação jurídica trabalhista reconhecida. 11. Inconstitucionalidade de normas da Lei 13.103/2015 ao prever hipótese de descanso de motorista com o veículo em movimento. Prejuízo ao efetivo descanso do trabalhador. 12. Parcial conhecimento da ação direta com parcial procedência, declarando inconstitucionais: (a) a expressão 'sendo facultados o seu fracionamento e a coincidência com os períodos de parada obrigatória na condução do veículo estabelecida pela Lei nº 9.503, de 23 de setembro de 1997 - Código de Trânsito Brasileiro, garantidos o mínimo de 8 (oito) horas ininterruptas no primeiro período e o gozo do remanescente dentro das 16 (dezesseis) horas seguintes ao fim do primeiro período', prevista na parte final do § 3.º do art. 235-C; (b) a expressão 'não sendo computadas como jornada de trabalho e nem como horas extraordinárias', prevista na parte final do § 8.º do art. 235-C; (c) a expressão 'e o tempo de espera', disposta na parte final do § 1.º do art. 235-C, por arrastamento; (d) o § 9.º do art. 235-C da CLT, sem efeito repristinatório; (e) a expressão 'as quais não serão consideradas como parte da jornada de trabalho, ficando garantido, porém, o gozo do descanso de 8 (oito) horas ininterruptas aludido no § 3.º do § 12 do art. 235-C'; (f) a expressão 'usufruído no retorno do motorista à base (matriz ou filial) ou ao seu domicílio, salvo se a empresa oferecer condições adequadas para o efetivo gozo do referido repouso', constante do *caput* do art. 235-D; (g) o § 1.º do art. 235-D; (h) o § 2.º do art. 235-D; (i) o § 5.º do art. 235-D; (j) o inciso III do art. 235-E, todos da CLT, com a redação dada pelo art. 6.º da Lei 13.103/2015; e (k) a expressão 'que podem ser fracionadas, usufruídas no veículo e coincidir com os intervalos mencionados no § 1.º, observadas no primeiro período 8 (oito) horas ininterruptas de descanso', na forma como prevista no § 3.º do art. 67-C do CTB, com redação dada pelo art. 7.º da Lei 13.103/2015" (STF, Pleno, ADI 5.322/DF, Rel. Min. Alexandre de Moraes, *DJe* 30.08.2023).

Capítulo **20**

REPOUSO SEMANAL REMUNERADO

20.1 INTRODUÇÃO

O repouso semanal remunerado remonta a sua origem e fundamento em doutrinas e costumes religiosos.

A Constituição da República Federativa do Brasil, de 1988, assegura o repouso semanal remunerado "preferencialmente aos domingos" (art. 7.º, inciso XV).

Os feriados, em si, não se confundem com os descansos semanais, embora ambos sejam repousos remunerados.

A Consolidação das Leis do Trabalho regulou o trabalho aos domingos e feriados, como exceção, nos arts. 66 a 70. A Lei 605, de 5 de janeiro de 1949, regula o repouso semanal remunerado e os feriados, sendo regulamentada pelos arts. 151 a 162 do Decreto 10.854/2021.

Pode-se sustentar a existência do gênero comum, pertinente aos dias de repouso remunerado, tendo como espécies o descanso semanal e aquele em feriados, submetidos à mesma regulamentação, como se observa no art. 151 do Decreto 10.854/2021.

Os dias de feriados remunerados são aqueles assim previstos em lei, ou seja, os feriados civis e religiosos. Já o descanso semanal remunerado é devido semanalmente.

No plano internacional, a Convenção 1 da OIT, de 1919, determinou a concessão de "um período de descanso semanal de 24 horas consecutivas" (art. 9.º, *e*).

A Convenção 14, de 1921, estabeleceu o repouso semanal nos estabelecimentos industriais, a cada sete dias, de no mínimo 24 horas consecutivas.

A Convenção 31 da OIT, de 1931, sobre trabalho nas minas de carvão, e a Convenção 67, de 1939, sobre trabalho e descanso no transporte em rodovias, também trataram do descanso semanal.

A Convenção 106, de 1957, relativa aos estabelecimentos comerciais, instituições e serviços administrativos, públicos ou privados, determina o repouso dos trabalhadores por um período mínimo de 24 horas no curso de cada sete dias, devendo, sempre que possível, ser geral e recair no dia consagrado ao descanso pela tradição ou costume do país, devendo-se respeitar as minorias religiosas (art. 6.º).

20.2 DENOMINAÇÃO E CONCEITO

As denominações mais utilizadas e corretas, na atualidade, para se referir ao tema em estudo, são, principalmente, as seguintes: *repouso semanal remunerado* (RSR) e *descanso semanal remunerado* (DSR).

Como mencionado, têm-se, ainda, os *feriados*, que não se confundem com o repouso semanal remunerado, embora apresentem nítida semelhança.

É possível estabelecer, como gênero, os chamados dias de repouso remunerado, tendo como espécies o descanso semanal remunerado e os feriados legais.

O repouso semanal remunerado pode ser conceituado como o período de ausência de trabalho por vinte e quatro horas, com direito à remuneração, para o descanso do empregado, que deve ocorrer uma vez por semana, preferencialmente aos domingos.

De todo modo, cabe destacar que:

- o período de repouso semanal é de no mínimo 24 horas;
- em cada semana o empregado faz jus a no mínimo uma folga;
- o mencionado repouso deve ser preferencialmente aos domingos;
- a remuneração do dia de descanso é devida se observados os requisitos de frequência e pontualidade.

Cabe registrar que o *caput* do art. 235-D da CLT, com redação dada pela Lei 13.103/2015, ao tratar do serviço do motorista profissional empregado, prevê que, *nas viagens de longa distância com duração superior a 7 dias*, o repouso semanal deve ser de 24 horas por semana ou fração trabalhada, sem prejuízo do intervalo de repouso diário de 11 horas, totalizando 35 horas.

O Supremo Tribunal Federal declarou inconstitucional a expressão "usufruído no retorno do motorista à base (matriz ou filial) ou ao seu domicílio, salvo se a empresa oferecer condições adequadas para o efetivo gozo do referido repouso", constante do *caput* do art. 235-D da CLT (STF, Pleno, ADI 5.322/DF, Rel. Min. Alexandre de Moraes, j. 05.07.2023).

Logo, mesmo nas viagens de longa distância com duração superior a 7 dias, o repouso semanal deve ser de 24 horas por semana ou fração trabalhada, sem prejuízo do intervalo de repouso diário de 11 horas, totalizando 35 horas, não se admitindo que seja usufruído apenas no retorno do motorista à base (matriz ou filial) ou ao seu domicílio.

De acordo com o art. 235-D, § 1.º, da CLT, é permitido o fracionamento do repouso semanal em dois períodos, sendo um destes de, no mínimo, 30 horas ininterruptas, a serem cumpridos na mesma semana e em continuidade a um período de repouso diário, que deverão ser usufruídos no retorno da viagem. No entanto, o Supremo Tribunal Federal declarou inconstitucional o § 1.º do art. 235-D da CLT (STF, Pleno, ADI 5.322/DF, Rel. Min. Alexandre de Moraes, j. 05.07.2023). Portanto, não se admite o fracionamento do repouso semanal remunerado.

Nos termos do art. 235-D, § 2.º, da CLT, a cumulatividade de descansos semanais em viagens de longa distância de que trata o *caput* do art. 235-D fica limitada ao número de três descansos consecutivos. Entretanto, o Supremo Tribunal Federal declarou inconstitucional o § 2.º do art. 235-D da CLT (STF, Pleno, ADI 5.322/DF, Rel. Min. Alexandre de Moraes, j. 05.07.2023). Sendo assim, não se admite a cumulação de descansos semanais remunerados consecutivos, pois devem ser concedidos de forma semanal.

Os feriados, por sua vez, são dias fixados em lei, em que não há o dever de prestar serviços, mas o empregado permanece com o direito de receber a respectiva remuneração.

20.3 NATUREZA JURÍDICA

O repouso semanal remunerado, no enfoque do período em si, por ser remunerado, tem a natureza jurídica de **interrupção** do contrato de trabalho.

Sob o aspecto do valor recebido pelo empregado, durante o mencionado período, a natureza jurídica é salarial.

Além disso, pode-se dizer que o descanso semanal remunerado é um direito trabalhista, de ordem fundamental, com previsão constitucional.

Por outro lado, trata-se de dever jurídico que se impõe ao empregador, quanto à concessão do descanso semanal ao empregado, bem como quanto ao pagamento da remuneração correspondente ao dia de descanso.

Essas mesmas conclusões são aplicáveis aos feriados.

20.4 DESCANSO SEMANAL REMUNERADO E TRABALHO AOS DOMINGOS

Como mencionado, a Constituição Federal de 1988 assegura em seu art. 7.º, inciso XV, o direito ao "repouso semanal remunerado, preferencialmente aos domingos".

Em outras palavras, apenas "preferencialmente" é que o repouso semanal remunerado deve coincidir com o domingo, não havendo exigência constitucional, nem legal, de que recaia sempre nesse dia da semana. O art. 1.º da Lei 605/1949 confirma a mesma assertiva.

Assegura-se a todo empregado um descanso semanal de 24 horas consecutivas, o qual, salvo motivo de conveniência pública ou necessidade imperiosa do serviço, deve coincidir com o domingo, no todo ou em parte (art. 67 da CLT).

Nos serviços que exijam trabalho aos domingos, com exceção quanto aos elencos teatrais, deve ser estabelecida escala de revezamento, mensalmente organizada e constando de quadro sujeito à fiscalização (art. 67, parágrafo único, da CLT).

O trabalho em domingo, seja total ou parcial, na forma do art. 67 da CLT, será sempre subordinado à permissão prévia da autoridade competente em matéria de trabalho (art. 68 da CLT).

A permissão será concedida a título permanente nas atividades que, por sua natureza ou pela conveniência pública, devem ser exercidas aos domingos, cabendo ao Ministro do Trabalho expedir instruções em que sejam especificadas tais atividades. Nos demais casos, ela será dada sob a forma transitória, com discriminação do período autorizado, o qual, de cada vez, não excederá de 60 dias (art. 68, parágrafo único, da CLT).

A autorização transitória para trabalho aos domingos e feriados civis e religiosos a que se refere o parágrafo único do art. 68 da CLT é regida de acordo com os procedimentos previstos nos arts. 56 a 61 da Portaria 671/2021 do Ministério do Trabalho e Previdência.

A referida autorização pode ser concedida nas seguintes hipóteses: I – para atender à realização ou conclusão de serviços inadiáveis ou necessidade imperiosa de serviço; II – quando a inexecução das atividades puder acarretar prejuízo manifesto.

A autorização transitória para trabalho aos domingos e feriados civis e religiosos será concedida pelo chefe da unidade descentralizada da inspeção do trabalho, com circunscrição no local da prestação de serviço, mediante fundamentação técnica que leve à conclusão pela realização ou conclusão de serviços inadiáveis ou cuja inexecução possa acarretar prejuízo manifesto à requerente (art. 57 da Portaria 671/2021 do Ministério do Trabalho e Previdência). A autorização transitória pode ser concedida pelo prazo de até 60 dias.

O requerimento para solicitar a autorização transitória deve ser instruído por laudo técnico fundamentado, com indicação da necessidade de ordem técnica e os setores que exigem a continuidade do trabalho (art. 58 da Portaria 671/2021 do Ministério do Trabalho e Previdência).

Nos serviços que exijam trabalho aos domingos, com exceção quanto aos elencos teatrais, deve ser estabelecida escala de revezamento, mensalmente organizada e sujeito à fiscalização (art. 58, § 1.º, da Portaria 671/2021).

O repouso semanal remunerado deve coincidir, pelo menos uma vez no período máximo de sete semanas, com o domingo, respeitadas as demais normas de proteção ao trabalho (art. 58, § 2.º, da Portaria 671/2021).

Nas atividades do comércio em geral, o repouso semanal remunerado deve coincidir, pelo menos uma vez no período máximo de três semanas, com o domingo, respeitadas as demais normas de proteção ao trabalho e outras a serem estipuladas em negociação coletiva, nos termos da Lei 10.101/2000 (art. 58, § 3.º, da Portaria 671/2021).

A autorização transitória pode ser cancelada a qualquer momento pelo chefe da unidade descentralizada da inspeção do trabalho, após oitiva da empresa, mediante despacho fundamentado e baseado em relatório da inspeção do trabalho, desde que observada a ocorrência de uma das seguintes hipóteses no curso da referida autorização: I – descumprimento das exigências constantes dos arts. 56 a 61 da Portaria 671/2021; II – infração nos atributos de jornada e descanso, constatada pela Inspeção do Trabalho; ou III – situação de grave e iminente risco à segurança e saúde do trabalhador constatada pela inspeção do trabalho (art. 59 da Portaria 671/2021 do Ministério do Trabalho e Previdência).

Deferida a autorização transitória para trabalho aos domingos e feriados, o início das atividades das empresas nesses dias independe de inspeção prévia (art. 60 da Portaria 671/2021 do Ministério do Trabalho e Previdência).

A escala de revezamento será efetuada por livre escolha do empregador (art. 61 da Portaria 671/2021 do Ministério do Trabalho e Previdência).

É concedida, em caráter permanente, autorização para o trabalho aos domingos e feriados, de que tratam os arts. 68 e 70 da CLT, às atividades constantes do Anexo IV da Portaria 671/2021 do Ministério do Trabalho e Previdência (art. 62).

Os §§ 1.º, 2.º e 3.º do art. 58 da Portaria 671/2021 também se aplicam à autorização permanente para trabalho aos domingos e feriados (art. 63 da Portaria 671/2021 do Ministério do Trabalho e Previdência).

Assegura-se ao *radialista* uma folga semanal remunerada de 24 horas consecutivas, de preferência aos domingos (art. 20 da Lei 6.615/1978). As empresas devem organizar escalas de revezamento de modo a favorecer o empregado com um repouso dominical mensal, pelo me-nos, salvo quando, pela natureza do serviço, a atividade do radialista for desempenhada habi-tualmente aos domingos.

Nos termos do art. 6.º da Lei 10.101/2000, com redação dada pela Lei 11.603/2007:

> "Art. 6.º Fica autorizado o trabalho aos domingos nas atividades do comércio em geral, observada a legislação municipal, nos termos do art. 30, inciso I, da Constituição.
>
> Parágrafo único. O repouso semanal remunerado deverá coincidir, pelo menos uma vez no período máximo de três semanas, com o domingo, respeitadas as demais normas de proteção ao trabalho e outras a serem estipuladas em negociação coletiva".

Portanto, conforme a Lei 10.101/2000 (art. 6.º, *caput*), autoriza-se o trabalho aos domingos no comércio em geral, observado o art. 30, inciso I, da Constituição (de acordo com o qual compete aos Municípios "legislar sobre assuntos de interesse local"[1]), independentemente de autorização em acordo (individual ou coletivo), convenção coletiva, regulamento, decreto, portaria ou qualquer outra norma.

No entanto, deve ser observada a regra do parágrafo único do art. 6.º da Lei 10.101/2000, com o que o repouso semanal remunerado deverá coincidir, pelo menos uma vez no período máximo de três semanas, com o domingo. Além disso, devem ser respeitadas as demais normas de proteção ao trabalho e outras de natureza convencional.

A atual redação do parágrafo único do art. 6.º da Lei 10.101/2000, determinada pela Lei 11.603/2007, confirmou o dever de também serem respeitadas as normas estipuladas em negociação coletiva, ou seja, previstas em acordos coletivos de trabalho e convenções coletivas de trabalho.

Nesse sentido, cabe transcrever os incisos I, III e V do Precedente Administrativo 45 da Secretaria de Inspeção do Trabalho (Ato Declaratório SIT/DFT 4/2002), em sua atual redação (Ato Declaratório 12/2011): "I – O comércio em geral pode manter empregados trabalhando aos domingos, independentemente de convenção ou acordo coletivo e de autorização municipal. [...] III – Por sua vez, a abertura do comércio aos domingos é de competência municipal e a verificação do cumprimento das normas do município incumbe à fiscalização de posturas local. [...] V – Os *shopping centers*, mercados, supermercados, hipermercados e congêneres estão compreendidos na categoria 'comércio em geral' referida pela Lei 10.101/2000, com redação dada pela Lei 11.603/2007. [...]. Referência normativa: Lei 11.603, de 05 de dezembro de 2007, que altera e acrescenta dispositivos ao art. 6.º da Lei 10.101 de 19 de dezembro de 2000".

As infrações ao disposto nos arts. 6.º e 6.º-A da Lei 10.101/2000 são punidas com a multa prevista no art. 75 da Consolidação das Leis do Trabalho (art. 6.º-B da Lei 10.101/2000, acrescentado pela Lei 11.603/2007). Trata-se de multa de natureza administrativa, aplicada pelas Delegacias Regionais do Trabalho e Subdelegacias do Trabalho (atualmente denominadas Superintendências Regionais do Trabalho e Gerências Regionais do Trabalho). O processo de fiscalização, de autuação e de imposição de multas reger-se-á pelo disposto no Título VII da CLT, ou seja, pelos seus arts. 626 a 642.

Mesmo não se tratando de comércio, em certas atividades, nem sempre todo descanso semanal remunerado coincide com o domingo.

O art. 385 da CLT prevê que o descanso semanal da trabalhadora mulher será de 24 horas consecutivas e coincidirá no todo ou em parte com o domingo, salvo motivo de conveniência pública ou necessidade imperiosa de serviço, a juízo da autoridade competente, na forma das disposições gerais, caso em que recairá em outro dia. Além disso, devem ser observados os preceitos da legislação geral sobre a proibição de trabalho nos feriados civis e religiosos. O art. 386 da CLT dispõe que havendo trabalho aos domingos, deve ser organizada uma escala de revezamento quinzenal, que favoreça o repouso dominical.

1. Cf. Súmula Vinculante 38 (conversão da Súmula 645) do STF: "É competente o Município para fixar o horário de funcionamento de estabelecimento comercial". O art. 69 da CLT dispõe que na regulamentação do funcionamento de atividades sujeitas ao regime do Capítulo II, sobre *duração do trabalho*, os municípios devem atender aos preceitos nele estabelecidos, e as regras que venham a fixar não podem contrariar tais preceitos nem as instruções que, para seu cumprimento, forem expedidas pelas autoridades competentes em matéria de trabalho.

Registre-se o entendimento de que o art. 386 da CLT não seria mais aplicável, por ser vedada a discriminação (art. 3.º, inciso IV, e art. 5.º, inciso XLI, da CF/1988), sabendo-se que homens e mulheres são iguais em direitos e obrigações (art. 5.º, inciso I, da CF/1988), além do que o repouso semanal remunerado deve ser concedido preferencialmente aos domingos (art. 7.º, inciso XV, da CF/1988), não se admitindo regra que acarrete desestímulo ao trabalho da mulher (art. 7.º, inciso XX, da CF/1988). Nesse sentido: TST, 8.ª T., RR-1606-35.2016.5.12.0037, Rel. Min. Dora Maria da Costa, *DEJT* 09.05.2019. Em sentido divergente: TST, SBDI-I, E-ED-RR - 619-11.2017.5.12.0054, Rel. Min. Augusto César Leite de Carvalho, j. 02.12.2021, *DEJT* 11.02.2022.

No âmbito do Tribunal Superior do Trabalho, firmou-se a posição de que a escala de revezamento quinzenal para concessão do repouso semanal remunerado aos domingos para empregadas mulheres, prevista no art. 386 da CLT, que foi recepcionado pela Constituição Federal de 1988, como norma específica de proteção do trabalho da mulher, deve prevalecer sobre a coincidência do repouso semanal remunerado com o domingo pelo menos uma vez no período máximo de três semanas, prevista no art. 6.º, parágrafo único, da Lei 10.101/2000, aos empregados do comércio em geral (TST, SBDI-I, E-ED-RR-982-80.2017.5.12.0059, Rel. Min. Maria Cristina Irigoyen Peduzzi, *DEJT* 17.06.2022). Cf. ainda STF, RE 1.403.904/SC. Cf. Capítulo 22, item 22.4.3.

Os arts. 154 a 156 do Decreto 10.854/2021, regulamentando a Lei 605/1949, disciplinam de modo uniforme a permissão do trabalho nos dias de repouso semanal e nos feriados.

Sendo assim, comprovado o cumprimento das exigências técnicas, nos termos do disposto no art. 1.º da Lei 605/1949, será admitido o trabalho nos dias de repouso, garantida a remuneração correspondente (art. 154 do Decreto 10.854/2021).

Constituem exigências técnicas aquelas que, em razão do interesse público ou das condições peculiares às atividades da empresa ou ao local onde estas atuem, tornem indispensável a continuidade do trabalho, em todos ou alguns de seus serviços (art. 154, § 1.º, do Decreto 10.854/2021).

Nos serviços que exijam trabalho aos domingos, com exceção dos elencos teatrais e congêneres, será estabelecida escala de revezamento, mensalmente organizada, que constará de quadro sujeito à fiscalização (art. 154, § 2.º, do Decreto 10.854/2021).

Nos serviços em que for permitido o trabalho nos dias de repouso, a remuneração dos empregados que trabalharem nesses dias deve ser paga em dobro, exceto se a empresa determinar outro dia de folga (art. 154, § 3.º, do Decreto 10.854/2021).

Cabe a ato do Ministro de Estado do Trabalho e Previdência conceder, em caráter permanente, permissão para o trabalho nos dias de repouso às atividades que se enquadrarem nas exigências técnicas (art. 154, § 4.º, do Decreto 10.854/2021).

Além disso, será admitido, excepcionalmente, o trabalho em dia de repouso quando: ocorrer motivo de força maior; ou para atender à realização ou à conclusão de serviços inadiáveis ou cuja inexecução possa acarretar prejuízo manifesto, a empresa obtiver autorização prévia da autoridade competente em matéria de trabalho, com discriminação do período autorizado, o qual, de cada vez, não excederá a 60 dias (art. 155 do Decreto 10.854/2021).

Para os bancários, se não houver previsão em norma mais benéfica, aplica-se a Súmula 113 do TST, no sentido de que: "Bancário. Sábado. Dia útil. O sábado do bancário é dia útil não trabalhado, não dia de repouso remunerado. Não cabe a repercussão do pagamento de horas extras habituais em sua remuneração".

Caso exista labor no dia de descanso semanal remunerado, sem folga compensatória, segundo construção jurisprudencial e doutrinária, com fundamento nos arts. 7.º e 9.º da Lei 605/1949, o empregado faz jus à remuneração em dobro[2], "sem prejuízo da remuneração relativa ao repouso semanal" (Súmula 146 do TST).

Pode-se entender que essa remuneração em dobro, na realidade, não possui natureza jurídica de horas extras, mas sim de penalidade[3], pela ausência da concessão do descanso, com trabalho realizado em dia de repouso, acarretando direito pecuniário em favor do empregado.

A respeito dessa compensação de dia de descanso trabalhado, cabe ressaltar que não se confunde com a compensação de horas (prevista na CF/1988, art. 7.º, inciso XIII, e na CLT, art. 59, § 2.º), por se referir ao dia de repouso não gozado, não sendo exigido "acordo ou convenção coletiva de trabalho", bastando a concessão de folga em outro dia durante a semana.

O entendimento mais adequado, e atualmente pacificado na jurisprudência, é no sentido da necessidade de concessão do descanso semanal remunerado até o sétimo dia (ou seja, imediatamente após o sexto dia de trabalho), pois a Convenção 106 da OIT, relativa ao repouso semanal no comércio e nos escritórios, promulgada pelo Decreto 58.823, de 14 de julho de 1966 (atualmente Decreto 10.088/2019), no art. 6.º, prevê o direito a um período de repouso semanal, compreendendo um mínimo de vinte e quatro horas consecutivas, "no decorrer de cada período de sete dias"[4]. Conforme a Orientação Jurisprudencial 410 da SBDI-I do TST: "Repouso semanal remunerado. Concessão após o sétimo dia consecutivo de trabalho. Art. 7.º, XV, da CF. Violação. Viola o art. 7.º, XV, da CF a concessão de repouso semanal remunerado após o sétimo dia consecutivo de trabalho, importando no seu pagamento em dobro" (*DEJT* 22.10.2010).

20.4.1 Remuneração do descanso semanal

Para os que trabalham por dia, semana, quinzena ou mês, a remuneração do repouso semanal deve ser correspondente à remuneração de um dia de serviço, computadas as horas extraordinárias habitualmente prestadas (art. 7.º, *a*, da Lei 605/1949).

O repouso semanal do empregado que não trabalha todos os dias da semana será calculado proporcionalmente aos dias trabalhados.

Quanto ao empregado que recebe por hora trabalhada, tem direito à remuneração do repouso semanal correspondente à de sua jornada normal de trabalho, devendo ser computadas as horas extraordinárias habitualmente prestadas (art. 7.º, *b*, da Lei 605/1949).

---

2. Cf. MARTINS, Sergio Pinto. *Comentários à CLT*. 5. ed. São Paulo: Atlas, 2002. p. 127: "Se o funcionário trabalha em dias de repouso ou feriados, deve receber em dobro (art. 9.º da Lei 605), exceto se o empregador conceder a folga em outro dia. O referido artigo só trata dos feriados e não dos domingos, mas entendo que se aplica por analogia aos domingos trabalhados sem folga compensatória".

3. Cf. MARTINS, Sergio Pinto. *Comentários à CLT*. 5. ed. São Paulo: Atlas, 2002. p. 128.

4. Cf. o seguinte julgado (In: MARTINS, Sergio Pinto. *Comentários à CLT*. 5. ed. São Paulo: Atlas, 2002. p. 127): "A folga concedida no oitavo dia não compensa o trabalho realizado no sétimo dia. Este deverá ser pago em dobro. As normas de repouso são de ordem pública e não permitem tergiversações" (TRT, 2.ª R., RO 02900204059, Ac. 3.ª T. 02920142954, Rel. Juiz Francisco Antonio de Oliveira, *DJ*-SP 01.09.1992, p. 95). Cf. ainda SÜSSEKIND, Arnaldo. *Instituições de direito do trabalho*. 18. ed. São Paulo: LTr, 1999. v. 2, p. 854: "nessa escala, o repouso semanal deverá ser garantido após o período máximo de seis dias, não podendo ser concedido, em determinada semana, depois de sete dias trabalhados".

A Súmula 172 do TST confirma que se computam no cálculo do repouso remunerado as horas extras habitualmente prestadas.

De acordo com a atual redação da Orientação Jurisprudencial 394 da SBDI-I do TST: "Repouso semanal remunerado. Integração das horas extras. Repercussão no cálculo das férias, décimo terceiro salário, aviso prévio e depósitos do FGTS (TST-IncJulgR-REmbRep-10169-57.2013.5.05.0024, Pleno, Rel. Min. Amaury Rodrigues Pinto Junior, *DEJT* 31.03.2023). I – A majoração do valor do repouso semanal remunerado, decorrente da integração das horas extras habituais, deve repercutir no cálculo, efetuado pelo empregador, das demais parcelas que têm como base de cálculo o salário, não se cogitando de *bis in idem* por sua incidência no cálculo das férias, da gratificação natalina, do aviso prévio e do FGTS. II – O item I será aplicado às horas extras trabalhadas a partir de 20/03/2023"[5].

No entanto, as gorjetas não integram a base de cálculo do descanso semanal remunerado, como esclarece a Súmula 354 do TST: "Gorjetas. Natureza jurídica. Repercussões. As gorjetas, cobradas pelo empregador na nota de serviço ou oferecidas espontaneamente pelos clientes, integram a remuneração do empregado, não servindo de base de cálculo para as parcelas de aviso prévio, adicional noturno, horas extras e repouso semanal remunerado".

De acordo com a Súmula 351 do TST:

> "Professor. Repouso semanal remunerado. Art. 7.º, § 2.º, da Lei 605, de 05.01.1949 e art. 320 da CLT. O professor que recebe salário mensal à base de hora-aula tem direito ao acréscimo de 1/6 a título de repouso semanal remunerado, considerando-se para esse fim o mês de quatro semanas e meia".

O empregado que recebe por tarefa ou peça faz jus ao repouso semanal remunerado em valor equivalente ao salário correspondente às tarefas ou peças feitas durante a semana, no horário normal de trabalho, dividido pelos dias de serviço efetivamente prestados ao empregador (art. 7.º, *c*, da Lei 605/1949).

Conforme a Súmula 27 do TST: "É devida a remuneração do repouso semanal e dos dias feriados ao empregado comissionista, ainda que pracista".

Para o cálculo da remuneração do dia de descanso no caso do comissionista, deve-se utilizar o critério mais próximo ou similar, ou seja, aquele previsto no art. 7.º, *c*, da Lei 605/1949, pertinente ao trabalho por tarefa ou peça.

O empregado em domicílio tem direito à remuneração do descanso, equivalente ao quociente da divisão por seis da importância total da sua produção na semana (art. 7.º, *d*, da Lei 605/1949).

---

5. Prevalecia, anteriormente, o entendimento de que o reflexo (repercussão) das horas extras no repouso semanal remunerado, por sua vez, não geraria direito a novos reflexos, em outras verbas trabalhistas. Nesse sentido, conforme a redação original da Orientação Jurisprudencial 394 da SBDI-I do TST: "Repouso semanal remunerado – RSR. Integração das horas extras. Não repercussão no cálculo das férias, do décimo terceiro salário, do aviso prévio e dos depósitos do FGTS. A majoração do valor do repouso semanal remunerado, em razão da integração das horas extras habitualmente prestadas, não repercute no cálculo das férias, da gratificação natalina, do aviso prévio e do FGTS, sob pena de caracterização de *bis in idem*" (*DEJT* 09.06.2010). Entretanto, em sentido divergente dessa redação original, em âmbito de recurso repetitivo, cf. TST, SBDI-I, IRR – 10169-57.2013.5.05.0024, Rel. Min. Márcio Eurico Vitral Amaro.

Em conformidade com a Súmula 225 do TST: "As gratificações por tempo de serviço e produtividade, pagas mensalmente, não repercutem no cálculo do repouso semanal remunerado".

A explicação é no sentido de que se a verba da remuneração já é paga de forma mensal (ou quinzenal), a remuneração do repouso semanal já se encontra inserida na referida parcela (Lei 605/1949, art. 7.º, § 2.º).

Pela mesma razão, os adicionais de insalubridade e de periculosidade não geram reflexos em repouso semanal remunerado e remuneração de feriados, pois os mencionados adicionais já são pagos em valor mensal.

Nesse sentido confirma a Orientação Jurisprudencial 103 da SBDI-I do TST: "Adicional de insalubridade. Repouso semanal e feriados. O adicional de insalubridade já remunera os dias de repouso semanal e feriados".

A remuneração relativa ao repouso semanal, que possui natureza salarial, é devida desde que presentes os dois requisitos previstos no art. 6.º da Lei 605/1949, quais sejam:

- assiduidade (ausência de faltas injustificadas) durante a semana anterior ao dia de repouso semanal; e
- pontualidade (observância dos horários de trabalho, ou seja, de entrada, saída e intervalos) durante a semana anterior ao dia de repouso semanal.

A justificação da ausência do empregado motivada por doença, para a percepção do auxílio por incapacidade temporária e da remuneração do repouso semanal, deve observar a ordem preferencial dos atestados médicos estabelecida em lei (Súmula 15 do TST).

A empresa que dispuser de serviço médico, próprio ou em convênio, tem a seu cargo o exame médico e o abono das faltas correspondentes ao período correspondente aos primeiros 15 dias consecutivos ao do afastamento da atividade por motivo de incapacidade, somente devendo encaminhar o segurado (empregado) à perícia médica da Previdência Social quando a incapacidade ultrapassar 15 dias (art. 60, § 4.º, da Lei 8.213/1991). Nesse sentido, ao serviço médico da empresa ou ao mantido por esta última mediante convênio compete abonar os primeiros 15 dias de ausência ao trabalho (Súmula 282 do TST).

Registre-se que durante o período de emergência em saúde pública decorrente da covid-19, a imposição de isolamento dispensa o empregado da comprovação de doença por sete dias (art. 6.º, § 4.º, da Lei 605/1949, incluído pela Lei 14.128/2021). No caso de imposição de isolamento em razão da covid-19, o trabalhador pode apresentar como justificativa válida, no oitavo dia de afastamento, além do atestado médico, documento de unidade de saúde do Sistema Único de Saúde (SUS) ou documento eletrônico regulamentado pelo Ministério da Saúde (art. 6.º, § 5.º, da Lei 605/1949, incluído pela Lei 14.128/2021).

Foi declarado o encerramento da emergência em saúde pública de importância nacional (Espin) em decorrência da infecção humana pelo novo coronavírus (2019-nCov), de que tratava a Portaria 188/2020 (Portaria 913/2022 do Ministério da Saúde, com entrada em vigor 30 dias após a data de sua publicação, ocorrida em 22.04.2022).

O trabalhador que, sem motivo justificado ou em razão de punição disciplinar, não tiver trabalhado durante toda a semana e cumprido integralmente o seu horário de trabalho perde a remuneração do dia de repouso (art. 158 do Decreto 10.854/2021).

Nas empresas em que vigorar regime de trabalho reduzido, a frequência exigida corresponde ao número de dias em que houver trabalho (art. 158, § 1.º, do Decreto

10.854/2021). As ausências decorrentes de férias não prejudicam a frequência exigida (art. 158, § 2.º, do Decreto 10.854/2021).

Considera-se semana, para fins de pagamento de remuneração, o período de segunda-feira a domingo que antecede o dia determinado como repouso semanal remunerado (art. 158, § 4.º, do Decreto 10.854/2021).

Cabe ressaltar que se consideram já remunerados os dias de repouso semanal do mensalista ou quinzenalista cujo cálculo de salário mensal ou quinzenal, ou cujos descontos por faltas sejam efetuados na base do número de dias do mês ou de 30 e 15 diárias, respectivamente (art. 7.º, § 2.º, da Lei 605/1949).

Dessa forma, para o empregado que recebe salário mensal ou por quinzena, cujo valor inclui a remuneração de todos os dias do mês, os dias de descanso semanal remunerado já se encontram naturalmente remunerados.

20.5 DESCANSO REMUNERADO E TRABALHO EM FERIADOS

O art. 7.º, inciso XV, da Constituição Federal de 1988, ao menos expressamente, versa apenas sobre o "repouso semanal remunerado", não fazendo menção aos feriados. Estes podem ser civis e religiosos, sendo que a Convenção 132 da OIT, ratificada pelo Brasil (Decreto 3.197, de 5 de outubro de 1999, atualmente Decreto 10.088/2019), que versa sobre férias, menciona a figura dos feriados "costumeiros".

Na realidade, o direito ao repouso remunerado nos feriados é assegurado, de forma expressa, no âmbito infraconstitucional, ou seja, pela Lei 605/1949, art. 8.º.

Nesse contexto, salvo o disposto nos arts. 68 e 69 da CLT, é vedado o trabalho em dias feriados nacionais e feriados religiosos, nos termos da legislação própria (art. 70 da CLT).

A regra é a impossibilidade de trabalho em feriados, nos termos do art. 1.º da Lei 605/1949. Efetivamente, conforme o art. 8.º do mesmo diploma legal, "é vedado o trabalho em dias feriados, civis e religiosos, garantida, entretanto, aos empregados a remuneração respectiva". O labor nesses dias é uma exceção, segundo dispõe a parte inicial desse dispositivo.

Como mencionado, excepcionalmente, possibilita-se o trabalho nos feriados em razão de execução de serviço imposta por exigências técnicas das empresas (arts. 8.º e 9.º da Lei 605/1949).

O art. 6.º-A da Lei 10.101/2000, incluído pela Lei 11.603/2007, assim dispõe:

> "Art. 6.º-A É permitido o trabalho em feriados nas atividades do comércio em geral, desde que autorizado em convenção coletiva de trabalho e observada a legislação municipal, nos termos do art. 30, inciso I, da Constituição".

Logo, passou a existir permissão para o labor em feriados nas "atividades do comércio em geral", desde que presente a autorização em "convenção coletiva de trabalho". Deve-se, ainda, observar a legislação municipal a respeito da matéria, conforme o art. 30, inciso I, da Constituição Federal de 1988 (de acordo com o qual compete aos Municípios "legislar sobre assuntos de interesse local"). Cf. Súmula Vinculante 38 do STF.

Frise-se que a disposição em análise, pertinente ao feriado (art. 6.º-A da Lei 10.101/2000), é mais restritiva, pois autoriza o trabalho no referido dia de descanso (no comércio em geral) desde que exista permissão, especificamente, em convenção coletiva de trabalho, a qual é uma modalidade de instrumento normativo decorrente de negociação coletiva, firmado normalmente entre sindicatos das categorias profissional e econômica. Trata-se de exceção à regra que veda o trabalho nos feriados, merecendo, nesse aspecto, interpretação restritiva.

Mesmo tratando-se de labor em feriado, autorizado pela legislação, "a remuneração será paga em dobro, salvo se o empregador determinar outro dia de folga" (art. 9.º, *in fine*, da Lei 605/1949).

Ou seja, caso não haja a concessão de folga compensatória, deve-se remunerar o trabalho em feriados em dobro, mesmo que não se trate de violação da lei. Nos termos da Súmula 146 do TST: "O trabalho prestado em domingos e feriados, não compensado, deve ser pago em dobro, sem prejuízo da remuneração relativa ao repouso semanal".

Ainda quanto a essa compensação, como já mencionado, não se confunde com a compensação de horas (prevista na CF/1988, art. 7.º, inciso XIII, e na CLT, art. 59, § 2.º), mas sim com de dia de repouso não gozado.

Ressalte-se que o pagamento em dobro do trabalho em feriado não quer dizer, propriamente, autorização para tanto, conforme correta interpretação do art. 9.º da Lei 605/1949.

Como a norma não pode ser interpretada em desfavor de quem visa tutelar, caso o trabalhador preste serviços em feriado, mas a empresa não possua autorização para a execução do serviço, embora se esteja diante de violação da legislação específica, só resta deferir ao empregado o direito à remuneração em dobro (observando-se os termos da Súmula 146 do TST), caso não tenha havido concessão de folga compensatória.

Evidentemente, o obreiro não pode ser prejudicado com a conduta ilegal do empregador, pois o trabalho já ocorreu em favor deste, produzindo os seus efeitos, sob pena de enriquecimento ilícito. Nessa situação de labor em feriados, fora das hipóteses autorizadas pela legislação, a empresa ainda fica sujeita às penalidades administrativas cabíveis, a serem aplicadas pela fiscalização trabalhista (arts. 12 a 14 da Lei 605/1949).

Além disso, o Precedente Administrativo 17 da Secretaria de Inspeção do Trabalho (Ato Declaratório SIT/DFT 4/2002) assim estabelece: "Descanso. Trabalho em feriados. Decisão judicial. São insubsistentes os autos lavrados contra empregadores amparados por decisão judicial que os permita manter trabalhadores em atividade em dias feriados".

Cabe esclarecer que o art. 6.º-A da Lei 10.101/2000, incluído pela Lei 11.603/2007, não revogou, tacitamente, as demais permissões de trabalho em feriados.

A Lei 605/1949 (arts. 8.º a 10) e sua regulamentação tratam de matéria distinta da Lei 11.603/2007. Enquanto a Lei 605/1949 disciplina a autorização, pelo Estado (Ministério do Trabalho), de trabalho aos feriados em razão de exigências técnicas da empresa, o art. 6.º-A da Lei 10.101/2000, incluído pela Lei 11.603/2007, regula a autorização, por negociação coletiva, de trabalho aos feriados nas atividades do comércio em geral, sem qualquer relação com necessidades de ordem técnica da empresa, mas sim, certamente, para atender os interesses da categoria, facilitar o consumo pela população ativa e fomentar o desenvolvimento da economia.

Sendo assim, excetuados os casos em que a execução do serviço for imposta pelas exigências técnicas das empresas, é vedado o trabalho em dias feriados, civis e religiosos, garantida, entretanto, aos empregados a remuneração respectiva (art. 8.º da Lei 605/1949).

Nas atividades em que não for possível, em virtude das exigências técnicas das empresas, a suspensão do trabalho, nos dias feriados civis e religiosos, a remuneração deve ser paga em dobro, salvo se o empregador determinar outro dia de folga (art. 9.º da Lei 605/1949).

Na verificação das exigências técnicas, deve-se ter em vista as de ordem econômica, permanentes ou ocasionais, bem como as peculiaridades locais (art. 10 da Lei 605/1949). Cabe ao Poder Executivo definir as mencionadas exigências e especificar, tanto quanto possível, as empresas a elas sujeitas, ficando desde já incluídas entre elas as de serviços públicos e de transportes.

O Precedente Administrativo 45, incisos IV e V, da Secretaria de Inspeção do Trabalho, assim dispõe: "Domingos e feriados. Comércio varejista em geral. [...] IV – O comércio em geral pode manter empregados trabalhando em feriados, desde que autorizado em convenção coletiva de trabalho. V – Os *shopping centers*, mercados, supermercados, hipermercados e congêneres estão compreendidos na categoria 'comércio em geral' referida pela Lei 10.101/2000, com redação dada pela Lei 11.603/2007 (Referência normativa: Lei 11.603, de 05 de dezembro de 2007, que altera e acrescenta dispositivos ao art. 6.º da Lei 10.101, de 19 de dezembro de 2000)".

O Supremo Tribunal Federal julgou improcedente o pedido formulado em ação direta de inconstitucionalidade, tendo decidido ser constitucional a Lei 11.603/2007, que alterou e incluiu dispositivos à Lei 10.101/2000, sobre autorização e permissão do trabalho aos domingos e em feriados nas atividades do comércio em geral (STF, Pleno, ADI 3.975/DF, Rel. Min. Gilmar Mendes, j. 16.06.2020).

20.5.1 Remuneração dos feriados

O direito à remuneração quanto aos dias de feriados também depende do preenchimento dos mencionados requisitos do art. 6.º da Lei 605/1949, tratando-se de típico caso de interrupção contratual:

- assiduidade; e
- pontualidade durante a semana anterior.

O valor da remuneração do feriado é calculado em conformidade com o art. 7.º da Lei 605/1949, como já analisado acima quanto ao descanso semanal remunerado.

Não serão acumuladas a remuneração do repouso semanal e a do feriado civil ou religioso que recaírem no mesmo dia (art. 158, § 3.º, do Decreto 10.854/2021).

Como o art. 8.º da Lei 605/1949, regulando os feriados, remete à aplicação dos arts. 6.º e 7.º do mesmo diploma legal, pode-se defender que as horas extras habituais também refletem sobre a remuneração dos feriados, conforme previsto no art. 7.º, aplicando-se a mesma orientação da Súmula 172 do TST.

20.6 DESCANSO SEMANAL REMUNERADO E FERIADOS NA RELAÇÃO DE EMPREGO DOMÉSTICO

A Lei Complementar 150/2015, que dispõe sobre o contrato de trabalho doméstico, no art. 19, prevê que, observadas as peculiaridades do trabalho doméstico, a ele também se aplica a Leis 605/1949.

É devido ao empregado doméstico *descanso semanal remunerado* de, no mínimo, 24 horas consecutivas, preferencialmente aos domingos, *além de descanso remunerado em feriados* (art. 16 da Lei Complementar 150/2015).

Tal previsão, quanto ao descanso semanal remunerado, reitera a expressa remissão feita pelo parágrafo único do art. 7.º da Constituição Federal de 1988 (que arrola os direitos do empregado doméstico), ao inciso XV deste mesmo dispositivo constitucional, que assegura o direito ao "repouso semanal remunerado, preferencialmente aos domingos".

De todo modo, o empregado doméstico tem direito, também, ao descanso nos feriados (civis e religiosos), de forma remunerada.

Como o empregado doméstico tem direito ao descanso semanal remunerado, e também nos dias de feriados, é aplicável a previsão da Súmula 146 do TST[6].

Nesse sentido, de acordo com o art. 2.º, § 8.º, da Lei Complementar 150/2015, que dispõe sobre o contrato de trabalho doméstico, o trabalho não compensado prestado em domingos e feriados deve ser pago em dobro, sem prejuízo da remuneração relativa ao repouso semanal.

Cabe esclarecer que os feriados e os domingos livres em que o empregado doméstico que mora no local de trabalho nele permaneça não são computados como horário de trabalho (art. 2.º, § 7.º, da Lei Complementar 150/2015).

6. Súmula 146 do TST: "O trabalho prestado em domingos e feriados, não compensado, deve ser pago em dobro, sem prejuízo da remuneração relativa ao repouso semanal".

Capítulo 21

FÉRIAS

21.1 INTRODUÇÃO

As férias possuem o evidente objetivo de proporcionar período mais extenso de descanso ao empregado, de modo a evitar problemas de saúde decorrentes do cansaço excessivo.

Em razão disso, as normas que regulam o direito às férias apresentam natureza de ordem pública.

A Consolidação das Leis do Trabalho, de 1943, sistematizou a matéria. No entanto, o Decreto-lei 1.535, de 13.04.1977, deu nova redação ao Capítulo IV do Título II da CLT, pertinente ao direito de férias anuais.

A Constituição Federal de 1988, em seu art. 7.º, inciso XVII, assegura o direito ao: "gozo de férias anuais remuneradas com, pelo menos, um terço a mais do que o salário normal".

A Organização Internacional do Trabalho aprovou algumas Convenções sobre a matéria, sabendo-se que a Convenção 132 da OIT, de 1970, promulgada pelo Brasil pelo Decreto 3.197, de 5 de outubro de 1999, trata das férias remuneradas e revê as normas anteriores sobre o tema.

Entretanto, cabe registrar o entendimento que afasta a aplicação das previsões da Convenção 132 da OIT no sistema jurídico brasileiro, uma vez que a disciplina das férias presente na CLT (arts. 129 a 153) é mais favorável ao empregado, conforme o critério do *conglobamento*[1].

Ainda assim, é possível argumentar que a referida teoria do conglobamento, a rigor, aplica-se aos casos de normas coletivas (notadamente negociadas), mas não de diplomas de natureza legal e internacional.

A Declaração Universal dos Direitos Humanos, no art. XXIV, prevê que: "Todo ser humano tem direito a repouso e lazer, inclusive a limitação razoável das horas de trabalho e a férias remuneradas periódicas".

21.2 CONCEITO

As férias podem ser conceituadas, de forma mais genérica, como o período mais prolongado de descanso, em que o empregado não presta serviços, mas tem o direito de receber a remuneração.

1. Cf. DELGADO, Mauricio Godinho. *Curso de direito do trabalho*. 15. ed. São Paulo: LTr, 2016. p. 1.082.

21.3 NATUREZA JURÍDICA

As férias, vistas como o período de ausência de trabalho, mas com o recebimento da respectiva remuneração, apresenta natureza de **interrupção** do contrato de trabalho.

Por outro lado, é inegável que as férias possuem natureza de **direito social e trabalhista**, de ordem fundamental, pois necessário à saúde e segurança do trabalhador.

Do ponto de vista do empregador, as férias constituem um **dever** a ser cumprido, ou seja, uma obrigação de fazer, no sentido de conceder as férias ao empregado, acompanhado de uma obrigação de pagar a respectiva remuneração.

Tendo em vista a efetiva relevância social das férias, para a saúde, o bem-estar e a vida da pessoa, as normas que preveem e regulam esse direito possuem evidente caráter fundamental, preservando a dignidade da pessoa do trabalhador.

21.4 CLASSIFICAÇÃO

As férias podem ser classificadas em **individuais** e **coletivas**.

As *férias individuais*, como o próprio nome indica, são aquelas concedidas individualmente, a cada empregado em particular.

As *férias coletivas*, por sua vez, conforme dispõe o art. 139 da CLT, podem ser concedidas "a todos os empregados de uma empresa ou de determinados estabelecimentos ou setores da empresa".

As férias coletivas poderão ser gozadas em dois períodos anuais, desde que nenhum deles seja inferior a 10 dias corridos (§ 1.º do art. 139 da CLT).

Para que as férias coletivas sejam concedidas, o empregador deve comunicar ao órgão local do Ministério do Trabalho, com a antecedência mínima de 15 dias, as datas de início e fim das férias, precisando quais os estabelecimentos ou setores abrangidos pela medida (§ 2.º do art. 139). De acordo com a Lei Complementar 123, de 14 de dezembro de 2006, as microempresas e as empresas de pequeno porte são dispensadas de comunicar ao Ministério do Trabalho a concessão de férias coletivas (art. 51, inciso V).

No mesmo prazo de 15 dias, o empregador enviará cópia da aludida comunicação aos sindicatos representativos da respectiva categoria profissional, e providenciará a afixação de aviso nos locais de trabalho (§ 3.º do art. 139 da CLT).

Se essas exigências formais não forem observadas pelo empregador, quando da concessão das férias coletivas, este fica sujeito à aplicação de penalidade administrativa. No entanto, se as férias coletivas forem efetivamente usufruídas pelos empregados, não há como considerar nula a sua concessão, mesmo que as mencionadas formalidades não tenham se verificado.

No caso das férias coletivas, os empregados contratados há menos de 12 meses gozarão, na oportunidade, férias proporcionais, iniciando-se, então, novo período aquisitivo (art. 140 da CLT).

A parte final desse dispositivo gera certa controvérsia na interpretação. Há entendimento de que a "palavra *então* refere-se ao término das férias proporcionais coletivas e não ao início delas"[2]. Essa posição defende a aplicação da mesma orientação prevista no art. 133, § 2.º, da CLT.

---

2. MARTINS, Sergio Pinto. *Direito do trabalho*. 22. ed. São Paulo: Atlas, 2006. p. 558.

No entanto, parece mais adequado e razoável interpretar no sentido inverso, ou seja, de que os empregados com menos de 12 meses de serviço gozarão férias proporcionais coletivas, iniciando-se novo período concessivo simultaneamente ao início das referidas férias. Isso porque, do contrário, o empregado estaria de férias (proporcionais coletivas), mas sem contar o tempo de serviço para novas férias, o que contraria a literalidade do art. 130, § 2.º, da CLT, de acordo com o qual o "período das férias será computado, para todos os efeitos, como tempo de serviço".

Se as férias coletivas forem concedidas em período superior àquele que o empregado tem direito, os dias restantes devem ser considerados como licença remunerada, pois o risco da atividade é do empregador. Este, ao decidir pela concessão de férias coletivas, não pode prejudicar o empregado, em seu direito de receber a remuneração.

O art. 141 da CLT, sobre a anotação da concessão de férias coletivas, por meio de carimbo, na CTPS, foi revogado pela Lei 13.874/2019.

21.5 PERÍODO AQUISITIVO

Para obter direito às férias remuneradas, o empregado deve trabalhar durante o período aquisitivo.

Em termos genéricos, o empregado tem direito a férias a cada ano, como prevê o art. 129 da CLT: "Todo empregado terá direito anualmente ao gozo de um período de férias, sem prejuízo da remuneração".

Assim, o período aquisitivo de férias é de 12 meses de vigência do contrato de trabalho, como estabelece o art. 130 da CLT.

21.5.1 Duração das férias

Mesmo adquirido o direito às férias remuneradas, resta definir a duração delas, o que é estabelecido pelos incisos do art. 130 da CLT:

> "Art. 130. Após cada período de 12 (doze) meses de vigência do contrato de trabalho, o empregado terá direito a férias, na seguinte proporção:
>
> I – 30 (trinta) dias corridos, quando não houver faltado ao serviço mais de 5 (cinco) vezes;
>
> II – 24 (vinte e quatro) dias corridos, quando houver tido de 6 (seis) a 14 (quatorze) faltas;
>
> III – 18 (dezoito) dias corridos, quando houver tido de 15 (quinze) a 23 (vinte e três) faltas;
>
> IV – 12 (doze) dias corridos, quando houver tido de 24 (vinte e quatro) a 32 (trinta e duas) faltas".

DIAS DE FÉRIAS	FALTAS INJUSTIFICADAS
30	Até 5
24	De 6 a 14
18	De 15 a 23
12	De 24 a 32
Não terá direito	Mais de 32

Se o empregado tiver mais de 32 faltas injustificadas, passa a não ter direito a férias.

É vedado descontar, do período de férias, as faltas do empregado ao serviço (§ 1.º do art. 130 da CLT).

Como esclarece o § 2.º, do art. 130, da CLT: "O período das férias será computado, para todos os efeitos, como tempo de serviço".

Portanto, fica confirmado que as férias representam hipótese de interrupção do contrato de trabalho: trata-se de período em que, mesmo não havendo a prestação de serviços, a remuneração é devida e integra o tempo de serviço do empregado.

De acordo com a Súmula 89 do TST: "Falta ao serviço. Se as faltas já são justificadas pela lei, consideram-se como ausências legais e não serão descontadas para o cálculo do período de férias".

Assim prevê o art. 131 da CLT:

> "Art. 131. Não será considerada falta ao serviço, para os efeitos do artigo anterior, a ausência do empregado:
>
> I – nos casos referidos no art. 473;
>
> II – durante o licenciamento compulsório da empregada por motivo de maternidade[3] ou aborto[4], observados os requisitos para percepção do salário-maternidade custeado pela Previdência Social;
>
> III – por motivo de acidente do trabalho[5] ou enfermidade atestada pelo Instituto Nacional do Seguro Social – INSS, excetuada a hipótese do inciso IV do art. 133[6];
>
> IV – justificada pela empresa, entendendo-se como tal a que não tiver determinado o desconto do correspondente salário;
>
> V – durante a suspensão preventiva para responder a inquérito administrativo[7] ou de prisão preventiva, quando for impronunciado ou absolvido; e
>
> VI – nos dias em que não tenha havido serviço, salvo na hipótese do inciso III do art. 133[8]".

Os casos previstos no art. 473 da CLT já foram estudados no Capítulo sobre suspensões e interrupções do contrato de trabalho, assim dispondo:

---

3. Art. 392 da CLT: "A empregada gestante tem direito à licença-maternidade de 120 (cento e vinte) dias, sem prejuízo do emprego e do salário". Art. 392-A da CLT: "À empregada que adotar ou obtiver guarda judicial para fins de adoção de criança ou adolescente será concedida licença-maternidade nos termos do art. 392 desta Lei. [...] § 4.º A licença-maternidade só será concedida mediante apresentação do termo judicial de guarda à adotante ou guardiã".

4. Art. 395 da CLT: "Em caso de aborto não criminoso, comprovado por atestado médico oficial, a mulher terá um repouso remunerado de 2 (duas) semanas, ficando-lhe assegurado o direito de retornar à função que ocupava antes de seu afastamento".

5. Súmula 46 do TST: "Acidente de trabalho. As faltas ou ausências decorrentes de acidente do trabalho não são consideradas para os efeitos de duração de férias e cálculo da gratificação natalina"; Súmula 198 do STF: "As ausências motivadas por acidente do trabalho não são descontáveis do período aquisitivo das férias".

6. Art. 133: "IV – tiver percebido da Previdência Social prestações de acidente de trabalho ou de auxílio-doença por mais de 6 (seis) meses, embora descontínuos".

7. Embora haja entendimento no sentido de se tratar do inquérito judicial para falta grave, no caso, por se fazer menção ao "inquérito administrativo", trata-se da hipótese regulada no art. 472, §§ 3.º, 4.º e 5.º, bem como no art. 482, parágrafo único, da CLT.

8. Art. 133: "III – deixar de trabalhar, com percepção do salário, por mais de 30 (trinta) dias, em virtude de paralisação parcial ou total dos serviços da empresa".

"Art. 473. O empregado poderá deixar de comparecer ao serviço sem prejuízo do salário:

I – até 2 (dois) dias consecutivos, em caso de falecimento do cônjuge, ascendente, descendente, irmão ou pessoa que, declarada em sua carteira de trabalho e previdência social, viva sob sua dependência econômica;

II – até 3 (três) dias consecutivos, em virtude de casamento;

III – por um dia, em caso de nascimento de filho no decorrer da primeira semana;

IV – por um dia, em cada 12 (doze) meses de trabalho, em caso de doação voluntária de sangue devidamente comprovada;

V – até 2 (dois) dias consecutivos ou não, para o fim de se alistar eleitor, nos termos da lei respectiva;

VI – no período de tempo em que tiver de cumprir as exigências do Serviço Militar referidas na letra c do art. 65 da Lei 4.375, de 17 de agosto de 1964 (Lei do Serviço Militar);

VII – nos dias em que estiver comprovadamente realizando provas de exame vestibular para ingresso em estabelecimento de ensino superior;

VIII – pelo tempo que se fizer necessário, quando tiver que comparecer a juízo;

IX – pelo tempo que se fizer necessário, quando, na qualidade de representante de entidade sindical, estiver participando de reunião oficial de organismo internacional do qual o Brasil seja membro;

X – até 2 (dois) dias para acompanhar consultas médicas e exames complementares durante o período de gravidez de sua esposa ou companheira;

XI – por 1 (um) dia por ano para acompanhar filho de até 6 (seis) anos em consulta médica;

XII – até 3 (três) dias, em cada 12 (doze) meses de trabalho, em caso de realização de exames preventivos de câncer devidamente comprovada".

O tempo de trabalho anterior à apresentação do empregado para serviço militar obrigatório será computado no período aquisitivo, desde que ele compareça ao estabelecimento dentro de 90 dias da data em que se verificar a respectiva baixa (art. 132 da CLT).

21.5.2 Perda do direito às férias

Embora o direito às férias seja de grande importância social e individual ao empregado, este pode perdê-lo se verificada alguma das situações previstas no art. 133 da CLT.

"Art. 133. Não terá direito a férias o empregado que, no curso do período aquisitivo:

I – deixar o emprego e não for readmitido dentro de 60 (sessenta) dias subsequentes à sua saída;

II – permanecer em gozo de licença, com percepção de salários, por mais de 30 (trinta) dias;

III – deixar de trabalhar, com percepção do salário, por mais de 30 (trinta) dias, em virtude de paralisação parcial ou total dos serviços da empresa; e

IV – tiver percebido da Previdência Social prestações de acidente de trabalho ou de auxílio-doença por mais de 6 (seis) meses, embora descontínuos".

Para os fins previstos no inciso III acima, a empresa comunicará ao órgão local do Ministério do Trabalho, com antecedência mínima de 15 (quinze) dias, as datas de início e fim da paralisação total ou parcial dos serviços da empresa, e, em igual prazo, comunicará, nos mesmos termos, ao sindicato representativo da categoria profissional, bem como afixará aviso nos respectivos locais de trabalho (§ 3.º do art. 133).

Quanto ao inciso IV do art. 133 da CLT, há entendimento (não majoritário) de que essa restrição não mais prevalece em razão da Convenção 132 da OIT (art. 5, n. 4), sobre férias anuais remuneradas, ratificada pelo Brasil (Decreto 3.197/1999). Entretanto, entende-se que o mencionado dispositivo da CLT mantém-se em vigor, pois além de regular hipótese específica e diferenciada, a previsão da Convenção 132 da OIT remete às "condições a serem determinadas pela autoridade competente ou pelo órgão apropriado de cada país".

Iniciar-se-á o decurso de novo período aquisitivo quando o empregado, após incidir em qualquer das condições previstas no art. 133 da CLT, retornar ao serviço (§ 2.º do art. 133).

A interrupção da prestação de serviços deverá ser anotada na Carteira de Trabalho e Previdência Social (§ 1.º do art. 133).

21.6 PERÍODO CONCESSIVO

Após a aquisição do direito às férias, elas devem ser concedidas pelo empregador, respeitando o período concessivo, que é de 12 meses seguintes ao término do período aquisitivo.

De acordo com o art. 134 da CLT: "As férias serão concedidas por ato do empregador, em um só período, nos 12 (doze) meses subsequentes à data em que o empregado tiver adquirido o direito".

Desde que observado o período concessivo, a época da concessão das férias será a que melhor consulte os interesses do empregador (art. 136 da CLT).

O art. 138 da CLT possui a seguinte previsão: "Durante as férias, o empregado não poderá prestar serviços a outro empregador, salvo se estiver obrigado a fazê-lo em virtude de contrato de trabalho regularmente mantido com aquele".

Há quem entenda que o empregado, durante as férias, não pode prestar serviços a outro empregador, devendo descansar durante o seu período, o que seria de interesse do empregador que as concedeu. Nesse sentido, se o empregado tiver as férias concedidas, mas firmar outro contrato de trabalho, com outro empregador, estaria praticando falta disciplinar, por desrespeitar o mencionado comando. Apenas se o empregado já mantivesse, antes da concessão das férias, outro contrato de trabalho, é que, excepcionalmente, poderia prestar serviço ao respectivo empregador, durante as férias concedidas pelo outro.

A outra corrente de entendimento interpreta a parte final do art. 138 da CLT de forma mais ampla. Esse dispositivo, ao permitir a prestação de serviços a outro empregador, se o empregado estiver obrigado a fazê-lo em virtude de contrato de trabalho regularmente mantido, pode ser perfeitamente aplicado na hipótese do trabalhador que, durante as férias, é admitido em outro vínculo de emprego. Essa posição revela-se mais razoável e próxima da realidade. Além disso, não se pode dizer que o empregado tem o dever de descansar, mas sim o direito de usufruir as férias livremente, podendo se ativar em atividades lícitas.

Referida liberdade não pode ser cerceada pelo empregador, nem se verifica a possibilidade de inusitada punição disciplinar do empregado, por não ter descansado tal como o empregador eventualmente desejava em seu íntimo.

21.6.1 Fracionamento das férias

Conforme o art. 134, § 1.º, da CLT, com redação dada pela Lei 13.467/2017, desde que haja concordância do empregado, as férias podem ser usufruídas em até três períodos, sendo que um deles não pode ser inferior a 14 dias corridos e os demais não podem ser inferiores a cinco dias corridos, cada um.

Essa divisão do período de gozo das *férias individuais*, portanto, exige a anuência do empregado. Em termos práticos, entretanto, sabendo-se que o empregado presta serviços de forma subordinada ao empregador, nem sempre a vontade daquele tem como ser manifestada de forma autêntica e hígida, mesmo porque normalmente precisa do emprego para manter a própria subsistência e de sua família.

Anteriormente, quanto às férias individuais, o art. 134, § 1.º, da CLT, na redação decorrente do Decreto-lei 1.535/1977, previa que somente em casos excepcionais serão as férias concedidas em dois períodos, um dos quais não pode ser inferior a 10 dias corridos.

Especificamente quanto às *férias coletivas*, o art. 139, § 1.º, da CLT, o qual não é modificado pela Lei 13.467/2017, dispõe que as férias podem ser gozadas em dois períodos anuais, desde que nenhum deles seja inferior a 10 dias corridos. Cabe esclarecer que podem ser concedidas férias coletivas a todos os empregados de uma empresa ou de determinados estabelecimentos ou setores da empresa (art. 139 da CLT).

Como se pode notar, passa-se a autorizar, desde que haja anuência do empregado, o parcelamento do gozo das *férias individuais* em até três períodos. Entretanto, um dos períodos não pode ser inferior a 14 dias corridos e os demais não podem ser inferiores a cinco dias corridos. Exemplificando, poderíamos passar a ter férias de 30 (trinta) dias fracionadas da seguinte forma: 14 (quatorze) dias, 8 (oito) dias e 8 (oito) dias.

Não obstante, deve-se registrar que nem sempre o empregado tem direito a 30 dias de férias. Nesse enfoque, segundo o art. 130 da CLT, após cada período de 12 (doze) meses de vigência do contrato de trabalho, o empregado terá direito a férias, na seguinte proporção: 30 (trinta) dias corridos, quando não houver faltado ao serviço mais de 5 (cinco) vezes; 24 (vinte e quatro) dias corridos, quando houver tido de 6 (seis) a 14 (quatorze) faltas; 18 (dezoito) dias corridos, quando houver tido de 15 (quinze) a 23 (vinte e três) faltas; 12 (doze) dias corridos, quando houver tido de 24 (vinte e quatro) a 32 (trinta e duas) faltas.

Portanto, apenas quando o período de férias é de 30 ou de 24 dias é que se permite o parcelamento em três períodos, pois um dos períodos não pode ser inferior a 14 dias corridos e os demais não podem ser inferiores a cinco dias corridos.

Os períodos de férias mais curtos são passíveis de crítica, pois dificilmente irão atender à finalidade social do direito em questão, que seria de possibilitar o efetivo descanso ao empregado.

O art. 8.º da referida Convenção 132 da OIT dispõe que o *fracionamento do período de férias anuais remuneradas* pode ser autorizado pela autoridade competente ou pelo órgão apropriado de cada país. Além disso, salvo estipulação em contrário contida em acordo que vincule o empregador e a pessoa empregada, e desde que a duração do serviço dessa pessoa lhe dê direito a tal período de férias, em uma das frações do referido período deve corresponder *pelo menos a duas semanas* de trabalho ininterrupto.

A Convenção 132 da OIT não versa sobre férias coletivas, com o que a regulamentação destas, pela CLT, não foi alterada (arts. 139 a 141)[9].

9. Cf. SILVA, Homero Batista Mateus da. A discreta vigência da Convenção 132 da OIT sobre férias anuais remuneradas. *Revista da Amatra II*, São Paulo, ano I, n. 3, p. 5-6, ago. 2000.

O art. 134, § 2.º, da CLT, o qual previa que aos menores de 18 anos e aos maiores de 50 anos de idade as férias são sempre concedidas de uma só vez, foi *revogado* pelo art. 5.º, inciso I, *f*, da Lei 13.467/2017. Com isso, essa obrigatoriedade não mais existe.

É vedado o início das férias no período de dois dias que *antecede* feriado ou dia de repouso semanal remunerado (art. 134, § 3.º, da CLT acrescentado pela Lei 13.467/2017). Essa previsão tem como objetivo não prejudicar o empregado quanto ao gozo das *férias individuais*, evitando que estas iniciem no período de dois dias antes de feriado ou repouso semana remunerado, pois nesses dias o empregado já estaria descansando de forma remunerada. Ainda assim, evidentemente, admite-se que o início das férias ocorra em período *posterior* ao feriado ou dia de repouso semana remunerado.

Os membros de uma família, que trabalharem no mesmo estabelecimento ou empresa, terão direito a gozar férias no mesmo período, se assim o desejarem e se disto não resultar prejuízo para o serviço (§ 1.º do art. 136 da CLT).

O empregado estudante, menor de 18 anos, terá direito a fazer coincidir suas férias com as férias escolares (§ 2.º do art. 136 da CLT).

É possível entender que as mencionadas previsões dos §§ 1.º e 2.º do art. 136 da CLT também seriam aplicáveis para as férias coletivas, pois os mencionados preceitos são de ordem geral. Além disso, o interesse econômico do empregador não poderia prevalecer sobre as relevantes normas de proteção em análise, que asseguram valores sociais de destaque, relacionados à família, ao ensino e à idade, no gozo das férias.

21.6.2 Feriados no curso das férias

Cabe analisar a questão dos feriados existentes no decorrer do período de fruição das férias.

A Súmula 147 do TST, dispondo sobre tema semelhante, assim previa: "Férias. Indenização. Indevido o pagamento dos repousos semanais e feriados intercorrentes nas férias indenizadas". No entanto, referido verbete foi cancelado pela Resolução 121/2003 do TST.

O art. 6.1 da Convenção 132 da OIT trata a respeito da matéria:

> "Os dias feriados oficiais ou costumeiros, quer se situem ou não dentro do período de férias anuais, não serão computados como parte do período mínimo de férias anuais remuneradas previsto no § 3.º do art. 3.º acima".

Essa disposição poderia dar a entender que os feriados ocorridos durante as férias não mais estariam englobados no seu período, devendo ser objeto de gozo em separado, alongando os dias de descanso.

Na verdade, leitura atenta deste art. 6.1 demonstra que os feriados "não serão computados como parte do período *mínimo* de férias anuais remuneradas", ou seja, "não serão computados como parte do período [...] previsto no § 3.º do art. 3.º", que é de três semanas (21 dias).

Portanto, conforme a norma da OIT, obstado é englobar os feriados nas férias, mas apenas quanto ao período mínimo de 21 dias. Ou seja, o país que ratifica a Convenção 132 deve não só observar o referido período mínimo, mas, *caso adote este patamar mínimo*, deve estendê-lo na hipótese de feriados em seu curso. Não pode o país estabelecer o período de férias de 21 dias, já computados os feriados existentes quando da fruição. Inversamente, caso não se esteja diante de período *mínimo* do art. 3.3, o art. 6.1 não tem aplicabilidade.

Assim sendo, tem-se que no Brasil, ao adotar o período de férias de 30 dias (obviamente, não havendo ausências injustificadas, ou até o limite legal), não há que se falar em aplicação "do período mínimo de férias anuais remuneradas previsto no § 3.º do art. 3.º acima", restando obstada, portanto, a incidência do art. 6.1 da Convenção 132 da OIT.

Com isso, os feriados ocorridos durante o gozo das férias permanecem sendo englobados nelas, não havendo alteração, a respeito, na CLT (art. 130).

Cabe acentuar que a tabela prevista no art. 130 da CLT, já estudada acima, também não sofreu alteração com a Convenção 132. Essa norma internacional geral não trata da questão específica, pertinente às ausências não justificadas, que é regulamentada pelo mencionado dispositivo consolidado.

21.7 COMUNICAÇÃO DAS FÉRIAS

O empregado deve ser comunicado com antecedência quanto à concessão das férias, para que possa se programar para o referido período de descanso e lazer.

Nesse sentido, o art. 135 da CLT assim prevê: "A concessão das férias será participada, por escrito, ao empregado, com antecedência de, no mínimo, 30 (trinta) dias. Dessa participação o interessado dará recibo".

Questiona-se quanto à consequência de não se observar a referida comunicação no prazo indicado. Se as férias forem efetivamente gozadas pelo empregado, não há como considerar ineficaz a fruição, de modo que o empregador fica sujeito a penalidade administrativa.

Observada a referida antecedência na comunicação das férias, cabe destacar que o empregado não poderá entrar no gozo das férias sem que apresente ao empregador sua Carteira de Trabalho e Previdência Social, para que nela seja anotada a respectiva concessão (§ 1.º do art. 135 da CLT).

A concessão das férias também deve ser anotada no livro ou nas fichas de registro dos empregados (art. 135, § 2.º, da CLT). De acordo com a Lei Complementar 123/2006, art. 51, inciso II, as microempresas e as empresas de pequeno porte são dispensadas da anotação das férias dos empregados nos respectivos livros ou fichas de registro.

Conforme o art. 135, § 3.º, da CLT, incluído pela Lei 13.874/2019, nos casos em que o empregado possua a CTPS *em meio digital*, a anotação (da concessão das férias) deve ser feita nos sistemas a que se refere o § 7.º do art. 29 da Consolidação das Leis do Trabalho (ou seja, nos sistemas informatizados da CTPS em meio digital), na forma do regulamento, dispensadas as anotações de que tratam os §§ 1.º e 2.º do art. 135 da CLT.

Do mesmo modo, se as referidas anotações não forem efetuadas na CTPS e no registro do empregado, mas as férias forem efetivamente usufruídas, o empregador fica sujeito à aplicação de penalidade administrativa, mas podendo provar a concessão por todos os elementos legítimos admitidos em direito.

21.8 REMUNERAÇÃO DAS FÉRIAS

O empregado, quando usufrui as férias, deve receber a remuneração devida na época da concessão.

Nesse sentido prevê o art. 142 da CLT: "O empregado perceberá, durante as férias, a remuneração que lhe for devida na data da sua concessão".

Como esclarece a Súmula 7 do TST: "A indenização pelo não deferimento das férias no tempo oportuno será calculada com base na remuneração devida ao empregado na época da reclamação ou, se for o caso, na da extinção do contrato".

A Constituição Federal de 1988 passou a estabelecer que o empregado, além da remuneração, também tem direito ao acréscimo de pelo menos 1/3 (um terço), ao usufruir as férias (art. 7.º, inciso XVII). Ao referido acréscimo, por ser acessório da remuneração, aplicam-se as disposições pertinentes a esta.

A Orientação Jurisprudencial Transitória 50 da SBDI-I do TST esclarece importante aspecto sobre o adicional de 1/3, no caso de empresas que mesmo antes da Constituição Federal de 1988 já pagavam um abono de férias:

> "Férias. Abono instituído por instrumento normativo e terço constitucional. Simultaneidade inviável. O abono de férias decorrente de instrumento normativo e o abono de 1/3 (um terço) previsto no art. 7.º, XVII, da CF/1988 têm idêntica natureza jurídica, destinação e finalidade, constituindo-se *bis in idem* seu pagamento simultâneo, sendo legítimo o direito do empregador de obter compensação de valores porventura pagos".

Embora a Constituição de 1988 assegure o referido adicional de 1/3 da remuneração para o "gozo de férias anuais", não se pode fazer uma interpretação literal e restritiva do dispositivo.

Assim, de acordo com a Súmula 328 do TST: "Férias. Terço constitucional. O pagamento das férias, integrais ou proporcionais, gozadas ou não, na vigência da CF/1988, sujeita-se ao acréscimo do terço previsto no respectivo art. 7.º, XVII".

O pagamento da remuneração das férias deve ser efetuado até dois dias antes do início do respectivo período (art. 145 da CLT). O empregado deve dar quitação do pagamento, com indicação do início e do termo das férias.

Quando o salário for pago por hora com jornadas variáveis, apurar-se-á a média do período aquisitivo, aplicando-se o valor do salário na data da concessão das férias (§ 1.º do art. 142 da CLT).

Quando o salário for pago por tarefa, tomar-se-á por base a média da produção no período aquisitivo do direito a férias, aplicando-se o valor da remuneração da tarefa na data da concessão das férias (§ 2.º do art. 142 da CLT).

Desse modo, como esclarece a Súmula 149 do TST: "Tarefeiro. Férias. A remuneração das férias do tarefeiro deve ser calculada com base na média da produção do período aquisitivo, aplicando-se-lhe a tarifa da data da concessão".

Quando o salário for pago por percentagem, comissão ou viagem, deve ser apurada a média percebida pelo empregado nos 12 meses que precederem à concessão das férias (§ 3.º do art. 142 da CLT).

A Orientação Jurisprudencial 181 da SBDI-I do TST segue essa mesma linha, pontuando que: "Comissões. Correção monetária. Cálculo. O valor das comissões deve ser corrigido monetariamente para em seguida obter-se a média para efeito de cálculo de férias, 13.º salário e verbas rescisórias".

A parte do salário em utilidades será computada de acordo com a anotação na Carteira de Trabalho e Previdência Social (§ 4.º do art. 142 da CLT). No entanto, pode-se dizer que se a utilidade permanece sendo usufruída pelo empregado no curso das férias, deixa de ser devido o seu pagamento em dinheiro; no entanto, mesmo nessa última hipótese, é razoável entender-se que o adicional de 1/3, calculado sobre o valor da utilidade que persiste sendo usufruída nas férias, deve ser pago.

Os adicionais por trabalho extraordinário, noturno, insalubre ou perigoso serão computados no salário que servirá de base ao cálculo da remuneração das férias (§ 5.º do art. 142 da CLT). Se, no momento das férias, o empregado não estiver percebendo o mesmo adicional do período aquisitivo, ou quando o valor deste não tiver sido uniforme, será computada a média duodecimal recebida naquele período, após a atualização das importâncias pagas, mediante incidência dos percentuais dos reajustamentos salariais supervenientes (§ 6.º do art. 142 da CLT).

Esclarece a Súmula 253 do TST que a gratificação semestral não repercute no cálculo das horas extras, das férias e do aviso prévio, ainda que indenizados. Repercute, contudo, pelo seu duodécimo na indenização por antiguidade e na gratificação natalina.

21.9 ABONO PECUNIÁRIO DE FÉRIAS

As férias, essencialmente, devem ser gozadas pelo empregado, para que o referido instituto atenda à sua destinação de possibilitar repouso e restabelecimento do vigor físico e mental.

A própria Constituição Federal de 1988 assegura o direito de "*gozo* de férias anuais remuneradas", confirmando a necessidade de serem, em princípio, usufruídas pelo empregado.

No entanto, a Consolidação das Leis do Trabalho, no art. 143, faculta ao empregado converter 1/3 do período de férias a que tiver direito em abono pecuniário, no valor da remuneração que lhe seria devida nos dias correspondentes.

O entendimento já pacificado é de que a referida possibilidade foi recepcionada pela Constituição de 1988, pois apenas 1/3 do período de férias é convertido em abono pecuniário, de modo que elas permanecem sendo gozadas, ainda que em período reduzido.

Não se pode confundir o abono pecuniário de férias, que se refere à conversão de 1/3 do seu período de gozo em pecúnia, com o adicional constitucional de 1/3, a ser acrescido à remuneração das férias.

O abono de férias deverá ser requerido até 15 dias antes do término do período aquisitivo (§ 1.º do art. 143 da CLT).

Assim como o pagamento da remuneração das férias, o abono pecuniário de férias também deve ser efetuado até dois dias antes do início do respectivo período (art. 145 da CLT).

Tratando-se de férias coletivas, a referida conversão em abono pecuniário deve ser objeto de acordo coletivo entre o empregador e o sindicato representativo da respectiva categoria profissional, independendo de requerimento individual a concessão do abono (§ 2.º do art. 143 da CLT).

Quanto ao cálculo do valor do abono pecuniário de férias, saliente-se que, segundo a jurisprudência do TST, não incide novamente o acréscimo de 1/3 previsto na Constituição da República, como se observa no seguinte julgado:

> "Recurso de revista. Férias. Cálculo do abono pecuniário. O empregado que converte 10 dias de férias em pecúnia, nos moldes do art. 143 da CLT, faz jus ao pagamento do valor correspondente a 30 dias de férias (salário + 1/3), além da remuneração normal dos 10 dias trabalhados. *O equívoco da decisão regional está em aplicar o acréscimo de 1/3 também na remuneração dos dias trabalhados, procedimento que não se coaduna com a legislação aplicável.* Precedentes. Recurso de revista de que se conhece e a que se dá provimento" (TST, 7.ª T., RR 102-98.2011.5.07.0007, Rel. Des. Convocado Valdir Florindo, *DEJT* 14.06.2013, destaquei).

De acordo com o art. 144 da CLT, o abono de férias de que trata o art. 143 (abono pecuniário), bem como o concedido em virtude de cláusula do contrato de trabalho, do regulamento da empresa, de convenção ou acordo coletivo, desde que não excedente de 20 dias do salário, não integrarão a remuneração do empregado para os efeitos da legislação do trabalho.

Na realidade, o art. 144 da CLT faz menção a duas modalidades distintas de abonos de férias:

a) abono pecuniário de férias, previsto no art. 143, no qual o empregado tem a faculdade de converter 1/3 do período de férias em dinheiro, não possuindo natureza remuneratória para fins de legislação trabalhista (art. 144), nem para efeito de contribuição previdenciária (Lei 8.212/1991, art. 28, § 9.º, *e*, item 6);

b) abono de férias especial, previsto em cláusula do contrato de trabalho, do regulamento de empresa, de convenção ou acordo coletivo.

Esse abono em específico, pago em razão das férias do empregado, para que melhor pudesse usufruí-las, era mais frequente antes da promulgação da Constituição Federal de 1988, pois a partir de 05.10.1988 todos os empregados passaram a fazer jus a acréscimo de 1/3 na remuneração das férias.

De todo modo, se o empregado tiver o direito de receber o mencionado abono especial de férias, desde que ele não exceda 20 dias do salário, não integra a remuneração do empregado para os efeitos da legislação do trabalho, nem o salário de contribuição, para fins de incidência de contribuição previdenciária (Lei 8.212/1991, art. 28, § 9.º, *e*, item 6).

21.10 FÉRIAS CONCEDIDAS APÓS O PERÍODO CONCESSIVO

De acordo com o art. 137 da CLT: "Sempre que as férias forem concedidas após o prazo de que trata o art. 134, o empregador pagará em dobro a respectiva remuneração".

Assim, na hipótese em estudo, o empregador, além de ter de conceder as férias com a respectiva remuneração, atualmente acrescida de 1/3 constitucional, deve pagar ao empregado a dobra das férias, também com o 1/3 do art. 7.º, inciso XVII, da Constituição Federal de 1988 (pois este acessório segue o principal, que é a remuneração das férias).

Mesmo que o empregado receba a remuneração das férias, com 1/3, mas não as usufrua efetivamente, deve ser paga a dobra em questão, pois as férias não foram efetivamente concedidas na época devida.

A dobra das férias, acrescida da remuneração normal das férias, ambas com o acréscimo de 1/3, resultam no pagamento em dobro, determinado pelo art. 137 da CLT.

Quanto à natureza jurídica, entende-se que a dobra das férias, em si, com 1/3, possui natureza de penalidade, por não ter o empregador observado o período de concessão. Além disso, trata-se de indenização, devida ao empregado, por não ter usufruído as férias no período devido. Nesse sentido confirma a previsão da Lei 8.212/1991, art. 28, § 9.º, *d*.

Assim, a natureza remuneratória restringe-se à remuneração das férias com 1/3.

No entanto, nem sempre todos os dias de férias são concedidos fora do período concessivo. A solução para o referido caso encontra-se na Súmula 81 do TST, com a seguinte redação: "Férias. Os dias de férias gozados após o período legal de concessão deverão ser remunerados em dobro".

Obviamente, se as férias não puderam ser concedidas dentro do período de concessão, mas não por culpa ou por causa do empregador, como nos casos em que o empregado ficou afastado por acidente do trabalho ou licença-maternidade, não se pode penalizar o empregador de boa-fé, de modo que não incide, no caso, o direito de pagamento das férias em dobro.

Ademais, de acordo com a Súmula 450 do TST: "Férias. Gozo na época própria. Pagamento fora do prazo. Dobra devida. Arts. 137 e 145 da CLT (conversão da Orientação Jurisprudencial 386 da SBDI-1). É devido o pagamento em dobro da remuneração de férias, incluído o terço constitucional, com base no art. 137 da CLT, quando, ainda que gozadas na época própria, o empregador tenha descumprido o prazo previsto no art. 145 do mesmo diploma legal".

O Tribunal Superior do Trabalho decidiu que deve ser dada interpretação restritiva à Súmula 450 do TST, para afastar sua aplicação às hipóteses de atraso ínfimo no pagamento das férias, como de dois dias, não implicando na condenação à dobra nesses casos (TST, Pleno, E-RR-10128-11.2016.5.15.0088, Rel. Min. Ives Gandra Martins Filho, *DEJT* 08.04.2021)[10].

O Supremo Tribunal Federal julgou procedente o pedido em arguição de descumprimento de preceito fundamental para: (a) declarar a inconstitucionalidade da Súmula 450 do Tribunal Superior do Trabalho; e (b) invalidar decisões judiciais não transitadas em julgado que, amparadas no texto sumular, tenham aplicado a sanção de pagamento em dobro com base no art. 137 da CLT (STF, Pleno, ADPF 501/SC, Rel. Min. Alexandre de Moraes, j. 08.08.2022). Logo, em caso de descumprimento do dever específico de pagamento da remuneração das férias até dois dias antes do início do respectivo período (art. 145 da CLT), o que incide é a multa administrativa prevista no art. 153 da CLT.

Vencido o prazo de concessão sem que o empregador tenha concedido as férias, o empregado poderá ajuizar reclamação pedindo a fixação, por sentença, da época de seu gozo (§ 1.º do art. 137 da CLT).

Reconhecido o direito do empregado, de usufruir as férias, pela sentença trabalhista, esta cominará pena diária de 5% do salário mínimo, devida ao empregado até que o mandamento contido na decisão seja cumprido (§ 2.º do art. 137).

Além disso, a cópia da decisão judicial transitada em julgado será remetida ao órgão local do Ministério do Trabalho, para fins de aplicação da multa de caráter administrativo (§ 3.º do art. 137).

21.11 CESSAÇÃO DO CONTRATO DE TRABALHO E EFEITOS QUANTO ÀS FÉRIAS

Ocorrendo a terminação do contrato de trabalho, as férias adquiridas, mas ainda não gozadas, são sempre devidas, de forma indenizada, com o acréscimo constitucional de 1/3 (Súmula 328 do TST), independentemente do motivo do término do vínculo de emprego.

Aliás, se o período concessivo já tiver encerrado quando da extinção contratual, as referidas férias indenizadas com 1/3 são devidas em dobro, na forma do art. 137, *caput*, da CLT.

Isso é confirmado pelo art. 146, *caput*, da CLT: "Na cessação do contrato de trabalho, qualquer que seja a sua causa, será devida ao empregado a remuneração simples ou em dobro, conforme o caso, correspondente ao período de férias cujo direito tenha adquirido".

10. "Embargos em recurso de revista. Atraso ínfimo no pagamento das férias. Inaplicabilidade da sanção da Súmula 450 do TST quanto ao pagamento em dobro. Princípios da razoabilidade e proporcionalidade. Interpretação do verbete sumulado à luz dos precedentes que o embasaram. Não conhecimento" (TST, Pleno, E-RR-10128-11.2016.5.15.0088, Rel. Min. Ives Gandra Martins Filho, *DEJT* 08.04.2021).

Quanto à natureza jurídica das férias indenizadas, deve-se interpretar com o devido cuidado o art. 148 da CLT, ao dispor que a remuneração das férias, "ainda quando devida após a cessação do contrato de trabalho, terá natureza salarial, para os efeitos do art. 449". Na realidade, o dispositivo apenas estabelece que as férias, mesmo quando devidas após a cessação contratual (férias indenizadas e férias proporcionais com 1/3), integram as verbas de natureza trabalhista, com preferência de quitação quando da falência da empresa ou de sua recuperação judicial.

Assim, referidas férias indenizadas com 1/3 (de forma simples ou em dobro) não possuem natureza remuneratória, mas sim indenizatória, inclusive para fins previdenciários (Lei 8.212/1991, art. 28, § 9.º, *d*).

Por isso, de acordo com a Orientação Jurisprudencial 195 da SBDI-I do TST: "Férias indenizadas. FGTS. Não incidência. Não incide a contribuição para o FGTS sobre as férias indenizadas".

No entanto, pode ocorrer a situação em que, quando o contrato de trabalho termina, existe período aquisitivo de férias ainda não completo. Trata-se das férias proporcionais, as quais, quando devidas, também devem ser pagas com o adicional constitucional de 1/3 (Súmula 328 do TST).

Para o cálculo das férias proporcionais, utiliza-se o critério previsto no art. 146, parágrafo único, parte final, da CLT. Assim, o direito à remuneração relativa ao período incompleto de férias, de acordo com o art. 146, parágrafo único, é feito na proporção de 1/12 (um doze avos) por mês de serviço ou fração superior a 14 dias.

As férias proporcionais com 1/3 possuem natureza indenizatória, pois não se referem às férias usufruídas, mas sim à indenização do período ainda não completo, e são pagas na rescisão do contrato de trabalho.

A respeito do tema, a Súmula 261 do TST, com redação determinada pela Resolução 121/2003, assim prevê: "Férias proporcionais. Pedido de demissão. Contrato vigente há menos de um ano. O empregado que se demite antes de completar 12 (doze) meses de serviço tem direito a férias proporcionais".

Observa-se que o entendimento jurisprudencial passou a ser justamente o inverso do anterior, pois a redação originária desse verbete afastava o direito às férias proporcionais ao empregado que pedia demissão antes de completar 12 meses de serviço, o que representava a interpretação restritiva do art. 146, parágrafo único, da CLT.

Essa mudança de orientação certamente também decorreu da aplicação da Convenção 132 da OIT (arts. 4.1 e 11), que estabelece o direito às férias proporcionais, sem fazer restrições quanto a pedido de demissão.

No tocante ao tempo de trabalho para a aquisição do direito às férias, cada "mês de serviço ou fração superior a 14 (quatorze) dias" resulta no direito à proporção de 1/12 (um doze avos) de férias (art. 146, parágrafo único, da CLT). Assim, a regra mais benéfica do sistema jurídico brasileiro afasta qualquer exigência de prestação de serviços por período superior para fazer jus a férias proporcionais.

Efetivamente, de acordo com o art. 5.1 da Convenção 132 da OIT: "Um período mínimo de serviço poderá ser exigido para a obtenção de direito a um período de férias remuneradas anuais". No caso do Brasil, a Consolidação das Leis do Trabalho, como demonstrado, fixou o período mínimo de 15 dias para a aquisição de 1/12 de férias. Por isso, já existe a fixação da duração mínima do período de serviço para a obtenção do direito a férias, pelo ordenamento jurídico brasileiro, que atende ao disposto no art. 5.2 da Convenção 132, pois bem inferior ao limite de seis meses.

Obviamente, a aquisição do direito a 12/12 de férias (integrais) ocorre após cada período de 12 meses de vigência do contrato de trabalho (art. 130 da CLT), mas esse lapso temporal não colide com o art. 5.2 da Convenção 132 da OIT, que regula, na realidade, as férias proporcionais. Tanto é assim que o seu art. 11, tratando das férias proporcionais "em caso de cessação da relação empregatícia", expressamente se reporta ao art. 5.1, ao qual o art. 5.2 está vinculado.

O próprio art. 3.3 da Convenção confirma que o período aquisitivo para o gozo das férias integrais é de "1 (um) ano de serviço".

Não se pode confundir período para adquirir o direito ao gozo das férias (art. 130 da CLT e art. 3.3 da Convenção 132 da OIT) com período mínimo para adquirir (remuneração de) férias proporcionais (art. 146, parágrafo único, da CLT e arts. 5.1. e 5.2 da Convenção 132 da OIT).

Cabe lembrar que, existindo aviso prévio indenizado, como este sempre integra o tempo de serviço (art. 487, § 1.º, da CLT), deve-se computá-lo para efeito do cálculo (projeção) de férias devidas na rescisão contratual.

Ainda de acordo com a Súmula 171 do TST, na atual redação, determinada pela Resolução 121/2003, assim prevê:

> "Férias proporcionais. Contrato de trabalho. Extinção. Salvo na hipótese de dispensa do empregado por justa causa, a extinção do contrato de trabalho sujeita o empregador ao pagamento da remuneração das férias proporcionais, ainda que incompleto o período aquisitivo de 12 (doze) meses (art. 147 da CLT)".

Quanto à dispensa sem justa causa e o término do contrato de trabalho por prazo determinado, o art. 147 da CLT expressamente assegura o direito às férias proporcionais[11]. Estas, obviamente, também são devidas na despedida indireta (art. 483 da CLT).

Destaque-se que, conforme o art. 483, § 2.º, da CLT, "no caso de morte do empregador constituído em empresa individual, é facultado ao empregado rescindir o contrato de trabalho". Nessa situação, sendo o empregador pessoa física, caso ele faleça, mas não haja o encerramento das atividades da empresa, há autorização para o empregado pedir demissão, sem ter de conceder aviso prévio, justamente em razão do motivo estabelecido na lei, como já analisado anteriormente. Tratando-se de pedido de demissão, terá direito às férias proporcionais, mesmo que não tenha completado 12 meses de serviço, na forma já exposta.

Quanto à cessação da atividade da empresa "por morte do empregador" (art. 485 da CLT), a hipótese também se refere ao empregador pessoa física, pois apenas este pode falecer. Entretanto, diversamente do art. 483, § 2.º, da CLT, havendo a cessação da atividade empresarial, o que se verifica é a dispensa do empregado, pois este não corre o risco do empreendimento. Sendo assim, são devidas normalmente as férias proporcionais com 1/3.

Como já estudado, a falência não necessariamente extingue o contrato de trabalho; caso haja a cessação das atividades da empresa, com o fim da relação de emprego, também há o direito às férias proporcionais, pois os riscos do negócio são do empregador.

---

11. "Art. 147. O empregado que for despedido sem justa causa, ou cujo contrato de trabalho se extinguir em prazo predeterminado, antes de completar 12 (doze) meses de serviço, terá direito à remuneração relativa ao período incompleto de férias, de conformidade com o disposto no artigo anterior".

Relevante frisar que a atual redação da Súmula 171 do TST manteve a exclusão do direito às férias proporcionais na hipótese de dispensa por justa causa, o que encontra amparo no art. 146, parágrafo único, da CLT.

Ou seja, não foi acolhida a tese (defendida por parte da doutrina) de que, com a ratificação da Convenção 132, o direito às férias proporcionais não mais depende do motivo do término do contrato de trabalho, pois a norma da OIT desvincula este direito da causa da referida cessação.

No entanto, cabe observar a evolução da jurisprudência a respeito, pois, efetivamente, a finalidade das férias é de restaurar a saúde física e mental do empregado, o que independe e não se relaciona com as sanções decorrentes da falta praticada.

Por fim, a Súmula 14 do Tribunal Superior do Trabalho, versando sobre a culpa recíproca, também foi alterada pela Resolução 121/2003. Em razão de tratar das férias proporcionais nessa modalidade de extinção da relação de emprego, é pertinente a sua transcrição:

> "Culpa recíproca. Reconhecida a culpa recíproca na rescisão do contrato de trabalho (art. 484 da CLT), o empregado tem direito a 50% (cinquenta por cento) do valor do aviso prévio, do décimo terceiro salário e das férias proporcionais".

Portanto, na jurisprudência do Tribunal Superior do Trabalho (Súmulas 14 e 171), o motivo da extinção contratual, no que tange à prática faltosa, permanece tendo relevância quanto às férias proporcionais.

21.12 ANTECIPAÇÃO DE FÉRIAS INDIVIDUAIS

No âmbito dos poderes diretivo e gerencial dos empregadores, e considerada a vontade expressa dos empregados e das empregadas, haverá priorização na antecipação de férias individuais, como concessão de medida de flexibilização, aos empregados e às empregadas que tenham filho, enteado ou pessoa sob sua guarda com até seis anos de idade ou com deficiência, com vistas a promover a conciliação entre o trabalho e a parentalidade (art. 8.º, inciso IV, da Lei 14.457/2022).

A referida medida somente pode ser adotada até o segundo ano: do nascimento do filho ou enteado; da adoção; ou da guarda judicial (art. 8.º, § 1.º, da Lei 14.457/2022). Esse prazo aplica-se inclusive para o empregado ou a empregada que tiver filho, enteado ou pessoa sob guarda judicial com deficiência.

A medida em questão deve ser formalizada por meio de acordo individual, de acordo coletivo ou de convenção coletiva de trabalho (art. 8.º, § 2.º, da Lei 14.457/2022).

Sendo assim, a antecipação de férias individuais pode ser concedida ao empregado ou à empregada que se enquadre nos critérios estabelecidos no art. 8.º, § 1.º, da Lei 14.457/2022 (ou seja, até o segundo ano do nascimento do filho ou enteado, da adoção ou da guarda judicial), ainda que não tenha transcorrido o seu período aquisitivo (art. 10 da Lei 14.457/2022). As férias antecipadas não podem ser usufruídas em período inferior a cinco dias corridos.

Para as férias concedidas na forma prevista no art. 10 da Lei 14.457/2022, o empregador pode optar por efetuar o pagamento do adicional de 1/3 de férias após a sua concessão, até a data em que for devida a gratificação natalina prevista no art. 1.º da Lei 4.749/1965 (art. 11 da Lei 14.457/2022).

O pagamento da remuneração da antecipação das férias na forma do art. 10 da Lei 14.457/2022 pode ser efetuado até o quinto dia útil do mês subsequente ao início do gozo das férias, hipótese em que não se aplica o disposto no art. 145 da Consolidação das Leis do Trabalho (art. 12 da Lei 14.457/2022).

Na hipótese de rescisão do contrato de trabalho, os valores das férias ainda não usufruídas devem ser pagos juntamente com as verbas rescisórias devidas (art. 13 da Lei 14.457/2022).

Na hipótese de período aquisitivo não cumprido, as férias antecipadas e usufruídas serão descontadas das verbas rescisórias devidas ao empregado no caso de pedido de demissão.

Na adoção da referida medida de flexibilização (antecipação de férias individuais), deve sempre ser levada em conta a vontade expressa da empregada ou do empregado beneficiado pela medida de apoio ao exercício da parentalidade (art. 22 da Lei 14.457/2022).

21.13 PRESCRIÇÃO DA PRETENSÃO QUANTO ÀS FÉRIAS

Violado o direito de usufruir as férias ou de receber a remuneração de férias, nasce ao empregado a pretensão de exigir a satisfação do referido direito, que deve ser exercida no prazo prescricional pertinente aos créditos decorrentes da relação de emprego (art. 7.º, inciso XXIX, da CF/1988).

Sobre o tema, o art. 149 da CLT estabelece regra especial para o início do referido prazo prescricional:

> "Art. 149. A prescrição do direito de reclamar a concessão das férias ou o pagamento da respectiva remuneração é contada do término do prazo mencionado no art. 134 ou, se for o caso, da cessação do contrato de trabalho".

Como se nota, após dois anos do término do contrato de trabalho, ocorre a prescrição bienal total.

No curso do contrato de trabalho, as pretensões devem ser exigidas no prazo prescricional de cinco anos, contados da violação do direito. No caso das férias, seja quanto à concessão, ou em relação ao pagamento de sua remuneração, o prazo prescricional, durante a vigência da relação de emprego, inicia-se somente após o término do período concessivo das férias (que é de 12 meses subsequentes ao período aquisitivo).

Cabe lembrar que, de acordo com o art. 440 da CLT, não corre prazo prescricional contra o menor de 18 anos. Assim, apenas quando o empregado completar a referida idade é que a prescrição tem início, inclusive para fins de exigibilidade de férias não concedidas ou não remuneradas.

21.14 FÉRIAS DO EMPREGADO DOMÉSTICO

O empregado doméstico tem direito a *férias anuais remuneradas* de 30 dias, salvo o disposto no art. 3.º, § 3.º (que dispõe sobre férias no regime de tempo parcial), com acréscimo de, pelo menos, *um terço do salário normal*, após cada período de 12 meses de trabalho prestado à mesma pessoa ou família (art. 17 da Lei Complementar 150/2015).

Na cessação do contrato de trabalho, o empregado, desde que não tenha sido demitido por justa causa, tem direito à remuneração relativa ao período incompleto de férias, na proporção de 1/12 (um doze avos) por mês de serviço ou fração superior a 14 dias (art. 17, § 1.º, da Lei Complementar 150/2015).

O período de férias pode, a critério do empregador, ser *fracionado em até dois períodos*, sendo um deles de, no mínimo, 14 dias corridos (art. 17, § 2.º, da Lei Complementar 150/2015).

É facultado ao empregado doméstico converter 1/3 do período de férias a que tiver direito em *abono pecuniário*, no valor da remuneração que lhe seria devida nos dias correspondentes (art. 17, § 3.º, da Lei Complementar 150/2015).

O abono de férias deve ser requerido até 30 dias antes do término do período aquisitivo (art. 17, § 4.º, da Lei Complementar 150/2015).

É lícito ao empregado que reside no local de trabalho nele permanecer durante as férias (art. 17, § 5.º, da Lei Complementar 150/2015).

As férias devem ser concedidas pelo empregador nos 12 meses subsequentes à data em que o empregado tiver adquirido o direito (art. 17, § 6.º, da Lei Complementar 150/2015).

A Lei Complementar 150/2015, dispondo sobre o contrato de trabalho doméstico, no art. 19, prevê ainda que, observadas as peculiaridades do trabalho doméstico, a ele também se aplica, subsidiariamente, a Consolidação das Leis do Trabalho (CLT).

Desse modo, entende-se que também são aplicáveis ao empregado doméstico as previsões a respeito das férias proporcionais e das férias em dobro, previstas nos arts. 137 e 147 da CLT.

Como a Constituição Federal de 1988 assegurou ao doméstico o direito às férias remuneradas com o adicional de 1/3, as férias proporcionais estão evidentemente inseridas nessa previsão mais genérica. Além disso, como forma de assegurar o efetivo gozo das férias ao doméstico, conforme estabelece o texto constitucional, também deve ser aplicada a previsão do art. 137 da CLT, quanto ao seu pagamento em dobro, quando ultrapassado o período de concessão.

Ainda quanto ao contrato de trabalho doméstico, na modalidade do regime de tempo parcial, após cada período de 12 meses de vigência do contrato de trabalho, o empregado tem direito a *férias*, na seguinte proporção:

> I – 18 dias, para a duração do trabalho semanal superior a 22 horas, até 25 horas;
>
> II – 16 dias, para a duração do trabalho semanal superior a 20 horas, até 22 horas;
>
> III – 14 dias, para a duração do trabalho semanal superior a 15 horas, até 20 horas;
>
> IV – 12 dias, para a duração do trabalho semanal superior a 10 horas, até 15 horas;
>
> V – 10 dias, para a duração do trabalho semanal superior a 5 horas, até 10 horas;
>
> VI – 8 dias, para a duração do trabalho semanal igual ou inferior a 5 horas (art. 3.º, § 3.º, da Lei Complementar 150/2015).

21.15 FÉRIAS DO PROFESSOR

Há certas peculiaridades na regulação da relação de emprego do professor, inclusive quanto ao tema das férias.

Não se pode confundir o período de férias escolares com as férias do (empregado que exerce a função de) professor.

De acordo com o art. 322 da CLT: "No período de exames e no de férias escolares, é assegurado aos professores o pagamento, na mesma periodicidade contratual, da remuneração por eles percebida, na conformidade dos horários, durante o período de aulas".

Além disso, não se exigirá dos professores, no período de exames, a prestação de mais de oito horas de trabalho diário, salvo mediante o pagamento complementar de cada hora excedente pelo preço correspondente ao de uma aula (§ 1.º do art. 322).

Por fim, no período de férias escolares, não se poderá exigir dos professores outro serviço senão o relacionado com a realização de exames (§ 2.º do art. 322). Nota-se que as férias do professor propriamente podem ser concedidas, por exemplo, no período que corresponde ao mês de julho, como normalmente ocorre.

De todo modo, na hipótese de dispensa sem justa causa, ao término do ano letivo ou no curso das férias escolares, é assegurado ao professor o pagamento a que se refere o *caput* do art. 322 da CLT.

Por isso, conforme a Súmula 10 do TST: "Professor. Dispensa sem justa causa. Término do ano letivo ou no curso de férias escolares. Aviso prévio. O direito aos salários do período de férias escolares assegurado aos professores (art. 322, *caput* e § 3.º, da CLT) não exclui o direito ao aviso prévio, na hipótese de dispensa sem justa causa ao término do ano letivo ou no curso das férias escolares".

21.16 FÉRIAS DO MARÍTIMO

O tripulante que, por determinação do armador, for transferido para o serviço de outro, terá computado, para o efeito de gozo de férias, o tempo de serviço prestado ao primeiro, ficando obrigado a concedê-las o armador em cujo serviço ele se encontra na época de gozá-las (art. 150, *caput*, da CLT).

As férias poderão ser concedidas, a pedido dos interessados e com aquiescência do armador, de forma parcelada, nos portos de escala de grande estadia do navio, aos tripulantes ali residentes (§ 1.º do art. 150).

Será considerada grande estadia a permanência no porto por prazo excedente de seis dias (§ 2.º do art. 150).

Os embarcadiços, para gozarem férias nas condições do art. 150 da CLT, deverão pedi-las, por escrito, ao armador, antes do início da viagem, no porto de registro ou armação (§ 3.º do art. 150).

O tripulante, ao terminar as férias, apresentar-se-á ao armador, que deverá designá-lo para qualquer de suas embarcações ou o adir a algum dos seus serviços terrestres, respeitadas a condição pessoal e a remuneração (§ 4.º do art. 150).

Em caso de necessidade, determinada pelo interesse público, e comprovada pela autoridade competente, poderá o armador ordenar a suspensão das férias já iniciadas ou a iniciar-se, ressalvado ao tripulante o direito ao respectivo gozo posteriormente (§ 5.º do art. 150).

A remuneração do tripulante, no gozo de férias, será acrescida da importância correspondente à etapa que estiver vencendo (art. 152 da CLT).

A Convenção 186 da Organização Internacional do Trabalho, de 2006, sobre trabalho marítimo, foi promulgada pelo Decreto 10.671/2021. Todo Estado-membro deve exigir que a gente do mar empregada em navios que arvoram sua bandeira tenha férias anuais remuneradas, em condições apropriadas. A gente do mar terá direito a permissão para ir a terra em benefício de sua saúde e bem-estar e segundo as exigências operacionais de suas funções (Convenção 186 da OIT, Título 2, Regra 2.4).

Capítulo 22

TRABALHO DA MULHER

22.1 INTRODUÇÃO

Durante a Revolução Industrial, principalmente no século XIX, observaram-se péssimas condições de labor, com a utilização do trabalho de mulheres, que recebiam salários inferiores.

As mulheres estavam expostas a trabalhos prejudiciais à saúde, com longas jornadas, que colocavam em risco a sua segurança e a sua vida.

Tendo em vista as terríveis consequências, para as famílias e para a sociedade, decorrentes da situação acima narrada, teve início o surgimento de **legislação de proteção ao trabalho das mulheres**, primeiramente na Inglaterra, tendência que se seguiu na França e em outros países da Europa[1].

Após essa fase de formação da legislação protecionista ao trabalho da mulher, observou-se que, justamente em razão das referidas leis, as mulheres eram muitas vezes discriminadas no mercado de trabalho. Os empregadores preferiam não contratar o trabalho feminino, por serem as suas regras mais restritivas, com diversas proibições, gerando preferência pelo trabalho do homem.

Assim, de certo modo contraditório, a legislação que tinha o objetivo de proteger as mulheres passou a ser fonte de discriminação, prejudicando o seu trabalho. Como forma de combater a discriminação de gênero, teve início a **legislação de promoção ao trabalho da mulher**, para pôr fim às desigualdades então verificadas.

As restrições do trabalho da mulher, que não mais se justificavam, deixaram de ser previstas, tendo em vista a igualdade de direitos, observadas as especificidades inerentes à condição da pessoa.

A legislação de proteção da mulher ficou mais centrada nos aspectos que realmente merecem atenção da sociedade, em especial o estado de gestante e a maternidade. Objetiva-se que esses fatores não sirvam de óbice para a contratação de trabalho feminino, nem de diferenciação salarial ou de discriminação quanto às demais condições de trabalho.

A discriminação no âmbito das relações de trabalho, especialmente em razão do gênero ou sexo, passou a ser combatida por medidas jurídicas, com destaque para a promoção ao trabalho da mulher.

Na Organização Internacional do Trabalho, a sua Constituição destaca a necessidade de proteção ao trabalho da mulher. Também existem diversas Convenções da OIT sobre o tema.

1. Cf. MARTINS, Sergio Pinto. *Direito do trabalho*. 28. ed. São Paulo: Atlas, 2012. p. 615.

Em 1951, a OIT aprova a Convenção 100, sobre a "igualdade de remuneração entre a mão de obra masculina e a mão de obra feminina por um trabalho de igual valor"[2].

A Convenção 103 da OIT, de 1952, de grande relevância, estabelece regras de proteção à maternidade, tendo sido revista pela Convenção 183 da OIT, de 2000.

Merece destaque, ainda, a Convenção 111, de 1958, que versa sobre a discriminação em matéria de emprego e profissão, procurando coibi-la.

A Convenção 156, de 1981, por sua vez, estabelece a igualdade de oportunidades e de tratamento para trabalhadores de ambos os sexos.

A Convenção 171 da OIT, de 1990, embora pertinente ao trabalho noturno, prevê proteção especial ao trabalho das mulheres, mas apenas em razão da maternidade.

A Declaração Universal dos Direitos Humanos, de 1948, também estabelece regras de não discriminação por motivo de sexo.

A Organização das Nações Unidas possui Convenção sobre "Eliminação de todas as formas de discriminação contra a mulher", de 18 de dezembro de 1979, promulgada no Brasil pelo Decreto 4.377, de 13 de setembro de 2002.

Pode-se observar, no plano interno, da legislação no Brasil, a mesma evolução quanto ao trabalho da mulher.

Assim, em linhas gerais, pode-se verificar, inicialmente, a ausência de normas especiais quanto ao trabalho da mulher.

Em seguida, a evolução revelou o surgimento de disposições de proteção, as quais geraram restrições que, infelizmente, acarretaram discriminações quanto ao trabalho da mulher.

Em função disso, passaram a ser elaboradas normas que proíbem a discriminação quanto ao sexo, procurando estabelecer a igualdade nas relações de trabalho, fomentando o trabalho da mulher.

A proteção especial apenas passa a se justificar nos aspectos realmente diferenciados e peculiares, notadamente em relação ao estado de gestante e maternidade, que são de responsabilidade da sociedade como um todo, não podendo servir de fatores de discriminação contra a mulher.

Na Constituição Federal de 1988, o art. 7.º, no inciso XVIII, assegura o direito de "licença à gestante, sem prejuízo do emprego e do salário, com a duração de cento e vinte dias".

O inciso XX do mesmo art. 7.º garante a "proteção do mercado de trabalho da mulher, mediante incentivos específicos, nos termos da lei".

O inciso XXX, por sua vez, estabelece a "proibição de diferença de salários, de exercício de funções e de critério de admissão por motivo de sexo, idade, cor ou estado civil".

Essas normas podem ser vistas como especificações do mandamento mais genérico, previsto no art. 5.º, inciso I, da Constituição Federal em vigor, no sentido de que "homens e mulheres são iguais em direitos e obrigações, nos termos desta Constituição".

No Ato das Disposições Constitucionais Transitórias, o art. 10, inciso II, *b*, veda a dispensa arbitrária ou sem justa causa "da empregada gestante, desde a confirmação da gravidez até cinco meses após o parto".

2. SÜSSEKIND, Arnaldo. *Direito internacional do trabalho*. 3. ed. São Paulo: LTr, 2000. p. 360.

No plano infraconstitucional, a Consolidação das Leis do Trabalho, de 1.º de maio de 1943, consolidou a matéria do trabalho da mulher em seu Capítulo III, do Título III (arts. 372 a 401).

A Lei 6.136, de 07.11.1974, transferiu à Previdência Social o ônus da licença-maternidade. Efetivamente, não se pode deixar tal encargo financeiro com o empregador, sob pena de inevitável e indesejada discriminação da mulher no mercado de trabalho.

A Lei 7.189, de 04.06.1984, alterou o art. 379 da CLT, passando a permitir o trabalho noturno da mulher com mais de 18 anos, salvo em empresas ou atividades industriais.

Merece destaque, ainda, a Lei 7.855, de 24.10.1989, por ter revogado: os arts. 379 e 380 da CLT, pois estes proibiam o trabalho noturno da mulher, estabelecendo certas especificações; os arts. 374 e 375 da CLT, que restringiam as possibilidades de prorrogação e de compensação da jornada de trabalho da mulher; o art. 387 da CLT, o qual proibia o trabalho da mulher em subterrâneos, minerações em subsolos, pedreiras e obras de construção civil, bem como em atividades insalubres e perigosas.

O art. 376 da CLT, que fazia restrições à prorrogação de jornada de trabalho pela mulher, também foi expressamente revogado pela Lei 10.244/2001.

O art. 384 e o parágrafo único do art. 372 da CLT foram revogados pela Lei 13.467/2017.

A Lei Complementar 146/2014 prevê que o direito previsto no art. 10, inciso II, *b*, do Ato das Disposições Constitucionais Transitórias deve ser assegurado, nos casos em que ocorrer o falecimento da genitora, a quem detiver a guarda do seu filho.

Na realidade, diferenciações e restrições como essa, sem atender ao princípio da razoabilidade, em função do panorama atual e das condições de trabalho no presente, já haviam sido revogadas pela própria Constituição Federal de 1988, que, ao assegurar a igualdade de sexo, não recepcionou disposições que acarretem a discriminação nesse tema.

Como se nota, foram excluídas do ordenamento jurídico as disposições que, embora com o objetivo inicial de proteção ao trabalho da mulher, estabeleciam restrições e diferenciações que não mais se justificavam. Tais medidas, surgidas em outro momento histórico, em vez de proteger, passaram a desencadear condutas discriminatórias, quanto ao gênero, por parte das empresas e dos empregadores, nos aspectos da admissão, exercício de funções e remuneração das mulheres no mercado de trabalho.

22.2 FUNDAMENTO DAS NORMAS DE PROTEÇÃO DO TRABALHO DA MULHER

Tendo em vista os aspectos acima destacados, já não se justifica, nem se admite, na atualidade, normas de proteção ao trabalho da mulher que, estabelecendo restrições, gerem a discriminação nas relações de trabalho.

No presente, as normas de proteção ao trabalho da mulher devem ficar restritas a promover o referido labor, pondo fim a qualquer desigualdade no plano social dos fatos, por meio de medidas que fomentem a contratação e melhoria das condições de trabalho, alcançando-se a igualdade material entre homens e mulheres. Nesse sentido, o fundamento da referida legislação passa a ser o princípio da igualdade material e da vedação à discriminação de gênero nas relações de trabalho.

A proteção, em seu sentido mais tradicional, deve ficar restrita ao estado de **gestante** e de **maternidade** da empregada, em que a mulher deve receber tratamento especial, condizente com esse relevante momento de sua vida.

Em razão da importância, para toda a sociedade, de que a mulher tenha o seu filho em condições favoráveis, bem como possa criá-lo da melhor forma, a legislação trabalhista e previdenciária deve estabelecer normas que assegurem os referidos objetivos. Com isso, atualmente, o fundamento das disposições de proteção, em sentido estrito, do trabalho da mulher, fica localizado no estado de gestante e de maternidade.

No entanto, ao mesmo tempo em que a lei deve proteger a gestante e a empregada que é mãe, deve combater e evitar a Discriminação contra o trabalho da mulher, por eventual atribuição relacionada à maternidade.

Por isso, o período de licença-maternidade deve ser assegurado à mulher, mas sem que o empregador tenha de responder pela remuneração do período, encargo que deve recair, na realidade, sobre toda a sociedade, representada pelo Estado. Caso contrário, o empregador iria, certamente, evitar a contratação de empregadas do sexo feminino, gerando a indesejada discriminação de gênero.

Desse modo, o salário-maternidade deve ser previsto como cobertura previdenciária, a ser custeada pelos cofres públicos da previdência social, sem pesar na folha de pagamento do empregador que diretamente contratou a empregada[3].

22.3 CONDIÇÕES DE TRABALHO DA MULHER

Já não vigoram, nem seriam compatíveis com a ordem jurídica em vigor, condições especiais de trabalho da mulher, tratando-a de forma diferente do homem quanto aos seguintes aspectos:

- contratação (art. 446 da CLT, revogado pela Lei 7.855/1989);
- duração do trabalho, incluindo-se sua prorrogação e compensação (arts. 374 e 375 da CLT, revogados pela Lei 7.855/1989, e art. 376 da CLT, revogado pela Lei 10.244/2001);
- salário, pois prevalece a igualdade de remuneração, conforme o art. 7.º, inciso XXX, da Constituição Federal de 1988, bem como os arts. 5.º e 377 da CLT;
- trabalho noturno (arts. 379 e 380 da CLT, revogados pela Lei 7.855/1989);
- trabalhos insalubres, perigosos ou penosos (sendo o primeiro não mais vedado pela atual CF/1988, tendo sido revogado, ainda, o art. 387, *b*, da CLT, pela Lei 7.855/1989).

O art. 387, *a*, da CLT, que proibia o trabalho da mulher em subterrâneos, nas minerações em subsolo, nas pedreiras e obras de construção pública e particular, foi expressamente revogado pela Lei 7.855/1989.

Os fatores que acarretam a insalubridade, a periculosidade e o trabalho penoso devem ser eliminados ou neutralizados, mas para homens e mulheres, sem diferenciação, atendendo ao comando do art. 7.º, inciso XXII, da Constituição Federal de 1988, tornando o meio ambiente de trabalho saudável, seguro e favorável à plena realização profissional, bem como individual e social, da pessoa, independentemente do sexo.

O art. 301 da CLT, por seu turno, assim dispõe: "O trabalho no subsolo somente será permitido a homens, com idade compreendida entre 21 (vinte e um) e 50 (cinquenta) anos, assegurada a transferência para a superfície nos termos previstos no artigo anterior".

3. Art. 7.º, inciso XVIII, da CF/1988: "licença à gestante, sem prejuízo do emprego e do salário, com a duração de cento e vinte dias".

Cabe verificar se o art. 301 da CLT, quanto à proibição do trabalho da mulher nele prevista, permanece em vigor.

Como visto acima, a Lei 7.855/1989 revogou o art. 387 da CLT, o qual estabelecia a proibição do trabalho da mulher "nos subterrâneos, nas minerações em subsolo, nas pedreiras e obras, de construção pública ou particular", bem como "nas atividades perigosas ou insalubres, especificadas nos quadros para este fim aprovados".

O art. 7.º, inciso XXX, da Constituição Federal de 1988 proíbe a discriminação da mulher quanto a exercício de funções ("XXX – proibição de diferença de salários, de exercício de funções e de critério de admissão por motivo de sexo, idade, cor ou estado civil").

A Constituição Federal de 1988, no art. 5.º, inciso I, estabelece que "homens e mulheres são iguais em direitos e obrigações, nos termos desta Constituição".

Portanto, pode-se dizer que o art. 301 da CLT não foi recepcionado pela Constituição Federal de 1988, na parte em que estabelece discriminação contra a mulher, mesmo porque não se trata de norma voltada à proteção da gestação, da maternidade, da amamentação, nem é relativa a limite de força muscular.

Quanto aos períodos de descanso, na realidade, o tratamento do trabalho da mulher deveria ser igual ao do homem, para evitar discriminações quanto ao mercado de trabalho, exceto no que merece tratamento diferenciado, que se refere à maternidade.

O art. 396 da CLT assegura o intervalo para a mulher poder amamentar o seu filho:

> "Art. 396. Para amamentar seu filho, inclusive se advindo de adoção, até que este complete 6 (seis) meses de idade, a mulher terá direito, durante a jornada de trabalho, a 2 (dois) descansos especiais de meia hora cada um.
>
> § 1.º Quando o exigir a saúde do filho, o período de 6 (seis) meses poderá ser dilatado, a critério da autoridade competente
>
> § 2.º Os horários dos descansos previstos no *caput* deste artigo deverão ser definidos em acordo individual entre a mulher e o empregador".

Em relação ao trabalho proibido, da mesma forma, as restrições só devem ser estabelecidas com base na razoabilidade, em consonância com as atuais condições sociais.

Por isso, a vedação de certos trabalhos mais difíceis ou penosos, em princípio, só se justifica se eles forem realmente prejudiciais ao estado de gestante da mulher.

Reconhece-se no presente que a mulher tem potencial e possibilidade de desempenhar o trabalho em iguais condições às do homem.

Obviamente, há possíveis diferenças de estrutura física entre o homem e a mulher, mas isso não pode servir para impedir o trabalho desta, reservando-o somente ao homem, prejudicando o acesso da mulher à plena realização profissional.

Desse modo, os atuais conhecimentos e avanços da tecnologia devem ser utilizados para a realização das atividades laborais, possibilitando às mulheres e aos homens o mesmo desempenho profissional, nas diversas modalidades de atividades, sejam elas de natureza física ou intelectual, sempre respeitando a dignidade da pessoa humana e as limitações de cada um.

22.4 NORMAS DE PROTEÇÃO DO TRABALHO DA MULHER QUE AINDA PERSISTEM NA CLT

Mesmo com diversas disposições restritivas já revogadas de forma expressa pela legislação posterior, a Consolidação das Leis do Trabalho ainda apresenta certas normas sobre proteção do trabalho da mulher, algumas delas decorrentes de leis posteriores, de natureza promocional.

Cabe, assim, verificar as suas previsões.

22.4.1 Duração, condições do trabalho e discriminação contra a mulher

A Lei 9.799, de 26 de maio de 1999, acrescentou diversos dispositivos à CLT, em consonância com o comando do art. 7.º, inciso XX, da Constituição de 1988[4], ou seja, buscando proteger o mercado de trabalho da mulher, mediante incentivos, bem como proibindo condutas discriminatórias em razão do gênero.

Nesse sentido, o art. 373-A da CLT assim prevê:

> "Art. 373-A. Ressalvadas as disposições legais destinadas a corrigir as distorções que afetam o acesso da mulher ao mercado de trabalho e certas especificidades estabelecidas nos acordos trabalhistas, é vedado:
>
> I – publicar ou fazer publicar anúncio de emprego no qual haja referência ao sexo, à idade, à cor ou situação familiar, salvo quando a natureza da atividade a ser exercida, pública e notoriamente, assim o exigir";

Tem-se aqui a vedação da discriminação na oferta de emprego, ligada, portanto, à admissão (art. 7.º, inciso XXX, da CF/1988)[5], não se autorizando restrições quanto ao sexo, idade, cor ou estado familiar.

Excepcionalmente, caso a natureza da atividade exija, de modo efetivo e razoável, certa especificidade quanto a algum desses fatores, pode ser indicado como condição para a admissão, como ocorreria no caso de contratação para exercer a função de carcerária, em estabelecimento de prisão feminino.

> "II – recusar emprego, promoção ou motivar a dispensa do trabalho em razão de sexo, idade, cor, situação familiar ou estado de gravidez, salvo quando a natureza da atividade seja notória e publicamente incompatível";

O inciso, ainda vedando condutas discriminatórias (art. 7.º, inciso XXX, da CF/1988), volta-se ao momento de admissão, promoção e término do vínculo de emprego. Os fatores arrolados acima (sexo, idade, cor, situação familiar ou estado de gravidez) não justificam eventual recusa de emprego, promoção ou dispensa pelo empregador.

A exceção, novamente, fica por conta de eventual atividade, cuja natureza seja "notória e publicamente incompatível" com certo estado da pessoa. Pode-se imaginar, como exemplo, a contratação de alguém para exercer o trabalho em contato com radiação ionizante, que pode ser prejudicial ao feto, impedindo a admissão de empregada gestante, para desempenhar essa função em específico.

> "III – considerar o sexo, a idade, a cor ou situação familiar como variável determinante para fins de remuneração, formação profissional e oportunidades de ascensão profissional";

---

4. Art. 7.º, inciso XX, CF/1988: "proteção do mercado de trabalho da mulher, mediante incentivos específicos, nos termos da lei".

5. Art. 7.º, inciso XXX, CF/1988: "proibição de diferença de salários, de exercício de funções e de critério de admissão por motivo de sexo, idade, cor ou estado civil".

A disposição confirma a vedação de tratamento discriminatório no emprego (art. 7.º, inciso XXX, da CF/1988), durante o vínculo de trabalho, não se podendo levar em conta os aspectos arrolados, ou seja, de sexo, idade, cor ou situação familiar (se casado, solteiro; com filhos, sem filhos), para fins de remuneração, formação profissional e ascensão profissional.

> "IV – exigir atestado ou exame, de qualquer natureza, para comprovação de esterilidade ou gravidez, na admissão ou permanência no emprego";

A Lei 9.029, de 13 de abril de 1995 (*DOU* de 17.04.1995), no art. 1.º, com redação dada pela Lei 13.146/2015, também proíbe "a adoção de qualquer prática discriminatória e limitativa para efeito de acesso à relação de trabalho, ou de sua manutenção, por motivo de sexo, origem, raça, cor, estado civil, situação familiar, deficiência, reabilitação profissional, idade, entre outros, ressalvadas, nesse caso, as hipóteses de proteção à criança e ao adolescente previstas no inciso XXXIII do art. 7.º da Constituição Federal".

Nessa linha, o art. 2.º do mencionado diploma legal determina constituírem crime as seguintes práticas discriminatórias:

> I – a exigência de teste, exame, perícia, laudo, atestado, declaração ou qualquer outro procedimento relativo à esterilização ou a estado de gravidez;
>
> II – a adoção de quaisquer medidas, de iniciativa do empregador, que configurem:
>
> a) indução ou instigamento à esterilização genética;
>
> b) promoção do controle de natalidade, assim não considerado o oferecimento de serviços e de aconselhamento ou planejamento familiar, realizados através de instituições públicas ou privadas, submetidas às normas do Sistema Único de Saúde – SUS.

A pena é de "detenção de um a dois anos e multa".

São sujeitos ativos dos crimes a que se refere o art. 2.º: a pessoa física empregadora; o representante legal do empregador, como definido na legislação trabalhista; o dirigente, direto ou por delegação, de órgãos públicos e entidades das Administrações Públicas direta, indireta e fundacional de qualquer dos Poderes da União, dos Estados, do Distrito Federal e dos Municípios.

Cabe fazer referência ao entendimento de que a exigência de exame de estado de gravidez quando da dispensa da empregada não configura ato discriminatório, nem afronta à intimidade, pois tem como objetivo obter segurança jurídica no término do contrato de trabalho, no sentido de saber se a trabalhadora está gestante, circunstância que ela própria pode desconhecer, para fins do direito à respectiva estabilidade provisória (art. 10, inciso II, *b*, do Ato das Disposições Constitucionais Transitórias). Cf. TST, 3.ª T., RR - 61-04.2017.5.11.0010, Redator Min. Alexandre de Souza Agra Belmonte, *DEJT* 18.06.2021. Em sentido divergente, entende-se que embora o mencionado exame possa ser realizado de forma voluntária ou consentida, a sua exigência pelo empregador, mesmo quando da dispensa da empregada, impondo a sua realização e apresentação, afronta a intimidade da trabalhadora (art. 5.º, inciso X, da Constituição Federal de 1988).

Sem prejuízo do prescrito no art. 2.º da Lei 9.029/1995 e nos dispositivos legais que tipificam os crimes resultantes de preconceito de etnia, raça, cor ou deficiência, as infrações ao disposto nesta Lei são passíveis das seguintes cominações (art. 3.º):

> I – multa administrativa de dez vezes o valor do maior salário pago pelo empregador, elevado em cinquenta por cento em caso de reincidência;
>
> II – proibição de obter empréstimo ou financiamento junto a instituições financeiras oficiais.

De acordo com o art. 4.º da Lei 9.029/1995 (*caput* com redação determinada pela Lei 12.288/2010), o rompimento da relação de trabalho por ato discriminatório, nos moldes do referido diploma legal, além do direito à reparação pelo dano moral, faculta ao empregado optar entre:

> I – a reintegração com ressarcimento integral de todo o período de afastamento, mediante pagamento das remunerações devidas, corrigidas monetariamente e acrescidas de juros legais;
>
> II – a percepção, em dobro, da remuneração do período de afastamento, corrigida monetariamente e acrescida dos juros legais.

Frise-se que, nos termos da Súmula 443 do TST: "Dispensa discriminatória. Presunção. Empregado portador de doença grave. Estigma ou preconceito. Direito à reintegração. Presume-se discriminatória a despedida de empregado portador do vírus HIV ou de outra doença grave que suscite estigma ou preconceito. Inválido o ato, o empregado tem direito à reintegração no emprego".

> "V – impedir o acesso ou adotar critérios subjetivos para deferimento de inscrição ou aprovação em concursos, em empresas privadas, em razão de sexo, idade, cor, situação familiar ou estado de gravidez;
>
> VI – proceder o empregador ou preposto a revistas íntimas nas empregadas ou funcionárias".

O dispositivo proíbe, expressamente, a *revista íntima*, o que já se podia concluir pela proteção constitucional da intimidade da pessoa, bem como de sua integridade física, psíquica e moral (art. 5.º, inciso X, da CF/1988).

Ademais, nos termos do art. 1.º da Lei 13.271/2016, as "empresas privadas, os órgãos e entidades da administração pública, direta e indireta, ficam proibidos de adotar qualquer prática de revista íntima de suas funcionárias e de clientes do sexo feminino" (a respeito do tema, cf. Capítulo 7, item 7.5.3).

> "Parágrafo único. O disposto neste artigo não obsta a adoção de medidas temporárias que visem ao estabelecimento das políticas de igualdade entre homens e mulheres, em particular as que se destinam a corrigir as distorções que afetam a formação profissional, o acesso ao emprego e as condições gerais de trabalho da mulher".

O referido parágrafo único confirma a possibilidade de adoção das *ações afirmativas*, no caso, objetivando fomentar o trabalho da mulher, para que se alcance a igualdade material de acesso ao emprego, formação e condições de trabalho entre homens e mulheres.

O art. 377 da CLT prevê que a adoção de medidas de proteção ao trabalho das mulheres é considerada de ordem pública, não justificando, em hipótese alguma, a redução de salário, o que está em consonância com o art. 7.º, incisos XX e XXX, da Constituição Federal de 1988.

Às mulheres empregadas é garantido igual salário em relação aos empregados que exerçam idêntica função prestada ao mesmo empregador, nos termos dos arts. 373-A e 461 da Consolidação das Leis do Trabalho (art. 30 da Lei 14.457/2022).

Cabe o registro de que a Lei 11.340/2006 cria mecanismos para coibir e prevenir a *violência doméstica e familiar contra a mulher*.

Toda mulher, independentemente de classe, raça, etnia, orientação sexual, renda, cultura, nível educacional, idade e religião, goza dos direitos fundamentais inerentes à pessoa humana, sendo-lhe asseguradas as oportunidades e facilidades para viver sem violência, preservar sua saúde física e mental e seu aperfeiçoamento moral, intelectual e social (art. 2.º da Lei 11.340/2006).

Devem ser asseguradas às mulheres as condições para o exercício efetivo dos direitos à vida, à segurança, à saúde, à alimentação, à educação, à cultura, à moradia, ao acesso à justiça, ao esporte, ao lazer, *ao trabalho*, à cidadania, à liberdade, à dignidade, ao respeito e à convivência familiar e comunitária (art. 3.º da Lei 11.340/2006).

O poder público deve desenvolver políticas que visem garantir os direitos humanos das mulheres no âmbito das relações domésticas e familiares no sentido de resguardá-las de toda forma de negligência, discriminação, exploração, violência, crueldade e opressão. Cabe à família, à sociedade e ao poder público criar as condições necessárias para o efetivo exercício dos direitos enunciados no art. 3.º da Lei 11.340/2006.

Na interpretação da Lei 11.340/2006, devem ser considerados os fins sociais a que ela se destina e, especialmente, as condições peculiares das mulheres em situação de violência doméstica e familiar (art. 4.º).

Frise-se que compete aos Municípios que aderirem ao Sistema Nacional de Emprego (Sine), sem prejuízo de outras atividades que lhes sejam distribuídas pelo Conselho Deliberativo do Fundo de Amparo ao Trabalhador (Codefat), entre outros aspectos, intermediar o aproveitamento da mão de obra e prestar assistência a trabalhadores resgatados de situação análoga à de escravo e às mulheres em situação de violência doméstica e familiar (art. 9.º, incisos III e VII, da Lei 13.667/2018).

As mulheres em situação de violência doméstica e familiar têm prioridade no atendimento pelo Sistema Nacional de Emprego (Sine), às quais devem ser reservadas 10% das vagas ofertadas para intermediação (art. 9.º, § 1.º, da Lei 13.667/2018, incluído pela Lei 14.542/2023). Na hipótese de não preenchimento das vagas reservadas nos termos acima previstos por ausência de mulheres em situação de violência doméstica e familiar, as vagas remanescentes podem ser preenchidas por mulheres e, se não houver, pelo público em geral (art. 9.º, § 2.º, da Lei 13.667/2018, incluído pela Lei 14.542/2023).

22.4.2 Trabalho noturno da mulher

O art. 381 da CLT contém disposição supérflua, por estabelecer preceito que já se pode concluir pelo sistema jurídico e constitucional em vigor: "O trabalho noturno das mulheres terá salário superior ao diurno".

O § 1.º do art. 381 confirma a regra de que, no trabalho noturno, os salários serão acrescidos do adicional de 20%, no mínimo, em sintonia com o art. 73 da CLT.

Repetindo o preceito do § 1.º do art. 73, o § 2.º do art. 381 dispõe que cada hora do período noturno de trabalho das mulheres terá 52 minutos e 30 segundos.

No âmbito rural, aplicam-se, normalmente, as disposições, já estudadas, referentes ao trabalho noturno, inclusive quanto ao adicional de 25%, não havendo previsão de hora noturna reduzida.

22.4.3 Períodos de descanso no trabalho da mulher

Quanto aos períodos de descanso, o art. 382 repete a regra do art. 66 da CLT: "Entre 2 (duas) jornadas de trabalho, haverá um intervalo de 11 (onze) horas consecutivas, no mínimo, destinado ao repouso".

Seguindo a previsão do art. 71 da CLT, o art. 383 da CLT assim dispõe: "Durante a jornada de trabalho, será concedido à empregada um período para refeição e repouso não inferior a 1 (uma) hora nem superior a 2 (duas) horas salvo a hipótese prevista no art. 71, § 3.º".

No âmbito das normas sobre a proteção ao trabalho da mulher, o art. 384 da CLT, em sua redação original, estabelecia que em caso de prorrogação do horário normal é obrigatório um descanso de 15 minutos no mínimo, antes do início do período extraordinário do trabalho.

Essa previsão, entretanto, foi expressamente revogada pelo art. 5.º, inciso I, *i*, da Lei 13.467/2017.

O art. 384 da CLT, destinado apenas ao trabalho da mulher, ao estabelecer tratamento diferenciado e protetivo, ausente para o homem, segundo certa corrente de entendimento, não se mostrava razoável na atualidade, afrontando o preceito constitucional da igualdade (art. 5.º, inciso I, e art. 7.º, inciso XXX, da Constituição da República), podendo gerar discriminação na contratação do trabalho da mulher, vedada pelo art. 3.º, inciso IV, da Constituição Federal de 1988[6].

Apesar disso, no Tribunal Superior do Trabalho, havia prevalecido o entendimento de que a mencionada disposição não viola o princípio da igualdade entre homens e mulheres[7].

---

6. "Recurso de embargos. Trabalho da mulher. Intervalo para descanso em caso de prorrogação do horário normal. Artigo 384 da CLT. Não recepção com o princípio da igualdade entre homens e mulheres. Violação do art. 896 da CLT reconhecida. O art. 384 da CLT está inserido no capítulo que se destina à proteção do trabalho da mulher e contempla a concessão de quinze minutos de intervalo à mulher, no caso de prorrogação da jornada, antes de iniciar o trabalho extraordinário. O tratamento especial, previsto na legislação infraconstitucional, não foi recepcionado pela Constituição Federal ao consagrar no inciso I do art. 5.º que homens e mulheres são iguais em direitos e obrigações. A história da humanidade, e mesmo a do Brasil, é suficiente para reconhecer que a mulher foi expropriada de garantias que apenas eram dirigidas aos homens e é esse o contexto constitucional em que é inserida a regra. Os direitos e obrigações a que se igualam homens e mulheres apenas viabilizam a estipulação de jornada diferenciada quando houver necessidade da distinção, não podendo ser admitida a diferenciação apenas em razão do sexo, sob pena de se estimular discriminação no trabalho entre iguais, que apenas se viabiliza em razão de ordem biológica. As únicas normas que possibilitam dar tratamento diferenciado à mulher dizem respeito àquelas traduzidas na proteção à maternidade, dando à mulher garantias desde a concepção, o que não é o caso, quando se examina apenas o intervalo previsto no art. 384 da CLT, para ser aplicado apenas à jornada de trabalho da mulher intervalo este em prorrogação de jornada, que não encontra distinção entre homem e mulher. Embargos conhecidos e providos" (TST, SBDI-I, E-RR-3886/2000-071-09-00.0, Rel. Min. Aloysio Corrêa da Veiga, *DJ* 25.04.2008).

7. "Mulher. Intervalo de 15 minutos antes de labor em sobrejornada. Constitucionalidade do art. 384 da CLT em face do art. 5.º, I, da CF. 1. O art. 384 da CLT impõe intervalo de 15 minutos antes de se começar a prestação de horas extras pela trabalhadora mulher. Pretende-se sua não recepção pela Constituição Federal, dada a plena igualdade de direitos e obrigações entre homens e mulheres decantada pela Carta Política de 1988 (art. 5.º, I), como conquista feminina no campo jurídico. 2. A igualdade jurídica e intelectual entre homens e mulheres não afasta a natural diferenciação fisiológica e psicológica dos sexos, não escapando ao senso comum a patente diferença de compleição física entre homens e mulheres. Analisando o art. 384 da CLT em seu contexto, verifica-se que se trata de norma legal inserida no capítulo que cuida da proteção do trabalho da mulher e que, versando sobre intervalo intrajornada, possui natureza de norma afeta à medicina e segurança do trabalho, infensa à negociação coletiva, dada a sua indisponibilidade (cfr. Orientação Jurisprudencial 342 da SBDI-1 do TST). 3. O maior desgaste natural da mulher trabalhadora não foi desconsiderado pelo constituinte de 1988, que garantiu diferentes condições para a obtenção da aposentadoria, com menos idade e tempo de contribuição previdenciária para as mulheres (CF, art. 201, § 7.º, I e II). A própria diferenciação temporal da licença-maternidade e paternidade (CF, art. 7.º, XVIII e XIX; ADCT, art. 10, § 1.º) deixa claro que o desgaste físico efetivo é da maternidade. A praxe generalizada, ademais, é a de se postergar o gozo da licença-maternidade para depois do parto, o que leva a mulher, nos meses finais da gestação, a um desgaste físico cada vez maior, o que justifica o tratamento diferenciado em termos de jornada de trabalho

Esse entendimento também foi confirmado pelo Supremo Tribunal Federal, ao decidir que o art. 384 da CLT fora *recepcionado* pela Constituição Federal de 1988[8].

Ademais, a jurisprudência majoritária entendia que o referido art. 384 da CLT, por ser norma especial, voltada à *proteção do trabalho da mulher*, não era aplicável ao empregado (do gênero masculino), mesmo com fundamento no princípio da igualdade (art. 5.º, inciso I, da Constituição Federal de 1988)[9].

De todo modo, no STF, entendeu-se que o dispositivo em questão não estaria excluído do alcance de futuras modificações legislativas. Nesse sentido, segundo o voto do Relator: "Antecipo que não considero que essa norma constitua um núcleo irreversível do direito fundamental, ou que implique o mínimo existencial social do direito fundamental da trabalhadora mulher. [...] No futuro, havendo efetivas e reais razões fáticas e políticas para a revogação da norma, ou mesmo para a ampliação do direito a todos

---

e período de descanso. 4. Não é demais lembrar que as mulheres que trabalham fora do lar estão sujeitas a dupla jornada de trabalho, pois ainda realizam as atividades domésticas quando retornam a casa. Por mais que se dividam as tarefas domésticas entre o casal, o peso maior da administração da casa e da educação dos filhos acaba recaindo sobre a mulher. 5. Nesse diapasão, levando-se em consideração a máxima albergada pelo princípio da isonomia, de tratar desigualmente os desiguais na medida das suas desigualdades, ao ônus da dupla missão, familiar e profissional, que desempenha a mulher trabalhadora corresponde o bônus da jubilação antecipada e da concessão de vantagens específicas, em função de suas circunstâncias próprias, como é o caso do intervalo de 15 minutos antes de iniciar uma jornada extraordinária, sendo de se rejeitar a pretensa inconstitucionalidade do art. 384 da CLT. Incidente de inconstitucionalidade em recurso de revista rejeitado" (TST, Pleno, IIN-RR-154000-83.2005.5.12.0046, Rel. Min. Ives Gandra Martins Filho, *DEJT* 13.02.2009).

8. "Recurso extraordinário. Repercussão geral reconhecida. Direito do Trabalho e Constitucional. Recepção do art. 384 da Consolidação das Leis do Trabalho pela Constituição Federal de 1988. Constitucionalidade do intervalo de 15 minutos para mulheres trabalhadoras antes da jornada extraordinária. Ausência de ofensa ao princípio da isonomia. Mantida a decisão do Tribunal Superior do Trabalho. Recurso não provido. 1. O assunto corresponde ao Tema nº 528 da Gestão por Temas da Repercussão Geral do portal do Supremo Tribunal Federal na internet. 2. O princípio da igualdade não é absoluto, sendo mister a verificação da correlação lógica entre a situação de discriminação apresentada e a razão do tratamento desigual. 3. A Constituição Federal de 1988 utilizou-se de alguns critérios para um tratamento diferenciado entre homens e mulheres: (i) em primeiro lugar, levou em consideração a histórica exclusão da mulher do mercado regular de trabalho e impôs ao Estado a obrigação de implantar políticas públicas, administrativas e/ou legislativas de natureza protetora no âmbito do direito do trabalho; (ii) considerou existir um componente orgânico a justificar o tratamento diferenciado, em virtude da menor resistência física da mulher; e (iii) observou um componente social, pelo fato de ser comum o acúmulo pela mulher de atividades no lar e no ambiente de trabalho - o que é uma realidade e, portanto, deve ser levado em consideração na interpretação da norma. 4. Esses parâmetros constitucionais são legitimadores de um tratamento diferenciado desde que esse sirva, como na hipótese, para ampliar os direitos fundamentais sociais e que se observe a proporcionalidade na compensação das diferenças. 5. Recurso extraordinário não provido, com a fixação das teses jurídicas de que o art. 384 da CLT foi recepcionado pela Constituição Federal de 1988 e de que a norma se aplica a todas as mulheres trabalhadoras" (STF, Pleno, RE 658.312/SC, Rel. Min. Dias Toffoli, *DJe* 10.02.2015).

9. "Agravo de instrumento em recurso de revista. Intervalo do art. 384 da CLT. Inaplicabilidade aos trabalhadores do sexo masculino. Inexistência de ofensa ao princípio da igualdade. Discute-se nos autos acerca da extensão aos trabalhadores de sexo masculino do direito conferido às mulheres empregadas de perceberem horas extraordinárias decorrentes da não concessão do intervalo de quinze minutos de que trata o art. 384 da CLT. A gênese desse dispositivo, ao fixar o intervalo para descanso entre a jornada normal e a extraordinária, não concedeu direito desarrazoado às trabalhadoras, mas, ao contrário, objetivou preservar as mulheres do desgaste decorrente do labor em sobrejornada, que é reconhecidamente nocivo a todos os empregados. Julgados recentes desta Corte estabelecem a inaplicabilidade da regra contida no art. 384 da CLT ao trabalhador de sexo masculino, considerando que as distinções fisiológicas e psicológicas entre homens e mulheres justificam a proteção diferenciada ao trabalho da mulher. Portanto, a admissibilidade da revista esbarra no preceito contido no art. 896, § 4.º, da CLT e na Súmula 333 do TST. Agravo de instrumento desprovido" (TST, 7.ª T., AIRR-2355600-26.2008.5.09.0006, Rel. Min. Luiz Philippe Vieira de Mello Filho, *DEJT* 13.06.2014).

os trabalhadores, o espaço para esses debates há de ser respeitado, que é o Congresso Nacional" (STF, Pleno, RE 658.312/SC, Rel. Min. Dias Toffoli, j. 27.11.2014).

Nesse contexto, o art. 384 da CLT foi *revogado* pela Lei 13.467/2017.

O Supremo Tribunal Federal fixou a seguinte tese de repercussão geral: "O art. 384 da CLT, em relação ao período anterior à edição da Lei n. 13.467/2017, foi recepcionado pela Constituição Federal de 1988, aplicando-se a todas as mulheres trabalhadoras" (STF, Pleno, RE 658.312/SC, Rel. Min. Dias Toffoli, j. 15.09.2021).

O art. 385 da CLT, por sua vez, prevê que: "O descanso semanal será de 24 (vinte e quatro) horas consecutivas e coincidirá no todo ou em parte com o domingo, salvo motivo de conveniência pública ou necessidade imperiosa de serviço, a juízo da autoridade competente, na forma das disposições gerais, caso em que recairá em outro dia".

Além disso, como é evidente, observar-se-ão, igualmente, "os preceitos da legislação geral sobre a proibição de trabalho nos feriados civis e religiosos" (parágrafo único do art. 385 da CLT).

Em conformidade com o art. 386 da CLT: "Havendo trabalho aos domingos, será organizada uma escala de revezamento quinzenal, que favoreça o repouso dominical".

Segundo leciona Sergio Pinto Martins: "É discriminatório o preceito em comentário em relação ao homem, pois não há o mesmo tratamento para aquele na legislação. Deveria, portanto, ser estendido também ao homem, pois é bastante razoável a sua determinação, visando que de 15 em 15 dias o homem tivesse o repouso aos domingos. De 15 em 15 dias, portanto, o repouso semanal da mulher deverá coincidir com o domingo"[10].

Registre-se o entendimento de que o art. 386 da CLT não seria mais aplicável, por ser vedada a discriminação (art. 3.º, inciso IV, e art. 5.º, inciso XLI, da CF/1988), sabendo-se que homens e mulheres são iguais em direitos e obrigações (art. 5.º, inciso I, da CF/1988), além do que o repouso semanal remunerado deve ser concedido *preferencialmente* aos domingos (art. 7.º, inciso XV, da CF/1988), não se admitindo regra que acarrete desestímulo ao trabalho da mulher (art. 7.º, inciso XX, da CF/1988)[11]. Em sentido

---

10. MARTINS, Sergio Pinto. *Comentários à CLT*. 5. ed. São Paulo: Atlas, 2002. p. 306.

11. "Recurso de revista interposto pela reclamada. Aplicabilidade do art. 386 da CLT. 1. No Capítulo III, no qual dispõe sobre a proteção do trabalho da mulher, o art. 386 da CLT estabelece que, 'havendo trabalho aos domingos, será organizada uma escala de revezamento quinzenal, que favoreça o repouso dominical'. 2. Por sua vez, a Constituição Federal veda a discriminação em razão do sexo, consoante os termos do inciso I do art. 5.º, segundo o qual 'homens e mulheres são iguais em direitos e obrigações, nos termos desta Constituição'. 3. Se não bastasse, nos termos do art. 7.º, XV, da CF, o repouso semanal remunerado deve ser concedido preferencialmente aos domingos, e o art. 6.º, parágrafo único, da Lei nº 10.101/00 determina que 'o repouso semanal remunerado deverá coincidir, pelo menos uma vez no período máximo de três semanas, com o domingo, respeitadas as demais normas de proteção ao trabalho e outras a serem estipuladas em negociação coletiva'. 4. Como se observa, a Constituição Federal, além de consignar que homens e mulheres são iguais em direitos e obrigações, não determina que o repouso semanal remunerado ocorra sempre no dia de domingo, sendo certo haver disposição legal de que o repouso semanal remunerado deverá coincidir, pelo menos uma vez no período máximo de três semanas, com o referido dia. 5. Dentro desse contexto, se as empregadas substituídas tinham assegurada a folga semanal, nos moldes do art. 6.º, parágrafo único, da Lei nº 10.101/00, têm-se por compensados os demais domingos trabalhados, não havendo falar em condenação ao pagamento do descanso dominical, na forma deferida pelo Tribunal *a quo*, sob pena de ofensa ao princípio constitucional da isonomia, mormente porque, não obstante homens e mulheres diferenciarem-se em alguns pontos, especialmente no concernente ao aspecto fisiológico, esse diferencial não dá amparo ao gozo de mais folgas no dia de domingo às mulheres do que aos homens, já que o gozo da folga semanal em outro dia da semana não resulta em desgaste físico maior. 6. Ademais, o art. 7.º, XX, da CF estabelece a proteção do trabalho da mulher, mediante incentivos específicos, razão pela qual se repelem regras que resultem em desestímulo ao trabalho da mulher, de modo que, com fulcro no referido dispositivo constitucional, tem-se

divergente: TST, SBDI-I, E-ED-RR - 619-11.2017.5.12.0054, Rel. Min. Augusto César Leite de Carvalho, j. 02.12.2021, *DEJT* 11.02.2022.

No âmbito do Tribunal Superior do Trabalho, firmou-se a posição de que a escala de revezamento quinzenal para concessão do repouso semanal remunerado aos domingos para empregadas mulheres, prevista no art. 386 da CLT, que foi recepcionado pela Constituição Federal de 1988, como norma específica de proteção do trabalho da mulher, deve prevalecer sobre a coincidência do repouso semanal remunerado com o domingo pelo menos uma vez no período máximo de três semanas, prevista no art. 6.º, parágrafo único, da Lei 10.101/2000, aos empregados do comércio em geral (TST, SBDI-I, E-ED-RR-982-80.2017.5.12.0059, Rel. Min. Maria Cristina Irigoyen Peduzzi, *DEJT* 17.06.2022). Cf. ainda STF, RE 1.403.904/SC.

22.4.4 Métodos e locais de trabalho da mulher

Quanto aos métodos e locais de trabalho, o art. 388 da CLT, sobre trabalho perigoso e insalubre, restou prejudicado pela revogação do art. 387 da CLT, pela Lei 7.855/1989.

Conforme prevê o art. 389 da CLT, toda empresa é obrigada:

> I – a prover os estabelecimentos de medidas concernentes à higienização dos métodos e locais de trabalho, tais como ventilação e iluminação e outros que se fizerem necessários à segurança e ao conforto das mulheres, a critério da autoridade competente;
>
> II – a instalar bebedouros, lavatórios, aparelhos sanitários; dispor de cadeiras ou bancos, em número suficiente, que permitam às mulheres trabalhar sem grande esgotamento físico;
>
> III – a instalar vestiários com armários individuais privativos das mulheres, exceto os estabelecimentos comerciais, escritórios, bancos e atividades afins, em que não seja exigida a troca de roupa e outros, a critério da autoridade competente em matéria de segurança e higiene do trabalho, admitindo-se como suficientes as gavetas ou escaninhos, onde possam as empregadas guardar seus pertences;
>
> IV – a fornecer, gratuitamente, a juízo da autoridade competente, os recursos de proteção individual, tais como óculos, máscaras, luvas e roupas especiais, para a defesa dos olhos, do aparelho respiratório e da pele, de acordo com a natureza do trabalho.

Na realidade, essas regras, pertinentes à segurança, medicina e higiene do trabalho, não diferem, essencialmente, das normas gerais previstas no Capítulo V, do Título II, da CLT.

Os estabelecimentos em que trabalharem pelo menos 30 mulheres com mais de 16 anos de idade terão local apropriado onde seja permitido às empregadas guardar sob vigilância e assistência os seus filhos no período da amamentação (§ 1.º do art. 389 da CLT).

Essa exigência poderá ser suprida por meio de creches distritais mantidas, diretamente ou mediante convênios, com outras entidades públicas ou privadas, pelas próprias empresas, em regime comunitário, ou a cargo do SESI, do SESC, de entidades assistenciais ou de entidades sindicais (§ 2.º do art. 389 da CLT).

Nos termos do art. 121 da Portaria 671/2021 do Ministério do Trabalho e Previdência, ficam as empresas e empregadores autorizados a adotar o sistema de reembolso-creche,

pela aplicabilidade do comando do art. 6.º, parágrafo único, da Lei nº 10.101/00 a todos os trabalhadores, sem distinção de sexo. Recurso de revista conhecido e provido" (TST, 8.ª T., RR-1606-35.2016.5.12.0037, Rel. Min. Dora Maria da Costa, *DEJT* 09.05.2019).

em substituição à exigência contida no § 1.º do art. 389 da CLT, desde que obedeçam às seguintes exigências:

I – o reembolso-creche deve cobrir, integralmente, as despesas efetuadas com o pagamento da creche de livre escolha da empregada-mãe, ou outra modalidade de prestação de serviços dessa natureza, pelo menos até os seis meses de idade da criança, nas condições, prazos e valor estipulados em acordo ou convenção coletiva, sem prejuízo do cumprimento dos demais preceitos de prestação à maternidade;

II – o benefício deve ser concedido a toda empregada-mãe, independentemente do número de mulheres do estabelecimento, e sem prejuízo do cumprimento dos demais preceitos de proteção à maternidade;

III – as empresas e empregadores devem dar ciência às empregadas da existência do sistema e dos procedimentos necessários para a utilização do benefício, com a afixação de avisos em locais visíveis e de fácil acesso para os empregados, ou por meio de comunicação escrita ou por meio eletrônico;

IV – o reembolso-creche deve ser efetuado até o terceiro dia útil da entrega do comprovante das despesas efetuadas, pela empregada-mãe, com a mensalidade da creche.

A implantação do sistema de reembolso-creche depende de prévia estipulação em acordo ou convenção coletiva (art. 122 da Portaria 671/2021 do Ministério do Trabalho e Previdência).

Por se tratar de mero reembolso da mencionada despesa, relativa ao direito assistencial-social, entende-se não possuir natureza salarial (art. 458, § 2.º, inciso II, da CLT).

Foi instituído o Programa Emprega + Mulheres, destinado à inserção e à manutenção de mulheres no mercado de trabalho por meio da implementação, entre outras, da seguinte medida para apoio à parentalidade na primeira infância: pagamento de reembolso-creche (art. 1.º, inciso I, alínea *a*, da Lei 14.457/2022).

Sendo assim, ficam os empregadores autorizados a adotar o benefício de reembolso-creche, de que trata o art. 28, § 9.º, alínea *s*, da Lei 8.212/1991, desde que cumpridos os seguintes requisitos: I – ser o benefício destinado ao pagamento de creche ou de pré-escola de livre escolha da empregada ou do empregado, bem como ao ressarcimento de gastos com outra modalidade de prestação de serviços de mesma natureza, comprovadas as despesas realizadas; II – ser o benefício concedido à empregada ou ao empregado que possua filhos com até cinco anos e 11 meses de idade, sem prejuízo dos demais preceitos de proteção à maternidade; III – ser dada ciência pelos empregadores às empregadas e aos empregados da existência do benefício e dos procedimentos necessários à sua utilização; IV – ser o benefício oferecido de forma não discriminatória e sem a sua concessão configurar premiação (art. 2.º da Lei 14.457/2022).

Ato do Poder Executivo federal deve dispor sobre os limites de valores para a concessão do reembolso-creche e as modalidades de prestação de serviços aceitas, incluído o pagamento de pessoa física.

A implementação do reembolso-creche fica condicionada à formalização de acordo individual, de acordo coletivo ou de convenção coletiva de trabalho (art. 3.º da Lei 14.457/2022). O acordo ou a convenção deve estabelecer condições, prazos e valores, sem prejuízo do cumprimento dos demais preceitos de proteção à maternidade.

A opção por acordo individual para formalizar a medida prevista no art. 3.º da Lei 14.457/2022 somente pode ser realizada: I – nos casos de empresas ou de categorias de trabalhadores para as quais não haja acordo coletivo ou convenção coletiva de trabalho celebrados; ou II – se houver acordo coletivo ou convenção coletiva de trabalho celebrados, se o acordo individual a ser celebrado contiver medidas mais vantajosas à empregada ou ao empregado que o instrumento coletivo vigente (art. 21 da Lei 14.457/2022).

Os valores pagos a título de reembolso-creche: não possuem natureza salarial; não se incorporam à remuneração para quaisquer efeitos; não constituem base de incidência de contribuição previdenciária ou do Fundo de Garantia do Tempo de Serviço (FGTS); não configuram rendimento tributável da empregada ou do empregado (art. 4.º da Lei 14.457/2022).

Os estabelecimentos em que trabalharem pelo menos 30 mulheres com mais de 16 anos de idade devem ter local apropriado onde seja permitido às empregadas guardar sob vigilância e assistência os seus filhos no período da amamentação (art. 5.º da Lei 14.457/2022).

Os empregadores que adotarem o benefício do reembolso-creche previsto nos arts. 2.º, 3.º e 4.º da Lei 14.457/2022 para todos os empregados e empregadas que possuam filhos com até cinco anos e 11 meses de idade ficam desobrigados da instalação de local apropriado para a guarda e a assistência de filhos de empregadas no período da amamentação, nos termos do art. 5.º da Lei 14.457/2022.

Ainda nessa matéria, cabe lembrar a previsão do art. 7.º, inciso XXV, da Constituição Federal de 1988 (com redação determinada pela Emenda Constitucional 53/2006), assegurando o direito de assistência gratuita aos filhos e dependentes desde o nascimento até os cinco anos de idade em creches e pré-escolas.

Por sua vez, o art. 208, inciso IV, da Constituição da República (com redação determinada pela Emenda Constitucional 53/2006) estabelece o dever do Estado com a educação, a ser efetivado, entre outros modos, mediante a garantia de educação infantil, em creche e pré-escola, às crianças com até cinco anos de idade.

Discute-se, por isso, se essa concessão de creche é um dever do Poder Público, do setor privado, da empresa (empregador), ou do "terceiro setor" (integrado pelas instituições e organizações, sem fins lucrativos, que exercem atividades de cunho ou interesse social).

O Supremo Tribunal Federal fixou a seguinte tese de repercussão geral: "1. A educação básica em todas as suas fases – educação infantil, ensino fundamental e ensino médio – constitui direito fundamental de todas as crianças e jovens, assegurado por normas constitucionais de eficácia plena e aplicabilidade direta e imediata. 2. A educação infantil compreende creche (de zero a 3 anos) e a pré-escola (de 4 a 5 anos). Sua oferta pelo Poder Público pode ser exigida individualmente, como no caso examinado neste processo. 3. O Poder Público tem o dever jurídico de dar efetividade integral às normas constitucionais sobre acesso à educação básica" (STF, Pleno, RE 1.008.166/SC, Rel. Min. Luiz Fux, j. 22.09.2022).

Como explicita o art. 209 da Constituição Federal de 1988, o ensino é livre à iniciativa privada. A assistência social (integrando a seguridade social) também comporta medidas e ações que não são restritas ao Poder Público, mas também podem ser de iniciativa da sociedade. Logo, a organização de creches, como importante atividade de cunho assistencial e social, não é um dever exclusivo do Poder Público. Nada impede que os particulares, ou seja, o setor privado e o terceiro setor, *também* atuem nessa importante atividade, em benefício da própria sociedade. Por isso, aliás, é que o art. 389, §§ 1.º e 2.º, da CLT permanece em vigor. O Poder Público, portanto, não detém a exclusividade nessa atuação assistencial, podendo *fomentar* o seu exercício pelos particulares, até mesmo com incentivos e subvenções sociais (Lei 4.320, de 17 de março de 1964, art. 16), tendo em vista tratar-se de atividade de grande importância para a sociedade.

Ao empregador é vedado empregar a mulher em serviço que demande o emprego de força muscular superior a 20 quilos para o trabalho contínuo, ou 25 quilos para o trabalho ocasional (art. 390 da CLT).

Não está compreendida na determinação acima a remoção de material feita por impulsão ou tração de vagonetes sobre trilhos, de carros de mão ou quaisquer aparelhos mecânicos (parágrafo único do art. 390 da CLT).

As vagas dos cursos de formação de mão de obra, ministrados por instituições governamentais, pelos próprios empregadores ou por qualquer órgão de ensino profissionalizante, serão oferecidas aos empregados de ambos os sexos (art. 390-B da CLT, acrescentado pela Lei 9.799/1999).

As empresas com mais de 100 empregados, de ambos os sexos, deverão manter programas especiais de incentivos e aperfeiçoamento profissional da mão de obra (art. 390-C da CLT, acrescentado pela Lei 9.799/1999).

A pessoa jurídica poderá associar-se a entidade de formação profissional, sociedades civis, sociedades cooperativas, órgãos e entidades públicas ou entidades sindicais, bem como firmar convênios para o desenvolvimento de ações conjuntas, visando à execução de projetos relativos ao incentivo ao trabalho da mulher (art. 390-E da CLT, acrescentado pela Lei 9.799/1999).

22.5 PROTEÇÃO À MATERNIDADE

Cabe frisar que, obviamente, "não constitui justo motivo para a rescisão do contrato de trabalho da mulher, o fato de haver contraído matrimônio ou de encontrar-se em estado de gravidez" (art. 391, *caput*, da CLT).

Além disso, em regulamentos de qualquer natureza, convenções e acordos coletivos ou contratos individuais de trabalho, não são permitidas "restrições ao direito da mulher ao seu emprego, por motivo de casamento ou de gravidez" (art. 391, parágrafo único, da CLT).

Mediante atestado médico, à mulher grávida é facultado romper o compromisso resultante de qualquer contrato de trabalho, desde que este seja prejudicial à gestação (art. 394 da CLT).

Nesse caso especial, a empregada gestante pode pedir demissão, não tendo o dever de conceder aviso prévio ao empregador.

O art. 394-A da CLT, com redação dada pela Lei 13.467/2017, dispõe que sem prejuízo de sua remuneração, *nesta incluído o valor do adicional de insalubridade*, a empregada deve ser afastada de:

> I – atividades consideradas insalubres em grau máximo, enquanto durar a gestação;
>
> II – atividades consideradas insalubres em grau médio ou mínimo, [quando apresentar atestado de saúde, emitido por médico de confiança da mulher, que recomende o afastamento] durante a gestação;
>
> III – atividades consideradas insalubres em qualquer grau, [quando apresentar atestado de saúde, emitido por médico de confiança da mulher, que recomende o afastamento] durante a lactação.

O Supremo Tribunal Federal julgou procedente o pedido formulado em ação direta para declarar a inconstitucionalidade da expressão "quando apresentar atestado de saúde, emitido por médico de confiança da mulher, que recomende o afastamento", contida nos incisos II e III do art. 394-A da Consolidação das Leis do Trabalho, inseridos pelo art. 1.º da Lei 13.467/2017 (STF, Pleno, ADI 5.938/DF, Rel. Min. Alexandre de Moraes, j. 29.05.2019).

De acordo com o voto do Relator: "A proteção à maternidade e a integral proteção à criança são direitos irrenunciáveis e não podem ser afastados pelo desconhecimento, impossibilidade ou a própria negligência da gestante ou lactante em juntar um atestado médico, sob pena de prejudicá-la e prejudicar o recém-nascido". Desse modo, ressaltou-se ainda que: "A previsão de determinar o afastamento automático da mulher gestante do ambiente insalubre, enquanto durar a gestação, somente no caso de insalubridade em grau máximo, em princípio, contraria a jurisprudência da Corte que tutela os direitos da empregada gestante e lactante, do nascituro e do recém-nascido lactente, em quaisquer situações de risco ou gravame à sua saúde e bem-estar" (STF, Pleno, ADI 5.938/DF, Rel. Min. Alexandre de Moraes, j. 29.05.2019).

Com isso, as empregadas gestantes e lactantes devem ser afastadas de atividades consideradas insalubres em qualquer grau, durante a gestação e a lactação[12].

Cabe à empresa pagar o adicional de insalubridade à gestante ou à lactante, efetivando-se a compensação, observado o disposto no art. 248 da Constituição Federal[13], por ocasião do recolhimento das contribuições incidentes sobre a folha de salários e demais rendimentos pagos ou creditados, a qualquer título, à pessoa física que lhe preste serviço (art. 394-A, § 2.º, da CLT, acrescentado pela Lei 13.467/2017).

Quando não for possível que a gestante ou a lactante afastada nos termos do art. 394-A, *caput*, da CLT exerça suas atividades em local salubre na empresa, a hipótese deve ser considerada como *gravidez de risco* e ensejará a percepção de salário-maternidade nos termos da Lei 8.213/1991, durante todo o período de afastamento (art. 394-A, § 3.º, da CLT, acrescentado pela Lei 13.467/2017).

Cabe o registro de que, no caso do art. 394-A, § 3.º, da CLT, por se tratar de extensão de benefício previdenciário (que integra a Seguridade Social), caberia à norma legal indicar a correspondente fonte de custeio total, em atendimento à exigência do art. 195, § 5.º, da Constituição da República.

---

12. "Direitos sociais. Reforma trabalhista. Proteção constitucional à maternidade. Proteção do mercado de trabalho da mulher. Direito à segurança no emprego. Direito à vida e à saúde da criança. Garantia contra a exposição de gestantes e lactantes a atividades insalubres. 1. O conjunto dos Direitos sociais foi consagrado constitucionalmente como uma das espécies de direitos fundamentais, caracterizando-se como verdadeiras liberdades positivas, de observância obrigatória em um Estado Social de Direito, tendo por finalidade a melhoria das condições de vida aos hipossuficientes, visando à concretização da igualdade social, e são consagrados como fundamentos do Estado Democrático, pelo art. 1.º, IV, da Constituição Federal. 2. A Constituição Federal proclama importantes direitos em seu artigo 6.º, entre eles a proteção à maternidade, que é a *ratio* para inúmeros outros direitos sociais instrumentais, tais como a licença-gestante e o direito à segurança no emprego, a proteção do mercado de trabalho da mulher, mediante incentivos específicos, nos termos da lei, e redução dos riscos inerentes ao trabalho, por meio de normas de saúde, higiene e segurança. 3. A proteção contra a exposição da gestante e lactante a atividades insalubres caracteriza-se como importante direito social instrumental protetivo tanto da mulher quanto da criança, tratando-se de normas de salvaguarda dos direitos sociais da mulher e de efetivação de integral proteção ao recém-nascido, possibilitando seu pleno desenvolvimento, de maneira harmônica, segura e sem riscos decorrentes da exposição a ambiente insalubre (CF, art. 227). 4. A proteção à maternidade e a integral proteção à criança são direitos irrenunciáveis e não podem ser afastados pelo desconhecimento, impossibilidade ou a própria negligência da gestante ou lactante em apresentar um atestado médico, sob pena de prejudicá-la e prejudicar o recém-nascido. 5. Ação Direta julgada procedente" (STF, Pleno, ADI 5.938/DF, Rel. Min. Alexandre de Moraes, j. 29.05.2019, *DJe* 23.09.2019).

13. "Art. 248. Os benefícios pagos, a qualquer título, pelo órgão responsável pelo regime geral de previdência social, ainda que à conta do Tesouro Nacional, e os não sujeitos ao limite máximo de valor fixado para os benefícios concedidos por esse regime observarão os limites fixados no art. 37, XI".

A previsão em estudo tem como objetivo proteger a saúde da mulher durante os períodos de gestação e de lactação, sabendo-se que as condições insalubres no meio ambiente de trabalho podem causar prejuízos também ao feto ou à criança.

De acordo com o art. 395 da CLT: "Em caso de aborto não criminoso, comprovado por atestado médico oficial, a mulher terá um repouso remunerado de 2 (duas) semanas, ficando-lhe assegurado o direito de retornar à função que ocupava antes de seu afastamento".

O art. 396 da CLT, com redação dada pela Lei 13.509/2017, prevê que: "Para amamentar seu filho, inclusive se advindo de adoção, até que este complete 6 (seis) meses de idade, a mulher terá direito, durante a jornada de trabalho, a 2 (dois) descansos especiais de meia hora cada um".

Quando o exigir a saúde do filho, o período de 6 (seis) meses poderá ser dilatado, a critério da autoridade competente (art. 396, § 1.º, da CLT).

Os horários dos descansos previstos no art. 396, *caput*, da CLT devem ser definidos em *acordo individual* entre a mulher e o empregador (art. 396, § 2.º, da CLT, acrescentado pela Lei 13.467/2017).

O SESI, o SESC, as entidades assistenciais e outras entidades públicas destinadas à assistência à infância manterão ou subvencionarão, de acordo com suas possibilidades financeiras, escolas maternais e jardins de infância, distribuídos nas zonas de maior densidade de trabalhadores, destinados especialmente aos filhos das mulheres empregadas (art. 397 da CLT).

Foi instituído o Programa Emprega + Mulheres, destinado à inserção e à manutenção de mulheres no mercado de trabalho por meio da implementação, entre outras, da seguinte medida para apoio à parentalidade na primeira infância: manutenção ou subvenção de instituições de educação infantil pelos serviços sociais autônomos (art. 1.º, inciso I, alínea *b*, da Lei 14.457/2022).

Nesse sentido, os seguintes serviços sociais autônomos podem, observado o disposto em suas leis de regência e regulamentos, manter instituições de educação infantil destinadas aos dependentes dos empregados e das empregadas vinculados à atividade econômica a eles correspondente: I – Serviço Social da Indústria (SESI), de que trata o Decreto-Lei 9.403/1946; II – Serviço Social do Comércio (SESC), de que trata o Decreto-Lei 9.853/1946; III – Serviço Social do Transporte (SEST), de que trata a Lei 8.706/1993 (art. 6.º da Lei 14.457/2022).

O Ministro do Trabalho, de acordo com o art. 399 da CLT, "conferirá diploma de benemerência aos empregadores que se distinguirem pela organização e manutenção de creches e de instituições de proteção aos menores em idade pré-escolar, desde que tais serviços se recomendem por sua generosidade e pela eficiência das respectivas instalações".

Por fim, assim prevê o art. 400 da CLT: "Os locais destinados à guarda dos filhos das operárias durante o período da amamentação deverão possuir, no mínimo, um berçário, uma saleta de amamentação, uma cozinha dietética e uma instalação sanitária".

Quanto aos temas referentes ao salário-maternidade, à licença-maternidade e à garantia de emprego da empregada gestante, como já estudados em Capítulos anteriores, remete-se ao leitor para se evitar a repetição da matéria.

22.6 DIREITOS E GARANTIAS DA ADVOGADA GESTANTE, LACTANTE, ADOTANTE OU QUE DER À LUZ E DO ADVOGADO QUE SE TORNA PAI

O Estatuto da Advocacia prevê que são direitos da *advogada*:

> I – *gestante*: a) entrada em tribunais sem ser submetida a detectores de metais e aparelhos de raios X; b) reserva de vaga em garagens dos fóruns dos tribunais;
>
> II – *lactante, adotante ou que der à luz*: acesso a creche, onde houver, ou a local adequado ao atendimento das necessidades do bebê;
>
> III – *gestante, lactante, adotante ou que der à luz*: preferência na ordem das sustentações orais e das audiências a serem realizadas a cada dia, mediante comprovação de sua condição;
>
> IV – *adotante ou que der à luz*: suspensão de prazos processuais quando for a única patrona da causa, desde que haja notificação por escrito ao cliente (art. 7.º-A da Lei 8.906/1994, acrescentado pela Lei 13.363/2016).

Os direitos previstos à *advogada gestante ou lactante* aplicam-se enquanto perdurar, respectivamente, o estado gravídico ou o período de amamentação.

Os direitos assegurados nos incisos II e III do art. 7.º-A da Lei 8.906/1994 à *advogada adotante ou que der à luz* são concedidos pelo prazo previsto no art. 392 da CLT, ou seja, de 120 dias.

O direito assegurado no inciso IV art. 7.º-A da Lei 8.906/1994 à *advogada adotante ou que der à luz* é concedido pelo prazo previsto no § 6.º do art. 313 do CPC, isto é, de 30 dias, contado a partir da data do parto ou da concessão da adoção, mediante apresentação de certidão de nascimento ou documento similar que comprove a realização do parto, ou de termo judicial que tenha concedido a adoção, desde que haja notificação ao cliente.

O art. 313 do CPC, nos incisos IX e X, incluídos pela Lei 13.363/2016, dispõe que o processo se suspende: IX – pelo parto ou pela concessão de adoção, quando a advogada responsável pelo processo constituir a única patrona da causa; X – quando o advogado responsável pelo processo constituir o único patrono da causa e tornar-se pai.

No caso do inciso IX do art. 313 do CPC, o período de suspensão é de 30 dias, contado a partir da data do parto ou da concessão da adoção, mediante apresentação de certidão de nascimento ou documento similar que comprove a realização do parto, ou de termo judicial que tenha concedido a adoção, desde que haja notificação ao cliente.

Na hipótese do inciso X do art. 313 do CPC, o período de suspensão é de oito dias, contado a partir da data do parto ou da concessão da adoção, mediante apresentação de certidão de nascimento ou documento similar que comprove a realização do parto, ou de termo judicial que tenha concedido a adoção, desde que haja notificação ao cliente.

Frise-se que os direitos e garantias em questão, por serem relativos ao exercício profissional, são assegurados à advogada (gestante, lactante, adotante ou que der à luz) e ao advogado (que se torna pai) em sentido amplo, e não apenas à advogada e ao advogado que sejam empregados.

22.7 PROGRAMA EMPREGA + MULHERES

Foi instituído o Programa Emprega + Mulheres, destinado à inserção e à manutenção de mulheres no mercado de trabalho por meio da implementação das seguintes medidas:

I – para apoio à parentalidade na primeira infância: a) pagamento de reembolso-creche; b) manutenção ou subvenção de instituições de educação infantil pelos serviços sociais autônomos;

II – para apoio à parentalidade por meio da flexibilização do regime de trabalho: a) teletrabalho; b) regime de tempo parcial; c) regime especial de compensação de jornada de trabalho por meio de banco de horas; d) jornada de 12 horas trabalhadas por 36 horas ininterruptas de descanso, quando a atividade permitir; e) antecipação de férias individuais; f) horários de entrada e de saída flexíveis;

III – para qualificação de mulheres, em áreas estratégicas para a ascensão profissional: a) suspensão do contrato de trabalho para fins de qualificação profissional; e b) estímulo à ocupação das vagas em cursos de qualificação dos serviços nacionais de aprendizagem por mulheres e priorização de mulheres hipossuficientes vítimas de violência doméstica e familiar;

IV – para apoio ao retorno ao trabalho das mulheres após o término da licença-maternidade: a) suspensão do contrato de trabalho de pais empregados para acompanhamento do desenvolvimento dos filhos; b) flexibilização do usufruto da prorrogação da licença-maternidade, conforme prevista na Lei 11.770/2008;

V – reconhecimento de boas práticas na promoção da empregabilidade das mulheres, por meio da instituição do Selo Emprega + Mulher;

VI – prevenção e combate ao assédio sexual e a outras formas de violência no âmbito do trabalho;

VII – estímulo ao microcrédito para mulheres (art. 1.º da Lei 14.457/2022).

Para os efeitos da Lei 14.457/2022, parentalidade é o vínculo socioafetivo maternal, paternal ou qualquer outro que resulte na assunção legal do papel de realizar as atividades parentais, de forma compartilhada entre os responsáveis pelo cuidado e pela educação das crianças e dos adolescentes, nos termos do art. 22, parágrafo único, da Lei 8.069/1990 (Estatuto da Criança e do Adolescente)[14].

Foi instituído o Selo Emprega + Mulher (art. 24 da Lei 14.457/2022).

São objetivos do Selo Emprega + Mulher: I – reconhecer as empresas que se destaquem pela organização, pela manutenção e pelo provimento de creches e pré-escolas para atender às necessidades de suas empregadas e de seus empregados; II – reconhecer as boas práticas de empregadores que visem, entre outros objetivos: a) ao estímulo à contratação, à ocupação de postos de liderança e à ascensão profissional de mulheres, especialmente em áreas com baixa participação feminina, tais como ciência, tecnologia, desenvolvimento e inovação; b) à divisão igualitária das responsabilidades parentais; c) à promoção da cultura de igualdade entre mulheres e homens; d) à oferta de acordos flexíveis de trabalho; e) à concessão de licenças para mulheres e homens que permitam o cuidado e a criação de vínculos com seus filhos; f) ao efetivo apoio às empregadas de seu quadro de pessoal e das que prestem serviços no seu estabelecimento em caso de assédio, violência física ou psicológica ou qualquer violação de seus direitos no local de trabalho; g) à implementação de programas de contratação de mulheres desempregadas em situação de violência doméstica e familiar e de acolhimento e de proteção às suas empregadas em situação de violência doméstica e familiar.

14. A mãe e o pai, ou os responsáveis, têm direitos iguais e deveres e responsabilidades compartilhados no cuidado e na educação da criança, devendo ser resguardado o direito de transmissão familiar de suas crenças e culturas, assegurados os direitos da criança estabelecidos na Lei 8.069/1990 (art. 22, parágrafo único, do Estatuto da Criança e do Adolescente).

Para fins do disposto no art. 24 da Lei 14.457/2022, consideram-se violência doméstica e familiar contra a mulher as ações ou as omissões previstas no art. 5.º da Lei 11.340/2006 (Lei Maria da Penha)[15].

As microempresas e as empresas de pequeno porte que receberem o Selo Emprega + Mulher serão beneficiadas com estímulos creditícios adicionais, nos termos do art. 3.º, § 5.º, incisos I e II, da Lei 13.999/2020, que instituiu o Programa Nacional de Apoio às Microempresas e Empresas de Pequeno Porte (Pronampe), cujo objeto é o desenvolvimento e o fortalecimento dos pequenos negócios (art. 25 da Lei 14.457/2022).

As empresas que se habilitarem para o recebimento do Selo Emprega + Mulher devem prestar contas anualmente quanto ao atendimento dos requisitos previstos nesta Lei (art. 26 da Lei 14.457/2022).

A pessoa jurídica detentora do Selo Emprega + Mulher pode utilizá-lo para os fins de divulgação de sua marca, produtos e serviços, vedada a extensão do uso para grupo econômico ou em associação com outras empresas que não detenham o selo (art. 27 da Lei 14.457/2022).

Ato do Ministro de Estado do Trabalho e Previdência deve dispor sobre o regulamento completo do Selo Emprega + Mulher (art. 28 da Lei 14.457/2022).

Nas operações de crédito do Programa de Simplificação do Microcrédito Digital para Empreendedores (SIM Digital), de que trata a Lei 14.438/2022, devem ser aplicadas condições diferenciadas, exclusivamente quando os beneficiários forem: I – mulheres que exerçam alguma atividade produtiva ou de prestação de serviços, urbana ou rural, de forma individual ou coletiva, na condição de pessoas naturais; II – mulheres, na condição de pessoas naturais e de microempreendedoras individuais no âmbito do Programa Nacional de Microcrédito Produtivo Orientado (PNMPO) (art. 29 da Lei 14.457/2022).

O Sistema Nacional de Emprego (SINE) deve implementar iniciativas com vistas à melhoria da empregabilidade de mulheres, especialmente daquelas: que tenham filho, enteado ou guarda judicial de crianças de até cinco anos de idade; que sejam chefe de família monoparental; ou com deficiência ou com filho com deficiência (art. 31 da Lei 14.457/2022).

15. Configura violência doméstica e familiar contra a mulher qualquer ação ou omissão baseada no gênero que lhe cause morte, lesão, sofrimento físico, sexual ou psicológico e dano moral ou patrimonial: I – no âmbito da unidade doméstica, compreendida como o espaço de convívio permanente de pessoas, com ou sem vínculo familiar, inclusive as esporadicamente agregadas; II – no âmbito da família, compreendida como a comunidade formada por indivíduos que são ou se consideram aparentados, unidos por laços naturais, por afinidade ou por vontade expressa; III – em qualquer relação íntima de afeto, na qual o agressor conviva ou tenha convivido com a ofendida, independentemente de coabitação. As relações pessoais enunciadas no art. 5.º da Lei 11.340/2006 independem de orientação sexual.

Capítulo **23**

TRABALHO DA CRIANÇA E DO ADOLESCENTE

23.1 INTRODUÇÃO

De forma semelhante ao trabalho da mulher, embora de modo até mais marcante, observa-se durante a Revolução Industrial, principalmente no século XIX, a utilização do trabalho infantil, em péssimas condições, causando sérios prejuízos ao desenvolvimento físico e psicológico da pessoa.

As crianças e adolescentes eram expostos a trabalhos prejudiciais à saúde, com extensas jornadas, colocando em risco a sua segurança e a própria vida, com salários inferiores aos pagos aos adultos.

Como é evidente, a exploração do trabalho infantil gerou terríveis consequências sociais, em inaceitável afronta a direitos fundamentais de crianças e adolescentes, que precisavam da proteção do Estado contra os abusos do capitalismo.

Por isso, já no próprio século XIX, tem início o surgimento da **legislação de proteção ao trabalho do menor**.

Inicialmente, a legislação do trabalho dos menores se assemelhava às normas de proteção ao trabalho da mulher. No entanto, no presente, essa equiparação não mais se justifica, tendo em vista a igualdade de condições entre homens e mulheres; quanto a estas, a proteção passou a restringir-se, essencialmente, ao estado de gestante e à maternidade. Quanto à criança e ao adolescente, permanece necessária a existência e a efetividade de normas protegendo e regulando a questão do trabalho, por se tratar de pessoas em condições especiais, em desenvolvimento, com grande interesse social[1].

No âmbito da Organização Internacional do Trabalho foram aprovadas diversas Convenções, fixando a idade mínima para o trabalho.

A Convenção 138 da OIT, de 1973, promulgada no Brasil pelo Decreto 4.134, de 15 de fevereiro de 2002 (atualmente Decreto 10.088/2019), estabeleceu que a idade mínima de admissão no emprego não deve ser inferior à do fim da escolaridade obrigatória, não podendo, em qualquer caso, ser inferior a 15 anos, admitindo-se o patamar mínimo de 14 anos, como primeira etapa, para os países insuficientemente desenvolvidos. A referida Convenção 138 foi complementada pela Recomendação 146, também de 1973.

A Convenção 182 da OIT, promulgada no Brasil pelo Decreto 3.597/2000 (atualmente Decreto 10.088/2019), bem como a Recomendação 190 da OIT, de 1999, proíbem as **piores formas de trabalho infantil**, quais sejam:

1. Cf. MARTINS, Sergio Pinto. *Direito do trabalho*. 28. ed. São Paulo: Atlas, 2012. p. 635.

a) todas as formas de escravidão ou práticas análogas à escravidão, tais como a venda e o tráfico de crianças, a servidão por dívidas e a condição de servo, e o trabalho forçado ou obrigatório, inclusive o recrutamento forçado ou obrigatório de crianças para serem utilizadas em conflitos armados;

b) a utilização, o recrutamento ou a oferta de crianças para a prostituição, a produção de pornografia ou atuações pornográficas;

c) a utilização, o recrutamento ou a oferta de crianças para a realização de atividades ilícitas, em particular a produção e o tráfico de entorpecentes, tais como definidos nos tratados internacionais pertinentes; e

d) o trabalho que, por sua natureza ou pelas condições em que é realizado, é suscetível de prejudicar a saúde, a segurança ou a moral das crianças.

O Decreto 6.481, de 12 de junho de 2008 (publicado no *DOU* de 13.06.2008, com entrada em vigor 90 dias após a data de sua publicação), regulamenta os arts. 3.º, *d*, e 4.º, da Convenção 182 da OIT. Desse modo, o referido Decreto aprova a "**Lista das Piores Formas de Trabalho Infantil**" (Lista TIP), contida em seu Anexo.

A Organização das Nações Unidas aprovou em 1959 a Declaração Universal dos Direitos da Criança, que estabelece proteção especial ao desenvolvimento físico, mental, moral e espiritual da criança (art. 2.º), proibindo-se de empregar criança antes da idade mínima conveniente (art. 9.º).

Merece destaque, ainda, a Convenção sobre os Direitos da Criança, adotada em 20 de novembro de 1989, pela Assembleia Geral das Nações Unidas, promulgada no Brasil pelo Decreto 99.710/1990.

No Brasil, a Constituição Federal de 1988, no art. 7.º, inciso XXX, estabelece a proibição de diferença de salários, de exercício de funções e de critério de admissão por motivo de idade[2].

A redação original do art. 7.º, inciso XXXIII, da Constituição da República previa a "proibição de trabalho noturno, perigoso ou insalubre aos menores de dezoito e de qualquer trabalho a menores de quatorze anos, salvo na condição de aprendiz". Esse dispositivo foi alterado pela Emenda Constitucional 20, de 15 de dezembro de 1998, passando a estabelecer a "proibição de trabalho noturno, perigoso ou insalubre a menores de dezoito e de qualquer trabalho a menores de dezesseis anos, salvo na condição de aprendiz, a partir de quatorze anos".

O Supremo Tribunal Federal reconheceu a plena validade constitucional do art. 7.º, inciso XXXIII, da Constituição Federal de 1988, com redação dada pela Emenda Constitucional 20/1998 (STF, Pleno, ADI 2.096/DF, Rel. Min. Celso de Mello, j. 13.10.2020).

A Constituição Federal de 1988, no art. 227, apresenta a seguinte previsão de destaque: "É dever da família, da sociedade e do Estado assegurar à criança, ao adolescente e ao jovem, com absoluta prioridade, o direito à vida, à saúde, à alimentação, à educação, ao lazer, à profissionalização, à cultura, à dignidade, ao respeito, à liberdade e à convivência familiar e comunitária, além de colocá-los a salvo de toda forma de negligência, discriminação, exploração, violência, crueldade e opressão" (redação determinada pela Emenda Constitucional 65/2010).

---

2. Cf. Orientação Jurisprudencial 26 da SDC do TST: "Salário normativo. Menor empregado. Art. 7.º, XXX, da CF/88. Violação. Os empregados menores não podem ser discriminados em cláusula que fixa salário mínimo profissional para a categoria".

O § 3.º do art. 227 da Constituição da República estabelece, ainda, que o direito à proteção especial abrange a garantia de direitos previdenciários e trabalhistas (inciso II), bem como a garantia de acesso do trabalhador adolescente e jovem à escola (inciso III).

No plano infraconstitucional, a Consolidação das Leis do Trabalho, de 1.º de maio de 1943, consolidou a matéria em questão em seu Capítulo IV, do Título III (arts. 402 a 441). O Estatuto da Criança e do Adolescente, instituído pela Lei 8.069, de 13.07.1990, no Capítulo V, do Título II, do Livro I, correspondente aos arts. 60 a 69, estabelece regras sobre o "direito à profissionalização e à proteção no trabalho".

A Lei 12.852, de 5 de agosto de 2013, institui o Estatuto da Juventude e dispõe sobre os direitos dos jovens, os princípios e diretrizes das políticas públicas de juventude e o Sistema Nacional de Juventude (SINAJUVE).

23.2 DENOMINAÇÃO E CONCEITO

O termo utilizado pela Consolidação das Leis do Trabalho é "menor", como se verifica no art. 402, seja na redação original, naquela determinada pelo Decreto-lei 229/1967, seja na atual redação, decorrente da Lei 10.097, de 19.12.2000.

A Constituição Federal de 1988, por sua vez, adota a terminologia "criança e adolescente" (arts. 203, inciso II, e 227), o que é seguido pelo Estatuto da Criança e do Adolescente.

Na realidade, o termo *menor* é pouco esclarecedor. Além disso, o trabalhador com menos de 18 anos, em certas situações, pode trabalhar, com que não é propriamente incapaz para essa atividade, mas sim merece a proteção especial da legislação trabalhista.

Por isso, em termos científicos e doutrinários, reconhece-se que a expressão *criança e adolescente* revela-se mais atual, específica e adequada.

De acordo com o art. 402, *caput*, da CLT: "Considera-se menor para os efeitos desta Consolidação o trabalhador de quatorze até dezoito anos".

Por sua vez, o art. 2.º, *caput*, da Lei 8.069/1990 (ECA) explicita que se considera criança "a pessoa de até doze anos de idade incompletos, e adolescente aquela entre doze e dezoito anos de idade".

Nos termos da Lei 12.852/2013, "são consideradas jovens as pessoas com idade entre 15 (quinze) e 29 (vinte e nove) anos de idade" (art. 1.º, § 1.º).

Aos adolescentes com idade entre 15 e 18 anos aplicam-se a Lei 8.069/1990 (Estatuto da Criança e do Adolescente), e, excepcionalmente, a referida Lei 12.852/2013 (Estatuto da Juventude), quando não conflitar com as normas de proteção integral do adolescente (art. 1.º, § 2.º).

23.3 FUNDAMENTO DAS NORMAS DE PROTEÇÃO AO TRABALHO DA CRIANÇA E DO ADOLESCENTE

As **normas de proteção ao trabalho do menor** se justificam em razão de sua titularidade de direitos fundamentais inerentes à pessoa humana, gerando o *princípio da proteção integral*, estabelecido pelo sistema jurídico, de modo a assegurar o pleno *desenvolvimento físico, mental, moral, espiritual e social*, em condições de liberdade e dignidade (art. 3.º do Estatuto da Criança e do Adolescente).

Digno de destaque, ainda, é o mandamento contido no art. 4.º da Lei 8.069/1990, ao prever que: "É dever da família, da comunidade, da sociedade em geral e do poder público assegurar, com absoluta prioridade, a efetivação dos direitos referentes à vida, à saúde, à alimentação, à educação, ao esporte, ao lazer, à profissionalização, à cultura, à dignidade, ao respeito, à liberdade e à convivência familiar e comunitária".

Além disso, como determina o art. 5.º do Estatuto da Criança e do Adolescente, "nenhuma criança ou adolescente será objeto de qualquer forma de negligência, discriminação, exploração, violência, crueldade e opressão, punido na forma da lei qualquer atentado, por ação ou omissão, aos seus direitos fundamentais".

Por fim, na interpretação do ECA, devem ser levados em conta os fins sociais a que ele se dirige, as exigências do bem comum, os direitos e deveres individuais e coletivos, e a *condição peculiar da criança e do adolescente como pessoas em desenvolvimento* (art. 6.º do Estatuto da Criança e do Adolescente).

Assim, pode-se concluir que o fundamento das normas de proteção do trabalho da criança e do adolescente encontra-se:

- na condição peculiar de pessoa em desenvolvimento;
- na titularidade de direitos humanos e fundamentais;
- na necessidade de assegurar o desenvolvimento físico, mental, moral, espiritual e social.

23.4 CONSELHOS TUTELARES E CONSELHOS DE DIREITOS DA CRIANÇA E DO ADOLESCENTE

O Conselho Tutelar é um órgão permanente e autônomo, não jurisdicional, encarregado pela sociedade de zelar pelo cumprimento dos direitos da criança e do adolescente (art. 131 do Estatuto da Criança e do Adolescente – ECA).

Em cada Município e em cada Região Administrativa do Distrito Federal deve existir, no mínimo, um Conselho Tutelar, como órgão integrante da Administração Pública local, *composto de cinco membros*, escolhidos pela comunidade local para mandato de quatro anos, permitida uma recondução, mediante novo processo de escolha (art. 132, com redação determinada pela Lei 12.696/2012).

Os Conselhos de Direitos da Criança e do Adolescente existem na esfera nacional, estadual e municipal (art. 260, § 2.º, do Estatuto da Criança e do Adolescente).

Os Conselhos são órgãos deliberativos e controladores das ações em todos os níveis, assegurada a participação popular paritária por meio de organizações representativas, segundo leis federal, estaduais e municipais (art. 88, inciso II, da Lei 8.069/1990).

Desse modo, há um Fundo Nacional para a Criança e o Adolescente, além de fundos estaduais e municipais (art. 214 do ECA), vinculados aos respectivos conselhos dos direitos da criança e do adolescente (art. 88, inciso IV, da Lei 8.069/1990).

Os *Conselhos Municipais da Criança e do Adolescente* (CMDCA) são os órgãos que registram as entidades sem fins lucrativos que tenham por objetivo a assistência ao adolescente e à educação profissional, as quais podem suprir a demanda dos estabelecimentos na contratação de aprendizes, na hipótese de os Serviços Nacionais de Aprendizagem não oferecerem cursos ou vagas suficientes (art. 430, inciso II, da CLT, acrescentado pela Lei 10.097/2000).

Os *Conselhos Estaduais da Criança e do Adolescente* são criados por leis estaduais, sendo compostos por representantes do poder público e da sociedade civil, tendo como principais atribuições: dar apoio aos Conselhos Municipais dos Direitos da Criança e do Adolescente; criar mecanismo de integração dos Conselhos Municipais; contribuir para o cumprimento da política de atendimento dos direitos da criança e do adolescente; gerir o Fundo Estadual dos Direitos da Criança e do Adolescente. Nesse sentido é a previsão da Lei estadual paulista 8.074, de 21 de outubro de 1992.

A Lei 8.242, de 12 de outubro de 1991, criou o *Conselho Nacional dos Direitos da Criança e do Adolescente* (CONANDA), integrando o conjunto de atribuições da Presidência da República.

23.5 TRABALHO PROIBIDO AO MENOR

A criança e o adolescente têm direito à proteção à vida e à saúde, mediante a efetivação de políticas sociais públicas que permitam o nascimento e o desenvolvimento sadio e harmonioso, em condições dignas de existência (art. 7.º da Lei 8.069/1990).

Em razão disso é que certos trabalhos, em determinadas condições, são proibidos aos menores, como a seguir será analisado.

O art. 403 da Consolidação das Leis do Trabalho, com redação determinada pela Lei 10.097/2000, em consonância com o art. 7.º, inciso XXXIII, da Constituição Federal de 1988 e a Emenda Constitucional 20/1998, prevê ser "proibido qualquer trabalho a menores de dezesseis anos de idade, salvo na condição de aprendiz, a partir dos quatorze anos".

A Lei 8.069/1990, no art. 62, considera como aprendizagem "a formação técnico-profissional ministrada segundo as diretrizes e bases da legislação de educação em vigor". A formação técnico-profissional obedecerá aos seguintes princípios:

- garantia de acesso e frequência obrigatória ao ensino regular;
- atividade compatível com o desenvolvimento do adolescente;
- horário especial para o exercício das atividades.

Ao adolescente aprendiz são assegurados os direitos trabalhistas e previdenciários. O contrato de aprendizagem já foi analisado em Capítulo anterior, fazendo-se remissão para não repetir a matéria. Cabe destacar que a Lei Complementar 123/2006, no art. 51, inciso III, dispensa as microempresas e as empresas de pequeno porte de empregar e matricular seus aprendizes nos cursos dos Serviços Nacionais de Aprendizagem.

Ao menor de 18 anos é vedado o trabalho noturno, considerado este o que for executado, no meio urbano, no período compreendido entre as 22 e as 5 horas (art. 404 da CLT e art. 7.º, inciso XXXIII, da CF/1988). No âmbito rural, a Lei 5.889/1973, art. 7.º, considera trabalho noturno o executado: entre as 21 horas de um dia e as 5 horas do dia seguinte, na lavoura; entre as 20 horas de um dia e as 4 horas do dia seguinte, na pecuária.

O art. 7.º, inciso XXXIII, da Constituição Federal de 1988 proíbe o trabalho "perigoso ou insalubre" a menores de 18 anos.

A vedação possui evidente justificativa, em face da proteção integral à criança e ao adolescente, como pessoa em desenvolvimento.

Desse modo, ao menor não é permitido o trabalho nos locais e serviços perigosos ou insalubres, constantes de quadros para esse fim aprovados pelo Diretor do Departamento de Segurança e Saúde no Trabalho (art. 405, inciso I, da CLT). O Decreto 6.481, de 12 de junho de 2008, aprovou a Lista das Piores Formas do Trabalho Infantil, em que o item I arrola os trabalhos prejudiciais à saúde e à segurança e o item II descreve os trabalhos prejudiciais à moralidade.

O art. 67, inciso II, da Lei 8.069/1990, além de vedar o trabalho perigoso e insalubre, também proíbe o trabalho do menor em atividades penosas, suprindo a omissão da

Constituição Federal de 1988, no art. 7.º, inciso XXXIII. Embora o conceito de trabalho penoso ainda não esteja regulamentado pela legislação trabalhista (art. 7.º, inciso XXIII, da CF), pode-se entender que todo trabalho mais gravoso à saúde ou à segurança do menor fica vedado.

Além disso, o trabalho do menor não poderá ser realizado (parágrafo único do art. 403 da CLT):

- em locais prejudiciais à sua formação;
- em locais prejudiciais ao seu desenvolvimento físico, psíquico, moral e social;
- em horários e locais que não permitam a frequência à escola.

O art. 405, inciso II, da CLT reitera não ser permitido o trabalho do menor em locais ou serviços prejudiciais à sua moralidade.

Considera-se prejudicial à moralidade do menor o trabalho (art. 405, § 3.º, da CLT):

a) prestado de qualquer modo, em teatros de revista, cinemas, boates, cassinos, cabarés, "dancings" e estabelecimentos análogos;
b) em empresas circenses, em funções de acrobata, saltimbanco, ginasta e outras semelhantes;
c) de produção, composição, entrega ou venda de escritos, impressos, cartazes, desenhos, gravuras, pinturas, emblemas, imagens e quaisquer outros objetos que possam, a juízo da autoridade competente, prejudicar sua formação moral;
d) consistente na venda, a varejo, de bebidas alcoólicas.

O Juiz da Infância e da Juventude (art. 406 da CLT) pode autorizar ao menor o trabalho a que se referem as letras "a" e "b" acima, desde que:

> I – a representação tenha fim educativo ou a peça de que participe não possa ser prejudicial à sua formação moral;
>
> II – certifique-se quanto a ser a ocupação do menor indispensável à própria subsistência ou à de seus pais, avós ou irmãos e não advir nenhum prejuízo à sua formação moral.

É comum verificar a participação de adolescentes, e mesmo de crianças, em programas de televisão e de teatro. Permite-se essa atividade apenas quando não possa gerar qualquer prejuízo ao menor, sendo admitida como forma de manifestação do direito fundamental de liberdade de expressão (art. 5.º, inciso IX, da CF/1988). Mesmo não tendo a criança idade mínima, exigida pelo texto constitucional, a participação em referidos programas seria excepcionalmente admitida, mediante autorização judicial, desde que ausente qualquer prejuízo ao menor, com fundamento no princípio da razoabilidade, bem como por ser considerada, preponderantemente, e em essência, uma atividade artística, e não um trabalho ou emprego propriamente.

Ainda quanto ao tema, o art. 8.º da Convenção 138 da OIT prevê que a autoridade competente, após consulta às organizações de empregadores e de trabalhadores concernentes, se houver, poderá, mediante licenças concedidas em casos individuais, permitir exceções quanto à proibição de emprego ou trabalho prevista no art. 2.º da referida Convenção (sobre idade mínima para admissão a emprego ou trabalho), para finalidades como a *participação em representações artísticas*. Ainda assim, as licenças dessa natureza devem limitar o número de horas de duração do emprego ou trabalho e estabelecer as condições em que é permitido.

Ao empregador é vedado empregar o menor em serviço que demande o emprego de força muscular superior a 20 quilos para o trabalho contínuo, ou 25 quilos para o trabalho ocasional. Não está compreendida nessa determinação a remoção de material feita por impulsão ou tração de vagonetes sobre trilhos, de carros de mão ou quaisquer aparelhos mecânicos (art. 405, § 5.º, c/c art. 390, parágrafo único, da CLT).

23.6 DEVERES E RESPONSABILIDADE EM RELAÇÃO AO MENOR

O art. 69 da Lei 8.069/1990 assegura ao adolescente o direito à profissionalização e à proteção no trabalho, observados, entre outros, o respeito à condição peculiar de pessoa em desenvolvimento, bem como a capacitação profissional adequada ao mercado de trabalho.

Cabe analisar, no entanto, os diversos deveres e responsabilidades quanto ao menor, quando inserido nas relações de trabalho.

Como prevê o art. 424 da CLT, é dever dos responsáveis legais de menores, pais, mães, ou tutores, afastá-los de empregos que:

- diminuam consideravelmente o seu tempo de estudo;
- reduzam o tempo de repouso necessário à sua saúde e constituição física; ou
- prejudiquem a sua educação moral.

Ao responsável legal do menor é facultado pleitear a extinção do contrato de trabalho, desde que o serviço possa acarretar para ele prejuízos de ordem física ou moral (art. 408 da CLT).

Os empregadores de menores de 18 anos são obrigados a velar pela observância, nos seus estabelecimentos ou empresas, dos bons costumes e da decência pública, bem como das regras de higiene e medicina do trabalho (art. 425 da CLT).

O empregador, cuja empresa ou estabelecimento ocupar menores, será obrigado a conceder-lhes o tempo que for necessário para a frequência às aulas.

Os estabelecimentos situados em lugar onde a escola estiver a maior distância que dois quilômetros, e que ocuparem, permanentemente, mais de 30 menores analfabetos, de 14 a 18 anos, serão obrigados a manter local apropriado em que lhes seja ministrada a instrução primária (art. 427, parágrafo único, da CLT).

Verificado pela autoridade competente que o trabalho executado pelo menor é prejudicial à sua saúde, ao seu desenvolvimento físico ou à sua moralidade, poderá ela obrigá-lo a abandonar o serviço, devendo a respectiva empresa, quando for o caso, proporcionar ao menor todas as facilidades para mudar de funções (art. 407 da CLT).

É dever do empregador, na hipótese do art. 407 da CLT, proporcionar ao menor todas as facilidades para mudar de serviço (art. 426 da CLT).

Como o art. 407 da CLT não estabelece distinção ou restrição, é possível entender que a "autoridade", ali indicada, pode ser tanto o juiz da infância e da juventude como o juiz do trabalho, ou o auditor-fiscal do trabalho, conforme a hipótese em concreto.

Quando a empresa não tomar as medidas possíveis e recomendadas pela autoridade competente para que o menor mude de função, configurar-se-á a rescisão do contrato de trabalho, na forma do art. 483 da CLT.

A duração do trabalho do menor regula-se pelas disposições legais relativas à duração do trabalho em geral, já analisadas anteriormente, com as restrições aqui apresentadas. O art. 412 repete a disposição do art. 66, ambos da CLT, no sentido de que, "após cada período de trabalho efetivo, quer contínuo, quer dividido em 2 (dois) turnos, haverá um intervalo de repouso, não inferior a 11 (onze) horas".

Para maior segurança do trabalho e garantia da saúde dos menores, a autoridade fiscalizadora poderá proibir-lhes o gozo dos períodos de repouso nos locais de trabalho (art. 409 da CLT).

Em regra, é vedado prorrogar a duração normal diária do trabalho do menor, salvo nas seguintes situações excepcionais (art. 412 da CLT, c/c art. 7.º, incisos XIII e XVI, da CF/1988):

a) até mais 2 (duas) horas, independentemente de acréscimo salarial, mediante convenção ou acordo coletivo, desde que o excesso de horas em um dia seja compensado pela diminuição em outro, de modo a ser observado o limite máximo de 44 horas semanais ou outro inferior legalmente fixado;

b) excepcionalmente, por motivo de força maior, até o máximo de 12 (doze) horas, com acréscimo salarial de, pelo menos, 50% sobre a hora normal e desde que o trabalho do menor seja imprescindível ao funcionamento do estabelecimento.

Conforme o art. 414 da CLT, "quando o menor de 18 (dezoito) anos for empregado em mais de um estabelecimento, as horas de trabalho em cada um serão totalizadas".

Esse dispositivo pode ser interpretado como se referindo à existência de vínculos de emprego com mais de um empregador. Assim, ainda que implicitamente, o dispositivo confirma a possibilidade de se trabalhar em mais de um emprego, não sendo a exclusividade requisito do contrato de trabalho.

No entanto, se um dos empregadores, de boa-fé, não tem conhecimento de que o menor trabalha em outra empresa, aquele não pode ser penalizado.

23.7 TRABALHO EDUCATIVO

O trabalho educativo tem fundamento no art. 227 da Constituição Federal de 1988, como forma de assegurar à criança e ao adolescente (e mesmo às demais pessoas em geral) a educação, a profissionalização, a cultura, a dignidade, o respeito, a liberdade e a convivência comunitária.

Além disso, o art. 205 da Lei Maior também garante a educação como direito de todos e dever do Estado e da família, a ser promovida e incentivada com a colaboração da sociedade, visando ao pleno desenvolvimento da pessoa, seu preparo para o exercício da cidadania e qualificação para o trabalho.

Como prevê o Estatuto da Criança e do Adolescente:

> "Art. 68. O programa social que tenha por base o trabalho educativo, sob responsabilidade de entidade governamental ou não governamental sem fins lucrativos, deverá assegurar ao adolescente que dele participe condições de capacitação para o exercício de atividade regular remunerada.
>
> § 1.º Entende-se por trabalho educativo a atividade laboral em que as exigências pedagógicas relativas ao desenvolvimento pessoal e social do educando prevalecem sobre o aspecto produtivo.
>
> § 2.º A remuneração que o adolescente recebe pelo trabalho efetuado ou a participação na venda dos produtos de seu trabalho não desfigura o caráter educativo".

Assim, defende-se que não há como se considerar como trabalho educativo, com fins essencialmente pedagógicos, aqueles realizados em empresas propriamente, apenas voltadas ao aspecto produtivo, de nada adiantando a alegação de que o empregado estaria aprendendo no trabalho. Não se pode confundir o trabalho educativo, no qual o objetivo é fundamentalmente pedagógico, com a aprendizagem ou com o contrato de estágio.

Por isso, na realidade, apenas podem ser indicados como exemplos de possíveis trabalhos educativos aqueles que envolvem atividades como grupos de teatro, música, dança e artes.

Obviamente, caso ocorra fraude à legislação trabalhista, o vínculo de emprego que estava encoberto por falso trabalho educativo deve ser reconhecido (art. 9.º da CLT), garantindo ao menor todos os direitos trabalhistas e previdenciários decorrentes.

Não se pode aceitar a violação das normas de proteção ao trabalho do menor, de natureza cogente (inclusive aquelas que proíbem o trabalho antes de certa idade e o labor em determinadas condições). Nem mesmo eventual alegação, como no sentido de que "é melhor trabalhar do que ficar na rua", justifica a referida afronta ao ordenamento jurídico, sabendo-se que à criança e ao adolescente deve ser garantido o direito à educação, com o pleno desenvolvimento físico, mental, moral, espiritual e social.

23.8 DIREITO À PROFISSIONALIZAÇÃO, AO TRABALHO E À RENDA DO JOVEM

Nos termos da Lei 12.852/2013, o jovem tem direito à *profissionalização*, ao *trabalho* e à *renda*, exercido em condições de liberdade, equidade e segurança, adequadamente remunerado e com proteção social (art. 14).

A ação do poder público na *efetivação do direito do jovem à profissionalização, ao trabalho e à renda* contempla a adoção das seguintes medidas (art. 15 da Lei 12.852/2013):

> I – promoção de formas coletivas de organização para o trabalho, de redes de economia solidária e da livre associação;
>
> II – oferta de condições especiais de jornada de trabalho por meio de: a) compatibilização entre os horários de trabalho e de estudo; b) oferta dos níveis, formas e modalidades de ensino em horários que permitam a compatibilização da frequência escolar com o trabalho regular;
>
> III – criação de linha de crédito especial destinada aos jovens empreendedores;
>
> IV – atuação estatal preventiva e repressiva quanto à exploração e precarização do trabalho juvenil;
>
> V – adoção de políticas públicas voltadas para a promoção do estágio, aprendizagem e trabalho para a juventude;
>
> VI – apoio ao jovem trabalhador rural na organização da produção da agricultura familiar e dos empreendimentos familiares rurais, por meio das seguintes ações: a) estímulo à produção e à diversificação de produtos; b) fomento à produção sustentável baseada na agroecologia, nas agroindústrias familiares, na integração entre lavoura, pecuária e floresta e no extrativismo sustentável; c) investimento em pesquisa de tecnologias apropriadas à agricultura familiar e aos empreendimentos familiares rurais; d) estímulo à comercialização direta da produção da agricultura familiar, aos empreendimentos familiares rurais e à formação de cooperativas; e) garantia de projetos de infraestrutura básica de acesso e escoamento de produção, priorizando a melhoria das estradas e do transporte; f) promoção de programas que favoreçam o acesso ao crédito, à terra e à assistência técnica rural;

VII – apoio ao jovem trabalhador com deficiência, por meio das seguintes ações: a) estímulo à formação e à qualificação profissional em ambiente inclusivo; b) oferta de condições especiais de jornada de trabalho; c) estímulo à inserção no mercado de trabalho por meio da condição de aprendiz.

O direito à profissionalização e à proteção no trabalho dos adolescentes com idade entre 15 e 18 anos de idade deve ser regido pelo disposto na Lei 8.069/1990 (Estatuto da Criança e do Adolescente), e em leis específicas, não se aplicando o previsto acima, conforme o art. 16 da Lei 12.852/2013.

Capítulo 24

NACIONALIZAÇÃO DO TRABALHO

24.1 INTRODUÇÃO

Quando se fala em trabalho do estrangeiro, ficou muito conhecida no Brasil a chamada "Lei dos dois terços"[1].

O Decreto 19.482, de 12 de dezembro de 1930, editado em momento histórico de grande imigração de estrangeiros ao Brasil, procurava enfrentar o problema do desemprego, determinando que as empresas reservassem 2/3 (dois terços) de seu quadro de pessoal a trabalhadores nacionais (art. 3.º).

Nessa mesma linha, de reserva de mercado a trabalhadores nacionais, a Constituição de 1934, em seu art. 135, assim previa: "A lei determinará a percentagem de empregados brasileiros que devam ser mantidos obrigatoriamente nos serviços públicos dados em concessão, e nos estabelecimentos de determinados ramos de comércio e indústria".

Essa disposição foi repetida no art. 153 da Constituição de 1937, com regulamentação pelo Decreto-lei 1.843, de 7 de dezembro de 1939.

A Consolidação das Leis do Trabalho, de 1.º de maio de 1943, no Capítulo II, do Título III, arts. 352 e seguintes, regulou a "Nacionalização do Trabalho".

A Constituição de 1946, no art. 157, inciso XI, também previa a: "fixação das percentagens de empregados brasileiros nos serviços públicos dados em concessão e nos estabelecimentos de determinados ramos do comércio e da indústria". O inciso II do art. 157, por sua vez, proibia diferença de salário para um mesmo trabalho por motivo de nacionalidade.

A Constituição de 1967 repetiu aquela previsão (do inciso XI do art. 157 da Constituição de 1946) no art. 158, inciso XII.

A Emenda Constitucional 1/1969 seguiu a mesma previsão no art. 165, inciso XII.

A referida determinação de se fixar percentual de empregados brasileiros deixou de ser prevista na Constituição Federal de 1988.

Além disso, de acordo com o art. 5.º, *caput*, da Constituição em vigor, "todos são iguais perante a lei, sem distinção de qualquer natureza, garantindo-se aos brasileiros e aos estrangeiros residentes no País a inviolabilidade do direito à vida, à liberdade, à igualdade, à segurança e à propriedade".

A Convenção 111 da OIT, de 1958, veda a discriminação, inclusive entre nacionais e estrangeiros, tendo sido a mencionada norma internacional ratificada pelo Brasil, com promulgação pelo Decreto 62.150, de 19 de janeiro de 1968 (atualmente Decreto 10.088/2019).

---

1. Cf. MARTINS, Sergio Pinto. *Direito do trabalho*. 28. ed. São Paulo: Atlas, 2012. p. 658.

24.2 DISPOSIÇÕES SOBRE A NACIONALIZAÇÃO DO TRABALHO NA CLT E SUA VIGÊNCIA

A Consolidação das Leis do Trabalho, no seu Capítulo II, do Título III, dispõe sobre a "Nacionalização do Trabalho".

Cabe verificar se essas disposições da CLT estão, ou não, em vigor. Para isso, faz-se necessário verificar o teor das referidas normas.

O art. 352 da CLT apresenta a seguinte previsão:

> "Art. 352. As empresas, individuais ou coletivas, que explorem serviços públicos dados em concessão, ou que exerçam atividades industriais ou comerciais, são obrigadas a manter, no quadro do seu pessoal, quando composto de 3 (três) ou mais empregados, uma proporção de brasileiros não inferior à estabelecida no presente Capítulo".

Trata-se de previsão, no corpo da CLT, da "Lei dos dois terços".

De acordo com o § 2.º do art. 352 da CLT: "Não se acham sujeitas às obrigações da proporcionalidade as indústrias rurais, as que, em zona agrícola, se destinem ao beneficiamento ou transformação de produtos da região e as atividades industriais de natureza extrativa, salvo a mineração".

A Lei 6.651/1979 deu nova redação ao art. 353 da CLT, assim estabelecendo: "Equiparam-se aos brasileiros, para os fins deste Capítulo, ressalvado o exercício de profissões reservadas aos brasileiros natos ou aos brasileiros em geral, os estrangeiros que, residindo no País há mais de dez anos, tenham cônjuge ou filho brasileiro, e os portugueses".

O art. 354 da CLT confirma que "a proporcionalidade será de 2/3 (dois terços) de empregados brasileiros, podendo, entretanto, ser fixada proporcionalidade inferior, em atenção às circunstâncias especiais de cada atividade, mediante ato do Poder Executivo".

O parágrafo único do referido dispositivo assim estabelece: "A proporcionalidade é obrigatória não só em relação à totalidade do quadro de empregados, com as exceções desta Lei, como ainda em relação à correspondente folha de salários".

Pela redação do art. 355 da CLT, "consideram-se como estabelecimentos autônomos, para os efeitos da proporcionalidade a ser observada, as sucursais, filiais e agências em que trabalhem 3 (três) ou mais empregados".

O art. 356 da CLT, por sua vez, assim estabelece: "Sempre que uma empresa ou indivíduo explore atividades sujeitas a proporcionalidades diferentes, observar-se-á, em relação a cada uma delas, a que lhe corresponder".

Por fim, segundo o art. 357 da CLT, "não se compreendem na proporcionalidade os empregados que exerçam funções técnicas especializadas, desde que, a juízo do Ministério do Trabalho, haja falta de trabalhadores nacionais".

Embora o tema possa apresentar alguma controvérsia, entende-se que ocorreu a revogação tácita das referidas disposições, por não terem sido recepcionadas pela ordem constitucional em vigor.

Efetivamente, um dos objetivos fundamentais da República Federativa do Brasil é a promoção do bem de todos, sem preconceitos de origem, raça, sexo, cor, idade e quaisquer outras formas de discriminação (art. 3.º, inciso IV, da CF/1988).

Além disso, encontra-se inserida, entre os direitos humanos e fundamentais, a igualdade perante a lei, *sem distinção de qualquer natureza*, garantindo-se aos brasileiros e aos estrangeiros residentes no País, a inviolabilidade do direito à vida, à liberdade, à igualdade, à segurança e à propriedade (art. 5.º, *caput*, da CF/1988).

Em acréscimo, a Convenção 111 da OIT, de 1958, veda a discriminação, inclusive entre nacionais e estrangeiros, tendo sido a mencionada norma internacional ratificada pelo Brasil, com promulgação pelo Decreto 62.150, de 19 de janeiro de 1968 (atualmente Decreto 10.088/2019).

Segundo esclarece Celso Antônio Bandeira de Mello, "a lei não pode conceder tratamento específico, vantajoso ou desvantajoso, em atenção a traços e circunstâncias peculiarizadoras de uma categoria de indivíduos se não houver adequação racional entre o elemento diferencial e o regime dispensado aos que se inserem na categoria diferenciada"[2].

Assim, a lei não pode estabelecer privilégios ou tratamentos diferenciados quanto a nacionais e estrangeiros, no âmbito das relações de trabalho, resultando em discriminação em razão da nacionalidade.

As mencionadas disposições da CLT, na realidade, estão inseridas em outro contexto histórico, quando em vigor uma ordem constitucional bem diversa do presente Estado Democrático de Direito, pautado pelo pluralismo e pela dignidade da pessoa humana.

Não mais se coaduna com o princípio da razoabilidade querer estabelecer reservas e privilégios de trabalho ao nacional, em detrimento do empregado estrangeiro, gerando a inaceitável ideia de pessoa de "categoria" ou "posição" inferior, sem os mesmos direitos, sem igualdade de condições, resultando em injustificada discriminação quanto à nacionalidade, o que, em última análise, pode gerar desarmonia, intolerância e conflito social.

O art. 368 da CLT, ao prever que "o comando de navio mercante nacional só poderá ser exercido por brasileiro nato", está em literal antagonismo com o art. 12, § 2.º, da Constituição Federal de 1988, não mais estando, portanto, em vigor.

O art. 178, § 2.º, da Constituição Federal de 1988, em sua redação original, previa que seriam brasileiros "os armadores, os proprietários, os comandantes e dois terços, pelo menos, dos tripulantes de embarcações nacionais". No entanto, a Emenda Constitucional 7/1995 alterou o referido dispositivo, não mais estabelecendo a referida regra.

Assim, a antiga norma do art. 369 da CLT, que previa o dever de ser a tripulação de navio ou embarcação nacional constituída, pelo menos, "de dois terços de trabalhadores natos", também pelos argumentos já expostos, não mais vigora.

Apesar disso, registre-se que a Resolução Normativa 5, de 1.º de dezembro de 2017, do Conselho Nacional de Imigração, ao disciplinar a concessão de autorização de residência para fins de trabalho sem vínculo empregatício no Brasil a marítimo que trabalhe a bordo de embarcação de cruzeiros marítimos pela costa brasileira, prevê que a partir do 31.º dia de operação em águas jurisdicionais brasileiras, a *embarcação de turismo estrangeira* deve contar com um *mínimo de 25% de brasileiros* em vários níveis técnicos e em diversas atividades a serem definidas pelo armador ou pela empresa representante deste (art. 5.º).

Excepcionalmente, nas temporadas de 2018/2019, 2019/2020 e 2020/2021, o mencionado percentual deve ser de 15%, com a perspectiva do aumento do número de embarcações de cruzeiro marítimo. O disposto no art. 5.º da Resolução Normativa 5/2017 não se aplica às embarcações de turismo estrangeiras que realizem viagens entre portos internacionais e portos nacionais por até 45 dias e que transportem majoritariamente turistas cujo embarque ou desembarque ocorra em portos estrangeiros.

Os brasileiros recrutados em território nacional e embarcados para laborar apenas durante a temporada de cruzeiros marítimos pela costa brasileira devem ser contrata-

2. MELLO, Celso Antônio Bandeira de. *O conteúdo jurídico do princípio da igualdade*. 3. ed. 19.ª tiragem. São Paulo: Malheiros, 2010. p. 39.

dos pela empresa estabelecida no Brasil ou, na ausência desta, pelo agente marítimo responsável pela operação da embarcação, cujo contrato de trabalho deve ser vinculado à legislação trabalhista brasileira aplicável à espécie (art. 7.º da Resolução Normativa 5/2017). Considera-se temporada de cruzeiros marítimos pela costa brasileira o período compreendido entre 30 dias antes da partida da embarcação para o primeiro porto brasileiro até 30 dias depois da saída do último porto brasileiro, incluindo nesse período eventuais ausências das águas jurisdicionais brasileiras.

Para efeito do art. 5.º da Resolução Normativa 5/2017, não será considerada ausência das águas jurisdicionais brasileiras a saída e o retorno da embarcação por período inferior a 15 dias consecutivos (art. 8.º).

O art. 358 da CLT, por sua vez, apresenta a seguinte previsão:

> "Art. 358. Nenhuma empresa, ainda que não sujeita à proporcionalidade, poderá pagar a brasileiro que exerça função análoga, a juízo do Ministério do Trabalho, Indústria e Comércio, à que é exercida por estrangeiro a seu serviço, salário inferior ao deste, excetuando-se os casos seguintes:
>
> *a*) quando, nos estabelecimentos que não tenham quadros de empregados organizados em carreira, o brasileiro contar menos de 2 (dois) anos de serviço, e o estrangeiro mais de 2 (dois) anos;
>
> *b*) quando, mediante aprovação do Ministério do Trabalho, Indústria e Comércio, houver quadro organizado em carreira em que seja garantido o acesso por antiguidade;
>
> *c*) quando o brasileiro for aprendiz, ajudante ou servente, e não o for o estrangeiro;
>
> *d*) quando a remuneração resultar de maior produção, para os que trabalham à comissão ou por tarefa.
>
> Parágrafo único. Nos casos de falta ou cessação de serviço, a dispensa do empregado estrangeiro deve preceder à de brasileiro que exerça função análoga".

Pelos mesmos argumentos acima, entende-se que a disposição traz benefício restrito ao empregado nacional, resultando em tratamento desigual e desproporcional quanto ao estrangeiro. Por isso, tem-se como não recepcionada a disposição em destaque, pois deve prevalecer a isonomia formal e material nas relações de trabalho envolvendo nacionais ou estrangeiros.

No caso, para o direito à equiparação salarial, faz-se necessária a igualdade de funções exercidas entre os empregados (art. 461 da CLT). No entanto, o dispositivo acima acaba estabelecendo privilégio desproporcional e diferenciado ao trabalhador nacional, em detrimento do estrangeiro (que não recebe o mesmo benefício), contentando-se com a mera função análoga, ou seja, semelhante, para a equiparação salarial.

Aliás, o parágrafo único do art. 358 da CLT revela injustificável discriminação, contra o estrangeiro, quanto à dispensa, parecendo evidente já se encontrar tal previsão revogada.

Entretanto, cabe mencionar a existência de entendimento, de certo modo majoritário, no sentido de que o art. 358 da CLT permanece em vigor. Nessa linha, transcreve-se a seguinte ementa de julgado proferido pelo Tribunal Superior do Trabalho:

> "Recurso de revista adesivo interposto pelo reclamante. Equiparação salarial a estrangeiro. A igualdade preconizada no *caput* do art. 5.º da Constituição Federal não afasta a aplicação da disposição contida no art. 358 da CLT, nos termos da qual é assegurada a igualdade de salários entre brasileiros e estrangeiros quando no exercício de funções análogas. Recurso

de revista a que se dá provimento" (TST, 5.ª T., TST-RR-443.696/1998.8, Rel. Min. Gelson de Azevedo, j. 16.02.2005, *DJ* 04.03.2005).

Como já exposto, seria possível dizer que o art. 358 da CLT não atende ao preceito de igualdade, garantida pela Constituição Federal de 1988, justamente por se contentar com a mera semelhança de funções entre empregados brasileiros e estrangeiros (funções análogas e não iguais), para estabelecer equiparação salarial, privilegiando o primeiro em detrimento do segundo, ou seja, tratando de forma igual os desiguais.

24.3 FORMALIZAÇÃO DO CONTRATO DE TRABALHO COM O EMPREGADO ESTRANGEIRO

De acordo com o art. 359, *caput* e parágrafo único, da CLT, "nenhuma empresa pode admitir a seu serviço empregado estrangeiro sem que este exiba a carteira de identidade de estrangeiro, devidamente anotada. A empresa é obrigada a assentar no registro de empregados os dados referentes à nacionalidade de qualquer empregado estrangeiro e o número da respectiva carteira de identidade".

Na realidade, como anota Sergio Pinto Martins: "Para que o estrangeiro possa prestar serviços no Brasil é preciso ter autorização para esse fim. Deverá fornecer à empresa todos os documentos que comprovem a sua situação de legalidade no Brasil"[3].

De acordo com o art. 16, inciso IV, da CLT, a Carteira de Trabalho e Previdência Social deve conter o número do documento de naturalização ou data da chegada ao Brasil, e os demais elementos constantes da identidade de estrangeiro.

No entanto, enquanto não for expedida a carteira de identidade de estrangeiro, vale, a título precário, como documento hábil, uma certidão, passada pelo serviço competente do Registro de Estrangeiros, provando que o empregado requereu sua permanência no País (art. 366 da CLT).

O inciso IV do art. 16 da CLT foi revogado pela Lei 13.874/2019. Na atualidade, a CTPS deve ser emitida preferencialmente em meio eletrônico (art. 14 da CLT) e terá como identificação única do empregado o número de inscrição no Cadastro de Pessoas Físicas (CPF), conforme art. 16 da CLT, com redação dada pela Lei 13.874/2019.

Excepcionalmente, a CTPS pode ser emitida em meio físico, em consonância com o art. 14, parágrafo único, da CLT, com redação dada pela Lei 13.874/2019. Para emissão da CTPS em meio físico, o interessado deve apresentar, pessoalmente, os seguintes documentos, em caso de estrangeiro: CPF; Carteira de Registro Nacional Migratório, Documento Provisório de Registro Nacional Migratório ou Protocolo expedido pela Polícia Federal (art. 9.º, inciso II, da da Portaria 671/2021 do Ministério do Trabalho e Previdência).

A relação prevista no art. 360 da CLT foi substituída pela Relação Anual de Informações Sociais (RAIS), instituída originalmente pelo Decreto 76.900, de 23 de dezembro de 1975 (revogado pelo Decreto 10.854/2021), em que são comunicados os dados relativos aos empregados.

A RAIS deve conter elementos destinados a suprir as necessidades de controle, de estatística e de informações das entidades governamentais da área social, e subsidiar o pagamento do abono salarial, nos termos do disposto Lei 7.998/1990 (art. 163 do Decreto 10.854/2021).

3. MARTINS, Sergio Pinto. *Comentários à CLT*. 10. ed. São Paulo: Atlas, 2006. p. 303.

A RAIS deve conter as informações periodicamente solicitadas pelas instituições vinculadas ao Ministério do Trabalho e Previdência, especialmente em relação: I – ao cumprimento da legislação relativa ao Programa de Integração Social e para o Programa de Formação do Patrimônio do Servidor Público (PIS/PASEP); II – às exigências da *legislação de nacionalização do trabalho*; III – ao fornecimento de subsídios para controle dos registros relativos ao FGTS; IV – à viabilização da concessão do pagamento do abono salarial; V – à coleta de dados indispensáveis à elaboração dos estudos técnicos, de natureza estatística e atuarial, dos serviços especializados do Ministério do Trabalho e Previdência (art. 164 do Decreto 10.854/2021).

Cabe ressaltar que o Sistema de Escrituração Digital das Obrigações Fiscais, Previdenciárias e Trabalhistas (eSocial) será substituído, em nível federal, por sistema simplificado de escrituração digital de obrigações previdenciárias, trabalhistas e fiscais (art. 16 da Lei 13.874/2019).

O eSocial é o instrumento de unificação da prestação das informações referentes à escrituração das obrigações fiscais, previdenciárias e trabalhistas e tem por finalidade padronizar sua transmissão, validação, armazenamento e distribuição, constituindo ambiente nacional composto por: escrituração digital, contendo informações fiscais, previdenciárias e trabalhistas; aplicação para preenchimento, geração, transmissão, recepção, validação e distribuição da escrituração; repositório nacional, contendo o armazenamento da escrituração (art. 2.º do Decreto 8.373/2014).

Nesse contexto, a obrigação contida no art. 24 da Lei 7.998/1990[4], combinada com o Decreto 76.900/1975, que institui a RAIS (arts. 163 a 165 do Decreto 10.854/2021), passa a ser cumprida por meio do eSocial, a partir do ano base 2019, pelas empresas obrigadas à transmissão das informações de seus trabalhadores ao eSocial, referentes a todo o ano base, previstas no art. 145 da Portaria 671/2021 do Ministério do Trabalho e Previdência.

Para as demais pessoas jurídicas de direito privado e de direito público, bem como pessoas físicas equiparadas a empresas, a referida substituição ocorrerá no ano-base em que estiverem obrigadas, durante todos os meses do referido ano, ao envio dos eventos periódicos ao eSocial. Até que ocorra essa substituição, as mencionadas pessoas e entidades devem prestar as informações por meio do programa gerador de arquivos da RAIS (GDRAIS), atendido o disposto no Manual de Orientação do correspondente ano-base, que será publicado no portal gov.br.

O empregador obrigado ao eSocial que não prestar as informações na forma e prazo estabelecidos no art. 145 da Portaria 671/2021 ou apresentá-las com incorreções ou omissões fica sujeito à multa prevista no art. 25 da Lei 7.998/1990 (art. 146 da Portaria 671/2021 do Ministério do Trabalho e Previdência).

Vejamos, assim, as situações em que o estrangeiro pode exercer atividade laborativa no Brasil.

4. Os trabalhadores, os empregadores e os serviços nacionais de aprendizagem ou entidades qualificadas em formação técnico-profissional, bem como os trabalhadores de programas instituídos para promover a manutenção de empregos ou a qualificação de trabalhadores, devem prestar as informações necessárias, bem como atender às exigências para a concessão do seguro-desemprego e o pagamento do abono salarial e da bolsa de qualificação profissional de que trata o art. 2.º-A da Lei 7.998/1990, ou de benefícios de programas instituídos para promover a manutenção de empregos ou a qualificação de trabalhadores, nos termos e nos prazos fixados pelo Ministério do Trabalho e Previdência (art. 24 da Lei 7.998/1990, com redação dada pela Lei 14.261/2021).

Cabe esclarecer que o *visto* é o documento que dá a seu titular expectativa de ingresso em território nacional (art. 6.º da Lei 13.445/2017).

Desse modo, ao solicitante que pretenda ingressar ou permanecer em território nacional pode ser concedido visto: I – de visita; II – temporário; III – diplomático; IV – oficial; V – de cortesia (art. 12 da Lei 13.445/2017).

O *visto de visita* pode ser concedido ao visitante que venha ao Brasil para estada de curta duração, sem intenção de estabelecer residência, nos seguintes casos: I – turismo; II – negócios; III – trânsito; IV – atividades artísticas ou desportivas; V – outras hipóteses definidas em regulamento (art. 13 da Lei 13.445/2017).

É vedado ao beneficiário de visto de visita exercer atividade remunerada no Brasil (art. 13, § 1.º, da Lei 13.445/2017).

O beneficiário de visto de visita pode receber pagamento do governo, de empregador brasileiro ou de entidade privada a título de diária, ajuda de custo, cachê, pró-labore ou outras despesas com a viagem, bem como concorrer a prêmios, inclusive em dinheiro, em competições desportivas ou em concursos artísticos ou culturais (art. 13, § 2.º, da Lei 13.445/2017).

O visto de visita não é exigido em caso de escala ou conexão em território nacional, desde que o visitante não deixe a área de trânsito internacional (art. 13, § 3.º, da Lei 13.445/2017).

O *visto temporário* pode ser concedido ao imigrante que venha ao Brasil com o intuito de estabelecer residência por tempo determinado e que se enquadre em pelo menos uma das seguintes hipóteses (art. 14 da Lei 13.445/2017):

> I – o visto temporário tenha como finalidade: a) pesquisa, ensino ou extensão acadêmica; b) tratamento de saúde; c) acolhida humanitária; d) estudo; e) *trabalho*; f) férias-trabalho; g) prática de atividade religiosa ou serviço voluntário; h) realização de investimento ou de atividade com relevância econômica, social, científica, tecnológica ou cultural; i) reunião familiar; j) atividades artísticas ou desportivas com contrato por prazo determinado;
>
> II – o imigrante seja beneficiário de tratado em matéria de vistos;
>
> III – outras hipóteses definidas em regulamento.

O visto temporário para pesquisa, ensino ou extensão acadêmica pode ser concedido ao imigrante com ou sem vínculo empregatício com a instituição de pesquisa ou de ensino brasileira, exigida, na hipótese de vínculo, a comprovação de formação superior compatível ou equivalente reconhecimento científico (art. 14, § 1.º, da Lei 13.445/2017).

O visto temporário para estudo pode ser concedido ao imigrante que pretenda vir ao Brasil para frequentar curso regular ou realizar *estágio* ou intercâmbio de estudo ou de pesquisa (art. 14, § 4.º, da Lei 13.445/2017).

Observadas as hipóteses previstas em regulamento, o visto temporário para trabalho pode ser concedido ao imigrante que venha exercer atividade laboral, com ou sem vínculo empregatício no Brasil, desde que comprove oferta de trabalho formalizada por pessoa jurídica em atividade no País, dispensada esta exigência se o imigrante comprovar titulação em curso de ensino superior ou equivalente (art. 14, § 5.º, da Lei 13.445/2017).

O visto temporário para férias-trabalho pode ser concedido ao imigrante maior de 16 anos que seja nacional de país que conceda idêntico benefício ao nacional brasileiro, em termos definidos por comunicação diplomática (art. 14, § 6.º, da Lei 13.445/2017).

Não se exige do marítimo que ingressar no Brasil em viagem de longo curso ou em cruzeiros marítimos pela costa brasileira o visto temporário de que trata o art. 14, inciso

I, *e*, da Lei 13.445/2017, bastando a apresentação da carteira internacional de marítimo, nos termos de regulamento (art. 14, § 7.º, da Lei 13.445/2017).

É reconhecida ao imigrante a quem se tenha concedido visto temporário para trabalho a possibilidade de modificação do local de exercício de sua atividade laboral (art. 14, § 8.º, da Lei 13.445/2017).

Os *vistos diplomático e oficial* podem ser concedidos a autoridades e funcionários estrangeiros que viajem ao Brasil em missão oficial de caráter transitório ou permanente, representando Estado estrangeiro ou organismo internacional reconhecido (art. 16 da Lei 13.445/2017).

Não se aplica ao titular dos vistos referidos no art. 16 da Lei 13.445/2017 o disposto na legislação trabalhista brasileira (art. 16, § 1.º, da Lei 13.445/2017).

Os vistos diplomático e oficial podem ser estendidos aos dependentes das autoridades referidas no art. 16 (art. 16, § 2.º, da Lei 13.445/2017).

O titular de *visto diplomático ou oficial* somente pode ser remunerado por Estado estrangeiro ou organismo internacional, ressalvado o disposto em tratado que contenha cláusula específica sobre o assunto (art. 17 da Lei 13.445/2017).

O dependente de titular de visto diplomático ou oficial pode exercer atividade remunerada no Brasil, sob o amparo da legislação trabalhista brasileira, desde que seja nacional de país que assegure reciprocidade de tratamento ao nacional brasileiro, por comunicação diplomática (art. 17, parágrafo único, da Lei 13.445/2017).

O empregado particular titular de *visto de cortesia* somente pode exercer atividade remunerada para o titular de visto diplomático, oficial ou de cortesia ao qual esteja vinculado, sob o amparo da legislação trabalhista brasileira (art. 18 da Lei 13.445/2017).

O titular de visto diplomático, oficial ou de cortesia é responsável pela saída de seu empregado do território nacional (art. 18, parágrafo único, da Lei 13.445/2017).

Conforme o art. 23 da Lei 13.445/2017, a fim de facilitar a sua livre circulação, pode ser concedida ao *residente fronteiriço*, mediante requerimento, autorização para a realização de atos da vida civil. Condições específicas podem ser estabelecidas em regulamento ou tratado.

Sendo assim, é possível entender que os mencionados atos da vida civil, conforme o caso, podem incluir o exercício de trabalho remunerado.

A autorização referida no art. 23 da Lei 13.445/2017 deve indicar o Município fronteiriço no qual o residente estará autorizado a exercer os direitos a ele atribuídos pelo mencionado diploma legal (art. 24 da Lei 13.445/2017).

O residente fronteiriço detentor da autorização deve gozar das garantias e dos direitos assegurados pelo regime geral de migração da Lei 13.445/2017, conforme especificado em regulamento (art. 24, § 1.º, da Lei 13.445/2017).

O espaço geográfico de abrangência e de validade da autorização deve ser especificado no documento de residente fronteiriço (art. 24, § 2.º, da Lei 13.445/2017).

A *residência* pode ser autorizada, mediante registro, ao imigrante, ao residente fronteiriço ou ao visitante que se enquadre em uma das seguintes hipóteses (art. 30 da Lei 13.445/2017):

> I – a residência tenha como finalidade: a) pesquisa, ensino ou extensão acadêmica; b) tratamento de saúde; c) acolhida humanitária; d) estudo; e) *trabalho*; f) férias-trabalho; g) prática de atividade religiosa ou serviço voluntário; h) realização de investimento ou de atividade com relevância econômica, social, científica, tecnológica ou cultural; i) reunião familiar;

II – a pessoa: a) seja beneficiária de tratado em matéria de residência e livre circulação; b) seja detentora de *oferta de trabalho*; c) já tenha possuído a nacionalidade brasileira e não deseje ou não reúna os requisitos para readquiri-la; d) (vetado); e) seja beneficiária de refúgio, de asilo ou de proteção ao apátrida; f) seja menor nacional de outro país ou apátrida, desacompanhado ou abandonado, que se encontre nas fronteiras brasileiras ou em território nacional; g) tenha sido vítima de tráfico de pessoas, de trabalho escravo ou de violação de direito agravada por sua condição migratória; h) esteja em liberdade provisória ou em cumprimento de pena no Brasil;

III – outras hipóteses definidas em regulamento.

Se for verificado o trabalho de estrangeiro em situação irregular, presentes os requisitos da relação de emprego, pode-se dizer que esta deve ser reconhecida, sem prejuízo de eventuais penalidades administrativas. O caso seria de **trabalho proibido**, que se diferencia do labor ilícito, reconhecendo-se os efeitos produzidos.

Capítulo **25**

SEGURANÇA E SAÚDE NO TRABALHO

25.1 INTRODUÇÃO

A Segurança e Saúde no Trabalho (ou Segurança e Medicina do Trabalho) é importante segmento da ciência, relacionado ao Direito do Trabalho, "incumbido de oferecer condições de proteção à saúde do trabalhador no local de trabalho"[1].

Embora diversas matérias estejam inseridas no contexto do Direito do Trabalho, a Segurança e Saúde no Trabalho, em seu todo, apresenta alcance multidisciplinar, abrangendo aspectos do Direito Constitucional, do Direito Ambiental, do Direito da Seguridade Social, e mesmo de outras ciências, como a Medicina, a Psiquiatria, a Psicologia e a Engenharia.

O Tratado de Versalhes, de 1919, ao criar a Organização Internacional do Trabalho, "incluiu na sua competência a proteção contra os acidentes de trabalho e as doenças profissionais, cujos riscos devem ser eliminados, neutralizados ou reduzidos por medidas apropriadas da engenharia de segurança e da medicina do trabalho"[2].

Há ainda diversas Convenções da OIT sobre diferentes aspectos da referida matéria. Merece destaque a Convenção 155 da OIT, sobre segurança e saúde dos trabalhadores e o meio ambiente de trabalho, de 1981, promulgada pelo Decreto 1.254/1994 (atualmente Decreto 10.088/2019). A Convenção 187 da OIT, de 2006, dispõe sobre o marco promocional para a segurança e saúde no trabalho.

A Organização Internacional do Trabalho, na 110.ª sessão da sua Conferência Internacional do Trabalho, em junho de 2022, adotou a inclusão de um ambiente de trabalho seguro e saudável na Declaração relativa aos princípios e direitos fundamentais no trabalho, de 1998. Com isso, passam a ser fundamentais a Convenção 155 e a Convenção 187.

Na Constituição Federal de 1988, o art. 7.º, inciso XXII, assegurou o direito de "redução dos riscos inerentes ao trabalho, por meio de normas de saúde, higiene e segurança".

25.1.1 Normas de Segurança e Saúde no Trabalho

Compete à União organizar, manter e executar a inspeção do trabalho (art. 21, inciso XXIV, da Constituição da República).

A CLT, no art. 155, inciso I, prevê que incumbe ao órgão de âmbito nacional competente em matéria de segurança e medicina do trabalho estabelecer, nos limites de sua competência, normas sobre a aplicação dos preceitos relativos ao tema, especialmente

1. MARTINS, Sergio Pinto. *Direito do trabalho*. 22. ed. São Paulo: Atlas, 2006. p. 622.
2. SÜSSEKIND, Arnaldo. *Direito internacional do trabalho*. 3. ed. São Paulo: LTr, 2000. p. 388.

os referidos no art. 200 do mencionado diploma legal. Esse último dispositivo dispõe que cabe ao Ministério do Trabalho estabelecer disposições complementares às normas de que trata o Capítulo V, do Título II, da CLT, sobre Segurança e Medicina do Trabalho, tendo em vista as peculiaridades de cada atividade ou setor de trabalho, especialmente sobre os aspectos ali indicados.

Nesse contexto, a Portaria 3.214/1978 do Ministério do Trabalho aprovou as Normas Regulamentadoras (NRs) do Capítulo V, do Título II, da Consolidação das Leis do Trabalho (arts. 154 e seguintes), relativas à **Segurança e Medicina do Trabalho**.

O objetivo da Norma Regulamentadora 1 é estabelecer as disposições gerais, o campo de aplicação, os termos e as definições comuns às Normas Regulamentadoras relativas a segurança e saúde no trabalho e as diretrizes e os requisitos para o gerenciamento de riscos ocupacionais e as medidas de prevenção em segurança e saúde no trabalho.

A Portaria 672/2021 do Ministério do Trabalho e Previdência disciplina procedimentos, programas e condições de segurança e saúde no trabalho no que se refere a: I – procedimentos de avaliação de equipamentos de proteção individual, previstos na Norma Regulamentadora 6 (NR 6); II – regulamento técnico sobre o uso de equipamentos para proteção respiratória; III – segurança e saúde dos motoristas profissionais do transporte rodoviário de cargas e coletivo de passageiros; IV – cadastramento de empresas e instituições que utilizam benzeno e indicador biológico de exposição ocupacional ao benzeno; V – embargos e interdições; VI – estrutura, classificação e regras de aplicação das Normas Regulamentadoras de Segurança e Saúde no Trabalho; VII – procedimentos para elaboração e revisão das Normas Regulamentadoras de Segurança e Saúde no Trabalho; VIII – Programa de Alimentação do Trabalhador (PAT).

O Decreto 7.602/2011 dispõe sobre a Política Nacional de Segurança e Saúde no Trabalho (PNSST), a qual tem por objetivos a promoção da saúde e a melhoria da qualidade de vida do trabalhador e a prevenção de acidentes e de danos à saúde advindos, relacionados ao trabalho ou que ocorram no curso dele, por meio da eliminação ou redução dos riscos nos ambientes de trabalho.

Devem ser observadas as ações de segurança e de saúde do trabalhador, notadamente o uso de equipamentos de proteção individual e a realização dos exames de saúde ocupacional, na execução das atividades dos Agentes Comunitários de Saúde e dos Agentes de Combate às Endemias (art. 4.º-B da Lei 11.350/2006, incluído pela Lei 13.595/2018).

Mesmo no âmbito do Estatuto da Cidade, a política urbana tem por objetivo ordenar o pleno desenvolvimento das funções sociais da cidade e da propriedade urbana, tendo como uma de suas seguintes diretrizes gerais a garantia de condições condignas de acessibilidade, utilização e conforto nas dependências internas das edificações urbanas, *inclusive nas destinadas à moradia e ao serviço dos trabalhadores domésticos*, observados requisitos mínimos de dimensionamento, ventilação, iluminação, ergonomia, privacidade e qualidade dos materiais empregados (art. 2.º, inciso XIX, da Lei 10.257/2001, incluído pela Lei 13.699/2018).

25.1.2 Diretrizes para elaboração e revisão das Normas Regulamentadoras de Segurança e Saúde no Trabalho

São diretrizes para elaboração e revisão das Normas Regulamentadoras de Segurança e Saúde no trabalho, nos termos do disposto no art. 200 da CLT, no art. 13 da Lei 5.889/1973 (sobre trabalho rural) e no art. 9.º da Lei 9.719/1998 (sobre trabalho portuário):

I - redução dos riscos inerentes ao trabalho, prevenção de acidentes de trabalho e doenças ocupacionais e promoção da segurança e saúde do trabalhador;

II - a dignidade da pessoa humana, o valor social do trabalho, a valorização do trabalho humano, o livre exercício da atividade econômica e a busca do pleno emprego, nos termos do disposto no art. 1.º, incisos III e IV, e no art. 170, incisos IV e VIII, da Constituição Federal de 1988;

III - o embasamento técnico ou científico, a atualidade das normas com o estágio corrente de desenvolvimento tecnológico e a compatibilidade dos marcos regulatórios brasileiro e internacionais;

IV - a harmonização, a consistência, a praticidade, a coerência e a uniformização das normas;

V - a transparência, a razoabilidade e a proporcionalidade no exercício da competência normativa;

VI - a simplificação e a desburocratização do conteúdo das Normas Regulamentadoras;

VII - a intervenção subsidiária e excepcional do Estado sobre o exercício de atividades econômicas, nos termos do disposto no art. 2.º, inciso III, da Lei 13.874/2019, incluído o tratamento diferenciado à atividade econômica de baixo risco à saúde e à segurança no ambiente de trabalho (art. 24 do Decreto 10.854/2021).

Pode ser previsto tratamento diferenciado e favorecido para as microempresas e empresas de pequeno porte, nos termos do disposto no art. 170, inciso IX, da Constituição Federal de 1988, e na Lei Complementar 123/2006, quando o nível de risco ocupacional assim permitir.

Conforme o art. 25 do Decreto 10.854/2021, são vedadas as seguintes condutas na elaboração e na revisão de Normas Regulamentadoras, exceto se em estrito cumprimento a previsão legal: I - criar reserva de mercado ao favorecer segmento econômico em detrimento de concorrentes; II - exigir especificação técnica que não seja necessária para atingir o fim pretendido; III - redigir enunciados que impeçam ou retardem a inovação e a adoção de novas tecnologias, processos ou modelos de negócios, observado o disposto no inciso I do art. 24 do Decreto 10.854/2021.

A atuação normativa relacionada à segurança e à saúde no trabalho deve compreender todas as atividades e situações de trabalho e priorizar as situações de alto risco ocupacional e aquelas com maior propensão a gerar adoecimentos e acidentes de trabalho graves, em especial aqueles que gerem incapacidades permanentes para o trabalho ou que sejam fatais (art. 26 do Decreto 10.854/2021).

Nos termos do art. 27 do Decreto 10.854/2021, as Normas Regulamentadoras devem ser redigidas com clareza, precisão e ordem lógica, e devem apresentar conceitos técnicos e objetivos, em observância ao disposto nos Decreto 9.191/2017 (estabelece as normas e as diretrizes para elaboração, redação, alteração, consolidação e encaminhamento de propostas de atos normativos ao Presidente da República pelos Ministros de Estado) e Decreto 10.139/2019 (dispõe sobre a revisão e a consolidação dos atos normativos inferiores a decreto editados por órgãos e entidades da administração pública federal direta, autárquica e fundacional).

A elaboração e a revisão das Normas Regulamentadoras de Segurança e Saúde no Trabalho devem incluir mecanismos de consulta à sociedade em geral e às organizações sindicais mais representativas de trabalhadores e empregadores, seja por meio de procedimentos de audiência e consulta pública, seja por consulta à Comissão Tripartite Paritária Permanente, prevista no Decreto 10.905/2021 (art. 28 do Decreto 10.854/2021).

A Secretaria de Trabalho do Ministério do Trabalho e Previdência pode solicitar à Fundação Jorge Duprat Figueiredo (Fundacentro) a elaboração de parecer com a indicação de parâmetros técnicos, estudos e pesquisas nacionais e internacionais atualizados sobre a área a ser regulada para instruir o processo de elaboração ou revisão de Normas Regulamentadoras (art. 29 do Decreto 10.854/2021).

25.2 DENOMINAÇÃO E CONCEITO

Quanto à terminologia, anteriormente, era comum a utilização da expressão "segurança e higiene do trabalho", que se verificava na redação anterior da Consolidação das Leis do Trabalho (Capítulo V, do Título II).

Utiliza-se na CLT a expressão "segurança e medicina do trabalho", conforme os arts. 154 e seguintes.

O termo "medicina" é mais abrangente do que "higiene", tornando-se mais adequado para indicar a referida matéria no campo das relações de trabalho e do respectivo meio ambiente, alcançando a conservação da saúde, a cura de doenças, bem como a sua prevenção no trabalho.

Atualmente, a denominação mais técnica e adequada para a matéria é "segurança e saúde no trabalho".

Pode-se conceituar a Segurança e Saúde no Trabalho (ou Segurança e Medicina do Trabalho) como o ramo interdisciplinar da ciência, apresentando disposições, vinculadas ao Direito do Trabalho, as quais têm como objetivo a proteção, a prevenção e a recuperação da saúde e a segurança do trabalhador.

25.3 SEGURANÇA E SAÚDE NO TRABALHO E MEIO AMBIENTE DO TRABALHO

O **meio ambiente**, na definição da Lei 6.938, de 31 de agosto de 1981 (Lei de Política Nacional do Meio Ambiente), é o "conjunto de condições, leis, influências e interações de ordem física, química e biológica, que permite, abriga e rege a vida em todas as suas formas" (art. 3.º, inciso I).

O **meio ambiente do trabalho** insere-se no meio ambiente como um todo (art. 200, inciso VIII, da CF/1988), o qual, por sua vez, integra o rol dos direitos humanos e fundamentais, inclusive por ter como objetivo o respeito à "dignidade da pessoa humana", figurando, ainda, como verdadeiro fundamento da República Federativa do Brasil (art. 1.º, inciso III, da CF/1988).

O meio ambiente do trabalho pode ser entendido como o local em que se realiza a atividade laboral, abrangendo as condições de trabalho, a sua organização e as relações intersubjetivas ali presentes[3].

Assim, observa-se nítida interdependência entre o meio ambiente do trabalho, a segurança e saúde no trabalho, o Direito do Trabalho, os direitos sociais, os direitos fundamentais e o Direito Constitucional.

Tem-se, assim, verdadeiro *sistema jurídico de tutela do meio ambiente do trabalho*, reconhecido pela Constituição da República, em seu art. 200, inciso VIII, e que, como

3. Cf. MARANHÃO, Ney. Meio ambiente do trabalho: descrição jurídico-conceitual. *Revista LTr*, São Paulo, LTr, ano 80, n. 4, p. 420-430, abr. 2016: "juridicamente, *meio ambiente do trabalho* é a resultante da interação sistêmica de fatores naturais, técnicos e psicológicos ligados às condições de trabalho, à organização do trabalho e às relações interpessoais que condicionam a segurança e a saúde física e mental do ser humano exposto a qualquer contexto *jurídico-laborativo*" (p. 430, destaques do original).

já mencionado, integra o meio ambiente em sentido global (art. 225 da CF/1988); a par disso, está incluído no importante rol dos *direitos humanos e fundamentais* (art. 5.º, § 2.º, da Constituição Federal de 1988).

25.4 DISPOSIÇÕES GERAIS

Há diversas normas pertinentes à segurança e medicina do trabalho (ou segurança e saúde no trabalho), estabelecendo deveres ao empregador, ao empregado, bem como fixando atribuições dos órgãos de fiscalização do trabalho.

A Consolidação das Leis do Trabalho versa sobre a segurança e medicina do trabalho (ou segurança e saúde no trabalho) em seu Título II, Capítulo V, conforme os arts. 154 e seguintes (com redação dada pela Lei 6.514/1977).

A observância, em todos os locais de trabalho, do disposto nos arts. 154 a 201 da CLT, sobre segurança e medicina do trabalho, não desobriga as empresas do cumprimento de outras disposições que, em relação à matéria, sejam incluídas em códigos de obras ou regulamentos sanitários dos Estados ou Municípios em que se situem os respectivos estabelecimentos, bem como das disposições oriundas de convenções coletivas de trabalho (art. 154 da CLT).

Cabe salientar a possibilidade de serem estabelecidos convênios, devidamente autorizados pelo Ministério do Trabalho, para o exercício das atribuições de fiscalização ou orientação às empresas quanto ao cumprimento das disposições arts. 154 a 201 da CLT, sobre segurança e medicina do trabalho. Esses convênios podem ser firmados com outros órgãos federais, estaduais ou municipais (art. 159 da CLT).

Frise-se que ao Sistema Único de Saúde compete, além de outras atribuições, nos termos da lei: executar as ações de vigilância sanitária e epidemiológica, bem como as ações de saúde do trabalhador; colaborar na proteção do meio ambiente, nele compreendido o meio ambiente do trabalho (art. 200, incisos II e VIII, da CF/1988).

Sendo assim, estão incluídas no campo de atuação do Sistema Único de Saúde (SUS): a execução de ações, entre outras, de vigilância sanitária, de vigilância epidemiológica e de saúde do trabalhador; a colaboração na proteção do meio ambiente, nele compreendido o meio ambiente do trabalho (art. 6.º, incisos I, *a*, *b*, *c*, e V, da Lei 8.080/1990).

Entende-se por *vigilância sanitária* um conjunto de ações capaz de eliminar, diminuir ou prevenir riscos à saúde e de intervir nos problemas sanitários decorrentes do meio ambiente, da produção e circulação de bens e da prestação de serviços de interesse da saúde, abrangendo: I – o controle de bens de consumo que, direta ou indiretamente, se relacionem com a saúde, compreendidas todas as etapas e processos, da produção ao consumo; II – o controle da prestação de serviços que se relacionam direta ou indiretamente com a saúde (art. 6.º, § 1.º, da Lei 8.080/1990).

O Sistema Nacional de Vigilância Sanitária compreende o conjunto de ações definido pelo art. 6.º, § 1.º, e pelos arts. 15 a 18 da Lei 8.080/1990 (sobre atribuições e competência no Sistema Único de Saúde), executado por instituições da Administração Pública direta e indireta da União, dos Estados, do Distrito Federal e dos Municípios, que exerçam atividades de regulação, normatização, controle e fiscalização na área de vigilância sanitária (art. 1.º da Lei 9.782/1999)[4].

4. "Recurso de revista interposto pelo Ministério Público do Trabalho da 15.ª Região. Atuação como interveniente. Competência de órgão municipal para fiscalizar o cumprimento de normas de segurança e medicina

Entende-se por *vigilância epidemiológica* um conjunto de ações que proporcionam o conhecimento, a detecção ou prevenção de qualquer mudança nos fatores determinantes e condicionantes de saúde individual ou coletiva, com a finalidade de recomendar e adotar as medidas de prevenção e controle das doenças ou agravos (art. 6.º, § 2.º, da Lei 8.080/1990).

Entende-se por *saúde do trabalhador*, para fins da Lei 8.080/1990, um conjunto de atividades que se destina, por meio das ações de vigilância epidemiológica e vigilância sanitária, à promoção e proteção da saúde dos trabalhadores, assim como visa à recuperação e reabilitação da saúde dos trabalhadores submetidos aos riscos e agravos advindos das condições de trabalho, abrangendo: I – assistência ao trabalhador vítima de acidentes de trabalho ou portador de doença profissional e do trabalho; II – participação, no âmbito de competência do Sistema Único de Saúde (SUS), em estudos, pesquisas, avaliação e controle dos riscos e agravos potenciais à saúde existentes no processo de trabalho; III – participação, no âmbito de competência do Sistema Único de Saúde (SUS), da normatização, fiscalização e controle das condições de produção, extração, armazenamento, transporte, distribuição e manuseio de substâncias, de produtos, de máquinas e de equipamentos que apresentam riscos à saúde do trabalhador; IV – avaliação do impacto que as tecnologias provocam à saúde; V – informação ao trabalhador e à sua respectiva entidade sindical e às empresas sobre os riscos de acidentes de trabalho, doença profissional e do trabalho, bem como os resultados de fiscalizações, avaliações ambientais e exames de saúde, de admissão, periódicos e de demissão, respeitados os preceitos da ética profissional; VI – participação na normatização, fiscalização e controle dos serviços de saúde do trabalhador nas instituições e empresas públicas e privadas; VII – revisão periódica da listagem oficial de doenças originadas no processo de trabalho, tendo na sua elaboração a colaboração das entidades sindicais; VIII – a garantia ao sindicato dos trabalhadores de requerer ao órgão competente a interdição de máquina, de setor de serviço ou de todo ambiente de trabalho, quando houver exposição a risco iminente para a vida ou saúde dos trabalhadores (art. 6.º, § 3.º, da Lei 8.080/1990).

No que tange à segurança e medicina do trabalho, cabe às *empresas*:

a) cumprir e fazer cumprir as normas de segurança e medicina do trabalho;
b) instruir os empregados, por meio de ordens de serviço, quanto às precauções a tomar no sentido de evitar acidentes do trabalho ou doenças ocupacionais;
c) adotar as medidas que lhes sejam determinadas pelo órgão regional competente;
d) facilitar o exercício da fiscalização pela autoridade competente (art. 157 da CLT).

Fica autorizado o armazenamento, em meio eletrônico, óptico ou equivalente, de documentos relativos a deveres e obrigações trabalhistas, incluídos aqueles relativos a

---

do trabalho. A jurisprudência em formação nesta Corte Superior segue no sentido de que o CEREST – Centro de Referência em Saúde do Trabalhador, órgão de âmbito municipal, detém competência para orientar, fiscalizar e autuar empresas pelo descumprimento de normas de segurança e medicina do trabalho, em razão do disposto nos arts. 154 e 159 da CLT, com redação atual dada pela Lei 6.514/1977, além do estabelecido no art. 1.º da Lei 9.782/1999. Recurso de revista conhecido e provido" (TST, 1.ª T., ARR-167000-79.2006.5.15.0096, Rel. Min. Walmir Oliveira da Costa, *DEJT* 25.08.2017). "Competência do Centro de Referência em Saúde do Trabalhador – CEREST para realizar inspeção, fiscalização e autuação de empresas. A iterativa, notória e atual jurisprudência do Tribunal Superior do Trabalho é a de que o CEREST – Centro de Referência em Saúde do Trabalhador, órgão municipal, possui competência para fiscalizar e autuar empresas por descumprimento de normas atinentes à segurança, saúde e medicina do trabalho. Precedentes. Agravo de instrumento conhecido e desprovido" (TST, 3.ª T., ARR-4011-25.2013.5.12.0045, Rel. Min. Alexandre de Souza Agra Belmonte, *DEJT* 12.11.2021). Em sentido divergente: TST, 8.ª T., RR-10420-06.2015.5.15.0096, Rel. Min. Dora Maria da Costa, *DEJT* 07.06.2019.

Normas Regulamentadoras de saúde e segurança no trabalho, compostos por dados ou por imagens, nos termos do disposto no art. 2.º-A da Lei 12.682/2012, no Decreto 10.278/2020, no art. 3.º, inciso X, da Lei 13.874/2019[5] e na Lei 13.709/2018 – Lei Geral de Proteção de Dados Pessoais (art. 184 do Decreto 10.854/2021).

Em matéria pertinente aos acidentes do trabalho e doenças ocupacionais, deve-se priorizar a *prevenção*.

Nesse sentido, todos os esforços devem ser direcionados, inclusive pela inspeção do trabalho, para a prevenção do infortúnio, no sentido de evitar que ocorram acidentes do trabalho e que os empregados venham a ter alguma doença do trabalho ou profissional.

Aos *empregados*, por sua vez, cabe:

a) observar as normas de segurança e medicina do trabalho, inclusive as instruções expedidas pelo empregador;
b) colaborar com a empresa na aplicação das normas sobre segurança e medicina do trabalho (art. 158 da CLT).

Constitui ato faltoso do empregado a recusa injustificada:

a) à observância das instruções expedidas pelo empregador, pertinentes à medicina e segurança do trabalho;
b) ao uso dos equipamentos de proteção individual fornecidos pela empresa.

Nos termos do art. 13 da Convenção 155 da OIT, em conformidade com a prática e as condições nacionais, deve ser protegido de consequências injustificadas todo trabalhador que julgar necessário interromper uma situação de trabalho por considerar, por motivos razoáveis, que ela envolve um perigo iminente e grave para sua vida ou sua saúde.

Compete às Delegacias Regionais do Trabalho, atualmente denominadas Superintendências Regionais do Trabalho:

a) promover a fiscalização do cumprimento das normas de segurança e medicina do trabalho;
b) adotar as medidas que se tornem exigíveis, em virtude das disposições sobre segurança e medicina do trabalho, determinando as obras e reparos que, em qualquer local de trabalho, se façam necessários;
c) impor as penalidades cabíveis por descumprimento das normas de segurança e medicina do trabalho, nos termos do art. 201 da CLT (art. 156 da CLT).

25.5 INSPEÇÃO PRÉVIA E EMBARGO OU INTERDIÇÃO

Nenhum estabelecimento pode iniciar suas atividades sem prévia inspeção e aprovação das respectivas instalações pela autoridade regional competente em matéria de segurança e medicina do trabalho (art. 160 da CLT).

5. "Art. 3.º São direitos de toda pessoa, natural ou jurídica, essenciais para o desenvolvimento e o crescimento econômicos do País, observado o disposto no parágrafo único do art. 170 da Constituição Federal: [...] X – arquivar qualquer documento por meio de microfilme ou por meio digital, conforme técnica e requisitos estabelecidos em regulamento, hipótese em que se equiparará a documento físico para todos os efeitos legais e para a comprovação de qualquer ato de direito público".

Nova inspeção deve ser feita quando ocorrer modificação substancial nas instalações, inclusive equipamentos, que a empresa fica obrigada a comunicar, prontamente, à Delegacia Regional do Trabalho (atualmente Superintendência Regional do Trabalho).

É facultado às empresas solicitar prévia aprovação, pela Delegacia Regional do Trabalho (denominada atualmente Superintendência Regional do Trabalho), dos projetos de construção e respectivas instalações.

É direito de toda pessoa, natural ou jurídica, essencial para o desenvolvimento e o crescimento econômicos do País, observando-se o disposto no parágrafo único do art. 170 da Constituição Federal de 1988, o de desenvolver *atividade econômica de baixo risco*, para a qual se valha exclusivamente de propriedade privada própria ou de terceiros consensuais, sem a necessidade de quaisquer atos públicos de liberação da atividade econômica (art. 3.º, inciso I, da Lei 13.874/2019).

Para fins do disposto na Lei 13.874/2019, consideram-se *atos públicos de liberação* a licença, a autorização, a concessão, a inscrição, a permissão, o alvará, o cadastro, o credenciamento, o estudo, o plano, o registro e os demais atos exigidos, sob qualquer denominação, por órgão ou entidade da administração pública na aplicação de legislação, como condição para o exercício de atividade econômica, inclusive o início, a continuação e o fim para a instalação, a construção, a operação, a produção, o funcionamento, o uso, o exercício ou a realização, no âmbito público ou privado, de atividade, serviço, estabelecimento, profissão, instalação, operação, produto, equipamento, veículo, edificação e outros (art. 1.º, § 6.º, da Lei 13.874/2019).

Logo, em se tratando de empresa que desenvolva atividade econômica de baixo risco (conforme classificação em ato do Poder Executivo federal, nos termos do art. 3.º, § 1.º, da Lei 13.874/2019 e do art. 4.º, § 5.º, da Lei 11.598/2007), a referida previsão pode afastar a incidência do art. 160 da CLT.

Além disso, é direito de toda pessoa, natural ou jurídica, essencial para o desenvolvimento e o crescimento econômicos do País, observando-se o disposto no parágrafo único do art. 170 da Constituição Federal de 1988, ter a garantia de que, nas *solicitações de atos públicos de liberação da atividade econômica* que se sujeitam ao disposto na Lei 13.874/2019, apresentados todos os elementos necessários à instrução do processo, o particular deve ser cientificado expressa e imediatamente do prazo máximo estipulado para a análise de seu pedido e de que, transcorrido o prazo fixado, o silêncio da autoridade competente importará *aprovação tácita* para todos os efeitos, sendo ressalvadas as hipóteses expressamente vedadas em lei (art. 3.º, inciso IX, da Lei 13.874/2019).

A Norma Regulamentadora 2, sobre inspeção prévia, foi revogada (art. 2.º da Portaria 915/2019 da Secretaria Especial de Previdência e Trabalho do Ministério da Economia).

O Delegado Regional do Trabalho (na atualidade denominado Superintendente Regional do Trabalho), à vista do laudo técnico do serviço competente que demonstre grave e iminente risco para o trabalhador, pode interditar estabelecimento, setor de serviço, máquina ou equipamento, ou embargar obra, indicando na decisão, tomada com a brevidade que a ocorrência exigir, as providências que deverão ser adotadas para prevenção de infortúnios de trabalho (art. 161 da CLT).

A Norma Regulamentadora 3, com redação dada pela Portaria 1.068/2019, estabelece as diretrizes para caracterização do grave e iminente risco e os requisitos técnicos objetivos de embargo e interdição.

Os arts. 77 a 113 da Portaria 672/2021 do Ministério do Trabalho e Previdência disciplinam os procedimentos de embargo e interdição previstos na CLT e na Norma Regulamentadora 3.

Os Auditores-Fiscais do Trabalho estão autorizados, em todo o território nacional, a ordenar a adoção de medidas de interdições e embargos, e seu consequente levantamento posterior, quando se depararem com uma condição ou situação de risco iminente à vida, à saúde ou à segurança dos trabalhadores (art. 80 da Portaria 672/2021 do Ministério do Trabalho e Previdência). Para o início ou manutenção da produção de seus efeitos, o embargo ou interdição não depende de prévia autorização ou confirmação por autoridade diversa não envolvida na ação fiscal, ressalvada, exclusivamente, a possibilidade de recurso.

25.6 SERVIÇOS ESPECIALIZADOS EM SEGURANÇA E EM MEDICINA DO TRABALHO (SESMT)

As empresas, de acordo com as normas expedidas pelo Ministério do Trabalho, estão obrigadas a manter serviços especializados em segurança e em medicina do trabalho (art. 162 da CLT), com a finalidade de promover a saúde e proteger a integridade do trabalhador no local de trabalho.

As referidas normas do Ministério do Trabalho devem estabelecer:

a) classificação das empresas segundo o número de empregados e a natureza do risco de suas atividades;
b) o número mínimo de profissionais especializados exigido de cada empresa, segundo o grupo em que se classifique, na forma da alínea anterior;
c) a qualificação exigida para os profissionais em questão e o seu regime de trabalho;
d) as demais características e atribuições dos serviços especializados em segurança e em medicina do trabalho, nas empresas.

A Norma Regulamentadora 4, com redação aprovada pela Portaria 2.318/2022 do Ministério do Trabalho e Previdência, estabelece os parâmetros e os requisitos para constituição e manutenção dos Serviços Especializados em Segurança e Medicina do Trabalho (SESMT), com a finalidade de promover a saúde e proteger a integridade do trabalhador.

As organizações e os órgãos públicos da administração direta e indireta, bem como os órgãos dos Poderes Legislativo e Judiciário e do Ministério Público, que possuam empregados regidos pela Consolidação das Leis do Trabalho, devem constituir e manter os Serviços Especializados em Segurança e Medicina do Trabalho (SESMT), no local de trabalho, nos termos definidos na NR 4 (item 4.2.1). Nos termos previstos em lei, aplica-se o disposto na NR 4 a outras relações jurídicas de trabalho (item 4.2.2).

O Serviço Especializado em Segurança e Medicina do Trabalho (SESMT) deve ser composto por médico do trabalho, engenheiro de segurança do trabalho, técnico de segurança do trabalho, enfermeiro do trabalho e auxiliar/técnico em enfermagem do trabalho, obedecido o Anexo II da NR 4 (item 4.3.2).

O dimensionamento do Serviço Especializado em Segurança e Medicina do Trabalho (SESMT) vincula-se ao número de empregados da organização e ao maior grau de risco entre a atividade econômica principal e atividade econômica preponderante no estabelecimento, nos termos dos Anexos I (Relação da Classificação Nacional de Atividades Econômicas – CNAE) e II (Dimensionamento do SESMT) da NR 4, observadas as exceções previstas na NR 4 (item 4.5.1).

No âmbito do trabalho rural, cabe destacar Serviço Especializado em Segurança e Saúde no Trabalho Rural (SESTR), de acordo com a Norma Regulamentadora 31, item 31.4.

25.7 COMISSÃO INTERNA DE PREVENÇÃO DE ACIDENTES E DE ASSÉDIO (CIPA)

É obrigatória a constituição de Comissão Interna de Prevenção de Acidentes e de Assédio (CIPA), em conformidade com instruções expedidas pelo Ministério do Trabalho e Previdência, nos estabelecimentos ou nos locais de obra nelas especificadas (art. 163 da CLT, com redação dada pela Lei 14.457/2022).

Foi instituído o Programa Emprega + Mulheres, destinado à inserção e à manutenção de mulheres no mercado de trabalho por meio da implementação, entre outras, da medida de prevenção e combate ao assédio sexual e a outras formas de violência no âmbito do trabalho (art. 1.º, inciso VI, da Lei 14.457/2022).

Para a promoção de um ambiente laboral sadio, seguro e que favoreça a inserção e a manutenção de mulheres no mercado de trabalho, as empresas com Comissão Interna de Prevenção de Acidentes e de Assédio (CIPA) devem adotar as seguintes medidas, além de outras que entenderem necessárias, com vistas à prevenção e ao combate ao assédio sexual e às demais formas de violência no âmbito do trabalho: I – inclusão de regras de conduta a respeito do assédio sexual e de outras formas de violência nas normas internas da empresa, com ampla divulgação do seu conteúdo aos empregados e às empregadas; II – fixação de procedimentos para recebimento e acompanhamento de denúncias, para apuração dos fatos e, quando for o caso, para aplicação de sanções administrativas aos responsáveis diretos e indiretos pelos atos de assédio sexual e de violência, garantido o anonimato da pessoa denunciante, sem prejuízo dos procedimentos jurídicos cabíveis; III – inclusão de temas referentes à prevenção e ao combate ao assédio sexual e a outras formas de violência nas atividades e nas práticas da CIPA; IV – realização, no mínimo a cada 12 meses, de ações de capacitação, de orientação e de sensibilização dos empregados e das empregadas de todos os níveis hierárquicos da empresa sobre temas relacionados à violência, ao assédio, à igualdade e à diversidade no âmbito do trabalho, em formatos acessíveis, apropriados e que apresentem máxima efetividade de tais ações (art. 23 da Lei 14.457/2022).

O recebimento de denúncias a que se refere o inciso II não substitui o procedimento penal correspondente, caso a conduta denunciada pela vítima se encaixe na tipificação de assédio sexual contida no art. 216-A do Código Penal, ou em outros crimes de violência tipificados na legislação brasileira.

O prazo para adoção das medidas previstas nos incisos I, II, III e IV é de 180 dias após a entrada em vigor da Lei 14.457/2022 (ocorrida na data de sua publicação, em 22.09.2022).

O Ministério do Trabalho regulamentará as atribuições, a composição e o funcionamento das CIPA(s).

As regras sobre a Comissão Interna de Prevenção de Acidentes e de Assédio (CIPA) são previstas na Norma Regulamentadora 5, com redação dada pela Portaria 422/2021.

Cada CIPA será composta de representantes da empresa e dos empregados, de acordo com os critérios que vierem a ser adotados na regulamentação do Ministério do Trabalho (art. 164 da CLT).

Os representantes dos empregadores, titulares e suplentes, serão por eles designados. Os representantes dos empregados, titulares e suplentes, serão eleitos em escrutínio secreto, do qual participem, independentemente de filiação sindical, exclusivamente os empregados interessados.

O mandato dos membros eleitos da CIPA terá a duração de um ano, permitida uma reeleição. Isso não se aplica ao membro suplente que, durante o seu mandato, tenha participado de menos da metade do número de reuniões da CIPA.

O empregador designará, anualmente, entre os seus representantes, o Presidente da CIPA, e os empregados elegerão, entre eles, o Vice-Presidente.

A Norma Regulamentadora 5 estabelece os parâmetros e os requisitos da Comissão Interna de Prevenção de Acidentes e de Assédio (CIPA), tendo por objetivo a prevenção de acidentes e doenças relacionadas ao trabalho, de modo a tornar compatível, permanentemente, o trabalho com a preservação da vida e promoção da saúde do trabalhador.

É vedada à organização (empregador), em relação ao integrante eleito da CIPA: a) a alteração de suas atividades normais na organização que prejudique o exercício de suas atribuições; b) a transferência para outro estabelecimento, sem a sua anuência, ressalvado o disposto nos §§ 1.º e 2.º do art. 469 da CLT (NR 5, item 5.4.11).

É vedada a dispensa arbitrária ou sem justa causa do empregado eleito para cargo de direção da CIPA, desde o registro de sua candidatura até um ano após o final de seu mandato (NR 5, item 5.4.12). O término do contrato de trabalho por prazo determinado não caracteriza dispensa arbitrária ou sem justa causa do empregado eleito para cargo de direção da CIPA (NR 5, item 5.4.12.1).

No âmbito do trabalho rural, cabe destacar a as previsões sobre a Comissão Interna de Prevenção de Acidentes e de Assédio do Trabalho Rural (CIPATR) na Norma Regulamentadora 31, item 31.5.

25.8 EQUIPAMENTO DE PROTEÇÃO INDIVIDUAL

A empresa é obrigada a fornecer aos empregados, gratuitamente, equipamento de proteção individual (EPI) adequado ao risco e em perfeito estado de conservação e funcionamento, sempre que as medidas de ordem geral não ofereçam completa proteção contra os riscos de acidentes e danos à saúde dos empregados (art. 166 da CLT).

O equipamento de proteção individual só pode ser posto à venda ou utilizado com a indicação do certificado de aprovação do Ministério do Trabalho (art. 167 da CLT).

Sendo assim, o equipamento de proteção individual somente pode ser comercializado com a obtenção do certificado de aprovação, nos termos do disposto no art. 167 da CLT, emitido pela Secretaria de Trabalho do Ministério do Trabalho e Previdência (art. 30 do Decreto 10.854/2021).

Ato do Ministro de Estado do Trabalho e Previdência disporá sobre os procedimentos e os requisitos técnicos para emissão, renovação ou alteração do certificado de aprovação de equipamento de proteção individual.

O certificado de aprovação de equipamento de proteção individual será emitido por meio de sistema eletrônico simplificado.

As informações prestadas e as documentações e os relatórios apresentados são de responsabilidade do requerente e devem ser considerados para fins de emissão do certificado. Os autores de declarações ou informações falsas ou que apresentarem documentos falsificados ficam sujeitos às penas previstas nos arts. 297 a 299 do Código Penal (falsificação de documento público, falsificação de documento particular e falsidade ideológica).

O objetivo da Norma Regulamentadora 6, com redação aprovada pela Portaria 2.175/2022 do Ministério do Trabalho e Previdência, é estabelecer os requisitos para aprovação, comercialização, fornecimento e utilização de equipamentos de proteção individual (EPI).

As disposições da NR 6 se aplicam às organizações que adquiram equipamentos de proteção individual (EPI), aos trabalhadores que os utilizam, assim como aos fabricantes e importadores de EPI (item 6.2.1).

Considera-se equipamento de proteção individual (EPI) o dispositivo ou produto de uso individual utilizado pelo trabalhador, concebido e fabricado para oferecer proteção contra os riscos ocupacionais existentes no ambiente de trabalho (item 6.3.1).

No âmbito do trabalho rural, cabe fazer referência às disposições da Norma Regulamentadora 31, item 31.6, com redação dada pela Portaria 22.677/2020, sobre medidas de proteção pessoal.

25.9 MEDIDAS PREVENTIVAS DE SEGURANÇA E SAÚDE NO TRABALHO (PGR, PCMSO E ASO)

A Norma Regulamentadora 9, com redação dada pela Portaria 6.735/2020, estabelece os requisitos para a avaliação das exposições ocupacionais a agentes físicos, químicos e biológicos quando identificados no Programa de Gerenciamento de Riscos (PGR), previsto na NR 1, e subsidiá-lo quanto às medidas de prevenção para os riscos ocupacionais.

Nesse sentido, a organização deve implementar, por estabelecimento, o gerenciamento de riscos ocupacionais em suas atividades (NR 1, item 1.5.3.1). O gerenciamento de riscos ocupacionais deve constituir um Programa de Gerenciamento de Riscos (PGR).

A NR 9 e seus anexos devem ser utilizados para fins de prevenção e controle dos riscos ocupacionais causados por agentes físicos, químicos e biológicos (NR 9, item 9.2.2).

Cabe destacar ser obrigatório o exame médico, por conta do empregador, nas seguintes condições, bem como nas instruções complementares a serem expedidas pelo Ministério do Trabalho (art. 168 da CLT):

a) na admissão;

b) na demissão;

c) periodicamente.

O Ministério do Trabalho estabelece instruções relativas aos casos em que são exigíveis exames:

a) por ocasião da demissão;

b) complementares.

Outros exames complementares podem ser exigidos, a critério médico, para apuração da capacidade ou aptidão física e mental do empregado para a função que deva exercer.

O Ministério do Trabalho estabelece, de acordo com o risco da atividade e o tempo de exposição, a periodicidade dos exames médicos.

O empregador deve manter, no estabelecimento, o material necessário à prestação de primeiros socorros médicos, de acordo com o risco da atividade.

O resultado dos exames médicos, inclusive o exame complementar, deve ser comunicado ao trabalhador, observados os preceitos da ética médica.

Quando se tratar de motorista profissional (de veículos automotores de transporte rodoviário de passageiros e de transporte rodoviário de cargas), em razão da necessidade de rigor quanto à efetiva segurança no exercício das funções, exigem-se exames toxicológicos, previamente à admissão e por ocasião do desligamento, assegurados o direito à contraprova em caso de resultado positivo e a confidencialidade dos resultados dos respectivos exames (art. 168, § 6.º, da CLT, acrescentado pela Lei 13.103/2015).

Para os fins do disposto, é obrigatório exame toxicológico com janela de detecção mínima de 90 dias, específico para substâncias psicoativas que causem dependência ou, comprovadamente, comprometam a capacidade de direção, podendo ser utilizado para essa finalidade o exame toxicológico previsto na Lei 9.503/1997 (Código de Trânsito Brasileiro)[6], desde que realizado nos últimos 60 dias (art. 168, § 7.º, da CLT, acrescentado pela Lei 13.103/2015).

Frise-se ainda que, nos termos do art. 3.º da Lei 13.103/2015, aos *motoristas profissionais dependentes de substâncias psicoativas* é assegurado o pleno atendimento pelas unidades de saúde municipal, estadual e federal, no âmbito do Sistema Único de Saúde, podendo ser realizados convênios com entidades privadas para o cumprimento da obrigação.

As regras sobre os exames médicos são detalhadas pela Norma Regulamentadora 7, com redação dada pela Portaria 6.734/2020. Essa Norma Regulamentadora estabelece diretrizes e requisitos para o desenvolvimento do Programa de Controle Médico de Saúde Ocupacional (PCMSO) nas organizações, com o objetivo de proteger e preservar a saúde de seus empregados em relação aos riscos ocupacionais, conforme avaliação de riscos do Programa de Gerenciamento de Risco (PGR) da organização.

O PCMSO é parte integrante do conjunto mais amplo de iniciativas da organização no campo da saúde de seus empregados, devendo estar harmonizado com o disposto nas demais Normas Regulamentadoras (NR 7, item 7.3.1).

O Programa de Controle Médico de Saúde Ocupacional (PCMSO) deve ser elaborado considerando os riscos ocupacionais identificados e classificados pelo Programa de Gerenciamento de Risco (PGR) (NR 7, item 7.5.1).

---

6. Cf. Lei 9.503, de 23 de setembro de 1997 (Código de Trânsito Brasileiro): "Art. 148-A. Os condutores das categorias C, D e E deverão comprovar resultado negativo em exame toxicológico para a obtenção e a renovação da Carteira Nacional de Habilitação. § 1.º O exame de que trata este artigo buscará aferir o consumo de substâncias psicoativas que, comprovadamente, comprometam a capacidade de direção e deverá ter janela de detecção mínima de 90 (noventa) dias, nos termos das normas do Contran. § 2.º Além da realização do exame previsto no *caput* deste artigo, os condutores das categorias C, D e E com idade inferior a 70 (setenta) anos serão submetidos a novo exame a cada período de 2 (dois) anos e 6 (seis) meses, a partir da obtenção ou renovação da Carteira Nacional de Habilitação, independentemente da validade dos demais exames de que trata o inciso I do *caput* do art. 147 deste Código. § 3.º (revogado pela Lei 14.071/2020). § 4.º É garantido o direito de contraprova e de recurso administrativo, sem efeito suspensivo, no caso de resultado positivo para os exames de que trata este artigo, nos termos das normas do Contran. § 5.º O resultado positivo no exame previsto no § 2.º deste artigo acarretará a suspensão do direito de dirigir pelo período de 3 (três) meses, condicionado o levantamento da suspensão à inclusão, no Renach, de resultado negativo em novo exame, e vedada a aplicação de outras penalidades, ainda que acessórias. § 6.º O resultado do exame somente será divulgado para o interessado e não poderá ser utilizado para fins estranhos ao disposto neste artigo ou no § 6.º do art. 168 da Consolidação das Leis do Trabalho – CLT, aprovada pelo Decreto-lei 5.452, de 1.º de maio de 1943. § 7.º O exame será realizado, em regime de livre concorrência, pelos laboratórios credenciados pelo Departamento Nacional de Trânsito – DENATRAN, nos termos das normas do Contran, vedado aos entes públicos: I – fixar preços para os exames; II – limitar o número de empresas ou o número de locais em que a atividade pode ser exercida; e III – estabelecer regras de exclusividade territorial".

O PCMSO deve incluir a realização obrigatória dos exames médicos: a) admissional; b) periódico; c) de retorno ao trabalho; d) de mudança de riscos ocupacionais; e) demissional (NR 7, item 7.5.6).

Para cada exame clínico ocupacional realizado, o médico emitirá Atestado de Saúde Ocupacional (ASO), que deve ser comprovadamente disponibilizado ao empregado, devendo ser fornecido em meio físico quando solicitado (NR 7, item 7.5.19).

É obrigatória a notificação das doenças profissionais e das produzidas em virtude de condições especiais de trabalho, comprovadas ou objeto de suspeita, de conformidade com as instruções expedidas pelo Ministério do Trabalho (art. 169 da CLT).

25.10 EDIFICAÇÕES

As edificações devem obedecer aos requisitos técnicos que garantam perfeita segurança aos que nelas trabalhem (art. 170 da CLT).

Os locais de trabalho deverão ter, no mínimo, 3 (três) metros de pé-direito, assim considerada a altura livre do piso ao teto (art. 171 da CLT).

Esse mínimo pode ser reduzido, desde que atendidas as condições de iluminação e conforto térmico compatíveis com a natureza do trabalho, sujeitando-se tal redução ao controle do órgão competente em matéria de segurança e medicina do trabalho.

Os pisos dos locais de trabalho não deverão apresentar saliências, nem depressões que prejudiquem a circulação de pessoas ou a movimentação de materiais (art. 172 da CLT).

As aberturas nos pisos e paredes serão protegidas de forma que impeçam a queda de pessoas ou de objetos (art. 173 da CLT).

As paredes, escadas, rampas de acesso, passarelas, pisos, corredores, coberturas e passagens dos locais de trabalho devem obedecer às condições de segurança e de higiene do trabalho estabelecidas pelo Ministério do Trabalho, bem como manter-se em perfeito estado de conservação e limpeza (art. 174 da CLT).

A Norma Regulamentadora 8, com redação aprovada pela Portaria 2.188/2022 do Ministério do Trabalho e Previdência, estabelece requisitos que devem ser atendidos nas edificações para garantir segurança e conforto aos trabalhadores.

25.11 ILUMINAÇÃO

Em todos os locais de trabalho deve haver iluminação adequada, natural ou artificial, apropriada à natureza da atividade (art. 175 da CLT).

A iluminação deverá ser uniformemente distribuída, geral e difusa, a fim de evitar ofuscamento, reflexos incômodos, sombras e contrastes excessivos.

O Ministério do Trabalho deve estabelecer os níveis mínimos de iluminamento a serem observados nos locais de trabalho, conforme a Norma Regulamentadora 17 (item 17.8.3).

25.12 CONFORTO TÉRMICO

Os locais de trabalho devem ter ventilação natural, compatível com o serviço realizado (art. 176 da CLT).

A ventilação artificial será obrigatória sempre que a natural não preencha as condições de conforto térmico (parágrafo único do art. 176).

Se as condições de ambiente se tornarem desconfortáveis, em virtude de instalações geradoras de frio ou de calor, será obrigatório o uso de vestimenta adequada para o trabalho em tais condições ou de capelas, anteparos, paredes duplas, isolamento térmico e recursos similares, de forma que os empregados fiquem protegidos contra as radiações térmicas (art. 177 da CLT).

As condições de conforto térmico dos locais de trabalho devem ser mantidas dentro dos limites fixados pelo Ministério do Trabalho (art. 178 da CLT). A matéria é disciplinada na Norma Regulamentadora 17 (item 17.8.4).

25.13 INSTALAÇÕES ELÉTRICAS

O Ministério do Trabalho dispõe sobre as condições de segurança e as medidas especiais a serem observadas relativamente a instalações elétricas, em qualquer das fases de produção, transmissão, distribuição ou consumo de energia (art. 179 da CLT).

Somente profissional qualificado pode instalar, operar, inspecionar ou reparar instalações elétricas (art. 180 da CLT).

Os que trabalharem em serviços de eletricidade ou instalações elétricas devem estar familiarizados com os métodos de socorro a acidentados por choque elétrico (art. 181 da CLT).

A NR 10, instituída pela Portaria 3.214/1978, estabelece os requisitos e condições mínimas objetivando a implementação de medidas de controle e sistemas preventivos, de forma a garantir a segurança e a saúde dos trabalhadores que, direta ou indiretamente, interajam em instalações elétricas e serviços com eletricidade.

25.14 MOVIMENTAÇÃO, ARMAZENAGEM E MANUSEIO DE MATERIAIS

Na matéria em questão, o Ministério do Trabalho estabelece normas sobre (art. 182 da CLT):

a) precauções de segurança na movimentação de materiais nos locais de trabalho, os equipamentos a serem obrigatoriamente utilizados e as condições especiais a que estão sujeitas a operação e a manutenção desses equipamentos, inclusive exigências de pessoal habilitado;

b) exigências similares relativas ao manuseio e à armazenagem de materiais, inclusive quanto às condições de segurança e higiene relativas aos recipientes e locais de armazenagem e aos equipamentos de proteção individual;

c) obrigatoriedade de indicação de carga máxima permitida nos equipamentos de transporte, dos avisos de proibição de fumar e de advertência quanto à natureza perigosa ou nociva à saúde das substâncias em movimentação ou em depósito, bem como das recomendações de primeiros socorros e de atendimento médico e símbolo de perigo, segundo padronização internacional, nos rótulos dos materiais ou substâncias armazenados ou transportados.

As disposições relativas ao transporte de materiais aplicam-se, também, no que couber, ao transporte de pessoas nos locais de trabalho (parágrafo único do art. 182).

A Norma Regulamentadora 11, instituída pela Portaria 3.214/1978, estabelece normas de segurança para operação de elevadores, guindastes, transportadores industriais e máquinas transportadoras, normas de segurança do trabalho em atividades de transporte de sacas e armazenamento de materiais.

As pessoas que trabalharem na movimentação de materiais deverão estar familiarizadas com os métodos racionais de levantamento de cargas (art. 183 da CLT).

25.15 MÁQUINAS E EQUIPAMENTOS

As máquinas e os equipamentos deverão ser dotados de dispositivos de partida e parada e outros que se fizerem necessários para a prevenção de acidentes do trabalho, especialmente quanto ao risco de acionamento acidental (art. 184 da CLT).

É proibida a fabricação, a importação, a venda, a locação e o uso de máquinas e equipamentos que não atendam à referida determinação.

Os reparos, limpeza e ajustes somente poderão ser executados com as máquinas paradas, salvo se o movimento for indispensável à realização do ajuste (art. 185 da CLT).

O Ministério do Trabalho estabelece normas adicionais sobre proteção e medidas de segurança na operação de máquinas e equipamentos, especialmente quanto à proteção das partes móveis, distância entre estas, vias de acesso às máquinas e equipamentos de grandes dimensões, emprego de ferramentas, sua adequação e medidas de proteção exigidas quando motorizadas ou elétricas (art. 186 da CLT).

A Norma Regulamentadora 12, instituída pela Portaria 3.214/1978, estabelece regras a respeito da matéria.

25.16 CALDEIRAS, FORNOS E RECIPIENTES SOB PRESSÃO

Os equipamentos em questão apresentam perigo para a vida e segurança dos empregados que com eles mantêm contato no trabalho. Por isso, são estabelecidas diversas regras de proteção e prevenção de acidentes.

As caldeiras, equipamentos e recipientes em geral que operam sob pressão deverão dispor de válvula e outros dispositivos de segurança, que evitem seja ultrapassada a pressão interna de trabalho compatível com a sua resistência (art. 187 da CLT).

O Ministério do Trabalho expede normas complementares quanto à segurança das caldeiras, fornos e recipientes sob pressão, especialmente quanto ao revestimento interno, à localização, à ventilação dos locais e outros meios de eliminação de gases ou vapores prejudiciais à saúde, e demais instalações ou equipamentos necessários à execução segura das tarefas de cada empregado (parágrafo único do art. 187 da CLT).

As caldeiras devem ser periodicamente submetidas a inspeções de segurança, por engenheiro ou empresa especializada, inscritos no Ministério do Trabalho, de conformidade com as instruções que, para esse fim, forem expedidas (art. 188 da CLT).

O objetivo da Norma Regulamentadora 13, com redação aprovada pela Portaria 1.846/2022 do Ministério do Trabalho e Previdência, é estabelecer requisitos mínimos para a gestão da integridade estrutural de caldeiras, vasos de pressão, suas tubulações de interligação e tanques metálicos de armazenamento nos aspectos relacionados à instalação, inspeção, operação e manutenção, visando a segurança e saúde dos trabalhadores.

A Norma Regulamentadora 14, com redação aprovada pela Portaria 2.189/2022 do Ministério do Trabalho e Previdência, visa a estabelecer requisitos para a operação de fornos com segurança.

25.17 PREVENÇÃO DA FADIGA

As normas de ergonomia têm por objetivo evitar a fadiga, acidentes e doenças ocupacionais.

O peso máximo que um empregado pode remover individualmente é de 60 kg, ressalvadas as disposições especiais relativas ao trabalho do menor e da mulher (art. 198 da CLT).

Não está compreendida na referida proibição a remoção de material feita por impulsão ou tração de vagonetes sobre trilhos, carros de mão ou quaisquer outros aparelhos mecânicos, podendo o Ministério do Trabalho, em tais casos, fixar limites diversos, que evitem sejam exigidos do empregado serviços superiores às suas forças (parágrafo único do art. 198).

No caso do trabalho da mulher, o art. 390 da CLT, que também se aplica aos empregados menores (art. 405, § 5.º, da CLT), estabelece a seguinte regra especial:

> "Art. 390. Ao empregador é vedado empregar a mulher em serviço que demande o emprego de força muscular superior a 20 (vinte) quilos para o trabalho contínuo, ou 25 (vinte e cinco) quilos para o trabalho ocasional.
>
> Parágrafo único. Não está compreendida na determinação deste artigo a remoção de material feita por impulsão ou tração de vagonetes sobre trilhos, de carros de mão ou quaisquer aparelhos mecânicos".

A Norma Regulamentadora 17, sobre ergonomia, com redação dada pela Portaria 423/2021, estabelece as diretrizes e os requisitos que permitam a adaptação das condições de trabalho às características psicofisiológicas dos trabalhadores, de modo a proporcionar conforto, segurança, saúde e desempenho eficiente no trabalho.

Será obrigatória a colocação de assentos que assegurem postura correta ao trabalhador, capazes de evitar posições incômodas ou forçadas, sempre que a execução da tarefa exija que trabalhe sentado (art. 199 da CLT).

Quando o trabalho deva ser executado de pé, os empregados terão à sua disposição assentos para serem utilizados nas pausas que o serviço permitir (parágrafo único do art. 199 da CLT).

25.18 INDÚSTRIA DE CONSTRUÇÃO

As condições de segurança e saúde no trabalho na indústria da construção são reguladas pela Norma Regulamentadora 18, com redação dada pela Portaria 3.733/2020.

A Norma Regulamentadora 18 estabelece diretrizes de ordem administrativa, de planejamento e de organização, que visam à implementação de medidas de controle e sistemas preventivos de segurança nos processos, nas condições e no meio ambiente de trabalho na indústria da construção.

25.19 TRABALHO A CÉU ABERTO

O Ministério do Trabalho estabelece disposições sobre proteção contra insolação, calor, frio, umidade e ventos, sobretudo no trabalho a céu aberto, com provisão, quanto a este, de água potável, alojamento e profilaxia de endemias (art. 200, inciso V, da CLT).

O trabalho a céu aberto é disciplinado pela Norma Regulamentadora 21, instituída pela Portaria 3.214/1978.

25.20 TRABALHO EM MINAS DE SUBSOLO

O trabalho em minas de subsolo apresenta-se mais penoso do que o normal, justificando diversas normas prevendo condições especiais.

A própria jornada de trabalho é especial, conforme os arts. 293 e seguintes da CLT.

Assim, a duração normal do trabalho efetivo para os empregados em minas no subsolo não excederá seis horas diárias ou 36 semanais (art. 293 da CLT).

O próprio tempo despendido pelo empregado da boca da mina ao local do trabalho e vice-versa será computado para o efeito de pagamento do salário (art. 294 da CLT). Trata-se de disposição especial, que faz integrar o tempo *in itinere* à jornada de trabalho.

A duração normal do trabalho efetivo no subsolo poderá ser elevada até oito horas diárias ou 44 semanais, mediante acordo escrito entre empregado e empregador, ou convenção ou acordo coletivo de trabalho, sujeita essa prorrogação à prévia licença da autoridade competente em matéria de segurança e saúde do trabalho (art. 295 da CLT, c/c art. 7.º, inciso XIII, da CF/1988).

A duração normal do trabalho efetivo no subsolo poderá ser inferior a seis horas diárias, por determinação da autoridade competente em matéria de segurança e saúde do trabalho, tendo em vista as condições locais de insalubridade e os métodos e processos do trabalho adotado (parágrafo único do art. 295 da CLT).

A remuneração da hora prorrogada será, no mínimo, de 50% superior à da hora normal (art. 7.º, inciso XVI, da CF/1988).

Ao empregado no subsolo será fornecida, pelas empresas exploradoras de minas, alimentação adequada à natureza do trabalho, de acordo com as instruções aprovadas pelo Ministério do Trabalho (art. 297 da CLT).

Em cada período de três horas consecutivas de trabalho, será obrigatória uma pausa de 15 minutos para repouso, a qual será computada na duração normal de trabalho efetivo (art. 298 da CLT).

Quando nos trabalhos de subsolo ocorrer acontecimentos que possam comprometer a vida ou saúde do empregado, deverá a empresa comunicar o fato imediatamente à autoridade regional do trabalho, do Ministério do Trabalho (art. 299 da CLT).

Sempre que, por motivo de saúde, for necessária a transferência do empregado, a juízo da autoridade competente em matéria da segurança e da medicina do trabalho, dos serviços no subsolo para os de superfície, é a empresa obrigada a realizar essa transferência, assegurando ao transferido a remuneração atribuída ao trabalhador de superfície em serviço equivalente, respeitada a capacidade profissional do interessado (art. 300 da CLT).

No caso de recusa do empregado em atender a essa transferência, será ouvida a autoridade competente em matéria de higiene e segurança do trabalho, que decidirá a respeito (parágrafo único do art. 300 da CLT).

O trabalho no subsolo somente será permitido a homens, com idade compreendida entre 21 e 50 anos, assegurada a transferência para a superfície nos termos previstos no art. 300 (art. 301 da CLT).

A Norma Regulamentadora 22, com redação aprovada pela Portaria 225/2024 do Ministério do Trabalho e Emprego, estabelece regras sobre segurança e saúde ocupacional na mineração.

A NR 22 tem por objetivo disciplinar os preceitos a serem observados nas organizações de forma a tornar compatível o planejamento e o desenvolvimento da atividade minerária com a busca permanente da segurança e saúde dos trabalhadores (item 22.1.1).

25.21 PROTEÇÃO CONTRA INCÊNDIO

O Ministério do Trabalho estabelece disposições sobre proteção contra incêndio em geral e as medidas preventivas adequadas, com exigências ao especial revestimento de portas e paredes, construção de paredes contra fogo, diques e outros anteparos, assim como garantia geral de fácil circulação, corredores de acesso e saídas amplas e protegidas, com suficiente sinalização (art. 200, inciso IV, da CLT).

Nesse sentido, a Norma Regulamentadora 23, com redação aprovada pela Portaria 2.769/2022 do Ministério do Trabalho e Previdência, estabelece medidas de prevenção contra incêndios nos ambientes de trabalho.

25.22 CONDIÇÕES DE HIGIENE E CONFORTO

Devem ser respeitadas, nos locais de trabalho, as normas de higiene, contendo instalações sanitárias, com separação de sexos, chuveiros, lavatórios, vestiários e armários individuais, refeitórios ou condições de conforto por ocasião das refeições, fornecimento de água potável, condições de limpeza dos locais de trabalho e modo de sua execução (art. 200, inciso VII, da CLT).

A Norma Regulamentadora 24, com redação aprovada pela Portaria 1.066/2019, dispõe sobre condições de higiene e conforto nos locais de trabalho.

25.23 RESÍDUOS INDUSTRIAIS

As empresas devem observar as normas de segurança e medicina nos locais de trabalho, atendendo às medidas para o tratamento de resíduos industriais (art. 200, inciso VII, parte final, da CLT).

A Norma Regulamentadora 25, com redação aprovada pela Portaria 3.994/2022, estabelece requisitos de segurança e saúde no trabalho para o gerenciamento de resíduos industriais.

25.24 SINALIZAÇÃO E IDENTIFICAÇÃO DE SEGURANÇA

O Ministério do Trabalho estabelece disposições sobre emprego das cores nos locais de trabalho, inclusive nas sinalizações de perigo (art. 200, inciso VIII, da CLT).

Nesse sentido, a Norma Regulamentadora 26, com redação aprovada pela Portaria 2.770/2022 do Ministério do Trabalho e Previdência, estabelece medidas quanto à sinalização e identificação de segurança a serem adotadas nos locais de trabalho.

25.25 ASBESTO (AMIANTO)

A Lei 9.055, de 1.º de junho de 1995, estabelece certas vedações quanto à extração, produção, industrialização, utilização, comercialização, pulverização e venda de certos materiais e substâncias feitas de certas variações de asbesto/amianto, o qual é uma fibra mineral.

Há estudos científicos demonstrando consequências nocivas à saúde humana pelo uso das referidas variedades de substâncias, como asbestose (endurecimento do pulmão), placas pleurais e câncer mesotelioma.

Desse modo, o art. 4.º da Lei 9.055/1995 prevê que os órgãos competentes de controle de segurança, higiene e medicina do trabalho desenvolverão programas sistemáticos de fiscalização, monitoramento e controle dos riscos de exposição ao asbesto/amianto da variedade crisotila e às fibras naturais e artificiais referidas no art. 2.º desse diploma legal (as comprovadamente nocivas à saúde humana), diretamente ou por meio de convênios com instituições públicas ou privadas credenciadas para tal fim pelo Poder Executivo.

O Anexo 12 da NR 15, instituída pela Portaria 3.214/1978, versa sobre o asbesto, fixando limites de tolerância.

O Decreto 2.350, de 15 de outubro de 1997, regulamenta a Lei 9.055/1995.

A Convenção 162 da OIT, de 1986, sobre a utilização do amianto com segurança, foi ratificada pelo Brasil, tendo sido promulgada pelo Decreto 126, de 22 de maio de 1991 (atualmente Decreto 10.088/2019).

O art. 2.º da Lei 9.055/1995 previa que o asbesto/amianto da variedade crisotila (asbesto branco), do grupo dos minerais das serpentinas, e as demais fibras, naturais e artificiais de qualquer origem, utilizadas para o mesmo fim, seriam extraídas, industrializadas, utilizadas e comercializadas em consonância com as disposições do referido diploma legal. Para os efeitos da Lei 9.055/1995, consideram-se fibras naturais e artificiais as comprovadamente nocivas à saúde humana.

Entretanto, o Supremo Tribunal Federal declarou, incidentalmente, a inconstitucionalidade do art. 2.º da Lei 9.055/1995, com efeito vinculante e *erga omnes* (STF, Pleno, ADIs 3.406 e 3.470, Rel. Min. Rosa Weber, j. 29.11.2017).

Com isso, atualmente, tem-se a proibição da extração, industrialização, utilização e comercialização até mesmo do amianto da variedade crisotila no Brasil[7].

25.26 INSALUBRIDADE

As atividades ou operações insalubres são aquelas que, por sua natureza, condições ou métodos de trabalho, exponham os empregados a agentes nocivos à saúde, acima dos limites de tolerância fixados em razão da natureza e da intensidade do agente e do tempo de exposição aos seus efeitos (art. 189 da CLT).

Cabe ao Ministério do Trabalho aprovar o quadro das atividades e operações insalubres e adotar normas sobre os critérios de caracterização da insalubridade, os limites de tolerância aos agentes agressivos, meios de proteção e o tempo máximo de exposição do empregado a esses agentes (art. 190 da CLT).

As atividades e operações insalubres estão indicadas na Norma Regulamentadora 15, da Portaria 3.214/1978, a qual descreve os agentes químicos, físicos e biológicos prejudiciais à saúde do empregado, bem como os respectivos limites de tolerância.

A mencionada regulamentação apresenta grande relevância, tendo em vista o art. 190, bem como o art. 196, ambos da CLT[8].

---

7. "7. (i) O consenso dos órgãos oficiais de saúde geral e de saúde do trabalhador em torno da natureza altamente cancerígena do amianto crisotila, (ii) a existência de materiais alternativos à fibra de amianto e (iii) a ausência de revisão da legislação federal revelam a inconstitucionalidade superveniente (sob a óptica material) da Lei Federal nº 9.055/1995, por ofensa ao direito à saúde (art. 6.º e 196, CF/88), ao dever estatal de redução dos riscos inerentes ao trabalho por meio de normas de saúde, higiene e segurança (art. 7.º, inciso XXII, CF/88), e à proteção do meio ambiente (art. 225, CF/88). [...] 9. Ação direta julgada improcedente, com a declaração incidental de inconstitucionalidade do art. 2.º da Lei 9.055/1995, com efeito *erga omnes* e vinculante" (STF, Pleno, ADI 3.937/SP, Rel. p/ ac. Min. Dias Toffoli, *DJe* 01.02.2019).

8. Cf. Orientação Jurisprudencial 173 da SBDI-I do TST: "Adicional de insalubridade. Atividade a céu aberto. Exposição ao sol e ao calor. I – Ausente previsão legal, indevido o adicional de insalubridade ao trabalhador em atividade a céu aberto por sujeição à radiação solar (art. 195 da CLT e Anexo 7 da NR 15 da Portaria n.º 3.214/78 do MTE). II – Tem direito ao adicional de insalubridade o trabalhador que exerce atividade exposto ao calor acima dos limites de tolerância, inclusive em ambiente externo com carga solar, nas condições previstas no Anexo 3 da NR 15 da Portaria n.º 3.214/78 do MTE". Ainda sobre o tema, cabe salientar a seguinte decisão do TST: "Recurso de embargos da reclamada. Adicional de insalubridade. Exposição ao calor do Sol. Orientação Jurisprudencial n.º 173 da SBDI-1. Inaplicabilidade. O Anexo 7 da NR 15 do Ministério do Trabalho, ao qual a Orientação Jurisprudencial n.º 173 da SBDI-1 faz referência, trata das radiações não ionizantes. Inegável, portanto, que o intuito desta Corte, quando de sua edição, foi de vedar o pagamento de adicional de insalubridade em

Nesse sentido esclarece a Súmula 460 do STF: "Para efeito do adicional de insalubridade, a perícia judicial em reclamação trabalhista não dispensa o enquadramento da atividade entre as insalubres, que é ato da competência do Ministério do Trabalho e Previdência Social".

Na mesma linha, cabe destacar a Súmula 448 do TST:

> "Atividade insalubre. Caracterização. Previsão na Norma Regulamentadora 15 da Portaria do Ministério do Trabalho 3.214/1978. Instalações sanitárias (conversão da Orientação Jurisprudencial 4 da SBDI-1, com nova redação do item II).
>
> I – Não basta a constatação da insalubridade por meio de laudo pericial para que o empregado tenha direito ao respectivo adicional, sendo necessária a classificação da atividade insalubre na relação oficial elaborada pelo Ministério do Trabalho.
>
> II – A higienização de instalações sanitárias de uso público ou coletivo de grande circulação, e a respectiva coleta de lixo, por não se equiparar à limpeza em residências e escritórios, enseja o pagamento de adicional de insalubridade em grau máximo, incidindo o disposto no Anexo 14 da NR-15 da Portaria do MTE 3.214/1978 quanto à coleta e industrialização de lixo urbano".

Aliás, conforme a Súmula 248 do TST: "Adicional de insalubridade. Direito adquirido. A reclassificação ou a descaracterização da insalubridade, por ato da autoridade competente, repercute na satisfação do respectivo adicional, sem ofensa a direito adquirido ou ao princípio da irredutibilidade salarial".

Sobre o tema, a Orientação Jurisprudencial Transitória 57 da SBDI-I do TST assim prevê: "Adicional de insalubridade. Deficiência de iluminamento. Limitação. Somente após 26.02.1991 foram, efetivamente, retiradas do mundo jurídico as normas ensejadoras do direito ao adicional de insalubridade por iluminamento insuficiente no local da prestação de serviço, como previsto na Portaria 3.751/1990 do Ministério do Trabalho".

A eliminação ou a neutralização da insalubridade ocorre (art. 191 da CLT):

a) com a adoção de medidas que conservem o ambiente de trabalho dentro dos limites de tolerância;
b) com a utilização de equipamentos de proteção individual ao trabalhador, que diminuam a intensidade do agente agressivo a limites de tolerância[9].

Frise-se ainda que o Tribunal Superior do Trabalho, no julgamento de incidente de recurso repetitivo, fixou as seguintes teses jurídicas a respeito do adicional de insalubridade:

---

razão do fator radiação solar, ante a inexistência de previsão legal neste sentido. Entretanto, o mesmo entendimento não pode ser aplicado às hipóteses em que o laudo pericial constata a submissão do trabalhador ao agente insalubre calor, o qual encontra previsão no anexo n.º 3 da mesma norma regulamentar, na qual não há qualquer diferenciação a respeito da necessidade de exposição ao mencionado fator em ambiente fechado ou aberto. Aliás, conforme se verifica do item 1 do referido anexo, há expressa menção a -Ambientes externos com carga solar-. Dessa forma, havendo comprovação, mediante perícia técnica, da submissão do reclamante a trabalho insalubre decorrente da exposição ao fator calor, nos termos da NR 15, Anexo 3, do Ministério do Trabalho, deve ser mantida a condenação ao pagamento de adicional de insalubridade, sendo irrelevante o fato da alta temperatura decorrer do contato com a luz solar. Recurso de embargos conhecido e desprovido" (TST, SBDI-I, E-ED-RR 51100-73.2006.5.15.0120, Rel. Min. Renato de Lacerda Paiva, *DEJT* 10.08.2012).

9. Cf. Súmula 289 do TST: "Insalubridade. Adicional. Fornecimento do aparelho de proteção. Efeito. O simples fornecimento do aparelho de proteção pelo empregador não o exime do pagamento do adicional de insalubridade. Cabe-lhe tomar as medidas que conduzam à diminuição ou eliminação da nocividade, entre as quais as relativas ao uso efetivo do equipamento pelo empregado".

"1. O reconhecimento da insalubridade, para fins do percebimento do adicional previsto no artigo 192 da CLT, não prescinde do enquadramento da atividade ou operação na relação elaborada pelo Ministério do Trabalho e Emprego ou da constatação de extrapolação de níveis de tolerância fixados para agente nocivo expressamente arrolado no quadro oficial.

2. A atividade com utilização constante de fones de ouvido tal como a de operador de teleatendimento não gera direito a adicional de insalubridade tão somente por equiparação aos serviços de telegrafia e radiotelegrafia, manipulação em aparelhos do tipo morse e recepção de sinais em fones para os fins do anexo 13 da NR 15 do Ministério do Trabalho" (TST, SBDI-I, IRR – 356-84.2013.5.04.0007, Rel. Min. Walmir Oliveira da Costa, j. 25.05.2017).

Cabe às Delegacias Regionais do Trabalho (atualmente denominadas Superintendências Regionais do Trabalho), comprovada a insalubridade, notificar as empresas, estipulando prazos para sua eliminação ou neutralização, na forma do art. 191, parágrafo único, da CLT.

O exercício de trabalho em condições insalubres, acima dos limites de tolerância estabelecidos pelo Ministério do Trabalho, assegura a percepção de adicional, respectivamente, de 40%, 20% e 10% do salário mínimo, segundo se classifiquem nos graus máximo, médio e mínimo (art. 192 da CLT). Prevalece o entendimento de que no caso de incidência de mais de um fator de insalubridade, será apenas considerado o de grau mais elevado, para efeito de acréscimo salarial, sendo vedada a percepção cumulativa (NR 15, item 15.3).

O adicional de insalubridade é previsto no art. 7.º, inciso XXIII, da Constituição Federal de 1988, com regulamentação pelos arts. 189 e seguintes da Consolidação das Leis do Trabalho, como já estudado anteriormente.

25.27 PERICULOSIDADE

As atividades ou operações perigosas são aquelas que, na forma da regulamentação aprovada pelo Ministério do Trabalho, por sua natureza ou métodos de trabalho, impliquem risco acentuado em virtude de exposição permanente do trabalhador a inflamáveis[10], explosivos ou energia elétrica (inciso I), roubos ou outras espécies de violência física nas atividades profissionais de segurança pessoal ou patrimonial (inciso II), e, ainda (conforme inclusão do inciso III pela Lei 14.684/2023), colisões, atropelamentos ou outras espécies de acidentes ou violências nas atividades profissionais dos agentes das autoridades de trânsito (art. 193 da CLT com redação dada pela Lei 12.740/2012, publicada no *DOU* de 10.12.2012, data de sua entrada em vigor)[11].

O disposto no inciso I do art. 193 da CLT não se aplica às quantidades de inflamáveis contidas nos tanques de combustíveis originais de fábrica e suplementares, para consumo próprio de veículos de carga e de transporte coletivo de passageiros, de máquinas e de equipamentos, certificados pelo órgão competente, e nos equipamentos de refrigeração de carga (art. 193, § 5.º, da CLT, incluído pela Lei 1.766/2023).

10. Cf. Orientação Jurisprudencial 385 da SBDI-I do TST: "Adicional de periculosidade. Devido. Armazenamento de líquido inflamável no prédio. Construção vertical. É devido o pagamento do adicional de periculosidade ao empregado que desenvolve suas atividades em edifício (construção vertical), seja em pavimento igual ou distinto daquele onde estão instalados tanques para armazenamento de líquido inflamável, em quantidade acima do limite legal, considerando-se como área de risco toda a área interna da construção vertical" (*DEJT* 09.06.2010).

11. Cf. Súmula 39 do TST: "Periculosidade. Os empregados que operam em bomba de gasolina têm direito ao adicional de periculosidade (Lei 2.573, de 15.08.1955)".

A Lei 12.997/2014, publicada no *DOU* de 20.06.2014, acrescentou o § 4.º ao art. 193 da CLT, passando a dispor que "são também consideradas perigosas as atividades de trabalhador em motocicleta".

O bombeiro civil tem direito ao adicional de periculosidade de 30% do salário mensal sem os acréscimos resultantes de gratificações, prêmios ou participações nos lucros da empresa (art. 6.º, inciso III, da Lei 11.901/2009).

As atividades e operações perigosas são indicadas na Norma Regulamentadora 16, da Portaria 3.214/1978.

A respeito do tema, conforme explicita a Súmula 447 do TST:

> "Adicional de periculosidade. Permanência a bordo durante o abastecimento da aeronave. Indevido. Os tripulantes e demais empregados em serviços auxiliares de transporte aéreo que, no momento do abastecimento da aeronave, permanecem a bordo não têm direito ao adicional de periculosidade a que aludem o art. 193 da CLT e o Anexo 2, item 1, 'c', da NR 16 do MTE".

De acordo com o § 1.º do art. 193 da CLT, "o trabalho em condições de periculosidade assegura ao empregado um adicional de 30% (trinta por cento) sobre o salário sem os acréscimos resultantes de gratificações, prêmios ou participações nos lucros da empresa".

O § 2.º do art. 193 da CLT prevê que "o empregado pode optar pelo adicional de insalubridade que porventura lhe seja devido". Por isso, tende a prevalecer o entendimento de que ele não faz jus ao recebimento de ambos os adicionais ao mesmo tempo[12], entendimento este que, no entanto, merece *fundada crítica*, pois, se o empregado está exposto tanto ao agente insalubre como à periculosidade, nada mais justo e coerente do que receber ambos os adicionais (art. 7.º, inciso XXIII, da CF/1988), uma vez que os fatos geradores são distintos e autônomos. Além disso, a restrição a apenas um dos adicionais acaba desestimulando que a insalubridade e a periculosidade sejam eliminadas e neutralizadas, o que estaria em desacordo com o art. 7.º, inciso XXII, da Constituição Federal de 1988[13]. De todo modo, ainda que o adicional de insalubridade tenha natureza salarial (Súmula 139 do TST[14]), caso prevaleça o mencionado entendimento, mais tradicional, de que o recebimento do adicional de periculosidade afasta o direito ao adicional de insalubridade, não haveria, consequentemente, como integrá-lo no cálculo do adicional de periculosidade.

No entanto, o que vem se admitindo é a cumulação do adicional de insalubridade (*ou* de periculosidade) com eventual adicional de penosidade, regulado por norma coletiva ou regulamento de empresa.

Os mencionados direitos trabalhistas possuem natureza social, de ordem fundamental, essenciais, assim, para a preservação e a promoção da dignidade da pessoa humana na esfera das relações de trabalho.

---

12. Cf. MARTINS, Sergio Pinto. *Comentários à CLT*. 10. ed. São Paulo: Atlas, 2006. p. 213: "Não poderá, porém, haver o pagamento dos dois adicionais ao mesmo tempo"; CARRION, Valentin. *Comentários à Consolidação das Leis do Trabalho*. 31. ed. atual. por Eduardo Carrion. São Paulo: Saraiva, 2006. p. 189: "A lei impede a acumulação dos adicionais de insalubridade e periculosidade; a escolha de um dos dois pertence ao empregado (art. 193, § 2.º)".

13. "XXII – redução dos riscos inerentes ao trabalho, por meio de normas de saúde, higiene e segurança".

14. Súmula 139 do TST: "Adicional de insalubridade (incorporada a Orientação Jurisprudencial 102 da SBDI-1). Enquanto percebido, o adicional de insalubridade integra a remuneração para todos os efeitos legais".

Nesse enfoque, o art. 5.º, § 2.º, da Constituição da República é expresso ao dispor que os direitos e garantias expressos na Constituição não excluem outros decorrentes do regime e dos princípios por ela adotados, ou dos tratados internacionais em que a República Federativa do Brasil seja parte.

A Convenção 148 da Organização Internacional do Trabalho, sobre proteção dos trabalhadores contra os riscos profissionais devidos à contaminação do ar, ao ruído e às vibrações no local de trabalho, de 1977, aprovada e promulgada pelo Brasil, conforme Decreto 93.413/1986 (atualmente Decreto 10.088/2019), determina que os critérios e os limites de exposição devem ser fixados, completados e revisados a intervalos regulares, de conformidade com os novos conhecimentos e dados nacionais e internacionais, tendo em conta, na medida do possível, qualquer aumento dos riscos profissionais resultante da *exposição simultânea a vários fatores nocivos no local de trabalho* (art. 8.3).

A Convenção 155 da OIT, sobre segurança e saúde dos trabalhadores e o meio ambiente de trabalho, de 1981, também aprovada e promulgada pelo Brasil, conforme Decreto 1.254/1994 (atualmente Decreto 10.088/2019), por sua vez, prevê que devem ser levados em consideração os riscos para a saúde, decorrentes da *exposição simultâneas a diversas substâncias ou agentes* (art. 11, *b*).

Como se pode notar, as normas internacionais em questão, dispondo de forma mais benéfica e coerente, admitem o recebimento, simultâneo, dos adicionais de insalubridade e de periculosidade, quando o empregado está exposto a ambos os agentes (nesse sentido, cf. TST, 7.ª T., RR 1072-72.2011.5.02.0384, Rel. Min. Cláudio Mascarenhas Brandão, *DEJT* 03.10.2014).

Deve-se frisar que o Supremo Tribunal Federal firmou a tese de que os tratados e convenções internacionais sobre direitos humanos, firmados pelo Brasil antes da vigência da Emenda Constitucional 45/2014, possuem *status* normativo *supralegal*, admitindo a sua hierarquia constitucional quando aprovados pelo Congresso Nacional com os requisitos previstos no atual art. 5.º, § 3.º, da Constituição da República (Recursos Extraordinários 349.703 e 466.343).

Não obstante, a posição mais tradicional é no sentido da *impossibilidade da referida cumulação*, como se observa no seguinte julgado:

> "Recurso de embargos. Cumulação dos adicionais de insalubridade e periculosidade. Impossibilidade. O art. 193, § 2.º, da CLT, ao conceder ao empregado a prerrogativa de optar pelo adicional que lhe for mais favorável, afastou a possibilidade de cumulação. Cabe ressaltar que muito antes da promulgação da Constituição Federal de 1988, a qual incluiu os direitos sociais do trabalhador de redução dos riscos inerentes ao trabalho, a CLT já tinha a previsão de pagamento dos adicionais em questão. Não há como se concluir que haja na atual Carta Constitucional qualquer disposição expressa ou tácita acerca da não recepção do art. 193, § 2.º, da CLT, seja porque. ao prever o pagamento dos adicionais, usou a expressão 'na forma da lei', sendo, portanto, norma constitucional de eficácia contida, regulamentada, portanto, pela CLT; seja porque utilizou do conectivo ou e não e, donde se depreende que foi utilizada uma conjunção exclusiva e não inclusiva. Registre-se que não se ignora que as Convenções Internacionais sobre direitos humanos têm *status* de norma supralegal, conforme entendimento do STF. No entanto, da leitura dos arts. 8.º, III, da Convenção n.º 145 e 11, *b*, da Convenção n.º 155, ambas da OIT, não há como se chegar à conclusão de que há a determinação, previsão ou recomendação de pagamento cumulado dos adicionais em questão. As referidas normas tão somente preveem que sejam considerados os riscos para a saúde do empregado decorrentes de exposição simultânea a diversas substâncias e agentes. Tratam, pois, da individualização dos riscos, e não de cumulação de adicionais. Neste con-

texto, tendo em vista o expressamente disposto em lei, não há que falar em cumulação dos adicionais de insalubridade e periculosidade. Recurso de embargos conhecido e não provido" (TST, SBDI-I, E-RR 443-80.2013.5.04.0026, Rel. Min. Aloysio Corrêa da Veiga, *DEJT* 10.06.2016).

Registre-se ainda o entendimento intermediário no sentido de que, se houver a presença de atividades insalubre e perigosa, *consideradas individualmente*, conforme causas de pedir distintas, por se tratar de fatos geradores diversos e autônomos, há direito ao recebimento dos respectivos adicionais de insalubridade e de periculosidade forma cumulativa[15].

De todo modo, a posição mais recente, que prevaleceu no TST, é no sentido de não ser possível a acumulação de ambos os adicionais, ainda que os fatos geradores sejam distintos, podendo o empregado optar pelo adicional de periculosidade ou de insalubridade (SBDI-I, E-RR – 1072-72.2011.5.02.0384, Rel. Min. Renato de Lacerda Paiva, j. 13.10.2016).

A respeito do tema, o Tribunal Superior do Trabalho, em incidente de recurso repetitivo, fixou tese jurídica (arts. 896-C da CLT, 927, inciso III, do CPC e 3.º, inciso XXIII,

15. "Adicionais. Periculosidade e insalubridade. Percepção cumulativa. Art. 193, § 2.º, da CLT. Alcance. 1. No Direito brasileiro, as normas de proteção ao empregado pelo labor prestado em condições mais gravosas à saúde e à segurança deverão pautar-se sempre nos preceitos insculpidos no art. 7.º, incisos XXII e XXIII, da Constituição Federal: de um lado, a partir do estabelecimento de um meio ambiente do trabalho equilibrado; de outro lado, mediante retribuição pecuniária com vistas a 'compensar' os efeitos nocivos decorrentes da incontornável necessidade de exposição do empregado, em determinadas atividades, a agentes nocivos à sua saúde e segurança. 2. No plano infraconstitucional, o art. 193 da CLT, ao dispor sobre o direito à percepção de adicional de periculosidade, assegura ao empregado a opção pelo adicional de insalubridade porventura devido (§ 2.º do art. 193 da CLT). 3. A opção a que alude o art. 193, § 2.º, da CLT não conflita com a norma do art. 7.º, XXII, da Constituição Federal. Os preceitos da CLT e da Constituição, nesse ponto, disciplinam aspectos distintos do labor prestado em condições mais gravosas: enquanto o art. 193, § 2.º, da CLT regula o adicional de salário devido ao empregado em decorrência de exposição a agente nocivo, o inciso XXII do art. 7.º impõe ao empregador a redução dos agentes nocivos no meio ambiente de trabalho. O inciso XXIII, por seu turno, cinge-se a enunciar o direito a adicional 'de remuneração' para as atividades penosas, insalubres e perigosas e atribui ao legislador ordinário a competência para fixar os requisitos que geram direito ao respectivo adicional. 4. Igualmente não se divisa descompasso entre a legislação brasileira e as normas internacionais de proteção ao trabalho. As Convenções n.ºs 148 e 155 da OIT, em especial, não contêm qualquer norma explícita em que se assegure a percepção cumulativa dos adicionais de periculosidade e de insalubridade em decorrência da exposição do empregado a uma pluralidade de agentes de risco distintos. Não há, pois, em tais normas internacionais preceito em contraposição ao § 2.º do art. 193 da CLT. 5. Entretanto, interpretação teleológica, afinada ao texto constitucional, da norma inscrita no art. 193, § 2.º, da CLT, conduz à conclusão de que a opção franqueada ao empregado, em relação à percepção de um ou de outro adicional, somente faz sentido se se partir do pressuposto de que o direito, em tese, ao pagamento dos adicionais de insalubridade e de periculosidade deriva de uma única causa de pedir. 6. Solução diversa impõe-se se se postula o pagamento dos adicionais de insalubridade e de periculosidade, concomitantemente, com fundamento em causas de pedir distintas. Uma vez caracterizadas e classificadas as atividades, individualmente consideradas, como insalubre e perigosa, nos termos do art. 195 da CLT, é inarredável a observância das normas que asseguram ao empregado o pagamento cumulativo dos respectivos adicionais – arts. 192 e 193, § 1.º, da CLT. Trata-se de entendimento consentâneo com o art. 7.º, XXIII, da Constituição Federal de 1988. Do contrário, emprestar-se-ia tratamento igual a empregados submetidos a condições gravosas distintas: o empregado submetido a um único agente nocivo, ainda que caracterizador de insalubridade e também de periculosidade, mereceria o mesmo tratamento dispensado ao empregado submetido a dois ou mais agentes nocivos, díspares e autônomos, cada qual em si suficiente para gerar um adicional. Assim, se presentes os agentes insalubre e de risco, simultaneamente, cada qual amparado em um fato gerador diferenciado e autônomo, em tese há direito à percepção cumulativa de ambos os adicionais. 7. Incensurável, no caso, acórdão de Turma do TST que nega a percepção cumulativa dos adicionais de insalubridade e de periculosidade se não comprovada, para tanto, a presença de causa de pedir distinta. 8. Embargos do reclamante de que se conhece, por divergência jurisprudencial, e a que se nega provimento" (TST, SBDI-I, E-ARR 1081-60.2012.5.03.0064, Redator Min. João Oreste Dalazen, *DEJT* 17.06.2016).

da Instrução Normativa 39/2015 do TST) nos seguintes termos: "O art. 193, § 2.º, da CLT foi recepcionado pela Constituição Federal e veda a cumulação dos adicionais de insalubridade e de periculosidade, ainda que decorrentes de fatos geradores distintos e autônomos" (TST, SBDI-I, IRR - 239-55.2011.5.02.0319, Redator Min. Alberto Luiz Bresciani de Fontan Pereira, j. 26.09.2019).

A Portaria MTE 1.885/2013 aprovou o Anexo 3 da Norma Regulamentadora 16, dispondo sobre as atividades e operações perigosas com exposição a roubos ou outras espécies de violência física nas atividades profissionais de segurança pessoal ou patrimonial.

Desse modo, são considerados profissionais de segurança pessoal ou patrimonial os trabalhadores que atendam a uma das seguintes condições: (a) empregados das empresas prestadoras de serviços nas atividades de segurança privada ou que integrem serviço orgânico de segurança privada, devidamente registradas e autorizadas pelo Ministério da Justiça, conforme Lei 7.102/1983 e suas alterações posteriores; (b) empregados que exercem a atividade de segurança patrimonial ou pessoal em instalações metroviárias, ferroviárias, portuárias, rodoviárias, aeroportuárias e de bens públicos, contratados diretamente pela Administração Pública direta ou indireta.

As atividades ou operações que expõem os empregados a roubos ou outras espécies de violência física, desde que atendida uma das condições acima, são as seguintes: (a) vigilância patrimonial (segurança patrimonial e/ou pessoal na preservação do patrimônio em estabelecimentos públicos ou privados e da incolumidade física de pessoas); (b) segurança de eventos (segurança patrimonial e/ou pessoal em espaços públicos ou privados, de uso comum do povo); (c) segurança nos transportes coletivos (segurança patrimonial e/ou pessoal nos transportes coletivos e em suas respectivas instalações); (d) segurança ambiental e florestal (segurança patrimonial e/ou pessoal em áreas de conservação de fauna, flora natural e de reflorestamento); (e) transporte de valores (segurança na execução do serviço de transporte de valores); (f) escolta armada (segurança no acompanhamento de qualquer tipo de carga ou de valores); (g) segurança pessoal (acompanhamento e proteção da integridade física de pessoa ou de grupos); (h) supervisão e fiscalização operacional (supervisão e/ou fiscalização direta dos locais de trabalho para acompanhamento e orientação dos vigilantes); e (i) telemonitoramento e telecontrole (execução de controle e/ou monitoramento de locais, por meio de sistemas eletrônicos de segurança).

Nota-se, portanto, que o adicional de periculosidade em questão é devido, em essência, aos empregados que exercem a função de vigilância.

A Lei 7.102/1983 dispõe sobre segurança para estabelecimentos financeiros, estabelece normas para constituição e funcionamento das empresas particulares que exploram serviços de vigilância e de transporte de valores, bem como dá outras providências.

A vigilância ostensiva e o transporte de valores devem ser executados por dois modos, de forma alternativa, quais sejam: por empresa especializada contratada; ou pelo próprio estabelecimento financeiro, desde que organizado e preparado para tal fim, com pessoal próprio, aprovado em curso de formação de vigilante autorizado pelo Ministério da Justiça e cujo sistema de segurança tenha de parecer favorável à sua aprovação emitido pelo Ministério da Justiça (art. 3.º da Lei 7.102/1983).

O serviço de vigilância, assim, é uma das hipóteses em que a jurisprudência, com fundamento na lei, admite a terceirização.

O disposto na Lei 6.019/1974, que atualmente rege as relações de trabalho na empresa de trabalho temporário, na empresa de prestação de serviços e nas respectivas tomadoras de serviço e contratante (art. 1.º, com redação dada pela Lei 13.429/2017), não se aplica às empresas de vigilância e transporte de valores, permanecendo as respectivas relações de trabalho reguladas por legislação especial, e subsidiariamente pela CLT (art. 19-B da Lei 6.019/1974, acrescentado pela Lei 13.429/2017).

Nos estabelecimentos financeiros estaduais, o serviço de vigilância ostensiva pode ser desempenhado pelas Polícias Militares, a critério do Governo da respectiva Unidade da Federação.

O vigilante é o empregado contratado para a execução das atividades de segurança privada, desenvolvidas em prestação de serviços com a finalidade de: proceder à vigilância patrimonial das instituições financeiras e de outros estabelecimentos, públicos ou privados, bem como a segurança de pessoas físicas; e realizar o transporte de valores ou garantir o transporte de qualquer outro tipo de carga (arts. 10 e 15 da Lei 7.102/1983).

Frise-se que os serviços de vigilância e de transporte de valores podem ser executados por uma mesma empresa.

As empresas especializadas em prestação de serviços de segurança, vigilância e transporte de valores, constituídas sob a forma de empresas privadas, também podem exercer atividades de segurança privada: a pessoas; a estabelecimentos comerciais, industriais, de prestação de serviços e a residências; a entidades sem fins lucrativos; e a órgãos e empresas públicas.

As empresas que tenham objeto econômico diverso da vigilância ostensiva e do transporte de valores, que utilizem pessoal de quadro funcional próprio, para execução dessas atividades, ficam obrigadas ao cumprimento do disposto na Lei 7.102/1983. Trata-se, no caso, do serviço orgânico de segurança privada.

Tendo em vista a previsão do art. 226 da Consolidação das Leis do Trabalho, cabe destacar que, segundo a Súmula 257 do TST, "o vigilante, contratado diretamente por banco ou por intermédio de empresas especializadas, não é bancário".

Para o exercício da profissão, o vigilante deve preencher os seguintes requisitos: ser brasileiro; ter idade mínima de 21 anos; ter instrução correspondente à quarta série do primeiro grau; ter sido aprovado em curso de formação de vigilante, realizado em estabelecimento com funcionamento autorizado nos termos da Lei 7.102/1983 (ou seja, pelo Ministério da Justiça); ter sido aprovado em exame de saúde física, mental e psicotécnico; não ter antecedentes criminais registrados; e estar quite com as obrigações eleitorais e militares (art. 16 da Lei 7.102/1983).

O vigilante deve usar uniforme somente quando em efetivo serviço. Além disso, assegura-se ao vigilante: uniforme especial, a cargo da empresa a que se vincular; porte de arma, quando em serviço; prisão especial por ato decorrente do serviço; seguro de vida em grupo feito pela empresa empregadora (art. 19 da Lei 7.102/1983).

O vigia, diversamente, realiza atividades mais simples, de fiscalização dos locais, não sendo regido pela Lei 7.102/1983. Não se exigem, portanto, os requisitos nela determinados, acima indicados. A respeito do tema, destaca-se o seguinte julgado:

> "Vigia e vigilante. Diferenciação. A função do vigilante se destina precipuamente a resguardar a vida e o patrimônio das pessoas, exigindo porte de arma e requisitos de treinamento específicos, nos termos da Lei 7.102/1983, com as alterações introduzidas pela Lei 8.863/1994, exercendo função parapolicial. Não pode ser confundida com as atividades de um simples vigia ou porteiro, as quais se destinam à proteção do patrimônio, com tarefas de fiscalização local. O vigilante é aquele empregado contratado por estabelecimentos financeiros ou por empresa especializada em prestação de serviços de vigilância e transporte de valores, o que não se coaduna com a descrição das atividades exercidas pelo autor, ou seja, de vigia

desarmado, que trabalhava zelando pela segurança da reclamada de forma mais branda, não sendo necessário o porte e o manejo de arma para se safar de situações emergenciais de violência" (TRT 3.ª R., 6.ª T., RO 00329-2014-185-03-00-6, Rel. Juíza Conv. Rosemary de Oliveira Pires, *DEJT* 14.07.2014).

Anteriormente, a Lei 7.369, de 20 de setembro de 1985 (regulamentada pelo Decreto 93.412/1986), revogada pela Lei 12.740/2012, estabelecia o direito ao adicional de periculosidade, de 30% sobre o salário, ao "empregado que exerce atividade no setor de energia elétrica"[16], o que passou a ser previsto no art. 193, inciso I, da CLT.

Sobre esse tema, de acordo com a Súmula 361 do TST: "Adicional de periculosidade. Eletricitários. Exposição intermitente. O trabalho exercido em condições perigosas, embora de forma intermitente, dá direito ao empregado a receber o adicional de periculosidade de forma integral, porque a Lei 7.369, de 20.09.1985, não estabeleceu nenhuma proporcionalidade em relação ao seu pagamento".

Merece destaque, ainda, a Orientação Jurisprudencial 347 da SBDI-I do TST, com o seguinte esclarecimento: "Adicional de periculosidade. Sistema elétrico de potência. Lei 7.369, de 20.09.1985, regulamentada pelo Decreto 93.412, de 14.10.1986. Extensão do direito aos cabistas, instaladores e reparadores de linhas e aparelhos em empresa de telefonia. *DJ* 25.04.2007. É devido o adicional de periculosidade aos empregados cabistas, instaladores e reparadores de linhas e aparelhos de empresas de telefonia, desde que, no exercício de suas funções, fiquem expostos a condições de risco equivalente ao do trabalho exercido em contato com sistema elétrico de potência".

De acordo com a Orientação Jurisprudencial 345 da SBDI-I do TST:

> "A exposição do empregado à radiação ionizante ou à substância radioativa enseja a percepção do adicional de periculosidade, pois a regulamentação ministerial (Portarias do Ministério do Trabalho 3.393, de 17.12.1987, e 518, de 07.04.2003), ao reputar perigosa a atividade, reveste-se de plena eficácia, porquanto expedida por força de delegação legislativa contida no art. 200, *caput*, e inciso VI, da CLT. No período de 12.12.2002 a 06.04.2003, enquanto vigeu a Portaria 496 do Ministério do Trabalho, o empregado faz jus ao adicional de insalubridade" (*DJ* 22.06.2005).

Sobre a base de cálculo do adicional de periculosidade, cabe recordar a Súmula 191 do TST, em sua atual redação:

> "Adicional de periculosidade. Incidência. Base de cálculo.
>
> I – O adicional de periculosidade incide apenas sobre o salário básico e não sobre este acrescido de outros adicionais.
>
> II – O adicional de periculosidade do empregado eletricitário, contratado sob a égide da Lei nº 7.369/1985, deve ser calculado sobre a totalidade das parcelas de natureza salarial. Não é válida norma coletiva mediante a qual se determina a incidência do referido adicional sobre o salário básico.

---

16. Cf. a Orientação Jurisprudencial 324 da SBDI-I do TST: "Adicional de periculosidade. Sistema elétrico de potência. Decreto 93.412/1986, art. 2.º, § 1.º. É assegurado o adicional de periculosidade apenas aos empregados que trabalham em sistema elétrico de potência em condições de risco, ou que o façam com equipamentos e instalações elétricas similares, que ofereçam risco equivalente, ainda que em unidade consumidora de energia elétrica".

III – A alteração da base de cálculo do adicional de periculosidade do eletricitário promovida pela Lei nº 12.740/2012 atinge somente contrato de trabalho firmado a partir de sua vigência, de modo que, nesse caso, o cálculo será realizado exclusivamente sobre o salário básico, conforme determina o § 1.º do art. 193 da CLT".

25.28 NORMAS COMUNS À INSALUBRIDADE E À PERICULOSIDADE

O direito do empregado ao adicional de insalubridade ou de periculosidade cessa com a eliminação do risco à sua saúde ou integridade física, nos termos da seção referente às atividades insalubres ou perigosas e das normas expedidas pelo Ministério do Trabalho (art. 194 da CLT).

A caracterização e a classificação da insalubridade e da periculosidade, segundo as normas do Ministério do Trabalho, far-se-ão por meio de perícia a cargo de Médico do Trabalho ou Engenheiro do Trabalho, registrados no Ministério do Trabalho (art. 195 da CLT)[17].

Por se tratar de questão técnica e especializada, a cargo do perito nomeado em juízo, de acordo com a Súmula 293 do TST: "Adicional de insalubridade. Causa de pedir. Agente nocivo diverso do apontado na inicial. A verificação mediante perícia de prestação de serviços em condições nocivas, considerado agente insalubre diverso do apontado na inicial, não prejudica o pedido de adicional de insalubridade".

É facultado às empresas e aos sindicatos das categorias profissionais interessadas requererem ao Ministério do Trabalho a realização de perícia em estabelecimento ou setor deste, com o objetivo de caracterizar e classificar ou delimitar as atividades insalubres ou perigosas (§ 1.º do art. 195 da CLT).

Arguida em juízo insalubridade ou periculosidade, seja por empregado, seja por Sindicato em favor dos trabalhadores da categoria[18], o juiz designará perito habilitado na forma acima mencionada, e, onde não houver, requisitará perícia ao órgão competente do Ministério do Trabalho (§ 2.º do art. 195 da CLT).

O disposto nos parágrafos anteriores não prejudica a ação fiscalizadora do Ministério do Trabalho, nem a realização *ex officio* da perícia (§ 3.º do art. 195 da CLT).

Embora a perícia seja, portanto, obrigatória, nos termos da Orientação Jurisprudencial 278 da SBDI-I do TST: "Adicional de insalubridade. Perícia. Local de trabalho desativado. A realização de perícia é obrigatória para a verificação de insalubridade. Quando não for possível sua realização, como em caso de fechamento da empresa, poderá o julgador utilizar-se de outros meios de prova".

Além disso, conforme a Súmula 453 do TST: "Adicional de periculosidade. Pagamento espontâneo. Caracterização de fato incontroverso. Desnecessária a perícia de que trata

17. Cf. Orientação Jurisprudencial 165 da SBDI-I do TST: "Perícia. Engenheiro ou médico. Adicional de insalubridade e periculosidade. Válido. Art. 195, da CLT. O art. 195 da CLT não faz qualquer distinção entre o médico e o engenheiro para efeito de caracterização e classificação da insalubridade e periculosidade, bastando para a elaboração do laudo seja o profissional devidamente qualificado".

18. Embora a redação literal do art. 195, § 2.º, da CLT estabeleça o mencionado ajuizamento de ação, pelo sindicato, em favor do "grupo de associados", entende-se que a substituição processual, no caso, encontra fundamento no próprio art. 8.º, inciso III, da CF/1988, em favor de todos os integrantes da categoria, e não apenas dos associados ao ente sindical. Além disso, a defesa de direitos individuais homogêneos, como ocorre no caso, é permitida ao sindicato, tendo em vista a sua natureza de associação de direito privado, apresentando como pertinência temática a defesa de direitos dos membros da categoria, e não apenas dos associados (Lei 7.347/1985, art. 5.º, e Lei 8.078/1990, art. 82, inciso IV).

o art. 195 da CLT (conversão da Orientação Jurisprudencial 406 da SBDI-1). O pagamento de adicional de periculosidade efetuado por mera liberalidade da empresa, ainda que de forma proporcional ao tempo de exposição ao risco ou em percentual inferior ao máximo legalmente previsto, dispensa a realização da prova técnica exigida pelo art. 195 da CLT, pois torna incontroversa a existência do trabalho em condições perigosas".

Os efeitos pecuniários decorrentes do trabalho em condições de insalubridade ou periculosidade serão devidos a contar da data da inclusão da respectiva atividade nos quadros aprovados pelo Ministério do Trabalho, respeitado o prazo prescricional trabalhista (art. 196 da CLT).

Os materiais e substâncias empregados, manipulados ou transportados nos locais de trabalho, quando perigosos ou nocivos à saúde, devem conter, no rótulo, sua composição, recomendações de socorro imediato e o símbolo de perigo correspondente, segundo a padronização internacional (art. 197 da CLT).

Os estabelecimentos que mantenham as referidas atividades afixarão, nos setores de trabalho atingidos, avisos ou cartazes, com advertência quanto aos materiais e substâncias perigosos ou nocivos à saúde (parágrafo único do art. 197).

25.29 SEGURANÇA E SAÚDE NO TRABALHO RURAL

Quanto ao trabalho rural, cabe destacar as previsões da Norma Regulamentadora 31, com redação dada pela Portaria 22.677/2020 da Secretaria Especial de Previdência e Trabalho do Ministério da Economia, com fundamento no art. 13 da Lei 5.889/1973.

A Norma Regulamentadora 31 tem por objetivo estabelecer os preceitos a serem observados na organização e no ambiente de trabalho rural, de forma a tornar compatível o planejamento e o desenvolvimento das atividades do setor com a prevenção de acidentes e doenças relacionadas ao trabalho rural (item 31.1.1).

A NR 31 se aplica a quaisquer atividades da agricultura, pecuária, silvicultura, exploração florestal e aquicultura, verificadas as formas de relações de trabalho e emprego e o local das atividades (item 31.2.1). A NR 31 também se aplica às atividades de exploração industrial desenvolvidas em estabelecimentos rurais (item 31.2.2).

Cabe ao empregador rural ou equiparado:

a) cumprir e fazer cumprir as disposições legais e regulamentares sobre segurança e saúde no trabalho rural, de forma a garantir adequadas condições de trabalho, higiene e conforto, e adotar medidas de prevenção e proteção para garantir que todas as atividades, locais de trabalho, máquinas, equipamentos e ferramentas sejam seguros;

b) adotar os procedimentos necessários quando da ocorrência de acidentes e doenças do trabalho, incluindo a análise de suas causas;

c) assegurar que se forneçam aos trabalhadores instruções compreensíveis em matéria de segurança e saúde, seus direitos, deveres e obrigações, bem como a orientação e supervisão necessárias ao trabalho seguro;

d) informar aos trabalhadores: os riscos decorrentes do trabalho e as medidas de prevenção implantadas, inclusive em relação a novas tecnologias adotadas pelo empregador; os resultados dos exames médicos e complementares a que foram submetidos, quando realizados por serviço médico contratado pelo empregador; os resultados das avaliações ambientais realizadas nos locais de trabalho;

e) permitir que representante dos trabalhadores, legalmente constituído, acompanhe a fiscalização dos preceitos legais e regulamentares sobre segurança e saúde no trabalho;
f) disponibilizar à inspeção do trabalho todas as informações relativas à segurança e à saúde no trabalho (NR 31, item 31.2.3).

Cabe ao trabalhador:

a) cumprir as determinações sobre as formas seguras de desenvolver suas atividades, especialmente quanto às ordens de serviço emitidas para esse fim;
b) adotar as medidas de prevenção determinadas pelo empregador, em conformidade com a Norma Regulamentadora 31, sob pena de constituir ato faltoso a recusa injustificada;
c) submeter-se aos exames médicos previstos na Norma Regulamentadora 31;
d) colaborar com a empresa na aplicação da Norma Regulamentadora 31;
e) não danificar as áreas de vivência, de modo a preservar as condições oferecidas;
f) cumprir todas as orientações relativas aos procedimentos seguros de operação, alimentação, abastecimento, limpeza, manutenção, inspeção, transporte, desativação, desmonte e descarte das ferramentas, máquinas e equipamentos;
g) não realizar qualquer tipo de alteração nas ferramentas e nas proteções mecânicas ou dispositivos de segurança de máquinas e equipamentos, de maneira que possa colocar em risco a sua saúde e integridade física ou de terceiros;
h) comunicar seu superior imediato se alguma ferramenta, máquina ou equipamento for danificado ou perder sua função (NR 31, item 31.2.4).

São direitos dos trabalhadores:

a) ambientes de trabalho seguros e saudáveis, em conformidade com o disposto na Norma Regulamentadora 31;
b) ser consultados, por meio de seus representantes na Comissão Interna de Prevenção de Acidentes e de Assédio do Trabalho Rural (CIPATR), sobre as medidas de prevenção que serão adotadas pelo empregador;
c) escolher sua representação em matéria de segurança e saúde no trabalho;
d) receber instruções em matéria de segurança e saúde, bem como orientação para atuar no processo de implementação das medidas de prevenção que serão adotadas pelo empregador (NR 31, item 31.2.5).

O trabalhador pode interromper suas atividades quando constatar uma situação de trabalho em que, a seu ver, envolva um risco grave e iminente para a sua vida e saúde, informando imediatamente ao seu superior hierárquico (NR 31, item 31.2.5.1).

Comprovada pelo empregador a situação de grave e iminente risco, não pode ser exigida a volta dos trabalhadores à atividade, enquanto não sejam tomadas as medidas corretivas (NR 31, item 31.2.5.2).

25.30 EXPLOSIVOS

Com fundamento no art. 200, inciso II, da CLT, a Norma Regulamentadora 19, com redação dada pela Portaria 424/2021, tem o objetivo de estabelecer os requisitos e as medidas de prevenção para garantir as condições de segurança e saúde dos trabalhadores em todas as etapas da fabricação, manuseio, armazenamento e transporte de explosivos (item 19.1.1).

Para fins da Norma Regulamentadora 19, considera-se explosivo material ou substância que, quando iniciada, sofre decomposição muito rápida em produtos mais estáveis, com grande liberação de calor e desenvolvimento súbito de pressão (item 19.3.1).

25.31 LÍQUIDOS COMBUSTÍVEIS E INFLAMÁVEIS

Tendo em vista o art. 200, inciso II, da CLT, a Norma Regulamentadora 20 estabelece requisitos mínimos para a gestão da segurança e saúde no trabalho contra os fatores de risco de acidentes provenientes das atividades de extração, produção, armazenamento, transferência, manuseio e manipulação de *inflamáveis* e *líquidos combustíveis* (item 20.1.1).

25.32 REGISTRO PROFISSIONAL DO TÉCNICO DE SEGURANÇA DO TRABALHO

A Lei 7.410, de 27 de novembro de 1985, dispõe sobre a especialização de Engenheiros e Arquitetos em Engenharia de Segurança do Trabalho, a profissão de Técnico de Segurança do Trabalho, e dá outras providências. O art. 3.º da mencionada Lei prevê que o exercício da atividade de Técnico de Segurança do Trabalho depende do registro no Ministério do Trabalho.

Sendo assim, o exercício da profissão de técnico de segurança do trabalho depende de prévio registro na Secretaria de Trabalho do Ministério do Trabalho e Previdência (art. 129 da Portaria 671/2021 do Ministério do Trabalho e Previdência).

25.33 FISCALIZAÇÃO E PENALIDADES

O art. 201 da CLT trata das infrações ao disposto no Capítulo V, do Título II, da CLT, ou seja, relativas à segurança e medicina do trabalho.

Em caso de reincidência, embaraço ou resistência à fiscalização, emprego de artifício ou simulação com o objetivo de fraudar a lei, a multa deve ser aplicada em seu valor máximo (parágrafo único do art. 201 da CLT).

Assim sendo, a Norma Regulamentadora 28, com as modificações decorrentes da Portaria 1.067/2019, prevê disposições sobre fiscalização (do cumprimento das disposições legais e/ou regulamentares sobre segurança e saúde do trabalhador) e penalidades (às infrações aos preceitos legais e/ou regulamentadores sobre segurança e saúde do trabalhador).

25.34 SEGURANÇA E SAÚDE NO TRABALHO PORTUÁRIO

Como já estudado anteriormente, a Lei 8.630, de 25 de fevereiro de 1993, dispõe sobre o regime jurídico da exploração dos portos organizados e das instalações portuárias e dá outras providências (Lei dos Portos). Essa lei, entretanto, foi revogada pela Lei 12.815/2013, que trata da mesma temática.

A Lei 9.719, de 27 de novembro de 1998, dispõe sobre normas e condições gerais de proteção ao trabalho portuário, institui multas pela inobservância de seus preceitos, e dá outras providências.

De acordo com o art. 9.º da referida Lei 9.719/1998, compete ao órgão gestor de mão de obra, ao operador portuário e ao empregador, conforme o caso, cumprir e fazer cumprir as normas concernentes à saúde e segurança do trabalho portuário. O parágrafo único do referido dispositivo, por sua vez, determina caber ao Ministério do

Trabalho estabelecer as Normas Regulamentadoras concernentes à saúde e segurança do trabalho portuário.

Dessa forma, a Norma Regulamentadora 29 (aprovada pela Portaria MTE 53/1997, com redação decorrente da Portaria SIT 158/2006) estabelece as disposições sobre segurança e saúde no trabalho portuário.

25.35 SEGURANÇA E SAÚDE NO TRABALHO AQUAVIÁRIO

A Lei 9.537, de 11 de dezembro de 1997, dispõe sobre a segurança do tráfego aquaviário em águas sob jurisdição nacional e dá outras providências. O Decreto 2.596, de 18 de maio de 1998, regulamenta a Lei 9.537/1997.

A Norma Regulamentadora 30 e seu Anexo, com redação dada pela Portaria 425/2021, estabelecem requisitos para a proteção e o resguardo da segurança e da saúde no trabalho aquaviário, disciplinando medidas a serem observadas nas organizações e nos ambientes de trabalho para a prevenção de possíveis lesões ou agravos à saúde (item 30.1.1).

A Convenção 186 da Organização Internacional do Trabalho, de 2006, sobre trabalho marítimo, foi promulgada pelo Decreto 10.671/2021.

Toda gente do mar tem direito: a um local de trabalho seguro e protegido no qual se cumpram as normas de segurança; a condições justas de emprego; a condições decentes de trabalho e de vida a bordo; a proteção da saúde, assistência médica, medidas de bem-estar e outras formas de proteção social (art. 4.º da Convenção 186 da OIT). A expressão "gente do mar" significa qualquer pessoa empregada ou contratada ou que trabalha a bordo de um navio ao qual a Convenção 186 da OIT se aplica (art. 2.º, n. 1, *f*).

25.36 SEGURANÇA E SAÚDE NO TRABALHO EM SERVIÇOS DE SAÚDE

A Norma Regulamentadora 32, aprovada pela Portaria MTE 485/2005, tem por finalidade estabelecer as diretrizes básicas para a implementação de medidas de proteção à segurança e à saúde dos trabalhadores dos serviços de saúde, bem como daqueles que exercem atividades de promoção e assistência à saúde em geral.

As instituições de saúde, públicas e privadas, devem ofertar aos profissionais de enfermagem (enfermeiro, técnico de enfermagem, auxiliar de enfermagem e parteira) condições adequadas de repouso, durante todo o horário de trabalho (art. 15-E da Lei 7.498/1986, incluído pela Lei 14.602/2023).

Os locais de repouso dos profissionais de enfermagem devem, na forma do regulamento: I – ser destinados especificamente para o descanso dos profissionais de enfermagem; II – ser arejados; III – ser providos de mobiliário adequado; IV – ser dotados de conforto térmico e acústico; V – ser equipados com instalações sanitárias; VI – ter área útil compatível com a quantidade de profissionais diariamente em serviço.

25.37 SEGURANÇA E SAÚDE NOS TRABALHOS EM ESPAÇOS CONFINADOS

A Norma Regulamentadora 33, com redação aprovada pela Portaria 1.690/2022 do Ministério do Trabalho e Previdência, tem como objetivo estabelecer os requisitos para a caracterização dos espaços confinados, os critérios para o gerenciamento de riscos ocupacionais em espaços confinados e as medidas de prevenção, de forma a garantir a segurança e a saúde dos trabalhadores que interagem direta ou indiretamente com estes espaços.

25.38 MEIO AMBIENTE DE TRABALHO NA INDÚSTRIA DA CONSTRUÇÃO, REPARAÇÃO E DESMONTE NAVAL

A Norma Regulamentadora 34, aprovada pela Portaria SIT 200, de 20 de janeiro de 2011, estabelece os requisitos mínimos e as medidas de proteção à segurança, à saúde e ao meio ambiente de trabalho nas atividades da indústria de construção, reparação e desmonte naval.

25.39 TRABALHO EM ALTURA

A Norma Regulamentadora 35, com redação aprovada pela Portaria 4.218/2022 do Ministério do Trabalho e Previdência, estabelece os requisitos e as medidas de prevenção para o trabalho em altura, envolvendo o planejamento, a organização e a execução, de forma a garantir a segurança e a saúde dos trabalhadores envolvidos direta ou indiretamente com esta atividade. Aplica-se o disposto na NR 35 a toda atividade com diferença de nível acima de dois metros do nível inferior, onde haja risco de queda (item 35.2.1).

25.40 SEGURANÇA E SAÚDE NO TRABALHO EM EMPRESAS DE ABATE E PROCESSAMENTO DE CARNES E DERIVADOS

A Norma Regulamentadora 36, aprovada pela Portaria MTE 555/2013, estabelece os requisitos mínimos para a avaliação, controle e monitoramento dos riscos existentes nas atividades desenvolvidas na indústria de abate e processamento de carnes e derivados destinados ao consumo humano, de forma a garantir permanentemente a segurança, a saúde e a qualidade de vida no trabalho, sem prejuízo da observância do disposto nas demais Normas Regulamentadoras – NR do Ministério do Trabalho (item 36.1.1).

25.41 SEGURANÇA E SAÚDE EM PLATAFORMAS DE PETRÓLEO

A Norma Regulamentadora 37, com redação aprovada pela Portaria 90/2022 do Ministério do Trabalho e Previdência, tem por objetivo estabelecer os requisitos de segurança, saúde e condições de vivência no trabalho a bordo de plataformas de petróleo em operação nas águas jurisdicionais brasileiras (AJB).

A Norma Regulamentadora 37 se aplica ao trabalho nas plataformas nacionais e estrangeiras, bem como nas unidades de manutenção e segurança (UMS), devidamente autorizadas a operar em águas jurisdicionais brasileiras (item 37.2.1).

São direitos dos trabalhadores: a) interromper a sua tarefa, com base em sua capacitação e experiência, quando constatar evidência de risco grave e iminente para sua segurança e saúde ou de outras pessoas, informando imediatamente ao seu superior hierárquico ou, na ausência deste, ao representante da operadora da instalação, e à Comissão Interna de Prevenção de Acidentes e de Assédio em Plataformas (CIPLAT), para que sejam tomadas as medidas adequadas às correções das não conformidades; b) ser comunicado pela organização sobre ordens, instruções, recomendações ou notificações relativas a suas atividades ou ambientes de trabalho, feitas pela inspeção do trabalho relacionadas com o ambiente laboral; c) comunicar ao empregador e à inspeção do trabalho sobre qualquer risco potencial que considere capaz de gerar um acidente ampliado (item 37.4.1).

25.42 SEGURANÇA E SAÚDE NO TRABALHO NAS ATIVIDADES DE LIMPEZA URBANA E MANEJO DE RESÍDUOS SÓLIDOS

A Norma Regulamentadora 38, com redação aprovada pela Portaria 4.101/2022 do Ministério do Trabalho e Previdência, tem o objetivo de estabelecer os requisitos e as medidas de prevenção para garantir as condições de segurança e saúde dos trabalhadores nas atividades de limpeza urbana e manejo de resíduos sólidos.

As disposições contidas na NR 38 aplicam-se às seguintes atividades de limpeza urbana e manejo de resíduos sólidos: a) coleta, transporte e transbordo de resíduos sólidos urbanos e resíduos de serviços de saúde até a descarga para destinação final; b) varrição e lavagem de feiras, vias e logradouros públicos; c) capina, roçagem e poda de árvores; d) manutenção de áreas verdes; e) raspagem e pintura de meio-fio; f) limpeza e conservação de mobiliário urbano, monumentos, túneis, pontes e viadutos; g) desobstrução e limpeza de bueiros, bocas de lobo e correlatos; h) triagem e manejo de resíduos sólidos urbanos recicláveis; i) limpeza de praias; j) pontos de recebimento de resíduos sólidos urbanos; k) disposição final (item 38.2.1).

Capítulo 26

FISCALIZAÇÃO DO TRABALHO

26.1 INTRODUÇÃO

O ordenamento jurídico trabalhista, fundado nos princípios da proteção e da irrenunciabilidade, é composto por diversas normas de ordem pública, obstando condutas que objetivem afastar a aplicação do Direito do Trabalho (CLT, arts. 9.º, 444 e 468).

A natureza cogente das suas normas é confirmada quando se nota que a Administração Pública do Trabalho tem o dever de *fiscalizar* o seu cumprimento, sancionando, orientando e regularizando, quando possível, as condutas contrárias à legislação trabalhista[1].

O Tratado de Versalhes, de 1919, em seu art. 427, item 9, declarou que cada Estado deve organizar um serviço de inspeção do trabalho.

A Convenção 81 da OIT, de 1947 (cf. Decreto 10.088/2019), regulou a **inspeção do trabalho**, estabelecendo que compete à fiscalização do trabalho, entre outros aspectos, atuar na aplicação das normas sobre condições de trabalho, na orientação a empregados e empregadores sobre as referidas disposições, além de levar ao conhecimento da autoridade competente as deficiências ainda não previstas nas disposições legais existentes.

26.2 NATUREZA JURÍDICA

De acordo com o art. 21, inciso XXIV, da Constituição Federal de 1988, compete à União organizar, manter e executar a inspeção do trabalho.

Trata-se, portanto, de **atividade de natureza administrativa**, exercida pelo Estado, por meio dos órgãos competentes da Administração Pública Federal.

Nesse sentido, o art. 626 da CLT estabelece incumbir às autoridades competentes do Ministério do Trabalho a fiscalização do fiel cumprimento das normas de proteção ao trabalho.

Compete ao Ministério do Trabalho e Previdência a fiscalização do cumprimento do Programa de Seguro-Desemprego e do abono salarial, bem como do pagamento, pelas empresas, da bolsa de qualificação profissional de que trata o art. 2.º-A da Lei 7.998/1990[2],

---

1. Cf. MANNRICH, Nelson. A Administração Pública do Trabalho em face da Autonomia Privada Coletiva. In: MALLET, Estêvão; ROBORTELLA, Luiz Carlos Amorim (Coord.). *Direito e processo do trabalho*: estudos em homenagem ao prof. Octavio Bueno Magano. São Paulo: LTr, 1996. p. 545: "A intervenção do Estado e sua ação fiscalizadora impõe-se principalmente quanto à proteção de interesses de toda a sociedade, que se sobrepõem aos interesses individuais dos sujeitos do contrato de trabalho e mesmo aos da própria categoria. São dessa ordem as normas mínimas de proteção ao trabalho, à saúde e à segurança do trabalhador e essa a justificativa do papel da Administração Pública do Trabalho".

2. Cf. art. 476-A, § 7.º, da CLT. Cf. ainda Capítulo 12, item 12.4.

ou de benefícios de programas instituídos para promover a manutenção de empregos ou a qualificação de trabalhadores, custeados com recursos do Fundo de Amparo ao Trabalhador – FAT (art. 23 da Lei 7.998/1990, com redação dada pela Lei 14.261/2021).

Compete exclusivamente aos Auditores-Fiscais do Trabalho do Ministério do Trabalho e Previdência, autoridades trabalhistas no exercício de suas atribuições legais, nos termos do disposto na Lei 10.593/2002, a fiscalização do cumprimento das normas de proteção ao trabalho e de saúde e segurança no trabalho (art. 16 do Decreto 10.854/2021).

Esse dispositivo deve ser interpretado de forma sistemática e harmônica com outros preceitos normativos, sem afastar as atribuições do Ministério Público do Trabalho, as quais têm fundamento constitucional (arts. 127, 128, inciso I, alínea *b*, e 129 da Constituição da República).

Nesse sentido, incumbe ao Ministério Público do Trabalho exercer, entre outras, as seguintes funções institucionais: instaurar inquérito civil e outros procedimentos administrativos, sempre que cabíveis, para assegurar a observância dos direitos sociais dos trabalhadores; requisitar à autoridade administrativa federal competente, dos órgãos de proteção ao trabalho, a instauração de procedimentos administrativos, podendo acompanhá-los e produzir provas; exercer outras atribuições que lhe forem conferidas por lei, desde que compatíveis com sua finalidade (art. 84, incisos II, III e V, da Lei Complementar 75/1993).

A autoridade nacional, as autoridades máximas regionais e as autoridades regionais em matéria de inspeção do trabalho serão Auditores-Fiscais do Trabalho (art. 17 do Decreto 10.854/2021).

Cabe ao Ministério do Trabalho e Previdência definir os critérios para criação e manutenção de Gerências Regionais do Trabalho e Agências Regionais do Trabalho das Superintendências Regionais do Trabalho, observado o quantitativo de unidades previsto na estrutura organizacional, de modo a considerar os aspectos indicados no art. 185 do Decreto 10.854/2021.

A Portaria 548/2021 do Ministério do Trabalho e Previdência consolida disposições sobre assuntos de organização administrativa relativos às unidades vinculadas ao Ministério do Trabalho e Previdência no que concerne a: I – localização das Gerências Regionais do Trabalho e das Agências Regionais do Trabalho das Superintendências Regionais do Trabalho, com as respectivas vinculações administrativas; II – definição de critérios para a alocação de Gerências Regionais do Trabalho e de Agências Regionais do Trabalho das Superintendências Regionais do Trabalho.

O art. 628, *caput*, da CLT revela, ainda, que a fiscalização do trabalho é uma atividade administrativa vinculada, a ser exercida de acordo com o princípio da legalidade (art. 37, *caput*, da Constituição da República).

A inspeção federal do trabalho, no entanto, tem por incumbência não apenas sancionar as violações das normas de proteção do trabalho, mas também orientar a respeito do cumprimento da legislação trabalhista, prevenir infrações e regularizar as condutas passíveis de correção.

Como se observa do art. 627-A da CLT (acrescentado pela Medida Provisória 2.164-41/2001), pode ser instaurado procedimento especial de ação fiscal, *objetivando a orientação sobre o cumprimento das leis de proteção ao trabalho, bem como a prevenção e o saneamento de infrações* mediante Termo de Compromisso.

A inspeção do trabalho será promovida em todas as empresas, estabelecimentos e locais de trabalho, públicos ou privados, estendendo-se aos profissionais liberais e instituições sem fins lucrativos, bem como às embarcações estrangeiras em águas territoriais brasileiras (art. 9.º do Regulamento da Inspeção do Trabalho – Decreto 4.552/2002).

O Regulamento da Inspeção do Trabalho (Decreto 4.552, de 27 de dezembro de 2002), no art. 18, estabelece a competência dos Auditores-Fiscais do Trabalho.

Frise-se ainda que, conforme o art. 26 da Lei de Introdução às Normas do Direito Brasileiro, incluído pela Lei 13.655/2018, para eliminar irregularidade, incerteza jurídica ou situação contenciosa na aplicação do Direito Público, inclusive no caso de expedição de licença, a *autoridade administrativa* pode, após oitiva do órgão jurídico e, quando for o caso, após realização de consulta pública, e presentes razões de relevante interesse geral, *celebrar compromisso com os interessados*, observada a legislação aplicável, o qual só deve produzir efeitos a partir de sua publicação oficial.

Embora esse dispositivo mencione Direito Público, é possível entender que a sua previsão também se aplica, pelas mesmas razões indicadas, às *normas de ordem pública*.

O referido *compromisso*: deve buscar solução jurídica proporcional, equânime, eficiente e compatível com os interesses gerais; não pode conferir desoneração permanente de dever ou condicionamento de direito reconhecidos por orientação geral; deve prever com clareza as obrigações das partes, o prazo para seu cumprimento e as sanções aplicáveis em caso de descumprimento.

A decisão do processo, nas esferas administrativa, controladora ou judicial, pode impor *compensação* por benefícios indevidos ou prejuízos anormais ou injustos resultantes do processo ou da conduta dos envolvidos (art. 27 da Lei de Introdução às Normas do Direito Brasileiro, acrescentado pela Lei 13.655/2018). A *decisão sobre a compensação* deve ser *motivada*, ouvidas previamente as partes sobre seu cabimento, sua forma e, se for o caso, seu valor. Para prevenir ou regular a compensação, pode ser celebrado *compromisso processual* entre os envolvidos.

A Instrução Normativa 2/2021 do Ministério do Trabalho e Previdência dispõe sobre os procedimentos a serem observados pelos Auditores-Fiscais do Trabalho no que se refere a: I – fiscalização do registro de empregados; II – fiscalização indireta; III – fiscalização do pagamento de salário; IV – fiscalização em microempresa e empresas de pequeno porte; V – trabalho em condição análoga à de escravo; VI – fiscalização do trabalho infantil e do adolescente trabalhador; VII – fiscalização do cumprimento das normas relativas à aprendizagem profissional; VIII – fiscalização da inclusão no trabalho das pessoas com deficiência e beneficiários da Previdência Social reabilitados; IX – fiscalização das normas de proteção ao trabalho doméstico; X – fiscalização do trabalho rural; XI – fiscalização do trabalho temporário; XII – fiscalização da prestação de serviços a terceiros; XIII – fiscalização do trabalho de regime de turnos ininterruptos de revezamento; XIV – procedimento especial para a ação fiscal; XV – fiscalização do trabalho portuário e aquaviário; XVI – análise de acidentes de trabalho; XVII – avaliação das concentrações de benzeno em ambientes de trabalho; XVIII – procedimento de apreensão, guarda e devolução de materiais, livros, papéis, arquivos, documentos e assemelhados de empregadores, no curso da ação fiscal; XIX – cumprimento do Programa de Alimentação do Trabalhador; XX – fiscalização do Fundo de Garantia do Tempo de Serviço (FGTS) e da contribuição social.

A Instrução Normativa 3/2021 do Ministério do Trabalho e Previdência dispõe sobre os procedimentos a serem observados pelos Auditores-Fiscais do Trabalho no que se refere a: I – concessão de indenização de transporte; II – concessão de afastamento para a realização de ação de desenvolvimento por Auditor-Fiscal do Trabalho; III – monitoramento e controle do desempenho individual, da execução de atividades e projetos e do desempenho das unidades descentralizadas de inspeção do trabalho como instrumento de gestão.

Como se pode notar, a fiscalização das condições de trabalho, ainda que atividade estatal, **não possui natureza jurisdicional**, mas sim administrativa. Portanto, a garantia constitucional do controle jurisdicional estará franqueada àquele que sofrer lesão ou ameaça de lesão a direito (CF/1988, art. 5.º, inciso XXXV).

O direito à tutela jurisdicional, não obstante, não afasta o **poder-dever** da Administração Pública de fiscalizar o cumprimento das normas de proteção do trabalho (CLT, art. 626).

Mesmo sendo o fato - no caso, a própria existência de contrato de trabalho - objeto de controvérsia entre a Administração Pública e o particular, aquela pode e tem o dever de aplicar, no âmbito administrativo, as normas pertinentes. Ou seja, a lavratura de auto de infração, por exemplo, fundado em ausência de registro do empregado, é atividade administrativa, em princípio, lícita e possível, ainda que o particular discorde da conclusão nele lançada.

A competência da Justiça do Trabalho para reconhecer a relação de emprego, prevista no art. 114 da Constituição Federal de 1988, refere-se ao exercício de atividade jurisdicional por esse ramo do Poder Judiciário. Como a atividade da inspeção do trabalho não é jurisdicional, este dispositivo (que regula distribuição de jurisdição) a ela não se contrapõe.

Se ao Auditor-Fiscal do Trabalho incumbe "a fiscalização do fiel cumprimento das normas de proteção do trabalho" (CLT, art. 626), detectando a existência de contrato de trabalho sem a observância de regras essenciais (como o registro e a anotação na CTPS), cabe a este agente estatal aplicar as sanções previstas em lei para a hipótese. Trata-se de poder-dever, a ser exercido por meio de atividade administrativa vinculada (art. 628, *caput*, da CLT)[3].

Diante da lavratura de auto de infração pelo agente de inspeção do trabalho, ou de ato administrativo proferido, caso o autuado ou o particular discorde da conclusão nele lançada, terá o direito à ampla defesa não só na via administrativa (CF/1988, art. 5.º, inciso LV, e CLT, arts. 629, § 3.º, 632, 633, 635 e seguintes da CLT), mas será resguardado o acesso ao Poder Judiciário, podendo discutir, no âmbito jurisdicional, a legalidade do ato administrativo praticado.

A própria multa administrativa, decorrente de autuação por infração de normas de proteção do trabalho (CLT, art. 634), quando não paga pelo infrator, também é objeto de cobrança judicial, após inscrição na Dívida Ativa da União (CLT, art. 642).

---

3. "Possibilidade de o auditor-fiscal do trabalho reconhecer a configuração de vínculo empregatício após a constatação de irregularidade na contratação de trabalhadores. Inocorrência de invasão de competência da Justiça do Trabalho. A fiscalização do fiel cumprimento das normas de proteção ao trabalho (CLT, art. 626) cabe ao auditor-fiscal do trabalho ou às autoridades que exerçam funções delegadas, sob pena de responsabilidade administrativa (CLT, art. 628). Assim, esse servidor público, ao lavrar o auto de infração, nada mais fez do que agir em conformidade e dentro dos limites legais que lhe atribuem competência quando verificada a infração à legislação trabalhista. Ademais, a jurisprudência desta Corte Superior firmou o entendimento de que o Auditor-Fiscal possui competência não somente para constatar violações dos direitos trabalhistas, mas também para verificar a própria existência da relação de emprego. Precedentes. Recurso de revista não conhecido" (TST, 3.ª T., RR-2611400-27.2009.5.09.0004, Rel. Min. Alexandre de Souza Agra Belmonte, *DEJT* 28.10.2016). Cf. ainda TST, 3.ª T., AIRR-927-22.2013.5.04.0018, Rel. Min. Mauricio Godinho Delgado, *DEJT* 25.11.2016.

Tendo em vista a Emenda Constitucional 45/2004, a Justiça do Trabalho passou a ter competência para processar e julgar: "as ações relativas às penalidades administrativas impostas aos empregadores pelos órgãos de fiscalização das relações de trabalho" (art. 114, inciso VII, da CF/1988), bem como "os mandados de segurança, *habeas corpus* e *habeas data*, quando o ato questionado envolver matéria sujeita à sua jurisdição" (art. 114, inciso IV). Assim, pode-se entender incluída nessa competência a própria execução fiscal, para cobrança das referidas penalidades, tendo em vista a sua natureza de ação.

26.3 CARREIRA, ATRIBUIÇÕES, IDENTIFICAÇÃO E PODERES

A Convenção 81 da Organização Internacional do Trabalho, de 1947, sobre inspeção do trabalho, aprovada pelo Decreto Legislativo 24/1956, promulgada por ato do Poder Executivo federal e consolidada pelo Decreto 10.088/2019, no art. 6.º, dispõe que *o pessoal da inspeção* deve ser composto de funcionários públicos sujo estatuto e condições de serviços lhes assegurem a estabilidade nos seus empregos e os tornem independentes de qualquer mudança de governo ou de qualquer influência externa indevida.

Logo, os Auditores-Fiscais do Trabalho, que exercem a inspeção do trabalho, devem ser servidores nomeados para cargo de provimento efetivo em virtude de concurso público (art. 41 da Constituição Federal de 1988).

De acordo com o art. 2.º do Regulamento da Inspeção do Trabalho (Decreto 4.552/2002), compõem o **Sistema Federal de Inspeção do Trabalho**:

a) Autoridades de direção nacional, regional ou local (aquelas indicadas em leis, regulamentos e demais atos atinentes à estrutura administrativa do Ministério do Trabalho);

b) Auditores-Fiscais do Trabalho (redação determinada pelo Decreto 4.870, de 30 de outubro de 2003);

c) Agentes de Higiene e Segurança do Trabalho, em funções auxiliares de inspeção do trabalho.

Os ocupantes do cargo de Auditor-Fiscal do Trabalho têm por atribuições assegurar, em todo o território nacional:

a) o cumprimento de disposições legais e regulamentares, inclusive as relacionadas à segurança e à medicina do trabalho, no âmbito das relações de trabalho e de emprego;

b) a verificação dos registros em Carteira de Trabalho e Previdência Social – CTPS, visando à redução dos índices de informalidade;

c) a verificação do recolhimento e a constituição e o lançamento dos créditos referentes ao Fundo de Garantia do Tempo de Serviço (FGTS) e à contribuição social de que trata o art. 1.º da Lei Complementar 110/2001, objetivando maximizar os índices de arrecadação;

d) o cumprimento de acordos, convenções e contratos coletivos de trabalho celebrados entre empregados e empregadores;

e) o respeito aos acordos, tratados e convenções internacionais dos quais o Brasil seja signatário;

f) a lavratura de auto de apreensão e guarda de documentos, materiais, livros e assemelhados, para verificação da existência de fraude e irregularidades, bem como o exame da contabilidade das empresas;

g) a verificação do recolhimento e a constituição e o lançamento dos créditos decorrentes da cota-parte da contribuição sindical urbana e rural (art. 11 da Lei 10.593/2002).

Cabe ao Poder Executivo regulamentar as atribuições privativas previstas acima, podendo cometer aos ocupantes do cargo de Auditor-Fiscal do Trabalho outras atribuições, desde que compatíveis com atividades de auditoria e fiscalização (art. 11, § 1.º, da Lei 10.593/2002, com redação dada pela Lei 13.464/2017).

Os ocupantes do cargo de Auditor-Fiscal do Trabalho, no exercício das mencionadas atribuições, são autoridades trabalhistas (art. 11, § 2.º, da Lei 10.593/2002, incluído pela Lei 13.464/2017).

A Portaria 547/2021 do Ministério do Trabalho e Previdência disciplina a forma de atuação da inspeção do trabalho, em especial: I – o planejamento e a execução das ações da inspeção do trabalho; II – a constituição e o funcionamento dos grupos especiais de fiscalização móvel; III – o funcionamento da Escola Nacional da Inspeção do Trabalho; IV – a identidade visual da inspeção do trabalho; V – a identificação funcional dos Auditores-Fiscais do Trabalho; VI – a credencial de identificação funcional dos Agentes de Higiene e Segurança do Trabalho; VII – os modelos de formulário de auto de infração de notificação de débitos de Fundo de Garantia do Tempo de Serviço (FGTS); VIII – os protocolos de segurança e o procedimento especial de segurança institucional; IX – as atividades incompatíveis com as atribuições do cargo de Auditor-Fiscal do Trabalho.

Todo agente da inspeção deve exercer as atribuições do seu cargo exibindo a carteira de identidade fiscal, devidamente autenticada, fornecida pela autoridade competente, como se interpreta da disposição do art. 630 da CLT.

Cabe à Subsecretaria de Inspeção do Trabalho da Secretaria de Trabalho do Ministério do Trabalho e Previdência a expedição da Carteira de Identidade Fiscal da Auditoria-Fiscal do Trabalho e o gerenciamento dos processos relativos à identificação fiscal (art. 59 da Portaria 547/2021 do Ministério do Trabalho e Previdência).

O Auditor-Fiscal do Trabalho, em exercício de atividade administrativa, de natureza vinculada, exerce poderes-deveres, o que necessita ser feito dentro dos limites da lei, sob pena de incidir em abuso ou desvio de poder.

De acordo com o art. 630, § 3.º, da CLT, o agente da inspeção tem livre acesso a todas as dependências dos estabelecimentos sujeitos ao regime da legislação trabalhista.

As empresas, por seus dirigentes ou prepostos, são obrigadas a prestar ao Auditor-Fiscal do Trabalho os esclarecimentos necessários ao desempenho de suas atribuições legais e a exibir-lhe, quando exigidos, quaisquer documentos que digam respeito ao fiel cumprimento das normas de proteção ao trabalho.

Os documentos sujeitos à inspeção devem permanecer, sob as penas da lei, nos locais de trabalho, somente se admitindo, por exceção, a critério da autoridade competente, sejam eles apresentados em dia e hora previamente fixados pelo agente da inspeção (art. 630, § 4.º, da CLT).

Conforme o art. 2.º do Decreto 9.094/2017, com redação dada pelo Decreto 10.279/2020, exceto se houver disposição legal em contrário, os órgãos e as entidades do Poder Executivo federal que necessitarem de documentos comprobatórios de regularidade da situação de usuários dos serviços públicos, de atestados, de certidões ou de outros documentos comprobatórios que constem em base de dados oficial da administração pública federal deverão obtê-los diretamente do órgão ou da entidade responsável pela base de dados, nos termos do disposto no Decreto 10.046/2019 (o qual dispõe sobre a governança no compartilhamento de dados no âmbito da administração pública federal), e não poderão exigi-los dos usuários dos serviços públicos.

A Lei 13.726/2018 racionaliza atos e procedimentos administrativos dos Poderes da União, dos Estados, do Distrito Federal e dos Municípios mediante a supressão ou a simplificação de formalidades ou exigências desnecessárias ou superpostas, cujo custo econômico ou social, tanto para o erário como para o cidadão, seja superior ao eventual risco de fraude, e institui o selo de desburocratização e simplificação.

Os órgãos e entidades integrantes de Poder da União, de Estado, do Distrito Federal ou de Município não podem exigir do cidadão a apresentação de certidão ou documento expedido por outro órgão ou entidade do mesmo Poder, ressalvadas as seguintes hipóteses: I – certidão de antecedentes criminais; II – informações sobre pessoa jurídica; III – outras expressamente previstas em lei (art. 3.º, § 3.º, da Lei 13.726/2018).

No território do exercício de sua função, o agente da inspeção goza de passe livre nas empresas de transportes, públicas ou privadas, mediante a apresentação da carteira de identidade fiscal (art. 630, § 5.º, da CLT).

A inobservância do disposto nos §§ 3.º a 5.º do art. 630 da CLT configura resistência ou embaraço à fiscalização e justificará a lavratura do respectivo auto de infração, cominada a multa administrativa prevista no § 6.º, levando-se em conta, além das circunstâncias atenuantes ou agravantes, a situação econômico-financeira do infrator e os meios a seu alcance para cumprir a lei.

As autoridades policiais, quando solicitadas, devem prestar aos agentes da inspeção a assistência de que necessitarem para o fiel cumprimento de suas atribuições legais (art. 630, § 8.º, da CLT).

Qualquer funcionário público federal, estadual ou municipal, ou representante legal de associação sindical, poderá comunicar à autoridade competente do Ministério do Trabalho as infrações que verificar (art. 631 da CLT).

De posse dessa comunicação, a autoridade competente deve proceder, desde logo, às necessárias diligências, lavrando os autos de infração cabíveis (art. 631, parágrafo único, da CLT).

A Convenção 148 da OIT, de 1977, promulgada pelo Decreto 93.413/1986 (atualmente Decreto 10.088/2019), sobre proteção dos trabalhadores contra riscos profissionais devidos à contaminação do ar, ao ruído e às vibrações no local de trabalho, estabelece, em seu art. 5.º, item 4: "Os representantes do empregador e os representantes dos trabalhadores da empresa deverão ter a possibilidade de acompanhar os agentes de inspeção no controle da aplicação das medidas prescritas de acordo com a presente Convenção, a menos que os agentes de inspeção julguem, à luz das diretrizes gerais da autoridade competente, que isso possa prejudicar a eficácia de seu controle".

26.4 DUPLA VISITA

Com a finalidade de promover a instrução dos responsáveis no cumprimento das leis de proteção do trabalho, a fiscalização deve observar o critério de dupla visita nos seguintes casos (art. 627 da CLT):

a) quando ocorrer promulgação ou expedição de novas leis, regulamentos ou instruções ministeriais, sendo que, com relação exclusivamente a esses atos, será feita apenas a instrução dos responsáveis;

b) realizando-se a primeira inspeção dos estabelecimentos ou dos locais de trabalho, recentemente inaugurados ou empreendidos.

A Lei 7.855, de 24 de outubro de 1989, no art. 6.º, § 3.º, acrescentou que deve ser observado o critério de dupla visita nas empresas com até 10 empregados, salvo quando for constatada infração por falta de registro de empregado, anotação de sua Carteira de Trabalho e Previdência Social e na ocorrência de fraude, resistência ou embaraço à fiscalização.

Na empresa que for autuada depois de se ter obedecido ao disposto acima, não será mais observado o critério da dupla visita em relação ao dispositivo infringido (art. 6.º, § 4.º, da Lei 7.855/1989).

A Lei Complementar 123 (Estatuto Nacional da Microempresa e da Empresa de Pequeno Porte), de 14 de dezembro de 2006, no art. 55, *caput*, prevê que a fiscalização, no que se refere aos aspectos trabalhista, metrológico (ou seja, relativo a pesos e medidas), sanitário, ambiental, de segurança, de relações de consumo e de uso e ocupação do solo das microempresas e das empresas de pequeno porte, deverá ser prioritariamente orientadora quando a atividade ou situação, por sua natureza, comportar grau de risco compatível com esse procedimento. Para as microempresas e empresas de pequeno porte, deve ser observado o critério de dupla visita para lavratura de autos de infração, salvo quando for constatada infração por falta de registro de empregado ou anotação da Carteira de Trabalho e Previdência Social – CTPS, ou, ainda, na ocorrência de reincidência, fraude, resistência ou embaraço à fiscalização (art. 55, § 1.º, da Lei Complementar 123/2006).

Cabe aos órgãos e entidades competentes definir as atividades e situações cujo grau de risco seja considerado alto, as quais não se sujeitam ao disposto no art. 55 da Lei Complementar 123/2006 (art. 55, § 3.º, da Lei Complementar 123/2006).

Nesse contexto, os arts. 309 e 310 da Portaria 671/2021 do Ministério do Trabalho e Previdência estabelecem as situações que, por sua natureza, não sujeitam as microempresas e empresas de pequeno porte à fiscalização prioritariamente orientadora, prevista no art. 55 da Lei Complementar 123/2006.

Sendo assim, o benefício da dupla visita não será aplicado quando constatado trabalho em condições análogas às de escravo ou trabalho infantil, bem como para as infrações relacionadas a:

> I – atraso no pagamento de salário;
>
> II – acidente de trabalho, no que tange aos fatores diretamente relacionados ao evento, com consequência: a) significativa: lesão à integridade física ou à saúde, que implique em incapacidade temporária por prazo superior a 15 dias; b) severa: que prejudique a integridade física ou a saúde, que provoque lesão ou sequela permanentes; ou c) fatal;
>
> III – risco grave e iminente à segurança e saúde do trabalhador, conforme irregularidades indicadas em relatório técnico, nos termos da Norma Regulamentadora 3, aprovada pela Portaria 1.068/2019;
>
> IV – descumprimento de embargo ou interdição (art. 310 da Portaria 671/2021 do Ministério do Trabalho e Previdência).

O § 2.º do art. 47 da CLT, acrescentado pela Lei 13.467/2017, dispõe que a infração relativa ao empregador que mantiver empregado não registrado constitui exceção à dupla visita.

A infração de que trata o art. 29-A da CLT, sobre anotação da data de admissão, da remuneração e das condições especiais, se houver, na CTPS do empregado pelo empregador, constitui exceção ao critério da dupla visita (art. 29-A, § 2.º, da CLT, incluído pela Lei 14.438/2022).

26.5 AUTUAÇÃO, LIVRO DE INSPEÇÃO DO TRABALHO E DOMICÍLIO ELETRÔNICO TRABALHISTA

Salvo a hipótese de dupla visita (art. 627 da CLT) e o caso do art. 627-A da CLT (acrescentado pela Medida Provisória 2.164-41/2001), a toda verificação em que o agente da inspeção concluir pela existência de violação de preceito legal deve corresponder, sob pena de responsabilidade administrativa, a lavratura de auto de infração (art. 628 da CLT).

Ficam as empresas obrigadas a possuir o livro intitulado "Inspeção do Trabalho", cujo modelo será aprovado por portaria ministerial (art. 628, § 1.º, da CLT).

As microempresas e as empresas de pequeno porte estão dispensadas de ter o referido livro de inspeção do trabalho, conforme prevê o art. 51, inciso IV, da Lei Complementar 123/2006.

No livro de inspeção, o Auditor-Fiscal do Trabalho registra a sua visita ao estabelecimento, declarando a data e a hora do início e término, bem como o resultado da inspeção, nele consignando, se for o caso, todas as irregularidades verificadas e as exigências feitas, com os respectivos prazos para seu atendimento, e, ainda, de modo legível, os elementos de sua identificação funcional (art. 628, § 2.º, da CLT).

O livro inspeção do trabalho, de que trata o art. 628, § 1.º, da CLT, será adotado em formato eletrônico como uma das funcionalidades do domicílio eletrônico trabalhista (DET), em substituição ao livro impresso, e passará a ser denominado livro de inspeção do trabalho eletrônico – eLIT (art. 14 do Decreto 10.854/2021, com redação dada pelo Decreto 11.905/2024).

Fica instituído o domicílio eletrônico trabalhista, regulamentado pelo Ministério do Trabalho e Previdência, destinado a: I – cientificar o empregador de quaisquer atos administrativos, ações fiscais, intimações e avisos em geral; II – receber, por parte do empregador, documentação eletrônica exigida no curso das ações fiscais ou apresentação de defesa e recurso no âmbito de processos administrativos (art. 628-A da CLT, incluído pela Lei 14.261/2021).

As comunicações eletrônicas realizadas pelo domicílio eletrônico trabalhista dispensam a sua publicação no Diário Oficial da União e o envio por via postal e são consideradas pessoais para todos os efeitos legais (art. 628-A, § 1.º, da CLT, incluído pela Lei 14.261/2021).

A ciência por meio do sistema de comunicação eletrônica, com utilização de certificação digital ou de código de acesso, possui os requisitos de validade (art. 628-A, § 2.º, da CLT, incluído pela Lei 14.261/2021).

A referida previsão é similar à sistemática do domicílio tributário eletrônico. Nesse contexto, no âmbito do processo administrativo fiscal, os atos e termos processuais podem ser formalizados, tramitados, comunicados e transmitidos em formato digital, conforme disciplinado em ato da administração tributária (art. 2.º, parágrafo único, do Decreto 70.235/1972, com redação dada pela Lei 12.865/2013).

O domicílio eletrônico trabalhista (DET) é aplicado a todos aqueles sujeitos à inspeção do trabalho, que tenham ou não empregado (art. 11, § 1.º, do Decreto 10.854/2021, com redação dada pelo Decreto 11.905/2024).

O acesso ao domicílio eletrônico trabalhista ocorrerá com a utilização de certificado digital, código de acesso ou autenticação por sistema oficial (art. 11, § 4.º, do Decreto 10.854/2021, incluído pelo Decreto 11.905/2024).

A ciência das comunicações eletrônicas será verificada automaticamente por meio do domicílio eletrônico trabalhista, e a ausência de consulta das comunicações eletrônicas por parte do empregador, no prazo regulamentar, configurará ciência tácita (art. 11, § 5.º, do Decreto 10.854/2021, incluído pelo Decreto 11.905/2024).

A ciência das comunicações eletrônicas dos empregadores que não aderirem ao domicílio eletrônico trabalhista será presumida (art. 11, § 6.º, do Decreto 10.854/2021, incluído pelo Decreto 11.905/2024).

São princípios do domicílio eletrônico trabalhista: I – presunção de boa-fé; II – racionalização e simplificação do cumprimento das obrigações trabalhistas e das obrigações não tributárias impostas pela legislação previdenciária; III – eliminação de formalidades e exigências desnecessárias ou superpostas; IV – padronização de procedimentos e transparência; V – conformidade com a legislação trabalhista e previdenciária, inclusive quanto às normas de segurança e saúde do trabalhador (art. 13 do Decreto 10.854/2021, com redação dada pelo Decreto 11.905/2024).

O domicílio eletrônico trabalhista será regulamentado e disponibilizado gratuitamente pelo Ministério do Trabalho e Emprego (art. 15 do Decreto 10.854/2021, com redação dada pelo Decreto 11.905/2024). As funcionalidades do domicílio eletrônico trabalhista serão implementadas de forma gradual, conforme cronograma estabelecido pelo Ministério do Trabalho e Emprego.

O auto de infração deve ser lavrado em duplicata, nos termos dos modelos e instruções expedidos, sendo uma via entregue ao infrator, contra recibo, ou a ele enviada, dentro de 10 dias da lavratura, sob pena de responsabilidade, em registro postal, com franquia e recibo de volta (art. 629 da CLT).

O auto não terá o seu valor probante condicionado à assinatura do infrator ou de testemunhas, e será lavrado no local da inspeção, salvo havendo motivo justificado que será declarado no próprio auto, quando então deverá ser lavrado no prazo de 24 horas, sob pena de responsabilidade (art. 629, § 1.º, da CLT).

Lavrado o auto de infração, não pode ser inutilizado, nem sustado o curso do respectivo processo, devendo o agente da inspeção apresentá-lo à autoridade competente, mesmo se incidir em erro (art. 629, § 2.º, da CLT).

O infrator terá, para apresentar defesa, o prazo de 10 dias, contados do recebimento do auto (art. 629, § 3.º, da CLT).

O auto de infração deve ser registrado com a indicação sumária de seus elementos característicos, em livro próprio que deve existir em cada órgão fiscalizador, de modo a assegurar o controle do seu processamento (art. 629, § 4.º, da CLT).

26.6 PROCESSO ADMINISTRATIVO E MULTA NA FISCALIZAÇÃO DO TRABALHO

Após a autuação, como já mencionado, o autuado pode apresentar **defesa** no prazo de 10 dias (art. 629, § 3.º, da CLT).

Além disso, o autuado pode requerer a audiência de testemunhas e as diligências que lhe parecerem necessárias para a elucidação do processo, cabendo, porém, à autoridade, julgar da necessidade de tais provas (art. 632 da CLT).

A imposição das multas incumbe (na falta de disposição especial) às autoridades regionais competentes em matéria de trabalho, ou seja, ao Delegado Regional do Trabalho (art. 634 da CLT), atualmente denominado Superintendente Regional do Trabalho.

A aplicação da multa não eximirá o infrator da responsabilidade em que incorrer por infração das leis penais (art. 634, § 1.º, da CLT).

Os valores das multas administrativas expressos em moeda corrente serão *reajustados anualmente* pela Taxa Referencial (TR), divulgada pelo Banco Central do Brasil, ou pelo índice que vier a substituí-lo (art. 634, § 2.º, da CLT, incluído pela Lei 13.467/2017).

As multas previstas na legislação trabalhista devem ser, quando for o caso, e sem prejuízo das demais cominações legais, agravadas até o grau máximo, nos casos de artifício, ardil, simulação, desacato, embaraço ou resistência à ação fiscal, levando-se em conta, além das circunstâncias atenuantes ou agravantes, a situação econômico-financeira do infrator e os meios a seu alcance para cumprir a lei (art. 5.º da Lei 7.855/1989).

Não será considerado reincidente o empregador que não for novamente autuado por infração do mesmo dispositivo, decorridos dois anos da imposição da penalidade.

Incumbe exclusivamente à autoridade máxima regional em matéria de inspeção do trabalho a aplicação de multas, na forma prevista no art. 634 da CLT, e em ato do Ministro de Estado do Trabalho e Previdência (art. 20 do Decreto 10.854/2021).

A análise de defesa administrativa, sempre que os meios técnicos permitirem, deve ser feita em unidade federativa diferente daquela onde tiver sido lavrado o auto de infração. O sistema de distribuição aleatória de processos para análise, decisão e aplicação de multas será disciplinado na forma estabelecida em ato do Ministro de Estado do Trabalho e Previdência.

O auto de infração lavrado pelo Auditor-Fiscal do Trabalho deve indicar expressamente os dispositivos legais e infralegais ou as cláusulas de instrumentos coletivos que houverem sido infringidos (art. 21 do Decreto 10.854/2021). Serão nulos os autos de infração ou as decisões de autoridades que não observarem essa disposição, independentemente da natureza principal ou acessória da obrigação.

É vedado ao Auditor-Fiscal do Trabalho determinar o cumprimento de exigências que constem apenas de manuais, notas técnicas, ofícios circulares ou atos congêneres (art. 22 do Decreto 10.854/2021). A não observância dessa disposição pode ensejar a apuração de responsabilidade administrativa do Auditor-Fiscal do Trabalho, nos termos do disposto nos arts. 121 (responsabilidade do servidor) e 143 da Lei 8.112/1990 (sindicância ou processo administrativo disciplinar), conforme art. 23 do Decreto 10.854/2021.

A Portaria 667/2021 do Ministério do Trabalho e Previdência dispõe sobre os seguintes temas: I – a organização e a tramitação dos processos administrativos de auto de infração e de notificação de débito do Fundo de Garantia do Tempo de Serviço (FGTS) e da contribuição social, na forma estabelecida pelo Título VII da CLT; II – o sistema eletrônico de processo administrativo trabalhista para o trâmite de autos de infração e de notificações de débito do FGTS e da contribuição social e a prática de atos processuais eletrônicos; III – a imposição de multas administrativas previstas na legislação trabalhista; IV – a emissão da certidão de débitos trabalhistas; V – o procedimento para autorização do saque de FGTS pelo empregador, quando recolhido a empregados não optantes; VI – os procedimentos administrativos de oferta de vista e cópia e de verificação anual dos processos físicos.

A Instrução Normativa 1/2021 do Ministério do Trabalho e Previdência dispõe sobre os seguintes temas: I – atividade de análise de processos administrativos no âmbito das unidades regionais de multas e recursos e da Coordenação-Geral de Recursos da Secretaria de Trabalho do Ministério do Trabalho e Previdência; II – organização, tramitação e restauração dos processos administrativos decorrentes da lavratura de auto de infração trabalhista e da notificação de débito de Fundo de Garantia do Tempo de Serviço (FGTS) e da contribuição social que tramitam em meio físico ou eletrônico.

26.6.1 Recurso administrativo

De toda decisão que impuser multa por infração das leis e disposições reguladoras do trabalho, e não havendo forma especial de processo, caberá recurso para a Secretaria de Inspeção do Trabalho/Coordenação de Análise de Recursos (do Ministério do Trabalho), que é competente nessa matéria (art. 635 da CLT).

As decisões devem ser sempre fundamentadas (art. 635, parágrafo único, da CLT).

Os recursos devem ser interpostos no prazo de 10 dias, contados do recebimento da notificação, perante autoridade que houver imposto a multa, a qual, depois de os informar, encaminhá-los-á à autoridade de instância superior (art. 636 da CLT).

De acordo com o § 1.º do art. 636 da CLT: "O recurso só terá seguimento se o interessado o instruir com a prova do depósito da multa".

Anteriormente, verificava-se controvérsia quanto à recepção dessa previsão pela Constituição Federal de 1988.

Prevaleceu, na atualidade, o entendimento de que a exigência do mencionado depósito, como requisito para o processamento do recurso administrativo, afronta a garantia constitucional da "ampla defesa, com os meios e recursos a ela inerentes", a qual é expressamente estabelecida também para os processos administrativos, conforme o art. 5.º, inciso LV, da Constituição da República.

No entanto, anteriormente, havia corrente defendendo que a mencionada previsão não afrontaria a Constituição Federal de 1988, por caber justamente à lei regular o direito à ampla defesa, como forma de estabelecer o regime jurídico da garantia fundamental em questão.

Frise-se que o Plenário do Supremo Tribunal Federal declarou não ser constitucional a exigência de depósito prévio em recursos administrativos. Por maioria, os ministros acompanharam o voto do Rel. Min. Marco Aurélio, para quem o "depósito inviabiliza o direito de defesa do recorrente". Essa foi a decisão do julgamento conjunto dos Recursos Extraordinários 388.359, 389.383, 390.513, declarando inconstitucionais os §§ 1.º e 2.º, do art. 126 da Lei 8.213/1991, com a redação determinada pela Lei 9.639/1998[4]. Mesmo assim, já havia entendimento de que, por coerência, a tendência no STF seria de aplicação da mesma orientação quanto aos demais recursos administrativos.

Nessa linha, o STF aprovou a Súmula Vinculante 21, com a seguinte redação: "É inconstitucional a exigência de depósito ou arrolamento prévios de dinheiro ou bens para admissibilidade de recurso administrativo".

Desse modo, como a referida súmula vinculante não faz distinção, entende-se que se aplica também no caso do recurso administrativo relativo à multa aplicada pela fiscalização do trabalho, afastando, com isso, a exigência do art. 636, § 1.º, da CLT.

4. A Medida Provisória 413, de 3 de janeiro de 2008, no art. 19, inciso I, revogou os §§ 1.º e 2.º do art. 126 da Lei 8.213/1991. De acordo com o Ato Declaratório Interpretativo SRF 21, de 24 de janeiro de 2008: "Artigo único. A não exigência do depósito para seguimento do recurso voluntário das contribuições previdenciárias aplica-se aos processos cujo exame de admissibilidade se encontrava pendente em 3 de janeiro de 2008". A Lei 11.727, de 23.06.2008, no art. 42, inciso I, dispõe que ficam revogados a partir da data da publicação da Medida Provisória 413, de 3 de janeiro de 2008, os §§ 1.º e 2.º do art. 126 da Lei 8.213, de 24 de julho de 1991.

Nesse mesmo sentido, o Tribunal Superior do Trabalho aprovou a Súmula 424, com a seguinte redação:

> "Recurso administrativo. Pressuposto de admissibilidade. Depósito prévio da multa administrativa. Não recepção pela Constituição Federal do § 1.º do art. 636 da CLT. O § 1.º do art. 636 da CLT, que estabelece a exigência de prova do depósito prévio do valor da multa cominada em razão de autuação administrativa como pressuposto de admissibilidade de recurso administrativo, não foi recepcionado pela Constituição Federal de 1988, ante a sua incompatibilidade com o inciso LV do art. 5.º".

As autoridades prolatoras de decisões, em processos de infração das leis de proteção ao trabalho, que impliquem arquivamento destes, observado o dever de fundamentar todas as decisões (parágrafo único do art. 635 da CLT), deverão "recorrer de ofício para a autoridade competente de instância superior" (art. 637 da CLT).

Faculta-se ao Ministro do Trabalho avocar ao seu exame e decisão, dentro de 90 dias do despacho final do assunto, ou no curso do processo, as questões referentes à fiscalização dos preceitos estabelecidos na CLT (art. 638).

Se o recurso não for provido, o depósito deve ser convertido em pagamento (art. 639 da CLT).

Faculta-se às Delegacias Regionais do Trabalho (atualmente denominadas Superintendências Regionais do Trabalho), na conformidade de instruções expedidas pelo Ministro de Estado, promover a cobrança amigável das multas antes do encaminhamento dos processos à cobrança executiva (art. 640 da CLT).

Na atualidade, a Lei 13.140/2015 disciplina, ainda, a autocomposição de conflitos em que for parte pessoa jurídica de direito público.

Nesse sentido, a União, os Estados, o Distrito Federal e os Municípios podem criar câmaras de prevenção e resolução administrativa de conflitos, no âmbito dos respectivos órgãos da Advocacia Pública, onde houver, com competência para: dirimir conflitos entre órgãos e entidades da administração pública; avaliar a admissibilidade dos pedidos de resolução de conflitos, por meio de composição, no caso de controvérsia entre particular e pessoa jurídica de direito público; promover, quando couber, a celebração de termo de ajustamento de conduta (art. 32 da Lei 13.140/2015).

Se o infrator não comparecer, ou não depositar a importância da multa ou penalidade, deve-se fazer a inscrição em livro especial, existente nas repartições das quais se tiver originado a multa ou penalidade, ou de onde tenha provindo a reclamação que a determinou, sendo extraída cópia autêntica dessa inscrição e enviada às autoridades competentes para a respectiva cobrança judicial, valendo tal instrumento como título de dívida líquida e certa (art. 641 da CLT).

Trata-se de execução fundada em título extrajudicial, ou seja, certidão da Dívida Ativa da União, após a sua regular inscrição.

Dessa forma, de acordo com o art. 642 da CLT, para a efetivação da cobrança, incidem a Lei de Execução Fiscal (Lei 6.830/1980) e, subsidiariamente, o Código de Processo Civil, pois a execução envolve receita da União.

A Lei 6.830/1980 dispõe sobre a cobrança judicial da dívida ativa da Fazenda Pública, sendo aplicável subsidiariamente o Código de Processo Civil.

O prazo prescricional para se exigir a pretensão de execução da multa aplicada pela fiscalização do trabalho, inscrita como dívida ativa, é de cinco anos, contados da constituição definitiva desse crédito não tributário, após o término regular do processo administrativo (art. 1.º-A da Lei 9.873/1999, incluído pela Lei 11.941/2009)[5].

Interrompe-se o prazo prescricional da ação executória: pelo despacho do juiz que ordenar a citação em execução fiscal; pelo protesto judicial; por qualquer ato judicial que constitua em mora o devedor; por qualquer ato inequívoco, ainda que extrajudicial, que importe em reconhecimento do débito pelo devedor; por qualquer ato inequívoco que importe em manifestação expressa de tentativa de solução conciliatória no âmbito interno da administração pública federal (art. 2.º-A da Lei 9.873/1999, acrescentado pela Lei 11.941/2009).

26.7 PROGRAMA DE ESTÍMULO À CONFORMIDADE NORMATIVA TRABALHISTA

Foi instituído o Programa de Estímulo à Conformidade Normativa Trabalhista – Governo Mais Legal – Trabalhista no âmbito do Ministério do Trabalho e Previdência (art. 1.º do Decreto 11.205/2022). O Governo Mais Legal – Trabalhista busca estimular cultura de confiança recíproca entre o Poder Executivo federal e os empregadores.

Compete à Subsecretaria de Inspeção do Trabalho da Secretaria de Trabalho do Ministério do Trabalho e Previdência coordenar o Governo Mais Legal – Trabalhista (art. 2.º do Decreto 11.205/2022).

São objetivos do Governo Mais Legal – Trabalhista: incentivar a observância às normas de proteção ao trabalho; reduzir os custos de conformidade para os empregadores; estimular a conduta empresarial responsável e o trabalho decente; melhorar o ambiente de negócios e o aumento da competitividade; disponibilizar informação de modo isonômico para o administrado; modernizar as ferramentas para atuação da Inspeção do Trabalho (art. 3.º do Decreto 11.205/2022).

São princípios do Governo Mais Legal – Trabalhista: boa-fé, publicidade e transparência na relação entre o Estado e o administrado; segurança jurídica; eficiência; livre concorrência (art. 4.º do Decreto 11.205/2022).

O Governo Mais Legal – Trabalhista deve ser implementado por meio: da disponibilização de serviços personalizados e preditivos (ou seja, previstos com antecedência) de indícios de irregularidades e de riscos trabalhistas com utilização de tecnologias emergentes; do acesso eletrônico a registros trabalhistas individualizados; da disponibilização de sistema para elaboração de autodiagnóstico da conformidade trabalhista pelo empregador; da consulta facilitada à legislação trabalhista; de ações coletivas de prevenção, conforme previsto no Decreto 10.854/2021; da simplificação das normas de fiscalização do trabalho, conforme previsto no Programa Permanente de Consolidação, Simplificação e Desburocratização de Normas Trabalhistas Infralegais, instituído pelo Decreto 10.854/2021; do aperfeiçoamento e do fortalecimento institucional contínuo do Sistema Federal de Inspeção do Trabalho; da execução de ações de comunicação social

5. "Execução fiscal. Multa administrativa. Prescrição quinquenal. Nos termos dos arts. 1.º do Decreto nº 20.910/32 e 1.º da Lei nº 9.873/99, a pretensão de execução de multa inscrita em dívida ativa, imposta pelo Ministério do Trabalho e decorrente de infração trabalhista, está sujeita a prazo quinquenal. A corroborar tal entendimento, o art. 1.º-A da Lei nº 9.873/99, incluído pela Lei nº 11.941/09, preceitua que, -constituído definitivamente o crédito não tributário, após o término regular do processo administrativo, prescreve em 5 (cinco) anos a ação de execução da administração pública federal relativa a crédito decorrente da aplicação de multa por infração à legislação em vigor.- Precedentes. Agravo de instrumento conhecido e desprovido" (TST, 3.ª T., AIRR - 2043-45.2011.5.10.0801, Rel. Min. Alberto Luiz Bresciani de Fontan Pereira, *DEJT* 24.05.2013).

para estimular a participação dos administrados no Governo Mais Legal – Trabalhista (art. 5.º do Decreto 11.205/2022).

Ato do Ministro de Estado do Trabalho e Previdência deve dispor sobre as etapas de desenvolvimento das políticas públicas destinadas à implementação do Governo Mais Legal – Trabalhista. O uso das ferramentas eletrônicas previstas no art. 5.º do Decreto 11.205/2022 é gratuito.

O Governo Mais Legal – Trabalhista pode adotar iniciativas destinadas a determinadas atividades ou setores econômicos, cadeias produtivas ou regiões geográficas que, conforme análise do Ministério do Trabalho e Previdência, apresentem probabilidade ou indícios de ocorrência comum de infrações (art. 6.º do Decreto 11.205/2022).

As iniciativas adotadas no âmbito do Governo Mais Legal – Trabalhista devem ser baseadas em evidências obtidas por meio de: análise de dados administrativos e estatísticos; ações de inteligência; informações obtidas em decorrência de articulação interinstitucional; avaliações qualitativas.

Os órgãos e as entidades da administração pública direta e indireta detentores ou responsáveis pela gestão de bases de dados oficiais devem disponibilizar ao Ministério do Trabalho e Previdência, nos termos do disposto no Decreto 10.046/2019 (sobre a governança no compartilhamento de dados no âmbito da administração pública federal), o acesso aos dados sob a sua gestão úteis ou necessários ao Governo Mais Legal – Trabalhista (art. 7.º do Decreto 11.205/2022).

A implementação do Governo Mais Legal – Trabalhista deve ocorrer sem prejuízo do disposto na Consolidação das Leis do Trabalho e no Regulamento da Inspeção do Trabalho, aprovado pelo Decreto 4.552/2002 (art. 8.º do Decreto 11.205/2022). Não se trata, assim, de flexibilização ou desregulamentação trabalhista.

Cabe ao Ministro de Estado do Trabalho e Previdência editar normas complementares necessárias à execução do disposto no Decreto 11.205/2022 (art. 9.º).

Capítulo **27**

PRESCRIÇÃO E DECADÊNCIA NO DIREITO DO TRABALHO

27.1 CONCEITO

A prescrição torna *inexigível* a pretensão referente ao direito subjetivo material, em razão de inércia do seu titular.

Violado o direito subjetivo, o seu titular passa a ter a *pretensão* na sua satisfação; após o prazo prescricional, essa pretensão torna-se inexigível. Nesse sentido, de acordo com o art. 189 do Código Civil de 2002: "Violado o direito, nasce para o titular a pretensão, a qual se extingue, pela prescrição".

O principal fundamento do instituto em questão refere-se à necessidade de estabilidade e segurança nas relações jurídico-sociais. A prescrição, de certo modo, também acaba penalizando a inércia do sujeito quanto à defesa de seu direito.

Mesmo sendo instituto com natureza de direito material, a prescrição, normalmente, produz os seus efeitos no âmbito processual; ou seja, a prescrição é pronunciada no curso da ação, ajuizada com pedido de satisfação do direito material (que se alega) violado.

Desse modo, de acordo com os arts. 487, inciso II, do CPC de 2015 e 269, inciso IV, do CPC de 1973, há resolução do mérito ao se decidir sobre a ocorrência de decadência ou prescrição.

27.2 PRESCRIÇÃO E DECADÊNCIA

As **ações declaratórias** não estão sujeitas, em princípio, à prescrição, e as **ações constitutivas** com prazo previsto em lei para seu ajuizamento estão sujeitas, quanto ao direito potestativo a ser exercido, à decadência[1]. A prescrição atinge a pretensão de natureza **condenatória**, a ser exercida por meio da respectiva ação judicial.

Os prazos de natureza prescricional podem ser suspensos e interrompidos (uma vez, conforme o art. 202, *caput*, do CC/2002), de acordo com o art. 11, § 3.º, da CLT e os arts. 197 a 204 do Código Civil em vigor[2], merecendo destaque, ainda, a Súmula 268

1. Cf. AMORIM FILHO, Agnelo. Critério científico para distinguir a prescrição da decadência e identificar as ações imprescritíveis. *Revista dos Tribunais*, São Paulo, RT, v. 300, p. 7-37, out. 1960.

2. De acordo com o art. 204, § 1.º, do Código Civil de 2002, a interrupção da prescrição efetuada contra o devedor solidário envolve os demais e seus herdeiros. Aplica-se essa regra no âmbito trabalhista, por exemplo, no caso do grupo econômico (art. 2.º, § 2.º, da CLT), e em outras hipóteses de responsabilidade solidária, ou mesmo subsidiária (ou seja, de solidariedade com benefício de ordem).

do TST[3], o parágrafo único do art. 10 da Lei 5.889/1973 e o art. 440 da CLT[4], bem como o art. 625-G, da CLT[5].

Segundo a Orientação Jurisprudencial 392 da SBDI-I do TST: "Prescrição. Interrupção. Ajuizamento de protesto judicial. Marco inicial. O protesto judicial é medida aplicável no processo do trabalho, por força do art. 769 da CLT e do art. 15 do CPC de 2015. O ajuizamento da ação, por si só, interrompe o prazo prescricional, em razão da inaplicabilidade do § 2.º do art. 240 do CPC de 2015 (§ 2.º do art. 219 do CPC de 1973), incompatível com o disposto no art. 841 da CLT".

Conforme o art. 11, § 3.º, da CLT, a interrupção da prescrição somente ocorrerá pelo ajuizamento de reclamação trabalhista, mesmo que em juízo incompetente, ainda que venha a ser extinta sem resolução do mérito, produzindo efeitos apenas em relação aos pedidos idênticos.

Ainda assim, pode-se dizer que o protesto ajuizado na Justiça do Trabalho não deixa de ser uma ação trabalhista em sentido amplo.

Além disso, de acordo com a Orientação Jurisprudencial 359 da SBDI-I do TST: "Substituição processual. Sindicato. Legitimidade. Prescrição. Interrupção. A ação movida por sindicato, na qualidade de substituto processual, interrompe a prescrição, ainda que tenha sido considerado parte ilegítima *ad causam*" (*DJ* 14.03.2008).

Cabe registrar, ainda, que o Enunciado 47, aprovado na "1.ª Jornada de Direito Material e Processual na Justiça do Trabalho", ocorrida no TST, em Brasília, em 23.11.2007, assim prevê: "**Acidente do trabalho. Prescrição. Suspensão do contrato de trabalho.** Não corre prescrição nas ações indenizatórias nas hipóteses de suspensão e/ou interrupção do contrato de trabalho decorrentes de acidentes do trabalho".

No entanto, pode-se entender diversamente, uma vez que a previsão do art. 199, inciso I, do Código Civil de 2002, apenas se refere à hipótese em que o próprio direito subjetivo esteja pendente de condição suspensiva, a qual é definida como a cláusula que, derivando exclusivamente da vontade das partes, subordina o efeito do negócio jurídico a evento futuro e incerto (art. 121 do CC/2002). Isso não se verifica na suspensão ou interrupção do contrato de trabalho, decorrente de acidente do trabalho, pois o direito subjetivo, pertinente à respectiva indenização, não se encontra sujeito a qualquer evento futuro e incerto (condição suspensiva), até porque já existe desde a lesão ao direito do trabalhador acidentado, podendo ser prontamente postulado em juízo.

A respeito do tema, cabe destacar a Orientação Jurisprudencial 375 da SBDI-I do TST: "Auxílio-Doença. Aposentadoria por Invalidez. Suspensão do Contrato de Trabalho. Prescrição. Contagem. A suspensão do contrato de trabalho, em virtude da percepção do

---

3. Súmula 268 do TST: "Prescrição. Interrupção. Ação trabalhista arquivada. A ação trabalhista, ainda que arquivada, interrompe a prescrição somente em relação aos pedidos idênticos" (redação determinada pela Resolução 121/2003).

4. "Art. 440. Contra os menores de 18 (dezoito) anos não corre nenhum prazo de prescrição". Cf. MARTINS, Sergio Pinto. *Comentários à CLT*. 10. ed. São Paulo: Atlas, 2006. p. 368: "O menor a que se refere a CLT e a Lei 5.889 é o menor empregado e não o menor herdeiro, sucessor do empregado falecido, em que se aplicaria o Código Civil. É certo que o art. 196 do Código Civil declara que a prescrição iniciada contra uma pessoa continua a correr contra o seu sucessor. A prescrição só não irá correr em relação aos menores de 16 anos que forem herdeiros (art. 3.º, I, c/c o art. 198, I, do CC)".

5. "Art. 625-G. O prazo prescricional será suspenso a partir da provocação da Comissão de Conciliação Prévia, recomeçando a fluir, pelo que lhe resta, a partir da tentativa frustrada de conciliação ou do esgotamento do prazo previsto no art. 625-F".

auxílio-doença ou da aposentadoria por invalidez, não impede a fluência da prescrição quinquenal, ressalvada a hipótese de absoluta impossibilidade de acesso ao Judiciário".

Já os prazos decadenciais, em regra, não estão sujeitos à suspensão e à interrupção (art. 207 do CC/2002)[6]. Apenas na hipótese do art. 208 do Código Civil de 2002 é que se aplica, ao prazo decadencial, a previsão do art. 198, inciso I, do mesmo diploma legal. Desse modo, no caso do menor de 16 anos (art. 3.º do CC/2002), eventual prazo decadencial não se inicia, só começando a correr ao completar 16 anos.

Reconhece-se como de natureza decadencial o prazo de 30 dias (art. 853 da CLT) para o ajuizamento da ação de inquérito para apuração de falta grave, na hipótese em que o empregado titular da estabilidade foi suspenso na forma do art. 494 da CLT[7]. Tem-se, no caso, ação judicial de natureza constitutiva negativa, pois o objeto é a cessação do contrato de trabalho do referido empregado titular da estabilidade específica. Nesse sentido prevê a Súmula 403 do STF: "É de decadência o prazo de 30 (trinta) dias para instauração do inquérito judicial, a contar da suspensão, por falta grave, de empregado estável".

A natureza decadencial também se faz presente no prazo de dois anos (a contar do trânsito em julgado da última decisão proferida no processo) para o ajuizamento de ação rescisória (arts. 975 do CPC de 2015 e 495 do CPC de 1973, c/c art. 836 da CLT), até porque visa desconstituir a coisa julgada material. Nesse sentido prevê a Súmula 100 do TST.

Frise-se, ainda, que a Lei 12.016/2009, no art. 23, assim prevê: "O direito de requerer mandado de segurança extinguir-se-á decorridos 120 (cento e vinte) dias contados da ciência, pelo interessado, do ato impugnado". Sobre essa questão, a Súmula 632 do STF assim pontifica: "É constitucional lei que fixa o prazo de decadência para a impetração de mandado de segurança".

A Lei 14.010/2020 institui normas de caráter transitório e emergencial para a regulação de relações jurídicas de Direito Privado em virtude da pandemia do coronavírus (Covid-19).

Nos termos do art. 3.º da Lei 14.010/2020, os prazos prescricionais consideram-se impedidos ou suspensos, conforme o caso, a partir da entrada em vigor da Lei 14.010/2020 (12.06.2020) até 30 de outubro de 2020.

O art. 3.º da Lei 14.010/2020 não se aplica enquanto perdurarem as hipóteses específicas de impedimento, suspensão e interrupção dos prazos prescricionais previstas no ordenamento jurídico nacional (art. 3.º, § 1.º, da Lei 14.010/2020).

O art. 3.º da Lei 14.010/2020 aplica-se à decadência, conforme ressalva prevista no art. 207 do Código Civil (art. 3.º, § 2.º, da Lei 14.010/2020).

Defende-se a incidência dessas previsões legais na esfera trabalhista, com fundamento no art. 8.º, § 1.º, da CLT.

Uma diferença que, tradicionalmente, sempre se fazia era no sentido de que a decadência deve ser conhecida, pelo juiz, de ofício (quando estabelecida por lei, segundo

6. "Art. 207. Salvo disposição legal em contrário, não se aplicam à decadência as normas que impedem, suspendem ou interrompem a prescrição".

7. Cf. Súmula 62 do TST: "Abandono de emprego. O prazo de decadência do direito do empregador de ajuizar inquérito em face do empregado que incorre em abandono de emprego é contado a partir do momento em que o empregado pretendeu seu retorno ao serviço" (RA 105/1974, *DJ* 24.10.1974).

previsão do art. 210 do CC/2002)[8], enquanto a prescrição dependia de arguição da parte (art. 166 do Código Civil de 1916 e art. 219, § 5.º, do Código de Processo Civil de 1973, na redação original, anterior à Lei 11.280/2006).

No entanto, essa sistemática quanto à prescrição foi *substancialmente alterada* pela Lei 11.280/2006, ao dar nova redação ao art. 219, § 5.º, do Código de Processo Civil de 1973, passando a estabelecer que: "O juiz pronunciará, de ofício, a prescrição".

O art. 487, inciso II, do CPC de 2015 (art. 269, inciso IV, do CPC de 1973) também prevê a resolução de mérito quando o órgão jurisdicional "decidir, de ofício ou a requerimento, sobre a ocorrência de decadência ou prescrição".

É certo que se discute quanto à aplicabilidade dos arts. 487, inciso II, do CPC de 2015 e 219, § 5.º, do CPC de 1973 no Direito e no Processo do Trabalho.

Prevalece o entendimento de que a mencionada previsão não é compatível com os princípios do Direito do Trabalho (o qual é aplicado no processo respectivo), por representar evidente prejuízo ao titular do crédito trabalhista, beneficiando, de forma injustificada, o devedor. Além disso, a inovação seria uma medida que configura inaceitável retrocesso social, em afronta ao princípio da proteção, inerente ao âmbito trabalhista. Nesse sentido, transcreve-se a seguinte ementa:

> "Recurso de embargos. Regência pela Lei nº 11.496/2007. Prescrição. Decretação de ofício. Inaplicabilidade do art. 219, § 5.º, do CPC [de 1973] na esfera trabalhista. A prescrição é instituto de direito material, cuja aplicação na esfera trabalhista está condicionada às condições estabelecidas no art. 8.º e parágrafo único da CLT. A disposição contida no art. 219, § 5.º, do CPC [de 1973], ao determinar a decretação de ofício da prescrição, não se compatibiliza com os princípios que regem o Direito do Trabalho, notadamente o da proteção, que busca reequilibrar a disparidade de forças entre reclamante e reclamada. Precedentes desta Subseção. Recurso de embargos conhecido e desprovido" (TST, SBDI-I, E-RR-10900-71.2008.5.04.0019, Rel. Min. Luiz Philippe Vieira de Mello Filho, *DEJT* 21.02.2014).

A outra corrente (minoritária na jurisprudência) entende que estão presentes os requisitos dos arts. 8.º, § 1.º, e 769 da CLT.

Essa posição divergente defende que a possível hipossuficiência de uma das partes da relação jurídica de direito material não se restringe ao Direito do Trabalho, podendo ocorrer em outros ramos do Direito. Além disso, essa condição não é prevista, no sistema jurídico em vigor, como hipótese que afaste a incidência do art. 487, inciso II, do CPC. Logo, argumenta-se que o reconhecimento da inexigibilidade do direito, pelo juiz, de ofício, deve ocorrer da mesma forma que a sua extinção por outro fundamento, como a quitação demonstrada nos autos.

A previsão do reconhecimento da prescrição de ofício decorreria do intuito de se alcançarem maior economia e celeridade processual, pondo fim ao processo em que a pretensão é claramente inexigível, por já ter se consumado a prescrição.

De modo semelhante, a Lei 11.051, de 29 de dezembro de 2004, acrescentou o § 4.º ao art. 40 da Lei 6.830/1980 (Lei de Execução Fiscal), passando a estabelecer que, se "da decisão que ordenar o arquivamento tiver decorrido o prazo prescricional, o juiz, depois de ouvida a Fazenda Pública, poderá, de ofício, reconhecer a prescrição intercorrente e decretá-la de imediato".

8. De acordo com o art. 211 do Código Civil de 2002: "*Se a decadência for convencional*, a parte a quem aproveita pode alegá-la em qualquer grau de jurisdição, mas o juiz não pode suprir a alegação" (destaquei).

A Súmula 409 do STJ assim estabelece: "Em execução fiscal, a prescrição ocorrida antes da propositura da ação pode ser decretada de ofício (art. 219, § 5.º, do CPC [de 1973])".

Com a Emenda Constitucional 45/2004, a Justiça do Trabalho passou a ter competência para processar e julgar: "as ações relativas às penalidades administrativas impostas aos empregadores pelos órgãos de fiscalização das relações de trabalho" (art. 114, inciso VII, da CF/1988). Assim, pode-se entender incluída nessa competência a própria execução fiscal, para cobrança das referidas penalidades, tendo em vista a sua natureza de ação.

De todo modo, não se pode confundir, na execução, a sua suspensão com o arquivamento dos autos, tendo em vista a aplicação da Lei de Execução Fiscal. Assim, deve ficar claro que o prazo de prescrição (no caso, intercorrente) não corre enquanto suspenso o curso da execução (art. 40, *caput*, da Lei 6.830/1980)[9]; decorrido o prazo máximo de um ano dessa suspensão, caso persista a não localização do devedor, nem se encontrem bens penhoráveis, o juiz deve ordenar o arquivamento dos autos (art. 40, § 2.º)[10]. A partir dessa decisão de arquivamento, passa a ser possível o início do prazo prescricional (intercorrente)[11], como previsto, expressamente, no já mencionado § 4.º do art. 40 da Lei 6.830/1980[12].

Não obstante, como existem casos que impedem, suspendem e interrompem a prescrição (art. 11, § 3.º, da CLT e arts. 197 a 204 do Código Civil de 2002), é adequado que o juiz, antes de decretar *liminarmente* a prescrição, *proceda à oitiva das partes sobre a matéria*.

Além disso, essa manifestação prévia do autor pode servir para esclarecer quanto a eventual *renúncia da prescrição* pelo alegado devedor, o que pode ter ocorrido expressa ou tacitamente, conforme o art. 191 do Código Civil de 2002[13].

9. "Art. 40. O juiz suspenderá o curso da execução, enquanto não for localizado o devedor ou encontrados bens sobre os quais possa recair a penhora, e, nesses casos, não correrá o prazo de prescrição. § 1.º Suspenso o curso da execução, será aberta vista dos autos ao representante judicial da Fazenda Pública".

10. "§ 2.º Decorrido o prazo máximo de 1 (um) ano, sem que seja localizado o devedor ou encontrados bens penhoráveis, o juiz ordenará o arquivamento dos autos. § 3.º Encontrados que sejam, a qualquer tempo, o devedor ou os bens, serão desarquivados os autos para prosseguimento da execução".

11. Cf. Súmula 314 do STJ: "Em execução fiscal, não localizados bens penhoráveis, suspende-se o processo por um ano, findo o qual se inicia o prazo da prescrição quinquenal intercorrente". Em execução fiscal de crédito tributário, o Supremo Tribunal Federal fixou a seguinte tese de repercussão geral (Tema 390): "É constitucional o art. 40 da Lei nº 6.830/1980 (Lei de Execuções Fiscais – LEF), tendo natureza processual o prazo de 1 (um) ano de suspensão da execução fiscal. Após o decurso desse prazo, inicia-se automaticamente a contagem do prazo prescricional tributário de 5 (cinco) anos" (STF, Pleno, RE 636.562/SC, Rel. Min. Roberto Barroso, j. 22.02.2023).

12. "Agravo de instrumento em recurso de revista. Execução fiscal. Multa administrativa. Prescrição intercorrente. O Tribunal *a quo* manteve a sentença que pronunciou a prescrição intercorrente, consignando que o feito ficou paralisado por mais de 5 anos, sem que a exequente indicasse qualquer meio de prosseguimento da execução, ressaltando que a suspensão do feito se deu em atendimento ao pedido formulado pela própria União, nos moldes previstos no art. 40 da Lei n.º 6.830/80. Assim, resta irremediavelmente prescrita a pretensão executiva. Não se vislumbra, pois, ofensa aos dispositivos invocados, uma vez que foram cumpridas as disposições neles contidas. Agravo de instrumento conhecido e não provido" (TST, 8.ª T., AIRR 3900-68.2005.5.05.0028, Rel. Min. Dora Maria da Costa, *DEJT* 11.03.2016).

13. "Art. 191. A renúncia da prescrição pode ser expressa ou tácita, e só valerá, sendo feita, sem prejuízo de terceiro, depois que a prescrição se consumar; tácita é a renúncia quando se presume de fatos do interessado, incompatíveis com a prescrição". Cf. MONTEIRO, Washington de Barros. *Curso de direito civil*: parte geral. 40. ed. rev. e atual por Ana Cristina de Barros Monteiro França Pinto. São Paulo: Saraiva, 2005. v. 1, p. 343-344.

Essa cautela é expressamente prevista no mencionado art. 40, § 4.º, da Lei 6.830/1980, acrescentado pela Lei 11.051/2004, que pode ser interpretado, extensivamente, para as outras modalidades de ação. Assim ocorrendo, possibilita-se que o autor se manifeste a respeito da prescrição, demonstrando, por exemplo, a sua interrupção, tornando a pretensão ainda exigível.

De todo modo, como já mencionado, prevalece o entendimento de que na esfera trabalhista o juiz não pode reconhecer, de ofício, a prescrição na fase de conhecimento, por ser matéria de defesa, que deve ser arguida pelo réu na instância ordinária[14].

Sendo assim, no âmbito trabalhista, entende-se que o juiz pode julgar liminarmente improcedente o pedido se verificar, desde logo, a ocorrência de decadência (art. 7.º, parágrafo único, da Instrução Normativa 39/2016 do TST), mas não de prescrição.

O art. 11-A da CLT, incluído pela Lei 13.467/2017, dispõe que ocorre a *prescrição intercorrente* no processo do trabalho no prazo de dois anos.

Adota-se o prazo bienal no caso da prescrição intercorrente, independentemente de o contrato de trabalho estar extinto ou não. Cabe registrar que o art. 7.º, inciso XXIX, da Constituição da República não trata especificamente de prescrição intercorrente.

Na esfera cível, a prescrição intercorrente observará o mesmo prazo de prescrição da pretensão, observadas as causas de impedimento, de suspensão e de interrupção da prescrição previstas no Código Civil e observado o disposto no art. 921 do Código de Processo Civil (art. 206-A do Código Civil, com redação dada pela Lei 14.382/2022).

A fluência do prazo prescricional intercorrente inicia-se quando o exequente deixa de cumprir determinação judicial no curso da execução (art. 11-A, § 1.º, da CLT).

O fluxo da prescrição intercorrente conta-se a partir do descumprimento da determinação judicial a que alude o § 1.º do art. 11-A da CLT, desde que feita após 11 de novembro de 2017, por ser a data da entrada em vigor da Lei 13.467/2017 (art. 2.º da Instrução Normativa 41/2018 do TST).

A declaração da prescrição intercorrente pode ser requerida ou declarada de ofício em qualquer grau de jurisdição (art. 11-A, § 2.º, da CLT).

Foi adotada a posição da Súmula 327 do STF, com a seguinte redação: "O direito trabalhista admite a prescrição intercorrente".

Deixa de prevalecer, assim, o entendimento firmado na Súmula 114 do TST, a qual previa ser "inaplicável na Justiça do Trabalho a prescrição intercorrente".

Desse modo, extingue-se a execução quando ocorrer a prescrição intercorrente (art. 924, inciso V, do CPC). A extinção só produz efeito quando declarada por sentença (art. 925 do CPC).

No caso da prescrição intercorrente, a sua declaração pode decorrer de requerimento da parte ou ser feita de ofício pelo juiz.

A prescrição intercorrente prevista no art. 11-A da CLT somente deve ser reconhecida após expressa intimação do exequente para cumprimento de determinação judicial no curso da execução (art. 1.º da Recomendação 3/2018 da Corregedoria-Geral da Justiça do Trabalho). O juiz ou relator deve indicar, com precisão, qual a determinação deve ser cumprida pelo exequente, com expressa cominação das consequências do descumprimento (art. 2.º da Recomendação 3/2018 da Corregedoria-Geral da Justiça do Trabalho).

---

14. Cf. Súmula 153 do TST: "Prescrição. Não se conhece de prescrição não arguida na instância ordinária".

Antes de decidir sobre a ocorrência da prescrição intercorrente, o juiz ou o relator deve conceder prazo à parte interessada para se manifestar sobre o tema, nos termos dos arts. 9.º, 10 e 921, § 5.º, do Código de Processo Civil (art. 4.º da Recomendação 3/2018 da Corregedoria-Geral da Justiça do Trabalho).

Não correrá o prazo de prescrição intercorrente nas hipóteses em que não for localizado o devedor ou encontrados bens sobre os quais possa recair a penhora, devendo o juiz, nesses casos, suspender o processo (art. 40 da Lei 6.830/1980). Nessa hipótese, os autos podem ser remetidos ao arquivo provisório, assegurando-se ao credor o desarquivamento oportuno com vistas a dar seguimento à execução (art. 40, § 3.º, da Lei 6.830/1980). Decidindo o juízo da execução pelo arquivamento definitivo do feito, deve expedir certidão de crédito trabalhista, sem extinção da execução. Não se determinará o arquivamento dos autos, provisório ou definitivo, antes da realização dos atos de pesquisa patrimonial, com uso dos sistemas eletrônicos disponíveis aos órgãos do Poder Judiciário, e da desconsideração da personalidade jurídica da sociedade reclamada, quando pertinente. Antes do arquivamento, provisório ou definitivo, o juízo da execução determinará a inclusão do nome do(s) executado(s) no Banco Nacional dos Devedores Trabalhistas (BNDT) e nos cadastros de inadimplentes, e promoverá o protesto extrajudicial da decisão judicial, observado o disposto no art. 883-A da CLT. Uma vez incluído(s) o(s) nome(s) do(s) executado(s) no BNDT e nos cadastros de inadimplentes, sua exclusão só ocorrerá em caso de extinção da execução (art. 5.º da Recomendação 3/2018 da Corregedoria-Geral da Justiça do Trabalho).

O juiz deve, de ofício, conhecer da decadência, quando estabelecida em lei (art. 210 do Código Civil de 2002).

27.3 PRESCRIÇÃO NO DIREITO DO TRABALHO

O art. 7.º, inciso XXIX, da Constituição da República, com redação determinada pela Emenda Constitucional 28/2000, assim estabelece:

> "Ação, quanto aos créditos resultantes das relações de trabalho, com prazo prescricional de cinco anos para os trabalhadores urbanos e rurais, até o limite de dois anos após a extinção do contrato de trabalho".

Como explicita a Súmula 308 do TST:

> "Prescrição quinquenal. I – Respeitado o biênio subsequente à cessação contratual, a prescrição da ação trabalhista concerne às pretensões imediatamente anteriores a cinco anos, contados da data do ajuizamento da reclamação e, não, às anteriores ao quinquênio da data da extinção do contrato. II – A norma constitucional que ampliou o prazo de prescrição da ação trabalhista para 5 (cinco) anos é de aplicação imediata e não atinge pretensões já alcançadas pela prescrição bienal quando da promulgação da CF/1988".

Cabe esclarecer que se o aviso prévio foi indenizado, como o seu período deve sempre integrar o tempo de serviço do empregado (art. 487, § 1.º, da CLT), o biênio prescricional somente se inicia a partir do término da sua projeção no contrato de trabalho.

Nesse sentido, conforme a Orientação Jurisprudencial 83 da SBDI-I do TST: "Aviso prévio. Indenizado. Prescrição. A prescrição começa a fluir no final da data do término do aviso prévio. Art. 487, § 1.º, da CLT".

Quanto ao prazo de prescrição referente ao Fundo de Garantia do Tempo de Serviço, devem ser aplicadas, harmonicamente, as Súmulas 206 e 362 do TST, como já analisado no Capítulo referente ao FGTS, ao qual se faz remissão, para se evitar a repetição de matéria.

Na **relação de emprego doméstico**, o direito de ação quanto a créditos resultantes das relações de trabalho também *prescreve* em cinco anos até o limite de dois anos após a extinção do contrato de trabalho, conforme art. 43 da Lei Complementar 150/2015, que dispõe sobre o contrato de trabalho doméstico.

Cabe verificar, ainda, a prescrição quanto ao **trabalhador avulso**. Como o trabalhador avulso não se fixa a uma única fonte tomadora do serviço, discute-se a respeito do prazo prescricional a ser aplicado.

A Lei 12.815/2013, no art. 37, § 4.º, assim dispõe: "As ações relativas aos créditos decorrentes da relação de trabalho avulso prescrevem em 5 (cinco) anos até o limite de 2 (dois) anos após o cancelamento do registro ou do cadastro no órgão gestor de mão de obra".

Na jurisprudência do TST, destaca-se o seguinte julgado:

> "Trabalhador portuário avulso. Prescrição quinquenal. A prescrição bienal a que alude o art. 7.º, XXIX, da CF tem aplicação ao trabalhador avulso somente quando houver o descredenciamento do trabalhador do órgão Gestor de Mão de Obra. Em caso contrário, permanece a aplicação da prescrição quinquenal, em razão do liame contínuo que se estabelece entre o trabalhador portuário e OGMO. Ressalva de entendimento deste relator. Recurso de revista conhecido e não provido" (TST, 6.ª T., RR 458-57.2012.5.09.0022, Rel. Min. Aloysio Corrêa da Veiga, *DEJT* 02.05.2014).

O Supremo Tribunal Federal decidiu que é constitucional o mencionado art. 37, § 4.º, da Lei 12.815/2013, inclusive quanto ao início do prazo prescricional bienal na relação de trabalho portuário avulso, em razão de suas particularidades e condições próprias (STF, Pleno, ADI 5.132/DF, Red. p/ ac. Min. Edson Fachin, j. 29.03.2021).

O art. 11 da CLT, com redação dada pela Lei 13.467/2017, dispõe que a pretensão quanto a créditos resultantes das relações de trabalho prescreve em cinco anos para os trabalhadores urbanos e rurais, até o limite de dois anos após a extinção do contrato de trabalho.

Trata-se de previsão com o mesmo conteúdo da norma constitucional que trata dos prazos prescricionais na esfera trabalhista, apenas com a adequação formal de redação.

É comum a classificação da prescrição em total e parcial, inclusive quanto aos créditos trabalhistas.

No âmbito trabalhista, observam-se **dois prazos prescricionais distintos**.

O **bienal** é contado da extinção da relação de emprego (art. 7.º, inciso XXIX, parte final, da CF/1988)[15], sendo a prescrição total por excelência. Após esses dois anos, estão atingidas pela prescrição todas as pretensões relativas ao extinto pacto laboral[16].

---

15. Versando a respeito de caso específico, em que ajuizada ação declaratória, por exemplo, relativa a reconhecimento do vínculo de emprego, com posterior ajuizamento de ação condenatória referente à mesma relação de emprego, cabe fazer menção à Orientação Jurisprudencial 401 da SBDI-I do TST: "Prescrição. Marco inicial. Ação condenatória. Trânsito em julgado da ação declaratória com mesma causa de pedir remota ajuizada antes da extinção do contrato de trabalho. O marco inicial da contagem do prazo prescricional para o ajuizamento de ação condenatória, quando advém a dispensa do empregado no curso de ação declaratória que possua a mesma causa de pedir remota, é o trânsito em julgado da decisão proferida na ação declaratória e não a data da extinção do contrato de trabalho". Esse entendimento certamente decorre do fato de que, enquanto não transitada em julgado a decisão na ação declaratória, não há certeza jurídica quanto à própria existência do contrato de trabalho, para que se pudesse iniciar o prazo prescricional bienal.

16. Cf. Súmula 382 do TST (conversão da Orientação Jurisprudencial 128 da SBDI-I, conforme Resolução 129/2005): "Mudança de regime celetista para estatutário. Extinção do contrato. Prescrição bienal. A trans-

A **prescrição quinquenal**, por sua vez, tem aplicabilidade para lesões de direito ocorridas durante a vigência do contrato de trabalho (art. 7.º, inciso XXIX, da CF/1988).

Deve-se ressaltar que mesmo já em curso o prazo de prescrição quinquenal, cessado o vínculo de emprego, tem início o biênio prescricional, com o que ambos os prazos deverão ser observados para se poder exigir a satisfação do direito.

Embora a prescrição bienal, contada do término do pacto laboral, seja, por sua própria natureza, total (pois fulmina todas as pretensões relativas ao vínculo de emprego já cessado), nem toda prescrição total é bienal.

Efetivamente, há situações em que incide a prescrição quinquenal, porém nuclear. Por outras palavras: a prescrição quinquenal pode ser parcial ou total. A primeira é a mais comum, e vem prevista, por exemplo, na Súmula 6, inciso IX, do TST.

Assim, nas demandas de *equiparação salarial* e nas que objetivem corrigir *desvio funcional*, a prescrição só alcança as diferenças salariais vencidas no período anterior aos cinco anos que precederam o ajuizamento da ação[17]. Isso, obviamente, se o prazo prescricional de dois anos, contados da extinção do contrato de trabalho, tiver sido observado (art. 7.º, inciso XXIX, parte final, da CF/1988).

No exemplo acima, como se nota, a pretensão refere-se a prestações sucessivas, sendo a prescrição quinquenal e parcial.

Conforme o art. 11, § 2.º, da CLT, acrescentado pela Lei 13.467/2017, tratando-se de pretensão que envolva pedido de prestações sucessivas decorrente de *alteração ou descumprimento do pactuado*, a prescrição é total, exceto quando o direito à parcela esteja também assegurado por preceito de lei.

Frise-se que se o contrato de trabalho estiver em vigor quando da alteração ou descumprimento do pactuado, somente corre o prazo prescricional quinquenal, nos termos do art. 7.º, inciso XXIX, primeira parte, da Constituição Federal de 1988.

Tratando-se de prestação sucessiva em que o direito à parcela não é assegurado por preceito de lei, após o decurso de cinco anos contados da alteração ou descumprimento do pactuado (lesão do direito), consuma-se a prescrição total, embora quinquenal.

Evidentemente, caso o contrato de trabalho se extinga, mas antes dos cinco anos (contados da violação do direito, ou seja, da alteração ou descumprimento do pactuado) transcorra a prescrição bienal, também total, esta faz com que a prescrição quinquenal fique prejudicada.

A respeito do tema, segundo a Súmula 294 do TST:

> "Prescrição. Alteração contratual. Trabalhador urbano. Tratando-se de ação que envolva pedido de prestações sucessivas decorrente de alteração do pactuado, a prescrição é total, exceto quando o direito à parcela esteja também assegurado por preceito de lei".

Como se pode notar, nas pretensões decorrentes do contrato de trabalho relativas a *prestações sucessivas*, o mesmo critério adotado pela jurisprudência quanto à *alteração do pactuado* foi estendido também para o seu *descumprimento* para fins de prescrição.

---

ferência do regime jurídico de celetista para estatutário implica extinção do contrato de trabalho, fluindo o prazo da prescrição bienal a partir da mudança de regime".

17. Cf. Súmula 308, inciso I, do TST: "Prescrição quinquenal I. Respeitado o biênio subsequente à cessação contratual, a prescrição da ação trabalhista concerne às pretensões imediatamente anteriores a cinco anos, contados da data do ajuizamento da reclamação e, não, às anteriores ao quinquênio da data da extinção do contrato".

Vale dizer, se o direito postulado estiver assegurado em dispositivo de lei, a prescrição é parcial, ou seja, renova-se periodicamente. Caso contrário, a prescrição é total, extinguindo-se por completo a pretensão.

Em harmonia com o exposto, assim dispõe a Orientação Jurisprudencial 175 da SBDI-I do TST:

> "Comissões. Alteração ou supressão. Prescrição total. A supressão das comissões, ou a alteração quanto à forma ou ao percentual, em prejuízo do empregado, é suscetível de operar a prescrição total da ação, nos termos da Súmula nº 294 do TST, em virtude de cuidar-se de parcela não assegurada por preceito de lei".

Adotando o mesmo entendimento, em consonância com a Súmula 199, especialmente em seu inciso II, do TST:

> "Bancário. Pré-contratação de horas extras.
>
> I – A contratação do serviço suplementar, quando da admissão do trabalhador bancário, é nula. Os valores assim ajustados apenas remuneram a jornada normal, sendo devidas as horas extras com o adicional de, no mínimo, 50% (cinquenta por cento), as quais não configuram pré-contratação, se pactuadas após a admissão do bancário.
>
> II – Em se tratando de horas extras pré-contratadas, opera-se a prescrição total se a ação não for ajuizada no prazo de cinco anos, a partir da data em que foram suprimidas".

Da mesma forma, conforme a Orientação Jurisprudencial 76 da SBDI-I do TST:

> "Substituição dos avanços trienais por quinquênios. Alteração do contrato de trabalho. Prescrição total. CEEE. A alteração contratual consubstanciada na substituição dos avanços trienais por quinquênios decorre de ato único do empregador, momento em que começa a fluir o prazo fatal de prescrição".

Na mesma linha, cabe fazer referência à Orientação Jurisprudencial 242 da SBDI-I do TST, com a seguinte redação:

> "Prescrição total. Horas extras. Adicional. Incorporação. Embora haja previsão legal para o direito à hora extra, inexiste previsão para a incorporação ao salário do respectivo adicional, razão pela qual deve incidir a prescrição total".

Segundo explicita a Orientação Jurisprudencial 243 da SBDI-I do TST:

> "Prescrição total. Planos econômicos. Aplicável a prescrição total sobre o direito de reclamar diferenças salariais resultantes de planos econômicos".

Com isso, deixa de prevalecer o entendimento constante na Súmula 452 do TST, com a seguinte redação:

> "Diferenças salariais. Plano de cargos e salários. *Descumprimento*. Critérios de promoção não observados. Prescrição parcial. Tratando-se de pedido de pagamento de diferenças salariais decorrentes da *inobservância* dos critérios de promoção estabelecidos em Plano de Cargos e Salários criado pela empresa, a prescrição aplicável é a parcial, pois a lesão é sucessiva e se renova mês a mês" (destaquei).

Nessa hipótese, a prescrição também passa a ser total, pois o direito pretendido não está assegurado em preceito de lei, mas sim em Plano de Cargos e Salários.

O prazo prescricional tem início a partir do descumprimento dos critérios de promoção estabelecidos no Plano de Cargos e Salários e após cinco anos dessa violação ao direito ocorre a prescrição total da pretensão.

Como o direito à diferença salarial decorrente de equiparação salarial é assegurado pelo art. 461 da CLT, o pedido de prestações sucessivas está sujeito à prescrição parcial. Nesse sentido, conforme a Súmula 6, inciso IX, do TST:

> "Na ação de equiparação salarial, a prescrição é parcial e só alcança as diferenças salariais vencidas no período de 5 (cinco) anos que precedeu o ajuizamento".

Em se tratando de pedido de reenquadramento, a prescrição é total, contada da data do enquadramento do empregado (Súmula 275, inciso II, do TST), justamente porque o referido direito não é assegurado por preceito de lei.

Como o art. 11, § 2.º, da CLT abrange pedidos de prestações sucessivas decorrentes não apenas de alteração, mas também de *descumprimento do pactuado*, pode-se dizer que na ação que objetive corrigir desvio funcional a prescrição também passa a ser total, e não mais parcial, ficando superado o entendimento constante na Súmula 275, inciso I, do TST, pois o direito pretendido não está assegurado por preceito de lei.

Em razão do mesmo fundamento, é possível dizer que a pretensão a diferenças de complementação de aposentadoria passa a se sujeitar à prescrição total, tornando superado o entendimento constante na Súmula 327 do TST[18], por envolver prestação decorrente de alteração ou descumprimento do pactuado e direito não assegurado por preceito de lei, mas sim em regulamento empresarial ou norma interna do empregador.

Além disso, nos termos da Súmula 326 do TST:

> "Complementação de aposentadoria. Prescrição total. A pretensão à complementação de aposentadoria jamais recebida prescreve em 2 (dois) anos contados da cessação do contrato de trabalho".

Tratando-se de pedido de diferença de gratificação semestral que teve seu valor congelado, pode-se dizer que a prescrição aplicável é parcial quando o reajuste for assegurado por preceito de lei (Súmula 373 do TST). Caso contrário, a prescrição passa a ser total.

27.4 PRESCRIÇÃO DO TRABALHADOR RURAL

Com a **Emenda Constitucional 28/2000**, em vigor desde 26 de maio de 2000 (data de sua publicação, conforme o art. 3.º), os empregados urbanos e rurais passaram a ter o mesmo tratamento quanto à prescrição.

---

18. Cf. Súmula 327 do TST: "Complementação de aposentadoria. Diferenças. Prescrição parcial. A pretensão a diferenças de complementação de aposentadoria sujeita-se à prescrição parcial e quinquenal, salvo se o pretenso direito decorrer de verbas não recebidas no curso da relação de emprego e já alcançadas pela prescrição, à época da propositura da ação".

Antes dessa alteração, o trabalhador rural apenas se sujeitava ao prazo prescricional de dois anos após a extinção de seu contrato de trabalho[19]. A grande mudança é que esta modalidade de empregado também passou a se sujeitar à prescrição quinquenal, durante a vigência do contrato de trabalho.

Sendo assim, mesmo no âmbito rural, a pretensão quanto a créditos resultantes das relações de trabalho prescreve em cinco anos, até o limite de dois anos após a extinção do contrato de trabalho (art. 103 do Decreto 10.854/2021). Essa previsão não se aplica ao menor de 18 anos de idade.

De acordo com a Orientação Jurisprudencial 271 da SBDI-I do TST:

> "Rurícola. Prescrição. Contrato de emprego extinto. Emenda Constitucional n. 28/2000. Inaplicabilidade. Inserida em 27.09.2002 (alterada, *DJ* 22.11.2005). O prazo prescricional da pretensão do rurícola, cujo contrato de emprego já se extinguira ao sobrevir a Emenda Constitucional 28, de 26.05.2000, tenha sido ou não ajuizada a ação trabalhista, prossegue regido pela lei vigente ao tempo da extinção do contrato de emprego".

A aplicação imediata da nova norma constitucional, perante a relação jurídica de trato sucessivo, impõe que opere efeitos somente quanto aos fatos ocorridos a partir de sua entrada em vigor.

No caso, *apenas quanto às lesões de direitos – que são fatos – ocorridas a partir da vigência da Emenda Constitucional (26.05.2000) é que esta opera efeitos*. Eventual aplicação desta norma constitucional, perante as lesões de direito verificadas *antes* da sua vigência, significaria cristalina retroação de seus efeitos, o que é intolerável e inconstitucional.

A lesão do direito, sendo fato, decorre da prática de ato (antijurídico) pelo devedor (no caso, o empregador), ou pelo qual ele seja o responsável, sendo este estado de lesão uma situação jurídica. Esse ato/fato lesivo (ao direito subjetivo do empregado, no caso, rural) significa uma situação que, portanto, estará "consumada"; ou seja, haverá a consumação da (prática de) lesão do direito.

Quanto às lesões operadas antes de 26 de maio de 2000 (data do início da vigência da Emenda Constitucional 28/2000), a exigibilidade do direito é regulada pela norma então vigente, qual seja, o art. 7.º, inciso XXIX, *b*, com redação anterior à Emenda, não havendo, assim, prazo prescricional no decorrer do contrato de trabalho rural.

Somente os direitos subjetivos do empregado rural que foram lesados a partir de 26 de maio de 2000 é que se sujeitam ao prazo de exigibilidade quinquenal, ou seja, à prescrição de cinco anos no curso do pacto laboral.

Sobre o tema, cabe transcrever a ementa do seguinte julgado:

> "Prescrição prevista pela EC 28/2000, que altera o art. 7.º, XXIX, *b*, Constituição Federal. O Direito brasileiro consagrou a irretroatividade das leis, preservando o direito adquirido, o ato jurídico perfeito e a coisa julgada. Assim, os efeitos produzidos pela lei velha no tempo passado, não podem ser atingidos por lei nova. Não há qualquer incoerência com o princípio

19. Cf. Orientação Jurisprudencial 38 da SBDI-I do TST: "Empregado que exerce atividade rural. Empresa de reflorestamento. Prescrição própria do rurícola (Lei n.º 5.889, de 08.06.1973, art. 10, e Decreto n.º 73.626, de 12.02.19/74, art. 2.º, § 4.º). O empregado que trabalha em empresa de reflorestamento, cuja atividade está diretamente ligada ao manuseio da terra e de matéria-prima, é rurícola e não industriário, nos termos do Decreto n.º 73.626, de 12.02.1974, art. 2.º, § 4.º [Decreto 10.854/2021, art. 84, § 4.º], pouco importando que o fruto de seu trabalho seja destinado à indústria. Assim, aplica-se a prescrição própria dos rurícolas aos direitos desses empregados".

da eficácia imediata, na medida em que a lei nova se aplicará aos direitos nascidos sob sua égide. Quando se está diante de restrição de direitos, como é o caso da prescrição em foco, seus efeitos não podem atingir situações pretéritas, que se encontravam sob a segurança da lei velha, aplicando-se-lhe a redação em vigor à época dos fatos" (Processo TRT/15.ª R. – Campinas – n. 005780/2001-RO-3, Rel. Juíza Luciane Storel da Silva).

Frise-se, ainda, que a Emenda Constitucional 28/2000, na realidade, não reduziu o prazo prescricional referente ao empregado rural, mas sim criou um novo critério, passando a correr a prescrição mesmo na vigência do contrato de trabalho, o que não existia anteriormente. É inaplicável, portanto, qualquer lição doutrinária ou jurisprudencial pertinente à redução, propriamente, de prazo prescricional. Anteriormente, este não fluía durante a relação de emprego rural.

Portanto, houve verdadeira instituição de novo prazo de prescrição. Com isso, enfatize-se, ele não é aplicável aos fatos anteriores à sua vigência, sob pena de retroatividade no tempo.

Apesar do exposto acima, cabe salientar que, conforme a Orientação Jurisprudencial 417 da SBDI-I do TST: "Prescrição. Rurícola. Emenda Constitucional n.º 28, de 26.05.2000. Contrato de trabalho em curso. Não há prescrição total ou parcial da pretensão do trabalhador rural que reclama direitos relativos a contrato de trabalho que se encontrava em curso à época da promulgação da Emenda Constitucional n.º 28, de 26.05.2000, desde que ajuizada a demanda no prazo de cinco anos de sua publicação, observada a prescrição bienal".

27.5 PRESCRIÇÃO DA INDENIZAÇÃO POR DANOS MORAIS E MATERIAIS E DECORRENTES DE ACIDENTE DO TRABALHO

A *indenização* do dano moral e material, inclusive quando decorrente de acidente do trabalho ou doença profissional, não se confunde com os direitos, em si, da personalidade, ou de natureza fundamental, relacionados à integridade física, psíquica ou moral, bem como pertinentes ao meio ambiente e às condições hígidas de trabalho.

Em razão da violação dos referidos direitos, que resguardam a dignidade da pessoa humana (no caso, na esfera das relações de trabalho) sancionando o infrator, surge ao seu titular a pretensão jurídica de sua *reparação*, que pode apresentar natureza de *ressarcimento, compensatória e punitiva*.

De todo modo, essa reparação (do direito violado) não se identifica com o direito da personalidade ou fundamental em si.

Por isso, a imprescritibilidade, e outros atributos inerentes à essência do referido direito substancial, não se reproduzem na pretensão de responsabilizar o infrator quanto à indenização devida.

Assim, em termos jurídicos, não se pode dizer que a indenização por danos morais e materiais referentes ao contrato de emprego, mesmo quando decorrentes de acidente do trabalho ou doença ocupacional, seja imprescritível.

Da mesma forma, a alegação de que não se encontra previsão específica, fazendo expressa menção ao prazo prescricional pertinente à referida indenização em particular, não torna a pretensão imprescritível. Como parece evidente, a hipótese é regida pela regra jurídica na qual o fato em questão possa ser inserido.

Portanto, não havendo disposição expressa, regulando o prazo prescricional específico da indenização por acidente do trabalho (em sentido amplo), incide a norma jurídica sobre prescrição que englobe a referida pretensão.

Divergem doutrina e jurisprudência quanto à aplicação, na hipótese estudada, do prazo prescricional previsto:

a) no Código Civil (e, mesmo nesse caso, após o diploma civil de 2002, a divergência persiste quanto à incidência do prazo especial de três anos, previsto no art. 206, § 3.º, inciso V, sendo este o entendimento que prevalece na atual jurisprudência, ou do prazo geral de dez anos, conforme o art. 205); ou

b) no art. 7.º, inciso XXIX, da Constituição Federal de 1988.

Para a corrente que entende incidir ao caso o prazo prescricional do Direito Civil, deve-se observar a importante regra de transição do art. 2.028 do Código Civil de 2002: "Serão os da lei anterior os prazos, quando reduzidos por este Código, e se, na data de sua entrada em vigor, já houver transcorrido mais da metade do tempo estabelecido na lei revogada".

Na interpretação dessa disposição de transição, o entendimento que prevalece é de que para a aplicação do prazo prescricional do Código Civil de 1916 (lei revogada) é necessária a presença, simultânea, de ambos os requisitos, ou seja, tanto ter ocorrido a redução do prazo pelo Código Civil de 2002, como também já ter transcorrido mais da metade do tempo estabelecido na lei revogada (na data da entrada em vigor do Código Civil de 2002[20]).

Desse modo, para os que defendem a incidência do prazo prescricional do Direito Comum, quanto aos acidentes de trabalho ocorridos antes da entrada em vigor do Código Civil de 2002, se já tiver transcorrido mais da metade do prazo prescricional do Código Civil de 1916 (20 anos, conforme o art. 177), aplica-se esse prazo prescricional anterior de 20 anos, previsto no mencionado diploma Civil de 1916, art. 177.

Diversamente, ainda em relação aos acidentes de trabalho ocorridos antes da entrada em vigor do Código Civil de 2002, caso não tenha transcorrido mais da metade do prazo prescricional de 20 anos na data da entrada em vigor do diploma Civil de 2002, o atual prazo prescricional neste previsto é o que se aplica[21].

---

20. Há certa divergência na doutrina quanto à data de entrada em vigor do Código Civil de 2002, instituído pela Lei 10.406, de 10 de janeiro de 2002, publicado no *DOU* de 11 de janeiro de 2002. De acordo com o seu art. 2.044: "Este Código entrará em vigor um ano após a sua publicação". Desse modo, aplicando-se a Lei 810/1949 e o art. 132, § 3.º, do CC/2002, há entendimento de que o atual Código Civil entrou em vigor em 11 de janeiro de 2003. No entanto, tendo em vista a previsão específica do art. 8.º, § 1.º, da Lei Complementar 95/1998 ("A contagem do prazo para entrada em vigor das leis que estabeleçam período de vacância far-se-á com a inclusão da data da publicação e do último dia do prazo, entrando em vigor no dia subsequente à sua consumação integral" – redação determinada pela Lei Complementar 107/2001), há corrente de entendimento de que o atual Código Civil entrou em vigor em 12 de janeiro de 2003.

21. "Em se tratando de pretensão à indenização por danos morais e materiais ocorridos antes da vigência do Código Civil de 2002, se na vigência deste, que se deu em 11/1/2003 (art. 2.044 do Código Civil), já havia transcorrido mais de dez anos (metade do tempo previsto no art. 177 do Código Civil de 1916), aplica-se a prescrição vintenária, conforme regra de transição estabelecida no art. 2.028 do referido diploma legal. Caso não transcorrida a metade do prazo prescricional vintenário, incide a prescrição trienal, prevista no art. 206, § 3.º, do Código Civil" (TST, 7.ª T., RR-36-43.2010.5.15.0133, Rel. Min. Luiz Philippe Vieira de Mello Filho, *DEJT*, 23.08.2019).

De todo modo, nesta última situação, o entendimento pacificado é de que o atual prazo prescricional, com previsão no Código Civil de 2002, deve ser aplicado somente a partir da entrada em vigor do referido diploma legal (caso contrário, se o novo prazo prescricional começasse a correr desde a data do ilícito, ter-se-ia aplicação retroativa, não admitida pelo Direito, com a inaceitável conclusão de que o Código Civil de 2002 já estava em vigor quando o ilícito foi cometido, ou seja, antes da vigência do novo diploma legal).

Ainda para a corrente que entende ser aplicado ao caso o prazo prescricional do Direito Civil, quanto aos acidentes de trabalho ocorridos após a entrada em vigor do Código Civil de 2002, aplica-se o prazo de prescrição nele previsto. Exemplo: acidente do trabalho ocorrido em 12 de janeiro de 2003 – observa-se o prazo prescricional do Código Civil de 2002 (conforme a corrente de entendimento, o prazo prescricional geral de dez anos, previsto no art. 205, ou o prazo prescricional especial de três anos, previsto no art. 206, § 3.º, inciso V, sendo esta última posição a que prevalece na jurisprudência).

Conforme conhecida regra de aplicação do Direito, havendo disposição mais específica regulando a hipótese, esta prevalece perante a regra genérica.

Como já destacado, a indenização por danos morais e materiais, derivados de acidente do trabalho ou doença ocupacional, são decorrentes ou resultantes do próprio contrato de trabalho, nele tendo origem.

Na verdade, o mencionado acidente ou doença do trabalho é um fato jurídico (em tese, na modalidade de ato ilícito), que ocorre no âmbito (e em razão) da própria relação de trabalho.

A pretensão de reparação das violações de direitos decorrentes da relação de emprego, como se sabe, tem o seu prazo prescricional especificamente regulado pelo art. 7.º, inciso XXIX, da Constituição Federal de 1988 (com a redação atual dada pela Emenda Constitucional 28/2000).

O que se faz necessário é aplicar este dispositivo em consonância com a previsão da Súmula 278 do Superior Tribunal de Justiça, quanto ao termo inicial do prazo prescricional[22], na hipótese especial ali indicada.

A existência de previsão específica, de hierarquia constitucional, afasta a possibilidade de incidência, ao caso, de regras diversas e genéricas, existentes no Código Civil, quanto a outros prazos prescricionais.

A rigor, como a pretensão em debate resulta da relação de emprego, a disposição do art. 7.º, inciso XXIX, da Constituição Federal de 1988, já era aplicável, desde a sua promulgação, para as pretensões reparatórias, de natureza moral ou material, fundadas no inciso anterior desse mesmo dispositivo (art. 7.º, inciso XXVIII, segunda parte, da CF/1988).

A Emenda Constitucional 45/2004, ao alterar o art. 114 da Constituição Federal de 1988, não modificou esta correta incidência dos prazos prescricionais, os quais nem sequer possuem natureza processual, mas sim material.

Aliás, mesmo em termos processuais, na verdade, o atual art. 114, inciso VI, da Constituição da República apenas deixou expresso o que já se podia perfeitamente concluir da redação original do *caput* desse mesmo dispositivo.

---

22. Súmula 278 do STJ: "O termo inicial do prazo prescricional, na ação de indenização, é a data em que o segurado teve ciência inequívoca da incapacidade laboral".

Tanto é assim que segundo a Súmula 392 do TST: "Nos termos do art. 114, inc. VI, da Constituição da República, a Justiça do Trabalho é competente para processar e julgar ações de indenização por dano moral e material, decorrentes da relação de trabalho, inclusive as oriundas de acidente de trabalho e doenças a ele equiparadas, ainda que propostas pelos dependentes ou sucessores do trabalhador falecido".

No entanto, mesmo se fosse possível argumentar que a Emenda Constitucional 45/2004 ampliou a competência original da Justiça do Trabalho, passando a incluir o julgamento das ações sobre danos morais e materiais decorrentes de acidente do trabalho ou doença ocupacional, o prazo prescricional quanto às respectivas pretensões sempre foi o mesmo desde a promulgação da Constituição Federal de 1988, qual seja: aquele previsto no seu art. 7.º, inciso XXIX (apenas com a ressalva da prescrição aplicável ao empregado rural, conforme *alteração* introduzida pela Emenda Constitucional 28/2000, já analisada anteriormente).

Portanto, em termos jurídicos, o respectivo prazo prescricional é aquele previsto no art. 7.º, inciso XXIX, da Constituição Federal de 1988. Reconhece-se, no entanto, a forte tendência da jurisprudência no sentido de ressalvar que se a ação de indenização por danos morais e materiais decorrentes de acidente do trabalho foi ajuizada, antes da Emenda Constitucional 45/2004, perante a Justiça Comum, com posterior remessa à Justiça do Trabalho em razão da mencionada Emenda Constitucional, seria aplicada a prescrição prevista no Código Civil, observando-se a regra de transição do art. 2.028 do Código Civil de 2002[23]. Aliás, cabe registrar ter a SBDI-I do TST decidido que, mesmo em ação ajuizada na Justiça do Trabalho, depois da Emenda Constitucional 45/2004, no caso de acidente ocorrido antes da vigência desta, cabe a aplicação da prescrição civil[24].

23. "Recurso de revista. Indenização por acidente de trabalho. Prescrição. Ação ajuizada na justiça comum anteriormente à EC 45/2004. Não é razoável se exigir que a ação, ajuizada na Justiça Comum, no período em que sequer estava definida a competência da Justiça do Trabalho para julgar o pedido de indenização por dano material decorrente de acidente de trabalho, quando a ação tiver sido direcionada contra o empregador, observe o biênio a que alude o art. 7.º, XXIX, da Constituição Federal. Desse modo, deve-se aplicar ao dano material decorrente do acidente de trabalho a prescrição prevista na legislação civil vigente à época do alegado dano, desde que a ação tenha sido ajuizada na Justiça Comum em época anterior à fixação da competência da Justiça do Trabalho para julgar essa espécie de lide (EC 45/2004). Observa-se que a presente ação foi ajuizada na Justiça Comum em 18.07.2000, momento em que não havia sido fixada a competência da Justiça do Trabalho para dirimir controvérsia referente à indenização por dano material decorrente de acidente de trabalho em que o empregador se encontra no polo passivo da ação, motivo pelo qual é aplicável o prazo prescricional previsto no art. 177 do Código Civil de 1916, ou seja, vinte anos. Recurso de Revista conhecido e não provido" (TST, 3.ª T., RR 1222/2005-001-18-00.0, Rel. Min. Carlos Alberto Reis de Paula, *DJ* 04.04.2008).

24. "Recurso de embargos. Recurso de revista conhecido e provido para declarar a prescrição. Aplicação do art. 7.º, XXIX, da CF. Acidente de trabalho ocorrido em 1992. Danos morais. Ação ajuizada na Justiça do Trabalho após a Emenda constitucional 45/2004. Direito intertemporal. Segurança jurídica. Regra de transição. Aplicação da prescrição cível. A prescrição de dois anos, para ajuizamento de ação na Justiça do Trabalho, como determina o art. 7.º, inciso XXIX, da Constituição Federal, não alcançam ações cuja data da lesão já transcorrera em mais da metade pela regra da prescrição de vinte anos ou aquelas propostas antes da vigência do novo Código Civil de 2002, conforme determina seu art. 2.028. A alteração da competência para o julgamento das ações relativas a acidente de trabalho, consoante a Emenda Constitucional 45/2004, não possibilita a aplicação imediata da regra de prescrição trabalhista, pois quando da redução dos prazos prescricionais (art. 205 e inciso V do art. 206), estabeleceu-se a regra de transição, com o objetivo de assegurar o princípio da segurança jurídica. Considerando que a ação foi proposta quando já havia transcorrido mais de dez anos da ciência do dano, o prazo aplicável ao caso sob exame é o de vinte anos, razão por que não se encontra prescrita a pretensão ao pagamento da reparação correspondente. Proposta a ação em 2005, mesmo após a vigência da Emenda Constitucional 45/2004, na Justiça Comum (*sic*) em relação à indenização decorrente de acidente de trabalho ocorrido em 1992, não pode o autor ser surpreendido pela mudança da competência, adotando prazo prescricional de dois anos, pois já tinha adquirido o direito a ver a sua pretensão julgada sob a regra de prescrição anterior. Embargos conhecido e provido" (TST, SBDI-I, E-RR-99517/2006-659-09-00.5, Rel. Min. Aloysio Corrêa da Veiga, j. 28.05.2009, *DJ* 05.06.2009).

Portanto, tem prevalecido o entendimento de que, se a ciência inequívoca da lesão, oriunda de acidente do trabalho (ou doença ocupacional), ocorreu antes da vigência da Emenda Constitucional 45 (31 de dezembro de 2004), aplica-se o prazo prescricional previsto no Código Civil. Argumenta-se que, antes dessa ampliação da competência da Justiça do Trabalho, entendia-se, de forma majoritária, que a competência para decidir o conflito era da Justiça Comum Estadual, devendo incidir, assim, a prescrição civil[25].

A jurisprudência do Tribunal Superior do Trabalho, assim, é no sentido de que a prescrição aplicável nos casos de acidente do trabalho (ou doença ocupacional) deve considerar a data da lesão (ou da ciência da lesão), isto é, se ocorrida antes ou depois da Emenda Constitucional 45/2004, "pois somente após a sua promulgação é que se reconheceu a competência da Justiça do Trabalho para processar e julgar as ações de reparação por danos materiais, morais e estéticos oriundos de acidentes de trabalho ou doenças profissionais". Nesse sentido, se a ciência da lesão decorrente de acidente do trabalho ou doença ocupacional é *posterior* à Emenda Constitucional 45/2004 e ao julgamento, pelo STF, do Conflito de Competência 7.204/MG, publicado no *DJU* de 09.12.2005, incide a prescrição trabalhista, prevista no art. 7.º, inciso XXIX, da Constituição da República (TST, 7.ª T., RR-36-43.2010.5.15.0133, Rel. Min. Luiz Philippe Vieira de Mello Filho, *DEJT*, 23.08.2019).

Ainda segundo parte da jurisprudência, na hipótese específica em que os sucessores do trabalhador (*de cujus*) pleiteiam, em nome próprio, indenização por danos morais e materiais *a si mesmos causados* em razão de acidente do trabalho ou doença ocupacional que vitimou o empregado falecido (dano reflexo ou em ricochete), por se tratar de *direito personalíssimo e autônomo dos familiares da vítima*, que se diferencia do dano sofrido pelo próprio trabalhador, apresenta natureza eminentemente civil, o que atrai a incidência da prescrição prevista no art. 206, § 3.º, do Código Civil (TST, SBDI-I, E-RR – 10248-50.2016.5.03.0165, Rel. Min. Luiz Philippe Vieira de Mello Filho, *DEJT* 15.06.2018).

27.6 PRESCRIÇÃO NA AÇÃO CIVIL PÚBLICA

Prevalece na jurisprudência o entendimento de que deve ser aplicado o prazo prescricional de cinco anos para a *ação civil pública*, com fundamento no prazo prescricional da ação popular (art. 21 da Lei 4.717/1965)[26]. A prescrição, de todo modo, incide quanto a pretensões de natureza condenatória.

---

25. "Recurso de embargos. indenização por dano moral e material. Doença profissional. Empregado aposentado por invalidez. Lesão anterior à vigência do CC. Ação ajuizada após a edição da EC 45/2004. Prescrição aplicável. Necessário examinar a prescrição da pretensão a indenização por dano moral, em face de acidente de trabalho, quando o reconhecimento da lesão é anterior à vigência do Código Civil de 2002 (vigência a partir de 11 de janeiro de 2003), em 13.04.2001, e a ação trabalhista foi ajuizada após a vigência da EC 45/2004, em 17.01.2006. Diante da tese da c. Turma de que o marco para verificação da doença profissional deve se dar pela data da concessão de aposentadoria por invalidez, é de se aplicar a regra de transição, para consagrar a prescrição trienal, no presente caso, conforme determinam os arts. 206, § 3.º, c/c 2.028 do Código Civil de 2002, iniciando-se a contagem em 11.01.2003, data da vigência do novo Código. Se a prescrição começou a correr, da data da lesão, antes da EC 45, não é possível aplicar-se a prescrição trabalhista, sob pena de ferimento ao princípio da segurança jurídica, sendo relevante para o exame da prescrição que se observe a data da lesão, com o fim de estabilização das relações jurídicas. Embargos conhecidos e desprovidos" (TST, SBDI-I, E-RR 2700-23.2006.5.10.0005, Rel. Min. Aloysio Corrêa da Veiga, *DEJT* 22.08.2014).

26. "Agravo de instrumento em recurso de revista. Prescrição. Ação civil pública. Dano moral coletivo. Fixação do prazo prescricional de 5 anos previsto na Lei da Ação Popular (4.717/65). Em razão de provável afronta ao artigo 7.º, inciso XXIX, da CF/88, dá-se provimento ao agravo de instrumento para determinar o prosseguimento do recurso de revista. Agravo de instrumento conhecido e provido. Recurso de revista. Acórdão publicado na vigência da Lei nº 13.015/2014. Legitimidade ativa do Ministério Público do Trabalho. O entendi-

Especificamente quanto aos *direitos individuais homogêneos*, por serem essencialmente individuais, ainda que tutelados de forma coletiva (art. 81, parágrafo único, inciso III, da Lei 8.078/1990), entende-se que se aplica, no âmbito trabalhista, o prazo de prescrição previsto no art. 7.º, inciso XXIX, da Constituição Federal de 1988. Cf. TST, 5.ª T., RR-918-26.2019.5.17.0006, Rel. Min. Breno Medeiros, *DEJT* 02.09.2022.

---

mento jurisprudencial desta Casa já se pacificou no sentido de que o Ministério Público tem legitimidade para o ajuizamento de ação civil pública inclusive para a defesa de interesses individuais homogêneos. Precedentes. *In casu*, os interesses defendidos pelo Ministério Público do Trabalho ultrapassam a esfera individual, sendo coletivos e mesmo difusos, uma vez que se relacionam ao constatado extrapolamento da jornada de trabalho além do limite legal. Registre-se, ainda, que a determinação dos sujeitos envolvidos não constitui óbice ao exercício do direito de ação pelo Ministério Público, uma vez que o direito tem origem comum e afeta vários indivíduos da categoria, não podendo ser considerado individual heterogêneo, sendo certo que o fato de ser necessária a individualização para apuração do valor devido a cada empregado não descaracteriza a natureza homogênea da pretensão. Precedentes. Incidem, portanto, a Súmula nº 333 desta Corte e o art. 896, § 7.º, da CLT como óbices ao prosseguimento da revista, a pretexto da alegada ofensa aos dispositivos apontados, bem como da divergência jurisprudencial transcrita. Recurso de revista não conhecido. Prescrição. Ação civil pública. Dano moral coletivo. Fixação do prazo prescricional de 5 anos previsto na Lei da Ação Popular (4.717/65). O e. TRT consignou que diante da natureza dos direitos tutelados, a ação civil pública possui caráter de imprescritibilidade. Em que pesem tais considerações, certo é que esta Corte, na esteira do entendimento firmado pelo Superior Tribunal de Justiça, no que refere à existência de prazo prescricional para fins de proposição de ação civil pública, firmou entendimento sobre a adoção do prazo prescricional de 5 anos para a ação civil pública. Precedentes. Prejudicada a análise dos temas remanescentes. Recurso de revista conhecido e provido" (TST, 5.ª T. RR - 353-89.2015.5.12.0055, Rel. Min. Breno Medeiros, *DEJT* 23.11.2018).

Capítulo 28

DIREITO COLETIVO DO TRABALHO

28.1 INTRODUÇÃO

Na denominação da matéria em estudo, as expressões mais utilizadas são: Direito Coletivo do Trabalho e Direito Sindical.

Os autores que adotam a denominação **Direito Sindical** asseveram ser o sindicato a figura de maior destaque no setor do Direito em análise[1].

No entanto, como as relações coletivas de trabalho não se restringem aos entes sindicais, parte da doutrina prefere denominar a matéria como **Direito Coletivo do Trabalho**, posição aqui adotada.

Discute-se a respeito da autonomia do Direito Coletivo do Trabalho.

Há entendimento, não majoritário, de que ele possui autonomia científica, especialmente por apresentar princípios próprios, diferentes do Direito Individual do Trabalho.

O entendimento que prevalece é de que o Direito do Trabalho, como ramo dotado de autonomia científica, possui como um de seus setores o Direito Coletivo do Trabalho, com peculiaridades próprias, mas sem se desvincular por completo do primeiro.

O Direito Coletivo do Trabalho pode ser conceituado como o **segmento do Direito do Trabalho que regula a organização sindical, a negociação coletiva e os instrumentos normativos decorrentes, a representação dos trabalhadores na empresa e a greve**.

28.2 PRINCÍPIOS DE DIREITO COLETIVO DO TRABALHO

Embora inserido no âmbito mais amplo do Direito do Trabalho, observa-se a presença de princípios próprios do Direito Coletivo do Trabalho, que não se confundem com aqueles do Direito Individual do Trabalho.

O *princípio da liberdade sindical* encontra-se na estrutura do Direito Coletivo do Trabalho da atualidade, pautado pela democracia e o pluralismo nas relações sindicais.

Não mais se sustenta o modelo sindical controlado pelo Estado, impondo regras que acabam sufocando a atuação dos atores sociais nas relações coletivas de trabalho.

A organização sindical, assim, passa a ter como fundamento a *liberdade de fundação, organização, associação, filiação, administração e atuação dos entes sindicais*, mantendo o diálogo e a boa-fé nas suas relações, de modo a se alcançar a dignidade e a justiça social.

---

1. Cf. NASCIMENTO, Amauri Mascaro. *Compêndio de direito sindical*. 2. ed. São Paulo: LTr, 2000. p. 19.

A liberdade sindical é regulada pela Convenção 87 da OIT, de 1948, norma internacional de grande importância, embora ainda não ratificada pelo Brasil.

O *princípio da autonomia coletiva dos particulares* explicita o poder de que são titulares os atores sociais, inseridos nas relações coletivas, possibilitando a criação de normas que regulem os conflitos laborais, ao mesmo tempo em que estabelecem condições de trabalho.

A autonomia privada coletiva, assim, é um poder que se confere aos entes sindicais, de estabelecer normas coletivas de trabalho, a serem aplicadas às relações trabalhistas.

Os instrumentos normativos em questão, de natureza autônoma, decorrem da negociação coletiva, procedimento no qual os entes sindicais podem exercer o direito de firmar convenções e acordos coletivos de trabalho. Estes, como já estudados, são verdadeiras fontes formais no Direito do Trabalho.

O *princípio da adequação setorial negociada* indica as possibilidades e os limites que devem ser observados pelas normas coletivas, decorrentes de negociação coletiva de trabalho[2].

Nesse sentido, referidos instrumentos coletivos podem estabelecer direitos mais benéficos aos empregados, conforme o princípio da norma mais favorável, adotado pelo art. 7.º, *caput*, da Constituição Federal de 1988.

Quanto à possibilidade de estabelecer condições de trabalho de forma prejudicial aos empregados, tal hipótese deve ser entendida como verdadeira exceção, admissível apenas nos casos previstos no texto constitucional (art. 7.º, incisos VI, XIII e XIV da Constituição da República), exigindo a devida justificação, sendo possível como forma de se buscar a proteção de interesses mais amplos dos trabalhadores, como a manutenção do nível de emprego.

Assim, os direitos sociais e trabalhistas mínimos, assegurados na Constituição Federal, não podem ser reduzidos, nem mesmo por meio de negociação coletiva, por se considerarem o patamar mínimo de existência digna. Nesse limite mínimo encontram-se, por exemplo, o adicional de horas extras de 50%, bem como o salário mínimo.

Além disso, as normas necessárias à proteção da dignidade e da vida do trabalhador, bem como aquelas de ordem pública, pertinentes à segurança e à saúde no trabalho, não podem ser objeto de flexibilização *in pejus*, ainda que se trate de instrumento normativo decorrente de negociação coletiva.

O art. 7.º, inciso XXVI, da Constituição da República, ao arrolar os direitos dos trabalhadores urbanos e rurais, estabelece o reconhecimento das convenções e acordos coletivos de trabalho.

Nesse enfoque, a negociação coletiva (art. 8.º, inciso VI, da Constituição Federal de 1988) é considerada procedimento legítimo e democrático que dá origem a normas coletivas autônomas.

Entende-se, ainda, que no âmbito das relações coletivas de trabalho, os entes sindicais e coletivos legitimados situam-se em posição de igualdade, por não se observar a vulnerabilidade ou a hipossuficiência do empregado, presente no contrato individual de trabalho.

Destaca-se, assim, a presença do *princípio da equivalência entre os contratantes coletivos*[3].

2. Cf. DELGADO, Mauricio Godinho. *Curso de direito do trabalho*. 4. ed. São Paulo: LTr, 2005. p. 1.319-1.321.
3. Cf. DELGADO, Mauricio Godinho. *Curso de direito do trabalho*. 17. ed. São Paulo: LTr, 2018. p. 1.557.

Com isso, na atualidade, tem-se entendido que os instrumentos normativos autônomos, decorrentes da negociação coletiva de trabalho, quando respeitados os direitos indisponíveis e as normas de ordem pública, devem prevalecer sobre as fontes normativas heterônomas[4].

Nessa linha, o Supremo Tribunal Federal fixou a seguinte tese de repercussão geral: "São constitucionais os acordos e as convenções coletivos que, ao considerarem a adequação setorial negociada, pactuam limitações ou afastamentos de direitos trabalhistas, independentemente da explicitação especificada de vantagens compensatórias, desde que respeitados os direitos absolutamente indisponíveis" (STF, Pleno, ARE 1.121.633/GO, Rel. Min. Gilmar Mendes, j. 02.06.2022)[5].

Ainda quanto ao tema, cf. Capítulo 28, itens 28.19, 28.20 e 28.21.

28.3 DIREITO COLETIVO DO TRABALHO NA CONSTITUIÇÃO FEDERAL DE 1988

A Constituição Federal, promulgada em 5 de outubro de 1988, ao instaurar novo regime constitucional, estabelecendo o Estado Democrático de Direito (art. 1.º), passou a adotar o princípio da liberdade sindical (art. 8.º, *caput*), ainda que impondo sérias restrições.

O art. 8.º, inciso I, da Constituição Federal de 1988 prevê a seguinte regra, de grande destaque e importância: "a lei não poderá exigir autorização do Estado para a fundação

4. "Recurso de revista interposto pela reclamada. 1. Sistema de controle alternativo de jornada. Norma coletiva que determina a autogestão da jornada pelo empregado. Validade. Provimento. A teor do preceito insculpido no artigo 7.º, XXVI, da Constituição Federal, é dever desta Justiça Especializada incentivar e garantir o cumprimento das decisões tomadas a partir da autocomposição coletiva, desde que formalizadas nos limites da lei. A negociação coletiva, nessa perspectiva, é um instrumento valioso que nosso ordenamento jurídico coloca à disposição dos sujeitos trabalhistas para regulamentar as respectivas relações de trabalho, atendendo às particularidades e especificidades de cada caso. É inequívoco que, no âmbito da negociação coletiva, os entes coletivos atuam em igualdade de condições, o que torna legítimas as condições de trabalho por eles ajustadas, na medida em que afasta a hipossuficiência ínsita ao trabalhador nos acordos individuais de trabalho. Assim, as normas autônomas oriundas de negociação coletiva, desde que resguardados os direitos indisponíveis, devem prevalecer sobre o padrão heterônomo justrabalhista, já que a transação realizada em autocomposição privada resulta de uma ampla discussão havida em um ambiente paritário, no qual as perdas e ganhos recíprocos têm presunção de comutatividade. Na hipótese, a Corte Regional reputou inválida a norma coletiva em que autorizada a dispensa de controle formal de horário, sob o fundamento de que tal previsão não se sobrepõe ao disposto no artigo 74, § 2.º, da CLT, e, por isso, não exime a reclamada do cumprimento do disposto no aludido artigo. Conforme acima aduzido, a Constituição Federal reconhece a validade e a eficácia dos instrumentos de negociação coletiva, desde que respeitados os direitos indisponíveis dos trabalhadores. Ocorre que a forma de marcação da jornada de trabalho não se insere no rol de direitos indisponíveis, de modo que não há qualquer óbice na negociação para afastar a incidência do dispositivo que regula a matéria, com o fim de atender aos interesses das partes contratantes. Impende destacar, inclusive, que o artigo 611-A, X, da CLT, inserido pela Lei nº 13.467/2017, autoriza a prevalência das normas coletivas que disciplinam a modalidade de registro de jornada de trabalho em relação às disposições da lei. É bem verdade que o aludido preceito, por ser de direito material, não pode ser invocado para disciplinar as relações jurídicas já consolidadas. Não se pode olvidar, entretanto, que referido dispositivo não trouxe qualquer inovação no mundo jurídico, apenas declarou o fato de que essa matéria não se insere no rol das garantias inegociáveis. Ante o exposto, mostra-se flagrante a afronta ao artigo 7.º, XXVI, da Constituição Federal. Recurso de revista de que se conhece e a que se dá provimento" (TST, 4.ª T., ARR - 80700-33.2007.5.02.0261, Rel. Min. Guilherme Augusto Caputo Bastos, *DEJT* 26.10.2018).

5. "Recurso extraordinário com agravo. 2. Direito do Trabalho. 3. Validade de norma coletiva que limita ou restringe direito trabalhista. Matéria constitucional. Revisão da tese firmada nos temas 357 e 762. 4. Repercussão geral reconhecida" (STF, Pleno, ARE-RG 1.121.633/GO, Rel. Min. Gilmar Mendes, *DJe* 23.05.2019).

de sindicato, ressalvado o registro no órgão competente, vedadas ao Poder Público a interferência e a intervenção na organização sindical".

Essa proibição de interferência e intervenção do Poder Executivo na organização sindical foi a grande modificação, tornando incompatíveis diversas regras contidas na CLT, fundadas nas ordens constitucionais anteriores, não recepcionadas pela Constituição Federal de 1988.

A organização sindical estabelecida na Constituição Federal de 1988 adota o princípio da *liberdade sindical*, embora com certas restrições.

Efetivamente, de acordo com o art. 8.º, *caput*, da Lei Maior: "É livre a associação profissional ou sindical", observados os preceitos dos incisos arrolados no mencionado dispositivo.

O inciso I do art. 8.º da Constituição da República foi mencionado acima, vedando a proibição de interferência e a intervenção do Poder Público na organização sindical.

A liberdade sindical, especificamente quanto à liberdade de filiação, é assegurada no inciso V, do mesmo art. 8.º, ao prever que "ninguém será obrigado a filiar-se ou a manter-se filiado a sindicato".

O sistema sindical em vigor, no Brasil, adota a *unicidade sindical* (art. 8.º, inciso II, da CF/1988), uma vez que: "é vedada a criação de mais de uma organização sindical, em qualquer grau, representativa de categoria profissional ou econômica, na mesma base territorial, que será definida pelos trabalhadores ou empregadores interessados, não podendo ser inferior à área de um Município".

Além disso, o mencionado sistema é organizado em *categorias*, como se observa dos comandos presentes no art. 8.º, incisos II, III[6] e IV, da Constituição Federal de 1988. Isso não afasta a presença das *categorias profissionais diferenciadas*, conforme o art. 511, § 3.º, da CLT.

O sistema sindical revela-se, ainda, de caráter *confederativo*, como confirma o art. 8.º, inciso IV, da Constituição da República.

A Constituição Federal prevê, ainda, contribuições para custeio do sindicato, no art. 8.º, inciso IV: "a assembleia geral fixará a contribuição que, em se tratando de categoria profissional, será descontada em folha, para custeio do sistema confederativo da representação sindical respectiva, independentemente da contribuição prevista em lei".

A organização sindical brasileira enfatiza a *negociação coletiva*, considerada a forma ideal de solução dos conflitos de trabalho, dando origem a normas coletivas (acordo coletivo e convenção coletiva de trabalho).

Nesse sentido, o art. 7.º, inciso XXVI, da Constituição Federal de 1988 prevê o direito ao "reconhecimento das convenções e acordos coletivos de trabalho". O art. 8.º, inciso VI, por sua vez, prevê ser "obrigatória a participação dos sindicatos nas negociações coletivas de trabalho".

O inciso VIII do art. 8.º da Lei Maior prevê a já estudada estabilidade provisória do dirigente sindical, representando caso de proibição expressa de ato antissindical: "é vedada a dispensa do empregado sindicalizado a partir do registro da candidatura a cargo de direção ou representação sindical e, se eleito, ainda que suplente, até um ano após o final do mandato, salvo se cometer falta grave nos termos da lei".

6. "III – ao sindicato cabe a defesa dos direitos e interesses coletivos ou individuais da categoria, inclusive em questões judiciais ou administrativas".

Frise-se que as disposições do art. 8.º da Constituição da República aplicam-se à organização de sindicatos rurais e de colônias de pescadores, atendidas as condições que a lei estabelecer (art. 8.º, parágrafo único, da CF/1988).

Nesse contexto, as colônias de pescadores, as federações estaduais e a confederação nacional dos pescadores ficam reconhecidas como órgãos de classe dos trabalhadores do setor artesanal da pesca, com forma e natureza jurídica próprias, obedecendo ao princípio da livre organização previsto no art. 8.º da Constituição Federal (art. 1.º da Lei 11.699/2008).

28.4 LIBERDADE SINDICAL

A liberdade sindical, como já mencionado, é princípio que fundamenta toda a organização sindical da atualidade, pautada pela democracia nas relações coletivas de trabalho.

Na definição de José Cláudio Monteiro de Brito Filho, a liberdade sindical: "consiste no direito de trabalhadores (em sentido genérico) e empregadores de constituir as organizações sindicais que reputarem convenientes, na forma que desejarem, ditando suas regras de funcionamento e ações que devam ser empreendidas, podendo nelas ingressar ou não, permanecendo enquanto for sua vontade"[7].

A liberdade sindical é regulada, no âmbito internacional, pela Convenção 87 da OIT, ainda não ratificada pelo Brasil, em razão de certas restrições previstas na Constituição Federal de 1988.

Mesmo assim, é certo que o art. 8.º, *caput*, da Constituição da República assegura, em termos genéricos, a liberdade sindical.

Para a melhor análise da liberdade sindical, esta pode ser desmembrada, para fins didáticos, nos aspectos a seguir descritos.

A *liberdade de associação* é assegurada como direito de as pessoas se unirem, de forma duradoura e organizada, tendo em vista objetivos comuns.

Sendo o sindicado uma associação de natureza especial, assegura-se a *liberdade de associação sindical* como modalidade específica do direito mais amplo de associação.

A *liberdade de filiação sindical* é assegurada no art. 8.º, inciso V, da Constituição Federal de 1988, remontando ao direito, também fundamental, mais genérico, de liberdade de associação, previsto no art. 5.º, inciso XVII, da Constituição da República[8].

Ainda em termos gerais, frise-se que ninguém pode ser compelido a associar-se ou a permanecer associado (art. 5.º, inciso XX, da Constituição Federal de 1988). Nesse contexto, o Supremo Tribunal Federal fixou a seguinte tese de repercussão geral: "É inconstitucional o condicionamento da desfiliação de associado à quitação de débito referente a benefício obtido por intermédio da associação ou ao pagamento de multa" (STF, Pleno, RE 820.823/DF, Rel. Min. Dias Toffoli, j. 03.10.2022).

A liberdade de filiação sindical pode ser tanto positiva, ou seja, assegurando a associação ao ente sindical, como negativa, no sentido de garantir o direito de deixar o quadro de associados do sindicato. Tendo em vista a garantia referente à liberdade de filiação sindical, veda-se o tratamento discriminatório àquele que não é sindicalizado, bem como o tratamento privilegiado àquele que se associou ao sindicato. Nesse sentido,

---

7. BRITO FILHO, José Cláudio Monteiro de. *Direito sindical*. 2. ed. São Paulo: LTr, 2007. p. 73.

8. "XVII – é plena a liberdade de associação para fins lícitos, vedada a de caráter paramilitar".

a Orientação Jurisprudencial 20 da SDC do TST assim prevê: "Empregados sindicalizados. Admissão preferencial. Condição violadora do art. 8.º, V, da CF/1988. Viola o art. 8.º, V, da CF/1988 cláusula de instrumento normativo que estabelece a preferência, na contratação de mão de obra, do trabalhador sindicalizado sobre os demais".

Além disso, a liberdade de filiação sindical pode ser tanto individual, em que o trabalhador e o empregador têm o direito de ingressar como filiado do sindicato, como coletiva, na qual o próprio ente sindical, em si, decide se filiar a outro ente sindical superior, seja ele de amplitude nacional ou, mesmo, internacional.

Em nosso sistema de organização sindical, não se pode confundir a filiação ao sindicato, ato que depende da livre manifestação de vontade do trabalhador ou do empregador, com o fato de pertencer a determinada categoria profissional ou econômica.

Para fazer parte da categoria profissional, não se exige manifestação de vontade do empregado, bastando prestar serviços ao empregador cuja atividade preponderante insere-se em determinado setor da atividade econômica, em certa área territorial. Do mesmo modo, o empregador passa a fazer parte da categoria econômica pelo fato de exercer atividade preponderante em certo setor da economia, em determinada área territorial.

Já para ser filiado ao sindicato, reitere-se, faz-se necessária a manifestação de vontade do empregado ou do empregador.

Ainda a respeito do direito de associação sindical, cabe mencionar que a Lei 11.295/2006 não apenas revogou o parágrafo único do art. 526 da CLT (o qual excluía o "direito de associação em sindicato" aos empregados dos sindicatos), mas também acrescentou o § 2.º ao referido dispositivo, passando a prever que são aplicáveis "ao empregado de entidade sindical os preceitos das leis de proteção do trabalho e de previdência social, *inclusive o direito de associação em sindicato*" (destaquei)[9].

O Supremo Tribunal Federal declarou a constitucionalidade dessa previsão da Lei 11.295/2006, que modificou o art. 526 da CLT (STF, Pleno, ADI 3.890/DF, Rel. Min. Rosa Weber, j. 08.06.2021).

Logo, passou-se a reconhecer, expressamente, o direito de associação em sindicato (ou seja, o direito de sindicalização) também aos empregados das entidades sindicais, em consonância com o art. 8.º, *caput* e incisos I e V, da Constituição Federal de 1988.

A *liberdade de fundação sindical*, como direito de criar e constituir entes sindicais, é prevista no art. 8.º, inciso I, Constituição Federal de 1988.

Assim, garante-se aos membros da sociedade o direito de se reunirem, constituindo grupos, com o objetivo de defesa dos interesses profissionais e econômicos.

A fundação do ente sindical, como prevê o dispositivo constitucional mencionado, não depende de autorização do Estado. Apenas ficou ressalvada a necessidade de registro do sindicato no órgão competente.

9. "Recurso ordinário em dissídio coletivo. Dissídio coletivo ajuizado por sindicato de empregados em entidades sindicais após o advento da Lei n.º 11.295/2006. A Lei n.º 11.295, de 9 de maio de 2006, alterou o art. 526 da CLT, passando a garantir expressamente aos empregados de entidades sindicais a associação em sindicato (parágrafo segundo). Em virtude da alteração da lei, restou cancelada a Orientação Jurisprudencial n.º 37 da SDC/TST (*DJ* 18.10.2006). Logo, não há falar em carência de ação, por impossibilidade jurídica do pedido, no caso de dissídio coletivo ajuizado por sindicato representante de empregados de sindicatos em data posterior à vigência da Lei n.º 11.295/2006. Recursos ordinários a que se nega provimento, no particular" (TST, SDC, RODC – 2034100-24.2007.5.02.0000, Rel. Min. Márcio Eurico Vitral Amaro, *DEJT* 20.08.2010).

Assim, a aquisição da personalidade jurídica sindical depende do registro de seus estatutos no órgão competente. O sindicato, embora apresente natureza de associação de direito privado, apresenta diversas peculiaridades e funções diferenciadas. Por isso, o simples registro no Cartório de Títulos e Documentos e de Pessoas Jurídicas apenas confere a personalidade jurídica de associação, não sendo suficiente para a aquisição da personalidade sindical.

Sobre esse tema, o entendimento que prevalece é aquele segundo o qual "a mera inscrição no Registro Civil das Pessoas Jurídicas confere personalidade jurídica a entidades sindicais, mas não a personalidade sindical", pois "esta é adquirida com o registro no Ministério do Trabalho, cuja competência residual remanesce, na falta de norma regulamentadora que a conceda a outro órgão"[10].

Nesse sentido, a Súmula 677 do Supremo Tribunal Federal assim prevê: "Até que lei venha a dispor a respeito, incumbe ao Ministério do Trabalho proceder ao registro das entidades sindicais e zelar pela observância do princípio da unicidade".

Seguindo o mesmo entendimento, cabe destacar a Orientação Jurisprudencial 15 da SDC do TST: "Sindicato. Legitimidade *ad processum*. Imprescindibilidade do registro no Ministério do Trabalho. A comprovação da legitimidade *ad processum* da entidade sindical se faz por seu registro no órgão competente do Ministério do Trabalho, mesmo após a promulgação da Constituição Federal de 1988".

A Portaria 3.472/2023 dispõe sobre os procedimentos para o registro das entidades sindicais no Ministério do Trabalho e Emprego.

As disputas de representação sindical, quando não solucionadas de forma consensual (autocomposição e mediação) ou por meio de arbitragem, ficam sujeitas à apreciação do Poder Judiciário (art. 5.º, inciso XXXV, da CF/1988).

A *liberdade de organização*, significando a autonomia do ente sindical quanto à escolha dos meios para alcançar os fins a que se propõe, é garantida pelo art. 8.º, inciso I, da Constituição Federal de 1988.

O sindicato é organizado conforme o previsto em seu estatuto, estabelecendo os diversos órgãos que integram o ente sindical, bem como as atribuições de cada um deles.

No entanto, a referida liberdade não é ilimitada, devendo respeitar as normas jurídicas de ordem pública, que incidem sobre todos aqueles que mantêm diversas relações na vida em sociedade.

Nesse aspecto, é controvertida a questão de saber se a lei (entendida como fonte formal do Direito, de origem estatal) pode fixar os órgãos do ente sindical, bem como a sua composição.

Há quem defenda que o art. 8.º, *caput* e inciso I, da Constituição em vigor, ao proibir a interferência e a intervenção do Poder Público na organização sindical, não admite as referidas previsões legais, pois seria uma forma de violar a liberdade sindical, no aspecto da liberdade de organização.

No entanto, pode-se entender que a mencionada vedação de interferência e intervenção dirige-se ao Poder Executivo, mas não ao Poder Legislativo e ao Poder Judiciário (quanto às suas atividades típicas, de legislar e julgar), pois os entes sindicais, assim como todos aqueles que mantêm relações na sociedade, estão sob o império da lei (art.

10. SANTOS, Ronaldo Lima dos. *Sindicatos e ações coletivas*. São Paulo: LTr, 2003. p. 54-55.

5.º, inciso II, da CF/1988), bem como estão sujeitos ao controle jurisdicional de seus atos (art. 5.º, inciso XXXV, da CF/1988).

Por isso, a lei, desde que atendidos os requisitos de razoabilidade e proporcionalidade, pode estabelecer regras pertinentes à organização sindical. Do mesmo modo que a lei prevê normas a serem observadas pela associação civil, ou pelas diversas modalidades de sociedades, pode estabelecer disposições básicas e genéricas quanto à organização dos entes sindicais. Isso não representa interferência do Poder Público, mas garantia de observância de regras mínimas, em favor de todos aqueles que possam ter interesses ali presentes.

Essa questão gera importantes reflexos, por exemplo, quanto à vigência do art. 522 da CLT, que estabelece o número de membros da administração do sindicato.

De acordo com o entendimento do TST (Súmula 369, inciso II) e também do STF[11], esse dispositivo da CLT foi recepcionado pela Constituição Federal de 1988, estando em vigência, pois não se refere a qualquer intervenção estatal no ente sindical, mas sim a disposição da lei (e não do Poder Executivo), regulando o tema.

Obviamente, eventual lei que contenha previsão inconstitucional, por autorizar interferência ou intervenção estatal descabida no ente sindical, não será válida, por afrontar o princípio da liberdade sindical.

Isso não significa, no entanto, que o sindicato não possa ter a sua organização regulada por lei, a qual pode fixar preceitos básicos, sem prever interferência estatal, como forma de garantia em favor dos interessados e de terceiros.

A *liberdade de administração* do ente sindical refere-se à forma de sua condução, estabelecendo as metas, prioridades e objetivos a serem alcançados. No plano interno, o sindicato estabelece a forma de sua administração, em consonância com seu estatuto, e realização de eleições sindicais. Externamente, a administração do ente sindical não pode ser objeto de interferência de terceiros e do Poder Executivo.

Mesmo assegurada essa autonomia na administração sindical, deve-se observar que ao sindicato cabe a defesa dos "direitos e interesses coletivos ou individuais da categoria, inclusive em questões judiciais ou administrativas" (art. 8.º, inciso III, da CF/1988), o que deve ser levado em conta pelos diretores e membros da administração do ente sindical.

Da mesma forma como mencionado acima, discute-se a validade de previsões legais, estabelecendo *quorum* para deliberações pela assembleia geral e regras a serem observadas nas eleições sindicais. Há quem entenda que essa matéria deve ser regulada pelo estatuto do ente sindical, não podendo a lei interferir na questão, em razão da liberdade sindical, no aspecto de sua autonomia e liberdade de administração.

---

11. "Arguição de descumprimento de preceito fundamental. Art. 522 da Consolidação das Leis do Trabalho. Inc. II da Súmula 369 do Tribunal Superior do Trabalho. Definição de número máximo de dirigentes sindicatos com estabilidade no emprego. Recepção do art. 522 da Consolidação das Leis do Trabalho. Precedentes do Supremo Tribunal. Ausência de esvaziamento do núcleo da liberdade sindical pela norma legal e pelo enunciado. Arguição de descumprimento de preceito fundamental improcedente. 1. A liberdade sindical tem previsão constitucional, mas não se dota de caráter absoluto. A previsão legal de número máximo de dirigentes sindicais dotados de estabilidade de emprego não esvazia aquela liberdade, que se preserva para cumprir a finalidade de autonomia da entidade sindical, não para criar situações de estabilidade genérica e ilimitada sem se conciliar com a razoabilidade e a finalidade da norma constitucional garantidora do direito. 2. Recepção da norma legal acolhida em precedentes do Supremo Tribunal Federal. Súmula que expressa o que a jurisprudência deste Supremo Tribunal não contraria a Constituição da República. 3. Arguição de descumprimento de preceito fundamental improcedente" (STF, Pleno, ADPF 276/DF, Rel. Min. Cármen Lúcia, *DJe* 03.06.2020).

Seguindo o entendimento já exposto, nada impede que a lei, de forma razoável e equânime, fixe regras gerais sobre temas de interesse da coletividade, e que inclusive podem afetar relações com terceiros. Isso não se confunde com interferência ou intervenção do Poder Público ou do Poder Executivo no sindicato, pois todos estão sob o império da lei no Estado Democrático de Direito.

O que não se admite é a interferência do Estado, controlando as eleições e deliberações a serem tomadas pelo sindicato. As antigas previsões legais nesse sentido é que não foram recepcionadas pela Constituição Federal de 1988.

A *liberdade de atuação do sindicato* refere-se à conduta a ser adotada, de modo a alcançar os objetivos do ente sindical, em especial na defesa dos direitos e interesses, de natureza coletiva, da categoria como um todo, bem como dos direitos e interesses individuais, dos membros da categoria. Tem-se, portanto, a liberdade de exercício das funções.

De todo modo, tanto a liberdade de atuação sindical como a liberdade de organização e de administração sindical, inseridas na *autonomia sindical*, devem respeitar as normas e os princípios magnos presentes no ordenamento jurídico, até porque os entes sindicais não são dotados de poder soberano.

Os interesses do próprio ente sindical, como associação especial que é, também podem ser objeto de sua atuação, por exemplo, na cobrança das contribuições que lhe são devidas.

28.5 LIMITAÇÕES AO PRINCÍPIO DA LIBERDADE SINDICAL

O regime de organização sindical no Brasil, mesmo depois da Constituição Federal de 1988, ainda prevê sérias restrições ao princípio da liberdade sindical. Aliás, algumas restrições, anteriormente previstas apenas no plano infraconstitucional, passaram a constar do texto da Constituição da República.

Essas limitações, no entanto, estão em desacordo com o efetivo princípio da liberdade sindical, tal como previsto na Convenção 87 da OIT, sendo um importante fator impedindo a sua ratificação pelo Brasil.

Vejamos, assim, as principais restrições à liberdade sindical.

A *unicidade sindical* é o sistema no qual a lei exige que apenas um ente sindical seja representativo de determinada categoria, em certo espaço territorial.

Esse é o regime que vigora no Brasil, e que foi expressamente adotado no art. 8.º, inciso II, da Constituição Federal de 1988, com a seguinte redação: "é vedada a criação de mais de uma organização sindical, em qualquer grau, representativa de categoria profissional ou econômica, na mesma base territorial, que será definida pelos trabalhadores ou empregadores interessados, não podendo ser inferior à área de um Município".

A unicidade sindical não se confunde com a *unidade sindical*, pois, nesta última, o sindicato único (que representa certa categoria ou grupo, em determinada área territorial) não decorre de imposição da lei ou outra fonte normativa estatal, mas sim de livre decisão tomada pelos próprios interessados. O sistema de unidade sindical, justamente porque não é imposto pela lei ou pelo Estado, é compatível com a liberdade sindical, bem como com a Convenção 87 da OIT.

Já a unicidade sindical, em que o sindicato único é obrigatório por lei (no caso do Brasil, por previsão constitucional), afronta o mencionado mandamento de liberdade nas relações coletivas de trabalho.

O terceiro regime é o de *pluralidade sindical*, significando a efetiva existência de mais de um ente sindical, representando o mesmo grupo ou categoria, na mesma base territorial. A pluralidade sindical também está em consonância com o princípio da liberdade sindical, autorizando os interessados a se unirem para fundar e organizar entes sindicais, independentemente da prévia existência de outros sindicatos com a mesma delimitação quanto à categoria representada e ao território de atuação.

No entanto, o aspecto possivelmente negativo da pluralidade sindical é a dispersão de forças, dificultando a atuação eficaz e conjunta dos membros do grupo ou da categoria, especialmente profissional, em face dos entes sindicais patronais.

Cabe esclarecer que o sistema brasileiro, ainda que seja de unicidade sindical, admite o *desmembramento* ou *dissociação* da categoria, dando origem a categorias específicas, seja quanto à atividade econômica, seja quanto à área territorial de atuação.

Assim, eventual categoria profissional concentrada ou eclética, reunindo empregados em diferentes atividades econômicas, similares ou conexas (art. 511, § 2.º, da CLT), pode se desmembrar ou se dissociar, resultando na formação de dois entes sindicais autônomos, cada um representando a respectiva atividade específica, passando a alcançar os empregados que trabalham no mesmo setor da atividade econômica (identidade).

Do mesmo modo, o ente sindical que represente certa categoria profissional em mais de um município pode se desmembrar ou se dissociar, dando origem a sindicatos distintos, cada um em área territorial distinta, abrangendo no mínimo um município.

A Constituição Federal de 1988, como mencionado, exige que seja observada a *base territorial mínima do sindicato*, pois ela *não pode ser inferior à área de um Município* (art. 8.º, inciso II, da CF/1988).

Observada essa limitação, cabe aos trabalhadores e aos empregadores interessados definir a base territorial do sindicato.

Nesse tema, observa-se que a Constituição de 1988 acabou sendo até mesmo mais restritiva que a própria Consolidação das Leis do Trabalho, a qual, no art. 517, admitia os sindicatos "distritais", além daqueles municipais, intermunicipais, estaduais, interestaduais e nacionais.

A referida base territorial mínima, de um município, também é uma forma de restringir a liberdade sindical, por impossibilitar que os interessados constituam entes sindicais de menor abrangência territorial, para tratar de questões mais específicas.

Do mesmo modo, a mencionada limitação territorial, juntamente com as restrições referentes à unicidade sindical e ao regime organizado por categoria, acaba por impedir a fundação e organização de sindicatos por empresa.

Diversos dispositivos constitucionais confirmam que o *sistema sindical* brasileiro é *organizado em categorias*, como se verifica no art. 8.º, incisos II a IV, da Constituição Federal de 1988.

O sistema de categorias é uma evidente forma de restringir a liberdade sindical, com origem no regime corporativista, impossibilitando que os interessados se reúnam em formas distintas, em outros grupos, com alcance diverso, como os sindicatos por profissões, ou mesmo os sindicatos dos empregados de certa empresa.

Mesmo tendo sido adotado o conceito de categoria no Brasil, na prática, por meio de dissociações e desmembramentos de categorias ecléticas, observou-se um efetivo aumento no número de entidades sindicais após a Constituição Federal de 1988, quando deixou de ser exigida a autorização do Ministério do Trabalho para a fundação do sindicato.

A categoria pode ser definida como o conjunto de pessoas com interesses profissionais ou econômicos em comum, decorrentes de identidade de condições ligadas ao trabalho ou à atividade econômica desempenhada. É uma forma de organização do grupo profissional ou econômico[12].

O conceito de categoria, na realidade, é objeto da sociologia, mas tem previsão no art. 511, §§ 1.º e 2.º, da CLT.

Desse modo, a *categoria profissional* (ou seja, de empregados) é a "expressão social elementar", integrada pela "similitude de condições de vida oriunda da profissão ou trabalho em comum, em situação de emprego na mesma atividade econômica ou em atividades econômicas similares ou conexas" (§ 2.º do art. 511 da CLT).

Para que o empregado integre a categoria profissional, basta prestar serviços a empregador cuja atividade esteja inserida em certo setor da economia, independentemente da função especificamente desempenhada (a não ser que se trate de categoria profissional diferenciada).

A *categoria econômica* (ou seja, de empregadores), por sua vez, é o "vínculo social básico", decorrente da "solidariedade de interesses econômicos dos que empreendem atividades idênticas, similares ou conexas" (§ 1.º do art. 511 da CLT).

O enquadramento sindical é feito em conformidade com a atividade preponderante do empregador, o que é confirmado pelo art. 581, § 1.º, da CLT.

Entende-se por *atividade preponderante* a que caracterizar a unidade de produto, operação ou objetivo final, para cuja obtenção todas as demais atividades convirjam, exclusivamente em regime de conexão funcional (art. 581, § 2.º, da CLT).

Observa-se, ainda, a *categoria profissional diferenciada*, conceituada como a "que se forma dos empregados que exerçam profissões ou funções diferenciadas por força de estatuto profissional especial ou em consequência de condições de vida singulares" (§ 3.º do art. 511 da CLT).

Consequentemente, para a existência de categoria profissional diferenciada, faz-se necessária a existência de: estatuto profissional especial (por exemplo, as secretárias); ou a existência de condições de vida diferenciadas (como no caso dos motoristas).

Essa formação de sindicato por profissão foi recepcionada pelo sistema constitucional em vigor, por se moldar ao regime de categorias.

O quadro anexo mencionado pelo art. 577 da CLT estabelece diversas categorias profissionais diferenciadas, podendo esse rol ser ampliado, tendo em vista a liberdade sindical adotada pela Constituição Federal de 1988, desde que observadas as limitações aqui mencionadas. No entanto, como esclarece a Orientação Jurisprudencial 9 da SDC do TST: "O dissídio coletivo não é meio próprio para o Sindicato vir a obter o reconhecimento de que a categoria que representa é diferenciada, pois esta matéria - enquadramento sindical - envolve a interpretação de norma genérica, notadamente do art. 577 da CLT".

Na mesma linha, a Orientação Jurisprudencial 36 da SDC do TST apresenta a seguinte previsão: "Empregados de empresa de processamento de dados. Reconhecimento como categoria diferenciada. Impossibilidade. É por lei e não por decisão judicial, que as categorias diferenciadas são reconhecidas como tais. De outra parte, no que tange aos profissionais da informática, o trabalho que desempenham sofre alterações, de acordo com a atividade econômica exercida pelo empregador".

12. Cf. MARTINS, Sergio Pinto. *Direito do trabalho*. 28. ed. São Paulo: Atlas, 2012. p. 755.

Ainda sobre as categorias diferenciadas, revelando a sua importância em nosso sistema jurídico, cabe destacar a Súmula 117 do TST, com a seguinte previsão: "Bancário. Categoria diferenciada. Não se beneficiam do regime legal relativo aos bancários os empregados de estabelecimento de crédito pertencentes a categorias profissionais diferenciadas".

A Súmula 369, inciso III, do TST prevê que o "empregado de categoria diferenciada eleito dirigente sindical só goza de estabilidade se exercer na empresa atividade pertinente à categoria profissional do sindicato para o qual foi eleito dirigente".

Cabe destacar, por fim, a Súmula 374 do TST, com a seguinte redação: "Norma coletiva. Categoria diferenciada. Abrangência. Empregado integrante de categoria profissional diferenciada não tem o direito de haver de seu empregador vantagens previstas em instrumento coletivo no qual a empresa não foi representada por órgão de classe de sua categoria".

A categoria pode reunir atividades ou profissões idênticas, similares ou conexas (art. 511, *caput* e §§ 1.º, 2.º e 4.º, da CLT).

A *categoria de atividades idênticas* reúne, apenas, os empregadores (sindicato patronal), ou os empregados (sindicato profissional), que exerçam, respectivamente, a mesma atividade econômica, ou que prestem serviços no mesmo setor da atividade econômica.

A *categoria de atividades similares* reúne atividades parecidas, ou seja, semelhantes entre si, como é o caso de hotéis e restaurantes. Essa similaridade pode ocorrer tanto na categoria econômica como na profissional.

A *categoria de atividades conexas* é integrada por atividades que se complementam, exercidas com o mesmo fim, como ocorre na construção civil, em que existem, entre outras, as atividades de alvenaria, pintura, parte elétrica e hidráulica. Essa conexão entre as atividades da categoria também pode ser verificada tanto no âmbito patronal como no dos empregados.

Como já mencionado, as *categorias ecléticas*, que reúnem atividades similares e conexas, podem sofrer desmembramentos ou dissociações, dando origem a *categorias específicas*, referentes a atividades idênticas.

O art. 511, *caput*, da CLT considera "lícita a associação para fins de estudo, defesa e coordenação dos seus interesses econômicos ou profissionais de todos os que, como empregadores, empregados, agentes ou trabalhadores autônomos ou profissionais liberais exerçam, respectivamente, a mesma atividade ou profissão ou atividades ou profissões similares ou conexas".

Diante disso, tem-se que o direito de sindicalização não se restringe aos empregados, mas abrange os trabalhadores como um todo, inclusive os autônomos e profissionais liberais.

No entanto, como é evidente, se o trabalhador autônomo, ou mesmo o profissional liberal, prestar serviços como empregado, ou seja, mediante vínculo de emprego, firmado com o empregador, deixa a sua condição de autônomo. Assim, passa a integrar a categoria profissional correspondente à atividade preponderante na empresa, ainda que exerça função específica.

Se o empregado exercer atividade que seja considerada como integrante de categoria profissional diferenciada (art. 511, § 3.º, da CLT), somente nesse caso, o seu enquadramento sindical terá essa particularidade.

Por isso, não basta dizer que o empregado exerce certa função, típica de profissional liberal; se esse trabalhador é um empregado, em regra, o seu enquadramento sindical deve seguir a correspondência com a atividade desempenhada pelo empregador, em determinado setor da economia, independentemente da função específica do empregado.

A exceção fica apenas quanto à categoria profissional diferenciada, hipótese em que o empregado é incluído no sindicato específico da profissão. No entanto, a efetiva existência de categoria profissional diferenciada depende de se verificar "empregados que exerçam profissões ou funções diferenciadas por força de estatuto profissional especial ou em consequência de condições de vida singulares" (art. 511, § 3.º, da CLT).

Em razão da redação genérica do art. 511, § 3.º, da CLT, representando um conceito indeterminado, há quem entenda que os profissionais liberais podem constituir categorias profissionais diferenciadas, podendo ser representados por sindicatos próprios, distintos dos sindicatos que representam os demais empregados da empresa.

O ideal seria a adoção da ampla liberdade sindical, tal como prevista na Convenção 87 da OIT. No entanto, o sistema brasileiro em vigor ainda é pautado pelo regime de categorias, adotando a unicidade sindical.

Por isso, na interpretação das disposições presentes em nosso ordenamento jurídico, a categoria profissional diferenciada, representando o sindicato por profissão, ainda é uma exceção em nosso sistema, não podendo ser utilizada como forma de burlar o regime estabelecido pela Constituição Federal.

Desse modo, como já destacado, se o empregado exerce atividade típica de profissional liberal (como advogado, médico ou engenheiro), mas mantém vínculo de emprego com o empregador, ele deixa de ser representado por sindicato de profissional liberal, uma vez que passou a prestar serviços como empregado, e não mais como autônomo.

Somente no caso em que a profissão do referido empregado, exercida na empresa, seja considerada (pelo sistema jurídico) uma categoria profissional diferenciada (como ocorre com motoristas, aeronautas e secretárias), é que o sindicato da profissão será, excepcionalmente, o representante da categoria. Mas isso ainda é exceção em nosso sistema, pois, em regra, o empregado integra a categoria profissional correspondente à atividade econômica do empregador, uniforme ou preponderante, independentemente da função especificamente desempenhada.

Cabe fazer menção, ainda, ao art. 1.º da Lei 7.316, de 28 de maio de 1985, com a seguinte previsão: "Nas ações individuais e coletivas de competência da Justiça do Trabalho, as entidades sindicais que integram a Confederação Nacional das Profissões Liberais terão o mesmo poder de representação dos trabalhadores empregados atribuído, pela legislação em vigor, aos sindicatos representativos das categorias profissionais diferenciadas".

O ordenamento jurídico, assim, reconhece a existência das entidades sindicais que representam os profissionais liberais, assegurando-lhes o mesmo poder de representação dos sindicatos das categorias profissionais diferenciadas.

Isso confirma que os profissionais liberais e as categorias profissionais diferenciadas não são a mesma realidade, até porque os primeiros não são, conceitualmente, empregados.

Mesmo assim, em razão do art. 1.º da Lei 7.316/1985, é possível verificar certa equiparação entre os trabalhadores que exercem atividades típicas de profissional liberal com os empregados que integram categorias profissionais diferenciadas. Por isso, para que o mencionado dispositivo legal apresente eficácia, deve-se entender que os empregados, exercendo na empresa atividades típicas de profissionais liberais, ainda não consideradas como integrantes de categorias diferenciadas, podem se reunir em sindicatos próprios, aplicando-se, nesse caso, as mesmas regras pertinentes aos sindicatos das categorias profissionais diferenciadas[13].

Desse modo, pode-se entender que os sindicatos de profissionais liberais (como de engenheiros e médicos) detêm legitimidade para efetuar negociação coletiva com empresas, para estabelecer acordo coletivo em favor dos empregados representados pelos mencionados entes sindicais, que exerçam a atividade respectiva no âmbito do empregador.

Sobre a aplicabilidade das normas coletivas em favor de empregados que integram categoria profissional diferenciada, exercendo a mencionada profissão na empresa, cabe reiterar a previsão da Súmula 374 do TST[14]. Tendo em vista a mencionada equiparação, estabelecida pela Lei 7.316/1985, essa mesma orientação também pode ser aplicada aos empregados representados por ente sindical de profissionais liberais, exercendo tais funções na empresa.

28.6 CLÁUSULAS QUE LIMITAM A LIBERDADE SINDICAL

A doutrina aponta diversas cláusulas, verificadas na experiência sindical estrangeira, que restringem a liberdade sindical. Por isso, em regra, não são mais compatíveis com o respectivo princípio.

Vejamos, assim, as principais modalidades[15]:

- "Closed shop" é a exigência de filiação ao sindicato como condição de emprego.
- "Union shop" significa a exigência de filiação ao sindicato como condição à continuidade do emprego.
- "Agency shop" é a obrigatoriedade de contribuição ao sindicato.
- "Mise à l'index" indica a existência de lista negra de não filiados ao sindicato.
- "Maintenance of membership" ocorre quando o empregado se filia voluntariamente ao sindicato, mas deve nele permanecer na vigência da convenção coletiva, sob pena de dispensa.

13. "Recurso de embargos interposto na vigência da Lei 11.496/2007. Arquiteto. Profissional liberal. Enquadramento como bancário. Impossibilidade. 1. Cinge-se a controvérsia em se saber se o arquiteto, empregado de instituição bancária e que desempenha as atribuições inerentes de sua profissão, deve ser enquadrado como bancário. 2. A primeira questão que deve ser considerada diz respeito ao tratamento sindical que deve ser conferido aos empregados da categoria de profissionais liberais. 3. O quadro anexo do art. 577 da CLT não insere a profissão de arquiteto como categoria profissional diferenciada, mas, sim, como profissional liberal. Apesar disto, verifica-se que inexiste qualquer incompatibilidade para a aplicação para esta categoria de empregados das regras concernentes à categoria profissional diferenciada. Primeiro porque tanto os profissionais liberais como os empregados de categoria diferenciada exercem suas profissões ou funções diferenciadas por força de estatuto profissional especial. No caso, a profissão dos arquitetos encontra-se regulada pela Lei n.º 4.950-A/1966. Segundo, porque o art. 1.º da Lei n.º 7.361/1985, confere à Confederação das Profissões Liberais o mesmo poder de representação atribuído aos sindicatos representativos das categorias profissionais diferenciadas. 4. De outro lado, esta Corte já sedimentou o entendimento de que as instituições bancárias podem legalmente contratar empregados de categorias diferenciadas em regime de trabalho diverso do aplicado aos bancários, conforme o que se infere da Súmula n.º 117. Recurso de Embargos conhecido e desprovido" (TST, SBDI-I, E-RR-104/2006-006-05-00.9, Redatora Min. Maria de Assis Calsing, *DJ* 26.06.2009).

14. "Norma coletiva. Categoria diferenciada. Abrangência. Empregado integrante de categoria profissional diferenciada não tem o direito de haver de seu empregador vantagens previstas em instrumento coletivo no qual a empresa não foi representada por órgão de classe de sua categoria".

15. Cf. MARTINS, Sergio Pinto. *Direito do trabalho*. 26. ed. São Paulo: Atlas, 2010. p. 713.

- "Open shop" é a empresa aberta apenas a não filiados do sindicato.
- "Yellow dog contract" ocorre quando o empregado se compromete a não se filiar ao sindicato para ser admitido.
- "Company unions" é o compromisso de criação de sindicatos fantasmas.
- "Preferencial shop" indica a preferência de admissão para empregados filiados ao sindicato.
- "Label" ocorre quando o sindicato põe sua marca nos produtos do empregador, mostrando que há sindicalização na empresa.

28.7 CONDUTAS ANTISSINDICAIS

Os atos antissindicais são condutas que afrontam o regular exercício da atividade sindical, causando prejuízos injustificados ao titular de direitos sindicais[16].

Quanto à denominação, também são encontradas as expressões "foro sindical" (mais utilizada em países da América Latina) e "práticas desleais" (mais comum nos Estados Unidos da América)[17].

Na realidade, o "foro sindical" é mais específico para as medidas de proteção ao dirigente do ente sindical, ou mesmo aos empregados que exercem atividade sindical ou coletiva, como se observa no art. 8.º, inciso VIII, da Constituição da República e no art. 543 da CLT.

Os "atos de ingerência" são aqueles em que as organizações de trabalhadores, principalmente, sofrem interferência de empregadores ou de organizações patronais, quanto à sua formação, funcionamento e administração.

A Convenção 98 da Organização Internacional do Trabalho, de 1949, prevê que as organizações de trabalhadores e de empregadores devem gozar de proteção adequada contra quaisquer atos de ingerência de umas nas outras, quer diretamente, quer por meio de seus agentes ou membros, em sua formação, funcionamento e administração (art. 2.º).

As "práticas desleais", por sua vez, são condutas ilícitas do empregador, englobando a ingerência indevida nas organizações de trabalhadores, dificultando ou impedindo o exercício de direitos sindicais, bem como atos de discriminação sindical e de recusa injustificada ou má-fé quanto à negociação coletiva.

A negociação coletiva, desse modo, deve sempre ocorrer de boa-fé, com transparência, probidade e honestidade, vedando-se condutas desleais, que tenham como objetivo o prejuízo da parte contrária.

Os "atos de discriminação sindical" envolvem tratamento inferior, negativo e prejudicial, com exteriorização de preconceito, em face de dirigentes sindicais e de empregados que exerçam atividade sindical.

A respeito do tema, a Convenção 98 da OIT estabelece que os trabalhadores devem gozar de proteção adequada contra quaisquer atos atentatórios à liberdade sindical em matéria de emprego (art. 1.º). Essa proteção deve, particularmente, aplicar-se a atos destinados a: subordinar o emprego de um trabalhador à condição de não se filiar a um sindicato ou de deixar de fazer parte de um sindicato; dispensar um trabalhador ou

---

16. Cf. ERMIDA URIARTE, Oscar. *A proteção contra os atos antissindicais*. Tradução de Irany Ferrari. São Paulo: LTr, 1989. p. 17.

17. Cf. BARROS, Alice Monteiro de. *Curso de direito do trabalho*. 2. ed. São Paulo: LTr, 2006. p. 1.241.

prejudicá-lo, por qualquer modo, em virtude de sua filiação a um sindicato ou de sua participação em atividades sindicais, fora das horas de trabalho ou, com o consentimento do empregador, durante o horário de trabalho.

Pode-se entender, assim, que a expressão "atos antissindicais" é mais ampla, pois engloba o *foro sindical*, os atos de *discriminação antissindical*, os *atos de ingerência* e as *práticas desleais*[18].

Para se assegurar o legítimo e regular exercício do direito à liberdade sindical, em suas diferentes dimensões, a Convenção 98 da OIT prevê medidas de prevenção (para que se evite a lesão) e reparação de atos antissindicais (como a declaração de nulidade da dispensa ilícita e consequente reintegração do dirigente sindical, ou a respectiva conversão em indenização).

Os autores de condutas antissindicais são normalmente os empregadores e as organizações patronais. No entanto, é possível que certos empregados, e mesmo organizações de trabalhadores, incidam em atos antissindicais, prejudicando o livre e regular exercício da atividade do sindicato. Além disso, o próprio Estado pode incorrer na referida prática, seja ao legislar de forma contrária aos preceitos da liberdade sindical, seja quando, figurando como empregador, incida em perseguição contra servidores que exerçam legitimamente a atividade sindical.

A empresa que, por qualquer modo, procurar impedir que o empregado se associe a sindicato, organize associação profissional ou sindical ou exerça os direitos inerentes à condição de sindicalizado fica sujeita à penalidade prevista no art. 553, *a*, da CLT (multa administrativa), sem prejuízo da reparação a que tiver direito o empregado.

Trata-se de penalidade administrativa decorrente de conduta antissindical praticada pela empresa, podendo ser devida, ainda, indenização por danos materiais e extrapatrimoniais ao empregado prejudicado (art. 186 do Código Civil).

---

18. "II – Recurso de revista. Greve. Bonificação a trabalhadores não participantes. Conduta antissindical. Caracterização. Indenização. Danos moral e material. 1. O direito de greve, ínsito ao Estado Democrático de Direito e consagrado na Constituição Federal como direito fundamental (art. 9.º), representa expressão da autonomia privada coletiva, sendo corolário da liberdade e autonomia sindicais (art. 8.º). 2. Por essa razão, o direito comparado e o direito pátrio identificam comportamentos que visem a enfraquecer esse direito e essa liberdade, as chamadas práticas desleais ('unfair labour practices') ou antissindicais. 3. Quanto ao tema, o art. 1.º da Convenção 98 da OIT, da qual o Brasil é signatário, dispõe: 'Os trabalhadores deverão gozar de proteção adequada contra quaisquer atos atentatórios à liberdade sindical em matéria de emprego'. 4. Rememore-se a lição de Oscar Ermida Uriarte, para quem as condutas ou atos antissindicais são 'aqueles que prejudiquem indevidamente um titular de direitos sindicais no exercício da atividade sindical ou por causa desta ou aqueles atos mediante os quais lhe são negadas, injustificadamente, as facilidades ou prerrogativas necessárias ao normal desempenho da ação coletiva'. 5. Veda-se, portanto, a discriminação decorrente da expressão da liberdade sindical, da qual é exemplo a greve. Qualquer conduta tendente a mitigar ou obstaculizar o direito (tanto individual quanto coletivo) configura ilícito. 6. Segundo o autor uruguaio referido, são três os grupos de medidas de proteção, que abrangem não só dirigentes sindicais e empregados sindicalizados, mas todos os trabalhadores: preventivas, reparatórias e complementares. Especificamente quanto à greve, a proteção positivou-se, no direito objetivo brasileiro, no art. 6.º, § 2.º, da Lei nº 7.783/89. 7. Praticado o ilícito, deve o empregador arcar com a reparação, por meio de indenização por danos moral e material (arts. 186, 187 e 927 do Código Civil). 8. No caso concreto, o pagamento de vantagem pecuniária expressiva a trabalhadores que não participaram do movimento paredista evidencia a prática de sofisticada conduta antissindical, com a intenção de frustrar greve. 9. Perpetrada a quebra da isonomia entre empregados (sendo a isonomia protoprincípio da Constituição Federal – art. 5.º), tem o trabalhador reclamante direito à mesma bonificação ofertada, em caráter geral, aos empregados não grevistas. Da mesma forma, a discriminação e a ofensa a direito fundamental provocam, 'in re ipsa', violação dos direitos de personalidade do reclamante. Assim, também é devida indenização por dano moral. Recurso de revista conhecido e provido" (TST, 3.ª T., RR-212-68.2017.5.05.0193, Rel. Min. Alberto Luiz Bresciani de Fontan Pereira, *DEJT* 04.12.2020).

28.8 SINDICATO

A categoria (econômica, profissional ou profissional diferenciada), em si, é reconhecida pela lei e pela Constituição como titular de direitos.

O Código de Defesa do Consumidor, em seu art. 81, parágrafo único, inciso II, indica ser a "categoria" a titular dos "interesses ou direitos coletivos". A própria CLT, de 1943, no art. 513, *a*, permite a mesma conclusão, ao aludir a interesses da categoria, vale dizer, de que esta é titular. A Constituição Federal de 1988, em seu art. 8.º, inciso III, retrata a mesma realidade, quando menciona "direitos e interesses coletivos e individuais da categoria".

A categoria é figura abstrata, cuja substância é formada não só das pessoas envolvidas, como de interesses comuns. Os §§ 1.º e 2.º do art. 511 da CLT apresentam definições legais de categoria, a qual se refere a uma "solidariedade de interesses", um "vínculo social básico", uma "expressão social".

Por isso, o sindicato, titular da personalidade jurídica, é quem representa e materializa a categoria, no âmbito judicial e extrajudicial, o que é confirmado pelo art. 8.º, inciso III, da Constituição Federal de 1988.

O sindicato pode ser definido como a associação de pessoas físicas ou jurídicas, que têm atividades econômicas ou profissionais, visando à defesa dos interesses coletivos ou individuais dos membros da categoria (art. 511 da CLT).

A natureza jurídica do sindicato é de associação, tratando-se de pessoa jurídica de direito privado.

No atual regime democrático, pautado pela liberdade sindical, não mais se admite o sindicato atrelado ao Estado, como órgão dele dependente ou exercendo funções delegadas pelo Poder Público.

A aquisição da personalidade jurídica sindical, como já estudado, ocorre com o registro no órgão competente (art. 8.º, inciso I, da CF/1988), ou seja, no Ministério do Trabalho, conforme a Súmula 677 do STF e Orientação Jurisprudencial 15 da SDC do TST.

O registro no Cartório de (Títulos e Documentos e de) Pessoas Jurídicas apenas confere personalidade jurídica de associação, não sendo suficiente para a aquisição da personalidade sindical, sabendo-se que o sindicato é uma pessoa jurídica de direito privado com diversas funções especiais e peculiaridades.

A Portaria 3.472/2023 dispõe sobre os procedimentos para o registro das entidades sindicais no Ministério do Trabalho e Emprego.

Os referidos procedimentos devem observar as seguintes diretrizes: simplificação do atendimento prestado às entidades sindicais; presunção de boa-fé; transparência; racionalização de métodos e procedimentos de controle; eliminação de formalidades e exigências cujo custo econômico ou social seja superior ao risco de fraude envolvido; aplicação de soluções tecnológicas que visem a simplificar processos e procedimentos de atendimento aos usuários dos serviços públicos e a propiciar melhores condições para o compartilhamento das informações, respeitados o sigilo e a proteção do tratamento dos dados na forma da lei (art. 1.º, parágrafo único, da Portaria 3.472/2023 do Ministério do Trabalho e Emprego).

Registro sindical é o procedimento de registro de nova entidade sindical.

Alteração estatutária é o procedimento de registro de alteração de categoria ou base territorial abrangida por entidade sindical registrada no Cadastro Nacional de Entidades Sindicais (CNES).

Fusão é o procedimento de registro por meio do qual dois ou mais sindicatos já registrados no Cadastro Nacional de Entidades Sindicais (CNES) com categoria ou base territorial idênticas se unem, em comum acordo, para a formação de um novo sindicato, que os sucederá em direitos e obrigações, com a consequente extinção dos preexistentes.

Incorporação é o procedimento por meio do qual um sindicato registrado no Cadastro Nacional de Entidades Sindicais (CNES), denominado incorporador, em comum acordo, absorve a representação sindical de um ou mais sindicatos com categoria ou base territorial idênticas e registrados no CNES, denominados incorporados, que serão extintos e sucedidos em seus direitos e obrigações por aquele.

Atualização sindical é o procedimento por meio do qual uma entidade sindical com registro concedido antes de 18 de abril de 2005 promove o seu recadastramento junto ao Cadastro Nacional de Entidades Sindicais (CNES).

Atualização de dados perenes é o procedimento de atualização de dados de entidades sindicais registradas no Cadastro Nacional de Entidades Sindicais (CNES) referentes à localização (correio eletrônico, endereço, endereço eletrônico e telefone), composição da diretoria e filiação, quando houver (art. 2.º da Portaria 3.472/2023 do Ministério do Trabalho e Emprego).

Para realizar o pedido de registro, o requerente deve acessar o sistema CNES, disponível no portal gov.br.

A solução do conflito entre entidades sindicais pode resultar de autocomposição, mediação ou arbitragem, à escolha dos interessados, observados os preceitos da Lei 13.140/2015 e da Lei 9.307/1996, no que couberem (art. 17 da Portaria 3.472/2023 do Ministério do Trabalho e Emprego).

A *dissolução* de sindicatos deve ser regulada em seu estatuto.

Além disso, por ter o sindicato natureza de associação, aplica-se o art. 5.º, inciso XIX, da Constituição Federal de 1988, de modo que só pode ser compulsoriamente dissolvido ou ter suas atividades suspensas por decisão judicial, exigindo-se, no primeiro caso (dissolução compulsória), o trânsito em julgado.

Os sindicatos podem ser classificados da seguinte forma, para sistematizar o seu estudo:

- *sindicatos horizontais*: verificado quando as pessoas que se reúnem realizam determinada atividade profissional (categorias profissionais diferenciadas);
- *sindicatos verticais*: abrangem todos os empregados da empresa, em razão da atividade econômica.

28.8.1 Enquadramento sindical

O enquadramento sindical no Brasil, na atualidade, deve observar o sistema confederativo e a organização por categoria, como já estudado acima.

No grupo de empresas, cada empresa deve ter o seu respectivo enquadramento sindical específico. Assim, não se pode dizer que o grupo como um todo pertence à mesma categoria, representada pelo mesmo sindicato. A solidariedade prevista no art. 2.º, § 2.º, da CLT, não abrange a definição do enquadramento sindical.

A Lei 6.019/1974, com as modificações da 13.429/2017, não prevê a necessidade de serem respeitadas, no caso de terceirização, as convenções e acordos coletivos de trabalho, aplicáveis à empresa contratante (tomadora), também para os empregados da empresa prestadora de serviços.

No caso da terceirização lícita, o empregador do empregado terceirizado é a empresa prestadora de serviço, sendo esta a sua atividade econômica.

Logo, é possível concluir que o empregado da empresa prestadora de serviço não integra a categoria profissional da empresa contratante (tomadora), mas sim a categoria dos empregados de empresas de prestação de serviços.

Com isso, em tese, não se aplicam os direitos decorrentes das normas coletivas (como piso da categoria) dos empregados da empresa tomadora (contratante) aos empregados das prestadoras dos serviços, gerando possível tratamento não isonômico entre trabalhadores terceirizados e contratados diretamente pela tomadora, ainda que inseridos no mesmo setor e contexto de atividade.

O art. 4.º-C, § 1.º, da Lei 6.019/1974, acrescentado pela Lei 13.467/2017, estabelece que contratante e contratada *podem* estabelecer, se assim entenderem, que os empregados da contratada farão jus a salário equivalente ao pago aos empregados da contratante, além de outros direitos não previstos no referido dispositivo. Trata-se de mera faculdade no caso de terceirização, diversamente da previsão imperativa quanto ao trabalhador temporário (art. 12, *a*, da Lei 6.019/1974).

A respeito do tema, o Supremo Tribunal Federal fixou a seguinte tese de repercussão geral: "A equiparação de remuneração entre empregados da empresa tomadora de serviços e empregados da empresa contratada (terceirizada) fere o princípio da livre iniciativa, por se tratar de agentes econômicos distintos, que não podem estar sujeitos a decisões empresariais que não são suas" (STF, Pleno, RE 635.546/MG, Red. p/ ac. Min. Roberto Barroso, *DJe* 19.05.2021).

28.8.2 Órgãos do sindicato

A Consolidação das Leis do Trabalho estabelece regras gerais, quanto à organização do sindicato, no qual são observados os seguintes órgãos (art. 522 da CLT):

- *Assembleia geral.*
- *Diretoria*, que deve eleger, dentre os seus membros, o presidente do sindicato. A diretoria é constituída no mínimo de três e no máximo de sete membros, eleitos pela assembleia geral.
- *Conselho fiscal*, que tem competência limitada à fiscalização da gestão financeira do sindicato, composto de três membros, eleitos pela assembleia geral.

A administração do sindicato é exercida pela diretoria e pelo conselho fiscal.

Existem, ainda, os delegados sindicais (art. 523 da CLT), designados pela diretoria, dentre os associados que estejam no território da respectiva delegacia, a qual pode ser instituída pelo sindicato para melhor proteção dos membros da categoria.

28.8.3 Eleições sindicais

O art. 529 da CLT regula as condições para o exercício do direito do voto e para a investidura em cargo de administração ou representação econômica ou profissional.

O aposentado filiado ao sindicato tem o direito de votar e ser votado nas eleições e organizações sindicais (art. 8.º, inciso VII, da CF/1988).

Com fundamento nos princípios da liberdade associativa e sindical, assegurados pela Constituição Federal de 1988, defende-se o entendimento de que aos associados é garantido o *direito* de voto nas eleições sindicais, como normalmente preveem os estatutos, não sendo adequada a obrigatoriedade (art. 529, parágrafo único, da CLT) e a imposição de multa administrativa a respeito (art. 553, alínea *f*, da CLT).

28.9 ENTIDADES SINDICAIS DE GRAU SUPERIOR

O sistema sindical brasileiro, como já destacado, é confederativo, o que também foi adotado pela Constituição Federal de 1988.

Desse modo, sendo os sindicatos os entes sindicais de base, de acordo com o art. 533 da CLT, constituem associações sindicais de grau superior as federações e confederações.

As federações e as confederações devem se organizar na forma dos arts. 534 e 535 da CLT (art. 7.º da Portaria 3.472/2023 do Ministério do Trabalho e Emprego). As entidades sindicais de grau superior devem coordenar os interesses das entidades a elas filiadas.

As *federações* são formadas por número não inferior a cinco sindicatos, sendo constituídas por Estados (art. 534 da CLT).

Assim, faculta-se aos sindicatos, quando em número não inferior a cinco, desde que representem a maioria absoluta de um grupo de atividades ou profissões idênticas, similares ou conexas, organizarem-se em federação.

Se já existir federação no grupo de atividades ou profissões em que deva ser constituída a nova entidade, a criação desta não poderá reduzir a menos de cinco o número de sindicatos que àquela devam continuar filiados (§ 1.º do art. 534 da CLT).

As federações serão constituídas, em regra, por Estados, mas pode ocorrer a constituição de federações interestaduais ou nacionais (§ 2.º do art. 534 da CLT).

As *confederações* são formadas por no mínimo três federações, com âmbito nacional, e sede na Capital da República (art. 535 da CLT).

A administração das federações e confederações, de acordo com o art. 538 da CLT, é realizada pela Diretoria, Conselho de Representantes e Conselho Fiscal.

28.10 CENTRAIS SINDICAIS

As centrais sindicais são **órgãos de cúpula**, **intercategoriais**, de **âmbito nacional**, coordenando os demais órgãos, sem integrar o sistema sindical confederativo regulado na Constituição Federal.

Assim, as centrais sindicais apresentam **natureza jurídica de direito privado**, de associações civis. No sistema jurídico no Brasil sempre se entendeu que as centrais sindicais ainda não possuíam natureza de ente sindical propriamente. Anteriormente, não havia regulamentação legal sobre as centrais sindicais, mas a legislação já previa a sua existência, como se observa na Lei 8.036/1990, art. 3.º, § 3.º, na Lei 7.998/1990, art. 18, § 3.º, e na Lei 8.213/1991, art. 3.º, § 2.º.

No plano da realidade dos fatos, as centrais sindicais exercem importante papel na sociedade, atuando não só em conjunto com as entidades sindicais, buscando melhores condições de trabalho e de vida, mas em matérias de interesse social. Verifica-se a existência de diversas centrais sindicais, de âmbito nacional, abrangendo várias categorias e profissões, o que não é obstado pela unicidade sindical, justamente porque as centrais não apresentam natureza de ente sindical. Assim, o que existe, de fato, é verdadeira pluralidade na cúpula da organização sindical, representada pelas centrais sindicais.

Cabe esclarecer e destacar, no entanto, que a Lei 11.648, de 31 de março de 2008 (publicada no *DOU* de 31.03.2008, edição extra, com entrada em vigor na data de sua publicação, conforme o art. 8.º), dispõe sobre o reconhecimento formal das centrais sindicais para os fins que especifica, alterando a Consolidação das Leis do Trabalho. Nesse sentido, o art. 1.º do mencionado diploma legal assim prevê:

> "Art. 1.º A central sindical, entidade de representação geral dos trabalhadores, constituída em âmbito nacional, terá as seguintes atribuições e prerrogativas:
>
> I – coordenar a representação dos trabalhadores por meio das organizações sindicais a ela filiadas; e
>
> II – participar de negociações em fóruns, colegiados de órgãos públicos e demais espaços de diálogo social que possuam composição tripartite, nos quais estejam em discussão assuntos de interesse geral dos trabalhadores.
>
> Parágrafo único. Considera-se central sindical, para os efeitos do disposto nesta Lei, a entidade associativa de direito privado composta por organizações sindicais de trabalhadores".

Como se nota, a Lei em questão tem como objetivo não apenas reconhecer, formalmente, as centrais sindicais em nosso ordenamento jurídico, mas também definir as suas atribuições e prerrogativas. Foi confirmado que *a central sindical possui natureza jurídica de direito privado*, sendo *formada por entes sindicais dos trabalhadores*. Não há, assim, central sindical formada de organizações sindicais patronais.

Além disso, ainda que a central sindical seja composta de entes sindicais profissionais, verifica-se que a Lei em debate não determina, ao menos expressamente, ser a central sindical, em si, em termos rigorosamente jurídicos, também um ente dotado de personalidade jurídica sindical. Ou seja, analisando-se atentamente a previsão legal, nota-se não haver indicação de que a central sindical passou a ser integrante do sistema sindical brasileiro. Afinal, ser composta por organizações sindicais (de trabalhadores) não é sinônimo de ser a central, em si, também um ente sindical. Tanto é assim que a Constituição Federal de 1988 continua prevendo que o sistema sindical brasileiro é confederativo (art. 8.º, inciso IV, da CF/1988), ou seja, composto de sindicatos, federações e confederações, além de fundado na representação de categorias (art. 8.º, incisos II e III, da CF/1988). Já as centrais sindicais, além de não se inserirem no sistema confederativo, são intercategoriais (ou seja, supracategoriais).

Para que a central sindical passe a integrar, em termos rigorosamente jurídicos, o sistema sindical em sentido próprio e estrito, seria necessária alteração da Constituição Federal, de modo a conferir-lhe verdadeira natureza jurídica de ente sindical, modificando a limitação atualmente prevista do sistema sindical confederativo e por categorias.

De todo modo, também restou confirmado que a central sindical é constituída em *âmbito nacional*, sendo entidade de *representação geral dos trabalhadores*.

A coordenação da representação dos trabalhadores, pela central sindical, em âmbito nacional, ocorre "por meio das organizações sindicais" que forem filiadas à central sindical. Isso confirma a assertiva de que a central sindical não é, em termos rigorosamente técnico-jurídicos, um ente que integre o sistema sindical, tal como estruturado na Constituição Federal de 1988. Na realidade, as organizações sindicais podem se filiar à central sindical, por ser esta uma entidade associativa de natureza privada (composta, justamente, daquelas organizações sindicais).

A central sindical pode, ainda, participar de negociações *em fóruns, colegiados de órgãos públicos e demais espaços de diálogo social que possuam composição tripartite* (ou seja, com a presença de representantes dos trabalhadores, empregadores e governo ou poder público), nos quais estejam em discussão assuntos de interesse geral dos trabalhadores. Desse modo, as centrais apresentam legitimidade para participarem da assinatura dos "pactos sociais".

Esclareça-se que o *pacto social* normalmente resulta de uma negociação ou "concertação social" em elevado nível da sociedade, com o objetivo de fixar rumos para a política social e econômica do país. Trata-se de meio para se obter o consenso dos interessados antes de reformas mais profundas, contando com a participação de representantes (sindicais) dos trabalhadores, representantes dos empregadores (das empresas) e do Estado ("pactos trilaterais"), em que são estabelecidos planos sobre âmbitos diversos, especialmente no aspecto econômico e social. Desse modo, não se confundem com os acordos e convenções coletivas, seja em razão dos sujeitos pactuantes distintos, seja porque os pactos sociais têm finalidades próprias, procurando estabelecer regras e programas mais amplos, relacionados a políticas econômicas e sociais gerais, prevendo compromissos de caráter preponderantemente moral entre os atores sociais e o governo. De todo modo, o pacto social não deixa de ser um instrumento que busca solucionar conflitos sociais, podendo envolver questões de ordem trabalhista[19].

A previsão legal, portanto, não se refere à negociação coletiva propriamente, entendida como o procedimento, fundado na autonomia coletiva dos particulares, apto a dar origem a normas jurídicas coletivas negociadas (previstas em acordos e convenções coletivas de trabalho), nas quais são estabelecidas condições de trabalho, solucionando o conflito coletivo trabalhista. Desse modo, não há atribuição do poder de contratação e negociação coletiva à central sindical, o que, aliás, só poderia ser feito por meio de eventual alteração da Constituição Federal de 1988. Tanto é assim que, em conformidade com o art. 8.º, inciso VI, da Constituição da República a negociação coletiva continua sendo de atribuição dos entes sindicais, exigindo-se a participação do sindicato (especialmente do sindicato da categoria profissional, sabendo-se que o acordo coletivo, reconhecido no art. 7.º, inciso XXVI, da CF/1988, é firmado com empresa ou empresas).

Observados os relevantes aspectos acima, cabe prosseguir na análise das disposições seguintes da Lei 11.648/2008. Assim sendo, de acordo o seu art. 2.º:

> "Art. 2.º Para o exercício das atribuições e prerrogativas a que se refere o inciso II do *caput* do art. 1.º desta Lei, a central sindical deverá cumprir os seguintes requisitos:
>
> I – filiação de, no mínimo, 100 (cem) sindicatos distribuídos nas 5 (cinco) regiões do País;
>
> II – filiação em pelo menos 3 (três) regiões do País de, no mínimo, 20 (vinte) sindicatos em cada uma;
>
> III – filiação de sindicatos em, no mínimo, 5 (cinco) setores de atividade econômica; e
>
> IV – filiação de sindicatos que representem, no mínimo, 7% (sete por cento) do total de empregados sindicalizados em âmbito nacional.
>
> Parágrafo único. O índice previsto no inciso IV do *caput* deste artigo será de 5% (cinco por cento) do total de empregados sindicalizados em âmbito nacional no período de 24 (vinte e quatro) meses a contar da publicação desta Lei".

Pode-se concluir que passam a existir, em tese, duas modalidades de centrais sindicais:

19. Cf. NASCIMENTO, Amauri Mascaro. *Teoria geral do direito do trabalho*. São Paulo: LTr, 1998. p. 176-178.

- as centrais sindicais que atendem aos requisitos de representatividade (art. 2.º), tendo o direito de receber parte da contribuição sindical (art. 589, § 2.º, da CLT, em sua nova redação), bem como as atribuições e prerrogativas de participar de negociações em fóruns, colegiados de órgãos públicos e demais espaços de diálogo social que possuam composição tripartite, nos quais estejam em discussão assuntos de interesse geral dos trabalhadores (art. 1.º, *caput*, inciso II, da Lei 11.648/2008);
- as centrais sindicais que não atendem aos requisitos de representatividade e que, por isso, não têm os referidos direitos, atribuições e prerrogativas.

Mesmo assim, pode-se entender que ambas as modalidades de centrais sindicais possuem a atribuição e prerrogativa básica, que é de coordenar a representação dos trabalhadores por meio das organizações sindicais a ela filiadas (art. 1.º, *caput*, inciso I), pois as duas são entidades associativas de direito privado compostas por organizações sindicais de trabalhadores (art. 1.º, parágrafo único).

Verifica-se que para o exercício das atribuições e prerrogativas de "participar de negociações em fóruns, colegiados de órgãos públicos e demais espaços de diálogo social que possuam composição tripartite, nos quais estejam em discussão assuntos de interesse geral dos trabalhadores", a central sindical deve preencher os requisitos acima transcritos, constantes dos incisos I a IV do art. 2.º. A interpretação até mesmo literal é de que todos os requisitos, constantes dos incisos I, II, III e IV, do art. 2.º, devem ser preenchidos pela central sindical, não se tratando de requisitos alternativos, mas sim cumulativos. A justificativa para essa exigência é de conferir as mencionadas atribuições e prerrogativas, apenas, às centrais sindicais que apresentem e demonstrem, efetivamente, deter *legitimidade* na representação geral dos trabalhadores (ou seja, que possuam verdadeira *representatividade*).

Os critérios para demonstrar essa legitimidade/representatividade estão relacionados à filiação de sindicatos à central sindical, na forma explicitada e detalhada nos incisos acima transcritos. Os incisos III e IV, do art. 2.º, aliás, confirmam o entendimento de que *as centrais sindicais são órgãos intercategoriais ou supracategoriais* recebendo a filiação de sindicatos de diferentes setores da atividade econômica, bem como são entes de âmbito nacional.

O parágrafo único do art. 2.º, na realidade, é uma regra de transição, amenizando a previsão do inciso IV, quanto ao período de 24 meses a contar da publicação da Lei mencionada. Após esse período inicial, passa a incidir o percentual mais elevado do inciso IV do *caput* do art. 2.º.

Em conformidade com o art. 3.º do mesmo diploma legal:

> "Art. 3.º A indicação pela central sindical de representantes nos fóruns tripartites, conselhos e colegiados de órgãos públicos a que se refere o inciso II do *caput* do art. 1.º desta Lei será em número proporcional ao índice de representatividade previsto no inciso IV do *caput* do art. 2.º desta Lei, salvo acordo entre centrais sindicais.
>
> § 1.º O critério de proporcionalidade, bem como a possibilidade de acordo entre as centrais, previsto no *caput* deste artigo não poderá prejudicar a participação de outras centrais sindicais que atenderem aos requisitos estabelecidos no art. 2.º desta Lei.
>
> § 2.º A aplicação do disposto no *caput* deste artigo deverá preservar a paridade de representação de trabalhadores e empregadores em qualquer organismo mediante o qual sejam levadas a cabo as consultas".

Como já estudado, a central sindical tem a atribuição e prerrogativa de participar de negociações em fóruns, colegiados de órgãos públicos e demais espaços de diálogo social que possuam composição tripartite, nos quais estejam em discussão assuntos de interesse geral dos trabalhadores (art. 1.º, *caput*, inciso II).

Os representantes a serem indicados, pelas centrais sindicais, para participar dessas negociações nos fóruns tripartites, conselhos e colegiados de órgãos públicos, no entanto, serão em número proporcional ao índice de representatividade previsto no inciso IV do *caput* do art. 2.º da Lei analisada, salvo acordo entre centrais sindicais. Isso significa que, não havendo o mencionado acordo, o número de representantes indicados por uma a uma das centrais sindicais deve ser proporcional à filiação de sindicatos que representem, no mínimo, 7% (sete por cento) do total de empregados sindicalizados em âmbito nacional. Em outras palavras, quanto maior o número de sindicatos, que possuam empregados sindicalizados, filiados a certa central sindical, maior a representatividade desta e, por consequência, maior o número de representantes a serem indicados pela referida central sindical em específico.

O critério de proporcionalidade descrito, bem como a possibilidade de acordo entre as centrais, não poderá prejudicar a participação de outras centrais sindicais que atenderem aos requisitos estabelecidos no art. 2.º da Lei em estudo. Essa previsão procura, na realidade, assegurar o direito de participação também de eventuais centrais sindicais que, embora preencham os critérios legais de aferição da representatividade, alcançam índices inferiores a esse respeito.

Por outro lado, a aplicação do critério acima analisado (art. 3.º, *caput*) deverá preservar a paridade de representação de trabalhadores e empregadores em qualquer organismo no qual sejam efetuadas consultas a respeito de assuntos de interesse geral dos trabalhadores.

Deve-se destacar, ainda, a disposição do art. 4.º do mesmo diploma legal, que assim prevê:

> "Art. 4.º A aferição dos requisitos de representatividade de que trata o art. 2.º desta Lei será realizada pelo Ministério do Trabalho e Emprego.
>
> § 1.º O Ministro de Estado do Trabalho e Emprego, mediante consulta às centrais sindicais, poderá baixar instruções para disciplinar os procedimentos necessários à aferição dos requisitos de representatividade, bem como para alterá-los com base na análise dos índices de sindicalização dos sindicatos filiados às centrais sindicais.
>
> § 2.º Ato do Ministro de Estado do Trabalho e Emprego divulgará, anualmente, relação das centrais sindicais que atendem aos requisitos de que trata o art. 2.º desta Lei, indicando seus índices de representatividade".

Com a finalidade de conferir *publicidade* e viabilizar o *conhecimento* e a *informação* (inclusive pela sociedade) de quais são as centrais sindicais que preenchem os requisitos legais de representatividade, ato do Ministro de Estado do Trabalho deve divulgar, a cada ano, a relação das centrais que preenchem os requisitos analisados (previstos no art. 2.º), explicitando os respectivos índices de representatividade.

Mesmo assim, em razão da garantia constitucional do acesso à jurisdição (art. 5.º, inciso XXXV, da CF/1988), torna-se possível ao interessado eventual questionamento do referido ato administrativo na esfera judicial, alegando ter ocorrido lesão ou ameaça ao seu direito (no caso, ao seu direito, a ter reconhecida a representatividade que alegue possuir, mas que, injustamente, não tenha constado do ato ministerial em questão).

De todo modo, a mencionada atribuição do Ministério do Trabalho, de aferir os requisitos de representatividade das centrais sindicais, não pode ocorrer de modo a violar o mandamento constitucional que proíbe a interferência e a intervenção do Poder Público na organização sindical (art. 8.º, inciso I, da CF/1988), o qual, aliás, decorre do próprio *princípio da liberdade sindical*.

Desse modo, para que essa previsão legal não seja considerada inconstitucional, deve-se interpretá-la no sentido de que o Ministério do Trabalho tão somente pode atuar com base em critérios objetivos e de forma vinculada, dentro do estrito parâmetro legal, apenas explicitando e dando publicidade aos dados concretos colhidos na realidade dos fatos, sem manifestar eventual juízo de valor fundado em critérios subjetivos ou de conveniência. Além do mais, como já destacado, a central sindical, de acordo com a previsão constitucional em vigor, não se encontra juridicamente inserida no sistema sindical propriamente (ou seja, como um ente dotado de personalidade verdadeiramente sindical), pois este permanece tendo caráter confederativo (abrangendo os sindicatos, as federações e as confederações) e fundado em categorias (econômicas e profissionais). Nessa linha, o art. 8.º, inciso I, da Constituição Federal de 1988 veda a interferência e a intervenção do Poder Público na "organização sindical", a qual, como visto, permanece sendo confederativa e por categoriais.

28.11 FUNÇÕES DO SINDICATO

O sindicato exerce diversas funções.

Desse modo, no que tange às funções de natureza jurídica do sindicato, podem ser destacadas as seguintes:

a) *representação* (art. 513, *a*, da CLT), pois o sindicato representa a categoria e os seus integrantes, e não apenas os seus filiados.
b) *substituição processual*, uma vez que o sindicato possui legitimação extraordinária, o que possibilita a defesa dos interesses e direitos dos integrantes da categoria, conforme o art. 8.º, inciso III, da Constituição da República, bem como o art. 82, inciso IV, da Lei 8.078/1990 (Código de Defesa do Consumidor), o art. 5.º, inciso V, da Lei 7.347/1985 (Lei da Ação Civil Pública) e o art. 3.º da Lei 8.073/1990.

A Lei 8.073/1990, no art. 3.º, dispõe que as entidades sindicais podem atuar como substitutos processuais dos integrantes da categoria. Essa previsão abrange os sindicatos, federações, confederações, como legitimados para propor a ação como substitutos processuais.

c) *negociação coletiva*, podendo resultar na avença de instrumentos normativos, ou seja, acordo coletivo e convenção coletiva, conforme os arts. 7.º, inciso XXVI, e 8.º, inciso VI, da Constituição Federal de 1988.
d) *assistencial*.

Essa função social, de caráter assistencial, está presente nos arts. 514, *b* e *d*, e 500 da CLT, bem como na Lei 5.584/1970, art. 14.

Devem os sindicatos, portanto, exercer as seguintes funções de natureza social:

- manter serviços de assistência judiciária para os associados e membros da categoria;
- sempre que possível, e de acordo com as suas possibilidades, manter no seu quadro de pessoal, em convênio com entidades assistenciais ou por conta própria, um assistente social com as atribuições específicas de promover a cooperação operacional na empresa e a integração profissional na Classe.

Na Justiça do Trabalho, a assistência judiciária a que se refere a Lei 1.060, de 5 de fevereiro de 1950, deve ser prestada pelo sindicato da categoria profissional a que pertencer o trabalhador (art. 14 da Lei 5.584, de 26 de junho de 1970).

A assistência judiciária específica, prestada pelo sindicato, é devida a todo aquele que perceber salário igual ou inferior ao dobro do mínimo legal, ficando assegurado igual benefício ao trabalhador de maior salário, uma vez provado que sua situação econômica não lhe permite demandar, sem prejuízo do sustento próprio ou da família (§ 1.º do art. 14 da Lei 5.584/1970).

Anteriormente, o art. 16 da Lei 5.584/1970 previa que os honorários do advogado pagos pelo vencido deveriam reverter em favor do sindicato assistente. Esse dispositivo, entretanto, foi *revogado* pela Lei 13.725/2018. Na verdade, os honorários advocatícios devidos quando o sindicato da categoria profissional presta a assistência judiciária, com fundamento na Lei 5.584/1970, têm natureza de *honorários de sucumbência*, sendo devidos, portanto, ao advogado que atuou na causa, conforme art. 791-A da CLT e art. 23 da Lei 8.906/1994. Isso é confirmado pelo art. 791-A, § 1.º, da CLT, acrescentado pela Lei 13.467/2017, no sentido de que os honorários advocatícios de sucumbência são devidos também nas ações contra a Fazenda Pública e nas *ações em que a parte estiver assistida ou substituída pelo sindicato de sua categoria*.

Desse modo, aplica-se o art. 22 da Lei 8.906/1994, ao estabelecer que a prestação de serviço profissional assegura aos inscritos na OAB (isto é, aos advogados) o direito aos *honorários* convencionados, aos fixados por arbitramento judicial e aos *de sucumbência*.

O disposto no art. 22 da Lei 8.906/1994 aplica-se aos *honorários assistenciais*, compreendidos como os fixados em *ações coletivas propostas por entidades de classe em substituição processual*, sem prejuízo aos honorários convencionais (art. 22, § 6.º, da Lei 8.906/1994, incluído pela Lei 13.725/2018).

Os honorários *convencionados* com entidades de classe para atuação em substituição processual podem prever a faculdade de indicar os beneficiários que, ao optarem por adquirir os direitos, assumirão as obrigações decorrentes do contrato originário a partir do momento em que este foi celebrado, sem a necessidade de mais formalidades (art. 22, § 7.º, da Lei 8.906/1994, acrescentado pela Lei 13.725/2018). Os titulares dos honorários advocatícios convencionados, nesse caso, são os advogados que prestarem serviço profissional nas ações coletivas ajuizadas por entidades de classe (como os sindicatos) em substituição processual (art. 8.º, inciso III, da Constituição da República).

A assistência judiciária, nos termos da Lei 5.584/1970, deve ser prestada ao trabalhador ainda que não seja associado do respectivo sindicato (art. 18).

Conforme o art. 791-A da CLT, com redação da Lei 13.467/2017, ao advogado, ainda que atue em causa própria, devem ser devidos honorários de sucumbência, fixados entre o mínimo de 5% e o máximo de 15% sobre o valor que resultar da liquidação da sentença, do proveito econômico obtido ou, não sendo possível mensurá-lo, sobre o valor atualizado da causa. Os honorários são devidos também nas ações contra a Fazenda Pública *e nas ações em que a parte estiver assistida ou substituída pelo sindicato de sua categoria*.

O pedido de demissão do empregado estável só é válido quando feito com a *assistência do respectivo sindicato* e, se não o houver, perante autoridade local competente do Ministério do Trabalho ou da Justiça do Trabalho (art. 500 da CLT).

A mencionada exigência é prevista para o empregado titular da estabilidade decenal, mas deve ser aplicada, também, para o pedido de demissão de empregados com outras modalidades de estabilidade provisória ou garantia de emprego, como forma de preservar a higidez nessa manifestação de vontade.

Discute-se, ainda, a possibilidade de exercer o sindicato a função de natureza econômica.

O art. 564 da CLT veda o exercício de função econômica pelo sindicato. Isso não significa interferência do Poder Público no ente sindical, mas uma previsão que explicita a impossibilidade de atividade econômica, em sentido estrito, ser exercida por ente sindical, justamente porque este não é empresa, não possuindo finalidade lucrativa, nem tendo por atribuição a produção e circulação de bens e serviços no mercado. Tendo em vista que o sindicato tem natureza de associação especial, como pessoa jurídica de direito privado, nos termos do art. 53 do Código Civil, constituem-se as associações pela união de pessoas que se organizem para fins não econômicos, no sentido de fins não lucrativos.

Também é discutida a possibilidade de exercer o sindicato função política.

O art. 521, *d*, da CLT veda o exercício de atividade política pelo sindicato, o que deve ser interpretado como proibição de atividade político-partidária, justamente porque o ente sindical não se confunde com os partidos políticos, possuindo atribuições próprias e distintas, de defesa dos interesses da categoria, independentemente da corrente partidária seguida.

A atividade política, devidamente entendida como forma de se realizar pressão, de forma legítima, em diversos setores da sociedade e dos poderes constituídos, organizando-se para alcançar objetivos definidos, bem como melhores condições, é inerente à atuação do sindicato.

e) *recebimento de contribuições.*

A função mencionada refere-se à cobrança e ao recebimento de contribuições pelo sindicato, como será analisado no item seguinte.

28.12 RECEITAS DO SINDICATO

O sindicato tem direito a diversas modalidades de contribuições.

A contribuição sindical prevista em lei foi reconhecida e recepcionada pela Constituição Federal de 1988, como se observa em seu art. 8.º, inciso IV, parte final.

A referida contribuição sindical, anteriormente conhecida como "imposto sindical", é disciplinada pelos arts. 578 e seguintes da CLT.

Quando obrigatória, a sua natureza jurídica era tributária, conforme o art. 149, *caput*, da Constituição da República, por se tratar de contribuição de interesse das categorias profissionais e econômicas, como confirmava o art. 217, inciso I, do Código Tributário Nacional, o que não mais prevalece com a Lei 13.467/2017.

Essa contribuição sindical prevista em lei, quando era compulsória, acarretava evidente restrição à liberdade sindical, sendo incompatível com a Convenção 87 da OIT, uma vez que era devida independentemente de manifestação de vontade ou concordância do trabalhador ou empregador, bem como de filiação ao ente sindical.

O art. 7.º da Lei 11.648/2008 dispõe que os arts. 578 a 610 da CLT vigorarão até que a lei venha a disciplinar a *contribuição negocial*, vinculada ao exercício efetivo da negociação coletiva e à aprovação em assembleia geral da categoria. Essa contribuição negocial, entretanto, ainda não foi instituída.

A Lei 13.467/2017 tornou a contribuição sindical prevista em lei opcional, ou seja, facultativa, passando a ser devida apenas pelos empregados, trabalhadores e empregadores que assim autorizarem prévia e expressamente.

Na atualidade, o art. 545 da CLT, com redação dada pela Lei 13.467/2017, prevê que os empregadores ficam obrigados a descontar da folha de pagamento dos seus empregados, *desde que por eles devidamente autorizados*, as contribuições devidas ao sindicato, quando por este notificados.

Em consonância com o art. 578 da CLT, com redação dada pela Lei 13.467/2017, as contribuições devidas aos sindicatos pelos participantes das categorias econômicas ou profissionais ou das profissões liberais representadas pelas referidas entidades devem ser, sob a denominação de *contribuição sindical*, pagas, recolhidas e aplicadas na forma estabelecida no Capítulo III do Título V da CLT (arts. 578 a 610), *desde que prévia e expressamente autorizadas*.

De acordo com o art. 579 da CLT, com redação dada pela Lei 13.467/2017, o desconto da contribuição sindical está condicionado à *autorização prévia e expressa* dos que participarem de uma determinada categoria econômica ou profissional, ou de uma profissão liberal, em favor do sindicato representativo da mesma categoria ou profissão ou, inexistindo este, na conformidade do disposto no art. 591 da CLT.

Os empregadores são obrigados a descontar da folha de pagamento de seus empregados relativa ao mês de março de cada ano a contribuição sindical dos empregados que *autorizaram prévia e expressamente* o seu recolhimento aos respectivos sindicatos (art. 582 da CLT, com redação dada pela Lei 13.467/2017).

Conforme o art. 583 da CLT, com redação dada pela Lei 13.467/2017, o recolhimento da contribuição sindical referente aos empregados e trabalhadores avulsos será efetuado no mês de abril de cada ano, e o relativo aos agentes ou trabalhadores autônomos e profissionais liberais realizar-se-á no mês de fevereiro, observada a exigência de *autorização prévia e expressa* prevista no art. 579 da CLT.

Os empregadores que *optarem* pelo recolhimento da contribuição sindical devem fazê-lo no mês de janeiro de cada ano, ou, para os que venham a se estabelecer após o referido mês, na ocasião em que requererem às repartições o registro ou a licença para o exercício da respectiva atividade (art. 587 da CLT, com redação dada pela Lei 13.467/2017).

Os empregados que não estiverem trabalhando no mês destinado ao desconto da contribuição sindical e que venham a *autorizar prévia e expressamente* o recolhimento serão descontados no primeiro mês subsequente ao do reinício do trabalho (art. 602 da CLT, com redação dada pela Lei 13.467/2017). De igual forma se deve proceder com os empregados que forem admitidos depois daquela data e que não tenham trabalhado anteriormente nem apresentado a respectiva quitação.

Com isso, a contribuição sindical prevista em lei deixou de ter natureza tributária, por não ser mais uma prestação compulsória (art. 3.º do Código Tributário Nacional), passando a ter natureza preponderantemente privada, embora de certa forma atípica ou *sui generis*.

Esclareça-se que um tributo, ainda que anteriormente arrolado e previsto no sistema constitucional e infraconstitucional, pode, de forma válida, deixar de existir no ordenamento jurídico, em razão de modificação legislativa, como ocorreu no caso, em que houve a alteração da própria natureza do instituto.

Não se pode dizer que se trata de prestação exclusivamente privada, uma vez que parte dos valores da contribuição sindical prevista em lei, mesmo facultativa, ainda é direcionada ao poder público, ou seja, destinada à "Conta Especial Emprego e Salário" (art. 589 da CLT), administrada pelo Ministério do Trabalho, pois os seus valores integram os recursos do Fundo de Amparo ao Trabalhador.

De acordo com o art. 113 do Ato das Disposições Constitucionais Transitórias, incluído pela Emenda Constitucional 95/2016, a proposição legislativa que crie ou altere despesa obrigatória ou *renúncia de receita* deverá ser acompanhada da estimativa do seu impacto orçamentário e financeiro.

Entretanto, a modificação da natureza jurídica da contribuição sindical, ao deixar de ser compulsória, em consonância com o princípio da liberdade sindical, não significa, em termos técnicos, renúncia de receita propriamente.

Conforme o art. 14, § 1.º, da Lei Complementar 101/2000, conhecida como Lei de Responsabilidade Fiscal, a *renúncia de receita* compreende *anistia, remissão, subsídio, crédito presumido, concessão de isenção em caráter não geral, alteração de alíquota ou modificação de base de cálculo* que implique redução discriminada de tributos ou contribuições, e outros benefícios que correspondam a tratamento diferenciado.

A *anistia* abrange exclusivamente as *infrações* cometidas anteriormente à vigência da lei que a concede (art. 180 do Código Tributário Nacional). A *remissão* extingue o crédito tributário (art. 156, inciso IV, do Código Tributário Nacional), sabendo-se que a lei pode autorizar a autoridade administrativa a conceder, por despacho fundamentado, remissão total ou parcial do *crédito tributário*, atendendo às situações previstas no art. 172 do Código Tributário Nacional. A *isenção*, ainda quando prevista em contrato, é sempre decorrente de lei que especifique as condições e requisitos exigidos para a sua concessão, *os tributos a que se aplica* e, sendo o caso, o prazo de sua duração (art. 176 do Código Tributário Nacional).

Na hipótese em estudo, não se observa nenhuma dessas figuras, mas apenas, como mencionado, a evolução do sistema jurídico, por meio de mudança legislativa, gerando a modificação da natureza da contribuição sindical, que deixou de ser obrigatória e, assim, perdeu o caráter público, tendo em vista que as entidades sindicais, no Estado Democrático de Direito, são entes de Direito Privado, não podendo ser mantidas com recursos fiscais.

Não se trata, portanto, de isenção, muito menos de "concessão de isenção em caráter não geral", que dizem respeito a tributos, uma vez que a contribuição sindical simplesmente deixou de ter natureza tributária.

Ainda que assim não fosse, por qualquer ângulo, a exigência formal mencionada poderia ser considerada suprida pela *lei orçamentária anual*, pois, segundo o art. 165, § 6.º, da Constituição da República, o projeto de lei orçamentária será acompanhado de demonstrativo regionalizado do efeito, sobre as receitas e despesas, decorrente de isenções, anistias, remissões, subsídios e benefícios de natureza financeira, tributária e creditícia. Nesse sentido, a Lei 13.587/2018 estima a receita e fixa a despesa da União para o exercício financeiro de 2018.

O art. 146, inciso III, *a*, da Constituição da República determina que cabe à *lei complementar* estabelecer normas gerais em matéria de legislação tributária, especialmente sobre definição de tributos e de suas espécies, bem como, em relação aos impostos discriminados na Constituição Federal de 1988, a dos respectivos fatos geradores, bases de cálculo e contribuintes.

Essa previsão, entretanto, não incide no caso em estudo, pois a contribuição sindical é disciplinada pela Consolidação das Leis do Trabalho, que tem hierarquia de lei ordinária (em harmonia com o art. 8.º, inciso IV, *parte final*, da Constituição da República), podendo ser modificada pela Lei 13.467/2017, mais especificamente quanto à sua natureza jurídica, ao deixar de ser obrigatória.

Não se trata mais, assim, de tributo, afastando por completo qualquer exigência de lei complementar sobre normas gerais em matéria tributária e definição de tributos.

É certo que no sistema sindical brasileiro ainda permanecem outras restrições à liberdade sindical, quais sejam: unicidade sindical, base territorial mínima do sindicato de um município e adoção do critério de categoria (art. 8.º, inciso II, da Constituição Federal de 1988).

Não obstante, a alteração dessas previsões exige emenda constitucional, enquanto a obrigatoriedade da contribuição sindical, diversamente, por ter natureza infraconstitucional, pode ser realizada por meio de modificação legislativa, ou seja, na CLT, como ocorreu no caso da Lei 13.467/2017.

Logo, como é evidente, não se pode condicionar a eliminação da obrigatoriedade da contribuição sindical à modificação desses outros aspectos relativos ao sistema sindical brasileiro.

A contribuição sindical obrigatória, com natureza de tributo, em verdade, contraria não apenas o princípio da liberdade sindical, mas a própria essência do Estado Democrático de Direito, ao estabelecer o custeio das entidades sindicais, que têm natureza privada, bem como das atividades sindicais, realizadas no plano da sociedade civil, por meio de receitas de natureza pública, o que somente é admitido em regimes não democráticos, autoritários e corporativistas, em que os sindicatos são controlados e dependentes do poder público, exercendo funções por ele delegadas.

Não há como se argumentar, ainda, que a exclusão da obrigatoriedade quanto à contribuição sindical ocorreu sem o prévio e amplo debate. Em verdade, trata-se de questão antiga, constantemente debatida nos planos social, econômico, jurídico e político, sabendo-se que essa anomalia do sistema sindical brasileiro já deveria ter sido corrigida há muito tempo (na linha do ocorrido em diversos países que se redemocratizaram), como ressaltado constantemente pela doutrina do Direito Coletivo do Trabalho à luz da liberdade sindical.

Não há qualquer exigência constitucional de se estabelecer um regime de transição para a exclusão da obrigatoriedade da contribuição sindical, mesmo porque as entidades sindicais, na realidade, já deveriam ter se preparado para esse cenário bem antes. A Lei 13.467/2017, de todo modo, sendo de julho de 2017, só entrou em vigor depois de 120 dias de sua publicação oficial.

Note-se, ademais, que a contribuição sindical, em si, não foi extinta, nem se deixou as organizações sindicais sem qualquer possibilidade de obter recursos financeiros para as suas atividades, pois apenas foi excluído o seu caráter compulsório, pelas razões indicadas, sinalizando às entidades sindicais a necessidade de atuação com efetiva *legitimidade* para viabilizar a permanência no sistema, devendo demonstrar *representatividade* apta a elevar o quadro de associados e de pessoas que queiram ou autorizem a contribuição. Além disso, há outras modalidades de contribuições sindicais que não foram objeto de alteração.

O Supremo Tribunal Federal julgou improcedentes os pedidos formulados nas ações diretas de inconstitucionalidade que questionavam o fim da obrigatoriedade da contribuição sindical e procedente o pedido formulado na ação declaratória de constitucionalidade (STF, Pleno, ADI 5.794/DF, ADI 5.912, ADI 5.923, ADI 5.859, ADI 5.865, ADI 5.813, ADI 5.885, ADI 5.887, ADI 5.913, ADI 5.810, ADC 55, ADI 5.811, ADI 5.888, ADI 5.892, ADI 5.806, ADI 5.815, ADI 5.850, ADI 5.900, ADI 5.950, ADI 5.945, Red. p/ ac. Luiz Fux, j. 29.06.2018)[20].

---

20. "Direito Constitucional e Trabalhista. Reforma Trabalhista. Facultatividade da Contribuição Sindical. Constitucionalidade. Inexigência de Lei Complementar. Desnecessidade de lei específica. Inexistência de ofensa

Portanto, em consonância com o princípio da liberdade sindical, prevaleceu o entendimento de que a alteração decorrente da Lei 13.467/2017, ao tornar *facultativa* a contribuição sindical, é *constitucional*.

Entende-se ser necessária a autorização prévia e expressa do sujeito passivo da cobrança da contribuição sindical, ou seja, do próprio trabalhador ou empregador, individualmente, não sendo suficiente a aprovação em assembleia geral do sindicato[21].

A Lei 13.467/2017 revogou o art. 601 da CLT, ao prever que no "ato da admissão de qualquer empregado, dele exigirá o empregador a apresentação da prova de quitação do imposto sindical".

A Lei 13.467/2017 também revogou o art. 604 da CLT, ao dispor que "os agentes ou trabalhadores autônomos ou profissionais liberais são obrigados a prestar aos encarregados da fiscalização os esclarecimentos que lhes forem solicitados, inclusive exibição de quitação do imposto sindical".

De acordo com o art. 580 da CLT, a contribuição sindical é recolhida, de uma só vez, anualmente.

Quando a empresa realizar diversas atividades econômicas, sem que nenhuma delas seja preponderante, cada uma dessas atividades deve ser incorporada à respectiva categoria econômica, sendo a contribuição sindical devida à entidade sindical representativa da mesma categoria, procedendo-se, em relação às correspondentes sucursais, agências ou filiais, da mesma forma (art. 581, § 1.º, da CLT).

Entende-se por atividade preponderante a que caracterizar a unidade de produto, operação ou objetivo final, para cuja obtenção todas as demais atividades convirjam, exclusivamente, em regime de conexão funcional (art. 581, § 2.º, da CLT).

No que se refere à contribuição sindical urbana, como esclarece a Nota Técnica SRT/CGRT 50/2005, da Secretaria de Relações do Trabalho: "O art. 580 da CLT, ao relacionar os contribuintes, é taxativo ao estabelecer a obrigatoriedade do recolhimento da contribuição sindical tão somente aos empregados (inciso I); agentes ou trabalhadores autônomos e profissionais liberais (inciso II); e empregadores (inciso III). Dessa forma, estão excluídos da hipótese de incidência aqueles que não se enquadram nas classes acima elencadas, tais como os empresários que não mantêm empregados"[22].

à isonomia tributária (art. 150, II, da CRFB). Compulsoriedade da contribuição sindical não prevista na Constituição (artigos 8.º, IV, e 149 da CRFB). Não violação à autonomia das organizações sindicais (art. 8.º, I, da CRFB). Inocorrência de retrocesso social ou atentado aos direitos dos trabalhadores (artigos 1.º, III e IV, 5.º, XXXV, LV e LXXIV, 6.º e 7.º da CRFB). Correção da proliferação excessiva de sindicatos no Brasil. Reforma que visa ao fortalecimento da atuação sindical. Proteção às liberdades de associação, sindicalização e de expressão (artigos 5.º, incisos IV e XVII, e 8.º, *caput*, da CRFB). Garantia da liberdade de expressão (art. 5.º, IV, da CRFB). Ações Diretas de Inconstitucionalidade julgadas improcedentes. Ação Declaratória de Constitucionalidade julgada procedente" (STF, Pleno, ADI 5.794/DF, Rel. p/ ac. Min. Luiz Fux, *DJe* 23.04.2019).

21. "Direito Constitucional e do Trabalho. Medida Cautelar em Reclamação. Contribuição Sindical. Autorização do Empregado. 1. Aparentemente, viola a autoridade da decisão do STF na ADI 5.794, red. p/ acórdão Min. Luiz Fux, decisão que afirma que a autorização prévia e expressa de empregado para cobrança de contribuição sindical pode ser substituída por aprovação de assembleia geral de sindicato. 2. Medida cautelar deferida" (STF, Rcl-MC 35.540/RJ, Rel. Min. Roberto Barroso, *DJe* 28.06.2019). Cf. ainda STF, Rcl-MC 34.889/RS, Rel. Min. Cármen Lúcia, *DJe* 29.05.2019.

22. "Contribuição sindical patronal. Empresa sem empregados. Arts. 579 e 580 da CLT. Alcance. Jurisprudência pacífica da SbDI-1 do TST. 1. A jurisprudência pacífica da SbDI-1 do TST consolidou-se no sentido de que, consoante a melhor interpretação conferida às disposições dos artigos 579 e 580 da CLT, a ausência de empregados constitui fator determinante a desautorizar a cobrança de contribuição sindical patronal. Por não ostentar a condição de empregador, na acepção do artigo 2.º da CLT, a empresa em tais condições não

O art. 240 da Lei 8.112/1990, que dispõe sobre o regime jurídico dos servidores públicos civis da União, das autarquias e das fundações públicas federais, prevê que ao servidor público civil é assegurado, nos termos da Constituição Federal, o direito à livre associação sindical e os seguintes direitos, entre outros, dela decorrentes: a) de ser representado pelo sindicato, inclusive como substituto processual; b) de inamovibilidade do dirigente sindical, até um ano após o final do mandato, exceto se a pedido; c) de descontar em folha, sem ônus para a entidade sindical a que for *filiado*, o valor das mensalidades e contribuições definidas em assembleia geral da categoria.

Na atualidade, a contribuição sindical prevista em lei apenas pode ser descontada, paga, recolhida e aplicada se houver autorização prévia e expressa dos que participam das categorias profissionais e econômicas (arts. 578 e 579 da CLT, com redação dada pela Lei 13.467/2017). Por se tratar de previsão genérica, que não faz exclusões, aplica-se também aos servidores públicos.

Cabe destacar a regra do art. 585 da CLT, de acordo com a qual os profissionais liberais podem optar pelo pagamento da contribuição sindical unicamente à entidade sindical representativa da respectiva profissão, desde que a exerça, efetivamente, na firma ou empresa e como tal sejam nelas registrados.

Nessa hipótese, à vista da manifestação do contribuinte e da exibição da prova de quitação da contribuição, dada por sindicato de profissionais liberais, o empregador deixará de efetuar, no salário do contribuinte, o desconto a que se refere o art. 582 da CLT.

Prevalece o entendimento de que a contribuição sindical do profissional liberal empregado que exerce a opção prevista no mencionado art. 585 da CLT é calculada na forma do art. 580, inciso I, da CLT, consistindo na importância correspondente à remuneração de um dia de trabalho no emprego.

De acordo com o art. 47 da Lei 8.906/1994: "O pagamento da contribuição anual à OAB isenta os inscritos nos seus quadros do pagamento obrigatório da contribuição sindical".

Da importância da arrecadação da contribuição sindical serão feitos os seguintes créditos pela Caixa Econômica Federal, na forma das instruções que forem expedidas pelo Ministro do Trabalho:

> I – para os empregadores: a) 5% para a confederação correspondente; b) 15% para a federação; c) 60% para o sindicato respectivo; d) 20% para a "Conta Especial Emprego e Salário";
>
> II – para os trabalhadores: a) 5% para a confederação correspondente; b) 10% para a central sindical; c) 15% para a federação; d) 60% para o sindicato respectivo; e) 10% para a "Conta Especial Emprego e Salário" (art. 589 da CLT, com redação dada pela Lei 11.648/2008).

O sindicato de trabalhadores indicará ao Ministério do Trabalho a central sindical a que estiver filiado como beneficiária da respectiva contribuição sindical, para fins de destinação dos créditos previstos no art. 589 da CLT.

A central sindical referida deve atender aos requisitos de representatividade previstos na legislação específica sobre a matéria.

---

compartilha do objetivo primordial das entidades de classe, de defesa e composição dos interesses da categoria que representa. Precedentes. 2. Embargos das empresas reclamantes de que se conhece, por divergência jurisprudencial, e a que se dá provimento para restabelecer a declaração de procedência do pedido formulado em ação declaratória de inexistência de relação jurídica" (TST, SBDI-I, E-RR 1357-39.2013.5.09.0016, Rel. Min. João Oreste Dalazen, *DEJT* 17.06.2016).

Os requisitos de representatividade da central sindical são previstos no art. 2.º da Lei 11.648/2008.

Segundo o art. 590 da CLT, com redação dada pela Lei 11.648/2008, inexistindo confederação, o percentual previsto no art. 589 da CLT caberá à federação representativa do grupo.

Não havendo sindicato, nem entidade sindical de grau superior ou central sindical, a contribuição sindical será creditada, integralmente, à "Conta Especial Emprego e Salário".

Não havendo indicação de central sindical, os percentuais que lhe caberiam serão destinados à "Conta Especial Emprego e Salário".

Segundo o art. 591 da CLT, com redação dada pela Lei 11.648/2008, inexistindo sindicato, os percentuais previstos na alínea *c* do inciso I e na alínea *d* do inciso II do *caput* do art. 589 da CLT serão creditados à federação correspondente à mesma categoria econômica ou profissional. Nessa hipótese, os percentuais previstos nas alíneas *a* e *b* do inciso I e nas alíneas *a* e *c* do inciso II do *caput* do art. 589 da CLT caberão à confederação.

As percentagens atribuídas às entidades sindicais de grau superior e às centrais sindicais devem ser aplicadas de conformidade com o que dispuserem os respectivos conselhos de representantes ou estatutos (art. 593 da CLT).

Os recursos destinados às centrais sindicais devem ser utilizados no custeio das atividades de representação geral dos trabalhadores decorrentes de suas atribuições legais.

De acordo com a atual regulamentação da distribuição dos créditos de contribuição sindical, parte do seu valor é repassada e se torna de titularidade das centrais sindicais.

Entretanto, embora ainda que o tema seja controvertido, seria possível o entendimento de que essa destinação de parte do valor da contribuição sindical para as centrais sindicais não está em conformidade com o sistema sindical previsto na Constituição Federal de 1988, o qual permanece sendo confederativo (ou seja, integrado por sindicatos, federações e confederações) e fundado em categorias (art. 8.º, incisos II, III e IV, da CF/1988).

As centrais sindicais não fazem parte do sistema confederativo, são intercategoriais ou supracategoriais (ou seja, não representam categorias em particular), além de serem voltadas para a representação geral (apenas) de trabalhadores (e não de empregadores).

Logo, é possível concluir que as centrais sindicais não integram, no aspecto jurídico e constitucional, o sistema sindical brasileiro (o qual é confederativo e fundado em categorias), o que apenas poderia ser modificado por meio de alteração da Constituição Federal de 1988.

Sendo assim, existiria a possibilidade de concluir que a contribuição sindical, a qual é reconhecida no texto constitucional (art. 8.º, inciso IV, parte final, da CF/1988) ao prever o sistema sindical de caráter confederativo, apenas poderia ter os seus valores repassados aos entes verdadeiramente sindicais, ou seja, aos integrantes do sistema confederativo. Por isso, uma vez que não ocorreu a modificação do texto constitucional, as centrais sindicais, como não estão inseridas no mencionado sistema sindical (delineado pela Constituição Federal), não poderiam receber parte de seus valores, sob pena de incorrer em inconstitucionalidade.

De todo modo, a tendência é no sentido de considerar constitucional a alteração acima destacada, argumentando-se que as centrais sindicais passaram a contar com o reconhecimento formal da lei, exercendo papel de relevância nas relações coletivas de trabalho, o que justificaria o recebimento de parte do valor da contribuição sindical.

Frise-se ainda que conforme o art. 7.º da Lei 11.648/2008, os arts. 578 a 610 da CLT "vigorarão até que a lei venha a disciplinar a contribuição negocial, vinculada ao exercício efetivo da negociação coletiva e à aprovação em assembleia geral da categoria".

Como se pode notar, a contribuição sindical, bem como a sua regulamentação nos arts. 578 a 610 da CLT, apenas devem vigorar até que uma nova lei passe a disciplinar a *contribuição negocial*, a ser aprovada em assembleia da categoria, sendo devida, em tese, por aqueles que se beneficiarem da negociação coletiva levada a efeito.

O art. 592 da CLT arrola os objetivos que devem ser seguidos na aplicação da contribuição sindical. O dispositivo legal faz remissão aos respectivos estatutos, mas há discussão em saber se os objetivos ali estabelecidos podem ser fixados por lei, tendo em vista o princípio da liberdade sindical.

Embora o sindicato tenha liberdade e autonomia na organização, administração e atuação, por se sujeitar ao princípio da legalidade, a lei pode estabelecer regras gerais de conduta, desde que não representem autorização ao Poder Público, para interferir ou intervir no ente sindical.

As percentagens atribuídas às entidades sindicais de grau superior e às centrais sindicais serão aplicadas de conformidade com o que dispuserem os respectivos conselhos de representantes ou estatutos. (art. 593 da CLT, com redação dada pela Lei 11.648/2008). Os recursos destinados às centrais sindicais devem ser utilizados no custeio das atividades de representação geral dos trabalhadores decorrentes de suas atribuições legais.

Registre-se que de acordo com o art. 1.º da Lei 11.648/2008, a central sindical, entidade de representação geral dos trabalhadores, constituída em âmbito nacional, terá as seguintes atribuições e prerrogativas: coordenar a representação dos trabalhadores por meio das organizações sindicais a ela filiadas; e participar de negociações em fóruns, colegiados de órgãos públicos e demais espaços de diálogo social que possuam composição tripartite, nos quais estejam em discussão assuntos de interesse geral dos trabalhadores.

Anteriormente, quando a contribuição sindical era obrigatória e tinha natureza tributária, o prazo decadencial para a *constituição* do respectivo crédito eraé de cinco anos (art. 173 do Código Tributário Nacional), sendo o prazo prescricional para a sua *cobrança* de cinco anos, conforme o art. 174 do Código Tributário Nacional.

Com a Lei 13.467/2017, em razão da natureza preponderantemente privada da contribuição sindical, pode-se dizer que o prazo prescricional para a sua cobrança passa a ser o estabelecido no Código Civil.

Desse modo, conforme o art. 206, § 5.º, inciso I, prescreve em cinco anos a pretensão de cobrança de dívidas líquidas constantes de instrumento particular. De todo modo, não havendo esses requisitos, o art. 205 do Código Civil dispõe que a prescrição ocorre em 10 anos, quando a lei não lhe haja fixado prazo menor.

De acordo com o art. 10, § 2.º, do Ato das Disposições Constitucionais Transitórias: "Até ulterior disposição legal, a cobrança das contribuições para o custeio das atividades dos sindicatos rurais será feita juntamente com a do imposto territorial rural, pelo mesmo órgão arrecadador".

Portanto, foi recepcionado o Decreto-lei 1.166, de 15 de abril de 1971, que dispõe sobre enquadramento e contribuição sindical rural. Conforme o seu art. 1.º, com redação determinada pela Lei 9.701/1998:

> "Art. 1.º Para efeito da cobrança da contribuição sindical rural prevista nos arts. 149 da Constituição Federal e 578 a 591 da Consolidação das Leis do Trabalho, considera-se:

> I - trabalhador rural:
>
> a) a pessoa física que presta serviço a empregador rural mediante remuneração de qualquer espécie;
>
> b) quem, proprietário ou não, trabalhe individualmente ou em regime de economia familiar, assim entendido o trabalho dos membros da mesma família, indispensável à própria subsistência e exercido em condições de mútua dependência e colaboração, ainda que com ajuda eventual de terceiros.
>
> II - empresário ou empregador rural:
>
> a) a pessoa física ou jurídica que, tendo empregado, empreende, a qualquer título, atividade econômica rural;
>
> b) quem, proprietário ou não, e mesmo sem empregado, em regime de economia familiar, explore imóvel rural que lhe absorva toda a força de trabalho e lhe garanta a subsistência e progresso social e econômico em área superior a dois módulos rurais da respectiva região;
>
> c) os proprietários de mais de um imóvel rural, desde que a soma de suas áreas seja superior a dois módulos rurais da respectiva região".

Anteriormente, assim como na contribuição sindical urbana, a "competência tributária" para instituir a contribuição rural era da União Federal, conforme o art. 149 da Constituição Federal de 1988.

No entanto, conforme o art. 4.º do Decreto-lei 1.166/1971, cabia ao Instituto Nacional de Colonização e Reforma Agrária (Incra) proceder ao lançamento e cobrança da contribuição sindical devida pelos integrantes das categorias profissionais e econômicas da agricultura.

De acordo com a Lei 8.022, de 12 de abril de 1990, foi transferida para a Secretaria da Receita Federal a competência de administração das receitas arrecadadas pelo Instituto Nacional de Colonização e Reforma Agrária - Incra, e para a Procuradoria-Geral da Fazenda Nacional a competência para a apuração, inscrição e cobrança da respectiva dívida ativa (art. 1.º).

Seguindo a evolução legislativa sobre a matéria, a Lei 8.847, de 28 de janeiro de 1994, no art. 24, inciso I, assim dispôs:

> "Art. 24. A competência de administração das seguintes receitas, atualmente arrecadadas pela Secretaria da Receita Federal por força do art. 1.º da Lei 8.022, de 12 de abril de 1990, cessará em 31 de dezembro de 1996:
>
> I - Contribuição Sindical Rural, devida à Confederação Nacional da Agricultura (CNA) e à Confederação Nacional dos Trabalhadores na Agricultura (Contag), de acordo com o art. 4.º do Decreto-lei 1.166, de 15 de abril de 1971, e art. 580 da Consolidação das Leis do Trabalho (CLT)".

A Lei 9.393, de 19 de dezembro de 1996, passou a prever, no art. 17, inciso II, que:

> "Art. 17. A Secretaria da Receita Federal poderá, também, celebrar convênios com:
>
> [...]
>
> II - a Confederação Nacional da Agricultura - CNA e a Confederação Nacional dos Trabalhadores na Agricultura - Contag, com a finalidade de fornecer dados cadastrais de imóveis rurais que possibilitem a cobrança das contribuições sindicais devidas àquelas entidades".

Desse modo, o entendimento pacificado é de que a partir de 1.º de janeiro de 1997 a Confederação Nacional da Agricultura (CNA) e a Confederação Nacional dos Trabalhadores na Agricultura (Contag) passaram a ter a atribuição de arrecadar e cobrar a contribuição sindical rural (patronal e dos trabalhadores, respectivamente).

Como prevê a Súmula 396 do Superior Tribunal de Justiça: "A Confederação Nacional da Agricultura tem legitimidade ativa para a cobrança da contribuição sindical rural".

Ainda a respeito do tema, a Súmula 432 do TST assim dispõe:

> "Contribuição sindical rural. Ação de cobrança. Penalidade por atraso no recolhimento. Inaplicabilidade do art. 600 da CLT. Incidência do art. 2.º da Lei n.º 8.022/1990. O recolhimento a destempo da contribuição sindical rural não acarreta a aplicação da multa progressiva prevista no art. 600 da CLT, em decorrência da sua revogação tácita pela Lei n.º 8.022, de 12 de abril de 1990".

Defende-se o entendimento de que as previsões da Lei 13.467/2017 (ao estabelecerem que a contribuição sindical é opcional e devida apenas havendo prévia e expressa autorização) aplicam-se também para a contribuição sindical rural dos integrantes das categorias profissional e econômica.

Nesse sentido, a Lei 13.467/2017 não faz distinção ou exclusão quanto ao tema, não cabendo ao intérprete fazê-la. Mesmo porque, considerando a interpretação sistemática, não haveria justificativa lógica para que apenas a contribuição sindical rural permanecesse obrigatória, em afronta aos princípios da isonomia e da liberdade sindical.

Além disso, o próprio art. 24, inciso I, parte final, da Lei 8.847/1994, parte final, ao versar sobre a contribuição sindical rural, faz expressa remissão à CLT, que foi modificada pela Lei 13.467/2017 na forma anteriormente exposta.

A *contribuição confederativa* é prevista no art. 8.º, inciso IV, da Constituição da República.

A sua finalidade é custear o sistema confederativo, devendo ser fixada pela assembleia geral do sindicato. Tratando-se de categoria profissional, a contribuição confederativa deve ser descontada em folha de pagamento.

A finalidade da contribuição mencionada é o custeio do sistema confederativo da representação sindical respectiva. Desse modo, o valor da contribuição confederativa deve ser encaminhado aos entes sindicais de base, bem como às respectivas federações e confederações, em montantes ou percentuais a serem definidos na assembleia geral que a fixar.

A contribuição confederativa não tem natureza pública, nem tributária, mas sim de direito privado, sendo uma obrigação consensual.

O entendimento que prevaleceu, inclusive no STF, é de que o mencionado dispositivo constitucional é autoaplicável, ainda que a sua regulamentação legal possa estabelecer certas disposições complementares (norma de eficácia contida, mas de aplicação plena e imediata).

A contribuição confederativa não pode ser exigida do não associado ao sindicato, sob pena de grave afronta ao princípio da liberdade sindical, mais especificamente da liberdade de associação.

De acordo com a Súmula Vinculante 40 (conversão da Súmula 666) do Supremo Tribunal Federal: "A contribuição confederativa de que trata o art. 8.º, IV, da Constituição Federal, só é exigível dos filiados ao sindicato respectivo".

No mesmo sentido preveem o Precedente Normativo 119 e a Orientação Jurisprudencial 17 da SDC, ambos do Tribunal Superior do Trabalho.

A *contribuição assistencial* tem fundamento legal no art. 513, *e*, da CLT.

No entanto, como o sindicato não exerce mais atividade delegada do Estado, tendo em vista o princípio da liberdade sindical, o mencionado dispositivo deve ser interpretado em conformidade com a Constituição Federal, de modo a assegurar ao sindicato o direito de arrecadar a contribuição assistencial, e não mais impor.

A previsão de contribuição assistencial ocorre em sentenças normativas, acordos coletivos e convenções coletivas.

A finalidade da mencionada contribuição é custear as atividades assistenciais do sindicato e compensar custos da participação nas negociações para obtenção de novas condições de trabalho.

A natureza jurídica da contribuição assistencial é de direito privado. Assim, tal como ocorre na contribuição confederativa, a contribuição assistencial apenas pode ser cobrada daqueles que são associados do sindicato. A exigência da contribuição assistencial daqueles que não são filiados ao ente sindical viola os princípios da liberdade sindical e de filiação.

Nesse sentido prevê o Precedente Normativo 119 do TST: "Contribuições sindicais. Inobservância de preceitos constitucionais. A Constituição da República, em seus arts. 5.º, XX e 8.º, V, assegura o direito de livre associação e sindicalização. É ofensiva a essa modalidade de liberdade cláusula constante de acordo, convenção coletiva ou sentença normativa estabelecendo contribuição em favor de entidade sindical a título de taxa para custeio do sistema confederativo, assistencial, revigoramento ou fortalecimento sindical e outras da mesma espécie, obrigando trabalhadores não sindicalizados. Sendo nulas as estipulações que inobservem tal restrição, tornam-se passíveis de devolução os valores irregularmente descontados".

Na mesma linha, de acordo com a Orientação Jurisprudencial 17 da SDC do TST: "Contribuições para entidades sindicais. Inconstitucionalidade de sua extensão a não associados. As cláusulas coletivas que estabeleçam contribuição em favor de entidade sindical, a qualquer título, obrigando trabalhadores não sindicalizados, são ofensivas ao direito de livre associação e sindicalização, constitucionalmente assegurado, e, portanto, nulas, sendo passíveis de devolução, por via própria, os respectivos valores eventualmente descontados".

Entretanto, cabe registrar o entendimento divergente, no sentido de que a contribuição assistencial poderia ser exigida de todos os integrantes da categoria, pois são abrangidos pelos instrumentos normativos decorrentes da negociação coletiva, desde que assegurado o exercício do direito de oposição aos não filiados à entidade sindical.

De todo modo, o Supremo Tribunal Federal firmou o entendimento de que é inconstitucional a instituição por acordo coletivo, convenção coletiva ou sentença normativa de contribuições que se imponham compulsoriamente a empregados da categoria não sindicalizados, como se observa na seguinte ementa:

> "Recurso Extraordinário. Repercussão Geral. 2. Acordos e convenções coletivas de trabalho. Imposição de contribuições assistenciais compulsórias descontadas de empregados não filiados ao sindicato respectivo. Impossibilidade. Natureza não tributária da contribuição. Violação ao princípio da legalidade tributária. Precedentes. 3. Recurso extraordinário não provido. Reafirmação de jurisprudência da Corte" (STF, Pleno, ARE-RG 1.018.459/PR, Rel. Min. Gilmar Mendes, *DJe* 10.03.2017).

Nesse sentido, o Supremo Tribunal Federal fixou a seguinte tese de repercussão geral: "É inconstitucional a instituição, por acordo, convenção coletiva ou sentença normativa, de contribuições que se imponham compulsoriamente a empregados da categoria não sindicalizados" (STF, Pleno, ARE-RG 1.018.459/PR, Rel. Min. Gilmar Mendes, *DJe* 10.03.2017).

Confirmando o exposto, segundo o art. 611-B, inciso XXVI, da CLT, incluído pela Lei 13.467/2017, constitui objeto ilícito de convenção coletiva ou de acordo coletivo de trabalho a supressão ou a redução do direito voltado à liberdade de associação profissional ou sindical do trabalhador, inclusive o direito de não sofrer, sem sua expressa e prévia anuência, qualquer cobrança ou desconto salarial estabelecidos em convenção coletiva ou acordo coletivo de trabalho.

Ainda assim, o Supremo Tribunal Federal acolheu recurso com efeitos infringentes, para admitir a cobrança da contribuição assistencial prevista no art. 513 da Consolidação das Leis do Trabalho, inclusive aos não filiados ao sistema sindical, assegurando ao trabalhador o direito de oposição. Foi fixada a seguinte tese de repercussão geral (Tema 935): "É constitucional a instituição, por acordo ou convenção coletivos, de contribuições assistenciais a serem impostas a todos os empregados da categoria, ainda que não sindicalizados, desde que assegurado o direito de oposição" (STF, Pleno, ED-ARE-RG 1.018.459/PR, Rel. Min. Gilmar Mendes, j. 12.09.2023)[23].

A *mensalidade sindical* (contribuição do filiado ao sindicato) é devida apenas pelos que se filiaram ao sindicato, tendo natureza nitidamente privada, com fundamento no art. 548, *b*, da CLT.

28.13 CONFLITOS COLETIVOS DE TRABALHO

É possível diferenciar em termos doutrinários o conflito, a controvérsia e o dissídio, no que tange às relações coletivas de trabalho.

Nesse sentido, o *conflito* pode ser entendido como a divergência e a crise no plano social, decorrente da luta por melhores condições de trabalho, verificada no âmbito das relações sindicais, ou seja, envolvendo as diferentes categorias, representadas pelos respectivos sindicatos.

A *controvérsia*, de modo mais particular, é observada quando o mencionado conflito coletivo de trabalho é encaminhado para ser solucionado ou regulado por mecanismos diversos, buscando-se a harmonia nas relações sociais, por meio de negociação coletiva, mediação ou arbitragem.

O *dissídio*, por sua vez, é específico quanto à controvérsia encaminhada ao Poder Judiciário, para receber a solução por este determinada[24].

Revela-se importante classificar os conflitos coletivos de trabalho em: econômicos e jurídicos.

O *conflito coletivo de natureza econômica* é aquele em que se verifica a discussão sobre a fixação de condições de trabalho, como reajustes, aumentos, jornadas de trabalho etc., a serem observadas no âmbito dos contratos individuais de trabalho.

---

23. "5. A constitucionalidade das contribuições assistenciais, respeitado o direito de oposição, faculta a trabalhadores e sindicatos instrumento capaz de, ao mesmo tempo, recompor a autonomia financeira do sistema sindical e concretizar o direito à representação sindical sem ferir a liberdade de associação dos trabalhadores" (STF, Pleno, ED-ARE 1.018.459/PR, Rel. Min. Gilmar Mendes, *DJe* 30.10.2023).

24. Cf. MARTINS, Sergio Pinto. *Direito do trabalho*. 22. ed. São Paulo: Atlas, 2006. p. 761.

Essa modalidade de conflito coletivo de trabalho também reflete no âmbito particular do dissídio coletivo, no caso, de natureza econômica, também chamado dissídio coletivo de interesse ou de natureza constitutiva, em que se faz presente a atuação do poder normativo da Justiça do Trabalho.

O *conflito coletivo de natureza jurídica* tem por objetivo a interpretação de disposição normativa específica da categoria. No âmbito do dissídio coletivo, observa-se aquele de natureza jurídica ou declaratória, o qual é previsto na Lei 7.701/1988, art. 1.º, *caput*.

Em conformidade com a Orientação Jurisprudencial 7 da SDC do TST: "Não se presta o dissídio coletivo de natureza jurídica à interpretação de normas de caráter genérico". O art. 241, inciso II, do Regimento Interno do Tribunal Superior do Trabalho, prevê o dissídio coletivo de natureza jurídica, para interpretação de cláusulas de sentenças normativas, de instrumentos de negociação coletiva, acordos e convenções coletivas, de disposições legais particulares de categoria profissional ou econômica e de atos normativos.

A Orientação Jurisprudencial 6 da SDC do Tribunal Superior do Trabalho, que exigia para o dissídio coletivo de natureza jurídica a negociação prévia, para buscar solução de consenso, foi cancelada em 10 de agosto de 2000. A Emenda Constitucional 45/2004, ao alterar o art. 114 da Constituição Federal de 1988, confirmou que no dissídio de natureza jurídica a tentativa de negociação coletiva não é exigida como condição ou pressuposto processual.

Há diversas modalidades de solução dos conflitos sociais.

Na *autodefesa* (ou autotutela), a própria parte procede à defesa de seu interesse, de forma que uma das partes *impõe* a sua vontade à outra.

A greve e o *lockout* (vedado pela Lei 7.783/1989, art. 17) são exemplos de autodefesa (autotutela) no âmbito dos conflitos coletivos de trabalho.

A *autocomposição* significa a solução do conflito pelas partes, de forma consensual e negociada, sem a intervenção de terceiro, como ocorre na negociação.

A autocomposição, em termos genéricos, pode ser classificada em:

- unilateral, quando se verifica a renúncia de uma das partes de sua pretensão, ou o reconhecimento da pretensão da parte contrária;
- bilateral, em que se observam concessões recíprocas, com natureza de transação[25].

No âmbito das relações de trabalho, há grande destaque para a autocomposição. Nesse sentido, os acordos coletivos e as convenções coletivas de trabalho, como instrumentos normativos decorrentes da negociação coletiva, são aptos a solucionarem os conflitos coletivos de trabalho.

Aliás, a forma ideal de solução do conflito coletivo de trabalho é a autocomposição, no caso, por meio da negociação coletiva. Trata-se de procedimento em que os próprios interessados, em princípio por meio dos entes sindicais, resolvem as suas controvérsias, estabelecendo, ao mesmo tempo, normas jurídicas com o fim de regular as relações de trabalho, em razão do exercício da autonomia coletiva dos particulares.

Na mediação, existe a proposta de terceiro, mas as partes não estão obrigadas a aceitar[26]. Assim, embora haja entendimento no sentido de que a mediação é uma forma de heterocomposição, trata-se, na realidade, de modalidade de autocomposição, pois,

25. Cf. MARTINS, Sergio Pinto. *Direito do trabalho*. 28. ed. São Paulo: Atlas, 2012. p. 814.
26. Cf. MARTINS, Sergio Pinto. *Direito processual do trabalho*. 38. ed. São Paulo: Saraiva, 2016. p. 99-102.

com a anuência das partes envolvidas, o mediador apenas sugere as formas de resolver o conflito, aproximando as partes para que alcancem a solução da controvérsia, sem impor qualquer decisão.

Não obstante, cabe registrar a existência de posicionamento, atualmente dominante, no sentido de que o conciliador sugere soluções para a composição do conflito, enquanto o mediador apenas aproxima as partes ao diálogo, sem fazer propostas a serem por elas apreciadas[27]. Trata-se do critério adotado no art. 165, §§ 2.º e 3.º, do CPC[28].

A mediação pode ocorrer no âmbito da Delegacia Regional do Trabalho (atualmente denominada Superintendência Regional do Trabalho), podendo-se defender a possibilidade de ser realizada também pelo Ministério Público do Trabalho.

A Lei 10.101/2000, no art. 4.º, inciso I, prevê a mediação como forma de fixar a participação nos lucros ou resultados.

No contexto da conciliação e da mediação extrajudiciais, a comissão de representantes dos empregados tem, entre outras atribuições, promover o diálogo e o entendimento no ambiente de trabalho com o fim de *prevenir conflitos*, bem como *buscar soluções para os conflitos decorrentes da relação de trabalho*, de forma rápida e eficaz, visando à efetiva aplicação das normas legais e contratuais (art. 510-B, incisos III e IV, da CLT, incluídos pela Lei 13.467/2017).

Mesmo no curso da negociação coletiva, permite-se a utilização da mediação, em que um terceiro, o mediador, tenta aproximar as partes, sugerindo soluções, que podem ser aceitas pelas partes envolvidas no conflito. A mediação de conflitos coletivos de trabalho ocorre, muitas vezes, no âmbito do Ministério do Trabalho (art. 616, § 1.º, da CLT).

A Lei 10.192/2001, ao tratar da negociação coletiva quanto a salários e demais condições referentes ao trabalho, no art. 11, § 1.º, prevê que o mediador deve ser designado de comum acordo pelas partes ou, a pedido destas, pelo Ministério do Trabalho. A parte que se considerar sem as condições adequadas para, em situação de equilíbrio, participar da negociação direta poderá, desde logo, solicitar ao Ministério do Trabalho a designação de mediador, que convocará a outra parte (art. 11, § 2.º, da Lei 10.192/2001).

A mediação de conflitos coletivos de natureza trabalhista, quando exercida no âmbito do Ministério do Trabalho e Previdência, deve observar o disposto nos arts. 33 a 38 do Decreto 10.854/2021.

Os trabalhadores, por intermédio de entidades sindicais representantes, e os empregadores, por si ou por intermédio de entidades sindicais representantes, podem solicitar à Secretaria de Trabalho do Ministério do Trabalho e Previdência a realização de mediação, com vistas à composição de conflito coletivo (art. 34 do Decreto 10.854/2021).

A referida designação de mediador será sem ônus para as partes e deve recair sobre servidor público em exercício no Ministério do Trabalho e Previdência, inclusive integrantes da carreira de Auditor-Fiscal do Trabalho (art. 35 do Decreto 10.854/2021).

---

27. Cf. DINAMARCO, Cândido Rangel. *Instituições de direito processual civil*. 8. ed. São Paulo: Malheiros, 2016. v. 1, p. 216.

28. "§ 2.º O *conciliador*, que atuará preferencialmente nos casos em que não houver vínculo anterior entre as partes, *poderá sugerir soluções para o litígio*, sendo vedada a utilização de qualquer tipo de constrangimento ou intimidação para que as partes conciliem. § 3.º O *mediador*, que atuará preferencialmente nos casos em que houver vínculo anterior entre as partes, auxiliará aos interessados a compreender as questões e os interesses em conflito, de modo que eles possam, pelo restabelecimento da comunicação, identificar, *por si próprios*, soluções consensuais que gerem benefícios mútuos".

Nos termos do art. 36 do Decreto 10.854/2021, na hipótese de haver consenso entre as partes, o mediador deve lavrar a ata de mediação, que tem natureza de título executivo extrajudicial, nos termos do disposto no art. 784, inciso II, parte final, do Código de Processo Civil (outro documento público assinado pelo devedor).

Na hipótese de não entendimento entre as partes, o mediador deve encerrar o processo administrativo de mediação e lavrar a ata de mediação.

O Ministério do Trabalho e Previdência deve dispor sobre ferramentas eletrônicas ou digitais e programas de fomento à composição individual e coletiva em conflitos trabalhistas que visem à redução da judicialização trabalhista (art. 37 do Decreto 10.854/2021).

A ausência injustificada da parte solicitante à mediação enseja o arquivamento do processo administrativo, exceto se a outra parte solicitar a sua continuidade (art. 308 da Portaria 671/2021 do Ministério do Trabalho e Previdência).

A Lei 13.140/2015 dispõe sobre a mediação como meio de solução de controvérsias entre particulares e sobre a autocomposição de conflitos no âmbito da administração pública. Esse diploma legal, entretanto, não é aplicável à esfera trabalhista, conforme o art. 42, parágrafo único, ao prever que a mediação nas relações de trabalho será regulada por lei própria.

O Ato 168/2016 da Presidência do TST instituiu o procedimento de *mediação e conciliação pré-processual em dissídios coletivos*, a ser conduzido e processado no âmbito da Vice-Presidência do Tribunal Superior do Trabalho (art. 1.º).

A Resolução 174/2016 do Conselho Superior da Justiça do Trabalho dispõe sobre a política judiciária nacional de tratamento adequado das disputas de interesses no âmbito do Poder Judiciário Trabalhista e dá outras providências.

A *heterocomposição* é a solução do conflito por terceiro, independentemente de aceitação das partes inseridas na controvérsia.

São modalidades de heterocomposição:

a) arbitragem, que é prevista na Constituição Federal de 1988 (art. 114, §§ 1.º e 2.º), na Lei 7.783/1989 (art. 3.º, *caput*), na Lei 10.101/2000 (art. 4.º, inciso II) e na Lei 12.815/2013 (art. 37, § 1.º), sendo regulada pela Lei 9.307/1996.

O árbitro é um terceiro escolhido pelas partes, a quem compete decidir a controvérsia, impondo a solução. A convenção de arbitragem pode ser convencionada pela cláusula compromissória ou pelo compromisso arbitral.

Não sendo possível a solução do conflito coletivo por meio da negociação coletiva, o § 1.º do art. 114 da Constituição Federal de 1988 permite a utilização da arbitragem. Trata-se de arbitragem facultativa, em que as partes *poderão* eleger árbitros.

A arbitragem não viola o princípio constitucional do livre acesso ao Poder Judiciário (art. 5.º, inciso XXXV, da CF/1988), pois, no caso, a escolha da via arbitral fica a cargo das partes, não sendo imposta por lei.

b) jurisdição, na qual se verifica a intervenção do Estado, mais especificamente do Poder Judiciário trabalhista (art. 114, § 2.º, da CF/1988), no âmbito do dissídio coletivo, sendo possível a incidência do poder normativo da Justiça do Trabalho para solucionar o conflito coletivo de trabalho.

O § 2.º do art. 114 da Constituição da República, com redação dada pela Emenda Constitucional 45/2004, assim prevê: "Recusando-se qualquer das partes à negociação coletiva ou à arbitragem, é facultado às mesmas, de comum acordo, ajuizar dissídio coletivo de natureza econômica, podendo a Justiça do Trabalho decidir o conflito, respeitadas as disposições mínimas legais de proteção ao trabalho, bem como as convencionadas anteriormente".

O § 2.º do art. 114 da Constituição Federal de 1988 prevê o poder normativo da Justiça do Trabalho, ao possibilitar o estabelecimento de normas e condições de trabalho. Ao mesmo tempo em que ocorre a solução do conflito social, principal escopo da jurisdição, ocorre a fixação de norma jurídica, materializada na sentença normativa.

A inovação, inserida pela Emenda Constitucional 45/2004, quanto ao dissídio coletivo (de natureza econômica), está na possibilidade de seu ajuizamento pelas partes, desde que "de comum acordo". Portanto, exige-se o consenso entre as partes envolvidas no conflito coletivo de trabalho para a instauração do referido dissídio. *A contrario sensu*, persistindo o dissídio coletivo de natureza jurídica, nele não há a necessidade de comum acordo para o ajuizamento.

Nos conflitos coletivos de natureza econômica, o que se observa é a pretensão de fixação de novas condições de trabalho, a serem criadas para aplicação a todos os integrantes da categoria, ou aos empregados da(s) empresa(s) envolvida(s). Em outras palavras, nos conflitos *coletivos* de trabalho não se visualiza simples lesão ou ameaça a direito propriamente, mas contraposição de interesses sobre a constituição de normas e condições a serem aplicadas, normalmente com efeitos futuros, nas relações de trabalho. Tanto é assim que a sentença normativa é verdadeira fonte formal do Direito do Trabalho, ao estabelecer, de forma genérica e abstrata, disposições sobre condições de trabalho.

Mesmo assim, a decisão proferida em dissídio coletivo opera a pacificação social e a solução do conflito (coletivo) de trabalho, em plena atuação dos principais escopos da jurisdição.

Confirmando o exposto, o Supremo Tribunal Federal julgou improcedente o pedido formulado em ação direta de inconstitucionalidade a respeito do tema. Com isso, foram julgadas válidas as previsões dos §§ 2.º e 3.º do art. 114 da Constituição Federal de 1988, decorrentes da Emenda Constitucional 45/2004, entendendo-se que a exigência de "comum acordo" entre as partes para o ajuizamento do dissídio coletivo de natureza econômica é condição da ação, em estímulo à autocomposição, e não obstáculo à atuação da jurisdição (STF, Pleno, ADI 3.423/DF, Rel. Min. Gilmar Mendes, *DJe* 18.06.2020).

Nesse sentido, o Supremo Tribunal Federal fixou a seguinte tese de repercussão geral: "É constitucional a exigência de comum acordo entre as partes para ajuizamento de dissídio coletivo de natureza econômica, conforme o artigo 114, § 2.º, da Constituição Federal, na redação dada pela Emenda Constitucional 45/2004" (STF, Pleno, RE 1.002.295/RJ, Red. p/ ac. Min. Alexandre de Moraes, j. 22.09.2020).

28.14 NEGOCIAÇÃO COLETIVA

Por ser a negociação coletiva um dos pilares da sociedade democrática, no que tange às relações coletivas de trabalho, cabe fazer algumas considerações específicas sobre o tema.

Trata-se de procedimento autocompositivo que pode dar origem ao acordo coletivo e à convenção coletiva de trabalho (art. 7.º, inciso XXVI, da Constituição Federal de 1988), tendo como fundamento o exercício da autonomia privada coletiva.

De acordo com o art. 4.º da Convenção 98 da Organização Internacional do Trabalho, devem ser tomadas, se necessário for, medidas apropriadas às condições nacionais para *fomentar e promover* o pleno desenvolvimento e utilização de meios de negociação voluntária entre empregadores ou organizações de empregadores e organizações de trabalhadores, com o objetivo de regular, por meio de convenções coletivas, os termos e as condições de emprego.

A negociação coletiva deve ser realizada em bases justas, o que exige o diálogo e a lealdade, em observância do princípio da boa-fé e do direito à informação.

A negociação coletiva desempenha diversas funções, de grande importância para a harmonia nas relações de trabalho e para o desenvolvimento social[29].

As *funções jurídicas* podem ser de natureza:

- normativa, ao estabelecer normas jurídicas que regulam as relações individuais de trabalho, aplicando-se aos contratos de trabalho daqueles que integrem as categorias ou grupos representados pelos entes sindicais.
- obrigacional, ao fixar obrigações aos entes que firmam a norma coletiva negociada, podendo-se citar, como exemplo, a avença de contribuição assistencial em favor do sindicato da categoria profissional.
- compositiva, convencionando regras para a solução de eventuais conflitos futuros, especialmente aqueles referentes à aplicação do instrumento coletivo decorrente da negociação coletiva de trabalho.

A *função política* da negociação coletiva significa o papel que ela exerce, fomentando o diálogo na sociedade.

A *função econômica* relaciona-se ao importante objetivo de distribuição de riquezas, desempenhado pela negociação coletiva, ao inovar e estabelecer condições de trabalho a serem aplicadas no âmbito dos contratos individuais de trabalho.

A *função social* da negociação coletiva indica a obtenção de harmonia no ambiente de trabalho, possibilitando o progresso social e o maior desenvolvimento, de forma a se alcançar justiça social.

28.15 CONTRATAÇÃO COLETIVA DE TRABALHO

No âmbito da negociação coletiva de trabalho, para a instituição de convenções e acordos coletivos, os atores sociais exercem a *autonomia coletiva dos particulares*, que é um poder normativo, possibilitando a solução dos conflitos coletivos pelas próprias partes interessadas, estabelecendo normas mais adequadas para regular as relações jurídicas de trabalho.

A prática constante da negociação coletiva de trabalho gera, assim, a *contratação coletiva de trabalho*, por meio da qual os interessados passam a fixar as normas que regulam as suas próprias relações jurídicas, de forma autônoma, atendendo às peculiaridades do caso em discussão.

No sistema jurídico brasileiro os contratos coletivos de trabalho são as *convenções coletivas de trabalho* e os *acordos coletivos de trabalho*, conforme o art. 7.º, inciso XXVI, da Constituição Federal de 1988.

O contrato coletivo de trabalho, como modalidade distinta de instrumento normativo negociado, é observado no direito estrangeiro, decorrendo, normalmente, da

29. Cf. MARTINS, Sergio Pinto. *Direito do trabalho*. 26. ed. São Paulo: Atlas, 2010. p. 806.

negociação coletiva de âmbito nacional. No entanto, no sistema jurídico brasileiro em vigor, ainda não se verifica a sua regulamentação específica.

A convenção coletiva de trabalho é definida no art. 611, *caput*, da CLT como o "acordo de caráter normativo, pelo qual dois ou mais sindicatos representativos de categorias econômicas e profissionais estipulam condições de trabalho aplicáveis, no âmbito das respectivas representações, às relações individuais de trabalho".

A convenção coletiva, assim, é o instrumento normativo que decorre da negociação coletiva, sendo firmado, em regra, pelos sindicatos da categoria profissional e econômica.

Trata-se de verdadeira fonte formal do Direito do Trabalho, por estabelecer normas genéricas e abstratas, a serem aplicadas no âmbito das relações individuais de trabalho abrangidas pelos sindicatos representantes das respectivas categorias.

O art. 611, § 2.º, da Consolidação das Leis do Trabalho trata de questão específica, relacionada às *categorias não organizadas em sindicatos*, estabelecendo hipótese de "legitimação subsidiária" para firmar convenção coletiva de trabalho. Nesse caso, as federações e, na falta destas, as confederações representativas de categorias econômicas ou profissionais, poderão celebrar convenções coletivas de trabalho para reger as relações das categorias a elas vinculadas.

Por se tratar de disposição voltada a casos bem especiais, entende-se que a previsão do art. 611, § 2.º, da CLT não afronta a norma genérica do art. 8.º, inciso VI, da Constituição Federal, até porque as federações e confederações são entes sindicais que compõem o sistema confederativo.

Com isso, caso a negociação coletiva voltada à obtenção da convenção coletiva prevista no referido art. 611, § 2.º, da CLT não alcance este objetivo, também se observa a possibilidade do ajuizamento de dissídio coletivo, o que, no caso, pode ocorrer pela federação ou confederação representativa da categoria não organizada em sindicato.

Nesse sentido, estabelece o art. 857, parágrafo único, da CLT: "Quando não houver sindicato representativo da categoria econômica ou profissional, poderá a representação ser instaurada pelas federações correspondentes e, na falta destas, pelas confederações respectivas, no âmbito de sua representação".

Quanto ao âmbito de aplicação da norma coletiva negociada, cabe frisar, no aspecto subjetivo, que o sindicato representa todos os integrantes da respectiva categoria, e não apenas os seus associados (art. 8.º, inciso II, primeira parte, da CF/1988 e art. 513, *a*, da CLT).

Por outro lado, no aspecto objetivo, a base territorial do sindicato é definida pelos trabalhadores e empregadores interessados, não podendo ser inferior à área de um município (art. 8.º, inciso II, segunda parte, da CF/1988).

Desse modo, a convenção coletiva de trabalho é aplicada a todos os integrantes (empregados e empregadores) das categorias (profissional e econômica) representadas pelos entes sindicais que a firmaram, independentemente de filiação (ou seja, associação sindical), observada delimitação da base territorial dos sindicatos que firmaram a norma coletiva negociada.

Caso os entes sindicais das categorias profissional e econômica possuam bases territoriais distintas entre si, a convenção coletiva de trabalho firmada é aplicada apenas no âmbito da base territorial de menor dimensão, por ser a área territorial comum[30].

30. Cf. SANTOS, Ronaldo Lima dos. *Teoria das normas coletivas*. São Paulo: LTr, 2007. p. 209.

Ocorrendo a transferência definitiva do empregado, havendo no novo local representação sindical diversa, defende-se o entendimento de que passa a ser aplicada, em tese, a norma coletiva vigente na nova localidade de prestação dos serviços (cessando a aplicação da norma coletiva do antigo local), uma vez que o empregado passou a trabalhar em área abrangida pela representação de outro sindicato. Mesmo assim, defende-se que a regra é não se admitir a redução do salário propriamente (ou seja, tal como delimitado pelo art. 457, § 1.º, da CLT), pois a transferência do empregado não figura como exceção ao princípio da irredutibilidade salarial (art. 7.º, inciso VI, da CF/1988).

No entanto, mesmo havendo transferência definitiva, caso na nova localidade os mesmos sindicatos também alcancem as respectivas representações, não haverá alteração da norma coletiva a ser aplicada ao empregado transferido.

Por fim, no caso de transferência provisória do empregado, defende-se o entendimento de que fica mantida a aplicação da norma coletiva de origem, justamente por se tratar de situação meramente temporária, ou seja, momentânea, a ser restabelecida[31].

O art. 611, § 1.º, da Consolidação das Leis do Trabalho faculta aos sindicatos representativos de categorias profissionais celebrar acordos coletivos com uma ou mais empresas da correspondente categoria econômica, estipulando condições de trabalho aplicáveis no âmbito da ou das empresas acordantes.

Desse modo, o acordo coletivo de trabalho é o instrumento normativo que decorre da negociação coletiva, sendo firmado, em regra, pelo sindicato da categoria profissional com uma ou mais empresas.

O acordo coletivo também é fonte formal do Direito do Trabalho, por estabelecer normas genéricas e abstratas, a serem aplicadas no âmbito das relações individuais de trabalho mantidas com a(s) empresa(s) que firmar(am) a avença coletiva com o sindicato da categoria profissional.

Como os acordos coletivos de trabalho também são reconhecidos pelo art. 7.º, inciso XXVI, da Constituição Federal de 1988, a interpretação do seu art. 8.º, inciso VI, que exige a presença do sindicato na negociação coletiva, não pode ser isolada nem literal, mas em conformidade com aquele outro dispositivo. Dessa forma, a obrigatoriedade da presença do ente sindical, na negociação coletiva para o fim de se firmar acordo coletivo, restringe-se à categoria profissional.

Da mesma forma, pode ocorrer negociação coletiva, objetivando a celebração do acordo coletivo previsto no mencionado art. 611, § 1.º, mas restar frustrada, surgindo a possibilidade de ajuizamento do dissídio coletivo, no caso, inclusive pela ou pelas empresas envolvidas no conflito coletivo particularizado. O art. 874 da CLT, versando sobre o dissídio coletivo de revisão, expressamente assegura a legitimidade de ajuizamento ao "empregador ou empregadores interessados no cumprimento da decisão".

Os empregados de uma ou mais empresas que decidirem celebrar acordo coletivo de trabalho com as respectivas empresas darão ciência de sua resolução, por escrito, ao sindicato representativo da categoria profissional, que terá o prazo de oito dias para assumir a direção dos entendimentos entre os interessados (art. 617 da CLT).

Para o fim de deliberar sobre o acordo coletivo, a entidade sindical convocará assembleia geral dos diretamente interessados, sindicalizados ou não, nos termos do art. 612 da CLT (art. 617, § 2.º, da CLT).

31. Cf. SANTOS, Ronaldo Lima dos. *Teoria das normas coletivas*. São Paulo: LTr, 2007. p. 210.

Cabe ainda destacar o art. 617, § 1.º, da CLT, ao estabelecer regra a respeito do sindicato da categoria profissional que não assume, no prazo de oito dias, a direção dos entendimentos, entre os interessados, para a celebração do acordo coletivo. O referido dispositivo estabelece poderem os interessados dar conhecimento do fato à federação a que estiver vinculado o sindicato e, em falta desta, à correspondente confederação, para que assuma a direção dos entendimentos no mesmo prazo de oito dias, regulando a "legitimação substitutiva". Nas hipóteses desse dispositivo, a federação ou a confederação, que são entes sindicais, também podem realizar a negociação coletiva, a qual, se frustrada, possibilita o ajuizamento do dissídio coletivo.

A parte final do § 1.º do art. 617 da CLT menciona que, esgotado o prazo para a federação ou a confederação assumir a direção dos entendimentos, "poderão os interessados prosseguir diretamente na negociação coletiva, até final". Há entendimento de que essa previsão não foi recepcionada pela Constituição de 1988. No entanto, por se tratar de situação bem peculiar e específica, não versada pela Constituição Federal, inclusive para que os próprios trabalhadores não sejam prejudicados, ficando sem norma coletiva a ser aplicada, pode-se defender que a regra é aplicável, apesar da previsão genérica do art. 8.º, inciso VI, da Constituição Federal[32].

A respeito do tema, cabe destacar o seguinte julgado:

> "Acordo coletivo de trabalho. Negociação direta entre comissão de empregados e empregador. Turnos ininterruptos de revezamento de doze horas. Ausência de participação do sindicato representante da categoria profissional. Validade. Artigo 617 da CLT. Recepção pela Constituição Federal de 1988. 1. Foi recepcionado pela Constituição Federal de 1988 (artigo 8.º, inciso VI) o artigo 617 da CLT, no que autoriza a celebração de acordo coletivo de trabalho diretamente entre empregados e uma ou mais empresas, na situação excepcional em que comprovada a recusa do Sindicato representante da categoria profissional em assumir a direção dos entendimentos. 2. A exigência constitucional inafastável é de que o sindicato seja instado a participar e participe da negociação coletiva, ainda que para recusar o conteúdo da proposta patronal. 3. Em tese, todavia, a virtual resistência da cúpula sindical em consultar as bases não constitui empecilho a que os próprios interessados, regularmente convocados, excepcionalmente firmem o acordo coletivo de trabalho, de forma direta, na forma da lei. 4. A grave exceção à garantia de tutela sindical na negociação coletiva somente se justifica, contudo, sob pena de concreta violação à norma do artigo 8.º, VI, da Constituição Federal, quando sobressaem a livre manifestação de vontade dos empregados da empresa e a efetiva recusa da entidade profissional em representar a coletividade interessada. 5. Assentada a tese jurídica da recepção do artigo 617 da CLT pela Constituição Federal de 1988, a aplicação do direito à espécie impõe que o Tribunal Regional do Trabalho, soberano na apreciação do acervo fático-probatório, examine a existência de prova cabal da recusa do sindicato da categoria profissional em participar da negociação coletiva, bem como o cumprimento das demais formalidades exigidas no artigo 617 da CLT. 6. Embargos da Reclamada de que se conhece, por divergência jurisprudencial, e a que se dá parcial provimento" (TST, SBDI-I, E-ED-RR – 1134676-43.2003.5.04.0900, Redator Min. João Oreste Dalazen, *DEJT* 19.05.2017).

32. Cf. MARTINS, Sergio Pinto. *Comentários à CLT*. 5. ed. São Paulo: Atlas, 2002. p. 634: "Apesar de a participação do sindicato dos empregados ser obrigatória nas negociações coletivas de trabalho (art. 8.º, VI, da CF), entendo que os dispositivos anteriormente elencados não foram revogados pela Constituição, pois se o sindicato não tem interesse na negociação, os interessados não poderão ficar esperando indefinidamente, daí por que podem promover diretamente as negociações".

Aliás, há entendimento de que mesmo tratando-se de inexistência de sindicato que represente a categoria, é possível a aplicação analógica do art. 611, § 2.º, da CLT, ou seja, também para a celebração de acordos coletivos, em razão da semelhança de situações[33].

Sobre a natureza jurídica das convenções e acordos coletivos, cabe fazer menção, aqui, às diversas teorias existentes[34].

Primeiramente, observa-se a presença de *teorias contratualistas* ou civilistas.

Não há total uniformidade nessas teorias contratualistas, observando-se teses específicas, relativamente autônomas entre si, defendendo que a convenção e o acordo coletivo possuem natureza de:

- mandato, entendendo ser o sindicato mandatário dos associados, representando seus interesses individuais e coletivos.
- estipulação em favor de terceiro, pela qual o sindicato estipularia condições de trabalho em favor de seus associados, considerados terceiros.
- gestão de negócio, em que uma pessoa (gestor), no caso, o sindicato, vai tomar conta dos negócios da outra (gerido), de forma voluntária.
- contrato inominado, em que se defende não se confundir a convenção coletiva de trabalho com as modalidades contratuais típicas e já existentes no Direito Civil.

De todo modo, as teorias contratualistas possuem natureza de direito privado, entendendo a convenção coletiva de trabalho como um contrato, ou seja, uma espécie de negócio jurídico, por meio da qual as partes estabelecem avenças, em manifestação da autonomia privada.

A crítica a tais teorias civilistas é de que elas ignoram a força normativa dos acordos e convenções coletivas, que incidem na regulação das relações individuais de trabalho. Além disso, os mencionados instrumentos normativos negociados não se confundem com os tradicionais contratos do Direito Civil. Tanto é assim que as condições de trabalho firmadas nas convenções coletivas são aplicáveis a todos os integrantes da categoria, independentemente de serem associados, ou não, ao sindicato, os quais não podem ser considerados como meramente terceiros, por formarem a própria categoria profissional.

Aliás, nos acordos e convenções coletivas de trabalho, podem ser convencionadas, também, obrigações específicas, pertinentes aos próprios entes estipulantes.

Por fim, a negociação coletiva é atividade a ser desempenhada pelo ente sindical, conforme previsão constitucional; pactuada a convenção ou o acordo coletivo, os integrantes da categoria não têm o poder de ratificar, ou não, as normas convencionadas.

As *teorias normativistas* ou regulamentares também revelam teses distintas entre si, cabendo fazer menção às seguintes vertentes:

- teoria da instituição corporativa, que vê na convenção coletiva de trabalho a manifestação da vontade corporativa do sindicato.
- teoria regulamentar, segundo a qual a convenção coletiva de trabalho é um regulamento interno das condições de trabalho e da profissão, tal como ocorre com a lei.

33. Cf. NASCIMENTO, Amauri Mascaro. *Compêndio de direito sindical*. 2. ed. São Paulo: LTr, 2000. p. 345.
34. Cf. MARTINS, Sergio Pinto. *Direito do trabalho*. 26. ed. São Paulo: Atlas, 2010. p. 833-835.

- teoria da lei delegada, de acordo com a qual as convenções coletivas de trabalho seriam estabelecidas pelos sindicatos, vistos como entes que desempenham funções delegadas do Estado.

Como se nota, as teorias normativistas apresentam aspectos de direito público, com origem nas doutrinas do corporativismo italiano, entendendo a convenção coletiva de trabalho como uma norma jurídica, a qual se aplica a todos os integrantes da categoria, independentemente de serem associados, ou não, do sindicato.

A crítica que se faz às teorias normativistas centra-se em que o sindicato, na atualidade, é ente de direito privado, não mais atrelado ao Estado, nem exercendo funções delegadas do Poder Público. No regime de democracia nas relações sindicais, permeadas pelos princípios da liberdade e da autonomia sindical, sabe-se que as normas não decorrem apenas do ato estatal, mas também da autonomia privada, observando-se o pluralismo nas fontes de produção do Direito.

Por fim, há a *teoria mista*, também chamada teoria do "contrato social normativo"[35], a qual defende a existência do aspecto contratual, mas também do caráter normativo, nos acordos e convenções coletivas de trabalho. Desse modo, procura harmonizar aspectos das teorias contratuais e normativistas, reunindo os fatores que se fazem presentes, de forma simultânea, na contratação coletiva de trabalho.

Logo, deve-se entender a convenção coletiva de trabalho como instituto no qual se fazem presentes tanto a natureza contratual, por decorrer da autonomia coletiva dos particulares, estabelecendo condições de trabalho e obrigações aos entes que a pactuam, como a natureza normativa, constituindo fonte formal do Direito, fixando normas jurídicas a serem aplicadas na regulação da relação jurídica de trabalho.

Por isso, no que tange à natureza jurídica dos acordos coletivos e convenções coletivas de trabalho, vislumbram alguns autores tratar-se de "corpo de contrato e alma de lei" (Carnelutti), ou modalidade de "ato-regra" (Duguit), por ser um ato jurídico (*rectius*: negócio jurídico), com força normativa, criadora de novas disposições ou regras (ou seja, lei em sentido material, dotada de conteúdo normativo e vinculante), diferenciando-se do "ato-condição", que apenas aplica a lei existente.

Assim, prevalece o entendimento adotando a teoria mista, ou teoria do "contrato social normativo", para a explicação da natureza jurídica das convenções e acordos coletivos de trabalho, aliando os aspectos contratuais e normativos.

As cláusulas dos acordos e convenções coletivas de trabalho podem ser classificadas em:

- **obrigacionais**, fixando direitos e deveres entre os próprios pactuantes. Exemplo, cláusula prevendo multa ao sindicato que descumprir a convenção coletiva.
- **normativas**, estabelecendo condições de trabalho, gerando reflexos nos contratos individuais de emprego. Como exemplo, pode-se citar cláusula de convenção coletiva que estabelece o aumento salarial para a categoria profissional.

Há autores que fazem menção, ainda, às *cláusulas sociais*, fixando regras para a solução de conflitos futuros sobre a aplicação do instrumento normativo decorrente da negociação coletiva. Na realidade, são cláusulas obrigacionais atípicas, versando sobre mecanismos de "administração" da norma coletiva.

35. DELGADO, Mauricio Godinho. *Curso de direito do trabalho*. 4. ed. São Paulo: LTr, 2005. p. 1.403-1.404.

A Lei 12.790/2013, ao dispor sobre a regulamentação do exercício da profissão de comerciário, no art. 6.º, prevê que as entidades representativas das categorias econômica e profissional podem, no âmbito da negociação coletiva, negociar a inclusão, no instrumento normativo, de cláusulas que instituam programas e ações de educação, formação e qualificação profissional.

A Consolidação das Leis do Trabalho prevê um procedimento formal para a validade, publicidade, eficácia e entrada em vigor das normas coletivas resultantes da negociação coletiva.

Em razão do princípio da liberdade sindical, adotado pela Constituição Federal de 1988 (ainda que com restrições), pode haver o posicionamento de que as mencionadas regras da CLT, por estabelecerem o procedimento de depósito do instrumento normativo no órgão do Ministério do Trabalho, não teriam sido recepcionadas em face do art. 8.º, inciso I, da Lei Maior.

Em sentido semelhante, registre-se o entendimento de que, após a Constituição Federal de 1988, a exigência de depósito das convenções e acordos coletivos no órgão do Ministério do Trabalho (art. 614 da CLT) apenas tem como finalidade conferir *publicidade* aos referidos instrumentos normativos negociados, para conhecimento de terceiros interessados. Assim, mesmo sem esse depósito (de natureza administrativa), a norma coletiva é válida e eficaz entre as próprias partes que a firmaram. Nessa linha, cabe transcrever a seguinte decisão do TST:

> "Recurso de embargos. Acordos coletivos de trabalho. Ausência de depósito perante a autoridade competente. Vício formal que não invalida o conteúdo da negociação coletiva. Turno ininterrupto de revezamento. Jornada de oito horas. Validade.
>
> A interpretação do art. 614, *caput*, da CLT deve guardar harmonia com a nova Constituição Federal, que alterou profundamente a organização sindical e a autonomia das partes para a negociação coletiva, estabelecendo princípios rígidos que vedam a intervenção do Poder Público nessa relação, presente no regramento jurídico infraconstitucional antecessor, e que reconhecem as convenções e os acordos coletivos, incentivando a negociação coletiva. Nessa ótica, a exigência de depósito das convenções e acordos coletivos no órgão ministerial não tem outra finalidade senão dar publicidade a esses ajustes, para fins de conhecimento de terceiros interessados. O conteúdo do ajuste coletivo firmado livremente entre as partes legitimadas não pode ser questionado pelo Poder Público e, sendo assim, o descumprimento da exigência do seu depósito não pode invalidá-lo, à medida que independe de qualquer manifestação do Estado. As normas e condições de trabalho negociadas de comum acordo entre as partes convenentes valem por si só, criando direitos e obrigações entre elas a partir do momento em que firmado o instrumento coletivo na forma da lei. O descumprimento da formalidade prevista no art. 614 da CLT importa apenas infração administrativa, mas não maculará o conteúdo da negociação coletiva, gerador de novos direitos e condições de trabalho. Do contrário, as partes teriam que buscar a invalidação de todo o instrumento coletivo, mediante instrumento processual próprio, e não, particularizadamente, de uma cláusula que lhe foi desfavorável, como no caso presente, beneficiando-se das demais. O acórdão regional, ao invalidar o ajuste coletivo que fixou jornada elastecida de oito horas para o trabalho em turno ininterrupto de revezamento pelo vício apontado, negou vigência à própria norma coletiva, maculando o inciso XXVI do art. 7.º da Constituição Federal, especialmente quando a matéria de fundo encontra-se pacificada nesta Corte Superior por meio da Súmula 423. Recurso de embargos conhecido e provido" (TST, SBDI-I, E-RR-1086/2001-014-09-00.0, Redator Min. Vieira de Mello Filho, *DJ* 07.12.2007).

No entanto, é possível entender que as regras em questão, presentes na CLT, não representam interferência ou intervenção do Estado no ente sindical, pois suas previsões não deixam a critério do Ministério do Trabalho a possibilidade de depósito, validade, eficácia e entrada em vigor dos acordos e convenções coletivas de trabalho.

Quanto à forma, conforme o art. 613, parágrafo único, da CLT, as convenções e os acordos coletivos devem ser celebrados por escrito, sem emendas nem rasuras, em tantas vias quantos forem os sindicatos convenentes ou as empresas acordantes, além de uma destinada a registro.

O art. 614 da CLT prevê que os "sindicatos convenentes ou as empresas acordantes" (conforme seja, respectivamente, convenção coletiva ou acordo coletivo) devem promover, "conjunta ou separadamente, dentro de 8 (oito) dias da assinatura da convenção ou acordo, o depósito de uma via" do instrumento normativo, para fins de registro e arquivo, nos órgãos regionais do Ministério do Trabalho.

Como se nota, a Delegacia Regional do Trabalho (atualmente denominada Superintendência Regional do Trabalho) não detém o poder de impor alterações quanto ao conteúdo da norma coletiva negociada, tratando-se de ato administrativo vinculado.

O registro de instrumentos coletivos de trabalho (convenção coletiva, acordos coletivos e respectivos termos aditivos) é disciplinado nos arts. 291 a 303 da Portaria 671/2021 do Ministério do Trabalho e Previdência.

O registro dos instrumentos coletivos de trabalho deve ser efetuado por meio do portal gov.br, observados os requisitos formais e de legitimidade previstos nos arts. 611 a 625 da CLT (art. 292 da Portaria 671/2021 do Ministério do Trabalho e Previdência).

Para o deferimento do registro, a solicitação deve estar acompanhada da cópia da ata da assembleia que aprovou o respectivo instrumento (art. 296 da Portaria 671/2021 do Ministério do Trabalho e Previdência).

As notificações relacionadas à solicitação de registro do instrumento coletivo de trabalho são feitas eletronicamente, sendo de responsabilidade das partes o acompanhamento por meio do portal gov.br (art. 297 da Portaria 671/2021 do Ministério do Trabalho e Previdência).

Após o protocolo, as solicitações de registro de instrumento coletivo de trabalho são passíveis de retificação nas situações previstas no art. 299 da Portaria 671/2021 do Ministério do Trabalho e Previdência.

Das decisões administrativas denegatórias de registro cabe recurso administrativo, no prazo de 10 dias, a contar da notificação da referida decisão (art. 301 da Portaria 671/2021 do Ministério do Trabalho e Previdência).

Os instrumentos coletivos registrados ficam disponíveis para consulta de qualquer interessado no portal gov.br (art. 303 da Portaria 671/2021 do Ministério do Trabalho e Previdência).

Portanto, a análise, no âmbito do Ministério do Trabalho, refere-se, em essência, aos aspectos formais do instrumento normativo, não podendo ser vista como possibilidade de o próprio Poder Executivo *impor* alterações em instrumentos normativos negociados, sob pena de violação do art. 8.º, inciso I, parte final, da Constituição Federal de 1988. Ademais, cabe destacar o art. 83, inciso IV, da Lei Complementar 75/1993, ao prever a competência do Ministério Público do Trabalho para "propor as ações cabíveis para declaração de nulidade de cláusula de contrato, acordo coletivo ou convenção coletiva que viole as liberdades individuais ou coletivas ou os direitos individuais indisponíveis dos trabalhadores".

As convenções e os acordos coletivos entrarão em vigor três dias após a data da entrega deles no órgão competente do Ministério do Trabalho (§ 1.º do art. 614 da CLT).

Devem ser afixadas, de modo visível, cópias autênticas das convenções e dos acordos coletivos, pelos sindicatos convenentes, nas respectivas sedes e nos estabelecimentos das empresas compreendidas no seu campo de aplicação, dentro de cinco dias da data do depósito no órgão competente do Ministério do Trabalho (§ 2.º do art. 614 da CLT).

O § 3.º do art. 614 da CLT prevê que: "Não será permitido estipular duração de convenção coletiva ou acordo coletivo de trabalho superior a dois anos, sendo vedada a ultratividade".

Sobre o tema, a Orientação Jurisprudencial 322 da SBDI-I do TST assim prevê: "Nos termos do art. 614, § 3.º, da CLT, é de 2 anos o prazo máximo de vigência dos acordos e das convenções coletivas. Assim sendo, é inválida, naquilo que ultrapassa o prazo total de 2 anos, a cláusula de termo aditivo que prorroga a vigência do instrumento coletivo originário por prazo indeterminado".

O processo de prorrogação, revisão, denúncia ou revogação total ou parcial de convenção ou acordo fica subordinado, em qualquer caso, à aprovação de Assembleia Geral dos Sindicatos convenentes ou partes acordantes, com observância do disposto no art. 612 da CLT[36].

A *prorrogação* refere-se à manutenção das condições fixadas na norma coletiva cuja vigência está encerrando ou se encerrou.

A *revisão*, por sua vez, é a alteração das condições fixadas no instrumento normativo, adaptando-as às novas condições de fato posteriores.

Na *denúncia* uma das partes cientifica a outra a respeito do término da vigência da norma coletiva, para evitar eventual alegação de prorrogação.

A *revogação* indica o ato das partes de porem fim à vigência da norma coletiva antes de seu termo final.

O instrumento de prorrogação, revisão, denúncia ou revogação de convenção ou acordo será depositado para fins de registro e arquivamento, na repartição em que ele foi originalmente depositado, observado o disposto no art. 614. As modificações introduzidas em convenção ou acordo, por força de revisão ou de revogação parcial de suas cláusulas passarão a vigorar três dias após a realização desse novo depósito.

Havendo convenção, acordo ou sentença normativa em vigor, o dissídio coletivo deverá ser instaurado dentro dos 60 dias anteriores ao respectivo termo final, para que o novo instrumento possa ter vigência no dia imediato a esse termo (art. 616, § 3.º, da CLT).

28.16 RELAÇÃO ENTRE CONTRATO INDIVIDUAL DE TRABALHO E INSTRUMENTO NORMATIVO

Na relação entre o contrato individual de trabalho e a norma coletiva decorrente de negociação coletiva, observa-se o princípio da norma mais favorável, prevalecendo, em regra, a disposição mais benéfica ao empregado.

---

36. "Art. 612. Os Sindicatos só poderão celebrar Convenções ou Acordos Coletivos de Trabalho, por deliberação de Assembleia Geral especialmente convocada para esse fim, consoante o disposto nos respectivos Estatutos, dependendo a validade da mesma do comparecimento e votação, em primeira convocação, de 2/3 (dois terços) dos associados da entidade, se se tratar de Convenção, e dos interessados, no caso de Acordo, e, em segunda, de 1/3 (um terço) dos mesmos.

Parágrafo único. O 'quorum' de comparecimento e votação será de 1/8 (um oitavo) dos associados em segunda convocação, nas entidades sindicais que tenham mais de 5.000 (cinco mil) associados".

Nesse contexto, o art. 619 da CLT prevê que nenhuma disposição de contrato individual de trabalho que contrarie normas de convenção ou acordo coletivo de trabalho, pode prevalecer na execução daquele, sendo considerada nula de pleno direito.

Essa regra deve ser interpretada no sentido de previsão, no contrato individual de trabalho, que desrespeita direitos assegurados na norma coletiva negociada, não podendo, por isso, prevalecer.

Quanto ao disposto no art. 444, parágrafo único, da CLT, acrescentado pela Lei 13.467/2017, cf. Capítulo 5, item 5.2.8.

O art. 620 da CLT, com redação dada pela Lei 13.467/2017, dispõe que as condições estabelecidas em acordo coletivo de trabalho sempre prevalecem sobre as estipuladas em convenção coletiva de trabalho.

Na redação original, o art. 620 da CLT previa que as condições estabelecidas em convenção coletiva de trabalho, quando mais favoráveis, prevaleceriam sobre as estipuladas em acordo coletivo de trabalho.

A previsão decorrente da Lei 13.467/2017 pode contrariar o princípio da norma mais favorável, que decorre do princípio da proteção, assegurado no plano constitucional (art. 7.º, *caput*, da Constituição Federal de 1988).

Sendo assim, a interpretação constitucional revela que as condições estabelecidas em acordo coletivo de trabalho (sempre) prevalecem sobre as estipuladas em convenção coletiva de trabalho, mas desde que aquelas sejam mais benéficas do que este. Portanto, caso as disposições da convenção coletiva de trabalho sejam mais favoráveis, a determinação constitucional é no sentido da sua prevalência.

De todo modo, prevalece o entendimento de que a verificação da norma mais favorável deve seguir a teoria do conglobamento, de forma que as disposições das normas coletivas devem ser analisadas em seu conjunto e não isoladamente[37]. Nesse sentido, cabe transcrever a seguinte decisão:

> "Embargos interpostos anteriormente à vigência da Lei 11.496/2007. Complementação de aposentadoria. Reajuste salarial e abono. Prevalência do acordo coletivo. Adoção da teoria do conglobamento.
>
> O pedido dos Autores foi rejeitado sob o fundamento de que os empregados, em atividade, não tiveram reajuste salarial, não se justificando o que pretendido, sobre a complementação de aposentadoria. O acórdão embargado concluiu que não ocorreu ofensa ao art. 620, da CLT, restando prejudicada a postulação de aplicação da norma mais favorável, tendo em vista a teoria do conglobamento. Um dos princípios do Direito do Trabalho é o da aplicação da norma mais favorável ao empregado. No entanto, deve ser compreendido

37. "Agravo de instrumento em recurso de revista em face de decisão publicada antes da vigência da Lei nº 13.015/2014. [...] Contrato de estágio. Diferenças de bolsa-auxílio. Confronto entre convenção coletiva e acordo coletivo. Prevalência da norma mais benéfica. Teoria do conglobamento. No confronto entre as convenções coletivas e os acordos coletivos, a jurisprudência predominante nesta Corte Superior adota o entendimento de que deve ser observada a norma mais benéfica ao trabalhador (artigo 620 da CLT). E, na aferição de qual ajuste coletivo é o mais benéfico, aplica-se a Teoria do Conglobamento, ou seja, devem ser considerados em sua totalidade. No caso, o Tribunal Regional, soberano na análise do conjunto fático-probatório, entendeu que as Convenções Coletivas se revelaram mais benéficas à autora do que as previsões contidas no Acordo Coletivo. Assim, ao determinar a aplicação da norma mais favorável à trabalhadora - a Convenção em detrimento do Acordo Coletivo - o Colegiado de origem decidiu em perfeita consonância com a jurisprudência deste Tribunal. Agravo de instrumento a que se nega provimento" (TST, 7.ª T., AIRR - 1423-25.2011.5.04.0017, Rel. Min. Cláudio Mascarenhas Brandão, *DEJT* 30.06.2017).

de forma sistemática, ou seja, considerando-se o contexto em que inserida a norma. A jurisprudência desta Corte firma-se no sentido de que o art. 620 da CLT revela a teoria do conglobamento, pela qual as normas são consideradas e interpretadas em conjunto, e não da forma isolada, pretendida pelos Embargantes" (TST, SBDI-I, E-RR-709/2002-002-21-40.8, Rel. Min. Maria Cristina Irigoyen Peduzzi, *DJ* 26.10.2007).

Entretanto, nas hipóteses em que, excepcionalmente, é admitida a flexibilização *in pejus*, como ocorre na redução de salário (art. 7.º, inciso VI, da CF/1988), as referidas previsões sobre norma mais favorável deixam de prevalecer.

Além disso, tendo em vista a supremacia das disposições de ordem pública, considera-se nula de pleno direito a disposição de convenção ou acordo coletivo que, direta ou indiretamente, contrarie proibição ou norma disciplinadora da política econômico-financeira do Governo, ou concernente à política salarial vigente, não produzindo quaisquer efeitos perante autoridades e repartições públicas, inclusive para fins de revisão de preços e tarifas de mercadorias e serviços (art. 623 da CLT). Nessa hipótese, a nulidade deve ser declarada pela Justiça do Trabalho em processo submetido ao seu julgamento.

Desse modo, nos termos da Súmula 375 do TST: "Reajustes salariais previstos em norma coletiva. Prevalência da legislação de política salarial. Os reajustes salariais previstos em norma coletiva de trabalho não prevalecem frente à legislação superveniente de política salarial".

A vigência de cláusula de aumento ou reajuste salarial, que implique elevação de tarifas ou de preços sujeitos à fixação por autoridade pública ou repartição governamental, depende de prévia audiência dessa autoridade ou repartição e sua expressa declaração no tocante à possibilidade de elevação da tarifa ou do preço e quanto ao valor dessa elevação (art. 624 da CLT).

28.17 INCORPORAÇÃO AO CONTRATO INDIVIDUAL DE TRABALHO

Cabe analisar o tema da incorporação, ou não, das cláusulas dos instrumentos normativos nos contratos individuais de trabalho.

A primeira corrente entende que as cláusulas das referidas normas coletivas integram os contratos individuais de trabalho. Desse modo, os direitos ali previstos não podem ser suprimidos, sob pena de violação do princípio da condição mais favorável, inclusive em razão da previsão do art. 468 da CLT.

Anteriormente, a Lei 8.542, de 23 de dezembro de 1992, chegou a seguir esse entendimento, em seu art. 1.º, §§ 1.º e 2.º:

> "§ 1.º As cláusulas dos acordos, convenções ou contratos coletivos de trabalho integram os contratos individuais de trabalho e somente poderão ser reduzidas ou suprimidas por posterior acordo, convenção ou contrato coletivo de trabalho.
>
> § 2.º As condições de trabalho, bem como as cláusulas salariais, inclusive os aumentos reais, ganhos de produtividade do trabalho e pisos salariais proporcionais à extensão e à complexidade do trabalho, serão fixados em contrato, convenção ou acordo coletivo de trabalho, laudo arbitral ou sentença normativa, observadas dentre outros fatores, a produtividade e a lucratividade do setor ou da empresa".

No entanto, referida previsão foi revogada pela Medida Provisória 1.053, de 30 de junho de 1995, reeditada diversas vezes, tendo sido revogada, de forma definitiva, pela Lei 10.192, de 14 de fevereiro de 2001.

Desse modo, pode-se entender que as "cláusulas das normas coletivas incorporam-se aos contratos individuais de trabalho desde 24 de dezembro de 1992 até 30 de junho de 1995"[38].

A segunda corrente de entendimento é intermediária, defendendo que os direitos previstos nas normas coletivas negociadas devem ser mantidos até que outro instrumento normativo seja pactuado, ainda que ultrapassado o seu prazo, que é limitado, de vigência no tempo. O aspecto positivo dessa corrente está em fomentar a prática da negociação coletiva, ao mesmo tempo em que não torna imutáveis as regras que regem as relações de trabalho.

A terceira corrente defende que as cláusulas das normas coletivas não se incorporam ao contrato individual de trabalho, pois aquelas possuem vigência temporária, não se confundindo, ainda, com as condições de trabalho decorrentes do contrato individual de labor ou do regulamento de empresa, afastando a aplicação do princípio da condição mais benéfica, bem como a incidência do art. 468 da CLT.

Na realidade, a tese da incorporação das cláusulas da norma coletiva negociada nos contratos individuais de trabalho apresenta, como aspecto negativo, o desestímulo à negociação coletiva. Havendo a referida integração definitiva, os empregadores podem evitar a concessão de direitos à categoria profissional, temendo o futuro, por não saber se podem permanecer concedendo-os indefinidamente.

O art. 613, inciso II, da CLT determina que as convenções e os acordos coletivos de trabalho devem conter obrigatoriamente o prazo de vigência.

Apesar da eficácia limitada no tempo das convenções e acordos coletivos de trabalho, discute-se a respeito da possibilidade de suas cláusulas normativas produzirem efeitos após o término de vigência do instrumento normativo.

Versando sobre a matéria, a Súmula 277 do Tribunal Superior do Trabalho, em sua redação original, aprovada pela Resolução 10/1988 e mantida pela Resolução 121/2003, assim previa:

> "Sentença normativa. Vigência. Repercussão nos contratos de trabalho. As condições de trabalho alcançadas por força de sentença normativa vigoram no prazo assinado, não integrando, de forma definitiva, os contratos".

A referida Súmula teve a sua redação alterada pela Resolução 161/2009 do TST, passando a dispor do seguinte modo:

> "Sentença normativa. Convenção ou acordo coletivos. Vigência. Repercussão nos contratos de trabalho. I – As condições de trabalho alcançadas por força de sentença normativa, convenção ou acordos coletivos vigoram no prazo assinado, não integrando, de forma definitiva, os contratos individuais de trabalho. II – Ressalva-se da regra enunciado no item I o período compreendido entre 23.12.1992 e 28.07.1995, em que vigorou a Lei nº 8.542, revogada pela Medida Provisória nº 1.709, convertida na Lei nº 10.192, de 14.02.2001".

Prosseguindo no histórico da Súmula 277 do TST, a posterior redação assim estabelece:

> "Convenção coletiva de trabalho ou acordo coletivo de trabalho. Eficácia. Ultratividade (redação alterada na sessão do Tribunal Pleno realizada em 14.09.2012) – Res. 185/2012 –

38. MARTINS, Sergio Pinto. *Direito do trabalho*. 22. ed. São Paulo: Atlas, 2006. p. 818.

DEJT divulgado em 25, 26 e 27.09.2012. As cláusulas normativas dos acordos coletivos ou convenções coletivas integram os contratos individuais de trabalho e somente poderão ser modificadas ou suprimidas mediante negociação coletiva de trabalho".

Questiona-se, entretanto, a respeito do fundamento legal e constitucional para a integração das cláusulas normativas de convenções e acordos coletivos aos contratos individuais de trabalho, no caso, até a sua modificação ou supressão decorrente de futura norma coletiva negociada.

É importante registrar que o art. 468 da Consolidação das Leis do Trabalho não tem aplicação quanto à questão, uma vez que trata de direitos pactuados no âmbito do contrato individual de trabalho, isto é, entre empregado e empregador. Desse modo, não há pertinência entre o referido preceito legal e as relações coletivas de trabalho, mais especificamente quanto às cláusulas estabelecidas por meio de negociação coletiva de trabalho.

Frise-se que os direitos adquiridos pelo empregado, por ter preenchido os requisitos previstos na norma coletiva durante a sua vigência, devem ser preservados, com fundamento no art. 5.º, inciso XXXVI, da Constituição Federal de 1988.

Se a cláusula da norma coletiva prevê certo direito, a ser adquirido se presentes determinados requisitos, uma vez sendo eles preenchidos pelo empregado na vigência do instrumento normativo, deve-se considerar adquirido o mencionado direito. Confirmando o exposto, segundo a Orientação Jurisprudencial 41 da SBDI-I do TST:

> "Estabilidade. Instrumento normativo. Vigência. Eficácia. Preenchidos todos os pressupostos para a aquisição de estabilidade decorrente de acidente ou doença profissional, ainda durante a vigência do instrumento normativo, goza o empregado de estabilidade mesmo após o término da vigência deste".

Portanto, mesmo se for seguida a tese da não integração das normas coletivas nos contratos individuais de trabalho, entende-se que certas questões devem ser interpretadas com bom senso e razoabilidade.

Assim, por exemplo, tratando-se de piso da categoria, mesmo depois do término da vigência da norma coletiva que o previa, não se admite a redução salarial (art. 7.º, inciso VI, da Constituição da República), permanecendo devido o patamar mínimo de salário estabelecido.

Situação diferenciada e excepcional ocorre quando a própria norma coletiva decorrente de negociação coletiva (convenção ou acordo coletivo de trabalho), além de prever certo direito trabalhista aos empregados, assegura expressamente que referido direito passe a integrar de modo definitivo os contratos individuais de trabalho em vigor.

Seria possível defender o entendimento de que a previsão normativa em destaque é válida e eficaz, tendo em vista, inclusive, o princípio da norma mais benéfica. Desse modo, embora a regra fosse no sentido de que o direito previsto na norma coletiva não integra definitivamente o contrato individual de trabalho, havendo norma mais benéfica em sentido diverso, estabelecendo que o direito deva ser integrado de modo definitivo no âmbito das relações individuais de emprego, a mencionada disposição mais favorável, decorrente de negociação coletiva, deve prevalecer e ser aplicada, na forma do art. 7.º, *caput*, e inciso XXVI, da Constituição Federal de 1988. O fato de a cláusula de incorporação definitiva do direito ao contrato de trabalho não ter sido renovada (nas normas coletivas posteriores) apenas significa que a sua disposição não tem como abranger os empregados admitidos posteriormente à sua vigência (TST, SBDI-I, E-ED-

-RR-31609-2002-900-24-00.3, Rel. Min. Maria Cristina Irigoyen Peduzzi, j. 22.10.2007), mas devendo ser observada quanto aos trabalhadores com vínculo de emprego em vigor na época da previsão normativa mais benéfica[39].

O art. 114, § 2.º, da Constituição da República, com redação dada pela Emenda Constitucional 45/2004, dispõe que no dissídio coletivo de natureza econômica a Justiça do Trabalho pode decidir o conflito, devendo ser respeitadas as disposições mínimas legais de proteção ao trabalho, *bem como as convencionadas anteriormente*.

Desse modo, há entendimento no sentido de que as cláusulas normativas de convenções e acordos coletivos de trabalho possuem eficácia no tempo mesmo após o prazo de vigência, isto é, *ultratividade*.

O art. 114, § 2.º, da Constituição da República, mesmo na redação decorrente da Emenda Constitucional 45/2004, entretanto, não prevê expressamente que os direitos previstos em convenções e acordos coletivos integram os contratos individuais de trabalho. O dispositivo constitucional apenas determina, como parâmetro a ser seguido pela sentença normativa, que devem ser respeitadas as condições de trabalho convencionadas anteriormente.

Em verdade, a interpretação do art. 114, § 2.º, da Constituição Federal de 1988 pode revelar que as disposições pactuadas por meio de negociação coletiva não se incorporam aos contratos de trabalho, pois, caso isso já ocorresse, não haveria motivo para se estabelecer a referida determinação direcionada ao julgamento dos dissídios coletivos.

Essa conclusão também seria confirmada pela eficácia no tempo das convenções e acordos coletivos, sabendo-se que a sua vigência deve respeitar o limite de dois anos, conforme os arts. 613, inciso II, e 614, § 3.º, da CLT.

Ademais, o § 1.º do art. 1.º da Lei 8.542/1992, que previa a integração dos acordos coletivos e das convenções coletivas aos contratos individuais de trabalho, foi expressamente revogado pela Lei 10.192/2001.

A lei já revogada, assim, não pode ser restaurada pela jurisprudência, por se tratar de matéria situada fora do alcance da jurisdição, a qual deve respeitar as normas legais e constitucionais em vigor, não tendo legitimidade democrática para inovar em matéria legislativa.

Se o dispositivo que previa a integração das cláusulas normativas de acordos coletivos e convenções coletivas não mais vigora, os referidos instrumentos normativos negociados, por terem vigência limitada no tempo, em princípio, salvo disposição em sentido diverso, não integram os contratos individuais de trabalho, como inclusive estabelecia a redação anterior da Súmula 277 do TST.

39. "Acordo coletivo. Vigência. Repercussão no contrato de trabalho. Indenização por tempo de serviço. A SBDI-1 na sessão de julgamento do dia 12-12-2006, ao apreciar o processo n. TST-ERR-776.678/2001, adotou a tese no sentido de que se deve prestigiar o pactuado entre empregados e empregadores por meio de convenções e acordos coletivos de trabalho, sob pena de violação ao disposto no art. 7.º, inc. XXVI, da Constituição da República. A flexibilização no Direito do Trabalho, fundada na autonomia coletiva privada, permite a obtenção de benefícios para os empregados e os empregadores com concessões mútuas. Portanto, se as partes decidiram incorporar aos contratos individuais de trabalho de forma definitiva a indenização por tempo de serviço em face de dispensa sem justa causa, é inaplicável a restrição prevista na Súmula 277 do TST. Recurso de embargos conhecido e provido" (TST, SBDI-I, E-RR-756388/2001.7, Rel. Min. Carlos Alberto Reis de Paula, *DJU* 03.08.2007, p. 1277).

Interessante notar que a modificação do entendimento jurisprudencial do TST não foi antecedida de alteração constitucional ou legislativa que a justificasse, não havendo indicação de precedentes que fundamentaram a posterior atual redação da Súmula 277.

Justamente nesse contexto, no Supremo Tribunal Federal, em medida cautelar em arguição de descumprimento de preceito fundamental, foi determinada *ad referendum* do Pleno "a suspensão de todos os processos em curso e dos efeitos de decisões judiciais proferidas no âmbito da Justiça do Trabalho que versem sobre a aplicação da ultratividade de normas de acordos e de convenções coletivas, sem prejuízo do término de sua fase instrutória, bem como das execuções já iniciadas" (STF, ADPF-MC 323/DF, Rel. Min. Gilmar Mendes, decisão monocrática, j. 14.10.2016).

Conforme os termos dessa decisão, "ao passar a determinar a vigência de cláusulas coletivas a momento posterior à eficácia do instrumento no qual acordadas, a Justiça Trabalhista, além de violar os princípios da separação dos Poderes e da legalidade, nos termos indicados na inicial, também ofende a supremacia dos acordos e das convenções coletivas (art. 7.º, inciso XXVI, CF), outro flagrante preceito fundamental que deve ser igualmente resguardado".

Foi também registrado que "cessados os efeitos da norma acordada, as relações seguem regidas pelas demais disposições que compõem a legislação trabalhista, algumas até então afastadas por acordo ou convenção coletiva em questão. Não há, rigorosamente, anomia". Asseverou-se ainda que "a alteração jurisdicional consubstanciada na nova redação da Súmula 277 do TST suscita dúvida sobre a sua compatibilidade com os princípios da legalidade, da separação dos Poderes e da segurança jurídica".

Ao fazer referência à previsão do art. 114, § 2.º, da Constituição da República, com redação dada pela Emenda Constitucional 45/2004, segundo a mencionada liminar: "Vê-se, assim, que, se há norma convencional anterior, a Justiça do Trabalho não pode estabelecer, por seu poder normativo, ao julgar dissídio coletivo, condição menos favorável ao trabalhador do que aquela prevista no acordo ou na convenção coletiva que será por ela substituída por sentença normativa. O vocábulo introduzido pela EC 45/2004 ['convencionadas anteriormente'] é voltado, portanto, a delimitar o poder normativo da Justiça do Trabalho. Na hipótese de não ser ajuizado dissídio coletivo, ou não firmado novo acordo, a convenção automaticamente estará extinta. Daí se percebe que o espírito do legislador constituinte passou longe da ideia de suposta revitalização do princípio da ultratividade da norma coletiva"[40].

Além disso, consoante essa decisão, "a existência de norma legal – já revogada – sobre o tema [§ 1.º do art. 1.º da Lei 8.542/1992, revogado pela Lei 10.192/2001] é aspecto que não pode ser igualmente ignorado. [...] Vê-se, pois, que não apenas o princípio da legalidade, mas também o da separação dos Poderes afigura-se atingido com essa atuação indevida" (STF, ADPF-MC 323/DF, Rel. Min. Gilmar Mendes, j. 14.10.2016).

O Supremo Tribunal Federal julgou procedente o pedido formulado em arguição de descumprimento de preceito fundamental, de modo a declarar a inconstitucionalidade da Súmula 277 do Tribunal Superior do Trabalho, na versão atribuída pela Resolução 185, de 27 de setembro de 2012, assim como a inconstitucionalidade de interpretações e de decisões judiciais que entendem que o art. 114, § 2.º, da Constituição Federal de 1988, na redação dada pela Emenda Constitucional 45/2004, autoriza a aplicação do princípio

40. Disponível em: <http://www.stf.jus.br/arquivo/cms/noticiaNoticiaStf/anexo/ADPF323.pdf>. Acesso em: 02 jan. 2017.

da ultratividade de normas de acordos coletivos e de convenções coletivas (STF, Pleno, ADPF 323/DF, Rel. Min. Gilmar Mendes, j. 30.05.2022).

Consoante a Orientação Jurisprudencial 322 da SBDI-I do TST:

> "Acordo coletivo de trabalho. Cláusula de termo aditivo prorrogando o acordo para prazo indeterminado. Inválida. Nos termos do art. 614, § 3.º, da CLT, é de 2 anos o prazo máximo de vigência dos acordos e das convenções coletivas. Assim sendo, é inválida, naquilo que ultrapassa o prazo total de 2 anos, a cláusula de termo aditivo que prorroga a vigência do instrumento coletivo originário por prazo indeterminado".

A sentença normativa, proferida em dissídio coletivo, por sua vez, tem prazo de vigência de no máximo quatro anos (art. 868, parágrafo único, da CLT).

Nesse sentido, como explicita o Precedente Normativo 120 do TST:

> "Sentença normativa. Duração. Possibilidade e limites (positivo). A sentença normativa vigora, desde seu termo inicial até que sentença normativa, convenção coletiva de trabalho ou acordo coletivo de trabalho superveniente produza sua revogação, expressa ou tácita, respeitado, porém, o prazo máximo legal de quatro anos de vigência".

O art. 614, § 3.º, da CLT, com redação dada pela Lei 13.467/2017, determina que não será permitido estipular duração de convenção coletiva ou acordo coletivo de trabalho superior a dois anos e *veda a ultratividade*.

Trata-se de inegável retrocesso, pois o mais coerente e adequado seria permitir que por meio da negociação coletiva de trabalho os próprios interessados definissem, de modo autônomo, se pretendem que o instrumento normativo ou algumas de suas cláusulas normativas produzam efeitos mesmo após o término de sua vigência, instituindo, ou não, a sua *ultratividade*.

A proibição, em quaisquer condições, de ultratividade, desse modo, contraria o exercício da autonomia privada coletiva na esfera da liberdade sindical (art. 7.º, inciso XXVI, e art. 8.º, inciso VI, da Constituição da República).

Logo, como o art. 614, § 3.º, da CLT deve ser interpretado em consonância com os preceitos constitucionais, entende-se que somente é vedada a ultratividade quando assim não prevista no instrumento normativo decorrente da negociação coletiva de trabalho.

28.18 NEGOCIAÇÃO COLETIVA NA ADMINISTRAÇÃO PÚBLICA

Tema que também apresenta séria controvérsia refere-se à possibilidade, ou não, de negociação coletiva no âmbito da Administração Pública.

O art. 37, inciso VI, da Constituição Federal de 1988 assegura ao servidor público o direito à livre associação sindical. O militar, no entanto, está proibido de se sindicalizar, conforme os arts. 42, § 1.º, e 142, § 3.º, inciso IV, da Constituição da República.

De plano, pode-se excluir a possibilidade de convenção coletiva de trabalho no setor público, tendo em vista a ausência de sindicato de categoria patronal, quanto à Administração Pública.

Mesmo assim, permanece a discussão quanto ao acordo coletivo em específico.

No que se refere às empresas públicas, sociedades de economia mista e suas subsidiárias que exerçam atividade econômica, sujeitando-se ao regime jurídico de direito privado, inclusive quanto às obrigações trabalhistas (art. 173, § 1.º, inciso II, da CF/1988), tem-se a possibilidade de negociação coletiva, dando origem a acordos coletivos de trabalho, justamente em razão dessa previsão para as empresas privadas.

O Decreto 908, de 31 de agosto de 1993, fixa diretrizes para negociações coletivas de trabalho de que participam as empresas públicas, sociedades de economia mista, suas subsidiárias e controladas.

A maior discussão envolve os entes de direito público, que sejam integrantes da Administração direta, autárquica e fundacional. Obviamente, a questão surge tratando-se de servidores públicos regidos pela legislação trabalhista (CLT). Efetivamente, tratando-se de servidores estatutários, com regime de Direito Administrativo, não se aplicam os preceitos do Direito do Trabalho, de natureza privada, nos quais está inserida a própria negociação coletiva.

Há corrente de entendimento de acordo com a qual a negociação coletiva não pode ser excluída do setor público, mas deve ser adaptada às suas exigências. A negociação coletiva, nessa visão, é compatível com os preceitos da Administração Pública, mas deve resultar no encaminhamento de proposta legislativa, a ser aprovada pelos Poderes Legislativo e Executivo, de modo a atender ao princípio da legalidade.

Além disso, se a cláusula pactuada não acarretar ônus financeiro ao ente público, por prever apenas certo direito de natureza social, como garantia de permanência no emprego, sem envolver reajuste ou aumento nos vencimentos, não se exige a previsão em lei em sentido estrito, autorizando a avença diretamente por meio de acordo coletivo.

O entendimento mais tradicional entende não ser possível, especificamente quanto às cláusulas de natureza econômica, convencionar convenção ou acordo coletivo, decorrentes de negociação coletiva, perante os entes de direito público da Administração, nem o ajuizamento de dissídio coletivo (Orientação Jurisprudencial 5 da SDC do TST)[41], por persistirem os óbices decorrentes da aplicação do princípio da legalidade estrita (arts. 37, *caput*, 61, § 1.º, inciso II, *a*, da CF/1988), da necessidade de previsão orçamentária para despesas públicas e da aplicação dos preceitos da Lei de Responsabilidade Fiscal.

Tanto é assim que o art. 7.º, inciso XXVI, da Constituição Federal de 1988, o qual reconhece as convenções e os acordos coletivos de trabalho, não foi objeto de remissão no seu art. 39, § 3.º, versando sobre os direitos aplicáveis aos servidores públicos.

Sobre o tema merece transcrição a ementa do seguinte julgado, proferido pela Seção de Dissídios Coletivos do Tribunal Superior do Trabalho:

> "Entidade sindical representativa de servidores públicos ingressa com dissídio coletivo rogando à Justiça do Trabalho que se pronuncie sobre greve deflagrada em virtude de suposta mora da municipalidade na concessão de reajuste salarial. Carece de possibilidade jurídica o pleito de instauração de dissídio coletivo em face de ente público. Inteligência dos arts. 37, *caput*, incs. X, XI, XII e XIII, 39, § 3.º, e 169, *caput*, e § 1.º, incs. I e II, da CF/1988, e da LC 101/2000. Se a Constituição da República não reconhece a convenção coletiva de trabalho nem o acordo coletivo ao servidor público subentendido nessa expressão todo trabalhador subordinado que mantenha vínculo, administrativo ou celetista, com pessoa jurídica de direito público (OJ 265/SDI-I-TST), também lhe nega o sucedâneo dessas fontes formais de Direito

41. Orientação Jurisprudencial 5 da SDC do TST: "Dissídio coletivo. Pessoa jurídica de direito público. Possibilidade jurídica. Cláusula de natureza social (redação alterada na sessão do Tribunal Pleno realizada em 14.09.2012). Em face de pessoa jurídica de direito público que mantenha empregados, cabe dissídio coletivo exclusivamente para apreciação de cláusulas de natureza social. Inteligência da Convenção nº 151 da Organização Internacional do Trabalho, ratificada pelo Decreto Legislativo nº 206/2010".

do Trabalho, que é a sentença normativa (OJ 05/SDC-TST). Bem se compreende tal restrição, porquanto a administração pública direta, autárquica ou fundacional só pode conceder vantagem ou aumento de remuneração, a qualquer título, ao seu pessoal mediante autorização específica na lei de diretrizes orçamentárias e prévia dotação orçamentária, sem extrapolar os limites estabelecidos na Lei de Responsabilidade Fiscal. Recurso ordinário interposto pelo Município a que se dá provimento para julgar extinto o processo, sem exame do mérito" (TST, RXOF-RODC 594/2003-000-15-00.8. Ac. SDC, 12.02.2004. Rel. Min. João Oreste Dalazen).

Nessa linha de entendimento, cabe destacar a Súmula 679 do Supremo Tribunal Federal, com a seguinte redação: "A fixação de vencimentos dos servidores públicos não pode ser objeto de convenção coletiva".

Na atualidade, tende a prevalecer a admissão da negociação coletiva de trabalho mesmo na Administração Pública, pois esta não se confunde com a convenção e o acordo coletivo de trabalho. Desse modo, o resultado da negociação coletiva no setor público pode dar origem, por exemplo, a consensos e projetos de lei a serem encaminhados ao Congresso Nacional.

Tanto é assim que a Convenção 151 da OIT, de 1978, trata da sindicalização e negociação coletiva no setor público, e foi aprovada pelo Congresso Nacional, tendo sido promulgada pelo Decreto 7.944, de 6 de março de 2013 (atualmente Decreto 10.088/2019).

Na jurisprudência, entende-se que a impossibilidade de dissídio coletivo envolvendo pessoa jurídica de direito público incide apenas quanto às cláusulas de natureza econômica, ou seja, voltadas a reivindicações de reajuste ou aumento de remuneração. Diversamente, as cláusulas de conteúdo social (por exemplo, sobre eficácia de atestados médicos, instalação de local destinado à guarda de crianças em idade de amamentação), em que a repercussão econômica não exija prévia dotação orçamentária, são possíveis de decisão por meio do dissídio coletivo de trabalho (Cf. TST, SDC, RXOF e RODC – 2027000-18.2007.5.02.0000, j. 09.05.2011).

28.19 LIMITES E PARÂMETROS DA NEGOCIAÇÃO COLETIVA

A autonomia privada coletiva é exercida por meio da negociação coletiva, dando origem aos acordos coletivos e convenções coletivas. Embora essa autonomia seja reconhecida como poder jurídico da maior relevância, presente no plano da sociedade civil, ela não é ilimitada, devendo respeitar as diretrizes do Estado Democrático de Direito.

A *flexibilização* pode ser entendida como forma de amenizar o rigor ou a rigidez de certas normas jurídicas sobre o Direito do Trabalho. A *desregulamentação*, por sua vez, é a supressão de determinadas normas jurídicas, principalmente estatais, pertinentes à regulação das relações de trabalho, passando os próprios interessados a estabelecer a regra aplicável. Cf. ainda Capítulo 2, item 2.16.

Desse modo, o aprimoramento das condições de trabalho, adaptando-as à realidade de cada momento, grupo ou setor, é função a ser exercida, com responsabilidade, pelos entes sindicais, por meio da negociação coletiva de trabalho.

O art. 611-A da CLT, acrescentado pela Lei 13.467/2017, dispõe que a convenção coletiva e o acordo coletivo de trabalho *têm prevalência* sobre a lei quando, entre outros, dispuserem sobre as matérias exemplificativamente arroladas nos seus incisos. Os referidos instrumentos coletivos são negócios jurídicos dotados de eficácia normativa.

Cabe lembrar que, nos termos do art. 8.º, incisos III e VI, da Constituição da República, ao *sindicato* cabe a defesa dos direitos e interesses coletivos ou individuais da categoria, inclusive em questões judiciais ou administrativas, além do que é obrigatória a participação dos *sindicatos* nas negociações coletivas de trabalho.

Desse modo, em regra, o sindicato da categoria profissional deve participar da negociação coletiva, com o objetivo de pactuar a convenção coletiva ou o acordo coletivo de trabalho, os quais são reconhecidos no art. 7.º, inciso XXVI, da Constituição Federal de 1988.

O sindicato da categoria econômica, por sua vez, deve estar presente na negociação coletiva objetivando a celebração de convenção coletiva de trabalho (art. 611 da CLT). Especificamente quanto ao acordo coletivo de trabalho, o sindicado da categoria profissional deve participar da negociação coletiva com uma ou mais empresas (art. 617 da CLT)[42].

Os referidos instrumentos coletivos são negócios jurídicos dotados de eficácia normativa.

Em consonância com o *princípio da força obrigatória dos contratos*, as pactuações civis e empresariais possuem força de lei[43]. Não obstante, o art. 611-A da CLT vai além, ao prever que a convenção coletiva e o acordo coletivo de trabalho *prevalecem* sobre a lei nas hipóteses ali indicadas de forma exemplificativa.

É possível dizer que a previsão em destaque pode gerar a violação do *princípio fundamental da legalidade*, inerente ao Estado (Democrático) de Direito, quando a convenção coletiva e o acordo coletivo afrontarem normas legais imperativas, eliminando ou reduzindo direitos trabalhistas de ordem pública.

Efetivamente, consoante o art. 5.º, inciso II, da Constituição da República, ninguém será obrigado a fazer ou deixar de fazer alguma coisa senão em virtude de lei. Trata-se de preceito que integra as *cláusulas pétreas*, pois não será objeto de deliberação a proposta de emenda tendente a abolir os direitos e garantias individuais (art. 60, § 4.º, inciso IV, da Constituição da República).

Mesmo porque todo o poder emana do povo, que o exerce por meio de representantes eleitos ou diretamente, nos termos da Constituição da República Federativa do Brasil (art. 1.º).

A hierarquia *supralegal* no ordenamento jurídico, na realidade, é reconhecida pela jurisprudência do Supremo Tribunal Federal (RE 349.703 e RE 466.343) aos tratados de direitos humanos aprovados pelo Brasil sem os requisitos formais previstos no art. 5.º, § 3.º, da Constituição da República.

Segundo esse dispositivo, acrescentado pela Emenda Constitucional 45/2004, os tratados e convenções internacionais sobre direitos humanos que forem aprovados, em cada Casa do Congresso Nacional, em dois turnos, por 3/5 dos votos dos respectivos membros, serão *equivalentes às emendas constitucionais*.

A negociação coletiva de trabalho (art. 8.º, inciso VI, da Constituição da República) é o procedimento por meio do qual são celebradas, com fundamento na autonomia coletiva dos particulares (como poder jurídico social e autônomo) as convenções coletivas e os acordos coletivos de trabalho, consideradas normas jurídicas autônomas e negociadas.

---

42. Cf. MARTINS, Sergio Pinto. *Direito do trabalho*. 22. ed. São Paulo: Atlas, 2006. p. 781: "a interpretação sistemática da Lei Maior leva o intérprete a verificar que o sindicato profissional é que deve participar obrigatoriamente das negociações coletivas, pois nos acordos coletivos só ele participa juntamente com as empresas e não o sindicato da categoria econômica".

43. Cf. GOMES, Orlando. *Contratos*. 26. ed. atualizada por Antonio Junqueira de Azevedo; Francisco Paulo de Crescenzo Marino. Rio de Janeiro: Forense, 2008. p. 38.

Nesse contexto, embora a convenção coletiva e o acordo coletivo de trabalho sejam reconhecidos pela Constituição Federal de 1988 como *direitos* dos trabalhadores urbanos e rurais (art. 7.º, inciso XXVI), as entidades sindicais e os empregadores não são titulares de soberania, para que possam instituir disposições que contrariem as leis de ordem pública, em afronta ao princípio constitucional da legalidade, e sobre elas prevaleçam[44].

Naturalmente, quando a negociação coletiva é exercida com o fim de melhorar as condições sociais dos trabalhadores não há afronta ao princípio da legalidade, muito menos violação à legislação de ordem pública, mas sim concretização do mandamento previsto no art. 7.º, *caput*, da Constituição da República.

A liberdade contratual, desse modo, deve ser exercida nos limites da *função social do contrato*, devendo os contratantes observar os *princípios de probidade e boa-fé* (arts. 421 e 422 do Código Civil), o que, evidentemente, também incide no âmbito da contratação coletiva de trabalho. Logo, a obrigatoriedade dos negócios jurídicos não é ilimitada, pois deve observar as normas imperativas e as restrições decorrentes do sistema jurídico em seu todo.

Isso é confirmado pelo art. 2.035, parágrafo único, do Código Civil, no sentido de que *nenhuma convenção prevalecerá se contrariar preceitos de ordem pública*, tais como os estabelecidos pelo referido Código para assegurar a função social da propriedade e dos contratos.

Entende-se que a negociação coletiva de trabalho, assim, não pode violar direitos considerados indisponíveis, como se observa do art. 611-B da CLT. A respeito do tema, cf. ainda itens 28.2 e 28.21.

O art. 611-A da CLT prevê a *prevalência* da convenção coletiva e do acordo coletivo de trabalho em face da lei quanto às matérias arroladas de modo não exaustivo em seus incisos.

Entretanto, a interpretação jurídica não pode ser feita de modo apenas literal e isolado, mas deve considerar as demais normas envolvidas, realizando-se também de forma sistemática e teleológica. Nesse sentido, o art. 5.º da Lei de Introdução às Normas do Direito Brasileiro determina que na aplicação da lei, o juiz deve atender aos *fins sociais* a que ela se dirige e às exigências do *bem comum*.

O art. 8.º da CLT dispõe ainda que as autoridades administrativas e a Justiça do Trabalho devem decidir sempre de modo que nenhum interesse de classe ou particular prevaleça sobre o *interesse público*, entendido como o interesse social, relativo ao bem-estar geral da sociedade.

Ao aplicar o *ordenamento jurídico*, o juiz deve atender aos fins sociais e às exigências do bem comum, resguardando e promovendo a dignidade da pessoa humana e observando a proporcionalidade, a razoabilidade, a legalidade, a publicidade e a eficiência (art. 8.º do CPC de 2015).

Cabe ressaltar que a República Federativa do Brasil constitui-se em Estado Democrático de Direito e tem como fundamentos: a soberania; a cidadania; a *dignidade da pessoa humana*; os *valores sociais do trabalho e da livre iniciativa*; o pluralismo político (art. 1.º da Constituição Federal de 1988).

---

44. "Conflito entre a lei e convenção coletiva. A convenção ou acordo coletivo não pode pactuar de forma menos favorável que a lei. Pacto nesse sentido é de nenhum valor (art. 444, CLT)" (TRT 2.ª Reg./SP, 5.ª T., RO-02990167042, Ac. 20000137302, Rel. Juiz Francisco Antonio de Oliveira, *DOE* 14.04.2000).

Além disso, constituem *objetivos fundamentais* da República Federativa do Brasil: construir uma sociedade livre, *justa* e solidária; garantir o desenvolvimento nacional; erradicar a pobreza e a marginalização e *reduzir as desigualdades sociais* e regionais; *promover o bem de todos*, sem preconceitos de origem, raça, sexo, cor, idade e quaisquer outras formas de discriminação (art. 3.º da Constituição Federal de 1988).

Esses preceitos constitucionais, como princípios normativos gerais e diretrizes que são imperativas, também devem nortear a negociação coletiva de trabalho.

De maneira mais específica, segundo determinação constitucional, no Direito do Trabalho prevalece, em regra, a norma mais favorável ao empregado, como dispõe o art. 7.º, *caput*, da Constituição da República, o qual, ao arrolar os direitos dos trabalhadores urbanos e rurais, faz menção a outros que visem à melhoria de sua condição social[45].

O art. 7.º, inciso XXVI, da Constituição Federal, ao arrolar os direitos dos trabalhadores urbanos e rurais, estabelece o *reconhecimento* das convenções e acordos coletivos de trabalho.

Portanto, no contexto constitucional, os referidos instrumentos normativos decorrentes de negociação coletiva são reconhecidos como *fontes autônomas* do Direito do Trabalho, com o papel de melhoria das condições sociais dos empregados (art. 7.º, *caput*, da Constituição da República)[46].

Nesse enfoque, segundo a interpretação constitucional, a convenção coletiva e o acordo coletivo de trabalho têm prevalência sobre a lei quando estabeleçam de forma *mais favorável* ao empregado.

A exigência de aplicação da norma mais favorável ao empregado, na verdade, decorre do *princípio da proteção*, inerente ao Direito do Trabalho.

O princípio da proteção engloba três vertentes: o *in dubio pro operario*, a aplicação da norma mais favorável e a condição mais benéfica[47]. Admite-se, assim, a melhoria das condições sociais dos trabalhadores, com a ampliação e a instituição, por meio de outras fontes normativas, inclusive autônomas e negociadas, de direitos mais benéficos aos empregados do que os previstos em lei e na Constituição.

De acordo com o princípio do *in dubio pro operario*, havendo dúvida quanto ao sentido e o alcance da norma jurídica, esta deve ser interpretada a favor do empregado. O *princípio da aplicação da norma mais favorável* determina que, havendo diversas normas válidas incidentes sobre a relação de emprego, deve-se aplicar aquela mais benéfica ao trabalhador. O *princípio da condição mais benéfica* determina que direitos mais vantajosos que o empregado receba do empregador sejam mantidos durante o contrato de trabalho, não podendo ser excluídos nem reduzidos. Cf. ainda Capítulo 2, item 2.13.

---

45. MANUS, Pedro Paulo Teixeira. *Negociação coletiva e contrato individual de trabalho*. São Paulo: Atlas, 2001. p. 74: "No campo do direito do trabalho, as normas legais são de aplicação obrigatória, fundadas nos princípios e normas constitucionais, estabelecendo um patamar mínimo de garantia aos trabalhadores. Reserva-se às demais fontes formais espaço para disposições que melhorem as condições de trabalho, ou adaptem situações práticas às determinações da lei, sendo-lhes vedado dispor de forma desfavorável aos trabalhadores, comparativamente ao que estabelece a fonte hierarquicamente superior".

46. Cf. MANUS, Pedro Paulo Teixeira. *Negociação coletiva e contrato individual de trabalho*. São Paulo: Atlas, 2001. p. 116: "Temos, portanto, que o ordenamento jurídico trabalhista estabelece a regra de possibilidade de ajuste entre as partes, ou de fixação pelo legislador de direitos e obrigações, mas sempre respeitado o mínimo garantido aos trabalhadores. Em síntese, podem-se estabelecer condições mais favoráveis aos trabalhadores, mas não se podem retirar as garantias mínimas asseguradas".

47. Cf. PLÁ RODRIGUEZ, Américo. *Princípios de direito do trabalho*. 3. ed. Tradução e revisão técnica de Wagner D. Giglio. Tradução das atualizações de Edilson Alkmim Cunha. São Paulo: LTr, 2004. p. 106-107.

Em verdade, somente nas hipóteses *excepcionais* de redução do salário, compensação de horário, redução da jornada de trabalho e turno ininterrupto de revezamento, previstas na própria Constituição Federal de 1988 (art. 7.º, incisos VI, XIII e XIV), é que se admite, de forma justificada e apenas pelo tempo necessário, a redução de direitos, sempre por meio de negociação coletiva, visando-se, entretanto, à *proteção do emprego* da coletividade de trabalhadores, ao procurar evitar, por exemplo, dispensas coletivas.

Por se tratar, no caso, de medida com natureza transacional, normalmente há concessões recíprocas, não se admitindo, em tese, a completa renúncia de direitos trabalhistas, nem mesmo por meio de negociação coletiva.

Entretanto, o art. 611-A, § 2.º, da CLT, acrescentado pela Lei 13.467/2017, dispõe que a inexistência de *expressa* indicação de contrapartidas recíprocas em convenção coletiva ou acordo coletivo de trabalho não ensejará sua nulidade por não caracterizar um vício do negócio jurídico.

Apenas nas situações especificamente excepcionadas na Constituição da República (art. 7.º, incisos VI, XIII e XIV) é que se pode admitir a flexibilização *in pejus*, possibilitando a aplicação de regras menos benéficas ao trabalhador. Mesmo nesses casos, exige-se que a medida seja justificada e demonstrada a sua adequação à proteção do trabalho, notadamente do emprego.

As referidas exceções, embora previstas na Constituição da República, não podem ser interpretadas como se estivesse autorizada toda e qualquer flexibilização prejudicial aos trabalhadores, mesmo por meio de negociação coletiva. Cf. ainda Capítulo 28, item 28.2.

Observa-se na atual jurisprudência do Supremo Tribunal Federal a tendência de se prestigiar e reconhecer a prevalência das normas coletivas negociadas em face da legislação trabalhista, notadamente em matérias relacionadas a salário e jornada de trabalho, tendo como fundamento art. 7.º, incisos VI, XIII, XIV e XXVI, da Constituição Federal de 1988.

É certo que a negociação coletiva de trabalho deve ser estimulada, por se consubstanciar em procedimento legítimo e democrático de pacificação social, dando origem a normas jurídicas autônomas, isto é, produzidas pelos próprios interessados. Ainda assim, no Estado Democrático de Direito, que tem como *fundamentos* a dignidade da pessoa humana e os valores sociais do trabalho e da livre iniciativa (art. 1.º, incisos III e IV, da Constituição da República), a autonomia coletiva dos particulares, entretanto, não deve ser exercida com os objetivos de supressão e de precarização de direitos trabalhistas, mas sim de *melhoria das condições sociais*, com o aperfeiçoamento da disciplina das relações de trabalho e a adaptação do sistema jurídico às necessidades dos tempos contemporâneos.

Confirmando o exposto, a Orientação Jurisprudencial 31 da SDC do TST assim prevê:

> "Estabilidade do acidentado. Acordo homologado. Prevalência. Impossibilidade. Violação do art. 118 da Lei nº 8.213/91. Não é possível a prevalência de acordo sobre legislação vigente, quando ele é menos benéfico do que a própria lei, porquanto o caráter imperativo dessa última restringe o campo de atuação da vontade das partes"[48].

48. Cf. ainda a Orientação Jurisprudencial 30 da SDC do TST: "Estabilidade da gestante. Renúncia ou transação de direitos constitucionais. Impossibilidade. Nos termos do art. 10, II, 'b', do ADCT, a proteção à maternidade foi erigida à hierarquia constitucional, pois retirou do âmbito do direito potestativo do empregador a possibilidade de despedir arbitrariamente a empregada em estado gravídico. Portanto, a teor do artigo 9.º,

Ainda no contexto examinado, o art. 611-A, § 3.º, da CLT, acrescentado pela Lei 13.467/2017, dispõe que se for pactuada cláusula que reduza o salário ou a jornada, a convenção coletiva ou o acordo coletivo de trabalho devem prever a *proteção dos empregados contra dispensa imotivada* durante o prazo de vigência do instrumento coletivo.

28.19.1 Jornada de trabalho

O art. 611-A, inciso I, da CLT, acrescentado pela Lei 13.467/2017, prevê que a convenção coletiva e o acordo coletivo de trabalho têm prevalência sobre a lei quando dispuserem sobre *pacto quanto à jornada de trabalho*, devendo ser observados os limites constitucionais.

A Constituição Federal de 1988, no art. 7.º, inciso XIII, estabelece a duração do trabalho normal não superior a oito horas diárias e 44 horas semanais. Admite-se, além disso, a previsão de norma mais favorável ao empregado quanto à jornada de trabalho (art. 7.º, *caput*, da Constituição da República).

Desse modo, não havendo compensação de horário, a remuneração do *serviço extraordinário* deve ser superior, no mínimo, em 50% à remuneração do trabalho normal, em consonância com o art. 7.º, inciso XVI, da Constituição da República.

A duração diária do trabalho pode ser acrescida de horas extras, em número não excedente de duas, por acordo individual, convenção coletiva ou acordo coletivo de trabalho (art. 59 da CLT, com redação dada pela Lei 13.467/2017). Trata-se do acordo de prorrogação da jornada de trabalho.

O art. 611-A, inciso I, da CLT, acrescentado pela Lei 13.467/2017, permite que o mencionado limite de prorrogação seja ampliado, desde que por meio de convenção coletiva e acordo coletivo de trabalho. Entretanto, ainda assim, deve-se respeitar a razoabilidade, não se admitindo jornadas de trabalho extenuantes, exaustivas e prejudiciais à saúde, à integridade física e psíquica e à segurança do empregado.

O art. 7.º, inciso XIV, da Constituição Federal de 1988 prevê ainda a jornada de seis horas para o trabalho realizado em turnos ininterruptos de revezamento, salvo negociação coletiva (Súmula 423 do TST).

28.19.2 Banco de horas anual

O art. 611-A, inciso II, da CLT, acrescentado pela Lei 13.467/2017, prevê que a convenção coletiva e o acordo coletivo de trabalho têm prevalência sobre a lei quando dispuserem sobre *banco de horas anual*.

O banco de horas anual é a compensação de horas de trabalho em períodos mais longos, no caso, de um ano, que é o prazo máximo previsto em lei, mas a sua instituição somente pode ocorrer por meio de instrumento normativo decorrente de negociação coletiva de trabalho.

Desse modo, mesmo havendo prorrogação da jornada de trabalho, pode ser dispensado o acréscimo de salário se, por força de acordo ou convenção coletiva de trabalho, o excesso de horas em um dia for compensado pela correspondente diminuição em outro dia, de maneira que não exceda, no período máximo de um ano, à soma das

---

da CLT, torna-se nula de pleno direito a cláusula que estabelece a possibilidade de renúncia ou transação, pela gestante, das garantias referentes à manutenção do emprego e salário".

jornadas semanais de trabalho previstas, nem seja ultrapassado o limite máximo de 10 horas diárias (art. 59, § 2.º, da CLT).

O pagamento das horas que excederem a jornada normal de trabalho com o adicional de no mínimo 50% apenas deve ocorrer, assim, se as horas trabalhadas em prorrogação não forem objeto de posterior compensação pelo empregado.

O banco de horas de que trata o art. 59, § 2.º, da CLT pode ser pactuado por *acordo individual escrito*, desde que a compensação ocorra no período máximo de seis meses (art. 59, § 5.º, da CLT, acrescentado pela Lei 13.467/2017). Ademais, é lícito o regime de compensação de jornada estabelecido por acordo individual, *tácito ou escrito*, para a compensação no mesmo mês (art. 59, § 6.º, da CLT, acrescentado pela Lei 13.467/2017). Logo, entende-se que o banco de horas *anual* exige acordo coletivo ou convenção coletiva de trabalho para ser instituído.

Na hipótese de rescisão do contrato de trabalho sem que tenha havido a compensação integral da jornada extraordinária, na forma dos §§ 2.º e 5.º do art. 59 da CLT, o trabalhador tem direito ao pagamento das horas extras não compensadas, calculadas sobre o valor da remuneração na data da rescisão (art. 59, § 3.º, da CLT, incluído pela Lei 13.467/2017).

O art. 611-A, inciso II, da CLT, acrescentado pela Lei 13.467/2017, tem como objetivo passar a permitir que o banco de horas não necessite mais respeitar todas as exigências legais, notadamente a relativa ao limite de 10 horas diárias de trabalho, podendo a convenção coletiva ou o acordo coletivo disciplinar a compensação de horas de modo diverso, ou seja, mais flexível, embora com razoabilidade e respeito às normas sobre segurança e medicina do trabalho.

28.19.3 Intervalo intrajornada

O art. 611-A, inciso III, da CLT, acrescentado pela Lei 13.467/2017, prevê que a convenção coletiva e o acordo coletivo de trabalho têm prevalência sobre a lei quando dispuserem sobre *intervalo intrajornada*, respeitado o limite mínimo de 30 minutos para jornadas superiores a seis horas.

O art. 71 da CLT determina que em qualquer trabalho contínuo, cuja duração exceda de seis horas, é obrigatória a concessão de um intervalo para repouso ou alimentação, o qual será, no mínimo, de uma hora e, salvo acordo escrito ou convenção ou acordo coletivo em contrário, não poderá exceder de duas horas. Não excedendo de seis horas o trabalho, será, entretanto, obrigatório um intervalo de 15 minutos quando a duração ultrapassar 4 quatro horas (art. 71, § 1.º, da CLT).

O limite mínimo de uma hora para repouso ou refeição pode ser reduzido *por ato do Ministro do Trabalho*, se verificar que o estabelecimento atende integralmente às exigências concernentes à organização dos refeitórios, e quando os respectivos empregados não estiverem sob o regime de trabalho prorrogado a horas suplementares (art. 71, § 3.º, da CLT).

O art. 71, § 5.º, da CLT, com redação dada pela Lei 13.103/2015, prevê que o intervalo expresso no art. 71, *caput*, da CLT pode ser *reduzido e/ou fracionado*, e aquele estabelecido no art. 71, § 1.º, pode ser *fracionado*, quando compreendidos entre o término da primeira hora trabalhada e o início da última hora trabalhada, desde que previsto em *convenção ou acordo coletivo de trabalho*, ante a natureza do serviço e em virtude das condições especiais de trabalho a que são submetidos estritamente os *motoristas, cobradores, fiscalização de campo e afins nos serviços de operação de veículos rodoviários, empregados no setor de transporte coletivo de passageiros*, mantida a remuneração e concedidos intervalos para descanso menores ao final de cada viagem.

O art. 611-A, inciso III, da CLT, acrescentado pela Lei 13.467/2017, permite que o intervalo para descanso e refeição seja reduzido em quaisquer atividades, independentemente dos requisitos previstos no art. 71, § 3.º, da CLT, desde que por meio de *convenção coletiva ou acordo coletivo de trabalho*, devendo ser respeitado o limite mínimo de 30 minutos para jornadas superiores a seis horas.

Anteriormente, entendia-se que o intervalo em questão não poderia ser reduzido por meio de negociação coletiva de trabalho, por se tratar de matéria voltada à segurança e à medicina do trabalho.

O art. 611-B, parágrafo único, da CLT, acrescentado pela Lei 13.467/2017, estabelece que as regras sobre duração do trabalho e intervalos não são consideradas como normas de saúde, higiene e segurança do trabalho para os fins do disposto no art. 611-B da CLT, que versa sobre objeto ilícito de convenção coletiva ou de acordo coletivo de trabalho.

28.19.4 Programa Seguro-Emprego

O art. 611-A, inciso IV, da CLT, acrescentado pela Lei 13.467/2017, prevê que a convenção coletiva e o acordo coletivo de trabalho têm prevalência sobre a lei quando dispuserem sobre adesão ao *Programa Seguro-Emprego* (PSE), de que trata a Lei 13.189/2015, com as alterações da Lei 13.456/2017.

O art. 2.º da Lei 13.189/2015 dispõe que podem aderir ao Programa Seguro-Emprego (PSE) as empresas de todos os setores em situação de dificuldade econômico-financeira que celebrarem *acordo coletivo de trabalho específico* de redução de jornada e de salário.

O que se pode cogitar seria eventual amenização das exigências legais para a adesão ao referido Programa, no sentido de flexibilizar o disposto no art. 3.º da Lei 13.189/2015.

De todo modo, o acordo coletivo de trabalho específico para adesão ao PSE deve ser celebrado entre a empresa e o sindicato de trabalhadores representativo da categoria da atividade econômica preponderante da empresa, podendo reduzir em até 30% a jornada e o salário (art. 5.º da Lei 13.189/2015). O acordo coletivo de trabalho específico em questão não pode dispor sobre outras condições de trabalho que não sejam aquelas decorrentes da adesão ao PSE.

A redução de jornada e salário está condicionada à celebração de acordo coletivo de trabalho específico com o sindicato de trabalhadores representativo da categoria, devendo-se observar o disposto no art. 511 da CLT, o qual faz referência às categorias profissional, econômica e profissional diferenciada.

28.19.5 Plano de cargos, salários e funções

O art. 611-A, inciso V, da CLT, acrescentado pela Lei 13.467/2017, prevê que a convenção coletiva e o acordo coletivo de trabalho têm prevalência sobre a lei quando dispuserem sobre *plano de cargos, salários e funções* compatíveis com a condição pessoal do empregado, bem como identificação dos cargos que se enquadram como *funções de confiança*.

O plano de cargos e salário é figura próxima ao quadro de carreira. A legislação trabalhista não contém disciplina minuciosa de planos de cargo e salários, pois estes são instituídos, internamente, pelas empresas. Logo, a matéria é normalmente objeto de previsão em regulamentos empresariais, embora também possa ser objeto de outras disposições normativas, como convenções coletivas e acordos coletivos de trabalho.

Cabe ressaltar que fica excluído o direito à equiparação salarial, quando o empregador tiver pessoal organizado em *quadro de carreira* ou adotar, por meio de norma interna da empresa ou de negociação coletiva, *plano de cargos e salários*, sendo dispensada qualquer forma de homologação ou registro em órgão público (art. 461, § 2.º, da CLT, com redação dada pela Lei 13.467/2017). No caso do art. 461, § 2.º, da CLT, as promoções podem ser feitas por merecimento e por antiguidade, ou por apenas um destes critérios, dentro de cada categoria profissional (art. 461, § 3.º, da CLT, com redação dada pela Lei 13.467/2017).

Entende-se que o plano de cargos e salários, mesmo quando instituído por meio de convenção coletiva ou acordo coletivo de trabalho, para que seja apto a excluir o direito à equiparação salarial, deve observar os mencionados requisitos previstos no art. 461, §§ 2.º e 3.º, da CLT, com redação dada pela Lei 13.467/2017.

As *funções de confiança*, por seu turno, ainda que previstas em convenção coletiva e acordo coletivo de trabalho, devem dizer respeito a tarefas e atividades de maior relevância, exigindo vínculo de fidúcia especial com o empregador, como se observa nas hipóteses dos arts. 62, inciso II, e 224, § 2.º, da CLT.

Defende-se o entendimento de que as mencionadas previsões legais são de ordem pública, pois concretizam o *princípio constitucional da igualdade* em matéria salarial, no âmbito da relação de emprego, o que impede a sua flexibilização mesmo por meio da negociação coletiva de trabalho.

A equiparação salarial concretiza o princípio fundamental que proíbe a discriminação, o qual figura como objetivo da República Federativa do Brasil (art. 3.º, inciso IV, da Constituição da República).

Os requisitos da equiparação salarial, portanto, devem ser necessariamente interpretados em conformidade com os alicerces constitucionais relativos ao tema, com destaque aos princípios da igualdade, da proibição de discriminação, bem como da valorização do trabalho e da dignidade da pessoa humana.

É nesse contexto jurídico que cabe à convenção coletiva e ao acordo coletivo de trabalho: instituir plano de cargos, salários e funções que sejam compatíveis com a condição pessoal do empregado, levando em conta a sua formação profissional; e identificar os cargos que se enquadram como funções de confiança, em que o empregado exerce tarefas de maior responsabilidade na empresa.

28.19.6 Regulamento de empresa

O art. 611-A, inciso VI, da CLT, acrescentado pela Lei 13.467/2017, prevê que a convenção coletiva e o acordo coletivo de trabalho têm prevalência sobre a lei quando dispuserem sobre *regulamento empresarial*.

O regulamento de empresa pode estabelecer diversos direitos e deveres, respeitando, de todo modo, as normas imperativas voltadas às relações de trabalho, em especial de emprego.

O regulamento de empresa normalmente é instituído pelo empregador, no exercício do chamado *poder regulamentar*, o qual se insere no *poder de direção* do empregador, quanto ao aspecto da *organização* de sua atividade. O regulamento de empresa pode ser *bilateral*, quando elaborado em conjunto com os empregados, ou *unilateral*, quando estabelecido apenas pelo empregador, como é mais frequente.

Os direitos previstos em regulamento de empresa estão submetidos ao *princípio da condição mais benéfica*, isto é, passam a integrar os contratos individuais de trabalho dos empregados abrangidos.

Desse modo, aplica-se a previsão do art. 468 da CLT, no sentido de que a alteração das condições do contrato individual de trabalho somente é lícita por mútuo consentimento, e ainda assim desde que não resultem, direta ou indiretamente, prejuízos ao empregado, sob pena de nulidade da cláusula infringente dessa garantia (Súmula 51 do TST).

Assim, embora a questão possa gerar controvérsia, defende-se o entendimento de que o direito previsto em regulamento de empresa, mesmo instituído por meio de convenção coletiva ou acordo coletivo de trabalho, submete-se às exigências imperativas do art. 468 da CLT, sobre a alteração das condições de trabalho.

Efetivamente, como o referido dispositivo é norma de ordem pública, decorrente do *princípio da condição mais benéfica*, entende-se que não pode ser afastado nem mesmo por negociação coletiva.

28.19.7 Representante dos trabalhadores no local de trabalho

O art. 611-A, inciso VII, da CLT, acrescentado pela Lei 13.467/2017, prevê que a convenção coletiva e o acordo coletivo de trabalho têm prevalência sobre a lei quando dispuserem sobre *representante dos trabalhadores no local de trabalho*.

Nas empresas de mais de 200 empregados, é assegurada a eleição de um representante destes com a finalidade exclusiva de promover-lhes o entendimento direto com os empregadores (art. 11 da Constituição da República). A matéria é disciplinada nos arts. 510-A até 510-D da CLT, acrescentados pela Lei 13.467/2017.

A convenção coletiva e o acordo coletivo, entretanto, podem estabelecer normas diferenciadas sobre o tema, respeitando a previsão constitucional indicada, em melhoria das condições sociais dos empregados (art. 7.º, *caput*, da Constituição Federal de 1988).

28.19.8 Teletrabalho, regime de sobreaviso e trabalho intermitente

O art. 611-A, inciso VIII, da CLT, acrescentado pela Lei 13.467/2017, prevê que a convenção coletiva e o acordo coletivo de trabalho têm prevalência sobre a lei quando dispuserem sobre *teletrabalho, regime de sobreaviso e trabalho intermitente*.

Considera-se teletrabalho ou trabalho remoto a prestação de serviços fora das dependências do empregador, de maneira preponderante ou não, com a utilização de tecnologias de informação e de comunicação, que, por sua natureza, não configure trabalho externo (art. 75-B da CLT, com redação dada pela Lei 14.442/2022). O comparecimento, ainda que de modo habitual, às dependências do empregador para a realização de atividades específicas que exijam a presença do empregado no estabelecimento não descaracteriza o regime de teletrabalho ou trabalho remoto.

É possível, ainda, que o empregado, mesmo que não seja um teletrabalhador, após cumprir a jornada laboral no estabelecimento do empregador, permaneça de plantão, por exemplo, em casa, aguardando ser chamado para o serviço a qualquer momento, passando, com isso, a ter o direito de receber as correspondentes horas de *sobreaviso*.

O art. 244, § 2.º, da CLT, ao tratar do trabalho em estrada de ferro, prevê que se considera de sobreaviso o empregado efetivo, que permanecer em sua própria casa, aguardando a qualquer momento o chamado para o serviço. Cada escala de sobreaviso será, no máximo, de 24 horas. As horas de sobreaviso, para todos os efeitos, serão contadas à razão de 1/3 do salário normal.

Assim, durante o sobreaviso, o empregado não presta serviço efetivamente, mas permanece em sua casa, aguardando eventual chamada ao trabalho. Durante esse período o empregado recebe 1/3 do salário. Entende-se que se trata de interrupção do contrato de trabalho, pois o período é remunerado, mesmo que presente a referida especificidade. Essa previsão é aplicada a hipóteses semelhantes (Súmulas 229 e 428 do TST).

O rápido avanço da tecnologia tem permitido e ampliado o trabalho fora do estabelecimento do empregador, em razão da possibilidade de se manter contato por meio de recursos eletrônicos e da informática, com ênfase nos recentes instrumentos de comunicação decorrentes do computador, da telefonia e da *internet*.

Ainda assim, o trabalhador deve ter garantido o *direito à desconexão*, tendo em vista os direitos fundamentais ao lazer, ao repouso e à limitação da jornada de trabalho (arts. 6.º e 7.º, incisos IV, XIII e XV, 217, § 3.º, e 227 da Constituição da República), como forma de assegurar a dignidade, bem como o convívio familiar e social do empregado[49].

É possível distinguir jornada de trabalho intermitente (isto é, variável, flexível e móvel, para atender as necessidades do empregador) do próprio contrato de trabalho intermitente.

Nesse enfoque, considera-se como *intermitente* o contrato de trabalho no qual a prestação de serviços, com subordinação, não é contínua, ocorrendo com alternância

49. "Responsabilidade civil do empregador. Danos morais causados ao empregado. Caracterização. Direito à desconexão. Horas de sobreaviso. Plantões habituais longos e desgastantes. Direito ao lazer assegurado na Constituição e em normas internacionais. Comprometimento diante da ausência de desconexão do trabalho. [...] A precarização de direitos trabalhistas em relação aos trabalhos à distância, pela exclusão do tempo à disposição, em situações corriqueiras relacionadas à permanente conexão por meio do uso da comunicação telemática após o expediente, ou mesmo regimes de plantão, como é o caso do regime de sobreaviso, é uma triste realidade que se avilta na prática judiciária. A exigência para que o empregado esteja conectado por meio de *smartphone*, *notebook* ou BIP, após a jornada de trabalho ordinária, é o que caracteriza ofensa ao direito à desconexão. Isso porque não pode ir a locais distantes, sem sinal telefônico ou internet, ficando privado de sua liberdade para usufruir efetivamente do tempo destinado ao descanso. Com efeito, o excesso de jornada aparece em vários estudos como uma das razões para doenças ocupacionais relacionadas à depressão e ao transtorno de ansiedade, o que leva a crer que essa conexão demasiada contribui, em muito, para que o empregado cada vez mais, fique privado de ter uma vida saudável e prazerosa. [...] Não fossem suficientes as argumentações expostas e a sustentação doutrinária do reconhecimento do direito aludido, há que se acrescentar o arcabouço constitucional que ampara o direito ao lazer, com referência expressa em vários dispositivos, a exemplo dos artigos 6.º; 7.º, IV; 217, § 3.º; e 227. O direito à desconexão certamente ficará comprometido, com a permanente vinculação ao trabalho, se não houver critérios definidos quanto aos limites diários, os quais ficam atrelados à permanente necessidade do serviço. Resultaria, enfim, em descumprimento de direito fundamental e no comprometimento do princípio da máxima efetividade da Carta Maior. Finalmente, a proteção não se limita ao direito interno. Mencionem-se, na mesma linha, diversos diplomas normativos internacionais, que, ou o reconhecem de modo expresso, ou asseguram o direito à limitação do número de horas de trabalho, ora destacados: artigos 4.º do Complemento da Declaração dos Direitos do Homem (elaborado pela Liga dos Direitos do Homem e do Cidadão em 1936); XXIV da Declaração Universal dos Direitos Humanos, de 1948; 7.º do Pacto Internacional Relativo aos Direitos Econômicos, Sociais e Culturais, de 1966; e 7.º, 'g' e 'h' do Protocolo de San Salvador (Protocolo Adicional à Convenção Interamericana Sobre Direitos Humanos em Matéria de Direitos Econômicos, Sociais e Culturais), os dois últimos ratificados pelo Brasil. Nesse contexto, mostra-se incontroversa a conduta antijurídica da empresa que violou direito fundamental decorrente de normas de ordem pública. Os danos causados, pela sua natureza *in re ipsa*, derivam na própria natureza do ato e independem de prova. Presente o nexo de causalidade entre este último e a conduta patronal, está configurado o dever de indenizar. Agravo de instrumento a que se nega provimento" (TST, 7.ª T., AIRR - 2058-43.2012.5.02.0464, Rel. Min. Cláudio Mascarenhas Brandão, *DEJT* 27.10.2017).

de períodos de prestação de serviços e de inatividade, determinados em horas, dias ou meses, independentemente do tipo de atividade do empregado e do empregador, exceto para os aeronautas, regidos por legislação própria (art. 443, § 3.º, da CLT, incluído pela Lei 13.467/2017). Cf. ainda Capítulo 4, item 4.18.

O art. 611-A, inciso VIII, da CLT, acrescentado pela Lei 13.467/2017, tem como objetivo permitir que a convenção coletiva e o acordo coletivo de trabalho disciplinem as condições a serem aplicadas às modalidades de teletrabalho, regime de sobreaviso e trabalho intermitente, inclusive a forma de remuneração e a jornada a ser considerada.

Isso pode significar a tentativa de reduzir ou excluir, por exemplo, o direito ao recebimento de horas extras e de sobreaviso no labor a distância e no trabalho intermitente, em prejuízo ao empregado, o que apenas é admitido se observados os limites constitucionais fixados para a flexibilização *in pejus* de condições de trabalho por meio de negociação coletiva.

28.19.9 Remuneração por produtividade, gorjeta e por desempenho individual

O art. 611-A, inciso IX, da CLT, acrescentado pela Lei 13.467/2017, prevê que a convenção coletiva e o acordo coletivo de trabalho têm prevalência sobre a lei quando dispuserem sobre *remuneração por produtividade*, incluídas as *gorjetas* percebidas pelo empregado, e *remuneração por desempenho individual*.

A produtividade pode ser entendida como a quantidade de bens, produtos ou serviços feitos ou prestados pelo empregado em determinado período de tempo, tornando devida a correspondente contraprestação salarial. Trata-se, assim, de salário ajustado por empreitada (obra), ou convencionado por tarefa ou peça, como prevê o art. 78 da CLT.

A remuneração por produtividade, nesse contexto, significa a contraprestação devida conforme o que é realizado ou produzido pelo empregado durante a duração do trabalho, de forma normalmente variável. A remuneração por produtividade ocorre essencialmente nas hipóteses de pactuação do salário por unidade de obra e por tarefa.

A remuneração por desempenho individual abrange as comissões, decorrentes de vendas e negócios realizados pelo empregado, as quais também integram o salário.

Frise-se que integram o salário a importância fixa estipulada, as gratificações legais e as comissões pagas pelo empregador (art. 457, § 1.º, da CLT).

Cabe ressaltar que é direito dos trabalhadores urbanos e rurais a garantia de salário, nunca inferior ao mínimo, para os que percebem *remuneração variável* (art. 7.º, inciso VII, da Constituição da República).

Compreendem-se na *remuneração* do empregado, para todos os efeitos legais, além do *salário* devido e pago diretamente pelo empregador, como contraprestação do serviço, as *gorjetas* que receber (art. 457 da CLT).

Considera-se gorjeta não só a importância espontaneamente dada pelo cliente ao empregado, como também o valor cobrado pela empresa, como serviço ou adicional, a qualquer título, e destinado à distribuição aos empregados (art. 457, § 3.º, da CLT, com redação dada pela Lei 13.419/2017). Logo, embora a gorjeta não tenha natureza salarial, por não ser paga diretamente pelo empregador, integra a remuneração (Súmula 354 do TST).

Na hipótese de *gorjetas espontâneas*, como o empregador nem sempre tem como saber, de forma precisa, as quantias oferecidas pelos clientes aos empregados, é comum a previsão de seus valores estimados em convenções e acordos coletivos de trabalho, firmados com os sindicatos das categorias profissionais. Essa possibilidade não se aplica, entretanto, às gorjetas cobradas pela empresa, como serviço ou adicional, para posterior distribuição aos empregados.

As *gueltas*, por sua vez, são quantias pagas por terceiros (como fabricantes e fornecedores) ao empregado, em razão da venda de seus produtos, devendo ser equiparadas às gorjetas, tendo natureza remuneratória, embora não se confundam com o salário (Súmula 354 do TST).

O art. 611-A, inciso IX, da CLT, acrescentado pela Lei 13.467/2017, tem como objetivo permitir que a convenção coletiva e o acordo coletivo de trabalho disciplinem a remuneração por produtividade, incluídas as gorjetas percebidas pelo empregado, bem como a remuneração por desempenho individual, de modo diferenciado da disciplina legal sobre a matéria.

Entende-se que a flexibilização por meio de negociação coletiva das previsões relativas a essa temática, entretanto, não pode afastar a incidência de determinações legais cogentes e de ordem pública, relacionadas à remuneração do empregado, por ter natureza alimentar (art. 100, § 1.º, da Constituição da República), sendo necessária à sua sobrevivência digna, bem como à manutenção de sua família.

28.19.10 Registro de jornada de trabalho

O art. 611-A, inciso X, da CLT, acrescentado pela Lei 13.467/2017, prevê que a convenção coletiva e o acordo coletivo de trabalho têm prevalência sobre a lei quando dispuserem sobre *modalidade de registro de jornada de trabalho*.

A respeito do tema, o art. 74, § 2.º, da CLT, com redação dada pela Lei 13.874/2019, dispõe que para os estabelecimentos com mais de 20 trabalhadores é obrigatória a anotação da hora de entrada e de saída, em *registro manual, mecânico ou eletrônico*, conforme instruções expedidas pela Secretaria Especial de Previdência e Trabalho do Ministério da Economia (Ministério do Trabalho), permitida a pré-assinalação do período de repouso.

O art. 611-A, inciso XII, da CLT, incluído pela Lei 13.467/2017, tem como objetivo permitir que a convenção e o acordo coletivo disciplinem o registro da jornada de trabalho de modo diverso da disciplina legal vigente sobre a matéria.

Entende-se que a negociação coletiva não pode afastar as previsões imperativas sobre a matéria, pois a ausência de remuneração, como contraprestação, de todas as horas laboradas e prorrogadas seria manifestamente inadmissível, mesmo porque a relação de emprego se caracteriza pela onerosidade (art. 3.º da CLT).

Conforme a Súmula 338, inciso II, do TST: "A presunção de veracidade da jornada de trabalho, ainda que prevista em instrumento normativo, pode ser elidida por prova em contrário".

Anteriormente, não se admitia a previsão de registro de ponto por exceção à jornada regular de trabalho nem mesmo por meio de norma decorrente de negociação coletiva[50].

---

50. "Recurso de revista interposto na vigência da Lei nº 13.015/2014. Horas extras. Registro de jornada de trabalho 'por exceção'. Norma coletiva. Invalidade. 1. O princípio da autonomia privada coletiva (art. 7.º, XXVI, da Constituição Federal) não confere aos sindicatos amplo poder de disposição sobre direitos trabalhistas garantidos por norma cogente, que asseguram ao empregado um patamar mínimo de proteção, infenso à negociação coletiva, como é o caso do art. 74, § 2.º, da CLT, que determina, para as empresas que contêm mais de dez empregados, a obrigatoriedade de anotação dos horários de entrada e saída dos empregados. 2. Afigura-se inválida cláusula de norma coletiva que fixa o registro de jornada de trabalho 'por exceção' e

Entretanto, posteriormente, o Tribunal Superior do Trabalho julgou ser válida a norma coletiva negociada que prevê sistema de controle alternativo da jornada de trabalho, autorizando a marcação apenas das horas extras realizadas[51], ou que permite a dispensa de controle formal de horário e determina a autogestão da jornada de trabalho pelo empregado (TST, 4.ª T., ARR - 80700-33.2007.5.02.0261, Rel. Min. Guilherme Augusto Caputo Bastos, *DEJT* 26.10.2018).

Com a Lei 13.874/2019, permite-se a utilização de registro de ponto por exceção à jornada regular de trabalho por meio de previsão em acordo individual escrito, convenção coletiva ou acordo coletivo de trabalho (art. 74, § 4.º, da CLT). Cf. Capítulo 18, item 18.8.

28.19.11 Troca do dia de feriado

O art. 611-A, inciso XI, da CLT, acrescentado pela Lei 13.467/2017, prevê que a convenção coletiva e o acordo coletivo de trabalho têm prevalência sobre a lei quando dispuserem sobre *troca do dia de feriado*.

O direito ao repouso remunerado nos feriados é assegurado nos arts. 1.º e 8.º da Lei 605/1949. O art. 70 da CLT também veda o trabalho em feriados. A regra é a

---

dispensa a empregadora de anotar os horários de entrada e saída dos empregados. Precedentes. 3. Recurso de revista da Reclamada de que não se conhece" (TST, 4.ª T., RR - 12184-33.2014.5.03.0084, Rel. Min. João Oreste Dalazen, *DEJT* 18.11.2016).

51. "Agravo. Sistema de controle alternativo de jornada. Previsão em norma coletiva. Validade. Provimento. Ante o equívoco no exame do agravo de instrumento, dá-se provimento ao agravo. Agravo a que se dá provimento. Agravo de instrumento. Sistema de controle alternativo de jornada. Previsão em norma coletiva. Validade. Provimento. Por prudência, ante possível violação do artigo 7.º, XXVI, da Constituição Federal, o destrancamento do recurso de revista é medida que se impõe. Agravo de instrumento a que se dá provimento. Recurso de revista. Sistema de controle alternativo de jornada. Previsão em norma coletiva. Validade. Provimento. A teor do preceito insculpido no artigo 7.º, XXVI, da Constituição Federal, é dever desta Justiça Especializada incentivar e garantir o cumprimento das decisões tomadas a partir da autocomposição coletiva, desde que formalizadas nos limites da lei. A negociação coletiva, nessa perspectiva, é um instrumento valioso que nosso ordenamento jurídico coloca à disposição dos sujeitos trabalhistas para regulamentar as respectivas relações de trabalho, atendendo às particularidades e especificidades de cada caso. É inequívoco que, no âmbito da negociação coletiva, os entes coletivos atuam em igualdade de condições, o que torna legítimas as condições de trabalho por eles ajustadas, na medida em que afasta a hipossuficiência ínsita ao trabalhador nos acordos individuais de trabalho. Assim, as normas autônomas oriundas de negociação coletiva, desde que resguardados os direitos indisponíveis, devem prevalecer sobre o padrão heterônomo justrabalhista, já que a transação realizada em autocomposição privada resulta de uma ampla discussão havida em um ambiente paritário, no qual as perdas e ganhos recíprocos têm presunção de comutatividade. Na hipótese, a Corte Regional reputou inválida a norma coletiva em que autorizada a marcação somente das horas extraordinárias realizadas, sob o fundamento de que contrariava previsão expressa em lei. Isso porque, em razão de o artigo 74, § 2.º, da CLT determinar, obrigatoriamente, a anotação, pelo empregador, dos horários de entrada e de saída dos empregados, essa exigência não poderia ser afastada por meio de negociação coletiva. Conforme acima aduzido, a Constituição Federal reconhece a validade e a eficácia dos instrumentos de negociação coletiva, desde que respeitados os direitos indisponíveis dos trabalhadores. Ocorre que a forma de marcação da jornada de trabalho não se insere no rol de direitos indisponíveis, de modo que não há qualquer óbice na negociação para afastar a incidência do dispositivo que regula a matéria, com o fim de atender aos interesses das partes contratantes. Impende destacar, inclusive, que o artigo 611-A, X, da CLT, inserido pela Lei nº 13.467/2017, autoriza a prevalência das normas coletivas que disciplinam a modalidade de registro de jornada de trabalho em relação às disposições da lei. É bem verdade que o aludido preceito, por ser de direito material, não pode ser invocado para disciplinar as relações jurídicas já consolidadas. Não se pode olvidar, entretanto, que referido dispositivo não trouxe qualquer inovação no mundo jurídico, apenas declarou o fato de que essa matéria não se insere no rol das garantias inegociáveis. Ante o exposto, mostra-se flagrante a afronta ao artigo 7.º, XXVI, da Constituição Federal. Recurso de revista de que se conhece e a que se dá provimento" (TST, 4.ª T., RR - 2016-02.2011.5.03.0011, Rel. Min. Guilherme Augusto Caputo Bastos, *DEJT* 11.10.2018).

impossibilidade de trabalho em feriados civis e religiosos, embora seja garantida aos empregados a remuneração respectiva. O labor nesses dias é exceção.

Com a Lei 13.467/2017, pretende-se que a convenção coletiva e o acordo coletivo de trabalho possam estabelecer a troca dos dias de feriados, fixando-os em datas diversas das previstas em lei. Pode-se dizer, entretanto, que a medida revela-se inadequada, pois a matéria tem natureza legal, a ser disciplinada, de forma genérica, a toda a sociedade, mesmo porque a alteração de datas dos feriados pode resultar em desajustes no convívio familiar em dias de descanso.

28.19.12 Enquadramento do grau de insalubridade

O art. 611-A, inciso XII, da CLT, acrescentado pela Lei 13.467/2017, prevê que a convenção coletiva e o acordo coletivo de trabalho têm prevalência sobre a lei quando dispuserem sobre *enquadramento do grau de insalubridade*.

Em conformidade com o art. 189 da CLT, devem ser consideradas atividades ou operações *insalubres* aquelas que, por sua natureza, condições ou métodos de trabalho, exponham os empregados a *agentes nocivos à saúde*, acima dos limites de tolerância fixados em razão da natureza e da intensidade do agente e do tempo de exposição aos seus efeitos.

Desse modo, cabe ao Ministério do Trabalho aprovar o *quadro das atividades e operações insalubres* e adotar normas sobre os critérios de caracterização da insalubridade, os limites de tolerância aos agentes agressivos, meios de proteção e o tempo máximo de exposição do empregado a esses agentes (art. 190 da CLT).

Como se pode notar, a previsão das atividades e operações insalubres, bem como o enquadramento dos graus de insalubridade (art. 192 da CLT), por se tratar de questão técnica, é feita por meio de Norma Regulamentadora do Ministério do Trabalho (NR 15).

Isso é confirmado pelo art. 195 da CLT, ao determinar que a caracterização e a *classificação da insalubridade* e da periculosidade, segundo as normas do Ministério do Trabalho, devem ser feitas por meio de perícia a cargo de Médico do Trabalho ou Engenheiro do Trabalho, registrados no Ministério do Trabalho.

Apesar do exposto, o art. 611-A, inciso XII, da CLT permite que a questão relativa ao enquadramento dos graus de insalubridade das atividades das empresas abrangidas seja definida em convenção coletiva e acordo coletivo e isso prevaleça sobre o disposto em lei.

A rigor, essa previsão não se mostra adequada, por se tratar de questão de ordem pública, a ser disciplinada pelas normas de segurança e medicina do trabalho, em consonância com o art. 7.º, inciso XXII, da Constituição Federal de 1988. Desse modo, defende-se que nem mesmo a negociação coletiva de trabalho pode estabelecer grau de insalubridade inferior ao existente na realidade dos fatos, ou seja, de forma prejudicial ao empregado.

Logo, a correta interpretação do art. 611-A, inciso XII, da CLT, em conformidade com a Constituição, revela que a convenção coletiva e o acordo coletivo de trabalho, ao versarem sobre o enquadramento do grau de insalubridade, apenas podem prevalecer sobre a lei quando dispuserem de forma mais favorável ao empregado (art. 7.º, *caput*, da Constituição da República).

28.19.13 Prorrogação de jornada em ambientes insalubres

O art. 611-A, inciso XIII, da CLT, acrescentado pela Lei 13.467/2017, prevê que a convenção coletiva e o acordo coletivo de trabalho têm prevalência sobre a lei quando dispuserem sobre *prorrogação de jornada em ambientes insalubres*, sem licença prévia das autoridades competentes do Ministério do Trabalho.

Em regra, conforme o art. 60 da CLT, nas atividades insalubres as prorrogações dependem de licença prévia das autoridades competentes em matéria de higiene do trabalho.

Entretanto, o art. 611-A, inciso XIII, da CLT estabelece que as normas decorrentes de negociação coletiva de trabalho podem autorizar a prorrogação da jornada, mesmo havendo condições insalubres, caso em que a referida licença prévia do Ministério do Trabalho deixa de ser exigida.

Ainda assim, com fundamento no art. 7.º, inciso XXII, da Constituição Federal de 1988, entende-se que devem ser observadas as normas de saúde, higiene e segurança do trabalho, previstas em leis e Normas Regulamentadoras do Ministério do Trabalho.

Como registro histórico, a compensação de horário (que é uma forma de prorrogação) em atividade insalubre por meio de acordo coletivo ou convenção coletiva era considerada válida pela Súmula 349 do TST, embora *cancelada* em 2011, ao prever que não se exigia, nesse caso, a inspeção prévia da autoridade competente em matéria de higiene do trabalho, com fundamento no art. 7.º, inciso XIII, da Constituição Federal de 1988.

28.19.14 Prêmios de incentivo em bens ou serviços

O art. 611-A, inciso XIV, da CLT, acrescentado pela Lei 13.467/2017, prevê que a convenção coletiva e o acordo coletivo de trabalho têm prevalência sobre a lei quando dispuserem sobre *prêmios de incentivo em bens ou serviços*, eventualmente concedidos em programas de incentivo.

O tema relativo aos prêmios é disciplinado no art. 457, §§ 2.º e 4.º, da CLT, com redação dada pela Lei 13.467/2017. Cf. Capítulo 9, item 9.4.7.

Ainda assim, pode-se dizer que os prêmios de incentivo (em bens ou serviços), mencionados no art. 611-A, inciso XIV, da CLT, são específicos e não se confundem com os prêmios tratados no art. 457, §§ 2.º e 4.º, da CLT.

Desse modo, os instrumentos normativos decorrentes de negociação coletiva podem estabelecer a disciplina específica e diferenciada a respeito das mencionadas parcelas (prêmios eventualmente concedidos em programas de incentivo), observadas as previsões imperativas incidentes e a determinação constitucional de melhorias das condições sociais dos trabalhadores.

28.19.15 Participação nos lucros ou resultados

O art. 611-A, inciso XV, da CLT, acrescentado pela Lei 13.467/2017, prevê que a convenção coletiva e o acordo coletivo de trabalho têm prevalência sobre a lei quando dispuserem sobre *participação nos lucros ou resultados da empresa*.

O art. 7.º, inciso XI, da Constituição da República prevê como direito dos trabalhadores a participação nos lucros, ou resultados, *desvinculada da remuneração*.

A Lei 10.101/2000 regula a participação dos trabalhadores nos lucros ou resultados da empresa como instrumento de integração entre o capital e o trabalho e como incentivo à produtividade (art. 1.º).

A participação nos lucros ou resultados deve ser objeto de negociação entre a empresa e seus empregados, mediante um dos procedimentos a seguir descritos, escolhidos pelas partes de comum acordo: I – comissão paritária escolhida pelas partes, integrada, também, por um representante indicado pelo sindicato da respectiva categoria; II – convenção ou acordo coletivo (art. 2.º da Lei 10.101/2000).

Uma vez composta, a comissão paritária de que trata o art. 2.º, inciso I, da Lei 10.101/2000 deve dar ciência por escrito ao ente sindical para que indique seu representante no prazo máximo de 10 dias corridos, findo o qual a comissão pode iniciar e concluir suas tratativas (art. 2.º, § 10, da Lei 10.101/2000, incluído pela Lei 14.020/2020).

A participação nos lucros ou resultados não substitui ou complementa a remuneração devida a qualquer empregado, nem constitui base de incidência de qualquer encargo trabalhista, não se lhe aplicando o princípio da habitualidade (art. 3.º da Lei 10.101/2000). Todos os pagamentos efetuados em decorrência de planos de participação nos lucros ou resultados, mantidos espontaneamente pela empresa, podem ser compensados com as obrigações decorrentes de acordos ou convenções coletivas de trabalho atinentes à participação nos lucros ou resultados (art. 3.º, § 3.º, da Lei 10.101/2000).

É *vedado* o pagamento de qualquer antecipação ou distribuição de valores a título de participação nos lucros ou resultados da empresa em *mais de duas vezes no mesmo ano civil* e em *periodicidade inferior a um trimestre civil* (art. 3.º, § 2.º, da Lei 10.101/2000, com redação dada pela Lei 12.832/2013). Cf. Capítulo 9, item 9.4.6.

O art. 611-A, inciso XV, da CLT, acrescentado pela Lei 13.467/2017, permite que esse limite de pagamento da participação nos lucros e resultados da empresa seja modificado, desde que por meio de convenção ou acordo coletivo de trabalho. Isso, entretanto, já é de certa forma admitido pela jurisprudência, como se observa na Orientação Jurisprudencial Transitória 73 da SBDI-I do TST.

Ademais, deve-se observar o princípio da *igualdade* quanto ao pagamento da participação nos lucros ou resultados a ex-empregado de forma proporcional aos meses trabalhados (Súmula 451 do TST).

28.20 ANULAÇÃO DE CONVENÇÃO E ACORDO COLETIVO DE TRABALHO

O art. 611-A, § 1.º, da CLT, acrescentado pela Lei 13.467/2017, dispõe que no exame da convenção coletiva ou do acordo coletivo de trabalho, a Justiça do Trabalho deve observar o disposto no § 3.º do art. 8.º da Consolidação das Leis do Trabalho.

Sendo assim, nos termos do mencionado dispositivo legal, no exame de convenção coletiva ou acordo coletivo de trabalho, a Justiça do Trabalho analisará *exclusivamente* a conformidade dos elementos essenciais do negócio jurídico, respeitado o disposto no art. 104 do Código Civil, e balizará sua atuação pelo princípio da intervenção mínima na autonomia da vontade coletiva.

Os *elementos essenciais do negócio jurídico* são a declaração de vontade, as partes, o objeto e a forma[52].

A convenção e o acordo coletivo são negócios jurídicos com eficácia normativa, produzidos em razão do exercício da *autonomia privada coletiva*, a qual é considerada o poder jurídico e social que pode dar origem a normas decorrentes de negociação coletiva de trabalho. O art. 7.º, inciso XXVI, da Constituição da República assegura o direito ao reconhecimento das convenções e acordos coletivos de trabalho.

---

52. Cf. RODRIGUES, Silvio. *Direito civil*: parte geral. 28. ed. São Paulo: Saraiva, 1998. v. 1, p. 171.

Desse modo, aplica-se o art. 104 do Código Civil, ao prever que a validade do negócio jurídico requer: agente capaz; objeto lícito, possível, determinado ou determinável; forma prescrita ou não defesa em lei.

Tendo em vista que um dos elementos essenciais do negócio jurídico normativo em questão é o seu objeto ser lícito, os instrumentos coletivos negociados trabalhistas, inclusive quanto ao conteúdo, devem estar em conformidade com preceitos constitucionais e legais de ordem pública.

O art. 611-B da CLT, incluído pela Lei 13.467/2017, prevê que constituem objeto ilícito de convenção coletiva ou de acordo coletivo de trabalho, *exclusivamente*, a supressão ou a redução dos direitos ali arrolados.

O *princípio da intervenção mínima na autonomia da vontade coletiva*, portanto, não afasta a possibilidade de invalidação do acordo ou convenção coletiva pela Justiça do Trabalho, quando desrespeitados os seus requisitos formais e materiais de validade.

Nesse sentido, o art. 83, inciso IV, da Lei Complementar 75/1993 prevê que compete ao Ministério Público do Trabalho, no exercício de suas atribuições junto aos órgãos da Justiça do Trabalho, propor as ações cabíveis para a declaração de nulidade de cláusula de contrato, acordo coletivo ou convenção coletiva que viole as liberdades individuais ou coletivas ou os direitos individuais indisponíveis dos trabalhadores.

Os sindicatos, em certos casos, também têm legitimidade para o ajuizamento da ação em estudo[53].

Além disso, a invalidade de convenção coletiva ou de acordo coletivo de trabalho pode ser alegada em ação individual ajuizada por um ou mais empregados, como fundamento para o direito postulado em face do empregador.

Assim, defende-se o entendimento de que a Justiça do Trabalho pode examinar a validade da convenção ou do acordo coletivo, tanto na forma como em questões de conteúdo.

Os sindicatos subscritores de convenção coletiva ou de acordo coletivo de trabalho devem participar, como litisconsortes necessários, em *ação individual ou coletiva*, que tenha como objeto a anulação de cláusulas desses instrumentos (art. 611-A, § 5.º, da CLT, acrescentado pela Lei 13.467/2017). O objeto do processo é o pedido, isto é, a pretensão ou o mérito.

Na realidade, em demanda individual, a parte pode alegar a ilicitude de cláusula de convenção coletiva ou acordo coletivo de trabalho, como causa de pedir, cabendo

53. "Ação anulatória ajuizada por terceiro interessado. Nulidade de cláusula de convenção coletiva de trabalho. Ente sindical não subscrevente da norma coletiva, mas que se sente prejudicado em sua esfera jurídica, em decorrência do instrumento convencionado. 1. Ilegitimidade ativa *ad causam*. Nos termos do art. 83, III e IV, da Lei Complementar nº 75/1993, compete ao Ministério Público do Trabalho o ajuizamento de ações anulatórias de cláusulas, acordos ou convenções coletivas de trabalho. Todavia, esta Seção Especializada tem entendido que, excepcionalmente, essa competência se estende aos entes sindicais subscreventes dos instrumentos pactuados (ou às empresas nos casos de acordo coletivo de trabalho), quando demonstrado vício de vontade ou alguma das irregularidades descritas no art. 166 do Código Civil, ou aos sindicatos representantes das categorias econômicas e/ou profissionais, que não subscreveram a norma coletiva, mas que se sintam prejudicados em sua esfera jurídica, em decorrência do instrumento pactuado (Precedentes). No caso em tela, constata-se haver estreita relação entre o Sindicato autor e o direito material deduzido em juízo, uma vez que reivindica a representação de parte da categoria profissional abrangida pelas convenções coletivas de trabalho impugnadas, objetivando tutelar os interesses de seus representados, o que torna inquestionável a sua legitimidade, nos termos da jurisprudência desta Seção Especializada" (TST, SDC, RO - 80133-87.2015.5.07.0000, Rel.: Min. Dora Maria da Costa, *DEJT* 19.05.2017).

ao juízo decidir a questão na fundamentação (art. 489, inciso II, do CPC), ou seja, sem fazer coisa julgada (art. 504, inciso I, do CPC).

Evidentemente, a anulação, em si, da cláusula de instrumento normativo negociado, como pedido principal, não pode ser postulada em ação trabalhista individual, de competência da Vara do Trabalho, sem a presença das partes que celebraram o instrumento normativo negociado, por não se confundir com a ação coletiva anulatória.

O art. 611-A, § 2.º, da CLT, incluído pela Lei 13.467/2017, dispõe que a inexistência de *expressa* indicação de contrapartidas recíprocas em convenção coletiva ou acordo coletivo de trabalho não ensejará sua nulidade por não caracterizar um vício do negócio jurídico.

Além disso, se for pactuada cláusula que reduza o salário ou a jornada, a convenção coletiva ou o acordo coletivo de trabalho devem prever a proteção dos empregados contra dispensa imotivada durante o prazo de vigência do instrumento coletivo (art. 611-A, § 3.º, da CLT, acrescentado pela Lei 13.467/2017).

Na hipótese de procedência de ação anulatória de cláusula de convenção coletiva ou de acordo coletivo de trabalho, quando houver a cláusula compensatória, esta deve ser igualmente anulada, *sem* repetição do indébito (art. 611-A, § 4.º, da CLT, incluído pela Lei 13.467/2017).

Com isso, é expressamente afastada a obrigação de restituir o que já foi recebido, inclusive para que se preserve a boa-fé e a segurança jurídica.

Prevalece a *unidade* do instrumento normativo decorrente de negociação coletiva de trabalho.

Nesse sentido, o art. 848 do Código Civil prevê que sendo nula qualquer das cláusulas da transação, nula será esta. Essa regra, entretanto, não é absoluta, pois quando a transação versar sobre diversos direitos contestados (ou seja, controvertidos), *independentes entre si*, o fato de não prevalecer em relação a um não prejudicará os demais (art. 848, parágrafo único, do Código Civil).

28.21 OBJETO ILÍCITO DE CONVENÇÃO E ACORDO COLETIVO DE TRABALHO

O art. 611-B da CLT, acrescentado pela Lei 13.467/2017, dispõe que constituem objeto ilícito de convenção coletiva ou de acordo coletivo de trabalho, *exclusivamente*, a supressão ou a redução dos seguintes direitos:

> I – normas de identificação profissional, inclusive as anotações na Carteira de Trabalho e Previdência Social;
>
> II – seguro-desemprego, em caso de desemprego involuntário;
>
> III – valor dos depósitos mensais e da indenização rescisória do Fundo de Garantia do Tempo de Serviço (FGTS);
>
> IV – salário mínimo;
>
> V – valor nominal do décimo terceiro salário;
>
> VI – remuneração do trabalho noturno superior à do diurno;
>
> VII – proteção do salário na forma da lei, constituindo crime sua retenção dolosa;
>
> VIII – salário-família;
>
> IX – repouso semanal remunerado;
>
> X – remuneração do serviço extraordinário superior, no mínimo, em 50% (cinquenta por cento) à do normal;

XI - número de dias de férias devidas ao empregado;

XII - gozo de férias anuais remuneradas com, pelo menos, um terço a mais do que o salário normal;

XIII - licença-maternidade com a duração mínima de cento e vinte dias;

XIV - licença-paternidade nos termos fixados em lei;

XV - proteção do mercado de trabalho da mulher, mediante incentivos específicos, nos termos da lei;

XVI - aviso prévio proporcional ao tempo de serviço, sendo no mínimo de trinta dias, nos termos da lei;

XVII - normas de saúde, higiene e segurança do trabalho previstas em lei ou em normas regulamentadoras do Ministério do Trabalho;

XVIII - adicional de remuneração para as atividades penosas, insalubres ou perigosas;

XIX - aposentadoria;

XX - seguro contra acidentes de trabalho, a cargo do empregador;

XXI - ação, quanto aos créditos resultantes das relações de trabalho, com prazo prescricional de cinco anos para os trabalhadores urbanos e rurais, até o limite de dois anos após a extinção do contrato de trabalho;

XXII - proibição de qualquer discriminação no tocante a salário e critérios de admissão do trabalhador com deficiência;

XXIII - proibição de trabalho noturno, perigoso ou insalubre a menores de dezoito anos e de qualquer trabalho a menores de dezesseis anos, salvo na condição de aprendiz, a partir de quatorze anos;

XXIV - medidas de proteção legal de crianças e adolescentes;

XXV - igualdade de direitos entre o trabalhador com vínculo empregatício permanente e o trabalhador avulso;

XXVI - liberdade de associação profissional ou sindical do trabalhador, inclusive o direito de não sofrer, sem sua expressa e prévia anuência, qualquer cobrança ou desconto salarial estabelecidos em convenção coletiva ou acordo coletivo de trabalho;

XXVII - direito de greve, competindo aos trabalhadores decidir sobre a oportunidade de exercê-lo e sobre os interesses que devam por meio dele defender;

XXVIII - definição legal sobre os serviços ou atividades essenciais e disposições legais sobre o atendimento das necessidades inadiáveis da comunidade em caso de greve;

XXIX - tributos e outros créditos de terceiros;

XXX - as disposições previstas nos arts. 373-A, 390, 392, 392-A, 394, 394-A, 395, 396 e 400 da Consolidação das Leis do Trabalho (sobre proteção do trabalho da mulher).

Os mencionados direitos não podem ser suprimidos nem reduzidos por meio de convenção coletiva ou de acordo coletivo de trabalho, sob pena de o seu objeto ser considerado ilícito e, em razão disso, nulo.

Efetivamente, conforme o art. 166, inciso II, do Código Civil, é nulo o negócio jurídico quando for *ilícito*, impossível ou indeterminável *o seu objeto*.

Essa nulidade faz com que a norma coletiva negociada não seja válida e, assim, não produza efeitos.

Observa-se que os direitos arrolados são assegurados na Constituição da República e em normas de ordem pública. Logo, por serem indisponíveis, evidentemente, não poderiam ser excluídos nem reduzidos por meio de negociação coletiva de trabalho. Cf. ainda itens 28.2 e 28.19.

Além disso, os referidos direitos apresentam evidente natureza cogente, o que confirma a impossibilidade de sua exclusão ou redução por meio de convenção coletiva ou acordo coletivo de trabalho.

A previsão literal do art. 611-B da CLT parece indicar que o referido rol de matérias seria taxativo. Não obstante, deve prevalecer a interpretação sistemática do ordenamento jurídico, em consonância com as normas constitucionais.

Desse modo, se outros direitos imperativos, assegurados em normas de ordem pública, forem objeto de supressão ou redução em convenção coletiva e acordo coletivo de trabalho, em desacordo com os preceitos constitucionais e de Direito Internacional, a invalidade deve ser reconhecida. Ou seja, embora o objeto ilícito, para os fins do art. 611-B da CLT, ocorra quando há a supressão ou a redução exclusivamente dos direitos ali arrolados, a interpretação do dispositivo em consonância com as normas constitucionais revela que se houver violação de outros direitos humanos e fundamentais, bem como em desacordo com a Constituição, que é a norma fundamental, a invalidade também deve ser reconhecida.

Cabe frisar que os direitos e garantias expressos na Constituição não excluem outros decorrentes do regime e dos princípios por ela adotados, ou dos *tratados internacionais* em que a República Federativa do Brasil seja parte (art. 5.º, § 2.º, da Constituição Federal de 1988).

Os tratados e convenções internacionais sobre direitos humanos que forem aprovados, em cada Casa do Congresso Nacional, em dois turnos, por 3/5 dos votos dos respectivos membros, serão equivalentes às emendas constitucionais (art. 5.º, § 3.º, da Constituição da República, incluído pela Emenda Constitucional 45/2004).

Exemplificando, se houver violação da liberdade fundamental de consciência e de crença (art. 5.º, inciso VI, da Constituição Federal de 1988) em convenção coletiva ou acordo coletivo de trabalho, a respectiva cláusula, evidentemente, deve ser declarada nula.

O parágrafo único do art. 611-B da CLT, acrescentado pela Lei 13.467/2017, estabelece que as regras sobre duração do trabalho e intervalos não são consideradas como normas de saúde, higiene e segurança do trabalho para os fins do disposto no art. 611-B da CLT.

Entretanto, a verdade é que as normas jurídicas sobre duração do trabalho e intervalos são, por natureza e essência, de ordem pública, pois há interesse social na sua limitação, em proteção da saúde, da segurança e da vida do trabalhador, com o objetivo de preservar e concretizar a sua dignidade como pessoa.

A respeito do tema, o art. 7.º, inciso XXII, da Constituição da República prevê como direito dos trabalhadores urbanos e rurais a redução dos riscos inerentes ao trabalho, por meio de *normas de saúde, higiene e segurança*.

Assim, cabe ao Ministério do Trabalho estabelecer disposições complementares às normas de que trata o Capítulo V, do Título II, da CLT, sobre *segurança e medicina do trabalho*, tendo em vista as peculiaridades de cada atividade ou setor de trabalho, especialmente sobre as matérias previstas no art. 200 da CLT.

28.22 REPRESENTAÇÃO DOS TRABALHADORES NA EMPRESA

A representação de trabalhadores na empresa envolve um conjunto de meios destinados a promover o entendimento entre os trabalhadores e os empregadores sobre as condições de trabalho.

A representação dos trabalhadores pode ser[54]:

- *externa*, quando realizada pelo sindicato da categoria profissional;
- *interna*, a qual é realizada no local de trabalho.

A representação dos trabalhadores pode ser feita por um colegiado (como um conselho) ou ser singular (como ocorre com o delegado sindical e o representante individual).

A participação na representação dos trabalhadores pode ser[55]:

- *paritária*, quando possui representantes de empregados e empregadores;
- *não sindical*, quando não apresenta participação de representantes sindicais;
- *mista*, quando há representantes sindicais e não sindicais.

A Convenção 135 da OIT, de 1971, prevê regras pertinentes à representação dos trabalhadores. Essa norma foi ratificada pelo Brasil, tendo sido promulgada pelo Decreto 131, de 22 de maio de 1991 (atualmente Decreto 10.088/2019).

A Recomendação 143 da OIT, de 1971, complementa a mencionada Convenção.

O principal objetivo da Convenção 135 da OIT é estabelecer forma eficaz de proteção ao representante dos trabalhadores na empresa, evitando a sua dispensa justamente por exercer essa atividade perante o empregador.

A Convenção 135 da OIT prevê duas modalidades de representação dos trabalhadores (art. 3.º):

- representantes sindicais, isto é, representantes nomeados ou eleitos pelos sindicatos ou pelos seus associados;
- representantes eleitos, isto é, representantes livremente eleitos pelos trabalhadores da empresa, conforme as disposições da legislação nacional ou de convenções coletivas, cujas funções não se estendam a atividades que sejam reconhecidas, nos países interessados, como prerrogativas exclusivas dos sindicatos.

O art. 1.º da Convenção 135 da OIT prevê que os representantes dos trabalhadores na empresa devem ser beneficiados com uma proteção eficiente contra quaisquer medidas que possam vir a prejudicá-los, inclusive o despedimento, e que sejam motivadas por sua qualidade ou suas atividades como *representantes dos trabalhadores*, sua filiação sindical, ou participação em atividades sindicais, conquanto ajam de acordo com as leis, convenções coletivas ou outros arranjos convencionais que estejam em vigor.

A Consolidação das Leis do Trabalho, no art. 621 (com redação determinada pelo Decreto-lei 229, de 28 de fevereiro de 1967), prevê que as convenções e os acordos coletivos podem incluir, entre suas cláusulas, disposição sobre a constituição e o funcionamento de comissões mistas de consulta e colaboração no plano da empresa. Essas disposições devem mencionar a forma de constituição, o modo de funcionamento e as atribuições das comissões.

A representação dos trabalhadores nas empresas é objeto de previsão na Constituição Federal de 1988, em seu art. 11.

---

54. Cf. MARTINS, Sergio Pinto. *Direito do trabalho*. 22. ed. São Paulo: Atlas, 2006. p. 751.
55. Cf. MARTINS, Sergio Pinto. *Direito do trabalho*. 22. ed. São Paulo: Atlas, 2006. p. 751.

De acordo com esse dispositivo, nas empresas com mais de 200 empregados, assegura-se a eleição do representante dos trabalhadores.

Desse modo, tendo a empresa até 200 empregados, não há imposição, pelo texto constitucional, quanto à existência do mencionado representante de trabalhadores. O número de empregados deve ser contado na empresa como um todo, e não em cada estabelecimento.

Tratando-se de **grupo econômico**, as empresas que o integram possuem personalidade jurídica distinta (art. 2.º, § 2.º, da CLT), de modo que cada uma deve ser verificada, de forma autônoma, quanto à regra em questão. Por isso, no grupo, cada empresa com mais de 200 empregados deve ter o seu próprio representante dos trabalhadores.

Trata-se de norma autoaplicável, mas de eficácia contida (ainda que de aplicação imediata), pois a lei pode estabelecer certas disposições moldando o direito em estudo, ao prever a sua regulação.

A previsão constitucional representa um direito mínimo, podendo a lei (ou mesmo a convenção ou o acordo coletivo) estabelecer a representação mais acentuada dos empregados na empresa, como um representante em cada estabelecimento existente. Referida regulamentação também pode estabelecer número superior de representantes de trabalhadores para as empresas com número bem superior a 200 empregados.

O instituto tem a finalidade de estabelecer contato direto com o empregador nas questões de interesse dos empregados.

A Lei 13.467/2017 acrescentou à CLT o Título IV-A, sobre *Representação dos Empregados*.

Segundo o art. 510-A da CLT, acrescentado pela Lei 13.467/2017, nas empresas com mais de 200 empregados, é assegurada a eleição de uma *comissão* para representá-los, com a finalidade de promover-lhes o entendimento direto com os empregadores.

A comissão deve ser composta:

> I – nas empresas com mais de 200 e até 3.000 empregados, por três membros;
>
> II – nas empresas com mais de 3.000 e até 5.000 empregados, por cinco membros;
>
> III – nas empresas com mais de 5.000 empregados, por sete membros (art. 510-A, § 1.º, da CLT).

Conforme o art. 510-A, § 2.º, da CLT, no caso de a empresa possuir empregados em vários Estados da Federação e no Distrito Federal, deve ser assegurada a eleição de uma comissão de representantes dos empregados por Estado ou no Distrito Federal, na mesma forma estabelecida no § 1.º do art. 510-A da CLT.

É possível defender a eleição de representante dos trabalhadores no local de trabalho mesmo em empresas com menos de 200 empregados, por meio de previsão mais benéfica em norma coletiva negociada, com fundamento no art. 7.º, inciso XXVI, da Constituição Federal de 1988 e na Convenção 135 da OIT.

O art. 11 da Constituição da República não proíbe que isso seja feito, uma vez que apenas assegura nas empresas de mais de 200 empregados a eleição de um representante destes com a finalidade exclusiva de promover-lhes o entendimento direto com os empregadores.

O art. 510-B da CLT, acrescentado pela Lei 13.467/2017, prevê que a comissão de representantes dos empregados tem as seguintes atribuições:

> I – representar os empregados perante a administração da empresa;
>
> II – aprimorar o relacionamento entre a empresa e seus empregados com base nos princípios da boa-fé e do respeito mútuo;
>
> III – promover o diálogo e o entendimento no ambiente de trabalho com o fim de prevenir conflitos;
>
> IV – buscar soluções para os conflitos decorrentes da relação de trabalho, de forma rápida e eficaz, visando à efetiva aplicação das normas legais e contratuais;
>
> V – assegurar tratamento justo e imparcial aos empregados, impedindo qualquer forma de discriminação por motivo de sexo, idade, religião, opinião política ou atuação sindical;
>
> VI – encaminhar reivindicações específicas dos empregados de seu âmbito de representação;
>
> VII – acompanhar o cumprimento das leis trabalhistas, previdenciárias e das convenções coletivas e acordos coletivos de trabalho.

As decisões da comissão de representantes dos empregados devem ser sempre colegiadas, observada a maioria simples (art. 510-B, § 1.º, da CLT).

A comissão deve organizar sua atuação de forma independente (art. 510-B, § 2.º, da CLT).

Frise-se que é obrigatória a participação do *sindicato* na negociação coletiva de trabalho (art. 8.º, inciso VI, da Constituição da República).

Assim, em se tratando de conflito coletivo de trabalho, a celebração de convenções e acordos coletivos de trabalho (art. 7.º, inciso XXVI, da Constituição da República) não pode ser feita pela comissão de representantes de empregados.

A atuação da comissão de representantes dos empregados na solução de conflitos decorrentes da relação de trabalho tem como objetivo a pacificação social, com natureza de *autocomposição* no local de trabalho.

A eleição deve ser convocada, com antecedência mínima de 30 dias, contados do término do mandato anterior, por meio de edital que deve ser fixado na empresa, com ampla publicidade, para inscrição de candidatura (art. 510-C da CLT, acrescentado pela Lei 13.467/2017).

Deve ser formada comissão eleitoral, integrada por cinco empregados, não candidatos, para a organização e o acompanhamento do processo eleitoral, vedada a interferência da empresa e do sindicato da categoria (art. 510-C, § 1.º, da CLT).

Os empregados da empresa podem candidatar-se, exceto aqueles com contrato de trabalho por prazo determinado, com contrato suspenso ou que estejam em período de aviso prévio, ainda que indenizado (art. 510-C, § 2.º, da CLT).

Serão eleitos membros da comissão de representantes dos empregados os candidatos mais votados, em votação secreta, vedado o voto por representação (art. 510-C, § 3.º, da CLT).

A comissão deve tomar posse no primeiro dia útil seguinte à eleição ou ao término do mandato anterior (art. 510-C, § 4.º, da CLT).

Se não houver candidatos suficientes, a comissão de representantes dos empregados pode ser formada com número de membros inferior ao previsto no art. 510-A da CLT (art. 510-C, § 5.º, da CLT).

Se não houver registro de candidatura, deve ser lavrada ata e convocada nova eleição no prazo de um ano (art. 510-C, § 6.º, da CLT).

O mandato dos membros da comissão de representantes dos empregados é de um ano (art. 510-D da CLT, incluído pela Lei 13.467/2017).

O membro que houver exercido a função de representante dos empregados na comissão não pode ser candidato nos dois períodos subsequentes (art. 510-D, § 1.º, da CLT).

O mandato de membro de comissão de representantes dos empregados não implica suspensão ou interrupção do contrato de trabalho, devendo o empregado permanecer no exercício de suas funções (art. 510-D, § 2.º, da CLT).

Desde o registro da candidatura até um ano após o fim do mandato, *o membro da comissão de representantes dos empregados não pode sofrer despedida arbitrária*, entendendo-se como tal a que não se fundar em motivo disciplinar, técnico, econômico ou financeiro (art. 510-D, § 3.º, da CLT).

Os documentos referentes ao processo eleitoral devem ser emitidos em duas vias, as quais devem permanecer sob a guarda dos empregados e da empresa pelo prazo de cinco anos, à disposição para consulta de qualquer trabalhador interessado, do Ministério Público do Trabalho e do Ministério do Trabalho (art. 510-D, § 4.º, da CLT).

A Convenção 135 da OIT, no art. 4.º, prevê que a legislação nacional, as convenções coletivas, as sentenças arbitrais ou as *decisões judiciárias* podem determinar o tipo ou os tipos de representantes dos trabalhadores que devam ter direito à proteção ou às facilidades visadas pela referida norma internacional.

O art. 6.º da Convenção 135 da Organização Internacional do Trabalho, por seu turno, dispõe que a aplicação das suas disposições pode ser assegurada mediante a legislação nacional, convenções coletivas e *todos os outros modos* que seriam conforme a prática nacional.

Observa-se que o representante dos trabalhadores previsto no art. 11 da Constituição da República e a representação dos empregados (arts. 510-A a 510-D da CLT) inserem-se na modalidade de representação eleita, por não se tratar de representante de natureza sindical. Não se confundem, assim, com o *delegado sindical*, o qual é designado pela diretoria do sindicato dentre os filiados de certa localidade (art. 523 da CLT), com as atribuições de representação e defesa dos interesses da entidade sindical perante o poder público e as empresas (art. 522, § 3.º, da CLT).

Quando uma empresa contar ao mesmo tempo com represententes sindicais e representantes eleitos, medidas adequadas deverão ser tomadas, sempre que necessário: a) para garantir que a presença de representantes eleitos não venha a ser utilizada para o enfraquecimento da situação dos sindicatos interessados ou de seus representantes; b) para incentivar a cooperação, relativa a todas as questões pertinentes, entre os representantes eleitos e os sindicatos interessados e seus representantes (art. 5.º da Convenção 135 da OIT).

Frise-se ser livre a associação profissional ou sindical, observando-se que ao *sindicato* cabe a defesa dos direitos e interesses coletivos ou individuais da categoria, inclusive em questões judiciais ou administrativas, sendo obrigatória a participação dos *sindicatos* nas negociações coletivas de trabalho (art. 8.º, incisos III e VI, da Constituição Federal de 1988).

O art. 39 da Portaria 671/2021 do Ministério do Trabalho e Previdência explicita que a comissão de representantes dos empregados a que se refere o Título IV-A da CLT *não substituirá* a função do sindicato de defender os direitos e os interesses coletivos ou individuais da categoria, inclusive em questões judiciais ou administrativas, hipótese em que será obrigatória a participação dos sindicatos em negociações coletivas de trabalho, nos termos dos incisos III e VI do art. 8.º da Constituição Federal de 1988.

28.23 COGESTÃO

A **participação na gestão da empresa**, por sua vez, é prevista no art. 7.º, inciso XI, segunda parte, da Constituição Federal de 1988. No entanto, o texto constitucional prevê a referida participação na gestão como forma excepcional.

A cogestão tem o objetivo de democratizar a direção da empresa, permitindo a maior participação dos empregados, o que resulta na redução das diferenças sociais, além do maior interesse dos empregados quanto ao desempenho empresarial. A cogestão envolve a participação dos trabalhadores na direção da empresa, não se confundindo, assim, com a participação nos lucros ou resultados (art. 7.º, inciso XI, primeira parte, da CF/1988).

A participação na gestão pode ser prevista não só em lei, mas também em acordo coletivo, convenção coletiva (art. 621 da CLT) ou mesmo em regulamento de empresa.

Para que a participação dos trabalhadores na empresa se efetive, há a necessidade de representantes dos trabalhadores. Mesmo assim, é possível entender que a cogestão não será efetuada especificamente pelo representante dos trabalhadores previsto no art. 11 da Constituição Federal de 1988[56], podendo ser realizada por meio de "conselhos ou comitês eleitos pelos trabalhadores"[57].

O art. 10 da Constituição Federal de 1988, por sua vez, assegura a participação dos trabalhadores e empregadores nos colegiados dos órgãos públicos em que seus interesses profissionais ou previdenciários sejam objeto de discussão e deliberação.

28.24 GREVE

A greve é relacionada às formas de solução dos conflitos coletivos de trabalho, indicada como exemplo de **autotutela**.

Na história mundial da greve, ela foi inicialmente considerada um *delito*, principalmente no sistema corporativista, observando-se evolução na matéria, ao passar a ser considerada uma *liberdade*, como ocorreu no Estado liberal, e alcançando a condição de *direito*, como se verifica nos regimes democráticos[58].

No Brasil, a evolução revela que a greve, inicialmente, foi considerada um delito.

Atualmente, a Constituição Federal de 1988 assegura o direito de greve, devendo os trabalhadores decidir sobre a oportunidade de exercê-lo e sobre os interesses que devem ser defendidos (art. 9.º). As atividades essenciais devem ser indicadas em lei (§ 1.º do art. 9.º). Os abusos cometidos sujeitam os responsáveis às determinações da lei (§ 2.º do art. 9.º). Os servidores públicos passam a ter direito de greve, a ser exercido nos termos e nos limites definidos em lei específica (art. 37, inciso VII, com redação determinada pela Emenda Constitucional 19/1998).

A Lei 7.783, de 28 de junho de 1989, passou a dispor sobre o exercício do direito de greve.

---

56. Cf. MARTINS, Sergio Pinto. *Direito do trabalho*. 24. ed. São Paulo: Atlas, 2008. p. 752: "O representante de que fala o art. 11 da Constituição não se confunde com a pessoa que participa da gestão, pois o primeiro é aquele que irá ser eleito com a finalidade exclusiva de promover o interesse dos empregados diretamente com o empregador".

57. MARTINS, Sergio Pinto. *Direito do trabalho*. 24. ed. São Paulo: Atlas, 2008. p. 754.

58. Cf. MARTINS, Sergio Pinto. *Direito do trabalho*. 28. ed. São Paulo: Atlas, 2012. p. 880.

A greve revela a natureza jurídica não apenas de liberdade, mas de efetivo **direito**, no sentido de ser a greve garantida, disciplinada e também limitada pela lei.

O direito de greve é de titularidade dos trabalhadores, mas o seu exercício é feito de forma coletiva (art. 9.º da CF/1988).

Na realidade, de acordo com a Constituição Federal de 1988, a greve é um direito social, de ordem fundamental, inserido no Título II da Lei Maior.

Além disso, a greve é uma forma de solução de conflito coletivo de trabalho, ou seja, por meio da autodefesa (autotutela), por ser uma reação contra a resistência do empregador diante da reivindicação de melhores condições de trabalho.

No enfoque do contrato de trabalho, a greve tem natureza de suspensão do contrato de trabalho.

Além dos empregados, também são abrangidos pelo direito de greve os trabalhadores avulsos, tendo em vista a igualdade de direitos com os trabalhadores com vínculo empregatício permanente, conforme art. 7.º, inciso XXXIV, da Constituição da República.

A greve pode ser conceituada como a **suspensão coletiva, temporária e pacífica, total ou parcial, de prestação pessoal de serviços a empregador** (Lei 7.783/1989, art. 2.º).

Assim, para ser considerada greve, a suspensão do trabalho não pode ser individual, mas do grupo de empregados, ou seja, coletiva. Mesmo assim, a greve pode não afetar toda a categoria profissional, ou mesmo não alcançar todos os empregados da empresa, hipótese em que é considerada parcial.

Além disso, a suspensão deve ser temporária, e não definitiva, por não se confundir com o abandono do emprego.

Por fim, na greve a suspensão da prestação de serviços deve ser pacífica, pois vedada a utilização da violência a pessoas e bens.

28.24.1 Classificação

Quanto à licitude, a greve pode ser:

- *greve lícita*, se atendidas as determinações legais;
- *greve ilícita*, se as prescrições legais não forem observadas.

Quanto aos limites de exercício do direito, a greve pode ser:

- *greve não abusiva*, se exercida dentro das previsões legais, sem excessos;
- *greve abusiva*, se cometidos abusos, indo além das determinações legais.

Na atualidade, como a greve é prevista como direito, prefere-se a classificação acima, pertinente ao seu exercício dentro dos limites previstos no sistema jurídico, no lugar da dicotomia entre greve lícita e ilícita.

Quanto à extensão, a greve pode ser:

- *greve global*, quando alcança todos os empregados da categoria profissional;
- *greve parcial*, se envolve algumas empresas ou setores destas;
- *greve de empresa*, restrita a empregados da empresa ou setores desta[59].

---

59. Cf. MARTINS, Sergio Pinto. *Direito do trabalho*. 22. ed. São Paulo: Atlas, 2006. p. 836.

A *greve ambiental* é instaurada em casos de violação a relevantes normas sobre meio ambiente do trabalho, segurança e saúde no trabalho, o que acarreta graves e iminentes riscos aos trabalhadores e pode causar danos à sua incolumidade física e psíquica. A respeito do tema, cabe fazer referência ao art. 13 da Convenção 155 da OIT e à Norma Regulamentadora 1, item 1.4.3.

A chamada "greve branca" é aquela em que os empregados param de trabalhar, mas ficam em seus postos.

Na "operação tartaruga", e mesmo na "greve de zelo", não há paralisação do serviço. Assim, tendo em vista o sistema jurídico em vigor, não é considerada greve em sentido técnico e jurídico[60].

Conforme a motivação da greve, esta pode assumir um caráter de greve política, quando se pretende reivindicar medidas ao governo, de ordem mais genérica. Além disso, há as greves de solidariedade, quando os trabalhadores se solidarizam com outros para fazer suas reivindicações[61].

28.24.2 Limites

Como já mencionado, a greve não é um direito absoluto, podendo, assim, receber limitações.

Aliás, não se verifica direito absoluto, pois necessária a sua convivência com outros direitos e garantias.

Nesse sentido, a Constituição Federal de 1988, no art. 5.º, *caput*, assegura o direito à vida, liberdade, segurança, propriedade.

Ainda no art. 5.º da Constituição da República Federativa, o inciso IV estabelece o direito à livre manifestação de pensamento, vedado o anonimato; o inciso V prevê que os danos morais à imagem das pessoas e os danos materiais devem ser indenizados pelo responsável; o inciso VIII exige o respeito a convicções políticas, filosóficas e de crenças religiosas; o inciso X assegura o direito à vida privada; e o inciso XV garante o direito à livre locomoção.

Todos esses direitos devem, portanto, ser observados ao se exercer o direito de greve.

A Lei 7.783/1989, no art. 2.º, prevê a necessidade de ser a greve exercida de forma pacífica. O art. 6.º, § 1.º, determina a observância dos direitos e garantias fundamentais. O art. 6.º, § 3.º, por sua vez, veda a ameaça ou dano à propriedade.

Aos *militares*, há vedação constitucional quanto à greve, conforme os arts. 42, § 1.º, e 142, § 3.º, inciso IV, da Constituição Federal de 1988.

A segurança pública, dever do Estado, direito e responsabilidade de todos, é exercida para a preservação da ordem pública e da incolumidade das pessoas e do patrimônio, por meio dos seguintes órgãos: I – polícia federal; II – polícia rodoviária federal; III – polícia ferroviária federal; IV – polícias civis; V – polícias militares e corpos de bombeiros militares; VI – polícias penais federal, estaduais e distrital (art. 144 da Constituição Federal de 1988).

A respeito dos *policiais civis e servidores públicos que atuam diretamente na área de segurança pública*, cabe ressaltar que o Supremo Tribunal Federal fixou a seguinte

60. Cf. MARTINS, Sergio Pinto. *Direito do trabalho*. 22. ed. São Paulo: Atlas, 2006. p. 836.

61. Cf. MARTINS, Sergio Pinto. *Direito do trabalho*. 22. ed. São Paulo: Atlas, 2006. p. 836.

tese de repercussão geral: "1 – O exercício do direito de greve, sob qualquer forma ou modalidade, é vedado aos policiais civis e a todos os servidores públicos que atuem diretamente na área de segurança pública. 2 – É obrigatória a participação do Poder Público em mediação instaurada pelos órgãos classistas das carreiras de segurança pública, nos termos do art. 165 do CPC, para vocalização dos interesses da categoria" (STF, Pleno, ARE 654.432/GO, Red. p/ ac. Min. Alexandre de Moraes, j. 05.04.2017).

Os Municípios podem constituir guardas municipais destinadas à proteção de seus bens, serviços e instalações, conforme dispuser a lei (art. 144, § 8.º, da Constituição Federal de 1988)[62].

Quanto aos *servidores públicos*, exige-se lei específica regulando o exercício do direito de greve, conforme o art. 37, inciso VII, da Constituição da República, com redação determinada pela Emenda Constitucional 19/1998 (a redação original exigia lei complementar).

Em relação aos empregados públicos das sociedades de economia mista, empresas públicas e suas subsidiárias que exerçam atividade econômica, o art. 173, § 1.º, inciso II, da Constituição da República, estabelece a aplicação do regime jurídico das empresas privadas. Desse modo, aos referidos empregados públicos é perfeitamente aplicável a Lei 7.783/1989, que regula o direito de greve.

Já quanto aos servidores públicos da Administração Pública direta, autárquica e fundacional, em razão da exigência de lei específica regulando o direito de greve, o que se discute é a situação até que esta seja aprovada.

O entendimento mais tradicional, que foi adotado inicialmente pelo STF, é no sentido de que a mencionada previsão constitucional (art. 37, inciso VII) é feita por norma de eficácia limitada. Desse modo, enquanto não aprovada a lei que regulamente o direito de greve especificamente aos servidores públicos, esse direito não pode ser exercido de forma lícita.

Mesmo assim, entende-se que na ausência da lei específica, é possível aplicar a Lei de Greve (Lei 7.783/1989), ainda que por analogia, mesmo para os servidores públicos, não se podendo admitir que a previsão constitucional fique sem qualquer eficácia, na dependência da boa vontade do legislador infraconstitucional. Essa tese, que foi posteriormente adotada pelo STF (julgando os mandados de injunção 670, 708 e 712)[63], fortalece-se ao saber que o direito de greve é um direito social, considerado, assim, de ordem fundamental, devendo ter aplicação imediata[64].

---

62. "2. As guardas municipais executam atividade de segurança pública (art. 144, § 8.º, da CF), essencial ao atendimento de necessidades inadiáveis da comunidade (art. 9.º, § 1.º, CF), pelo que se submetem às restrições firmadas pelo Supremo Tribunal Federal no julgamento do ARE 654.432 (Rel. Min. Edson Fachin, redator para acórdão Min. Alexandre de Moraes, Tribunal Pleno, julgado em 5/4/2017)" (STF, Pleno, RE 846.854/SP, Red. p/ ac. Min. Alexandre de Moraes, *DJe* 07.02.2018).

63. Cf.: "O Plenário do Supremo Tribunal Federal (STF) decidiu [em 25.10.2007], por unanimidade, declarar a omissão legislativa quanto ao dever constitucional em editar lei que regulamente o exercício do direito de greve no setor público e, por maioria, aplicar ao setor, no que couber, a lei de greve vigente no setor privado (Lei 7.783/1989)". Disponível em: <http://www.stf.jus.br/portal/cms/verNoticiaDetalhe.asp?idConteudo=75355>. "Embargos de declaração em mandado de injunção. Inexistência de omissão no tocante ao alcance da decisão da Suprema Corte. Questão devidamente apreciada no acórdão embargado. Intuito de reapreciação da causa. Impossibilidade. Embargos declaratórios rejeitados. [...] 2. Mandado de injunção acolhido para se determinar que, até a edição da legislação que vier a regulamentar o direito de greve previsto no art. 37, inciso VII, da Constituição da República, a Lei 7.783/1989 seja aplicada provisoriamente, de modo a possibilitar o exercício do direito de greve pelos servidores públicos, sendo competência dos tribunais decidir controvérsias surgidas em razão do exercício desse direito" (STF, Pleno, ED-MI 712/PA, Rel. Min. Dias Toffoli, *DJe* 01.12.2020).

64. Cf.: "Ao resumir o tema, o ministro Celso de Mello salientou que 'não mais se pode tolerar, sob pena de fraudar-se a vontade da Constituição, esse estado de continuada, inaceitável, irrazoável e abusiva inércia

28.24.3 Legitimidade e interesse

Como já destacado, a titularidade do direito de greve é dos trabalhadores, pois a eles cabe decidir sobre a oportunidade de exercê-lo e sobre os interesses que devam por meio dele defender (art. 9.º, *caput*, da CF/1988).

Já a legitimidade para a instauração da greve é da organização sindical dos trabalhadores, tratando-se de direito de natureza coletiva.

Quanto à *oportunidade do exercício*, a decisão deve ser tomada pelos trabalhadores, conforme os arts. 1.º da Lei 7.783/1989 e 9.º, *caput*, da Constituição Federal de 1988. Trata-se, aqui, do momento conveniente para deflagrar a greve.

De todo modo, a conveniência deve ser verificada diante das situações concretas.

Em conformidade com o art. 14 da Lei 7.783/1989, a greve, em regra, não pode ser instaurada quando existente acordo coletivo, convenção coletiva ou sentença normativa em vigor. Excepcionalmente, admite-se o exercício do direito de greve se ocorrerem modificações substanciais nas condições de fato, ou quando não se está cumprindo a norma coletiva.

Os *interesses a defender* por meio da greve são definidos pelos trabalhadores, conforme os arts 1.º da Lei 7.783/1989 e 9.º, *caput*, da Constituição da República.

Há, ainda, limites sociais ao exercício do direito de greve, de modo que esta deve ter como objetivo as condições de trabalho, que possam ser atendidas pelo empregador.

Por isso, há o entendimento de que a "greve política", ou seja, buscando resultados divorciados do contrato de trabalho, perante o governo, não é possível[65]. Nessa linha de entendimento, os atos e movimentos de protesto contra o Estado (e não contra o empregador), com finalidade estritamente política (e não com o objetivo de defesa de

---

do Congresso Nacional, cuja omissão, além de lesiva ao direito dos servidores públicos civis - a quem se vem negando, arbitrariamente, o exercício do direito de greve, já assegurado pelo texto constitucional -, traduz um incompreensível sentimento de desapreço pela autoridade, pelo valor e pelo alto significado de que se reveste a Constituição da República'. Celso de Mello também destacou a importância da solução proposta pelos ministros Eros Grau e Gilmar Mendes. Segundo ele, a forma como esses ministros abordaram o tema 'não só restitui ao mandado de injunção a sua real destinação constitucional, mas, em posição absolutamente coerente com essa visão, dá eficácia concretizadora ao direito de greve em favor dos servidores públicos civis'". Disponível em: <http://www.stf.jus.br/portal/cms/verNoticiaDetalhe.asp?idConteudo=75355>. "4. Direito de greve dos servidores públicos civis. Regulamentação da lei de greve dos trabalhadores em geral (Lei 7.783/1989). Fixação de parâmetros de controle judicial do exercício do direito de greve pelo legislador infraconstitucional. [...] 4.2 Considerada a omissão legislativa alegada na espécie, seria o caso de se acolher a pretensão, tão somente no sentido de que se aplique a Lei 7.783/1989 enquanto a omissão não for devidamente regulamentada por lei específica para os servidores públicos civis (CF, art. 37, VII). 4.3 Em razão dos imperativos da continuidade dos serviços públicos, contudo, não se pode afastar que, de acordo com as peculiaridades de cada caso concreto e mediante solicitação de entidade ou órgão legítimo, seja facultado ao tribunal competente impor a observância a regime de greve mais severo em razão de tratar-se de 'serviços ou atividades essenciais', nos termos do regime fixado pelos arts. 9.º a 11 da Lei 7.783/1989. Isso ocorre porque não se pode deixar de cogitar dos riscos decorrentes das possibilidades de que a regulação dos serviços públicos que tenham características afins a esses 'serviços ou atividades essenciais' seja menos severa que a disciplina dispensada aos serviços privados ditos 'essenciais'. 4.4. O sistema de judicialização do direito de greve dos servidores públicos civis está aberto para que outras atividades sejam submetidas a idêntico regime. Pela complexidade e variedade dos serviços públicos e atividades estratégicas típicas do Estado, há outros serviços públicos, cuja essencialidade não está contemplada pelo rol dos arts. 9.º a 11 da Lei 7.783/1989. Para os fins desta decisão, a enunciação do regime fixado pelos arts. 9.º a 11 da Lei 7.783/1989 é apenas exemplificativa (*numerus apertus*)" (STF, Pleno, MI 708/DF, Rel. Min. Gilmar Mendes, *DJe* 31.10.2008).

65. Cf. MARTINS, Sergio Pinto. *Direito do trabalho*. 22. ed. São Paulo: Atlas, 2006. p. 838: "Não será possível a greve política, pois nada poderá ser reivindicado do empregador, apenas em relação ao governo".

interesses profissionais dos trabalhadores), ainda que justificáveis e válidos, não têm como ser definidos como greve propriamente[66], afastando a incidência de suas regras, princípios, direitos e deveres próprios.

Sobre o tema, podem ser destacadas as seguintes decisões:

> "Recurso ordinário interposto pelo sindicato patronal. Greve. Rodoviários. Paralisação de âmbito nacional em protesto às reformas trabalhista e previdenciária. Protesto com motivação política. 1. Firme, nesta Seção, o entendimento segundo o qual a greve com caráter político é abusiva, na medida em que o empregador, conquanto seja diretamente por ela afetado, não dispõe do poder de negociar e pacificar o conflito. É o caso dos autos, no qual a categoria dos trabalhadores rodoviários do Estado do Espírito Santo aderiu à paralisação de âmbito nacional, em protesto às reformas trabalhista e previdenciária. 2. Conquanto evidente o descumprimento da liminar para assegurar metade da frota de ônibus em circulação na data da paralisação, os fatos justificam a real impossibilidade de cumprimento da ordem judicial. Recurso Ordinário parcialmente provido" (TST, SDC, RO – 196-78.2017.5.17.0000, Rel. Min. Maria de Assis Calsing, *DEJT* 02.04.2018).

> "Greve. Natureza política. Abusividade. A greve política não é um meio de ação direta da classe trabalhadora em benefício de seus interesses profissionais e, portanto, não está compreendida dentro do conceito de greve legal trabalhista. Entende-se por greve política, em sentido amplo, a dirigida contra os poderes públicos para conseguir determinadas reivindicações não suscetíveis de negociação coletiva. Correta, portanto, a decisão que declara a abusividade do movimento grevista com tal conotação, máxime quando inobservado o disposto na Lei 7.783/1989. Recurso Ordinário conhecido e desprovido" (TST, SDC, RODC 571212/1999.0, Rel. Juiz Convocado Márcio Ribeiro do Valle, *DJ* 15.09.2000).

No entanto, cabe registrar a existência de corrente que defende serem válidas as greves políticas (especialmente se a motivação política vincular-se a fatores de repercussão na vida e trabalho dos grevistas), pois cabe aos trabalhadores decidir os interesses a serem defendidos, sabendo-se que as greves não necessitam circunscrever-se a interesses estritamente contratuais trabalhistas[67].

A "greve de solidariedade", por sua vez, é lícita, desde que as reivindicações sejam referentes também aos seus contratos de trabalho, em face do empregador.

28.24.4 Procedimento

Primeiramente, tem-se a **negociação coletiva**, ou seja, a tentativa de solução do conflito por meio da autocomposição. Trata-se de fase antecedente e necessária, sendo possível, ainda, a mediação nos órgãos do Ministério do Trabalho (art. 616, § 1.º, da CLT).

Conforme a Orientação Jurisprudencial 11 da SDC do TST: "É abusiva a greve levada a efeito sem que as partes hajam tentado, direta e pacificamente, solucionar o conflito que lhe constitui o objeto".

Não sendo obtido sucesso na fase inicial de negociação coletiva, a arbitragem é apresentada como via meramente facultativa, conforme o art. 3.º da Lei 7.783/1989.

Ultrapassadas as referidas fases, a assembleia geral deve ser convocada pela entidade sindical, para definir as reivindicações da categoria, deliberando sobre a greve, conforme o estatuto (art. 4.º da Lei 7.783/1989).

---

66. Cf. BRITO FILHO, José Cláudio Monteiro de. *Direito sindical*. 2. ed. São Paulo: LTr, 2007. p. 255.

67. Cf. DELGADO, Mauricio Godinho. *Curso de direito do trabalho*. 4. ed. São Paulo: LTr, 2005. p. 1.416 e 1.421.

O estatuto da entidade sindical deve prever as formalidades de convocação e o quórum para a deliberação, tanto da deflagração quanto da cessação da greve (art. 4.º, § 1.º, da Lei 7.783/1989).

A legitimidade para o exercício do direito de greve é do sindicato. Na ausência deste, a legitimidade é da federação e, na ausência desta última, da confederação. Na falta de entidade sindical, admite-se a "comissão de negociação", conforme os arts. 4.º, § 2.º, e 5.º, da Lei 7.783/1989.

Efetivamente, a Lei 7.783/1989, sobre o exercício do direito de greve, no art. 4.º, § 2.º, estabelece que na falta de entidade sindical, a assembleia geral dos trabalhadores interessados deliberará a respeito da definição das reivindicações da categoria e sobre a paralisação coletiva da prestação dos serviços, "constituindo comissão de negociação".

Por isso, o art. 5.º da mesma lei estabelece que a "entidade sindical ou comissão especialmente eleita representará os interesses dos trabalhadores nas negociações ou na Justiça do Trabalho". Como se nota, para o dissídio coletivo de greve, a lei expressamente menciona, de forma genérica, as entidades sindicais, e a referida comissão especialmente eleita, como representantes dos interesses dos trabalhadores[68].

Anteriormente, a Orientação Jurisprudencial 12 da SDC do TST, já cancelada, assim previa: "Greve. Qualificação jurídica. Ilegitimidade ativa *ad causam* do sindicato profissional que deflagra o movimento. Não se legitima o sindicato profissional a requerer judicialmente a qualificação legal de movimento paredista que ele próprio fomentou". No presente, o TST passou a entender que o art. 114, inciso II, da Constituição da República, com redação determinada pela Emenda Constitucional 45/2004, ao estabelecer a competência da Justiça do Trabalho para processar e julgar "as ações que envolvam exercício do direito de greve", reconhece a legitimidade das entidades sindicais, tanto patronais como de trabalhadores, para provocar a solução judicial do conflito coletivo.

Conforme decidido pela SDC do TST: "malograda a negociação coletiva, inviabilizada a busca da solução da lide pela via judicial, em face da não concordância do suscitado com o ajuizamento do feito, e, ainda, admitir a legitimidade exclusiva do segmento econômico para, unilateralmente, ajuizar o dissídio coletivo de greve, com pedido de abusividade do movimento, geraria uma situação de extrema dificuldade para os trabalhadores, além de afronta ao princípio da isonomia" (TST, SDC, RODC 6800-05.2008.5.23.0000, Rel. Min. Dora Maria da Costa, *DEJT* 23.04.2010, trecho do acórdão).

Quanto ao aviso prévio de greve, o art. 3.º, parágrafo único, da Lei 7.783/1989 prevê antecedência mínima de 48 horas para a notificação do sindicato patronal ou dos empregadores diretamente interessados.

Nos serviços ou atividades essenciais, a antecedência mínima deve ser de 72 horas[69].

O art. 9.º, § 1.º, da Constituição Federal de 1988 remete à lei a definição dos serviços ou atividades essenciais, bem como a disposição sobre o atendimento das necessidades inadiáveis da comunidade.

---

68. Cf. MARTINS, Sergio Pinto. *Direito do trabalho*. 22. ed. São Paulo: Atlas, 2006. p. 841: "A Lei 7.783 concede, portanto, a possibilidade da comissão dos trabalhadores não organizados em sindicato instaurar dissídio coletivo. Não se conflita essa norma com o § 2.º do art. 114 da Constituição, visto que esta determina apenas que é uma 'faculdade' do sindicato instaurar o dissídio coletivo, permitindo, assim, o ajuizamento por empresa e até mesmo pela comissão de trabalhadores inorganizados em sindicato".

69. "Art. 13. Na greve, em serviços ou atividades essenciais, ficam as entidades sindicais ou os trabalhadores, conforme o caso, obrigados a comunicar a decisão aos empregadores e aos usuários com antecedência mínima de 72 (setenta e duas) horas da paralisação".

Os "serviços ou atividades essenciais", previstos no art. 9.º, § 1.º, da Constituição da República, estão arrolados no art. 10 da Lei 7.783/1989. Mesmo assim, há o entendimento de que o referido rol não é exaustivo, mas exemplificativo.

Vejamos os serviços ou atividades essenciais previstos na Lei 7.783/1989, art. 10: a) tratamento e abastecimento de água, produção e distribuição de energia elétrica, gás e combustíveis; b) assistência médica e hospitalar; c) distribuição e comercialização de medicamentos e alimentos; d) funerários; e) transporte coletivo; f) captação e tratamento de esgoto e lixo; g) telecomunicações; h) guarda, uso e controle de substâncias radioativas, equipamentos e materiais nucleares; i) processamento de dados ligados a serviços essenciais; j) controle de tráfego aéreo e navegação aérea; k) compensação bancária; l) atividades médico-periciais relacionadas com o regime geral de previdência social e a assistência social; m) atividades médico-periciais relacionadas com a caracterização do impedimento físico, mental, intelectual ou sensorial da pessoa com deficiência, por meio da integração de equipes multiprofissionais e interdisciplinares, para fins de reconhecimento de direitos previstos em lei, em especial na Lei 13.146/2015 (Estatuto da Pessoa com Deficiência); n) outras prestações médico-periciais da carreira de Perito Médico Federal indispensáveis ao atendimento das necessidades inadiáveis da comunidade; o) atividades portuárias.

O art. 11 da Lei 7.783/1989 estabelece regra para garantir, quanto aos mencionados serviços ou atividades essenciais, durante a greve, a prestação dos serviços indispensáveis ao atendimento das necessidades inadiáveis da comunidade.

Desse modo, nos serviços ou atividades essenciais, os sindicatos, os empregadores e os trabalhadores ficam obrigados, de comum acordo, a garantir, durante a greve, a prestação dos serviços indispensáveis ao atendimento das necessidades inadiáveis da comunidade. São necessidades inadiáveis da comunidade aquelas que, não atendidas, coloquem em perigo iminente a sobrevivência, a saúde ou a segurança da população.

De acordo com a Orientação Jurisprudencial 38 da SDC do TST: "Greve. Serviços essenciais. Garantia das necessidades inadiáveis da população usuária. Fator determinante da qualificação jurídica do movimento. É abusiva a greve que se realiza em setores que a lei define como sendo essenciais à comunidade, se não é assegurado o atendimento básico das necessidades inadiáveis dos usuários do serviço, na forma prevista na Lei 7.783/1989".

Há os serviços indispensáveis ao atendimento das necessidades inadiáveis da comunidade, como prevê o art. 9.º, § 1.º, da Constituição Federal de 1988, objeto de regra no art. 11 da Lei 7.783/1989, referindo-se à sobrevivência, saúde, segurança da população. Nesses casos, cabe ao Poder Público atender a tais necessidades, providenciando a prestação dos serviços indispensáveis, se os sindicatos, os empregadores e os trabalhadores descumprirem o dever de, em consenso, garantir durante a greve esse atendimento das necessidades inadiáveis (art. 12 da Lei 7.783/1989).

Quanto à manutenção dos bens, o art. 9.º da Lei 7.783/1989 exige que durante a greve, o sindicato ou a comissão de negociação, mediante acordo com a entidade patronal ou diretamente com o empregador, mantenha em atividade equipes de empregados para que sejam assegurados os serviços cuja paralisação resulte em prejuízo irreparável, pela deterioração irreversível de bens, máquinas e equipamentos, e a manutenção daqueles essenciais à retomada das atividades da empresa quando da cessação do movimento. Não havendo acordo, é assegurado ao empregador, enquanto perdurar a greve, o direito de contratar diretamente os referidos serviços necessários (art. 9.º, parágrafo único, da Lei 7.783/1989).

28.24.5 Direitos e deveres

O art. 6.º da Lei 7.783/1989 prevê os principais direitos e deveres dos envolvidos com o movimento de greve.

Desse modo, quanto aos direitos, pode ocorrer:

- o emprego de meios *pacíficos*, tendentes a persuadir ou aliciar os trabalhadores a aderirem à greve;
- a arrecadação de fundos para sustentar o movimento de greve, durante os dias de paralisação;
- a livre divulgação do movimento.

Logo, admite-se a realização de piquetes pacíficos, como forma legítima de persuasão e divulgação do movimento grevista. Cf. TST, 7.ª T., RR-100100-29.2008.5.05.0612, Rel. Des. Conv. Ubirajara Carlos Mendes, *DEJT* 31.08.2018.

Por outro lado, quanto aos deveres:

- exige-se a observância dos direitos e garantias fundamentais de outrem;
- é vedado à empresa adotar meios para constranger o empregado ao comparecimento ao trabalho e capazes de frustrar a divulgação do movimento;
- as manifestações e atos de persuasão não podem impedir o acesso ao trabalho, nem causar ameaça ou dano à propriedade.

Por isso, entende-se que a sabotagem é vedada, o mesmo ocorrendo com a ocupação do estabelecimento pelos trabalhadores[70].

28.24.6 Abuso do direito de greve

O art. 9.º, § 2.º, da Constituição da República, concretizando o princípio universal de que a ninguém se deve lesar, prevê que os abusos cometidos durante a greve sujeitam os responsáveis às penas da lei.

O art. 188, inciso I, do Código Civil de 2002 (correspondente ao art. 160, inciso I, do CC/1916) prevê que o exercício regular de um direito reconhecido não constitui ato ilícito (limites). Nessa linha, o Código Civil de 2002, no art. 187, considera ato ilícito o exercício de um direito excedendo manifestamente os limites impostos pelo seu fim econômico ou social, pela boa-fé ou pelos bons costumes.

De acordo com o art. 14 da Lei 7.783/1989, a inobservância das determinações desse diploma legal e a manutenção da paralisação após a celebração de acordo, convenção ou sentença normativa são caracterizadas como abuso do direito de greve.

Conforme o art. 14, parágrafo único, inciso I, da Lei 7.783/1989, na vigência de acordo, convenção ou sentença normativa, não constitui abuso do exercício do direito de greve a paralisação com o objetivo de exigir o cumprimento de cláusula ou condição.

70. "3. Não se pode ter como pacífica a ocupação da propriedade privada ou pública do empregador. A invasão, por si só, já consiste em ato belicoso, independentemente de resultar em dano efetivo à pessoa ou ao patrimônio, riscos inerentes à ação. Trata-se de atitude reprovável, contrária ao direito de greve, conforme deixa claro o art. 6.º, § 1.º, da Lei 7.783/1989. 4. Mantida a declaração de abusividade da greve, por fundamento diverso" (TST, SDC, RO-527-64.2015.5.05.0000, Rel. Min. Maria de Assis Calsing, *DEJT* 18.12.2015).

Havendo fato novo ou acontecimento imprevisto que modifique substancialmente a relação de trabalho, o art. 14, parágrafo único, inciso II, da Lei 7.783/1989 admite a instauração da greve.

Trata-se de norma que adota a *teoria da imprevisão.*

Registre-se o entendimento de que, em situações especiais, quando a greve é motivada pelo descumprimento patronal de obrigações contratuais e legais relevantes, notadamente em casos de grave violação a normas sobre meio ambiente do trabalho, segurança e saúde no trabalho (como na greve ambiental), é possível relativizar a necessidade de cumprimento das formalidades legais para a sua deflagração. Essas hipóteses afastam a abusividade da greve, com base no preceito da exceção do contrato não cumprido, entendendo-se devido o pagamento dos dias não trabalhados em decorrência da referida greve. Cf. TST, SDC, RO-1002680-32.2018.5.02.0000, Rel. Min. Mauricio Godinho Delgado, *DEJT* 07.12.2021. TST, SDC, RO-80399-40.2016.5.07.0000, Rel. Min. Mauricio Godinho Delgado, *DEJT* 13.12.2019.

28.24.7 Efeitos sobre o contrato de trabalho

De acordo com o art. 7.º, da Lei 7.783/1989, a greve é considerada como hipótese de suspensão do contrato de trabalho. As relações obrigacionais durante o período devem ser regidas pelo acordo, convenção, sentença arbitral ou sentença normativa.

Além disso, durante a greve é vedada a rescisão contratual e a contratação de trabalhadores substitutos, exceto nas hipóteses dos arts. 9.º, parágrafo único, e 14, *caput*, da Lei 7.783/1989 (contratação dos serviços necessários para a manutenção de bens, máquinas e equipamentos durante a greve, inobservância das normas do referido diploma legal e continuidade da paralisação após a celebração de norma coletiva ou a sentença normativa).

É proibida a contratação de trabalho temporário para a substituição de trabalhadores em greve, salvo nos casos previstos em lei (art. 2.º, § 1.º, da Lei 6.019/1974). Logo, apenas nas hipóteses de *greve abusiva* é possível a contratação de trabalhadores temporários em substituição de grevistas.

A **simples adesão à greve não constitui falta grave**, como explicita a Súmula 316 do STF.

O art. 15 da Lei 7.783/1989 prevê a responsabilidade do empregado pelas condutas faltosas que vier a praticar.

A responsabilidade pelos atos praticados, ilícitos ou crimes cometidos, no curso da greve, deve ser apurada, conforme o caso, segundo a legislação trabalhista, civil ou penal.

Não há abandono de emprego quanto aos empregados que aderem à greve, por faltar o elemento intencional do abandono.

Há quem defenda que na greve abusiva os salários referentes aos dias de greve não são devidos, com apoio na Orientação Jurisprudencial 10 da SDC do TST[71]. Diversamente, se a greve não é abusiva, os salários do período de paralisação passam a ser devidos.

A segunda corrente entende que os salários do período de greve não são devidos, seja a greve abusiva ou não, por se tratar de suspensão do contrato de trabalho,

71. "Greve abusiva não gera efeitos. É incompatível com a declaração de abusividade de movimento grevista o estabelecimento de quaisquer vantagens ou garantias a seus partícipes, que assumiram os riscos inerentes à utilização do instrumento de pressão máximo".

conforme definição legal, devendo os empregados correrem o risco de sua deliberação quanto ao movimento paredista.

De todo modo, na jurisprudência do TST prevalece o seguinte entendimento:

> "Compensação e pagamento dos dias parados. Greve de longa duração. O entendimento que prevalece nessa SDC é de que a greve configura a suspensão do contrato de trabalho, e, por isso, como regra geral, não é devido o pagamento dos dias de paralisação, exceto quando a questão é negociada entre as partes ou em situações excepcionais, como na paralisação motivada por descumprimento de instrumento normativo coletivo vigente, não pagamento de salários e más condições de trabalho. No caso, não se constata a ocorrência de nenhuma das hipóteses excepcionais admitidas pela jurisprudência, que, se motivadora da paralisação dos serviços, justificaria a decretação do pagamento dos dias parados. Entretanto, a jurisprudência da C. SDC entende que, se a greve perdurar por longo período no tempo, o desconto salarial integral pode acarretar prejuízos econômicos e sociais excessivos aos trabalhadores, razão por que é possível preservar seu salário com a compensação de parte dos dias parados. Nesse sentido, deve se considerada a oferta do recorrente no sentido de fixar o desconto salarial de 50% dos dias paralisados e a compensação dos outros 50%. Precedentes. Recurso ordinário a que se dá provimento" (TST, SDC, RO - 220-38.2016.5.10.0000, Rel. Min. Kátia Magalhães Arruda, *DEJT* 20.06.2017).

Frise-se que o Supremo Tribunal Federal aprovou a seguinte tese de repercussão geral: "A administração pública deve proceder ao desconto dos dias de paralisação decorrentes do exercício do direito de greve pelos servidores públicos, em virtude da suspensão do vínculo funcional que dela decorre, permitida a compensação em caso de acordo. O desconto será, contudo, incabível se ficar demonstrado que a greve foi provocada por conduta ilícita do Poder Público" (STF, Pleno, RE 693.456/RJ, Rel. Min. Dias Toffoli, j. 27.10.2016).

28.24.8 Instauração de dissídio coletivo de greve

A iniciativa na instauração do dissídio coletivo de greve é de qualquer das partes ou do Ministério Público do Trabalho, conforme o art. 8.º da Lei 7.783/1989.

Como já mencionado, o art. 114, § 2.º, da Constituição Federal, com redação determinada pela Emenda Constitucional 45/2004, passou a exigir o consenso entre as partes para o ajuizamento do dissídio coletivo de natureza econômica.

Assim, revela-se controvertido saber se esse requisito é exigido, também, para o dissídio coletivo de greve.

Esse é um processo coletivo diferenciado, em que se observam tanto o aspecto declaratório, em decisão a respeito da abusividade ou não do exercício desse direito, como o aspecto econômico, pois a sentença normativa decide a respeito de novas condições de trabalho almejadas, com a incidência do poder normativo. Além disso, faz-se necessário regular as relações obrigacionais durante o período de greve, como a questão a respeito do pagamento ou não dos dias parados (art. 7.º da Lei 7.783/1989)[72].

Portanto, o dissídio coletivo de greve não se confunde com o tradicional dissídio coletivo de natureza econômica.

Observada essa diferenciação, nota-se que o § 2.º do art. 114 da Constituição da República faz menção, apenas, ao dissídio coletivo de natureza econômica, nada regulando a respeito daquele decorrente da greve.

72. Cf. MARTINS FILHO, Ives Gandra. *Processo coletivo do trabalho*. 2. ed. São Paulo: LTr, 1996. p. 60-63.

A greve, aliás, é objeto de disposições processuais distintas e específicas, encontradas no inciso II do art. 114 e no seu § 3.º. Portanto, o comando do § 2.º do art. 114 da Constituição da República não abrange o dissídio coletivo de greve, que possui regulamentação própria.

Dessa forma, embora o tema não seja pacífico, entende-se não haver exigência de consenso para o ajuizamento de dissídio coletivo de greve, permanecendo em vigor, neste aspecto, a disposição específica do art. 8.º da Lei 7.783/1989, ao prever a possibilidade de instauração do dissídio coletivo, em caso de greve, por iniciativa das partes ou do Ministério Público do Trabalho, devidamente adaptado ao atual § 3.º do art. 114 da Constituição Federal de 1988[73].

Em favor dessa interpretação incide o princípio da razoabilidade, pois, durante a greve, normalmente os ânimos estão mais acirrados, dificultando o consenso entre as partes até mesmo a respeito do ajuizamento do dissídio coletivo, não sendo adequado eternizar o impasse e a paralisação coletiva do trabalho, em prejuízo da sociedade.

Aliás, tratando-se de greve em atividade essencial, com possibilidade de lesão do interesse público, o ajuizamento do dissídio coletivo pelo Ministério Público do Trabalho não exige, obviamente, o comum acordo das partes conflitantes a respeito (art. 114, § 3.º, da CF/1988, com a redação dada pela Emenda Constitucional 45/2004).

No caso de greve, a legitimação do Ministério Público do Trabalho para ajuizar o dissídio coletivo era prevista, de forma específica, apenas na legislação infraconstitucional, o que estava de acordo com suas atribuições constitucionais. A Lei Complementar 75/1993 (Lei Orgânica do Ministério Público da União), no art. 83, inciso VIII, confere ao Ministério Público do Trabalho a legitimidade para instaurar instância em caso de greve, quando a defesa da ordem jurídica ou o interesse público assim o exigir, o mesmo sendo previsto, de forma genérica, no art. 8.º da Lei 7.783/1989 e no art. 856 da CLT. Tendo em vista os arts. 127, *caput*, e 129, inciso IX, da Constituição Federal, tem-se a constitucionalidade dessa previsão no ordenamento infraconstitucional.

A *atual* disposição, *específica* para o dissídio coletivo de greve e para a legitimidade do Ministério Público do Trabalho, não só elevou ao patamar constitucional essa legitimidade, mas a restringiu aos casos de "greve em atividade essencial, com possibilidade de lesão do interesse público". Portanto, o art. 83, inciso VIII, da Lei Complementar 75/1983, ao tratar da instauração do dissídio coletivo pelo Ministério Público do Trabalho em caso de greve, "quando a defesa da ordem jurídica ou o interesse público assim o exigir", deve ser interpretado de acordo com a disposição constitucional em vigor, ou seja, no sentido de se tratar de greve em atividade essencial.

---

73. "3) Ausência de comum acordo para a instauração da instância. Alegação de incompatibilidade do dissídio coletivo de greve com o dissídio coletivo de natureza econômica. Segundo o entendimento prevalente nesta Seção Especializada, não se exige o pressuposto do comum acordo para o ajuizamento de dissídio coletivo de greve, em face do que dispõe o art. 114, § 3.º, da Constituição Federal, bem como os arts. 7.º, *in fine*, e 8.º, da Lei 7.783/89, que estabelecem a competência da Justiça do Trabalho para, quando instada, decidir o conflito coletivo de greve, apreciando a procedência ou não das reivindicações motivadoras do movimento paredista. No caso, trata-se de dissídio coletivo de greve cumulado com reinvindicações de ordem econômica, ou seja, a demanda coletiva possui natureza mista. Nessa condição, na esteira da jurisprudência desta Corte, deve ser mantida a decisão do Tribunal Regional, que não acolheu a preliminar de extinção do processo, por falta de mútuo acordo para o ajuizamento deste dissídio coletivo, uma vez que a natureza deste dissídio coletivo (greve) torna dispensável a observância do referido pressuposto processual constitucional. Recurso ordinário a que se nega provimento quanto ao tópico" (TST, SDC, RO-1147-87.2018.5.08.0000, Rel. Min. Katia Magalhaes Arruda, *DEJT* 20.04.2023).

No entanto, há entendimento de que a Emenda Constitucional 45/2004 não restringe a atuação do MPT somente aos dissídios coletivos de greve em atividades essenciais, permanecendo em vigor a previsão mais ampla da Lei Complementar 75/1993, pois de acordo com as atribuições constitucionais do *Parquet*.

O art. 114, § 3.º, da Constituição da República não autoriza a instauração *ex officio* do dissídio coletivo, pelo presidente do tribunal, confirmando-se a derrogação da previsão que existia no art. 856 da CLT.

A possibilidade de ajuizamento do dissídio coletivo de greve pelo Ministério Público do Trabalho não exclui a legitimidade dos entes sindicais (art. 8.º da Lei 7.783/1989), pois o § 3.º do art. 114 da Constituição Federal de 1988 *não* estabelece que o *Parquet* Laboral detém legitimidade exclusiva para a medida.

Além disso, conforme a Orientação Jurisprudencial 11 da SDC do TST: "É abusiva a greve levada a efeito sem que as partes hajam tentado, direta e pacificamente, solucionar o conflito que lhe constitui o objeto".

O art. 9.º, § 1.º, da Constituição Federal remete à lei a definição dos serviços ou atividades essenciais, bem como a disposição sobre o atendimento das necessidades inadiáveis da comunidade. Regulamentando essa disposição, a Lei 7.783/1989, no art. 10, arrola os serviços ou atividades essenciais, já mencionadas anteriormente.

Portanto, tratando-se de greve em atividades relacionadas no art. 10 da Lei 7.783/1989, e se houver possibilidade de lesão do interesse público, o Ministério Público do Trabalho pode ajuizar o dissídio coletivo, competindo à Justiça do Trabalho decidir o conflito. Como se sabe, no dissídio coletivo de greve, o tribunal do trabalho decide não apenas sobre o exercício abusivo ou não do direito de greve, proferindo decisão declaratória a respeito, mas também sobre o conflito coletivo de trabalho em si, estabelecendo, ou não, novas condições de trabalho[74].

Mesmo não tendo ajuizado o dissídio coletivo, o Ministério Público do Trabalho participa do respectivo processo, conforme os arts. 864 da CLT, 11 da Lei 7.701/1988 e 83, inciso IX, da Lei Complementar 75/1993.

Ainda sobre a greve, merece destaque o inciso II do art. 114 da Constituição Federal, que atribui à Justiça do Trabalho a competência para processar e julgar "as ações que envolvam o exercício do direito de greve".

O exercício do direito de greve pode dar origem ao ajuizamento de ações com diversos objetos e finalidades, não apenas voltadas ao campo trabalhista, mas também civil (art. 15 da Lei 7.783/1989). Por exemplo, a ação de responsabilidade civil, ajuizada por terceiro prejudicado em razão de ato culposo praticado pelos grevistas (ou pelas organizações sindicais)[75], como envolve o exercício do direito de greve, passa a ser da competência da Justiça do Trabalho, por expressa determinação constitucional (inciso II do art. 114 da CF/1988), embora não se refira a relação de trabalho propriamente (inciso I do art. 114 da CF/1988).

Como se nota, houve ampliação da competência da Justiça do Trabalho. Para essas ações, ainda que relacionadas ao direito de greve, que não se refiram ao dissídio coletivo

---

74. De acordo com a Orientação Jurisprudencial 10 da SDC do TST: "Greve abusiva não gera efeitos. É incompatível com a declaração de abusividade de movimento grevista o estabelecimento de quaisquer vantagens ou garantias a seus partícipes, que assumiram os riscos inerentes à utilização do instrumento de pressão máximo".

75. Cf. NASCIMENTO, Amauri Mascaro. *Compêndio de direito sindical*. 2. ed. São Paulo: LTr, 2000. p. 420-421.

propriamente, a competência originária, hierárquico-funcional, é da Vara do Trabalho, justamente por não envolver a solução do próprio conflito coletivo de trabalho. Os dissídios coletivos de greve é que são de competência originária, conforme o caso, dos Tribunais Regionais do Trabalho ou do Tribunal Superior do Trabalho (art. 856 da CLT e Lei 7.701/1988, art. 2.º, inciso I, *a*).

Da mesma forma, ações ajuizadas pelo empregador, de natureza possessória, com pedido de desocupação do estabelecimento pelos grevistas, e ações ajuizadas pelos grevistas, para assegurar aspectos do exercício do direito de greve, também são de competência da Justiça do Trabalho[76].

Embora o tema seja polêmico, entende-se que a Emenda Constitucional 45/2004 não estendeu à Justiça do Trabalho competência em matéria criminal. Assim, os eventuais crimes praticados durante a greve, com apuração segundo a legislação penal (Lei 7.783/1989, art. 15), não estão abrangidos pelo art. 114, inciso II, da Constituição Federal.

Confirmando essa assertiva, cabe realçar que o Supremo Tribunal Federal deferiu liminar em medida cautelar em Ação Direta de Inconstitucionalidade, com efeito *ex tunc*, atribuindo interpretação, conforme a Constituição, aos incisos I, IV e IX do seu art. 114, declarando que "no âmbito da jurisdição da Justiça do Trabalho, não está incluída competência para processar e julgar ações penais" (STF, ADI-MC 3.684/DF, Rel. Min. Cezar Peluso, *DJ* 03.08.2007). O Supremo Tribunal Federal julgou procedente o pedido formulado em ação direta de inconstitucionalidade, de modo a conferir interpretação conforme à Constituição ao seu art. 114, incisos I, IV e IX, na redação dada pela Emenda Constitucional 45/2004, para afastar qualquer interpretação que entenda competir à Justiça do Trabalho processar e julgar ações penais, nos termos da medida cautelar anteriormente deferida (STF, Pleno, ADI 3.684/DF, Rel. Min. Gilmar Mendes, *DJe* 01.06.2020). A mesma orientação pode ser aplicada ao inciso II do art. 114 da Constituição Federal de 1988.

Frise-se ainda que o Supremo Tribunal Federal fixou a seguinte tese de repercussão geral: "A justiça comum, federal ou estadual, é competente para julgar a abusividade de greve de servidores públicos celetistas da Administração pública direta, autarquias e fundações públicas" (STF, Pleno, RE 846.854/SP, Red. p/ ac. Min. Alexandre de Moraes, j. 01.08.2017)[77].

---

76. Cf. Súmula Vinculante 23 do STF: "A Justiça do Trabalho é competente para processar e julgar ação possessória ajuizada em decorrência do exercício do direito de greve pelos trabalhadores da iniciativa privada".

77. "Constitucional. Direitos sociais. Competência para o julgamento da legalidade de greve de servidores públicos celetistas. Justiça Comum. Fixação de tese de repercussão geral. 1. É competência da justiça comum, federal ou estadual, conforme o caso, o julgamento de dissídio de greve promovida por servidores públicos, na linha do precedente firmado no MI 670 (Rel. Min. Maurício Corrêa, Rel. p/ acórdão Min. Gilmar Mendes, Tribunal Pleno, *DJe* de 30/10/2008). 2. As Guardas Municipais executam atividade de segurança pública (art. 144, § 8.º, da CF), essencial ao atendimento de necessidades inadiáveis da comunidade (art. 9.º, § 1.º, CF), pelo que se submetem às restrições firmadas pelo Supremo Tribunal Federal no julgamento do ARE 654.432 (Rel. Min. Edson Fachin, redator para acórdão Min. Alexandre de Moraes, Tribunal Pleno, julgado em 5/4/2017). 3. A essencialidade das atividades desempenhadas pelos servidores públicos conduz à aplicação da regra de competência firmada pelo Supremo Tribunal Federal no MI 670, mesmo em se tratando de servidores contratados pelo Estado sob o regime celetista. 4. Negado provimento ao recurso extraordinário e fixada a seguinte tese de repercussão geral: 'A Justiça Comum Federal ou Estadual é competente para julgar a abusividade de greve de servidores públicos celetistas da administração direta, autarquias e fundações de direito público'" (STF, Pleno, RE 846.854/SP, Rel. p/ ac. Min. Alexandre de Moraes, *DJe* 07.02.2018).

28.25 *LOCKOUT*

O *lockout* significa a paralisação das atividades por iniciativa do empregador, com o objetivo de frustrar a negociação ou dificultar o atendimento de reivindicações dos respectivos empregados.

A referida conduta é vedada, expressamente, pelo art. 17 da Lei 7.783/1989. Desse modo, caso ocorra o *lockout*, o período respectivo é considerado como interrupção do contrato de trabalho (parágrafo único), de modo que são devidos os salários e o tempo de serviço é computado.

Além disso, o *lockout* pode acarretar a rescisão indireta do contrato de trabalho.

BIBLIOGRAFIA

ALEXY, Robert. *Teoria dos direitos fundamentais*. Tradução de Virgílio Afonso da Silva. São Paulo: Malheiros, 2008.

AMORIM FILHO, Agnelo. Critério científico para distinguir a prescrição da decadência e identificar as ações imprescritíveis. *Revista dos Tribunais*, São Paulo, RT, v. 300, p. 7-37, out. 1960.

ARAUJO PINTO, Cristiano Paixão; FLEURY, Ronaldo Curado. *A modernização dos portos e as relações de trabalho no Brasil*. Porto Alegre: Síntese, 2004.

BARBOSA, Rui. *Oração aos moços*. Rio de Janeiro: Casa de Rui Barbosa, 1956.

BARROS, Alice Monteiro de. *Contratos e regulamentações especiais de trabalho*. 2. ed. São Paulo: LTr, 2002.

-----. *Curso de direito do trabalho*. 2. ed. São Paulo: LTr, 2006.

BELTRAN, Ari Possidonio. *Direito do trabalho e direitos fundamentais*. São Paulo: LTr, 2002.

BITTAR, Carlos Alberto. *Curso de direito civil*. Rio de Janeiro: Forense Universitária, 1994. v. 1 e 2.

BOBBIO, Norberto. *Teoria do ordenamento jurídico*. 10. ed. Tradução de Maria Celeste Cordeiro Leite dos Santos, revisão técnica Claudio De Cicco. Brasília: Editora Universidade de Brasília, 1997.

BRITO FILHO, José Cláudio Monteiro de. *Direito sindical*. 2. ed. São Paulo: LTr, 2007.

-----. Trabalho com redução à condição análoga à de escravo: análise a partir do tratamento decente e de seu fundamento, a dignidade da pessoa humana. In: VELLOSO, Gabriel; FAVA, Marcos Neves (Coord.). *Trabalho escravo contemporâneo*: o desafio de superar a negação. São Paulo: LTr, 2006. p. 125-150.

-----. *Trabalho decente*: análise jurídica da exploração do trabalho: trabalho escravo e outras formas de trabalho indigno. 4. ed. São Paulo: LTr, 2016.

CARELLI, Rodrigo de Lacerda. *Cooperativas de mão de obra*: manual contra a fraude. São Paulo: LTr, 2002.

-----. *Formas atípicas de trabalho*. São Paulo: LTr, 2004.

CARLOS, Vera Lúcia. *Discriminação nas relações de trabalho*. São Paulo: Método, 2004.

CARRION, Valentin. *Comentários à Consolidação das Leis do Trabalho*. 23. ed. São Paulo: Saraiva, 1998.

-----. *Comentários à Consolidação das Leis do Trabalho*. 29. ed. atual. por Eduardo Carrion. São Paulo: Saraiva, 2004.

-----. *Comentários à Consolidação das Leis do Trabalho*. 31. ed. atual. por Eduardo Carrion. São Paulo: Saraiva, 2006.

-----. *Nova jurisprudência em direito do trabalho*. CARRION, Eduardo (Org.). 2000, 2.º semestre. São Paulo: Saraiva, 2001.

COELHO, Fábio Ulhoa. *Manual de direito comercial*. 10. ed. São Paulo: Saraiva, 1999.

COMPARATO, Fábio Konder. *A afirmação histórica dos direitos humanos*. 3. ed. São Paulo: Saraiva, 2004.

-----. *O poder de controle na sociedade anônima*. São Paulo: RT, 1976.

COSTA, Marcus Vinícius Americano da. *Grupo empresário no direito do trabalho*. 2. ed. São Paulo: LTr, 2000.

CRISTOVAM, José Sérgio da Silva. Considerações acerca das máximas da razoabilidade e da proporcionalidade. *ADV – Seleções Jurídicas*, Rio de Janeiro, COAD, p. 3-19, jan. 2012.

DALLEGRAVE NETO, José Affonso. *Contrato individual de trabalho*: uma visão estrutural. São Paulo: LTr, 1998.

-----. *Inovações na legislação trabalhista*. São Paulo: LTr, 2000.

-----. *Responsabilidade civil no direito do trabalho*. 2. ed. São Paulo: LTr, 2007.

DELGADO, Mauricio Godinho. *Curso de direito do trabalho*. São Paulo: LTr, 2002.

-----. *Curso de direito do trabalho*. 4. ed. São Paulo: LTr, 2005.

-----. *Curso de direito do trabalho*. 15. ed. São Paulo: LTr, 2016.

-----. *Curso de direito do trabalho*. 17. ed. São Paulo: LTr, 2018.

-----. *Introdução ao direito do trabalho*. 2. ed. São Paulo: LTr, 1999.

-----. O fim do trabalho e do emprego no capitalismo atual - realidade ou mito? *Trabalho em Revista*, O Trabalho, Curitiba, Decisório Trabalhista, ano 23, n. 278, encarte 103, p. 2.924, set. 2005.

-----. *Salário*: teoria e prática. Belo Horizonte: Del Rey, 1997.

DI PIETRO, Maria Sylvia Zanella. *Direito administrativo*. 9. ed. São Paulo: Atlas, 1998.

-----. *Direito administrativo*. 19. ed. São Paulo: Atlas, 2006.

DINAMARCO, Cândido Rangel. *Instituições de direito processual civil*. 8. ed. São Paulo: Malheiros, 2016. v. 1.

DINIZ, Maria Helena. *Curso de direito civil brasileiro*: responsabilidade civil. 9. ed. São Paulo: Saraiva, 1995. v. 7.

ENGEL, Ricardo José. *O "jus variandi" no contrato individual de trabalho*. São Paulo: LTr, 2003.

ERMIDA URIARTE, Oscar. *A proteção contra os atos antissindicais*. Tradução de Irany Ferrari. São Paulo: LTr, 1989.

FERREIRA FILHO, Manoel Gonçalves. *Curso de direito constitucional*. 22. ed. São Paulo: Saraiva, 1995.

FRANÇA, Rubens Limongi. *A irretroatividade das leis e o direito adquirido*. 3. ed. São Paulo: RT, 1982.

GAGLIANO, Pablo Stolze; PAMPLONA FILHO, Rodolfo. *Novo curso de direito civil*: obrigações. 3. ed. São Paulo: Saraiva, 2003. v. 2.

-----. *Novo curso de direito civil*: parte geral. 6. ed. São Paulo: Saraiva, 2005. v. 1.

-----. *Novo curso de direito civil*: responsabilidade civil. 3. ed. São Paulo: Saraiva, 2005. v. 3.

GARCIA, Gustavo Filipe Barbosa. *Curso de direito do trabalho*. 11. ed. Rio de Janeiro: Forense, 2017.

GIGLIO, Wagner D. *Direito processual do trabalho*. 10. ed. São Paulo: Saraiva, 1997.

-----. *Justa causa*. 7. ed. São Paulo: Saraiva, 2000.

GOMES, Orlando. *Contratos*. 26. ed. atualizada por Antonio Junqueira de Azevedo e Francisco Paulo de Crescenzo Marino. Rio de Janeiro: Forense, 2008.

-----. Dispensa coletiva na reestruturação da empresa (aspectos jurídicos do desemprego tecnológico). *Revista Legislação do Trabalho*, São Paulo, LTr, ano 38, p. 575-579, jan. 1974.

-----. *Introdução ao direito civil*. 19. ed. rev., atual. e aum. por Edvaldo Brito e Reginalda Paranhos de Brito. Rio de Janeiro: Forense, 2007.

-----. *Obrigações*. 12. ed. rev. e atual. por Humberto Theodoro Júnior. Rio de Janeiro: Forense, 1999.

-----; GOTTSCHALK, Elson. *Curso de direito do trabalho*. 18. ed. atual. por José Augusto Rodrigues Pinto e Otávio Augusto Reis de Sousa. Rio de Janeiro: Forense, 2007.

GONÇALVES, Simone Cruxên. *Limites do "jus variandi" do empregador*. São Paulo: LTr, 1997.

GRAU, Eros Roberto. *A ordem econômica na Constituição de 1988*. 3. ed. São Paulo: Malheiros, 1997.

-----. *Ensaio e discurso sobre a interpretação/aplicação do direito*. 4. ed. São Paulo: Malheiros, 2006.

KELSEN, Hans. *Teoria pura do direito*. 4. ed. Coimbra: Arménio Amado, 1976.

LENZA, Pedro. *Direito constitucional esquematizado*. 8. ed. São Paulo: Método, 2005.

-----. *Direito constitucional esquematizado*. 10. ed. São Paulo: Método, 2006.

LISBOA, Roberto Senise. *Manual de direito civil*: obrigações e responsabilidade civil. 3. ed. São Paulo: RT, 2004. v. 2.

MACHADO, Hugo de Brito. *Curso de direito tributário*. 12. ed. São Paulo: Malheiros, 1997.

MAGANO, Octavio Bueno. *Manual de direito do trabalho*: direito individual do trabalho. 3. ed. São Paulo: LTr, 1992. v. 2.

-----. *Manual de direito do trabalho*: direito tutelar do trabalho. 2. ed. São Paulo: LTr, 1992. v. 4.

MALLET, Estêvão. A prescrição na relação de emprego rural após a Emenda Constitucional n. 28. *Revista LTr*, São Paulo, LTr, v. 64, n. 8, p. 999, ago. 2000.

-----. Apontamentos sobre a competência da Justiça do Trabalho após a Emenda Constitucional n. 45. In: COUTINHO, Grijalbo Fernandes; FAVA, Marcos Neves (Coord.). *Justiça do Trabalho*: competência ampliada. São Paulo: LTr, 2005.

-----. Primeiras linhas sobre as comissões de conciliação. In: COUTINHO, Aldacy Rachid; DALLEGRAVE NETO, José Afonso (Coord.). *Transformações do direito do trabalho*: estudos em homenagem ao Professor Doutor João Régis Fassbender Teixeira. Curitiba: Juruá, 2000. p. 451-465.

MANNRICH, Nelson. A administração pública do trabalho em face da autonomia privada coletiva. In: MALLET, Estêvão; ROBORTELLA, Luiz Carlos Amorim (Coord.). *Direito e processo do trabalho*: estudos em homenagem ao prof. Octavio Bueno Magano. São Paulo: LTr, 1996.

-----. *A modernização do contrato de trabalho*. São Paulo: LTr, 1998.

-----. *Dispensa coletiva*: da liberdade contratual à responsabilidade social. São Paulo: LTr, 2000.

MANUS, Pedro Paulo Teixeira. *Negociação coletiva e contrato individual de trabalho*. São Paulo: Atlas, 2001.

-----. A subordinação jurídica e o vínculo de emprego. *Consultor Jurídico*, 3 de dezembro de 2021. Disponível em: <https://www.conjur.com.br/2021-dez-03/reflexoes-trabalhistas-subordinacao-juridica-vinculo-emprego>.

MARANHÃO, Délio. *Instituições de direito do trabalho*. 18. ed. São Paulo: LTr, 1999. v. 1.

MARANHÃO, Ney. Meio ambiente do trabalho: descrição jurídico-conceitual. *Revista LTr*, São Paulo, LTr, ano 80, n. 04, p. 420-430, abr. 2016.

MARTINS, Sergio Pinto. *A continuidade do contrato de trabalho*. São Paulo: Altas, 2000.

-----. *A terceirização e o direito do trabalho*. 3. ed. São Paulo: Malheiros, 1997.

-----. Alienação na recuperação judicial e sucessão trabalhista. *Revista do Direito Trabalhista*, Brasília, Consulex, ano 13, n. 8, p. 25, ago. 2007.

-----. *Comentários à CLT*. 5. ed. São Paulo: Atlas, 2002.

-----. *Comentários à CLT*. 10. ed. São Paulo: Atlas, 2006.

-----. *Direito da seguridade social*. 8. ed. São Paulo: Atlas, 1997.

-----. *Direito do trabalho*. 5. ed. São Paulo: Malheiros, 1998.

-----. *Direito do trabalho*. 22. ed. São Paulo: Atlas, 2006.

-----. *Direito do trabalho*. 24. ed. São Paulo: Atlas, 2008.

-----. *Direito do trabalho*. 26. ed. São Paulo: Atlas, 2010.

-----. *Direito do trabalho*. 28. ed. São Paulo: Atlas, 2012.

-----. *Direito processual do trabalho*. 21. ed. São Paulo: Atlas, 2004.

-----. *Direito processual do trabalho*. 38. ed. São Paulo: Saraiva, 2016.

-----. *Manual do FGTS*. São Paulo: Malheiros, 1997.

-----. *Manual do trabalho doméstico*. 3. ed. São Paulo: Atlas, 1998.

-----. *O pluralismo do direito do trabalho*. São Paulo: Atlas, 2001.

MARTINS FILHO, Ives Gandra. *Processo coletivo do trabalho*. 2. ed. São Paulo: LTr, 1996.

MEDEIROS, Alexandre Alliprandino; LAET, Flávio Antônio Camargo de. As novidades no sistema jurídico das férias individuais. Convenção n. 132 da Organização Internacional do Trabalho. *Revista Trabalho & Doutrina*, São Paulo, Saraiva, n. 26, p. 21-29, dez. 2001.

MEIRELLES, Hely Lopes. *Direito administrativo brasileiro*. 26. ed. atual. por Eurico de Andrade Azevedo, Délcio Balestero Aleixo e José Emmanuel Burle Filho. São Paulo: Malheiros, 2001.

MELLO, Celso Antônio Bandeira de. *Curso de direito administrativo*. 21. ed. São Paulo: Malheiros, 2006.

-----. *O conteúdo jurídico do princípio da igualdade*. 3. ed. 19.ª tiragem. São Paulo: Malheiros, 2010.

MELO, Luís Antônio Camargo de. Ação coletiva no combate ao trabalho escravo. In: RIBEIRO JÚNIOR, José Hortêncio; CORDEIRO, Juliana Vignoli; FAVA, Marcos Neves; CAIXETA, Sebastião Vieira (Org.). *Ação coletiva na visão de juízes e procuradores do trabalho*. São Paulo: LTr, 2006. p. 157-179.

-----. Premissas para um eficaz combate ao trabalho escravo. *Revista do Ministério Público do Trabalho*, Brasília, LTr, ano XIII, n. 26, p. 11-33, set. 2003.

MELO, Raimundo Simão de. *Ação civil pública na Justiça do Trabalho*. São Paulo: LTr, 2002.

-----. *Direito ambiental do trabalho e saúde do trabalhador*: responsabilidades legais, dano material, dano moral, dano estético. São Paulo: LTr, 2004.

-----. Vínculo mantido. Aposentadoria espontânea não extingue o contrato de trabalho. *Revista Jus Navigandi*, Teresina, ano 10, n. 638, 7 abr. 2005. Disponível em: <https://jus.com.br/artigos/6460>.

MONTEIRO, Washington de Barros. *Curso de direito civil*: direito das obrigações – 1.ª parte. 25. ed. São Paulo: Saraiva, 1991. v. 4.

-----. *Curso de direito civil*: parte geral. 40. ed. rev. e atual por Ana Cristina de Barros Monteiro França Pinto. São Paulo: Saraiva, 2005. v. 1.

NASCIMENTO, Amauri Mascaro. *Compêndio de direito sindical*. 2. ed. São Paulo: LTr, 2000.

-----. *Curso de direito do trabalho*. 12. ed. São Paulo: Saraiva, 1996.

-----. *Curso de direito do trabalho*. 19. ed. São Paulo: Saraiva, 2004.

-----. *Curso de direito do trabalho*. 24. ed. São Paulo: Saraiva, 2009.

-----. *Curso de direito do trabalho*. 26. ed. São Paulo: Saraiva, 2011.

-----. *Curso de direito processual do trabalho*. 16. ed. São Paulo: Saraiva, 1996.

-----. *Iniciação ao direito do trabalho*. 28. ed. São Paulo: LTr, 2002.

-----. *Iniciação ao direito do trabalho*. 31. ed. São Paulo: LTr, 2005.

-----. O avulso não portuário e a intermediação do sindicato. *Revista LTr*, São Paulo, LTr, ano 68, n. 2, p. 135-145, fev. 2004.

-----. Origens históricas e natureza jurídica dos sindicatos. In: FRANCO FILHO, Georgenor de Sousa (Coord.). *Curso de direito coletivo do trabalho*: estudos em homenagem a Orlando Teixeira da Costa. São Paulo: LTr, 1998.

-----. *Teoria geral do direito do trabalho*. São Paulo: LTr, 1998.

-----. *Teoria jurídica do salário*. 2. ed. São Paulo: LTr, 1997.

NEGRÃO, Theotonio (Org.). *Código de Processo Civil e legislação processual em vigor*. 32. ed., com a colaboração de José Roberto Ferreira Gouvêa. São Paulo: Saraiva, 2001.

NERY JUNIOR, Nelson. *Código de Processo Civil comentado e legislação processual civil extravagante em vigor*. 5. ed. São Paulo: RT, 2001.

NUNES, Rizzatto. *Curso de direito do consumidor*. 3. ed. São Paulo: Saraiva, 2008.

OLIVEIRA, Francisco Antonio de. *Consolidação das Leis do Trabalho comentada*. 2. ed. São Paulo: RT, 2000.

OLIVEIRA, José Lamartine Corrêa de. *A dupla crise da pessoa jurídica*. São Paulo: Saraiva, 1979.

OLIVEIRA, Regis Fernandes de; HORVATH, Estevão. *Manual de direito financeiro*. 2. ed. São Paulo: RT, 1997.

PIOVESAN, Flávia. *Direitos humanos e o direito constitucional internacional*. 11. ed. São Paulo: Saraiva, 2010.

PLÁ RODRIGUEZ, Américo. *Princípios de direito do trabalho*. 3. ed. Trad. e rev. técnica de Wagner D. Giglio. Trad. das atualizações de Edilson Alkmim Cunha. São Paulo: LTr, 2004.

PRUNES, José Luiz Ferreira. *Contrato de trabalho doméstico e trabalho a domicílio*. Curitiba: Juruá, 1995.

-----. *Direito do trabalho para advogados e empregadores rurais*. Curitiba: Juruá, 2000.

REALE, Miguel. *Lições preliminares de direito*. 18. ed. São Paulo: Saraiva, 1991.

REQUIÃO, Rubens. Abuso de direito e fraude através da personalidade jurídica. *Revista dos Tribunais*, São Paulo, RT, ano 58, v. 410, p. 12-24, dez. 1969.

-----. *Curso de direito comercial*. 21. ed. São Paulo: Saraiva, 1993. v. 1.

-----. *Curso de direito comercial*. 19. ed. São Paulo: Saraiva, 1993. v. 2.

REZEK, José Francisco. *Direito internacional público*: curso elementar. 5. ed. São Paulo: Saraiva, 1995.

RIBEIRO, Rafael E. Pugliese. Comissão de Conciliação Prévia: faculdade ou obrigatoriedade? *Revista Trabalho & Doutrina*, São Paulo, Saraiva, n. 26, p. 131-133, dez. 2001.

RODRIGUES, Silvio. *Direito civil*: parte geral. 28. ed. São Paulo: Saraiva, 1998. v. 1.

-----. *Direito civil*: parte geral das obrigações. 26. ed. São Paulo: Saraiva, 1998. v. 2.

ROMITA, Arion Sayão. *Diretos fundamentais nas relações de trabalho*. 2. ed. São Paulo: LTr, 2007.

RUSSOMANO, Mozart Victor. *Curso de direito do trabalho*. 6. ed. Curitiba: Juruá, 1997.

SAAD, Eduardo Gabriel. *Consolidação das Leis do Trabalho comentada*. 31. ed. São Paulo: LTr, 1999.

SANTOS, Enoque Ribeiro dos. *Direitos humanos na negociação coletiva: teoria e prática jurisprudencial*. São Paulo: LTr, 2004.

-----. *O dano moral na dispensa do empregado*. 3. ed. São Paulo: LTr, 2002.

SANTOS, Ronaldo Lima dos. *Sindicatos e ações coletivas*. São Paulo: LTr, 2003.

-----. *Teoria das normas coletivas*. São Paulo: LTr, 2007.

SARLET, Ingo Wolfgang. *A eficácia dos direitos fundamentais*. 7. ed. Porto Alegre: Livraria do Advogado, 2007.

SENA, Adriana Goulart de. *A nova caracterização da sucessão trabalhista*. São Paulo: LTr, 2000.

SENTO-SÉ, Jairo Lins de Albuquerque. *Trabalho escravo no Brasil na atualidade*. São Paulo: LTr, 2000.

SILVA, Otavio Pinto e. *A contratação coletiva como fonte do direito do trabalho*. São Paulo: LTr, 1998.

-----. *Subordinação, autonomia e parassubordinação nas relações de trabalho*. São Paulo: LTr, 2004.

SILVA, Homero Batista Mateus da. A discreta vigência da Convenção 132 da OIT sobre férias anuais remuneradas. *Revista da Amatra II*, São Paulo, ano I, n. 3, p. 5-8, ago. 2000.

SIMÓN, Sandra Lia. *A proteção constitucional da intimidade e da vida privada do empregado*. São Paulo: LTr, 2000.

SOUTO MAIOR, Jorge Luiz. *O direito do trabalho como instrumento de justiça social*. São Paulo: LTr, 2000.

-----. Responsabilidade civil objetiva do empregador com relação a danos pessoais e sociais no âmbito das relações de trabalho. *Revista Trabalhista*, Rio de Janeiro: Forense, ano 4, v. XIII, p. 108, jan.-mar. 2005.

SÜSSEKIND, Arnaldo. *Direito internacional do trabalho*. 3. ed. São Paulo: LTr, 2000.

-----. *Instituições de direito do trabalho*. 18. ed. São Paulo: LTr, 1999. v. 1.

TEIXEIRA FILHO, João de Lima. *Instituições de direito do trabalho*. 18. ed. São Paulo: LTr, 1999. v. 1.

TEIXEIRA FILHO, Manoel Antonio. *A prova no processo do trabalho*. 7. ed. São Paulo: LTr, 1997.

WALD, Arnoldo. *Obrigações e contratos*. 16. ed. São Paulo: Saraiva, 2005.

ZAINAGHI, Domingos Sávio. *A justa causa no direito do trabalho*. São Paulo: Malheiros, 1995.

EDITORA JusPODIVM
www.editorajuspodivm.com.br

JUS3373